Pernack/Tannenhauer/Pangert

Arbeitsstätten

Textausgabe mit Einführung und Anmerkungen

Dipl.-Phys. Ernst-Friedrich Pernack, Referatsleiter a.D., vormals Ministerium für Soziales, Gesundheit, Integration und Verbraucherschutz, bis 2023 Vorsitzender Ausschuss für Arbeitsstätten, Potsdam

Prof. Dr.-Ing. habil. Jörg Tannenhauer, Ministerialrat a.D., vormals Sächsisches Staatsministerium für Wirtschaft, Arbeit und Verkehr, Dresden, TU Dresden

Dr. rer. nat. habil. Roland Pangert, Leitender Ministerialrat a.D., vormals Thüringer Sozialministerium, Erfurt

ecomed
SICHERHEIT

Bibliografische Information der deutschen Nationalbibliothek

Die deutsche Nationalbibliothek verzeichnet diese Publikation in der Deutschen Nationalbibliografie; detaillierte bibliografische Daten sind

im Internet über <http://dnb.d-nb.de> abrufbar.

Bei der Herstellung des Werkes haben wir uns zukunftsbewusst für umweltverträgliche und wiederverwertbare Materialien entschieden.

ISBN: 978-3-609-68705-6

Information zur Produktsicherheit: https://www.ecomed-storck.de/gpsr

E-Mail: kundenservice@ecomed-storck.de

Telefon: 089/2183-7922

Telefax: 089/2183-7620

Landsberg am Lech

www.ecomed-storck.de

Satz: PreXtension, Grafrath

Druck: CPI Clausen & Bosse GmbH, 25917 Leck

Inhaltsverzeichnis

Vorwort

Mit der nunmehr 12. überarbeiteten und ergänzten Auflage wird dem großen Interesse am Arbeitsstättenrecht Rechnung getragen. Die Arbeitsstättenverordnung (ArbStättV) ist eine der zentralen Vorschriften im Arbeitsschutz. Sie enthält Mindestvorschriften für die Sicherheit und den Gesundheitsschutz der Beschäftigten. Ihr Ziel ist es, sich aus der Einrichtung und dem Betrieb der Arbeitsstätte und des Arbeitsplatzes ergebende Gefährdungen auszuschließen oder soweit zu reduzieren, dass Unfälle bei der Arbeit und arbeitsbedingte Gesundheitsgefahren vermieden werden und die Arbeit menschengerecht gestaltet ist. Insgesamt sind Gesundheit und Leistungsfähigkeit der Beschäftigten während des gesamten Berufslebens zu erhalten und möglichst zu fördern.

Das Arbeitsstättenrecht begleitet uns zu einem großen Teil bereits von der Kindertagesstätte an über die Schul- und Ausbildungszeit bis zur Rente, also weit über 60 Jahre unseres aktiven Lebens. Kindertagesstätten sind Arbeitsstätten für das Erzieherkollegium, Schulen sind Arbeitsstätten für die Lehrerschaft und die Ausbildungs- und Arbeitsplätze sind Arbeitsstätten für die dort Beschäftigten. Diese Aufenthaltsorte für Kinder bis hin zum Erwachsenen, schließlich bis zum Erreichen des Renteneintrittsalters, unterliegen beim Planen, Einrichten und Betreiben dem Arbeitsstättenrecht.

Mit der Erfüllung der durch das Arbeitsstättenrecht gesetzten Anforderungen wird somit ein großer Beitrag für das Wohlergehen von Beschäftigten geleistet. Zugleich wird das individuelle Leistungsvermögen vor arbeitsbedingten Schäden bewahrt. Dies dient nicht nur dem Wohl des einzelnen Beschäftigten, es dient gleichermaßen dem Wohl des gesamten Betriebes. Mensch und Arbeit im Einklang – dies ist auch ein hehres gesamtgesellschaftliches Anliegen.

Es ist deshalb angemessen, dass der Arbeitsstättenverordnung, ihrer Umsetzung, der Anwendung der Arbeitsstättenregeln und Empfehlungen, ihrer steten fachwissenschaftlichen Erneuerung und Aktualisierung großes Interesse entgegengebracht wird.

Aufgrund dessen hat sich der Verlag zur inzwischen 12. Auflage des Fachbuchs „Arbeitsstätten" mit Einführung und Anmerkungen entschlossen. Es wendet sich, wie sämtliche Auflagen zuvor, an jene Verantwortlichen, die an der Planung, Einrichtung und dem Betreiben von Arbeitsstätten beteiligt sind, beginnend bei Architekten, Ingenieuren, Industriedesignern, Arbeitsgestaltern bis zu Arbeitgebern, Sicherheitsfachkräften, Betriebsärzten und Personalvertretungen. Es wendet sich ebenfalls an die im Rahmen des amtlichen Vollzugs mit der Überwachung und Beratung befassten Aufsichtsbeamtinnen und Aufsichtsbeamten der Arbeitsschutzbehörden der Länder und an die Aufsichtspersonen der Unfallversicherungsträger.

Möge die Nutzung dieses Fachbuchs einen Beitrag zur wirksamen Umsetzung des Arbeitsstättenrechts leisten.

Landsberg, im Oktober 2025 — Herausgeber und Verlag

Einführung zur Arbeitsstättenverordnung

Die Verordnung über Arbeitsstätten (ArbStättV) ist auf § 18 ArbSchG sowie auf § 66 Satz 3 und § 68 Abs. 2 Nr. 3 BBergG gestützt.

Die in dieser Broschüre mit Hilfe von Fußnoten erläuterte und kommentierte Fassung bezieht sich auf die ArbStättV vom 12. August 2004, die zuletzt durch Artikel 10 des Gesetzes vom 27. März 2024 (BGBl. I 2024 Nr. 109) geändert worden ist.

Historische Eckdaten

Die Arbeitsstättenverordnung ist die älteste der aktuell bestehenden Arbeitsschutzverordnungen. Seit nunmehr 50 Jahren ist sie Rechtsgrundlage für das Einrichten und Betreiben von Arbeitsstätten.

Bereits **1967** wurden von der Gewerbeaufsicht der Länder **Richtlinien für arbeitshygienische und unfallschutztechnische Anforderungen an Arbeitsstätten** erarbeitet und zur Anwendung empfohlen. Diese Richtlinien fassten die seinerzeit gültigen Vorschriften im gesetzlichen und untergesetzlichen Rahmen zusammen. Eingearbeitet waren auch **Muster-Sicherheitsvorschriften für gewerbliche Anlagen der Internationalen Arbeitsorganisation (ILO)**[1)] sowie damals gesicherte, anerkannte wissenschaftliche Erkenntnisse.[2)]

1975 wurden schließlich die in den Richtlinien von 1967 enthaltenen Grundsätze in Teilbereichen erweitert und in eine nunmehr rechtsverbindliche **Arbeitsstättenverordnung**[3)] überführt.

Seit ihrer Erstfassung, seinerzeit ausgegeben im Bundesgesetzblatt zu Bonn am 25. März 1975, hat die ArbStättV eine interessante, wechselvolle Geschichte durchlebt.

Ursprünglich bestand sie aus 58 Paragrafen und diese wiederum beinhalteten in großer fachlicher Breite eine Vielzahl sehr konkreter Anforderungen. Die erste in der Verordnung genannte Maßzahl betraf die Raumtemperatur: § 6 Abs. 3 forderte +21 °C in Pausen-, Bereitschafts-, Liege-, Sanitär- und Sanitätsräumen. Die letzte Maßzahl der damaligen Verordnung enthielt § 50: Die freie Bodenfläche je Arbeitnehmer an Verkaufsständen im Freien musste mindestens 1,50 m^2 betragen.

Mangels damals klarer Maßgaben für eine arbeitsphysiologisch und -psychologisch begründete Primärprävention beim Einrichten und Betreiben von Arbeitsstätten einschließlich der auszuführenden Tätigkeiten stützte man sich auf eine Stärkung der Se-

---

1) Richtlinien für Behörden und Unternehmer, Genf 1949, herausgegeben im Auftrag des Bundesministeriums für Arbeit des IAA, Genf.

2) Noch bevor das Arbeitsstättenrecht in Deutschland Mitte der 1960er Jahre etabliert wurde, sind auch die weit früher vom Reichsamt „Schönheit der Arbeit", u. a. in Zusammenarbeit mit dem Fachausschuss für Haustechnik des VDI, ab 1936 herausgegebenen Handbücher (z. B. „Umkleideraum, Wasch- und Baderaum in gewerblichen Betrieben", „Neuaufbau der Arbeitswelt", „Die farbige Gestaltung von Betriebsräumen", „Das schöne Büro" und „Die schöne Werkkantine") zu erwähnen.

3) Verordnung über Arbeitsstätten (Arbeitsstättenverordnung – ArbStättV) vom 20.3.1975, ausgegeben zu Bonn am 25.3.1975, BGBl. Nr. 32, S. 729.

kundärprävention: § 33 forderte das Einrichten von Räumen für körperliche Ausgleichsübungen, wenn Arbeitnehmer aufgrund ihrer Tätigkeit einseitig beansprucht wurden. Heute ist das ein grundlegender gesetzlicher Primärauftrag zur menschengerechten Gestaltung der Arbeit.[4)]

Die Regelungen der Verordnung galten fast 30 Jahre lang und waren in den Betrieben gut anerkannt. Im Zeitraum von 1975 bis 2004 wurde die Arbeitsstättenverordnung nur fünf Mal geändert: 1982, 1983, 1996, 2002 und 2003.

Arbeitsstättenverordnung 2004 – Umsetzung der europäischen Rechtsetzung im Arbeitsschutz

Auch im Europäischen Gemeinschaftsrecht vollzog sich eine richtungsweisende Entwicklung. Mit der sog. **Arbeitsschutz-Rahmenrichtlinie von 1989, RL 89/391/EWG**[5)], wurde die Grundlage für europaweite einheitliche Mindestvorschriften im Arbeitsschutz geschaffen.

Die Entwicklung und Verabschiedung eines europäischen Arbeitsstättenrechts erhielt oberste Priorität. Als **erste Einzelrichtlinie im Sinne des Artikels 16 Absatz 1 der Richtlinie 89/391/EWG** hat der Europäische Rat hierzu die **Richtlinie 89/654/EWG des Rates vom 30. November 1989 über Mindestvorschriften für Sicherheit und Gesundheitsschutz in Arbeitsstätten**[6)] erlassen. Diese **EG-Arbeitsstättenrichtlinie besteht aus elf Artikeln** mit allgemeinen Festlegungen und Verfahrensvorschriften **sowie aus zwei Anhängen.**[7)]

Mit dem Ziel einer umfangreichen **Deregulierung des deutschen Arbeitsstättenrechts in Verbindung mit der nationalen Umsetzung der Mindeststandards des europäischen Arbeitsschutzrechts** wurde die **Arbeitsstättenverordnung im Jahr 2004 stark vereinfacht.**[8)] **Sie wurde auf acht Paragrafen gekürzt. Anstelle konkreter Maßzahlen traten Schutzziele mit Generalklauseln** als Rechtsformulierungen in Kraft.

---

4) Das Arbeitsschutzgesetz definiert in § 2 Abs. 1 Maßnahmen des Arbeitsschutzes. Maßnahmen der menschengerechten Gestaltung der Arbeit gehören danach ranggleich zu den weiteren gesetzlich verpflichtenden Maßnahmen des Arbeitsschutzes neben der Verhütung von Unfällen bei der Arbeit und arbeitsbedingten Gesundheitsgefahren.

5) RL 89/391/EWG vom 12. Juni 1989 über die Durchführung von Maßnahmen zur Verbesserung der Sicherheit und des Gesundheitsschutzes der Arbeitnehmer bei der Arbeit (ABl. EG Nr. L 183 S. 1), zuletzt geändert durch Verordnung (EG) Nr. 1137/2008 des Europäischen Parlaments und des Rates vom 22. Oktober 2008, veröff. am 21.11.2008.

6) ABl. EG Nr. L 393 S. 1, zuletzt geändert durch Richtlinie (EU) 2022/2561 des Europäischen Parlaments und des Rates vom 14. Dezember 2022 Nr. L 330; Aktuelle konsolidierte Fassung 12.01.2023.

7) Die EG-Arbeitsstättenrichtlinie beruht auf der Arbeitsstättenverordnung 1975 und wiederholt z. B. im Anh. I unter der Überschrift „Mindestvorschriften für Sicherheit und Gesundheitsschutz in erstmals genutzten Arbeitsstätten" die Bestimmungen der deutschen Verordnung von 1975 zum Teil wörtlich, ohne allerdings sämtliche dort geregelten Sachverhalte in ihren Geltungsbereich einzubeziehen.

8) Verordnung über Arbeitsstätten vom 12.8.2004 (BGBl. I S. 2179).

Grundlegende Novellierung – die geänderte ArbStättV 2016

Eine **grundlegende Novellierung der ArbStättV erfolgte im November 2016.**[9] **Folgende wesentliche Änderungen wurden vorgenommen:**

1. Bildschirmarbeit integriert und modernisiert

Mit der Änderung der ArbStättV sind die **Inhalte der BildscharbV** vollständig integriert worden. Die im Jahr 1996 als Umsetzung der Richtlinie 90/270/EWG über die Mindestvorschriften bezüglich der Sicherheit und des Gesundheitsschutzes bei der Arbeit an Bildschirmgeräten erlassene BildscharbV wurde zugleich außer Kraft gesetzt.

In § 2 „Begriffsbestimmungen" der neuen ArbStättV wurden die Begriffsbestimmungen für Bildschirmarbeitsplätze und Bildschirmgeräte (Abs. 5 und 6) sowie für Telearbeitsplätze (Abs. 7) an die technische Entwicklung angepasst. Konkrete **Anforderungen an Bildschirmarbeitsplätze und Bildschirmgeräte** sind in einem neu eingefügten **Anh. Nr. 6** der Verordnung beschrieben. Dieser wurde an die ständige Entwicklung neuer Gerätetypen, wie z. B. All-in-One-Computer, Laptops, Note- und Netbooks, Tablets, Smartphones usw., angepasst.

Neben allgemeinen Anforderungen an Bildschirmarbeitsplätze sowie Bildschirme und Bildschirmgeräte enthält Anh. Nr. 6 auch spezifische Forderungen zur ortsgebundenen oder ortsveränderlichen Verwendung an Arbeitsplätzen sowie zur Benutzerfreundlichkeit von Bildschirmarbeitsplätzen.

Die spezifischen Schutzziele der BildscharbV zur Berücksichtigung der Belastung der Augen oder einer Gefährdung des Sehvermögens wurden in § 3 ArbStättV (Abs. 1) integriert. Die Arbeitgeberpflichten zur Untersuchung der Augen und des Sehvermögens sind in der Verordnung zur arbeitsmedizinischen Vorsorge (ArbMedVV)[10] geregelt.

Inzwischen sind Bildschirmarbeitsplätze zum Kennzeichen einer modernen „digitalen" Arbeitswelt geworden. Die Vorschriften zu Telearbeitsplätzen geben Beschäftigten und Arbeitgebern mehr Spielraum und Flexibilität in Bezug auf die Vereinbarkeit von Familie und Beruf. Für Arbeitgeber und Beschäftigte beschreiben sie den Handlungsrahmen und sind der Maßstab für die erforderliche Rechtssicherheit.[11]

Andere flexible Arbeitsformen der beruflich bedingten „mobilen Arbeit", wie z. B. eine sporadische, nicht den ganzen Arbeitstag durchgehende Arbeit mit einem PC oder einem tragbaren Bildschirm (z. B. Laptop oder Tablet) im Wohnbereich des Beschäftigten oder unterwegs zeitweise an einem anderen Ort, unterliegen nicht den Maßgaben

---

9) Verordnung über Arbeitsstätten vom 12.8.2004 (BGBl. I S. 2179), geändert durch Verordnung zur Änderung von Arbeitsschutzverordnungen vom 30.11.2016 (BGBl. I 2016 S. 2681).

10) ArbMedVV vom 18. Dezember 2008 (BGBl. I S. 2768, zuletzt geändert durch Art. 1 der Verordnung vom 12. Juli 2019, BGBl. I S. 1082) in Anh. Teil 4 Abs. 2 Ziff. 1.

11) https://www.bmas.de/SharedDocs/Downloads/DE/Publikationen/A Zit. nach BMAS Vorbemerkungen zur ArbStättV, S. 3.

der ArbStättV. Speziell zu dieser Abgrenzung zwischen Telearbeitsplätzen und mobiler Arbeit hat der Ausschuss für Arbeitsstätten eine Empfehlung erarbeitet.[12)]

2. Arbeitsorganisation/Arbeitsablaufgestaltung sowie physische und psychische Belastungen

Durch eine Ergänzung in § 3 Gefährdungsbeurteilung wird klargestellt, dass der Arbeitgeber bei der Beurteilung der Gefährdungen der Sicherheit und Gesundheit der Beschäftigten auch die Auswirkungen der Arbeitsorganisation und der Arbeitsabläufe in der Arbeitsstätte berücksichtigen muss. Dies wird zwar bereits in § 5 Abs. 3 Nr. 4 ArbSchG gefordert. Allerdings waren Fragen der Arbeitsorganisation und Arbeitsablaufgestaltung – weil bisher explizit nicht in der ArbStättV erwähnt – in der Praxis bisher eher unzureichend als Gefährdungsfaktoren berücksichtigt worden. Vor dem Hintergrund moderner Arbeitsformen werden diese aber an Bedeutung gewinnen und ihre Gestaltung wird zur Verringerung physischer und psychischer Fehlbelastungen unabdingbar sein.

Diesbezüglich wird ebenso klargestellt, dass der Gesundheitsbegriff sowohl die **physische** als auch die **psychische Gesundheit** umfasst und damit beide Elemente gleichermaßen in die Beurteilung der Arbeitsbedingungen nach § 5 ArbSchG einzubeziehen sind. Dementsprechend hat der Arbeitgeber gem. § 3a ArbStättV beim Einrichten und Betreiben von Arbeitsstätten neben dem Stand der Technik, Arbeitsmedizin und Hygiene nunmehr auch ergonomische Anforderungen und weiterhin insbesondere die vom ASTA erarbeiteten und vom Bundesministerium für Arbeit und Soziales (BMAS) bekannt gemachten Regeln und Erkenntnisse zu berücksichtigen.

Ungenügend gestaltete Arbeitsplatz- und Arbeitsumgebungsbedingungen (z. B. Lärm oder störende Geräusche, schlechtes Raumklima, räumliche Enge, unzureichende Wahrnehmung von Signalen und Prozessmerkmalen, unzureichende Ergonomie und Softwaregestaltung, schlechte Beleuchtung u.a.m.) können Fehlbelastungen darstellen, die krankheitsbedingte Fehlzeiten auslösen können.

3. Arbeitsplatz rechtsklar neu definiert

Die zeitliche Einschränkung in der **Definition für den Arbeitsplatz** in der früheren ArbStättV, dass ein Ort, an dem Beschäftigte arbeiten, nur als „Arbeitsplatz" angesehen wird, wenn sich die Beschäftigten dort „regelmäßig über einen längeren Zeitraum oder im Verlauf der täglichen Arbeitszeit nicht nur kurzfristig" aufhalten, wurde aufgehoben. Zuvor galt nach regelmäßiger Auslegung die ArbStättV nur für jene Arbeitsplätze, an denen Beschäftigte mindestens zwei Stunden täglich oder an mehr als 30 Tagen im Jahr tätig wurden. **Im Gegensatz dazu wird nun auf den tatsächlichen Aufenthalt der Beschäftigten am Ort der Arbeitstätigkeit und nicht auf eine Mindestdauer dieses Aufenthalts abgestellt. Im Mittelpunkt steht das „ob" und nicht „wie lange" oder „wie oft" ein solcher Aufenthaltsort als Arbeitsplatz genutzt wird.**

---

12) Empfehlung des Ausschusses für Arbeitsstätten (ASTA) zur Abgrenzung von mobiler Arbeit und Telearbeitsplätzen gemäß Definition in § 2 Abs. 7 ArbStättV vom 30. November 2016, BGBl. I S. 2681.

4. Sichtverbindung nach außen

Seit der 2004 vorgenommenen grundlegenden Novellierung der ArbStättV und der Anpassung an die EG-Richtlinie Arbeitsstätten war die bis dahin im Arbeitsstättenrecht enthaltene Forderung einer **Sichtverbindung nach außen** für Arbeits- und Aufenthaltsräume entfallen.

Anhang Nr. 3.4 wurde mit der Novellierung 2016 umfassend neugestaltet. In Anh. 3.4 Abs. 1 wird wieder klargestellt, dass der Arbeitgeber nur solche **Räume als Arbeitsräume** betreiben darf, **die möglichst ausreichend Tageslicht erhalten und dass diese Räume eine Sichtverbindung nach außen haben müssen. Gleiches gilt für Pausen- und Bereitschaftsräume sowie für Unterkünfte.**

Hingegen enthält Anh. Nr. 3.4 für Kantinen lediglich eine „Soll"-Bestimmung.

Gleichzeitig werden konkrete Ausnahmen für Arbeitsräume aufgeführt, bei denen die tatsächlichen Gegebenheiten eine Sichtverbindung nach außen faktisch nicht zulassen. Dazu zählen z. B. sehr große Arbeitsräume, Räume in Bahnhofs- oder Flughafenhallen, Passagen oder innerhalb von Kaufhäusern und Einkaufszentren, Räume unter Erdgleiche. Auch für von Beschäftigten zur Verrichtung ihrer Tätigkeit nur vorübergehend genutzte Bereiche, z. B. in Archiven, Lager- oder Nebenräumen sowie für Teeküchen, bestehen Ausnahmen.

Um Härten zu vermeiden, enthält die ArbStättV diesbezüglich eine Übergangsregelung. Danach dürfen die vor dem Inkrafttreten der Änderung vom 30. November 2016 ohne Sichtverbindung nach außen eingerichteten Räume bis zu einer wesentlichen Erweiterung oder einem wesentlichen Umbau weiter betrieben werden.

5. Erweiterungen materiell-rechtlicher Inhalte

Die Forderung einer **barrierefreien Gestaltung der Arbeitsstätten** bei der Beschäftigung von Menschen mit Behinderungen wird in § 3a sinnvoll so ergänzt, dass neben den unmittelbaren Arbeitsbereichen und den Zu- und Abgängen auch die Pausen- und Sozialräume, Kantinen und Unterkünfte entsprechend eingerichtet und betrieben werden müssen.

Mit der Neufassung des § 6 wurden die Pflichten des Arbeitgebers zur Unterweisung der Beschäftigten neu aufgenommen. Zwar hat der Arbeitgeber bereits grundsätzlich nach § 12 ArbSchG die Pflicht zur Durchführung regelmäßiger Unterweisungen, jedoch fehlten bislang detaillierte Hinweise, über welche von Arbeitsstätten ausgehende Gefährdungen die Beschäftigten unterwiesen werden müssen (z. B. Flucht- und Rettungswege, Anordnung und Handhabung der Feuerlöscher, Brandverhütung, Erste-Hilfe-Organisation, innerbetrieblicher Verkehr, Bedienung von Sicherheits- und Warneinrichtungen, Evakuierung). Dies wurde nun ergänzt und klargestellt.

Erleichterung bringt den Arbeitgebern die Möglichkeit, an die Aufsichtsbehörden gerichtete Anträge auch elektronisch übermitteln zu können (e-mail).

Da das **Abstürzen** aus der Höhe noch immer eine wesentliche Ursache für Arbeitsunfälle darstellt, wurde der **Anh. Nr. 2.1 „Schutz vor Absturz und herabfallenden Gegenständen, Betreten von Gefahrenbereichen"** konkretisiert. Danach besteht generell ab einer Absturzhöhe von einem Meter eine Absturzgefahr. Somit ist der Arbeitgeber spätestens ab dieser Absturzhöhe verpflichtet, entsprechende Schutzmaßnahmen wie z. B. Geländer, Gitter, Brüstungen an Arbeitsplätzen und Verkehrswegen (z. B. Flure, Gänge, Laufstege, Treppen, Laderampen) umzusetzen.

Spezielle Ergänzungen der Anforderungen für den Bereich der **Baustellen** sind in **Anh. Nr. 5.2** enthalten. Hier sind für bestimmte Tätigkeitsbereiche generell Schutzvorrichtungen gegen Absturz gefordert, z. B. bei Arbeitsplätzen oder Verkehrswegen am und über Wasser oder an und über anderen festen oder flüssigen Stoffen, in denen man versinken kann. Schutzvorrichtungen, die ein Abstürzen von Beschäftigten an Arbeitsplätzen und Verkehrswegen auf Baustellen verhindern, sind weiterhin zwingend erforderlich bei mehr als einem Meter Absturzhöhe an Wandöffnungen, an freiliegenden Treppenläufen und -absätzen sowie bei mehr als zwei Metern Absturzhöhe an allen übrigen Arbeitsplätzen.

6. Bewertung

Insgesamt ist festzuhalten, dass die Vorgaben und Regelungen in der ArbStättV unverändert dem allgemeinen Schutzziel dienen, Sicherheit und Gesundheit der Beschäftigten in Arbeitsstätten (auch auf Baustellen) wirksam zu schützen und Arbeitsabläufe menschengerecht zu gestalten.

Die Anforderungen, durch deren Einhaltung dies gewährleistet wird, **wurden mit der grundsätzlichen Novellierung vom 30. November 2016 modernisiert**, gegenüber der Fassung aus dem Jahre 2004 **inhaltlich deutlich erweitert und konkretisiert.**

Dem ging ein langer Entwicklungsweg voraus. Zwar wurde die Deregulierung und strikte Streichung aller Konkretheiten aus der ArbStättV 2004 anfangs vielfach begrüßt, es traten aber schnell fachliche Umsetzungsfragen auf. **„Wie ist es richtig zu machen?"** fragten nicht nur Arbeitgeber für ihre Betriebe, sondern auch Architekten und Sicherheitsingenieure, die Arbeitnehmervertretungen, die Unfallversicherungsträger zur Wahrnehmung ihres Präventionsauftrages und selbst die Vollzugsbehörden der Länder zur Ausführung ihrer staatlichen Überwachungs- und Beratungspflicht nach § 21 Abs. 1 ArbSchG.[13)]

Die wesentlichen Änderungen der Arbeitsstättenverordnung im November 2016 waren das Ergebnis eines bislang beispiellos langen und z. T. in den Inhalten und Methoden sehr kontrovers geführten gesellschaftlichen Diskussionsprozesses. Die Verfassungsorgane Bundesregierung und Bundesrat haben letztendlich die Ergebnisse dieses Diskussionsprozesses zusammengeführt und einhellig verabschiedet.

---

13) Gesetz über die Durchführung von Maßnahmen des Arbeitsschutzes zur Verbesserung der Sicherheit und des Gesundheitsschutzes der Beschäftigten bei der Arbeit (Arbeitsschutzgesetz – ArbSchG) vom 7. August 1996 (BGBl. I S. 1246), zuletzt geändert durch Art. 32 G v. 15.7.2024 (BGBl. 2024 I Nr. 236).

In den vergangenen 21 Jahren seit der grundlegenden Reform der ArbStättV im Jahre 2004 erfuhr die Verordnung **elf Änderungen, zuletzt am 27. März 2024.**

7. Herausforderung Corona-Pandemie und Arbeitsschutzkontrollgesetz 2021

Aufgrund der schnellen und weltweiten Verbreitung des SARS-CoV-2-Virus wurde vom Deutschen Bundestag am 25. März 2020 eine „epidemische Lage von nationaler Tragweite" festgestellt. Diese stellte auch für den Arbeitsschutz eine große Herausforderung dar, deren Annahme mit einem erheblichen Bedeutungsgewinn für den Arbeitsschutz in der öffentlichen Wahrnehmung verbunden war. Wichtigstes Anliegen in der Zeit der Corona-Pandemie war und ist es, mit Maßnahmen des betrieblichen Infektionsschutzes die Verbreitung des Virus und somit Erkrankungen an COVID-19 in den Betrieben so gut es geht zu vermeiden.

Das Bundesministerium für Arbeit und Soziales (BMAS) reagierte ebenso wie die Arbeitsschutzbehörden der Länder und die Unfallversicherungsträger. Bereits im April 2020 wurde gemeinsam ein SARS-CoV-2-Arbeitsschutzstandard entwickelt, der zielführende Informationen für die Arbeitgeber enthielt, um mit Maßnahmen des Arbeitsschutzes den betrieblichen Infektionsschutz zu gewährleisten und mögliche Infektionsketten zu unterbrechen.

Von hoher praktischer Relevanz war im Anschluss die zügige Erarbeitung einer die Vermutungswirkung auslösenden SARS-CoV-2-Arbeitsschutzregel, die gemeinsam von der Bundesanstalt für Arbeitsschutz und Arbeitsmedizin (BAuA) mit den staatlichen Ausschüssen unter Federführung des Ausschusses für Arbeitsstätten (ASTA) erstellt, am 20. August 2020 erstmals veröffentlicht und dann mehrfach angepasst wurde.[14)] **Sie wurde im Mai 2022 aufgehoben.**

Mit der mit dieser Arbeitsschutzregel hergestellten Verbindlichkeit wurden die Grundlagen für einen sachgerechten Vollzug der konkreten Forderungen zur Durchführung einer an die epidemische Lage angepassten betrieblichen Gefährdungsbeurteilung und zur Ableitung und Umsetzung adäquater Maßnahmen zum Schutz der Beschäftigten vor einer Infektion mit dem SARS-CoV-2-Virus durch den Arbeitgeber erheblich verbessert.

Die Vollziehbarkeit der Vorschriften durch die staatliche Arbeitsschutzbehörde wurde schließlich, nach dem Vorliegen der dafür erforderlichen Ermächtigung im Arbeitsschutzkontrollgesetz, mit der am 21. Januar 2021 erstmals erlassenen **SARS-CoV-2-Arbeitsschutzverordnung**[15)] weiter verbessert. Diese Verordnung wurde mehrfach neu gefasst und **im Mai 2022 aufgehoben**.

---

14) GMBl. Nr. 24 vom 20.8.2020 S. 484, zuletzt geänd. durch GMBl. Nr. 61 vom 24.11.2021 S. 1331 – **aufgehoben am 25. Mai 2022.**

15) Veröffentlicht am 22. Januar 2021, BAnz AT 22.01.2021 V1.

Das Bundesministerium für Arbeit und Soziales stellte Empfehlungen in Form von FAQ bereit.[16)] Diese geben den betrieblichen Akteuren Orientierung und Hinweise auf Maßnahmen des betrieblichen Infektionsschutzes, die sich im Verlauf der Pandemie besonders bewährt haben.[17)]

Die Corona-Pandemie beförderte auch die Änderungen der ArbStättV durch das **Arbeitsschutzkontrollgesetz vom 22. Dezember 2020.**[18)] Artikel 4 dieses Gesetzes änderte die §§ 1 (Ziel, Anwendungsbereich), 2 (Begriffsbestimmungen) und 9 (Straftaten und Ordnungswidrigkeiten) sowie die Anhänge Nr. 3.6 (Lüftung) und Nr. 4.4 (Unterkünfte). Die Maßgaben zum Bereitstellen und zur Nutzung von Gemeinschaftsunterkünften innerhalb oder außerhalb des Geländes eines Betriebes oder einer Baustelle wurden weiter konkretisiert und verschärft. Ein Ziel dieses Gesetzes ist, geordnete und sichere Arbeitsbedingungen in der Fleischindustrie herstellen. Darüber hinaus legt es bundesweit einheitliche Regeln zur Kontrolle der Betriebe und zur Unterbringung der Beschäftigten in Unterkünften auch in anderen Branchen als der Fleischindustrie fest.

8. Ausschuss für Arbeitsstätten und untergesetzliches Regelwerk

Die Ausfüllung dieser Schutzziele mit (zumeist) messbaren Konkretheiten wurde mit § 7 ArbStättV dem beim Bundesministerium für Arbeit und Soziales gebildeten „Ausschuss für Arbeitsstätten" übertragen.

Dem Ausschuss für Arbeitsstätten gehören fachkundige Vertreter der Arbeitgeber, der Gewerkschaften, der Länderbehörden, der gesetzlichen Unfallversicherung sowie weitere fachkundige Personen, insbesondere der Wissenschaft, an. Die Mitglieder werden vom Bundesministerium für Arbeit und Soziales berufen.

Wesentliche Aufgabe des Ausschusses für Arbeitsstätten ist es einerseits, dem Stand der Technik, Arbeitsmedizin und Hygiene entsprechende Regeln und sonstige gesicherte wissenschaftliche Erkenntnisse für die Sicherheit und Gesundheit der Beschäftigten in Arbeitsstätten zu ermitteln. Der Ausschuss hat außerdem Regeln und Erkenntnisse, wie die schutzzielorientierten Anforderungen der Verordnung erfüllt werden können, zu ermitteln sowie Empfehlungen für weitere Maßnahmen zur Gewährleistung der Sicherheit und zum Schutz der Gesundheit der Beschäftigten auszuarbeiten.

Mit **Stand 28. August 2025** umfasst das Regelwerk inzwischen **23 Technische Regeln für Arbeitsstätten (ASR)** und **deckt alle wichtigen arbeitsstättenrelevanten Fachinhalte ab.**

---

16) Empfehlungen des BMAS zum Betrieblichen Infektionsschutz nach Auslaufen der SARS-CoV-2-Arbeitsschutzverordnung, Stand 27. Mai 2022, https://www.bmas.de/DE/Corona/Fragen-und-Antworten/Fragen-und-Antworten-ASVO/faq-corona-asvo.html.

17) Siehe auch BAuA Handlungsempfehlungen SARS-CoV-2, 4. Auflage. Dortmund: Bundesanstalt für Arbeitsschutz und Arbeitsmedizin 2022.

18) Gesetz zur Verbesserung des Vollzugs im Arbeitsschutz (Arbeitsschutzkontrollgesetz) vom 22. Dezember 2020, BGBl. I Nr. 67 vom 30.12.2020, S. 3334.

Darüber hinaus von Bedeutung sind:
- **Empfehlung** des Ausschusses für Arbeitsstätten (ASTA) – Künstliche biologisch wirksame Beleuchtung in Arbeitsstätten[19],
- **Empfehlung** des Ausschusses für Arbeitsstätten (ASTA) zu den Bedingungen für den Einsatz von Feuerlöschsprays mit mindestens 2 Löschmitteleinheiten (LE) für die Grundausstattung in Arbeitsstätten mit normaler Brandgefährdung, abweichend von der ASR A2.2 „Maßnahmen gegen Brände"[20],
- **Empfehlungen** des Ausschusses für Arbeitsstätten (ASTA) zur Abgrenzung von mobiler Arbeit und Telearbeitsplätzen gemäß Definition in § 2 Absatz 7 ArbStättV vom 30. November 2016, BGBl. I S. 2681[21],
- **Empfehlung** des Ausschusses für Arbeitsstätten (ASTA) - Beurteilung der Gefährdungen durch Hitze und Maßnahmen an Arbeitsplätzen in nicht allseits umschlossenen Arbeitsstätten und an Arbeitsplätzen im Freien (August 2025)[22],
- **Empfehlung** des Ausschusses für Arbeitsstätten (ASTA) - Beurteilung der Gefährdungen durch Kälte und Maßnahmen an Arbeitsplätzen in nicht allseits umschlossenen Arbeitsstätten und an Arbeitsplätzen im Freien (August 2025)[22],
- **Gemeinsame Bekanntmachung** der Neufassung, Änderung und Aufhebung von ASR zum Themenkomplex Flucht- und Verkehrswege (März 2022)[23],
- **Erkenntnisse** des Ausschusses für Arbeitsstätten (ASTA) zur Definition des Begriffes „Arbeitsplatz" in den Technischen Regeln für Arbeitsstätten (ASR), Stand 28.11.2023[24],
- **Erkenntnis** des ASTA zur Beibehaltung der bisherigen Grundausstattung von Verbandkästen in ASR A4.3 vor dem Hintergrund aktualisierter DIN-Normen[25].

Eine Besonderheit stellt die ASR V3a.2 „Barrierefreie Gestaltung von Arbeitsstätten" dar.[26] Sie wurde bisher zehn Änderungen/Ergänzungen unterzogen, zuletzt im Mai 2025. In ihr sind die besonderen Belange von Beschäftigten mit Behinderungen im Hinblick auf die Sicherheit und den Gesundheitsschutz zusammenfassend geregelt. In Form von Anhängen an ASR V3a.2 werden mit speziellen Anforderungen hinsichtlich der barrierefreien Gestaltung von Arbeitsstätten die jeweils genannten ASR ergänzt. Die ASR V3a.2 wird fortlaufend ergänzt.

Im Ergebnis – die aktuell gültige Arbeitsstättenverordnung zusammen mit den Technischen Regeln für Arbeitsstätten und den Empfehlungen und Erkenntnissen –

---

19) Beschluss 9/7. ASTA-Sitzung vom 28.11.2018. Bekannt gemacht im Auftrag des Bundesministeriums für Arbeit und Soziales (BMAS).

20) Schriftlicher Beschluss des ASTA vom 12.09.2022. Bekannt gemacht im Auftrag des Bundesministeriums für Arbeit und Soziales (BMAS).

21) Beschluss 3/6. ASTA-Sitzung vom 07.11.2017. Bekannt gemacht im Auftrag des Bundesministeriums für Arbeit und Soziales (BMAS).

22) Schriftlicher Beschluss des ASTA vom 21.08.2025. Bekannt gemacht im Auftrag des Bundesministeriums für Arbeit und Soziales (BMAS).

23) GMBl. Nr. 9-11 vom 18.03.2022, S. 197.

24) Beschluss des ASTA vom 28.11.2023, GMBl. Nr. 1 2024 S. 18.

25) Schriftlicher Beschluss des ASTA vom 27.03.2023

26) ASR V3a.2, Ausgabe 2012, zuletzt geändert GMBl. Nr. 18 2025, S. 365.

liegt nunmehr ein fachlich geschlossenes, sehr präzises, anschauliches und damit praxistaugliches Regelwerk vor. Dieses im Einvernehmen mit den beteiligten Kreisen erarbeitete Regelwerk wurde in all den Jahren gestärkt.

Drei höchstrichterliche Entscheidungen zur Normstruktur, rechtlichen Stellung und fachlichen Wertung aus den Jahren 2017[27], 2018[28]und 2019[29] haben den Regeln für Arbeitsstätten inzwischen eine besondere Bedeutung und Geltung zugewiesen.[30] Die Inhalte der ASR dokumentieren den Stand der Technik und gesicherte arbeitswissenschaftliche Erkenntnisse. Insoweit füllen diese Regelinhalte die entsprechenden Maßgaben des Arbeitsschutzgesetzes und der Arbeitsstättenverordnung mit konkreten Maßgaben aus.

Eine Missachtung dieser Regelinhalte ist demnach als Verstoß gegen die gesetzlich verpflichtende Maßgabe zur menschengerechten Gestaltung der Arbeit zu werten, wenn keine gleichwertigen Ersatzmaßnahmen angewendet und deren Gleichwertigkeit nicht nachgewiesen werden.

---

27) BAG 1 ABR 25/15 (Beschluss v. 28.03.2017).

28) OVG Bautzen 5 A 998/17 (Urteil v. 09.05.2018).

29) BVerwG 8 B 44.18 (Beschluss v. 8. Mai 2019).

30) Siehe auch: Kohte W., Pangert R., Pernack E.-F. und Tannenhauer J.: Zur rechtshierarchischen Einordnung von Regeln und Empfehlungen für Arbeitsstätten, Zschft. sicher ist sicher 1/2024, Erich Schmidt Verlag.

Verordnung über Arbeitsstätten (Arbeitsstättenverordnung – ArbStättV)[31) 32) 33)]

vom 12.8.2004 (BGBl. I S. 2179), zuletzt geändert durch Art. 10 G vom 27.3.2024 (BGBl. I 2024 Nr. 109)[34)]

Inhalt

---

31) Amtl. FN: Diese Verordnung dient der Umsetzung
1. der EU-Richtlinie 89/654/EWG des Rates vom 30. November 1989 über Mindestvorschriften für Sicherheit und Gesundheitsschutz in Arbeitsstätten (Erste Einzelrichtlinie im Sinne des Artikels 16 Absatz 1 der Richtlinie 89/391/EWG) (ABl. EG Nr. L 393 S. 1) und
2. der EU-Richtlinie 90/270/EWG des Rates vom 29. Mai 1990 über die Mindestvorschriften bezüglich der Sicherheit und des Gesundheitsschutzes bei der Arbeit an Bildschirmgeräten (Fünfte Einzelrichtlinie im Sinne von Artikel 16 Absatz 1 der Richtlinie 89/391/EWG) (ABl. EG Nr. L 156 S. 14) und
3. der EU-Richtlinie 92/58/EWG des Rates vom 24. Juni 1992 über Mindestvorschriften für die Sicherheits- und/oder Gesundheitsschutzkennzeichnung am Arbeitsplatz (Neunte Einzelrichtlinie im Sinne des Artikels 16 Absatz 1 der Richtlinie 89/391/EWG) (ABl. EG Nr. L 245 S. 23) und
4. des Anhangs IV (Mindestvorschriften für Sicherheit und Gesundheitsschutz auf Baustellen) der EU-Richtlinie 92/57/EWG des Rates vom 24. Juni 1992 über die auf zeitlich begrenzte oder ortsveränderliche Baustellen anzuwendenden Mindestvorschriften für die Sicherheit und den Gesundheitsschutz (Achte Einzelrichtlinie im Sinne des Artikels 16 Absatz 1 der Richtlinie 89/391/EWG) (ABl. EG Nr. L 245 S. 6).

32) Änderungen der ArbStättV:
- Erste Änderung: Neunte Zuständigkeitsanpassungsverordnung vom 31. Oktober 2006 (BGBl. I S. 2407), Abschnitt 2 Artikel 388,
- Zweite Änderung: Verordnung zur Umsetzung der EG-Richtlinien 2002/44/EG und 2003/10/EG zum Schutz der Beschäftigten vor Gefährdungen durch Lärm und Vibrationen vom 6. März 2007 (BGBl. I S. 261), Artikel 6 Absatz 4,
- Dritte Änderung: Gesetz zum Schutz vor den Gefahren des Passivrauchens vom 20. Juli 2007 (BGBl. I S. 1595), Artikel 2,
- Vierte Änderung: Verordnung zur Rechtsvereinfachung und Stärkung der arbeitsmedizinischen Vorsorge vom 18. Dezember 2008 (BGBl. I S. 2768), Artikel 9,
- Fünfte Änderung: Verordnung zur Umsetzung der Richtlinie 2006/25/EG zum Schutz der Arbeitnehmer vor Gefährdungen durch künstliche optische Strahlung und zur Änderung von Arbeitsschutzverordnungen vom 19. Juli 2010 (BGBl. I S. 960), Artikel 4,
- Sechste Änderung: Zehnte Zuständigkeitsanpassungsverordnung vom 31. August 2015 (BGBl. I S. 1474), Artikel 282,
- Siebte Änderung: Verordnung zur Änderung von Arbeitsschutzverordnungen vom 30. November 2016 (BGBl. I S. 2681), Artikel 1,
- Achte Änderung: Verordnung zur Änderung der Gesundheitsschutz-Bergverordnung sowie weiterer berg- und arbeitsschutzrechtlicher Verordnungen vom 18. Oktober 2017 (BGBl. I S. 3584), Artikel 5 Absatz 1.
- Neunte Änderung: Elfte Zuständigkeitsanpassungsverordnung vom 19, Juni 2020 ((BGBl. I S. 1328), Artikel 226,
- Zehnte Änderung: Gesetz zur Verbesserung des Vollzugs im Arbeitsschutz (Arbeitsschutzkontrollgesetz) vom 22. Dezember 2020 (BGBl. I S. 3334), Artikel 4,
- Elfte Änderung: Gesetz zum kontrollierten Umgang mit Cannabis und zur Änderung weiterer Vorschriften (Cannabisgesetz – CanG) vom 27. März 2024 (BGBl. I 2024 Nr. 109), Artikel 10.

33) Die Verordnung ist Art. 1 der Verordnung über Arbeitsstätten vom 12. August 2004 (BGBl. I S. 2179). Sie ist am 25. August 2004 in Kraft getreten.

34) Gesetz zum kontrollierten Umgang mit Cannabis und zur Änderung weiterer Vorschriften (Cannabisgesetz – CanG) vom 27. März 2024 (BGBl. I 2024 Nr. 109), Artikel 10.

Aufgrund des § 18 des Arbeitsschutzgesetzes vom 7. August 1996 (BGBl. I S. 1246), der zuletzt durch Artikel 179 der Verordnung vom 25. November 2003 (BGBl. I S. 2304) geändert worden ist, verordnet die Bundesregierung sowie aufgrund des § 66 Satz 3 und des § 68 Abs. 2 Nr. 3 des Bundesberggesetzes vom 13. August 1980 (BGBl. I S. 1310), von denen § 66 Satz 3 durch Artikel 8 Nr. 2 des Gesetzes vom 6. Juni 1995 (BGBl. I S. 778) eingefügt und § 68 Abs. 2 zuletzt durch Artikel 123 Nr. 2 Buchstabe a der Verordnung vom 25. November 2003 (BGBl. I S. 2304) geändert worden sind, verordnet das Bundesministerium für Wirtschaft und Arbeit:

§ 1
Ziel, Anwendungsbereich

(1) Diese Verordnung dient der Sicherheit und dem Schutz der Gesundheit der Beschäftigten beim Einrichten und Betreiben von Arbeitsstätten.

(2) Für folgende Arbeitsstätten gelten nur § 5[36] und der Anhang Nummer 1.3[37]:
1. Arbeitsstätten im Reisegewerbe und im Marktverkehr[38],
2. Transportmittel[39], die im öffentlichen Verkehr eingesetzt werden,

---

[35] Inhaltsverzeichnis für den Anhang s. S. 38.

[36] Die Bestimmungen zum Nichtraucherschutz gelten auch in den vom Anwendungsbereich ausgenommenen Arbeitsstätten, so im Reisegewerbe, im Marktverkehr, in den im öffentlichen Verkehr eingesetzten Transportmitteln und außerhalb der bebauten Flächen land- und forstwirtschaftlicher Betriebe.

[37] Ergänzt durch Art. 4 Nr. 2 der Verordnung vom 19.7.2010 (s. FN 32) – damit gelten die Bestimmungen zur Sicherheits- und/oder Gesundheitsschutzkennzeichnung auch für die vom Anwendungsbereich ansonsten ausgenommenen Arbeitsstätten.

[38] Die Begriffe Reisegewerbe und Marktverkehr sind in Titel III und IV der Gewerbeordnung definiert. Hier werden die Ausübung des Reiseverkehrs und das Abhalten von Märkten geregelt. I. w. handelt es sich beim Reisegewerbe darum, dass Personen außerhalb eigener Räume, zumeist an wechselnden Orten, Waren und Dienstleistungen anbieten und Schaustellungen oder Aufführungen darbieten, z. B. Verkaufsstände und Schausteller auf Schützenfesten und anderen Volksfesten. Zum Reisegewerbe im Sinne der Titel III und IV GewO gehören jedoch nicht Reisebüros und Reiseunternehmen, die für Dritte Reisen vermitteln und durchführen. Diese Betriebe fallen mit ihren räumlichen Einrichtungen ohne Einschränkung unter den Geltungsbereich der ArbStättV.

[39] Transportmittel sind Straßen-, Schienen-, Luft- und Wasserfahrzeuge im öffentlichen Verkehr (s. Amtl. Begr. Teil B Nr. 1 BR-DS 450/04; abgedr. in Opfermann/Streit: Arbeitsstätten, Loseblattwerk mit Kommentar, 3. Aufl., Landsberg 2025 unter OZ 1110; sonstige Wasserfahrzeuge mit Beschäftigten (z. B. Schwimmbagger, festliegende Hotelschiffe) fallen in den Geltungsbereich der ArbStättV). Fahrzeuge im öffentlichen Verkehr unterliegen im Übrigen dem Verkehrsrecht.

3. Felder, Wälder und sonstige Flächen, die zu einem land- oder forstwirtschaftlichen Betrieb gehören, aber außerhalb der von ihm bebauten Fläche liegen[40].

(3) Für Gemeinschaftsunterkünfte[41] außerhalb des Geländes eines Betriebes oder einer Baustelle gelten nur
1. § 3,
2. § 3a und
3. Nummer 4.4 des Anhangs.

(4) [1]Für Telearbeitsplätze[42] [43] [44] [45] gelten nur

---

[40] Somit werden vorrangig nur solche Arbeitsplätze vom Geltungsbereich der Verordnung erfasst, die sich unmittelbar auf einem (bebauten) Betriebsgelände im Freien befinden. Bei landwirtschaftlichen Betrieben handelt es sich im Wesentlichen um das Hofgelände, bei forstwirtschaftlichen Betrieben üblicherweise um abgegrenzte Flächen mit ortsfesten, dauerhaft errichteten baulichen Anlagen und Betriebseinrichtungen (Hallen für den Fuhr- und Maschinenpark, Lagerschuppen, Sägewerke, Silos usw.), also einem Bauhof vergleichbare Flächen. Solches landwirtschaftliches bzw. forstwirtschaftliches Betriebsgelände mit seinen baulichen Anlagen und Betriebseinrichtungen, den eingerichteten ortsfesten oder ortsveränderlichen Arbeitsplätzen sowie den Verkehrswegen und Verkehrsflächen erfüllt die Voraussetzungen des § 2 Abs. 1 Nr. 1 und 2 ArbStättV.

[41] Abs. 3 wurde im Rahmen der 10. Änderung der ArbStättV vor dem Hintergrund der bei Kontrollen in der Fleischwirtschaft angetroffenen zum Teil menschenunwürdigen Arbeits- und Unterkunftsbedingungen von zumeist südosteuropäischen Werkvertragsarbeitnehmern neu in die ArbStättV aufgenommen. Mit der Änderung wird der Regelungsumfang der ArbStättV auf die in § 2 Abs. 8 neu definierten „Gemeinschaftsunterkünfte" (s. FN 70) ausgeweitet. Zugleich wird die Anwendung der ArbStättV für diese Gemeinschaftsunterkünfte auf ausgewählte Anforderungen, die die Durchführung einer Gefährdungsbeurteilung nach § 3 und die Festlegung von Maßnahmen zum sicheren und gesundheitsgerechten Einrichten und Betreiben nach § 3a umfassen, begrenzt. Dabei sind die in Nummer 4.4 des Anhangs enthaltenen Schutzzielbestimmungen für Unterkünfte zwingend zu beachten.

[42] Der Anwendungsbereich für die mit der siebten Änderung 2016 (s. FN 32) neu in die ArbStättV aufgenommenen und definierten Telearbeitsplätze (zur Definition s. § 2 Abs. 7) wird im Wesentlichen auf Anforderungen für Bildschirmarbeitsplätze beschränkt. Dabei stehen die Einrichtung und die Ausstattung des Bildschirmarbeitsplatzes mit Mobiliar, sonstigen Arbeitsmitteln und Kommunikationsgeräten im Vordergrund. Es gelten für Telearbeitsplätze nur die Anforderungen des § 3 (Gefährdungsbeurteilung) bei der erstmaligen Beurteilung der Arbeitsbedingungen, der § 6 (Unterweisung) und die Nr. 6 des Anhanges der Verordnung (Maßnahmen zur Gestaltung von Bildschirmarbeitsplätzen). Die Beurteilung des Telearbeitsplatzes ist erforderlich, soweit dieser häusliche Arbeitsplatz von dem im Betrieb abweicht. Die Arbeitsbedingungen am Bildschirmarbeitsplatz zuhause müssen aber nicht genau den Bedingungen im Betrieb entsprechen. Der Arbeitgeber darf die Eigenart von Telearbeitsplätzen – Arbeiten in Privaträumen – berücksichtigen. Der Telearbeitsplatz muss sicher und geeignet für die Art der Tätigkeit (Bildschirmarbeit) sein; die Gesundheit der Beschäftigten darf nicht gefährdet werden (s. auch amtl. Begr., in Opfermann/Streit: Arbeitsstätten, Loseblattwerk mit Kommentar, 3. Aufl., Landsberg 2022 unter OZ 1180.1 Nr. 2).

[43] Telearbeitsplätze waren bereits bis zur Novellierung der ArbStättV 2004 im Anwendungsbereich der ArbStättV enthalten. 2004 ist die Verordnung nahezu wortgleich (1:1) an die Mindestvorschriften der EG-Arbeitsstättenrichtlinie angepasst worden. Damit waren seither Telearbeitsplätze im „privaten" Bereich aus dem Anwendungsbereich der ArbStättV ausgenommen. Geblieben waren die Pflichten nach dem ArbSchG und der BildscharbV. Die Pflichten aus der BildscharbV wurden mit der Novellierung 2016 im Zusammenhang mit der vollständigen Überführung der BildscharbV in die ArbStättV übernommen.

1. § 3 bei der erstmaligen Beurteilung der Arbeitsbedingungen und des Arbeitsplatzes,
2. § 6 und der Anhang Nummer 6,

soweit der Arbeitsplatz von dem im Betrieb abweicht. [2]Die in Satz 1 genannten Vorschriften gelten, soweit Anforderungen unter Beachtung der Eigenart von Telearbeitsplätzen auf diese anwendbar sind.

(5) Der Anhang Nummer 6 gilt nicht für

1. Bedienerplätze von Maschinen oder Fahrerplätze von Fahrzeugen mit Bildschirmgeräten,
2. tragbare Bildschirmgeräte für die ortsveränderliche Verwendung, die nicht regelmäßig an einem Arbeitsplatz verwendet werden,
3. Rechenmaschinen, Registrierkassen oder andere Arbeitsmittel mit einer kleinen Daten- oder Messwertanzeigevorrichtung, die zur unmittelbaren Benutzung des Arbeitsmittels erforderlich ist und
4. Schreibmaschinen klassischer Bauart mit einem Display[46)].

(6) Diese Verordnung ist für Arbeitsstätten in Betrieben, die dem Bundesberggesetz unterliegen, nur für Bildschirmarbeitsplätze einschließlich Telearbeitsplätze anzuwenden[47)].

---

44) Der umgangssprachliche, weil bisher nicht legal definierte Begriff „Mobiles Arbeiten" (dazu gehört als eine Sonderform auch das vielfach als „Homeoffice" bezeichnete zeitweilige Arbeiten in der Wohnung des Beschäftigten ohne Einrichtung eines Telearbeitsplatzes) unterliegt nicht der ArbStättV und ist bislang weder in einem Gesetz noch in einer Verordnung ausdrücklich geregelt. Gleichwohl hat der Arbeitgeber die Regelungen des Arbeitsschutzgesetzes, der Betriebssicherheitsverordnung und des Arbeitszeitgesetzes zu beachten, soweit er Beschäftigte verpflichtet, beauftragt oder es ihnen ermöglicht, bestimmte Aufgaben „mobil" zu erledigen. Der Arbeitgeber hat dann technische und organisatorische Maßnahmen zu treffen wie die Durchführung einer Gefährdungsbeurteilung (z. B. Arbeitsmittel, physische und psychische Belastungen, Arbeitszeit), das Bereitstellen von für die Arbeitsaufgabe geeigneten, ergonomisch gestalteten, sicheren Arbeitsmitteln sowie die Unterweisung vor Aufnahme der Tätigkeit, die danach mindestens jährlich zu wiederholen ist. Informationen zur mobilen Arbeit können den „Empfehlungen des Ausschusses für Arbeitsstätten (ASTA) zur Abgrenzung von mobiler Arbeit und Telearbeitsplätzen gemäß Definition in § 2 Abs. 7 ArbStättV" entnommen werden.

45) Es bestehen begründete Zweifel, ob die mit der siebten Änderung 2016 (s. FN 32) verbundene Beschränkung der Anforderungen für Bildschirmarbeit auf deren Verrichtung in eng definierten Arbeitsstätten oder an Telearbeitsplätzen in Einklang mit der grundsätzlich generell für alle Tätigkeiten mit Bildschirmgeräten geltenden Bildschirmrichtlinie 90/270/EWG steht. Denn diese Richtlinie sieht anders als die Arbeitsstättenrichtlinie 89/654/EWG keine Einschränkung auf die Räumlichkeiten des Arbeitgebers vor. Somit wäre die Bildschirmrichtlinie auch für das so genannte „Homeoffice" und weitere Formen mobiler Bildschirmarbeit umzusetzen. Hieraus ergibt sich in der Bundesrepublik Deutschland derzeitig offensichtlich eine Regelungslücke für „Homeoffice"-Arbeitsplätze, an denen Bildschirmarbeit geleistet wird (s. auch Aligbe P.: Regelungslücken bei der Arbeitsform „Homeoffice"?, sicher ist sicher, 11-24, S. 501 ff.).

46) Mit der siebten Änderung der ArbStättV 2016 (s. FN 32) sind die Inhalte der BildscharbV vollständig integriert worden. Die im Jahr 1996 als Umsetzung der Richtlinie 90/270/EWG über die Mindestvorschriften bezüglich der Sicherheit und des Gesundheitsschutzes bei der Arbeit an Bildschirmgeräten erlassene BildscharbV wurde zugleich außer Kraft gesetzt. Die Einschränkungen des Geltungsbereichs der BildscharbV wurden – soweit sie den Anwendungsbereich der ArbStättV berühren – inhaltsgleich übernommen.

47) Mit der achten Änderung der ArbStättV 2017 wurde mit Artikel 5 der Verordnung zur Änderung der Gesundheitsschutz-Bergverordnung – siehe FN 32 – der bis dahin gültige Ausschluss von Arbeitsstätten, die dem Bundesberggesetz unterliegen, dahingehend aufgehoben, dass die Bestimmungen der ArbStättV hinsichtlich der Anforderungen an Bildschirmarbeitsplätze einschließlich Telearbeitsplätze auch in den dem Bundesberggesetz unterliegenden Arbeitsstätten vollständig anzuwenden sind.

(7) [1]Das Bundeskanzleramt, das Bundesministerium des Innern, für Bau und Heimat, das Bundesministerium für Verkehr und digitale Infrastruktur, das Bundesministerium für Umwelt, Naturschutz und nukleare Sicherheit, das Bundesministerium der Verteidigung oder das Bundesministerium der Finanzen können, soweit sie hierfür jeweils zuständig sind, im Einvernehmen mit dem Bundesministerium für Arbeit und Soziales und, soweit nicht das Bundesministerium des Innern, für Bau und Heimat selbst zuständig ist, im Einvernehmen mit dem Bundesministerium des Innern, für Bau und Heimat Ausnahmen von den Vorschriften dieser Verordnung zulassen, soweit öffentliche Belange dies zwingend erfordern, insbesondere zur Aufrechterhaltung oder Wiederherstellung der öffentlichen Sicherheit. [2]In diesem Fall ist gleichzeitig festzulegen, wie die Sicherheit und der Schutz der Gesundheit der Beschäftigten nach dieser Verordnung auf andere Weise gewährleistet werden.

§ 2
Begriffsbestimmungen

(1) Arbeitsstätten sind:

1. Arbeitsräume oder andere Orte in Gebäuden[48)] auf dem Gelände eines Betriebes,
2. Orte im Freien auf dem Gelände eines Betriebes[49)],
3. Orte auf Baustellen[50)],

sofern sie zur Nutzung für Arbeitsplätze[51)] vorgesehen sind.

---

48) „Andere Orte in Gebäuden" sind z. B. Informationsschalter/Rezeption in der Eingangs-/Empfangshalle, der Kassenschalter in der Tiefgarage usw.

49) Außer den Arbeitsplätzen im Freien, die im Zusammenhang mit Arbeitsräumen in einem Gebäude stehen, z. B. auf Betriebshöfen, Lagerplätzen, Werkstoff-/Abfallsammelplätzen, Schrottplätzen, auf Umschlagplätzen für Massengüter oder im Werkbahnbetrieb, gelten als Arbeitsstätte auch die Arbeitsplätze in Steinbrüchen, Sand- oder Kiesgruben und sonstigen Gewinnungsbetrieben der Steine- und Erdenindustrie, soweit sie nicht unter das Bergrecht fallen (s. § 1 Abs. 5). Abfalldeponien und Bitumenmischanlagen mit den dort im Freien eingerichteten Arbeitsplätzen sind ebenfalls Arbeitsstätten. Dabei ist es unerheblich, ob das Gelände im Eigentum des Arbeitgebers steht, von ihm gepachtet bzw. angemietet ist oder von ihm nur für seine betrieblichen Zwecke genutzt wird. So unterliegen beispielsweise eine Betonmischanlage auf fremdem Betriebsgelände oder Lagerräume und Werkstätten eines fremden Betriebes auf dem Gelände eines Hafens oder Flugplatzes der ArbStättV. Es spielt auch keine Rolle, ob auf dem Betriebsgelände Gebäude stehen oder ob das Gelände eingefriedet ist (z. B. Lagerflächen außerhalb von Ortschaften). Der Verordnungsgeber ist davon ausgegangen, dass der Arbeitgeber auf die Arbeitsplätze auf betrieblichem Gelände üblicherweise Einfluss nehmen und damit auch die Bestimmungen der ArbStättV erfüllen kann.

50) Nach § 1 Abs. 3 der Verordnung über Sicherheit und Gesundheitsschutz auf Baustellen (Baustellenverordnung – BaustellV) ist eine Baustelle der Ort, an dem ein Bauvorhaben ausgeführt wird. Ein Bauvorhaben ist das Vorhaben, eine oder mehrere bauliche Anlagen zu errichten, zu ändern oder abzubrechen. Mangels weiterer Definition liegt im Sinne der ArbStättV immer dann eine Baustelle vor, wenn dort Bauarbeiten durch Beschäftigte gemäß § 2 Abs. 2 ArbSchG durchgeführt werden. Die Baustelle ist i. d. R. wie das Betriebsgelände örtlich begrenzt und zumindest zeitweise ortsfest. Der Arbeitgeber kann Einrichtung, Ausstattung und Unterhaltung unmittelbar beeinflussen. Unter den genannten Bedingungen sind die Anforderungen der ArbStättV anzuwenden.

(2) Zur Arbeitsstätte gehören insbesondere auch:
1. Orte auf dem Gelände eines Betriebes oder einer Baustelle, zu denen Beschäftigte im Rahmen ihrer Arbeit Zugang haben[52],
2. Verkehrswege[53], Fluchtwege[54], Notausgänge[55], Lager-, Maschinen- und Nebenräume, Sanitärräume[56], Kantinen[57], Pausen- und Bereitschaftsräume[58] [59], Erste-Hilfe-Räume[60], Unterkünfte[61]sowie

---

[51] Der Begriff des Arbeitsplatzes wird seit der siebten Änderung der ArbStättV 2016 (s. FN 32) im Gegensatz zu der bisherigen Definition unabhängig von der auslegungsbedürftigen Einschränkung „... regelmäßig über einen längeren Zeitraum oder im Verlauf der täglichen Arbeitszeit nicht nur kurzfristig..." festgelegt. Dieser Arbeitsplatzbegriff wurde in der betrieblichen Praxis regelmäßig so ausgelegt, dass die ArbStättV nur für Arbeitsplätze gilt, an denen Beschäftigte mindestens 2 Stunden täglich oder an mehr als 30 Tagen im Jahr tätig werden. Eine solche Auslegung bedeutet aber, dass z. B. viele Arbeitsplätze auf Baustellen – insbesondere zeitlich begrenzte oder ortsveränderliche Baustellen – keine Arbeitsplätze im Sinne dieser Verordnung sind. Derartig kurzzeitige Arbeiten prägen aber nicht nur die Arbeiten im Bereich von Reparatur und Instandhaltung von Bauwerken, sondern sind auch beim Errichten und beim Rückbau von Bauwerken und im Straßenbau verfahrenstypisch und damit auf Baustellen allgegenwärtig. Aus diesem und weiteren Gründen, die in der Begründung zur Änderung der Verordnung (s. auch amtl. Begr., in Opfermann/Streit: Arbeitsstätten, Loseblattwerk mit Kommentar, 3. Aufl., Landsberg 2025 unter OZ 1180.1 Nr. 3) dargelegt sind, enthält die neue Definition des Arbeitsplatzes keinen Zeitbezug mehr. Die Änderung führte zur Notwendigkeit einer Anpassung vieler Regeln für Arbeitsstätten.

[52] Hierzu gehören z. B. auch Windkraftanlagen im Außenbereich, da sie als bauliche Anlage auf einer örtlich begrenzten Fläche (Betriebsgelände) errichtet sind, zu welcher der Arbeitgeber Zugriff hat und zu der seine Beschäftigten, z. B. im Rahmen der Instandhaltung, Zugang haben.

[53] Verkehrswege sind nach Definition in Abschn. 3.1 der ASR A1.8 „Verkehrswege" für den Fußgänger- oder Fahrzeugverkehr (personengesteuert oder automatisiert) oder für die Kombination aus beiden bestimmte Bereiche in Gebäuden oder im Freien auf dem Gelände eines Betriebes oder auf Baustellen. Dazu gehören insbesondere Flure, Gänge einschließlich Laufstege und Fahrsteige, Bühnen und Galerien, Treppen, ortsfeste Steigleitern, Steigeisengänge und Laderampen. Verkehrswege sind keine Arbeitsplätze. Auf Verkehrswegen können jedoch temporär Arbeitsplätze eingerichtet werden. Dies ist insbesondere auf Baustellen häufig notwendig.

[54] Fluchtwege sind Verkehrswege, an die besondere Anforderungen zu stellen sind; sie dienen der Flucht aus einem möglichen Gefahrenbereich und i. d. R. zugleich der Rettung von Personen. Fluchtwege müssen bevorzugt unmittelbar ins Freie führen. Nur falls dies aus bestimmten Gründen nicht möglich ist, dürfen die Fluchtwege in einem gesicherten Bereich der Arbeitsstätte enden. Fluchtwege sind auch die im Bauordnungsrecht definierten Rettungswege, sofern diese selbstständig begangen werden können. Ein Fluchtweg i. S. der ArbStättV setzt eine jederzeit selbstständige Benutz- bzw. Begehbarkeit durch die Beschäftigten oder andere Personen voraus (ausführlicher in Opfermann/Streit, Loseblattwerk mit Kommentar, 3. Aufl., Landsberg 2025 unter OZ 3100, 4100).

[55] Ein Notausgang ist nach der Definition in Abschn. 3.9 der ASR A2.3 „Fluchtwege und Notausgänge" ein Ausgang im Verlauf eines Hauptfluchtweges, der direkt ins Freie oder in einen gesicherten Bereich führt. Gesicherter Bereich ist ein Bereich, in dem Personen vorübergehend vor einer unmittelbaren Gefahr für Leben und Gesundheit geschützt sind. Als gesicherte Bereiche innerhalb von Gebäuden gelten nach Definition in Abschn. 3.7 insbesondere benachbarte Brandabschnitte und notwendige Treppenräume nach dem Bauordnungsrecht. Als gesicherter Bereich außerhalb von Gebäuden können z. B. Außentreppen, begehbare Dachflächen oder offene Gänge gelten, wenn diese im Gefahrenfall ausreichend lang sicher benutzbar sind und ins Freie führen.

[56] Sanitärräume sind nach der Definition in Abschn. 3.1 der ASR A4.1 „Sanitärräume" Umkleide-, Wasch- und Toilettenräume.

[57] Kantinen, also Einrichtungen zur Einnahme von Speisen und Getränken, sind mit der siebten Änderung der ArbStättV 2016 (s. FN 32) neu in die Aufzählung der zur Arbeitsstätte gehörenden Wege, Ausgänge und Räume aufgenommen worden.

[58] Pausenräume sind nach der Definition in Abschn. 3.1 der ASR A4.2 „Pausen- und Bereitschaftsräume" allseits umschlossene Räume, die der Erholung oder dem Aufenthalt der Beschäftigten während der Pause oder bei Arbeitsunterbrechung dienen. Insbesondere für Arbeitsstätten im Freien oder auf Baustellen können dies z. B. auch Räume in vorhandenen Gebäuden sowie in Baustellenwagen, absetzbaren Baustellenwagen oder in Containern sein.

3. Einrichtungen, die dem Betreiben der Arbeitsstätte dienen, insbesondere Sicherheitsbeleuchtungen, Feuerlöscheinrichtungen, Versorgungseinrichtungen, Beleuchtungsanlagen, raumlufttechnische Anlagen, Signalanlagen, Energieverteilungsanlagen, Türen und Tore, Fahrsteige, Fahrtreppen, Laderampen und Steigleitern[62].

(3) Arbeitsräume sind die Räume, in denen Arbeitsplätze innerhalb von Gebäuden dauerhaft eingerichtet sind[63].

(4) Arbeitsplätze sind Bereiche, in denen Beschäftigte im Rahmen ihrer Arbeit tätig sind[64].

(5) Bildschirmarbeitsplätze sind Arbeitsplätze, die sich in Arbeitsräumen befinden und die mit Bildschirmgeräten und sonstigen Arbeitsmitteln ausgestattet sind[65].

(6) Bildschirmgeräte sind Funktionseinheiten, zu denen insbesondere Bildschirme zur Darstellung von visuellen Informationen, Einrichtungen zur Datenein- und -ausgabe, sonstige

---

59) Bereitschaftsräume sind nach der Definition in Abschn. 3.3 der ASR A4.2 „Pausen- und Bereitschaftsräume" allseits umschlossene Räume, die dem Aufenthalt der Beschäftigten während der Arbeitsbereitschaft oder bei Arbeitsunterbrechungen dienen. Insbesondere für Arbeitsstätten im Freien oder auf Baustellen können dies z. B. auch Räume in vorhandenen Gebäuden sowie in Baustellenwagen, absetzbaren Baustellenwagen oder in Containern sein.

60) Erste-Hilfe-Räume und vergleichbare Einrichtungen sind nach der Definition in Abschn. 3.9 der ASR A4.3 „Erste-Hilfe-Räume, Mittel und Einrichtungen zur Ersten Hilfe" speziell vorgesehene Räume, in denen bei einem Unfall oder bei einer Erkrankung im Betrieb Erste Hilfe geleistet oder die ärztliche Erstversorgung durchgeführt werden kann. Den Erste-Hilfe-Räumen vergleichbare Einrichtungen sind z. B. Rettungsfahrzeuge, transportable Raumzellen (Erste-Hilfe-Container) oder Arztpraxisräume. Als vergleichbare Einrichtungen gelten auch besonders eingerichtete, vom übrigen Raum abgetrennte Erste-Hilfe-Bereiche.

61) Unterkünfte sind nach Definition in Abschn. 3.1 der ASR A4.4 „Unterkünfte" Räume, die den Beschäftigten zu Wohnzwecken in der Freizeit dienen. Hierzu zählen auch Baracken, Wohncontainer, Wohnwagen und andere Raumzellen.

62) Die nicht abschließende Aufführung von zur Arbeitsstätte gehörenden Einrichtungen stellt seit der siebten Änderung 2016 (s. FN 32) eine Erweiterung zur vorhergehenden Fassung der ArbStättV dar. Sie dient nach amtlicher Begründung der Anwenderfreundlichkeit und Klarstellung. Zu den Einrichtungen gehören z. B. auch Fenster und Oberlichter, das Mobiliar in den Räumen oder Einrichtungen zum Erwärmen oder Kühlen von Speisen und Getränken.

63) Die Definition für „Arbeitsräume" wurde seit 2004 nicht geändert. Unter den Begriff fallen z. B. auch Container, Traglufthallen oder andere umschlossene Räume, in denen Arbeitsplätze dauerhaft eingerichtet sind (s. auch amtl. Begr., a. a. O.). Als dauerhaft eingerichtet gelten Arbeitsplätze, wenn die für die Arbeitsverrichtung notwendigen Einrichtungsgegenstände, Arbeitsmittel und technischen Installationen nicht nur vorübergehend am Arbeitsplatz verfügbar sind. Auf die tatsächliche Nutzungszeit des Arbeitsplatzes durch einzelne oder mehrere Beschäftigte kommt es dabei nicht an. So ist der Arbeitsplatz des Lehrers in einem Klassenraum ein dauerhaft eingerichteter Arbeitsplatz, obwohl dieser Arbeitsplatz von dem einzelnen Lehrer ggf. nur für wenige Stunden am Tag genutzt wird.

64) Durch die mit der siebten Änderung der ArbStättV 2016 (s. FN 32) vorgenommene Neudefinition für den Begriff „Arbeitsplatz" wurde die bis dahin geltende Einschränkung „... regelmäßig über einen längeren Zeitraum oder im Verlauf der täglichen Arbeitszeit nicht nur kurzfristig ..." aufgehoben. Demzufolge war nach regelmäßiger Auslegung die ArbStättV für Arbeitsplätze einschlägig, an denen Beschäftigte mindestens zwei Stunden täglich oder an mehr als 30 Tagen im Jahr tätig wurden. Im Gegensatz dazu wird nun auf den tatsächlichen Aufenthalt der Beschäftigten am Ort der Arbeitstätigkeit und nicht auf eine Mindestdauer dieses Aufenthalts abgestellt. Im Mittelpunkt steht das „ob" und nicht das „wie lange" oder „wie oft" (s. auch amtl. Begr., a. a. O.).

65) Mit der siebten Änderung der ArbStättV 2016 (s. FN 32) wurde die Begriffsbestimmung für Bildschirmarbeitsplätze aus der BildscharbV übernommen. Danach sind Bildschirmarbeitsplätze im Sinne der ArbStättV ausschließlich die in Arbeitsräumen dauerhaft mit nach § 2 Abs. 6 definierten Bildschirmgeräten ausgerüsteten Arbeitsplätze. Eine Ausnahme besteht lediglich für die in § 2 Abs. 7 definierten Telearbeitsplätze.

Steuerungs- und Kommunikationseinheiten (Rechner) sowie eine Software zur Steuerung und Umsetzung der Arbeitsaufgabe gehören[66].

(7) [1]Telearbeitsplätze sind vom Arbeitgeber fest eingerichtete Bildschirmarbeitsplätze im Privatbereich der Beschäftigten, für die der Arbeitgeber eine mit den Beschäftigten vereinbarte wöchentliche Arbeitszeit und die Dauer der Einrichtung festgelegt hat. [2]Ein Telearbeitsplatz ist vom Arbeitgeber erst dann eingerichtet, wenn Arbeitgeber und Beschäftigte die Bedingungen der Telearbeit arbeitsvertraglich oder im Rahmen einer Vereinbarung festgelegt haben und die benötigte Ausstattung des Telearbeitsplatzes mit Mobiliar, Arbeitsmitteln einschließlich der Kommunikationseinrichtungen durch den Arbeitgeber oder eine von ihm beauftragte Person im Privatbereich des Beschäftigten bereitgestellt und installiert ist[67] [68].

(8) Gemeinschaftsunterkünfte im Sinne dieser Verordnung sind Unterkünfte innerhalb oder außerhalb des Geländes eines Betriebes oder einer Baustelle, die

1. den Beschäftigten durch den Arbeitgeber oder auf dessen Veranlassung durch Dritte entgeltlich oder unentgeltlich zur Verfügung gestellt werden und
2. von mehreren Beschäftigten und insgesamt von mindestens vier Personen gemeinschaftlich genutzt werden[69].

---

[66] Die Definition der Bildschirmgeräte trägt dem Fortschritt der Informationstechnologie Rechnung. Wichtige Bestandteile sind dabei auch die Funktionseinheiten, die neben dem eigentlichen Bildschirmgerät zum IT-Inventar gehören (Computer, Tastatur, Maus, Drucker, Scanner etc.). sowie die für die Aufgabenumsetzung erforderliche Software. Ergänzend hierzu wird auf Anh. Nr. 6 ArbStättV (s. auch amtl. Begr., a. a. O. und FN 290 ff.) sowie auf die ASR A6 „Bildschirmarbeit" (s. S. 586) verwiesen.

[67] Die Definition der Telearbeitsplätze berücksichtigt die Entwicklung der modernen Arbeitswelt, die sich zunehmend auf die Be- und Verarbeitung von Daten bezieht. Entsprechende Tätigkeiten können von den Beschäftigten mittels IT-Technik und Datenverbindungen auch ortsungebunden, also im Privatbereich, ausgeübt werden. Unbedingte Voraussetzungen der Telearbeit sind zum einen eine arbeitsvertragliche Regelung und zum anderen die Bereitstellung aller benötigten Arbeitsmittel durch den Arbeitgeber (s. auch amtl. Begr., a. a. O.).

[68] Mit der Definition des Telearbeitsplatzes wird klargestellt, dass beruflich bedingte Formen mobiler Arbeit mit mobilen Endgeräten vom Anwendungsbereich der ArbStättV ausgenommen sind. Sie gilt somit nicht für das Arbeiten mit dem Laptop oder Smartphone an anderen Orten, etwa bei Dienstreisen oder unterwegs in Transportmitteln. Auch für zeitweiliges Arbeiten im Wohnbereich (Homeoffice) ohne Erfüllung der Voraussetzungen für einen Telearbeitsplatz sind die Bestimmungen nicht anwendbar. Für alle Formen beruflich bedingter mobiler Arbeit gelten aber weiterhin die Regelungen des Arbeitsschutzgesetzes und des Arbeitszeitgesetzes. Insoweit hat der Arbeitgeber auch für mobile Arbeitsformen eine Gefährdungsbeurteilung durchzuführen und Maßnahmen des Arbeitsschutzes festzulegen. Indirekt wird er damit die dem Stand der Technik und arbeitswissenschaftlichen Erkenntnissen entsprechenden Inhalte der ASR A6 „Bildschirmarbeit" (s. S. 586) auch für Formen mobiler Arbeit mit Bildschirmgeräten heranziehen müssen.

(9) [1]Einrichten[70)] ist das Bereitstellen und Ausgestalten der Arbeitsstätte. [2]Das Einrichten umfasst insbesondere:
1. bauliche Maßnahmen oder Veränderungen,
2. das Ausstatten mit Maschinen, Anlagen, anderen Arbeitsmitteln und Mobiliar sowie mit Beleuchtungs-, Lüftungs-, Heizungs-, Feuerlösch- und Versorgungseinrichtungen,
3. das Anlegen und Kennzeichnen von Verkehrs- und Fluchtwegen sowie das Kennzeichnen von Gefahrenstellen und brandschutztechnischen Ausrüstungen und
4. das Festlegen von Arbeitsplätzen.

(10) Das Betreiben von Arbeitsstätten umfasst das Benutzen, Instandhalten und Optimieren[71)] der Arbeitsstätten sowie die Organisation und Gestaltung der Arbeit einschließlich der Arbeitsabläufe in Arbeitsstätten[72)].

---

69) Der Begriff der Gemeinschaftsunterkunft wurde mit der zehnten Änderung der ArbStättV 2020 (s. FN 32) zur besseren Fokussierung der Anforderungen bei der Unterbringung von mehreren Beschäftigten (ggf. auch unterschiedlicher Arbeitgeber) auch außerhalb des Betriebsgeländes oder einer Baustelle eingeführt. Damit verfolgt der Verordnungsgeber das klare Ziel, die Unterbringung von Beschäftigten in Form von Gemeinschaftsunterkünften – auch solchen außerhalb des Geländes eines Betriebs oder einer Baustelle – mit Mindestanforderungen zu belegen. Allerdings wurden die Anforderungen an Gemeinschaftsunterkünfte auch außerhalb des Geländes eines Betriebes oder einer Baustelle in Anbetracht der vielfältig möglichen Formen der Unterbringung, wie z. B. Hotels, Pensionen, angemietete Wohnungen, Ferienunterkünfte, Wohncontainer etc., auf die unter § 1 Abs. 3 Nr. 1 bis 3 ArbStättV genannten Anforderungen begrenzt. Dies begründet sich mit dem Umstand, dass der Arbeitgeber in unterschiedlichem Maße direkten Einfluss auf die bauliche Ausgestaltung, etwa einer baulichen Anlage auch außerhalb des Geländes eines Betriebs oder einer Baustelle, besitzt. Daher wurde die Definition mit drei Merkmalen versehen. Als Gemeinschaftsunterkünfte sind sowohl durch den Arbeitgeber selbst als auch auf dessen Veranlassung durch Dritte zur Verfügung gestellte Unterkünfte zu verstehen. Weiterhin wird klargestellt, dass es sich um eine Gemeinschaftsunterkunft handelt, soweit eine gemeinschaftliche Nutzung durch mehrere Beschäftigte und eine gesamte Nutzung der Unterkunft von mindestens vier Personen vorliegt. Das Kriterium wurde gewählt, um nicht jede Unterbringung im Zuge von Arbeitsaufenthalten (z. B. Einzel- oder Mehrbettzimmer in Hotels oder Pensionen) mit Anforderungen zu belegen, andererseits aber Mindestanforderungen an die Unterbringung von mehreren Beschäftigten außerhalb des Betriebsgeländes oder einer Baustelle in Form einer Gemeinschaftsunterkunft zu stellen. Hierbei hat sich der Verordnungsgeber an der maximalen Belegung eines Schlafbereiches entsprechend der ASR A4.4 „Unterkünfte" orientiert.

70) Der Begriff des Einrichtens und nicht des (eigentlich naheliegenden) Errichtens wurde insbesondere zur Abgrenzung des Arbeitsstättenrechts gegenüber dem Bauordnungsrecht der Länder gewählt. Zum einen muss der Arbeitgeber als Betreiber einer Arbeitsstätte nicht zugleich der Erbauer derselben sein, zum anderen kann sich eine Arbeitsstätte auch in einem Teilbereich eines Gebäudes, z. B. in einer Verwaltungsetage oder in einem Ladengeschäft, befinden. Der Arbeitgeber hat somit vielfach keinen Einfluss auf die Errichtung des Gebäudes, in dem die Arbeitsstätte untergebracht ist. Das gilt auch dann, wenn der Arbeitgeber nicht selbst Eigentümer der Arbeitsstätte ist. Dessen ungeachtet ist der Arbeitgeber als Normadressat der ArbStättV für das Einrichten der Arbeitsstätte gem. dieser Verordnung vollumfänglich verantwortlich.

71) Die mit der siebten Änderung der ArbstättV 2016 (s. FN 32) vorgenommene Erweiterung um „Optimieren der Arbeitsstätte" ist erforderlich, weil mit der Übernahme der BildscharbV auch die Organisation und die Gestaltung der Arbeit an Bildschirmgeräten in Arbeitsstätten beim Betreiben zu berücksichtigen sind. Der Arbeitgeber hat die Tätigkeiten an Bildschirmarbeitsplätzen während des Arbeitstages der Beschäftigten z. B. so zu organisieren, dass diese Arbeit regelmäßig durch „andere Tätigkeiten" (Mischarbeit) oder durch Erholungszeiten unterbrochen wird. Weiterhin wird mit der Erweiterung eine Konkretisierung der in § 5 Abs. 3 Nr. 4 ArbSchG aufgeführten Möglichkeit einer Gefährdung durch die Gestaltung von Arbeits- und Fertigungsverfahren, Arbeitsabläufen und Arbeitszeit und deren Zusammenwirken in der ArbStättV erreicht.

(11) Instandhalten[73] ist die Wartung, Inspektion, Instandsetzung oder Verbesserung der Arbeitsstätten zum Erhalt des baulichen und technischen Zustandes.

(12) [1]Stand der Technik ist der Entwicklungsstand fortschrittlicher Verfahren, Einrichtungen oder Betriebsweisen, der die praktische Eignung einer Maßnahme zur Gewährleistung der Sicherheit und zum Schutz der Gesundheit der Beschäftigten gesichert erscheinen lässt. [2]Bei der Bestimmung des Stands der Technik sind insbesondere vergleichbare Verfahren, Einrichtungen oder Betriebsweisen heranzuziehen, die mit Erfolg in der Praxis erprobt worden sind. [3]Gleiches gilt für die Anforderungen an die Arbeitsmedizin und die Hygiene[74].

(13) [1]Fachkundig ist, wer über die zur Ausübung einer in dieser Verordnung bestimmten Aufgabe erforderlichen Fachkenntnisse verfügt. [2]Die Anforderungen an die Fachkunde sind abhängig von der jeweiligen Art der Aufgabe. [3]Zu den Anforderungen zählen eine entsprechende Berufsausbildung, Berufserfahrung oder eine zeitnah ausgeübte entsprechende berufliche Tätigkeit. [4]Die Fachkenntnisse sind durch Teilnahme an Schulungen auf aktuellem Stand zu halten[75].

---

[72] Das Betreiben der Arbeitsstätte umfasst seit der siebten Änderung der ArbStättV (s. FN 32) neben dem Benutzen und Instandhalten das Optimieren der Arbeitsstätten und erfasst somit die Organisation und die Gestaltung der Arbeit in Arbeitsstätten. Hintergrund für die Erweiterung ist der stetige Wandel der Arbeitswelt. Mit der Einführung neuer Technologien und Prozesse ändern sich in der Regel auch die Arbeitsbedingungen für die Beschäftigten teilweise erheblich. In vielen Fällen hat die Gestaltung der Arbeit eine grundlegende Neugestaltung der Arbeitsplätze, der Arbeitsräume und nicht selten sogar der ganzen Arbeitsstätte zur Folge. Zunehmend werden Tätigkeiten, die bisher von Beschäftigten durchgeführt wurden, durch Maschinen oder Roboter erledigt. Die Belange der Beschäftigten sind dabei unter den veränderten Randbedingungen neu zu bestimmen und ggf. anzupassen. In bestimmten Bereichen, wie z. B. in Büro und Verwaltung, werden neue Raum- und Arbeitskonzepte zur Umsetzung flexibler Arbeitsformen entwickelt. Die Auswirkungen auf die Arbeitsprozesse sind zum Teil erheblich, da sich sowohl das Einrichten als auch das Betreiben von Arbeitsstätten zunehmend an den Erfordernissen moderner Kommunikationstechniken orientieren. Die Erweiterung der ArbStättV um die Aspekte „... Optimieren der Arbeitsstätten sowie die Organisation und die Gestaltung der Arbeit einschließlich der Arbeitsabläufe ..." entspricht dieser Entwicklung und soll Sicherheit und Gesundheitsschutz der Beschäftigten unter veränderten Rahmenbedingungen gewährleisten.

[73] Die Norm DIN 31051:2019-06 Grundlagen der Instandhaltung strukturiert die Instandhaltung in die vier Grundmaßnahmen Wartung, Inspektion, Instandsetzung und Verbesserung.

[74] Die fachliche Ausfüllung des „Standes der Technik" für das Arbeitsstättenrecht erfolgt durch die Regeln für Arbeitsstätten (ASR). Sie geben den Stand der Technik, Arbeitsmedizin und Hygiene sowie sonstige gesicherte wissenschaftliche Erkenntnisse für das Einrichten und Betreiben von Arbeitsstätten wieder. Sie werden vom Ausschuss für Arbeitsstätten (ASTA) ermittelt bzw. angepasst und vom Bundesministerium für Arbeit und Soziales im Gemeinsamen Ministerialblatt (GMBl.) bekannt gemacht. Damit steht der Praxis eine präzise und moderne Unterstützung nach dem Stand der Technik für die Arbeitsplätze zur Verfügung.

[75] „Fachkunde" wird wortgleich zur Formulierung in § 2 Abs. 5 der BetrSichV definiert. Die Definition ist erforderlich, um die Anforderungen zur fachkundigen Erstellung der Gefährdungsbeurteilung nach § 3 und die fachkundige Durchführung von Abbruch-, Montage- und Demontagearbeiten gemäß den Anforderungen in Anh. Nr. 5.2 Absatz 5 Satz 2 deutlich zu machen. Zur Fachkunde gehören insbesondere die aufgrund der Ausbildung erworbenen Kenntnisse sowie die bei der beruflichen Arbeit erworbenen besonderen Kenntnisse und Erfahrungen am Arbeitsplatz hinsichtlich der Anforderungen aus dieser Verordnung. Bei Vorliegen dieser besonderen Kenntnisse und Erfahrungen können z. B. Fachkräfte für Arbeitssicherheit und Betriebsärzte die Fachkunde i. S. d. Verordnung für sich in Anspruch nehmen. Nähere Angaben können Abschn. 4.1 der ASR V3 „Gefährdungsbeurteilung" entnommen werden.

§ 3
Gefährdungsbeurteilung[76)]

(1) [1]Bei der Beurteilung der Arbeitsbedingungen nach § 5 des Arbeitsschutzgesetzes hat der Arbeitgeber zunächst festzustellen, ob die Beschäftigten Gefährdungen beim Einrichten und Betreiben von Arbeitsstätten ausgesetzt sind oder ausgesetzt sein können. [2]Ist dies der Fall, hat er alle möglichen Gefährdungen der Sicherheit und der Gesundheit der Beschäftigten zu beurteilen und dabei die Auswirkungen der Arbeitsorganisation und der Arbeitsabläufe in der Arbeitsstätte[77)] zu berücksichtigen. [3]Bei der Gefährdungsbeurteilung hat er die physischen und psychischen Belastungen[78)] sowie bei Bildschirmarbeitsplätzen insbesondere die Belastungen der Augen oder die Gefährdung des Sehvermögens der Beschäftigten zu berücksichtigen[79)]. [4]Entsprechend dem Ergebnis der Gefährdungsbeurteilung hat der Arbeitgeber Maßnahmen zum Schutz der Beschäftigten gemäß den Vorschriften dieser Verordnung einschließlich ihres Anhangs nach dem Stand der Technik, Arbeitsmedizin und Hygiene festzulegen. [5]Sonstige gesicherte arbeitswissenschaftliche Erkenntnisse sind zu berücksichtigen.

76) § 3 wurde eingefügt durch die fünfte Änderung der ArbStättV 2010 (s. FN 32). Die Anforderungen zur Durchführung der Gefährdungsbeurteilung werden durch die ASR V3 „Gefährdungsbeurteilung" (s. S. 76) konkretisiert.

77) Durch die mit der siebten Änderung 2016 (s. FN 32) in der ArbStättV erfolgte Ergänzung wird klargestellt, dass der Arbeitgeber bei der Beurteilung der Gefährdungen der Sicherheit und Gesundheit der Beschäftigten auch die Auswirkungen der Arbeitsorganisation und der Arbeitsabläufe in der Arbeitsstätte berücksichtigen muss. Dies wird zwar schon in § 5 Abs. 3 Nr. 4 ArbSchG gefordert. Allerdings waren Fragen der Arbeitsorganisation und Arbeitsablaufgestaltung – weil explizit nicht in der ArbStättV erwähnt – in der Praxis bisher eher unzureichend als Gefährdungsfaktoren berücksichtigt worden. Vor dem Hintergrund moderner Arbeitsformen werden diese aber an Bedeutung gewinnen und ihre Gestaltung wird zur Verringerung physischer und psychischer Fehlbelastungen unabdingbar sein.

78) Klargestellt wird, dass der Gesundheitsbegriff sowohl die physische als auch die psychische Gesundheit umfasst. Damit sind beide Elemente gleichermaßen in die Beurteilung der Arbeitsbedingungen nach § 5 ArbSchG und § 3 ArbStättV einzubeziehen. Dementsprechend hat der Arbeitgeber gemäß § 3a ArbStättV beim Einrichten und Betreiben von Arbeitsstätten neben dem Stand der Technik, Arbeitsmedizin und Hygiene explizit auch ergonomische Anforderungen und weiterhin insbesondere die vom ASTA erstellten und vom Bundesministerium für Arbeit und Soziales (BMAS) bekannt gemachten Regeln und Erkenntnisse zu berücksichtigen.
Ungenügend gestaltete Arbeitsplatz- und Arbeitsumgebungsbedingungen (z. B. Lärm oder störende Geräusche, schlechtes Raumklima, räumliche Enge, unzureichende Wahrnehmung von Signalen und Prozessmerkmalen, unzureichende Ergonomie und Softwaregestaltung, schlechte Beleuchtung) können Fehlbelastungen von Beschäftigten zur Folge haben und so krankheitsbedingte Fehlzeiten auslösen.

79) Die Inhalte aus der BildscharbV zu möglichen Belastungen der Augen und zur Gefährdung des Sehvermögens der Beschäftigten durch die Arbeit an Bildschirmgeräten wurden mit der siebten Änderung 2016 (s. FN 32) in die ArbStättV übernommen. Die Arbeitgeberpflichten zur Untersuchung der Augen und des Sehvermögens sind in der Verordnung zur arbeitsmedizinischen Vorsorge (ArbMedVV) vom 18. Dezember 2008 (BGBl. I S. 2768, zuletzt geändert durch Art. 1 der Verordnung vom 12. Juli 2019, BGBl. I S. 1082) in Anh. Teil 4 Abs. 2 Ziff. 1 geregelt.

(2) [1]Der Arbeitgeber hat sicherzustellen, dass die Gefährdungsbeurteilung fachkundig durchgeführt wird[80)]. [2]Verfügt der Arbeitgeber nicht selbst über die entsprechenden Kenntnisse, hat er sich fachkundig beraten zu lassen.

(3) [1]Der Arbeitgeber hat die Gefährdungsbeurteilung vor Aufnahme der Tätigkeiten[81)] zu dokumentieren. [2]In der Dokumentation ist anzugeben, welche Gefährdungen am Arbeitsplatz auftreten können und welche Maßnahmen nach Absatz 1 Satz 4 durchgeführt werden müssen.

§ 3a
Einrichten und Betreiben von Arbeitsstätten[82)]

(1) [1]Der Arbeitgeber[83)] [84)] hat dafür zu sorgen, dass Arbeitsstätten so eingerichtet und betrieben werden, dass Gefährdungen für die Sicherheit und die Gesundheit der Beschäftigten möglichst vermieden und verbleibende Gefährdungen möglichst gering gehalten werden[85)] [86)]. [2]Beim Einrichten und Betreiben der Arbeitsstätten hat der Arbeitgeber die Maßnahmen nach § 3 Absatz 1 durchzuführen und dabei den Stand der Technik, Arbeitsmedizin und Hygiene, die ergonomischen Anforderungen[87)] sowie insbesondere die vom Bundesministerium für Arbeit und Soziales nach § 7 Absatz 4 bekannt gemachten Regeln und Erkennt-

80) Konkretisierende Aussagen zur Fachkunde enthält die ASR V3 „Gefährdungsbeurteilung" in Abschn. 4.1 (s. S. 80 ff.). Erforderlich sind Fachkenntnisse, die abhängig von der Art der Aufgabe (z. B. Beurteilung von elektrischen, chemischen, biologischen oder mechanischen Gefährdungen, Brand- und Explosionsgefährdungen, Gefährdungen durch Lärmeinwirkungen oder Arbeitsumgebungsbedingungen wie Beleuchtung, Raumklima, Luftqualität, Raumabmessungen, nicht ergonomische Gestaltung, physische und psychische Fehlbeanspruchung) unterschiedlich sind und durch eine entsprechende Berufsausbildung, Berufserfahrung oder berufliche Tätigkeit erworben wurden. Zudem müssen die Fachkenntnisse stets auf dem aktuellen Stand gehalten werden, z. B. durch entsprechende Fort- oder Weiterbildung.

81) Es besteht die klare Anforderung, die Gefährdungsbeurteilung vor Aufnahme der Tätigkeiten durchzuführen und zu dokumentieren. Diese bildet die Entscheidungsgrundlage, ob und welche Maßnahmen des Arbeitsschutzes notwendig sind (s. a. ASR V3 Abschn. 4 Abs. 1 S. 78).

82) Folge der fünften Änderung der ArbStättV 2010 (s. FN 32): bisheriger § 3 wird § 3a.

83) Im öffentlichen Dienst ist Arbeitgeber der Dienststellenleiter.

84) Der Arbeitgeber als Mieter einer Arbeitsstätte hat gegenüber dem Vermieter einen Anspruch darauf, dass ihm die Zustimmung zu den baulichen Änderungen erteilt wird, die erforderlich sind, damit der ArbStättV entsprochen wird.

85) Die bis 2016 geltende Formulierung, wonach der Arbeitgeber dafür zu sorgen hat, dass Arbeitsstätten so eingerichtet und betrieben werden, dass von ihnen keine Gefährdungen für die Sicherheit und Gesundheit der Beschäftigten ausgehen, wurde mit der siebten Änderung der ArbStättV 2016 (s. FN 32) an den Text in § 4 Nr. 1 ArbSchG angepasst – Gefährdungen sind möglichst zu vermeiden und verbleibende Gefährdungen möglichst gering zu halten.

86) Im Anhang der ArbStättV sind im Einzelnen die Anforderungen aufgeführt, die für eine sichere und die Gesundheit der Beschäftigten schützende Einrichtung und und ebensolchen Betrieb der Arbeitsstätte zu beachten sind, allerdings nur in allgemeiner Form. Die Konkretisierung erfolgt in den vom Ausschuss für Arbeitsstätten gemäß § 7 Abs. 3 ermittelten und gemäß § 7 Abs. 4 vom BMAS bekannt gemachten Regeln und Erkenntnissen.

87) Die Ergänzung hinsichtlich der ergonomischen Gestaltung von Arbeitsplätzen zum Schutz der Gesundheit der Beschäftigten ist erforderlich. Es geht bei den ergonomischen Anforderungen um mehr als die Anordnung der einzelnen Arbeitsmittel (Bewegungsfreiheit am Arbeitsplatz, Türmaße, Gangbreiten, Geländerhöhen, Fluchtwegbreiten, Anordnung der Schreibtische, Bildschirmaufstellung). Es geht um die gesamte Umgebungsgestaltung am Arbeitsplatz und im Arbeitsraum, um Fehlbelastungen von Beschäftigten und daraus resultierende krankheitsbedingte Fehlzeiten zu vermeiden. Ergonomie ist somit ein wesentlicher Aspekt des betrieblichen Gesundheitsschutzes.

nisse[88] zu berücksichtigen. [3]Bei Einhaltung der bekannt gemachten Regeln[89] ist davon auszugehen, dass die in dieser Verordnung gestellten Anforderungen diesbezüglich erfüllt sind. [4]Wendet der Arbeitgeber diese Regeln nicht an, so muss er durch andere Maßnahmen die gleiche Sicherheit und den gleichen Schutz der Gesundheit der Beschäftigten erreichen.

(2) [1]Beschäftigt der Arbeitgeber Menschen mit Behinderungen, hat er die Arbeitsstätte so einzurichten und zu betreiben, dass die besonderen Belange dieser Beschäftigten im Hinblick auf die Sicherheit und den Schutz der Gesundheit berücksichtigt werden. [2]Dies gilt insbesondere für die barrierefreie Gestaltung[90] von Arbeitsplätzen, Sanitär-, Pausen- und Bereitschaftsräumen, Kantinen, Erste-Hilfe-Räumen und Unterkünften sowie den zugehörigen Türen, Verkehrswegen, Fluchtwegen, Notausgängen, Treppen und Orientierungssystemen, die von den Beschäftigten mit Behinderungen benutzt werden[91] [92].

---

88) „Regeln und Erkenntnisse" als Ersatz für „Regeln für Arbeitsstätten" eingefügt durch die vierte Änderung der ArbStättV 2008 (s. FN 32). Mit der Einfügung wird der Ausschuss für Arbeitsstätten dazu ermächtigt, neben Regeln zur Konkretisierung der Anforderungen der ArbStättV auch sonstige gesicherte wissenschaftliche Erkenntnisse für die Sicherheit und Gesundheit der Beschäftigten in Arbeitsstätten zu ermitteln.

89) Mit der siebten Änderung der ArbStättV 2016 (s. FN 32) wird klargestellt, dass die „Vermutungswirkung" bezüglich der Erfüllung der Anforderungen der ArbStättV für den Arbeitgeber ausschließlich von den durch das BMAS bekannt gemachten Regeln ausgeht. In anderen Verordnungen zum ArbSchG (z. B. § 4 Abs. 3 BetrSichV, § 7 Abs. 2 GefStoffV) geht diese Vermutungswirkung auch von bekannt gemachten Erkenntnissen aus.
Die grundsätzliche Bedeutung der Technischen Regeln ist durch mehrere Urteile belegt worden (z. B. Urteil des Sächsischen OVG vom 9.5.2018 und Beschluss des BVerwG vom 8.5.2019). Demnach sind die Regeln für Arbeitsstätten (ASR) zwar keine Rechtsnormen, die Inhalte konkretisieren aber die allgemein gefassten Schutzziele des ArbSchG sowie der ArbStättV und füllen diese aus. Der Arbeitgeber kann durch andere, gleichwertig wirkende Maßnahmen von den Inhalten der ASR abweichen, muss dann aber den Nachweis der Gleichwertigkeit, z. B. durch eine nachvollziehbare Darlegung im Rahmen der Gefährdungsbeurteilung (s. ASR V3 S. 76), erbringen. Die spezifische Ermittlung abweichender Maßnahmen, deren betriebliche Erprobung und der anschließend zwingend erforderliche fachliche Nachweis der Wirksamkeit im Sinne einer Gleichwertigkeit dürfte im Einzelfall nicht nur fachlich anspruchsvoll, sondern auch zeit- und kostenintensiv sein. Andernfalls wären solche Maßnahmen aus den Ermittlungen des Ausschusses für Arbeitsstätten in den Regelinhalt aufgenommen worden.

90) Barrierefrei sind Arbeitsstätten einschließlich der zugehörigen Räume und Verkehrswege, Fluchtwege und Notausgänge, wenn sie für Beschäftigte mit Behinderungen in der allgemein üblichen Weise, ohne besondere Erschwernis und grundsätzlich ohne fremde Hilfe zugänglich und nutzbar sind, Hierbei ist die Nutzung behinderungsbedingt notwendiger Hilfsmittel zulässig (s. § 4 Bundesbehindertengleichstellungsgesetz). Barrierefreiheit bezieht sich auf alle physischen und psychischen Einschränkungen und kommunikativen Schranken in der Arbeitsstätte. Sie ist nicht, wie das in der Vergangenheit üblich war, vorrangig auf die Vermeidung bautechnischer Barrieren (behindertengerechtes Bauen) zu beschränken. Vielmehr müssen im Hinblick auf die Beschäftigung von Personen mit Behinderungen alle sie betreffenden Erschwernisse und Schranken beseitigt werden. Barrierefreiheit beinhaltet somit im Hinblick auf Menschen mit den vom Behindertenbegriff erfassten Einschränkungen alle bewegungsstützenden und -schützenden, optischen, akustischen und taktilen (den Tastsinn betreffenden) Maßnahmen. Ausführlicher in Opfermann/Streit, Loseblattwerk mit Kommentar, 3. Aufl., Landsberg 2025 unter OZ 3100, Erl. zu § 3a.

91) Mit der siebten Änderung der ArbStättV 2016 (s. FN 32) wurde § 3a Abs. 2 dahingehend ergänzt, dass über die zuvor aufgeführten Arbeitsplätze hinausgehend auch Sanitär-, Pausen- und Bereitschaftsräume, Kantinen, Erste-Hilfe-Räume und Unterkünfte in Arbeitsstätten bei Bedarf, sofern Menschen mit Behinderungen beschäftigt werden, ebenso behindertengerecht eingerichtet und betrieben werden müssen. Nur so können die Anforderungen an die Barrierefreiheit für Beschäftigte mit Behinderungen umgesetzt werden.

92) Die Anforderungen an die barrierefreie Gestaltung von Arbeitsstätten werden konkretisiert in der ASR V3a.2 „Barrierefreie Gestaltung von Arbeitsstätten" (s. S. 103).

(3) [1]Die zuständige Behörde kann auf schriftlichen Antrag des Arbeitgebers Ausnahmen von den Vorschriften dieser Verordnung einschließlich ihres Anhanges[93) 94)] zulassen, wenn

1. der Arbeitgeber andere, ebenso wirksame Maßnahmen trifft oder
2. die Durchführung der Vorschrift im Einzelfall zu einer unverhältnismäßigen Härte führen würde und die Abweichung mit dem Schutz der Beschäftigten vereinbar ist[95)].

[2]Der Antrag des Arbeitgebers kann in Papierform oder elektronisch übermittelt werden. [3]Bei der Beurteilung sind die Belange der kleineren Betriebe besonders zu berücksichtigen[96)].

(4) Anforderungen in anderen Rechtsvorschriften, insbesondere im Bauordnungsrecht der Länder, gelten vorrangig, soweit sie über die Anforderungen dieser Verordnung hinausgehen[97)].

---

93) Ein Abweichen von Vorschriften der ArbStättV einschließlich ihres Anhangs ist nur im begründeten Einzelfall möglich. Bei den Vorgaben in der ArbStättV handelt es sich um Mindestanforderungen. Im Interesse des Schutzes der betroffenen Beschäftigten müssen die Gründe für die beantragte Ausnahme von der Arbeitsschutzbehörde im Sinne eines vorbeugenden Arbeitsschutzes rechtzeitig im Vorhinein nachgeprüft werden können. Der Antrag des Arbeitgebers bedarf der Schriftform und erfordert eine Begründung. Die beabsichtigten Ersatzmaßnahmen sind im Antrag anzugeben. Die behördliche Ausnahmegenehmigung hat schriftlich zu erfolgen und kann unter Maßgaben und mit Fristen erteilt werden. Die ebenfalls schriftlich abzufassende Ablehnung eines Ausnahmeantrags durch die zuständige Behörde muss begründet sein.

94) Eine Ausnahmegenehmigung kommt nur bei solchen Vorschriften der ArbStättV in Betracht, die präzise Anforderungen in Form von konkreten Vorgaben oder Zahlenangaben (z. B. Anh. Nr. 2.1 – Absturzgefahr bei einer Absturzhöhe von mehr als 1 Meter, Anh. Nr. 2.3 – Öffnung der Türen von Notausgängen nach außen, Anh. Nr. 3.3 – Vorhandensein mindestens einer Kleiderablage, Anh. Nr. 3.4 – Sichtverbindung nach außen in Arbeitsräumen, Anh. Nr. 4.2 – mehr als zehn Beschäftigte erfordern Pausenraum oder entsprechenden Pausenbereich, Anh. Nr. 5.2 – Angaben zu Absturzhöhen und Dachneigungen) oder gegenständlichen Angaben (z. B. § 4 Abs. 3 – Instandhaltung und Prüfung der Funktionsfähigkeit von Sicherheitseinrichtungen, Anh. Nr. 4.1 bis 4.4 – Bereitstellung von anforderungsgerechten Sanitär-, Pausen- und Bereitschaftsräumen, Kantinen, Erste-Hilfe-Räume und Unterkünften) enthalten.

95) Eine Abweichung ist durch die zuständige Arbeitsschutzbehörde zum einen nur dann genehmigungsfähig, wenn der Arbeitgeber die gleichwertige Wirkung seiner Maßnahme nachweisen kann. Der Nachweis muss fachkundig mittels gesicherter wissenschaftlicher Erkenntnisse erbracht werden. Die Beweislast liegt beim Arbeitgeber.
Im zweiten Fall, dem Vorliegen einer unverhältnismäßigen Härte, ist der durch die Einhaltung der Vorgaben der ArbStättV entstehende Härtefall exakt zu benennen und zu begründen. In Frage kommen können sowohl technische als auch wirtschaftliche Gründe.
In keinem Falle darf eine Abweichung oder gar der Verzicht auf vorgeschriebene Maßnahmen den Schutz der Beschäftigten mindern oder gar ignorieren.

96) Mit dieser Bestimmung wird zum Ausdruck gebracht, dass bei kleineren Betrieben bei der Erteilung einer behördlichen Ausnahme auf die besondere Situation im Einzelfall Rücksicht genommen werden soll. Ein ausreichender Schutz der Beschäftigten muss allerdings stets gewährleistet sein. Als Kleinbetriebe gelten üblicherweise solche mit weniger als 20 Beschäftigten.

97) Das Verhältnis zwischen anderen Rechtsvorschriften mit Bezug zu Arbeitsstätten und der ArbStättV wird dahingehend klargestellt, dass immer die im Sinne von Sicherheit und Gesundheitsschutz der Beschäftigten weitergehende Rechtsvorschrift heranzuziehen ist. So fordert z. B. das Baurecht für Sonderbauten in einigen Fällen breitere Rettungswege. Diese sind dann einzuhalten.

§ 4
Besondere Anforderungen an das Betreiben von Arbeitsstätten

(1) [1]Der Arbeitgeber hat die Arbeitsstätte instand zu halten[98)] und dafür zu sorgen, dass festgestellte Mängel unverzüglich beseitigt werden. [2]Können Mängel, mit denen eine unmittelbare erhebliche Gefahr verbunden ist, nicht sofort beseitigt werden, hat er dafür zu sorgen, dass die gefährdeten Beschäftigten ihre Tätigkeit unverzüglich einstellen[99)].

(2) [1]Der Arbeitgeber hat dafür zu sorgen, dass Arbeitsstätten den hygienischen Erfordernissen entsprechend gereinigt werden. [2]Verunreinigungen und Ablagerungen, die zu Gefährdungen führen können, sind unverzüglich zu beseitigen.

(3) Der Arbeitgeber hat die Sicherheitseinrichtungen, insbesondere Sicherheitsbeleuchtung, Brandmelde- und Feuerlöscheinrichtungen, Signalanlagen, Notaggregate und Notschalter sowie raumlufttechnische Anlagen instand zu halten und in regelmäßigen Abständen auf ihre Funktionsfähigkeit prüfen zu lassen[100)] [101)].

(4) [1]Der Arbeitgeber hat dafür zu sorgen, dass Verkehrswege, Fluchtwege und Notausgänge[102)] ständig freigehalten werden[103)], damit sie jederzeit benutzbar sind. [2]Der Arbeitgeber hat Vorkehrungen so zu treffen, dass die Beschäftigten bei Gefahr sich unverzüglich in Sicherheit bringen und schnell gerettet werden können. [3]Der Arbeitgeber hat einen Flucht- und Rettungsplan[104)] aufzustellen, wenn Lage, Ausdehnung und Art der Benutzung der Arbeitsstätte dies erfordern. [4]Der Plan ist an geeigneten Stellen in der Arbeitsstätte auszulegen

---

98) Instandhalten beinhaltet nach DIN 31051:2019-06 Instandhaltung die Wartung (Maßnahmen zur Bewahrung des Soll-Zustandes), die Inspektion (Maßnahmen zur Feststellung und Beurteilung des Ist-Zustandes), die Instandsetzung (Maßnahmen zur Wiederherstellung des Soll-Zustandes) und die Verbesserung (Schwachstellenbeseitigung).

99) Mit der mit der siebten Änderung der ArbStättV 2016 (s. FN 32) angepassten Formulierung wird klargestellt, dass bei kurzfristig festgestellten Mängeln in der Arbeitsstätte, die zu ernsten Gefährdungen der Beschäftigten führen, insoweit nur die Tätigkeit der jeweils gefährdeten Personen unverzüglich einzustellen ist.

100) Die mit der siebten Änderung der ArbStättV 2016 (s. FN 32) vorgenommene Änderung in Abs. 3 stellt klar, dass bauliche oder technische Anlagen nicht nur sachgerecht zu warten, sondern auch instand zu halten sind. Instandhalten beinhaltet neben dem Warten der Anlagen auch ihre Inspektion, Instandsetzung und Verbesserung. Zudem ist vom Arbeitgeber eine regelmäßige Prüfung der Funktionsfähigkeit der Sicherheitseinrichtungen durchzuführen bzw. zu veranlassen.

101) Die Prüfintervalle sind aus den Regeln für Arbeitsstätten oder den Prüfverordnungen der Länder zu entnehmen. So sind z. B. kraftbetätigte Türen und Tore nach ASR A1.7 mindestens einmal jährlich und Feuerlöscher zur Sicherstellung der Funktionsfähigkeit nach ASR A2.2 unter Beachtung der Herstellerangaben regelmäßig sachkundig zu prüfen. Die Prüfungen sollen im Gegensatz zur Überprüfung (Inspektion) nach festgelegten Prüfgrundsätzen erfolgen. Für die Prüfung technischer Anlagen und Einrichtungen von Sonderbauten i. S. des Bauordnungsrechts finden sich spezielle Regelungen mit Prüffristen in den (Technischen) Prüfverordnungen der Länder, z. B. Verordnung über die Prüfung technischer Anlagen und wiederkehrende Prüfungen von Sonderbauten (Prüfverordnung – PrüfVO NRW) vom 24.11.2009, zul. geänd. 12.11.2024 (GV. NRW. S. 881)].

102) Zu Abs. 4 s. Abschn. 4 Abs. 3 ASR A2.3 „Fluchtwege und Notausgänge“ auf S. 346.

103) Freihalten der Fluchtwege bedingt auch, dass diese nicht in ihrem Querschnitt durch Einbauten oder Einrichtungen eingeengt und Rettungszeichen nicht durch Rohrleitungen, abgehängte Reklametafeln usw. in ihrer Erkennbarkeit unwirksam gemacht werden dürfen.

104) Zur Gestaltung von Flucht- und Rettungsplänen s. ASR A1.3 „Sicherheits- und Gesundheitsschutzkennzeichnung“ Abschn. 6 und als Beispiel für die Gestaltung eines solchen Planes Anh. 3. Aussagen zum Erfordernis und zu geeigneten Aushangstellen s. ASR A2.3 Abschn. 10 (S. 375).

oder auszuhängen. [5]In angemessenen Zeitabständen ist entsprechend diesem Plan zu üben[105].

(5) Der Arbeitgeber hat beim Einrichten und Betreiben von Arbeitsstätten Mittel und Einrichtungen zur Ersten Hilfe zur Verfügung zu stellen und regelmäßig auf ihre Vollständigkeit und Verwendungsfähigkeit prüfen zu lassen[106].

§ 5
Nichtraucherschutz

(1) [1]Der Arbeitgeber hat die erforderlichen Maßnahmen[107] zu treffen, damit die nicht rauchenden Beschäftigten in Arbeitsstätten wirksam[108] vor den Gesundheitsgefahren durch Rauche und Dämpfe von Tabak- und Cannabisprodukten sowie elektronischen Zigaretten[109] geschützt sind. [2]Soweit erforderlich, hat der Arbeitgeber ein allgemeines oder auf einzelne Bereiche der Arbeitsstätte beschränktes Rauchverbot zu erlassen.

(2) In Arbeitsstätten mit Publikumsverkehr[110] hat der Arbeitgeber beim Einrichten und Betreiben von Arbeitsräumen der Natur des Betriebes entsprechende und der Art der Beschäf-

---

105) Die zeitlichen Intervalle für die Flucht- und Rettungsübungen sind im Rahmen der Beurteilung der Arbeitsbedingungen (Gefährdungsbeurteilung) nach § 3 ArbStättV festzulegen. Zur Festlegung der Häufigkeit und des Umfangs der Räumungsübungen sowie zu deren Durchführung sind auch Anforderungen anderer Rechtsvorschriften (z. B. Bauordnungsrecht, Gefahrstoffrecht, Immissionsschutzrecht) zu berücksichtigen (s. auch ASR A2.3 Abschn. 11 – S. 377). In der Praxis hat sich bewährt, die Evakuierungsübungen in Abständen von 2 bis 5 Jahren zu wiederholen.

106) Zu Abs. 5 s. ASR A4.3 „Erste-Hilfe-Räume, Mittel und Einrichtungen zur Ersten Hilfe", Abschn. 4 und 5 sowie DGUV Information 204-022 „Erste Hilfe im Betrieb", Ausg. 2017-05.

107) In Betracht kommen organisatorische, raumbezogene und lüftungstechnische Maßnahmen. Als organisatorische, raumbezogene Maßnahme bietet sich an, die Arbeitsplätze von Rauchern und Nichtrauchern so zu trennen (getrennte Räume, Verwendung von Raumteilern), so dass eine Gesundheitsbeeinträchtigung der Nichtraucher ausgeschlossen ist. Besteht die Möglichkeit einer räumlichen Trennung von Rauchern und Nichtrauchern nicht, muss der Arbeitgeber ein Rauchverbot für die gemeinsam von Rauchern und Nichtrauchern genutzten Arbeitsräume erlassen.

108) Als wirksam ist eine Maßnahme anzusehen, wenn praktisch keine Tabakrauchimmissionen im Aufenthaltsbereich des Nichtrauchers nachweisbar bzw. wahrnehmbar sind, d. h., nichtrauchende Beschäftigte sich über keine individuellen, die Gesundheit betreffenden Befindlichkeitsstörungen (z. B. Augenbrennen, Kopfschmerzen, Übelkeit, Geruchsbelästigungen) durch noch im Raum befindlichen Tabakrauch beklagen müssen. Wirksamer Schutz erfasst alle für die Gesundheit nachteiligen Einwirkungen des Tabakrauchs. Die Raumluft muss frei von Tabakrauch sein. Hierbei ist zu berücksichtigen, dass Nichtraucher eine niedrigere Geruchsschwelle haben als Raucher.

109) Die mit der 11. Änderung der ArbStättV 2024 (s. FN 32) in § 5 eingeführte neue Formulierung „Rauche und Dämpfe von Tabak- und Cannabisprodukten sowie elektronischen Zigaretten" behält den historisch entstandenen Begriff „Tabakrauch" bei und ergänzt ihn so, dass auch die neuen Rauchgewohnheiten berücksichtigt werden. Somit werden alle beim Rauchen entstehenden Substanzen, die in die Atemluft gelangen können, unabhängig davon, ob sie als Aerosol, Dampf oder Gas vorliegen, erfasst. Das gilt neben Tabakrauch auch für alle Rauche und Dämpfe von Cannabisprodukten und elektronischen Zigaretten.

110) „Arbeitsstätten mit Publikumsverkehr" sind insbesondere Gaststätten, Empfangshallen von Hotels, Barbetriebe, Diskotheken, Spielhallen, Bahnhofshallen und sog. Service Center/Points, Schalterhallen, aber auch staatliche und kommunale Einrichtungen, Gesundheitseinrichtungen, Kaufhäuser, Geschäfte, Einkaufszentren (Malls), Kunden-Dienstleistungseinrichtungen, Werkstätten mit Räumen zur Kundenbetreuung usw.

tigung angepasste technische oder organisatorische Maßnahmen nach Absatz 1 zum Schutz der nicht rauchenden Beschäftigten zu treffen[111].

§ 6
Unterweisung der Beschäftigten[112] [113]

(1) Der Arbeitgeber hat den Beschäftigten ausreichende und angemessene Informationen anhand der Gefährdungsbeurteilung in einer für die Beschäftigten verständlichen Form und Sprache zur Verfügung zu stellen über

1. das bestimmungsgemäße Betreiben der Arbeitsstätte,
2. alle gesundheits- und sicherheitsrelevanten Fragen im Zusammenhang mit ihrer Tätigkeit,
3. Maßnahmen, die zur Gewährleistung der Sicherheit und zum Schutz der Gesundheit der Beschäftigten durchgeführt werden müssen, und
4. arbeitsplatzspezifische Maßnahmen, insbesondere bei Tätigkeiten auf Baustellen oder an Bildschirmgeräten,

und sie anhand dieser Informationen zu unterweisen.

(2) Die Unterweisung nach Absatz 1 muss sich auf Maßnahmen im Gefahrenfall erstrecken, insbesondere auf

1. die Bedienung von Sicherheits- und Warneinrichtungen,
2. die Erste Hilfe und die dazu vorgehaltenen Mittel und Einrichtungen und
3. den innerbetrieblichen Verkehr.

---

[111] Diese Einrichtungen werden mittlerweile zu einem großen Teil vom Geltungsbereich der Nichtrauchendenschutzgesetze des Bundes und der Länder erfasst. Für sie gilt dann das in den Gesetzen festgelegte Rauchverbot, selbst wenn es sich zugleich um Arbeitsstätten handelt (beachte § 3a Abs. 4 ArbStättV).

[112] In der bis zum 3.12.2016 gültigen Fassung der ArbStättV waren Anforderungen zu Arbeits-, Sanitär- und Sozialräumen sowohl in § 6 als auch im Anhang geregelt. Mit der Novellierung der ArbStättV wurden die Vorschriften im bis dahin geltenden § 6 mit den entsprechenden Anforderungen im Anhang vereinigt und aus § 6 gestrichen. Mit der Zusammenführung von Regelungsinhalten zum gleichen Sachverhalt wurde die Anwendbarkeit der ArbStättV erleichtert.

[113] Mit der siebten Änderung der ArbStättV (s. FN 32) sind in § 6 Regelungen zur Unterweisung der Beschäftigten neu aufgenommen worden. Damit wurde die ArbStättV inhaltlich und konzeptionell an die anderen Arbeitsschutzverordnungen, wie z. B. die GefStoffV, die BioStoffV, die BetrSichV, die Lärm- und Vibrations-Arbeitsschutzverordnung oder die OStrV angepasst. Für den Arbeitgeber und die Arbeitsschutzakteure in den Betrieben bedeutet dies eine Vereinfachung, da sich nunmehr die Systematik des betrieblichen Arbeitsschutzes in allen wesentlichen Arbeitsschutzverordnungen einheitlich wiederfindet. Die Unterweisung ist ein Instrument des betrieblichen Arbeitsschutzes, um Beschäftigte in die Lage zu versetzen, sich sicherheits- und gesundheitsgerecht zu verhalten. Die Ergebnisse der Gefährdungsbeurteilung bilden die Grundlage dafür, welche Informationen im Rahmen der Unterweisung an die Beschäftigten weitergegeben werden müssen. Erst mit diesen Informationen werden die Beschäftigten in die Lage versetzt, durch aktives Handeln und Anwendung der Schutzmaßnahmen den Gefährdungen bei der Arbeit zu begegnen. Weiterhin müssen die Beschäftigten über Maßnahmen und Verhaltensweisen bei ihren Tätigkeiten unterwiesen werden. Die Unterweisungen sind vor Aufnahme der Tätigkeit erforderlich und danach mindestens jährlich zu wiederholen. Eine Dokumentationsverpflichtung der Unterweisung der Beschäftigten wird mit der ArbStättV nicht vorgeschrieben.

(3) [1]Die Unterweisung nach Absatz 1 muss sich auf Maßnahmen der Brandverhütung und Verhaltensmaßnahmen im Brandfall erstrecken, insbesondere auf die Nutzung der Fluchtwege und Notausgänge. [2]Diejenigen Beschäftigten, die Aufgaben der Brandbekämpfung übernehmen, hat der Arbeitgeber in der Bedienung der Feuerlöscheinrichtungen zu unterweisen.

(4) [1]Die Unterweisungen müssen vor Aufnahme der Tätigkeit stattfinden. [2]Danach sind sie mindestens jährlich zu wiederholen. [3]Sie haben in einer für die Beschäftigten verständlichen Form und Sprache zu erfolgen.[114)] [4]Unterweisungen sind unverzüglich zu wiederholen, wenn sich die Tätigkeiten der Beschäftigten, die Arbeitsorganisation, die Arbeits- und Fertigungsverfahren oder die Einrichtungen und Betriebsweisen in der Arbeitsstätte wesentlich verändern und die Veränderung mit zusätzlichen Gefährdungen verbunden ist.[115)]

[114)] Um den Beschäftigten zu informieren und zu unterweisen, stehen dem Arbeitgeber verschiedene Methoden zur Verfügung. Eine Methode ist die computergestützte Unterweisung bzw. die Nutzung der digitalen Medien. Hierzu fertigte eine Arbeitsgruppe des Länderausschusses für Arbeitsschutz und Sicherheitstechnik (LASI) im Juni 2005 ein „Eckpunktepapier zur Durchführung computergestützter Unterweisungen im Arbeitsschutz" an. Auch die 2. überarbeitete LASI-Veröffentlichung 40 (LV 40, abgedr. in Opfermann/Streit: Arbeitsstätten, Loseblattwerk mit Kommentar, 3. Aufl., Landsberg 2025 unter OZ 8130.0) enthält Empfehlungen für eine computergestützte digitale Unterweisung.
Beim Einsatz von E-Learning-Plattformen, Online-Unterweisungen, Lehrvideos oder sonstigen Unterweisungsverfahren ohne anwesenden Dozenten sind folgende Punkte zu beachten:
- Den Beschäftigten muss im Anschluss an die Unterweisung die Möglichkeit zur Rückfrage gegeben werden. Die Rückfrage kann beispielsweise per „Live-Chat" oder per Webcam übermittelt werden.
- Die Beschäftigten müssen durch die Beantwortung geeigneter Fragen nachweisen, dass wesentliche Unterweisungsinhalte verstanden wurden (z. B. Multiple-Choice oder Freitext). Die Anzahl der Verständnisfragen sowie die Anzahl der mindestens richtigen Antworten sind auf geeignete Weise vorher festzulegen.
- Bei (wiederholter) Falschbeantwortung der Verständnisfragen sind geeignete alternative Unterweisungsmethoden festzulegen, da dies nicht zuletzt als Zeichen für eine nicht verständliche Unterweisung gewertet werden muss.
- Unterweisungsinhalte sind ggf. so aufeinander aufzubauen, dass grundlegende Module zwingend vor weiterführenden oder vertiefenden Modulen absolviert werden müssen.
- Wie bei Präsenzunterweisungen, muss auch die digitale Unterweisung in einer verständlichen Form und Sprache erfolgen.
- Bietet der Arbeitsplatz nicht die notwendige Ruhe zur Durchführung einer digitalen Unterweisung, so sind den Beschäftigten entsprechende Räume zur Verfügung zu stellen.

Zu beachten ist außerdem, dass sich nicht alle Unterweisungsinhalte zur ausschließlich theoretischen Unterweisung eignen (z. B. Handhabung von Feuerlöschgeräten, Auffinden des nächsten Fluchtweges, Evakuierungsübungen), sondern vielmehr durch praktische Anwendung und Übungen zu vermitteln sind.

[115)] § 6 ArbStättV beinhaltet keine Dokumentationspflicht für Unterweisungen. Gleichzeitig ist das Fehlen einer Unterweisung vor Tätigkeitsbeginn gem. § 9 Abs. 4 Satz 1 bußgeldbewehrt. Das Versäumnis der jährlichen Wiederholung von Unterweisungen stellt dagegen keinen Ordnungswidrigkeitentatbestand dar. Die Arbeitsschutzbehörde kann die Durchführung der Unterweisung allerdings mittels einer Anordnung verfügen.

§ 7
Ausschuss für Arbeitsstätten[116)]

(1) [1]Beim Bundesministerium für Arbeit und Soziales wird ein Ausschuss für Arbeitsstätten[117)] gebildet[118)], in dem fachkundige Vertreter der Arbeitgeber, der Gewerkschaften, der Länderbehörden, der gesetzlichen Unfallversicherung und weitere fachkundige Personen, insbesondere der Wissenschaft, in angemessener Zahl vertreten sein sollen. [2]Die Gesamtzahl der Mitglieder soll 16 Personen nicht überschreiten. [3]Für jedes Mitglied ist ein stellvertretendes Mitglied zu benennen. [4]Die Mitgliedschaft im Ausschuss für Arbeitsstätten ist ehrenamtlich.

(2) [1]Das Bundesministerium für Arbeit und Soziales beruft die Mitglieder des Ausschusses und die stellvertretenden Mitglieder[119)] [2]Der Ausschuss gibt sich eine Geschäftsordnung und wählt den Vorsitzenden aus seiner Mitte. [3]Die Geschäftsordnung und die Wahl des Vorsitzenden bedürfen der Zustimmung des Bundesministeriums für Arbeit und Soziales.

(3) [1]Zu den Aufgaben des Ausschusses gehört es,

1. dem Stand der Technik, Arbeitsmedizin und Hygiene entsprechende Regeln und sonstige gesicherte wissenschaftliche Erkenntnisse für die Sicherheit und Gesundheit der Beschäftigten in Arbeitsstätten zu ermitteln[120)],

---

116) Mit § 7 ArbStättV werden für Arbeitsstätten die Einrichtung, die Zusammensetzung, die Aufgaben und die Arbeitsweise eines mit fachkundigen Mitgliedern besetzten Gremiums der im Arbeitsschutz wesentlich beteiligten Akteure (Arbeitgeber, Gewerkschaften, staatliche Aufsichtsbehörden der Länder, Unfallversicherungsträger) und weiterer fachkundiger Personen, z. B. aus der Wissenschaft, geregelt. Der mit der fünften Änderung der ArbStättV (s. FN 32) z. T. neu gefasste § 7 folgt inhaltlich den Festlegungen zu den (Technischen) Ausschüssen in den anderen Arbeitsschutzverordnungen. Damit sollen eine einheitliche Vorgehensweise bei der Ermittlung der Regeln und ein besseres Zusammenwirken der Ausschüsse (s. § 7 Abs. 3 Satz 4) sowie eine optimale Beratung des BMAS erreicht werden.

117) Der Ausschuss für Arbeitsstätten (ASTA) ist, ebenso wie die Ausschüsse für Gefahrstoffe (AGS) (§ 20 GefStoffV), Biologische Arbeitsstoffe (ABAS) (§ 19 BiostoffV), Betriebssicherheit (ABS) (§ 21 BetrSichV; § 12 LärmVibrationsArbSchV; § 9 OStrV) und für Arbeitsmedizin (AfAMedD (§ 9 ArbMedVV), beim Bundesministerium für Arbeit und Soziales (BMAS) gebildet und wird von ihm berufen. Alle genannten Ausschüsse haben die Aufgabe, die jeweiligen auf das ArbSchG gestützten Arbeitsschutzverordnungen durch ein konkretisierendes und Vermutungswirkung entfaltendes Regelwerk zu untersetzen. Mit dem Gesetz zur Verbesserung des Vollzugs im Arbeitsschutz (Arbeitsschutzkontrollgesetz) vom 22.12.2020 (BGBl. I S. 3334) wurde durch Einfügung des § 24a in das ArbSchG der Ausschuss für Sicherheit und Gesundheit bei der Arbeit (ASGA) neu eingeführt. Dieser hat den Auftrag, Regeln und Erkenntnisse zur Konkretisierung übergeordneter Schutzziele zu erarbeiten, soweit hierfür kein einzelner Ausschuss beim BMAS allein zuständig ist. Im aktuellen Arbeitsprogramm des ASGA finden sich die Themen Gefährdungsbeurteilung und Unterweisung sowie psychische Belastung bei der Arbeit und ortsflexible Bildschirmarbeit außerhalb des Geltungsbereichs der ArbStättV. Bisher liegt noch keine vom ASGA erstellte Regel vor.

118) Das aktuelle Mitgliederverzeichnis und die aktuelle Geschäftsordnung sind auf der Homepage der BAuA unter der Adresse https://www.baua.de/DE/Aufgaben/Geschaeftsfuehrung-von-Ausschuessen/ASTA/ASTA_node.html veröffentlicht.

119) Mit der Einrichtung des Ausschusses für Arbeitsstätten werden Vertreter der betroffenen Kreise als Mitglieder in ein Beratergremium des BMAS berufen. Die Vorschläge zur Mitgliedschaft werden dem BMAS von Gremien und Institutionen mit naturgemäß unterschiedlichen Interessensvertretungen unterbreitet. Deren Aufgabe ist es, gemeinsam Ergebnisse zu erarbeiten und zu verabschieden. Dadurch wird eine hohe Akzeptanz der Arbeitsergebnisse erreicht.

120) Die Regeln, Erkenntnisse und Empfehlungen für die Anwendung und den Vollzug der Arbeitsstättenverordnung werden nach den Maßgaben von § 7 Abs. 3 ermittelt. Aufgabe ist es, die schutzzielbezogenen Generalklauseln der Verordnung und ihres Anhangs mit konkreten Maßgaben auszufüllen und damit für eine allseits abgestimmte, fachlich richtige Anwendung der ArbStättV zu sorgen. Eine fachwissenschaftliche Begründung, Praxistauglichkeit, Ausgewogenheit und Vollziehbarkeit der ermittelten Regeln und Empfehlungen ist der Grundanspruch, dem der Ausschuss folgt. Dadurch werden vermeintliche Interessensgegensätze harmonisiert und es entsteht ein breiter fachlich-gesellschaftlicher Konsens der Ergebnisse.

2. Regeln[121] und Erkenntnisse[122] zu ermitteln, wie die Anforderungen dieser Verordnung erfüllt werden können, sowie Empfehlungen[123] für weitere Maßnahmen zur Gewährleistung der Sicherheit und zum Schutz der Gesundheit der Beschäftigten auszuarbeiten[124] und
3. das Bundesministerium für Arbeit und Soziales in allen Fragen der Sicherheit und der Gesundheit der Beschäftigten in Arbeitsstätten zu beraten.[125]

[2]Bei der Wahrnehmung seiner Aufgaben soll der Ausschuss die allgemeinen Grundsätze des Arbeitsschutzes nach § 4 des Arbeitsschutzgesetzes berücksichtigen[126]. [3]Das Arbeitsprogramm des Ausschusses für Arbeitsstätten wird mit dem Bundesministerium für Arbeit und Soziales abgestimmt. [4]Der Ausschuss arbeitet eng mit den anderen Ausschüssen beim Bundesministerium für Arbeit und Soziales zusammen. [5]Die Sitzungen des Ausschusses sind nicht öffentlich. [6]Beratungs- und Abstimmungsergebnisse des Ausschusses sowie Niederschriften der Untergremien sind vertraulich zu behandeln, soweit die Erfüllung der Aufgaben, die den Untergremien oder den Mitgliedern des Ausschusses obliegen, dem nicht entgegenstehen.

---

[121] Dem Ausschuss für Arbeitsstätten obliegt die Initiative zur Erstellung von Regeln für Arbeitsstätten (ASR) zur praxisgerechten Anwendung der ArbStättV. Die von diesem unabhängigen Fachgremium erarbeiteten Regeln erlangen mit ihrer Bekanntmachung im GMBl. eine rechtliche Bindungswirkung als Regeln für Arbeitsstätten i. S. v. § 3a Abs. 1 Sätze 2 und 3.

[122] § 7 Abs. 3 Nr. 2 wurde mit der siebten Änderung der ArbStättV 2016 (s. FN 32) in Anpassung an die Formulierungen in den anderen Arbeitsschutzverordnungen erweitert. Danach ist es die Aufgabe des Ausschusses, neben Regeln auch Erkenntnisse zu ermitteln, wie die in der Verordnung gestellten Anforderungen erfüllt werden können.

[123] Der ASTA hat nach § 7 Abs. 3 Nr. 2 auch die Aufgabe, Empfehlungen für weitere Maßnahmen zur Gewährleistung der Sicherheit und zum Schutz der Gesundheit der Beschäftigten auszuarbeiten. Diese Empfehlungen geben zusätzliche Hinweise zum Ausfüllen der Maßgaben der ArbStättV und richten sich insbesondere an Arbeitgeber, die Arbeitsstätten einrichten und betreiben. Ebenso wie die Technischen Regeln für Arbeitsstätten kann das BMAS im ASTA erarbeitete Empfehlungen im GMBl. bekannt machen. Sie sind für die fachliche Auslegung und Anwendung der Rechtsvorschriften von unverzichtbarer Bedeutung, denn sie liefern eine nach mehrheitlich-fachmännischer Richtigkeitsüberzeugung erarbeitete allgemein anerkannte, handhabbare Praxisempfehlung.
Zwar entfalten diese Empfehlungen keine Vermutungswirkung wie die Technischen Regeln für Arbeitsstätten. Die Anwendung bzw. Inbezugnahme dieser Empfehlungen gewährleistet jedoch ein hohes Maß des Vertrauens auf fachliche Richtigkeit. Dies ist allein dadurch gegeben, dass die Empfehlung durch Beschluss des ASTA erarbeitet und verabschiedet wurde. Im ASTA sind führende Fachleute der für das Fachgebiet maßgeblichen Institutionen Deutschlands, auch die Arbeitgeber- und Arbeitsnehmerseite, mit paritätischem Stimmrecht vertreten. Es darf deshalb darauf vertraut werden, dass diese Empfehlungen hinsichtlich ihrer wissenschaftlichen Begründung, der behördlichen und unfallversicherungsrechtlichen Bewertung und Anerkennung sowie der mit diesem Beschluss in sich harmonisierten Bewertung der Sozialpartner einen breiten, allgemein anerkannten Konsens liefern. Insoweit bergen diese Empfehlungen auch einen besonderen arbeitsschutzrechtlichen Wirkungsmechanismus in sich.

[124] Der Ausschuss hat zu ermitteln, wie die Anforderungen der ArbStättV erfüllt werden können. Als Mittel zu diesem Zweck können sowohl Regeln als auch Erkenntnisse oder Empfehlungen für weitere Maßnahmen zur Gewährleistung von Sicherheit und Gesundheitsschutz der in einer Arbeitsstätte Beschäftigten erarbeitet werden. Da im Verordnungs- und Anhangtext allgemeine Schutzziele aufgeführt sind, haben die Regeln und Empfehlungen ein solches Maß an messbarer Konkretheit und Klarheit aufzuweisen, dass sie anwendbar, also praxistauglich, sind und die Anforderungen der ArbStättV erfüllen.

[125] Unter § 7 Abs. 3 Nr. 3 wird der ASTA verpflichtet, das BMAS in allen Fragen der Sicherheit und Gesundheit in Arbeitsstätten zu beraten. Dies kann auch unaufgefordert geschehen, wenn der Ausschuss hierfür eine Notwendigkeit erkennt. Andererseits kann das BMAS den ASTA um Vorschläge ersuchen, wenn für bestimmte Problemlösungen Beratungsbedarf besteht.

(4) Das Bundesministerium für Arbeit und Soziales kann die vom Ausschuss nach Absatz 3 ermittelten Regeln und Erkenntnisse sowie Empfehlungen im Gemeinsamen Ministerialblatt bekannt machen.[127)] [128)]

(5) [1]Die Bundesministerien sowie die zuständigen obersten Landesbehörden können zu den Sitzungen des Ausschusses Vertreter entsenden. [2]Diesen ist auf Verlangen in der Sitzung das Wort zu erteilen.[129)]

(6) Die Geschäfte des Ausschusses führt die Bundesanstalt für Arbeitsschutz und Arbeitsmedizin.[130)]

§ 8
Übergangsvorschriften[131)]

(1) [1]Soweit für Arbeitsstätten,

1. die am 1. Mai 1976 eingerichtet waren oder mit deren Einrichtung vor diesem Zeitpunkt begonnen worden war oder

---

126) Damit obliegt es dem Ausschuss, Regeln zu ermitteln, wie die einzelnen Vorschriften der ArbStättV umzusetzen sind. Die Regeln müssen das fachwissenschaftlich begründete Beratungsergebnis der fachkundigen Mitglieder des Ausschusses für Arbeitsstätten darlegen und dürfen nicht der bloße Kompromiss zwischen unterschiedlichen, z. B. wirtschaftlich begründeten, Interessen sein. Die Verabschiedung einer ASR im Ausschuss für Arbeitsstätten bedarf eines Beschlusses.
Damit wird der Ausschuss seiner Verantwortung gerecht, dass jeder Arbeitgeber bei Anwendung der vom Ausschuss ermittelten und vom BMAS bekanntgemachten Regeln davon ausgehen kann, die in der Verordnung gestellten Anforderungen diesbezüglich zu erfüllen. Er kann auf die sog. „Vermutungswirkung", die die Regeln entfalten, vertrauen.
Gleichzeitig wird mit den bekannt gemachten ASR für Arbeitsstätten den Arbeitgebern, den Arbeitsschutzbehörden der Länder für den Vollzug der ArbStättV und den Aufsichtsdiensten der Unfallversicherungsträger bei der Erfüllung ihres Präventionsauftrages ein rechtssicheres Kriterium in die Hand gegeben, mit dessen Hilfe sie beurteilen können, wie die Zielsetzungen der Generalklauseln in der Verordnung praxisgerecht umgesetzt werden können.

127) Der Bundesrat hat im Rahmen der Zustimmung zur ArbStättV 2004 in einer Entschließung die Erwartung ausgesprochen, dass neue Regeln für Arbeitsstätten die Zustimmung der Länder, der Arbeitgeber- und der Arbeitnehmervertreter finden müssten. Nur dann sei die breite Anwendung und Wirksamkeit der Regeln gewährleistet (BR-Drucks. 450/04 [Beschluss vom 9.7.2004]; s. ausführl. in Opfermann/Streit, Loseblattwerk mit Kommentar, 3. Aufl., Landsberg 2025 unter OZ 1115).

128) Die Regeln werden vom BMAS bei ihrer amtlichen Veröffentlichung im GMBl. zwar als „Technische" Regeln für Arbeitsstätten bezeichnet, sie enthalten indessen vielfach auch arbeitsmedizinische, arbeitshygienische, ergonomische und arbeitsorganisatorische Festlegungen. Dies entspricht dem umfassenden Arbeitsschutzverständnis des ArbSchG, das als Maßnahmen des Arbeitsschutzes Maßnahmen zur Verhütung von Unfällen bei der Arbeit und arbeitsbedingten Gesundheitsgefahren einschließlich Maßnahmen der menschengerechten Gestaltung der Arbeit definiert.

129) Um die Interessen des Verordnungsgebers (Bundesregierung) und der vollziehenden Länderbehörden entsprechend wahren zu können und auf die Tätigkeit des Ausschusses Einfluss zu nehmen, haben die Bundesministerien und die zuständigen obersten Landesbehörden nach § 7 Abs. 5 das Recht, zu den Sitzungen des Ausschusses Vertreter zu entsenden, denen auf Verlangen das Wort zu erteilen ist.

130) Die Geschäftsführung des Ausschusses für Arbeitsstätten – wie die der anderen Technischen Ausschüsse auch – obliegt nach § 7 Abs. 6 der BAuA. Hierdurch können die in dieser Einrichtung vorhandenen Erfahrungen und der Sachverstand in die Arbeit des Ausschusses einbezogen werden.

131) Aus Gründen der Rechtssicherheit und des Bestandsschutzes war es erforderlich, bei Inkrafttreten der ArbStättV ähnlich dem früheren Rechtszustand für bestehende Arbeitsstätten Übergangsregelungen in die neue VO zu übernehmen. Die in § 8 Abs. 1 Satz 1 genannte Übergangsvorschrift entstammt § 56 der ArbStättV des Jahres 1975. Sie galt für Arbeitsstätten, die bereits vor Mai 1976 eingerichtet waren.

2. die am 20. Dezember 1996 eingerichtet waren oder mit deren Einrichtung vor diesem Zeitpunkt begonnen worden war und für die zum Zeitpunkt der Einrichtung die Gewerbeordnung keine Anwendung fand,

in dieser Verordnung Anforderungen gestellt werden, die umfangreiche Änderungen der Arbeitsstätte, der Betriebseinrichtungen, Arbeitsverfahren oder Arbeitsabläufe notwendig machen, gelten hierfür bis zum 31. Dezember 2020 mindestens die entsprechenden Anforderungen des Anhangs II der Richtlinie 89/654/EWG des Rates vom 30. November 1989 über Mindestvorschriften für Sicherheit und Gesundheitsschutz in Arbeitsstätten (ABl. EG Nr. L 393 S. 1).[132)] [2]Soweit diese Arbeitsstätten oder ihre Betriebseinrichtungen wesentlich erweitert oder umgebaut oder die Arbeitsverfahren oder Arbeitsabläufe wesentlich umgestaltet werden, hat der Arbeitgeber die erforderlichen Maßnahmen zu treffen, damit diese Änderungen, Erweiterungen oder Umgestaltungen mit den Anforderungen dieser Verordnung übereinstimmen.[133)] [134)]

---

132) § 8 Abs. 1 Satz 1 legt drei Zeitpunkte fest: Auf die 1976 und 1996 bereits bestehenden Arbeitsstätten sind nur solche Anforderungen der ArbStättV anzuwenden, die keine umfangreichen Änderungen nach sich ziehen. Anstelle der Vorschriften der ArbStättV sind nur die Anforderungen aus Anh. II der Richtlinie 89/654/EWG des Rates vom 30. November 1989 heranzuziehen.
Anhang II der Richtlinie 89/654/EWG führt allgemein formulierte Schutzziele auf und enthält keine konkreten Maßgaben. Dagegen enthielt die ArbStättV 1975 in ihrem Verordnungstext mit 58 Paragraphen eine Vielzahl sehr konkreter Anforderungen mit Maß und Zahl. Der Verordnungsgeber führte deshalb zur Entlastung der betroffenen Betriebe mit § 56 der VO, welche am 1.5.1976 in Kraft trat, Übergangsvorschriften ein.
Die grundlegende Neufassung der ArbStättV 2004 ist in diesem Punkt jedoch weitgehender als die abgelöste Vorgänger-VO 1975 (§ 56 Abs. 1 und 2). Während bis zum Inkrafttreten der VO 2004 die Anforderungen der ArbStättV 1975 bei wesentlichen Änderungen nur auf Verlangen der zuständigen Behörde zu erfüllen waren, forderte die ArbStättV 2004, dies im Falle wesentlicher Änderungen an bestehenden Arbeitsstätten unaufgefordert zu realisieren. Ohne wesentliche Änderung der Arbeitsstätte galt die Übergangsfrist jedoch fort. Diese Übergangsfrist ist, 45 Jahre nach Verabschiedung der VO 1975, zum 31.12.2020 vollständig ausgelaufen (siehe auch § 8 Abs. 1 ArbStättV). Die Frist 31.12.2020 wurde seinerzeit eingefügt, da der Bestandsschutz für Arbeitsstätten, die vor Mai 1976 errichtet wurden, aufgrund der Innovationszyklen in der Wirtschaft (früher rund 15 Jahre) praktisch keine Bedeutung mehr haben dürfte.

133) Wesentliche Änderungen sind wesentliche Erweiterungen, Umbauten oder Umgestaltungen der Arbeitsstätte, der Betriebsanlagen und ihrer Einrichtung darin sowie wesentliche technisch-organisatorische Umgestaltungen der Arbeitsverfahren oder Arbeitsabläufe in der Arbeitsstätte. Grundsätzlich kann heute von Innovationszyklen im gewerblichen, aber aufgrund der Digitalisierung der Arbeitswelt auch im nichtgewerblichen Bereich von höchstens 15 Jahren ausgegangen werden.

134) Aufgrund der rasanten Entwicklung der Digitalisierung der Arbeitswelt ist davon auszugehen, dass wesentliche Änderungen nicht mehr ausschließlich bzw. überwiegend durch wesentliche bauliche Änderungen der Arbeitsstätte auftreten, sondern zunehmend durch wesentliche Änderungen der informatorischen Verknüpfung von Betriebsanlagen, der digitalen Arbeitsplatzausstattung einschließlich der dafür notwendigen Softwareanwendung, der Arbeitsorganisation und der Arbeitsabläufe in der Arbeitsstätte. In diesen Fällen wesentlicher Änderung rückt der baurechtliche Entscheidungsaspekt, der sowohl frühzeitig und einfach erkennbar als auch in seiner unternehmerischen und behördlichen Handhabung gut geübt ist, in den Hintergrund. Entscheidungsleitend werden dann vielmehr arbeitsorganisatorische und arbeitsgestalterische Änderungen in der Arbeitsstätte. Diese werden ausdrücklich als Entscheidungskriterien in § 8 Abs. 1 Satz 2 benannt. Danach hat der Arbeitgeber auch bei wesentlicher Umgestaltung der Arbeitsverfahren oder Arbeitsabläufe die erforderlichen Maßnahmen zu treffen, damit die Umgestaltungen mit den Anforderungen dieser Verordnung übereinstimmen. Die Digitalisierung der Arbeitswelt, beispielhaft sei hier die Einrichtung und Gestaltung von Bildschirmarbeit genannt, ist in jedem Anwendungsfall mit einer erheblichen Umgestaltung der Arbeitsverfahren und Arbeitsabläufe verbunden. Heutige moderne Büroarbeit ist hinsichtlich Hardwareausstattung, Anwendung z. T. hochspezialisierter Softwarepakete und der allumfassenden Vernetzung hinsichtlich der Arbeitsabläufe und Arbeitsverfahren nicht mehr vergleichbar mit der klassischen Büroarbeit in vergangenen Zeiten. Die Produktion von Verwaltungsarbeit erfolgt digital. Entstanden ist eine digitale Verwaltung im digitalen Büro. Dies war und ist in jeder Hinsicht eine wesentliche Umgestaltung althergebrachter Arbeitsverfahren und Arbeitsabläufe. Die Rechtsgrundlage der Inanspruchnahme der in Satz 1 aufgeführten Übergangsvorschriften ist insoweit erloschen.

(2) Bestimmungen in den vom Ausschuss für Arbeitsstätten ermittelten und vom Bundesministerium für Arbeit und Soziales im Gemeinsamen Ministerialblatt bekannt gemachten Regeln für Arbeitsstätten, die Anforderungen an den Arbeitsplatz enthalten, gelten unter Berücksichtigung der Begriffsbestimmung des Arbeitsplatzes in § 2 Absatz 2 der Arbeitsstättenverordnung vom 12. August 2004 (BGBl. I S. 2179), die zuletzt durch Artikel 282 der Verordnung vom 31. August 2015 (BGBl. I S. 1474) geändert worden ist, solange fort, bis sie vom Ausschuss für Arbeitsstätten überprüft und erforderlichenfalls vom Bundesministerium für Arbeit und Soziales im Gemeinsamen Ministerialblatt neu bekannt gemacht worden sind.[135]

§ 9
Straftaten und Ordnungswidrigkeiten[136] [137] [138]

(1) Ordnungswidrig im Sinne des § 25 Absatz 1 Nummer 1 des Arbeitsschutzgesetzes handelt, wer vorsätzlich oder fahrlässig[139]

---

[135] Die bisherige Übergangsvorschrift in Abs. 2 ist wegen des Auslaufens der Frist am 31.12.2012 für die Überarbeitung der Arbeitsstättenregeln entfallen. Die mit der siebten Änderung 2016 (s. FN 32) eingeführte neue Übergangsvorschrift steht im Zusammenhang mit der Änderung der Begriffsdefinition für den „Arbeitsplatz". Zur Vermeidung einer möglichen ungewollten Verschärfung des Anforderungsniveaus durch die Neudefinition des Arbeitsplatzes wurde die Bestandsschutzregelung aufgenommen. Diese sieht insbesondere vor, dass diejenigen vom ASTA erarbeiteten ASR, in denen der Arbeitsplatzbegriff noch zeitlich eingeschränkt verwendet wird, vom Ausschuss zeitnah überprüft und ggf. angepasst werden. Bis zu diesem Zeitpunkt geht von den bestehenden ASR, die unter Berücksichtigung der bisherigen Begriffsbestimmung des Arbeitsplatzes erstellt worden sind, weiter die Vermutungswirkung aus.

[136] Die zuständigen Aufsichtsbehörden konnten bisher nur nach Erlass einer vollziehbaren Anordnung gem. § 22 Abs. 3 ArbSchG und bei deren Nichtbefolgung durch den betroffenen Arbeitgeber nach § 25 Abs. 1 Nr. 2a) ArbSchG tätig werden und das dort vorgesehene Bußgeld verhängen. Strafbare Handlungen infolge beharrlich wiederholter oder gar vorsätzlicher Verstöße mit Gefährdung von Leben oder Gesundheit eines Beschäftigten mussten auf der Grundlage des § 26 ArbSchG geahndet werden.

[137] Mit der fünften Änderung der ArbStättV 2010 (s. FN 32) wurde § 9 Straftaten und Ordnungswidrigkeiten neu eingefügt. Dadurch wurde, 35 Jahre nach Erlass der ArbStättV 1975, erstmals die Ahndung auf direktem Wege ermöglicht. Der hoheitliche Vollzug der ArbStättV obliegt den zuständigen Arbeitsschutzbehörden der Länder. Diese erhalten ergänzend bei fahrlässiger oder vorsätzlicher Nichtbeachtung eines oder mehrerer der unter Abs. 1 Nr. 1 bis 9 näher bezeichneten Tatbestände ohne den Umweg über eine Anordnung nach § 22 Abs. 3 ArbSchG eine unmittelbare Sanktionsmöglichkeit gegenüber dem betroffenen Arbeitgeber und können ein Bußgeld verhängen. Ungeachtet dessen können Verstöße gegen Maßgaben der ArbStättV auch weiterhin über eine Anordnung nach § 22 Abs. 3 ArbSchG sanktioniert werden.

[138] Der Katalog der Ordnungswidrigkeiten wurde mit der siebten Änderung der ArbStättV 2016 (s. FN 32) und mit der zehnten Änderung der ArbStättV 2020 an die jeweils neu gefassten Anforderungen angepasst und zum Teil erweitert. Dies betrifft z. B. die Ordnungswidrigkeiten bei nicht zur Verfügung gestellten Mitteln oder Einrichtungen zur Ersten Hilfe nach § 4 Abs. 5 (Abs. 1 Nr. 8) oder bei nicht durchgeführter Unterweisung nach § 6 Abs. 4 (Abs. 1 Nr. 9). Die Nummern 4a) und 4b) wurden mit der zehnten Änderung der ArbStättV 2020 (s. FN 32) eingefügt. Diese beziehen sich auf die Bereitstellung von Unterkünften durch den Arbeitgeber bei Erfordernis sowie auf die für Gemeinschaftsunterkünfte notwendigen Dokumentationspflichten.

[139] Der Länderausschuss für Arbeitsschutz und Sicherheitstechnik (LASI) hat hierzu die LASI-Veröffentlichung LV 56 Bußgeldkatalog zur Arbeitsstättenverordnung (2. Auflage, April 2025) veröffentlicht. Die LV 56 richtet sich insbesondere an die Aufsichtsbeamtinnen und -beamten der für den Vollzug der Arbeitsstättenverordnung zuständigen Aufsichtsbehörden der Länder. Damit soll sichergestellt werden, dass bei der Ahndung von Verstößen gegen das Arbeitsstättenrecht bundesweit einheitliche Bußgeldsätze zugrunde gelegt werden. Dies entbindet die Ahndungsbehörde jedoch nicht davon, Ermessen nach den gesetzlichen Zumessungskriterien gem. § 17 OWiG unter Berücksichtigung der jeweiligen Umstände des Einzelfalles auszuüben, vereinheitlicht aber die Anwendung von § 9 ArbStättV.
Darüber hinaus ist LV 56 auch für alle am betrieblichen Arbeitsschutz Beteiligten von Interesse, denn im Bußgeldkatalog werden die derzeit am häufigsten vorkommenden zu ahnenden Tatbestände widergespiegelt.

1. entgegen § 3 Absatz 3 eine Gefährdungsbeurteilung nicht richtig, nicht vollständig oder nicht rechtzeitig dokumentiert,
2. entgegen § 3a Absatz 1 Satz 1 nicht dafür sorgt, dass eine Arbeitsstätte in der dort vorgeschriebenen Weise eingerichtet ist oder betrieben wird,
3. entgegen § 3a Absatz 1 Satz 2 in Verbindung mit Nummer 4.1 Absatz 1 des Anhangs einen dort genannten Toilettenraum oder eine dort genannte mobile, anschlussfreie Toilettenkabine nicht oder nicht in der vorgeschriebenen Weise zur Verfügung stellt,
4. entgegen § 3a Absatz 1 Satz 2 in Verbindung mit Nummer 4.2 Absatz 1 des Anhangs einen dort genannten Pausenraum oder einen dort genannten Pausenbereich nicht oder nicht in der vorgeschriebenen Weise zur Verfügung stellt,

4a. entgegen § 3a Absatz 1 Satz 2 in Verbindung mit Nummer 4.4 Absatz 1 Satz 1 des Anhangs eine Unterkunft in den Fällen der Nummer 4.4 Absatz 1 Satz 3 des Anhangs nicht oder nicht rechtzeitig zur Verfügung stellt,

4b. entgegen § 3a Absatz 1 Satz 2 in Verbindung mit Nummer 4.4 Absatz 4 Satz 1 des Anhangs eine Unterbringung in einer Gemeinschaftsunterkunft nicht, nicht richtig, nicht vollständig oder nicht rechtzeitig dokumentiert,

5. entgegen § 3a Absatz 2 eine Arbeitsstätte nicht in der dort vorgeschriebenen Weise einrichtet oder betreibt,
6. entgegen § 4 Absatz 1 Satz 2 nicht dafür sorgt, dass die gefährdeten Beschäftigten ihre Tätigkeit unverzüglich einstellen,
7. entgegen § 4 Absatz 4 Satz 1 nicht dafür sorgt, dass Verkehrswege, Fluchtwege und Notausgänge freigehalten werden,
8. entgegen § 4 Absatz 5 ein Mittel oder eine Einrichtung zur Ersten Hilfe nicht zur Verfügung stellt,
9. entgegen § 6 Absatz 4 Satz 1 nicht sicherstellt, dass die Beschäftigten vor Aufnahme der Tätigkeit unterwiesen werden.[140) 141)]

(2) Wer durch eine in Absatz 1 bezeichnete vorsätzliche Handlung das Leben oder die Gesundheit von Beschäftigten gefährdet, ist nach § 26 Nummer 2 des Arbeitsschutzgesetzes strafbar.[142)]

---

140) Im Katalog der Ordnungswidrigkeiten des § 9 Abs. 1 nicht aufgeführt sind Verstöße gegen die Maßgaben des § 5 Nichtraucherschutz. Deshalb verbleibt der zuständigen Arbeitsschutzbehörde hierfür nur, mit Anordnungen nach § 22 Abs. 3 ArbSchG vorzugehen und bei Nichtbeachtung einer vollziehbaren Anordnung nach § 25 Abs. 1 Nr. 2a ArbSchG mit einem Bußgeld zu ahnden. Die Höhe der Geldbuße kann bis zu 30.000 Euro betragen.

141) Gegen einen Bußgeldbescheid kann nach § 67 OWiG innerhalb von zwei Wochen Einspruch eingelegt werden, der aufschiebende Wirkung entfaltet, sofern nicht der sofortige Vollzug der Anordnung angeordnet worden ist.

142) Ein Straftatbestand liegt vor, wenn ein Arbeitgeber vorsätzlich gegen die in Abs. 1 Nr. 1 bis 9 näher genannten Vorschriften der ArbStättV oder eine vollziehbare Anordnung nach § 22 Abs. 3 ArbSchG verstößt und dadurch das Leben oder die Gesundheit von Beschäftigten gefährdet. § 26 Nr. 2 ArbSchG sieht hierfür eine Freiheitsstrafe bis zu einem Jahr oder eine Geldstrafe vor.

Anhang

Anforderungen und Maßnahmen für Arbeitsstätten nach § 3 Absatz 1 [143] [144]

Inhaltsübersicht[145]

---

[143] Die Bezeichnung des Anhangs wurde mit der siebten Änderung der ArbstättV 2016 (s. FN 32) redaktionell angepasst. Der Anhang enthält seither neben Anforderungen auch Maßnahmen, wie sie vom Arbeitgeber im Ergebnis einer Gefährdungsbeurteilung nach § 3 Abs. 1 Satz 4 festgelegt werden müssen.

[144] Der Anhang enthielt bis zur siebten Änderung der ArbStättV 2016 (s. FN 32) die folgende Vorbemerkung: „Die nachfolgenden Anforderungen gelten in allen Fällen, in denen die Eigenschaften der Arbeitsstätte oder der Tätigkeit, die Umstände oder eine Gefährdung der Beschäftigten dies erfordern. Die Rechtsvorschriften, die in Umsetzung des Artikels 95 des EG-Vertrages Anforderungen an die Beschaffenheit von Arbeitsmitteln stellen, bleiben unberührt." Diese Formulierung ist mit der Neufassung der ArbStättV 2016 ersatzlos entfallen. Die Streichung dient der Rechtsbereinigung. Satz 1 der Vorbemerkung des Anhangs, der auf die gefährdungsbezogene Anwendung der Maßnahmen des Anhangs hinweist, ist durch die Aufnahme der Gefährdungsbeurteilung in § 3 der ArbStättV entbehrlich geworden. Die Maßnahmen nach der ArbStättV sind demnach immer dann zu ergreifen, wenn dadurch eine Gefährdung der Beschäftigten minimiert oder verhindert werden kann. Der zweite Satz der Vorbemerkung ist ebenfalls entbehrlich, da andere Rechtsbereiche nach § 3a Abs. 4 ArbStättV ohnehin unberührt bleiben müssen. Da sich die ArbStättV auf Anforderungen zum Einrichten und Betreiben von Arbeitsstätten (Betriebsvorschriften) beschränkt, können z. B. Anforderungen zum Inverkehrbringen und zur Vermarktung von Produkten nicht Regelungsgegenstand der ArbStättV sein. Es ist deshalb selbstverständlich, dass das Produktrecht in der ArbStättV nicht geregelt wird und damit unberührt bleibt (s. auch amtl. Begr., a.a.O.).

[145] Die Inhaltsübersicht wurde mit der siebten Änderung der ArbStättV 2016 (s. FN 32) redaktionell in Nr. 5 und den Unternrn. 5.1 und 5.2 angepasst und um die neue Nr. 6 mit fünf Unternrn. ergänzt.

1 Allgemeine Anforderungen

1.1 Anforderungen an Konstruktion und Festigkeit von Gebäuden

Gebäude für Arbeitsstätten müssen eine der Nutzungsart entsprechende Konstruktion und Festigkeit aufweisen.[146)]

1.2 Abmessungen von Räumen, Luftraum

(1) Arbeitsräume, Sanitär-, Pausen- und Bereitschaftsräume, Kantinen, Erste-Hilfe-Räume und Unterkünfte müssen eine ausreichende Grundfläche und eine, in Abhängigkeit von der Größe der Grundfläche der Räume, ausreichende lichte Höhe aufweisen[147)], so dass die Beschäftigten ohne Beeinträchtigung ihrer Sicherheit, ihrer Gesundheit oder ihres Wohlbefindens[148)] die Räume nutzen oder ihre Arbeit verrichten können.[149)]

(2) Die Abmessungen der Räume richten sich nach der Art ihrer Nutzung.

(3) Die Größe des notwendigen Luftraumes ist in Abhängigkeit von der Art der physischen Belastung und der Anzahl der Beschäftigten sowie der sonstigen anwesenden Personen zu bemessen.[150)]

---

146) Mit den Begriffen Konstruktion und Festigkeit in Anh. Nr. 1.1 ArbStättV wird die Standsicherheit umschrieben. Sie bezieht sich auf tragende und aussteifende Bauteile, wie Wände, Decken (auch abgehängte Decken), Fußböden und Dächer sowie bauliche Hilfskonstruktionen. Das Bauordnungsrecht verlangt, dass bauliche Anlagen und damit auch Gebäude im Ganzen und in ihren Teilen sowie für sich allein standsicher sind (z. B. § 12 Abs. 1 BauO NW; § 12 Abs. 1 SN). Dies ist die umfassende bauordnungsrechtliche Sicherheitsanforderung. Sie beinhaltet, dass Mängel in der Konstruktion eines Gebäudes, die dessen Standsicherheit beeinträchtigen und möglicherweise zu dessen Einsturz führen, nicht zu dulden sind. Der Begriff Standsicherheit erstreckt sich auf die Druck-, Torsions-, Schub- oder Scherfestigkeit, Festigkeit gegen Schwingungen sowie vorbeugend den Erhalt der Festigkeit durch den Schutz gegen Feuchtigkeit, Korrosion und Schädlingsbefall, ferner den Brand- und Erschütterungsschutz. Erfasst werden auch Bauelemente, die ausschließlich architektonisch-ästhetischen Zwecken dienen.

147) Anh. Nr. 1.2 wird konkretisiert durch ASR A1.2 „Raumabmessungen und Bewegungsflächen" (s. S. 153 ff.).

148) Anh. Nr. 1.2 fügt für die Abmessungen von Räumen und den Luftraum dem üblichen Schutzziel, Gefährdungen für die Sicherheit und die Gesundheit zu vermeiden, gleichrangig ausdrücklich das Wohlbefinden hinzu. Dies gilt nicht nur für Arbeitsräume, sondern für Arbeitsstätten insgesamt, also für alle Orte in Gebäuden bzw. im Freien auf dem Gelände eines Betriebes, für Orte auf Baustellen usw.

149) Für Sanitär-, Pausen- und Bereitschaftsräume, Kantinen, Erste-Hilfe-Räume und Unterkünfte enthalten die ASR A4.1 „Sanitärräume" (s. S. 479 ff.), die ASR A4.2 „Pausen- und Bereitschaftsräume" (s. S. 502 ff.), die ASR A4.3 „Erste-Hilfe-Räume, Mittel und Einrichtungen zur Ersten Hilfe" (s. S. 512 ff.) sowie die ASR A4.4 „Unterkünfte" (s. S. 523 ff.) spezifische Aussagen.

150) Konkretisiert durch ASR A1.2 „Raumabmessungen und Bewegungsflächen" (s. S. 153 ff.).

1.3 Sicherheits- und Gesundheitsschutzkennzeichnung[151) 152)]

(1) Unberührt von den nachfolgenden Anforderungen sind Sicherheits- und Gesundheitsschutzkennzeichnungen einzusetzen, wenn Gefährdungen der Sicherheit und Gesundheit der Beschäftigten nicht durch technische oder organisatorische Maßnahmen vermieden oder ausreichend begrenzt werden können.[153) 154)] Das Ergebnis der Gefährdungsbeurteilung und die Maßnahmen nach § 3 Absatz 1 sind dabei zu berücksichtigen.

---

151) Konkretisiert durch die ASR A1.3 „Sicherheits- und Gesundheitsschutzkennzeichnung" (s. S. 172 ff.). Im Rahmen der Neufassung der ASR A1.3 vom Februar 2013 hat das BMAS zusätzlich Folgendes bekannt gemacht: „Die Neufassung der ASR A1.3 vom 28.02.2013 ersetzt die ASR A1.3 GMBl 2007, S. 674. Im Wesentlichen wurden die folgenden Anpassungen vorgenommen:
- Es wurden zusätzliche Sicherheitszeichen, die in der Norm DIN EN ISO 7010 enthalten und international und europäisch abgestimmt sind, in die ASR A1.3 übernommen. Insbesondere die Zeichen F001, F002, F003, F004, F005, F006, E009 und W029 wurden erheblich verändert.
- Der Flucht- und Rettungsplan wurde an die Norm DIN ISO 23601 angepasst."

Die ASR A1.3 Sicherheits- und Gesundheitsschutzkennzeichnung in der Fassung vom Februar 2013 enthält den aktuellen Stand der Technik zur Sicherheits- und Gesundheitsschutzkennzeichnung in Arbeitsstätten. Bei der bestimmungsgemäßen Verwendung dieser Sicherheitszeichen kann der Arbeitgeber davon ausgehen, dass er die Arbeitsstättenverordnung hinsichtlich der Sicherheits- und Gesundheitsschutzkennzeichnung einhält. Wendet der Arbeitgeber die geänderten Sicherheitszeichen beim Betreiben von bestehenden Arbeitsstätten nicht an, so hat er mit der Gefährdungsbeurteilung zu ermitteln, ob die in der Arbeitsstätte verwendeten Sicherheitszeichen nach ASR A1.3 (GMBl 2007, S. 674) weiterhin angewendet werden können."

152) Mit der dritten Änderung der ASR A1.3 im März 2022 wurden Inhalte aus der aufgehobenen ASR A3.4/7 Sicherheitsbeleuchtung, optische Sicherheitsleitsysteme in die ASR A1.3 überführt. Die vorgenommenen Änderungen sind in der Veröffentlichung des BMAS zur Gemeinsamen Bekanntmachung der Neufassung, Änderung und Aufhebung von ASR zum Themenkomplex der Flucht- und Verkehrswege (GMBl 2022, S. 213) unter Erläuterung der Hintergründe ausführlich dargestellt. Zudem wurden formale Änderungen vorgenommen (GMBl 2022, S. 242).

153) Sicherheits- und Gesundheitsschutzkennzeichnung ist eine ergänzende Sicherheitsmaßnahme, die zusätzlich zu den getroffenen technischen und organisatorischen Maßnahmen zu treffen ist. Zu unterscheiden ist zwischen Verbots-, Warn-, Gebots-, Rettungs-, Brandschutz- und Kombinationszeichen.
- Verbotszeichen (P = Prohibition signs) sind Zeichen, die ein Verhalten untersagen, durch das eine Gefährdung entstehen kann. Sie kommen zum Einsatz, wenn nach der technischen Gefahrenabwehr noch ein erhebliches Risiko bestehen bleibt, das nur noch über das Verhalten minimiert werden kann (s. Anh. 1 Abschn. 1 ASR A1.3).
- Warnzeichen (W = Warning signs) warnen vor einer Gefahr und umfassen sehr unterschiedliche Sicherheitsaussagen (s. Anh. 1 Abschn. 2 ASR A1.3).
- Gebotszeichen (M = Mandatory action signs) schreiben ein bestimmtes Verhalten vor. Meistens handelt es sich um Gebote, Persönliche Schutzausrüstung zu benutzen (s. Anh. 1 Abschn. 3 ASR A1.3).
- Rettungszeichen (E = Escape condition signs) kennzeichnen Flucht- und Rettungswege, Notausgänge oder Erste-Hilfe-Einrichtungen bzw. den Weg dorthin (s. Anh. 1 Abschn. 4 ASR A1.3).
- Brandschutzzeichen (F = Fire safety signs) unterstützen die Brandbekämpfung. Sie geben Informationen zur Position z. B. von Feuerlöschern, Leitern oder allgemeinen Mitteln zur Brandbekämpfung (s. Anh. 1 Abschn. 5 ASR A1.3).
- Kombinationszeichen verbinden Piktogramme und Text und sollen komplizierte Sicherheitsaussagen sichtbar machen.

154) Die Signalwirkung der Farbgebung wird verstärkt durch die Auswahl von geometrischen Formen für bestimmte Sicherheitsaussagen. Gebots- und Verbotszeichen sind rund, Warnzeichen dreieckig und Rettungs-, Brandschutz-, und Zusatzzeichen quadratisch bzw. rechteckig. Die Sicherheitsfarbe vermittelt den Gefährdungsgrad: Rot (= Halt, Verbot), Gelb (= Vorsicht, mögliche Gefährdung), Grün (= Gefahrlosigkeit, Erste Hilfe) und Blau (= Gebotszeichen).

(2) Die Kennzeichnung ist nach der Art der Gefährdung dauerhaft oder vorübergehend nach den Vorgaben der Richtlinie 92/58/EWG[155] des Rates vom 24. Juni 1992 über Mindestvorschriften für die Sicherheits- und/oder Gesundheitsschutzkennzeichnung am Arbeitsplatz (Neunte Einzelrichtlinie im Sinne des Artikels 16 Absatz 1 der Richtlinie 89/391/EWG) (ABl. EG Nr. L 245 S. 23) auszuführen. Diese Richtlinie gilt in der jeweils aktuellen Fassung. Wird diese Richtlinie geändert oder nach den in dieser Richtlinie vorgesehenen Verfahren an den technischen Fortschritt angepasst, gilt sie in der geänderten im Amtsblatt der Europäischen Gemeinschaften veröffentlichten Fassung nach Ablauf der in der Änderungs- oder Anpassungsrichtlinie festgelegten Umsetzungsfrist. Die geänderte Fassung kann bereits ab Inkrafttreten der Änderungs- oder Anpassungsrichtlinie angewendet werden.

1.4 Energieverteilungsanlagen[156]

Anlagen, die der Versorgung der Arbeitsstätte mit Energie dienen[157], müssen so ausgewählt, installiert und betrieben werden, dass die Beschäftigten vor dem direkten oder indirekten Berühren spannungsführender Teile geschützt sind[158] [159] und dass von den Anlagen keine Brand- oder Explosionsgefahren ausgehen. Bei der Konzeption und der Ausführung sowie der Wahl des Materials und der Schutzvorrichtungen sind Art und Stärke der verteilten Energie, die äußeren Einwirkbedingungen und die Fachkenntnisse der Personen zu berücksichtigen, die zu Teilen der Anlage Zugang haben.

1.5 Fußböden, Wände, Decken, Dächer[160]

(1) Die Oberflächen der Fußböden, Wände und Decken der Räume müssen so gestaltet sein, dass sie den Erfordernissen des sicheren Betreibens entsprechen sowie leicht und sicher zu reinigen sind. Arbeitsräume müssen unter Berücksichtigung der Art des Betriebes und der physischen Belastungen eine angemessene Dämmung gegen Wärme und Kälte sowie eine ausreichende Isolierung gegen Feuchtigkeit aufweisen. Auch Sanitär-, Pausen- und Bereitschaftsräume, Kantinen, Erste-Hilfe-Räume und Unterkünfte müssen über eine angemesse-

---

155) Die EG-Kennzeichnungsrichtlinie wurde durch die EG-Richtlinie 2007/30/EG vom 20. Juni 2007 (ABl. L 165 S. 21) geändert (Aufhebung der Abs. 4 und 5 des Art. 11 Schlussbestimmungen).

156) Die Anforderungen der EG-Arbeitsstätten-Richtlinie beziehen sich nur auf die elektrischen Anlagen einer Arbeitsstätte, während diejenigen der EG-Baustellen-Richtlinie alle auf einer Baustelle betriebenen Energieverteilungsanlagen erfassen. Eine Konkretisierung in einer ASR liegt bisher nicht vor.

157) Die Vorschriften des Anh. Nr. 1.4 übernehmen die Anforderungen zum Schutz von Sicherheit und Gesundheit der Beschäftigten aus der EG-Baustellen-Richtlinie und erweitern die Vorgaben der EG-Arbeitsstätten-Richtlinie entsprechend, was nach EG-Recht möglich ist. Es werden somit alle Anlagen erfasst, die als integraler Bestandteil einer Arbeitsstätte für deren Energieversorgung eingerichtet sind und betrieben werden. Da Baustellen nach der Definition des § 2 Abs. 1 Nr. 2 ArbStättV Arbeitsstätten sind, gelten die Vorschriften des Anh. Nr. 1.4 auch für Baustellen.

158) Anforderungen an elektrische Betriebsräume sowie Betriebsräume für die Aufstellung von Transformatoren und Schaltanlagen mit Nennspannungen über 1 kV, für ortsfeste Stromerzeugungsaggregate und für zentrale Batterieanlagen werden in der bauordnungsrechtlichen Verordnung über den Bau von Betriebsräumen für elektrische Anlagen (EltBauVO) aufgeführt.

159) Zur Sicherstellung des Schutzes von Personen gegen elektrischen Schlag enthält die DGUV Information 203-006 „Auswahl und Betrieb elektrischer Anlagen und Betriebsmittel auf Bau- und Montagestellen", Ausg. Mai 2022, Festlegungen zu Auswahl und Betrieb elektrischer Anlagen und Betriebsmittel auf Bau- und Montagestellen.

160) Konkretisiert durch ASR A1.5 „Fußböden" (s. S. 202 ff.).

ne Dämmung gegen Wärme und Kälte sowie eine ausreichende Isolierung gegen Feuchtigkeit verfügen.

(2) Die Fußböden der Räume dürfen keine Unebenheiten, Löcher, Stolperstellen oder gefährlichen Schrägen aufweisen. Sie müssen gegen Verrutschen gesichert, tragfähig, trittsicher und rutschhemmend[161] sein.

(3) Durchsichtige oder lichtdurchlässige Wände, insbesondere Ganzglaswände in Arbeitsräumen oder im Bereich von Verkehrswegen, müssen deutlich gekennzeichnet sein. Sie müssen entweder aus bruchsicherem Werkstoff bestehen oder so gegen die Arbeitsplätze in Arbeitsräumen oder die Verkehrswege abgeschirmt sein, dass die Beschäftigten nicht mit den Wänden in Berührung kommen und beim Zersplittern der Wände nicht verletzt werden können.[162]

(4) Dächer aus nicht durchtrittsicherem Material dürfen nur betreten werden, wenn Ausrüstungen benutzt werden, die ein sicheres Arbeiten ermöglichen.[163]

1.6 Fenster, Oberlichter[162] [164]

(1) Fenster, Oberlichter und Lüftungsvorrichtungen müssen sich von den Beschäftigten sicher öffnen, schließen, verstellen und arretieren lassen. Sie dürfen nicht so angeordnet sein, dass sie in geöffnetem Zustand eine Gefahr für die Beschäftigten darstellen.

---

161) Der ASTA hat die grundlegenden Inhalte der Anhänge der DGUV Regel 108-003 (bisher: BGR 181) übernommen. Diese wurde mit DGUV-Newsletter 07/2023 zurückgezogen, um die Doppelregelung zur ASR A1.5 zu beenden.

162) Konkretisiert durch ASR A1.6 „Fenster, Oberlichter, lichtdurchlässige Wände" (s. S. 226 ff.).

163) Konkretisiert durch ASR A2.1 „Schutz vor Absturz und herabfallenden Gegenständen, Betreten von Gefahrenbereichen" (s. S. 291 ff.).

164) Die Anforderungen in Anh. Nr. 1.6 haben die sichere Bedienbarkeit, Anordnung und Reinigung der Fenster und Oberlichter zum Ziel. Weitere Anforderungen ergeben sich aus § 4 Abs. 1, 2, 4 Sätze 1, 2, Anh. Nr. 1.5 Abs. 3, Anh. Nr. 1.8 Abs. 1, Anh. Nr. 3.4 Abs. 1, Anh. Nr. 3.5 Abs. 3 und Anh. Nr. 3.6 Abs. 1 ArbStättV je nach betrieblicher Situation; s. auch TRBS 2121 Gefährdung von Beschäftigten durch Absturz – Allgemeine Anforderungen; TRBS 2121 Teil 2 Gefährdung von Beschäftigten bei der Verwendung von Leitern; TRBS 2121 Teil 3 Gefährdung von Beschäftigten durch Absturz bei der Verwendung von Zugangs- und Positionierungsverfahren unter Zuhilfenahme von Seilen; TRBS 2121 Teil 4 Gefährdung von Beschäftigten durch Absturz – Ausnahmsweises Heben von Beschäftigten mit hierfür nicht vorgesehenen Arbeitsmitteln; Technische Regeln für die Verwendung von absturzsichernden Verglasungen – TRAV (Deutsches Institut für Bautechnik); Technische Regeln für die Verwendung von linienförmig gelagerten Verglasungen – TRLV (Deutsches Institut für Bautechnik); Technische Regeln für die Bemessung und Ausführung punktförmig gelagerter Verglasungen – TRPV (Deutsches Institut für Bautechnik); DGUV Information 208-014: Glastüren, Glaswände, Ausg. 2010-10, aktualisierte Fassung 2019-02; ferner „Glas- und Fassadenreinigung – Instandhaltung sicher und wirtschaftlich planen", Stand 2016 (BG Bau).
Die Anforderungen im Anhang 1.6 haben die sichere Bedienbarkeit, Anordnung und Reinigung der Fenster und Oberlichter zum Ziel. Weitere Anforderungen siehe u.a.:
ASR A1.6, auch TRBS 2121 Gefährdung von Beschäftigten durch Absturz – Allgemeine Anforderungen – Ausg. 07/2018 (GMBl 2018, S. 741),
TRBS 2121 Teil 2 Gefährdung von Beschäftigten durch Absturz bei der Verwendung von Leitern – Ausg. 12/2018 (GMBl 2018, S. 1171),
TRBS 2121 Teil 3 Gefährdung von Beschäftigten durch Absturz bei der Verwendung von Zugangs- und Positionierungsverfahren unter Zuhilfenahme von Seilen – Ausg. 01/2019 (GMBl 2019, S. 36),
TRBS 2121 Teil 4 Gefährdung von Beschäftigten durch Absturz – Ausnahmsweises Heben von Beschäftigten mit hierfür nicht vorgesehenen Arbeitsmitteln – Ausg. 01/2019 (GMBl 2019, S. 39),
DIN 18008-4 , Ausgabe 2024-12; DGUV Information 208-014: Glastüren, Glaswände, Ausg. 2010-10, aktualisierte Fassung 2019-02,
DGUV Regel 101-605 Branche Gebäudereinigung, Ausgabe Februar 2020, Abschnitt 3.5 Glasreinigung,
BG Bau „Glas- und Fassadenreinigung – Instandhaltung sicher und wirtschaftlich planen", Ausgabe 2016 sowie Baustein Arbeitsverfahren C 334, Stand 07/2021.

(2) Fenster und Oberlichter müssen so ausgewählt oder ausgerüstet und eingebaut sein, dass sie ohne Gefährdung der Ausführenden und anderer Personen gereinigt werden können.

1.7 Türen, Tore[165) 166)]

(1) Die Lage, Anzahl, Abmessungen und Ausführung insbesondere hinsichtlich der verwendeten Werkstoffe von Türen und Toren müssen sich nach der Art und Nutzung der Räume oder Bereiche richten.

(2) Durchsichtige Türen müssen in Augenhöhe gekennzeichnet sein.

(3) Pendeltüren und -tore müssen durchsichtig sein oder ein Sichtfenster haben.

(4) Bestehen durchsichtige oder lichtdurchlässige Flächen von Türen und Toren nicht aus bruchsicherem Werkstoff und ist zu befürchten, dass sich die Beschäftigten beim Zersplittern verletzen können, sind diese Flächen gegen Eindrücken zu schützen.

(5) Schiebetüren und -tore müssen gegen Ausheben und Herausfallen gesichert sein. Türen und Tore, die sich nach oben öffnen, müssen gegen Herabfallen gesichert sein.

(6) In unmittelbarer Nähe von Toren, die vorwiegend für den Fahrzeugverkehr bestimmt sind, müssen gut sichtbar gekennzeichnete, stets zugängliche Türen für Fußgänger vorhanden sein. Diese Türen sind nicht erforderlich, wenn der Durchgang durch die Tore für Fußgänger gefahrlos möglich ist.

(7) Kraftbetätigte Türen und Tore müssen sicher benutzbar sein. Dazu gehört, dass sie
a) ohne Gefährdung der Beschäftigten bewegt werden oder zum Stillstand kommen können,
b) mit selbsttätig wirkenden Sicherungen ausgestattet sind,
c) auch von Hand zu öffnen sind, sofern sie sich bei Stromausfall nicht automatisch öffnen.

(8) Besondere Anforderungen gelten für Türen im Verlauf von Fluchtwegen (Nummer 2.3).[167)]

---

165) Konkretisiert durch ASR A1.7 „Türen und Tore" (s. S. 241 ff.).

166) Eine Hilfestellung bei der Umsetzung der ASR A1.7 „Türen und Tore" geben die Inhalte der DGUV Information 208-022 Türen und Tore, Ausg. 2017-09; DGUV Information 208-014 Glastüren und Glaswände, Ausg. 2010-10, aktualisierte Fassung 2019-02; DGUV Information 208-026 Sicherheit von kraftbetätigten Karusselltüren, Ausg. 2019-03 und DGUV Information 208-044 Automatische Tore im Fluchtweg, Ausg. 2014-12.

167) Im März 2022 wurden die Anforderungen an Türen im Verlauf von Fluchtwegen aus der ASR A1.7 in die ASR A2.3 überführt. Die vorgenommenen Änderungen sind in der Veröffentlichung des BMAS zur Gemeinsamen Bekanntmachung der Neufassung, Änderung und Aufhebung von ASR zum Themenkomplex der Flucht- und Verkehrswege (GMBl 2022, S. 213) ausführlich dargestellt und Hintergründe sind erläutert.

1.8 Verkehrswege[168) 169) 170)]

(1) Verkehrswege, einschließlich Treppen, fest angebrachte Steigleitern und Laderampen müssen so angelegt und bemessen sein, dass sie je nach ihrem Bestimmungszweck leicht und sicher begangen oder befahren werden können und in der Nähe Beschäftigte nicht gefährdet werden.[171)]

(2) Die Bemessung der Verkehrswege, die dem Personenverkehr, Güterverkehr oder Personen- und Güterverkehr dienen, muss sich nach der Anzahl der möglichen Benutzer und der Art des Betriebes richten.

(3) Werden Transportmittel auf Verkehrswegen eingesetzt, muss für Fußgänger ein ausreichender Sicherheitsabstand gewahrt werden.

(4) Verkehrswege für Fahrzeuge müssen an Türen und Toren, Durchgängen, Fußgängerwegen und Treppenaustritten in ausreichendem Abstand vorbeiführen.

(5) Soweit Nutzung und Einrichtung der Räume es zum Schutz der Beschäftigten erfordern, müssen die Begrenzungen der Verkehrswege gekennzeichnet sein.

(6) Besondere Anforderungen gelten für Fluchtwege (Nummer 2.3).[172)]

---

168) Konkretisiert durch ASR A1.8 „Verkehrswege“ (s. S. 256 ff.). Die Neufassung der ASR A1.8 vom März 2022 ersetzt die ASR A1.8 vom November 2012 (GMBl 2012, S. 1210). Diese ASR gilt für das Einrichten und Betreiben von Verkehrswegen inklusive Treppen, ortsfesten Steigleitern und Steigeisengängen, Laderampen sowie Fahrsteigen und Fahrtreppen. Sie gilt nicht für Zu- und Abgänge in, an und auf Arbeitsmitteln i. S. v. § 2 Abs. 1 der BetrSichV und für Fahrzeuge sowie dazugehörige Anhänger, die für die Beförderung von Personen und den Gütertransport bestimmt sind.

169) Mit der Neufassung vom März 2022 wurden im Wesentlichen die folgenden Anpassungen vorgenommen: In Abschn. 4.2 wurden die Regelungen für Mindestbreiten der Wege für den Fußgängerverkehr angepasst und alternative Regelungen für Treppenräume ergänzt. In Abschn. 7.1 wurden Regelungen für Teilbereiche einer Baustelle eingefügt, die im Zuge des Baufortschritts wechselnd als Arbeitsplatz oder Verkehrsweg festgelegt werden. Zusätzlich erfolgten im gesamten Text redaktionelle Anpassungen, z. T. mit Klarstellung des Gewollten.

170) Die im März 2022 vorgenommenen Änderungen sind in der Veröffentlichung des BMAS zur Gemeinsamen Bekanntmachung der Neufassung, Änderung und Aufhebung von ASR zum Themenkomplex der Flucht- und Verkehrswege (GMBl 2022, S. 213) ausführlich dargestellt und Hintergründe erläutert.

171) Die Anforderungen an die Breite der Verkehrswege in ASR A1.8 wurden mit der Neufassung vom März 2022 mit den Anforderungen an Fluchtwege der ASR A2.3 „Fluchtwege und Notausgänge“ abgeglichen. In den ASR A1.7 „Türen und Tore“, ASR A1.8 „Verkehrswege“ und ASR A2.3 „Fluchtwege und Notausgänge“ werden nun in Abhängigkeit von der Personenzahl und der Nutzung aufeinander abgestimmte Vorgaben für die Bemessung der Breite von Verkehrs- und Fluchtwegen sowie von Türen, Toren und Durchgängen in deren Verlauf getroffen. Die bisherigen Vorgaben wurden im Bereich eines Einzugsgebietes zwischen 20 und 200 Personen durch zusätzliche Werte ergänzt; im Bereich zwischen 200 und 400 Personen können nun Zwischenwerte gebildet werden.

172) Siehe ASR A2.3 „Fluchtwege und Notausgänge“ (s. S. 339 ff.).

1.9 Fahrtreppen, Fahrsteige[173)]

Fahrtreppen und Fahrsteige müssen so ausgewählt und installiert sein, dass sie sicher funktionieren und sicher benutzbar sind. Dazu gehört, dass die Notbefehlseinrichtungen gut erkennbar und leicht zugänglich sind und nur solche Fahrtreppen und Fahrsteige eingesetzt werden, die mit den notwendigen Sicherheitsvorrichtungen ausgestattet sind.

1.10 Laderampen[174)]

(1) Laderampen sind entsprechend den Abmessungen der Transportmittel und der Ladung auszulegen.

(2) Sie müssen mindestens einen Abgang haben; lange Laderampen müssen, soweit betriebstechnisch möglich, an jedem Endbereich einen Abgang haben.

(3) Sie müssen einfach und sicher benutzbar sein. Dazu gehört, dass sie nach Möglichkeit mit Schutzvorrichtungen gegen Absturz auszurüsten sind; das gilt insbesondere in Bereichen von Laderampen, die keine ständigen Be- und Entladestellen sind.

1.11 Steigleitern, Steigeisengänge[175)]

Steigleitern und Steigeisengänge müssen sicher benutzbar sein. Dazu gehört, dass sie
a) nach Notwendigkeit über Schutzvorrichtungen gegen Absturz, vorzugsweise über Steigschutzeinrichtungen verfügen,
b) an ihren Austrittsstellen eine Haltevorrichtung haben,
c) nach Notwendigkeit in angemessenen Abständen mit Ruhebühnen ausgerüstet sind.[176)] [177)]

---

173) Konkretisiert durch ASR A1.8 „Verkehrswege" (s. S. 256 ff.) insb. Abschn. 4.8; beachte auch DGUV Information 208-028 Fahrtreppen und Fahrsteige, Teil 1: Sicherer Betrieb, Ausg. 2007-12; DGUV Information 208-029 Fahrtreppen und Fahrsteige, Teil 2: Montage, Demontage und Instandhaltung, Ausg. 2007-12; DIN EN 115-1 Sicherheit von Fahrtreppen und Fahrsteigen, T. 1: Konstruktion und Einbau, Ausg. 2018-01; DIN EN 115-2 Sicherheit von Fahrtreppen und Fahrsteigen, T. 2: Regeln für die Erhöhung der Sicherheit bestehender Fahrtreppen und Fahrsteige, Ausg. 2021-12.

174) Konkretisiert durch ASR A1.8 „Verkehrswege" (s. S. 256 ff.), insb. Abschn. 4.7; beachte auch DGUV Regel 108-006 Ladebrücken und fahrbare Rampen, Ausg 2019-10.

175) Konkretisiert durch ASR A1.8 „Verkehrswege" (s. S. 256 ff.), insb. Abschn. 4.6; beachte auch DGUV Information 208-032 Auswahl und Benutzung von Steigleitern, Ausg. 2018-10; DGUV Regel 103-007 Steiggänge für Behälter und umschlossene Räume, Ausg. 2007-05.

176) An Steigeisengängen und Steigleitern müssen in Abständen von höchstens 10 m geeignete Ruhebühnen vorhanden sein. Für den Fall der Verwendung von Steigschutzeinrichtungen mit Schiene (z. B. zum Besteigen von Schornsteinen, Antennen) darf der Abstand bis auf maximal 25 m verlängert werden, wenn die Benutzung nur durch körperlich geeignete Beschäftigte (z. B. einen Schornsteinbauer oder einen Antennenbauer) erfolgt, die nachweislich im Benutzen des Steigschutzes geübt und regelmäßig unterwiesen sind.

177) Bei Steigleitern, die als ortsfeste Zugänge zu Maschinen und maschinellen Anlagen dienen, kann bis zu 10 m Höhe auf eine Ruhebühne verzichtet werden. Bei größeren Steighöhen müssen abweichend von allen übrigen Steigleiterbauarten Ruhebühnen in Abständen von max. 6 m vorhanden sein. Abweichend hiervon dürfen diese Abstände bei Windenergieanlagen bis zu 9 m betragen.

2 Maßnahmen zum Schutz vor besonderen Gefahren

2.1 Schutz vor Absturz und herabfallenden Gegenständen, Betreten von Gefahrenbereichen[178)]

(1) Arbeitsplätze und Verkehrswege[179)], bei denen eine Absturzgefahr für Beschäftigte oder die Gefahr des Herabfallens von Gegenständen besteht, müssen mit Schutzvorrichtungen versehen sein, die verhindern, dass Beschäftigte abstürzen oder durch herabfallende Gegenstände verletzt werden können. Sind aufgrund der Eigenart des Arbeitsplatzes oder der durchzuführenden Arbeiten Schutzvorrichtungen gegen Absturz nicht geeignet, muss der Arbeitgeber die Sicherheit der Beschäftigten durch andere wirksame Maßnahmen gewährleisten.[180)] Eine Absturzgefahr besteht bei einer Absturzhöhe von mehr als 1 Meter.[181)]

[178)] Konkretisiert durch ASR A2.1 „Schutz vor Absturz und herabfallenden Gegenständen, Betreten von Gefahrenbereichen" (s. S. 291 ff.); s. auch TRBS 2121 Gefährdung von Personen durch Absturz – Allgemeine Anforderungen – Ausg. 07/2018; DGUV Information 212-515 Persönliche Schutzausrüstungen, Ausg. 2006-09; DGUV Information 208-016 Handlungsanleitung für den Umgang mit Leitern und Tritten, Ausg. 2022-08; DGUV Information 201-056 Planungsgrundlagen von Anschlageinrichtungen auf Dächern, Ausg. 2012-08, akt. 2015-08; DIN 18008-4: 2024-12 Glas im Bauwesen – Bemessungs- und Konstruktionsregeln – Teil 4: Zusatzanforderungen an absturzsichernde Verglasungen, DIN 4426:2017-01 Einrichtungen zur Instandhaltung baulicher Anlagen – Sicherheitstechnische Anforderungen an Arbeitsplätze und Verkehrswege – Planung und Ausführung (neue Abschnitte zu Einrichtungen zum Schutz gegen Absturz bei Tätigkeiten auf Dächern mit Festlegungen zu Photovoltaikanlagen, Solarthermieanlagen und Dachbegrünungen); DIN EN 795:2012-10 Persönliche Absturzschutzausrüstung – Anschlageinrichtungen; DIN EN 1263-1:2015-03 Temporäre Konstruktionen für Bauwerke – Schutznetze (Sicherheitsnetze) T: 1: Sicherheitstechnische Anforderungen, Prüfverfahren; Schutznetze (Auffangnetze); DIN EN 1263-2:2015-03 Temporäre Konstruktionen für Bauwerke – Schutznetze (Sicherheitsnetze) T. 2: Sicherheitstechnische Anforderungen für die Errichtung von Schutznetzen; DIN EN 12811-1:2004-03 Temporäre Konstruktionen für Bauwerke T. 1: Arbeitsgerüste – Leistungsanforderungen, Entwurf, Konstruktion und Bemessung; DIN EN 13374:2019-06 Temporäre Seitenschutzsysteme – Produktfestlegungen – Prüfverfahren.

[179)] Im März 2022 wurden in Abschn. 8.2 der ASR A2.1 (s. S. 306 ff.) Regelungen für Teilbereiche einer Baustelle eingefügt, die im Zuge des Baufortschritts wechselnd als Arbeitsplatz oder Verkehrsweg festgelegt werden.

[180)] Mit Satz 2 wird dem Umstand Rechnung getragen, dass es auch Arbeitsplätze gibt, für die fest installierte Schutzvorrichtungen zum Schutz vor Absturz der Beschäftigten nicht möglich oder nicht geeignet sind. So sind z. B. an Bundeswasserstraßen viele Arbeiten an Uferböschungen oder auch direkt am Wasser durchzuführen (Einbau von Schüttsteinen, Reparaturen an Spundwandufern und so weiter). In diesen Arbeitsbereichen sind feste Absturzsicherungen in der Regel nicht vorhanden oder auch nicht geeignet. Der Arbeitgeber muss deshalb auf der Grundlage der Gefährdungsbeurteilung andere, ebenso wirksame Maßnahmen zum Schutz der Beschäftigten durchführen (z. B. Anseilschutz, Rettungswesten). Nach § 6 sind die Beschäftigten über die geeigneten und festgelegten Maßnahmen zu unterweisen. Die Regelung in Satz 2 trifft in vielen Fällen entsprechend auch bei Arbeitsplätzen auf Baustellen zu. Der Satz 2 dient daher auch der Umsetzung des Teil B, Abschnitt II Nummer 5.2 der Richtlinie 92/57/EWG über Mindestvorschriften auf zeitlich begrenzten oder ortsveränderlichen Baustellen in nationales Recht. (s. auch amtl. Begr., in Opfermann/Streit, Loseblattwerk mit Kommentar, 3. Aufl., Landsberg 2025 unter OZ 1180.1).

[181)] Nach Abs. 1 Satz 1 und Satz 3 müssen zum Schutz der Beschäftigten bei einer Absturzhöhe von mehr als 1,00 m Schutzvorrichtungen angebracht werden. Der Verordnungstext lässt mit dieser Forderung grundsätzlich keine Zweifel zu, dass eine Schutzvorrichtung ab der genannten Absturzhöhe von 1,00 m anzubringen ist. Will der Arbeitgeber davon abweichen, muss er eine Ausnahme bei der zuständigen Arbeitsschutzbehörde gem. § 3a Abs. 3 ArbStättV beantragen. Allerdings ermöglicht der Abs. 1 Satz 2 Abweichungen ohne Ausnahmebewilligung, wenn die Eigenart des Arbeitsplatzes oder der durchzuführenden Arbeiten dazu führen, dass Schutzvorrichtungen gegen Absturz nicht geeignet sind. In diesen Fällen besteht die Forderung, im Rahmen der Gefährdungsbeurteilung andere wirksame Maßnahmen, z. B. durch den Einsatz Persönlicher Schutzausrüstungen gegen Absturz (PSAgA), als individuelle Schutzmaßnahme umzusetzen. Hierbei kann es sich um Auffang-, Rückhalte- oder Arbeitsplatzpositionierungssysteme handeln. Eine Hilfestellung enthält die DGUV-Regel 112-198 Benutzung von persönlichen Schutzausrüstungen gegen Absturz, Ausg. 2019-09.

(2) Arbeitsplätze und Verkehrswege, die an Gefahrenbereiche[182] grenzen, müssen mit Schutzvorrichtungen versehen sein, die verhindern, dass Beschäftigte in die Gefahrenbereiche gelangen.

(3) Die Arbeitsplätze und Verkehrswege nach den Absätzen 1 und 2 müssen gegen unbefugtes Betreten gesichert und gut sichtbar als Gefahrenbereiche gekennzeichnet sein. Zum Schutz derjenigen, die diese Bereiche betreten müssen, sind geeignete Maßnahmen zu treffen.

2.2 Maßnahmen gegen Brände[183]

(1) Arbeitsstätten müssen je nach
a) Abmessung und Nutzung,
b) der Brandgefährdung vorhandener Einrichtungen und Materialien,
c) der größtmöglichen Anzahl anwesender Personen

mit einer ausreichenden Anzahl geeigneter Feuerlöscheinrichtungen und erforderlichenfalls Brandmeldern und Alarmanlagen ausgestattet sein.

(2) Nicht selbsttätige Feuerlöscheinrichtungen[184] müssen als solche dauerhaft gekennzeichnet[185], leicht zu erreichen und zu handhaben sein.

(3) Selbsttätig wirkende Feuerlöscheinrichtungen müssen mit Warneinrichtungen ausgerüstet sein, wenn bei ihrem Einsatz Gefahren für die Beschäftigten auftreten können.[186]

---

[182] Gefahrenbereiche sind Flächen, auf denen mit einer nicht mehr hinnehmbaren Gefahr eines Absturzes gerechnet werden muss. Danach ist ein Gefahrenbereich gegeben, wenn Arbeitsplätze und Verkehrswege sich in einem Abstand von weniger als 2,0 m von der Absturzkante entfernt befinden. Oder es liegen Bereiche vor, die aus betriebstechnischen Gründen nicht durch die bauliche Ausführung oder geeignete Schutzvorrichtungen vor herabfallenden Gegenständen geschützt werden können.

[183] Konkretisiert durch ASR A2.2 „Maßnahmen gegen Brände" (s. S. 311 ff.), siehe auch DIN EN 2: 2005-01 Brandklassen; DIN EN 3-7:2007-10 Tragbare Feuerlöscher T. 7: Eigenschaften, Leistungsanforderungen und Prüfungen, neu: DIN EN 3-7:2025-05 – Entwurf.

[184] Nicht selbsttätige Feuerlöscheinrichtungen sind i. d. R. tragbare oder von Hand verfahrbare Handfeuerlöscher. In Betracht kommen auch Steigleitungen im Gebäudeinnern, z. B. Steigleitungen nass mit Wandhydranten.

[185] Siehe ASR A1.3 „Sicherheits- und Gesundheitsschutzkennzeichnung" Anhang 1 Nr. 5 Brandschutzzeichen F001, F004 (s. S. 187).

[186] Es handelt sich um Anlagen mit sauerstoffverdrängenden Lösegasen (CO_2-, Argon-, Inergen-Löschanlagen). Als Warneinrichtungen kommen Alarmierungsanlagen in Betracht, die akustische und / oder optische Warnsignale im Falle einer Gefahr auslösen.

2.3 Fluchtwege und Notausgänge[187)]

(1) Fluchtwege[188)] und Notausgänge müssen

a) sich in Anzahl, Anordnung und Abmessung nach der Nutzung, der Einrichtung und den Abmessungen der Arbeitsstätte[189)] sowie nach der höchstmöglichen Anzahl der dort anwesenden Personen[190)] richten,

b) auf möglichst kurzem Weg ins Freie oder, falls dies nicht möglich ist, in einen gesicherten Bereich[191)] führen,[192)]

---

187) Konkretisiert durch die ASR A2.3 „Fluchtwege und Notausgänge" (s. S. 339 ff.). Die Neufassung der ASR A2.3 vom März 2022 (GMBl 2022, S. 227) ersetzt die ASR A2.3 „Fluchtwege und Notausgänge, Flucht- und Rettungsplan" vom August 2007 (GMBl 2007, S. 902). Die wesentlichen Änderungen der neu gefassten ASR sind die Umbenennung der ersten und zweiten Fluchtwege in Haupt- und Nebenfluchtwege mit entsprechenden Regelungen in eigenen Abschnitten, die Überarbeitung der Mindestbreiten der Hauptfluchtwege in Tabelle 1 der ASR, die Nennung einer Alternative zu Mindestbreiten für Treppenräume in Tabelle 2 der ASR, die Darstellung der Kennzeichnungen insbesondere der Sicherheitsbeleuchtung sowie der zusammenfassenden Anforderungen an die Unterweisung und Übung zur Evakuierung.

188) Fluchtwege sind auch die im Bauordnungsrecht definierten Rettungswege, soweit diese selbstständig begangen werden können. Der wesentliche Unterschied zwischen den Rettungswegen nach dem Bauordnungsrecht der Länder und den Fluchtwegen nach dem Arbeitsstättenrecht besteht darin, dass Fluchtwege immer selbstständig benutzbar sein und direkt bis ins Freie oder in einen gesicherten Bereich führen müssen. Eine nach Bauordnungsrecht mögliche Führung des Rettungswegs, z. B. zu einer anleiterbaren Stelle zur Rettung durch die Feuerwehr, entspricht nicht dieser Forderung. Somit sind Rettungswege nach dem Bauordnungsrecht immer auch dann Fluchtwege, wenn sie selbstständig begangen werden können. Nach dem Arbeitsstättenrecht steht die Selbstrettung der Beschäftigten und sonstiger Personen, die sich in der Arbeitsstätte befinden, im Vordergrund.

189) Konkrete Aussagen zur Anzahl, Anordnung und den Abmessungen der Fluchtwege und der Notausgänge in Abhängigkeit von den in der Arbeitsstätte vorliegenden Gefährdungen enthält die ASR A2.3 insbesondere in den Abschnitten 5 für Hauptfluchtwege, 6 für Nebenfluchtwege und 7 für die Türen im Verlauf und am Ende von Fluchtwegen.

190) Damit sind alle Personen einzubeziehen, die sich maximal im Einzugsgebiet oder in der Geschossebene aufhalten können. Es geht keineswegs nur um die Anzahl der regelmäßig anwesenden Beschäftigten, sondern um die Maximalzahl unter Einbeziehung von z. B. Kunden, Lieferanten, Besuchern etc. Die Fluchtwege und Notausgänge müssen für dieses worst-case-Szenario, wonach eine höchstmögliche Zahl von Personen im Gefahrenfall flüchten muss, ausgelegt sein.

191) Ein gesicherter Bereich ist ein Bereich, in dem Personen vorübergehend vor einer unmittelbaren Gefahr für Leben und Gesundheit geschützt sind. Als gesicherte Bereiche innerhalb von Gebäuden gelten insbesondere benachbarte Brandabschnitte und notwendige Treppenräume nach dem Bauordnungsrecht. Als gesicherter Bereich außerhalb von Gebäuden können z. B. Außentreppen, begehbare Dachflächen oder offene Gänge gelten, wenn diese im Gefahrenfall ausreichend lang sicher benutzbar sind und ins Freie führen. Als Mindestdauer, innerhalb der Beschäftigte und andere Personen in einem gesicherten Bereich zuverlässig geschützt sind, sollen 90 Minuten nicht unterschritten werden. Gesicherte Bereiche können z. B. ein durch eine feuerbeständige Wand abgetrennter Brandabschnitt, ein Sicherheitstreppenraum, ein Rettungsbalkon, ein begehbares, umwehrtes Flachdach eines angrenzenden Gebäudes oder ein Innenhof sein.

192) Es ist zwischen Hauptfluchtweg (bis zur Neufassung der ASR 2022 erster Fluchtweg) und Nebenfluchtweg (bis zur Neufassung der ASR 2022 zweiter Fluchtweg) zu unterscheiden. Ein Nebenfluchtweg ist erforderlich zur Flucht aus Bereichen, in denen die Gefahr besteht, dass der Hauptfluchtweg nicht mehr sicher begehbar ist. Eine Aufzählung solcher Bereiche enthält Abschn. 6 Abs. 1 der ASR A2.3. Der Nebenfluchtweg kann über einen Notausstieg und eine Außentreppe ohne Treppenraum ins Freie oder in einen gesicherten Bereich führen. Die Mindestbreite der Fluchtwege richtet sich nach der höchstmöglichen Zahl der Personen im Einzugsgebiet.

c) in angemessener Form und dauerhaft gekennzeichnet sein.[193)]

Sie sind mit einer Sicherheitsbeleuchtung[194)] auszurüsten, wenn das gefahrlose Verlassen der Arbeitsstätte für die Beschäftigten, insbesondere bei Ausfall der allgemeinen Beleuchtung, nicht gewährleistet ist.

(2) Türen im Verlauf von Fluchtwegen oder Türen von Notausgängen müssen
a) sich von innen ohne besondere Hilfsmittel jederzeit leicht öffnen lassen, solange sich Beschäftigte in der Arbeitsstätte befinden,[195)]
b) in angemessener Form und dauerhaft gekennzeichnet sein.

Türen von Notausgängen müssen sich nach außen öffnen lassen.[196)] In Notausgängen, die ausschließlich für den Notfall konzipiert und ausschließlich im Notfall benutzt werden, sind Karussell- und Schiebetüren[197)] nicht zulässig.

3 Arbeitsbedingungen

3.1 Bewegungsfläche[198)]

(1) Die freie unverstellte Fläche am Arbeitsplatz muss so bemessen sein, dass sich die Beschäftigten bei ihrer Tätigkeit ungehindert bewegen können.

(2) Ist dies nicht möglich, muss den Beschäftigten in der Nähe des Arbeitsplatzes eine andere ausreichend große Bewegungsfläche zur Verfügung stehen.

---

193) Siehe ASR A1.3 „Sicherheits- und Gesundheitsschutzkennzeichnung" Anh. 1 Nr. 4 Zeichen E001, E002, E007, E016, E019 auf S. … ff. und ASR A2.3 Nr. 8 Kennzeichnung von Fluchtwegen und Notausgängen. Um die Sicherheit beim Verlassen der Arbeitsstätte auch nach Ausfall der Allgemeinbeleuchtung zu erhöhen, können optische Sicherheitsleitsysteme zusätzlich zur Kennzeichnung mit hochmontierten Sicherheitszeichen oder zusätzlich zur Sicherheitsbeleuchtung als Orientierungshilfe eingesetzt werden. Näheres hierzu siehe Nr. 8 der ASR A2.3.

194) Anforderungen an die Sicherheitsbeleuchtung für Arbeitsstätten, in denen bei Ausfall der Allgemeinbeleuchtung die Sicherheit der Beschäftigten gefährdet werden kann, werden in Nr. 3.4 Abs. 7 des Anhangs geregelt. Anforderungen an die Sicherheitsbeleuchtung für Fluchtwege enthält die Nr. 2.3 Abs. 1 des Anhangs. In der im Zuge der Neufassung der ASR A2.3 im Jahr 2022 aufgehobenen ASR A3.4/7 „Sicherheitsbeleuchtung, optische Sicherheitsleitsysteme" waren diese beiden Fälle – mit z. T. unterschiedlichen Anforderungen – zusammengefasst und nicht klar getrennt. Dies hat in der Praxis zu Missverständnissen geführt. Vor diesem Hintergrund wurde die ASR A3.4/7 aufgehoben und die den beiden Sachverhalten jeweils fachlich zugehörigen Inhalte in die ASR A3.4 „Beleuchtung" und ASR A2.3 „Fluchtwege und Notausgänge" (s. dort Abschn. 9 Sicherheitsbeleuchtung) überführt.

195) Das gilt auch für sonstige Fluchtöffnungen, z. B. Fenster im Verlauf eines Nebenfluchtwegs (früher zweiter Fluchtweg), die wie Fluchttüren nicht abgeschlossen oder versperrt sein dürfen.

196) Diese verordnungsrechtliche Forderung ist zwingend einzuhalten. Abweichungen sind nur möglich, wenn eine entsprechende Ausnahmegenehmigung der zuständigen Arbeitsschutzbehörde vorliegt, die auf schriftlichen Antrag gem. § 3a Abs. 3 ArbStättV erteilt werden kann, wenn der Arbeitgeber andere, ebenso wirksame Maßnahmen trifft oder die Umsetzung der Maßnahmen im Einzelfall zu einer unverhältnismäßigen Härte führen würde und die Abweichung mit dem Schutz der Beschäftigten vereinbar ist.

197) Zum Einsatz automatischer Schiebetüren und automatischer Karusselltüren wird auf die Beschreibung der Anforderungen unter Abschn. 7 Abs. 7 bis 12 der ASR A2.3 verwiesen.

3.2 Anordnung der Arbeitsplätze[199]

Arbeitsplätze sind in der Arbeitsstätte so anzuordnen, dass Beschäftigte

a) sie sicher erreichen und verlassen können,
b) sich bei Gefahr schnell in Sicherheit bringen können,
c) durch benachbarte Arbeitsplätze, Transporte oder Einwirkungen von außerhalb nicht gefährdet werden.[200]

3.3 Ausstattung

(1) Jedem Beschäftigten muss mindestens eine Kleiderablage zur Verfügung stehen, sofern keine Umkleideräume vorhanden sind.[201]

---

198) Konkretisiert durch ASR A1.2 „Raumabmessungen und Bewegungsflächen" (s. S. 153 ff.). Nach Nr. 5.1 der ASR A1.2 muss die Bewegungsfläche mindestens 1,50 m^2 betragen. Ist dies aus betriebstechnischen Gründen nicht möglich, muss den Beschäftigten in der Nähe des Arbeitsplatzes eine mindestens 1,50 m^2 große Bewegungsfläche zur Verfügung stehen. Zur Bewegungsfläche muss bei Arbeitsplätzen an Maschinen und Anlagen ergänzend die für die Instandhaltung, die Versorgung mit Arbeits- und Hilfsstoffen, die Ablage von Materialien usw. erforderliche zusätzliche Fläche (sog. Funktionsfläche) vorgesehen werden. Für Büro- und Bildschirmarbeitsplätze ergibt sich bei Einrichtung von Zellenbüros als Richtwert ein Flächenbedarf von 8 bis 10 m^2 je Arbeitsplatz einschließlich Möblierung und anteiliger Verkehrsflächen im Raum. Für Großraumbüros ist angesichts des höheren Verkehrsflächenbedarfs und ggf. größerer Störwirkungen (z. B. akustisch, visuell) von 12 bis 15 m^2 je Arbeitsplatz auszugehen. Die für verschiedene Bürotypen aufgeführten Richtwerte stellen Toleranzbereiche für den Flächenbedarf der in diesen Bürotypen eingerichteten Büro- und Bildschirmarbeitsplätze dar, die eine Möblierung und anteilige Verkehrsflächen in den Büroräumen einschließen. Bedarf es aufgrund spezifischer Anforderungen an die Arbeitstätigkeit nur einer minimalen Ausstattung (z. B. Büro ohne Schränke o. ä.) oder aber einer erhöhten Ausstattung (z. B. Büro mit erhöhtem Anteil an Schränken oder Raumteilern zum Ausschluss akustischer oder visueller Störwirkungen), ist es nach der Logik der ASR A1.2 möglich, dies als Begründung für eine Abweichung vom Toleranzbereich anzugeben. Der in der ASR A1.2 Nr. 5 Abs. 3 festgelegte Mindestwert (Grundflächen in Arbeitsräumen mindestens 8 m^2 für einen Arbeitsplatz zuzüglich mindestens 6 m^2 für jeden weiteren Arbeitsplatz) darf jedoch nicht unterschritten werden.

199) Für den letzten Teil des Weges zum Arbeitsplatz ist im Rahmen der Gefährdungsbeurteilung die Einhaltung der gleichen Anforderungen zu prüfen, wie sie auch für Verkehrswege (Anh. Nr. 1.8) und für Fluchtwege (Anh. Nr. 2.3) gelten. Nach der Definition des Fluchtweges in Nr. 3.1 der ASR A2.3 und der Festlegung der maximalen Länge des Hauptfluchtweges in Nr. 5 Abs. 2 der ASR A2.3 als kürzeste Wegstrecke (ohne Berücksichtigung der Raumausstattung, jedoch nicht durch Wände gemessen) vom entferntesten Aufenthaltsort bis zu einem Notausgang ist auch der Weg vom Arbeitsplatz zur ersten Fluchttür aus einem Arbeitsraum heraus Bestandteil des Fluchtweges. Somit gelten grundsätzlich die gleichen Anforderungen. Gewisse Abweichungen dürften zulässig sein, da die Wege unmittelbar am Arbeitsplatz nur von einem oder wenigen Beschäftigten benutzt werden müssen und diesen dieser Teil des Weges vertraut ist.

200) Von Arbeitsplätzen können Gefährdungen für benachbarte Arbeitsplätze ausgehen, z. B. Funkenflug bei Schweißarbeiten, Ausschwenken von Arbeitsmaschinen oder Teilen von Transportgeräten, hinabfallende Gegenstände auf tiefer gelegene Arbeitsplätze und Verkehrswege. Der Schutz der neben Verkehrswegen Beschäftigten ist auch zu beachten, wenn diese dort nur vorübergehend, z. B. zur Ausübung von Instandhaltungsarbeiten, tätig sind. Als mögliche Maßnahmen kommen eine Vergrößerung des Sicherheitsabstandes, Schutzgitter, Schutzwände oder Umwehrungen zur Anwendung.

201) Anh. Nr. 3.3 gilt für alle Beschäftigten, die bei ihrer Arbeit keine besondere Arbeitskleidung oder Schutzkleidung tragen oder über ihrer normalen Kleidung nur einen sauberen Arbeitsmantel, eine Arbeitsjacke oder einen Overall verwenden und denen es zuzumuten ist, dass sie diese Kleidungsstücke im Arbeitsraum oder einem anderen Betriebsraum an- und ausziehen. Damit ist gewährleistet, dass alle Beschäftigten eine Kleiderablage entweder in einem in der Arbeitsstätte ohnehin vorhandenen Umkleideraum oder andernfalls an anderer Stelle, dann möglichst in unmittelbarer Nähe des Arbeitsplatzes, verfügbar haben und dort ihren Mantel usw. aufhängen können.

(2) Kann die Arbeit ganz oder teilweise sitzend verrichtet werden oder lässt es der Arbeitsablauf zu, sich zeitweise zu setzen, sind den Beschäftigten am Arbeitsplatz Sitzgelegenheiten zur Verfügung zu stellen. Können aus betriebstechnischen Gründen keine Sitzgelegenheiten unmittelbar am Arbeitsplatz aufgestellt werden, obwohl es der Arbeitsablauf zulässt, sich zeitweise zu setzen, müssen den Beschäftigten in der Nähe der Arbeitsplätze Sitzgelegenheiten bereitgestellt werden.[202)]

3.4 Beleuchtung und Sichtverbindung[203)] [204)]

(1) Der Arbeitgeber darf als Arbeitsräume[205)] nur solche Räume betreiben, die möglichst ausreichend Tageslicht[206)] erhalten und die eine Sichtverbindung nach außen haben.[207)] [208)] [209)] [210)] Dies gilt nicht für

---

202) Zu der Anforderung, dass den Beschäftigten Sitzgelegenheiten am Arbeitsplatz oder, falls dies aus betriebstechnischen Gründen nicht möglich ist, in der Nähe der Arbeitsplätze zur Verfügung gestellt werden müssen, hat der ASTA bisher lediglich in der ASR A6 „Bildschirmarbeit" für Sitzgelegenheiten an Bildschirmarbeitsplätzen eine Konkretisierung vorgenommen. Für alle anderen Tätigkeitsbereiche gibt es noch keine Untersetzung. Übergangsweise kann die zu § 25 Abs. 1 der ArbStättV 1975 erstellte ASR 25/1 „Sitzgelegenheiten" als Orientierung herangezogen werden, ist aber insbesondere in Bezug auf die Normung veraltet. Zu Arbeitsstühlen und Büromöbel existiert eine umfassende Normung. So z. B. DIN EN 1335-2:2019-04: Büromöbel – Büro-Arbeitsstuhl T. 2: Sicherheitsanforderungen; DIN EN 16955:2017-08: Möbelbauteile – Konische Druckrohre für selbsttragende Gasfedern zur Höhenverstellung von Sitzmöbeln – Prüfverfahren und Anforderungen für die Festigkeit und Dauerhaltbarkeit; DIN 68877-1:2020-11: Industrie-Arbeitsstuhl T. 1: Maße, Bestimmung der Maße; DIN 68877-2:2016-05: Industrie-Arbeitsstuhl T. 2: Sicherheitsanforderungen und Prüfverfahren.

203) Anh. Nr. 3.4 wurde mit der Novellierung 2016 (s. FN 32) umfassend neugestaltet. Hintergrund war die Wiederaufnahme materieller Anforderungen zur Gestaltung der Sichtverbindung nach außen. Diese waren im Zuge der Neufassung der ArbStättV 2004 entfallen und durch die Anforderung „Die Arbeitsstätten müssen möglichst ausreichend Tageslicht erhalten ..." ersetzt worden. Diese Formulierung war rechtlich unbestimmt und in sich widersprüchlich. Es wurde einerseits „müssen" als Pflicht und andererseits „möglichst ausreichend" als unverbindliche Empfehlung in der Praxis ausgelegt. Unbestritten ist, dass natürliches Tageslicht bei der Beleuchtung von Arbeitsstätten einen hohen Stellenwert einnimmt. Gleiches gilt jedoch auch für eine freie Sichtverbindung nach außen aus den Arbeitsräumen heraus. Die bis 2016 geltenden Regelungen führten daher häufig zu Missverständnissen und Konflikten sowie in der Folge zu Anfragen von Arbeitgebern, Architekten und Bauingenieuren bei der Arbeitsschutzaufsicht der Länder. Beklagt werden dabei auch die uneinheitliche Auslegung dieser unbestimmten Begriffe in den Betrieben und die Abweichung von der Normung, die zusätzlich eine Sichtverbindung nach außen festlegt. So enthält die DIN 5034-1:2021-08 Tageslicht in Innenräumen T. 1: Begriffe und Mindestanforderungen in Abschnitt 4.1 die Maßgabe: „Aufenthaltsräume sollen ausreichend Tageslicht erhalten und eine Sichtverbindung nach außen haben", um in Innenräumen einen hinreichenden subjektiven Helligkeitseindruck mit Tageslicht zu erzielen und eine ausreichende Sichtverbindung nach außen herzustellen. Auch das Bewertungssystem „Nachhaltiges Bauen" (BNB) des Bundesministeriums für Verkehr und digitale Infrastruktur fordert die Sichtverbindung nach außen für Büros und Verwaltungsgebäude. Die grundsätzlichen Forderungen nach ausreichendem Tageslichteinfall (durch Fenster, Oberlichter oder Tageslichtleitsysteme) und einer Sichtverbindung nach außen entsprechen dem Stand der Arbeitswissenschaft und sind zudem seit vielen Jahren durch einschlägige Gerichtsurteile bestätigt. In Verbindung mit einer ungehinderten Sichtverbindung nach außen wirkt sich Tageslicht insbesondere positiv auf das Befinden und die psychische Gesundheit aus.

204) Die ASR A3.4 „Beleuchtung und Sichtverbindung" (s. S. 382 ff.) konkretisiert die Anforderungen an das Einrichten und Betreiben der Beleuchtung von Arbeitsstätten gem. § 3a Abs. 1 ArbStättV sowie insbesondere Anh. Nr. 3.4 Abs. 1 und 2.

205) Die Forderungen in Anh. Nr. 3.4 Abs. 1 nach möglichst ausreichendem Tageslicht und einer Sichtverbindung nach außen gilt für Arbeitsräume. Die frühere Anwendung auf Arbeitsstätten war zu unspezifisch und führte zu Unklarheiten in der Praxis.

1. Räume, bei denen betriebs-, produktions- oder bautechnische Gründe Tageslicht oder einer Sichtverbindung nach außen entgegenstehen,
2. Räume, in denen sich Beschäftigte zur Verrichtung ihrer Tätigkeit regelmäßig nicht über einen längeren Zeitraum oder im Verlauf der täglichen Arbeitszeit nur kurzzeitig aufhalten müssen, insbesondere Archive, Lager-, Maschinen- und Nebenräume, Teeküchen,
3. Räume, die vollständig unter Erdgleiche liegen, soweit es sich dabei um Tiefgaragen oder ähnliche Einrichtungen, um kulturelle Einrichtungen, um Verkaufsräume oder um Schank- und Speiseräume handelt,
4. Räume in Bahnhofs- oder Flughafenhallen, Passagen oder innerhalb von Kaufhäusern und Einkaufszentren,
5. Räume mit einer Grundfläche von mindestens 2 000 Quadratmetern, sofern Oberlichter oder andere bauliche Vorrichtungen vorhanden sind, die Tageslicht in den Arbeitsraum lenken.[210)]

[206)] Die Wiederaufnahme der grundsätzlichen Anforderung der Sichtverbindung nach außen für die Beschäftigten, die in Arbeitsräumen tätig werden oder sich in Pausen- und Bereitschaftsräumen, Unterkünften und Kantinen aufhalten, trägt den gesicherten arbeitswissenschaftlichen Erkenntnissen über die positiven Wirkungen des Tageslichts und des die Augen entlastenden Blicks in die Ferne Rechnung. Die Sichtverbindung nach außen bietet den Beschäftigten eine visuelle Wahrnehmungsverbindung in das Äußere, ermöglicht also den Blick in die umgebende Außenwelt und auf die aktuelle Wetterlage. Eine Sichtverbindung nach außen muss in Augenhöhe durch Fenster, durchsichtige Türen oder Wandflächen den Ausblick aus dem jeweiligen Raum ins Freie ermöglichen. Die ist dann gegeben, wenn sie unmittelbar ins Freie oder ggf. auch mittelbar durch durchsichtige Raumabteilungen hindurch führt (s. ASR A3.4 Abschn. 4.2).

[207)] Die Anforderung der Sichtverbindung nach außen ist dann erfüllt, wenn
- die Gesamtfläche der Sichtverbindung eine hinreichend weite, unverstellte und ungehinderte Durchsicht ermöglicht,
- die Sichtverbindung ins Freie führt und eine natürliche, also bezüglich Konturen und Farbwiedergabe naturnahe Durchsicht gewährleistet,
- die Unterkante der Sichtverbindung so gelegen ist, dass die Beschäftigten auch bei sitzender Tätigkeit einen horizontal nicht oder nur gering geneigten Ausblick ins Freie haben; Oberlichter oder durchsichtige Dachelemente erfüllen die Maßgaben des Anh. Nr. 3.4 nach einer Sichtverbindung nach außen nicht,
- Vorrichtungen in den Räumen zur Verdunkelung, Verschattung bzw. als Blendschutz von den dort Beschäftigten selbst bedient werden können. Eine Konkretisierung enthält die ASR A3.4 im Abschn. 4 (s. S. 387 ff.)

[208)] Die Anforderung nach einer Sichtverbindung nach außen trat am 3.12.2016 in Kraft, entfaltet aber Bestandsschutz für die vor diesem Termin errichteten Arbeitsstätten ohne Sichtverbindung. Der Bestandsschutz entfällt, wenn die Räume wesentlich erweitert oder umgebaut werden. Wesentlich sind Umbauten oder Erweiterungen dann, wenn im Zuge dieser Baumaßnahmen auch eine Sichtverbindung nach außen hergestellt werden kann. Dadurch entstehende Mehrkosten liefern keine rechtswirksame Begründung, die Maßgabe von Anh. Nr. 3.4 nach einer Sichtverbindung nicht umzusetzen.
Grundsätzlich gilt das Minimierungsgebot, wonach der Arbeitgeber verpflichtet ist, Maßnahmen zur Minderung negativer Folgen einer fehlenden Sichtverbindung zu ergreifen. Bis bautechnische Realisierungen erfolgen, können auch arbeitsorganisatorische Maßnahmen, z. B. zeitliche Begrenzungen der Aufenthaltsdauer in Räumen ohne Sichtverbindung, ggf. Maßnahmen von job-rotation in Räume mit Sichtverbindung, in Ausnahmefällen auch zusätzliche „Sichtpausen" hinein in Räume mit Sichtverbindung oder direkt ins Freie im Analogon zu den sog. „Bandpausen" bei Fließbandarbeit, einen eingeschränkten Ausgleich für die Negativfolgen auf Beschäftigte bei Arbeiten in Räumen ohne Sichtverbindung erbringen.

[209)] Vgl. auch DGUV Information 215-211 Tageslicht am Arbeitsplatz und Sichtverbindung nach außen, Ausg. 2022-07.

[210)] Anh. Nr. 3.4 Abs. 1 Satz 2 benennt Arbeitsräume, bei denen die tatsächlichen Gegebenheiten eine Sichtverbindung nach außen faktisch nicht oder nur mit unvertretbaren Kosten zulassen; dazu gehören aus betriebs-, produktions- oder bautechnischen Gründen, z. B. Produktionsräume oder Labore zur Verarbeitung lichtempfindlicher Materialien, Studio- und Produktionsräume bei Film und Fernsehen, Vorführräume an Theatern, spezielle ärztliche Befundungsräume, denkmalgeschützte Gebäude.

(2) Pausen- und Bereitschaftsräume sowie Unterkünfte müssen möglichst ausreichend mit Tageslicht beleuchtet sein und eine Sichtverbindung nach außen haben. Kantinen sollen möglichst ausreichend Tageslicht erhalten und eine Sichtverbindung nach außen haben.[211)]

(3) Räume, die bis zum 3. Dezember 2016 eingerichtet worden sind oder mit deren Einrichtung begonnen worden war und die die Anforderungen nach Absatz 1 Satz 1 oder Absatz 2 nicht erfüllen, dürfen ohne eine Sichtverbindung nach außen weiter betrieben werden, bis sie wesentlich erweitert oder umgebaut werden.

(4) In Arbeitsräumen muss die Stärke des Tageslichteinfalls am Arbeitsplatz je nach Art der Tätigkeit reguliert werden können.[212)]

(5) Arbeitsstätten müssen mit Einrichtungen ausgestattet sein, die eine angemessene künstliche Beleuchtung ermöglichen, so dass die Sicherheit und der Schutz der Gesundheit der Beschäftigten gewährleistet sind.[213)]

(6) Die Beleuchtungsanlagen sind so auszuwählen und anzuordnen, dass dadurch die Sicherheit und die Gesundheit der Beschäftigten nicht gefährdet werden.[213)]

(7) Arbeitsstätten, in denen bei Ausfall der Allgemeinbeleuchtung die Sicherheit der Beschäftigten gefährdet werden kann, müssen eine ausreichende Sicherheitsbeleuchtung haben.[214)]

3.5 Raumtemperatur[215)]

(1) Arbeitsräume, in denen aus betriebstechnischer Sicht keine spezifischen Anforderungen an die Raumtemperatur gestellt werden, müssen während der Nutzungsdauer[216)] unter Be-

---

211) Zwischen den Bestimmungen in Anh. Nr. 3.4 Abs. 1 und 2 besteht insoweit eine Beziehung, als schon jetzt in der ASR A3.4 Beleuchtung die Forderung enthalten ist, dass, wenn die Forderung nach ausreichendem Tageslicht in bestehenden Arbeitsstätten oder aufgrund spezifischer betriebstechnischer Anforderungen nicht einzuhalten ist, im Rahmen der Gefährdungsbeurteilung andere Maßnahmen zur Gewährleistung der Sicherheit und des Gesundheitsschutzes erforderlich werden. Eine solche andere Maßnahme besteht z. B. in der Einrichtung und Nutzung von Pausenräumen mit hohem Tageslichteinfall in Verbindung mit einer geeigneten Pausengestaltung.

212) Bei der Regulation des Tageslichteinfalls nach Art der Tätigkeit geht es u. a. um störende direkte Sonneneinstrahlung, die z. B. im Hinblick auf zu verrichtende Bildschirmarbeit zu vermeiden oder zu minimieren ist. Zur Begrenzung störender Blendungen oder Reflexionen können z. B. Jalousien, Rollos und Lamellenstores dienen. Bei Dachoberlichtern können dies z. B. lichtstreuende Materialien oder Verglasungen mit integrierten Lamellenrastern sein.

213) Konkretisiert durch ASR A3.4 „Beleuchtung und Sichtverbindung" (s. S. 382 ff.).

214) Bis März 2022 waren Regelungen dazu in ASR A3.4/7 „Sicherheitsbeleuchtung, optische Sicherheitssysteme" enthalten. Die ASR A3.4/7 wurde mit Bekanntmachung im GMBl. Nr. 9-11 2022, S. 248 aufgehoben. Die an den Stand der Technik angepassten Inhalte dieser ASR wurden in andere ASR überführt (ASR A2.3, ASR A3.4 und ASR A1.3).

215) Konkretisiert durch ASR A3.5 „Raumtemperatur" (s. S. 423 ff.). Die Raumtemperatur ist die vom Menschen empfundene Temperatur. Sie wird u. a. durch die Lufttemperatur und die Temperatur der umgebenden Flächen (insbesondere Fenster, Wände, Decke, Fußboden) bestimmt. Üblicherweise wird in Arbeitsstätten wegen der einfachen Messbarkeit jedoch nur die Lufttemperatur betrachtet. Die Lufttemperatur ist die Temperatur der den Menschen umgebenden Luft ohne Einwirkung von Wärmestrahlung.

216) Die zweckgebundenen Raumtemperaturen werden nicht während der gesamten Arbeitszeit, sondern sinnvollerweise während der tatsächlichen Nutzungsdauer vorgeschrieben. Die Mindesttemperatur muss aber bereits zu Beginn der Arbeitszeit im Raum vorhanden sein und darüber hinaus auch bei bestimmungsgemäßer Nutzung des Arbeitsraumes außerhalb der regulären Arbeitszeit.

rücksichtigung der Arbeitsverfahren[217)] und der physischen Belastungen der Beschäftigten eine gesundheitlich zuträgliche Raumtemperatur haben.[218)]

(2) Sanitär-, Pausen- und Bereitschaftsräume, Kantinen, Erste-Hilfe-Räume und Unterkünfte[219)] müssen während der Nutzungsdauer unter Berücksichtigung des spezifischen Nutzungszwecks eine gesundheitlich zuträgliche Raumtemperatur haben.

(3) Fenster, Oberlichter und Glaswände müssen unter Berücksichtigung der Arbeitsverfahren und der Art der Arbeitsstätte eine Abschirmung gegen übermäßige Sonneneinstrahlung ermöglichen.[220)] [221)]

3.6 Lüftung[222)]

(1) In Arbeitsräumen, Sanitär-, Pausen- und Bereitschaftsräumen, Kantinen, Erste-Hilfe-Räumen und Unterkünften[223)] muss unter Berücksichtigung des spezifischen Nutzungszwecks, der Arbeitsverfahren, der physischen Belastungen und der Anzahl der Beschäftig-

---

217) Das Arbeitsverfahren bestimmt die Art der Tätigkeit und die Arbeitsmethode im Hinblick auf die körperliche und psychische Belastung der Beschäftigten. Unter Arbeitsschwere (physische Belastung) wird eine Einteilung der Arbeit nach dem Grad der physischen Belastung für den Ausübenden verstanden. Vereinfacht kann die Arbeitsschwere aus der bei der Verrichtung der Tätigkeit überwiegend eingenommenen Arbeitshaltung (Sitzen, Stehen, Gehen) und der für die Verrichtung der Tätigkeit eingesetzten Muskelmasse (Hand, Arm, Bein, Rumpf) abgeleitet und in die drei Stufen leicht, mittel und schwer eingeteilt werden; s. ASR A3.5 Abschn. 4.2 Tab. 2 (s. S. 425). Dies reicht üblicherweise für die Klassifizierung der Arbeitsschwere aus.

218) Große Hallen mit Arbeitsplätzen, an denen Beschäftigte im Rahmen ihrer Arbeit tätig sind, müssen beheizt werden können. Befinden sich Arbeitsplätze nur in bestimmten Hallenbereichen, so sind ggf. allein diese Bereiche arbeitsplatzwirksam zu beheizen, z. B. durch Elektro oder Gas-Infrarotstrahler.

219) Auch Sanitär-, Pausen- und Bereitschaftsräume, Kantinen, Erste-Hilfe-Räume und Unterkünfte müssen zuträgliche Raumtemperaturen haben. Regelungen dazu enthalten entsprechend ASR A3.5 „Raumtemperatur" Abschn. 2 Abs. 4, die ASR A4.4 „Unterkünfte" (nach Nr. 5.1 Abs. 3 mindestens +21 °C) bzw. ASR A4.1 „Sanitärräume". Diese verweist in Abschn. 4 Abs. 5 auf die Regelungen in der ASR A3.5.

220) Maßnahmen gegen übermäßige Sonneneinstrahlung sind in ASR A3.5 Abschn. 4.3 (s. S. 427 ff.) geregelt. Es ist festgelegt, dass jene Bauteile, also Fenster, Oberlichter, Glaswände, durch die eine übermäßige Sonneneinstrahlung zu einer Erhöhung der Raumtemperatur auf über + 26 °C führen kann, mit geeigneten Sonnenschutzsystemen auszurüsten sind. Gleiches gilt für störende direkte Sonneneinstrahlung. Auf die Anforderungen an einen wirksamen Blendschutz an Fenstern, Oberlichtern und Glaswänden in ASR A3.4 „Beleuchtung" wird verwiesen.

221) S. ASR A3.5 „Raumtemperatur" Abschn. 4.3 (s. S. 427 ff.). In Tab. 3 sind Gestaltungsbeispiele für Sonnenschutzsysteme enthalten. Durch Sonnenschutzmaßnahmen soll neben der unzuträglichen Aufheizung des Raumes auch einer Blendung entgegengewirkt werden.

222) Die Anforderungen des Anh. Nr. 3.6 werden konkretisiert durch ASR A3.6 „Lüftung" (s. S. 432 ff.).

223) Die ursprünglich nur auf umschlossene Arbeitsräume beschränkte Vorschrift zum Vorhandensein einer gesundheitlich zuträglichen Atemluft wurde mit der Novellierung 2016 auf Sanitär-, Pausen- und Bereitschaftsräume, Kantinen, Erste-Hilfe-Räume und Unterkünfte erweitert. Gesundheitlich zuträgliche Atemluft soll während der Nutzungsdauer gerade auch in den oben genannten Sozialräumen der Arbeitsstätte vorhanden sein.

ten sowie der sonstigen anwesenden Personen während der Nutzungsdauer ausreichend gesundheitlich zuträgliche Atemluft[224] vorhanden sein.

(2) Ist für das Betreiben von Arbeitsstätten eine raumlufttechnische Anlage erforderlich, muss diese jederzeit funktionsfähig sein[225] und die Anforderungen nach Absatz 1 erfüllen. Bei raumlufttechnischen Anlagen muss eine Störung durch eine selbsttätige Warneinrichtung angezeigt werden.[226] Es müssen Vorkehrungen getroffen sein, durch die die Beschäftigten im Fall einer Störung gegen Gesundheitsgefahren geschützt sind.

---

[224] Die Innenraumluftqualität in Arbeitsräumen kann durch Stofflasten, Feuchtelasten oder Wärmelasten beeinträchtigt werden. An vielen Arbeitsplätzen wird die Luftqualität wesentlich durch die im Raum anwesenden Personen (z. B. Beschäftigte, Kunden, sonstige betriebsfremde Dritte) und dadurch bedingte Emissionen von CO_2 und Geruchsstoffen beeinflusst. Sind die Beschäftigten und sonstigen anwesenden Personen die bestimmende Ursache für Stofflasten im Raum, ist die CO_2-Konzentration ein anerkanntes Maß für die Bewertung der Luftqualität und Lüftung das Verfahren zur Herstellung einer gesundheitlich zuträglichen Atemluft.
In Räume, in denen kein Umgang mit Gefahrstoffen stattfindet, können Stofflasten von Nebenräumen oder von außen gelangen. Es muss im Einzelfall festgestellt werden, um welche Stoffe es sich handelt. Für diese Räume können Richtwerte für die Innenraumluft zur Bewertung und zur Steuerung von RTL-Anlagen herangezogen werden.
Bundeseinheitliche Richtwerte für die Innenraumluft (veröffentlicht unter https://www.umweltbundesamt.de/themen/gesundheit/kommissionen-arbeitsgruppen/ausschuss-fuer-innenraumrichtwerte#richtwerte-fur-die-innenraumluft) setzt der „Ausschuss für Innenraumrichtwerte" fest.
Es gibt zwei Richtwert-Kategorien (jeweils in mg/m^3). Richtwert II (RW II) stellt die Konzentration eines Stoffes dar, bei deren Erreichen bzw. Überschreiten unverzüglich zu handeln ist. Diese höhere Konzentration kann, besonders für empfindliche Personen bei Daueraufenthalt in den Räumen, eine gesundheitliche Gefährdung sein. Je nach Wirkungsweise des Stoffes kann der Richtwert II als Kurzzeitwert (RW II K) oder Langzeitwert (RW II L) definiert sein. Richtwert I (RW I – Vorsorgerichtwert) beschreibt die Konzentration eines Stoffes in der Innenraumluft, bei der bei einer Einzelstoffbetrachtung nach gegenwärtigem Erkenntnisstand auch dann keine gesundheitliche Beeinträchtigung zu erwarten ist, wenn ein Mensch diesem Stoff lebenslang ausgesetzt ist. RW I kann als Zielwert bei der Sanierung dienen.
Wenn der Kenntnisstand nicht ausreicht, um toxikologisch begründete Richtwerte abzuleiten, werden Hygienische Leitwerte (hygienisch begründete Beurteilungswerte) festgelegt, mit denen die Raumluft dann bewertet werden kann. Leitwerte geben nicht einzelne Zahlenwerte, sondern Konzentrationsbereiche an. Leitwerte wurden bisher festgelegt für Kohlendioxid, Kohlenmonoxid und für Feinstaub (Particulate Matter – PM 2,5).
Die Atemluft kann zudem durch Schadstoffe belastet sein, für die weder Richtwerte noch Leitwerte für die Innenraumluft festgelegt sind (z. B. Mikroorganismen, Schimmelpilze, Bakterien). Zur Orientierung müssen dann die in den Technischen Regeln für Gefahrstoffe (TRGS) angegebenen Grenzwerte (z. B. TRGS 900) herangezogen werden. Zur Messung von Innenraumluftverunreinigungen s. VDI-Richtlinie 4300 Blatt 1:2024-02 „Messen von Innenraumluftverunreinigungen – Allgemeine Aspekte der Messstrategie". Die Vorschrift der Nr. 3.6 Abs. 1 erfasst auch das sog. Sick Building Syndrom.

[225] Anh. Nr. 3.6 Abs. 2 bis 4 werden auf raumlufttechnische Anlagen beschränkt, da die vorgeschriebenen Anforderungen nicht generell für alle Lüftungseinrichtungen sinnvoll anwendbar sind. Zu den lüftungstechnischen Anlagen s. auch DGUV Regel 109-002 Arbeitsplatzlüftung – Lufttechnische Maßnahmen, Ausg. 2020-4, sowie die zur Luftbeschaffenheit veröffentlichten DIN-Normen und VDI-Richtlinien (z. B. Luftbeschaffenheit am Arbeitsplatz – Minderung der Exposition durch luftfremde Stoffe – VDI 2262 Blatt 1:2013-06 Rechtliche Grundlagen, Begriffe, grundlegende organisatorische Maßnahmen für den Arbeitsschutz und Umweltschutz, VDI 2262 Blatt 2:2012-11 Luftbeschaffenheit am Arbeitsplatz ... Verfahrenstechnische und organisatorische Maßnahmen (Überarbeitung mögl. Erscheinungsdatum 2026-01 , VDI 2262 Blatt 3:2011-06 Lufttechnische Maßnahmen, VDI 2262 Blatt 3:2011-06 Lufttechnische Maßnahmen, VDI 2262 Blatt 4:2006-03 Erfassen luftfremder Stoffe).

[226] Die Warneinrichtung kann akustische und/oder optische Signale aussenden.

(3) Werden raumlufttechnische Anlagen verwendet, ist sicherzustellen, dass die Beschäftigten keinem störenden Luftzug ausgesetzt sind.[227]

(4) Ablagerungen und Verunreinigungen in raumlufttechnischen Anlagen, die zu einer unmittelbaren Gesundheitsgefährdung durch die Raumluft führen können, müssen umgehend beseitigt werden.[228]

3.7 Lärm[229] [230]

In Arbeitsstätten ist der Schalldruckpegel so niedrig zu halten, wie es nach der Art des Betriebes möglich ist. Der Schalldruckpegel am Arbeitsplatz in Arbeitsräumen ist in Abhängigkeit von der Nutzung und den zu verrichtenden Tätigkeiten so weit zu reduzieren, dass keine Beeinträchtigungen der Gesundheit der Beschäftigten entstehen.[231] [232]

---

[227] Die Zufuhr einer ausreichenden Atemluftmenge darf keine Zugluft zur Folge haben, da dies für die Beschäftigten nicht gesundheitlich zuträglich ist (s. auch ASR A3.6 Abschn. 6.4). Die aktuelle ArbStättV enthält keine allgemeine Vorschrift, die Beschäftigte vor vermeidbarer Zugluft schützt. Zugluft wird nur im Zusammenhang mit dem Betrieb von Raumlufttechnischen Anlagen mit Lüftungsfunktion angesprochen. In der ASR A3.6 findet sich unter Abschn. 6.5 eine Aussage zur Vermeidung unzumutbarer Zugluft in Aufenthaltsbereichen. Danach tritt bei einer Lufttemperatur von +20 °C, einem Turbulenzgrad von 40 % und einer mittleren Luftgeschwindigkeit unter 0,15 m/s bei leichter Arbeitsschwere üblicherweise keine unzumutbare Zugluft auf. Bei größerer körperlicher Aktivität, anderen Lufttemperaturen oder anderen Turbulenzgraden kann der Wert für die mittlere Luftgeschwindigkeit abweichen und ist im Rahmen der Gefährdungsbeurteilung zu bewerten.

[228] Insgesamt zu Hygieneanforderungen für Raumlufttechnische Anlagen s. VDI 6022 Blatt 1:2018-01 Raumlufttechnik, Raumluftqualität – Hygieneanforderungen an raumlufttechnische Anlagen und Geräte (VDI-Lüftungsregeln).

[229] ASR A3.7 „Lärm" (s. S. 446 ff.) konkretisiert die Anforderungen für das Einrichten und Betreiben von Arbeitsstätten und Arbeitsplätzen in Arbeitsräumen, um Gefährdungen und Beeinträchtigungen für Sicherheit und Gesundheit von Beschäftigten durch Lärmeinwirkungen zu vermeiden. Die Maßgaben gelten unabhängig von der Aufenthaltsdauer der Beschäftigten in diesen Räumen.

[230] Für Schalldruckpegel in Pausenräumen und Bereitschaftsräumen gilt die ASR A4.2 „Pausen- und Bereitschaftsräume" (s. S. 502 ff.). Für Lärm in Erste-Hilfe-Räumen gelten die baulichen Anforderungen gem. ASR A4.3 „Erste-Hilfe-Räume, Mittel und Einrichtungen zur Ersten Hilfe" (s. S. 512 ff.). Für Unterkünfte gilt die ASR A4.4 „Unterkünfte" (s. S. 523 ff.).

[231] Das allgemeine Minimierungsgebot des Anh. Nr. 3.7 berücksichtigt, dass auch unterhalb eines Schalldruckpegels von 80 dB(A) eine Gefährdung bzw. Beeinträchtigung der Gesundheit möglich ist, und verlangt, hiergegen alle betrieblich möglichen Maßnahmen zu ergreifen. Vorrangig stellt die Vorschrift auf die extraauralen Wirkungen des Lärms ab; sie betreffen den gesamten Organismus und nicht unmittelbar das Gehör. Es handelt sich um physiologische, vegetative (unbewusst ablaufende körperliche Prozesse), psychische und soziale Lärmwirkungen. Die auralen Wirkungen des Lärms wirken sich hingegen unmittelbar auf das Gehör, das Gehörorgan aus. Sie werden von der LärmVibrationsArbSchV einschließlich der sie konkretisierenden Technischen Regel (TRLV Lärm) erfasst.

[232] Erforderliche Schallereignisse, die der gezielten akustischen Information der Beschäftigten dienen, z. B. bei Alarmierung, werden von dieser ASR nicht erfasst.

4 Sanitär-, Pausen- und Bereitschaftsräume, Kantinen, Erste-Hilfe-Räume und Unterkünfte[233)]

4.1 Sanitärräume[234)]

(1) Der Arbeitgeber hat Toilettenräume zur Verfügung zu stellen. Toilettenräume sind für Männer und Frauen getrennt einzurichten oder es ist eine getrennte Nutzung zu ermöglichen. Toilettenräume sind mit verschließbaren Zugängen, einer ausreichenden Anzahl von Toilettenbecken und Handwaschgelegenheiten zur Verfügung zu stellen. Sie müssen sich sowohl in der Nähe der Arbeitsräume als auch in der Nähe von Kantinen, Pausen- und Bereitschaftsräumen, Wasch- und Umkleideräumen befinden. Bei Arbeiten im Freien und auf Baustellen mit wenigen Beschäftigten sind mobile, anschlussfreie Toilettenkabinen[235)] in der Nähe der Arbeitsplätze ausreichend.[236)]

(2) Der Arbeitgeber hat – wenn es die Art der Tätigkeit oder gesundheitliche Gründe erfordern[237)] – Waschräume zur Verfügung zu stellen.[238)] Diese sind für Männer und Frauen getrennt einzurichten oder es ist eine getrennte Nutzung zu ermöglichen. Bei Arbeiten im Freien und auf Baustellen mit wenigen Beschäftigten sind Waschgelegenheiten ausreichend. Waschräume sind
a) in der Nähe von Arbeitsräumen und sichtgeschützt einzurichten,[239)]
b) so zu bemessen, dass die Beschäftigten sich den hygienischen Erfordernissen entsprechend und ungehindert reinigen können; dazu müssen fließendes warmes und kaltes Wasser, Mittel zum Reinigen und gegebenenfalls zum Desinfizieren sowie zum Abtrocknen der Hände vorhanden sein,[240)]
c) mit einer ausreichenden Anzahl geeigneter Duschen zur Verfügung zu stellen, wenn es die Art der Tätigkeit oder gesundheitliche Gründe erfordern.

---

233) In der ArbStättV 2004 wurden Anforderungen zu Arbeits-, Sanitär- und Sozialräumen sowohl in § 6 als auch im Anhang geregelt. Das erschwerte die Anwendung, weshalb Regelungsinhalte zum gleichen Sachverhalt mit der Novellierung der ArbStättV 2016 zusammengeführt wurden. Dies diente einer Verbesserung der Verständlichkeit und der Rechtsklarheit.

234) Konkretisiert durch ASR A4.1 „Sanitärräume".

235) Mobile, anschlussfreie Toilettenkabinen sollen in der Zeit vom 15.10. bis 30.4. beheizbar sein (s. ASR A4.1 Abschn. 8.2 Abs. 2).

236) Nach ASR A4.1 Abschn. 8.1 Abs. 1 sind vom Arbeitgeber auf einer Baustelle Toilettenräume bereit zu stellen, wenn mehr als zehn Beschäftigte länger als zwei zusammenhängende Wochen gleichzeitig beschäftigt werden. Für Baustellen mit bis zu zehn Beschäftigten können abweichend davon mobile anschlussfreie Toilettenkabinen, vorzugsweise mit integrierter Handwaschgelegenheit, bereitgestellt werden.

237) Nach der ASR A4.1 Abschn. 6.1 Abs. 1 sind Waschräume nach Art der Tätigkeit oder gesundheitlichen Gründen gemäß Kategorie A, B oder C vorzusehen; Kategorie A bei mäßig schmutzenden Tätigkeiten, Kategorie B bei stark schmutzenden Tätigkeiten und Kategorie C bei sehr stark schmutzenden Tätigkeiten, bei Vorliegen gesundheitlicher Gründe, bei Tätigkeiten mit stark geruchsbelästigenden Stoffen, beim Tragen von körpergroßflächiger persönlicher Schutzausrüstung, bei Tätigkeiten unter besonderen klimatischen Bedingungen (Hitze, Kälte) oder bei Nässe sowie bei schwerer körperlicher Arbeit.

238) Ist eine bzw. sind mehrere der in FN 241 aufgeführten Bedingungen gegeben, ist die Bereitstellung des Waschraums / der Waschräume zwingende Pflichtaufgabe.

239) Nach ASR A4.1 Abschn. 6.2 Abs. 1 müssen sich Waschräume in der Nähe der Arbeitsplätze befinden. Der Weg von den Arbeitsplätzen in Gebäuden zu den Waschräumen darf 300 m nicht überschreiten und soll nicht durchs Freie führen. Waschräume dürfen auch in einer anderen Etage eingerichtet sein.

240) Die Mittel zum Reinigen, Desinfizieren und Abtrocknen der Hände müssen vom Arbeitgeber kostenlos zur Verfügung gestellt werden.

Sind Waschräume nicht erforderlich, müssen in der Nähe des Arbeitsplatzes und der Umkleideräume ausreichende und angemessene Waschgelegenheiten mit fließendem Wasser (erforderlichenfalls mit warmem Wasser), Mitteln zum Reinigen und zum Abtrocknen der Hände zur Verfügung stehen.[241)]

(3) Der Arbeitgeber hat geeignete Umkleideräume zur Verfügung zu stellen, wenn die Beschäftigten bei ihrer Tätigkeit besondere Arbeitskleidung tragen müssen[242)] und es ihnen nicht zuzumuten ist, sich in einem anderen Raum umzukleiden.[243)] Umkleideräume sind für Männer und Frauen getrennt einzurichten oder es ist eine getrennte Nutzung zu ermöglichen. Umkleideräume müssen

a) leicht zugänglich und von ausreichender Größe und sichtgeschützt eingerichtet werden; entsprechend der Anzahl gleichzeitiger Benutzer muss genügend freie Bodenfläche für ungehindertes Umkleiden vorhanden sein,
b) mit Sitzgelegenheiten sowie mit verschließbaren Einrichtungen ausgestattet sein, in denen jeder Beschäftigte seine Kleidung aufbewahren kann.

Kleiderschränke für Arbeitskleidung und Schutzkleidung sind von Kleiderschränken für persönliche Kleidung und Gegenstände zu trennen, wenn die Umstände dies erfordern.

(4) Wasch- und Umkleideräume, die voneinander räumlich getrennt sind, müssen untereinander leicht erreichbar sein.[244)]

4.2 Pausen- und Bereitschaftsräume[245)]

(1) Bei mehr als zehn Beschäftigten oder wenn die Sicherheit und der Schutz der Gesundheit es erfordern[246)], ist den Beschäftigten ein Pausenraum oder ein entsprechender Pausenbereich zur Verfügung zu stellen. Dies gilt nicht, wenn die Beschäftigten in Büroräumen oder vergleichbaren Arbeitsräumen beschäftigt sind und dort gleichwertige Voraussetzungen

241) Auch hier hat die Bereitstellung der Mittel zum Reinigen und Abtrocknen für die Beschäftigten kostenlos zu erfolgen.

242) Das Erfordernis besonderer Arbeitskleidung ist dann anzunehmen, wenn die Arbeitskleidung betriebsbedingt getragen werden muss. Dies kann z. B. aus gesundheitlichen Gründen oder aufgrund der Art der Tätigkeit (z. B. stark schmutzende Tätigkeiten, besondere klimatische Bedingungen, schwere körperliche Arbeit) der Fall sein oder auch auf Weisung des Arbeitgebers, z. B. zur einheitlichen Darstellung des Betriebes, notwendig sein.

243) Eine Unzumutbarkeit ist u. a. gegeben, wenn z. B. der Raum nicht gegen Einsichtnahme von außen geschützt, gleichzeitig von weiteren Personen anderweitig genutzt oder nicht abgeschlossen werden kann.

244) Wasch- und Umkleideräume sollen einen unmittelbaren Zugang zueinander haben. Waschräume sollen sich auch in der Nähe von Toiletten befinden. Der Weg zwischen Wasch- und Umkleideräumen darf nicht durchs Freie oder durch Arbeitsräume führen. Eine leichte Erreichbarkeit zwischen Wasch- und Umkleideräumen ist bei einer Entfernung von maximal 10 m auf gleicher Ebene gegeben (s. ASR A4.1 Abschn. 6.1 Abs. 5).

245) Konkretisiert durch ASR A4.2 „Pausen- und Bereitschaftsräume" (s. S. 502 ff.).

246) Die Bedingungen, die unabhängig von der Personenzahl zur Verpflichtung der Bereitstellung eines Pausenraumes anstelle eines Pausenbereichs führen, werden in der ASR A4.2 Abschn. 4.1 Abs. 3 aufgeführt. Solche Bedingungen liegen u. a. vor bei Arbeiten mit erhöhter Gesundheitsgefährdung in Hitze, Kälte, Nässe oder Staub, bei Überschreitung der Auslösewerte für Lärm oder Vibrationen (s. LärmVibrationsArbSchV), bei Gefährdungen durch den Umgang mit biologischen Arbeitsstoffen oder Gefahrstoffen, bei überwiegenden Arbeiten im Freien, bei Steharbeit, bei schwerer körperlicher Arbeit, stark schmutzender Tätigkeit, Arbeitsräumen/Bereichen ohne Tageslicht oder Arbeitsräumen/Bereichen, zu denen üblicherweise Dritte (z. B. Kunden, Publikum, Mitarbeiter von Fremdfirmen) Zutritt haben.

für eine Erholung während der Pause gegeben sind.[247] Fallen in die Arbeitszeit regelmäßig und häufig Arbeitsbereitschaftszeiten oder Arbeitsunterbrechungen und sind keine Pausenräume vorhanden, so sind für die Beschäftigten Räume für Bereitschaftszeiten einzurichten. Schwangere Frauen und stillende Mütter müssen sich während der Pausen und, soweit es erforderlich ist, auch während der Arbeitszeit unter geeigneten Bedingungen hinlegen und ausruhen können.

(2) Pausenräume oder entsprechende Pausenbereiche sind
a) für die Beschäftigten leicht erreichbar an ungefährdeter Stelle und in ausreichender Größe bereitzustellen,
b) entsprechend der Anzahl der gleichzeitigen Benutzer mit leicht zu reinigenden Tischen und Sitzgelegenheiten mit Rückenlehne auszustatten,
c) als separate Räume zu gestalten, wenn die Beurteilung der Arbeitsbedingungen und der Arbeitsstätte dies erfordern.[248]

(3) Bereitschaftsräume[249] und Pausenräume, die als Bereitschaftsräume genutzt werden, müssen dem Zweck entsprechend ausgestattet sein.

4.3 Erste-Hilfe-Räume[250]

(1) Erste-Hilfe-Räume oder vergleichbare Bereiche sind entsprechend der Art der Gefährdungen in der Arbeitsstätte oder der Anzahl der Beschäftigten, der Art der auszuübenden Tätigkeiten sowie der räumlichen Größe der Betriebe zur Verfügung zu stellen.

(2) Erste-Hilfe-Räume müssen an ihren Zugängen als solche gekennzeichnet und für Personen mit Rettungstransportmitteln leicht zugänglich sein.

(3) Sie sind mit den erforderlichen Mitteln und Einrichtungen zur Ersten Hilfe auszustatten. An einer deutlich gekennzeichneten Stelle müssen Anschrift und Telefonnummer der örtlichen Rettungsdienste angegeben sein.

(4) Darüber hinaus sind überall dort, wo es die Arbeitsbedingungen erfordern, Mittel und Einrichtungen zur Ersten Hilfe aufzubewahren. Sie müssen leicht zugänglich und einsatzbereit sein. Die Aufbewahrungsstellen müssen als solche gekennzeichnet und gut erreichbar sein.

---

[247] Gleichwertige Voraussetzungen für die Erholung sind z. B. gegeben, wenn die Arbeit im Raum ruht, die Pausenräume frei von arbeitsbedingten Störungen (z. B. durch Publikumsverkehr, Telefonate) sind, der Lärm-Beurteilungspegel höchstens 55 dB(A) beträgt und ausreichend gesundheitlich zuträgliche Atemluft (möglichst Frischluft) zur Verfügung steht.

[248] Umkleideräume dürfen nicht als Pausenraum genutzt werden. Gleiches gilt für alle übrigen Betriebsräume mit Kundenverkehr, insbesondere Büroräume, Geschäftsräume, Warenannahme-Räume. Der Zeitbedarf zum Erreichen der Pausenräume soll 5 Minuten je Wegstrecke (zu Fuß oder mit betrieblich zur Verfügung gestellten Verkehrsmitteln) nicht überschreiten. Die Wegstrecke zu Pausenbereichen darf 100 m nicht überschreiten.

[249] Es handelt sich bei Bereitschaftsräumen um Aufenthaltsräume von Beschäftigten, in deren Arbeitszeit Wartezeiten fallen, während derer sich die betroffenen Beschäftigten zu einer Arbeitsleistung bereithalten müssen, z. B. in Krankenhäusern, in Alten- und Pflegeeinrichtungen, bei Berufsfeuerwehren, Rettungsdiensten oder Fahrbereitschaften. Bereitschaftsräume, die während der Nachtzeit genutzt werden, müssen mit Liegen ausgestattet sein.

[250] Konkretisiert durch ASR A4.3 „Erste-Hilfe-Räume, Mittel und Einrichtungen zur Ersten Hilfe" (s. S. 512 ff.).

4.4 Unterkünfte[251) 252) 253)]

(1) Der Arbeitgeber hat angemessene Unterkünfte[254)] für Beschäftigte zur Verfügung zu stellen[255)], gegebenenfalls auch außerhalb des Geländes eines Betriebes oder einer Baustelle, wenn es aus Gründen der Sicherheit, zum Schutz der Gesundheit oder aus Gründen der menschengerechten Gestaltung der Arbeit erforderlich ist. Die Bereitstellung angemessener Unterkünfte kann insbesondere wegen der Abgelegenheit der Arbeitsstätte, der Art der auszuübenden Tätigkeiten oder der Anzahl der im Betrieb beschäftigten Personen erforderlich sein. Sie ist stets erforderlich, wenn den Beschäftigten im Zusammenhang mit der Anwerbung oder Entsendung zur zeitlich befristeten Erbringung einer vertraglich geschuldeten Arbeitsleistung die Bereitstellung oder Vermittlung einer Unterbringung in Gemeinschaftsunterkünften in Aussicht gestellt wird und zu erwarten ist, dass der Beschäftigte die Verpflichtung zur Erbringung seiner Arbeitsleistung anderenfalls nicht eingehen würde. Kann der Arbeitgeber erforderliche Unterkünfte innerhalb des Geländes eines Betriebes oder einer Baustelle nicht zur Verfügung stellen, hat er für eine andere angemessene Unterbrin-

---

251) Mit der zehnten Änderung der ArbStättV 2020 (s. FN 32) wurden die Anforderungen zur Bereitstellung und Ausstattung von Unterkünften in einigen wesentlichen Inhalten geändert und ergänzt. Die Änderungen traten am 1.1.2021 in Kraft. Inzwischen gilt die ArbStättV mit Ausfertigungsdatum 12.08.2024 (BGBl. I S. 2179). Anh. 4.4 verblieb unverändert, insbesondere auch die Dokumentationspflicht nach Abs. 4.

252) Nach § 2 Abs. 2 Ziff. 2. „Begriffsbestimmungen" gehören Unterkünfte zur Arbeitsstätte. Die grundsätzlichen Anforderungen und Maßgaben der ArbStättV zum Einrichten und Betreiben von Arbeitsstätten gelten auch für Unterkünfte. Inkludiert sind somit die Anforderungen an die Ausstattung, die Kennzeichnungspflicht, Wartung, Inspektion, Instandsetzung oder Verbesserung des baulichen und technischen Zustandes (§ 2 Abs. 8 und Abs. 10) mit gleichem Erfordernis und gleicher Bindungswirkung auch für Unterkünfte. Dies betrifft ebenfalls die Anwendung des § 3a Einrichten und Betreiben von Arbeitsstätten, insbesondere die Absätze 1 (Vermeidung von Gefährdungen) und 2 (Berücksichtigung der besonderen Belange von Beschäftigten mit Behinderungen).
Unterkünfte, soweit sie den Beschäftigten vom Arbeitgeber zur Verfügung gestellt werden, dienen dem Wohnen und Übernachten dieser Beschäftigten während deren Freizeit. Pausen- und Bereitschaftsräume sind keine Unterkünfte i. S. v. Anh. Nr. 4.4.

253) Anh. Nr. 4.4 enthält Anforderungen an Unterkünfte hinsichtlich deren Bereitstellung, Raumaufteilung, Ausführung und Ausstattung sowie Zuteilung der Räume, wenn die Unterkunft von Männern und Frauen gemeinsam genutzt wird. Es handelt sich um Mindestvorschriften, die auf alle Unterkünfte anzuwenden sind, die ein Arbeitgeber seinen Beschäftigten oder für Beschäftigte anderer einrichtet.
Anh. Nr. 4.4 wird durch ASR A4.4 „Unterkünfte" konkretisiert (s. S. 523 ff.).

254) Unterkünfte sind bauliche Anlagen und müssen insoweit dem Bauordnungsrecht der Länder entsprechen. Sie dürfen nur an ungefährdeten Stellen, also außerhalb von Gefahrenbereichen, errichtet werden (Details siehe ASR A4.4 Abschn. 4 Allgemeines). Einzuhalten sind die Vorschriften über Standsicherheit, Schutz gegen schädliche Einflüsse, zum Brand-, Wärme-, Schall- und Erschütterungsschutz sowie zur Verkehrssicherheit.
Nach Anh. Nr. 3.4. Abs. 2 müssen Unterkünfte eine Sichtverbindung nach außen haben, ausreichend Tageslicht erhalten und belüftet werden können.

255) Eine Unterkunft ist mindestens dann bereitzustellen, wenn ein unzumutbarer Zeitbedarf für eine tägliche Heimfahrt entsteht und dadurch eine ausreichende Ruhezeit nicht mehr gegeben ist. Grund dafür können die Entfernung zwischen Wohn- und Arbeitsort bzw. eine schlechte Erreichbarkeit oder arbeitstechnische und arbeitsorganisatorische Besonderheiten sein.
Der Verordnungsgeber bestimmt, dass der Arbeitgeber angemessene Unterkünfte bereitzustellen hat. Der Qualitätsbegriff „angemessen" wird in Abs. 1 auch für die Unterbringung der Beschäftigten gefordert, soweit der Arbeitgeber erforderliche Unterkünfte entsprechend Satz 1 und 2 nicht zur Verfügung stellen kann. Als angemessen gelten Unterkünfte dann, wenn sie den üblichen einfachen, jedoch sich geziemenden, schicklichen Standards für Wohnunterkünfte entsprechen. Näheres bestimmt ASR A4.4. Dazu zählt auch die Einhaltung der Pflichten des Arbeitgebers für das sichere und den hygienischen Anforderungen entsprechende Betreiben der Unterkünfte.

gung der Beschäftigten außerhalb des Geländes eines Betriebes oder einer Baustelle zu sorgen. Wird die Unterkunft als Gemeinschaftsunterkunft außerhalb des Geländes eines Betriebes oder einer Baustelle durch den Arbeitgeber oder auf dessen Veranlassung durch Dritte zur Verfügung gestellt, so hat der Arbeitgeber auch in diesem Fall für die Angemessenheit der Unterkunft zu sorgen.[256)] [257)]

(2) Unterkünfte[258)] müssen entsprechend ihrer Belegungszahl und der Dauer der Unterbringung ausgestattet sein mit:

a) Wohn- und Schlafbereich (Betten, Schränken, Tischen, Stühlen)[259)] [260)],
b) Essbereich,[261)]
c) Sanitäreinrichtungen[262)] [263)].

---

256) Beschäftigt der Arbeitgeber Menschen mit Behinderungen und nutzen diese vom Arbeitgeber bereitgestellte Unterkünfte, wird insbesondere auf die Maßgaben des § 3a Abs. 2 der ArbStättV verwiesen. Danach hat der Arbeitgeber die besonderen Belange dieser Beschäftigten im Hinblick auf ihre Sicherheit und Gesundheit zu berücksichtigen. Bei der Bereitstellung der Unterkünfte hat der Arbeitgeber von Beginn an für einen barrierefreien, sicheren Zugang zur Unterkunft Sorge zu tragen.
Die Verwendung des Modalverbs „hat" verleiht der Forderung nach behindertengerechtem Einrichten und Betreiben solcher Unterkünfte zwingende Verordnungskraft. Die Anforderungen an die barrierefreie Gestaltung von Arbeitsstätten werden in ASR V3a.2 „Barrierefreie Gestaltung von Arbeitsstätten" (s. S. 103 ff.) konkretisiert.

257) Bei der Aufstellung von Unterkünften in abgelegenen Gebäuden kann es notwendig sein, die Energieversorgung für Beleuchtung, Wasserbereitung, Heizung und Kocheinrichtungen unmittelbar am Aufstellungsort sicherzustellen. In der Unterkunft den Bewohnern zur Verfügung gestelltes Wasser muss hinsichtlich seiner Qualität der Trinkwasserverordnung (TrinkwV) vom 20.6.2023 (BGBl. 2023 I Nr. 159, S. 2) entsprechen.

258) Unterkünfte sind Räume, die den Beschäftigten zu Wohn- und Übernachtungszwecken in ihrer Freizeit dienen. Diese Räume müssen nach Anh. Nr. 4.4 Abs. 2 über einen Wohn- und Schlafbereich mit Betten, Schränken, Tischen und Stühlen, einen Essbereich und entsprechende Sanitäreinrichtungen, wie Toiletten, Waschgelegenheiten und Duschen, verfügen.

259) Für den Wohn- und Schlafbereich ist eine räumlich getrennte Anordnung ebenso sinnvoll, obwohl es lediglich für Beschäftigte im Schichtbetrieb gefordert wird. Allerdings ist ein gemeinsamer Schlaf- und Wohnbereich bei einer größeren Zahl von Beschäftigten (mehr als vier) und bei einem längeren Aufenthalt in den Unterkünften (länger als eine Woche) nicht mehr zumutbar. Grundsätzlich sind getrennte Wohn- und Schlafräume, z. B. durch einen dazwischen angeordneten Flur oder zusätzlichen Aufenthaltsraum, die bessere Lösung, da sie den Bedürfnissen der Beschäftigten nach einer individuellen und ungestörten Freizeitgestaltung entgegenkommen.

260) Für jeden Bewohner muss ein verschließbarer Schrank für Wäsche, Bekleidung und persönliche Gegenstände vorhanden sein. Ebenso müssen Türen zu Schlafbereichen von innen verschließbar sein. Für eine zweckmäßige Beleuchtung ist Sorge zu tragen (z.B. Orientierungshilfen, Nachtleuchten, Leselampen).

261) Anh. Nr. 4.4 fordert für Unterkünfte einen entsprechend ihrer Belegungszahl ausgestatteten Essbereich. Nach ASR A4.4 Abschn. 5.4 Abs. 8 wird für die Unterkünfte eine angemessene technische und sicherheitstechnische Ausstattung gefordert, ebenso Trinkwasserzapfmöglichkeit sowie ausreichende Zubereitungs-, Aufbewahrungs-, Kühl- und Spülgelegenheiten, wenn keine anderweitige Verpflegungsmöglichkeit, z. B. durch eine Kantine oder die Lieferung von Fertigessen, besteht. Das Ausreichen einer warmen Mittagsmahlzeit aus einer Kantine oder durch Lieferung von Fertigessen tagsüber ist nicht hinreichend. In der Regel werden morgens, mittags und abends Mahlzeiten eingenommen. Daraus folgt, dass Unterkünfte i.d.R. mit einem gesonderten Raum zur Essenszubereitung, hygienisch einwandfreien Aufbewahrung und mit Spülgelegenheiten ausgestattet sein müssen. Zu achten ist auf die Verschließbarkeit der individuell zuordbaren Kühlfächer.

262) Unterkünfte müssen entsprechend ihrer Belegungszahl mit Sanitäreinrichtungen ausgestattet sein. Sanitäreinrichtungen sind Räume zum Umkleiden, Waschen und Toilettenräume. Näheres bestimmt ASR A4.1 „Sanitärräume" (s. S. 479 ff.). Diese ASR konkretisiert die in § 3a Abs. 1 und § 4 Abs. 2 ArbStättV sowie die insbesondere in den Nrn. 4.1 und 5.2 Abs. 1 a), d) und f) des Anhangs genannten Anforderungen für das Einrichten und Betreiben von Sanitärräumen und Waschgelegenheiten für Arbeitsstätten. ASR A4.1 „Sanitärräume" gilt uneingeschränkt auch für Unterkünfte. Dies betrifft demnach Wasch- und Toilettenräume in Unterkünften und ggf. auch Umkleideräume.

(3) Wird die Unterkunft von Männern und Frauen gemeinsam genutzt, ist dies bei der Zuteilung der Räume zu berücksichtigen.[264)]

(4) Der Arbeitgeber hat die Unterbringung von Beschäftigten in Gemeinschaftsunterkünften innerhalb oder außerhalb des Geländes eines Betriebes oder einer Baustelle nach den Sätzen 2 und 3 zu dokumentieren[265)]. In der Dokumentation sind anzugeben:
1. die Adressen der Gemeinschaftsunterkünfte,
2. die Unterbringungskapazitäten der Gemeinschaftsunterkünfte,
3. die Zuordnung der untergebrachten Beschäftigten zu den Gemeinschaftsunterkünften sowie
4. der zugehörige Zeitraum der Unterbringung der jeweiligen Beschäftigten.

Die Dokumentation muss ab Beginn der Bereitstellung der Gemeinschaftsunterkünfte am Ort der Leistungserbringung verfügbar sein. Die Dokumentation ist nach Beendigung der Unterbringung vier Wochen aufzubewahren.

---

263) Im Sanitärbereich der Unterkunft sollte die Möglichkeit zum Waschen, Trocknen und Bügeln der persönlichen Kleidung bestehen. Bei Bedarf ist auch ein Trockenraum für nasse Arbeitskleidung erforderlich.
Gem. ASR A4.4 Abschn. 5.4 Abs. 7 ist eine Möglichkeit zum Waschen, Trocknen und Bügeln der Kleidung außerhalb der Schlaf- und Wohnbereiche dann vorzusehen, wenn Beschäftigte länger als eine Woche in der Unterkunft untergebracht werden und ihnen vom Arbeitgeber keine alternativen Möglichkeiten, z. B. durch das Angebot einer Waschdienstleistung, zur Verfügung gestellt werden können. Hierfür werden Waschmaschinen und Trockengeräte zur gemeinschaftlichen Nutzung empfohlen.

264) In Unterkünften müssen die Voraussetzungen für deren getrennte Unterbringung gegeben sein bzw. geschaffen werden. Dies bedeutet, dass Schlafräume, Wasch- und Toilettenräume getrennt für Männer und Frauen einzurichten sind. Für Wohn-/Tagesräume ist dagegen eine gemeinsame Nutzung durch Männer und Frauen möglich und zumutbar.

265) Der Arbeitgeber hat eine detaillierte Dokumentation über die Unterbringung von Beschäftigten in Gemeinschaftsunterkünften zu führen und diese den Aufsichtsbehörden auf Verlangen vorzulegen. Bestandteile der Dokumentation sind zwingend
- die Adressen der Gemeinschaftsunterkünfte,
- die Unterbringungskapazitäten der Gemeinschaftsunterkünfte,
- die Zuordnung, also Aufteilung der untergebrachten Beschäftigten auf die jeweiligen Unterkünfte sowie
- der zugehörige Zeitraum der Unterbringung der jeweiligen Beschäftigten.

Damit soll gesichert werden, dass sowohl der Arbeitgeber über eine lückenlose Übersicht über die Unterbringung seiner Beschäftigten in Gemeinschaftsunterkünften verfügt als auch die notwendige Überwachung der Unterkunftsbedingungen durch die Aufsichtsbehörden erfolgen kann. Darüber hinaus wird nur dadurch eine im Bedarfsfall erforderliche Nachverfolgung möglicher Infektionsketten (z. B. Corona) effizient möglich.

5 Ergänzende Anforderungen und Maßnahmen für besondere Arbeitsstätten und Arbeitsplätze

5.1 Arbeitsplätze in nicht allseits umschlossenen Arbeitsstätten und Arbeitsplätze im Freien[266) 267)]

Arbeitsplätze in nicht allseits umschlossenen Arbeitsstätten[268)] und Arbeitsplätze im Freien[269)] sind so einzurichten und zu betreiben, dass sie von den Beschäftigten bei jeder Witterung sicher und ohne Gesundheitsgefährdung erreicht, benutzt[270)] und wieder verlassen werden können. Dazu gehört, dass diese Arbeitsplätze gegen Witterungseinflüsse geschützt sind oder den Beschäftigten geeignete persönliche Schutzausrüstungen zur Verfügung gestellt werden.[271)]

Werden die Beschäftigten auf Arbeitsplätzen im Freien beschäftigt, so sind die Arbeitsplätze nach Möglichkeit so einzurichten, dass die Beschäftigten nicht gesundheitsgefährdenden äußeren Einwirkungen ausgesetzt sind.

[266)] Zu Anh. Nr. 5.1 hat der ASTA eine neue ASR A5.1 (s. S. 530) erarbeitet. Diese wurde im August 2025 vom BMAS bekannt gemacht.

[267)] Das Thema gewinnt vor dem Hintergrund des Klimawandels verbunden mit einer Zunahme von heißen und trockenen Perioden, einer längeren Sonnenscheindauer und einer Zunahme von Extremwetterlagen immer mehr an Bedeutung. In der Schrift „Klimawandel und Arbeitsschutz", 1. Aufl. 2022 der Bundesanstalt für Arbeitsschutz und Arbeitsmedizin wurde der aktuelle Wissensstand zum Thema „Klimawandel und Arbeitsschutz" recherchiert und dokumentiert. Daraus wurden zukünftige Herausforderungen und Forschungsbedarfe für den Arbeitsschutz abgeleitet. Betrachtet wurden dabei die Risikofaktoren Hitze, solare UV-Strahlung, Infektionskrankheiten sowie pflanzliche und tierische Allergene und Toxine; auf Extremwetterereignisse wurde nur exemplarisch eingegangen.

[268)] Nicht allseits umschlossene Arbeitsstätten sind aus betriebstechnischen Gründen z. B. in Stahlwerken, chemischen Betrieben, im Kranbau und in der Landwirtschaft anzutreffen. Es handelt sich hierbei um bauliche Anlagen (Gebäude, Räume), die nach mindestens einer Seite offen sind. Auch Hallen mit betriebsbedingt über längere Zeiten offenstehenden Toren zählen zu den nicht allseits umschlossenen Arbeitsstätten.

[269)] Arbeitsstätten im Freien i. S. d. Anh. Nr. 5.1 müssen sich auf einem Betriebsgelände befinden. Es handelt sich nicht um bauliche Anlagen wie bei den nicht allseits umschlossenen Arbeitsstätten, obwohl für beide die gleichen Anforderungen gelten. Bei Arbeitsstätten im Freien kann es sich um ortsfeste oder ortsbewegliche Arbeitsplätze/-bereiche handeln.

[270)] Im Hinblick auf den Schutz vor Witterungseinflüssen ist bei nicht allseits umschlossenen Arbeitsstätten z. B. an das Anbringen eines Windfangs, die Aufstellung von ortsbeweglichen Schutzwänden oder die Aufstellung von Wetterschutz-/Aufwärm-Kabinen zu denken Bei ortsfesten Arbeitsplätzen im Freien können z. B. Schutzzelte oder Schutzschirme gegen gesundheitsschädigende Witterungseinflüsse zum Einsatz kommen. Bei Kälteeinfluss können beheizte Kabinen zum vorübergehenden Aufwärmen verwendet werden.

[271)] Witterungsbedingte Gefährdungen bei Arbeiten im Freien ergeben sich insbesondere aus den Einwirkungen von Sonnenlicht, aus extrem kalten oder heißen Temperaturen sowie Nässe, Schnee, Nebel usw. Von der Sonne gehen im Wesentlichen folgende Gefährdungsfaktoren aus: die solare UV-Strahlung, die Wärmestrahlung und die Blendung. Solare UV-Strahlung kann Haut und Augen schaden, zur Hautalterung beitragen und das Risiko für Hautkrebs erhöhen. Eine starke Wärmeeinwirkung kann zudem zur Belastung des Herz-Kreislauf-Systems und des Wasser- und Elektrolythaushalts führen. Zu technischen, organisatorischen und personenbezogenen Schutzmaßnahmen siehe ASR A5.1 sowie DGUV Information 203-085 Arbeiten unter der Sonne, Ausg. 2025-05.

5.2 Baustellen[272) 273) 274) 275)]

(1) Die Beschäftigten müssen

a) sich gegen Witterungseinflüsse geschützt umkleiden, waschen und wärmen können[276)],

b) über Einrichtungen verfügen, um ihre Mahlzeiten einnehmen und gegebenenfalls auch zubereiten zu können,

---

272) Die Vorschrift in Anh. Nr. 5.2 ArbStättV bezweckt, dass die Beschäftigten bei Tätigkeiten auf Baustellen durch Maßnahmen des Arbeitsschutzes hinreichend vor den besonderen, sich aus dem Einrichten und Betreiben einer Baustelle ergebenden Gefährdungen ihrer Sicherheit und Gesundheit geschützt werden. Diese können sich aus den besonderen Verhältnissen des Baubetriebes, wie der zeitlichen Befristung der Tätigkeit, häufig verbunden mit Termindruck, den Einflüssen der Witterung und den infolge des Baufortschritts ständig wechselnden Arbeitsbedingungen, ergeben. Ebenso werden mit der Vorschrift in Anh. Nr. 5.2 die für Arbeiten auf Baustellen unter den genannten Bedingungen erforderlichen hygienischen Mindestanforderungen festgelegt.

273) Nach der amtlichen Begründung zur ArbStättV 2004 beschreibt die Regelung in Anh. Nr. 5.2 für den Bereich der Baustellen zusätzlich notwendige und an anderer Stelle des Anhangs noch nicht hinreichend verankerte spezifische Anforderungen aus der EG-Baustellenrichtlinie 92/57/EWG. Vor diesem Hintergrund hat sich der Ausschuss für Arbeitsstätten entschieden, auf die Erarbeitung einer eigenständigen ASR für die Spezifika von Baustellen zu verzichten und dafür in allen zur Konkretisierung der Anforderungen der ArbStättV erarbeiteten ASR durch ein Zusatzkapitel mit der Bezeichnung „Abweichende/ergänzende Anforderungen für Baustellen" diese Aspekte zu berücksichtigen.

274) Von dieser generellen Regel ist der ASTA bezüglich der Baustellensicherheit bisher in einem Fall abgewichen. In einer eigenständigen ASR A5.2 (s. S. 564 ff.) sind „Anforderungen an Arbeitsplätze und Verkehrswege auf Baustellen im Grenzbereich zum Straßenverkehr – Straßenbaustellen" festgelegt worden. Hintergrund waren wiederholte und häufig schwere Unfälle bei der Arbeit, die sich bei Arbeiten im Straßenbau, der Straßensanierung oder der Straßeninstandhaltung ereignet haben, wenn diese bei weiterlaufenden Straßenverkehr durchgeführt werden. Zu den mit der ASR A5.2 eingeführten Sicherheitsabständen und weiteren Maßnahmen siehe Erläuterungen auf S. 564 ff.

275) Mangels einer eigenen Definition des Begriffs „Baustelle" in der ArbStättV wird analog zur Baustellenverordnung als Baustelle der Ort definiert, an dem ein Bauvorhaben ausgeführt wird. Ein Bauvorhaben ist das Vorhaben, eine oder mehrere bauliche Anlagen zu errichten, zu ändern oder abzubrechen. Bauliche Anlagen sind nach dem Baurecht der Länder mit dem Erdboden verbundene, aus Baustoffen oder Bauteilen hergestellte Anlagen (einschließlich Gebäudetechnik). Eine Verbindung mit dem Erdboden besteht auch dann, wenn die bauliche Anlage durch eigene Schwere auf dem Boden ruht. Zu den baulichen Anlagen zählen z. B. auch Aufschüttungen und Abgrabungen, Deponien und Bodensanierungen. Unter Änderung einer baulichen Anlage wird deren nicht unerhebliche Umgestaltung verstanden. Hierzu gehören insbesondere die Änderung des konstruktiven Gefüges sowie die Änderung oder der Austausch wesentlicher Bauteile (z. B. Erneuerung von Dächern und Fassaden, Entkernung, Erneuerung des Überbaus von Straßenbrücken, Erneuerung des Straßenoberbaus). Änderungen baulicher Anlagen können auch im Rahmen von Instandhaltungs- einschließlich Instandsetzungsarbeiten erfolgen. Nicht um die Änderung einer baulichen Anlage handelt es sich bei einfachen Instandhaltungsarbeiten einschließlich Instandsetzungs- sowie einfachen Reparaturarbeiten und laufenden Bauunterhaltungsmaßnahmen geringen Umfangs (z. B. Ausbesserungsarbeiten an Dächern und Fassaden, Austausch von Bodenbelägen, Arbeiten an der Heizung, Badrenovierungen, Verfüllen von Rissen, Verfüllen von Aufbrüchen in Straßenbelägen). Näheres siehe in Opfermann/Streit, Loseblattwerk mit Kommentar, 3. Aufl., Landsberg 2025 unter OZ 3100.

276) Gegenüber anderen Arbeitsstätten abweichende und ergänzende Anforderungen für die Einrichtung und den Betrieb von Sanitär- und Pausenräumen sowie Unterkünften auf Baustellen enthalten die jeweiligen Abschnitte der ASR A4.1 „Sanitärräume" (s. S. 479 ff.), A4.2 „Pausen- und Bereitschaftsräume" (s. S. 502 ff.) und A4.4 „Unterkünfte" (s. S. 523 ff.). So können auf Baustellen Baustellenwagen, absetzbare Baustellenwagen, Container oder andere Raumzellen für Sanitäreinrichtungen genutzt werden. Auch können in Absprache mit dem Arbeitgeber z. B. die Sanitäreinrichtungen von Dritten genutzt werden, wenn diese Sanitäreinrichtungen in ausreichender Anzahl bereitgestellt und instandgehalten werden. Auch ist für Beschäftigte auf Baustellen immer ein Pausenraum zur Verfügung zu stellen, da die Sicherheits- und Gesundheitsschutzgründe gegeben sind. Abweichend ist auf Baustellen ein Pausenraum nicht erforderlich, wenn bis zu vier Beschäftigte eines Arbeitgebers gleichzeitig längstens eine Woche oder höchstens 20 Personentage tätig sind. Voraussetzung ist, dass die Möglichkeit besteht, sich an einer gleichwertigen Stelle gegen Witterungseinflüsse geschützt zu waschen, zu wärmen, umzukleiden und eine Mahlzeit einzunehmen und ggf. zuzubereiten.

c) in der Nähe der Arbeitsplätze über Trinkwasser oder ein anderes alkoholfreies Getränk verfügen können[277].

Weiterhin sind auf Baustellen folgende Anforderungen umzusetzen:

d) Sind Umkleideräume nicht erforderlich, muss für jeden regelmäßig auf der Baustelle anwesenden Beschäftigten eine Kleiderablage und ein abschließbares Fach vorhanden sein, damit persönliche Gegenstände unter Verschluss aufbewahrt werden können.

e) Unter Berücksichtigung der Arbeitsverfahren und der physischen Belastungen der Beschäftigten ist dafür zu sorgen, dass ausreichend gesundheitlich zuträgliche Atemluft vorhanden ist.[278]

f) Beschäftigte müssen die Möglichkeit haben, Arbeitskleidung und Schutzkleidung außerhalb der Arbeitszeit zu lüften und zu trocknen.

g) In regelmäßigen Abständen sind geeignete Versuche und Übungen an Feuerlöscheinrichtungen und Brandmelde- und Alarmanlagen durchzuführen.

(2) Schutzvorrichtungen, die ein Abstürzen von Beschäftigten an Arbeitsplätzen und Verkehrswegen auf Baustellen verhindern, müssen vorhanden sein:[279] [280]

1. unabhängig von der Absturzhöhe bei
   a) Arbeitsplätzen am und über Wasser oder an und über anderen festen oder flüssigen Stoffen, in denen man versinken kann,
   b) Verkehrswegen über Wasser oder anderen festen oder flüssigen Stoffen, in denen man versinken kann,

---

277) Die Qualität des kostenlos zur Verfügung zu stellenden Trinkwassers muss den Anforderungen der Trinkwasserverordnung vom 20.6.2023 (BGBl. 2023 I Nr. 159, S. 2) entsprechen. Das alkoholfreie Getränk muss vom Arbeitgeber ebenfalls kostenlos an die Beschäftigten abgegeben werden.

278) Es hängt von den örtlichen Gegebenheiten ab, ob die Lüftung auf natürlichem Wege (zumeist im Bereich des Hochbaus, sofern die baulichen Anlagen nicht wie bei Silos oder Hochregallagern fensterlos sind) erfolgen kann oder ob die Arbeitsplätze künstlich über lüftungstechnische Anlagen belüftet werden müssen (z. B. bei Arbeiten unter Tage, in Druckluft, in Bohrungen oder in Rohrleitungen).

279) In Anh. Nr. 5.2 Abs. 2 sind Anforderungen an Schutzvorrichtungen, die ein Abstürzen von Beschäftigten an Arbeitsplätzen und Verkehrswegen auf Baustellen verhindern sollen, im Rahmen der 7. Änderung der ArbStättV 2016 (s. FN 32) ergänzend aufgenommen worden. Dies war erforderlich, weil konkrete Regelungen zu „Absturzgefahren auf Baustellen" im staatlichen Vorschriftenwerk bis dahin fehlten und unter Verweis auf die Regelungen der DGUV Vorschrift 38 Bauarbeiten angemahnt wurden. Da der Regelungsvorrang beim staatlichen Arbeitsschutzrecht liegt, wurden die mit den beteiligten Kreisen im ASTA abgestimmten Regelungen sowohl in Anh. Nr. 5.2 Abs. 2 ArbStättV als auch in Abschn. 8 der ASR A2.1 „Schutz vor Absturz und herabfallenden Gegenständen, Betreten von Gefahrenbereichen" (s. S. 305 ff.) sowie in § 9 der DGUV Vorschrift 38 Ausg. 2019-11 wort- und inhaltsgleich übernommen. In Abschn. 9 der DGUV-Regel 101-38 Bauarbeiten, Ausg. 2020-10 werden diese Anforderungen untersetzend erläutert. Mit der Aufnahme in den Anhang der ArbStättV sind diese Vorgaben zum Schutz vor Absturz auf Baustellen verbindlich einzuhalten. Ein Abweichen ist nur im Rahmen einer Ausnahmegenehmigung der zuständigen Arbeitsschutzbehörde nach § 3a Abs. 3 ArbStättV möglich.

280) Anforderungen und Maßnahmen zum Schutz der Beschäftigten durch Absturz in der Form der Bereitstellung und Benutzung von Gerüsten enthalten die TRBS 2121 Teil 1 Gefährdung von Beschäftigten durch Absturz bei der Verwendung von Gerüsten, Ausg. 2019-01, Teil 2 Gefährdung von Beschäftigten bei der Verwendung von Leitern, Ausg. 2018-12, Teil 3 Gefährdung von Beschäftigten durch Absturz bei der Verwendung von Zugangs- und Positionierungsverfahren unter Zuhilfenahme von Seilen, Ausg. 2019-01, Teil 4 Gefährdung von Beschäftigten durch Absturz – ausnahmsweises Heben von Beschäftigten mit hierfür nicht vorgesehenen Arbeitsmitteln, Ausg. 2019-01.

2. bei mehr als 1 Meter Absturzhöhe an Wandöffnungen, an freiliegenden Treppenläufen und -absätzen sowie
3. bei mehr als 2 Meter Absturzhöhe an allen übrigen Arbeitsplätzen.[281)]

Bei einer Absturzhöhe bis zu 3 Metern ist eine Schutzvorrichtung entbehrlich an Arbeitsplätzen und Verkehrswegen auf Dächern und Geschossdecken von baulichen Anlagen mit bis zu 22,5 Grad Neigung und nicht mehr als 50 Quadratmeter Grundfläche, sofern die Arbeiten von hierfür fachlich qualifizierten und körperlich geeigneten Beschäftigten ausgeführt werden und diese Beschäftigten besonders unterwiesen sind. Die Absturzkante muss für die Beschäftigten deutlich erkennbar sein.[282)]

(3) Räumliche Begrenzungen der Arbeitsplätze, Materialien, Ausrüstungen und ganz allgemein alle Elemente, die durch Ortsveränderung die Sicherheit und die Gesundheit der Beschäftigten beeinträchtigen können, müssen auf geeignete Weise stabilisiert werden. Hierzu zählen auch Maßnahmen, die verhindern, dass Fahrzeuge, Erdbaumaschinen und Förderzeuge abstürzen, umstürzen, abrutschen oder einbrechen.[283)]

(4) Werden Beförderungsmittel auf Verkehrswegen verwendet, so müssen für andere, den Verkehrsweg nutzende Personen ein ausreichender Sicherheitsabstand oder geeignete Schutzvorrichtungen vorgesehen werden. Die Wege müssen regelmäßig überprüft und gewartet werden.

[281)] Nach Anh. Nr. 2.1 Schutz vor Absturz und herabfallenden Gegenständen, Betreten von Gefahrenbereichen besteht in Arbeitsstätten generell ab einer Absturzhöhe von einem Meter eine Absturzgefahr. Somit ist der Arbeitgeber spätestens ab dieser Absturzhöhe verpflichtet, entsprechende Schutzmaßnahmen wie z. B. Geländer, Gitter, Brüstungen an Arbeitsplätzen und Verkehrswegen (z. B. Flure, Gänge, Laufstege, Treppen, Laderampen) umzusetzen. Spezielle Ergänzungen der Anforderungen für den Bereich der Baustellen enthält Anh. Nr. 5.2. Abs. 2. Festgelegt wird, dass hier für bestimmte Tätigkeitsbereiche generell Schutzvorrichtungen gegen Absturz gefordert werden, z. B. bei Arbeitsplätzen oder Verkehrswegen am und über Wasser oder an und über anderen festen oder flüssigen Stoffen, in denen man versinken kann. Schutzvorrichtungen, die ein Abstürzen von Beschäftigten an Arbeitsplätzen und Verkehrswegen auf Baustellen verhindern, sind weiterhin zwingend erforderlich bei mehr als einem Meter Absturzhöhe an Wandöffnungen, an freiliegenden Treppenläufen und -absätzen sowie bei mehr als zwei Metern Absturzhöhe an allen übrigen Arbeitsplätzen.

[282)] Eine Ausnahme von der generellen Forderung von Schutzvorrichtungen gegen Absturz auf Baustellen ab zwei Metern Absturzhöhe besteht für Arbeitsplätze und Verkehrswege auf Dächern und Geschossdecken von baulichen Anlagen mit geringer Neigung und geringer Größe, wie z. B. für Flachdächer üblicher Carports. Unter den zusätzlich zu erfüllenden Bedingungen einer deutlichen Erkennbarkeit der Absturzkante und des Einsatzes von fachlich qualifizierten und körperlich geeigneten Personals ist hier erst ab einer Absturzhöhe von drei Metern eine Schutzvorrichtung gefordert.

[283)] Hinweise für Maßnahmen, mit denen verhindert werden kann, dass Fahrzeuge, Erdbaumaschinen oder Flurförderzeuge beim Einsatz auf Baustellen abstürzen, umstürzen, abrutschen oder einbrechen, sind für Fahrzeuge in § 7 der DGUV-Vorschrift 38 Bauarbeiten, Ausg. 2019-11, konkretisiert in Abschnitt 7 der DGUV-Regel 101-38, Ausg. 2020-10 (z. B. Fahrordnungen für den Baustellenverkehr, Gewährleistung einer Sicht des Fahrers bzw. der Fahrerin auf den Fahr- oder Arbeitsbereich durch direkte oder indirekte Sicht), in der DGUV Vorschrift 70 Fahrzeuge, Ausg. 2000 (u. a. §§ 22, 23, 26, 30, 33, 37, 44 und insbesondere § 45 Fahrwege), für Erdbaumaschinen in Kap. I 2.12 der BGR 500 Betreiben von Arbeitsmitteln, Ausg. 2008-04, aktualisiert 2022-04 (insbesondere Abschnitte 3.5 Wahrung der Standsicherheit, 3.6 Fahrbetrieb, 3.9 Sicherung gegen Abstürzen und Abrollen und 3.13 Schutz gegen herabfallende Gegenstände) und für Flurförderzeuge in der DGUV Vorschrift 68 Flurförderzeuge, Ausg. 1997-01 (insbesondere Abschn. IV Betrieb, u. a. § 8 Standsicherheit, § 11 Beladung) enthalten. Bezüglich erforderlicher Abstände von Baugruben und Gräben wird auf DIN 4124 Baugruben und Gräben – Böschungen, Verbau, Arbeitsraumbreiten, Ausg. 2012-01 verwiesen.

(5) Bei Arbeiten, aus denen sich im besonderen Maße Gefährdungen für die Beschäftigten ergeben können, müssen geeignete Sicherheitsvorkehrungen getroffen werden[284]. Dies gilt insbesondere für Abbrucharbeiten sowie Montage- oder Demontagearbeiten. Zur Erfüllung der Schutzmaßnahmen des Satzes 1 sind

a) bei Arbeiten an erhöhten oder tiefer gelegenen Standorten Standsicherheit und Stabilität der Arbeitsplätze und ihrer Zugänge auf geeignete Weise zu gewährleisten und zu überprüfen, insbesondere nach einer Veränderung der Höhe oder Tiefe des Arbeitsplatzes,[285]
b) bei Aushubarbeiten, Brunnenbauarbeiten, unterirdischen oder Tunnelarbeiten die Erd- oder Felswände so abzuböschen, zu verbauen oder anderweitig so zu sichern, dass sie während der einzelnen Bauzustände standsicher sind; vor Beginn von Erdarbeiten sind geeignete Maßnahmen durchzuführen, um die Gefährdung durch unterirdisch verlegte Kabel und andere Versorgungsleitungen festzustellen und auf ein Mindestmaß zu verringern,[286]
c) bei Arbeiten, bei denen Sauerstoffmangel auftreten kann, geeignete Maßnahmen zu treffen, um einer Gefahr vorzubeugen und eine wirksame und sofortige Hilfeleistung zu ermöglichen; Einzelarbeitsplätze in Bereichen, in denen erhöhte Gefährdung durch Sauerstoffmangel besteht, sind nur zulässig, wenn diese ständig von außen überwacht werden und alle geeigneten Vorkehrungen getroffen sind, um eine wirksame und sofortige Hilfeleistung zu ermöglichen,[287]

---

[284] Als Gefährdung im besonderen Maße sind insbesondere Abbrucharbeiten aufgeführt. Aber auch die Ausführung von Straßenbauarbeiten im Grenzbereich zum fließenden Straßenverkehr stellt eine solche Gefährdung im besonderen Maße dar. Dies nahm der ASTA zum Anlass, eine ASR A5.2 „Anforderungen an Arbeitsplätze und Verkehrswege auf Baustellen im Grenzbereich zum Straßenverkehr – Straßenbaustellen" zu erarbeiten (s. S. 564 ff.).

[285] Konkrete Aussagen zur Standsicherheit und Tragfähigkeit von baulichen Anlagen und ihren Teilen, aber auch von Hilfskonstruktionen, Gerüsten, Laufstegen, Geräten und anderen Einrichtungen in der Phase der Errichtung eines Bauvorhabens enthalten die DGUV Vorschrift 38 Bauarbeiten, Ausg. 2019-11 und die DGUV-Regel 101-38, Ausg. 2020-10. Verwiesen wird insbesondere auf § 5 der DGUV-Vorschrift 38 Standsicherheit und Tragfähigkeit in Verbindung mit Abschnitt 5 der DGUV-Regel 101-38.

[286] Anforderungen und Beispiele für die Gestaltung von Arbeitsplätzen und Verkehrswegen bei Ausschachtungen, Brunnenbau, unterirdischen Arbeiten oder Tunnelbauarbeiten enthalten die DGUV Regel 101-604 Branche Tiefbau, Ausg. 2023-12 in den Abschnitten 3.5 bis 3.9 sowie die DGUV Regel 101-38 Bauarbeiten, Ausg. 2020-10 in Abschnitt 8. Die Anforderungen an die Abmessungen und Tragfähigkeit von Arbeitsplätzen und Verkehrswegen werden z.B. bei Arbeiten in Baugruben und Gräben erfüllt, wenn die Anforderungen nach DIN 4124:2012-01 „Baugruben und Gräben – Böschungen, Verbau, Arbeitsraumbreiten" eingehalten sind. Danach müssen die Wände von Baugruben und Gräben so abgeböscht, verbaut oder anderweitig gesichert werden, dass sie während der einzelnen Bauabschnitte standsicher sind. Abschnitt 5 enthält zusätzliche Vorgaben für Arbeiten in Baugruben und Gräben sowie an und vor Erd- und Felswänden. Diese betreffen die Sicherung der Arbeitsplätze und Verkehrswege vor dem Abrutschen von Massen, u. a. durch das Verbot von Unterhöhlungen, die unverzügliche Beseitigung von Überhängen oder die Beseitigung von freigelegten Findlingen und Bauwerksresten, die bei Aushubarbeiten abrutschen können. Werden zur Sicherung von Erd- und Felswänden Grabenverbaugeräte verwendet, müssen diese für den vorgesehenen Verwendungszweck geeignet sein und bestimmungsgemäß eingesetzt werden.

[287] Eine Gefährdung durch Sauerstoffmangel ist aufgrund möglicher Verdrängungen durch andere Gase, insbesondere bei Bauarbeiten in Gruben und Schächten, bei Bauarbeiten unter Tage, bei Arbeiten in Bohrungen oder in Rohrleitungen, gegeben. Für solche Arbeitsplätze muss sichergestellt werden, dass an jeder Arbeitsstelle und zu jeder Zeit ein Sauerstoffgehalt von mehr als 19 Vol.-% vorhanden ist. Entsprechende Vorgaben können der DGUV-Regel 101-604 Branche Tiefbau, Ausg. 2023-12, in den Abschnitten 3.7.4 Gesteuerte Horizontalbohrverfahren und unbemannte Rohrvortriebsarbeiten sowie 3.8 Bauarbeiten unter Tage entnommen werden. Die ergänzende Vorschrift ist notwendig, da sich Anh. Nr. 3.6 Abs. 1 ArbStättV nur auf umschlossene Arbeitsräume beschränkt.

d) beim Auf-, Um- sowie Abbau von Spundwänden und Senkkästen angemessene Vorrichtungen vorzusehen, damit sich die Beschäftigten beim Eindringen von Wasser und Material retten können,
e) bei Laderampen Absturzsicherungen vorzusehen,
f) bei Arbeiten, bei denen mit Gefährdungen aus dem Verkehr von Land-, Wasser- oder Luftfahrzeugen zu rechnen ist, geeignete Vorkehrungen zu treffen.

Abbrucharbeiten, Montage- oder Demontagearbeiten, insbesondere der Auf- oder Abbau von Stahl- oder Betonkonstruktionen, die Montage oder Demontage von Verbau zur Sicherung von Erd- oder Felswänden oder Senkkästen sind fachkundig zu planen und nur unter fachkundiger Aufsicht[288)] sowie nach schriftlicher Abbruch-, Montage- oder Demontageanweisung durchzuführen; die Abbruch-, Montage- oder Demontageanweisung muss die erforderlichen sicherheitstechnischen Angaben enthalten[289)]; auf die Schriftform kann verzichtet werden, wenn für die jeweiligen Abbruch-, Montage- oder Demontagearbeiten besondere sicherheitstechnische Angaben nicht erforderlich sind.

(6) Vorhandene elektrische Freileitungen müssen nach Möglichkeit außerhalb des Baustellengeländes verlegt oder freigeschaltet werden. Wenn dies nicht möglich ist, sind geeignete Abschrankungen, Abschirmungen oder Hinweise anzubringen, um Fahrzeuge und Einrichtungen von diesen Leitungen fern zu halten.

---

288) Als besonders gefährliche Bauarbeiten werden in Anh. Nr. 5.2 Abs. 5 Abbrucharbeiten sowie der Auf- und Abbau von Stahl- und Betonkonstruktionen sowie die Montage und Demontage von Spundwänden und Senkkästen hervorgehoben. Zur Umsetzung der in Anh. IV Teil B Abschn. II Ziff. 11 und 12.1 der EG-Baustellenrichtlinie enthaltenen besonderen Anforderungen wird in Anh. Nr. 5.2 Abs. 5 Satz 4 bestimmt, dass derartige Arbeiten nur unter Aufsicht einer befähigten Person geplant und durchgeführt werden dürfen.

289) Besondere sicherheitstechnische Anforderungen liegen nach Abschnitt 4 der DGUV Regel 101-38 Bauarbeiten, Ausg. 2020-10, z. B. bei folgenden Arbeiten vor: Montage von Fertigteilen aus z. B. Beton oder Holz, die auf Auflager verlegt werden oder mit Streben oder Stützen zunächst in ihrer Einbaulage gesichert werden müssen, Stahlbaumontagen, -demontagen bzw. Abbruch- und Rückbauarbeiten von Stahlbauten, Rohrleitungs- und Behältermontagen, -demontagen bzw. Abbruch und Rückbau, Montage, Demontage, Abbruch und Rückbau von großflächigen Fassaden- oder Dachelementen, Montage bzw. Demontage (Auf-, Um- und Abbau) von großflächigen vormontierten Traggerüsten bzw. Tragkonstruktionen, Montage- bzw. Demontagearbeiten sowie Abbruch- und Rückbauarbeiten mit Absturzgefahren. Besondere sicherheitstechnische Anforderungen liegen auch bei der Demontage von Fertigteilen und z. B. bei Abbrucharbeiten mit Abbruchgeräten, beim Einziehen bzw. Einreißen, bei Sprengarbeiten oder Abbrucharbeiten mit Absturzgefahren vor. Für diese Arbeiten sind vor Beginn der Arbeiten schriftliche Festlegungen für die Arbeitsabläufe zu treffen. Dabei sind insbesondere Art, Zustand und Standsicherheit der Bauteile und der Baustoffe zu berücksichtigen und vor Aufnahme der Arbeiten zu prüfen. Die schriftliche Abbruch-, Montage- oder Demontageanweisung muss alle erforderlichen sicherheitstechnischen Angaben enthalten.

6 Maßnahmen zur Gestaltung von Bildschirmarbeitsplätzen[290) 291) 292) 293) 294) 295) 296) 297) 298) 299) 300)]

6.1 Allgemeine Anforderungen an Bildschirmarbeitsplätze[301) 302)]

(1) Bildschirmarbeitsplätze sind so einzurichten und zu betreiben, dass die Sicherheit und der Schutz der Gesundheit der Beschäftigten gewährleistet sind. Die Grundsätze der Ergonomie sind auf die Bildschirmarbeitsplätze und die erforderlichen Arbeitsmittel sowie die

290) Mit der 7. Änderung der ArbStättV 2016 (s. FN 32) wurden die Anforderungen zur Gestaltung der Arbeitsbedingungen für Bildschirmarbeitsplätze aus der bis dahin geltenden Bildschirmarbeitsverordnung (BildSchArbV) in die ArbStättV überführt.
Bereits im Jahr 2008 wurden die Inhalte der BildSchArbV zur Untersuchung der Augen und des Sehvermögens einschließlich des Zurverfügungstellens von speziellen Sehhilfen für diese Tätigkeit in die Verordnung zur Arbeitsmedizinischen Vorsorge (ArbMedVV), Ausgabe 18.12.2008, GMBl. I S. 2768, zuletzt geändert durch Art. 1 Verordnung v. 12.7.2019, GMBl. I S. 1082, integriert, siehe ArbMedVV Anh. Teil 4 Abs. 2 Ziff. 1. Somit waren alle Inhalte der bisherigen BildSchArbV aufgelöst. In der Folge trat die BildSchArbV mit dem Inkrafttreten der 7. Änderung der ArbStättV am 3. Dezember 2016 außer Kraft.

291) Die ArbStättV definiert in § 2 Abs. 5 und 6 Bildschirmarbeitsplätze und Bildschirmgeräte. Anh. 6 enthält die konkreten Anforderungen und Maßnahmen zur Gestaltung von Bildschirmarbeitsplätzen.

292) Aufgrund des Wandels in der Arbeitswelt wurden sowohl Anforderungen an Bildschirmgeräte und Arbeitsmittel für die ortsgebundene als auch neu für die ortsveränderliche (z. B. Laptops, Note und Netbooks, Tablets, Smartphones) Verwendung an Arbeitsplätzen aufgenommen. Bei Bildschirmarbeit handelt es sich um Arbeitsplätze mit einer Schnittstelle zwischen Mensch und elektronischer Datenverarbeitung. Mit der Übernahme der BildscharbV in die ArbStättV konnten den Anh. 6 konkretisierende Anforderungen an die Bildschirmarbeit durch den ASTA ermittelt werden. Der ASTA beschloss demzufolge im Oktober 2017 eine Projektbeschreibung zur Erarbeitung einer ASR A6 „Bildschirmarbeit". Die Projektgruppe nahm im Februar 2018 ihre Arbeit auf. Die langjährige und fachwissenschaftlich teilweise divergierende Suche nach akzeptierten Lösungen, insbesondere zur Klärung von Begriffen und Grenzen des Anwendungsbereiches sowie zu den Anforderungen und zur Verwendung von tragbaren Bildschirmgeräten, führte letztlich 2024 zu einem einvernehmlich im ASTA getragenen Ergebnis. Anh. 6 wird seither durch die ASR A6 „Bildschirmarbeit" (s. S. 586 ff.) konkretisiert.

293) In der Definition der Bildschirmgeräte (§ 2 Abs. 6 ArbStättV) wird allgemein von Bildschirmen zur Darstellung visueller Informationen gesprochen und nicht mehr – wie in der BildscharbV von 1996 – von „Bildschirmen zur Darstellung alphanumerischer Zeichen oder zur Grafikdarstellung, ungeachtet des Darstellungsverfahrens", was zu Erläuterungsbedarf geführt hatte. Der Geltungsbereich des Anh. Nr. 6 „Maßnahmen zur Gestaltung von Bildschirmarbeitsplätzen" erfasst auch Arbeitsplätze, an denen analoges oder digitalisiertes Bildmaterial mit Hilfe von technischen Einrichtungen und / oder Computerprogrammen bearbeitet wird, um z. B. sendefähige Fernsehbeiträge fertig zu stellen (z.B. sog. Cutter-Arbeitsplätze). Das ergibt sich aus der neuen Definition der Bildschirmgeräte (§ 2 Abs. 6 ArbStättV), in der allgemein von Bildschirmen zur Darstellung visueller Informationen gesprochen wird.

294) Entsprechend § 3 ArbStättV hat der Arbeitgeber in der Gefährdungsbeurteilung bei Bildschirmarbeitsplätzen insbesondere die Belastungen der Augen oder die Gefährdung des Sehvermögens der Beschäftigten zu berücksichtigen.

295) Die Arbeitgeberpflichten zur Untersuchung der Augen und des Sehvermögens sind in der Verordnung zur arbeitsmedizinischen Vorsorge (ArbMedVV) in Anh. Teil 4 Abs. 2 Ziff. 1 geregelt.

296) Nach § 2 Abs. 6 ArbStättV sind Bildschirmgeräte Funktionseinheiten, zu denen insbesondere Bildschirme zur Darstellung von visuellen Informationen, Einrichtungen zur Datenein- und -ausgabe, sonstige Steuerungs- und Kommunikationseinheiten (Rechner) sowie eine Software zur Steuerung und Umsetzung der Arbeitsaufgabe gehören. Daraus folgt, dass die Vorschrift nicht nur für Büroarbeitsplätze gilt, sondern auch z. B. für Arbeitsplätze zur Steuerung von komplexen und verketteten Produktionsprozessen oder Energieverteilungsanlagen.

[297] Anh. 6 gilt sowohl für Bildschirmarbeitsplätze (§ 2 Abs. 5–6 ArbStättV) als auch für Telearbeitsplätze (§ 1 Abs. 3 Nr. 2 ArbStättV). Für Telearbeitsplätze ist nach § 1 Abs. 3 ArbStättV der Anhang 6 nur insoweit einschlägig, als die Anforderungen unter Beachtung der Eigenart von Telearbeitsplätzen auf diese anwendbar sind. Telearbeitsplätze befinden sich in der privaten heimischen Wohneinheit. Die unmittelbaren Anforderungen an Bildschirmarbeitsplätze sollten, die Anforderungen an die Bildschirmgeräte dürfen von dieser Einschränkung nicht bzw. in nur sehr geringem Maße betroffen sein. Zur Eigenart von heimischen Telearbeitsplätzen können geeignete bereits vorhandene und bislang selbstgenutzte Arbeits- bzw. Schreibtische zählen, vor allem aber wohnbauliche Gegebenheiten, z. B. Wandschrägen, Fensterflächen, Türbreiten, Zugänge, Treppen u. a., ebenso die individuell-wohnlichen Eigenarten der Raumlufttemperaturen und Lüftung. Hier haben die wohnungsbaurechtlichen Anforderungen Vorrang.

[298] Der ASTA hat mit Beschluss vom 07.11.2027 Empfehlungen zur Abgrenzung von mobiler Bildschirmarbeit und Telearbeitsplätzen (s. S. 636 ff.) erarbeitet.

[299] Verschiedentlich wird, auch im allgemeinen Sprachgebrauch, der Begriff „Homeoffice" verwendet. Umschrieben werden soll damit die Verlagerung der Tätigkeit aus dem betrieblichen Büro in die Wohnung des Beschäftigten. Arbeitsschutzrechtlich war der Begriff „Homeoffice" in der am 25.05.2022 außer Kraft getretenen SARS-CoV-2-Arbeitsschutzregel (Fassung 21.8.2021) definiert. Trotz des Außerkrafttretens der SARS-CoV-2-Arbeitsschutzverordnung und der zugehörigen Regel kann diese Definition weiterhin Verwendung finden. Danach handelt es sich um „eine Form des mobilen Arbeitens. Sie ermöglicht es Beschäftigten, nach vorheriger Abstimmung mit dem Arbeitgeber zeitweilig im Privatbereich, z. B. unter Nutzung tragbarer IT-Systeme (z. B. Notebooks) oder Datenträger, für den Arbeitgeber tätig zu sein. … Regelungen zur Telearbeit bleiben unberührt". Sämtliche Maßgaben, die sich für diesen Anwendungsfall aus der ArbStättV ergeben und entsprechende Arbeitgeberpflichten entfalten, gelten unverändert. Grundlegend sind hier die Maßgaben des § 2 Abs. 7 ArbStättV.

[300] Anh. Nr. 6 gilt gem. § 1 Abs. 2 ArbStättV nicht für 1. Arbeitsstätten im Reisegewerbe und im Marktverkehr, 2. Transportmittel, die im öffentlichen Verkehr eingesetzt werden, 3. Felder, Wälder und sonstige Flächen, die zu einem land- oder forstwirtschaftlichen Betrieb gehören, aber außerhalb der von ihm bebauten Fläche liegen; ferner nicht für (§ 1 Abs. 4 ArbStättV) 1. Bedienerplätze von Maschinen oder Fahrerplätze von Fahrzeugen mit Bildschirmgeräten, 2. tragbare Bildschirmgeräte für die ortsveränderliche Verwendung, die nicht regelmäßig an einem Arbeitsplatz verwendet werden, 3. Rechenmaschinen, Registrierkassen oder andere Arbeitsmittel mit einer kleinen Daten- oder Messwertanzeigevorrichtung, die zur unmittelbaren Benutzung des Arbeitsmittels erforderlich ist und 4. Schreibmaschinen klassischer Bauart mit einem Display; sowie nicht für (§ 1 Abs. 2 ArbSchG) den Arbeitsschutz von Hausangestellten in privaten Haushalten und für Beschäftigte auf Seeschiffen und in Betrieben, die dem Bundesberggesetz unterliegen. Für Beschäftigte, die in Betrieben, die dem Bundesberggesetz unterliegen, tätig sind, gilt die Bergverordnung zum gesundheitlichen Schutz der Beschäftigten (GesBergV – Gesundheitsschutz-Bergverordnung). Abschnitt 4 § 13 dieser Verordnung bestimmt Maßgaben für die Beschäftigung an stationären Bildschirmgeräten.

[301] Der Ausschuss für Arbeitsstätten hat mit Beschluss vom 07.11.2017, bekannt gemacht im Auftrag des BMAS, Empfehlungen zur Abgrenzung von mobiler Arbeit und Telearbeitsplätzen erarbeitet (s. S. 636 ff.).

[302] Die Arbeit an Bildschirmarbeitsplätzen ist so zu organisieren und zu gestalten, dass Belastungen der Beschäftigten an Bildschirmgeräten vermieden oder so weit wie möglich verringert werden.
Mit der 7. Änderung der ArbStättV 2016 wurden die Anforderungen zur Gestaltung der Arbeitsbedingungen für Bildschirmarbeitsplätze aus der bis dahin geltenden Bildschirmarbeitsverordnung (BildSchArbV) in die ArbStättV überführt.
Bereits im Jahr 2008 wurden die Inhalte der BildSchArbV zur Untersuchung der Augen und des Sehvermögens einschließlich des Zurverfügungstellens von speziellen Sehhilfen für diese Tätigkeit in die Verordnung zur Arbeitsmedizinischen Vorsorge (ArbMedVV), Ausgabe 18.12.2008, GMBl. I S. 2768, zuletzt geändert durch Art. 1 Verordnung v. 12.7.2019, GMBl. I S. 1082, integriert, siehe ArbMedVV Anh. Teil 4 Abs. 2 Ziff. 1. Somit waren alle Inhalte der bisherigen BildSchArbV aufgelöst. In der Folge trat die BildSchArbV mit dem Inkrafttreten der 7. Änderung der ArbStättV am 3.12.2016 außer Kraft.

[303] Zum Bildschirmarbeitsplatz gehören das eigentliche Bildschirmgerät, welches grundsätzlich aus der Hardware (Bildschirm, Tastatur oder sonstigen Eingabemitteln sowie einer Steuereinheit) besteht, eine Software, die das Zusammenwirken zwischen dem Menschen und dem Arbeitsmittel beeinflusst (Text- oder Grafikverarbeitung, Tabellenkalkulation, spezifische Anwenderprogramme) sowie Arbeitstisch, Arbeitsstuhl und das unmittelbare Umfeld des Arbeitsplatzes.

für die Informationsverarbeitung durch die Beschäftigten erforderlichen Bildschirmgeräte entsprechend anzuwenden.[305] [306]

(2) Der Arbeitgeber hat dafür zu sorgen, dass die Tätigkeiten der Beschäftigten an Bildschirmgeräten insbesondere durch andere Tätigkeiten oder regelmäßige Erholungszeiten unterbrochen werden.[307]

(3) Für die Beschäftigten ist ausreichend Raum für wechselnde Arbeitshaltungen und -bewegungen vorzusehen.[308]

(4) Die Bildschirmgeräte sind so aufzustellen und zu betreiben, dass die Oberflächen frei von störenden Reflexionen und Blendungen sind.[309]

---

304) Jeder Bildschirmarbeitsplatz muss unabhängig von der Dauer und Intensität seiner Nutzung die sicherheitstechnischen und ergonomischen Anforderungen dieses Anhangs erfüllen. Die für Bildschirmarbeitsplätze wesentlichen ergonomischen Anforderungen (ausreichend Raum für wechselnde Arbeitshaltungen, Vermeidung von Reflexionen und Blendungen, Möglichkeit zur variablen Anordnung der Eingabemittel, des Bildschirms, des Schriftguts und der sonstigen Arbeitsmittel, Handauflage, geeignete Beleuchtung, keine unzuträgliche Wärmebelastung) werden in Anh. 6.1 Abs. 3–10 einzeln erläutert.

305) Die Grundsätze der Ergonomie sind so anzuwenden, dass den physischen und psychischen Gegebenheiten des Menschen angepasste sächliche und organisatorische Arbeitsbedingungen eingerichtet sind und dadurch einseitige Belastungen vermieden werden.

306) Bildschirmarbeitsplätze sind im Allgemeinen Sitzarbeitsplätze. Höhenverstellbare Arbeitstische ermöglichen auch die Ausübung von Bildschirmarbeit am Schreibtisch im Stehen. Um eine ergonomische Arbeitshaltung zu ermöglichen, muss die individuelle Verstellbarkeit des Arbeitstisches, Arbeitsstuhls, des Bildschirms, des Vorlagenhalters und ggf. auch anderer Arbeitsmittel gegeben sein.

307) Gefordert wird (s. ASR A6 Abschn. 5.3 auf S. 601), dass ein Wechsel der Tätigkeitsbestandteile zu Belastungswechseln führt. Dem entspricht das Konzept sog. Mischarbeit. Diese ist dann gegeben, wenn durch unterschiedliche inhaltliche und organisatorische Tätigkeitsbestandteile wechselnde physische und psychische Anforderungen an den Beschäftigten gestellt werden. Arbeitswissenschaftliche Modelle dafür sind Jobrotation (systematischer Arbeitsplatzwechsel), Job enrichment (Bereicherung des Arbeitsinhaltes), Job enlargement (Erweiterung des Aufgabenumfangs) oder Gruppenarbeit. Sind unterschiedliche Tätigkeitsanteile mit wechselnden Belastungen nicht möglich, kann eine Unterbrechung der täglichen Arbeit am Bildschirmgerät auch durch regelmäßige kurzzeitige Erholzeiten (Pausen) erreicht werden. Die optimale Lage und Dauer dieser Erholzeiten sind von der jeweiligen Tätigkeit am Bildschirmgerät abhängig. Mehrere kürzere Erholzeiten haben einen höheren Erholungseffekt als wenige längere Erholzeiten gleicher Gesamtdauer. Kurzpausen sollten nach Möglichkeit nicht am Arbeitsplatz verbracht werden. Günstig ist, wenn in den Erholzeiten Bewegungsübungen durchgeführt werden können. Das Konzept der Mischarbeit ist dem, die Arbeitszeit durch regelmäßige Erholzeiten zu unterbrechen, vorzuziehen. Das Zusammenziehen oder das Aufsparen von Erholzeiten zur Verkürzung der täglichen Gesamtarbeitszeit hat keinen Erholungseffekt und ist deshalb ungeeignet und unzulässig.

308) Die Gestaltung eines Bildschirmarbeitsplatzes soll Bewegung ermöglichen (S. ASR A6 Abschn. 6.3.9 S. 615 ff). Gelegentlicher Bewegungswechsel während der Arbeitszeit ist aus ergonomischer Sicht empfehlenswert. Dies wird z. B. durch eine örtliche Trennung von Bildschirmarbeitsplatz und Drucker erreicht. Bewegungswechsel geht auch einher mit einem Wechsel der Sehentfernung, was zur Entlastung der Augen beiträgt. Ein zu häufiger Wechsel der Sehentfernung, z. B. bei jedem Blick vom Computer auf den Papierbeleg, führt dagegen zu einer hohen Belastung der Augen.

309) Störende Reflexionen sind i. d. R. Spiegelungen, die den Zeichenkontrast verringern, die Erkennbarkeit stören und das Sehen insgesamt beeinträchtigen. Deshalb sollte bereits bei der Gerätebeschaffung darauf geachtet werden, nur solche mit Antireflexionsmaßnahmen einzusetzen. Bildschirme sollten senkrecht zu den Fensterflächen angeordnet werden. Bei Anordnung parallel zum Fenster würde bei Blickrichtung des Beschäftigten in den Raum das Spiegelbild des hellen Fensters auf dem Bildschirm erscheinen und bei Blickrichtung zum Fenster die helle Fensterfläche hinter dem Bildschirm blenden.

(5) Die Arbeitstische oder Arbeitsflächen müssen eine reflexionsarme Oberfläche haben und so aufgestellt werden, dass die Oberflächen bei der Arbeit frei von störenden Reflexionen und Blendungen sind.

(6) Die Arbeitsflächen sind entsprechend der Arbeitsaufgabe so zu bemessen, dass alle Eingabemittel auf der Arbeitsfläche variabel angeordnet werden können und eine flexible Anordnung des Bildschirms, des Schriftguts und der sonstigen Arbeitsmittel möglich ist. Die Arbeitsfläche vor der Tastatur muss ein Auflegen der Handballen ermöglichen.[310) 311) 312)]

(7) Auf Wunsch der Beschäftigten hat der Arbeitgeber eine Fußstütze und einen Manuskripthalter zur Verfügung zu stellen, wenn eine ergonomisch günstige Arbeitshaltung auf andere Art und Weise nicht erreicht werden kann.[313)]

(8) Die Beleuchtung muss der Art der Arbeitsaufgabe entsprechen und an das Sehvermögen der Beschäftigten angepasst sein; ein angemessener Kontrast zwischen Bildschirm und Arbeitsumgebung ist zu gewährleisten. Durch die Gestaltung des Bildschirmarbeitsplatzes sowie der Auslegung und der Anordnung der Beleuchtung sind störende Blendungen, Reflexionen oder Spiegelungen auf dem Bildschirm und den sonstigen Arbeitsmitteln zu vermeiden.[314) 315)]

(9) Werden an einem Arbeitsplatz mehrere Bildschirmgeräte oder Bildschirme betrieben, müssen diese ergonomisch angeordnet sein. Die Eingabegeräte müssen sich eindeutig dem jeweiligen Bildschirmgerät zuordnen lassen.[316)]

(10) Die Arbeitsmittel dürfen nicht zu einer erhöhten, gesundheitlich unzuträglichen Wärmebelastung am Arbeitsplatz führen.[317)]

---

310) Bildschirm, Tastatur, sonstige Arbeitsmittel und Schriftgut sollen leicht umgestellt und an anderer geeigneter Stelle der Arbeitsfläche angeordnet werden können.

311) Die Maßgaben der ASR A1.2 Raumabmessungen und Bewegungsflächen, insbesondere Abschn. 5 Abs. 4, sind einzuhalten. Details s. ASR A6 Abschn. 6.3.

312) Sehentfernung und Blickfeld sind neben den Greifräumen gleichberechtigt bei der Gestaltung von Bildschirmarbeitsplätzen zu berücksichtigen. Bildschirm, Tastatur und Beleg sollen möglichst die gleiche Sehentfernung aufweisen, damit das Auge des Beschäftigten nicht ständig neu akkommodieren muss.

313) Die Notwendigkeit einer Fußstütze ist gegeben, wenn der Beschäftigte die Füße nicht ganzflächig auf den Fußboden auflegen kann. Aussagen zu den konkreten Anforderungen der Gestaltung von Vorlagenhalter und Fußstütze enthält die ASR A6 in Abschn. 6.3.13 (s. S. 619).

314) Die Maßgaben der ASR A3.4 „Beleuchtung und Sichtverbindung" Abschn. 4.2 sowie nach Abschn. 5.2 und 6.2, Maßnahmen zur Begrenzung der Blendung, sind einzuhalten.

315) ASR A3.4 „Beleuchtung und Sichtverbindung" gibt in Anh. 1 Beleuchtungsanforderungen für Arbeitsräume, Arbeitsplätze und Tätigkeiten Ziff. 4 Mindestwerte der Beleuchtungsstärke und der Farbwiedergabe an. Bei Bildschirmarbeitsplätzen soll die Helligkeit der beleuchteten Tastatur und des beleuchteten Manuskriptes mit der des selbstleuchtenden Bildschirms übereinstimmen, um ständige Adaptionen des Auges zu vermeiden. Dazu kann im Einzelfall von dem Wert der Beleuchtungsstärke nach ASR A3.4 abgewichen werden. Der Bildschirm sollte nicht zu stark von der Raum- bzw. Arbeitsplatzbeleuchtung beeinflusst werden, da das zu unnötigen Verminderungen des Kontrastes führen könnte.

316) Mehrere Bildschirme an einem Arbeitsplatz erfordern schmale Bildschirmrahmen und dichtes Beieinanderstehen, um eine kompakte Gesamtanzeige zu ermöglichen. Mehrere Bildschirmgeräte oder Bildschirme an einem Arbeitsplatz erfordern einen größeren Flächenbedarf für Funktions- und Bewegungsflächen (s. auch ASR A1.2 „Raumabmessungen und Bewegungsflächen" Pkte. 5.1 und 5.4 sowie Anh. 2 Abb. 13 ff.; ebenso DIN EN ISO 9241-307:2009-06, Ergonomie der Mensch-Maschine-Interaktion T. 307: Analyse- und Konformitätsverfahren für elektronisch-optische Anzeigen). Näheres enthält ASR A6 Abschn. 6.3.3 (s. S. 611).

317) Zur Wärmebelastung s. ASR A3.5 „Raumtemperatur" Abschn. 4.2, Tab. 1.

6.2 Allgemeine Anforderungen an Bildschirme und Bildschirmgeräte

(1) Die Text- und Grafikdarstellungen auf dem Bildschirm müssen entsprechend der Arbeitsaufgabe und dem Sehabstand scharf und deutlich sowie ausreichend groß sein. Der Zeichen- und der Zeilenabstand müssen angemessen sein. Die Zeichengröße und der Zeilenabstand müssen auf dem Bildschirm individuell eingestellt werden können.[318)]

(2) Das auf dem Bildschirm dargestellte Bild muss flimmerfrei sein. Das Bild darf keine Verzerrungen aufweisen.[319)]

(3) Die Helligkeit der Bildschirmanzeige und der Kontrast der Text- und Grafikdarstellungen auf dem Bildschirm müssen von den Beschäftigten einfach eingestellt werden können. Sie müssen den Verhältnissen der Arbeitsumgebung individuell angepasst werden können.

(4) Die Bildschirmgröße und -form müssen der Arbeitsaufgabe angemessen sein.

(5) Die von den Bildschirmgeräten ausgehende elektromagnetische Strahlung muss so niedrig gehalten werden, dass die Sicherheit und die Gesundheit der Beschäftigten nicht gefährdet werden.[320)]

6.3 Anforderungen an Bildschirmgeräte und Arbeitsmittel für die ortsgebundene Verwendung an Arbeitsplätzen

(1) Bildschirme müssen frei und leicht dreh- und neigbar sein sowie über reflexionsarme Oberflächen verfügen. Bildschirme, die über reflektierende Oberflächen verfügen, dürfen nur dann betrieben werden, wenn dies aus zwingenden aufgabenbezogenen Gründen erforderlich ist.[321)]

---

318) Konkretisierungen der allgemeinen Anforderungen zu Text- und Grafikdarstellungen enthält ASR A6 Abschn. 6.1 (s. S. 602 ff.).

319) Flimmern ist die Wahrnehmung von raschen, periodischen Leuchtdichteschwankungen auf dem Bildschirm. Die Wahrnehmung ist abhängig von der interindividuell unterschiedlichen Verschmelzungsfrequenz, die mit zunehmendem Alter abnimmt. Moderne Bildschirmgeräte sind mit einer Bildwiederholfrequenz von mindestens 60 Hz, wie von den meisten Herstellern empfohlen, in der Regel flimmerfrei. Bei Gerätebeschaffung sollte dies genau ermittelt werden. In der Regel sind die optimale Bildhelligkeit und -schärfe auf dem Monitor bereits voreingestellt. Sollte dennoch Ungewissheit bzw. Unzufriedenheit bestehen, wird in der einschlägigen Fachliteratur unter diesen Stichwörtern eine Vielzahl von Prüf- und Einstellungshinweisen gegeben. Damit lässt sich der Monitor hinsichtlich Helligkeit, Kontrast und Farbwiedergabe optimal kalibrieren. Zu den Anforderungen an Bildschirme wird auf ASR A6 Abschn. 6.3.2 (s. S. 609) verwiesen. Für Büroanwendungen sind 17-Zoll-Monitore geeignet. Zu empfehlen ist die Ausstattung mit 19-Zoll-Monitoren. Das Schriftbild ist insgesamt größer und wird von den meisten Beschäftigten bevorzugt. Für das Gestalten aufwendiger 3D-Modelle, Design, Video und Audio sind Bildschirmgeräte unter 24 Zoll in der Regel ungeeignet.

320) Auch Fernseher und Computerbildschirme (Monitore) strahlen niederfrequente elektrische und magnetische Felder ab. Bei modernen Flachbildschirmen tritt aufgrund der Bau- bzw. Funktionsweise (ohne Bildschirmröhre) grundsätzlich keine Röntgenstrahlung auf, und die Magnetfelder sind gegenüber denen von Röhrengeräten deutlich reduziert. Einschränkungen bei der Bildschirmarbeit sind bisher eher aus ergonomischen Gründen empfohlen worden, nicht aufgrund von elektromagnetischer Strahlung, die von Bildschirmgeräten ausgeht (zit. aus Bundesamt für Strahlenschutz, Stand 14.11.2023: http://www.bfs.de/DE/themen/emf/nff/anwendung/bildschirm/bildschirm.html).

321) Eine reflexionsarme Oberfläche mindert blendende Spiegelungen von Lampen und Fenstern. Durch die freie Beweglichkeit der Bildschirme können ebenfalls in vielen Fällen Spiegelungen an Bildschirmen vermieden werden.

(2) Tastaturen müssen die folgenden Eigenschaften aufweisen:
1. sie müssen vom Bildschirm getrennte Einheiten sein[322)],
2. sie müssen neigbar sein[323)],
3. die Oberflächen müssen reflexionsarm sein,
4. die Form und der Anschlag der Tasten müssen den Arbeitsaufgaben angemessen sein und eine ergonomische Bedienung ermöglichen,
5. die Beschriftung der Tasten muss sich vom Untergrund deutlich abheben und bei normaler Arbeitshaltung gut lesbar sein.

(3) Alternative Eingabemittel (zum Beispiel Eingabe über den Bildschirm, Spracheingabe, Scanner) dürfen nur eingesetzt werden, wenn dadurch die Arbeitsaufgaben leichter ausgeführt werden können und keine zusätzlichen Belastungen für die Beschäftigten entstehen.

6.4 Anforderungen an tragbare Bildschirmgeräte für die ortsveränderliche Verwendung an Arbeitsplätzen

(1) Größe, Form und Gewicht tragbarer Bildschirmgeräte müssen der Arbeitsaufgabe entsprechend angemessen sein.[324)]

(2) Tragbare Bildschirmgeräte müssen
1. über Bildschirme mit reflexionsarmen Oberflächen verfügen und
2. so betrieben werden, dass der Bildschirm frei von störenden Reflexionen und Blendungen ist.

(3) Tragbare Bildschirmgeräte ohne Trennung zwischen Bildschirm und externem Eingabemittel (insbesondere Geräte ohne Tastatur) dürfen nur an Arbeitsplätzen betrieben werden, an denen die Geräte nur kurzzeitig verwendet werden oder an denen die Arbeitsaufgaben mit keinen anderen Bildschirmgeräten ausgeführt werden können.[325)]

(4) Tragbare Bildschirmgeräte mit alternativen Eingabemitteln sind den Arbeitsaufgaben angemessen und mit dem Ziel einer optimalen Entlastung der Beschäftigten zu betreiben.

---

322) Die Trennung von Tastatur und Bildschirm ermöglicht die ergonomische Anordnung innerhalb des günstigen Greifraums sowie in der günstigen Sehentfernung. Die Forderung der Trennung von Tastatur und Bildschirm ist gleichzeitig ein Verbot von tragbaren Bildschirmgeräten, bei denen Tastatur und Bildschirm untrennbar gekoppelt sind, für die nicht nur kurzzeitige ortsgebundene Verwendung. Näheres ist der ASR A6 in Abschn. 6.5.1 zur regelmäßigen ortsveränderlichen Verwendung von tragbaren Bildschirmgeräten zu entnehmen.

323) Spezifische Anforderungen zur ergonomischen Gestaltung des Eingabemittels Tastatur enthält die ASR A6 in Abschn. 6.3.5 (s. S. 613).

324) Die Forderung für ortsgebundene Bildschirmgeräte in Anh. Nr. 6.4 Abs. 2 Ziff. 2, dass der Bildschirm frei von störenden Reflexionen und Blendungen sein muss, wird von Anh. Nr. 6.3 Abs. 1 auch für tragbare Bildschirmgeräte geltend gemacht. Unterschiedliche Anforderungen an die Aufstellung und das Betreiben zwischen ortsfesten und tragbaren Bildschirmgeräten sind deshalb nicht zulässig. Größe, Form und Gewicht tragbarer Bildschirmgeräte müssen in Abhängigkeit von den Einsatzbedingungen (Abstellmöglichkeit vorhanden oder Gerät in der Hand gehalten, Dauer der einzelnen Bedienvorgänge, Ebenheit der Standfläche usw.) im Ergebnis einer Gefährdungsbeurteilung bestimmt werden. Konkretisierungen enthält die ASR A6 in Abschn. 6.5.

325) In Anh. Nr. 6.4 Abs. 3 wird die Forderung von Anh. Nr. 6.3 Abs. 2 (Trennung von Tastatur und Bildschirm an ortsfesten Arbeitsplätzen) für beliebige externe Eingabemittel wiederholt und konkretisiert.

(5) Werden tragbare Bildschirmgeräte ortsgebunden an Arbeitsplätzen verwendet, gelten zusätzlich die Anforderungen nach Nummer 6.1.[326)]

6.5 Anforderungen an die Benutzerfreundlichkeit von Bildschirmarbeitsplätzen

(1) Beim Betreiben der Bildschirmarbeitsplätze hat der Arbeitgeber dafür zu sorgen, dass der Arbeitsplatz den Arbeitsaufgaben angemessen gestaltet ist. Er hat insbesondere geeignete Softwaresysteme bereitzustellen.[327)]

(2) Die Bildschirmgeräte und die Software müssen entsprechend den Kenntnissen und Erfahrungen der Beschäftigten im Hinblick auf die jeweilige Arbeitsaufgabe angepasst werden können.

(3) Das Softwaresystem muss den Beschäftigten Angaben über die jeweiligen Dialogabläufe machen.

(4) Die Bildschirmgeräte und die Software müssen es den Beschäftigten ermöglichen, die Dialogabläufe zu beeinflussen. Sie müssen eventuelle Fehler bei der Handhabung beschreiben und eine Fehlerbeseitigung mit begrenztem Arbeitsaufwand erlauben.

(5) Eine Kontrolle der Arbeit hinsichtlich der qualitativen oder quantitativen Ergebnisse darf ohne Wissen der Beschäftigten nicht durchgeführt werden.[328)]

---

326) Eine Konkretisierung dieser Anforderung ist in der ASR A6 Abschn. 6.5.2 (s. S. 629) enthalten.

327) Zur Vermeidung insbesondere von mentalen Belastungen soll die Software so gestaltet sein, dass Ergonomie und Benutzerfreundlichkeit gewährleistet sind. Das Programm sollte aus leicht verständlichen, sich bei der Anwendung selbsterklärenden funktionalen Einheiten bestehen. Die auszuführenden Tätigkeiten müssen dem Kenntnis- und Erfahrungsstand des Benutzers angepasst sowie in Form und Tempo von Informationsangaben auf ihn abgestimmt sein. Konkretisierungen zur Softwareergonomie können der ASR A6 in Abschn. 6.2 (s. S. 607) entnommen werden.

328) Abs. 5 gilt unabhängig davon, ob im Betrieb eine Personalvertretung nach BetrVerfG vorhanden ist oder nicht. Ist ein Betriebs- oder Personalrat tätig, so hat dieser nach § 87 Abs. 1 BetrVerfG darüber zu wachen, dass die zugunsten der Beschäftigten geltenden Gesetze und Verordnungen eingehalten werden.
Ein Mitbestimmungsrecht des Betriebsrates ergibt sich, wenn mit technischen Einrichtungen das Verhalten oder die Leistung überwacht werden können, z. B. Eingabefehler oder Eingabehäufigkeit auf den einzelnen Beschäftigten bezogen gespeichert werden können. Ist im Betrieb keine gewählte Personalvertretung tätig, so hat der Arbeitgeber nach Maßgabe von Anh. 6, Ziff. 6.5 Abs. 5 durch andere geeignete und transparente Maßnahmen seine Beschäftigten über eine beabsichtigte Kontrolle zu informieren und im Rahmen der Durchführung zu beteiligen.
Eine angemessene Aufgabenzubemessung, -erledigung und -bewertung kann jedoch das Erheben von individuellen und gruppenbezogenen Leistungsdaten erforderlich machen. Dies ist nicht von vornherein für das Beschäftigtenwohl und den Beschäftigtenschutz negativ zu bewerten, sondern kann einen wichtigen Beitrag zur Objektivierung von arbeitsbedingten Belastungen und Beanspruchungen liefern. Empfehlenswert ist, die Erhebung und Bewertung solcher Daten auf betriebsunabhängige und neutrale externe Fachleute mit dafür nachgewiesenen Fachkenntnissen und entsprechenden Referenzen zu übertragen. Besondere Sorgfalt ist bereits bei der Vorbereitung auf die Einbeziehung der Beschäftigten zu legen, ebenso bei der Auswertung. Ggf. individualisierte Leistungsdaten sind, durchaus vergleichbar mit betriebsärztlich erhobenen individuellen Gesundheitsdaten, vertraulich zu behandeln und auf Wunsch des Beschäftigten diesem offenzulegen und ggf. mit ihm zu erörtern.

zu § 3 ArbStättV

Technische Regeln für Arbeitsstätten	Gefährdungsbeurteilung	ASR V3

(GMBl. Nr. 22 vom 5.7.2017 S. 390)

Die Technischen Regeln für Arbeitsstätten (ASR) geben den Stand der Technik, Arbeitsmedizin und Hygiene sowie sonstige gesicherte arbeitswissenschaftliche Erkenntnisse für das Einrichten und Betreiben von Arbeitsstätten wieder.

Sie werden vom Ausschuss für Arbeitsstätten ermittelt bzw. angepasst und vom Bundesministerium für Arbeit und Soziales im Gemeinsamen Ministerialblatt bekannt gemacht.

Diese ASR V3 konkretisiert im Rahmen des Anwendungsbereichs die Anforderungen der Verordnung über Arbeitsstätten. Bei Einhaltung der Technischen Regeln kann der Arbeitgeber insoweit davon ausgehen, dass die entsprechenden Anforderungen der Verordnung erfüllt sind. Wählt der Arbeitgeber eine andere Lösung, muss er damit mindestens die gleiche Sicherheit und den gleichen Gesundheitsschutz für die Beschäftigten erreichen.

Inhaltsverzeichnis

1 Zielstellung

Diese ASR konkretisiert die Anforderungen an die Gefährdungsbeurteilung nach § 3 Arbeitsstättenverordnung (ArbStättV) im Rahmen der Beurteilung der Arbeitsbedingungen nach Arbeitsschutzgesetz (ArbSchG).[329] [330]

[329] Die auf der Grundlage des Art. 6 Abs. 3a Satz 1 der EG-Rahmenrichtlinie Arbeitsschutz in § 5 ArbSchG geforderte Beurteilung der Arbeitsbedingungen bezweckt, dass der Arbeitgeber vorausschauend, also bereits im Vorfeld der Umsetzung von Vorschriften des Arbeitsschutzrechts in praktisches Handeln, alle möglichen Gefährdungen ermittelt und bewertet und daraus abgeleitet die zur Beseitigung oder Abwehr erforderlichen Maßnahmen festlegt. Dies reicht von technischen bzw. organisatorischen Maßnahmen bis zum Einsatz persönlicher Schutzausrüstungen, wobei letztere nach § 4 Nr. 5 ArbSchG nur nachrangig zu den anderen Maßnahmen vorgesehen werden dürfen.

[330] Klargestellt wird, dass die Gefährdungsbeurteilung nach § 3 ArbStättV ein Bestandteil der ganzheitlich alle Gefährdungen umfassenden Gefährdungsbeurteilung nach § 5 ArbSchG ist. Sie dient der Ermittlung und Beurteilung von sich aus dem Einrichten und Betreiben von Arbeitsstätten ergebenden spezifischen Gefährdungen sowie der Festlegung, Umsetzung und Wirksamkeitskontrolle hieraus folgender notwendiger Maßnahmen zum Schutz der Sicherheit und Gesundheit der Beschäftigten. Mit der ASR V3 werden die Anforderungen in § 3 ArbStättV konkretisiert.

Sie beschreibt eine Vorgehensweise zur Durchführung dieser Gefährdungsbeurteilung nach § 3 ArbStättV.[331)]

2 Anwendungsbereich

Diese ASR gilt für die Durchführung der Gefährdungsbeurteilung beim Einrichten und Betreiben von Arbeitsstätten sowie bei Telearbeitsplätzen gemäß § 2 Absatz 7 ArbStättV bei der erstmaligen Beurteilung der Arbeitsbedingungen und des Arbeitsplatzes soweit der Arbeitsplatz von dem im Betrieb abweicht.

Hinweis:

In dieser ASR V3 sind die Anforderungen an die Gefährdungsbeurteilung für die Belange von Menschen mit Behinderungen berücksichtigt.[332)]

3 Begriffsbestimmungen

3.1 Die **Gefährdungsbeurteilung** nach § 3 ArbStättV ist die auf das Einrichten und Betreiben der Arbeitsstätte ausgerichtete systematische Ermittlung und Beurteilung aller möglichen Gefährdungen der Beschäftigten[333)] einschließlich der Festlegung der erforderlichen Maßnahmen für Sicherheit und Gesundheit bei der Arbeit.[334)]

3.2 Eine **Gefährdung** bezeichnet die Möglichkeit eines Gesundheitsschadens oder einer gesundheitlichen Beeinträchtigung ohne bestimmte Anforderungen an deren Ausmaß oder Eintrittswahrscheinlichkeit.[335)]

---

331) In ähnlicher Form wie in der ASR V3 werden in der Technischen Regel für Betriebssicherheit TRBS 1111 Gefährdungsbeurteilung, Ausg.: März 2018 (GMBl. 2018 S. 40 [Nr. 22]), korrigiert: GMBl. 2025 S. 405 [Nr. 20]) die Vorgehensweise zur Ermittlung und Bewertung von Gefährdungen sowie zur Ableitung der notwendigen Maßnahmen ebenso wie die Bereitstellung und die Benutzung von Arbeitsmitteln und das Betreiben überwachungsbedürftiger Anlagen nach § 3 BetrSichV, in der Technischen Regel für Gefahrstoffe TRGS 400 Gefährdungsbeurteilung für Tätigkeiten mit Gefahrstoffen, Ausg. Juli 2017 (GMBl. 2017 S. 638 [Nr. 36]) die Vorgehensweisen zur Informationsermittlung und Gefährdungsbeurteilung nach § 7 Gefahrstoffverordnung (GefStoffV) und in der Technischen Regel für biologische Arbeitsstoffe TRBA 400 Handlungsanleitung zur Gefährdungsbeurteilung und für die Unterrichtung der Beschäftigten bei Tätigkeiten mit biologischen Arbeitsstoffen, Ausg. März 2017 (GMBl. 2017, Nr. 10/11), 1. Änderung vom 3.7.2018, (GMBl. Nr. 30) die erforderlichen Verfahrensschritte und die Vorgehensweise zur Durchführung der Gefährdungsbeurteilung nach §§ 4 bis 7 der BioStoffV konkretisiert.

332) Im Fall der Beschäftigung von Menschen mit Behinderungen hat der Arbeitgeber die besonderen Belange dieser Beschäftigten im Hinblick auf die Sicherheit und den Gesundheitsschutz zu berücksichtigen (§ 3a Abs. 2 ArbStättV). Konkretisierungen zu den diesbezüglichen Schutzzielen und entsprechende Maßnahmen enthält die ASR V3a.2 „Barrierefreie Gestaltung von Arbeitsstätten" (s. S. 103).

333) Nach ArbSchG können sich Gefährdungen insbesondere aus der Gestaltung und Einrichtung der Arbeitsstätte und des Arbeitsplatzes ergeben (§ 5 Abs. 3 Nr. 1). Weiterhin sind die Auswirkungen der Arbeitsorganisation sowie der Arbeitsabläufe unter Einbeziehung der Arbeitszeit (§ 5 Abs. 3 Nr. 4), die unzureichende Qualifikation und Unterweisung (§ 5 Abs. 3 Nr. 5) sowie physische und psychische Belastungen (§ 4 Nr. 1, § 5 Abs. 3 Nr. 6) als mögliche Gefährdungsfaktoren in Arbeitsstätten und an Arbeitsplätzen einzubeziehen.

334) Die Begriffsbestimmung für die Gefährdungsbeurteilung nach § 3 ArbStättV enthält als wesentliche Elemente sowohl die systematische Ermittlung und Beurteilung aller im Zusammenhang mit dem Einrichten und Betreiben möglichen Gefährdungen für das Leben sowie für die physische und psychische Gesundheit der Beschäftigten als auch die Festlegung der erforderlichen Schutzmaßnahmen in Bezug auf die Einrichtung und den Betrieb der jeweils betrachteten Arbeitsstätte. In Verbindung mit den in Abschn. 5 der ASR V3 dargelegten weiteren Prozessschritten Umsetzung der Maßnahmen, Überprüfung ihrer Wirksamkeit, Dokumentation und Fortschreibung besteht ein umfassendes Handlungskonzept für die Gewährleistung der Sicherheit und Gesundheit der Beschäftigten in Arbeitsstätten (gem. Definition in § 2 Abs. 1 ArbStättV).

335) Die Definition entspricht der amtlichen Begründung zum ArbSchG.

3.3 Eine **Gefahr** bezeichnet eine Sachlage, die bei ungehindertem Ablauf des zu erwartenden Geschehens mit hinreichender Wahrscheinlichkeit zu einem Gesundheitsschaden oder einer gesundheitlichen Beeinträchtigung führt.[336)]

3.4 **Wechselwirkung** im Sinne dieser ASR ist die gegenseitige Beeinflussung von Gefährdungen oder Maßnahmen, wodurch sich Ausmaß und Art der Gefährdung verändern können.[337)]

4 Allgemeine Grundsätze

(1) Die Gefährdungsbeurteilung dient insbesondere als:
- Instrument zur Beurteilung der Arbeitsbedingungen,
- Grundlage zur Entscheidungsfindung, ob und welche Maßnahmen des Arbeitsschutzes notwendig sind,
- Handlungskonzept für die Verbesserung von Sicherheit und Gesundheitsschutz in der Arbeitsstätte (siehe Punkt 5, Abb. 1).

Hinweis:

In Verbindung mit Neubau oder baulichen Änderungen von Arbeitsstätten können im Rahmen der Gefährdungsbeurteilung wichtige und maßgebende Parameter, Rahmenbedingungen und Qualitäten beschrieben und festgelegt werden. Die Gefährdungsbeurteilung kann den Planern für das Einrichten (Entwurfsplanung) wichtige Gestaltungshinweise geben (siehe Punkt 4.2.1).

(2) Die Gefährdungsbeurteilung ist systematisch[338)] und fachkundig[339)] durchzuführen, insbesondere:

---

336) Die Definition entspricht der amtlichen Begründung zum ArbSchG.

337) Als Beispiel für die Wechselwirkungen von Gefährdungen in einer Arbeitsstätte, die kurz-, mittel- oder langfristig zu einer die physische und psychische Gesundheit beeinträchtigenden Beanspruchung führen können, wird die Tätigkeit in einem Callcenter betrachtet. Gefährdungen der Beschäftigten können sich hier insbesondere aus der Gestaltung des Arbeitsraumes bezüglich unzureichender räumlicher Abmessungen, ungenügenden Schallschutzes, ungünstiger raumklimatischer Bedingungen, nicht ausreichender Beleuchtung sowie aus der Gestaltung des einzelnen Arbeitsplatzes hinsichtlich der Bereitstellung nicht anforderungsgerechter Arbeitsmittel (u. a. Stuhl, Tisch, Bildschirm, Eingabegerät, Software, Headset) sowie aus einer mangelhaften Arbeitsvorbereitung und -organisation (z. B. Organisationstyp, Schulung, Einweisung) ergeben. Nichtberücksichtigte Faktoren führen zu Gefährdungen in der Form erhöhter physischer und/oder psychischer Belastung und in der Folge zu einer möglichen, die physische und psychische Gesundheit beeinträchtigenden Beanspruchung.

338) Systematisch meint in diesem Zusammenhang ein gezieltes, planmäßiges und strukturiertes Vorgehen, welches nach einer bestimmten Vorgehensweise zu gegebenen Zeitpunkten eingebunden in einen Regelkreislauf (sog. PDCA-Zyklus – vierstufiger Regelkreis des Kontinuierlichen Verbesserungsprozesses: Plan, Do, Check, Act) erfolgt. Voraussetzungen für eine erfolgreiche Umsetzung sind die Bereitstellung einer geeigneten Arbeitsschutzorganisation und der für den Arbeitsschutz erforderlichen Mittel durch den Arbeitgeber (s. § 3 Abs. 2 ArbSchG und Arbeitssicherheitsgesetz – ASiG) sowie die Einbindung des Arbeitsschutzes in die betrieblichen Führungsstrukturen und die Gewährleistung der Mitwirkungsrechte und -pflichten der Beschäftigten. Hinsichtlich der Beteiligungsrechte des Betriebsrates/Personalrates gelten die Bestimmungen des BetrVG, insbesondere §§ 87 bis 91.

339) Die Definition für eine fachkundige Person enthält § 2 Abs. 12 ArbStättV. Erforderlich sind Fachkenntnisse, die abhängig von der Art der Aufgabe (z. B. Beurteilung von elektrischen, chemischen, biologischen oder mechanischen Gefährdungen, Brand- und Explosionsgefährdungen, Gefährdungen durch Lärmeinwirkungen oder Arbeitsumgebungsbedingungen wie Beleuchtung, Raumklima, Luftqualität, Raumabmessungen, nicht ergonomische Gestaltung, physische und psychische Belastung) unterschiedlich sind und durch eine entsprechende Berufsausbildung, Berufserfahrung oder berufliche Tätigkeit erworben wurden. Zudem müssen die Fachkenntnisse stets auf dem aktuellen Stand gehalten werden, z. B. durch entsprechende Fort- oder Weiterbildung. Näheres siehe Abschn. 4 der ASR V3.

- beim Einrichten[340) 341)] von Arbeitsstätten und
- beim Betreiben von Arbeitsstätten.

(3) Die Gefährdungsbeurteilung ist vor Aufnahme der Tätigkeiten durchzuführen und zu dokumentieren.[342)]

(4) Sie ist zu überprüfen und bei Bedarf zu aktualisieren, insbesondere:
- bei wesentlichen Veränderungen in der Arbeitsstätte, z. B.:
  - der Umgestaltung der bestehenden Arbeitsstätte,
  - der Festlegung von Arbeitsplätzen,[343)]
  - der Änderung von Arbeitsverfahren,
  - der Änderung der Arbeitsabläufe und der Arbeitsorganisation,
  - im Zusammenhang mit dem Einsatz anderer Arbeitsmittel oder Arbeitsstoffe,
  - im Zusammenhang mit der Änderung oder Beschaffung von Maschinen, Geräten und Einrichtungen,
  - im Zusammenhang mit Instandhaltung,
- bei der Änderung von relevanten Rechtsvorschriften oder von Technischen Regeln,
- bei neuen arbeitswissenschaftlichen Erkenntnissen bzw. Veränderungen des Standes der Technik, Arbeitsmedizin und Hygiene,

---

340) Im Bauordnungsrecht der Länder sind Anforderungen an die bauliche Ausführung von Gebäuden, Räumen, Treppen und Treppenräumen, Fluren und Gängen, an die Umwehrungen, die Aufenthalts- und Sanitärräume, den baulichen Brandschutz und die Notbeleuchtung der Rettungswege festgelegt. Die ArbStättV ergänzt die bauordnungsrechtlichen Bestimmungen um notwendige arbeitsstättenspezifische Anforderungen, die dem Schutz der Beschäftigten vor gesundheitlichen Gefahren und Beeinträchtigungen dienen. Arbeitsstätten- und Bauordnungsrecht sind somit als Einheit zu sehen, weshalb sich die ArbStättV nur auf die Einrichtung und den Betrieb, nicht aber auf die vom Bauordnungsrecht geregelte Errichtung von Arbeitsstätten bezieht. Eine Ausnahme bildet Anh. Nr. 1.1 ArbStättV mit der allgemeingültigen Forderung, dass als Arbeitsstätte genutzte Gebäude eine der Nutzungsart entsprechende Konstruktion und Festigkeit aufweisen müssen. Im Bauordnungsrecht der Länder wird dies in den Bauordnungen durch die Forderung nach Standsicherheit einer jeden baulichen Anlage abgedeckt.

341) Die bauliche Errichtung zählt grundsätzlich nicht zum Einrichten einer Arbeitsstätte. Die frühzeitige Integration des Arbeitsschutzes in die Planung von Neu- oder Umbauten zur Nutzung als Arbeitsstätte ist allerdings von grundlegender Bedeutung. Wird es hier versäumt, die Bedingungen für die spätere Nutzung zu ermitteln und den entsprechenden Stand der Technik, Arbeitsmedizin und Hygiene sowie der ergonomischen Anforderungen zu berücksichtigen, kann dies erhebliche Folgen bis hin zu aufwändigen und kostenträchtigen Nachrüstungen oder Umbauten haben.

342) Der Arbeitgeber hat die Auswahlverantwortung bezüglich der gewählten Arbeitsstätte. Es obliegt dem Arbeitgeber bei der Erteilung eines Auftrags zum Bau einer Arbeitsstätte oder bei einem Erwerb oder einer Anmietung eines fertigen Gebäudes oder ausgewählter Räume sorgfältig zu prüfen, ob die ausgewählten Gebäude oder Räume die für den geplanten Nutzungszweck erforderliche Einrichtung der Arbeitsstätte unter Einhaltung der Anforderungen der ArbStättV erlauben. Insoweit ist es angezeigt, die Gefährdungsbeurteilung bereits vor der Einrichtung eines Objekts durchzuführen (s. a. Abschn. 4.2.1. Abs. 7 der ASR V3).

343) Eine Veränderung der Festlegung von Arbeitsplätzen bedingt zwingend eine Überprüfung der Gefährdungsbeurteilung, weil damit in der Regel arbeitsplatzbezogene Gestaltungsmaßnahmen (z. B. Zugänge zu den Arbeitsplätzen, Bewegungsflächen, Anordnung der Leuchten) angepasst werden müssen.

- nach dem Erkennen von kritischen Situationen (z. B. Beinahe-Unfällen[344], Fehlzeiten infolge arbeitsbedingter Gesundheitsbeeinträchtigungen[345] sowie Erkenntnissen aus der arbeitsmedizinischen Vorsorge[346]),
- nach Bekanntwerden einer Behinderung bei Beschäftigten[347] oder
- nach Arbeitsunfällen und Berufskrankheiten.

4.1 Fachkunde

(1) Der Arbeitgeber hat sicherzustellen, dass die Gefährdungsbeurteilung fachkundig durchgeführt wird. Verfügt der Arbeitgeber nicht selbst über die entsprechenden Kenntnisse, hat er sich fachkundig beraten zu lassen.

(2) Fachkundig ist, wer über die zur Erfüllung der in dieser Technischen Regel bestimmten Aufgaben erforderlichen Fachkenntnisse verfügt. Zu den Anforderungen zählen eine entsprechende Berufsausbildung, Berufserfahrung oder eine zeitnah ausgeübte entsprechende berufliche Tätigkeit. Die Fachkenntnisse sind durch Teilnahme an Schulungen oder Unterweisungen auf aktuellem Stand zu halten.[348]

---

[344] Die Unfallpyramide, die Schwere und Häufigkeit von Arbeitsunfällen in ein Verhältnis setzt, besagt, dass die Anzahl von Beinahe-Unfällen sehr viel höher ist als die der tatsächlichen Unfälle. Hier bestehen gute Chancen, die Wirksamkeit des betrieblichen Arbeitsschutzes nachhaltig mit den Beschäftigten gemeinsam zu verbessern. Ein Beinahe-Unfall ist eine gefährliche Begebenheit bei der Arbeit, durch die beinahe ein Unfall mit Personenschaden eines Beschäftigten verursacht worden wäre. Jeder Beinahe-Unfall gibt Hinweise auf sicherheitstechnische oder organisatorische Mängel in einer Arbeitsstätte oder an einem Arbeitsplatz. Er sollte deshalb genau wie ein eingetretener Unfall mit dem Ziel der Beseitigung dieser Mängel registriert und analysiert werden.

[345] Gesundheitsbeeinträchtigungen sind arbeitsbedingt, wenn die Arbeitswelt als verursachender oder als verschlimmernder Faktor eine Rolle spielt. Die Gestaltung der Arbeitsstätte oder des Arbeitsplatzes kann in vielfältiger Form auf die Gesundheit einwirken. So können z. B. ungünstige raumklimatische Bedingungen, wie überhitzte Räume, zu geringe Lüftung, Zugluft oder eine zu geringe Luftfeuchtigkeit das Auftreten von Atemwegserkrankungen befördern. Fortgesetztes Heben und Tragen schwerer und unhandlicher Lasten oder die Notwendigkeit der Einnahme von Zwangshaltungen können ebenso zu Muskel-Skelett-Erkrankungen führen wie nicht ergonomisch eingerichtete Bildschirm- oder Montagearbeitsplätze mit der Folge einer bewegungsarmen oder einseitigen Tätigkeit. Andauernde psychische Belastung, wie z. B. geringer Handlungsspielraum, Zeitdruck und Arbeitsverdichtung, Überforderung, aber auch zu geringe psychische Anforderungen, können ebenso zu gesundheitsgefährdenden Beanspruchungen führen. Meist sind die Ursachen vielfältig und es führen verschiedene gleichzeitig einwirkende Belastungen zu unterschiedlichen physischen und psychischen Beanspruchungen.

[346] Gewinnt der Betriebsarzt Anhaltspunkte dafür, dass die Maßnahmen des Arbeitsschutzes für den an der Vorsorge teilnehmenden Beschäftigten oder andere Beschäftigte nicht ausreichen, muss er dies dem Arbeitgeber mitteilen. Der Betriebsarzt muss dem Arbeitgeber außerdem Schutzmaßnahmen vorschlagen. Konkretisierungen enthält die Arbeitsmedizinische Regel „Mitteilungen an den Arbeitgeber nach § 6 Absatz 4 ArbMedVV" (AMR 6.4), Stand 2014-06, des Ausschusses für Arbeitsmedizin (AfAMed). In der Folge der Mitteilung des Betriebsarztes muss der Arbeitgeber die Gefährdungsbeurteilung unverzüglich überprüfen und weitere Arbeitsschutzmaßnahmen treffen.

[347] Auch für den Fall einer künftigen Beschäftigung von Menschen mit Behinderungen sollten bereits im Zuge der Planung eines Neu- oder Umbaus für eine Arbeitsstätte die Grundsätze einer barrierefreien Gestaltung (z. B. Tür- und Wegebreiten, Zwei-Sinne-Prinzipien) – soweit möglich – berücksichtigt werden. Vorausschauende Lösungen erleichtern spätere Anpassungen und reduzieren die Kosten. Auf die hierzu vom ASTA erstellte ASR V3a.2 (S. 103 ff.) wird verwiesen.

[348] S. a. Erläuterungen in FN **339**.

(3) Umfang und Tiefe der notwendigen Kenntnisse, z. B. über das einschlägige Vorschriften- und Regelwerk, insbesondere die Technischen Regeln für Arbeitsstätten, können in Abhängigkeit von der zu beurteilenden Gefährdung unterschiedlich sein.

(4) Fachkundig im Sinne von Absatz 2 können insbesondere betriebliche Führungskräfte oder die Fachkraft für Arbeitssicherheit oder die Betriebsärztin oder der Betriebsarzt sein.

(5) Die Anforderungen an die Fachkunde sind abhängig von den zu beurteilenden Gefährdungen und müssen im Sinne dieser ASR nicht in einer Person vereinigt sein. Zur fachkundigen Durchführung der Gefährdungsbeurteilung gehören konkrete Kenntnisse der zu beurteilenden Arbeitsstätten und Tätigkeiten.

4.2 Gegenstand der Gefährdungsbeurteilung

Bei der Durchführung der Gefährdungsbeurteilung für Arbeitsstätten sind in Bezug auf das Einrichten sowie auf das Betreiben unterschiedliche Sachverhalte von Bedeutung. Der Arbeitgeber hat die mit der Arbeitsstätte verbundenen Gefährdungen unabhängig voneinander zu ermitteln und zu beurteilen. Mögliche Wechselwirkungen sind zu berücksichtigen. Sie können sich insbesondere auch im Zusammenwirken mit Arbeitsmitteln[349)], Arbeitsstoffen[350)], Arbeitsabläufen bzw. der Arbeitsorganisation[351)] sowie den Gefährdungsfaktoren gemäß Punkt 5.2.2 ergeben.

---

349) Von in der Arbeitsstätte verwendeten Arbeitsmitteln ausgehende Gefährdungen sind z. B. rotierende Maschinenteile, Fahrzeuge auf Verkehrswegen, scharfkantige Werkzeuge, Lärm oder Brand- und Explosionsgefährdungen. Aus der Arbeitsumgebung können sich Gefährdungen z. B. durch Blendung, nicht ausreichende Tragfähigkeit des Untergrunds, Staubentwicklung, Ex-Bereiche, die Nähe zu unter Spannung stehenden Teilen, sonstige Gefahrenbereiche etc. ergeben. Gefährdungen durch Arbeitsgegenstände resultieren z. B. aus ungesicherter Ladung, wegfliegenden Teilen, Stofffreisetzungen bei der Bearbeitung von Arbeitsgegenständen oder aus gefährlichen Oberflächen von Arbeitsgegenständen, an denen Tätigkeiten mit Arbeitsmitteln durchgeführt werden.

350) Besondere Schutzmaßnahmen sind erforderlich, wenn in der Arbeitsstätte mit nach CLP-Verordnung (Verordnung EG 1272/2008 über die Einstufung, Kennzeichnung und Verpackung von Stoffen und Gemischen) als gefährlich eingestuften Stoffen, Gemischen und Erzeugnissen (Gefahrstoffe) umgegangen wird. Zu den Gefahrstoffen zählen nach TRGS 400 Gefährdungsbeurteilung für Tätigkeiten mit Gefahrstoffen, Ausg. 2017-07, auch nicht als gefährlich eingestufte Arbeitsstoffe, die aber trotzdem zu Gefährdungen für die Sicherheit und Gesundheit von Beschäftigten bei der Arbeit führen können, z. B. durch:

1. Hautkontakt, z. B. Feuchtarbeitsplätze (s. TRGS 401 Gefährdung durch Hautkontakt – Ermittlung, Beurteilung, Maßnahmen), Ausg. 2020-10, zul. berichtigt 2024,
2. physikalisch-chemische Gefährdungen, wie z. B. brennbare Stoffe/Gemische, die nicht als gefährlich eingestuft sind und trotzdem eine Brandlast darstellen, z. B. eine Flüssigkeit mit Flammpunkt > 60 °C (s. TRGS 800 „Brandschutzmaßnahmen“, Ausg. 2010-12),
3. andere physikalisch-chemische Gefährdungen, z. B. tiefkalte oder heiße Flüssigkeiten, Dämpfe und Gase oder
4. erstickende oder narkotisierende Gase.

Auch Gemische, die nicht als gefährlich eingestuft sind, jedoch einen gefährlichen Stoff in einer Konzentration enthalten, die nicht zur Einstufung des Gemisches führt, können Gefahrstoffe sein. Solche Gemische sind in bestimmten Fällen anhand von ergänzenden Gefahrenhinweisen (z. B. EUH 208 „Enthält … ‚Name des sensibilisierenden Stoffes‘. Kann allergische Reaktionen hervorrufen.“) zu erkennen.

351) Zu den sich aus der Gestaltung der Arbeitsabläufe und der Arbeitsorganisation ergebenden Gefährdungen zählen z. B. eine nicht sicherheits- und gesundheitsgerechte Gestaltung der Arbeitszeit, insbesondere bei der Nacht- und Schichtarbeit oder bei unterbrochenen Arbeitszeiten, eine unzureichende Gewährung von Kurzpausen z. B. bei der Bildschirmarbeit, die Forderung zur Bewältigung mehrerer Tätigkeiten gleichzeitig, häufige Arbeitsunterbrechungen, zu hohe Arbeitsmenge, Über- und Unterforderung, Forderung nach Erreichbarkeit auch außerhalb der Arbeitszeit, Modelle von Rufbereitschaft ohne ausreichende Planbarkeit der Einsätze, der Einsatz nicht anforderungsgerechter Software oder die mangelnde Mitwirkung der Beschäftigten.

4.2.1 Einrichten von Arbeitsstätten

(1) Einrichten ist das Bereitstellen und Ausgestalten der Arbeitsstätte. Es umfasst u. a.:
- bauliche Maßnahmen oder Veränderungen, insbesondere Neu- und Umbau sowie Erweiterungsmaßnahmen von Arbeitsstätten,
- das Ausstatten mit Maschinen, Anlagen, Bildschirmgeräten, Mobiliar, anderen Arbeitsmitteln sowie Beleuchtungs-, Lüftungs-, Heizungs-, Feuerlösch- und Versorgungseinrichtungen,
- das Anlegen und Kennzeichnen von Verkehrs- und Fluchtwegen, Kennzeichnen von Gefahrenstellen und brandschutztechnischen Ausrüstungen sowie
- das Festlegen von Arbeitsplätzen unter Berücksichtigung der geplanten Tätigkeiten.

(2) Die Integration des Arbeitsschutzes in die Planung von Arbeitsstätten ist von grundlegender Bedeutung. Nach dem Einrichten einer Arbeitsstätte lassen sich Veränderungen nur mit einem zusätzlichen Aufwand realisieren. Um dies zu vermeiden, sind zweckmäßigerweise bereits im Planungsprozess von Neu- oder Umbauten die Nutzung der Arbeitsstätte und der Stand der Technik, Arbeitsmedizin und Hygiene sowie die ergonomischen Anforderungen zu ermitteln und als Anforderung an die Arbeitsstätte festzuhalten. Werden Grundsätze der barrierefreien Gestaltung bereits bei der Planung von Arbeitsstätten berücksichtigt, können vorausschauende Lösungen die Kosten für eine nachträgliche Anpassung und einen aufwendigen Umbau von Arbeitsstätten bei einer künftigen Beschäftigung von Menschen mit Behinderungen verringern oder vermeiden.

(3) Im Rahmen der Gefährdungsbeurteilung müssen Abnutzungserscheinungen und ggf. vorhandene Wirkungsgradverluste von getroffenen Maßnahmen des Arbeitsschutzes berücksichtigt werden (z. B. Beleuchtung, Lüftung, Sonnenschutz, Kennzeichnung), damit die Schutzziele der ArbStättV dauerhaft und zuverlässig erreicht werden.[352)]

(4) Die Festlegung von Arbeitsplätzen ist notwendig, damit arbeitsplatzbezogene Gestaltungsmaßnahmen getroffen werden können (z. B. Zugänge zu den Arbeitsplätzen, Bewegungsflächen, Anordnung der Leuchten).

(5) Bei der prospektiven Betrachtung ist auch die Nutzung durch unterschiedliche Personengruppen (siehe Punkt 5.1 Absätze 5 und 6) zu berücksichtigen.

(6) Die Veränderung der Leistungsvoraussetzungen der Beschäftigten im Verlauf der Nutzungsdauer der Arbeitsstätte kann einen Einfluss auf die Planung haben (z. B. kann eine

---

[352)] Diese Zielstellung wird durch den in § 2 Abs. 10 ArbStättV definierten Begriff des Instandhaltens erreicht. Definitionen der Begriffe und der Maßnahmen enthalten die DIN 31051:2019-09 Grundlagen der Instandhaltung und DIN EN 13306:2018-02 Instandhaltung – Begriffe der Instandhaltung. Der Begriff „Instandhaltung" ist ein Ober- oder Sammelbegriff für die Kombination aller technischen und administrativen Maßnahmen sowie Maßnahmen des Managements über den gesamten Lebenszyklus einer „Betrachtungseinheit" (hier der Arbeitsstätte) zur Erhaltung eines funktionsfähigen Zustandes bzw. der Rückführung in diesen. Instandhaltung umfasst demnach alle Maßnahmen zur Verzögerung des Abbaus vorhandener Abnutzungsvorräte (Wartung), zur Feststellung und Beurteilung des Ist-Zustandes (Inspektion), zur Rückführung in den funktionsfähigen Zustand (Instandsetzung) und zur Steigerung der Funktionssicherheit ohne Änderung der geforderten Funktion (Verbesserung). Wichtig ist, in der Gefährdungsbeurteilung die Durchführung entsprechender Instandhaltungsarbeiten zeitlich und inhaltlich zu fixieren, Verantwortliche zu benennen und die Umsetzung zu kontrollieren.

Verringerung des individuellen Sehvermögens bei zunehmendem Alter der Beschäftigten eine höhere Anforderung an die Beleuchtungsqualität erfordern).[353]

(7) Beabsichtigt ein Arbeitgeber eine bauliche Anlage zur Nutzung als Arbeitsstätte zu mieten oder zu erwerben, so ist es angezeigt, vor der Einrichtung des Objekts anhand einer Gefährdungsbeurteilung zu prüfen, ob die Vorgaben der ArbStättV eingehalten werden können. Sonst ist ggf. keine oder nur eine eingeschränkte Nutzung möglich.

(8) Sofern vorhanden, sind die Informationen zu Sicherheit und Gesundheitsschutz aus der nach Baustellenverordnung geforderten Unterlage für mögliche spätere Arbeiten, z. B. Reinigung oder Instandhaltung, zu berücksichtigen.[354]

4.2.2 Betreiben von Arbeitsstätten

(1) Das Betreiben von Arbeitsstätten umfasst das Benutzen, Instandhalten und Optimieren der Arbeitsstätten, die Organisation und die Gestaltung von Arbeits- und Fertigungsverfahren sowie der Arbeitsabläufe in der Arbeitsstätte.

(2) Der Arbeitgeber hat sicherzustellen, dass die Arbeitsstätte nach dem Stand der Technik, Arbeitsmedizin und Hygiene sowie den ergonomischen Anforderungen betrieben wird. Dieses gilt auch für angemietete Objekte (z. B. Büroflächen, Verkaufsräume, Produktions- oder Lagerräume).

---

[353] § 3 BetrSichV enthält explizit die Anforderung, bei der Gefährdungsbeurteilung insbesondere die Gebrauchstauglichkeit von Arbeitsmitteln einschließlich der ergonomischen, alters- und alternsgerechten Gestaltung zu berücksichtigen. Ebenso muss der Arbeitgeber nach § 3a ArbStättV die ergonomischen Anforderungen berücksichtigen.
Eine alternsgerechte Gestaltung im Hinblick auf die Gestaltung der Arbeitsstätte und der Arbeitsplätze bezieht sich demnach auf die Förderung und den Erhalt von Gesundheit und die Förderung der Leistungsfähigkeit der Beschäftigten über die gesamte Erwerbsbiografie hinweg und schließt damit alle Altersgruppen ein. Sie soll eine altersunabhängige Nutzung von Arbeitsstätten durch Anwendung ergonomischer Gestaltungsprinzipien ermöglichen, die ungünstige Belastungen und daraus folgende gesundheitsgefährdende Beanspruchungen vermeiden. Darüber hinaus soll eine dynamische Anpassung des Arbeitssystems bzw. einzelner Elemente möglich sein, die den (voraussichtlichen) Folgen des Alterungsprozesses der Beschäftigten Rechnung trägt (z. B. durch Höhenverstellbarkeit bei Schreib- und Arbeitstischen).
Altersgerechte Gestaltung im Hinblick auf die Gestaltung der Arbeitsstätte und der Arbeitsplätze bezieht sich auf die Ausrichtung an den spezifischen Ausprägungen von Fähigkeiten einer bestimmten Altersgruppe der Beschäftigten. Während verschiedene Faktoren der Leistungsfähigkeit im Verlauf des Alterungsprozesses der Beschäftigten eher konstant bleiben, nehmen andere eher zu (so z. B. Erfahrungswissen) oder eher ab (so z. B. Sehvermögen). Schutzmaßnahmen zur altersgerechten Arbeitsgestaltung haben die jeweils gegebenen Leistungsvoraussetzungen zur Grundlage (so z. B. altersgemischte Teams zwecks Erfahrungsaustausches zur sicheren Verwendung von Arbeitsmitteln oder die Erhöhung der Beleuchtungsstärke bei nachlassendem Sehvermögen).

[354] Eine Konkretisierung sowie Beispiele enthält die Regel zum Arbeitsschutz auf Baustellen (RAB 32 – Unterlage für spätere Arbeiten (Konkretisierung zu § 3 Abs. 2 Nr. 3 BaustellV, Ausg. 2003-03)). Damit sollen insbesondere Gefährdungen der Sicherheit und Gesundheit für die mit späteren Arbeiten an der baulichen Anlage Beschäftigten reduziert sowie Improvisationen und Informationsdefizite bei späteren Arbeiten an der baulichen Anlage und dadurch bedingte Störungen, Sachschäden und Unfälle vermieden werden. Spätere Arbeiten i. S. v. § 3 Abs. 2 Nr. 3 BaustellV umfassen insbesondere vorhersehbare Arbeiten an baulichen Anlagen, wie Wartungs-, Reinigungs-, Instandsetzungs- und Erneuerungsmaßnahmen.

(3) In der Gefährdungsbeurteilung müssen auch Situationen berücksichtigt werden, die vom Normalbetrieb abweichen (z. B. Störungen, Stromausfälle, extreme Witterungseinflüsse).[355)]

(4) Weiterhin sind Gefährdungen zu ermitteln und zu beurteilen, mit denen z. B. bei Bränden, Unfällen, Überfällen oder sonstigen Betriebsstörungen zu rechnen ist (z. B. Gestaltung von Fluchtwegen und Notausgängen, Flucht- und Rettungspläne).

5 Prozessschritte der Gefährdungsbeurteilung[356)]

Die Prozessschritte werden in der folgenden Abbildung 1 dargestellt:

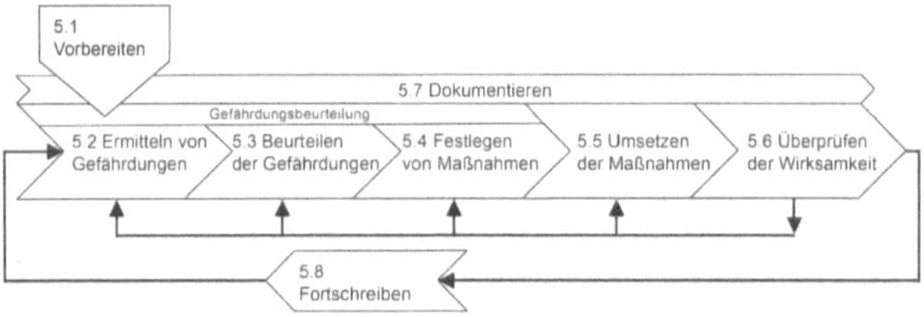

Abb. 1: Schematische Darstellung der Prozessschritte der Gefährdungsbeurteilung

5.1 Vorbereiten

(1) Die Gefährdungsbeurteilung ist je nach Art der Tätigkeiten in der Arbeitsstätte durchzuführen. Daher kann es erforderlich sein, eine Gliederung (z. B. in Arbeitsbereiche oder Tätigkeitsgruppen) vorzunehmen.

355) In der betrieblichen Praxis werden häufig solche besonderen Betriebszustände nicht hinreichend berücksichtigt, was zu erheblichen Gefahren und Unfällen bzw. Gesundheitsbeeinträchtigungen führen kann. Denn die am Normalbetrieb ausgerichteten Schutzmaßnahmen entfalten in diesen Fällen keine ausreichende Wirksamkeit und müssen außer Kraft gesetzt werden. Im Rahmen der Gefährdungsbeurteilung ist daher diesen vom Normalbetrieb abweichenden Betriebszuständen erhöhte Aufmerksamkeit zu zollen.

356) Die Prozessschritte entsprechen den in der GDA-Leitlinie Gefährdungsbeurteilung und Dokumentation (http://www.gda-portal.de/DE/Aufsichtshandeln/Gefaehrdungsbeurteilung/Gefaehrdungsbeurteilung_node.html) für die Überprüfung des Prozesses der Umsetzung einer Gefährdungsbeurteilung wie folgt enthaltenen Vorgaben für die Aufsichtsinstitutionen:
1. Festlegen von Arbeitsbereichen und Tätigkeiten (hier: Vorbereiten)
2. Ermitteln der Gefährdungen
3. Beurteilen der Gefährdungen
4. Festlegen konkreter Arbeitsschutzmaßnahmen nach dem Stand der Technik (bei diesem Schritt ist die Rangfolge der Schutzmaßnahmen nach § 4 ArbSchG zu beachten)
5. Durchführen der Maßnahmen
6. Überprüfen der Wirksamkeit der Maßnahmen
7. Fortschreiben der Gefährdungsbeurteilung (insbesondere Anpassung im Falle geänderter betrieblicher Gegebenheiten nach § 3 ArbSchG)

Zu beachten ist, dass die Beurteilung der Arbeitsbedingungen im Sinne von § 5 ArbSchG lediglich die Prozessschritte 2 bis 4, also das Ermitteln von Gefährdungen, das Beurteilen von Gefährdungen und das Festlegen von Maßnahmen umfasst. Diese ist eingebunden in den durch die gleichzeitige Beachtung der §§ 3, 4 und 6 ArbSchG definierten Regelkreislauf (s. a. FN 340).

(2) Wenn von Beschäftigten arbeitsbereichsübergreifende Tätigkeiten (z. B. Hausmeistertätigkeiten, Instandhaltung, Reinigung) ausgeführt werden, ist zu prüfen, ob diese Tätigkeiten gesondert zu betrachten sind.

(3) Bei gleichartigen Arbeitsbedingungen können Arbeitsplätze oder Tätigkeiten innerhalb einer Arbeitsstätte zusammengefasst betrachtet werden.

(4) Erforderlichenfalls sind Tätigkeiten so zu erfassen, dass auch ihre Dauer bzw. Häufigkeit (z. B. temporär, täglich, quartalsweise, jährlich) erkennbar sind.

(5) Es ist zu berücksichtigen, ob in der Arbeitsstätte besondere Personengruppen beschäftigt werden (z. B. Praktikanten, Jugendliche, werdende oder stillende Mütter, Leiharbeitnehmer, Beschäftigte ohne ausreichende Deutschkenntnisse, Menschen mit Behinderungen).

(6) Gefährdungen durch sonstige in der Arbeitsstätte anwesende Personen (z. B. Beschäftigte von Fremdfirmen, Beschäftigte im Rahmen von Dienst- und Werkverträgen, Besucher, Kunden) sind zu berücksichtigen.[357)]

(7) In Arbeitsstätten, in denen Beschäftigte mehrerer Arbeitgeber tätig werden, haben sich diese Arbeitgeber bei der Festlegung von Maßnahmen zur Vermeidung gegenseitiger Gefährdungen der Beschäftigten abzustimmen (z. B. auf Baustellen, Bürogemeinschaften).[358)]

(8) Für Telearbeitsplätze gilt nur der Anhang Nummer 6 „Maßnahmen zur Gestaltung von Bildschirmarbeitsplätzen" der ArbStättV soweit der Arbeitsplatz von dem im Betrieb abweicht.[359)]

---

357) Die Einbeziehung der nicht zum Stammpersonal zählenden Personengruppen ist von besonderer Wichtigkeit, insbesondere wenn bei den zu erfüllenden Anforderungen von der höchstmöglichen Zahl der in einer Arbeitsstätte anwesenden Personen auszugehen ist, wie dies z. B. bei der Anzahl, der Anordnung und der Abmessung von Fluchtwegen und Notausgängen (Anh. Nr. 2.3) und der Lüftung (Anh. Nr. 3.6) der Fall ist.

358) Dies entspricht der grundlegenden Verpflichtung zur Zusammenarbeit mehrerer Arbeitgeber in § 8 ArbSchG. Für die besonderen Bedingungen bezüglich der Koordination auf Baustellen sind zusätzlich die einschlägigen Forderungen der Verordnung über Sicherheit und Gesundheitsschutz auf Baustellen (BaustellV) zu erfüllen. Konkretisierungen enthalten die Regeln zum Arbeitsschutz auf Baustellen (RAB), veröffentlicht auf den Internetseiten der BAuA.

359) Zu beachten ist, dass der Anwendungsbereich für die Telearbeit so formuliert ist, dass für Telearbeitsplätze nur die speziellen Anforderungen aus Anh. Nr. 6 für „Maßnahmen zur Gestaltung von Bildschirmarbeitsplätzen" sowie § 3 „Gefährdungsbeurteilung" (für die „erstmalige Beurteilung der Arbeitsbedingungen und des Arbeitsplatzes") und § 6 „Unterweisung der Beschäftigten" gelten. Diese Unterweisung muss dem Beschäftigten in einer verständlichen Form und Sprache ausreichende und angemessene Informationen zur Verfügung stellen
- über alle gesundheits- und sicherheitsrelevanten Fragen im Zusammenhang mit ihrer Tätigkeit,
- über Maßnahmen, die zur Gewährleistung der Sicherheit und zum Schutz der Gesundheit der Beschäftigten durchgeführt werden müssen und
- über arbeitsplatzspezifische Maßnahmen bei Tätigkeiten an Bildschirmgeräten. Die Unterweisung ist vor der Aufnahme der Tätigkeit vorzunehmen und jährlich zu wiederholen.

Die in § 1 Abs. 3 Satz 1 ArbStättV formulierte Bedingung, wonach § 6 und Anh. Nr. 6 nur gelten „soweit der Arbeitsplatz von dem im Betrieb abweicht", dürfte in der Praxis weitgehend ins Leere laufen. Dies resultiert aus dem Umstand, dass eine Nichtabweichung des fest eingerichteten Bildschirmarbeitsplatzes im häuslichen Bereich von dem im Betrieb aufgrund der spezifischen Bedingungen z. B. bezüglich der Arbeitsplatzabmessungen, der Beleuchtung mit Tageslicht und mit künstlichem Licht, der Regulierung von Sonnenlichteinfall etc. regelmäßig nicht zutreffend sein dürfte. Für den seltenen Fall, dass keine Abweichung vorliegt, gelten § 6 und Anh. 6 jedoch unverändert für den betrieblichen Arbeitsplatz und damit indirekt in gleicher Weise für den Telearbeitsplatz.

5.2 Ermitteln von Gefährdungen

(1) Ziel der Ermittlung ist die systematische Identifizierung von möglichen Gefährdungen, deren Quellen und gefahrbringenden Bedingungen.

(2) Das Ermitteln beinhaltet die Erfassung des Planungs- oder Ist-Zustandes (z. B. durch Beobachten, Befragen, Messen, Berechnen oder Abschätzen) sowie die anschließende Benennung und Beschreibung der Gefährdungen.

5.2.1 Vorgehensweise beim Ermitteln von möglichen Gefährdungen

(1) Zur fachkundigen Ermittlung von möglichen Gefährdungen sind systematisch alle unter Punkt 5.1 „Vorbereiten" festgelegten Arbeitsbereiche, Tätigkeitsgruppen, Personengruppen sowie bereichsübergreifende Arbeitsaufgaben bezüglich der Gefährdungsfaktoren gemäß Punkt 5.2.2 und deren Wechselwirkungen (siehe Punkt 4.2) zu betrachten.

Bei der Ermittlung von möglichen Gefährdungen (siehe Definition, Punkt 3.2) werden keine bestimmten Anforderungen an das Ausmaß oder die Eintrittswahrscheinlichkeit eines Gesundheitsschadens oder einer gesundheitlichen Beeinträchtigung gestellt.

(2) Sofern es zur fachkundigen Informationsgewinnung erforderlich ist, sind die relevanten Quellen heranzuziehen, z. B.:
- das einschlägige Vorschriften- und Regelwerk, insbesondere die Technischen Regeln für Arbeitsstätten sowie weitere Technische Regeln[360),]
- branchenspezifische Regeln und Informationen sowie Gefährdungs- und Belastungskataloge insbesondere der Unfallversicherungsträger[361)],
- Herstellerinformationen (z. B. Bedienungsanleitungen, Gebrauchsanleitungen, Betriebsanleitungen),
- vorhandene Verfahrens-, Arbeits- und Betriebsanweisungen,
- Aufzeichnungen und Erkenntnisse über Unfälle, Erkrankungen, Behinderungen, Schadensfälle, kritische Situationen, Beinahe-Unfälle,
- Betriebsbegehungsprotokolle, Arbeitsschutzausschussprotokolle, dokumentierte Befragungsergebnisse, Prüfbücher, Unterlagen für Instandhaltung (z. B. gemäß BaustellV bzw. RAB 32 „Unterlage für spätere Arbeiten"),
- Baugenehmigungen und mitgeltende Unterlagen (z. B. Brandschutzkonzepte),
- behördliche Anordnungen,
- Berechnungsprognosen oder Protokolle durchgeführter Messungen (z. B. zu Lärm, Klima, Gefahrstoffen),

360) Gemeint sind die von pluralistisch besetzten Ausschüssen auf Grundlage einer rechtlichen Ermächtigung ermittelten und vom BMAS im GMBl. bekannt gemachten Technischen Regeln für Betriebssicherheit (TRBS), für Gefahrstoffe (TRGS), für biologische Arbeitsstoffe (TRBA) sowie die vom Ausschuss für Arbeitsmedizin erstellten Arbeitsmedizinischen Regeln (AMR) und die vom nicht mehr aktiven Ausschuss für Sicherheit und Gesundheitsschutz auf Baustellen (ASGB) seinerzeit erstellten Regeln zum Arbeitsschutz auf Baustellen (RAB). Hinzu kommen künftig die vom Ausschuss für Sicherheit und Gesundheit bei der Arbeit (ASGA) erarbeiteten und vom BMAS veröffentlichten Regeln.

361) Aufgrund einer Neuordnung des Vorschriften- und Regelwerks der Deutschen Gesetzlichen Unfallversicherung (DGUV) werden die Rubriken Vorschriften, Regeln, Informationen und Grundsätze unterschieden.

- Erfahrungswerte von vergleichbaren Arbeitsplätzen oder
- Angaben aus Datenbanken.

(3) Zur Ermittlung der Gefährdung beim Einrichten und Betreiben von Arbeitsstätten können z. B. folgende Methoden einzeln oder kombiniert angewandt werden:
- Prüfung von Planungsunterlagen, Bauzeichnungen und -plänen,
- Abschätzen von Messgrößen anhand von Technischen Unterlagen (z. B. Maschinenkennzahlen, Emissionskennzahlen),
- Durchführung von Modellrechnungen, Simulationen, Profilvergleichsverfahren u. ä.,
- Besichtigung der betrieblichen Gegebenheiten (z. B. mit Erfassung der Arbeitsorganisation, der Arbeitsabläufe, der Arbeitszeiten, der einzelnen Tätigkeiten, der Arbeitsmittel, Arbeitsverfahren, Arbeitsstoffe sowie des Arbeitsumfelds),
- Messungen zur Feststellung von räumlichen Gegebenheiten, Ermittlung von Konzentrationen, Temperaturen, Emissionen usw. oder
- Befragungen von Beschäftigten, Führungskräften und weiteren Arbeitsschutzakteuren.

5.2.2 Gefährdungsfaktoren

Beim Ermitteln von möglichen Gefährdungen sind insbesondere die im Anhang mit arbeitsstättenbezogenen Beispielen und Erläuterungen aufgeführten Gefährdungsfaktoren relevant.

5.3 Beurteilen von Gefährdungen

Um die Sicherheit und den Gesundheitsschutz der Beschäftigten bei der Arbeit zu gewährleisten und kontinuierlich zu verbessern, hat der Arbeitgeber die ermittelten Gefährdungen systematisch dahingehend zu beurteilen, ob Maßnahmen des Arbeitsschutzes erforderlich sind. Für das Beurteilen der Gefährdung im Hinblick auf das zu erreichende Schutzziel nach ArbStättV sind zunächst Beurteilungsmaßstäbe erforderlich, die in der Regel aus dem einschlägigen Vorschriften- und Regelwerk sowie aus der Fachliteratur abzuleiten sind (siehe Punkt 5.3.1 Absätze 1 bis 3).[362)]

Fehlen solche Beurteilungsmaßstäbe, müssen diese betrieblich vereinbart werden (siehe Punkt 5.3.1 Absatz 4).[363)]

Anhand dieser Beurteilungsmaßstäbe erfolgt danach das Beurteilen der Gefährdungen (siehe Punkt 5.3.2).

5.3.1 Ermittlung von Beurteilungsmaßstäben

Bei der Ermittlung bzw. Festlegung dieser Maßstäbe ist in folgender Reihenfolge vorzugehen:
1. Zunächst ist zu prüfen, ob die in der ArbStättV aufgeführten Schutzziele durch Technische Regeln für Arbeitsstätten konkretisiert werden.

---

362) Da Punkt 5.3.1 nur aus einem Absatz besteht, ist der Verweis fehlerhaft – richtig muss auf Abschn. 5.3.1 Ziffer 1 bis 3 verwiesen werden.

363) Da Punkt 5.3.1 nur aus einem Absatz besteht, ist der Verweis fehlerhaft – richtig muss auf Abschn. 5.3.1 Ziffer 4 verwiesen werden.

Sofern in den Technischen Regeln für Arbeitsstätten Anforderungen, Maße oder Werte vorhanden sind, bilden diese einen konkreten Maßstab für das Beurteilen der Gefährdung. Bei Einhaltung dieses konkreten Maßstabs und einer diesem Maßstab entsprechenden Maßnahmenumsetzung erlangt der Arbeitgeber nach § 3a Absatz 1 Satz 3 ArbStättV die Vermutungswirkung, dass die Anforderungen erfüllt sind.[364)]

2. Sofern in den Technischen Regeln für Arbeitsstätten keine Anforderungen, Maße oder Werte zu finden sind, ist zu prüfen, ob für die betrachtete Gefährdung andere gesicherte arbeitswissenschaftliche Erkenntnisse existieren, die insbesondere Angaben zu Grenz-, Schwellen- oder Richtwerten enthalten. Es kann sich dabei z. B. um Veröffentlichungen der Unfallversicherungsträger, der Bundesanstalt für Arbeitsschutz und Arbeitsmedizin (BAuA) oder des Länderausschusses für Arbeitsschutz und Sicherheitstechnik (LASI) handeln.
3. Fehlen gesicherte arbeitswissenschaftliche Erkenntnisse, insbesondere mit Angaben zu Grenz-, Schwellen- oder Richtwerten, so ist zu prüfen, ob zumindest arbeitswissenschaftliche Erkenntnisse mit qualitativen Maßstäben verfügbar sind, z. B. Forschungsberichte, wissenschaftliche Veröffentlichungen sowie einschlägige Normen.
4. Betriebliche Beurteilungsmaßstäbe sind vom Arbeitgeber eigenständig zu entwickeln und zu verwenden, wenn anhand der in den Nummern 1 bis 3 beschriebenen Vorgehensweise keine verwendbaren Beurteilungsmaßstäbe ermittelt werden können. Dabei sind insbesondere folgende Aspekte zu berücksichtigen:
   - Art, Ausmaß, Dauer und Häufigkeit einer Exposition,
   - gefahrbringende Bedingungen, durch die eine Gefährdung bei der Arbeit wirksam werden kann (z. B. Umgebungsbedingungen, Zeitdruck, Unordnung, Verschleiß),
   - durch Qualifikation und Unterrichtung oder Unterweisung erworbene Befähigung der Beschäftigten, eine Gefährdung rechtzeitig wahrzunehmen und einschätzen zu können.

5.3.2 Durchführung der Beurteilung

Der vorliegende Planungs- oder Ist-Zustand mit den ermittelten Gefährdungen wird anhand des gemäß Punkt 5.3.1 herangezogenen Beurteilungsmaßstabs beurteilt.

Beim Beurteilen der Gefährdungen sind insbesondere einzubeziehen:

- alle den Gefährdungen ausgesetzten Beschäftigten, einschließlich besonderer Personengruppen (siehe Punkt 5.1 Absatz 5),
- die Gefährdungen durch die Anwesenheit sonstiger Personen in der Arbeitsstätte (siehe Punkt 5.1 Absatz 6),
- alle Betriebszustände, neben dem Normalbetrieb z. B. auch Auf-, Um- und Abbau, Reinigung, Instandhaltung,

[364)] Die Vermutungswirkung kann der Arbeitgeber ausschließlich bei der Einhaltung der bekannt gemachten Regeln erlangen. In den technischen Regeln lassen sich aber nicht alle betrieblichen Einzelfälle abbilden. Daher kann es notwendig sein, für die spezifischen betrieblichen Zustände auf anderem Wege einen geeigneten Beurteilungsmaßstab zu finden. Hierbei hat die betriebliche Interessenvertretung das Recht der Mitbestimmung. Wird der Beurteilungsmaßstab nach den Ziffern 2 bis 4 ermittelt, obliegt dem Arbeitgeber die Nachweispflicht, dass eine gleiche Sicherheit und ein gleicher Gesundheitsschutz erreicht werden. Dies ist in der Dokumentation der Gefährdungsbeurteilung entsprechend darzustellen.

- die Erkennbarkeit und Vermeidbarkeit einer Gesundheitsgefährdung
  Wichtige Merkmale sind insbesondere:
  - unmittelbare oder nur mittelbare (z. B. durch Messinstrumente oder Warneinrichtungen) Wahrnehmbarkeit der Gefährdung,
  - beaufsichtigter oder unbeaufsichtigter Betrieb,
  - schnelles oder langsames Auftreten der Gefährdung (z. B. Schnelllauftore),
  - technisch oder organisatorisch bedingte Einschränkungen, sich der Gefährdung entziehen zu können (z. B. Behinderung durch persönliche Schutzausrüstung (PSA), Zwangsverriegelung von Schutztüren).
- Wechselwirkungen

Die Gefährdungsfaktoren sind sowohl einzeln als auch im Zusammenhang zu beurteilen.

5.3.3 Ergebnis der Beurteilung der Gefährdungen

(1) Folgende Beurteilungsergebnisse sind möglich:

1. Maßnahmen sind erforderlich:
   - Das Ergebnis der Beurteilung erfordert unverzüglich Maßnahmen.
     Es besteht eine unmittelbare Gefahr für die Gesundheit, z. B. Absturz an ungesicherten Absturzkanten.[365] Es müssen unverzüglich[366] geeignete Maßnahmen zur Beseitigung bzw. Reduzierung der Gefährdung ergriffen werden.
   - Das Ergebnis der Beurteilung erfordert Maßnahmen.
     Es besteht eine Gesundheitsgefährdung, z. B. durch unzureichende Lüftung, Raumtemperatur, Beleuchtung. Geeignete Maßnahmen zur Beseitigung bzw. Reduzierung der Gefährdung müssen ergriffen werden.[367]
2. Der unter Punkt 5.3.1 ermittelte Beurteilungsmaßstab ist eingehalten.

(2) Eine Verbesserung von Sicherheit und Gesundheitsschutz ist anzustreben (vgl. ArbSchG), z. B. Installation einer Strahlungsheizung statt Konvektionsheizung in Werkstätten, Verbesserung der Bürogestaltung.

---

[365] Beim Vorliegen einer besonderen, weil unmittelbaren und erheblichen Gefahr greift auch die Pflicht des Arbeitgebers nach § 9 ArbSchG. Danach hat der Arbeitgeber Vorkehrungen zu treffen, dass alle Beschäftigten, die einer unmittelbaren erheblichen Gefahr ausgesetzt sind oder sein können, möglichst frühzeitig über diese Gefahr und die getroffenen oder zu treffenden Schutzmaßnahmen unterrichtet sind. Bei unmittelbarer erheblicher Gefahr für die eigene Sicherheit oder die Sicherheit anderer Personen müssen die Beschäftigten die geeigneten Maßnahmen zur Gefahrenabwehr und Schadensbegrenzung selbst treffen können, wenn der zuständige Vorgesetzte nicht erreichbar ist; dabei sind die Kenntnisse der Beschäftigten und die vorhandenen technischen Mittel zu berücksichtigen. Den Beschäftigten dürfen aus ihrem Handeln keine Nachteile entstehen, es sei denn, sie haben vorsätzlich oder grob fahrlässig ungeeignete Maßnahmen getroffen. Weiterhin hat der Arbeitgeber Maßnahmen zu treffen, die es den Beschäftigten bei unmittelbarer erheblicher Gefahr ermöglichen, sich durch sofortiges Verlassen der Arbeitsplätze in Sicherheit zu bringen. Den Beschäftigten dürfen hierdurch keine Nachteile entstehen. Hält die unmittelbare erhebliche Gefahr an, darf der Arbeitgeber die Beschäftigten nur in besonders begründeten Ausnahmefällen auffordern, ihre Tätigkeit wieder aufzunehmen.

[366] Im Sinn des Zivilrechts bedeutet unverzüglich nicht „sofort", sondern „ohne schuldhaftes Zögern" (§ 121 BGB). Dies belässt dem Arbeitgeber eine gewisse Überlegungsfrist.

[367] Auch wenn in diesem Fall keine konkrete Fristsetzung erfolgt, bedeutet dies nicht, dass der Arbeitgeber beliebig Zeit für die Umsetzung von Maßnahmen hat. Vielmehr ist er verpflichtet, die Maßnahmen so bald als möglich einzuleiten. Wenn aber hierfür z. B. eine entsprechende technische Ausrüstung erst bestellt und geliefert werden muss, sind ggf. in der Zwischenzeit Ersatzmaßnahmen, z. B. in der Form persönlicher Schutzausrüstung, festzulegen.

5.4 Festlegen von Maßnahmen

5.4.1 Allgemeine Grundsätze für die Festlegung von Maßnahmen

(1) Die beim Beurteilen der Gefährdungen gewonnenen Erkenntnisse bilden die Basis für das Festlegen der erforderlichen Maßnahmen des Arbeitsschutzes.

(2) Die Maßnahmen müssen dem Stand der Technik, Arbeitsmedizin und Hygiene sowie den Anforderungen der Ergonomie entsprechen und insbesondere sind die vom Bundesministerium für Arbeit und Soziales nach § 7 Absatz 4 ArbStättV bekannt gemachten Regeln und Erkenntnisse zu berücksichtigen. Gesicherte arbeitswissenschaftliche Erkenntnisse sind zu berücksichtigen. Die Maßnahmen müssen geeignet sein, die ermittelten Gefährdungen zu beseitigen bzw. soweit zu reduzieren, dass das Schutzziel erreicht wird.

(3) Werden die in den Technischen Regeln für Arbeitsstätten genannten Maßnahmen eingehalten, so ist davon auszugehen, dass die Schutzziele der ArbStättV erreicht werden. Es gilt die Vermutungswirkung.

(4) Weicht der Arbeitgeber von den in den Technischen Regeln genannten Maßnahmen ab oder fehlen diese, muss er durch andere Maßnahmen die gleiche Sicherheit und den gleichen Schutz der Gesundheit der Beschäftigten erreichen. Dies ist nach Punkt 5.7 zu dokumentieren.

(5) Die Unterweisung der Mitarbeiter hinsichtlich der möglicherweise verbleibenden Gefährdungen sowie ggf. der Auswirkung der festgelegten Maßnahme bzw. deren Umsetzung ist integraler Bestandteil der jeweiligen Maßnahme.

(6) Beim Festlegen von Maßnahmen sind die Zusammenhänge bzw. die Wechselwirkungen aus den resultierenden Gefährdungsfaktoren von Arbeitsstätte, Arbeitsplatz, Arbeitsmitteln, Arbeitsstoffen, Arbeitsorganisation und Arbeitsaufgabe zu berücksichtigen.

(7) Sollten sich bedingt durch Maßnahmen zur Beseitigung bzw. Reduzierung von Gefährdungen neue Gefährdungen für die Beschäftigten ergeben, sind auch diese in die Gefährdungsbeurteilung einzubeziehen (z. B. bei vorgesehener Installation einer Absauganlage die Beurteilung der neuen Geräuschquelle).

5.4.2 Maßnahmenhierarchie

(1) Bei der Auswahl der Maßnahmen hat der Arbeitgeber den im ArbSchG festgelegten Grundsatz der Vermeidung von Gefährdungen zu prüfen und wenn möglich umzusetzen (z. B. belastende Wärmequelle aus Arbeitsbereich entfernen).

(2) Soweit die Vermeidung von Gefährdungen gemäß Absatz 1 nicht möglich ist, muss beim Festlegen von Maßnahmen die folgende Maßnahmenhierarchie berücksichtigt werden (siehe Abb. 2).

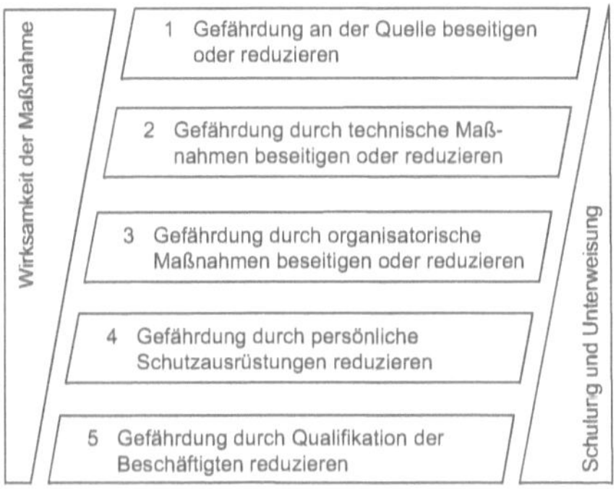

Abb. 2: Maßnahmenhierarchie

1. Zunächst ist zu prüfen, ob Gefährdungen an den Quellen zu beseitigen oder zu reduzieren sind (z. B. belastende Wärme unmittelbar abführen oder ein Gerät mit geringerer Wärmeentwicklung wählen).
2. Ist dies nicht möglich, ist zu prüfen, ob die Gefährdungen durch technische Maßnahmen zu beseitigen oder zu reduzieren sind (z. B. Klimatisierung der Arbeitsräume, Wärmeschutzschilde, Luftschleier).
3. Sind technische Maßnahmen nicht möglich, ist zu prüfen, ob die Gefährdungen durch organisatorische Maßnahmen zu beseitigen oder zu reduzieren sind (z. B. Änderung von Arbeitsabläufen, um die Aufenthaltsdauer im wärmebelasteten Arbeitsbereich zu vermeiden bzw. zu verringern, wie etwa durch Rotation von Mitarbeitern oder durch das Festlegen von Entwärmungsphasen in geeigneten Räumen).
4. Sind organisatorische Maßnahmen nicht möglich, ist zu prüfen, ob die Gefährdungen durch den Einsatz von persönlicher Schutzausrüstung zu vermeiden oder zu reduzieren sind (z. B. PSA gegen Absturz).
5. Sind die vorgenannten Maßnahmen nicht möglich, ist zu prüfen, ob die Schutzziele durch Qualifikation der Beschäftigten zu erreichen sind.

(3) Zur Erreichung des Schutzziels kann es erforderlich sein, Maßnahmen zu kombinieren. Dabei sind die Hierarchiestufen zu beachten.

(4) Im Einzelfall können Maßnahmen aus einer niedrigeren Hierarchiestufe eine gleichwertige Schutzwirkung erreichen (z. B. regelmäßige Unterbrechung der Tätigkeiten in durch Sommerhitze belasteten Räumen anstatt Klimatisierung).[368)]

[368)] Ausgeführt wird, dass die im ArbSchG vorgegebene Maßnahmenhierarchie nicht als absolut starr anzusehen ist. Eine differenzierte Handhabung kann je nach Gefährdungsart notwendig sein. Dies gilt aber immer nur für den Einzelfall. Im aufgeführten Beispiel geht es um die Wirkung der Maßnahme bezüglich der Reaktion des menschlichen Körpers. Bei hohen Temperaturen muss es darum gehen, die Körperkerntemperatur zu reduzieren. Dies kann technisch durch eine raumlufttechnische Anlage zur Klimatisierung von Arbeitsräumen gelöst werden. Als in der Wirkung gleichwertig kann auch eine organisatorische Maßnahme, nämlich eine regelmäßige Unterbrechung der Tätigkeit, umgesetzt werden. Dies ist eine organisatorische und keine verhaltensbezogene Maßnahme, weil durch die zeitliche Gliederung der Arbeitsorganisation die Gefährdung (= hohe Körperkerntemperatur) reduziert wird.

5.5 Umsetzen von Maßnahmen

(1) Die festgelegten Maßnahmen sind entsprechend Punkt 5.3.3 zu priorisieren und umzusetzen.

(2) Wurde eine Entscheidung für eine Maßnahme getroffen, sind die hieraus resultierenden Umsetzungsschritte zu konkretisieren.

Hinweis:

Falls erforderlich, ist für umfangreichere Maßnahmen eine Ablaufplanung zu erstellen, in der z. B. Zeitziele, Übergangsmaßnahmen, festgelegte Termine, Verantwortliche und andere Beteiligte genannt werden.

5.6 Überprüfen der Wirksamkeit der Maßnahmen

(1) Die Umsetzung und Wirksamkeit der festgelegten Maßnahmen sind zu überprüfen. Dabei ist festzustellen, ob die Maßnahmen vollständig umgesetzt wurden und dazu geführt haben, die Gefährdungen zu beseitigen bzw. hinreichend zu reduzieren, und ob gegebenenfalls neue Gefährdungen entstanden sind. Die Prüfung kann z. B. durch Beobachten, Messen oder Befragen (siehe Punkt 5.2) erfolgen.

(2) Sollten weitere oder andere Maßnahmen erforderlich sein, weil z. B. trotz der Umsetzung der festgelegten Maßnahmen Schutzziele nicht erreicht werden, dann sind die vorherigen Teilschritte entsprechend Abbildung 1 (siehe Punkt 5) zu wiederholen.

5.7 Dokumentation

5.7.1 Grundsätze der Dokumentation

(1) Die Dokumentation gemäß § 3 Absatz 3 ArbStättV ist Bestandteil der Unterlagen nach § 6 ArbSchG. Sie muss vor Aufnahme der Tätigkeiten vorliegen.

(2) Die Dokumentation dient mit als Grundlage für die Planung und Gestaltung der betrieblichen Prozesse, z. B. für Neu- und Umbauten, Unterweisungen, Betriebsanweisungen. Sie erleichtert es, Verantwortliche und Termine in Hinblick auf Maßnahmen des Arbeitsschutzes nachvollziehbar festzuhalten.

(3) Sie ist die Basis für die Arbeit der betrieblichen Akteure im Arbeitsschutz (insbesondere Arbeitgeber, verantwortliche Personen nach § 13 ArbSchG (z. B. Führungskräfte), Betriebs- und Personalräte, Fachkräfte für Arbeitssicherheit, Betriebsärzte und Sicherheitsbeauftragte) sowie des Arbeitsschutzausschusses.

(4) Die Dokumentation erfolgt schriftlich und kann als Papierdokument oder in elektronischer Form vorliegen. Sie muss in einer verbindlichen Version verfügbar sein.

(5) Werden Hilfen zur Dokumentation der Gefährdungsbeurteilung, z. B. der Unfallversicherungsträger, verwendet, sind sie an die betrieblichen Bedingungen anzupassen. Insbesondere ist sicherzustellen, dass alle Betriebsteile und Tätigkeiten (ggf. auch unterschiedliche Betriebszustände, z. B. Instandhaltung) erfasst werden.[369)]

---

369) Mit dieser Forderung wird zum Ausdruck gebracht, dass die Gefährdungsbeurteilung einschließlich der Dokumentation immer auf die vor Ort in einer Arbeitsstätte tatsächlich vorliegenden Bedingungen ausgerichtet sein muss. Das Ausfüllen vorgefertigter Checklisten erfüllt diesen Anspruch in der Regel nicht.

(6) Der Umfang der Dokumentation richtet sich z. B. nach der Betriebsgröße, Betriebsstruktur oder Art und Ausmaß der Gefährdungen. Insbesondere
- in kleinen Betrieben, bei überschaubaren Strukturen oder bei geringen Gefährdungen kann die Dokumentation gemäß Punkt 5.7.2 ausreichen.
- bei komplexeren Situationen und hohem Gefährdungspotential müssen der Dokumentation erforderlichenfalls weitere Unterlagen zugeordnet werden (siehe Punkt 5.7.3).

Hinweis:

Die Dokumentation kann die Grundlage für die erforderliche Abstimmung sein, z. B.:
- *bei Zusammenarbeit von Beschäftigten mehrerer Arbeitgeber in einer Arbeitsstätte,*
- *bei gemeinsamer Nutzung einer Arbeitsstätte durch mehrere Arbeitgeber,*
- *zur Information weiterer in der Arbeitsstätte anwesender Personen.*

5.7.2 Mindestanforderungen

(1) Die Dokumentation muss mindestens Folgendes enthalten:
- die jeweilige Bezeichnung der erfassten Arbeitsplätze, Arbeitsbereiche und Tätigkeiten sowie ggf. der zusammengefassten gleichartigen Arbeitsplätze oder Tätigkeiten,
- die jeweils festgestellten Gefährdungen,
- die Ergebnisse der Beurteilung der festgestellten Gefährdungen,
- die bezogen auf die festgestellten Gefährdungen jeweils festgelegten Maßnahmen (inklusive Umsetzung siehe Punkt 5.5 Absatz 2) sowie
- das Ergebnis der Wirksamkeitsüberprüfung.

(2) Aus den im Rahmen der Gefährdungsbeurteilung erstellten bzw. aus den mitgeltenden Unterlagen (z. B. Organigramme, Dienstverteilungspläne, Pflichtenübertragung) müssen die für die Durchführung der Gefährdungsbeurteilung und die Wirksamkeitskontrolle Verantwortlichen sowie das Datum der Erstellung bzw. der Aktualisierung hervorgehen.

5.7.3 Weitere Unterlagen

Um die erforderliche Plausibilität und Aussagefähigkeit der Dokumentation zu erreichen, kann es erforderlich sein, weitere, im Verlaufe der Gefährdungsbeurteilung verwendete oder erstellte Unterlagen der Dokumentation beizufügen oder auf diese Unterlagen zu verweisen. Solche Unterlagen können z. B. sein:
- die für umfangreichere Maßnahmen erstellte Ablaufplanung (siehe Punkt 5.5),
- Ausführungen, auf welche betriebliche Situation (z. B. Einrichten, Normalbetrieb, Instandhaltung, Reinigung) sich die Gefährdungen beziehen,
- die für die Ergebnisse der einzelnen Prozessschritte relevanten Unterlagen (z. B. Messprotokolle, Erkenntnisse aus Gesundheitsberichten, Unfallberichte),
- die verwendeten Beurteilungsmaßstäbe (siehe Punkt 5.3.1),
- Dokumente, aus denen die Entscheidungsfindung hervorgeht, wenn z. B. konkurrierende Schutzziele oder Maßnahmen abgewogen wurden,
- Angabe der Personen, die an der Gefährdungsbeurteilung beteiligt waren.

Hinweise:

1. *Hinsichtlich der Beteiligungsrechte der betrieblichen Interessenvertretung gelten die Bestimmungen des Betriebsverfassungsgesetzes bzw. der jeweiligen Personalvertretungsgesetze.*
2. *Der Arbeitgeber hat sicherzustellen, dass Betriebsärzte und Fachkräfte für Arbeitssicherheit zur Erfüllung ihrer Aufgaben nach den Bestimmungen des Arbeitssicherheitsgesetzes auf die Dokumentation zugreifen können.*

5.8 Fortschreiben

Die Gefährdungsbeurteilung ist kontinuierlich zu überprüfen und zu aktualisieren. Dazu sind insbesondere die in Punkt 4 Absatz 4 aufgeführten Grundsätze und Anlässe zu berücksichtigen.

6 Abweichende/ergänzende Anforderungen für Baustellen

(1) Auf Baustellen ist ergänzend zu Punkt 5.1 Absatz 7 der Sicherheits- und Gesundheitsschutzplan nach § 3 Absatz 2 Nummer 2 Baustellenverordnung in der Planungsphase zu berücksichtigen.

(2) Auf Baustellen kann ergänzend zu Punkt 5.7.3 der Sicherheits- und Gesundheitsschutzplan nach § 3 Absatz 3 Nummer 3 Baustellenverordnung für die Ausführungsphase eine weitere Unterlage der Dokumentation der Gefährdungsbeurteilung sein.[370)]

Ausgewählte Literaturhinweise

- GDA – Gemeinsame Deutsche Arbeitsschutzstrategie: Leitlinie Gefährdungsbeurteilung und Dokumentation (http://www.gda-portal.de)
- Informationsportal der BAuA zur Gefährdungsbeurteilung: (http://www.gefaehrdungsbeurteilung.de)

[370)] Anforderungen an Inhalt und Form eines Sicherheits- und Gesundheitsschutzplans gem. der Verordnung über Sicherheit und Gesundheitsschutz auf Baustellen (BaustellV) enthält die Regel zum Arbeitsschutz auf Baustellen (RAB) 31 „Sicherheits- und Gesundheitsschutzplan – SiGePlan“, Ausg. 2003-11.

Anhang

Erläuterungen mit Beispielen zu den Gefährdungsfaktoren

Bei der Gefährdungsbeurteilung im Sinne der ArbStättV und dieser ASR ist insbesondere das Auftreten folgender Gefährdungen zu prüfen.

1 Mechanische Gefährdungen

Mechanische Gefährdungen können z. B. sein:

- Sturz- und Stolperstellen (z. B. durch die Beschaffenheit des Fußbodens, des Bodenbelags, der Auftrittsfläche; durch Steigungen oder Gefälle in Verkehrswegen; Feuchtigkeitsanfall, Verschmutzungen, witterungsbedingte Glätte),[371)]
- Absturzstellen (z. B. an höher gelegenen Arbeitsplätzen und Verkehrswegen – auch bei Reinigung oder Instandhaltung – einschließlich Rampen, Treppen und Steigleitern; Hindurchbrechen beim Betreten von Dächern, Decken, Oberlichtern; in Bereichen, die an Wasserflächen, Becken o. ä. angrenzen),[372)]
- bewegte Transportmittel/Arbeitsmittel (z. B. durch die Beschaffenheit der Verkehrswege und der Kreuzungsbereiche (Abmessungen, Oberflächen, Beleuchtung, Einsehbarkeit); bei gemeinsamer Nutzung von Verkehrswegen durch Fußgänger und Fahrzeuge),[373)]
- Quetsch- und Scherstellen (z. B. an kraftbetriebenen Fenstern, Türen und Toren; an kraftbetriebenen Regalen, Fahrtreppen und -steigen),[374)]
- herabfallende Gegenstände (z. B. aufgrund der Anordnung von Lagerflächen oberhalb von Arbeitsplätzen und Verkehrswegen),[375)]
- gefährliche Oberflächen (z. B. Ecken, Kanten, raue Oberflächen von Gebäuden/Bauteilen; Schneiden an feststehenden oder beweglichen Bauteilen).[376)]

2 Elektrische Gefährdungen

Elektrische Gefährdungen können z. B. sein:

- elektrischer Schlag oder Störlichtbögen bei Annäherung an oder bei direkter Berührung von Spannung führenden Teilen elektrischer Anlagen (z. B. Freileitungen, Fahrdrähte, Sammelschienen). In Bezug auf Arbeitsstätten kann dies vorkommen z. B. bei Arbeiten

---

371) Beispiele für Schutzmaßnahmen enthalten die ASR A1.5 „Fußböden" (s. S. 202 ff.) und die ASR A1.8 „Verkehrswege" (s. S. 256 ff.).

372) Beispiele für Schutzmaßnahmen enthalten die ASR A1.8 „Verkehrswege" (s. S. 256 ff.) und die ASR A2.1 „Schutz vor Absturz und herabfallenden Gegenständen, Betreten von Gefahrenbereichen" (s. S. 291 ff.).

373) Beispiele für Schutzmaßnahmen enthalten die ASR A1.8 „Verkehrswege" (s. S. 256 ff.) und die ASR A1.5 „Fußböden" (s. S. 202 ff.).

374) Beispiele für Schutzmaßnahmen enthalten die ASR A1.6 „Fenster, Oberlichter, lichtdurchlässige Wände" (s. S. 226 ff.), die ASR A1.7 „Türen und Tore" (s. S. 241 ff.) und die ASR A1.8 „Verkehrswege" (s. S. 256 ff.).

375) Beispiele für Schutzmaßnahmen enthält die ASR A2.1 „Schutz vor Absturz und herabfallenden Gegenständen, Betreten von Gefahrenbereichen" (s. S. 291 ff.).

376) Allgemeine Hinweise zum Schutz vor mechanischen Gefährdungen enthält die TRBS 2111 Mechanische Gefährdungen – Allgemeine Anforderungen, Ausg. April 2015 (GMBl. 2015 S. 468 [Nr. 24], Änderungen und Ergänzungen: GMBl. 2019 S. 21 [Nr. 2/3], Änderung: GMBl. 2020 S. 322 [Nr. 17]).

an elektrischen Anlagen, der Beladung von Eisenbahnwaggons, Arbeiten auf Baustellen im Hoch- bzw. Tiefbau oder bei Arbeiten in Umspannwerken.[377) 378)]

3 Gefahrstoffe

Gefährdungen durch Gefahrstoffe im Sinne der ArbStättV können z. B. sein:

- Innenraumluftverunreinigungen durch einen schadstoffbelasteten Baukörper bzw. schadstoffbelastete Baumaterialien, raumlufttechnische Anlagen oder Einrichtungsgegenstände, z. B. Formaldehyd oder andere Aldehyde, Holzschutzmittel, Flammschutzmittel, Fasern, Biozide, Weichmacher, organische Lösemittel (VOC), Passivrauchen am Arbeitsplatz,[379)]
- Verdrängung der Atemluft, z. B. in Bereichen mit sauerstoffreduzierter Atmosphäre, beim Einsatz von Sauerstoff verdrängenden Gasen als Löschmittel.[380)]

4 Biologische Arbeitsstoffe (Biostoffe)

Biologische Gefährdungen im Sinne der ArbStättV durch Verunreinigungen und Ablagerungen können z. B. sein:

377) Anforderungen zur sicheren Auswahl, zur Installation und zum Betrieb von Energieverteilungsanlagen enthält Anh. Nr. 1.4 ArbStättV. In Anh. Nr. 1.4 Satz 1 wird gefordert, dass die Energieversorgungsanlagen und ihre Anlagenteile in der Arbeitsstätte so zu betreiben sind, dass Unfälle durch unmittelbare oder mittelbare Berührung spannungsführender Teile ausgeschlossen sind. Damit wird der sichere Betrieb elektrischer Energieversorgungsanlagen als das wesentliche Schutzziel besonders hervorgehoben. Ähnlich ist die Forderung zu sehen, dass von den Anlagen keine Gefährdung der Beschäftigten durch einen Brand oder eine Explosion ausgehen darf. Eine Explosion kann z. B. in einer explosionsfähigen Atmosphäre durch elektrische Funkenbildung ausgelöst werden. Andererseits kann ein Brand oder eine Explosion auch durch eine unsachgemäß betriebene Feuerung einer Energieerzeugungsanlage verursacht werden. Das Schutzziel betrifft sowohl die Beschäftigten als auch die Arbeitsstätte einschließlich aller Anlagen und Einrichtungen. Bisher ist hierzu vom ASTA noch keine konkretisierende ASR erstellt worden.

378) Elektrische Anlagen, ein Zusammenschluss elektrischer Betriebsmittel, werden im Hinblick auf deren Errichtung, Änderung, Instandhaltung und die Festlegung regelmäßiger Prüfungen in der DGUV Vorschrift 3 Elektrische Anlagen und Betriebsmittel, Ausg. 1997-01, geregelt. Hier finden sich auch die Schutzanforderungen bei notwendigen Arbeiten an oder in der Nähe von aktiven Teilen. Als mögliche Gefährdungen werden beispielhaft gefährliche Berührungsspannungen (unmittelbare Gefährdung) sowie Strahlung und Explosion (mittelbare Gefährdung) aufgeführt. Es wird richtig darauf hingewiesen, dass die Sicherheit elektrischer Anlagen durch Umgebungseinwirkungen, wie Feuchtigkeit, Staub, mechanische Beanspruchung, nachteilig beeinflusst werden kann. Als Schutzvorkehrungen hiergegen werden die Wahl der Schutzart, der Isolationsklasse, der Kriech- und Luftstrecken und gegen das direkte Berühren das Abdecken oder Abschranken einschließlich der Sicherheitskennzeichnung genannt.

379) Zu möglichen Schutzmaßnahmen wird auf die ASR A3.6 „Lüftung" (s. S. 432 ff.) verwiesen. (Ausführlicher zu Ursachen für und Maßnahmen gegen Verunreinigungen der Innenraumluft und zum Schutz vor Passivrauchen siehe Opfermann/Streit, Loseblattwerk mit Kommentar, 3. Aufl., Landsberg 2025 unter OZ 3100).

380) Neben den genannten Beispielen sind hier auch Arbeitsplätze und Verkehrswege unter Tage, in Bohrungen oder Rohrleitungen aufzuführen. Nach der DGUV Regel 101-604 Branche Tiefbau, Ausg. 2023-12 Abschnitt 3.7.4 Gesteuerte Horizontalbohrverfahren und unbemannte Rohrvortriebsarbeiten sowie Abschnitt 3.8 Bauarbeiten unter Tage muss z. B. an jeder Arbeitsstelle ein Sauerstoffgehalt von mindestens 19 Vol.% vorhanden sein. In Arbeitsumgebungen mit begrenzter natürlicher Belüftung, z.B. in tiefen Schächten, erfolgt die Überwachung mit einem Sauerstoffmessgerät.

- Schimmelpilz-Wachstum in Räumen,[381)]
- Verkeimung in raumlufttechnischen Anlagen oder Klimaanlagen,[382)]
- Hygieneaspekte in Arbeits- oder Sanitärräumen,[383)]
- Legionellen-Vermehrung in Trinkwasseranlagen (Aerosolbildung).

5 Brand- und Explosionsgefährdungen[384)]

Brand- und Explosionsgefährdungen können z. B. sein:

- leicht entflammbare Materialien (z. B. Verpackungen, Dekorationsmaterialien, Vorhänge) in Verbindung mit einer wirksamen Zündquelle (z. B. offene Flammen, heiße Oberflächen, Funkenschlag),
- Ansammlung brennbarer Rückstände (z. B. Fette, Stäube) in lüftungstechnischen Anlagen,
- sichtbare Ablagerungen von brennbarem Staub auf Böden und Arbeitsgeräten.

6 Thermische Gefährdungen[385)]

Thermische Gefährdungen können z. B. sein:

- berührbare heiße oder kalte Oberflächen (z. B. von heißen/kalten Rohrleitungen, Heizeinrichtungen an Arbeitsplätzen oder direkt an Verkehrswegen und Durchgängen),
- heiße oder kalte Medien (z. B. Heißdampf, heiße oder kalte Flüssigkeiten), die aus zur Arbeitsstätte gehörenden Anlagen austreten und in Arbeitsbereiche und Verkehrswege gelangen können.

---

381) Hohe Luftfeuchten an Raumbegrenzungsflächen können zur Befeuchtung von Bauteilen und zur Schimmelbildung führen. Ursache können baukonstruktive Mängel sein. Zu möglichen Maßnahmen siehe ASR A3.6 „Lüftung" (s. S. 432 ff.).

382) Raumlufttechnische Anlagen müssen regelmäßig sachgerecht gewartet und geprüft werden. Auf die Aussagen in Abschn. 6 der ASR A3.6 „Lüftung" (s. S. 440 ff.) wird verwiesen.

383) Verwiesen wird auf § 4 Abs. 2 ArbStättV, wonach der Arbeitgeber dafür sorgen muss, dass Arbeitsstätten den hygienischen Erfordernissen entsprechend gereinigt werden und Verunreinigungen sowie Ablagerungen, die zu Gefährdungen führen können, unverzüglich zu beseitigen sind. Spezifische Anforderungen zur Reinigung enthalten Abschn. 8 der ASR A1.5 „Fußböden" (s. S. 211 ff.), Abschn. 5 der ASR A1.6 „Fenster, Oberlichter, lichtdurchlässige Wände" (s. S. 235 ff.), die ASR A4.1 „Sanitärräume" (s. S. 479 ff.) sowie die ASR A4.4 „Unterkünfte" (s. S. 523 ff.).

384) Beispiele für Schutzmaßnahmen enthalten die ASR A2.2 „Maßnahmen gegen Brände" (s. S. 311 ff.) und die ASR A2.3 „Fluchtwege und Notausgänge" (s. S. 339 ff.). Liegen in einer Arbeitsstätte explosionsgefährdete Bereiche vor, sind die TRGS 720 Gefährliche explosionsfähige Gemische – Allgemeines, Ausg. 2020-07 sowie die dazugehörigen TRGS 721 Gefährliche explosionsfähige Gemische – Beurteilung der Explosionsgefährdung, Ausg. 2020-10, TRGS 722 Vermeidung oder Einschränkung gefährlicher explosionsfähiger Gemische, Ausg. 2021-02, TRGS 723 Gefährliche explosionsfähige Gemische – Vermeidung der Entzündung gefährlicher explosionsfähiger Gemische, Ausg. 2019-07 und TRGS 724 Gefährliche explosionsfähige Gemische – Maßnahmen des konstruktiven Explosionsschutzes, welche die Auswirkung einer Explosion auf ein unbedenkliches Maß beschränken, Ausg. 2019-07, für die Ableitung von Maßnahmen heranzuziehen.

385) Beschrieben werden thermische Gefährdungen (Verbrennungen, Erfrierungen) aufgrund von außen einwirkenden Bedingungen. Diese können z. B. auch in der Folge des Einwirkens von optischer Strahlung oder starker elektromagnetischer Felder auftreten. Thermische Gefährdungen durch Beanspruchungen in der Folge eines nicht gewährleisteten Behaglichkeitsklimas werden hingegen als Gefährdungen aus den Arbeitsumgebungsbedingungen unter Ziffer 8 betrachtet.

7 Gefährdungen durch spezielle physikalische Einwirkungen

Gefährdungen durch spezielle physikalische Einwirkungen können z. B. sein:

- Lärm und Vibrationen an Arbeitsplätzen bei entsprechenden baulichen Gegebenheiten (z. B. Raumabmessungen, Beschaffenheit von Wänden, Böden, Decken und weiteren Oberflächen, Raumakustik, Übertragung von Körperschall und Vibrationen durch den Baukörper),[386]
- natürliche optische Strahlung (Sonnenstrahlung) bei Arbeiten im Freien.[387]

8 Gefährdungen durch Arbeitsumgebungsbedingungen

Gefährdungen durch Arbeitsumgebungsbedingungen können z. B. sein:

- Hitze (hohe Temperaturen am Arbeitsplatz), z. B. aufgrund direkter Sonneneinstrahlung[388], hoher Außentemperaturen[389], technologisch bedingter Wärmequellen[390],

---

386) Lärm i. S. d. Verordnung zum Schutz der Beschäftigten vor Gefährdungen durch Lärm und Vibrationen (LärmVibrationsArbSchV) ist jeder Schall, der zu einer Beeinträchtigung des Hörvermögens oder zu einer sonstigen mittelbaren oder unmittelbaren Gefährdung von Sicherheit und Gesundheit der Beschäftigten führen kann. Vibrationen sind nach dieser Verordnung alle mechanischen Schwingungen, die durch Gegenstände auf den menschlichen Körper übertragen werden und zu einer mittelbaren oder unmittelbaren Gefährdung von Sicherheit und Gesundheit der Beschäftigten führen können. Zu beachten sind die hierzu vom Ausschuss für Betriebssicherheit erarbeiteten Technischen Regeln zur LärmVibrationsArbSchV TRLV Lärm, Ausg. 2017-08 und TRLV Vibration, Ausg. 2015-03. Für die nichtauralen Wirkungen des Lärms hat der Ausschuss für Arbeitsstätten die ASR A3.7 „Lärm" (s. S. 446 ff.) zur Konkretisierung des in Anh. Nr. 3.7 enthaltenen Minimierungsgebots erstellt.

387) Hierzu wird auf die Konkretisierungen in der ASR A5.1 verwiesen. Technische Schutzmaßnahmen zum Schutz vor Sonnenstrahlung können z. B. sein: Überdachungen für ständige Arbeitsplätze im Freien (wie z. B. Kassenarbeitsplätze auf Parkplätzen), UV-absorbierende Abdeckungen, Verwendung von Sonnenschirmen oder Sonnensegeln z. B. für Kindertagesstätten, Unterstellmöglichkeiten z. B. für Pausenzeiten. Organisatorische Schutzmaßnahmen können z. B. sein: Unterweisung der Beschäftigten über mögliche Gefahren durch die Sonnenstrahlung und über Schutzmaßnahmen, Expositionsdauer gegenüber Sonnenstrahlung nach Möglichkeit beschränken z. B. durch einen früheren Arbeitsbeginn, körperlich anstrengende Arbeiten in die weniger sonnenintensiven und damit auch kühleren Morgenstunden verlegen, weniger dringliche Arbeiten in eine kühlere Witterungsperiode verschieben, bei hohem UV-Index (> 6) und damit auch großer Hitze auf Überstunden verzichten, in den Mittagsstunden den Aufenthalt in der Sonne minimieren. Geeignete persönliche Schutzmaßnahmen sind z. B.: das Tragen von geeigneter körperbedeckender Kleidung und Kopfbedeckung (die Textilien sollten über einen ausreichenden UV-Schutz verfügen), die Benutzung von Sonnenschutzcremes mit einem geeigneten Lichtschutzfaktor (dabei soll auf eine sachgerechte Anwendung geachtet werden wie ein gleichmäßiger und ausreichend dicker Auftrag von 2 mg/cm^2; eine zu geringe Auftragungsmenge führt zu einer deutlichen Reduzierung des Lichtschutzfaktors auf bis zu einem Drittel), das Tragen einer Sonnenschutzbrille (Anforderungen an die Sonnenschutzfilter für den gewerblichen Bereich sind in der DIN EN 172:2002-02 Persönlicher Augenschutz – Sonnenschutzfilter für den betrieblichen Gebrauch festgelegt. (s. a. Forschungsprojekt „Schutzkomponenten zur Reduzierung solarer UV-Expositionen bei Arbeitnehmern im Freien" (F 2036) der BAuA).

388) Gem. Abschn. 4.3 der ASR A3.5 „Raumtemperatur" (s. S. 427 ff.) sind Fenster, Oberlichter und Glaswände mit geeigneten Sonnenschutzsystemen auszurüsten, wenn die durch diese Bauteile erfolgende Sonneneinstrahlung zu einer Erhöhung der Raumtemperatur über +26 °C führt. Zugleich lassen sich dort einer Tabelle Beispiele für gestalterische Maßnahmen für derartige Sonnenschutzsysteme entnehmen.

389) Zum Aspekt jahreszeitlich bedingter hoher Außentemperaturen enthält die ASR A3.5 „Raumtemperatur" (s. S. 423 ff.) in Abschn. 4.4 für Arbeitsräume ein gestuftes Maßnahmenkonzept für Außenlufttemperaturen über +26 °C und über +30 °C. Bei einer Überschreitung der Lufttemperatur von +35 °C sind Räume ohne Maßnahmen wie bei Hitzearbeit (technische Maßnahmen: z. B. Luftduschen, Wasserschleier, organisatorische Maßnahmen: z. B. Entwärmungsphasen oder persönliche Schutzausrüstungen: z. B. Hitzeschutzkleidung) nicht als Arbeitsraum geeignet.

- Kälte, z. B. bei Arbeiten in Kühlräumen oder in tiefkalten Arbeitsbereichen[391], bei Arbeiten im Freien,
- Klima, z. B. bei häufigem Tätigkeitswechsel oder starken Schwankungen der Raumtemperatur zwischen „warm" und „kalt", durch Zugluft[392],
- Luftqualität, z. B. bei hoher Belegung von Arbeitsräumen oder bei Geruchsbelastung,[393]
- Beleuchtung, z. B. aufgrund geringer Beleuchtungsstärke, starker Reflektion, Blendung, Lichtfarbe, Übergänge zwischen hellen und dunklen Bereichen, Schlagschatten, geringem Tageslichtanteil,[394]
- Anordnung und Gestaltung der Arbeitsplätze sowie der Pausen-, Bereitschafts- und Sanitärräume, z. B. deren Zugänglichkeit und Größe, Beeinflussung durch benachbarte Arbeitsplätze und Bereiche.[395]

---

390) Die ASR A3.5 „Raumtemperatur" enthält gem. Anwendungsbereich lediglich Hinweise für Arbeitsräume, bei denen das Raumklima durch die Betriebstechnik bzw. Technologie unvermeidbar beeinflusst wird. Hintergrund ist die in Anh. Nr. 3.5 ArbStättV enthaltene Schutzzielbestimmung, die die Forderung nach einer gesundheitlich zuträglichen Raumtemperatur auf Arbeitsräume beschränkt, in denen aus betriebstechnischer Sicht keine spezifischen Anforderungen an die Raumtemperatur gestellt werden. Für solche Arbeitsplätze sind daher entsprechend der Gefährdungsbeurteilung nach § 5 ArbSchG besondere Schutzmaßnahmen zu treffen. Hinweise zur Beurteilung des Raumklimas sowie mögliche Maßnahmen für technologisch bedingte wärmebelastete (können gegeben sein, wenn Lufttemperaturen über +26 °C und ggf. relative Luftfeuchten über 50 % generell oder über längere Zeiträume vorliegen) oder kältebelastete (bei Lufttemperaturen unterhalb von +10 °C) Räume können z. B. der DGUV Information 215-510 Beurteilung des Raumklimas, Ausg. 2016-12 entnommen werden. Weiterführende Erläuterungen s. Opfermann/Streit, Loseblattwerk mit Kommentar, 3. Aufl., Landsberg 2025 unter OZ 3100).

391) Für technologisch kältebelastete Arbeitsräume enthält Anh. Nr. 3.5 ArbStättV keine konkrete Schutzzielbestimmung. Für diese Arbeitsplätze sind daher entsprechend der Gefährdungsbeurteilung nach § 5 ArbSchG besondere Schutzmaßnahmen zu treffen. In der ASR A3.5 werden Hinweise zur Umsetzung von arbeitsplatzbezogenen technischen Maßnahmen (z. B. Wärmestrahlungsheizung, Heizmatten), organisatorischen Maßnahmen (z. B. Aufwärmzeiten) oder personenbezogenen Maßnahmen (z. B. geeignete Wärmeschutzkleidung) bei Nichterreichen der für Arbeitsräume in Anhängigkeit von der physischen Belastung erforderlichen Mindesttemperaturen gegeben. Einen Fragebogen zur Bestimmung der Kälterisiken und der Schutzmaßnahmen an Kältearbeitsplätzen in Innenräumen enthält DIN EN ISO 15743:2008-11 Ergonomie der thermischen Umgebung – Arbeitsplätze in der Kälte – Risikobewertung und Management. Siehe weiterhin auch DIN 33 403-5 Klima am Arbeitsplatz und in der Arbeitsumgebung – T. 5: Ergonomische Gestaltung von Kältearbeitsplätzen, Ausg. 1997-01.

392) Bei Zugerscheinungen infolge kalter Luft sind die Ursachen hierfür zu ermitteln und ggf. zu beseitigen. Beispielhafte Maßnahmen sind turbulenzarme Luftführung, Einstellung der Zuluftdurchlässe, Einstellung der Zu- und Abluftmengen, Einsatz von Blenden zum örtlichen Schutz vor Zugluft und die Anordnung des Arbeitsplatzes in Bereichen ohne Zugluft (s. a. DGUV Information 215-510 Beurteilung des Raumklimas, Ausg. 2016-12). Gesundheitlich problematisch sind Arbeiten mit abwechselndem Aufenthalt in warmen und kalten Bereichen. Dies trifft insbesondere für den Wechsel vom warmen in den kalten Bereich zu. Auch wenn der Aufenthalt im kalten Bereich nur kurzzeitig notwendig ist, sollte isolierende Bekleidung benutzt werden.

393) Beispiele für Schutzmaßnahmen (freie Lüftung, raumlufttechnische Anlagen) enthält die ASR A3.6 „Lüftung" (s. S. 432 ff.).

394) Anforderungen an die Beleuchtung mit Tageslicht sowie an die künstliche Beleuchtung von Arbeitsstätten und Arbeitsplätzen in Gebäuden und im Freien enthält die ASR A3.4 „Beleuchtung und Sichtverbindung" (s. S. 382 ff.).

395) Anforderungen an die Abmessungen der Räume und Bewegungsflächen sind in den ASR A1.2 „Raumabmessungen und Bewegungsflächen" (s. S. 153 ff.), ASR A4.1 „Sanitärräume" (s. S. 479 ff.), ASR A4.2 „Pausen- und Bereitschaftsräume" (s. S. 502 ff.), ASR A4.3 „Erste-Hilfe-Räume, Mittel und Einrichtungen zur Ersten Hilfe" (s. S. 512 ff.) und in der ASR A4.4 „Unterkünfte" (s. S. 523 ff.) enthalten.

In Gefahr- oder Notfällen können zusätzliche Gefährdungen entstehen z. B. durch:

- Anordnung und Beschaffenheit der Feuerlöscheinrichtungen[396)], der Melde- und Alarmierungseinrichtungen[397)], der Erste-Hilfe-Einrichtungen[398)] sowie der Sicherheits- und Gesundheitsschutzkennzeichnung[399)],
- Art und Anzahl der Fluchtmöglichkeiten, Länge, Breite und Verlauf der Fluchtwege[400)]; Beleuchtung und Kennzeichnung der Wege.[401)]

9 Gefährdungen durch physische Belastung/Arbeitsschwere

Physische Gefährdungen im Sinne der ArbStättV können z. B. sein:

- Zwangshaltungen (insbesondere durch Arbeiten im Hocken, im Knien, mit Rumpfbeugen, mit Verdrehen oder über Kopf)[402)],

---

396) Anforderungen an die Ausstattung mit und das Betreiben von Brandmelde- und Feuerlöscheinrichtungen in Arbeitsstätten sowie die damit verbundenen organisatorischen Maßnahmen sind der ASR A2.2 „Maßnahmen gegen Brände" (s. S. 311 ff.) zu entnehmen. Feuerlöscheinrichtungen im Sinne dieser Regel sind tragbare oder fahrbare Feuerlöscher, Wandhydranten und weitere handbetriebene Geräte zur Bekämpfung von Entstehungsbränden.

397) Nach Abschn. 5.1 der ASR A2.2 sind geeignete Maßnahmen zur Alarmierung von Personen z. B. der Einsatz von Brandmeldeanlagen mit Sprachalarmanlagen (SAA) oder akustische Signalgeber (z. B. Hupen, Sirenen), Hausalarmanlagen, Elektroakustische Notfallwarnsysteme (ENS), Optische Alarmierungsmittel, Telefonanlagen, Megaphone, Handsirenen, Zuruf durch Personen oder personenbezogene Warneinrichtungen. Technische Maßnahmen sind vorrangig umzusetzen.

398) Bezüglich der Anordnung und Beschaffenheit der Erste-Hilfe-Einrichtungen wird auf die ASR A4.3 „Erste-Hilfe-Räume, Mittel und Einrichtungen zur Ersten Hilfe" (s. S. 512 ff.) verwiesen.

399) Die Beschaffenheitsanforderungen für die Kennzeichnung enthält die ASR A1.3 „Sicherheits- und Gesundheitsschutzkennzeichnung" (s. S. 172 ff.). Nach § 3a ArbStättV in Verbindung mit Nr. 1.3 des Anhangs sind Sicherheits- und Gesundheitsschutzkennzeichnungen dann einzusetzen, wenn die Risiken für Sicherheit und Gesundheit anders nicht zu vermeiden oder ausreichend zu minimieren sind. Konkrete Aussagen zur Anordnung der Kennzeichnung enthalten u. a. Abschn. 8 und Abschn. 10 der ASR A2.3 „Fluchtwege und Notausgänge" (s. S. 364 ff.) sowie Abschn. 4.4 der ASR A1.8 „Verkehrswege" (s. S. 271 ff.).

400) Anforderungen an die Gestaltung der Fluchtwege und Notausgänge sind der ASR A2.3 „Fluchtwege und Notausgänge" (s. S. 339 ff.) zu entnehmen.

401) Verwiesen wird auf die ASR A1.8 „Verkehrswege" (s. S. 256 ff.) sowie auf die ASR A3.4 „Beleuchtung und Sichtverbindung" (s. S. 382 ff.).

402) Zwangshaltungen am Arbeitsplatz entstehen, wenn die Tätigkeit, das Arbeitsmittel oder die Gestaltung des Arbeitsplatzes den Menschen dazu zwingen, Körperhaltungen mit geringen Bewegungsmöglichkeiten über eine längere Zeit hinweg einzunehmen. Ursache für Zwangshaltungen können ungenügende Abmessungen von Arbeitsräumen und Arbeitsplätzen sein. Mit der Anpassung der Arbeitsplätze an die Körpermaße des Menschen werden natürliche Körperhaltungen und damit natürliche Bewegungsabläufe gewährleistet. Diesbezüglich enthält die ASR A1.2 „Raumabmessungen und Bewegungsflächen" (s. S. 153 ff.) konkrete Aussagen. Danach sind am Arbeitsplatz ausreichend große Bewegungsflächen als zusammenhängende unverstellte Bodenflächen vorzusehen, um den Beschäftigten bei ihrer Tätigkeit wechselnde Arbeitshaltungen sowie Ausgleichsbewegungen zu ermöglichen.
Nach § 3 ArbStättV muss der Arbeitgeber bei der Beurteilung der Arbeitsbedingungen die Auswirkungen der Arbeitsorganisation und der Gestaltung der Arbeitsabläufe berücksichtigen. Danach sind Arbeitsabläufe grundsätzlich so zu gestalten, dass Zwangshaltungen vermieden werden. Sind diese aus technologischer Sicht zur Ausübung der Tätigkeit unvermeidbar, wie das Arbeiten in starker Rumpfbeuge (z. B. bei Maurern oder Eisenflechtern), das Hocken, Knien oder Kriechen (z. B. bei Fußbodenlegearbeiten), das Arbeiten über Schulterniveau (z. B. beim Malern, Putzen, Montieren), muss der Arbeitgeber Maßnahmen einleiten, die die physische Belastung minimieren. Diese können z. B. der Einsatz von Hilfsmitteln (z. B. Montagestützen), eine angepasste Pausengestaltung, tätigkeitsbezogenes Training, Unterweisung oder individuelle Beratung der Beschäftigten im Rahmen der arbeitsmedizinischen Vorsorge umfassen.

- Sitzen oder Stehen ohne die Möglichkeit des Haltungswechsels (z. B. bei Bildschirmarbeit)[403) 404)],
- manuelle Transporte über Schwellen, Treppen oder Rampen.[405)]

10 Gefährdungen durch psychische Faktoren

Durch die Gestaltung der Arbeitsstätte bedingte psychische Gefährdungen können z. B. sein:

- Lärm, z. B. Maschinenlärm aus benachbarten Arbeitsbereichen, Signale aus benachbarten Bereichen, tonhaltige Geräusche der Lüftung,
- Klima, z. B. Zugluft, häufige Temperaturschwankungen,
- Vibrationen, z. B. aus benachbarten Maschinenhallen,
- schlechte Wahrnehmbarkeit von Signalen oder Anzeigen, z. B. in Leitwarten, Leitstellen,
- Beleuchtung, z. B. Lichtfarbe, Flimmern[406)],
- räumliche Gestaltung von Büroarbeitsplätzen, z. B. in Großraumbüros, Callcentern,
- die Arbeitsorganisation und Arbeitsablaufgestaltung[407)],

[403)] Der Länderausschuss für Arbeitsschutz und Sicherheitstechnik (LASI) hat zum Thema „Bewegungsergonomische Gestaltung von andauernder Steharbeit" eine Handlungsanleitung zur Beurteilung der Arbeitsbedingungen veröffentlicht (LV 50, LASI 2009-03). Diese Handlungshilfe zeigt auf, welche gesundheitlichen Risiken mit andauernder Steharbeit verbunden sind und welche Maßnahmen der menschengerechten Gestaltung der Arbeit zur Minimierung der Risiken erforderlich werden. Eine Tabelle zur Risikobeurteilung und ein Fragebogen zur Beurteilung der Arbeitsbedingungen stehen dem Arbeitgeber hiermit zur Verfügung. Die LV 50 wurde 2024 vom LASI zurückgezogen.

[404)] Um während der Arbeitstätigkeit natürliche Körperhaltungen und natürliche Bewegungsabläufe zu ermöglichen, ist eine Anpassung der Arbeitsplätze an die Körpermaße des Menschen und an die erforderlichen Arbeitsabläufe nötig. Kann die Arbeitstätigkeit sowohl im Sitzen als auch im Stehen ausgeübt werden, ist wechselnde (alternierende) Steh-Sitz-Arbeit ein sinnvoller Beitrag zur Prävention von Muskel- und Skeletterkrankungen: Im Stehen und im Sitzen werden dieselben Muskeln unterschiedlich stark beansprucht, sodass jeder Haltungswechsel zu einer dynamischen Beanspruchung der Muskulatur beiträgt. Bei Steharbeit sollte vor allem auf eine angemessene Arbeitsplattenhöhe sowie die Bereitstellung einer Stehhilfe geachtet werden. Bei Sitzarbeitsplätzen ist auch auf die Höhe, Breite und Tiefe des Beinfreiraums sowie geeignet gestaltete Sitzgelegenheiten zusammen mit eventuell erforderlichen Fußstützen zu achten.

[405)] Hinweise zu einer die Belastung reduzierenden Einrichtung von Verkehrswegen enthält die ASR A1.8 „Verkehrswege" (s. S. 256 ff.). Verkehrswege sind danach so einzurichten, dass die Belastung der Beschäftigten, die Lasten manuell transportieren, möglichst geringgehalten wird. Als Einflussfaktoren sind zu betrachten die Länge und Neigung des Transportweges, das Gesamtgewicht des manuell zu bewegenden Flurförderzeuges bzw. des Transportmittels, die Häufigkeit der Transporttätigkeit, die Beschaffenheit der Rollen und Lenkeinrichtungen und die Positioniergenauigkeit.

[406)] Psychische Belastung kann zur Gefährdung der physischen und psychischen Gesundheit führen, wenn die Belastung beeinträchtigende Effekte haben kann. Diese können beruhen auf der Gestaltung der Arbeitsumgebungsbedingungen, insbesondere der Wechselwirkung physischer und psychischer Belastung durch Lärm, Vibrationen, ungeeignete Arbeitsmittel, ungünstige Beleuchtung und ungünstige klimatische Bedingungen. Zu den mögliche psychische Fehlbelastungen auslösenden Arbeitsumgebungsbedingungen gehören ebenso die räumliche und akustische Gestaltung insbesondere von Büroarbeitsplätzen oder Arbeitsplätzen mit erhöhten Anforderungen an die Konzentration oder die Sprachverständlichkeit.

[407)] Psychische Fehlbelastungen können sich aus der Gestaltung der Arbeitsaufgabe ergeben, insbesondere durch unvollständige Tätigkeiten, unzureichende zeitliche oder inhaltliche Handlungsspielräume, einseitige Belastung (Monotonie) oder hohe emotionale Inanspruchnahme. Hinsichtlich der Arbeitsorganisation sind insbesondere unzureichende Information der Beschäftigten, unzureichende Abgrenzung der Verantwortung, unzureichende Durchschaubarkeit und Beeinflussbarkeit des Arbeitsablaufs, unausgeglichener bzw. häufig gestörter Arbeitsanfall, unzureichend abgestimmte Schnittstellen zwischen den Arbeitsbereichen mögliche Ursachen psychischer Fehlbelastung. Auch aus der Arbeitszeitgestaltung, insbesondere der Ausdehnung der Arbeitszeit, der Länge der Arbeitsintervalle, der unzureichenden Abgrenzung von Arbeitszeit und Freizeit, der Art der Schichtplangestaltung sowie der Ausgestaltung von Rufbereitschaft und Erreichbarkeit können sich psychische Fehlbelastungen ergeben.

- nicht den ergonomischen Grundsätzen entsprechende Softwaregestaltung[408)],
- Raum- oder Gebäudenutzungskonzepte, die den Arbeitsabläufen nicht angemessen sind.

11 Gefährdungen durch sonstige Einwirkungen

Sonstige Gefährdungen können z. B. sein:

- Gewaltandrohung oder Gewaltanwendung in Behörden, Kliniken, Kreditinstituten, Spielhallen, Verkaufsstellen, Tankstellen usw.[409)],
- Tiere, z. B. beißen, treten, quetschen, schlagen, stechen,
- Pflanzen, z. B. stechen, schneiden, sensibilisieren.

---

408) Ein Ansatz ist das ABC-Modell, welches die Beziehungen zwischen der Aufgabe an sich, dem Benutzer und dem Computer abbildet und dafür zunächst Grundsätze aus der jeweiligen Sicht definiert:
- Angemessenheit: Ein System muss die zur Lösung der Aufgabenstellung notwendigen Funktionen bereitstellen.
- Benutzer: Ein System soll handhabbar sein und eine leichte Erlernbarkeit, intuitive Bedienbarkeit und Verständlichkeit realisieren.
- Computer: Anpassung des Systems an die Fähigkeiten des Benutzers und an die Prinzipien der Arbeitsplatzgestaltung.

Weiter detailliert wird dieses einfache Modell durch die Normreihe DIN EN ISO 9241 Ergonomie der Mensch-System-Interaktion, speziell die Teile 11: Gebrauchstauglichkeit: Begriffe und Konzepte, Ausg. 2018-11, Teil 13: Benutzerführung, Ausg. 2000-08, Teil 14: Dialogführung mittels Menüs, Ausg. 2000-12, Teil 110: Grundsätze der Dialoggestaltung Ausg. 2020-10, Teil 125: Empfehlungen zur visuellen Informationsdarstellung, Ausg. 2018-05. Der Teil 110 beschreibt dabei die Grundsätze der Dialoggestaltung – auch Dialogprinzipien genannt – wie: Aufgabenangemessenheit, Selbstbeschreibungsfähigkeit, Steuerbarkeit (Dialog), Erwartungskonformität, Fehlertoleranz, Individualisierbarkeit und Lernförderlichkeit.

409) Zur Prävention von Gewalt bieten sich z. B. folgende Maßnahmen an:
- bauliche Maßnahmen, z. B. Notausgänge oder Schutzwände,
- technische Maßnahmen, z. B. Zugangskontrollen oder Notrufsysteme,
- Vermeidung von Einzelarbeitsplätzen,
- geringe Bargeldbestände, Nutzung bargeldloser Alternativen,
- Information und Qualifikation des Personals,
- Unterweisung und Einhaltung von Sicherheitsvorschriften,
- Vermeidung von Stresssituationen,
- Deeskalationsseminare zur Bewältigung schwieriger und bedrohlicher Situationen mit Kunden.

zu § 3a Abs. 2 ArbStättV

Technische Regeln für Arbeitsstätten	**Barrierefreie Gestaltung von Arbeitsstätten**	**ASR V3a.2**[410)]

GMBl. Nr. 37 vom 31.8.2012 S. 663
zuletzt geändert durch GMBl. 2025, S. 365 (vom 23.05.2025)

...

Diese ASR V3a.2 konkretisiert im Rahmen ihres Anwendungsbereichs Anforderungen der Verordnung über Arbeitsstätten. Bei Einhaltung der Technischen Regel kann der Arbeitgeber davon ausgehen, dass die entsprechenden Anforderungen der Verordnung erfüllt sind. Wählt der Arbeitgeber eine andere Lösung, muss er damit mindestens die gleiche Sicherheit und den gleichen Schutz der Gesundheit für die Beschäftigten erreichen.

Diese ASR V3a.2 wird fortlaufend ergänzt.[411)] [412)]

---

410) In Deutschland sind 7,9 Millionen Menschen als schwerbehindert gemeldet. Das sind 9,3 % der Bevölkerung. Die Erwerbsbeteiligung von Menschen mit Behinderung im Alter zwischen 15 und 64 Jahren lag im Jahre 2022 bei einer Erwerbsquote von 51,4 %. Nach dem Anzeigeverfahren SGB IX waren 2023 1,12 Millionen schwerbehinderte Menschen beschäftigt, davon 531.00 weiblich und 592.000 männlich. Die meisten schwerbehinderten Beschäftigten sind im verarbeitenden Gewerbe (256.000) und in der öffentlichen Verwaltung (220.000) tätig, im Bereich Handel, Instandhaltung, Reparatur von Kfz 96.000, in Pflege- und Sozialberufen 86.000 und im Gesundheitswesen 83.000. Selbst in der Informations- und Kommunikationsbranche arbeiten knapp 30.000 Beschäftigte mit Behinderungen (Quelle: Arbeitsmarktsituation schwerbehinderter Menschen 2024, Bundesagentur für Arbeit, Statistik, April 2025).
Grundsätzlich ist festzuhalten, dass Beschäftigte mit Behinderungen einen wichtigen, unverzichtbaren Beitrag zur Wirtschaftsleistung Deutschlands beitragen. Auch deshalb ist es von besonderer Bedeutung, den besonderen Belangen dieser Beschäftigtengruppe bei der Einrichtung, und beim Betreiben von Arbeitsstätten entsprechend Rechnung zu tragen. Das Arbeitsstättenrecht erfüllt dies in bestmöglicher fachlicher Breite und Tiefe.
Die Berücksichtigung der Belange dieser Menschen mit Behinderungen im Hinblick auf Sicherheit und Gesundheitsschutz beim Einrichten und Betreiben von Arbeitsstätten erfolgt mittels spezieller Technischen Regeln für Arbeitsstätten, die fortlaufend mit ergänzenden Anforderungen zu sach- und themenbezogenen Arbeitsstättenregeln ergänzt werden. Das ist notwendig, weil die Forderungen gem. § 3a Abs. 2 ArbStättV alle Bereiche einer Arbeitsstätte betreffen, wenn der Arbeitgeber Menschen mit Behinderungen beschäftigt.

411) Der ASTA prüft regelmäßig alle bisher erlassenen und neu ermittelten Arbeitsstättenregeln hinsichtlich ihrer Relevanz für die barrierefreie Gestaltung. Wird ein Regelungsbedarf hinsichtlich der barrierefreien Gestaltung festgestellt, werden ergänzende Anforderungen zu dem jeweiligen Sachverhalt ausgearbeitet.

412) Seit der Erstausgabe von ASR V3a.2 im August 2012 erfuhr diese ASR elf Änderungen, zuletzt im Mai 2025 durch Einfügen des Anhangs A1.5 „Ergänzende Anforderungen zur ASR A1.5 Fußböden". Weitere Ergänzungen als Anhang zur ASR V3a.2 sind geplant, s. Übersicht BAuA/ASTA Stand 07.05.2025. Diese noch geplanten Ergänzungen betreffen ASR A3.7 Lärm und ASR A4.1 Sanitärräume. Bezüglich ASR V3 „Gefährdungsbeurteilung" wird in der o. g. Übersicht darauf verwiesen, dass die Aspekte der Barrierefreiheit in der ASR V3 direkt enthalten sind. Nicht vorgesehen hat der ASTA im Einvernehmen mit dem BMAS und den beteiligten Kreisen die Erarbeitung von Ergänzenden Anforderungen zu den ASR A2.1 „Schutz vor Absturz und herabfallende Gegenständen, Betreten von Gefahrenbereichen", zur ASR A3.4 „Beleuchtung und Sichtverbindung", ASR A3.5 „Raumtemperatur", ASR A3.6 „Lüftung" und zur ASR A5.2 „Straßenbaustellen" (Stand 07.05.2025).

Inhaltsverzeichnis

1 Zielstellung

Diese ASR konkretisiert die Anforderungen gemäß § 3a Abs. 2 der Arbeitsstättenverordnung. Danach hat der Arbeitgeber Arbeitsstätten so einzurichten und zu betreiben, dass die besonderen Belange der dort beschäftigten Menschen mit Behinderungen im Hinblick auf die Sicherheit und den Gesundheitsschutz berücksichtigt werden.[413)] [414)]

2 Anwendungsbereich

(1) Das Erfordernis nach barrierefreier Gestaltung von Arbeitsstätten im Hinblick auf die Sicherheit und den Gesundheitsschutz ergibt sich immer dann, wenn Menschen mit Behinderungen beschäftigt werden. Die Auswirkung der Behinderung und die daraus resultierenden individuellen Erfordernisse sind im Rahmen der Gefährdungsbeurteilung für die barrierefreie Gestaltung der Arbeitsstätte zu berücksichtigen. Es sind die Bereiche der Ar-

---

413) Grundsätze und Hinweise für eine barrierefreie Gestaltung beziehen sich insbesondere auf Arbeitsplätze, Raumabmessungen sowie die zugehörigen Türen, Verkehrswege, Sicherheits- und Gesundheitsschutzkennzeichnungen, Fluchtwege, Notausgänge, Flucht- und Rettungspläne, Sicherheitsleitsysteme, Treppen, Orientierungssysteme, Waschgelegenheiten und Toilettenräume, Erste-Hilfe-Einrichtungen und Unterkünfte.

414) Auf das Barrierefreiheitsstärkungsgesetz (BFSG) vom 16.7.2021 (BGBl. I S. 2970) und die Verordnung zum Barrierefreiheitsstärkungsgesetz über die Barrierefreiheitsanforderungen für Produkte und Dienstleistungen – BFSGV vom 15.6.2022 (BGBl 2022 I Nr. 20, S. 928) wird verwiesen. Sie dienen der Umsetzung der EU-Richtlinie 2019/882 des Europäischen Parlaments und des Rates über die Barrierefreiheitsanforderungen für Produkte und Dienstleitungen in nationales Recht. Diese Anforderungen gelten grundsätzlich für jene Produkte, die nach dem 28.6.2025 in Verkehr gebracht, sowie für alle Dienstleistungen, die für Verbraucher nach dem 28.6.2025 erbracht werden. Ein Bezug zur barrierefreien Gestaltung, Einrichtung und zum barrierefreien Betreiben von Arbeitsstätten ist unverkennbar.

beitsstätte barrierefrei zu gestalten, zu denen die Beschäftigten mit Behinderungen Zugang haben müssen.[415)]

(2) Sind in bestehenden Arbeitsstätten die im Rahmen der Gefährdungsbeurteilung nach Absatz 1 ermittelten technischen Maßnahmen zur barrierefreien Gestaltung mit Aufwendungen verbunden, die offensichtlich unverhältnismäßig sind, so kann der Arbeitgeber auch durch organisatorische oder personenbezogene Maßnahmen die Sicherheit und den Gesundheitsschutz der Beschäftigten mit Behinderungen in vergleichbarer Weise sicherstellen.[416)]

(3) Die Pflichten des Arbeitgebers aus Absatz 1 beziehen sich nicht nur auf im Betrieb namentlich bekannte schwerbehinderte Beschäftigte, sondern auf alle Beschäftigten mit einer Behinderung. Eine Behinderung kann demnach auch dann vorliegen, wenn eine Schwerbehinderung nicht besteht (der Grad der Behinderung also weniger als 50 beträgt) oder die Feststellung einer Behinderung nicht beantragt worden ist.[417)]

---

415) Zu den Bereichen der Arbeitsstätte, zu denen die Beschäftigten mit Behinderungen Zugang haben müssen, gehören insbesondere der Arbeitsplatz selbst und die zum Arbeitsplatz führenden Türen, Verkehrswege, Fluchtwege, Notausgänge, Treppen, Orientierungssysteme sowie Bereitschafts- und Sanitärräume, Unterkünfte, Pausenräume und Kantinen.

416) Technische Gestaltungsmaßnahmen zur Anpassung der Arbeitsstätte sind grundsätzlich vorrangig vor organisatorischen oder personenbezogenen Maßnahmen anzuwenden. Dies gilt in besonderem Maße für die barrierefreie Gestaltung des Arbeitsplatzes für Beschäftigte mit Behinderungen.
Um festzustellen, ob die geplante Maßnahme die Voraussetzungen für die Verhältnismäßigkeit erfüllt, muss anhand der im Rahmen der Gefährdungsbeurteilung ermittelten technischen Maßnahmen geprüft werden,
- ob der Zweck, der die Maßnahme erforderlich macht, legitim ist. Die Legitimität ist dann gegeben, wenn der Beschäftigte, für den die Maßnahme vorgesehen ist, tatsächlich eine Behinderung aufweist,
- ob durch die ermittelte technische Maßnahme der gewollte Zweck erreichbar ist und
- ob die technische Gestaltungsmaßnahme angemessen ist. Angemessen ist sie dann, wenn die Vorteile der Maßnahme im Zusammenhang mit deren Nachteilen überwiegen, also das Ziel, den Beschäftigten mit Behinderungen durch eine sichere und gesundheitsschützende Gestaltung des Arbeitsplatzes und der anderen Bestandteile der Arbeitsstätte vergleichsweise effizient in den Arbeitsprozess zu integrieren, erreicht wird. Die Angemessenheit der Aufwendungen, um den angestrebten Nutzen zu erzielen, ist vom Arbeitgeber im Benehmen mit der betrieblichen Personal- und Behindertenvertretung zu entscheiden.

Offensichtlich unverhältnismäßig kann eine technische Gestaltungsmaßnahme dann sein, wenn Teile der Arbeitsstätte, insbesondere der Arbeitsplatz, nur gelegentlich und nur in geringem Umfang pro Arbeitswoche genutzt werden sollen.
Technische Maßnahmen dienen der unabhängigen und grundsätzlichen Handhabung zur Arbeitserledigung ohne fremde Hilfe. Organisatorische Maßnahmen schließen auch das Übertragen von Patenschaften an benannte, eingewiesene Personen ein, die im Bedarfsfall Hilfestellung leisten. Personenbezogene Maßnahmen können u. a. auch Tätigkeitsbegrenzungen oder die teilweise Übertragung anderer, geeigneterer Arbeiten beinhalten. Bei Baukosten werden in der Regel Mehrkosten von über 20 % der ursprünglichen Gesamtbaukosten als unverhältnismäßig angesehen (DIN 18040-1: Entwurf 2023-02 Barrierefreies Bauen – Planungsgrundlagen – Teil 1; s. auch Praxishinweise Architektenkammer Nordrhein-Westfalen, Stand Januar 2022).

417) Voraussetzung für die Anwendung und Inbezugnahme dieser ASR ist, dass es sich um Beschäftigte i. S. d. ArbSchG handelt. § 81 SGB IX (Pflichten des Arbeitgebers und Rechte schwerbehinderter Menschen) bestimmt, dass die Arbeitgeber verpflichtet sind zu prüfen, ob freie Arbeitsplätze mit schwerbehinderten Menschen, insbesondere mit bei der Agentur für Arbeit arbeitslos oder arbeitssuchend gemeldeten schwerbehinderten Menschen, besetzt werden können. Die Bundesagentur für Arbeit oder ein Integrationsfachdienst schlagen den Arbeitgebern geeignete schwerbehinderte Menschen vor. Über die Vermittlungsvorschläge und vorliegende Bewerbungen von schwerbehinderten Menschen haben die Arbeitgeber die Schwerbehindertenvertretung und die in § 93 genannten Vertretungen unmittelbar nach Eingang zu unterrichten und am Auswahlverfahren zu beteiligen.
Arbeitgeber dürfen schwerbehinderte Beschäftigte nicht wegen ihrer Behinderung benachteiligen. Im Einzelnen gelten hierzu die Regelungen des Allgemeinen Gleichbehandlungsgesetzes.

Hinweise:

1. *Erforderliche Anpassungsmaßnahmen von Arbeitsstätten richten sich für schwerbehinderte Beschäftigte und diesen gleichgestellte Beschäftigte mit Blick auf das behinderungsgerechte Einrichten und Betreiben von Arbeitsstätten zudem nach § 164 Absatz 4 Nummer 4 Sozialgesetzbuch Neuntes Buch Rehabilitation und Teilhabe von Menschen mit Behinderungen (SGB IX, zuletzt geändert durch Art. 3 Absatz G v. 9.10.2020).*
2. *Das Erfordernis nach einer barrierefreien Gestaltung der Arbeitsstätte ergibt sich nicht, wenn Beschäftigte mit einer Behinderung trotz einer barrierefreien Gestaltung nicht zur Ausführung der erforderlichen Tätigkeiten fähig sind und diese Fähigkeiten auch nicht erwerben können.*[418)]

3 Begriffsbestimmungen

3.1 Eine **Behinderung** liegt vor, wenn Menschen langfristige körperliche, seelische, geistige oder Sinnesbeeinträchtigungen haben, welche sie in Wechselwirkung mit einstellungs- und umweltbedingten Barrieren an der gleichberechtigten Teilhabe an der Gesellschaft hindern können. Als langfristig gilt ein Zeitraum, der mit hoher Wahrscheinlichkeit länger als sechs Monate andauert. Behinderungen können z.B. sein: eine Gehbehinderung, eine Lähmung, die die Benutzung einer Gehhilfe oder eines Rollstuhls erforderlich macht, Kleinwüchsigkeit oder eine starke Seheinschränkung, die sich mit üblichen Sehhilfen wie Brillen bzw. Kontaktlinsen nicht oder nur unzureichend kompensieren lässt. Zu Behinderungen zählen z.B. auch Schwerhörigkeit oder erhebliche Krafteinbußen durch Muskelerkrankungen.[419)]

3.2 Eine **barrierefreie Gestaltung der Arbeitsstätte** ist gegeben, wenn bauliche und sonstige Anlagen, Transport- und Arbeitsmittel, Systeme der Informationsverarbeitung, akustische, visuelle und taktile Informationsquellen und Kommunikationseinrichtungen für Beschäftigte mit Behinderungen in der allgemein üblichen Weise, ohne besondere Erschwernisse und grundsätzlich ohne fremde Hilfe auffindbar, zugänglich und nutzbar sind. Hierbei ist die Nutzung behinderungsbedingt notwendiger Hilfsmittel zulässig (in Anlehnung

Fortsetzung Fußnote 417
Die schwerbehinderten Menschen haben gegenüber ihren Arbeitgebern nicht nur Anspruch auf behinderungsgerechte Einrichtung und Unterhaltung der Arbeitsstätten einschließlich der Betriebsanlagen, Maschinen und Geräte sowie der Gestaltung der Arbeitsplätze, sondern auch auf eine entsprechende Einrichtung und Erhaltung des Arbeitsumfeldes, der Arbeitsorganisation und der Arbeitszeit, unter besonderer Berücksichtigung der Unfallgefahr und auf Ausstattung ihres Arbeitsplatzes mit den erforderlichen technischen Arbeitshilfen.

418) Es gilt der Grundsatz, Beschäftigten mit Behinderungen eine ihnen angemessene Tätigkeit zuzuweisen. Nur das schafft die Voraussetzung für die gewollte Integration und gewährleistet einen unternehmerischen Sinn.

419) Gehbehinderung und Krafteinbußen sowie Bewegungseinschränkungen der Arme und Hände werden in DIN 18040-1: Barrierefreies Bauen – Planungsgrundlagen, Entwurf 2023-02 als motorische Einschränkungen zusammengefasst. DIN 18040-1 Barrierefreies Bauen unterscheidet und definiert wegen der gleitenden Übergänge Blindheit, bei der sich der Betroffene primär taktil und akustisch orientieren muss und auf einen Blindenstock oder einen Blindenführhund angewiesen ist und Sehbehinderung, bei der sich der Betroffene noch in hohem Maße visuell orientieren kann. Für ASR V3a.2 ist diese Unterscheidung hilfreich, da in den ergänzenden Anforderungen zur ASR A1.3 Sicherheits- und Gesundheitsschutzkennzeichnung Abs. 5 für blinde Beschäftigte taktile Kennzeichnungen in einem ausreichenden Abstand von Hindernissen gefordert werden.

an § 4 des Gesetzes zur Gleichstellung von Menschen mit Behinderungen – Behindertengleichstellungsgesetz (BGG)).[420)]

3.3 Das **Zwei-Sinne-Prinzip** ist ein Prinzip der alternativen Wahrnehmung. Alle Informationen aus der Umwelt werden vom Menschen über die Sinne aufgenommen. Fällt ein Sinn aus, ist die entsprechende Informationsaufnahme durch einen anderen Sinn notwendig. Informationen müssen deshalb nach dem Zwei-Sinne-Prinzip mindestens für zwei der drei Sinne „Hören, Sehen, Tasten" zugänglich sein (z. B. gleichzeitige optische und akustische Alarmierung).[421)]

3.4 **Visuelle Zeichen** sind sichtbare Zeichen. Das sind kodierte Signale, z. B. Schriften, Bilder, Symbole, Handzeichen oder Leuchtzeichen (z. B. Warnleuchten).

3.5 **Akustische Zeichen** sind hörbare Zeichen. Das sind kodierte Signale, z. B. Schallzeichen (z. B. Sirene), Sprache oder Laute.

3.6 **Taktile Zeichen** sind fühl- oder tastbare Zeichen. Fühlbare Zeichen sind kodierte Signale, z. B. Bodenindikatoren, Rippen- oder Noppenplatten. Tastbare Zeichen ermöglichen eine Verständigung mit erhabenen Schriften und Symbolen (z. B. Braille'sche Blindenschrift, geprägte Reliefpläne).[422)]

4 Allgemeines

(1) Die Maßnahmen zur barrierefreien Gestaltung sind durch die individuellen Erfordernisse der Beschäftigten mit Behinderungen bestimmt. Hierbei sind technische Maßnahmen vorrangig durchzuführen.[423)]

---

420) Verwiesen sei u.a. auf die Schriftenreihe „Barrierefreies Planen und Bauen im Freistaat Sachsen", Heft 2 „Planungsgrundlage für barrierefreie öffentlich zugängige Gebäude, andere bauliche Anlagen und Einrichtungen", herausgegeben vom Staatsministerium für Soziales, Gesundheit und Gesellschaftlichen Zusammenhalt sowie dem Staatsministerium des Inneren des Freistaates Sachsen und auf die Veröffentlichung „Barrierefreies Bauen – Lieblingsplätze für alle" 2025 (s.: https://www.behindern.verhindern.sachsen.de/lieblingsplaetze; Inverstionsprogramm…).

421) Das Zwei-Sinne-Prinzip ist für eine barrierefreie Gestaltung der Arbeitsstätte unerlässliche Gestaltungsgrundlage. Die jeweils erforderlichen Gestaltungsmaßnahmen sind im Rahmen einer Gefährdungsbeurteilung zu ermitteln. Beachte auch: Das Zwei-Sinne-Prinzip und die drei Prioritäten, C. Ruhe, carsten-ruhe.de.

422) DIN 18040-2: 2010-10 (Entwurf 2023-02) und DIN 18040-2: 2011-09 (Entwurf 2023-02) enthalten sensorische Anforderungen, unterteilt in
- visuelle Anforderungen: Schriftgrößen, Leuchtdichte und Kontraste,
- taktile Anforderungen: Material, Oberfläche, tastbare Schrift und Zeichen,
- auditive Anforderungen: Schallpegel, Störgeräuschabstand, automatische Pegel-Anpassung, Sprachausgabe.

Es sind Festlegungen für Rettungswege und Aufzüge enthalten. DIN EN 81-70: 2022-12, T. 70: „Zugänglichkeit von Aufzügen für Personen einschließlich Personen mit Behinderungen" ist zu beachten. Bei der Anwendung ist nach der Wichtigkeit des fehlenden, eingeschränkten Sinneseindrucks zu priorisieren.

423) DIN 18040-1 und DIN 18040-2 enthalten sensorische Anforderungen, unterteilt in visuelle Anforderungen: Schriftgrößen, Leuchtdichte und Kontraste; in taktile Anforderungen: Material, Oberfläche, tastbare Schrift und Zeichen und in auditive Anforderungen: Schallpegel, Störgeräuschabstand, automatische Pegelanpassung und Sprachausgabe.

Sind die technischen Aufwendungen offensichtlich unverhältnismäßig hoch, so gestattet ASR V3a.2 in Kap. 2 Abs. 2 auch organisatorische oder personenbezogene Maßnahmen.

(2) Ist das Vorliegen der Behinderung und ihrer Auswirkungen auf die Sicherheit und den Gesundheitsschutz nicht offensichtlich, kann der Arbeitgeber Informationen über zu berücksichtigende Behinderungen von Beschäftigten z. B.

- direkt von den behinderten Beschäftigten,
- durch die Schwerbehindertenvertretung,
- durch das betriebliche Eingliederungsmanagement,
- durch die Gefährdungsbeurteilung oder
- durch Erkenntnisse aus Begehungen durch die Fachkraft für Arbeitssicherheit oder den Betriebsarzt

erhalten.

(3) Zum Ausgleich einer nicht mehr ausreichend vorhandenen Sinnesfähigkeit (insbesondere Sehen oder Hören) ist das Zwei-Sinne-Prinzip zu berücksichtigen.

(4) Zum Ausgleich nicht ausreichend vorhandener motorischer Fähigkeiten sind barrierefrei gestaltete alternative Maßnahmen vorzusehen, z. B.

- das Öffnen einer Tür mechanisch mit Türgriffen und zusätzlich elektromechanisch mit Tastern oder durch Näherungsschalter oder
- das Überwinden eines Höhenunterschiedes mittels Treppe und zusätzlich einer Rampe oder eines Aufzugs.

Hinweise:

1. *An Arbeitsstätten, die ganz oder teilweise öffentlich zugänglich sind, stellt das Bauordnungsrecht der Länder auch dann Anforderungen an die Barrierefreiheit, wenn dort keine Menschen mit Behinderungen beschäftigt sind.*[424)]
2. *Werden Grundsätze des barrierefreien Bauens bereits bei der Planung von Baumaßnahmen berücksichtigt, können vorausschauende Lösungen die Kosten für eine nachträgliche Anpassung und einen aufwendigen Umbau von Arbeitsstätten bei einer künftigen Beschäftigung von Menschen mit Behinderungen verringern oder vermeiden.*

5 Maßnahmen

Die in den folgenden Anhängen genannten Anforderungen ergänzen die jeweils genannte ASR hinsichtlich der barrierefreien Gestaltung von Arbeitsstätten. Am Ende der Absätze wird in Klammern auf den jeweils betreffenden Abschnitt der in Bezug genommenen ASR verwiesen.

[424)] Der Begriff „barrierefrei" ist im Bauordnungsrecht und Arbeitsstättenrecht nicht vollständig deckungsgleich. Während die öffentlich zugänglichen Bereiche rollstuhlgerecht gestaltet sein müssen, ist dies nach ArbStättV für die dort Beschäftigten dann erforderlich, wenn dort Beschäftigte einen Rollstuhl nutzen müssen oder dort beschäftigt werden sollen.

Anhang A1.2

Ergänzende Anforderungen zur ASR A1.2 „Raumabmessungen und Bewegungsflächen"

zu 4 Allgemeines

(1) Bei der Festlegung der Grundflächen von Arbeitsräumen sind die besonderen Belange von Beschäftigten mit Behinderungen so zu berücksichtigen, dass sie ohne Beeinträchtigung ihrer Sicherheit, ihrer Gesundheit oder ihres Wohlbefindens ihre Arbeit verrichten können.[425)] Je nach Auswirkung der Behinderung ist insbesondere auf Nutzbarkeit der Arbeitsräume zu achten. (ASR A1.2 Pkt. 4 Abs. 1)[426)]

(2) Für die Ermittlung der Grundflächen und Höhen des notwendigen Bewegungsfreiraumes am Arbeitsplatz sind in Abhängigkeit von den individuellen Erfordernissen der Beschäftigten mit Behinderungen erforderlichenfalls weitere Zuschläge zu berücksichtigen, z. B. für individuelle Hilfsmittel wie Prothesen, Unterarmgehhilfen oder Sauerstoffgeräte. (ASR A1.2 Pkt. 4 Abs. 3)

zu 5 Grundflächen von Arbeitsräumen

(3) In Abhängigkeit von den individuellen Erfordernissen der Beschäftigten mit Behinderungen sind zusätzliche Flächen notwendig, z. B. für persönliche Assistenz, Assistenzhund (z. B. Blindenführhund), medizinische Hilfsmittel oder Elektrorollstuhl.[427)] (ASR A1.2 Pkt. 5 Abs. 3)

(4) Für Rollatoren, Rollstühle oder Gehhilfen von Beschäftigten sind gegebenenfalls zusätzliche Stellflächen erforderlich, z. B. im Fall des Umsetzens vom Rollstuhl auf einen Arbeitsstuhl. Sofern Abstellplätze für Rollstühle außerhalb des Arbeitsraumes eingerichtet werden, z. B. im Eingangsbereich, ist für das Umsetzen von einem Außen- auf einen Innenrollstuhl eine Umsetzfläche von mindestens 1,50 m × 1,80 m notwendig. (ASR A1.2 Pkt. 5 Abs. 1)

zu 5.1 Bewegungsflächen der Beschäftigten am Arbeitsplatz

(5) Wenn sich Beschäftigte am Arbeitsplatz von einem Rollstuhl auf einen Arbeitsstuhl umsetzen müssen, ist eine Bewegungsfläche von mindestens 1,50 m × 1,50 m erforderlich. Die Bewegungsflächen für das Umsetzen dürfen sich mit zusätzlich notwendigen Flächen nach

---

425) Die Nutzbarkeit darf sich nicht nur auf die technisch-organisatorische Realisierung einer behindertengerechten Gestaltungslösung beziehen, sondern sie muss gleichzeitig dem Wohlbefinden der behinderten Beschäftigten bei der Verrichtung ihrer Tätigkeiten dienen. Für die Gewährleistung des Wohlbefindens sind insbesondere Mindestabstände zu anderen Personen und ausreichender Bewegungsraum zu gewährleisten.

426) Die Nutzbarkeit der Arbeitsräume für Beschäftigte mit Behinderungen geht einher mit der Ausführbarkeit der Tätigkeiten in diesen Arbeitsräumen. Insoweit ist dieser Gestaltungsgrundforderung unbedingte Priorität einzuräumen.

427) Neben zusätzlichen Flächen z. B. für persönliche Assistenz, Assistenzhund (z. B. Blindenführhund), medizinische Hilfsmittel oder Elektrorollstuhl sind ggf. an mehreren verschiedenen Stellen im Arbeitsraum zusätzliche Sitzmöglichkeiten zu gestalten. Diese sind insbesondere sowohl bei Einschränkungen der Bein-Fuß-Motorik als auch der Hand-Arm-Motorik erforderlich. Ebenso sind feststehende, stabile Handläufe an Wänden und ggf. auch an Einrichtungen und Ausrüstungen zu realisieren.

Absatz 3 und zusätzlichen Stellflächen nach Absatz 4 überlagern (siehe Abbildung 1). (ASR A1.2 Pkt. 5.1.1 Abs. 2)[428)]

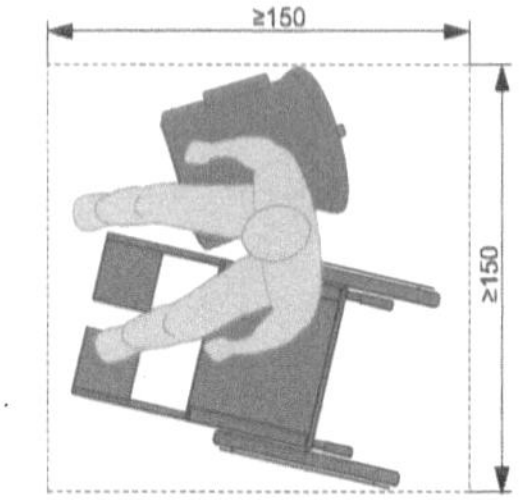

Abb. 1: Mindestgröße der Bewegungsfläche für das Umsetzen am Arbeitsplatz (Maße in cm)

(6) Für Beschäftigte, die einen Rollstuhl benutzen, muss die Bewegungsfläche bei Nichtunterfahrbarkeit von Ausrüstungs- und Ausstattungselementen mindestens 1,50 m × 1,50 m und bei Unterfahrbarkeit mindestens 1,50 m × 1,20 m (siehe Abbildung 2) betragen. (ASR A1.2 Pkt. 5.1.2)

(7) Für nebeneinander angeordnete Arbeitsplätze gilt Absatz 6, sofern sich zwischen diesen Arbeitsplätzen Trennwände befinden. Sind Trennwände nicht vorhanden, reicht eine Breite der Bewegungsfläche von 1,20 m aus, wenn dabei die Erreichbarkeit des Arbeitsplatzes gewährleistet ist. (ASR A1.2 Pkt. 5.1.4)

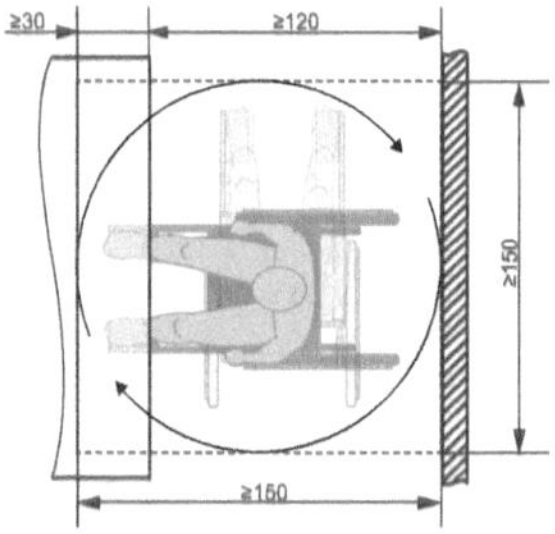

Abb. 2: Überlagerung von Stell- und Bewegungsflächen bei Unterfahrbarkeit von Ausrüstungs- und Ausstattungselementen (Maße in cm)

428) Die Bewegungsfläche am Arbeitsplatz muss mindestens 1,50 m² betragen. Ist dies aus betriebstechnischen Gründen nicht möglich, muss den Beschäftigten in der Nähe des Arbeitsplatzes eine mindestens 1,50 m² große Bewegungsfläche zur Verfügung stehen (ASR A1.2 Nr. 5.1.1 enthält dazu eine Abbildung).
Das Abmaß der Bewegungsfläche für das Umsetzen von einem Rollstuhl auf einen Arbeitsstuhl am Arbeitsplatz beträgt mindestens 1,50 × 1,50 m. Diese Bewegungsflächen für das Umsetzen dürfen sich mit zusätzlich notwendigen Flächen entsprechend Abb. 1 überlagern.
Gem. DIN 18040-1: Barrierefreies Bauen – Planungsgrundlagen, T. 1: Öffentlich zugängliche Gebäude (Entwurf 2023-02) muss die Bewegungsfläche im Begegnungsfall zweier Rollstuhlfahrer mindestens 180 cm × 180 cm betragen.

zu 5.2 Flächen für Verkehrswege

(8) Ergänzende Anforderungen an Flächen für Verkehrswege sind im Anhang A1.8: Ergänzende Anforderungen zur ASR A1.8 „Verkehrswege“ und für Fluchtwege im Anhang A2.3: Ergänzende Anforderungen zur ASR A2.3 „Fluchtwege und Notausgänge, Flucht- und Rettungsplan“ enthalten. (ASR A1.2 Pkt. 5.2)[429] [430]

Hinweis:

Ergänzende Anforderungen an Flächen an Türen sind im Anhang A1.7: Ergänzende Anforderungen zur ASR A1.7 „Türen und Tore“ enthalten.

zu 5.5 Flächen für Sicherheitsabstände

(9) Für Beschäftigte, die einen Rollstuhl benutzen, muss zur Vermeidung von Ganzkörperquetschungen bei seitlicher Anfahrbarkeit der Sicherheitsabstand mindestens 0,90 m betragen. (ASR A1.2 Pkt. 5.5)[431]

---

429) Gem. DIN 18040-1: (Entwurf 2023-02) Barrierefreies Bauen – Planungsgrundlagen, T. 1: Öffentlich zugängliche Gebäude müssen Durchgangsbreiten und lichte Türbreiten für Rollstuhlfahrer mindestens 90 cm betragen.

430) Die Ergänzenden Anforderungen zur ASR A1.8 „Verkehrswege“ enthalten detaillierte Maßgaben für Beschäftigte mit Behinderungen. Sie betreffen die

- Gestaltung der Querneigung von Verkehrswegen, die von Beschäftigten mit einem Rollator oder einem Rollstuhl benutzt werden (ASR A1.8 Nr. 4.1 Abs. 2),
- Gestaltung von Schrägrampen (ASR A1.8 Nr. 3.23 und ASR A1.8 Nr. 4.1 Abs. 4 sowie Abs. 5),
- Schwellenhöhe (für Beschäftigte, die einen Rollator oder einen Rollstuhl benutzen, und für Beschäftigte, die eine Fußhebeschwäche haben, müssen Verkehrswege schwellenlos sein; sind Schwellen technisch unabdingbar, dürfen sie nicht höher als 20 mm sein; dieser Höhenunterschied ist durch Schrägen anzugleichen (ASR A1.8 Nr. 4.1 Abs. 4)),
- Gestaltung der Wahrnehmbarkeit von Verkehrswegkreuzungen und -einmündungen für Beschäftigte mit Sehbehinderung (ASR A1.8 Nr. 4.1 Abs. 6 u. Abs. 7).

Die Ergänzenden Anforderungen zur ASR A2.3 „Fluchtwege und Notausgänge“ enthalten detaillierte Maßgaben für Beschäftigte mit Behinderungen. Sie betreffen die

- Nutzung des Zwei-Sinne-Prinzips (Anh. A2.3 Abs. 8),
- lichte Mindestbreite für Fluchtwege von 1,00 m (weitere Details Anh. A2.3 Abs. 2),
- die freien Bewegungsflächen sowie eine seitliche Anfahrbarkeit vor Türen und Toren im Fluchtweg für Personen mit Behinderung, die eine Gehhilfe oder einen Rollstuhl benutzen (Anh. A2.3 Abs. 3),
- Berücksichtigung der Belange der Beschäftigten mit Behinderungen bei der Gestaltung von Flucht- und Rettungsplänen (Anh. A2.3 Abs. 5),
- Gestaltung alternativer Fluchtwege, wenn die regulären Fluchtwege durch Schrankenanlagen und Drehkreuze führen (Anh. A2.3 Abs. 6),
- maximale Höhe von Bedienelementen einschließlich Entriegelungsanlagen für Beschäftigte, die einen Rollstuhl benutzen und/oder deren Hand-/Arm-Motorik eingeschränkt ist (Anh. A2.3 Abs. 7),
- Gestaltung besonderer organisatorischer Maßnahmen für Beschäftigte mit Behinderungen für ein sicheres Verlassen der Arbeitsstätte ins Freie oder in einen gesicherten Bereich (Anh. A2.3 Abs. 9),
- Beachtung der Belange von Beschäftigten bei Räumungsübungen (Anh. A2.3 Abs. 10) und ASR A2.3 Nr. 11.

431) Flächen zur Einhaltung von notwendigen Sicherheitsabständen, soweit diese nicht bereits in den Stell- oder Funktionsflächen berücksichtigt sind, sind im Rahmen der Gefährdungsbeurteilung festzulegen. Zur Vermeidung von Ganzkörperquetschungen muss der Sicherheitsabstand mindestens 50 cm betragen (s. ASR A1.2 Nr. 5.5). Für Beschäftigte, die einen Rollstuhl benutzen, muss zur Vermeidung von Ganzkörperquetschungen bei seitlicher Anfahrbarkeit der Sicherheitsabstand mindestens 0,90 m betragen.
Ein Beispiel für Funktionsfläche und Sicherheitsabstand zur Benutzung eines Schrankes enthält Abb. 10 aus ASR A1.2 Abschn. 5.5. Die Bestimmtheiten der Maßgaben in o.g. Punkten sind eindeutig und durch Maßzahlen und Anordnungsskizzen verdeutlicht.

Anhang A1.3

Ergänzende Anforderungen zur ASR A1.3 „Sicherheits- und Gesundheitsschutzkennzeichnung“

(1) Bei der Sicherheits- und Gesundheitsschutzkennzeichnung sind die Belange der Beschäftigten mit Behinderungen so zu berücksichtigen, dass die sicherheitsrelevanten Informationen verständlich übermittelt werden. Zum Ausgleich einer nicht mehr ausreichend vorhandenen Sinnesfähigkeit ist das Zwei-Sinne-Prinzip zu berücksichtigen. Dies wird erreicht indem
- für Beschäftigte, die visuelle Zeichen nicht wahrnehmen können[432)], ersatzweise taktile oder akustische Zeichen bzw.
- für Beschäftigte, die akustische Zeichen nicht wahrnehmen können[433)], ersatzweise taktile oder visuelle Zeichen

eingesetzt werden.

(2) Die Sicherheitsaussagen der Sicherheitszeichen (ASR A1.3 Punkt 5.1, Anhang 1) müssen für Beschäftigte mit Sehbehinderung im Sinne des Absatzes 1 taktil erfassbar oder hörbar dargestellt werden, z. B.
- auf Reliefplänen oder -grundrissen, indem ihre Registriernummer (z. B. M014 für „Kopfschutz benutzen“) in Braille'scher Blindenschrift oder „Profilschrift“ dargestellt ist,
- mit funkgestützten Informations- oder Leitsystemen (z. B. RFID-Technologie, In-house Navigations- und Informationssystem)[434)].

(3) Die Sicherheitszeichen bzw. Schriftzeichen sowie die Kennzeichnung von Behältern und Rohrleitungen mit Gefahrstoffen gemäß Tabelle 3 der ASR A1.3 sind zu vergrößern, falls die Sehbehinderung eines Beschäftigten dies erfordert. (ASR A1.3 Punkt 5.1 Abs. 9; Punkt 7 Abs. 2)

(4) Sicherheitszeichen müssen für Rollstuhlbenutzer und Kleinwüchsige aus ihrer Augenhöhe erkennbar sein. (ASR A1.3 Punkt 5.1 Abs. 6)

(5) Für blinde Beschäftigte müssen taktile Kennzeichnungen in einem ausreichenden Abstand von Hindernissen und Gefahrenstellen vorhanden sein (z. B. taktil erkennbare Boden-

---

432) Die Einschränkungen der visuellen Wahrnehmung können sehr unterschiedlich sein. Wegen der hohen Bedeutung der visuellen Wahrnehmung sollte zunächst die Erkennbarkeit der Zeichen optimiert werden. Dabei sind die Einflussfaktoren Leuchtdichtekontraste (hell/dunkel), Beleuchtungsstärke, Vermeiden von Blendung, Größe des Sehobjektes und Form des Sehobjektes (z. B. Schrift) zu beachten.

433) Für Beschäftigte mit eingeschränktem Hörvermögen sind zur Verbesserung der Hörbarkeit akustischer Zeichen das Verhältnis zwischen Nutzsignal und Störgeräusch und die Nachhallzeit optimal zu gestalten. Raumakustische Maßnahmen sind ggf. flankierend einzusetzen. Weitere Informationen zur raumakustischen Gestaltung von Arbeitsräumen enthalten die Lärmschutz-Arbeitsblätter LSA 01-234 (April 2020), LSA 02-234 bis LSA 03-234 „Geräuschminderung in Fertigungshallen“.

434) Die Informationen eines optischen Sicherheitsleitsystems sollten für Sehbehinderte ebenfalls taktil erfassbar oder „auditiv wahrnehmbar“ ergänzt werden. Piktogramme sollten nur verwendet werden, wenn sie ausreichend groß (> 25 mm), stark konturiert, einfach und klar gestaltet sind (vgl. dazu die Richtlinie für taktile Schriften des Deutschen Blinden- und Sehbehindertenverbandes, www.dbsv.org).

markierungen bei unterlaufbaren Treppen oder Fußleisten an Absturzsicherungen). (ASR A1.3 Punkt 5.2)[435)]

(6) Für blinde Beschäftigte sind Fahrwegbegrenzungen auf dem Boden taktil erfassbar auszuführen, z. B. durch erhabene Markierungsstreifen oder unterschiedlich strukturierte Oberflächen. (ASR A1.3 Punkt 5.3 Abs. 1)

(7) Für Beschäftigte mit Hörbehinderung gemäß Absatz 1 sind die Sicherheitsaussagen der Schallzeichen taktil erfassbar oder visuell darzustellen, z. B. Vibrationsalarm (Mobiltelefon). (ASR A1.3 Punkt 5.5)[436)]

(8) Ergänzende Anforderungen an Flucht- und Rettungspläne sind in Anhang A2.3: Ergänzende Anforderungen zur ASR A2.3 „Fluchtwege und Notausgänge, Flucht- und Rettungsplan" im Absatz 5 enthalten.

[435)] Das Anbringen von Geländern in den relevanten Bereichen kommt ggf. ebenfalls in Frage. Das vermeidet Stolpergefahren durch taktile Fußbodenoberflächen und damit eine Gefährdung nicht sehbehinderter Beschäftigter.

[436)] Schallzeichen können wirksam z. B. durch optische, intermittierend betriebene Warnzeichen ersetzt werden.

Anhang A1.5

Ergänzende Anforderungen zur ASR A1.5 „Fußböden"[437]

(1) Beim Einrichten und Betreiben von Fußböden sind die besonderen Anforderungen von Beschäftigten mit Behinderungen zu berücksichtigen. Je nach Auswirkung der Behinderung ist insbesondere auf Wahrnehmbarkeit, Erkennbarkeit und Nutzbarkeit zu achten.

(2) Im Rahmen der Gefährdungsbeurteilung[438] hat der Arbeitgeber zu berücksichtigen, dass eine Rutschgefahr auch dann vorliegen kann, wenn die Gefahr des Wegrutschens eines Rollators, eines Rollstuhls oder einer Gehhilfe besteht (ergänzend zu ASR A1.5 Abschnitt 3.2).[439]

Hinweise:

1. *Auflagen, z. B. Matten oder Läufer, sollen rutschfest verlegt werden, damit insbesondere Beschäftigte, die einen Rollator, einen Rollstuhl oder eine Gehhilfe benutzen, diese sicher nutzen können.*
2. *Bodenbeläge (z. B. Teppiche, Teppichfliesen, Sauberlaufzonen) sollen ebenmäßig und kurzflorig sein, um Beschäftigten, die einen Rollator oder einen Rollstuhl benutzen, eine Fortbewegung mit minimalem Rollwiderstand und guter Rangierfähigkeit zu ermöglichen.*

(3) Ablaufrinnen in Fußböden von Verkehrswegen, die von Beschäftigten mit einem Rollator, einem Rollstuhl oder einer Gehhilfe genutzt werden, sind so zu gestalten, dass sie mit diesen Hilfsmitteln sicher befahrbar und begehbar sind (z. B. keine Kipp- oder Rutschgefahr). (siehe ASR A1.5 Abschnitt 4 Absatz 11)[440]

(4) Nutzbarkeit von Gitterrosten ist gegeben, wenn sie keine Stolperstellen darstellen und das Hängenbleiben z. B. von Gehstöcken, Langstöcken und Hundepfoten (Assistenzhund) vermieden wird. (siehe ASR A1.5 Abschnitt 3.5)

Hinweis[441]*:*

Gitterroste, deren Maschen in einer Richtung die lichte Weite von 10 mm nicht überschreiten oder aus schräggestellten Lamellen bestehen, erschweren auch den Durchblick für die Beschäftigten, die

---

[437] Diese elfte Änderung mit den Ergänzenden Anforderungen zur ASR A1.5 „Fußböden" wurde vom Ausschuss für Arbeitsstätten in seiner 12. Sitzung am 03. April 2025 beschlossen und vom BMAS unverzüglich im Mai 2025 im GMBl. bekannt gemacht.

[438] Naturgemäß ist in Werkstätten für Menschen mit Behinderungen die Gefährdungsbeurteilung unter genauer Kenntnis der individuellen Behinderungsart und -schwere durchzuführen. Anleitungsmaterial dazu liefert u.a. der „BGWcheck" der Berufsgenossenschaft für Gesundheitsdienst und Wohlfahrtspflege, www.bgw-online.de, Bestellnummer BGW 04-05-142, Erstveröffentlichung 07/2020.

[439] Dieser Absatz weist auf die Besonderheiten einer Gefährdung durch Wegrutschen von Hilfsmitteln für Beschäftigte mit Behinderungen hin. Berücksichtigungspflichtig ist in diesem Zusammenhang auch, dass bereits bei der Gefährdungsbeurteilung auf geeignete, sichere und im ortsfesten Bewegungs- bzw. Greifraum sich befindende Abstellmöglichkeiten dieser Hilfsmittel, auch der Gehhilfen, hingewiesen wird.

[440] Zusätzlich zu den hier aufgeführten Gestaltungsmaßgaben ist auf die spezifische Kennzeichnungspflicht möglicher Gefahrenstellen für die besonderen Belange behinderter Beschäftigter zu verweisen.

[441] Die behindertengerechte Gestaltung von Gitterrosten in Verkehrs- oder Fluchtwegen ist nicht nur für Beschäftigte mit Bewegungseinschränkungen, welche Bewegungs- bzw. Orientierungshilfen verwenden müssen, besonders wichtig, sondern ebenso für Beschäftigte mit verzögerter oder unvollständiger Entwicklung kognitiver Fähigkeiten. Der Hinweis zu Abs. 4 weist explizit darauf hin, im Bedingungsfall zwingend darauf zu beachten.

beim Blick in die Tiefe durch offenere Strukturen von Gitterrosten gehemmt sind, diese zu benutzen.

(5) Wahrnehmbarkeit, Erkennbarkeit und Nutzbarkeit von Fußböden ist für Beschäftigte mit einer Sehbehinderung[442)] gegeben, wenn:

1. sich Fußböden zur besseren Orientierung visuell kontrastierend von anderen Bauteilen, z. B. Wänden und Türen, abheben (siehe ASR A1.5 Abschnitt 3.7 und Abschnitt 4 Absatz 9) und
2. Fußböden aus reflexionsarmem Material bestehen.

[442)] Neben den hier benannten „optischen Gestaltungsmaßnahmen" ist insbesondere auch auf die vielfältigen Gestaltungsmöglichkeiten der haptischen Wahrnehmung hinzuweisen. Dies betrifft nicht nur Fußböden, sondern generell Oberflächen, deren Nutzung Beschäftigten mit Behinderungen, insbesondere Seh- und Bewegungsbehinderten, die Beschäftigung in Arbeitsstätten erleichtert bzw. sogar erst ermöglicht.

Anhang A1.6

Ergänzende Anforderungen zur ASR A1.6 „Fenster, Oberlichter, lichtdurchlässige Wände" [443)]

(1) Bei der Festlegung der Anordnung und Gestaltung der Fenster, Oberlichter und lichtdurchlässigen Wände sind die besonderen Anforderungen von Beschäftigten mit Behinderungen zu berücksichtigen. Je nach Einbausituation und Auswirkung der Behinderung ist insbesondere auf Wahrnehmbarkeit, Erkennbarkeit, Erreichbarkeit und Nutzbarkeit zu achten.

(2) Für sehbehinderte und blinde Beschäftigte sind Gefährdungen durch geöffnete Fensterflügel im Aufenthaltsbereich oder im Bereich von Verkehrswegen, z. B. durch eine Begrenzung des Öffnungswinkels oder eine Absperrung des Öffnungsbereiches, während der Öffnungsdauer zu vermeiden. (ASR A1.6 Punkt 4.1.1 Absatz 4)

(3) Bedienelemente von Fenstern und Oberlichtern (z. B. Griffe oder Kurbeln bei Handbetätigung und Taster oder Schalter bei Kraftbetätigung), die von Beschäftigten mit Behinderungen benutzt werden müssen, sind je nach Auswirkung der Behinderung gemäß den Absätzen 4 bis 7 wahrnehmbar, erkennbar, erreichbar und nutzbar zu gestalten.

(4) **Wahrnehmbarkeit** und **Erkennbarkeit der Funktion** der Bedienelemente sind gegeben, wenn sie für Beschäftigte mit Sehbehinderung visuell kontrastierend und für blinde Beschäftigte taktil erfassbar gestaltet sind.

(5) **Erreichbarkeit** der Bedienelemente ist gegeben, wenn für kleinwüchsige Beschäftigte, für Beschäftigte, die einen Rollstuhl benutzen und für Beschäftigte deren Hand-/Arm-Motorik eingeschränkt ist, Bedienelemente in einer Höhe von 0,85 bis 1,05 m angeordnet sind. Für Beschäftigte, die einen Rollstuhl benutzen, müssen Bedienelemente so angeordnet sein, dass bei seitlicher Anfahrbarkeit ein Gang mit einer Breite von mindestens 0,90 m vorhanden ist (Abb. 1).[444)]

Hinweis:

Die Erreichbarkeit der Bedienelemente darf durch Einbauten (z. B. Heizkörper, Fensterbänke) nicht eingeschränkt werden.

---

443) Die ergänzenden Anforderungen zur barrierefreien Gestaltung zu ASR A1.6 Fenster, Oberlichter, lichtdurchlässige Wände benennen Beschäftigte
- die eine Gehhilfe oder einen Rollstuhl benutzen,
- deren Hand-/Arm-Motorik eingeschränkt ist,
- mit einer Sehbehinderung,
- mit einer Hörbehinderung
- sowie kleinwüchsige Beschäftigte.

444) Für Beschäftigte mit dieser und mit anderer Behindertensymptomatik hat der Arbeitgeber im Rahmen der Gefährdungsbeurteilung zu prüfen, ob weitere Maßnahmen für die Gestaltung der Arbeitsstätte und deren sicheres und gesundheitsgerechtes Betreiben erforderlich sind.

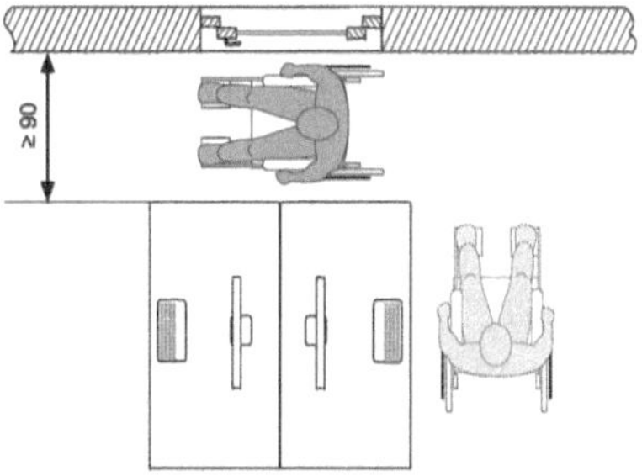

Abb. 1: Mindestbreite bei seitlicher Anfahrbarkeit (Maß in cm)

(6) **Nutzbarkeit** der Bedienelemente für **handbetätigte** Fenster und Oberlichter:

- Für die Nutzbarkeit von Bedienelementen von handbetätigten Fenstern und Oberlichtern soll für Beschäftigte mit Einschränkungen der Hand-/Arm-Motorik die Kraftübertragung durch Formschluss zwischen Hand und Bedienelement unterstützt werden. Kombinierte Bewegungen, z. B. gleichzeitiges Drehen und Ziehen, sollen vermieden werden bzw. in Einzelbewegungen ausführbar sein.
- Für Beschäftigte mit Einschränkungen der Hand-/Arm-Motorik sowie für Beschäftigte, die eine Gehhilfe oder einen Rollstuhl benutzen darf der maximale Kraftaufwand für das Öffnen oder Schließen von handbetätigten Fenstern oder Oberlichtern nicht mehr als 30 N betragen. Das maximale Drehmoment für handbetätigte Beschläge darf nicht größer als 5 Nm sein. Können die Maximalwerte für Kraft oder Drehmoment nicht eingehalten werden, sind alternative Maßnahmen, z. B. Griffverlängerungen oder kraftbetätigte Fenster und Oberlichter, vorzusehen.

(7) **Nutzbarkeit** der Bedienelemente für **kraftbetätigte** Fenster und Oberlichter ist gegeben, wenn für Beschäftigte mit Einschränkungen der Hand-/Arm-Motorik die aufzubringende Kraft für die Bedienung der Schalter und Taster 5 N nicht überschreitet.

(8) Sofern die Maßnahmen nach den Absätzen 4 bis 7 nicht geeignet sind, die Bedienelemente von Fenstern und Oberlichtern zu benutzen, sollen Fernsteuerungen (z. B. Fernbedienungen) eingesetzt werden.

(9) Werden akustische oder optische Warnsignale als Schutzmaßnahme gegen mechanische Gefährdungen beim Öffnen und Schließen von kraftbetätigten Fenstern und Oberlichtern eingesetzt, ist für sehbehinderte und blinde Beschäftigte sowie für Beschäftigte mit Hörbehinderung das Zwei-Sinne-Prinzip anzuwenden. (ASR A1.6 Punkt 4.1.2 Absatz 1, 3. Spiegelstrich)

(10) Die Kennzeichnung durchsichtiger, nicht strukturierter Flächen von lichtdurchlässigen Wänden muss auch für Beschäftigte, die einen Rollstuhl benutzen und für kleinwüchsige Beschäftigte aus ihrer Augenhöhe erkennbar sein. Diese Kennzeichnung kann z. B. aus 8 cm breiten durchgehenden Streifen bestehen, die in einer Höhe von 40 bis 70 cm über dem Fußboden angebracht sind. Für Beschäftigte mit Sehbehinderung ist die Kennzeichnung visuell kontrastierend zu gestalten. (ASR A1.6 Punkt 4.3 Absatz 1)

Anhang A1.7

Ergänzende Anforderungen zur ASR A1.7 „Türen und Tore" [445] [446]

(1) Bei den Festlegungen zur Anordnung der Türen und Tore sowie deren Abmessungen sind die besonderen Anforderungen von Beschäftigten mit Behinderungen zu berücksichtigen. Je nach Auswirkung der Behinderung ist insbesondere auf Erkennbarkeit, Erreichbarkeit, Bedienbarkeit und Passierbarkeit zu achten.

(2) Erkennbarkeit wird erreicht, indem Türen für blinde Beschäftigte taktil wahrnehmbar (z. B. taktil eindeutig erkennbare Türblätter oder -zargen) und für Beschäftigte mit einer Sehbehinderung visuell kontrastierend gestaltet sind. Hierbei ist insbesondere auf den Kontrast zwischen Wand und Tür sowie zwischen Bedienelement und Türflügel zu achten.

(3) Erreichbarkeit von Drehflügeltüren ist gegeben, wenn für Beschäftigte, die eine Gehhilfe oder einen Rollstuhl benutzen, eine freie Bewegungsfläche sowie eine seitliche Anfahrbarkeit gemäß Abb. 1 gewährleistet wird. Wird die Bewegungsfläche, in die die Tür nicht aufschlägt, durch eine gegenüberliegende Wand begrenzt, muss die Breite der Bewegungsfläche von 120 cm auf 150 cm erhöht werden.

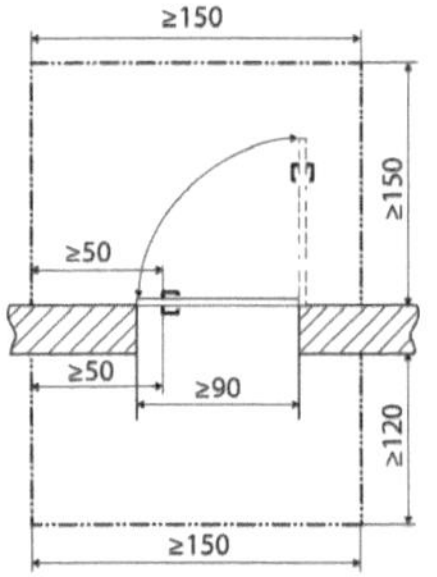

Abb. 1: Freie Bewegungsfläche sowie seitliche Anfahrbarkeit vor Drehflügeltüren (Maße in cm)

---

[445] Das Erfordernis nach barrierefreier Gestaltung von Arbeitsstätten im Hinblick auf die Sicherheit und den Gesundheitsschutz von Beschäftigten mit Behinderungen ergibt sich immer dann, wenn Menschen mit Behinderungen beschäftigt werden. Entsprechend Gefährdungsbeurteilung sind jene Bereiche der Arbeitsstätte barrierefrei zu gestalten, zu denen die Beschäftigten mit Behinderungen Zugang haben müssen und die für ihre Tätigkeitsausübung erforderlich sind (s. ASR V3a.2 Abschn. 2 Abs. 1).
Zu den Bereichen der Arbeitsstätte, zu denen die Beschäftigten mit Behinderungen Zugang haben müssen, gehören insbesondere der Arbeitsplatz selbst und die zum Arbeitsplatz führenden Türen, Verkehrswege, Fluchtwege, Notausgänge, Treppen, Orientierungssysteme sowie Bereitschaftsund Sanitärräume, Unterkünfte, Pausenräume und Kantinen.

[446] Anhang A1.7 beinhaltet für detaillierte Situationskonstellationen Maßgaben zur barrierefreien Gestaltung. Diese beziehen sich nicht nur auf die Konstruktion und Funktionsweise von Türen und Tore in der Arbeitsstätte. Genau beschrieben und mit Abbildungen verdeutlicht werden Anforderungen an freie Bewegungsflächen vor bzw. hinter Türen und Toren, Drehflügel- und Schiebetüren sowie Maßgaben zur Gestaltung von Wahrnehmung, Erkennbarkeit, Erreichbarkeit, Nutzbarkeit und barrierefreier Bedienung und Steuerbarkeit für verschiedene bauliche Funktionssysteme je nach Behinderungsart und -schwere. Mindestmaßzahlen konkretisieren diese Anforderungen. Im Sinne des Erreichens der Vermutungswirkung sind diese Maßgaben beim Errichten, Einrichten und Betreiben der Arbeitsstätte für den Erfordernisfall unbedingt einzuhalten.

(4) Erreichbarkeit von Schiebetüren ist gegeben, wenn für Beschäftigte, die eine Gehhilfe oder einen Rollstuhl benutzen, eine freie Bewegungsfläche sowie eine seitliche Anfahrbarkeit gemäß Abb. 2 gewährleistet wird. Werden die Bewegungsflächen durch gegenüberliegende Wände begrenzt, muss die Breite der Bewegungsflächen von 120 cm auf 150 cm erhöht werden.

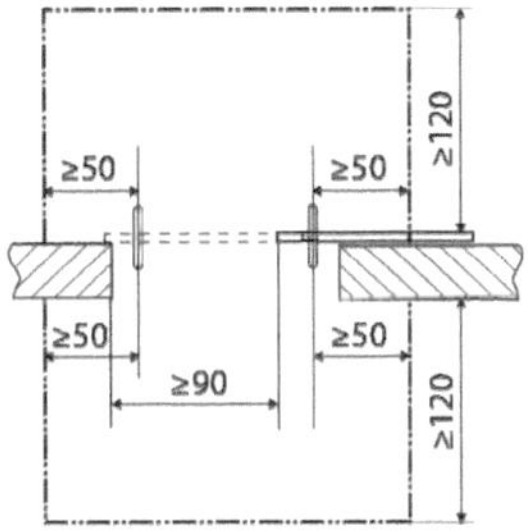

Abb. 2: Freie Bewegungsfläche sowie seitliche Anfahrbarkeit vor Schiebetüren (Maße in cm)

(5) Neben manuell betätigten Karusselltüren ist für Beschäftigte, die eine Gehhilfe oder einen Rollstuhl benutzen und für blinde Beschäftigte eine Drehflügel- oder eine Schiebetür anzuordnen.

(6) Kraftbetätigte Karusselltüren können von Beschäftigten, die eine Gehhilfe oder einen Rollstuhl benutzen, genutzt werden, wenn insbesondere folgende Bedingungen erfüllt sind.

- Die Geschwindigkeit der Drehbewegung muss den Bedürfnissen dieser Beschäftigten angepasst werden können.
- Ein automatisches Zurücksetzen der reduzierten Geschwindigkeit darf frühestens nach einer Drehung der Tür um 360° möglich sein.
- Diese Karusselltüren sind baulich so zu dimensionieren, dass sie in gerader Durchfahrt befahren werden können und an jeder Stelle der Durchfahrt eine ausreichend große Bewegungsfläche von 1,30 m Länge × 1,00 m Breite gewährleistet ist.
- NOT-HALT-Einrichtungen (z. B. Schalter, Taster, Sensoren) müssen erreichbar und bedienbar sein.
- Die Gestaltung (z. B. Material, Struktur) des Bodenbelages innerhalb dieser Karusselltüren darf die Bewegung eines Rollstuhls oder eines Rollators in der vorgesehenen Richtung nicht beeinflussen.

Für blinde Beschäftigte ist neben kraftbetätigten Karusselltüren eine Drehflügel- oder Schiebetür anzuordnen.

(7) Die Anforderungen an Schlupftüren in Torflügeln entsprechen denen an Drehflügeltüren.

(8) Werden Bewegungsmelder als Türöffner verwendet, sind bei deren Betrieb die Belange von kleinwüchsigen (Unterlaufen), blinden (Tastbereich des Langstockes) und gehbehinderten (Gehgeschwindigkeit) Beschäftigten zu berücksichtigen.

(9) Bedienelemente von Türen und Toren, z. B. Türgriffe, Schalter, elektronische Zugangssysteme (z. B. Kartenleser), Notbehelfseinrichtungen (Abschalt- und NOT-HALT-Einrichtungen), „Steuerungen mit Selbsthaltung" (Impulssteuerung) und „Steuerungen ohne Selbsthaltung" (Totmannsteuerung), müssen wahrnehmbar, erkennbar, erreichbar und nutzbar sein.

- **Wahrnehmbarkeit** und **Erkennbarkeit** der Funktion werden erreicht, wenn Bedienelemente für sehbehinderte Beschäftigte kontrastreich und für blinde Beschäftigte taktil erfassbar gestaltet sind. Dabei ist ein unbeabsichtigtes Auslösen zu vermeiden. Für sehbehinderte und blinde Beschäftigte sind Sensortasten nicht zulässig.
- **Erreichbarkeit** für kleinwüchsige Beschäftigte und für Beschäftigte, die einen Rollstuhl benutzen und deren Hand-/Arm-Motorik eingeschränkt ist, ist gegeben, wenn Bedienelemente grundsätzlich in einer Höhe von 0,85 m angeordnet sind. Schlösser und Türgriffe können z. B. leichter erreicht und benutzt werden bei Verwendung von Beschlaggarnituren, bei denen das Schloss oberhalb des Türgriffes angeordnet ist.
- **Erreichbarkeit** für Beschäftigte, die einen Rollstuhl benutzen, ist gegeben, wenn Bedienelemente so angeordnet sind, dass eine freie Bewegungsfläche bei frontaler Anfahrbarkeit von mindestens 1,50 m × 1,50 m und bei seitlicher Anfahrbarkeit von mindestens 1,50 m × 1,20 m vorhanden ist (analog Abb. 1). Dabei müssen die Bedienelemente von kraftbetätigten Drehflügeltüren und Toren mindestens 2,50 m vor der in den Bewegungsraum aufschlagenden Tür und 1,50 m in der Gegenrichtung angebracht sein. Bedienelemente von kraftbetätigten Schiebetüren müssen sich bei frontaler Anfahrt mindestens 1,50 m vor und hinter der Schiebetür befinden.
- **Nutzbarkeit** ist gegeben, wenn für Beschäftigte mit Einschränkung der Hand-/Arm-Motorik die maximal aufzuwendende Kraft zur Bedienung von Schaltern und Tastern 5,0 N beträgt.
- Für die **Nutzbarkeit** von Türgriffen soll für Beschäftigte mit Einschränkungen der Hand-/Arm-Motorik die Kraftübertragung durch Formschluss zwischen Hand und Bedienelement unterstützt werden (z. B. ergonomisch geformte Griffe). Drehgriffe (z. B. Knäufe) oder eingelassene Griffe sollen nicht verwendet werden. Eine kombinierte Bewegung (z. B. gleichzeitiges Drehen und Drücken) soll vermieden werden bzw. in Einzelbewegungen ausführbar sein.
- Für das Zuziehen von Türen ist für Beschäftigte, die einen Rollstuhl benutzen, eine horizontale Griffstange als Schließhilfe geeignet.

(10) Für Beschäftigte, die eine Gehhilfe oder einen Rollstuhl benutzen oder deren Hand-/Arm-Motorik eingeschränkt ist, darf der maximale Kraftaufwand für das Öffnen von handbetätigten Türen und Toren zur Einleitung einer Bewegung, z. B. des Türblatts, und für die Bedienung handbetätigter Beschläge, z. B. des Drückers, nicht mehr als 25 N betragen. Das maximale Moment für handbetätigte Beschläge darf nicht größer als 2,5 Nm sein. Können die Maximalwerte für Kraft oder Drehmoment nicht eingehalten werden, sind kraftbetätigte Türen und Tore vorzusehen.

Bei sensorisch gesteuerten Türen und Toren ist für sehbehinderte und blinde Beschäftigte sicherzustellen, dass keine Gefährdung durch das Öffnen des Flügels entsteht. Das kann erreicht werden, indem der Flügel rechtzeitig geöffnet wird oder, falls der Flügel in einen quer verlaufenden Verkehrsweg aufschlägt, beim Öffnen ein akustisches Signal ertönt.

(11) Durch das selbstständige Schließen von Türen mit Türschließern dürfen für Beschäftigte, die eine Gehhilfe oder einen Rollstuhl benutzen oder deren Hand-/Arm-Motorik eingeschränkt ist, keine Gefährdungen entstehen. Dies kann z. B. durch die Einstellung der Schließverzögerung erreicht werden.

(12) Für Beschäftigte, die einen Rollator oder Rollstuhl benutzen oder eine Fußhebeschwäche haben, sind untere Tür- oder Toranschläge und Schwellen zu vermeiden. Sind diese technisch erforderlich, dürfen sie nicht höher als 20 mm sein. Dieser Höhenunterschied ist durch Schrägen anzugleichen (Abb. 3).

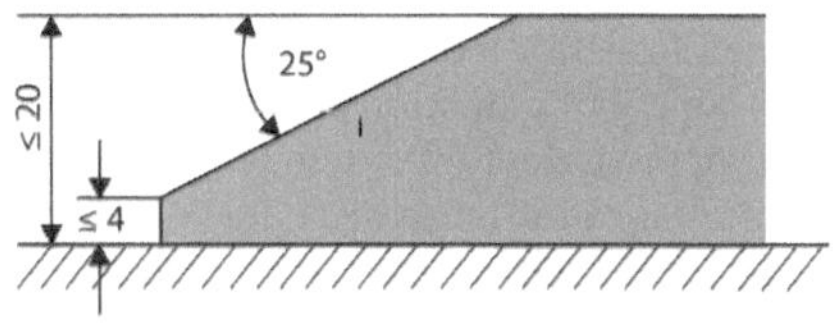

Abb. 3: Schräge an einer Tür- oder Torschwelle (Maße in mm)

(13) Für Beschäftigte, die einen Rollstuhl benutzen, ist eine lichte Durchgangsbreite von Türen und Toren von mindestens 0,90 m erforderlich. (abweichend von ASR A1.7 Punkt 4 Abs. 6)

(14) Bei Ausfall der Antriebsenergie darf für Beschäftigte mit eingeschränkter Hand-/Arm-Motorik der Kraftaufwand zum manuellen Öffnen kraftbetätigter Türen und Tore zur Einleitung einer Bewegung und ebenso für die Bedienung handbetätigter Beschläge nicht mehr als 25 N betragen. Das maximale Moment für die Bedienung handbetätigter Beschläge darf nicht größer als 2,5 Nm sein. Falls dies nicht erreicht werden kann, sind durch die Gefährdungsbeurteilung alternative Maßnahmen festzulegen (z. B. zweiter Ausgang, Patenschaften). (abweichend von ASR A1.7 Punkt 5 Abs. 2 Satz 1)

(15) Ergänzende Anforderungen hinsichtlich der Kennzeichnung von Türen und Toren im Einbahnverkehr sind in dieser ASR im Anhang A1.3 enthalten. (ASR A1.7 Punkt 5 Abs. 4)

(16) Flügel von Türen und Toren, die zu mehr als drei Viertel ihrer Fläche aus einem durchsichtigen Werkstoff bestehen, müssen durch Sicherheitsmarkierungen so gekennzeichnet sein, dass sie für Beschäftigte mit Sehbehinderung, Beschäftigte die einen Rollstuhl benutzen und für kleinwüchsige Beschäftigte aus deren Augenhöhe erkennbar sind (ASR A1.7 Punkt 5 Abs. 7). Sicherheitsmarkierungen können z. B. aus 8 cm breiten durchgehenden Streifen bestehen, die in einer Höhe von 40–70 cm und 120–160 cm angebracht sind. Die Hauptschließkante von rahmenlosen Glas-Drehflügeltüren ist visuell kontrastierend zu gestalten.

(17) Ist eine Quetschgefährdung für Beschäftigte, die einen Rollstuhl benutzen, zwischen den hinteren Kanten der Flügel (Nebenschließkanten) von kraftbetätigten Schiebetüren/-toren und festen Teilen der Umgebung beim Betrieb nicht bereits durch Maßnahmen nach ASR A1.7 Punkt 6 Abs. 1 auszuschließen, müssen Sicherheitsabstände von ≥ 900 mm nach Abb. 4 eingehalten werden. (abweichend von ASR A1.7 Punkt 6 Abs. 7 Abb. 2 und 3)

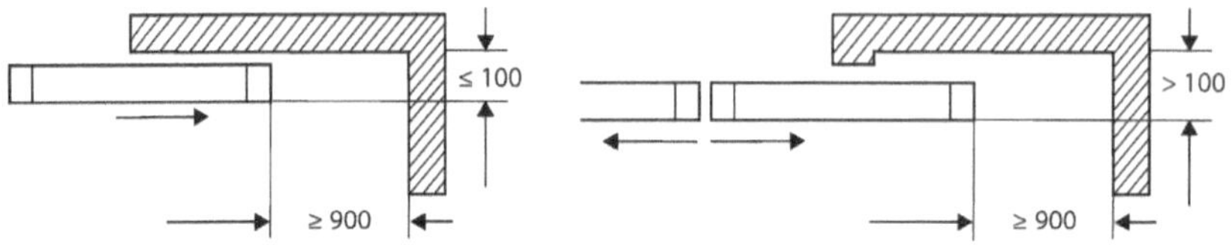

Abb. 4: Vermeiden von Quetschgefährdungen zum Schutz von Beschäftigten, die einen Rollstuhl benutzen (Maße in mm)

(18) Für Beschäftigte, die einen Rollstuhl benutzen, müssen Quetschstellen zwischen dem Flügel und festen Teilen der Umgebung an kraftbetätigten Dreh- und Faltflügeltüren oder -toren vermieden werden. Dazu muss der hinter dem Flügel gelegene Bereich bei größtmöglicher Flügelöffnung über seine gesamte Tiefe eine lichte Weite von mindestens 900 mm aufweisen (Abb. 5) (abweichend zu ASR A1.7 Punkt 6 Abs. 8). Kann dieser Wert nicht eingehalten werden, sind weitere Sicherheitsmaßnahmen (siehe ASR A1.7 Punkt 6 Abs. 1) notwendig.

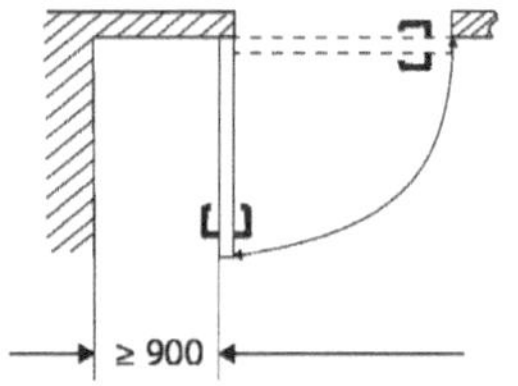

Abb. 5: Vermeiden von Quetschgefährdung (Maße in mm)

(19) Der Kraftaufwand für das manuelle Öffnen von kraftbetätigten Schiebetüren, Schnelllauftoren und Karusselltüren im Verlauf von Fluchtwegen bei Ausfall der Kraftbetätigung, z. B. bei Ausfall der Energiezufuhr, richtet sich nach Abs. 14. (abweichend von ASR A1.7 Punkt 9 Abs. 1 und Punkt 10.1 Abs. 3)

(20) Weitere Bestimmungen zur barrierefreien Gestaltung von Türen und Toren im Verlauf von Fluchtwegen sind im Anhang A2.3 dieser ASR enthalten.

Anhang A1.8

Ergänzende Anforderungen zur ASR A1.8 „Verkehrswege"[447]

zu 4.1 Allgemeines

(1) Beim Einrichten und Betreiben von Verkehrswegen sind die besonderen Anforderungen von Beschäftigten mit Behinderungen zu berücksichtigen. Je nach Auswirkung der Behinderung ist insbesondere auf Wahrnehmbarkeit, Erkennbarkeit und Nutzbarkeit zu achten.[448]

(2) Die Querneigung von Verkehrswegen, die von Beschäftigten mit einem Rollator oder einem Rollstuhl benutzt werden, darf nicht mehr als 2,5 % betragen. (ASR A1.8 Punkt 4.1 Abs. 2)[449]

(3) Schrägrampen (geneigte Verkehrswege nach ASR A1.8 Punkt 3.23), die von Beschäftigten mit einem Rollator oder einem Rollstuhl benutzt werden, dürfen eine Längsneigung von 6 % nicht überschreiten. Bei einer Längsneigung von mehr als 3 % sind ab 10 m Länge Podeste mit einer nutzbaren Länge von mindestens 1,50 m vorzusehen. Bei mehr als 6 % Neigung ist die Nutzbarkeit des Verkehrsweges durch geeignete Maßnahmen herzustellen. Geeignet sind z. B. ein Hublift oder ein Elektrorollstuhl, ggf. eine assistierende Person. (ASR A1.8 Punkt 4.1 Abs. 4)[450]

Hinweis: Eine Rampe gemäß DIN 18040-1 Nr. 4.3.8 ist eine spezielle bauliche Anlage, die nicht in dieser ASR behandelt wird.

(4) Für Beschäftigte, die einen Rollator oder einen Rollstuhl benutzen und für Beschäftigte, die eine Fußhebeschwäche haben, müssen Verkehrswege schwellenlos sein. Sind Schwellen

---

[447] Die strikte Einhaltung der Maßgaben dieser ASR ist für alle Beschäftigten hinsichtlich ihrer Unversehrtheit von Leib und Leben existentiell. Dies gilt ganz besonders für Beschäftigte mit einem oder mehreren Handicaps bzgl. ihrer Orientierungs- und Bewegungsfähigkeit. Die Maßgaben für Verkehrswege sind ranggleich zu denen für Fluchtwege und haben bei der Einrichtung und dem Betreiben von Arbeitsstätten prioritäre Bedeutung.

[448] Zusätzliche Bedeutung kommt der strikten Einhaltung der Maßgaben dieser ASR beim Einrichten und Benutzen von Verkehrswegen sowie bei innerbetrieblichen Transporttätigkeiten zu. Bis zu 50 % der Herstellungszeit werden für innerbetriebliche Transporte aufgewendet. Diese sind in vielen Branchen in einem beachtlichen Umfang am Unfallgeschehen beteiligt ist. Menschen mit Behinderungen sind diesen arbeitsbedingten Unfall- und Gesundheitsgefahren in besonderem Maße ausgesetzt. Deshalb sind besondere Anforderungen an die Wahrnehmbarkeit, Erkennbarkeit und Nutzbarkeit von Verkehrswegen zu stellen.
Für Bedienelemente (z. B. Lichtschalter, Notruftasten oder elektrische Türöffner), die sich im Verlauf der Verkehrswege befinden, ist zu deren sicherer Erkennbarkeit und Nutzung eine räumliche Anordnung gem. den Ergänzenden Anforderungen zur ASR A2.3. Abs. 7 festzulegen.
In Türen von Verkehrswegen muss sich ein ausreichend großes Sichtfenster, das in Sehhöhe von Rollstuhlfahrern anzuordnen ist, befinden.

[449] Verkehrswege eines Höhenniveaus (Geschosses) müssen grundsätzlich waagerecht angelegt sein. Bei besonderen bautechnischen Erfordernissen wird für den speziellen Einzelfall die maximale Querneigung bei Nutzung durch behinderte Beschäftigte mit fahrbaren Gehhilfen oder Rollstuhlnutzer auf 2,5 % begrenzt.

[450] Bauplaner und Bauherren von Arbeitsstätten sind gut beraten, diese Anforderungen an Schrägrampen vorausschauend zu realisieren. Insbesondere für Schrägrampen im Regelfall für nichtbehinderte Beschäftigte ist der Neigungsunterschied von lediglich 2 % zu Schrägrampen für Beschäftigte mit Gehhilfen oder Rollstuhl (maximal 6 %), marginal, die Konsequenz für eine ggf. spätere Nutzbarkeit für gehbehinderte Beschäftigte dagegen maximal.

technisch unabdingbar, dürfen sie nicht höher als 20 mm sein. Dieser Höhenunterschied ist durch Schrägen anzugleichen. Eine Gestaltungslösung enthält Anhang A1.7: Ergänzende Anforderungen zur ASR A1.7 „Türen und Tore" Abs. 12. (ASR A1.8 Punkt 4.1 Abs. 5)

(5) Für Beschäftigte, die einen Rollator oder einen Rollstuhl benutzen, muss an Schrägrampen, einschließlich deren Podesten, das seitliche Abkommen, Kippen und Abstürzen verhindert werden. Dies kann z. B. mit einer seitlichen Begrenzung, wie einem Radabweiser (Höhe mindestens 0,10 m) oder einer Wand erfolgen. (ASR A1.8 Punkt 4.1 Abs. 6)[451)]

(6) Verkehrswegkreuzungen und -einmündungen müssen für Beschäftigte mit Behinderungen je nach Auswirkung der Behinderung wahrnehmbar und erkennbar sein. Wahrnehmbarkeit und Erkennbarkeit werden erreicht, wenn diese Bereiche für Beschäftigte mit Sehbehinderung visuell kontrastierend gestaltet sind. Für blinde Beschäftigte ist das Zwei-Sinne-Prinzip anzuwenden, z. B. durch ein zusätzliches akustisches Signal an Schranken oder Ampeln oder durch taktile Markierungen (z. B. Bodenmarkierung). (ASR A1.8 Punkt 4.1 Abs. 7)

(7) Wird als verkehrssichernde Maßnahme an Verkehrswegkreuzungen und -einmündungen ein Drehkreuz verwendet, ist für Beschäftigte, die eine Gehhilfe oder einen Rollstuhl benutzen, ein alternativer Verkehrsweg einzurichten. (ASR A1.8 Punkt 4.1 Abs. 7)

(8) Bei Maßnahmen des Winterdienstes ist zu berücksichtigen, dass für Beschäftigte, die einen Rollator oder einen Rollstuhl benutzen, die beräumte Breite des Verkehrsweges eine sichere Benutzbarkeit gewährleistet.

Wenn notwendig, sind bei beeinträchtigenden Witterungseinflüssen vorhandene kontrastierende oder taktile Markierungen für sehbehinderte und blinde Beschäftigte frei zu halten oder geeignete temporäre Ersatzmaßnahmen zu treffen. (ASR A1.8 Punkt 4.1 Abs. 8)[452)]

zu 4.2 Wege für den Fußgängerverkehr

(9) Für Beschäftigte, die eine Gehhilfe oder einen Rollstuhl benutzen, müssen Verkehrswege unabhängig von der Anzahl der Personen im Einzugsgebiet ausreichend breit sein. Mögliche Begegnungsfälle, Richtungswechsel und Rangiervorgänge sind zu berücksichtigen. (abweichend von ASR A1.8 Tabelle 2)

(10) Die Mindestbreite von Verkehrswegen ergibt sich für Beschäftigte, die eine Gehhilfe oder einen Rollstuhl benutzen, aus den Breiten von Fluchtwegen nach Anhang A2.3: Ergänzende Anforderungen zur ASR A2.3 „Fluchtwege und Notausgänge, Flucht- und Rettungsplan", Abs. 2.

Für den Begegnungsfall von Beschäftigten, die einen Rollstuhl benutzen
- mit anderen Personen ist eine Verkehrswegbreite von 1,50 m,
- mit anderen Personen, die einen Rollstuhl benutzen, ist eine Verkehrswegbreite von 1,80 m

zu gewährleisten.

451) Diese Maßgaben gelten unabhängig von der möglichen Absturzhöhe von der Schrägrampe.

452) Dessen unbenommen gelten zusätzlich die Anforderungen des Abs. 8 zu Abschn. 4.1 der ASR A1.8, wonach die Rutschhemmung für betriebliche Verkehrswege speziellen Anforderungen unterliegt (vgl. ASR A1.5 „Fußböden" Abschn. 6 und Anh. 2) und die Verkehrswege jahreszeitabhängig regelmäßig zu reinigen sind, auch wenn sie nur selten begangen werden.

Abweichend davon ist eine Verkehrswegbreite von 1,00 m ausreichend, wenn der Verkehrsweg bis zur nächsten Begegnungsfläche einsehbar ist. Die Begegnungsfläche muss für den Begegnungsfall von Beschäftigten, die einen Rollstuhl benutzen,
- mit anderen Personen mindestens 1,50 m × 1,50 m und
- mit anderen Personen, die einen Rollstuhl benutzen, mindestens 1,80 m × 1,80 m

betragen. (abweichend von ASR A1.8 Tab. 2)

Hinweis: Die Bewegungsflächen vor Türen sind zu berücksichtigen (siehe Anhang A1.7: Ergänzende Anforderungen zur ASR A1.7 „Türen und Tore" Abs. 3 und 4).

(11) Für Beschäftigte, die einen Rollator oder einen Rollstuhl benutzen, müssen Gänge zu persönlich zugewiesenen Arbeitsplätzen, Wartungsgänge und Gänge zu gelegentlich benutzten Betriebseinrichtungen mindestens 0,90 m breit sein. Dies kann auch für Beschäftigte, die Gehhilfen benutzen, notwendig sein. Ist eine Nutzung der Gänge nur von einer Seite möglich („Sackgasse"),
- ist eine Wendemöglichkeit (mindestens 1,50 m × 1,50 m) einzurichten oder
- soll die Länge für das Rückwärtsfahren 3 m nicht überschreiten.

Die Breiten von Verkehrswegen in Nebengängen von Lagereinrichtungen sind im Rahmen der Gefährdungsbeurteilung festzulegen, müssen aber mindestens den Werten nach Tabelle 2 der ASR A1.8 entsprechen.[453)]

(12) Für Beschäftigte, die einen Rollator oder einen Rollstuhl benutzen, sind zum Überwinden von nicht vermeidbaren Ausgleichsstufen alternative Maßnahmen zu treffen, z. B. Treppensteighilfen, Treppenlifte oder Plattformaufzüge. (ASR A1.8 Punkt 4.2 Abs. 3)

(13) Für Beschäftigte mit Sehbehinderung müssen Ausgleichsstufen auf Verkehrswegen visuell kontrastierend und für blinde Beschäftigte durch taktil erfassbare Bodenstrukturen gestaltet sein.

Hinweis: Für Beschäftigte mit motorischen Einschränkungen ist im Rahmen der Gefährdungsbeurteilung zu prüfen, ob an Ausgleichsstufen auf Verkehrswegen Handläufe erforderlich sind.

zu 4.3 Wege für den Fahrzeugverkehr

(14) Für Beschäftigte, die einen Rollator oder einen Rollstuhl benutzen, muss der Randzuschlag mindestens Z_1 = 0,90 m betragen. Abweichend davon kann der Randzuschlag für den ausschließlichen Fahrzeugverkehr auf bis zu 0,50 m reduziert werden, wenn
- die Fahrgeschwindigkeit auf 6 km/h begrenzt und ein Ausweichen möglich ist oder
- das Fahrzeug mit einem Personenerkennungssystem ausgestattet ist.

(ASR A1.8 Punkt 4.3 Abs. 3)

[453)] Quetschstellen zwischen dem Flügel und festen Teilen der Umgebung müssen in gleicher Weise und in gleichem Umfang, wie es für Fluchtwege und Notausgänge vorgeschrieben ist, auch für Verkehrswege ausgeschlossen werden. Dazu muss der an kraftbetätigten Dreh- und Falttüren oder -toren hinter dem Flügel gelegene Bereich bei größtmöglicher Flügelöffnung und über die gesamte Tiefe eine lichte Weite von mindestens 0,90 m aufweisen. Kann dieser Wert nicht eingehalten werden, sind weitere Sicherheitsmaßnahmen (s. Abschn. 6 Abs. 1 und 7 der ASR A1.7) notwendig, s. auch DGUV Information 208-026, Ausg. März 2019.

(15) Die Summe aus doppeltem Rand- und einfachem Begegnungszuschlag darf auch bei einer geringen Anzahl von Verkehrsbegegnungen nicht herabgesetzt werden. (abweichend von ASR A1.8 Punkt 4.3 Abs. 4)

(16) Personenerkennungssysteme müssen so ausgeführt und angeordnet sein, dass auch Beschäftigte, die eine Gehhilfe, einen Rollstuhl oder einen Langstock benutzen sowie kleinwüchsige Beschäftigte rechtzeitig erkannt werden. (ASR A1.8 Punkt 4.3 Abs. 9 und 10)

zu 4.4 Kennzeichnung und Abgrenzung von Verkehrswegen

(17) Lassen sich Gefährdungen im Verlauf von Verkehrswegen nicht durch technische Maßnahmen verhindern oder beseitigen oder ergeben sich Gefährdungen durch den Fahrzeugverkehr aufgrund unübersichtlicher Betriebsverhältnisse, sind diese Verkehrswege für Beschäftigte mit Behinderung nach Anhang A1.3: Ergänzende Anforderungen zur ASR A1.3 „Sicherheits- und Gesundheitsschutzkennzeichnung" zu kennzeichnen. (ASR A1.8 Punkt 4.4 Abs. 1)[454]

(18) Die Abgrenzung zwischen niveaugleichen Verkehrswegen und umgebenden Arbeits- und Lagerflächen sowie zwischen Wegen für den Fußgänger- und Fahrzeugverkehr muss
- für Beschäftigte mit Sehbehinderung visuell kontrastierend,
- für blinde Beschäftigte nach dem Zwei-Sinne-Prinzip, z. B. durch taktil erfassbare Bodenstrukturen oder akustische Warnsysteme, gestaltet sein. (ASR A1.8 Punkt 4.4 Abs. 2)[455]

zu 4.5 Treppen

(19) Für Beschäftigte, die einen Rollator oder einen Rollstuhl benutzen, sind an Treppen alternative Maßnahmen zu treffen, z. B. Schrägrampen, Treppensteighilfen, Treppenlifte, Plattformaufzüge oder Aufzüge.

(20) Für Beschäftigte mit Sehbehinderung müssen die erste und letzte Stufe des Treppenlaufs mindestens an der Stufenvorderkante visuell kontrastierend gestaltet und erkennbar sein.

(21) Für blinde Beschäftigte ist die oberste Stufe von Treppenläufen am Beginn der Antrittsfläche (siehe Abb. 2) über die gesamte Treppenbreite taktil erfassbar zu gestalten, z. B. durch unterschiedliche Bodenstrukturen.

(22) Für blinde Beschäftigte muss gewährleistet sein, dass Treppen unterhalb einer lichten Höhe von 2,10 m nicht unterlaufen werden können. Dies kann erreicht werden z. B. mit Umwehrungen, Brüstungen, Pflanzkübeln oder durch Möblierung.

---

[454] Für Beschäftigte mit Sehbehinderungen sind die Vorzugsgrößen und Darstellung der Zeichen gem. Tabelle 3 der ASR A1.3 in Abhängigkeit der Erkennungsweite (Sehentfernung) festzulegen. Bei Beschäftigten mit Sehbehinderungen ist eine individuelle Gefährdungsbeurteilung erforderlich, um die notwendige Größe der Schriftzeichen festzustellen oder ggf. geeignete, gleichwirksame Ersatzlösungen einzurichten.

[455] Bauplaner und Bauherren von Arbeitsstätten sind gut beraten, diese Anforderungen an Wege für den Fahrzeugverkehr, die Kennzeichnung und Abgrenzung von Verkehrswegen, an Treppen sowie Fahrtreppen und Fahrsteige vorausschauend zu realisieren, um dadurch die spätere Nutzbarkeit für gehbehinderte Beschäftigte zu ermöglichen.

(23) Für Beschäftigte mit Gehbehinderung, z. B. mit einer Fußhebeschwäche, müssen Treppen geschlossene Stufen haben. Unterschneidungen sind grundsätzlich nicht zulässig. Abweichend davon ist bei geschlossenen Stufen mit schrägen Setzstufen eine Unterschneidung (u) von maximal 2 cm zulässig (siehe Abb. 1). Ausgenommen sind Treppen, die ausschließlich als Fluchtweg in Abwärtsrichtung genutzt werden. (abweichend von ASR A1.8 Abb. 4)

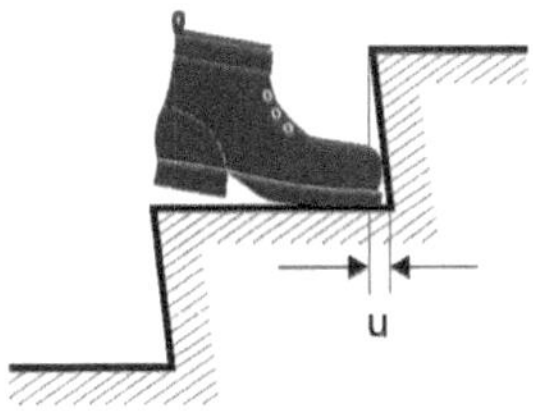

Abb. 6: Unterschneidung an einer schrägen Setzstufe

(24) Für Beschäftigte, deren motorische Einschränkungen es erfordern (z. B einseitige Armlähmung), müssen Treppen beidseitig Handläufe haben, die nicht unterbrochen sind. Die Handläufe sollen in einer Höhe von 0,80 m bis 0,90 m angeordnet sein, gemessen lotrecht von der Oberkante des Handlaufs zur Stufenvorderkante. (ASR A1.8 Punkt 4.5 Abs. 10)

(25) Für blinde Beschäftigte und Beschäftigte mit Sehbehinderung müssen die Enden der wandseitigen Handläufe am Anfang und Ende von Treppen um das Maß des Auftritts an der An- bzw. Austrittsfläche fortgeführt werden (Abb. 2). Am Treppenauge darf der Handlauf nicht um das Maß des Auftritts fortgeführt werden. Die Enden der Handläufe sollen abgerundet sein und nach unten oder zur Wandseite auslaufen. Halterungen für Handläufe sollen an der Unterseite angeordnet sein.

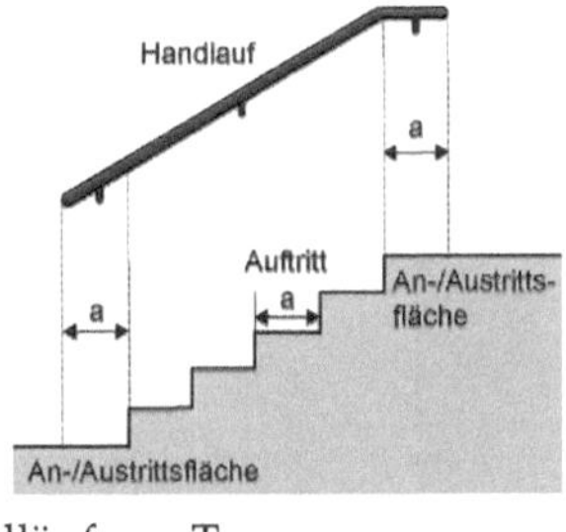

Abb. 7: Gestaltung der Handläufe an Treppen

(26) Für Beschäftigte mit Sehbehinderung sollen Handläufe sich visuell kontrastierend vom Hintergrund abheben.

(27) Für blinde Beschäftigte sollen an Handläufen taktile Informationen zur Orientierung angebracht sein, z. B. die Stockwerkbezeichnung.

(28) Für kleinwüchsige Beschäftigte sind zusätzliche Handläufe in einer Höhe von 0,65 m vorzusehen.

zu 4.6 Steigeisengänge und Steigleitern und Laderampen

(29) Sollen Steigeisengänge, Steigleitern oder Laderampen von Beschäftigten mit Behinderungen benutzt werden, sind im Rahmen der Gefährdungsbeurteilung entsprechend den Auswirkungen der Behinderungen im Einzelfall geeignete Maßnahmen zu treffen.

zu 4.7 Fahrtreppen und Fahrsteige

(30) Für Beschäftigte mit motorischen Einschränkungen, für Beschäftigte mit Sehbehinderung und für blinde Beschäftigte sind Fahrtreppen bzw. Fahrsteige nutzbar, wenn die Geschwindigkeit maximal 0,5 m/s beträgt. An Fahrtreppen ist ein Vorlauf von mindestens drei Stufen erforderlich.

(31) Für Beschäftigte mit Sehbehinderung muss der Übergang zwischen Stauraum und Fahrtreppe bzw. Fahrsteig visuell kontrastierend gestaltet sein, z. B. durch eine hinterleuchtete Fuge oder durch eine farbliche Gestaltung des Kamms.

(32) Für blinde Beschäftigte muss gewährleistet sein, dass Fahrtreppen und Fahrsteige unterhalb einer lichten Höhe von 2,10 m nicht unterlaufen werden können. Dies kann erreicht werden z. B. mit Umwehrungen, Brüstungen, Pflanzkübeln oder durch Möblierung.

Anhang A2.2

Ergänzende Anforderungen zur ASR A2.2 „Maßnahmen gegen Brände"[456] [457]

(1) Beim Einrichten und Betreiben von Arbeitsstätten mit Brandmelde- und Feuerlöscheinrichtungen sowie bei weiteren Maßnahmen zur Erkennung und Bekämpfung von Entstehungsbränden sowie zur Alarmierung sind die besonderen Belange von Beschäftigten mit Behinderungen zu berücksichtigen. Je nach Auswirkung der Behinderung ist insbesondere auf Wahrnehmbarkeit, Erkennbarkeit, Erreichbarkeit und Nutzbarkeit zu achten.

(2) Bei der Festlegung von Maßnahmen zur Alarmierung sind die Belange der Beschäftigten mit Behinderungen so zu berücksichtigen, dass die sicherheitsrelevanten Informationen verständlich wahrgenommen werden. Die Alarmierung von Beschäftigten mit Seh- oder Hörbehinderungen erfordert die Berücksichtigung des Zwei-Sinne-Prinzips.

Dies wird erreicht, indem
1. für Beschäftigte, die visuelle Alarmsignale nicht wahrnehmen können, ersatzweise akustische oder taktile Alarmsignale, z. B. Sprachalarmanlagen, akustische Signalgeber (z. B. Hupen, Sirenen) oder Vibrationsalarm mit mobilen Endgeräten bzw.
2. für Beschäftigte, die akustische Alarmsignale nicht wahrnehmen können, ersatzweise taktile oder visuelle Alarmsignale, z. B. Vibrationsalarm mit mobilen Endgeräten, Funkmelder, digitale Melder oder Anzeige auf Bildschirmen

eingesetzt werden. (ASR A2.2 Abschnitt 5.1 Absätze 1 und 3)[458]

(3) Nichtautomatische Brandmelder müssen für Beschäftigte mit Behinderungen wahrnehmbar, erkennbar, erreichbar und nutzbar sein.[459] Dies kann z. B. durch nachfolgend aufgeführte Maßnahmen erreicht werden.

---

[456] Die Besonderheit dieser Ergänzenden Anforderungen der ASR V3a.2 „Barrierefreie Gestaltung von Arbeitsstätten" zur ASR A2.2 „Maßnahmen gegen Brände" ist, dass sie – anders als sie benannt ist – für Beschäftigte mit Behinderungen in den Absätzen 1 bis 3 keine besonderen Maßnahmen gegen Brände definiert, sondern im wesentlichen Maßnahmen zur Gestaltung der Alarmierung festlegt.

[457] Gefahrenmelder jeglicher Art, Automatische Brandmelder und Brandmeldeanlagen, Brandgas- oder Rauchgasmelder, Wärmemelder, Rauchmelder jeglicher Art ebenso Flammenmelder u.a.m. sind hinsichtlich ihrer Alarmierungssignale und -signalgebung den besonderen Belangen von Beschäftigten mit Behinderungen anzupassen. Je nach Auswirkung der Behinderung sind besondere Maßnahmen erforderlich, um die Wahrnehmbarkeit, Erkennbarkeit, Erreichbarkeit und Nutzbarkeit dieser Alarmsignale für die betroffenen Beschäftigten zu gewährleisten.

[458] Maßgebend für die Festlegung geeigneter Maßnahmen zur Alarmierung ist die Gewährleistung ihrer Wahrnehmbarkeit. Die Alarmsignalgebung muss deshalb auf die speziellen Belange der in der Arbeitsstätte tätigen Beschäftigten mit Behinderungen abgestimmt sein. Die Vielfalt von Art und Schweregrad möglicher individueller Behinderungen ist deshalb als Bestandteil der Gefährdungsbeurteilung nach § 3 ArbStättV zu ermitteln und daraus die besondere Signalgestaltung abzuleiten. Die in § 3 Abs. 2 ArbStättV geforderte Fachkunde bei der Durchführung der Gefährdungsbeurteilung erstreckt sich demzufolge nicht lediglich auf die jeweiligen arbeitsbedingten Gefährdungen, sondern umfasst auch eine besondere Fachkunde bezüglich der Belange der Beschäftigten mit Behinderungen. Ggf. ist der Betriebsarzt einzubeziehen.
Zu beachten ist die Pflicht zur Dokumentation der Ergebnisse der Gefährdungsbeurteilung vor Aufnahme der Tätigkeit entsprechend § 3 Abs. 3 ArbStättV, also auch die vorherige Ermittlung besonderer Maßnahmen für die behinderten Beschäftigten.

[459] Hier wird darauf verwiesen, dass Beschäftigte mit Behinderungen nicht nur passiv fremd ausgelöste Alarmsignale wahrzunehmen und angemessen zu reagieren haben, sondern dass sie auch selbst in der Lage sein müssen, eine Alarmierung auszulösen. Dazu müssen die Betätigungselemente, die zur Alarmauslösung erforderlich sind, den Beschäftigten mit Behinderungen bekannt, für sie erreichbar und benutzbar sein.

1. Wahrnehmbarkeit und Erkennbarkeit sind gegeben, wenn sie für Beschäftigte mit Sehbehinderung visuell kontrastierend und für blinde Beschäftigte taktil erfassbar gestaltet sind.
2. Erreichbarkeit ist für Beschäftigte, die einen Rollstuhl benutzen, gegeben, wenn die Anfahrbarkeit gewährleistet ist.
3. Erreichbarkeit der Bedienelemente (wandmontiert oder Rufsäulen) ist gegeben, wenn sie für kleinwüchsige Beschäftigte und für Beschäftigte, die einen Rollstuhl benutzen, in einer Höhe von 0,85 m bis 1,05 m angeordnet sind.
4. Bei der Nutzung der nichtautomatischen Brandmelder sind die Belange der Beschäftigten mit Behinderungen so zu berücksichtigen, dass der Notruf verständlich übermittelt werden kann. Dies kann z. B. erreicht werden, indem
   a) Beschäftigte mit Sprach- oder Hörbehinderung einen vorgefertigten Notruf absetzen können (z. B. Telefon mit Notrufeinrichtung, Notfallfax),
   b) Beschäftigte, deren Hand-Arm-Motorik eingeschränkt ist, die Meldeeinrichtungen benutzen können, z. B. mit Sprachsteuerung, oder
   c) Beschäftigte mit Sehbehinderung und blinde Beschäftigte ein Telefon mit Notruftaste nutzen können.

(4) Bei der Verteilung und Anbringung der Feuerlöscheinrichtungen innerhalb der Arbeitsstätte sind im Rahmen der Organisation des Brandschutzes die besonderen Belange von Beschäftigten mit Behinderungen zu berücksichtigen.[460)]

Dies kann z. B. erreicht werden, wenn:
1. für Beschäftigte, die einen Rollstuhl benutzen, die Anfahrbarkeit gewährleistet ist,
2. für Beschäftigte, die einen Rollstuhl benutzen und für kleinwüchsige Beschäftigte die Benutzung der Feuerlöscheinrichtungen in einer Griffhöhe von 0,80 m bis 1,05 m möglich ist, oder
3. für Beschäftigte mit Einschränkungen der Hand-Arm-Motorik oder mit Krafteinbußen durch Muskel- und Nervenerkrankungen zusätzlich ein Feuerlöscher mit geringerem Gewicht an ihrem Arbeitsplatz bereitgestellt wird.

(ASR A2.2 Abschnitt 5.3)

(5) Für die notwendigen Maßnahmen zum Schutz vor Entstehungsbränden einschließlich der Verhaltensregeln im Brandfall (z. B. Evakuierung von Gebäuden) können besondere organisatorische Maßnahmen für Beschäftigte mit Behinderungen erforderlich sein.[461)] Ein Beispiel ist die Benennung einer ausreichenden Anzahl eingewiesener Personen, die gegebenenfalls im Gefahrenfall die Beschäftigten mit Behinderungen auf bestehende oder sich ab-

---

460) Der gleiche Grundsatz gilt auch für die Verteilung, Anbringung und das Betätigt werden können von Ausrüstungen oder Geräten zur Gefahrenabwehr bzw. -bekämpfung. Abs. 4 benennt mit den Ziffern 1 bis 3 ausgewählte Mindestanforderungen bzw. Beispiellösungen.

461) I.d.R. sollen Beschäftigte mit Behinderungen selbst nicht aktiv für die Bekämpfung von Entstehungsbränden ausgebildet und eingesetzt werden. Schwerpunkt für diese Beschäftigtengruppe ist die Selbstevakuierung bzw. -rettung oder die assistierte Evakuierung durch o.g. speziell dafür eingewiesene Personen. Dennoch sollten Beschäftigte mit Behinderungen durch geeignete Unterrichtung über Maßnahmen und dazu ausgebildete Einsatzkräfte im Einsatzfall unterrichtet und vorbereitet sein. Dadurch kann eine gefestigtere Verhaltenssicherheit von Beschäftigten mit Behinderungen im Bedrohungs-, Gefahren- oder Gefährdungsfall erzeugt werden.

zeichnende Gefahren oder Störungen hinweisen, sie begleiten oder ihnen behilflich sind (Patenschaften).[462] Die notwendigen Maßnahmen sind im Rahmen der Gefährdungsbeurteilung im Einzelfall zu ermitteln und mit den an den organisatorischen Maßnahmen beteiligten Beschäftigten abzustimmen. (ASR A2.2 Abschnitt 7.1)

(6) Für Beschäftigte mit einer Seh- oder Hörbehinderung müssen die Informationen (z. B. Brandschutzordnung, „Regeln für das Verhalten im Brandfall" im Flucht- und Rettungsplan nach ASR A1.3 „Sicherheits- und Gesundheitsschutzkennzeichnung") nach dem Zwei-Sinne-Prinzip übermittelt werden. Bei Beschäftigten mit kognitiven Behinderungen ist auf die verständliche Übermittlung zu achten, z. B. durch Leichte Sprache.

[462] Die Benennung einer ausreichenden Anzahl eingewiesener Personen, die ggf. im Gefahrenfall die Beschäftigten mit Behinderungen auf bestehende oder sich abzeichnende Gefahren oder Störungen hinweisen, sie begleiten oder ihnen behilflich sind (sog. Patenschaften) sind ein sehr wirksames Hilfselement für die Sicherheit dieser Beschäftigten. Diese Patenschaften sollten regelmäßig durch geeignete Maßnahmen gefestigt und die Hilfs- bzw. Unterstützungsmaßnahmen geübt werden. Dadurch kann eine verlässliche Vertrautheit entstehen, die im Gefahrenfall Panik und unkontrolliertes, angstgesteuertes Verhalten vermeidet. Insbesondere für sehr schnelle und unerwartete Evakuierungen ist das von besonderer Bedeutung.

Anhang A2.3

Ergänzende Anforderungen zur ASR A2.3 „Fluchtwege und Notausgänge" [463] [464]

(1) Bei Festlegung der Anordnung und Abmessungen der Fluchtwege und Notausgänge sind die besonderen Anforderungen von Personen mit Behinderungen zu berücksichtigen. (ASR A2.3 Punkt 5 Abs. 1)[465]

(2) Im Falle des Bewegens in Fluchtrichtung ohne Begegnung ist für Personen mit Behinderung, die eine Gehhilfe oder einen Rollstuhl benutzen, eine lichte Mindestbreite für Fluchtwege von 1,00 m erforderlich. Dabei darf die lichte Breite des Fluchtweges stellenweise für das Einzugsgebiet

- bis fünf Personen für Einbauten, Einrichtungen oder Türen,
- bis 20 Personen für Türen

auf nicht weniger als 0,90 m reduziert werden. Ist eine Fluchtrichtung vorgesehen, bei der eine Begegnung mit anderen Personen mit Behinderung stattfindet, ist eine Mindestbreite für Fluchtwege von 1,50 m erforderlich. (abweichend von ASR A2.3 Punkt 5 Abs. 6)[466]

(3) Vor Türen und Toren im Fluchtweg sind für Personen mit Behinderung, die eine Gehhilfe oder einen Rollstuhl benutzen, freie Bewegungsflächen sowie eine seitliche Anfahrbarkeit gemäß Abb. 1 erforderlich. Bei einer zusätzlichen Einschränkung der Hand-/Arm-Motorik ist zu prüfen, ob bei Wandstärken größer als 0,26 m eine Betätigung des Türdrückers möglich ist. Bei Einschränkungen der visuellen Wahrnehmung ist auf den Kontrast zwischen

---

[463] Der ASTA hat die ASR A2.3 „Fluchtwege und Notausgänge" im März 2022 überarbeitet und an den Stand der Technik angepasst. Anforderungen an die Sicherheitsbeleuchtung für Arbeitsstätten, in denen bei Ausfall der Allgemeinbeleuchtung die Sicherheit der Beschäftigten gefährdet werden kann, wurden in die ASR A3.4 Beleuchtung und, soweit sie Fluchtwege betreffen, in die ASR A2.3 integriert. Damit wurden Anforderungen harmonisiert und formal klarer geordnet. Ziel dieser Anpassungen ist es, Fehlanwendungen in der Praxis zu vermeiden.

[464] Grundsätzlich gilt, an die speziellen Belange von Beschäftigten mit Behinderungen angepasste Gestaltungslösungen für Fluchtwege und Notausgänge „von Beginn an" zu planen, diese einzurichten und deren Nutzung mit den betroffenen Personen, ggf. unter Zuhilfenahme klar geregelter, gefestigter Patenschaften, regelmäßig zu trainieren.

[465] Für Personen mit geringer Mobilität wird unter gewissen Umständen ein Dynamisches Sicherheitsleitsystem empfohlen. Im Ergebnis einer Gefährdungsbeurteilung ist für in ihrer Mobilität eingeschränkte Beschäftigte (z. B. Rollstuhlbenutzer oder Beschäftigte, die eine Gehhilfe benutzen) zu ermitteln, welche Fluchtweglängen bzw. Laufweglängen im Einzelfall zur Anwendung kommen können. Leichte Auffindbarkeit der Notausgänge erfordert für Sehbehinderte eine ausreichende Beleuchtung und kontrastreiche Gestaltung des Türbereichs und für Blinde taktil erfassbare unterschiedliche Bodenstrukturen und bauliche Maßnahmen wie z. B. Geländer und Absätze als Wegbegrenzung (vgl. DIN 18040 Nr. 4.2.3).

[466] ASR A2.3 Abschn. 5 Abs. 6 gibt in Tabelle 1 lichte Mindestbreiten von Hauptfluchtwegen inkl. lichte Mindestbreiten von Durchgängen und Türen im Verlauf von Hauptfluchtwegen an. Die hier in diesen Ergänzenden Anforderungen in Abs. 2 genannten lichte Mindestbreiten sind unter den hier genannten Voraussetzungen gültig, nicht die geringeren lichten Mindestbreiten aus Tabelle 1 der ASR A2.3.
ASR A2.3 Abschn. 5 Abs. 3 gestattet einerseits eine Einschränkung der Mindestbreite der Flure an Türen, die innerhalb der Flure installiert sind (nicht etwa jener Türen, die in Flure führen oder gar aller Türen von Verkehrs- und Fluchtwegen, die in deren Verlauf in Flure münden!) von maximal 0,15 m. Die Mindestbreite darf jedoch an keiner Stelle weniger als 0,80 m betragen. Für Beschäftigte mit Behinderung, die eine Gehhilfe oder einen Rollstuhl benutzen müssen, ist die lichte Mindestbreite für Fluchtwege entsprechend ASR V3a.2, Anh. A2.3 Abs. 2 zu vergrößern und darf auch nicht stellenweise auf weniger als 0,90 m reduziert werden. Rollstuhlbenutzer dürfen in Arbeitsstätten mit vorhandenen Flurbreiten von 0,80 m, die baulich nicht geändert werden können, ohne spezielle, besondere Lösungen nicht beschäftigt werden.

Wand und Tür sowie zwischen Bedienelement und Türflügel zu achten. (ASR A2.3 Punkt 7 Abs. 1)[467)]

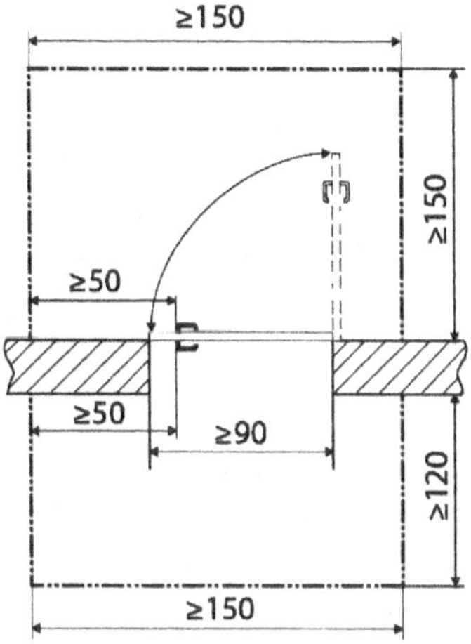

Abb. 1: Freie Bewegungsfläche sowie seitliche Anfahrbarkeit vor Drehflügeltüren im Fluchtweg (Maße in cm)

(4) Sofern in gesicherten Bereichen in Treppenräumen ein kurzzeitiger Zwischenaufenthalt von Personen mit Behinderung, die eine Gehhilfe oder einen Rollstuhl benutzen, zu erwarten ist, müssen diese so ausgeführt sein, dass die Mindestbreite der Fluchtwege nicht eingeschränkt wird. (ASR A2.3 Punkt 4 Abs. 8)[468)]

(5) Bei der Gestaltung von Flucht- und Rettungsplänen sind die Belange der Beschäftigten mit Behinderungen so zu berücksichtigen, dass die für sie sicherheitsrelevanten Informationen verständlich übermittelt werden. Dies wird z. B. erfüllt, wenn

- Beschäftigten mit Sehbehinderung nach Anhang A1.3 Abs. 2 gestaltete Informationen ausgehändigt sind,
- für Beschäftigte mit Sehbehinderung die Größe der Zeichen gemäß Tabelle 3 der ASR A1.3 erhöht ist oder

---

467) Mit diesem Hinweis auf ASR A2.3 Abschn. 7 Abs. 1 wird darauf verwiesen, dass sich Türen und Tore im Verlaufe von Fluchtwegen sowie Notausgänge leicht und ohne besondere Hilfsmitteln öffnen lassen müssen. Die Öffnungselemente müssen ergonomisch gestaltet, gut erkennbar und an zugänglicher Stelle angebracht sein. Das gilt ganz besonders für manuell zu betätigende Entriegelungshebel bzw. -knöpfe an automatischen Türen und Toren. Ohne besondere Hilfsmittel bedeutet die Möglichkeit zum Öffnen ohne z. B. Schlüssel, Transponderkarte oder Codeeingabe. Regelungen zu den Öffnungskräften enthält ASR A1.7 „Türen und Tore" Abs. 3, Abschn. 10.1.

468) Die gesicherten Bereiche in Treppenräumen gewährleisten die Sicherheit von Beschäftigten, die Treppen nicht allein begehen können, bis ihnen zur Überwindung der Treppe Helfer zur Seite stehen und halten dadurch den Fluchtweg für vorbeigehende Beschäftigte frei.

- für Rollstuhlbenutzer und Kleinwüchsige die Flucht- und Rettungspläne aus ihrer Augenhöhe erkennbar sind.[469)]

(ASR A1.3 Punkt 6; ASR A2.3 Punkt 10 Abs. 2)

(6) Führen Fluchtwege durch Schrankenanlagen mit Drehkreuz muss für Personen mit Behinderung, die eine Gehhilfe oder einen Rollstuhl benutzen, ein alternativer Fluchtweg vorhanden sein. (abweichend von ASR A2.3 Punkt 4 Abs. 7)

(7) Für Beschäftigte, die einen Rollstuhl benutzen und deren Hand-/Arm-Motorik eingeschränkt ist, dürfen Bedienelemente einschließlich der Entriegelungseinrichtungen maximal eine Höhe von 0,85 m haben. Im begründeten Einzelfall sind andere Maße zulässig. Der maximale Kraftaufwand darf nicht mehr als 25 N oder 2,5 Nm betragen. Können die Maximalwerte für Kraft und Drehmoment nicht eingehalten werden, sind elektrische Entriegelungssysteme vorzusehen. Dabei muss die Not-Auf-Taste in einer Höhe von 0,85 m und mindestens 2,50 m vor der aufschlagenden Tür und 1,50 m in Gegenrichtung angebracht sein. (abweichend von ASR A2.3 Punkt 7 Abs. 1)

(8) Die Alarmierung von Beschäftigten mit Seh- oder Hörbehinderungen, die gefangene Räume nutzen, erfordert die Berücksichtigung des Zwei-Sinne-Prinzips. (ASR A2.3 Punkt 4 Abs. 12)

(9) Für ein sicheres Verlassen ins Freie oder in einen gesicherten Bereich können besondere organisatorische Maßnahmen für Beschäftigte mit Behinderungen erforderlich sein. Das ist z. B. die Benennung einer ausreichenden Anzahl eingewiesener Personen, die gegebenenfalls im Gefahrfall die Beschäftigten mit Behinderungen auf bestehende oder sich abzeichnende Gefahren oder Beeinträchtigungen hinweisen, sie begleiten oder ihnen behilflich sind (Patenschaften). Die notwendigen Maßnahmen sind im Rahmen der Gefährdungsbeurteilung im Einzelfall zu ermitteln und mit den an der organisatorischen Maßnahme beteiligten Beschäftigten abzustimmen.[470)]

(10) Bei Räumungsübungen sind die Belange der Beschäftigten mit Behinderungen zu berücksichtigen, z. B. Anwenden von Evakuierungshilfen. (ASR A2.3 Punkt 11 Abs. 2)[471)]

(11) Bei optischen Sicherheitsleitsystemen sind die Belange von Beschäftigten mit Sehbehinderung so zu berücksichtigen, dass die sicherheitsrelevanten Informationen auf andere Art

469) Die Vorzugsgrößen der Sicherheits-, Zusatz- und Schriftzeichen gem. Tabelle 3 der ASR A1.3 „Sicherheits- und Gesundheitsschutzkennzeichnung" sind in Abhängigkeit der Erkennungsweite (Sehentfernung) festzulegen. Bei Beschäftigten mit Sehbehinderungen ist eine individuelle Gefährdungsbeurteilung erforderlich, um die notwendige Größe der Schriftzeichen festzustellen.

470) Das Prinzip, unterstützende Partnerschaften zu Beschäftigten mit Behinderungen zu installieren, ist bereits an anderen Stellen als notwendige und wirksame persönliche Gestaltungsmaßnahme benannt worden. Keinesfalls ersetzt die Realisierung dieses Partnerschaftsprinzips aber originär technische und organisatorisch notwendige Maßnahmen.

471) Als Evakuierungshilfen gelten Rettungsmittel wie Tragestühle, Tücher etc. Sie werden bei der Evakuierung von Gebäuden eingesetzt. Ihr Gebrauch ist regelmäßig zu üben. Für Beschäftigte mit Behinderungen, insbesondere mit eingeschränkter Bewegungskoordination, Mobilität oder geistiger Behinderung, sind besondere Maßnahmen zu ergreifen und regelmäßig zu üben. Persönliche Patenschaften müssen benannt, eingewiesen und im Not- und Übungsfall zur Unterstützung und Hilfe zur Verfügung stehen. Anwesenheitstafeln, die die Patenschaften ausweisen, und die aktive Einbeziehung der zu betreuenden Personen helfen bei der Umsetzung.

verständlich übermittelt werden. Dies kann dadurch erreicht werden, dass diese Informationen, dem Zwei-Sinne-Prinzip folgend, zusätzlich zum visuellen über einen anderen Sinneskanal durch taktile Zeichen oder Schallzeichen aufgenommen werden können.

Möglichkeiten, die Informationen des optischen Sicherheitsleitsystems für Beschäftigte mit Sehbehinderung taktil erfassbar oder hörbar zu ergänzen sind z. B.:

- dynamisch-akustische Fluchtleitsysteme, z. B. höher oder tiefer werdende Tonfolgen für aufwärts oder abwärts führende Treppen, schneller werdende Tonfolgen für die Weiterleitung im Gebäude oder Sprachansagen zur Richtungsorientierung, oder
- Profilierung der Leitmarkierung ggf. mit Fluchtrichtungserkennung, z. B. durch deren Anstrichdicke, Riffelprofile, Einwebungen oder durch thermische Verbindung von profilierten langnachleuchtenden Leitmarkierungen in Fußbodenbelägen. Bei Leitmarkierungen in Fußböden sind Stolperstellen und Rutschgefährdungen zu vermeiden (siehe ASR A1.5 „Fußböden").

Anhang A3.4/7:

(gestrichen)[472)]

472) Die Ergänzenden Anforderungen zur ASR A3.4/7 „Sicherheitsbeleuchtung, optische Sicherheitsleitsysteme" wurden durch die Änderung im März 2022, bekannt gemacht durch GMBl. 2022, S. 240, aufgehoben. Fachlich gingen die ursprünglich darin enthaltenen Inhalte jedoch nicht ersatzlos verloren. Anforderungen an die Sicherheitsbeleuchtung in Arbeitsstätten sind in Abschnitt 3.4 Abs. 7 des Anhangs der ArbStättV geregelt. Anforderungen an die Sicherheitsbeleuchtung von Fluchtwegen enthält Abschnitt 2.3 Abs. 1 der ArbStättV. In der ASR A3.4/7 waren diese beiden Fälle mit tlw. unterschiedlichen Anforderungen zusammengefasst und nicht klar getrennt. Vor diesem Hintergrund wurde die ASR A3.4/7 aufgehoben und die den beiden Sachverhalten jeweils fachlich zugehörigen Inhalte in die ASR A3.4 „Beleuchtung und Sichtverbindung" und ASR A2.3 „Fluchtwege und Notausgänge" überführt (s. auch „Gemeinsame Bekanntmachung der Neufassung, Änderung und Aufhebung von ASR zum Themenkomplex Flucht- und Verkehrswege (März 2022)"; https://www.baua.de/.../Regelwerk/ASR/Flucht-und-Verkehrswege.html).

Anhang A4.2

Ergänzende Anforderungen zur ASR A4.2 „Pausen- und Bereitschaftsräume"

(1) Beim Einrichten und Betreiben von Pausenräumen, Pausenbereichen und Bereitschaftsräumen sowie von Einrichtungen zum Hinlegen und Ausruhen für schwangere Frauen und stillende Mütter sind die besonderen Belange von Beschäftigten mit Behinderungen zu berücksichtigen. Je nach Auswirkung der Behinderung ist insbesondere auf Wahrnehmbarkeit, Erkennbarkeit, Erreichbarkeit und Nutzbarkeit zu achten.[473)]

(2) Wahrnehmbarkeit und Erkennbarkeit nach Absatz 1 sind gegeben, wenn Kennzeichnungen für Beschäftigte mit Sehbehinderung z. B. visuell kontrastierend gestaltet sind. Auch für blinde Beschäftigte ist das Zwei-Sinne-Prinzip anzuwenden, z.B. mit einer taktil erfassbaren Kennzeichnung an der Tür. Zusätzlich ist ein Mobilitätstraining möglich.

(3) Wahrnehmbarkeit und Erkennbarkeit der Funktion sowie Nutzbarkeit von Bedienelementen (z. B. Zapfstelle, Schalter für Beleuchtung und Lüftung) sind gegeben, wenn sie für Beschäftigte mit Sehbehinderung z. B. visuell kontrastierend und für blinde Beschäftigte z. B. taktil erfassbar gestaltet sind. Zusätzlich ist ein Mobilitätstraining möglich.

(4) Nutzbarkeit nach Absatz 1 ist in Bezug auf die Übermittlung von Informationen (z. B. die Erreichbarkeit im Bereitschaftsfall, Alarmierung im Notfall) gegeben, wenn für Beschäftigte mit einer Seh- oder Hörbehinderung das Zwei-Sinne-Prinzip angewendet wird.

(5) Für Beschäftigte, die einen Rollstuhl benutzen, ist für den Zugang eine lichte Durchgangsbreite der Tür gemäß Absatz 13 Anhang A1.7: Ergänzende Anforderungen zur ASR A1.7 „Türen und Tore" zu gewährleisten. Schrägrampen zum Ausgleich von Höhenunterschieden sind gemäß Absatz 3 Anhang A1.8: Ergänzende Anforderungen zur ASR A1.8 „Verkehrswege" zu gestalten.[474)]

(6) Für Rollatoren, Rollstühle oder Gehhilfen von Beschäftigten sind gegebenenfalls zusätzliche Flächen (z. B. Bewegungsflächen für das Umsetzen, Abstellflächen) erforderlich. Für das Umsetzen vom Rollstuhl auf eine andere Sitzgelegenheit ist eine Bewegungsfläche von mindestens 1,50 m × 1,50 m erforderlich (siehe Abbildung 1).

---

473) Einrichtungen zum Hinlegen und Ausruhen für schwangere Frauen oder stillende Mütter sind vom Arbeitgeber für den Bedarfsfall zur Verfügung zu stellen. Schwangeren Beschäftigten oder beschäftigten stillenden Müttern gebührt eine besondere Achtsamkeit und betriebliche Unterstützung. Dies gilt zusätzlich und ganz besonders für Beschäftigte, die aufgrund einer Behinderung gehandicapt sind. Schwangere Frauen oder stillenden Müttern ist diese Unterstützung jederzeit am nächstgelegenen dafür geeigneten Ort vorsorglich anzubieten bzw. spätestens auf deren Verlangen unverzüglich zur Verfügung zu stellen. Derartige Orte und Einrichtungen müssen vom sonstigen Betriebsgeschehen und Personenumgang abgeschirmt sein und ein ungestörtes Ausruhen und Erholen gewährleisten.

474) Pausenräume oder Pausenbereiche müssen von allen Beschäftigten, also auch von jenen mit Behinderungen, nicht nur leicht, sondern auch ohne Gefährdungen erreicht werden können. Der Weg dorthin muss grundsätzlich über auch für behinderte Beschäftigte geeignete Verkehrswege führen.

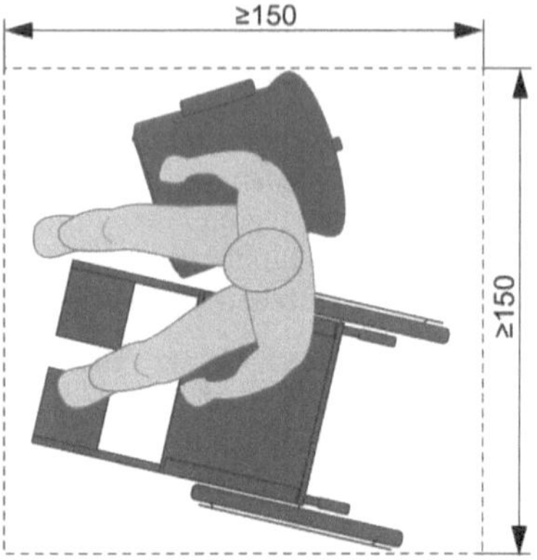

Abb. 1: Mindestgröße der Bewegungsfläche für das Umsetzen (Maße in cm)

(7) In Abhängigkeit von den individuellen Erfordernissen der Beschäftigten mit Behinderungen sind gegebenenfalls über Absatz 6 hinausgehende zusätzliche Flächen notwendig, z. B. für persönliche Assistenz, Assistenzhund (z. B. Blindenführhund), medizinische Hilfsmittel oder Elektrorollstuhl.

(8) Für Beschäftigte, die einen Rollstuhl benutzen, muss die Bewegungsfläche bei Nichtunterfahrbarkeit von Ausstattungselementen mindestens 1,50 m × 1,50 m und bei Unterfahrbarkeit mindestens 1,50 m × 1,20 m betragen (siehe Abbildung 2).

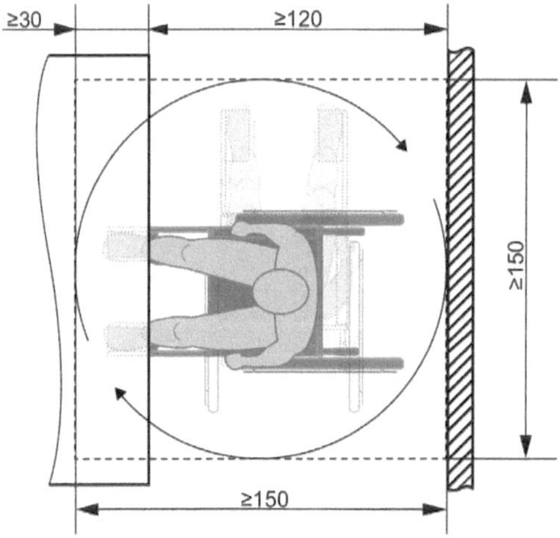

Abb. 2: Überlagerung von Stell- und Bewegungsflächen bei Unterfahrbarkeit von Ausstattungselementen (Maße in cm)

(9) Werden Einrichtungen für das Wärmen und Kühlen von Lebensmitteln benutzt[475)], bestimmen die individuellen Erfordernisse der Beschäftigten mit Behinderungen die Maßnahmen zur barrierefreien Gestaltung. Dies kann für Beschäftigte, die einen Rollstuhl benutzen, z. B. bei frontaler Anfahrt durch Unterfahrbarkeit der Nutzungsfläche und Berücksichtigung der Greifhöhe erreicht werden (siehe Abbildungen 3 und 4). (ASR A4.2 Abschnitt 4.1 Absatz 12)[476)]

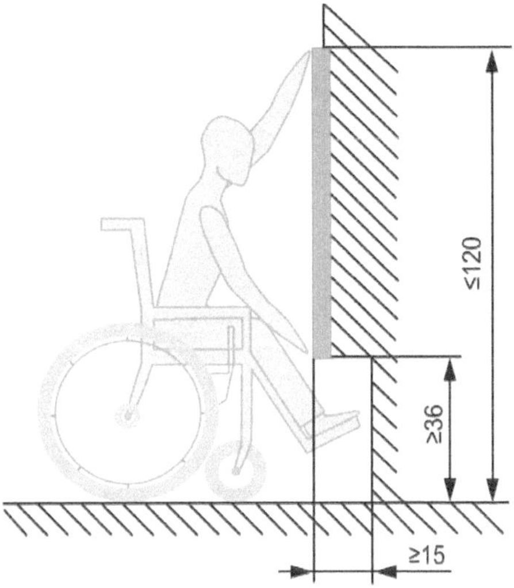

Abb. 3: Greifhöhe (Maße in cm)

(10) Für Beschäftigte, die einen Rollstuhl benutzen, müssen Nutzungsflächen unterfahrbar sein (siehe Abbildung 4).

475) Ein Bedarf zur Bereitstellung von Einrichtungen für das Wärmen und Kühlen von Lebensmitteln ist immer dann gegeben, wenn keine Möglichkeit zur Einnahme eines warmen Essens oder der Bereitstellung kalter oder warmer Getränke in einer Kantine besteht. Bei Beschäftigten mit Behinderungen kann sich die Notwendigkeit von Einrichtungen für das Wärmen und Kühlen von Lebensmitteln auch unmittelbar oder mittelbar aus ihrer Behinderung ableiten. In Zweifelsfällen ist hierzu der Betriebsarzt gefordert, eine spezielle ärztliche Begründung und Empfehlung abzugeben.

476) ASR A4.2 Abschn. 4.1 Abs. 12 regelt den Umfang der Ausstattung von Pausenräumen und Pausenbereichen. Diese richtet sich nach der Anzahl der gleichzeitig anwesenden Benutzer. Sitzgelegenheiten mit Rückenlehne, Tische, Abfallbehälter mit Deckel u. a. muss von Beschäftigten mit Behinderungen je nach Behinderungsart und -ausmaß sicher nutzbar sein.

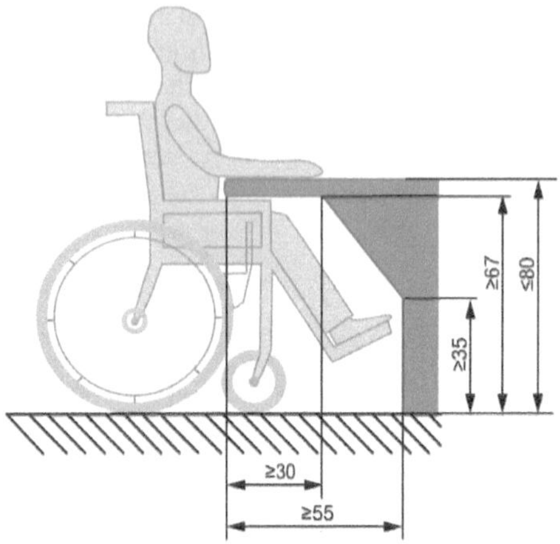

Abb. 4: Unterfahrbarkeit Nutzungsfläche (Maße in cm)

(11) Für kleinwüchsige Beschäftigte müssen Tische und Sitzgelegenheiten nutzbar sein, z. B. durch Anpassen der Sitzhöhe sowie Bereitstellen einer Fußstütze und Aufstiegshilfe.

(12) Unabhängig von der Anzahl der Beschäftigten ist ein Pausenraum oder Pausenbereich zur Verfügung zu stellen, wenn die Art einer Behinderung dies erfordert.[477)] Das kann der Fall sein, wenn Beschäftigte mit psychischer Behinderung, Echter Migräne oder Tinnitus eine Rückzugsmöglichkeit benötigen. Sollen Pausenräume außerhalb der festgelegten Pausenzeiten für andere Zwecke genutzt werden, sind die Bedarfe von Beschäftigten mit Behinderungen nach einer Rückzugsmöglichkeit vorrangig zu berücksichtigen. (ASR A4.2 Abschnitt 4.1 Absätze 2 und 3, Abschnitt 4.2 Absatz 1)

(13) Pausenräume und Pausenbereiche sollen unabhängig von der Entfernung innerhalb von 5 Minuten erreichbar sein (zu Fuß, mit Hilfsmitteln oder mit betrieblich zur Verfügung gestellten Verkehrsmitteln).[478)] (abweichend von ASR A4.2 Abschnitt 4.1 Absatz 5)

(14) Müssen Liegen von Beschäftigten mit Behinderungen genutzt werden, bestimmen deren individuelle Erfordernisse die Ausstattung der Liege, z. B. Höhenverstellbarkeit, Breite, Auflage, Griffe. (ASR A4.2 Abschnitt 5 Absatz 5)

---

477) Für Beschäftigte mit Behinderungen ist ggf. die Notwendigkeit des Umkleidens oder persönlichen „Zurechtmachens" für die Nutzung des Pausenraumes gegeben. In solchen Fällen sollte der Pausenraum oder Pausenbereich auch Kleiderablagen, darin integriert ein abschließbares Wertfach, Möglichkeiten zum Reinigen, Waschgelegenheiten u. a. für diese speziellen Bedingungen enthalten. Ggf. ist durch mobile Trennwände eine notwendige Individualität zu schaffen.

478) Eine Verkürzung der effektiv nutzbaren Pausenzeit durch eine behinderungsbedingt verlängerte Erreichbarkeitszeit vom Arbeitsplatz zum Pausenraum bzw. -bereich ist unzulässig. Hierzu sind besondere innerbetriebliche Regelungen zu schaffen.

Anhang A4.3

Ergänzende Anforderungen zur ASR A4.3 „Erste-Hilfe-Räume, Mittel und Einrichtungen zur Ersten Hilfe"

(1) Beim Einrichten und Betreiben von Erste-Hilfe-Räumen und bei der Ausstattung der Arbeitsstätte mit Mitteln und Einrichtungen zur Ersten Hilfe sind die besonderen Belange von Beschäftigten mit Behinderungen zu berücksichtigen.[479)]

Hinweis:

Ist im Rahmen der Organisation der Ersten Hilfe oder im Ergebnis der Gefährdungsbeurteilung festgelegt worden, dass Beschäftigte mit Behinderungen Aufgaben der Ersten Hilfe übernehmen, müssen die Mittel und Einrichtungen zur Ersten Hilfe durch sie wahrnehmbar, erkennbar, erreichbar und benutzbar sein.[480)]

---

479) Abs. 1 umfasst und regelt grundsätzlich zwei verschiedene Sachverhalte:
- betreffend die Erste-Hilfe-Maßnahmen für im Betrieb oder in den dem jeweiligen Erste-Hilfe-Raum zugeordneten Arbeitsstätten tätige Beschäftigte mit Behinderungen;
- betreffend die Gestaltung und Ausstattung von Erste-Hilfe-Räumen, wenn dort als ausgebildete Ersthelfer bestimmungsgemäß Beschäftigte mit Behinderungen tätig sind und Erste-Hilfe-Maßnahmen an Verletzten, Vergifteten oder sonstwie Erkrankten zur Abwendung akuter Gesundheitsgefahren durchführen.

Beide Sachverhalte haben verschiedene Gestaltungskonsequenzen.
Zum einen sind als Gestaltungsnormalität nicht nur Zugänglichkeit und behindertengerechte Anordnung von Erste-Hilfe-Einrichtungen im Raum zu gewährleisten, sondern insbesondere die Ausstattung mit medizinischen Erstversorgungsmitteln, die ggf. zum Einsatz kommenden Rettungsgeräte und die Rettungstransportmittel entsprechend Behinderungsart und -ausmaß im regulären Bestand vorzuhalten. Dazu ist die Fachberatung des Betriebsarztes und des betrieblichen Sicherheitsingenieurs/der Fachkraft für Arbeitssicherheit einzuholen. Diese „behinderungsgerechte Ausstattungsvorsorge" ist für die medizinische Erstversorgung behinderter Beschäftigter im Betrieb unerlässlich.
Zum anderen sind die Belange der Ausführung von Erste-Hilfe-Maßnahmen durch ausgebildete, aber selbst behinderte Ersthelfer an Beschäftigten des Betriebes für den Erste-Hilfe-Raum gestaltungsleitend. Hierzu ist die Fachberatung der Fachkraft für Arbeitssicherheit und des Betriebsarztes einzuholen.

480) Die behindertengerechten Ausstattungs- und Gestaltungsdetails sind vom Betriebsarzt und von der Fachkraft für Arbeitssicherheit einzufordern. Deren Ermittlungsergebnisse sind Bestandteil der Beurteilung der Arbeitsbedingungen für diese Tätigkeiten an diesem Arbeitsplatz nach § 5 ArbSchG und entsprechend § 6 ArbSchG in die Dokumentation aufzunehmen. Empfehlenswert ist, die fachliche Herkunft dieser besonderen Ermittlungsergebnisse aus der Bewertung des Betriebsarztes und der Fachkraft für Arbeitssicherheit gesondert zu kennzeichnen und einzeln zu dokumentieren. Dies im Erste-Hilfe-Raum deutlich erkennbar auszuhängen, ist ein gutes Mittel zur Durchsetzbarkeit und zur vorsorglich-stetigen Einhaltung der fachlich begründeten Besonderheiten.
Die jeweilige Gestaltungslösung muss dem individuellen Behindertenstatus (Art und Ausmaß der jeweiligen Behinderung) entsprechend angepasst werden. Dies betrifft
- die Barrierefreiheit des Zugangs zu diesen Räumen (s. a. ASR A1.7 „Türen und Tore"; Anh. A1.7 Ergänzende Anforderungen zur ASR A1.7 „Türen und Tore" im Verlauf von Fluchtwegen; Anh. Nr. 2.3 Nr. 5 Abs. 3, 4 ArbStättV und die hierzu bekannt gemachte ASR A2.3 F„luchtwege und Notausgänge"),
- die barrierefreie Benutzung dieser Räume,
- ggf. behindertengerecht erreichbare und gestaltete Alarmierungs-/Meldesysteme zur Organisation weiterer Hilfsmaßnahmen,
- innerhalb der Räume die Gestaltung der Einrichtungen und Erste-Hilfe-Mittel behindertengerecht zu realisieren.

(2) Bei der Verteilung und Anbringung der Verbandkästen innerhalb der Arbeitsstätte sind im Rahmen der Organisation der Ersten Hilfe die besonderen Belange von Beschäftigten mit Behinderungen zu berücksichtigen.[481)]

Dies kann z. B. erreicht werden, indem:
- für Beschäftigte, die einen Rollstuhl benutzen, die Anfahrbarkeit gegeben ist,
- für Beschäftigte, die einen Rollstuhl benutzen und für kleinwüchsige Beschäftigte die Benutzung der Verbandkästen in einer Höhe von 0,85 m bis 1,05 m möglich ist oder
- für Beschäftigte mit einer Geh- oder Sehbehinderung ein zusätzlicher Verbandkasten an ihrem Arbeitsplatz bereitgestellt wird.

(ASR A4.3 Punkt 4 Abs. 3 und 4)

(3) Meldeeinrichtungen müssen für Beschäftigte mit Behinderungen wahrnehmbar, erkennbar, erreichbar und nutzbar sein. Dies kann z. B. durch nachfolgend aufgeführte Maßnahmen erreicht werden.
- **Wahrnehmbarkeit** und **Erkennbarkeit** der Meldeeinrichtungen sind gegeben, wenn sie für Beschäftigte mit Sehbehinderung visuell kontrastierend und für blinde Beschäftigte taktil erfassbar gestaltet sind.
- **Erreichbarkeit** der Meldeeinrichtungen ist für Beschäftigte, die einen Rollstuhl benutzen, gegeben, wenn die Anfahrbarkeit gewährleistet ist.
- **Erreichbarkeit** der Bedienelemente der Meldeeinrichtungen (wandmontiert oder Rufsäulen) ist gegeben, wenn sie für kleinwüchsige Beschäftigte und für Beschäftigte, die einen Rollstuhl benutzen, in einer Höhe von 0,85 m bis 1,05 m angeordnet sind.
- Bei der **Nutzung** von Meldeeinrichtungen sind die Belange der Beschäftigten mit Behinderungen so zu berücksichtigen, dass der Notruf verständlich übermittelt werden kann. Dies kann z. B. erreicht werden, indem
  - Beschäftigte mit Sprach- oder Hörbehinderung einen vorgefertigten Notruf absetzen können (z. B. Telefon mit Notrufeinrichtung, Notfallfax),
  - Beschäftigte, deren Hand-Arm-Motorik eingeschränkt ist, die Meldeeinrichtungen benutzen können, z. B. mit Sprachsteuerung, oder

---

Fortsetzung Fu?note 480
Neben Einschränkungen der Hand-Arm-Motorik können auch, kombiniert oder einzeln, Einschränkungen der Fuß-Bein-Motorik vorliegen. In diesen Fällen sind Handläufe an Wänden, ggf. auch gesondert angebrachte Handlauf- und Festhaltemöglichkeiten an Einrichtungsgegenständen und Geräten, zu realisieren. Geeignete Sitzmöglichkeiten sind aufgabenbezogen im Erste-Hilfe-Raum einzuordnen. Für Beschäftigte mit Sehbehinderung und blinde Beschäftigte sind Handlauf- und Festhaltemöglichkeiten ebenso unerlässlich wie ggf. weitere Maßnahmen zur Gewährleistung von Wahrnehmbarkeit und Erkennbarkeit, z. B. wie in Anhang A4.3 Ergänzende Anforderungen zur ASR A4.3 „Erste-Hilfe-Räume, Mittel und Einrichtungen zur Ersten Hilfe" Abs. 3 für die Nutzung von Bedienelementen der Meldeeinrichtungen gefordert.

Grundsätzlich ist bei der Gestaltung des Erste-Hilfe-Raumes das Zwei-Sinne-Prinzip zu berücksichtigen, wenn sich Beschäftigte mit Behinderungen dort aufhalten oder tätig sind.

481) Die behindertengerechten Ausstattungs- und Gestaltungsdetails sind vom Betriebsarzt und von der Fachkraft für Arbeitssicherheit einzufordern. Deren Ermittlungsergebnisse sind Bestandteil der Beurteilung der Arbeitsbedingungen für diese Tätigkeiten an diesem Arbeitsplatz nach § 5 ArbSchG und entsprechend § 6 ArbSchG in die Dokumentation aufzunehmen. Empfehlenswert ist, die fachliche Herkunft dieser besonderen Ermittlungsergebnisse aus der Bewertung des Betriebsarztes und der Fachkraft für Arbeitssicherheit gesondert zu kennzeichnen und einzeln zu dokumentieren. Dies im Erste-Hilfe-Raum deutlich erkennbar auszuhängen, ist ein gutes Mittel zur Durchsetzbarkeit und zur vorsorglich-stetigen Einhaltung dieser fachlich begründeten Besonderheiten.

- Beschäftigte mit Sehbehinderung und blinde Beschäftigte ein Telefon mit Notruftaste nutzen können.

(ASR A4.3 Punkt 5.1)

(4) Für Beschäftigte, die einen Rollstuhl benutzen, ist für den Zugang zum Erste-Hilfe-Raum eine lichte Durchgangsbreite der Tür gemäß Absatz 3 Anhang A1.7: Ergänzende Anforderungen zur ASR A1.7 „Türen und Tore" zu gewährleisten. Schrägrampen zum Ausgleich von Höhenunterschieden sind gemäß Absatz 3 Anhang A1.8: Ergänzende Anforderungen zur ASR A1.8 „Verkehrswege" zu gestalten. (ASR A4.3 Punkt 6.1 Abs. 5).[482)]

---

482) Die jeweilige Gestaltungslösung muss dem individuellen Behindertenstatus (Art und Ausmaß der jeweiligen Behinderung) entsprechend angepasst werden. Dies betrifft
- die Barrierefreiheit des Zugangs zu diesen Räumen (s. a. ASR A1.7 „Türen und Tore"; Anhang 1.7 Ergänzende Anforderungen zur ASR A1.7 Türen und Tore im Verlauf von Fluchtwegen; Anh. Nr. 2.3 ArbStättV und die hierzu bekannt gemachte ASR A2.3 „Fluchtwege und Notausgänge")
- die barrierefreie Benutzung dieser Räume
- ggf. behindertengerecht erreichbare und gestaltete Alarmierungs-/Meldesysteme zur Organisation weiterer Hilfsmaßnahmen
- innerhalb der Räume die Gestaltung der Einrichtungen und Erste-Hilfe-Mittel behindertengerecht zu realisieren.

Anhang A4.4

Ergänzende Anforderungen zur ASR A4.4 „Unterkünfte"

(1) Werden Beschäftigte mit Behinderungen in Unterkünften untergebracht, so sind deren besondere Belange so zu berücksichtigen, dass Sicherheit und Gesundheitsschutz gewährleistet sind.[483)]

(2) Werden bestehende Einrichtungen, wie Küchen, Vorratsräume, sanitäre Einrichtungen und Mittel zur Ersten Hilfe, von Beschäftigten mit Behinderungen benutzt, bestimmen deren individuelle Erfordernisse die Maßnahmen zur barrierefreien Gestaltung. (ASR A4.4 Punkt 4 Absatz 3)

(3) Bei der Übermittlung der Informationen (z. B. Brandschutzordnung, Alarmplan) hat der Arbeitgeber das Zwei-Sinne-Prinzip anzuwenden, wenn Bewohner mit einer Seh- oder Hörbehinderung untergebracht sind. (ASR A4.4 Punkt 4 Absatz 6)

(4) Sollen bestehende Einrichtungen, wie Hotels und Pensionen, von Beschäftigten mit Behinderungen als Unterkunft genutzt werden, bestimmen deren individuelle Erfordernisse die Möglichkeit der Nutzung. (ASR A4.4 Punkt 4 Absatz 7)

(5) Werden Beschäftige untergebracht, die einen Rollstuhl benutzen, muss in jedem Raum, ausgenommenen dem Windfang, eine freie Bewegungsfläche von mindestens 1,50 × 1,50 m vorhanden sein. Für Beschäftigte, die eine Gehhilfe oder einen Rollator benutzen, ist eine freie Bewegungsfläche von mindestens 1,20 × 1,20 m vorzusehen. Werden zwei oder mehr Beschäftigte untergebracht, die einen Rollator oder einen Rollstuhl benutzen, ist die freie Bewegungsfläche entsprechend anzupassen. (ASR A4.4 Punkt 5.2 Absatz 1 sowie Punkt 5.4 Absatz 6 Satz 3)

(6) Die Möglichkeit zum Waschen, Trocknen und Bügeln von Kleidung sowie die Zubereitungs-, Aufbewahrungs-, Kühl- und Spülgelegenheiten müssen für blinde Beschäftigte, Kleinwüchsige und für Beschäftigte, die einen Rollstuhl benutzen, erreichbar und benutzbar sein. (ASR A4.4 Punkt 5.4 Absätze 7 und 8)

Hinweis:

Für die barrierefreie Gestaltung von Unterkünften gelten zudem die in dieser ASR V3a.2 in den jeweiligen Anhängen beschriebenen ergänzenden Anforderungen.

[483)] Unterkünfte sind gleichwertige Bestandteile einer Arbeitsstätte. Deshalb sind die Ergänzenden Anforderungen zu ASR A1.2 „Raumabmessungen und Bewegungsflächen", ASR A1.3 „Sicherheits- und Gesundheitsschutzkennzeichnungen", ASR A1.6 „Fenster, Oberlichter, lichtdurchlässige Wände", ASR A1.7 „Türen und Tore", ASR A1.8 „Verkehrswege", ASR A2.2 „Maßnahmen gegen Brände", ASR A2.3 „Fluchtwege und Notausgänge", ASR A4.2 „Pausen- und Bereitschaftsräume" und ASR A4.3 „Erste-Hilfe-Räume, Mittel und Einrichtungen zur Ersten Hilfe" in gleicher Weise zu beachten und in Maßnahmen umzusetzen wie die Ergänzenden Anforderungen zur ASR A4.4 „Unterkünfte".

Anhang A4:

Ergänzende Anforderungen zu Nummer 4 des Anhangs der Arbeitsstättenverordnung bezüglich „Kantinen"[484) 485) 486)]

(1) Eine Kantine ist ein Raum innerhalb der Arbeitsstätte, der zur Bereitstellung und Aufnahme von Speisen und Getränken insbesondere für die Beschäftigten vorgesehen ist, z.B. Betriebsrestaurant, Cafeteria, Bistro. Falls dazu angrenzende Bereiche im Freien gehören, z. B. Terrassen, sind die nachfolgenden Anforderungen auch dort entsprechend zu berücksichtigen.[487) 488)]

(2) Beim Einrichten und Betreiben von Kantinen sind die besonderen Belange von Beschäftigten mit Behinderungen zu berücksichtigen. Je nach Auswirkung der Behinderung ist ins-

---

484) Mit der zehnten Änderung der ASR V3a.2 „Barrierefreie Gestaltung von Arbeitsstätten" wurde im April 2023 der Anhang 4 „Ergänzende Anforderungen zu Nummer 4 des Anhangs der Arbeitsstättenverordnung bezüglich „Kantinen" eingefügt (GMBl. Nr. 31 2023, S. 652).

485) Kantinen sind Einrichtungen zur Einnahme von Speisen und Getränken. Sie wurden mit der siebten Änderung der ArbStättV vom 30.11.2016 (BGBl. I S. 2681), Art. 1, neu in die Aufzählung der zur Arbeitsstätte gehörenden Räume aufgenommen. § 2 Abs. 2 Ziff. 2 ArbStättV enthält diese Aufzählung. Kantinen sind dort ebenso wie Verkehrswege, Fluchtwege, Notausgänge, Lager-, Maschinen- und Nebenräume, Sanitärräume, Pausen- und Bereitschaftsräume, Erste-Hilfe-Räume und Unterkünfte als Bestandteil der Arbeitsstätte gleichrangig aufgeführt.

486) Der Arbeitgeber ist für die Anwendung/Umsetzung der Maßgaben des Arbeitsstättenrechts zuständig. Beim Einrichten und Betreiben von Kantinen sind jedoch verschiedene Betreiberformen möglich:
- Der Arbeitgeber ist selbst Betreiber der Kantine. Er ist für die Umsetzung der Maßgaben des Arbeitsstättenrechts in Kantinen direkt und selbst verantwortlich.
- Die Kantine befindet sich auf dem Betriebsgelände. Sie ist dadurch Bestandteil der Arbeitsstätte, wird aber von einem externen Dienstleister, z. B. einem Pächter, betrieben. Der Arbeitgeber ist dennoch direkter Rechtsverpflichteter und bleibt in der Verantwortung. Er muss vertraglich mit dem externen Dienstleister die Anwendung und Einhaltung des Arbeitsstättenrechts beim Einrichten und Betreiben der Kantine vereinbaren.
- Befindet sich die Kantine nicht auf dem Betriebsgelände, ist sie nicht Bestandteil der Arbeitsstätte, dennoch hat der Arbeitgeber eine Nutzungsvereinbarung dieser externen Kantine oder Gaststätte mit deren Betreiber zu treffen. Hierin sollte der Arbeitgeber als indirekt Rechtsverpflichteter i. d. R. die Anwendung/Umsetzung des Arbeitsstättenrechts vereinbaren.
- Wählen die Beschäftigten während ihrer Pausenzeit aus freiem Willen eine externe Kantine oder Gaststätte/ein Restaurant außerhalb des Betriebsgeländes, besteht eine Rechtsverpflichtung des Arbeitgebers zur Umsetzung dieser Anforderungen für seine Beschäftigten dort nicht.

487) Kantinen werden während der Arbeitspausen benutzt, sie sind also in diesem Sinne auch Pausenräume. Deshalb sind ebenfalls die Anforderungen der ASR A4.2 „Pausen- und Bereitschaftsräume" sowie entsprechend ASR V3a.2 die ergänzenden Anforderungen zur ASR A4.2 maßgebend.

488) In ASR A4.2 „Pausen- und Bereitschaftsräume" unter Punkt 4.1 Abs. 13 wird ausdrücklich festgelegt, dass „eine Kantine oder ein Restaurant … als Pausenraum genutzt werden (kann), wenn sich die Beschäftigten ohne Verzehrzwang aufhalten dürfen…"

besondere auf Auffindbarkeit, Wahrnehmbarkeit, Erkennbarkeit, Erreichbarkeit und Nutzbarkeit der Kantine zu achten.[489) 490) 491)]

(3) Die Auffindbarkeit von Kantinen kann erforderlichenfalls für Beschäftigte mit Sehbehinderung und für blinde Beschäftigte z.B. durch ein geeignetes Informations- und Leitsystem hergestellt werden. Dabei ist das Zwei-Sinne-Prinzip zu berücksichtigen. Alternativ ist ein Mobilitätstraining möglich.[492) 493) 494)]

---

489) § 3a Abs. 2 ArbStättV bestimmt, dass der Arbeitgeber die Arbeitsstätte für Menschen mit Behinderungen so einzurichten und zu betreiben hat, dass diese besonderen Belange der Beschäftigten berücksichtigt werden. Dies gilt auch für die barrierefreie Gestaltung von Kantinen sowie die zugehörigen Türen, Verkehrswege, Fluchtwege, Notausgänge, Treppen und Orientierungssysteme, die von den Beschäftigten mit Behinderungen benutzt werden. Die Orientierung und Zugänglichkeit, ebenso Fluchtmöglichkeiten aus der Kantine, sind den speziellen Belangen der Beschäftigten mit Behinderungen anzupassen.

490) Die Anforderungen der ASR A4.2 „Pausen- und Bereitschaftsräume" Punkt 4.1 Abs. 5; 7 und 9 bis 12 müssen für Beschäftigte mit Behinderungen insbesondere erfüllt werden:
- Kantinen müssen leicht und sicher über Verkehrswege erreichbar sein.
- Der Zeitbedarf zum Erreichen der Kantinen soll fünf Minuten je Wegstrecke nicht überschreiten. Die Zugangs- und Abgangszeit zu Pausenräumen bzw. Kantinen verkürzt die dortige Erholzeit bzw. die Zeit zur Nahrungs- und Getränkeaufnahme.
- Besonders für seh- und bewegungsbehinderte Beschäftigte ist deshalb nach Gestaltungslösungen der Zugangs-Verkehrswege zu suchen, die das Einhalten dieser Zeitvorgabe erleichtern bzw. den Zeitbedarf für die Bewältigung der Wegstrecke so weit wie möglich verkürzen.
- Die Wegstrecke zu Kantinen darf 100 m nicht überschreiten.

Konkrete Gestaltungsanforderungen an die Zugänglichkeit und Erreichbarkeit benennen z. B. die ergänzenden Anforderungen zur ASR A1.7 „Türen und Tore", zur ASR A1.8 „Verkehrswege".

491) Die Auffindbarkeit und Erkennbarkeit der Kantine für Beschäftigte mit Behinderungen erfordern entsprechend Behinderungsart und -schwere ggf. besondere, dies unterstützende Gestaltungslösungen. Für Beschäftigte mit Behinderungen ihrer Bewegungsstabilität bzw. mit Einschränkungen der Bewegungsart und Bewegungsgeschwindigkeit sind spezielle Einrichtungen, z. B. Geländer- o. Führungs- und Geleithilfen, einzurichten. Dies gilt insbesondere auch, wenn sich im Verkehrsweg Rampen o.ä. Einrichtungen befinden, bei deren Nutzung besondere Anforderungen entstehen und wodurch sich auch die Wegezeit verlängern kann. Keinesfalls darf sich aufgrund der Behinderung und eines dadurch erschwerten und zeitverlängerten Zugangs die effektive Nutzungs- und damit Erholzeit in der Kantine verkürzen.
Ggf. ist für diese betroffenen Beschäftigten ein speziell angepasstes Arbeitszeit-Pausenzeit-Regime zu vereinbaren.

492) Konkrete Gestaltungsforderungen und -vorschläge, sowohl zur Informationsgestaltung für Beschäftigte, die visuelle Zeichen nicht wahrnehmen können, als auch für Beschäftigte, die akustische Zeichen nicht wahrnehmen können, enthält Anhang 1.3 „Ergänzende Anforderungen an Sicherheits- und Gesundheitsschutzkennzeichnung". Grundsatz ist, Informationen verständlich zu vermitteln. Für die Gestaltung der Informationen zur Auffindbarkeit von Kantinen sind die gleichen Gestaltungsprinzipien anzuwenden.

493) Speziell verwiesen wird für sehbehinderte Beschäftigte auf taktile Kennzeichnungen in einem ausreichenden Abstand zu Hindernissen und Gefahrenstellen, z. B. taktil erkennbare Bodenmarkierungen, Fahrwegbegrenzungen, erhabene, also aus der Oberfläche reliefartig hervortretende Markierungsstreifen oder unterschiedlich strukturierte Oberflächen.

494) Abs. 3 verweist alternativ auch auf ein Mobilitätstraining. Insbesondere zu Beginn der Tätigkeit in der Arbeitsstätte ist ein solches Mobilitätstraining zu empfehlen, nicht vordergründig alternativ, sondern unterstützend für eine behindertengerecht geeignete Lösungsfindung. Dies schließt ein entsprechendes Training zum Auffinden, der Zugangsnutzung und des Aufenthalts in der Kantine ein. Ggf. ist auch eine geeignete stetige Vor-Ort-Platzreservierung hilfreich.
Auch hierfür gilt der Grundsatz, behindertenbedingte Zugangserschwernisse soweit abzubauen, dass die zur Verfügung stehende Pausenzeit im Kantinenbereich für die betroffenen Beschäftigten nicht erholungsschmälernd verkürzt wird.

(4) Wahrnehmbarkeit und Erkennbarkeit von Informationen[495] zu Inhaltsstoffen von Lebensmitteln oder zu Preisen, z. B. auf dem Speiseplan, sind für Beschäftigte mit Sinneseinschränkungen bei Anwendung des Zwei-Sinne-Prinzips gegeben.[496] Das wird erreicht:

1. für Beschäftigte mit Sehbehinderung z. B. durch eine blendungs- und reflexionsfreie, visuell kontrastierende Gestaltung und eine den Erfordernissen angepasste Schriftgröße sowie
2. für blinde Beschäftigte z. B. durch Brailleschrift oder eine akustische Übermittlung.

Die Informationen können auch barrierefrei zur Verfügung gestellt werden, z.B. über mobile Anwendungen (z. B. Apps auf Smartphone), per E-Mail oder über das Intranet/Internet.

Hinweise:

1. *Wahrnehmbarkeit und Erkennbarkeit von Informationen zu Speisen und Getränken werden für Beschäftigte mit kognitiven Behinderungen über eine bildliche Darstellung (z. B. Fotos oder Symbole) erleichtert.*
2. *Die Berechnung der Schriftgröße erfolgt in Abhängigkeit von insbesondere Sehabstand, Sehschärfe (Visus), Beleuchtung, Textart (z. B. Lesetext, Fußnote als Konsultationstext) und Schriftart (möglichst ohne Serifen). Zur Ermittlung können z. B. Berechnungstools genutzt werden, wie Schriftgrößenrechner (https://www.leserlich.info/werkzeuge/schriftgroessenrechner/).*
3. *Wahrnehmbarkeit und Erkennbarkeit von Speisen und Getränken in Theken und Auslagen werden durch eine gleichmäßige, blendungsfreie und schattenarme Ausleuchtung erleichtert.*

(5) Wahrnehmbarkeit und Erkennbarkeit der Funktion sowie die Nutzbarkeit von Geräten, z. B. von Aufwerteautomaten, Kassensystemen und Kartenlesegeräten, sind sicherzustellen.[497]

---

[495] Generell ist ein betriebliches Eingliederungsmanagement (EBM) empfehlenswert, welches auch die Nutzung der Kantine inkludiert.

[496] Die grundsätzlichen Gestaltungsanforderungen an Wahrnehmbarkeit und Erkennbarkeit von Informationen zu Speisen, einzelnen Lebensmitteln und deren Inhaltsstoffen sind nahezu identisch mit denen für das verständliche Vermitteln sicherheitsrelevanter Informationen. Auch hierzu wird auf die ergänzenden Anforderungen zur ASR A1.3 „Sicherheits- und Gesundheitsschutzkennzeichnung" verwiesen. Dort wird als unerlässliche grundlegende Gestaltungsregel zum Ausgleich einer nicht mehr ausreichend vorhandenen Sinnesfähigkeit auf die Gestaltung nach dem Zwei-Sinne-Prinzip verwiesen.
Maßgaben zur Ausgestaltung des Zwei-Sinne-Prinzips und zur Ausgestaltung visueller, akustischer und taktiler Zeichen enthält ASR V3a.2, Punkt 3.3 bis 3.6. DIN 18040-1:2010-10 (beachte Entwurf 2023-02) und DIN 18040-2:2011-09 (beachte Entwurf 2023-02) und speziell DIN 18040-3 (beachte Entwurf 2023-01) enthalten u.a. auch entsprechende sensorische Anforderungen sowie Schutzziele.
Die heutzutage zur Verfügung stehenden Informationssysteme sind vielfältig und mobil einsetzbar. Wichtig ist, dass diese Informationen entsprechend flexibel und angepasst angeboten werden. Das Kantinenpersonal ist hierfür vorzubereiten und zur geeigneten Informationsgabe zu befähigen. Kognitiv beeinträchtigte Beschäftigte sind durch individuelle Fürsorgemaßnahmen zu unterstützen.

[497] Geräte jedweder Art, die für die sachgerechte Nutzung der Kantine benötigt werden, sind auf die spezifischen Belange der Beschäftigten mit Behinderungen so anzupassen, dass sie diese einfach und handlungssicher verwenden können.
Die in Abs. 5 aufgeführten Anforderungen sind durch **gestalterisch-technische Anpassungen der**
- **visuellen Wahrnehmung** bzgl. Schriftgröße, Leuchtdichte, Kontraste, Symbolik u.a. bzw.
- **auditiven Wahrnehmung** bzgl. Schalldruckpegel, Sprachausgabe, Quittierton u.a. sowie bzgl. der
- **taktilen Wahrnehmung** durch tastbare Schrift und Zeichen bzw. Material- u./o. Oberflächenstruktur zu realisieren. Eine individuelle Handlungs- und Verhaltensunterstützung durch dazu benannte Vertrauenspersonen ist dann erforderlich, wenn die vorgenannten technisch-gestalterischen Anpassungen nicht bzw. nicht ausreichend sachgerecht wirksam realisiert werden können.

Das wird durch Anwendung des Zwei-Sinne-Prinzips erreicht, z. B. indem die Bedienelemente:

1. für Beschäftigte mit Sehbehinderungen visuell kontrastierend gestaltet und
2. für blinde Beschäftigte z. B. taktil erfassbar sind.

Die Funktionsauslösung muss wahrnehmbar zurückgemeldet werden, z. B. durch Quittierton, Druckpunkt oder Lichtsignal.

(6) Die Anforderungen an die Alarmierung der Beschäftigten mit einer Seh- oder Hörbehinderung sind im Absatz 2 des Anhangs A2.2 „Ergänzende Anforderungen zur ASR A2.2 ‚Maßnahmen gegen Brände'" geregelt.

(7) Die Kantine soll leicht und direkt erreichbar sein (zu Fuß, mit Hilfsmitteln oder mit betrieblich zur Verfügung gestellten Verkehrsmitteln).

(8) Die Verkehrswege zur und in der Kantine sind gemäß Anhang A1.8 „Ergänzende Anforderungen zur ASR A1.8 ‚Verkehrswege'", Türen und sonstige Durchgänge gemäß Anhang A1.7 „Ergänzende Anforderungen zur ASR A1.7 ‚Türen und Tore'" zu gestalten. Dabei sind auch die Anforderungen der Anhänge A1.3 „Ergänzende Anforderungen zur ASR A1.3 ‚Sicherheits- und Gesundheitsschutzkennzeichnung'" und A2.3 „Ergänzende Anforderungen zur ASR A2.3 ‚Fluchtwege und Notausgänge'" zu berücksichtigen.

(9) Für Rollatoren, Rollstühle oder Gehhilfen von Beschäftigten sind gegebenenfalls Stell-/ Bewegungsflächen in der Kantine erforderlich, z. B. für das Umsetzen vom Rollstuhl auf eine andere Sitzgelegenheit. Dafür ist eine Bewegungsfläche von mindestens 1,50 m × 1,50 m erforderlich (siehe Abbildung 1). Für Rollatoren und Gehhilfen ist eine Bewegungsfläche von mindestens 1,20 m × 1,20 m ausreichend.[498) 499)]

---

498) Es sei auf die „Ergänzenden Anforderungen zur ASR A1.2 „Raumabmessungen und Bewegungsflächen" verwiesen. Unter Punkt 4 Abs. 1 wird gefordert, dass bei der Festlegung von Grundflächen für Arbeitsräume die besonderen Belange von Beschäftigten mit Behinderungen so zu berücksichtigen sind, dass Beeinträchtigungen der Sicherheit, der Gesundheit und auch des Wohlbefindens nicht entstehen dürfen. Es ist eine fachwissenschaftlich und rechtsschlussfolgernd selbstverständliche Logik, dass die Anforderung, in Arbeitsräumen ohne Beeinträchtigung des Wohlbefindens die Arbeit verrichten zu können, für die Nutzung von Kantinen gleichermaßen gilt. Diese in das untergesetzliche Regelwerk der Technischen Regeln aufgenommene Anforderung zum Wohlbefinden gründet sich auf eine entsprechende Maßgabe im gesetzlichen Regelwerk, der ArbStättV selbst.

499) Gleichermaßen anzuwenden sind technisch-gestalterische Maßgaben. Die Mindestgröße der Stell- und Bewegungsflächen für Beschäftigte, die Rollatoren, Rollstühle oder individuelle Gehhilfen nutzen, ist den ergänzenden Anforderungen zur ASR A1.2 „Raumabmessungen und Bewegungsflächen" zu entnehmen. Von dort ist Abbildung 1 entnommen, ebenso die weiteren Maßangaben gem. Abbildung 2.

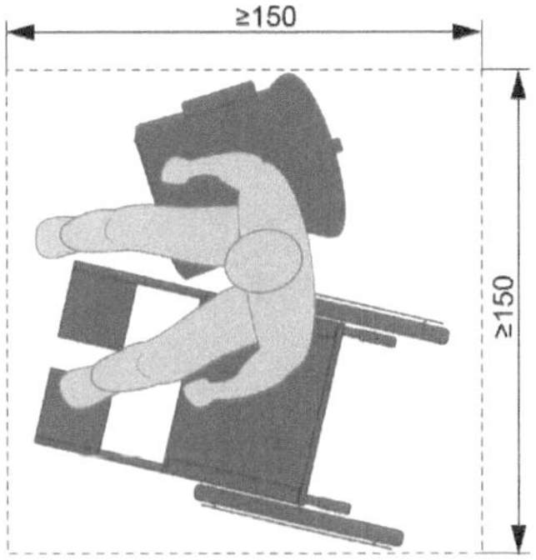

Abb. 1: Mindestgröße der Bewegungsfläche für Rollstühle beim Umsetzen in der Kantine (Maße in cm)

(10) In Abhängigkeit von den individuellen Erfordernissen der Beschäftigten mit Behinderungen sind zusätzliche Flächen in der Kantine notwendig, z. B. für einen Elektrorollstuhl oder einen Assistenzhund (z. B. Blindenführhund).[500)]

(11) Für Beschäftigte, die einen Rollstuhl benutzen, muss die Bewegungsfläche bei Nichtunterfahrbarkeit von Ausstattungselementen mindestens 1,50 m × 1,50 m und bei Unterfahrbarkeit mindestens 1,50 m × 1,20 m betragen (siehe Abbildung 2).

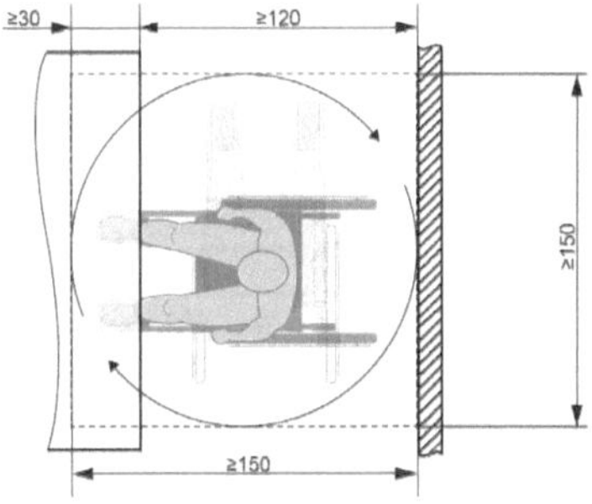

Abb. 2: Überlagerung von Stell- und Bewegungsflächen bei Unterfahrbarkeit von Ausstattungselementen (Maße in cm)

[500)] Zusätzlich bereitzustellen sind ggf. Flächen in der Kantine für das zeitlich befristete Abstellen von z.B. Elektrostühlen oder aber für z. B. einen Blindenführhund. Auch wenn diese Tiere durch ihre sehr spezielle Ausbildung besonders acht- und fügsam sind, ist deren Sicherheit und Wohlbefinden durch ausreichend ungestörten Liegeplatz in der Kantine und ggf. das Bereitstellen einer Schüssel mit Wasser zu realisieren. Die Bindung des sehgeschädigten Beschäftigten mit diesem Tier ist jederzeit zu respektieren und zu gewährleisten.
Für von gehbehinderten Beschäftigten genutzte Gehhilfen müssen geeignete Abstellmöglichkeiten am Sitzplatz eingerichtet sein. Diese Abstellmöglichkeiten müssen sich im ortsfesten Greifraum befinden, leicht und bequem erreichbar, hinreichend groß und so gestaltet sein, dass die Gehhilfen gegen Umfallen oder Wegrutschen gesichert sind, ihre Erreich- und Greifbarkeit also jederzeit ohne Umstände und fremde Hilfe ermöglicht ist.

(12) Die Nutzbarkeit aller notwendigen Einrichtungen und Ausstattungen einer Kantine ist gegeben, wenn z. B.[501]:

1. für Beschäftigte, die einen Rollstuhl benutzen und für kleinwüchsige Beschäftigte die Speisepläne oder Preisangaben aus ihrer Augenhöhe erkennbar sind,
2. für Beschäftigte, die einen Rollstuhl benutzen, die Greifhöhe im Bereich zwischen 40 cm und 120 cm liegt. Die optimale Greifhöhe liegt bei 85 cm. Warme/kalte Speisen und offene Getränke müssen in einer Greifhöhe angeboten werden, die bei der Handhabung keine Gefährdungen hervorruft. Ist eine frontale Anfahrt erforderlich, muss eine Unterfahrbarkeit von mindestens 35 cm Höhe und 15 cm Tiefe gegeben sein. Die Erreichbarkeit ist bei einer Greiftiefe von maximal 40 cm bei frontaler oder seitlicher Anfahrt gewährleistet (siehe Abbildung 3).

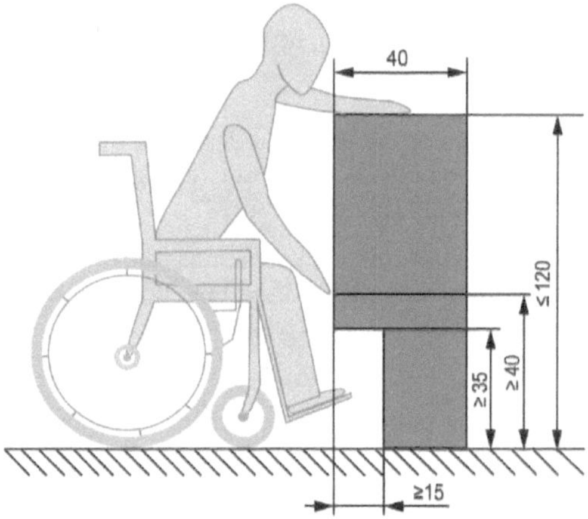

Abb. 3: Greifhöhe, Greiftiefe und Unterfahrbarkeit (Maße in cm)

3. für kleinwüchsige Beschäftigte die in Nummer 2 genannten Maße angewendet werden,
4. für Beschäftigte, die einen Rollator oder eine Gehhilfe benutzen, der Weg z. B. zu Besteckkästen, Selbstbedienungstresen und Geschirrrückgabe sowie zu Zubereitungs- und Aufwärmmöglichkeiten für Speisen mindestens 80 cm breit ist. Wird ein Wendevorgang erforderlich, ist eine zusätzliche Fläche von 1,20 m × 1,20 m vorzusehen.
5. für Beschäftigte, die einen Rollstuhl benutzen, der Weg z. B. zu Besteckkästen, Selbstbedienungstresen und Geschirrrückgabe sowie zu Zubereitungs- und Aufwärmmöglichkeiten für Speisen mindestens 90 cm breit ist. Wird ein Wendevorgang erforderlich, ist eine zusätzliche Fläche von 1,50 m × 1,50 m vorzusehen.

---

[501] Aufgeführt sind Maßgaben für Rollstuhlnutzer und kleinwüchsige Beschäftigte. Gewährleistet sein muss die problemlose Erkennbarkeit von Speiseplänen mit zugehörigen Preisangaben, z. B. durch deren Anordnung in Augenhöhe, aber auch die Anpassung und Optimierung von Greifhöhen für Speisen und Getränke. Insbesondere bei der Handhabung warmer Speisen und offener Getränke dürfen durch nicht angepasste Maßgestaltung keine Gefährdungen entstehen. Abb. 3 veranschaulicht die Gestaltungserfordernisse.

6. für Beschäftigte mit Einschränkungen der Hand-Arm-Motorik die Hygiene-Schutz-Klappen (sogenannte Spuck-Niesschutz-Klappen) an einer Warenausgabe z. B. mit einer Offenhaltung oder Schließverzögerung ausgestattet sind.[502)]

(13) Für Beschäftigte, die aufgrund einer Behinderung eine bestimmte Diät einhalten müssen, sind gegebenenfalls Einrichtungen für das Wärmen und Zubereiten von Lebensmitteln zur Verfügung zu stellen. Dabei muss für Beschäftigte, die einen Rollstuhl benutzen, bei frontaler Anfahrt die Unterfahrbarkeit gegeben sein (siehe Abbildung 4). Die Nutzbarkeit von z. B. Wasserkocher oder Mikrowelle ist innerhalb einer Fläche von maximal 80 cm Breite × 40 cm Tiefe zu gewährleisten (siehe Abbildung 5).[503)]

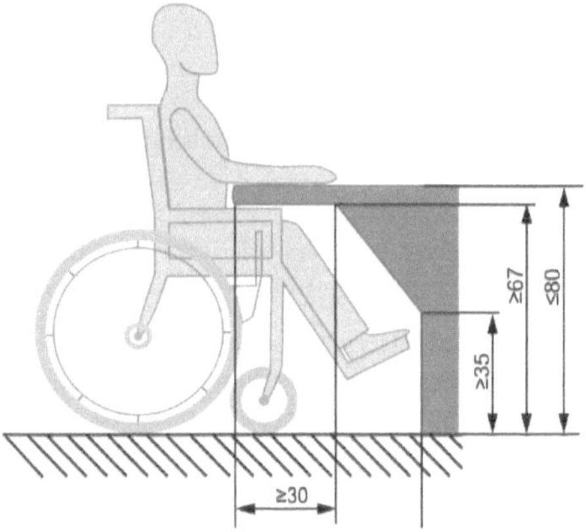

Abb. 4: Unterfahrbarkeit der Nutzungsfläche (Maße in cm)

---

502) Zu beachten ist auch die individuell behindertengerechte Gestaltung der sonstigen unabdingbaren Funktions- und Betätigungselemente in der Kantine, z. B. der Besteckkästen, Selbstbedienungstresen, Geschirrrückgabe bzw. Zubereitungs- und Aufwärmeinrichtungen inkl. ihrer Zugänglichkeit und Wendebewegungen. Die Ziff. 4 und 5 geben dazu detaillierte Maßgaben an. Ggf. sind spezielle Anpassungen nötig, z. B. eine Arretierung oder Schließverzögerung der Hygiene-Schutz-Klappen an der selbst zu bedienenden Speise- oder Lebensmittelausgabe.

503) Für Rollstuhlbenutzer ist die Unterfahrbarkeit von Nutzungsflächen Grundvoraussetzung. Abb. 4 gibt dazu erforderliche Maße an. Beispielhaft zeigt Abb. 5 einzuhaltende Maße für den Greifbereich auf der Nutzungsfläche.
Für motorisch eingeschränkte Beschäftigte oder Rollstuhlbenutzer ist an der Essensausgabe und ebenso für den Transport zur Geschirrrückgabestelle eine sichere und möglichst einfach zu handhabende Transportmöglichkeit des Tabletts o.Ä. zu gewährleisten. Ausdrücklich benannt werden Transporthilfen, z. B. Tablett-Transportwagen. Auch durch persönlich-organisatorische Fürsorgehilfe kann dies umgesetzt werden. Voraussetzungen dafür sind klar vereinbarte, stabil und regelmäßig verfügbare vertrauensvolle Hilfspersonen, am besten aus dem Kantinenpersonal selbst.

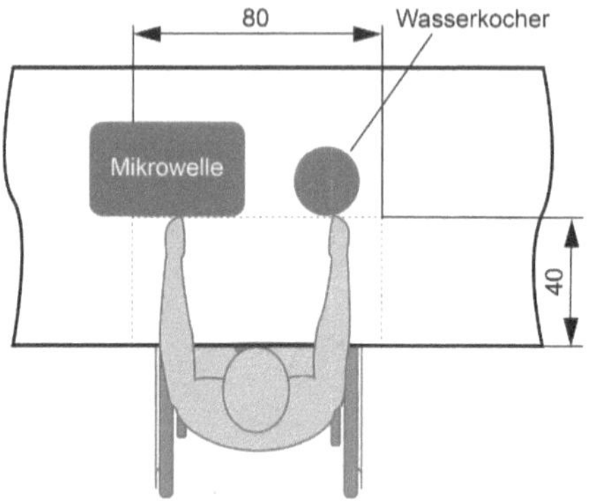

Abb. 5: Greifbereich auf der Nutzungsfläche (Maße in cm)

(14) Kann aufgrund der Behinderungsart (z. B. Beschäftigte, die motorisch eingeschränkt sind oder einen Rollstuhl benutzen) das Tablett nicht transportiert werden, ist an der Essenausgabe eine Transporthilfe, z. B. ein Tablett-Transportwagen, zur Verfügung zu stellen.

(15) Für kleinwüchsige Beschäftigte müssen Tische und Sitzgelegenheiten nutzbar sein, z. B. durch Anpassen der Sitzhöhe sowie Bereitstellen einer Fußstütze und Aufstiegshilfe. Für Beschäftigte, die einen Rollstuhl benutzen, muss die Unterfahrbarkeit gegeben sein (siehe Abbildung 4).[504)]

(16) Sind Hoch- bzw. Stehtische vorhanden, müssen in deren räumlicher Nähe für kleinwüchsige Beschäftigte und für Beschäftigte, die einen Rollstuhl benutzen, für sie nutzbare Tische bereitgestellt werden, z. B. Stehtische mit zwei unterschiedlichen Ebenen.

(17) Wenn es die Art der Behinderung (z. B. Echte Migräne, Autismus-Spektrum-Störung, Hörbehinderung) erfordert, sind Beschäftigte vor störendem oder belästigendem Lärm zu schützen, z. B. durch Bereitstellung eines ruhigen Bereichs oder durch raumakustische Maßnahmen.[505)] [506)]

---

504) Die besonderen Belange für kleinwüchsige Beschäftigte bzgl. Tisch und Sitzgelegenheit, Fußstütze, Aufstiegshilfen und ggf. zusätzlichen Halte- und Greifhilfen sind durch technisch-gestalterische Maßnahmen zu gewährleisten.

505) Als Arten der Behinderung, bei denen die Anforderung, auf das Wohlbefinden gezielt gestalterisch hinzuwirken, von besonders hoher Bedeutsamkeit ist, werden z. B. Migräne, Hörbehinderung und eine Autismus-Spektrum-Störung aufgeführt. Speziell diese ist für Außenstehende oftmals nicht oder nur sehr schwer erkennbar, bei den davon Betroffenen aber in der Auswirkung u. U. tlw. extreme Verhaltensstörungen auslösend.
Bereits geringfügig belästigender Lärm kann bei den Beschäftigten mit einer Autismus-Spektrum-Störung zu ungewollten, aber unvermeidbaren erheblichen Beeinträchtigungen bis hin zu auffälligen Verhaltensstörungen führen.
Gleiche ungewollte, aber unvermeidliche Verhaltenswirkungen können bei Beschäftigten mit Autismus-Spektrum-Störung durch zu große räumliche Nähe zu anderen, insbesondere im direkten Umgang ungewohnten, nicht vertrauten Personen auslösen.

506) Schützen kann man den oder die davon betroffenen Beschäftigten mit einer derartigen Behinderung durch
- Einrichtung eines separaten, ruhigen raumakustisch abgegrenzten Raumteils,
- Einrichtung eines ggf. auch optisch abgegrenzten räumlichen Bereichs in der Kantine, der stetig persönlich zugewiesen und vertraut sein muss und von anderen Nutzern der Kantine nicht frequentiert wird.

zu Anh. Nr. 1.2 ArbStättV

Technische Regeln für Arbeitsstätten	Raumabmessungen und Bewegungsflächen[507]	ASR A1.2

(GMBl. Nr. 46 vom 5.9.2013 S. 910),
zuletzt geändert durch (GMBl. Nr. 9-11 vom 18.3.2022 S. 241)

...

Diese ASR A1.2 konkretisiert im Rahmen ihres Anwendungsbereichs Anforderungen der Verordnung über Arbeitsstätten. Bei Einhaltung dieser Technischen Regel kann der Arbeitgeber davon ausgehen, dass die entsprechenden Anforderungen der Verordnung erfüllt sind. Wählt der Arbeitgeber eine andere Lösung, muss er damit mindestens die gleiche Sicherheit und den gleichen Schutz der Gesundheit für die Beschäftigten erreichen.

Inhaltsverzeichnis

1 Zielstellung

Diese Arbeitsstättenregel konkretisiert die Anforderungen an Raumabmessungen von Arbeitsräumen[508] und Bewegungsflächen in § 3a Absatz 1 der Arbeitsstättenverordnung sowie insbesondere in den Punkten 1.2 und 3.1 des Anhanges der Arbeitsstättenverordnung [509].

2 Anwendungsbereich

(1) Diese Arbeitsstättenregel gilt für das Einrichten und Betreiben von Arbeitsräumen.

(2) Die Abmessungen aller weiteren Räume, wie Sanitärräume (ASR A4.1), Pausen- und Bereitschaftsräume (ASR A4.2), Erste-Hilfe-Räume (ASR A4.3) und Unterkünfte (ASR A4.4)

---

507) Die ASR A1.2 wurde im September 2013 neu erarbeitet und seitdem drei Änderungen unterzogen. Die Änderungen im Juli 2017, im Mai 2018 und im März 2022 waren formaler Art.

508) Gem. Anh. Nr. 1.2 ArbStättV werden Sanitär-, Pausen- und Bereitschaftsräume, Kantinen, Erste-Hilfe-Räume und Unterkünfte den Arbeitsräumen gleichgestellt.

509) Die Zahlenwerte dieser ASR sind als Mindest- bzw. Höchstwerte einzuhalten. Eine Abweichung davon bedarf einer dokumentierten Begründung, z. B. in der Gefährdungsbeurteilung, durch welche anderen Maßnahmen das gleiche Schutzniveau erreicht wird.

richten sich gemäß Punkt 1.2 Absatz 2 des Anhangs der Arbeitsstättenverordnung nach der Art ihrer Nutzung.

Hinweis:

Für die barrierefreie Gestaltung der Raumabmessungen und Bewegungsflächen gilt die ASR V3a.2 „Barrierefreie Gestaltung von Arbeitsstätten", Anhang A1.2: Ergänzende Anforderungen zur ASR A1.2 „Raumabmessungen und Bewegungsflächen".[510)]

3 Begriffsbestimmungen

3.1 Bewegungsflächen sind zusammenhängende unverstellte Bodenflächen am Arbeitsplatz, die mindestens erforderlich sind, um den Beschäftigten bei ihrer Tätigkeit wechselnde Arbeitshaltungen sowie Ausgleichsbewegungen zu ermöglichen.

3.2 Bewegungsfreiraum ist der zusammenhängende unverstellte Raum am Arbeitsplatz, der mindestens erforderlich ist, um den Beschäftigten bei ihrer Tätigkeit wechselnde Arbeitshaltungen sowie Ausgleichsbewegungen zu ermöglichen.

3.3 Gänge zu den Arbeitsplätzen sind Verkehrswege, die dem ungehinderten Zutritt zu den persönlich zugewiesenen Arbeitsplätzen dienen (siehe ASR A1.8 „Verkehrswege").

3.4 Gänge zu gelegentlich benutzten Betriebseinrichtungen sind Verkehrswege, die dem ungehinderten Zutritt zur Nutzung von Betriebseinrichtungen (z. B. Heizungen, Fenster, Elektroversorgung) dienen (siehe ASR A1.8 „Verkehrswege").

3.5 Stellflächen sind die Bodenflächen, die für Arbeitsmittel (z. B. Roh-, Hilfs- und Betriebsstoffe, Produkte des jeweiligen Arbeitsschrittes, Arbeitsstühle, Arbeitswagen, Werkzeugcontainer, Hebemittel), Einbauten, Einrichtungen und sonstige Gegenstände (z. B. Abfälle) benötigt werden, unabhängig davon, ob diese den Boden berühren oder nicht.

3.6 Funktionsflächen sind die Bodenflächen, die von beweglichen Teilen von Arbeitsmitteln, Einbauten und Einrichtungen überdeckt werden.

3.7 Flächen für Sicherheitsabstände sind die Bodenflächen an Arbeitsplätzen, Arbeitsmitteln, Einbauten und Einrichtungen, die erforderlich sind, um Gefährdungen von Beschäftigten zu vermeiden.

3.8 Zellenbüros sind als Einzel- oder Mehrpersonenbüros in der Regel entlang der Fassade angeordnet und über einen gemeinsamen Flur zugänglich. Mehrpersonenbüros umfassen in der Regel bis sechs Büro- oder Bildschirmarbeitsplätze.

---

510) Dort werden für die Grundflächen und Höhen des notwendigen Bewegungsfreiraumes am Arbeitsplatz in Abhängigkeit von den individuellen Erfordernissen der Beschäftigten mit Behinderungen erforderlichenfalls Zuschläge gefordert.

3.9 Gruppenbüros sind für die Einrichtung von in der Regel bis zu 25 Büro- oder Bildschirmarbeitsplätzen vorgesehene fensternahe Raumeinheiten, die mit Stellwänden oder flexiblen Raumgliederungssystemen deutlich voneinander abgegrenzt werden.

3.10 Großraumbüros sind organisatorische und räumliche Zusammenfassungen von Büro- oder Bildschirmarbeitsplätzen auf einer 400 m^2 oder mehr umfassenden Grundfläche, die mit Stellwänden gegliedert sein können.

3.11 Kombibüros sind in der Regel Kombinationen aus Zellenbüro und Großraumbüro. Die „Arbeitskojen" sind in der Regel mit je einem Beschäftigten besetzt, um einen Gemeinschaftsraum mit Besprechungsecken, Registraturen, Serviceeinrichtungen, Teeküchen u. a. gruppiert und durch Glaswände und -türen mit dem Gemeinschaftsraum verbunden.

4 Allgemeines

(1) Arbeitsräume müssen eine ausreichende Grundfläche und Höhe sowie einen ausreichenden Luftraum aufweisen. Damit soll sichergestellt sein, dass die Beschäftigten ohne Beeinträchtigung ihrer Sicherheit, ihrer Gesundheit oder ihres Wohlbefindens ihre Arbeit verrichten können.[511)] [512)]

(2) Am Arbeitsplatz muss ausreichend Bewegungsfreiraum vorhanden sein, so dass Beschäftigte alle Arbeitsaufgaben erledigen können und nicht, z. B. durch Einbauten, Einrichtungen oder sonstige Gegenstände, in ihrer Bewegungsfreiheit eingeschränkt sind.

(3) Ausgangspunkt für die Ermittlung der Grundflächen und Höhen des notwendigen Bewegungsfreiraumes sind die Körpermaße des Menschen. Die in dieser ASR aufgeführten Werte stellen das Minimum für Bewegungsfreiräume dar, wobei Zuschläge von Kleidung und Körperbewegungen berücksichtigt sind. Weitere Zuschläge z. B. für persönliche

---

511) Die ArbStättV fügt für die Abmessungen von Räumen und den Luftraum dem üblichen Schutzziel, Gefährdungen für die Sicherheit und die Gesundheit zu vermeiden, ausdrücklich hinzu, „ ... dass die Beschäftigten ohne Beeinträchtigung ... ihres Wohlbefindens ihre Arbeit verrichten können".

512) Distanzzonen: Damit die Beschäftigten ohne Beeinträchtigung ihres Wohlbefindens ihre Arbeit ausführen können, werden in der Fachliteratur für nebeneinander angeordnete Arbeitsplätze sog. Distanzzonen genannt. Empfohlen wird, diese Abstände zu anderen Personen zu berücksichtigen. (Mai J.: Bitte Abstand halten! , 08.12.2023. Abrufbar unter: http://karrierebibel.de/bitte-abstand-halten-distanzzonen-und-intimsphaeren/) beschreibt die Grundlagen der psychologisch notwendigen Mindestabstände anhand der vier Zonen nach Hall folgendermaßen:

- „Die öffentliche Zone. Sie umfasst einen Umkreis von mehr als 3,60 Meter Abstand und ist für die meisten unproblematisch. Dieser Umkreis ist typisch für die Rolle eines Zuschauers während einer Parade oder während er einem Vortrag lauscht.
- Die soziale Zone. Sie reicht von 1,20 bis 3,60 Meter. Der klassische Abstand zu Fremden, Verkäufern, Servicekräften oder Beamten. Näher als eine Armlänge sollten die keinem kommen. Denn dort beginnt schon ...
- Die persönliche Zone. Sie ist guten Freunden oder Kollegen vorbehalten. Sie dürfen zwischen 0,6 und einen Meter an uns heranrücken. Es ist zugleich die Zone, in die jemand beim Händeschütteln eindringt. Deshalb sollten sich Fremde hierbei nur langsam nähern, wenn sie nicht gleich Vorbehalte schüren wollen.
- Die intime Zone. Hier hat unser Gegenüber gerade mal 60 Zentimeter Abstand. Das dürfen wirklich nur engste Freunde, Familie oder der Partner. Andernfalls reagieren wir mit Ablehnung oder gar Aggression."

Schutzausrüstungen oder für die Handhabung von Arbeitsgegenständen und Arbeitsmitteln sind erforderlichenfalls festzulegen.

(4) Für bestimmte Arbeitsplätze, z. B. Kassenarbeitsplätze, Schulungs- und Besprechungsarbeitsplätze, Arbeitsplätze in Operationsbereichen, können aufgrund ihrer spezifischen betriebstechnischen oder ergonomischen Anforderungen von den Regelungen dieser ASR abweichende Gestaltungen notwendig sein. Diese sind im Rahmen einer Gefährdungsbeurteilung zu ermitteln und festzulegen. Hierfür können branchenspezifische Hilfen herangezogen werden (siehe Punkt Ausgewählte Literaturhinweise).

5 Grundflächen von Arbeitsräumen[513)]

(1) Die erforderlichen Grundflächen für Arbeitsräume ergeben sich aus folgenden Flächen:
- Bewegungsflächen der Beschäftigten am Arbeitsplatz,
- Flächen für Verkehrswege einschließlich der Fluchtwege und Gänge zu den Arbeitsplätzen und zu gelegentlich benutzten Betriebseinrichtungen,
- Stellflächen für Arbeitsmittel, Einbauten und Einrichtungen,
- Funktionsflächen für alle Betriebs- bzw. Benutzungszustände von Arbeitsmitteln, Einbauten und Einrichtungen und
- Flächen für Sicherheitsabstände, soweit sie nicht bereits in den Stell- oder Funktionsflächen berücksichtigt sind.

Beispiele für erforderliche Grundflächen von Arbeitsplätzen sind in den Anhängen 1 und 2 dargestellt.

(2) Bei der Bemessung der Grundfläche der Arbeitsräume sind entsprechend der Anzahl der Arbeitsplätze und der Tätigkeit zusätzlich zu den erforderlichen Flächen nach Absatz 1 die Einhaltung des Mindestluftraums nach Punkt 7 sowie gegebenenfalls weitere Anforderungen, z. B. an die Luftqualität (siehe ASR A3.6 „Lüftung") oder an die Akustik, zu berücksichtigen.

(3) Unabhängig von Absatz 1 und von der Tätigkeit dürfen als Arbeitsräume nur Räume genutzt werden, deren Grundflächen mindestens 8 m^2 für einen Arbeitsplatz zuzüglich mindestens 6 m^2 für jeden weiteren Arbeitsplatz betragen.

(4) Für Büro- und Bildschirmarbeitsplätze ergibt sich bei Einrichtung von Zellenbüros als Richtwert ein Flächenbedarf von 8 bis 10 m^2 je Arbeitsplatz einschließlich Möblierung und anteiliger Verkehrsflächen im Raum. Für Großraumbüros ist angesichts des höheren Verkehrsflächenbedarfs und ggf. größerer Störwirkungen (z. B. akustisch, visuell) von 12

513) Die Grundfläche des Arbeitsraums wird systematisch aus der Addition aller Flächenarten (Teilflächen), die aufgrund der spezifischen Arbeitstätigkeiten für den künftigen Arbeitsraum erforderlich sind, ermittelt. Anh. 2 dieser ASR enthält Beispiele mit einer Grundfläche von 8,68 – 16,18 m^2.

bis 15 m^2 je Arbeitsplatz auszugehen. Beispielhafte Gestaltungslösungen zu den einzelnen Bürotypen sind dem Anhang 2 zu entnehmen.[514)]

5.1 Bewegungsflächen der Beschäftigten am Arbeitsplatz

5.1.1 Allgemeine Anforderungen

(1) Zur Festlegung der Bewegungsfläche sind alle während der Tätigkeit einzunehmenden Körperhaltungen zu berücksichtigen.

(2) Die Bewegungsfläche muss mindestens 1,50 m^2 betragen. Ist dies aus betriebstechnischen Gründen nicht möglich, muss den Beschäftigten in der Nähe des Arbeitsplatzes eine mindestens 1,50 m^2 große Bewegungsfläche zur Verfügung stehen (siehe Abb. 1).

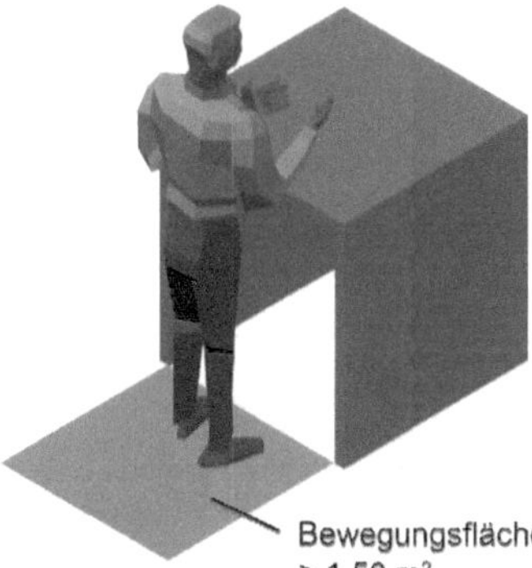

Abb. 1: Mindestgröße der Bewegungsfläche im Sitzen und Stehen (Quelle: VBG Hamburg [www.vbg.de])

5.1.2 Sitzende und stehende Tätigkeiten

Die Tiefe und die Breite der Bewegungsfläche für Tätigkeiten im Sitzen und Stehen müssen mindestens 1,00 m betragen (siehe Abb. 2 und 3).

---

514) Bei den Anforderungen für die Gestaltung von Büroarbeitsplätzen wird die Unterscheidung nach den gängigen spezifischen Bürotypen, wie Zellen-, Gruppen- und Großraumbüro berücksichtigt. Die in der ASR A1.2 für verschiedene Bürotypen aufgeführten Richtwerte stellen Toleranzbereiche für den Flächenbedarf der in diesen Bürotypen eingerichteten Büro- und Bildschirmarbeitsplätze dar, die eine Möblierung und anteilige Verkehrsflächen in den Büroräumen einschließen. Bedarf es aufgrund spezifischer Anforderungen an die Arbeitstätigkeit nur einer minimalen Ausstattung (z. B. Büro ohne Schränke o. Ä.) oder aber einer erhöhten Ausstattung (z. B. Büro mit erhöhtem Anteil an Schränken oder Raumteilern zum Ausschluss akustischer oder visueller Störwirkungen), ist es nach der Logik der ASR A1.2 möglich, dies als Begründung für eine Abweichung vom Toleranzbereich anzugeben. Eine Abweichung von den in der ASR A1.2 festgeschriebenen Richtwerten bedarf einer dokumentierten Begründung. Diese kann im Rahmen der Gefährdungsbeurteilung erfolgen. Darzulegen ist, durch welche anderen Maßnahmen das gleiche Schutzniveau an Sicherheit, Gesundheit und des Wohlbefindens erreicht wird. Der in der ASR A1.2 Abschn. 5 Abs. 3 festgelegte Mindestwert von 8 m^2 für einen Arbeitsplatz zuzüglich mindestens 6 m^2 für jeden weiteren Arbeitsplatz darf jedoch nicht unterschritten werden.

Abb. 2: Mindesttiefe der Bewegungsfläche im Sitzen und Stehen (Quelle: VBG Hamburg [www.vbg.de])

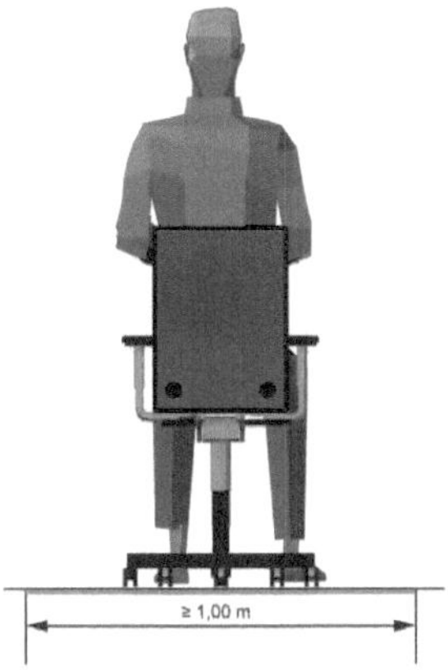

Abb. 3: Mindestbreite der Bewegungsfläche im Sitzen und Stehen (Quelle: VBG Hamburg [www.vbg.de])

5.1.3 Tätigkeiten mit anderen Körperhaltungen

(1) Die Tiefe der Bewegungsfläche an Arbeitsplätzen mit stehender nicht aufrechter Körperhaltung muss mindestens 1,20 m betragen (siehe Abb. 4).

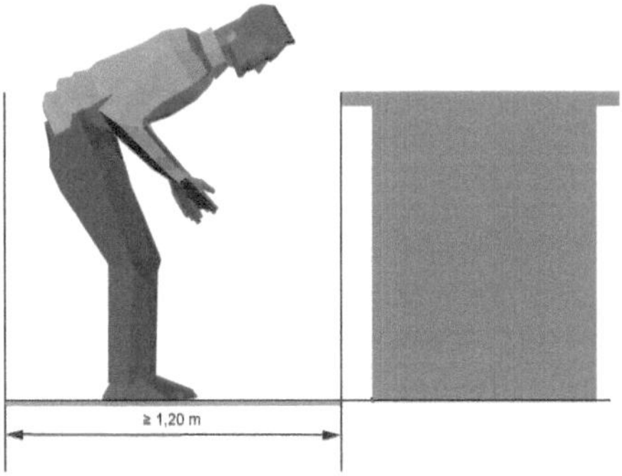

Abb. 4: Mindesttiefe der Bewegungsfläche für Arbeitsplätze mit stehender nicht aufrechter Körperhaltung (Quelle: VBG Hamburg [www.vbg.de])

(2) Für Beschäftigte, die für ihre Tätigkeit andere Körperhaltungen einnehmen müssen, sind die Maße für die Bewegungsfläche im Rahmen der Gefährdungsbeurteilung gesondert zu ermitteln und festzulegen.

5.1.4 Nebeneinander angeordnete Arbeitsplätze

Sind mehrere Arbeitsplätze unmittelbar nebeneinander angeordnet, muss die Breite der Bewegungsfläche an jedem Arbeitsplatz mindestens 1,20 m betragen (siehe Abb. 5).

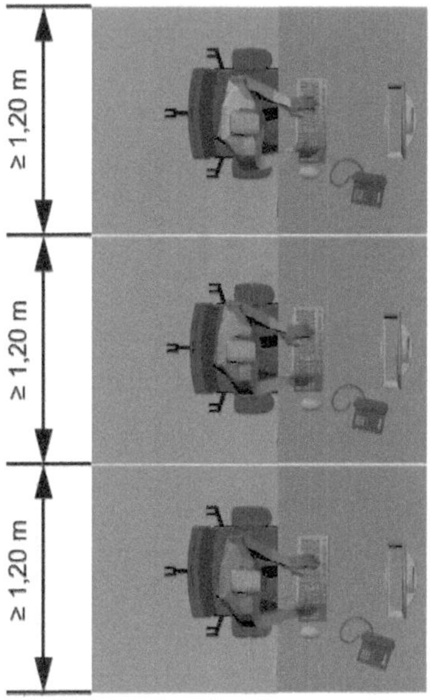

Abb. 5: Breite der Bewegungsfläche für nebeneinander angeordnete Arbeitsplätze mit sitzender oder stehender Körperhaltung (Quelle: VBG Hamburg [www.vbg.de])

5.1.5 Überlagerung von Bewegungsflächen

(1) Bewegungsflächen dürfen sich nicht überlagern mit:
- Bewegungsflächen anderer Arbeitsplätze,
- Flächen für Verkehrswege, einschließlich Fluchtwegen und Gängen zu anderen Arbeitsplätzen und Gängen zu gelegentlich genutzten Betriebseinrichtungen,
- Stellflächen für Arbeitsmittel, Einbauten und Einrichtungen,
- Funktionsflächen für Arbeitsmittel, Einbauten und Einrichtungen und
- Flächen für Sicherheitsabstände.

(2) Abweichend von Absatz 1 ist eine Überlagerung der Bewegungsfläche am Arbeitsplatz des jeweiligen Nutzers möglich mit:
- Stellflächen von selbst benutzten mobilen Arbeitsmitteln,
- Funktionsflächen von selbst benutzten Arbeitsmitteln, Einbauten und Einrichtungen (z. B. Schrankauszüge und -türen, Fensterflügel) und
- Flächen für Sicherheitsabstände (z. B. am Schrankauszug, siehe Abb. 10).

Dabei darf es zu keiner Beeinträchtigung der Sicherheit, der Gesundheit oder des Wohlbefindens der Beschäftigten kommen.

5.2 Flächen für Verkehrswege

(1) Maße zu Höhen und Breiten von Verkehrswegen einschließlich Gängen zu den Arbeitsplätzen und gelegentlich benutzten Betriebseinrichtungen sind in der ASR A1.8 „Verkehrswege" geregelt.

(2) Maße zu Höhen und Breiten von Fluchtwegen sind in der ASR A2.3 „Fluchtwege und Notausgänge" geregelt.

5.3 Stellflächen für Arbeitsmittel, Einbauten und Einrichtungen

Stellflächen müssen entsprechend den äußeren Abmessungen der Arbeitsmittel, Einbauten und Einrichtungen berücksichtigt werden (siehe Abb. 6 und 7).

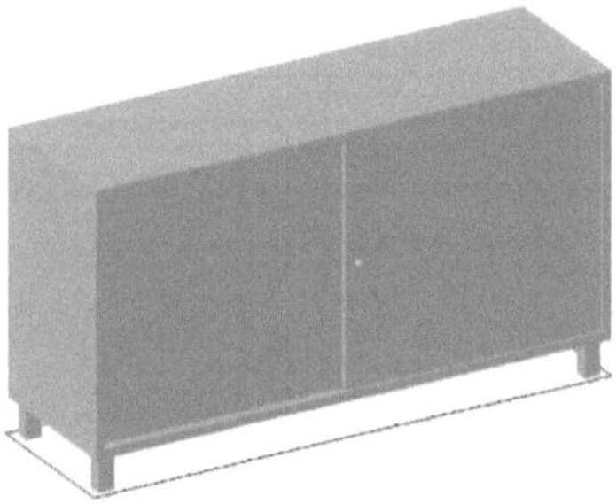

Abb. 6: Stellfläche eines Schrankes (Quelle: VBG Hamburg [www.vbg.de])

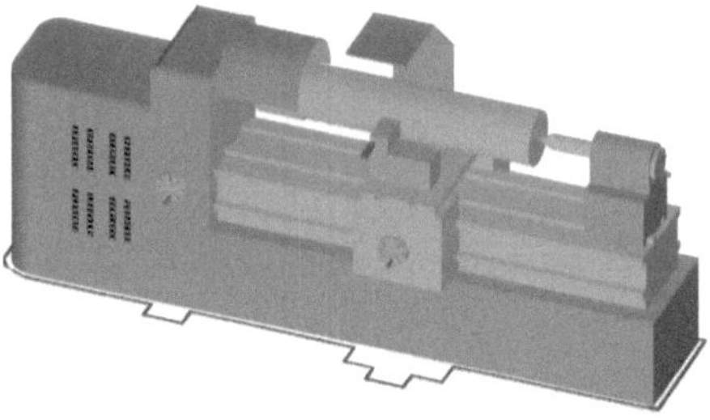

Abb. 7: Stellfläche einer Drehmaschine (Quelle: VBG Hamburg [www.vbg.de])

5.4 Funktionsflächen für Arbeitsmittel, Einbauten und Einrichtungen

Für die Ermittlung der Funktionsflächen müssen die Flächen für alle Betriebszustände, z. B. auch für Instandhaltung und Werkzeugwechsel, berücksichtigt werden (siehe Abb. 8 und 9).

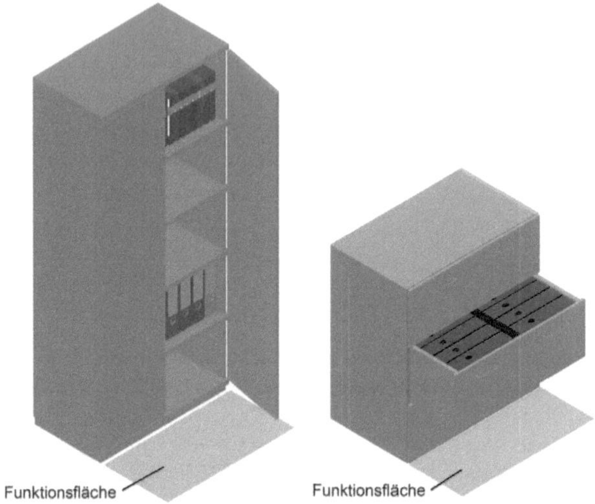

Abb. 8: Funktionsflächen von Schränken (Quelle: VBG Hamburg [www.vbg.de])

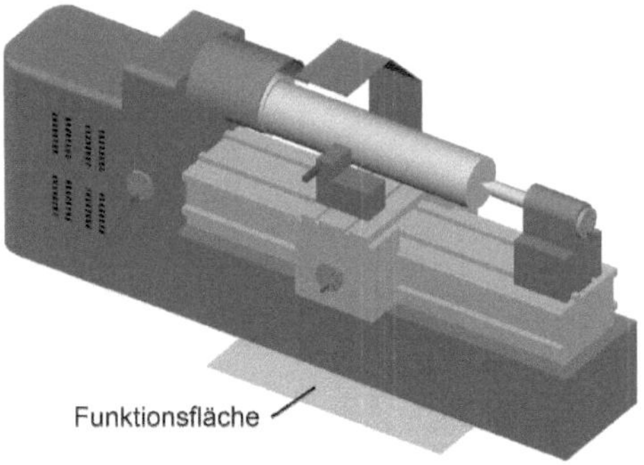

Abb. 9: Funktionsfläche für den Schlitten einer Drehmaschine (Quelle: VBG Hamburg [www.vbg.de])

5.5 Flächen für Sicherheitsabstände

Flächen zur Einhaltung von notwendigen Sicherheitsabständen, soweit diese nicht bereits in den Stell- oder Funktionsflächen berücksichtigt sind, sind im Rahmen der Gefährdungsbeurteilung festzulegen (siehe Abb. 10). Zur Vermeidung von Ganzkörperquetschungen muss der Sicherheitsabstand mindestens 50 cm betragen. Weitere Hinweise dafür können z. B. aus den Herstellerangaben entnommen werden.

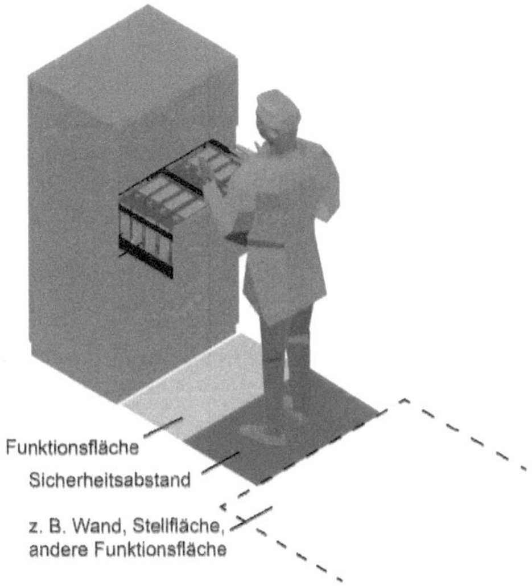

Abb. 10: Beispiel für Funktionsfläche und Sicherheitsabstand zur Benutzung eines Schrankes (Quelle: VBG Hamburg [www.vbg.de])

6 Lichte Höhen von Arbeitsräumen

(1) Die erforderliche lichte Höhe von Räumen ist abhängig von:
- den Bewegungsfreiräumen für die Beschäftigten,
- der Nutzung der Arbeitsräume,
- den technischen Anforderungen, z. B. Platzbedarf für Lüftung und Beleuchtung, und
- den Erfordernissen hinsichtlich des Wohlbefindens der Beschäftigten.

(2) In Abhängigkeit von der Grundfläche muss die lichte Höhe von Arbeitsräumen betragen:

- bei bis zu 50 m²	mindestens 2,50 m
- bei mehr als 50 m²	mindestens 2,75 m
- bei mehr als 100 m²	mindestens 3,00 m
- bei mehr als 2000 m²	mindestens 3,25 m

(3) Die in Absatz 2 genannten Maße können um 0,25 m herabgesetzt werden, wenn keine gesundheitlichen Bedenken bestehen. Das ist im Rahmen der Gefährdungsbeurteilung zu ermitteln. Eine lichte Höhe von 2,50 m darf jedoch nicht unterschritten werden.

(4) Unabhängig von Absatz 3 kann in Arbeitsräumen bis zu 50 m² Grundfläche, in denen überwiegend leichte oder sitzende Tätigkeit ausgeübt wird, die lichte Höhe auf das nach Landesbaurecht zulässige Maß herabgesetzt werden, wenn dies mit der Nutzung der Arbeitsräume vereinbar ist.

(5) Bei Unterschreitung der lichten Höhen nach Absatz 2 darf es zu keiner Beeinträchtigung der Sicherheit, der Gesundheit oder des Wohlbefindens der Beschäftigten kommen.

(6) Sollen Räume mit Schrägdecken als Arbeitsräume genutzt werden, müssen die Anforderungen an Aufenthaltsräume mit Schrägdecken nach Landesbaurecht erfüllt sein. Über den Arbeitsplätzen und freien Bewegungsflächen sind die Anforderungen der Absätze 2 bis 5 einzuhalten. Für die Anforderungen an die lichte Höhe von Verkehrswegen und Fluchtwegen gelten die Bestimmungen der ASR A1.8 „Verkehrswege" bzw. der ASR A2.3 „Fluchtwege und Notausgänge".

7 Luftraum

(1) Arbeitsräume sind so einzurichten, dass der freie, durch das Volumen von Einbauten nicht verringerte Luftraum für jeden ständig anwesenden Beschäftigten mindestens
- 12 m^3 bei überwiegend sitzender Tätigkeit,
- 15 m^3 bei überwiegend nichtsitzender Tätigkeit und
- 18 m^3 bei schwerer körperlicher Arbeit

beträgt.[515)]

(2) Wenn sich in Arbeitsräumen neben den ständig anwesenden Beschäftigten auch andere Personen nicht nur vorübergehend aufhalten, ist für jede zusätzliche Person ein Mindestluftraum von 10 m^3 vorzusehen. Dies gilt nicht für Verkaufsräume, Schank- und Speiseräume in Gaststätten, Schulungs- und Besprechungsräume sowie für Unterrichtsräume in Schulen.

---

515) Abschn. 7 übernimmt die Raumvolumina aus § 23 Abs. 4 ArbStättV 1975. Es wird dabei nicht ausreichend berücksichtigt, dass heutige moderne Fenster praktisch dicht sind und einen Luftwechsel weitgehend verhindern, während ein Luftwechsel bei alten Bauten auch bei geschlossenen Fenstern und Türen vorhanden war. Weil
- ständige Spaltlüftung nicht ganzjährig eingesetzt werden kann und
- Stoßlüftung für Räume von 12 m^3 oder 15 m^3 nicht sinnvoll ist (die Abstände zwischen zwei Stoßlüftungen wären mit weniger als einer Stunde so gering, dass eine kontinuierliche Arbeit gestört würde),

sollte zur Aufrechterhaltung der erforderlichen Raumluftqualität deshalb bei Raumvolumina von 12 m^3 und 15 m^3 pro Person eine raumlufttechnische Anlage eingebaut werden.

Anhang 1

Beispiel für die Grundfläche eines Arbeitsplatzes in einer Fertigungsstätte

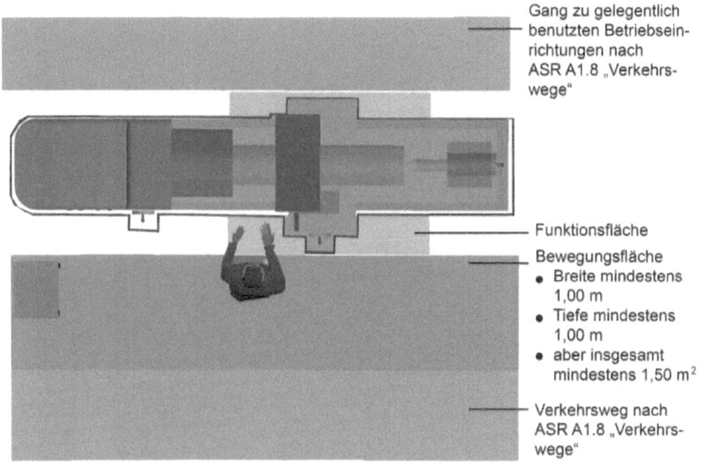

Abb. 11: Grundriss (Quelle: VBG Hamburg [www.vbg.de])

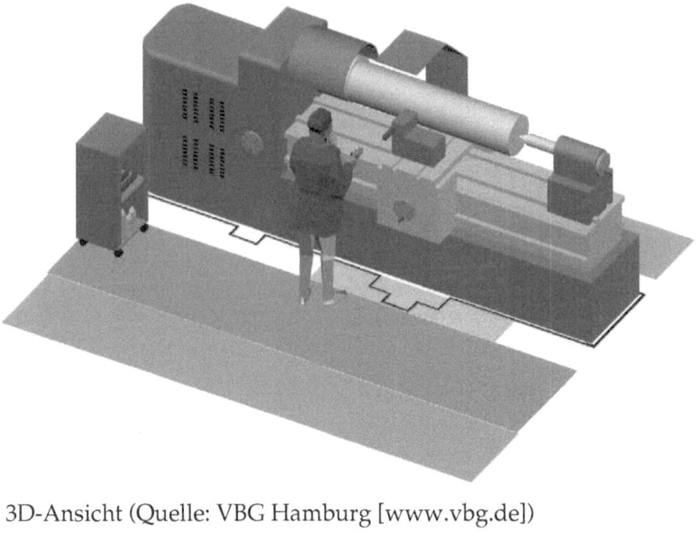

Abb. 12: 3D-Ansicht (Quelle: VBG Hamburg [www.vbg.de])

Anhang 2

Beispiele für Grundflächen von Arbeitsplätzen in Büroräumen

Zellenbüros/Einzelbüros

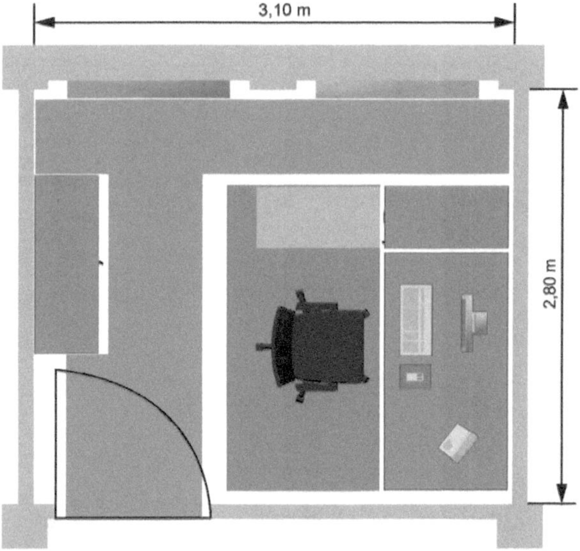

Abb. 13: Zellenbüro/Einzelbüro Beispiel 1

Beispiel für ein Zellenbüro[516)] (Einzelbüros entlang der Fassade angeordnet und über einen gemeinsamen Flur zugänglich) jeweils mit Sitz-/Steharbeitstisch, Rollcontainer in Arbeitstischhöhe und Schiebetürenschrank

Flächenbedarf pro Arbeitsplatz: 8,68 m²

516) Abb. 13: Der kleinste Flächenbedarf pro Arbeitsplatz liegt bei diesem Beispiel bei 8,68 m^2. Bei der Einrichtung von Büroarbeitsplätzen in vorhandenen Räumen mit vorgegebener Länge und Breite lässt sich bei entsprechender Arbeitsplatzausrüstung kaum ein geringerer Flächenbedarf erreichen. Bei einer Raumhöhe von 2,50 m ergibt sich für diesen kleinsten Raum ein Luftvolumen von 21,70 m^3, sodass mit freier Lüftung alle 60 Minuten gearbeitet werden kann.

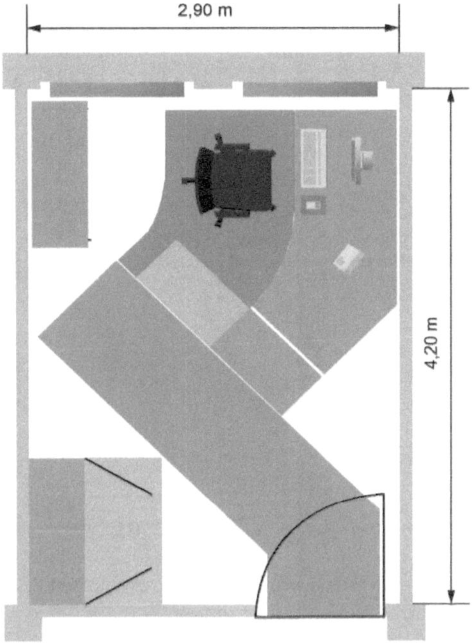

Abb. 14: Zellenbüro/Einzelbüro Beispiel 2

Beispiel für heute übliche Büroarbeit (Kombination zwischen Bildschirmarbeit und „klassischer" Bürotätigkeit)

Flächenbedarf pro Arbeitsplatz: 12,18 m²

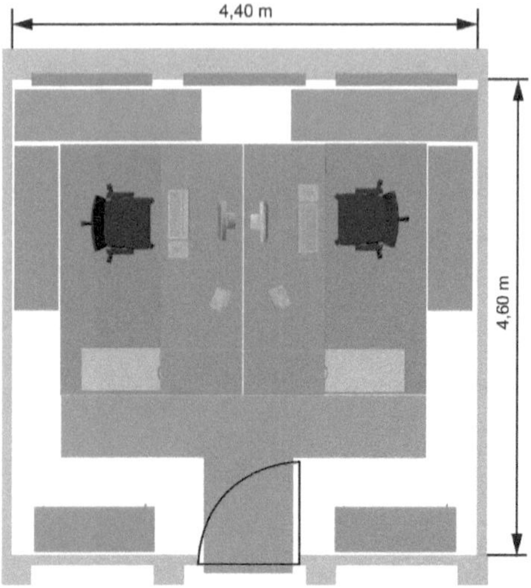

Abb. 15: Zwei-Personen-Büro (Quelle: VBG Hamburg [www.vbg.de])

Beispiel für ein Zwei-Personen-Büro jeweils mit Sitz-/Steharbeitstisch, Rollcontainer in Arbeitstischhöhe, Regalen und Schiebetürenschränken

Flächenbedarf pro Arbeitsplatz: 10,12 m²

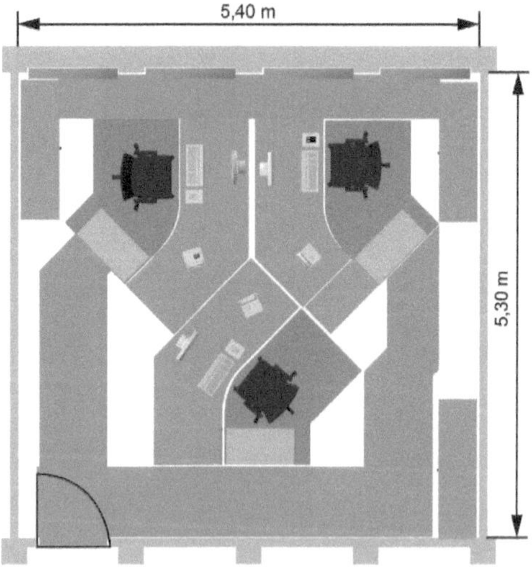

Abb. 16: Drei-Personen-Büro (Quelle: VBG Hamburg [www.vbg.de])

In diesem Beispiel bestand die Notwendigkeit, ein Zwei-Personen-Büro mit einem dritten Arbeitsplatz auszustatten. Durch den Austausch alter CRT-Monitore durch moderne LCD-Bildschirme konnte die Arbeitsplatztiefe von 1000 auf 800 mm verringert werden. Auch konnte auf Flügeltürenschränke durch die inzwischen üblichen ONLINE-Dokumente verzichtet werden.

Flächenbedarf pro Arbeitsplatz: 9,54 m²

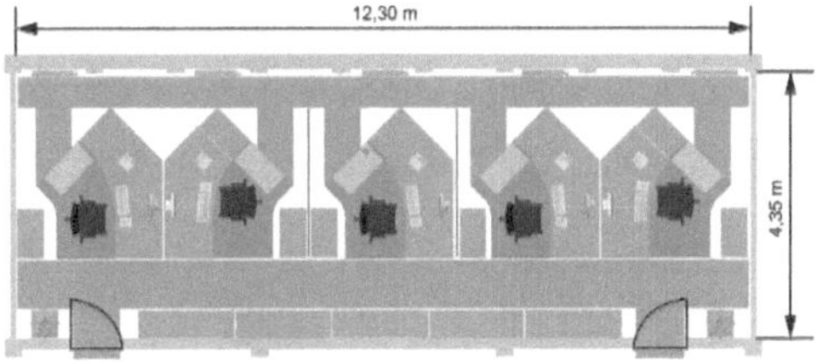

Abb. 17: Gruppenbüro (Quelle: VBG Hamburg [www.vbg.de])

Die Ausstattung in diesem Gruppenbüro beschränkt sich auf Arbeitstisch mit Freiformplatte, Rollcontainer am Arbeitstisch, Querrollladenschrank und Schiebetürenschränken zur gemeinsamen Nutzung.

Flächenbedarf pro Arbeitsplatz: 10,70 m²

Kombibüro

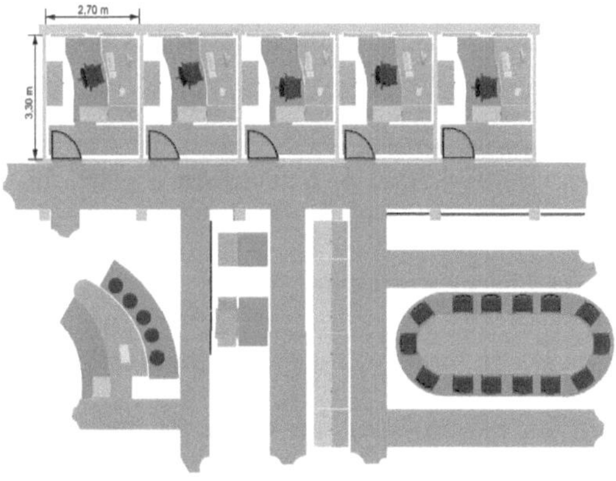

Abb. 18: Kombibüro (Quelle: VBG Hamburg [www.vbg.de])

Das Kombibüro in diesem Beispiel nimmt insgesamt viel Grundfläche pro Arbeitsplatz in Anspruch, jedoch ist der „individuelle" Flächenbedarf pro Einzelbürozelle (Arbeitstisch, Rollcontainer, Schiebetürenschrank) relativ gering.

Flächenbedarf pro Arbeitsplatz: 8,91 m²

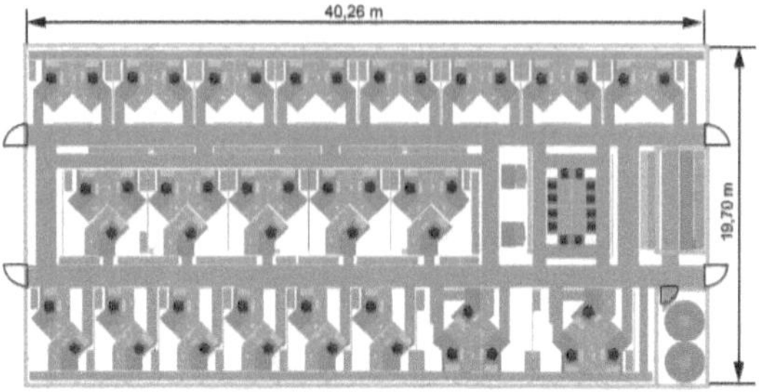

Abb. 19: Großraumbüro (Quelle: VBG Hamburg [www.vbg.de])

In diesem Beispiel eines Großraumbüros sind die Arbeitsplätze ausgestattet mit Arbeitstischen, Rollcontainern, persönlichen Schiebetürenschränken und Schiebetürenschränken zur gemeinsamen Nutzung. Außerdem sind Funktionsflächen wie Besprechungsraum, Teeküche und Kommunikationsraum berücksichtigt.

Flächenbedarf pro Arbeitsplatz: 16,18 m²

Literaturhinweise

Informationen der Unfallversicherungsträger

- DGUV Information 208-002 Sitz-Kassenarbeitsplätze 10/2015[517)]
- DGUV Information 208-003 Steh-Kassenarbeitsplätze 03/2014 aktualisiert 05/2015[518)]
- [519)]DGUV Information 215-441 Büroraumplanung, Hilfen für das systematische Planen und Gestalten von Büros 09/2016[520)]
- DGUV Information 207-017 Neu- und Umbauplanung im Krankenhaus unter Gesichtspunkten des Arbeitsschutzes 09/2011[521)]
- DGUV Information 215-410 Bildschirm- und Büroarbeitsplätze, Leitfaden für die Gestaltung 09/2015[522)]

Veröffentlichungen des Länderausschusses für Arbeitsschutz und Sicherheitstechnik (LASI-Veröffentlichungen)

- LV 20 Handlungsanleitung zur Beurteilung der Arbeitsbedingungen an Kassenarbeitsplätzen, Oktober 1999
- LV 50 Bewegungsergonomische Gestaltung von andauernder Steharbeit, März 2009[519)]

517) Aktualisiert durch DGUV Information 208-002, Ausg. 2021-11.
518) Aktualisiert durch DGUV Information 208-003, Ausg. 2020-04.
519) Die LV 50 wurde vom LASI 2024 zurückgezogen.
520) Aktualisiert durch DGUV Information 215-441, Ausg. 2023-03.
521) Aktualisiert durch DGUV Information 207-016, Ausg. 2016-04.
522) Aktualisiert durch DGUV Information 215-410, Ausg. 2019-07.

Weitere Literaturstellen

Handlungshilfen:

- INFO-MAP: Büroräume planen (VBG), Juni 2009
- Arbeitswissenschaftliche Erkenntnisse Nr. 106: Die systemische Beurteilung von Bildschirmarbeit (BAuA), 1. Auflage. Bremerhaven: Wirtschaftsverlag NW Verlag für neue Wissenschaft GmbH 1999
- Quartbroschüre: Qualifizierung, Q 6 Büroraumtypen und Ergonomieprobleme. Humanisierung in Büro und Verwaltung (BAuA), 1. Auflage. Dortmund: 2001 (vergriffen)

zu § 4 Abs. 4, Anh. Nr. 1.3 und Anh. Nr. 2.3 ArbStättV

Technische Regeln für Arbeitsstätten	Sicherheits- und Gesundheitsschutzkennzeichnung[523) 524) 525)]	ASR A1.3

(GMBl. Nr. 16 vom 13.3.2013 S. 334)
zuletzt geändert durch (GMBl. Nr. 9-11 vom 18.3.2022 S. 242)

...

---

523) Nach der ersten Bekanntmachung der ASR A1.3 im April 2007 wurde die Sicherheitskennzeichnung im Normungsprozess weiterentwickelt. Deshalb wurde 2010 eine erste Überarbeitung beschlossen, damit zeitnah zur Veröffentlichung der DIN-Normen auch die ASR A1.3 mit den neuen Sicherheitszeichen und der geänderten Darstellung des Flucht- und Rettungsplanes bekannt gemacht werden konnte (s. DIN ISO 23601:2021-11 Sicherheitskennzeichnung – Flucht- und Rettungspläne; die Norm enthält auch die internationalen Sicherheitszeichen nach DIN EN ISO 7010 Graphische Symbole – Sicherheitsfahnen und Sicherheitskennzeichen – Registrierte Sicherheitszeichen (ISO 7010:2020); Deutsche Fassung DIN EN ISO 7010:2020-07). Weiterhin waren aufgrund der Vorgaben der GHS-Verordnung Nr. 7 der Vereinten Nationen, als EG-Verordnung 1272/2008, ABl. L353 vom 31.12.2008, S. 1, verbindlich eingeführt und seit 20.01.2009 in Kraft, die Kennzeichnung von Rohrleitungen und Behältern und Anl. 4 Gefahrensymbole anzupassen.

524) Im Rahmen der Neufassung der ASR A1.3 vom Februar 2013 hat das Bundesministerium für Arbeit und Soziales (BMAS) zusätzlich Folgendes bekannt gemacht:
„Die Neufassung der ASR A1.3 vom 28.02.2013 ersetzt die ASR A1.3 GMBl. 2007, S. 674.
Im Wesentlichen wurden die folgenden Anpassungen vorgenommen:
- Es wurden zusätzliche Sicherheitszeichen, die in der Norm DIN EN ISO 7010 enthalten und international und europäisch abgestimmt sind, in die ASR A1.3 übernommen. Insbesondere die Zeichen F001, F002, F003, F004, F005, F006, E009 und W029 wurden erheblich verändert.
- Der Flucht- und Rettungsplan wurde an die Norm DIN ISO 23601:2010-12 angepasst.

Die ASR A1.3 „Sicherheits- und Gesundheitsschutzkennzeichnung" in der Fassung vom Februar 2013 enthält den aktuellen Stand der Technik zur Sicherheits- und Gesundheitsschutzkennzeichnung in Arbeitsstätten. Bei der bestimmungsgemäßen Verwendung dieser Sicherheitszeichen kann der Arbeitgeber davon ausgehen, dass er die Arbeitsstättenverordnung hinsichtlich der Sicherheits- und Gesundheitsschutzkennzeichnung einhält.
Wendet der Arbeitgeber die geänderten Sicherheitszeichen beim Betreiben von bestehenden Arbeitsstätten nicht an, so hat er mit der Gefährdungsbeurteilung zu ermitteln, ob die in der Arbeitsstätte verwendeten Sicherheitszeichen nach ASR A1.3 (GMBl. 2007, S. 674) weiterhin angewendet werden können."
Die DGUV Information 211-041 Sicherheits- und Gesundheitsschutzkennzeichnung, Ausg. 2016-04 enthält hierzu als Entscheidungshilfe folgende Hinweise:
- In Neubauten bzw. bei wesentlichen Änderungen einer Arbeitsstätte sollen nur die neuen Zeichen verwendet werden.
- In Neubauten auf einem bestehenden Betriebsgelände sollen die neuen Zeichen auch dann verwendet werden, wenn im übrigen Betriebsgelände die alten Sicherheitszeichen beibehalten werden können.
- Muss in einem Objekt ein bestehendes Zeichen ersetzt werden, so kann hierfür das entsprechende alte oder neue Zeichen verwendet werden. Fällt die Wahl auf Letzteres, so müssen in diesem Objekt alle alten Zeichen mit dieser Sicherheitsaussage gegen das jeweils neue Zeichen ausgetauscht werden.
- Wird ein bestehendes Brandschutzzeichen durch ein neues Brandschutzzeichen ersetzt, so sind aufgrund des zusätzlichen Erkennungsmerkmals (Flamme) alle vorhandenen Brandschutzzeichen durch neue Zeichen zu ersetzen.
- In den Flucht- und Rettungsplänen sind die tatsächlich im Objekt angebrachten Zeichen abzubilden.

525) Im Januar und im Juli 2017 wurden in der ASR formale Änderungen vorgenommen (GMBl. 2017, S. 7 und S. 398). Im März 2022 wurden Inhalte aus der aufgehobenen ASR A3.4/7 „Sicherheitsbeleuchtung, optische Sicherheitsleitsysteme" in die ASR A1.3 überführt. Die vorgenommenen Änderungen sind in der Veröffentlichung des BMAS zur Gemeinsamen Bekanntmachung der Neufassung, Änderung und Aufhebung von ASR zum Themenkomplex der Flucht- und Verkehrswege (GMBl. 2022, S. 213) ausführlich dargestellt und die Hintergründe erläutert. Zudem wurden formale Änderungen vorgenommen (GMBl. 2022, S. 242).

Die ASR A1.3 konkretisiert im Rahmen ihres Anwendungsbereichs Anforderungen der Verordnung über Arbeitsstätten. Bei Einhaltung dieser Technischen Regel kann der Arbeitgeber davon ausgehen, dass die entsprechenden Anforderungen der Verordnung erfüllt sind. Wählt der Arbeitgeber eine andere Lösung, muss er damit mindestens die gleiche Sicherheit und den gleichen Schutz der Gesundheit für die Beschäftigten erreichen.

Die vorliegende Technische Regel ASR A1.3 schreibt die Technische Regel ASR A1.3 (GMBl. 2007, S. 674) fort und wurde unter Federführung des ehemaligen Fachausschusses „Sicherheitskennzeichnung" der Deutschen Gesetzlichen Unfallversicherung (DGUV) in Anwendung des Kooperationsmodells (vgl. Leitlinienpapier[526] zur Neuordnung des Vorschriften- und Regelwerks im Arbeitsschutz vom 31. August 2011) erarbeitet.

Inhaltsverzeichnis

1 Zielstellung

Diese ASR konkretisiert die Anforderungen für die Sicherheits- und Gesundheitsschutzkennzeichnung in Arbeitsstätten[527]. Nach § 3a der Arbeitsstättenverordnung in Verbindung mit Ziffer 1.3 des Anhangs sind Sicherheits- und Gesundheitsschutzkennzeichnungen dann einzusetzen, wenn die Risiken für Sicherheit und Gesundheit anders nicht zu vermeiden oder ausreichend zu minimieren sind[528]. Diese ASR konkretisiert auch die Gestaltung von Flucht- und Rettungsplänen gemäß § 4 Abs. 4 Arbeitsstättenverordnung.[529]

---

[526] Amtl. FN: http://www.gda-portal.de/de/VorschriftenRegeln/VorschriftenRegeln.html

[527] Dabei regelt die ASR A1.3, wie ein Sicherheitszeichen auszusehen hat. Ob ein Sicherheitszeichen eingesetzt werden muss, ergibt sich aus der jeweiligen spezifischen Vorschrift (z. B. GefStoffV) sowie aufgrund der betrieblichen Situation (z. B. Anh. Nr. 2.3 Abs. 2b ArbStättV).

[528] Gem. Anh. Nr. 1.3 Abs. 1 ArbStättV gelten die allgemeinen Grundsätze des Arbeitsschutzes und damit auch die Rangfolge der Maßnahmen entsprechend § 4 ArbSchG. Das bedeutet, dass auf der Grundlage einer Gefährdungsbeurteilung nach § 3 ArbStättV eine Sicherheits- und Gesundheitsschutzkennzeichnung dann eingesetzt werden muss, wenn die Möglichkeit einer Gefährdung der Beschäftigten trotz ergriffener Schutzmaßnahmen nach dem Stand der Technik, Arbeitsmedizin und Hygiene, des Einsatzes technischer Schutzeinrichtungen oder arbeitsorganisatorischer Maßnahmen, Methoden oder Verfahren nicht zuverlässig ausgeschlossen oder begrenzt werden kann.

[529] Die Verpflichtung zur Aufstellung von Flucht- und Rettungsplänen ergibt sich aus § 4 Abs. 4 ArbStättV. Die ASR A2.3 „Fluchtwege und Notausgänge" (s. S. 339) enthält unter Nr. 10 die inhaltlichen Vorgaben an den Flucht- und Rettungsplan. Regelungen zur konkreten Ausführung des Flucht- und Rettungsplans trifft die ASR A1.3 und gibt in Anh. 3 ein entsprechendes Gestaltungsbeispiel nach DIN ISO 23601 „Sicherheitskennzeichnung – Flucht- und Rettungspläne", Ausg. 2021-11.

2 Anwendungsbereich

Mit Inkrafttreten der Arbeitsstättenverordnung wird die Richtlinie 92/58/EWG [530] [531] über Mindestvorschriften für die Sicherheits- und Gesundheitsschutzkennzeichnung am Arbeitsplatz über einen gleitenden Verweis für den Geltungsbereich der Arbeitsstättenverordnung in nationales Recht umgesetzt. Die Anwendung dieser ASR erfüllt die Mindestanforderungen der Richtlinie 92/58/EWG.

Die Gestaltung der Sicherheits- und Gesundheitsschutzkennzeichnung einschließlich der Gestaltung von Flucht- und Rettungsplänen wird in dieser ASR geregelt. Die Notwendigkeit einer Sicherheits- und Gesundheitsschutzkennzeichnung und von Flucht- und Rettungsplänen sowie von Sicherheitsleitsystemen[532] ist im Rahmen der Gefährdungsbeurteilung zu prüfen.[533]

Hinweis:

Für die barrierefreie Gestaltung der Sicherheits- und Gesundheitsschutzkennzeichnung gilt die ASR V3a.2 „Barrierefreie Gestaltung von Arbeitsstätten", Anhang A1.3: Ergänzende Anforderungen zur ASR A1.3 „Sicherheits- und Gesundheitsschutzkennzeichnung".

3 Begriffsbestimmungen[534]

3.1 Sicherheits- und Gesundheitsschutzkennzeichnung ist eine Kennzeichnung, die – bezogen auf einen bestimmten Gegenstand, eine bestimmte Tätigkeit oder eine bestimmte Situation – jeweils mittels eines Sicherheitszeichens, einer Farbe, eines Leucht- oder Schallzeichens, verbaler Kommunikation oder eines Handzeichens eine Sicherheits- und Gesundheitsschutzaussage (Sicherheitsaussage) ermöglicht.

3.2 Sicherheitszeichen ist ein Zeichen, das durch Kombination von geometrischer Form und Farbe sowie graphischem Symbol eine bestimmte Sicherheits- und Gesundheitsschutzaussage ermöglicht.

3.3 Verbotszeichen ist ein Sicherheitszeichen, das ein Verhalten, durch das eine Gefahr entstehen kann, untersagt.

---

[530] Amtl. FN: Richtlinie 92/58/EWG des Rates über Mindestvorschriften für die Sicherheits- und/oder Gesundheitsschutzkennzeichnung am Arbeitsplatz (Neunte Einzelrichtlinie im Sinne von Artikel 16 Absatz 1 der Richtlinie 89/391/EWG) vom 24. Juni 1992 (ABl. EU Nr. L 245 S. 23).

[531] Das Inverkehrbringen von gefährlichen Stoffen und Zubereitungen sowie die Kennzeichnung zur Regelung des Straßen-, Eisenbahn-, Binnenschiffs-, See- und Luftverkehrs sind nach Art. 1 der Kennzeichnungsrichtlinie 92/58/EWG von deren Geltungsbereich ausgeschlossen.

[532] Anforderungen an die Kennzeichnung von Fluchtwegen und Notausgängen und damit auch an optische Sicherheitsleitsysteme sind in Nr. 8 und Anforderungen an die Sicherheitsbeleuchtung für Fluchtwege in Nr. 9 der ASR A2.3 „Fluchtwege und Notausgänge" (s. S. 339 ff.) enthalten. Nr. 10 beschreibt die inhaltlichen Anforderungen an Flucht- und Rettungspläne.

[533] Des Weiteren hat die ASR A1.3 Bedeutung im Zusammenhang mit der Kennzeichnung von Gefahrenbereichen i. S. d. Anh. Nr. 2.1 Satz 2 ArbStättV. Siehe hierzu ASR A2.1 „Schutz vor Absturz und herabfallenden Gegenständen, Betreten von Gefahrenbereichen" auf S. 291, u. a. Abschn. 5.4 und Abschn. 6.1 Abs. 1 und Abs. 2.

[534] Hinweiszeichen werden in ASR A1.3 Nr. 3 unter den aufgeführten Begriffsbestimmungen nicht aufgeführt, da es für derartige Zeichen weder eine nationale noch eine internationale Normung gibt.

3.4 **Warnzeichen** ist ein Sicherheitszeichen, das vor einem Risiko oder einer Gefahr warnt.

3.5 **Gebotszeichen** ist ein Sicherheitszeichen, das ein bestimmtes Verhalten vorschreibt.[535)]

3.6 **Rettungszeichen** ist ein Sicherheitszeichen, das den Flucht- und Rettungsweg oder Notausgang, den Weg zu einer Erste-Hilfe-Einrichtung oder diese Einrichtung selbst kennzeichnet.

3.7 **Brandschutzzeichen** ist ein Sicherheitszeichen, das Standorte von Feuermelde- und Feuerlöscheinrichtungen kennzeichnet.

3.8 **Zusatzzeichen** ist ein Zeichen, das zusammen mit einem der unter Nummer 3.2 beschriebenen Sicherheitszeichen verwendet wird und zusätzliche Hinweise liefert.[536)]

3.9 **Kombinationszeichen** ist ein Zeichen, bei dem Sicherheitszeichen und Zusatzzeichen auf einem Träger aufgebracht sind.[537)]

3.10 **Graphisches Symbol** ist eine Darstellung, die eine Situation beschreibt oder ein Verhalten vorschreibt und auf einem Sicherheitszeichen oder einer Leuchtfläche angeordnet ist.

3.11 **Sicherheitsfarbe** ist eine Farbe, der eine bestimmte, auf die Sicherheit bezogene Bedeutung zugeordnet ist.

3.12 **Leuchtzeichen** ist ein Zeichen, das von einer Einrichtung mit durchsichtiger oder durchscheinender Oberfläche erzeugt wird, die von hinten erleuchtet wird und dadurch als Leuchtfläche erscheint oder selbst leuchtet.

3.13 **Schallzeichen** ist ein kodiertes akustisches Signal ohne Verwendung einer menschlichen oder synthetischen Stimme, z. B. Hupen, Sirenen oder Klingeln.[538)]

3.14 **Verbale Kommunikation** ist eine Verständigung mit festgelegten Worten unter Verwendung einer menschlichen oder synthetischen Stimme.

---

535) Für Gebotszeichen zur Benutzung Persönlicher Schutzausrüstungen ist die gemeinsame Verwendung von bis zu zwei Sicherheitsaussagen gestattet, wenn sich die Aussagen sinnvoll auf einem Sicherheitszeichen zusammenfassen lassen (z. B. M003 „Gehörschutz benutzen" und M004 „Augenschutz benutzen").

536) Zusätzliche Hinweise können sowohl als Text wie auch in Form von Abbildungen oder Piktogrammen gegeben werden.

537) Kombinationszeichen informieren durch Bildzeichen und kurzen Text. Verbots-, Warn-, Gebots-, Rettungs- und Brandschutzzeichen können auch mit einem Zusatzzeichen zusammen auf einem Träger als Kombinationszeichen ausgeführt werden.

538) Für die folgenden Fälle sind nach DGUV Information 211-041 Sicherheits- und Gesundheitsschutzkennzeichnung, Ausg. 2016-04 lt. Pkt. 4.1, S. 14 ausschließlich Leucht- oder Schallzeichen bzw. verbale Kommunikation als Sicherheitskennzeichnung zu verwenden:
- zeitlich begrenzte Risiken oder Gefahren (z.B. Sprengarbeiten),
- den Alarmfall (z.B. Brandalarm) und
- zeitlich begrenzte risikoreiche Tätigkeiten (z.B. Arbeiten im Bereich von Gleisen,
- Anschlagen von Lasten im Kranbetrieb, Rückwärtsfahren von Fahrzeugen mit Personengefährdung).

3.15 Handzeichen ist eine kodierte Bewegung und Stellung von Armen und Händen zur Anweisung von Personen, die Tätigkeiten ausführen, die ein Risiko oder eine Gefährdung darstellen können.

3.16 Erkennungsweite ist der größtmögliche Abstand zu einem Sicherheitszeichen, bei dem dieses noch lesbar und hinsichtlich Form und Farbe erkennbar ist.

3.17 Ein **langnachleuchtendes Sicherheitszeichen** ist ein durch Licht angeregtes Sicherheitszeichen, das nach Ausfall der Allgemeinbeleuchtung ohne weitere Energiezufuhr nachleuchtet.[539]

Hinweis:

Obwohl die Sicherheitsfarben Rot und Grün im nachleuchtenden Zustand nicht dargestellt werden können, bleiben graphisches Symbol und geometrische Form erhalten und es besteht ein Sicherheitsgewinn gegenüber den nicht langnachleuchtenden Sicherheitszeichen.

4 Allgemeines

(1) Schon bei der Planung von Arbeitsstätten ist eine erforderliche Sicherheits- und Gesundheitsschutzkennzeichnung (z. B. bei der Erstellung von Flucht- und Rettungsplänen) so weit wie möglich zu berücksichtigen.

(2) Die Sicherheits- und Gesundheitsschutzkennzeichnung darf nur für Hinweise im Zusammenhang mit Sicherheit und Gesundheitsschutz verwendet werden.

(3) Die Kennzeichnungsarten (z. B. Leuchtzeichen, Handzeichen, Sicherheitszeichen) sind entsprechend der Gefährdungsbeurteilung auszuwählen.

(4) Für ständige Verbote, Warnungen, Gebote und sonstige sicherheitsrelevante Hinweise (z. B. Rettung, Brandschutz) sind Sicherheitszeichen insbesondere entsprechend Anhang 1 zu verwenden. Sicherheitszeichen können als Schilder, Aufkleber oder als aufgemalte Kennzeichnung ausgeführt werden. Diese sind dauerhaft auszuführen (z. B. für die Standorte von Feuerlöschern).

(5) Hinweise auf zeitlich begrenzte Risiken oder Gefahren sowie Notrufe zur Ausführung bestimmter Handlungen (z. B. Brandalarm) sind durch Leucht-, Schallzeichen oder verbale Kommunikation zu übermitteln.

(6) Wenn zeitlich begrenzte risikoreiche Tätigkeiten (z. B. Anschlagen von Lasten im Kranbetrieb, Rückwärtsfahren von Fahrzeugen mit Personengefährdung) ausgeführt werden, sind Anweisungen mittels Handzeichen entsprechend Anhang 2 oder verbaler Kommunikation vorzunehmen.

[539] Die Sicherheitsfarben Grün und Rot können bei lang nachleuchtenden Produkten nicht dargestellt werden. Bei lang nachleuchtenden Zeichen leuchten nur Bildzeichen und Lichtkanten. Da die Sicherheitsaussage eines Sicherheitszeichens durch die Kombination von geometrischer Form, Farbe und Bildzeichen ermöglicht wird, ist die Sicherheitsaussage bei lang nachleuchtenden Produkten insoweit teilweise eingeschränkt; die Bildzeichen und die geometrische Form bleiben jedoch erkennbar; dadurch ergibt sich ein Sicherheitsgewinn gegenüber einer bei Lichtausfall nicht mehr sichtbaren Kennzeichnung.

(7) Verschiedene Kennzeichnungsarten dürfen gemeinsam verwendet werden, wenn im Rahmen der Gefährdungsbeurteilung festgestellt wird, dass eine Kennzeichnungsart allein zur Vermittlung der Sicherheitsaussage nicht ausreicht. Bei gleicher Wirkung kann zwischen verschiedenen Kennzeichnungsarten gewählt werden.[540)]

(8) Die Wirksamkeit einer Kennzeichnung darf nicht durch eine andere Kennzeichnung oder durch sonstige betriebliche Gegebenheiten beeinträchtigt werden (z. B. keine Verwendung von Schallzeichen bei starkem Umgebungslärm).[541)]

(9) Kennzeichnungen, die für ihre Funktion eine Energiequelle benötigen, müssen für den Fall, dass diese ausfällt, über eine selbsttätig einsetzende Notversorgung verfügen, es sei denn, dass bei Unterbrechung der Energiezufuhr kein Risiko mehr besteht (z. B. wenn bei Netzausfall der Schließvorgang eines elektrisch betriebenen Tores unterbrochen wird und gleichzeitig die Sicherheitskennzeichnung – Warnleuchte, Hupe – ausfällt).

(10) Ist das Hör- oder Sehvermögen von Beschäftigten eingeschränkt (z. B. beim Tragen von persönlichen Schutzausrüstungen), ist eine geeignete Kennzeichnungsart ergänzend oder alternativ einzusetzen.[542)]

(11) Zur Kennzeichnung und Standorterkennung von Material und Ausrüstung zur Brandbekämpfung sind Brandschutzzeichen nach Anhang 1 zu verwenden.

(12) Die Beschäftigten sind vor Arbeitsaufnahme und danach in regelmäßigen Zeitabständen über die Bedeutung der eingesetzten Sicherheits- und Gesundheitsschutzkennzeichnung zu unterweisen. Insbesondere ist über die Bedeutung selten eingesetzter Kennzeichnungen zu informieren. Für Einweiser, die Handzeichen nach Punkt 5.7 anwenden, ist eine spezifische Unterweisung erforderlich. Die Unterweisung sollte jährlich erfolgen, sofern sich nicht aufgrund der Ergebnisse der Gefährdungsbeurteilung andere Zeiträume ergeben. Darüber hinaus muss auch bei Änderungen der eingesetzten Sicherheits- und Gesundheitsschutzkennzeichnung eine Unterweisung erfolgen.

(13) Der Arbeitgeber hat durch regelmäßige Kontrolle und gegebenenfalls erforderliche Instandhaltungsarbeiten dafür zu sorgen, dass Einrichtungen für die Sicherheits- und Gesundheitsschutzkennzeichnung wirksam sind. Dies gilt insbesondere für Leucht- und Schallzeichen, langnachleuchtende Materialien sowie technische Einrichtungen zur verba-

540) Die gemeinsame Verwendung von verschiedenen Kennzeichnungsarten kann Ergebnis der Gefährdungsbeurteilung sein. Nachfolgende Kennzeichnungsarten sollen vorzugsweise gemeinsam zum Einsatz kommen:
- Leuchtzeichen und Schallzeichen,
- Leuchtzeichen und Sprechzeichen,
- Handzeichen und Sprechzeichen,
- Handzeichen und Leuchtzeichen.

541) Dies kann z. B. erreicht werden, wenn
- nicht gleichzeitig zwei verwechselbare Leuchtzeichen verwendet werden,
- ein Leuchtzeichen nicht in der Nähe einer relativ ähnlichen anderen Lichtquelle verwendet wird,
- nicht gleichzeitig mehr als ein Schallzeichen eingesetzt wird.

542) Die Anforderung, bei eingeschränktem Hör- und Sehvermögen eine andere geeignete Kennzeichnungsart ergänzend oder alternativ einzusetzen, bezieht sich sowohl auf eine Einschränkung aufgrund der Tätigkeit (z. B. aufgrund der Nutzung Persönlicher Schutzausrüstung wie Gehörschutz) als auch auf eine körperliche Behinderung. In Satz 2 des § 3a Abs. 2 ArbStättV wird die barrierefreie Gestaltung von Orientierungssystemen ausdrücklich gefordert. Entsprechende Konkretisierungen sind der ASR V3a.2 im Anhang zur ASR A1.3 zu entnehmen (s. S. 112 ff.).

len Kommunikation (z. B. Lautsprecher, Telefone). Die zeitlichen Abstände der Kontrollen sind im Rahmen der Gefährdungsbeurteilung festzulegen.

5 Kennzeichnung[543)]

5.1 Sicherheitszeichen und Zusatzzeichen[544)] [545)]

(1) Sicherheitszeichen und Zusatzzeichen müssen den festgelegten Gestaltungsgrundsätzen nach Tabelle 1 bzw. 2 entsprechen. Die Bedeutung von geometrischer Form und Sicherheitsfarbe für Sicherheitszeichen sind der Tabelle 1 zu entnehmen.

(2) Für die in Anhang 1 festgelegten Sicherheitsaussagen dürfen nur die entsprechend zugeordneten Sicherheitszeichen verwendet werden. Es besteht die Möglichkeit der Verwendung von Zusatzzeichen, die der Verdeutlichung besonderer Situationen oder der Konkretisierung der Sicherheits- und Gesundheitsschutzaussage dienen.

(3) Brandschutzzeichen können in Verbindung mit einem Richtungspfeil als Zusatzzeichen nach Abb. 1 verwendet werden.

Abb. 1: Richtungspfeile für Brandschutzzeichen

(4) Rettungszeichen für Mittel und Einrichtungen zur Ersten Hilfe können in Verbindung mit einem Richtungspfeil als Zusatzzeichen nach Abb. 2 verwendet werden.

---

543) Die Auswahl der Sicherheitskennzeichnung muss nach DGUV Information 211-041 Sicherheits- und Gesundheitsschutzkennzeichnung am Arbeitsplatz, Ausg. 2016-04 entsprechend den betrieblich vorhandenen Gefahrenlagen und Hinweiserfordernissen getroffen werden.
Hierbei gilt:
- Für Hinweise auf zeitlich begrenzte Risiken oder Gefahren sowie Notrufe sind Leucht-, Schall- oder Sprechzeichen zu verwenden.
- Für ständige Verbote, Warnungen, Gebote und sonstige sicherheitsrelevante Hinweise sind Sicherheitszeichen zu verwenden.
- Stellen, an denen die Gefahr des Anstoßens, Quetschens, Stürzens, Ab- oder Ausrutschens, Abstürzens, Stolperns oder des Herabfallens von Lasten besteht, sind ebenfalls durch Sicherheitszeichen zu kennzeichnen.
- Rettungs- und Brandschutzzeichen im Verlauf von Rettungswegen sind langnachleuchtend auszuführen, wenn keine Sicherheitsbeleuchtung vorhanden ist.

544) Die DGUV Information 211-041 Sicherheits- und Gesundheitsschutzkennzeichnung am Arbeitsplatz, Ausg. 2016-04 enthält weitergehende Erläuterungen und informiert praxisnah über die Sicherheitsaussagen von Sicherheitszeichen sowie ihren wirksamen betrieblichen Einsatz. Dazu werden u. a. Kennzeichnungsbeispiele durch Bildmaterial dargestellt.

545) Die Gestaltung der Sicherheitszeichen entspricht den Grundsätzen der DIN 4844-2 Graphische Symbole – Sicherheitsfarben und Sicherheitszeichen, T. 2: Registrierte Sicherheitszeichen, Ausg. 2021-11. Die Signalwirkung der Farbgebung wird verstärkt durch die Auswahl von geometrischen Formen für bestimmte Sicherheitsaussagen. Gebots- und Verbotszeichen sind rund, Warnzeichen dreieckig und Rettungs-, Brandschutz- und Zusatzzeichen quadratisch bzw. rechteckig. Die Sicherheitsfarbe vermittelt den Gefährdungsgrad: Rot (= Halt, Verbot), Gelb (= Vorsicht, mögliche Gefährdung), Grün (= Gefahrlosigkeit, Erste Hilfe) und Blau (= Gebotszeichen).

Abb. 2: Richtungspfeile für Rettungszeichen sowie für Mittel und Einrichtungen zur Ersten Hilfe

(5) Eine Anhäufung von Sicherheitszeichen ist zu vermeiden. Ist das Sicherheitszeichen nicht mehr notwendig, ist dieses zu entfernen.

Tabelle 1: Kombination von geometrischer Form und Sicherheitsfarbe und ihre Bedeutung für Sicherheitszeichen

Geometrische Form	Bedeutung	Sicherheitsfarbe	Kontrastfarbe zur Sicherheitsfarbe	Farbe des graphischen Symbols	Anwendungsbeispiele
 Kreis mit Diagonalbalken	Verbot	Rot	Weiß[a]	Schwarz	– Rauchen verboten – Kein Trinkwasser – Berühren verboten
 Kreis	Gebot	Blau	Weiß[a]	Weiß[a]	– Augenschutz benutzen – Schutzkleidung benutzen – Hände waschen
 gleichseitiges Dreieck mit gerundeten Ecken	Warnung	Gelb	Schwarz	Schwarz	– Warnung vor heißer Oberfläche – Warnung vor Biogefährdung – Warnung vor elektrischer Spannung

Geometrische Form	Bedeutung	Sicherheitsfarbe	Kontrastfarbe zur Sicherheitsfarbe	Farbe des graphischen Symbols	Anwendungsbeispiele
Quadrat	Gefahrlosigkeit	Grün	Weiß[a]	Weiß[a]	– Erste Hilfe – Notausgang – Sammelstelle
Quadrat	Brandschutz	Rot	Weiß[a]	Weiß[a]	– Brandmeldetelefon – Mittel und Geräte zur Brandbekämpfung – Feuerlöscher

[a] Die Farbe Weiß schließt die Farbe für langnachleuchtende Materialien unter Tageslichtbedingungen, wie in ISO 3864-4, Ausgabe März 2011 beschrieben, ein.

Die in den Spalten 3, 4 und 5 bezeichneten Farben müssen den Spezifikationen von ISO 3864-4, Ausgabe März 2011 entsprechen. Es ist wichtig, einen Leuchtdichtekontrast sowohl zwischen dem Sicherheitszeichen und seinem Hintergrund als auch zwischen dem Zusatzzeichen und seinem Hintergrund zu erzielen (z. B. Lichtkante).

Tabelle 2: Geometrische Form, Hintergrundfarben und Kontrastfarben für Zusatzzeichen

Geometrische Form	Bedeutung	Hintergrundfarbe	Kontrastfarbe zur Hintergrundfarbe	Farbe der zusätzlichen Sicherheitsinformation
Rechteck	Zusatzinformationen	Weiß	Schwarz	beliebig
		Farbe des Sicherheitszeichens	Schwarz oder Weiß	

(6) Sicherheitszeichen sind deutlich erkennbar und dauerhaft anzubringen. Deutlich erkennbar bedeutet unter anderem, dass Sicherheitszeichen in geeigneter Höhe – fest oder beweglich – anzubringen sind und die Beleuchtung (natürlich oder künstlich) am Anbringungsort ausreichend ist. Verbots-, Warn- und Gebotszeichen müssen sichtbar, unter Berücksichtigung etwaiger Hindernisse am Zugang zum Gefahrbereich angebracht werden. Besonders in lang gestreckten Räumen (z. B. Fluren) sollen Rettungs- bzw. Brandschutzzeichen in Laufrichtung jederzeit erkennbar sein (z. B. Winkelschilder).

(7) Ist eine Sicherheitsbeleuchtung nicht vorhanden, muss die Erkennbarkeit der notwendigen Rettungs- und Brandschutzzeichen durch Verwendung von langnachleuchtenden Materialien auch bei Ausfall der Allgemeinbeleuchtung erhalten bleiben. Langnachleuchtende Sicherheitszeichen müssen mindestens die Anforderungen der DIN 67510-1:2020-05, Klasse C, erfüllen. Die ausreichende Anregung der langnachleuchtenden Materialien ist sicherzustellen, z. B. hinsichtlich Dauer, Art und Intensität der Beleuchtung.

(8) Sicherheitszeichen müssen aus solchen Werkstoffen bestehen, die gegen die Umgebungseinflüsse am Anbringungsort widerstandsfähig sind. Bei der Auswahl der Werkstoffe sind unter anderem mechanische Einwirkungen, feuchte Umgebung, chemische Einflüsse, Lichtbeständigkeit, Versprödung von Kunststoffen sowie Feuerbeständigkeit zu berücksichtigen.

(9) Bei der Auswahl von Sicherheitszeichen ist der Zusammenhang zwischen Erkennungsweiten und Größe der Sicherheitszeichen bzw. Schriftzeichen zu berücksichtigen (Tabelle 3). Für innenbeleuchtete Sicherheitszeichen in Dauerlichtschaltung verdoppelt sich die Erkennungsweite bei gleichbleibender Zeichengröße.

Tabelle 3: Vorzugsgrößen von Sicherheits-, Zusatz- und Schriftzeichen für beleuchtete Zeichen, abhängig von der Erkennungsweite

<table>
<tr><th>Erkennungsweite [m]</th><th>Schriftzeichen (Ziffern und Buchstaben) Schriftgröße (h) [mm]</th><th>Verbots- und Gebotszeichen Durchmesser (d) [mm]</th><th>Warnzeichen Basis (b) [mm]</th><th>Rettungs-, Brandschutz- und Zusatzzeichen Höhe (a) [mm]</th></tr>
<tr><td>0,5</td><td>2</td><td>12,5</td><td>25</td><td>12,5</td></tr>
<tr><td>1</td><td>4</td><td>25</td><td>50</td><td rowspan="2">25</td></tr>
<tr><td>2</td><td>8</td><td>50</td><td rowspan="2">100</td></tr>
<tr><td>3</td><td>10</td><td rowspan="2">100</td><td rowspan="3">50</td></tr>
<tr><td>4</td><td>14</td><td rowspan="3">200</td></tr>
<tr><td>5</td><td>17</td><td rowspan="4">200</td></tr>
<tr><td>6</td><td>20</td><td rowspan="5">100</td></tr>
<tr><td>7</td><td>23</td><td rowspan="3">300</td></tr>
<tr><td>8</td><td>27</td></tr>
<tr><td>9</td><td>30</td><td rowspan="4">300</td></tr>
<tr><td>10</td><td>34</td><td rowspan="3">400</td></tr>
<tr><td>11</td><td>37</td><td rowspan="4">150</td></tr>
<tr><td>12</td><td>40</td></tr>
<tr><td>13</td><td>44</td><td rowspan="2">400</td><td rowspan="2">600</td></tr>
<tr><td>14</td><td>47</td></tr>
</table>

<table>
<tr><th>Erkennungsweite [m]</th><th>Schriftzeichen (Ziffern und Buchstaben) Schriftgröße (h) [mm]</th><th>Verbots- und Gebotszeichen Durchmesser (d) [mm]</th><th>Warnzeichen Basis (b) [mm]</th><th>Rettungs-, Brandschutz- und Zusatzzeichen Höhe (a) [mm]</th></tr>
<tr><td>15</td><td>50</td><td rowspan="2"></td><td rowspan="5"></td><td></td></tr>
<tr><td>16</td><td>54</td><td rowspan="5">200</td></tr>
<tr><td>17</td><td>57</td><td rowspan="8">600</td></tr>
<tr><td>18</td><td>60</td></tr>
<tr><td>19</td><td>64</td></tr>
<tr><td>20</td><td>67</td><td rowspan="11">900</td></tr>
<tr><td>21</td><td>70</td><td rowspan="10">300</td></tr>
<tr><td>22</td><td>74</td></tr>
<tr><td>23</td><td>77</td></tr>
<tr><td>24</td><td>80</td></tr>
<tr><td>25</td><td>84</td><td rowspan="6">900</td></tr>
<tr><td>26</td><td>87</td></tr>
<tr><td>27</td><td>90</td></tr>
<tr><td>28</td><td>94</td></tr>
<tr><td>29</td><td>97</td></tr>
<tr><td>30</td><td>100</td></tr>
</table>

5.2 Sicherheitsmarkierungen für Hindernisse und Gefahrstellen

(1) Die Kennzeichnung von Hindernissen und Gefahrstellen ist durch gelb-schwarze oder rot-weiße Streifen (Sicherheitsmarkierungen) deutlich erkennbar und dauerhaft auszuführen (siehe Abb. 3). Die Streifen sind in einem Neigungswinkel von etwa 45 ° anzuordnen. Das Breitenverhältnis der Streifen beträgt 1:1. Die Kennzeichnung soll den Ausmaßen der Hindernisse oder Gefahrstellen entsprechen.

Abb. 3 Sicherheitsmarkierungen

(2) Gelb-schwarze Streifen sind vorzugsweise für ständige Hindernisse und Gefahrstellen zu verwenden (z. B. Stellen, an denen besondere Gefahren des Anstoßens, Quetschens, Stür-

zens bestehen). Bei langnachleuchtender Ausführung wird die Erkennbarkeit der Hindernisse bei Ausfall der Allgemeinbeleuchtung erhöht.

(3) Rot-weiße Streifen sind vorzugsweise für zeitlich begrenzte Hindernisse und Gefahrstellen zu verwenden (z. B. Baugruben).

(4) An Scher- und Quetschkanten mit Relativbewegung zueinander sind die Streifen gegensinnig geneigt zueinander anzubringen.

5.3 Markierungen von Fahrwegen

(1) Die Kennzeichnung von Fahrwegsbegrenzungen ist farbig, deutlich erkennbar sowie durchgehend auszuführen. Wird die Markierung auf dem Boden angebracht, so kann dies z. B. durch mindestens 5 cm breite Streifen oder durch eine vergleichbare Nagelreihe (mindestens drei Nägel pro Meter), in einer gut sichtbaren Farbe – vorzugsweise Weiß oder Gelb – mit ausreichendem Kontrast zur Farbe der Bodenfläche erreicht werden.

(2) Eine Verwendung von langnachleuchtenden Produkten für die Markierung von Fahrwegen hat den Vorteil, dass bei Ausfall der Allgemeinbeleuchtung die Sicherheitsaussage für eine bestimmte Zeit aufrechterhalten bleibt.

5.4 Leuchtzeichen[546)] [547)]

(1) Leuchtzeichen sind deutlich erkennbar anzubringen. Die Helligkeit (Leuchtdichte) der abstrahlenden Fläche muss sich von der Leuchtdichte der umgebenden Flächen deutlich unterscheiden, ohne zu blenden.

(2) Leuchtzeichen dürfen nur bei Vorliegen von zu kennzeichnenden Gefahren oder Hinweiserfordernissen in Betrieb sein. Die Sicherheitsaussage von Leuchtzeichen darf nach Wegfall der zu kennzeichnenden Gefahr nicht mehr erkennbar sein. Dies kann durch Verdecken der abstrahlenden Fläche erreicht werden.

(3) Leuchtzeichen für eine Warnung dürfen intermittierend („blinkend") nur dann betrieben werden, wenn eine unmittelbare Gefahr droht.[548)] Diese Forderung bedeutet, dass warnende Leuchtzeichen kontinuierlich oder intermittierend, hinweisende Leuchtzeichen ausschließlich kontinuierlich betrieben werden dürfen.

546) Leuchtzeichen weisen auf zeitlich begrenzte Gefährdungen hin. Bestehen diese nicht mehr, sind die Leuchtzeichen abzustellen oder zu entfernen. Im Falle einer unmittelbaren Gefährdung dürfen leuchtende Warnzeichen auch blinkend ausgeführt sein. Verglichen mit akustischen Signalen sind Leuchtzeichen im Betrieb besser und eindeutiger einer Gefährdungsquelle zuzuordnen und unabhängig vom Lärmpegel an den Arbeitsplätzen oder im Aufenthaltsbereich wahrzunehmen.

547) Informationen zur Beschaffenheit optischer Gefahrensignale enthält DIN EN 981:2009-01 Sicherheit von Maschinen – System akustischer und optischer Gefahrensignale und Informationssignale.

548) Eine unmittelbare Gefahr liegt z. B. vor, wenn
- Feuer ausgebrochen ist,
- im Störfall ionisierende Strahlung freigesetzt wird,
- explosionsfähige Gemische entstehen,
- Öfen oder Konverter kippen und flüssiges Metall austritt,
- unzulässige Grenzwertüberschreitungen von Gefahrstoffkonzentrationen auftreten.

(4) Wird ein intermittierend betriebenes Warnzeichen anstelle eines Schallzeichens oder zusätzlich eingesetzt, müssen die Sicherheitsaussagen identisch sein.

5.5 Schallzeichen[549)]

(1) Schallzeichen müssen deutlich wahrnehmbar und ihre Bedeutung betrieblich festgelegt und eindeutig sein.

(2) Schallzeichen müssen so lange eingesetzt werden, wie dies für die Sicherheitsaussage erforderlich ist.

(3) Ein betrieblich festgelegtes Notsignal muss sich von anderen betrieblichen Schallzeichen und von den beim öffentlichen Alarm verwendeten Signalen unverwechselbar unterscheiden. Der Ton des betrieblich festgelegten Notsignals soll kontinuierlich sein.

5.6 Verbale Kommunikation

Die verbale Kommunikation muss kurz, eindeutig und verständlich formuliert sein. Im Rahmen der Gefährdungsbeurteilung ist für besondere Einsatzsituationen die Verwendung von technischen Einrichtungen (z. B. Lautsprecher, Megaphon) festzulegen.

5.7 Handzeichen[550)]

(1) Handzeichen müssen eindeutig eingesetzt werden, leicht durchführbar und erkennbar sein und sich deutlich von anderen Handzeichen unterscheiden. Handzeichen, die mit beiden Armen gleichzeitig erfolgen, müssen symmetrisch gegeben werden und dürfen nur eine Aussage darstellen.

(2) Für die in Anhang 2 aufgeführten Bedeutungen von Handzeichen dürfen nur die dort zugeordneten Handzeichen verwendet werden.

(3) Einweiser müssen geeignete Erkennungszeichen, vorzugsweise in gelber Ausführung, tragen (z. B. Westen, Kellen, Manschetten, Armbinden, Schutzhelme). Um eine gute Wahrnehmung zu erzielen, können Erkennungszeichen je nach Einsatzbedingungen (z. B. langnachleuchtend oder retroreflektierend) ausgeführt sein.

---

549) Schallzeichen (z. B. Hupen, Sirenen, Glockentöne) kommen fast ausschließlich dort als Warnsignal zum Einsatz, wo ein optischer Warnhinweis auf zeitlich begrenzte Gefährdungen nicht wahrgenommen werden kann. Hier sind Schallzeichen oft die einzige Möglichkeit, Betroffene auf eine Gefährdung aufmerksam zu machen. Schallzeichen fordern die Betroffenen zum direkten Handeln auf. Entweder soll die Ursache einer Gefährdung beseitigt oder der Gefahrenbereich verlassen werden. Insbesondere bei mobilen Gefährdungsquellen, z. B. bewegten Maschinen oder Fahrbewegungen von Flurförderzeugen, ist der Einsatz akustischer Signale sinnvoll. Schalldruckpegel und Frequenz des Schallzeichens müssen so ausgelegt sein, dass sie trotz des bestehenden Beurteilungspegels am Arbeitsplatz (Umgebungslärmpegel) wahrgenommen und in ihrer Bedeutung erkannt werden.

550) Die allgemeinen Handzeichen für „Achtung/Halt" sowie „Halt/Unterbrechung" gem. Anl. 2 der ASR A1.3 weichen von denen in Anh. IX der Kennzeichnungsrichtlinie 92/58/EWG ab; dies ist gem. Art. 6 Abs. 2 der Richtlinie zulässig.

6 Gestaltung von Flucht- und Rettungsplänen

(1) Flucht- und Rettungspläne[551)] (Beispiel siehe Anhang 3) müssen eindeutige Anweisungen zum Verhalten im Gefahrenfall enthalten sowie den Weg an einen sicheren Ort darstellen.[552)] Flucht- und Rettungspläne müssen aktuell, übersichtlich, ausreichend groß und mit Sicherheitszeichen nach Anhang 1 gestaltet sein.

(2) Flucht- und Rettungspläne müssen graphische Darstellungen enthalten über:
1. den Gebäudegrundriss oder Teile davon,
2. den Verlauf der Hauptfluchtwege,
3. die Lage der Erste-Hilfe-Einrichtungen,
4. die Lage der Brandschutzeinrichtungen,
5. den Standort des Betrachters

und soweit vorhanden
6. die Lage der Ausgänge von Nebenfluchtwegen und
7. die Lage der Sammelstellen.

(3) Regeln für das Verhalten im Brandfall und bei Unfällen müssen direkt auf dem Flucht- und Rettungsplan dargestellt oder in dessen Nähe angebracht werden.

(4) Aus dem Plan muss ersichtlich sein, welche Fluchtwege von einem Arbeitsplatz oder dem jeweiligen Standort aus zu nehmen sind, um in einen sicheren Bereich oder ins Freie zu gelangen. In diesem Zusammenhang sind Sammelstellen zu kennzeichnen. Außerdem sind Kennzeichnungen für Standorte von Erste-Hilfe- und Brandschutzeinrichtungen in den Flucht- und Rettungsplan aufzunehmen. Zur sicheren Orientierung ist der Standort des Betrachters im Flucht- und Rettungsplan zu kennzeichnen.

(5) Soweit auf einem Flucht- und Rettungsplan nur ein Teil des Gebäudegrundrisses dargestellt ist, muss eine Übersichtskizze die Lage im Gesamtkomplex verdeutlichen. Der Grundriss in Flucht- und Rettungsplänen ist vorzugsweise im Maßstab 1:100 darzustellen. Die Plangröße ist an die Grundrissgröße anzupassen und sollte das Format DIN A3 nicht unterschreiten. Für besondere Anwendungsfälle, z. B. Hotel- oder Klassenzimmer, kann auch das Format DIN A4 verwendet werden. Der Flucht- und Rettungsplan muss farbig angelegt sein.

(6) Flucht- und Rettungspläne müssen – bezogen auf den Anbringungsort – lagerichtig gestaltet werden.

---

551) Als Grundlage für die Gestaltung der Flucht- und Rettungspläne dient die DIN ISO 23601 Sicherheitskennzeichnung – Flucht- und Rettungspläne, Ausg. 2021-11 (s. Muster in Anl. 3 der ASR A1.3).

552) Die Flucht- und Rettungssituation ist in die regelmäßigen Unterweisungen der Beschäftigten nach § 6 ArbStättV einzubeziehen und bei den vorgeschriebenen Übungen nach § 4 Abs. 4 Satz 5 ArbStättV zu berücksichtigen. Die Unterweisungen müssen mindestens einmal jährlich erfolgen, z. B. im Rahmen einer gemeinsamen Begehung der Fluchtwege. In der Praxis hat sich bewährt, die Evakuierungsübungen in Abständen von 2 bis 5 Jahren zu wiederholen. Zur Festlegung der Häufigkeit und des Umfangs der Evakuierungsübungen sowie zu deren Durchführung sind auch Anforderungen anderer Rechtsvorschriften (z. B. Bauordnungsrecht, Gefahrstoffrecht, Immissionsschutzrecht) zu berücksichtigen. (s. auch ASR A2.3 „Fluchtwege und Notausgänge" Abschn. 10 auf S. 375 ff.).

7 Kennzeichnung von Lagerbereichen sowie von Behältern und Rohrleitungen mit Gefahrstoffen

(1) Die Einstufung und Kennzeichnung von Gefahrstoffen in Behältern und Rohrleitungen hat gemäß den Regelungen der Gefahrstoffverordnung, insbesondere der TRGS 201 „Einstufung und Kennzeichnung bei Tätigkeiten mit Gefahrstoffen" zu erfolgen.

(2) Hinsichtlich der Erkennungsweite ist Tabelle 3 anzuwenden. Bei der Verwendung von Gefahrensymbolen zusammen mit der Gefahrenbezeichnung an Rohrleitungen ist zu berücksichtigen, dass üblicherweise das Verhältnis der Höhe des kombinierten Zeichens zu seiner Breite ungefähr 1,4 : 1 beträgt.

(3) Orte, Räume oder umschlossene Bereiche, die für die Lagerung erheblicher Mengen gefährlicher Stoffe oder Zubereitungen verwendet werden, sind mit einem geeigneten Warnzeichen nach Anhang 1 zu versehen oder gemäß TRGS 201 „Einstufung und Kennzeichnung bei Tätigkeiten mit Gefahrstoffen" zu kennzeichnen.

Anhang 1

Sicherheitszeichen und Sicherheitsaussagen (nach DIN EN ISO 7010 „Graphische Symbole – Sicherheitsfarben und Sicherheitszeichen – Registrierte Sicherheitszeichen", Ausgabe Juli 2020 und DIN 4844-2 „Graphische Symbole – Sicherheitsfarben und Sicherheitszeichen – Teil 2: Registrierte Sicherheitszeichen", November 2021)

1 Verbotszeichen

P001 Allgemeines Verbotszeichen[553] 	**P002** Rauchen verboten 
P003 Keine offene Flamme; Feuer, offene Zündquelle und Rauchen verboten 	**P004** Für Fußgänger verboten 
P005 Kein Trinkwasser 	**P006** Für Flurförderzeuge verboten 

[553] Amtl. FN: Dieses Zeichen darf nur in Verbindung mit einem Zusatzzeichen angewendet werden, das das Verbot konkretisiert.

P007 Kein Zutritt für Personen mit Herzschrittmachern oder implantierten Defibrillatoren[554)] 	**P010** Berühren verboten 
P011 Mit Wasser löschen verboten 	**P012** Keine schwere Last[555)] 
P013 Eingeschaltete Mobiltelefone verboten 	**P014** Kein Zutritt für Personen mit Implantaten aus Metall 
P015 Hineinfassen verboten 	**P020** Aufzug im Brandfall nicht benutzen 

554) Amtl. FN: Das Verbot gilt auch für sonstige aktive Implantate.

555) Amtl. FN: „Schwer" ist abhängig von dem Zusammenhang, in dem das Sicherheitszeichen verwendet werden soll. Das Sicherheitszeichen ist erforderlichenfalls in Verbindung mit einem Zusatzzeichen anzuwenden, das die maximale zulässige Belastung konkretisiert (z. B. max. 100 kg).

P021 Mitführen von Hunden verboten[556] 	**P022** Essen und Trinken verboten 
P023 Abstellen oder Lagern verboten 	**P024** Betreten der Fläche verboten 
P027 Personenbeförderung verboten 	**P028** Benutzen von Handschuhen verboten 
P031 Schalten verboten 	**D-P006** Zutritt für Unbefugte verboten[557] 

[556] Amtl. FN: Das Verbot gilt auch für andere Tiere.

[557] Amtl. FN: Aus DIN 4844-2 „Graphische Symbole – Sicherheitsfarben und Sicherheitszeichen" Ausgabe November 2021.

P016 Mit Wasser spritzen verboten 	**P009** Aufsteigen verboten (In der Bedeutung von „Besteigen für Unbefugte verboten“) 
P048 Laufen verboten[558] 	

2 Warnzeichen

W001 Allgemeines Warnzeichen[559] 	**W002** Warnung vor explosionsgefährlichen Stoffen 
W003 Warnung vor radioaktiven Stoffen oder ionisierender Strahlung 	**W004** Warnung vor Laserstrahl 

558) Amtl. FN: Das Verbot gilt auch für Rennen, Springen oder Hüpfen, normales Gehen ist erlaubt.
559) Amtl. FN: Dieses Zeichen darf nur in Verbindung mit einem Zusatzzeichen angewendet werden, das die Gefahr konkretisiert.

W005 Warnung vor nicht ionisierender Strahlung 	**W006** Warnung vor magnetischem Feld 
W007 Warnung vor Hindernissen am Boden 	**W008** Warnung vor Absturzgefahr 
W009 Warnung vor Biogefährdung 	**W010** Warnung vor niedriger Temperatur/ Frost 
W011 Warnung vor Rutschgefahr 	**W012** Warnung vor elektrischer Spannung 

W014 Warnung vor Flurförderzeugen 	**W015** Warnung vor schwebender Last 
W016 Warnung vor giftigen Stoffen 	**W017** Warnung vor heißer Oberfläche 
W018 Warnung vor automatischem Anlauf 	**W019** Warnung vor Quetschgefahr 
W021 Warnung vor feuergefährlichen Stoffen 	**W023** Warnung vor ätzenden Stoffen 
W024 Warnung vor Handverletzungen 	**W025** Warnung vor gegenläufigen Rollen[560] 

[560] Amtl. FN: Die Warnung gilt auch für Einzugsgefahren anderer Art.

W026 Warnung vor Gefahren durch das Aufladen von Batterien 	**W027** Warnung vor optischer Strahlung 
W028 Warnung vor brandfördernden Stoffen 	**W029** Warnung vor Gasflaschen 
D-W021 Warnung vor explosionsfähiger Atmosphäre[561)] 	

3 Gebotszeichen

M001 Allgemeines Gebotszeichen[562)] 	**M003** Gehörschutz benutzen 

561) Amtl. FN: Aus DIN 4844-2 „Graphische Symbole – Sicherheitsfarben und Sicherheitszeichen" Ausgabe November 2021.

562) Amtl. FN: Dieses Zeichen darf nur in Verbindung mit einem Zusatzzeichen angewendet werden, welches das Gebot konkretisiert.

M004 Augenschutz benutzen 	**M008** Fußschutz benutzen 
M009 Handschutz benutzen 	**M010** Schutzkleidung benutzen 
M011 Hände waschen 	**M012** Handlauf benutzen 
M013 Gesichtsschutz benutzen 	**M014** Kopfschutz benutzen 
M015 Warnweste benutzen 	**M017** Atemschutz benutzen 

M018 Auffanggurt benutzen 	**M020** Rückhaltesystem benutzen 
M021 Vor Wartung oder Reparatur freischalten 	**M022** Hautschutzmittel benutzen 
M023 Übergang benutzen 	**M024** Fußgängerweg benutzen 
M026 Schutzschürze benutzen 	**M053** Rettungsweste benutzen[563] 

[563] Amtl. FN: gestrichen

4 Rettungszeichen

E001 Notausgang (links)[564] 	**E002** Notausgang (rechts)[564] 
E003 Erste Hilfe 	**E004** Notruftelefon 
E007 Sammelstelle 	**E009** Arzt 
E010 Automatisierter Externer Defibrillator (AED) 	**E011** Augenspüleinrichtung 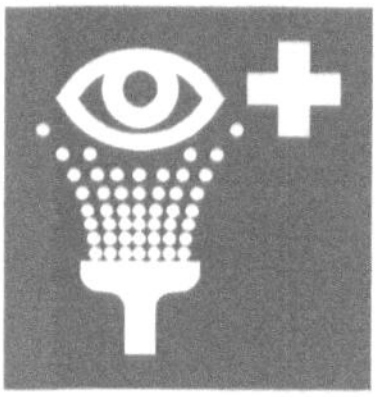

[564] Amtl. FN: Dieses Rettungszeichen darf nur in Verbindung mit einem Zusatzzeichen (Richtungspfeil, Abb. 2) verwendet werden.

E012 Notdusche 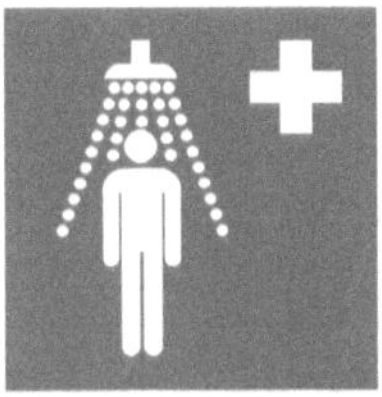	**E013** Krankentrage 
E016 Notausstieg mit Fluchtleiter 	gestrichen
E061 Wasser-Rettungsausrüstung[565)] 	**D-E019** Notausstieg[566)] 
E033 Schiebetür öffnet nach rechts 	**E034** Schiebetür öffnet nach links 

565) Aus DIN 4844-2 „Graphische Symbole – Sicherheitsfarben und Sicherheitszeichen" Ausgabe November 2021.

566) Amtl. FN: Aus DIN 4844-2 „Graphische Symbole – Sicherheitsfarben und Sicherheitszeichen" Ausgabe November 2021.

Beispiel für Notausgang (E002) mit Zusatzzeichen (Richtungspfeil) 
Beispiel für Notausgang (E002) mit Zusatzzeichen (Richtungspfeil) 

5 Brandschutzzeichen

F001 Feuerlöscher 	**F002** Löschschlauch 
F003 Feuerleiter 	**F004** Mittel und Geräte zur Brandbekämpfung 
F005 Brandmelder 	**F006** Brandmeldetelefon 

Anhang 2

Handzeichen

1 Allgemeine Handzeichen

Bedeutung	Beschreibung	Bildliche Darstellung	vereinfachte Darstellung
Achtung Anfang Vorsicht	Rechten Arm nach oben halten, Handfläche zeigt nach vorn		
Halt Unterbrechung Bewegung nicht weite ausführen	Beide Arme seitwärts waagerecht ausstrecken, Handflächen zeigen nach vorn		
Halt – Gefahr	Beide Arme seitwärts waagerecht ausstrecken, Handflächen zeigen nach vorn, und Arme abwechselnd anwinkeln und strecken		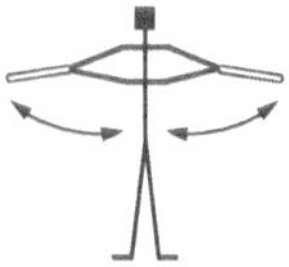

2 Handzeichen für Bewegungen — vertikal

Bedeutung	Beschreibung	Bildliche Darstellung	vereinfachte Darstellung
Heben Auf	Rechten Arm nach oben halten, Handfläche zeigt nach vorn und macht eine langsame, kreisende Bewegung		
Senken Ab	Rechten Arm nach unten halten, Handfläche zeigt nach innen und macht eine langsame, kreisende Bewegung		
Langsam	Rechten Arm waagerecht ausstrecken, Handfläche zeigt nach unten und wird langsam auf- und abbewegt		

3 Handzeichen für Bewegungen — horizontal

Bedeutung	Beschreibung	Bildliche Darstellung	vereinfachte Darstellung
Abfahren	Rechten Arm nach oben halten, Handfläche zeigt nach vorn, und Arm seitlich hin- und herbewegen		
Herkommen	Beide Arme beugen, Handflächen zeigen nach innen und mit den Unterarmen heranwinken		
Entfernen	Beide Arme beugen, Handflächen zeigen nach außen und mit den Unterarmen wegwinken		
Rechts fahren – vom Einweiser aus gesehen	Den rechten Arm in horizontaler Haltung leicht anwinkeln und seitlich hin- und herbewegen		
Links fahren – vom Einweiser aus gesehen	Den linken Arm in horizontaler Haltung leicht anwinkeln und seitlich hin- und herbewegen		
Anzeige einer Abstandsverringerung	Beide Handflächen parallel halten und dem Abstand entsprechend zusammenführen		

Anhang 3

Beispiel eines Flucht- und Rettungsplans

(nach DIN ISO 23601 „Sicherheitskennzeichnung – Flucht- und Rettungspläne“, Ausgabe November 2021)

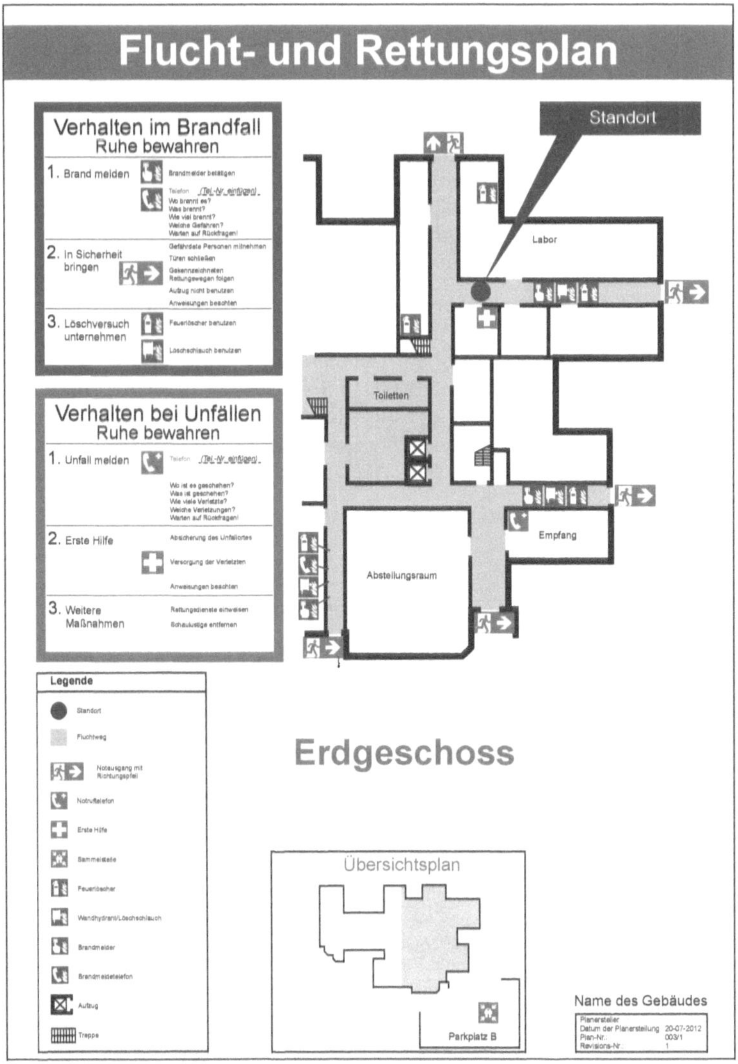

zu Anh. Nr. 1.5 ArbStättV

Technische Regeln für Arbeitsstätten	Fußböden[567) 568)]	ASR A1.5

(GMBl. Nr. 9–11 vom 18.3.2022 S. 199)
zuletzt geändert durch (GMBl. Nr.¯18 vom 23.5.2025 S.¯365)

…

Diese ASR A1.5 konkretisiert im Rahmen ihres Anwendungsbereichs Anforderungen der Verordnung über Arbeitsstätten. Bei Einhaltung dieser Technischen Regel kann der Arbeitgeber davon ausgehen, dass die entsprechenden Anforderungen der Verordnung erfüllt sind. Wählt der Arbeitgeber eine andere Lösung, muss er damit mindestens die gleiche Sicherheit und den gleichen Schutz der Gesundheit für die Beschäftigten erreichen.

Die Anhänge der vorliegenden Technischen Regel beruhen auf der DGUV Regel 108-003 „Fußböden in Arbeitsräumen und Arbeitsbereichen mit Rutschgefahr" des Sachgebiets „Bauliche Einrichtungen und Leitern" im Fachbereich „Handel und Logistik" der Deutschen Gesetzlichen Unfallversicherung (DGUV). Der Ausschuss für Arbeitsstätten hat die grundlegenden Inhalte der Anhänge der DGUV Regel 108-003 in Anwendung des Kooperationsmodells (vgl. Leitlinienpapier[569)] zur Neuordnung des Vorschriften- und Regelwerks im Arbeitsschutz vom 31. August 2011) als ASR in sein Regelwerk übernommen.

Inhaltsverzeichnis

567) Die Neufassung der ASR A1.5 vom März 2022 ersetzte die ASR A1.5/1.2 vom Februar 2013. In dieser Neufassung wurden wesentliche Anpassungen und Ergänzungen vorgenommen. Eine erste Änderung dieser ASR erfolgte im Mai 2025 durch Einfügen des Anhangs A1.5: Ergänzende Anforderungen zur ASR A1.5 „Fußböden" in die ASR V3a.2.

568) Eine tabellarische Gegenüberstellung der Neufassung der ASR A1.5 „Fußböden" vom März 2022 zur vorherigen Fassung mit Hervorhebung der Unterschiede („Synopse") s. https://www.baua.de/DE/Angebote/Rechtstexte-und-Technische-Regeln/Regelwerk/ASR/ASR-A1-5.html.

569) Amtl. FN: http://www.gda-portal.de/de/VorschriftenRegeln/VorschriftenRegeln. html

1 Zielstellung

Diese Arbeitsstättenregel konkretisiert die Anforderungen für das Einrichten und Betreiben von Fußböden nach § 3a Absatz 1 [570] und § 4 Absatz 2 sowie nach Nummer 1.5 Absätze 1 und 2 des Anhangs der Arbeitsstättenverordnung.

2 Anwendungsbereich

Diese Arbeitsstättenregel gilt für das Einrichten und Betreiben von Fußböden in Arbeitsstätten.

Hinweis:

Für die barrierefreie Gestaltung von Fußböden gilt ASR V3a.2 „Barrierefreie Gestaltung von Arbeitsstätten" [571] *Anhang A1.5: Ergänzende Anforderungen zur ASR A1.5 „Fußböden".*[572]

3 Begriffsbestimmungen

3.1 Fußböden im Sinne dieser Arbeitsstättenregel umfassen nicht nur die statisch wirksame Tragschicht, den Fußbodenaufbau und die Oberfläche, sondern auch Auflagen, z. B. Matten, Roste oder Teppiche.

3.2 Eine **Rutschgefahr** liegt vor, wenn aufgrund einer zu geringen Rutschhemmung der Fußbodenoberfläche, einer unmittelbaren Änderung der Rutschhemmung der Fußbodenoberfläche oder des Verrutschens eines Bodenbelages, die Möglichkeit des Ausrutschens von Beschäftigten oder Wegrutschens von Fahrzeugen oder Einrichtungsgegenständen besteht.

Rutschhemmung ist eine Eigenschaft der Fußbodenoberfläche, die das Ausrutschen wirksam verhindert.

3.3 Gleitfördernde Stoffe sind Verunreinigungen, die die Rutschgefahr erhöhen, da sie die Reibung zwischen Schuh oder Fuß und Boden verringern. Hierzu zählen z. B. Nässe, Schnee, Glatteis, Laub, Öle, Fette, Wachse, Stäube, Krumen, Abfälle, Lebensmittelreste, die witterungs-, produktions- oder verhaltensbedingt auf den Fußboden gelangen.[573]

3.4 Eine **gefährliche Schräge** liegt vor, wenn der Fußboden aufgrund seiner Neigung bzw. Steigung nicht mehr sicher betrieben, also begangen, befahren oder zum Abstellen genutzt werden kann.

---

[570] Die ArbStättV stellt in § 2 Abs. 12 klar, dass zum „Stand der Technik" auch der Stand der Arbeitsmedizin und Hygiene gehören.

[571] Veröffentlicht auf der Homepage der BAuA zur ASR V3a.2 wird über geplante neue Anhänge zur ASR V3a.2 „Barrierefreie Gestaltung von Arbeitsstätten" informiert.

[572] Der Ausschuss für Arbeitsstätten hat die Ergänzenden Anforderungen zur ASR A1.5 „Fußböden" in seiner 12. Sitzung am 3.4.2025 beschlossen. Sie wurden vom BMAS unverzüglich im Mai 2025 bekannt gemacht. Zugleich wurden diese Ergänzenden Anforderungen als elfte Änderung in die ASR V3a.2 durch Anhang A1.5 eingefügt. Erläuterungen dazu siehe unter ASR V3a.2 auf S. 103.

[573] Die Definition „Gleitfördernde Stoffe" wurde mit der Ausgabe März 2022 neu eingefügt.

Hinweis:

Anforderungen an die Begeh- und Befahrbarkeit von Schrägrampen enthält die ASR A1.8 „Verkehrswege".[574)]

3.5 **Stolperstellen** sind Änderungen der Oberfläche in begehbaren Bereichen des Fußbodens, durch die erhöhte Sturzgefährdungen hervorgerufen werden. Stolperstellen entstehen z. B. durch Höhenunterschiede, die an Absätzen oder durch Unebenheiten oder an Übergängen von der Waagerechten in ein Gefälle oder eine Steigung der Fußbodenoberfläche auftreten. Unter ebenen Bedingungen in Räumen gelten bereits Höhenunterschiede von mehr als 4 mm als Stolperstelle. Auch bei Spaltenbreiten von mehr als 20 mm im Fußboden sowie bei der Verwendung von Rosten mit einer Maschenteilung von mehr als 35 mm × 51 mm liegen Stolperstellen vor. Eine Stolperstelle kann auch temporär auftreten, z. B. aufgrund einer Durchbiegung an der Verbindungsstelle verschiedener Fußböden.

3.6 Der Fußboden ist **tragfähig**, wenn er eine der Nutzungsart entsprechende Konstruktion und Festigkeit aufweist und auch das Aufbringen von Lasten, z. B. durch das Aufstellen von Einrichtungen oder durch das Befahren mit Transportmitteln, nicht zu Beschädigungen, zur Bildung von Unebenheiten oder zu Gefährdungen von Beschäftigten in darunterliegenden Bereichen aufgrund der Ablösung von Fußbodenteilen führt.

3.7 Ein Fußboden ist **trittsicher**, wenn dessen Eigenschaften, z. B. Festigkeit, Belastbarkeit, Ebenheit, Rutschhemmung, ein sicheres Begehen ermöglichen. Deshalb ist bei der Beurteilung, inwieweit eine Trittsicherheit gegeben ist, die übliche Art der Gehaufgabe zu berücksichtigen, z. B. die Gehgeschwindigkeiten, die Art des genutzten Schuhwerks oder das ggf. erforderliche Tragen von Lasten. Weiterhin können auch visuelle Eindrücke die beim Begehen von Fußböden erforderliche Einschätzung der Fußbodenoberfläche und das Erkennen ggf. vorhandener Mängel erschweren und so die Trittsicherheit negativ beeinflussen, z. B. Aufmerksamkeit erfordernde Ereignisse außerhalb des Fußbodenbereichs oder ein unregelmäßiges Fußbodendesign.

3.8 **Unebenheiten** in einem Fußboden sind Höhenabweichungen innerhalb des Bereichs, auf der der Schuh oder Fuß aufsetzt, nach oben oder unten, die beim Begehen zu Gefährdungen führen oder Höhenabweichungen innerhalb eines von Fahrzeugen oder Transportmitteln genutzten Bereichs nach oben oder unten, die beim Befahren zu Gefährdungen führen.

Vertiefungen sind entsprechende Höhenabweichungen nach unten. Unebenheiten oder Vertiefungen wie Löcher, Dellen oder nicht abgedeckte Rinnen führen in der Regel zu Stolper- oder Umknickgefahren oder aufgrund der Ansammlung von Flüssigkeiten zu Rutschgefahren. Keine Gefährdungen sind in der Regel beim Begehen regelmäßig angeordneter

574) Die Angabe, dass eine gefährliche Schräge ab einer Neigung von 36 % (ca. 20°) gegeben ist, enthält ASR A1.8 „Verkehrswege". Die maximale Neigung für unterschiedliche Nutzungsarten von Schrägrampen ist Abschn. 4.1 Abs. 4 Tabelle 1 zu entnehmen.

Vertiefungen, die eine Profilierung ergeben und die keine Stolperstelle darstellen, zu erwarten, wie Bodenfliesen mit Verdrängungsraum oder Gitterroste.[575)]

3.9 Die **R-Gruppe** ist ein Maßstab für den Grad der Rutschhemmung auf der Grundlage des mittels des in Anhang 1 beschriebenen Verfahrens ermittelten mittleren Neigungswinkels. Bodenbeläge werden in Abhängigkeit von ihrer Rutschhemmung in fünf R-Gruppen (von R 9 bis R 13) unterteilt, wobei Bodenbeläge mit der R-Gruppe R 9 den geringsten und mit der R-Gruppe R 13 den höchsten Anforderungen an die Rutschhemmung genügen.

3.10 Der **Verdrängungsraum** eines Bodenbelags ist der zur Gehebene hin offene Hohlraum unterhalb der Gehebene zur Aufnahme oder Ableitung von gleitfördernden Stoffen. Der Verdrängungsraum wird nach der Größe seines Aufnahmevolumens in V 4 bis V 10 unterteilt. Die Zahlenangabe nach dem Buchstaben „V" bezeichnet die Größe des Aufnahmevolumens. Sie wird in cm^3/dm^2 angegeben.[576)]

4 Allgemeines

(1) Fußböden müssen so beschaffen sein, instandgehalten und gereinigt werden, dass sie unter Berücksichtigung der Art der Nutzung, der betrieblichen Verhältnisse und der Witterungseinflüsse[577)] sicher benutzt werden können.

(2) Durch regelmäßige Begehungen ist sicherzustellen, dass auch in selten genutzten Bereichen Mängel zeitnah erkannt werden können. Festgestellte Mängel müssen unverzüglich beseitigt werden. Können Mängel, mit denen eine unmittelbare erhebliche Gefahr verbunden ist, nicht sofort beseitigt werden, darf dieser Fußbodenbereich nicht genutzt werden, z. B. im Falle einer fehlenden Abdeckung einer Bodenöffnung. Die Gefahrstelle ist gemäß Absatz 13 zu kennzeichnen und erforderlichenfalls abzusichern.[578)]

---

575) Abschn. 3.8 wurde gegenüber der früheren Fassung präzisiert und unterschieden in Höhenabweichungen innerhalb eines Bereichs, auf denen der Schuh oder Fuß aufsetzt und Höhenabweichungen innerhalb eines von Fahrzeugen oder Transportmitteln genutzten Bereichs, da die Gefährdungen beim Begehen und Befahren verschieden sein können.
Zudem wurden die Inhalte aus dem bisherigen Abschn. 3.10 nunmehr neu in Abschn. 3.8 integriert und zur Klarstellung des Gewollten umformuliert und ausführlicher erläutert.

576) Die bisherige Fassung erläuterte den Begriff „Verdrängungsraum" unvollständig. Neu wurden deshalb Angaben zur Größe seines Aufnahmevolumens, zur Bezeichnung und Maßangabe eingefügt.

577) In Außenbereichen gelten grundsätzlich die gleichen Anforderungen an Fußböden von Arbeitsräumen, Arbeitsbereichen und betrieblichen Verkehrsflächen wie in Innenbereichen. Bezüglich der Beschaffenheit ist für eine normgerechte Bauausführung zu sorgen. Auch die Fußböden in Eingangs- und Außenbereichen müssen so beschaffen, instand gehalten und gereinigt werden, dass keine Unfallgefährdungen durch Ausrutschen, Stolpern, Umknicken oder Fehltritte auftreten können.
Zur Instandhaltung gehören eine regelmäßige Prüfung dieser Flächen auf Schadstellen und nötigenfalls eine Ausbesserung. Zusätzlich muss durch Reinigung und Winterdienst bei Außenbereichen eine sichere Benutzbarkeit gewährleistet werden. Dies kann auch möglich sein durch ausreichend große Überdachungen. Sie stellen somit eine wirkungsvolle Maßnahme auch gegen Glatteis dar.

578) Neu aufgenommen wurde die Pflicht, Begehungen regelmäßig vorzunehmen und Gefahrenstellen gem. Abs. 13 zu kennzeichnen und ggf. abzusichern.

(3) Fußböden in Räumen dürfen keine Unebenheiten, Vertiefungen, Stolperstellen oder gefährlichen Schrägen aufweisen. Sie müssen gegen Verrutschen bzw. Kippen (z. B. bei Abdeckungen) gesichert, tragfähig, trittsicher und rutschhemmend sein.[579)]

(4) Fußböden sollen ohne Neigung angelegt werden. Außerhalb von dauerhaft eingerichteten Arbeitsplätzen sind davon funktionelle Neigungen ausgenommen, z. B. zur Ableitung von Flüssigkeiten oder zur Überbrückung von Höhenunterschieden, z. B. mit begehbaren Schrägrampen.[580)] [581)]

(5) Von Fußböden dürfen keine gesundheitlichen Gefährdungen und sollen keine spürbaren elektrostatischen Aufladungen oder unzuträglichen Gerüche ausgehen. Unzuträgliche Gerüche und gesundheitliche Gefährdungen können beispielsweise durch Ausdünstungen bzw. Emissionen aus Fußbodenmaterialien, Klebstoffen und Konservierungsmitteln verursacht werden oder z. B. bei Nutzungsänderungen von Arbeitsstätten entstehen. Empfehlenswert ist daher die Auswahl emissionsarmer Materialien.[582)]

(6) Fußböden müssen gegen die zu erwartenden Einwirkungen, z. B. durch Säuren, Laugen, Hitze oder Vibrationen, so beständig sein, dass die erforderlichen Eigenschaften erhalten bleiben.

(7) Können Flüssigkeiten oder Gefahrstoffe auf den Fußboden gelangen, darf er diese Stoffe nicht so aufnehmen und speichern, dass sich hierdurch Gefährdungen für die Beschäftigten ergeben, z. B. durch Emissionen, Schimmelpilze oder Brandgefahren.

(8) Sofern in Räumen mit Gefahrstoffen oder biologischen Arbeitsstoffen umgegangen wird, ist der Fußboden so zu gestalten, dass ein unbemerktes Ansammeln derartiger Stoffe in Bereichen, die mit den in diesen Räumen vorgesehenen Reinigungsverfahren nicht erreicht werden können, ausgeschlossen ist. Dies kann z. B. durch einen geschlossenen und mit ab-

---

579) Ablauföffnungen, Ablaufrinnen und ähnliche Vertiefungen müssen tritt- und kippsicher sowie bodengleich abgedeckt sein. Dies gilt nicht für Ablaufrinnen, die abgerundet sind und eine Vertiefung von höchstens 2 cm haben. Die Rinnen sollen farblich vom übrigen Fußboden abgesetzt sein. Die farbliche Kennzeichnung kann z. B. an der Fußbodenkante längs der Ablaufrinne oder als kontrastfarbige Ausführung der Ablaufrinne selbst erfolgen. Auch hierfür ist die Gelb-Schwarz-Kennzeichnung zu verwenden. Auch sollte darauf geachtet werden, dass Ablaufrinnen keine Verkehrswege kreuzen.
Leitungen, die aus betrieblich unvermeidbaren Gründen auf dem Fußboden verlegt werden müssen, können mit besonderen gewölbten Abdeckungen mit gelb-schwarzer Kennzeichnung versehen und dadurch als Stolperstellen weitgehend ausgeschaltet werden. Für elektrische Leitungen bietet sich in größeren Büros, Besprechungs- und Konferenzräumen oder Zeichenräumen usw. die Verlegung im Fußboden mit Anschlussstellen an den Arbeitsplätzen an.

580) Wassereinläufe müssen in solchen Bereichen in ausreichender Zahl vorgesehen und an den Stellen angeordnet werden, wo der Wasseranfall zu erwarten ist. In Küchen sollten sie unter den Auslauföffnungen der Kochkessel angeordnet sein. Falls dies bautechnisch nicht möglich ist, sind Ablaufrinnen vorzusehen und so anzuordnen und zu führen, dass die Benetzung des Arbeits- und Verkehrsbereiches vermieden wird. Die Größe der Sinkkästen ist so zu bemessen, dass das anfallende Wasser ohne Rückstau abgeführt werden kann. Ablaufrinnen sollten so bemessen sein, dass sie die plötzlich anfallenden Wassermengen aufnehmen können, ohne dass der Verkehrsbereich überflutet wird. Die Abdeckungen müssen fußbodeneben verlegt werden, um Stolperstellen zu vermeiden, und in ihrer Oberfläche rutschhemmend gestaltet sein.

581) Neu eingefügt wurde das Ausnahmebeispiel „Überbrückung von Höhenunterschieden, z. B. durch Schrägrampen" außerhalb von dauerhaft eingerichteten Arbeitsplätzen.

582) Bei Umnutzungen kommt es in seltenen Fällen vor, dass Bodenbeläge, die von früheren Nutzungen herrühren, unangenehme Gerüche bzw. gar ein Sick-Building-Syndrome hervorrufen. Eine Abstellung dieser Mängel ist oft nur durch vollständigen Abtrag und Neuaufbau des Fußbodens zu erreichen.

gerundeten Übergängen zu den Wänden und ggf. zu den Einrichtungen versehenen Fußboden erreicht werden (Kehlsockel).[583)]

(9) Die optische Gestaltung der Fußbodenoberflächen darf das sichere Begehen oder Befahren nicht beeinträchtigen. Beispielsweise sind durch detailreiche oder unregelmäßige oder hochglänzende Designs sowie durch Motive, die zu optischen Täuschungen führen, Beeinträchtigungen möglich.

(10) In Bereichen, die im Rahmen ihrer üblichen Nutzung durchgehend begangen werden müssen, dürfen sich die Fußbodenoberflächen hinsichtlich ihrer Rutschhemmung nicht so voneinander unterscheiden, dass es zu Stolper- und Rutschgefahren kommen kann.

Dies kann gegeben sein, wenn sich angrenzende Fußbodenoberflächen hinsichtlich der Rutschhemmung unterscheiden:
1. um mehr als eine R-Gruppe bei zwei angrenzenden Bereichen.
2. um mehr als zwei R-Gruppen, wenn der Übergang zu einer anderen Rutschhemmung deutlich erkennbar oder zu erwarten ist (z. B. bei Türdurchgängen oder -durchfahrten).

Bestehen aufgrund unterschiedlicher Rutschhemmungen Stolper- oder Rutschgefahren, sind geeignete Maßnahmen zu treffen, wie Übergangsbereiche, die in Laufrichtung mindestens 1,5 m lang sind.[584)]

Hinweis:

Es wird empfohlen die Rutschhemmung eines Fußbodens innerhalb eines Arbeitsbereiches möglichst gleichmäßig zu gestalten, z. B. indem andere Oberflächenbeschaffenheiten innerhalb des Fußbodens, wie Abdeckungen, Markierungen oder aufgeklebte Folien, sich nicht um mehr als eine R-Gruppe voneinander unterscheiden. [585)]

(11) Ablaufrinnen in Fußböden von Verkehrswegen, z. B. zur Ableitung von Flüssigkeiten, müssen unter Berücksichtigung der Art der Verkehrsmittel, der Art des Transportgutes und der ggf. gleichzeitigen Nutzung durch Fußgänger so gestaltet und in den Fußboden integriert sein, dass sie den zu erwartenden Belastungen standhalten und eine sichere Benutzung der Verkehrswege gewährleistet ist. Dies ist gegeben, wenn Belastungen, z. B. das Überfahren mit schweren Fahrzeugen oder mit Flurförderzeugen mit harten Transportrollen, nicht zu Verformungen oder Beschädigungen der Ablaufrinnen und dadurch zu Stolper- oder Rutschgefahren führen.

---

583) Auf Fußböden von Räumen, in denen sich gesundheitsschädliche und/oder entzündliche Stoffe in gefahrdrohender Menge ansammeln können, sind lose aufgelegte Bodenbeläge, unter denen sich Staub, Stoffe oder Flüssigkeiten ansammeln können, unzulässig. Lose aufgelegte Bodenbeläge sollten generell vermieden werden. In Räumen, in denen mit gesundheitsschädlichen oder entzündlichen Stoffen oder mit beiden Stoffarten umgegangen wird, sind lose Fußbodenbeläge auch an einzelnen Arbeitsplätzen nicht erlaubt.

584) Abs. 10 wurde präzisiert und die Anforderungen, um Stolper- und Rutschgefahren zu verhindern, inhaltlich erweitert. Gefordert werden z. B. Übergangsbereiche in Laufrichtung von mindestens 1,5 m Länge zwischen Fußböden mit unterschiedlicher Rutschhemmung.

585) Diese Empfehlung zur möglichst gleichmäßigen Gestaltung der Rutschhemmung eines Fußbodens innerhalb eines Arbeitsbereichs wurde neu aufgenommen und mit Gestaltungsbeispielen verdeutlicht.

(12) An dauerhaft eingerichteten Arbeitsplätzen, an denen andauernde Steharbeit erforderlich ist, muss der Fußboden ausreichend wärmegedämmt (siehe Abschnitt 7 Absatz 1) und zur Verminderung der Belastungen des Skelett- und Bewegungssystems ausreichend stoßdämpfend und elastisch sein. Sofern dies nicht gegeben ist, muss der jeweilige Arbeitsplatz mit einem entsprechenden Bodenbelag ausgestattet werden. Die Verwendung von Fußbodenauflagen darf nicht zur Entstehung von Stolperstellen führen.

Ein ausreichend wärmedämmender, stoßdämpfender und elastischer Fußboden bzw. Bodenbelag ist auch für Tätigkeiten empfehlenswert, die ein längeres Stehen erfordern, aber keine andauernde Steharbeit darstellen.[586)]

Hinweis:

Der Länderausschuss für Arbeitsschutz und Sicherheitstechnik (LASI) hat zur Unterstützung der betrieblichen Umsetzung der Gefährdungsbeurteilung die Handlungsanleitung LV 50 „Bewegungsergonomische Gestaltung von andauernder Steharbeit" herausgegeben. Mit ihrer Hilfe lassen sich Bewertungsmaßstäbe für Belastung durch Steharbeit anhand von Dauer und Ausmaß ableiten. [587)]

(13) Fußbodenstellen, an denen sich die Gefahr des Stolperns oder Ausrutschens technisch nicht vermeiden lässt, z. B. wenn die erforderliche Rutschhemmung kurzzeitig herabgesetzt ist und sich die Ursachen hierfür nicht unverzüglich beseitigen lassen, wie nach einer Feuchtreinigung, sind entsprechend der ASR A1.3 „Sicherheits- und Gesundheitsschutzkennzeichnung" zu kennzeichnen. Hierzu haben sich Warnaufsteller bewährt. Erforderlichenfalls ist der betreffende Bereich zusätzlich abzusperren.[588)]

5 Schutzmaßnahmen gegen Stolpern

(1) Eine geeignete Maßnahme zur Vermeidung von Stolperstellen an Höhenunterschieden bis 2 cm ist z. B. eine Anschrägung mit einem Winkel von höchstens 25°, z.B. bei Kanten an Bodenbelägen. Größere Höhenunterschiede sollen durch begehbare Schrägrampen überbrückt werden, die den an Verkehrswege bzw. Fluchtwege gerichteten Anforderungen der Arbeitsstättenverordnung entsprechen (siehe z. B. ASR A1.8 „Verkehrswege" und ASR A2.3 „Fluchtwege und Notausgänge").

(2) Leisten, Abdeckungen, Ablauföffnungen, Ablaufrinnen, Profile oder Ähnliches in begehbaren Bereichen von Fußböden müssen so gestaltet und installiert sein, dass sich hierdurch keine Stolpergefahren ergeben. Dies ist beispielsweise gegeben, wenn sie kipp- und trittsicher, bündig sowie höhengleich mit der Fußbodenoberfläche verlegt und ausreichend fest im Fußboden verankert sind.

[586)] Abs. 12 wurde wesentlich erweitert und durch fachliche Klarstellung verschärft. Definiert wird der Begriff „andauernde Steharbeit" und es wird empfohlen, ausreichend wärme- und stoßdämmenden sowie elastischen Fußboden bzw. Bodenbelag auch für nicht andauernde Steharbeitsplätze, also bis zu 4 Stunden Arbeit im Stehen, einzurichten.

[587)] LV 50 Bewegungsergonomische Gestaltung von andauernder Steharbeit, Ausg. März 2009, vom LASI 2024 zurückgezogen.

[588)] Die Kennzeichnungspflicht blieb inhaltlich gegenüber der alten Fassung unverändert, wurde jedoch um Erläuterungen und Gestaltungsbeispiele erweitert.

(3) Anschluss- und Versorgungsleitungen müssen so verlegt sein, dass sie keine Stolperstellen bilden. Dies kann z. B. durch Verlegung außerhalb von Verkehrswegen bzw. Fluchtwegen, Arbeitsplätzen bzw. Arbeitsbereichen, Bewegungsflächen etc. erreicht werden (z. B. durch Verlegung entlang an Einrichtungsgegenständen, Wänden oder Decken). Eine weitere Möglichkeit wäre die Sicherstellung einer ausreichenden Anzahl von Anschlussmöglichkeiten in einer geeigneten Lage (z. B. durch Anbringen einer Steckdose im näheren Umfeld der Verbrauchseinrichtung, um dadurch auf dem Boden liegende Kabel zu vermeiden).[589)]

(4) Technisch und baulich nicht vermeidbare Stolperstellen, z. B. die Türschwelle von einem Raum, dessen Fußboden als Auffangwanne ausgeführt sein muss, sind neben der nach Abschnitt 4 Absatz 13 erforderlichen Kennzeichnung ggf. durch weitere Schutzmaßnahmen, z. B. durch Absperrungen oder Handläufe, zu sichern.

6 Schutzmaßnahmen gegen Ausrutschen[590)]

(1) Fußbodenoberflächen müssen unter Berücksichtigung der Art der Nutzung sowie der zu erwartenden gleitfördernden Stoffe so eingerichtet werden, dass eine sichere Benutzung möglich ist. Während des Betriebes können sich Rutschgefahren durch nicht beseitigte Verunreinigungen oder durch eine Abnutzung der Fußbodenoberfläche ergeben.

Rutschgefahren sind vorranging durch geeignete Fußböden und Fußbodenbeläge zu vermeiden. Geeignete Fußböden für den jeweiligen Einsatzbereich sind in Anhang 2 „Anforderungen an die Rutschhemmung von Fußböden" dieser ASR aufgeführt. Für Arbeitsräume, -bereiche und betriebliche Verkehrswege sind bei gemischten Tätigkeiten die R-Gruppe und der Verdrängungsraum entsprechend der hauptsächlichen Tätigkeit auszuwählen.

Hinweis:

1. *Auch wenn für einen Fußboden Anhang 2 nicht gilt, da der Fußboden nicht mit gleitfördernden Stoffen in Kontakt kommt, wird empfohlen, sich hinsichtlich der erforderlichen Rutschhemmung an den in Anhang 2 zum jeweiligen Bereich genannten Werten zu orientieren.*
2. *Betriebsspezifische Tätigkeiten oder Arbeitsverfahren können eine höhere R-Gruppe oder einen größeren Verdrängungsraum erfordern, als nach Anhang 2 für den jeweiligen Arbeitsbereich angegeben. Die ermittelten Teilbereiche sind dann dementsprechend dauerhaft oder temporär (z. B. mit Matten, Roste) auszurüsten.*

---

589) Ergänzt wurde der Hinweis, Anschluss- und Versorgungsleitungen z. B. außerhalb von Verkehrs- bzw. Fluchtwegen, Arbeitsbereichen, Arbeitsplätzen oder Bewegungsflächen ect. zu verlegen, wodurch a priori keine Stolperstellen auftreten können.

590) Abschn. 6 wurde wesentlich präzisiert, Vorrang zur Vermeidung von Rutschgefahren wird der Verwendung geeigneter Fußböden gegeben und nicht mehr allgemein nur „entsprechenden Schutzmaßnahmen". Eingefügt sind praktische Gestaltungsbeispiele, Verweise auf Anhang 2 dieser ASR sowie Gestaltungshinweise für Fußböden selbst dann, wenn sie nicht mit gleitfördernden Stoffen in Kontakt kommen.
Verwiesen wird auf die Reinigungs- bzw. ggf. Streupflicht bei witterungsbedingten Rutschgefahren und ausreichend große Überdachungen über Gebäudeeingängen usw.
Gefordert werden geeignete Möglichkeiten zur Ableitung gleitfördernder Stoffe auf Fußböden durch Ablauföffnungen sowie Ablaufrinnen mit einem Gefälle von mindestens 2 %.
Neu aufgenommen wurden Maßgaben für Fußbodenoberflächen, die in der Regel nass sind und barfuß begangen werden müssen. Dies gilt bspw. für Bäder und Sanitärräume, wie Wasch- und Umkleideräume.

(2) Verkehrswege im Außenbereich müssen bei witterungsbedingten Rutschgefahren entsprechend der Nutzung angemessen gereinigt und gegebenenfalls gestreut werden.

(3) Gebäudeeingänge sind so einzurichten, dass der Eintrag von Schmutz und Nässe nicht zu Rutschgefahren führt. Dazu eignet sich eine ausreichend große Überdachung über Gebäudeeingängen.

Innerhalb des Gebäudes kann dies durch Sauberlaufzonen in Form von Schmutz- und Feuchtigkeitsaufnehmern erreicht werden, die hinsichtlich ihrer Länge, Breite und des Materials auf den zu erwartenden Personenverkehr ausgelegt sind und in Laufrichtung über die gesamte Durchgangsbreite mindestens 1,5 m lang sind.

Sauberlaufzonen müssen gegen Verrutschen gesichert sein und dürfen keine Stolperstellen bilden, z. B. indem sie bündig mit dem unmittelbar daran anschließenden Bodenbelag abschließen. Sauberlaufzonen sind entsprechend ihrer Verschmutzung so zu reinigen oder auszutauschen, dass ihre Funktion erhalten bleibt.

(4) Fußböden in Arbeitsräumen und -bereichen sind entsprechend der zu erwartenden betrieblichen Beaufschlagung mit gleitfördernden Stoffen erforderlichenfalls mit der Möglichkeit einer Ableitung auszurüsten.

Die angrenzenden Flächen zu Ablauföffnungen sowie Ablaufrinnen sollen ein Gefälle von mindestens 2 % haben, damit das Ablaufen von fließfähigen Flüssigkeiten erleichtert wird. Diese Bereiche sind möglichst außerhalb von Verkehrswegen anzuordnen. Das Ableiten von Flüssigkeiten über Verkehrswege ist nach Möglichkeit zu vermeiden.

(5) Fußbodenoberflächen von Bereichen, die in der Regel nass sind und barfuß begangen werden müssen, z. B. in Bädern, sowie Sanitärräumen, wie Wasch- und Umkleideräume, müssen so eingerichtet sein, dass sie sicher begangen werden können.

7 Schutzmaßnahmen gegen besondere physikalische Einwirkungen

(1) Fußböden an dauerhaft eingerichteten Arbeitsplätzen in Arbeitsräumen sowie in Sanitär-, Pausen- und Bereitschaftsräumen, in Kantinen, in Erste-Hilfe-Räumen und in Unterkünften müssen so gegen Wärme und Kälte gedämmt sein, dass ein ausreichender Schutz sowohl gegen eine unzuträgliche Wärmeableitung als auch gegen eine unzuträgliche Wärmezuführung besteht. Dies kann beispielsweise mit geeigneten Fußbodenkonstruktionen, Baustoffen, Fußbodenauflagen oder Heiz- bzw. Kühleinrichtungen erreicht werden.

Ein ausreichender Schutz gegen Wärmeableitung oder Wärmezuführung liegt vor, wenn die Oberflächentemperatur des Fußbodens nicht mehr als 3°C unter oder 6°C über der Lufttemperatur liegt.[591)] Sofern die Oberflächentemperatur des Fußbodens +29°C bei Fußbodenheizungen überschreitet oder soweit ein ausreichender Schutz gegen Wärmeableitung, z. B. aus hygienischen oder betriebstechnischen Gründen, nicht möglich ist, sind geeignete Ersatzmaßnahmen vorzusehen.

---

591) Gem. ArbStättV Anh. Nr. 1.5 Abs. 1 müssen auch Sanitär-, Pausen- und Bereitschaftsräume, Kantinen, Erste-Hilfe-Räume und Unterkünfte über eine angemessene Dämmung gegen Wärme und Kälte sowie über eine ausreichende Isolierung gegen Feuchtigkeit verfügen.

(2) Fußböden an dauerhaft eingerichteten Arbeitsplätzen[592)] in Arbeitsräumen sowie in Sanitär-, Pausen- und Bereitschaftsräumen, in Kantinen, in Erste-Hilfe-Räumen und in Unterkünften müssen so eingerichtet sein, dass es nicht zu Durchfeuchtungen oder einem Aufsteigen von Feuchtigkeit aus dem Untergrund kommen kann. Ist dies nicht möglich, sind geeignete Maßnahmen zu treffen, z. B. die Verwendung von feuchtigkeitssperrenden Auflagen oder von Rosten.

(3) In explosions- oder explosivstoffgefährdeten Bereichen muss der Fußboden über die gemäß Abschnitt 4 Absatz 5 erforderliche Vermeidung spürbarer elektrostatischer Aufladungen hinaus so ausgeführt sein, dass Zündgefahren durch Reißfunken oder elektrostatische Aufladungen vermieden werden.

(4) Fußböden und Abdeckungen[593)] an Arbeitsplätzen müssen so eingerichtet sein, dass diese keine unzuträglichen Erschütterungen auf Beschäftigte übertragen.

8 Reinigung

(1) Die Oberflächen von Fußböden müssen leicht zu reinigen sein und entsprechend den hygienischen Erfordernissen gereinigt werden, wenn nicht ohnehin aufgrund anderer Rechtsvorschriften weitergehende Anforderungen zu berücksichtigen sind, z. B. im Gesundheits- oder im Lebensmittelbereich. Verunreinigungen und Ablagerungen, die zu Gefährdungen führen können, sind unverzüglich zu beseitigen.

(2) Die Reinigungsverfahren sowie Reinigungs- oder Pflegemittel sind so auszuwählen, dass die jeweilige Fußbodenoberfläche nach der Reinigung oder Unterhaltspflege noch über die erforderlichen Eigenschaften, z. B. Rutschhemmung verfügt. Der Auswahl sind die Angaben bzw. Pflegehinweise des Fußbodenherstellers und des Herstellers des jeweiligen Reinigungsmittels zugrunde zu legen. Weiterhin sind die Gefahren zu berücksichtigen,

1. die von der Verwendung von Reinigungsmitteln, die Gefahrstoffe im Sinne der Gefahrstoffverordnung sind oder
2. die bei der Reinigung von gegebenenfalls im Bodenbereich befindlichen Einrichtungen (z. B. einer Elektroinstallation)

ausgehen können.

(3) Die mit der Reinigung beauftragten Personen sind anzuweisen, die Ergebnisse nach Absatz 2 Satz 1 zu berücksichtigen.[594)]

(4) Sofern sich aufgrund der Reinigung zeitlich beschränkte Rutschgefahren (z. B. bei Nassreinigungsverfahren) bis zum Zeitpunkt der Trocknung der Fußbodenoberfläche ergeben, sind die Reinigungsarbeiten soweit möglich zu Zeiten durchzuführen, in denen diese Bereiche nicht genutzt werden. Ist dies nicht möglich, sind die Bereiche bis zur Wiederherstellung

---

592) Diese Maßgaben werden für dauerhaft eingerichtete Arbeitsplätze in Arbeitsräumen erhoben; in der vorangegangenen Fassung war diese Einschränkung nicht gegeben.

593) Abs. 4 erweitert die Forderung auch auf Abdeckungen.

594) Durch diese Neuformulierung wird klargestellt, dass eine allgemeine Unterweisung der mit der Reinigung beauftragten Personen nicht ausreicht, sondern sie anzuweisen sind, die Ergebnisse nach Abs. 2 Satz 1, geeignete, die ursprüngliche Rutschhemmung erhaltende Reinigungsverfahren sowie Reinigungs- und Pflegemittel einzusetzen zu berücksichtigen.

der erforderlichen Rutschhemmung abzugrenzen oder zumindest entsprechend Abschnitt 4 Absatz 13 zu kennzeichnen.

(5) Fußböden in Außenbereichen, zu denen Beschäftigte im Rahmen ihrer Arbeit Zugang haben, müssen so gereinigt bzw. geräumt oder gestreut werden, dass sich keine Stolper- oder Rutschgefahren ergeben.

9 Abweichende/ergänzende Anforderungen für Baustellen

Werden auf Baustellen Fußböden und Trittflächen von Treppen mit temporären Abdeckungen, z. B.:

1. Abdeckvliese als Schutz vor Verschmutzung,
2. PVC-Folien als Feuchtigkeitssperren,
3. Auflagen aus Pappe als Schutz vor Beschädigung oder
4. Auflagen gegen Funkenflug

abgedeckt, ist auf eine ausreichende Trittsicherheit zu achten. Hierzu hat der Arbeitgeber geeignete Maßnahmen zur Sicherung gegen Verrutschen, zur Rutschhemmung und zur Vermeidung von Unebenheiten oder Stolperstellen durchzuführen.

Technische Maßnahmen sind z. B. Verkleben/Befestigen von Rändern und Stößen, Verwendung von selbsthaftenden temporären Abdeckungen, Sicherung gegen Faltenbildung und Verschieben. Organisatorische Maßnahmen sind z. B. Absperren von Bereichen oder Unterweisung der Beschäftigten zum Betreten der temporären Beläge.

Hinweis:

Werden Bodenöffnungen und nicht durchtrittsichere Bauteile mit temporären Belägen abgedeckt, sind sie vor Aufbringen der Abdeckung entsprechend ASR A2.1 „Schutz vor Absturz und herabfallenden Gegenständen, Betreten von Gefahrenbereichen" zu sichern. [595)]

[595)] Dieser Hinweis auf Präventivmaßnahmen ist neu eingefügt. Er ist durch das Unfallgeschehen auf Baustellen gut begründet und dringend erforderlich.

Anhang 1

Verfahren zur Prüfung der rutschhemmenden Eigenschaft und des Verdrängungsraums[596] (Begehungsverfahren – Schiefe Ebene)[597]

1 Rutschhemmende Eigenschaft

Eine Prüfperson mit Prüfschuhen begeht in aufrechter Haltung mit Schritten einer halben Schuhlänge vor- und rückwärts den zu prüfenden Bodenbelag, dessen Neigung vom waagerechten Zustand beginnend bis zum Winkel des Ausrutschens (a) gesteigert wird (siehe Abbildung 1). Dieser sogenannte Winkel des Ausrutschens ist der Winkel, bei dem die Prüfperson nicht mehr sicher gehen kann und zu rutschen beginnt. Der Winkel des Ausrutschens wird auf mit Gleitmittel bestrichenem Bodenbelag ermittelt. Der erreichte mittlere Winkel des Ausrutschens dient anschließend zur Beurteilung des Grades der Rutschhemmung (siehe Tabelle 1). Subjektive Einflüsse auf den Winkel des Ausrutschens werden durch ein Verifizierungs- und Korrekturverfahren eingegrenzt.

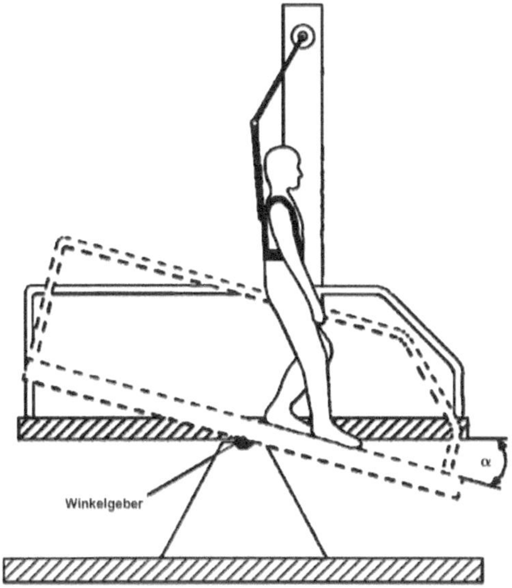

Abb. 1: Prüfeinrichtung (Schiefe Ebene) mit Sicherheitseinrichtung

[596] Amtl. FN: Gilt nicht für nassbelastete Barfußbereiche.
[597] In die Ausgabe März 2022 wurden Präzisierungen und Umformulierungen zur Klarstellung des Gewollten aufgenommen. Die fachlich-inhaltliche Substanz blieb unverändert.

Tab. 1: Zuordnung der korrigierten mittleren Winkel des Ausrutschens zu den Klassen der Rutschhemmung

Korrigierter mittlerer Winkel des Ausrutschens	Klasse der Rutschhemmung (R-Gruppe)
6° bis 10°	R 9
über 10° bis 19°	R 10
über 19° bis 27°	R 11
über 27° bis 35°	R 12
über 35°	R 13

2 Verdrängungsraum

Der Probekörper wird mit einer Paste bündig abgeglichen und seine Masse vor und nach dem Abgleichen gemessen. Aus der Massendifferenz und der Dichte der Paste wird das Volumen des Verdrängungsraumes errechnet. Bodenbeläge mit Verdrängungsraum sind mit dem Kennzeichen „V“ in Verbindung mit der Kennzahl für das Mindestvolumen des Verdrängungsraums versehen und werden in die in Tabelle 2 genannten Gruppen unterteilt.

Tab. 2: Zuordnung der Bezeichnung des Verdrängungsraumes zu den Mindestvolumina

Bezeichnung des Verdrängungsraumes	Mindestvolumen des Verdrängungsraumes [cm^3/dm^2]
V 4	4
V 6	6
V 8	8
V 10	10

Anhang 2

Anforderungen an die Rutschhemmung von Fußböden

In der nachstehenden Tabelle wird eine Zuordnung von Arbeitsräumen, Arbeitsbereichen und betrieblichen Verkehrswegen zu Bewertungsgruppen der Rutschhemmung vorgenommen. Die Aufzählung beschränkt sich auf solche Arbeitsräume, Arbeitsbereiche und betriebliche Verkehrswege, deren Fußböden mit gleitfördernden Medien in Kontakt kommen, wo also die Gefahr des Ausrutschens zu vermuten ist.

Diese Liste erhebt nicht den Anspruch auf Vollständigkeit. Die Nutzung einer höheren Bewertungsgruppe oder Verdrängungsraumes ist zulässig. Nicht aufgeführte Arbeitsräume, Arbeitsbereiche und betriebliche Verkehrswege sind, entsprechend der in ihnen zu erwartenden Rutschgefahr (z. B. je nach Häufigkeit, Menge und Art der auftretenden gleitfördernden Stoffe), in Analogie zur Tabelle einer Bewertungsgruppe zuzuordnen.

Der mit dem Begehungsverfahren (Schiefe Ebene) ermittelte mittlere Winkel des Ausrutschens ist für die Einordnung eines Bodenbelages in eine von fünf Bewertungsgruppen maßgebend. Die Bewertungsgruppe dient als Maßstab für den Grad der Rutschhemmung, wobei Bodenbeläge mit der Bewertungsgruppe R 9 den geringsten und mit Bewertungsgruppe R 13 den höchsten Anforderungen an die Rutschhemmung genügen.

Fußböden, bei denen wegen des Anfalls besonderer gleitfördernder Stoffe ein Verdrängungsraum unterhalb der Gehebene erforderlich ist, sind durch ein „V" in Verbindung mit der Kennzahl für das Mindestvolumen des Verdrängungsraums gekennzeichnet.

Die Prüfung der Rutschhemmung erfolgt mit einem Prüfschuh, dessen Sohle profiliert ist. Bei rauen oder profilierten Fußbodenoberflächen und bei Fußböden mit Verdrängungsraum trägt der Formschluss mit dem Sohlenprofil zur Rutschhemmung bei. Bei der Auswahl der Bewertungsgruppe ist daher zu berücksichtigen, welches Schuhwerk getragen wird.

Die Messergebnisse der Prüfmethode zur Bestimmung der Rutschhemmung von Bodenbelägen im Betriebszustand (Gleitreibungskoeffizient (μ)) können nicht direkt mit den Messergebnissen der Prüfung (Winkel des Ausrutschens (α)) auf der Schiefen Ebene verglichen werden. Der Gleitreibungskoeffizient (μ) kann deshalb nicht zur Einordnung in eine R-Gruppe herangezogen werden.

Nummer	Arbeitsräume, -bereiche und betriebliche Verkehrswege	Bewertungsgruppe der Rutschgefahr (R-Gruppe)	Verdrängungsraum mit Kennzahl für das Mindestvolumen
0	**Allgemeine Arbeitsräume und -bereiche[*)]**		
0.1	Eingangsbereiche, innen[**)]	R 9	
0.2	Eingangsbereiche, außen	R 11 oder R 10	V 4
0.3	Treppen, innen[***)]	R 9	
0.4	Außentreppen	R 11 oder R 10	V 4

Nummer	Arbeitsräume, -bereiche und betriebliche Verkehrswege	Bewertungsgruppe der Rutschgefahr (R-Gruppe)	Verdrängungsraum mit Kennzahl für das Mindestvolumen
0.5	Schrägrampen, innen***) (ab 3 % Steigung; z. B. Rollstuhlrampen, Ausgleichsschrägen, Transportwege)	Eine R-Gruppe höher als für den Zugangsbelag erforderlich	V-Wert des Zugangsbelags, falls zutreffend
0.6	Sanitärräume		
0.6.1	Toilettenräume	R 9	
0.6.2	Umkleide- und Waschräume	R 10	
0.7	Pausenräume (z. B. Aufenthaltsraum, Betriebskantinen)	R 9	
0.8	Erste-Hilfe-Räume und vergleichbare Einrichtungen (siehe ASR A4.3)	R 9	
1	**Herstellung von Margarine, Speisefett, Speiseöl**		
1.1	Fettschmelzen	R 13	V 6
1.2	Speiseölraffinerie	R 13	V 4
1.3	Herstellung und Verpackung von Margarine	R 12	
1.4	Herstellung und Verpackung von Speisefett, Abfüllen von Speiseöl	R 12	
2	**Milchbe- und -verarbeitung, Käseherstellung**		
2.1	Frischmilchverarbeitung einschließlich Butterei	R 12	
2.2	Käsefertigung, -lagerung und Verpackung	R 11	
2.3	Speiseeisfabrikation	R 12	
3	**Schokoladen- und Süßwarenherstellung**		
3.1	Zuckerkocherei	R 12	
3.2	Kakaoherstellung	R 12	
3.3	Rohmassenherstellung	R 11	
3.4	Eintafelei, Hohlkörper- und Pralinenfabrikation	R 11	
4	**Herstellung von Backwaren (Bäckereien, Konditoreien, Dauerbackwaren-Herstellung)**		
4.1	Teigbereitung	R 11	

Nummer	Arbeitsräume, -bereiche und betriebliche Verkehrswege	Bewertungsgruppe der Rutschgefahr (R-Gruppe)	Verdrängungsraum mit Kennzahl für das Mindestvolumen
4.2	Räume, in denen vorwiegend Fette oder flüssige Massen verarbeitet werden	R 12	
4.3	Spülräume	R 12	V 4
5	**Schlachtung, Fleischbearbeitung, Fleischverarbeitung**		
5.1	Schlachthaus	R 13	V 10
5.2	Kuttlerraum, Darmschleimerei	R 13	V 10
5.3	Fleischzerlegung	R 13	V 8
5.4	Wurstküche	R 13	V 8
5.5	Kochwurstabteilung	R 13	V 8
5.6	Rohwurstabteilung	R 13	V 6
5.7	Wursttrockenraum	R 12	
5.8	Darmlager	R 12	
5.9	Pökelei, Räucherei	R 12	
5.10	Geflügelverarbeitung	R 12	V 6
5.11	Aufschnitt- und Verpackungsabteilung	R 12	
5.12	Handwerksbetrieb mit Verkauf	R 12	V 8****)
6	**Be- und Verarbeitung von Fisch, Feinkostherstellung**		
6.1	Be- und Verarbeitung von Fisch	R 13	V 10
6.2	Feinkostherstellung	R 13	V 6
6.3	Mayonnaiseherstellung	R 13	V 4
7	**Gemüsebe- und -verarbeitung**		
7.1	Sauerkrautherstellung	R 13	V 6
7.2	Gemüsekonservenherstellung	R 13	V 6
7.3	Sterilisierräume	R 11	
7.4	Räume, in denen Gemüse für die Verarbeitung vorbereitet wird	R 12	V 4
8	**Nassbereiche bei der Nahrungsmittel- und Getränkeherstellung (soweit nicht besonders erwähnt)**		
8.1	Lagerkeller, Gärkeller	R 10	

Nummer	Arbeitsräume, -bereiche und betriebliche Verkehrswege	Bewertungsgruppe der Rutschgefahr (R-Gruppe)	Verdrängungsraum mit Kennzahl für das Mindestvolumen
8.2	Getränkeabfüllung, Fruchtsaftherstellung	R 11	
9	**Küchen, Speiseräume**		
9.1	Gastronomische Küchen (Gaststättenküchen, Hotelküchen)	R 12	
9.2	Küchen für Gemeinschaftsverpflegung in Heimen, Schulen, Kindertageseinrichtungen, Sanatorien	R 11	
9.3	Küchen für Gemeinschaftsverpflegung in Krankenhäusern, Kliniken	R 12	
9.4	Großküchen für Gemeinschaftsverpflegung in Mensen, Kantinen, Fernküchen	R 12	
9.5	Aufbereitungsküchen (Fast-Food-Küchen, Convenience- und Imbissbetriebe)	R 12	
9.6	Auftau- und Anwärmküchen	R 10	
9.7	Kaffee- und Teeküchen, Küchen in Hotels-Garni, Stationsküchen	R 10	
9.8	Spülräume		
9.8.1	Spülräume zu Nummern 9.1, 9.4, 9.5	R 12	V 4
9.8.2	Spülräume zu Nummer 9.2	R 11	
9.8.3	Spülräume zu Nummer 9.3	R 12	
9.9	Speiseräume, Gasträume, Speisebereiche in Kantinen, einschließlich Serviergängen	R 9	
9.10	Thekenbereich, Schankbereich[598)]	R 10	
10	**Kühlräume, Tiefkühlräume, Kühlhäuser, Tiefkühlhäuser**		
10.1	für unverpackte Ware	R 12	
10.2	für verpackte Ware	R 11	
11	**Verkaufsstellen, Verkaufsräume**		
11.1	Warenannahme Fleisch		
11.1.1	für unverpackte Ware (z. B. lose in Transportboxen)	R 11	
11.1.2	für verpackte Ware	R 10	

598) Nr. 9.10 ist in die Fassung vom März 2022 neu eingefügt worden. Theken- und Schankbereiche waren in der vorherigen Fassung nicht aufgeführt. Deren Fußböden sind nunmehr mit der R-Gruppe 10 einzurichten.

Nummer	Arbeitsräume, -bereiche und betriebliche Verkehrswege	Bewertungsgruppe der Rutschgefahr (R-Gruppe)	Verdrängungsraum mit Kennzahl für das Mindestvolumen
11.2	Warenannahme Fisch	R 11	
11.3	Bedienungsgang für Fleisch und Wurst		
11.3.1	für unverpackte Ware	R 11	
11.3.2	für verpackte Ware	R 10	
11.4	Bedienungsgang für Brot- und Backwaren, unverpackte Ware	R 10	
11.5	Bedienungsgang für Molkerei- und Feinkosterzeugnisse, unverpackte Ware	R 10	
11.6	Bedienungsgang für Fisch		
11.6.1	für unverpackte Ware	R 12	
11.6.2	für verpackte Ware	R 11	
11.7	Bedienungsgänge, ausgenommen Nummern 11.3 bis 11.6	R 9	
11.8	Fleischvorbereitungsraum		
11.8.1	zur Fleischbearbeitung, ausgenommen Nummer 5	R 12	V 8
11.8.2	zur Fleischverarbeitung, ausgenommen Nummer 5	R 11	
11.9	Blumenbinderäume und -bereiche	R 11	
11.10	Verkaufsbereiche mit Backöfen		
11.10.1	zum Herstellen von Backware	R 11	
11.10.2	zum Aufbacken vorgefertigter Backware	R 10	
11.11	Verkaufsbereiche mit Fritteusen oder Grillanlagen	R 12	
11.12	Verkaufsräume, Kundenräume	R 9	
11.13	Vorbereitungsbereiche für Lebensmittel zum SB-Verkauf (ausgenommen Fleisch, Fisch und Wurst)	R 10	
11.14	Kassenbereiche, Packbereiche	R 9	
11.15	Verkaufsbereiche im Freien	R 11 oder R 10	V 4
12	**Räume des Gesundheitsdienstes/der Wohlfahrtspflege**		
12.1	Desinfektionsräume (nass)	R 11	

Nummer	Arbeitsräume, -bereiche und betriebliche Verkehrswege	Bewertungsgruppe der Rutschgefahr (R-Gruppe)	Verdrängungsraum mit Kennzahl für das Mindestvolumen
12.2	Vorreinigungsbereiche der Sterilisation	R 10	
12.3	Fäkalienräume, Ausgussräume, unreine Pflegearbeitsräume	R 10	
12.4	Sektionsräume	R 10	
12.5	Räume für medizinische Bäder, Hydrotherapie, Fango-Aufbereitung	R 11	
12.6	Waschräume von OP's, Gipsräume	R 10	
12.7	Sanitäre Räume, Stationsbäder	R 10	
12.8	Räume für medizinische Diagnostik und Therapie, Massageräume	R 9	
12.9	OP-Räume	R 9	
12.10	Stationen mit Krankenzimmern und Flure	R 9	
12.11	Praxen der Medizin, Tageskliniken	R 9	
12.12	Apotheken	R 9	
12.13	Laborräume	R 9	
12.14	Friseursalons	R 9	
13	**Wäscherei**		
13.1	Räume mit Durchlaufwaschmaschinen (Waschröhren) oder mit Waschschleudermaschinen	R 9	
13.2	Räume mit Waschmaschinen, bei denen die Wäsche tropfnass entnommen wird	R 11	
13.3	Räume zum Bügeln und Mangeln	R 9	
14	**Kraftfutterherstellung**		
14.1	Trockenfutterherstellung	R 11	
14.2	Kraftfutterherstellung unter Verwendung von Fett und Wasser	R 11	V 4
15	**Lederherstellung, Textilien**		
15.1	Wasserwerkstatt in Gerbereien	R 13	
15.2	Räume mit Entfleischmaschinen	R 13	V 10
15.3	Räume mit Leimlederanfall	R 13	V 10
15.4	Fetträume für Dichtungsherstellung	R 12	
15.5	Färbereien für Textilien	R 11	

Nummer	Arbeitsräume, -bereiche und betriebliche Verkehrswege	Bewertungsgruppe der Rutschgefahr (R-Gruppe)	Verdrängungsraum mit Kennzahl für das Mindestvolumen
16	**Lackierereien**		
16.1	Nassschleifbereiche	R 12	V 10
16.2	Pulverbeschichtung	R 11	
16.3	Lackierung	R 10	
17	**Keramische Industrie**		
17.1	Nassmühlen (Aufbereitung keramischer Rohstoffe)	R 11	
17.2	Mischer Umgang mit Stoffen wie Teer, Pech, Graphit, Kunstharzen	R 11	V 6
17.3	Pressen (Formgebung) Umgang mit Stoffen wie Teer, Pech, Graphit, Kunstharzen	R 11	V 6
17.4	Gieß-, Druckgussbereiche	R 12	
17.5	Glasierbereiche	R 12	
18	**Be- und Verarbeitung von Glas und Stein**		
18.1	Steinsägerei, Steinschleiferei	R 11	
18.2	Glasformung von Hohlglas, Behälterglas	R 11	
18.3	Schleifereibereiche für Hohlglas, Flachglas	R 11	
18.4	Isolierglasfertigung Umgang mit Trockenmittel	R 11	V 6
18.5	Verpackung, Versand von Flachglas Umgang mit Antihaftmittel	R 11	V 6
18.6	Ätz- und Säurepolieranlagen für Glas	R 11	
19	**Betonwerke**		
19.1	Betonwaschplätze	R 11	
20	**Lagerbereiche**		
20.1	Lagerräume für Öle und Fette, die zur Teilentnahme vorgesehen sind[599] (z. B. in Werkstätten)	R 12	V 6

[599] Die Einschränkung der Gültigkeit auf solche Räume, die zur Teilentnahme von Ölen und Fetten aus dem Lagerbestand vorgesehen sind, war vordem nicht gegeben, ist aber sachlich richtig, weil in Lagerräumen mit stets gesichert verschlossenen Behältern kein Austreten der gleitfördernden Substanzen auf den Fußboden erwartbar ist.

Nummer	Arbeitsräume, -bereiche und betriebliche Verkehrswege	Bewertungsgruppe der Rutschgefahr (R-Gruppe)	Verdrängungsraum mit Kennzahl für das Mindestvolumen
20.2	Lagerräume für verpackte Lebensmittel	R 10	
20.3	Lagerbereiche im Freien	R 11 oder R 10	V 4
21	**Chemische und thermische Behandlung von Eisen und Metall**		
21.1	Beizereien	R 12	
21.2	Härtereien	R 12	
21.3	Laborräume	R 11	
22	**Metallbe- und -verarbeitung, Metall-Werkstätten**		
22.1	Galvanisierräume	R 12	
22.2	Graugussbearbeitung	R 11	V 4
22.3	mechanische Bearbeitungsbereiche (z. B. Dreherei, Fräserei), Stanzerei, Presserei, Zieherei (Rohre, Drähte)	R 11	
22.4	mechanische Bearbeitungsbereiche mit erhöhter Öl-Schmiermittelbelastung	R 11	V 4
22.5	Teilereinigungsbereiche, Abdämpfbereiche	R 12	
23	**Werkstätten für Fahrzeug-Instandhaltung**		
23.1	Instandsetzungs- und Wartungsräume	R 11	
23.2	Arbeits- und Prüfgrube	R 12	V 4
23.3	Waschhalle, Waschplätze	R 11	V 4
24	**Werkstätten für das Instandhalten von Luftfahrzeugen**		
24.1	Flugzeughallen	R 11	
24.2	Werfthallen	R 12	
24.3	Waschplätze	R 11	V 4
25	**Abwasserbehandlungsanlagen**		
25.1	Pumpenräume	R 12	
25.2	Räume für Schlammentwässerungsanlagen	R 12	
25.3	Räume für Rechenanlagen	R 12	
25.4	Standplätze von Arbeitsplätzen, Arbeitsbühnen und Wartungspodeste	R 12	

Nummer	Arbeitsräume, -bereiche und betriebliche Verkehrswege	Bewertungsgruppe der Rutschgefahr (R-Gruppe)	Verdrängungsraum mit Kennzahl für das Mindestvolumen
26	**Feuerwehrhäuser**		
26.1	Fahrzeug-Stellplätze	R 12	
26.2	Räume für Schlauchpflegeeinrichtungen	R 12	
27	**Funktionsräume in der Atemschutz-Übungsanlage**		
27.1	Vorbereitungsraum	R 10	
27.2	Konditionsraum	R 10	
27.3	Übungsraum	R 11	
27.4	Schleuse	R 10	
27.5	Zielraum	R 11	
27.6	Wärmegewöhnungsraum	R 11	
27.7	Leitstand	R 9	
28	**Schulen und Kindertageseinrichtungen**		
28.1	Eingangsbereiche, Flure, Pausenhallen	R 9	
28.2	Unterrichtsräume, Gruppenräume[600)]	R 9	
28.3	Treppen	R 9	
28.4	Toilettenräume, Waschräume	R 10	
28.5	Lehrküchen in Schulen	siehe Nummer 9.2, 9.6 oder 9.7	
28.6	Küchen in Kindertageseinrichtungen (siehe auch Nummer 9)	R 10	
28.7	Maschinenräume für Holzbearbeitung	R 10	
28.8	Fachräume für Werken	R 10	
28.9	Pausenhöfe	R 11 oder R 10	V 4
29	**Geldinstitute**		
29.1	Schalterräume	R 9	
30	**Betriebliche Verkehrswege in Außenbereichen**		
30.1	Gehwege	R 11 oder R 10	V 4
30.2	Laderampen		

600) Die Gültigkeit dieser Maßgabe wird hiermit generell auf alle Unterrichtsräume erweitert, und nicht mehr nur für sog. „Klassenräume“ erhoben.

Nummer	Arbeitsräume, -bereiche und betriebliche Verkehrswege	Bewertungsgruppe der Rutschgefahr (R-Gruppe)	Verdrängungsraum mit Kennzahl für das Mindestvolumen
30.2.1	überdacht	R 11 oder R 10	V 4
30.2.2	nicht überdacht	R 12 oder R 11	V 4
30.3	Schrägrampen (ab 3 % Steigung; z. B. für Rollstühle, Ladebrücken)	R 12 oder R 11	V 4
30.4	Betankungsbereiche		
30.4.1	überdacht	R 11	
30.4.2	nicht überdacht	R 12	
31	**Parkbereiche**		
31.1	Garagen, Hoch- und Tiefgaragen ohne Witterungseinfluss*****)	R 10	
31.2	Garagen, Hoch- und Tiefgaragen mit Witterungseinfluss	R 11 oder R 10	V 4
31.3	Parkflächen im Freien	R 11 oder R 10	V 4
32	**Bäder** [601]		
32.1	Einzel- und Sammelumkleideräume	R 10	
32.2	Sauna- und Ruhebereiche	R 10	
32.3	Duschräume und Duschbereiche	R 10	
32.4	Beckenumgänge	R 10	

*) für Fußböden in barfuß begangenen Nassbereichen siehe DGUV Information „Bodenbeläge für nassbelastete Barfußbereiche" (DGUV Information 207-006)

**) Eingangsbereiche gemäß Nummer 0.1 sind die Bereiche, die durch Eingänge direkt aus dem Freien betreten werden und in die Feuchtigkeit von außen hereingetragen werden kann (siehe auch Abschnitt 6 Absatz 3, Verwendung von Schmutz- und Feuchtigkeitsaufnehmern). Für anschließende Bereiche oder andere großflächige Räume ist Abschnitt 4 Absatz 10 zu beachten.

***) Treppen, Rampen gemäß Nummer 0.3 und 0.5 sind diejenigen, auf die Feuchtigkeit von außen hineingetragen werden kann. Für anschließende Bereiche ist Abschnitt 4 Absatz 10 zu beachten.

****) Wurde überall ein einheitlicher Bodenbelag verlegt, kann der Verdrängungsraum aufgrund einer Gefährdungsbeurteilung (unter Berücksichtigung des Reinigungsverfahrens, der Arbeitsabläufe und des Anfalls an gleitfördernden Stoffen auf den Fußboden) bis auf V 4 gesenkt werden.

*****) Die Fußgängerbereiche, die nicht von Rutschgefahr durch Witterungseinflüsse, wie Schlagregen oder eingeschleppte Nässe, betroffen sind.

Anwendungsbeispiel

Der Arbeitsbereich Nummer 5.10 wird mit der Bewertungsgruppe R 12 der Rutschgefahr bewertet. Die Größe des Mindestvolumens des Verdrängungsraumes wird mit V 6, entsprechend mindestens 6 cm^3/dm^2, angegeben. Bei der Auswahl eines geeigneten Bodenbelages

[601] Diese Maßgaben für Bäder sind mit Fassung vom März 2022 neu in die ASR A1.5 aufgenommen worden.

können unter Berücksichtigung der betrieblichen Bedingungen des Einzelfalls Bodenbeläge in die Betrachtung einbezogen werden, denen nach Prüfung folgende Eigenschaften bescheinigt worden sind:

Rutschhemmung	Verdrängungsraum
R 12	V 6
R 12	V 8
R 12	V 10
R 13	V 6
R 13	V 8
R 13	V 10

Literaturhinweise

Informationen der Unfallversicherungsträger und Länder

DGUV Regel 108-003 Fußböden in Arbeitsräumen und Arbeitsbereichen mit Rutschgefahr 04/1994, aktualisiert 10/2003[602)]

DGUV Information 207-006 Bodenbeläge für nassbelastete Barfußbereiche 05/2020

DGUV Information 208-007 Roste – Auswahl und Betrieb 01/1996, aktualisiert 05/2013

DGUV Information 208-008 Montage[603)] 01/2017

DGUV Information 208-041 Bewertung der Rutschgefahr unter Betriebsbedingungen 09/2019

IFA Institut für Arbeitsschutz der Deutschen Gesetzlichen Unfallversicherung; Geprüfte Bodenbeläge – Positivliste, in: IFA-Handbuch Sicherheit und Gesundheitsschutz am Arbeitsplatz, Erich Schmidt Verlag GmbH & Co. KG, Berlin

IFA Institut für Arbeitsschutz der Deutschen Gesetzlichen Unfallversicherung; Prüfgrundsatz GS-IFA-B02 „Grundsätze für die Prüfung und Zertifizierung von Temporären Abdeckungen, 12/2019"

Veröffentlichungen des Länderausschusses für Arbeitsschutz und Sicherheitstechnik (LASI-Veröffentlichungen)

LASI Veröffentlichung 50 Bewegungsergonomische Gestaltung von andauernder Steharbeit 03/2009

Normen

DIN 18202:2019-07 Toleranzen im Hochbau – Bauwerke

DIN EN 16165:2021-12 Bestimmung der Rutschhemmung von Fußböden – Ermittlungsverfahren[604)]

---

602) Diese Regel wurde mit DGUV-Newsletter 07/2023 zurückgezogen wegen Doppelregelung zu dieser ASR A1.5

603) Der vollständige Titel heißt „Roste – Montage".

604) Aktuell Ausgabe 2023-02.

zu Anh. Nr. 1.6 ArbStättV

Technische Regeln für Arbeitsstätten	Fenster, Oberlichter, lichtdurchlässige Wände	ASR A1.6

GMBl. Nr. 1 vom 12.1.2012 S. 5,
zuletzt geändert durch GMBl. Nr. 9-11 vom 18.3.2022 S. 244[605)]

...

Diese ASR A1.6 konkretisiert im Rahmen ihres Anwendungsbereichs Anforderungen der Verordnung über Arbeitsstätten. Bei Einhaltung der Technischen Regel kann der Arbeitgeber davon ausgehen, dass die entsprechenden Anforderungen der Verordnung erfüllt sind. Wählt der Arbeitgeber eine andere Lösung, muss er damit mindestens die gleiche Sicherheit und den gleichen Schutz der Gesundheit für die Beschäftigten erreichen.

Inhaltsverzeichnis

1 Zielstellung

Diese ASR konkretisiert die Anforderungen an das Einrichten und Betreiben von Fenstern, Oberlichtern und lichtdurchlässigen Wänden in § 3a Abs. 1 sowie insbesondere in den Punkten 1.5 Abs. 3 und 1.6 des Anhanges der Arbeitsstättenverordnung.[606)]

2 Anwendungsbereich

Diese ASR gilt für das Einrichten und das Betreiben von Fenstern, Oberlichtern und lichtdurchlässigen Wänden in Arbeitsstätten.[607)]

605) Die ASR A1.6 „Fenster, Oberlichter, lichtdurchlässige Wände" wurde seit ihrer Erstausgabe im Januar 2012 fünfmal geändert bzw. ergänzt, im April 2014, im Juli 2017, im Mai 2018, im Februar 2019 und zuletzt im März 2022. Die Änderungen betrafen das Aktualisieren von Rechtsbezügen, auch den Hinweis auf die Ergänzenden Anforderungen zur ASR A1.6 für eine barrierefreie Gestaltung, Literaturhinweise und weitere formale Änderungen, in keinem Falle aber die fachliche Kernsubstanz der Regelinhalte.

606) Das Betreten von Dächern aus nicht durchtrittsicherem Material (Anh. Nr. 1.5 Abs. 4 ArbStättV) wird durch ASR A2.1 „Schutz vor Absturz und herabfallenden Gegenständen, Betreten von Gefahrenbereichen geregelt" (s. S. 291 ff.).

607) § 3a Abs. 2 ArbStättV fordert, dass die besonderen Belange von Beschäftigten mit Behinderungen, insbesondere eine barrierefreie Gestaltung, berücksichtigt werden. Fenster, Oberlichter und lichtdurchlässige Wände sind Bestandteile der Arbeitsstätte und hinsichtlich Erreichbar- bzw. Bedienbarkeit barrierefrei zu gestalten. Bereits bei Planung und Errichtung der Arbeitsstätte sollten diese Anforderungen Berücksichtigung finden. Zum Betreiben gehören auch das Reinigen und Instandhalten von Fenstern und Dachoberlichtern. Hierbei sind die Anforderungen von ASR A2.1 „Schutz vor Absturz und herabfallenden Gegenständen, Betreten von Gefahrenbereichen" zu beachten.

Hinweis:

Für die barrierefreie Gestaltung der Fenster, Oberlichter und lichtdurchlässigen Wände gilt die ASR V3a.2 „Barrierefreie Gestaltung von Arbeitsstätten", Anhang A1.6: Ergänzende Anforderungen zur ASR A1.6 „Fenster, Oberlichter, lichtdurchlässige Wände".

3 Begriffsbestimmungen

3.1 Fenster sind Bauteile zur natürlichen Beleuchtung. Hierzu zählen auch Schaufenster. Darüber hinaus können sie sowohl der Sichtverbindung nach außen als auch der Lüftung dienen. Beispiele für Bauarten von Fenstern siehe Abbildung 1.[608]

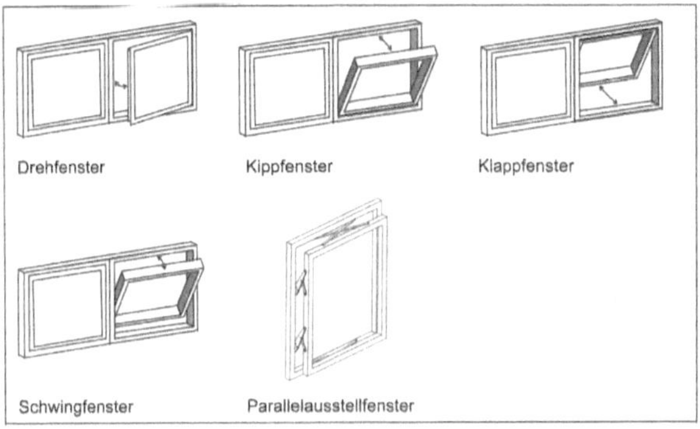

Abb. 1: Bauarten von Fenstern

3.2 Flügel sind diejenigen beweglichen Bauteile, die Öffnungen von Fenstern oder Oberlichtern schließen oder freigeben. Flügel sind z. B. Drehflügel, Kippflügel, Klappflügel, Schwingflügel, Wendeflügel und Schiebeflügel.

3.3 Kraftbetätigt sind Fenster und Oberlichter, wenn die für die Bewegung der Flügel erforderliche Energie vollständig oder teilweise von Kraftmaschinen zugeführt wird.

3.4 Ferngesteuert sind Flügel dann, wenn sie vom festen Bedienungsstandort aus nicht oder nicht vollständig zu übersehen sind; ferngesteuert sind auch Flügel, deren Antrieb durch Steuerimpulse gesteuert wird, die z. B. von einem Sender (z. B. mobile Fernbedienung) oder Sensor (z. B. Windsensor) ausgehen.

3.5 Bewegungsraum ist der Raum, in dem die Flügel Öffnungs- und Schließbewegungen ausführen.

[608] Fenster sind Bauteile, die der Beleuchtung von Arbeitsstätten mit Tageslicht (s. ASR A3.4 „Beleuchtung und Sichtverbindung"), der Sichtverbindung nach außen (s. Anh. 3.4 Abs. 1 ArbStättV) sowie dem Luftaustausch (s. ASR A3.6 „Lüftung") dienen. Kraftbetätigte Fenster bieten den Vorteil, dass sie z. B. im Rahmen automatisierter Gebäudesteuerungssysteme (Energieeffizienz, Lüftung, Heizung) eingesetzt werden, eine Funktion als Rauch- und Wärmeabzugsanlage übernehmen können und die Nutzung durch Menschen mit einer Behinderung erleichtern, da die Betätigungselemente barrierefrei handhabungssicher gestaltbar sind.

3.6 Sicherheitsglas ist ein Glas, das durch besondere Behandlung wie Vorspannen oder Laminieren bruchsicher ist und die Verletzungsgefährdung im Falle einer Beschädigung verhindert oder minimiert. Keine ausreichenden Sicherheitseigenschaften haben u. a. Floatglas, Profilbauglas mit und ohne Drahteinlage, Ornamentgläser, teilvorgespanntes Glas und Draht(spiegel)glas in monolithischer Form.

- **Einscheibensicherheitsglas (ESG)** zerfällt bei Bruch in der Regel in kleine, relativ stumpfkantige Krümel, wodurch die Verletzungsgefährdung herabgesetzt wird.[609)]
- **Verbundsicherheitsglas (VSG)** besteht aus zwei oder mehr Glasscheiben, die durch mindestens eine organische Zwischenschicht zu einer Einheit verbunden werden. Bei einem Bruch haften die Bruchstücke an der Folie und es besteht eine Splitterbindung, wodurch die Verletzungsgefährdung geringer ist als bei anderen Glaserzeugnissen.

3.7 Splitterschutzfolien sind selbstklebende Folien, die nachträglich auf plane Glasflächen fachgerecht aufgeklebt werden und in Kombination mit der entsprechenden Glasscheibe die Sicherheitseigenschaften verbessern können.

3.8 Oberlichter nach Arbeitsstättenverordnung sind in Dach- bzw. Deckenflächen integrierte Bauteile – im Weiteren Dachoberlicht genannt –, die der natürlichen Beleuchtung und ggf. der Lüftung dienen. Dachoberlichter werden oft mit einem Rauch-Wärme-Abzug (RWA) kombiniert. Ausführungen von Dachoberlichtern sind z. B. Lichtkuppeln, Lichtbänder und Lichtplatten. Obere Teile von Fenstern und Türen, die umgangssprachlich als Oberlichter bezeichnet werden, sind im Sinne dieser Regel Fenster.[610)]

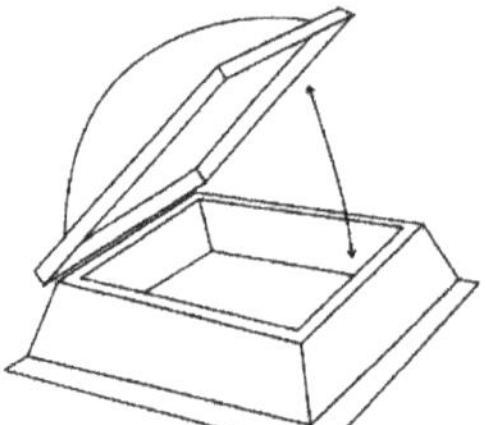

Abb. 2: Dachoberlicht (Lichtkuppel)

---

609) Gem. DGUV Information 208-014 Glastüren, Glaswände, Ausg. 2019-02, ist „Einscheiben-Sicherheitsglas (ESG) ein thermisch vorgespanntes Floatglas, Ornamentglas oder gezogenes Glas, das bei mechanischer oder thermischer Zerstörung in kleine stumpfkantige Krümel zerfällt und damit weitgehend vor Verletzungen schützt". Beim Zerbrechen von ESG können ggf. durch das plötzliche Zerspringen der Scheibe in kleine Glaskrümel oder durch das Entstehen größerer Glasschollen aus noch zusammenhängenden Krümeln beim Herunterfallen Verletzungen verursacht werden.

610) Gem. ASR A1.6 Abschn. 3.8 können sich Oberlichter nicht nur in Dächern, sondern auch in Innenbereichen von baulichen Einrichtungen (Decken) befinden. Oberlichter im Sinne dieser ASR sind oft als bewegliche Raumabschlüsse ausgebildet, insbesondere wenn sie der Lüftung dienen. Im Gegensatz dazu werden die oberen Teile von Fenstern, die ggf. zu öffnen sind, als Oberlichtfenster bezeichnet. Dachoberlichter sind i. d. R. nicht durchtrittsicher (Schutzmaßnahmen s. ASR A2.1 „Schutz vor Absturz und herabfallenden Gegenständen, Betreten von Gefahrenbereichen"). Zu Dachoberlichtern zählen u. a. Lichtplatten, Lichtbänder und Lichtkuppeln, aber ggf. auch Kuppeln von Rauch- und Wärmeabzugsanlagen, wenn diese auch zur natürlichen Beleuchtung mit Tageslicht dienen.

3.9 Lichtdurchlässige Wände sind Wände mit lichtdurchlässigen Flächen, die bis in die Nähe des Fußbodens reichen und aus Glas, Kunststoff oder anderen transparenten Materialien bestehen. Sie sind in der Regel feststehende Raum- oder Gebäudeabschlüsse, die keine Lüftungsfunktion haben. Sie können aber auch aus einzelnen mobilen Bauteilen bestehen bzw. aufgebaut werden.[611)]

3.10 Reinigungsbalkone sind Balkone, die ausschließlich für Reinigungs- und Instandhaltungsarbeiten am Gebäude vorgesehen sind.

3.11 Befahranlagen sind Vorrichtungen, z. B. bewegliche Steigleitern mit innen liegenden Zwischenpodesten, Reinigungsbrücken oder Fassadenaufzüge, die zum Gebäude gehören, am Gebäude verbleiben und für Reinigungs- und Instandhaltungsarbeiten am Gebäude oder an Gebäudeeinrichtungen benutzt werden.[612)]

3.12 Steuerung ohne Selbsthaltung (Totmannsteuerung) ist eine Steuereinrichtung, die eine kontinuierliche Betätigung der Steuereinrichtung für die Flügelbewegung erfordert.[613)]

3.13 Absturzsichernde Verglasungen sind Vertikalverglasungen, tragende Glasbrüstungen mit Handlauf oder Geländerausfachungen aus Glas, die ein Abstürzen der Beschäftigten verhindern.

3.14 Instandhaltungsarbeiten umfassen alle Maßnahmen zur Bewahrung des Soll-Zustandes (Wartung)[614)], zur Feststellung und Beurteilung des Ist-Zustandes (Inspektion) und zur Wiederherstellung des Soll-Zustandes (Instandsetzung) oder Verbesserung des Ist-Zustandes.

4 Sicherheitsanforderungen bei Planung und Auswahl

In Arbeitsstätten dürfen nur Fenster, Dachoberlichter und lichtdurchlässige Wände verwendet werden, die hinsichtlich ihrer Beschaffenheitsanforderungen den europäischen und nationalen Vorschriften (z. B. Produktrecht) entsprechen, die für die Verwendung in der Arbeitsstätte geeignet sind und sicher betrieben werden können.[615)]

---

611) Lichtdurchlässige Wände können Außenwände als Bestandteil der Außenfassade, z. B. auch Verbindungsgänge zwischen zwei Gebäuden oder Trennwände in Gebäuden, sein. Lichtdurchlässige Wände müssen den Einfall von Tageslicht ermöglichen und dürfen das Tageslicht nicht (z. B. farblich) verändern. Um lichtdurchlässige Wände handelt es sich auch dann, wenn nicht die komplette Wand lichtdurchlässig ist. Auch sog. Fensterwände, die aus mehreren Fenster- oder Türelementen bestehen, werden von der Begriffsbestimmung in Abschn. 3.9 erfasst.

612) Für den Zugang zu und Einstieg in Befahranlagen (auch Fassadenbefahranlagen genannt) gelten die Maßgaben der ASR A2.1 „Schutz vor Absturz und herabfallenden Gegenständen, Betreten von Gefahrenbereichen" (s. S. 291 ff.).

613) Bei Benutzung einer Steuerung ohne Selbsthaltung ist die Bedienperson während der Flügelbewegung an den Steuerplatz gebunden. Die Bedienperson hat die Aufgabe, die Flügelbewegung zu überwachen und die Bewegung nur auszulösen, wenn niemand gefährdet wird. Dazu ist sie speziell zu unterweisen (s. auch ASR A1.7 „Türen und Tore" Abschn. 8.1).

614) Zu den Wartungsarbeiten i. S. d. ASR A1.6 zählen z. B. auch Reinigungsarbeiten an Fenstern oder Glasfassaden.

615) Bei der Ausführung der Fenster, die im Verlauf von Flucht- und Rettungswegen liegen (sog. Notausstieg), ist insbesondere in Bezug auf die minimale lichte Breite und Höhe des Fensters sowie dessen Höhe oberhalb des Fußbodens auch das Bauordnungsrecht der Länder zu beachten. Dort werden ggf. weitere Anforderungen an derartige Fenster wie z. B. feuerbeständig oder dichtschließend gestellt.

Die Einbausituation und das Betreiben von Fenstern, Dachoberlichtern und lichtdurchlässigen Wänden stellen Anforderungen an die Nutzungssicherheit, die auch die Beschaffenheit von Fenstern betreffen kann. Daher ist beim Einrichten und Betreiben der Arbeitsstätte über die EG-Konformitätsbewertung hinaus die Eignung und Verwendbarkeit von Fenstern für die vorgesehene Nutzung zu prüfen und ggf. die erforderlichen baulichen Maßnahmen und Veränderungen am Einbauort vorzunehmen (wenn z. B. durch Einrichtungsgegenstände neue Gefahrenstellen entstehen).[616)]

4.1 Fenster

4.1.1 Allgemeine Anforderungen

(1) Der Arbeitgeber hat bereits bei der Auswahl der eingesetzten Materialien im Rahmen einer Gefährdungsbeurteilung die Nutzung und Einbausituation[617)] zu berücksichtigen. Dies gilt insbesondere für die Auswahl der Glasart.[618)]

(2) Sofern Arbeitsplätze oder Verkehrswege an Fenster grenzen, deren Brüstungshöhe zur Absturzsicherung nicht ausreichend ist (siehe ASR A2.1 „Schutz vor Absturz und herabfallenden Gegenständen, Betreten von Gefahrenbereichen") und eine Absturzgefährdung besteht, muss eine andere ständige Sicherung gegen Absturz vorhanden sein.[619)] Bei feststehenden Fensterflügeln erfüllt auch eine absturzsichernde Verglasung, die den baurechtlichen Bestimmungen entspricht, diese Forderung. Regelungen für kurzzeitige Arbeiten sind in Punkt 5, insbesondere im Absatz 3, explizit aufgeführt.[620)]

(3) Flügel von Fenstern müssen gegen unbeabsichtigtes Verlassen der Führungs- und Befestigungselemente gesichert sein.

---

616) Durch Umbaumaßnahmen oder das Umstellen von Einrichtungsgegenständen können sich die örtlichen Verhältnisse innerhalb einer Arbeitsstätte verändern, was ggf. zu Gefährdungen wie z. B. neu entstandene Quetschstellen zwischen Fensterflügeln und festen Teilen der Umgebung führen kann. Für Informationen zu notwendigen Sicherheitsabständen zur Vermeidung derartiger mechanischer Gefährdungen s. ASR A1.7 „Türen und Tore" Abschn. 6 Abs. 5–8.

617) Beim Betreiben von Fenstern sind insbesondere Quetsch-, Einzugs- oder Scherstellen mit festen oder beweglichen Teilen der Fensterflügel und der Umgebung (z. B. an den Schließkanten), das Angestoßenwerden durch Fensterflügel (z. B. in einen Verkehrsweg aufschlagende Flügel), die Absturzgefährdung (z. B. bei Reinigungsarbeiten an Fenstern) und die Verletzungsgefährdung durch zerbrochenes oder herabstürzendes Fensterglas zu beachten.

618) Nicht nur durch die Brucheigenschaften der eingesetzten Glasart, sondern auch durch die Einbaulage des Glases können Gefährdungen entstehen, z. B. bei Überkopfverglasung (Neigung > 10°) gegenüber vertikal eingebauter Verglasung. Hinweise zur Auswahl geeigneter Glasarten für Fenster unterschiedlicher Bauart und Gestaltung bietet DGUV Information 208-014 Glastüren, Glaswände, Ausg. 2019-02. Hier wird z. B. für bodentief eingebaute Fenster die Verwendung von Sicherheitsglas ggf. mit Bemessung als absturzsichernde Verglasung empfohlen.

619) Geeignete Schutzmaßnahmen müssen vorrangig durch bauliche Maßnahmen getroffen werden. Werden Umwehrungen eingesetzt, müssen diese mindestens 1,00 m hoch sein (s. DGUV Regel 102-602 „Branche Kindertageseinrichtung", Ausg. 2019-07). Bei einer Absturzhöhe von mehr als 12 m muss die Höhe der Umwehrung mindestens 1,10 m betragen.

620) Diese im Februar 2019 eingefügte Passage verweist auf besondere Anforderungen bei Reinigungs- und Instandhaltungsarbeiten sowie Prüfungen mit Absturzgefährdungen nach Abschn. 5 dieser ASR. Verwiesen wird auf die Rangfolge durchzuführender Schutzmaßnahmen nach ASR A2.1 „Schutz vor Absturz und herabfallenden Gegenständen, Betreten von Gefahrenbereichen" (s. S. 291 ff.).

(4) Gefährdungen durch geöffnete Flügel müssen vermieden oder minimiert werden. Gefährdungen, wie Anstoßen oder Quetschen, können vorliegen, wenn sich die Flügel im Aufenthaltsbereich von Beschäftigten oder im Bereich von Verkehrswegen unkontrolliert bewegen oder die erforderliche Breite von Verkehrswegen einschränken.[621] Unkontrollierte Bewegungen von Flügeln können z. B. durch Dämpfungseinrichtungen, Auffangbügel, mechanische oder elektrische Verstelleinrichtungen vermieden werden.

(5) Von Griffen, Hebeln und Schlössern dürfen bei bestimmungsgemäßem Gebrauch keine Gefährdungen für die Beschäftigten ausgehen. Das wird beispielsweise erreicht, wenn:
- Griffe und Hebel gerundet und in jeder Stellung eines Flügels mindestens 25 mm zu feststehenden Teilen des Fensters oder der Fensterleibung angeordnet sind,
- Hebel für Panikbeschläge[622] seitlich drehbar oder als Wippe ausgebildet sind,
- Hebel für Kippfenster zurückversetzt in der Fensternische angeordnet sind oder
- Griffe und Hebel von einem sicheren Standort betätigt werden können.[623]

(6) Kurbeln, als Einrichtungen für die Handbetätigung, dürfen nicht zurückschlagen und müssen gegen Abgleiten und unbeabsichtigtes Abziehen gesichert sein.

(7) Sonnenschutzsysteme (siehe Punkt 4.3 der ASR A3.5 „Raumtemperatur") müssen so installiert sein, dass sie das Öffnen der Fenster für die Lüftung nicht verhindern.

(8) Bodentief eingebaute Fenster, z. B. Schaufenster, müssen hinsichtlich der Bruchsicherheit den für lichtdurchlässige Wände festgelegten Anforderungen entsprechen.[624]

(9) Sofern Fenster als Notausstieg Teil eines Flucht- oder Rettungsweges sind, gelten zusätzlich die Anforderungen der ASR A2.3 „Fluchtwege und Notausgänge".[625]

4.1.2 Besondere Anforderungen an kraftbetätigte Fenster

(1) Von kraftbetätigten Fenstern können in Abhängigkeit von der Einbausituation, der Steuerung oder der Nutzung spezifische, insbesondere mechanische Gefährdungen ausgehen.

---

621) Fenster sollen so angebracht sein, dass sie in geöffnetem Zustand die erforderliche Breite von Verkehrswegen gem. ASR A1.8 „Verkehrswege" Abschn. 4.1 und 4.2 nicht einengen.

622) Sind Fenster mit Panikbeschlägen ausgestattet, dann handelt es sich hierbei i. d. R. um Notausstiege i. S. d. ASR A2.3 „Fluchtwege und Notausgänge" (Abschn. 6 Abs. 8). Soll die Bedienung auch durch Benutzer mit besonderen Anforderungen wie z. B. Menschen mit Behinderungen erfolgen, dann ist zu beurteilen, ab welchem Kraftaufwand eine Kraftbetätigung des Fensters notwendig ist.

623) Die regelmäßige – z. B. arbeitstägliche – Benutzung einer Leiter zur Betätigung von Griffen oder Hebeln an Fenstern entspricht nicht dieser Forderung nach einem sicheren Standort.

624) Geeignete Glasarten können nach DGUV Information 208-014 Glastüren, Glaswände, Ausg. 2019-02, z. B. Floatglas oder Verbundsicherheitsglas (VSG) sein. Für nicht weiter im Bauordnungsrecht geregelte Anwendungen wird „eine Mindestdicke von 10 mm Floatglas bzw. 12 mm VSG empfohlen. Die Verwendung solcher Verglasungen ist im Grundsatz in den Technischen Regeln für die Verwendung von linienförmig gelagerten Verglasungen (TRLV Glas, August 2006 (DIBt. Nr. 3 vom 11.06.2007, S. 110), s. auch DIN 18008-2 von Mai 2020) festgelegt.

625) Notausstiege sind ständig freizuhalten, damit sie jederzeit benutzt werden können. Können Notausstiege von außen verstellt werden, dann sind sie gem. ASR A2.3 „Fluchtwege und Notausgänge", Abschn. 4 Abs. 3 und Abschn. 8 Abs. 6 zu kennzeichnen und ggf. durch weitere Maßnahmen zu sichern, wie z. B. durch die Anbringung von Abstandsbügeln für Kraftfahrzeuge. Notausstiege in Wandöffnungen müssen im Lichten mindestens 0,90 m in der Breite und mindestens 1,20 m in der Höhe aufweisen (s. ASR A2.3 Abschn. 6.2 Abs. 8). Um die sichere Benutzbarkeit von Notausstiegen zu gewährleisten, sind diese erforderlichenfalls mit fest angebrachten Aufstiegshilfen auszurüsten.

Eine wirksame Sicherung gegen diese Gefährdungen, wie Quetschen oder Anstoßen, muss vorhanden sein. Dies kann durch eine einzelne Schutzmaßnahme oder eine Kombination der folgenden beispielhaften Schutzmaßnahmen erreicht werden:

- Einbauhöhe des Fensters von mehr als 2,50 m,
- Eingriffsweite ≤ 8 mm (z. B. an Einzugsstellen zwischen Schiebeflügeln)[626)],
- akustische oder optische Warnsignale,
- langsame Flügelbewegung[627)],
- geringe Schließkräfte[628)],
- Einrichtungen vor dem Fenster, die einen Zugang zum Bewegungsraum verhindern,
- Not-Halt-Einrichtung am Fenster[629)],
- druckempfindliche Schutzeinrichtungen, z. B. Schaltleisten oder Kontaktschläuche,
- berührungslos wirkende Schutzeinrichtungen, z. B. Lichtschranken oder Lichtgitter[630)],
- Steuerung ohne Selbsthaltung (Totmannsteuerung)[631)] oder
- gerundete, gepolsterte Kanten.

(2) Bei ferngesteuerten Fensterflügeln sind die damit verbundenen erhöhten Gefährdungen (z. B. unbemerkte Schließvorgänge) zu beachten und entsprechende Maßnahmen (z. B. vorausgehendes Warnsignal) zu ergreifen.

(3) Flügel müssen in ihren Endstellungen selbsttätig zum Stillstand kommen.

(4) Sind kraftbetätigte Flügel so eingerichtet, dass sie auch von Hand geöffnet werden können, müssen Hand- und Kraftantrieb gegeneinander verriegelt sein, sofern der Kraftantrieb mechanische Rückwirkungen auf den Handantrieb hat. Können Flügel bei Ausfall eines Beschlagelementes abstürzen oder herabschlagen und können hierdurch Personen gefährdet werden, so sind Sicherheitsvorrichtungen notwendig. Dies können z. B. doppelte Aufhängungen, Sicherheitsscheren oder Fangvorrichtungen sein.[632)]

---

626) Kann die Benutzung kraftbetätigter Fenster auch durch besonders schutzbedürftige Dritte (z. B. Schulkinder) erfolgen, empfiehlt sich eine Verringerung der Eingriffsweite auf weniger als 4 mm.

627) Im Institut für Arbeitssicherheit (IFA) der DGUV wurde im Rahmen einer Forschungsstudie eine maximale Schließgeschwindigkeit von 5 mm/s für kraftbetätigte Fenster ermittelt, bei der eine Verletzungsgefahr an Quetsch- und Scherstellen weitgehend auszuschließen ist (s. Mewes, D., Müller-Gethmann, H. und Mauser, F.: Sicherung von Quetsch- und Scherstellen durch Begrenzung der Schließgeschwindigkeit. TÜ Bd. 44 2003, Nr. 4, S. 43–46.).

628) Im Vergleich zu kraftbetätigten Türen ist bei kraftbetätigten Fenstern i. d. R. von wesentlich geringeren Schließkräften auszugehen. Gem. dem Merkblatt KB.01 Kraftbetätigte Fenster (Verband der Fenster- und Fassadenhersteller, November 2014) werden Schließkräfte von 80 bis 150 N der Schutzklasse 2 zugeordnet. Zur Bestimmung des Kraftverlaufes kann ein Schließkraftmessgerät (s. auch IFA 0031 Quetschkräfte an kraftbetätigten Türen und Toren, Ausgabe 1/2015) eingesetzt werden.

629) Nach EG-Maschinen-Richtlinie 2006/42/EG (anzuwenden bis zum 19.01.2027; ab dem 20.1.2027 gilt die neue Verordnung (EU) 2023/1230 – EU-Maschinenverordnung) ist eine Not-Halt-Einrichtung (Not-Aus-Schalter) erforderlich, wenn dadurch die ohnehin vorzuhaltende technische Sicherheit entscheidend erhöht werden kann (s. ASR A1.7 „Türen und Tore" Abschn. 8.3 Abs. 3 Satz 1).

630) S. ASR A1.7 „Türen und Tore" Abschn. 6 Abs. 1 Satz 2 (6. Spiegelstrich).

631) S. ASR A1.7 „Türen und Tore" Abschn. 8.1.

632) Kraftbetätigte Fenster sind i. d. R. allein durch Steuerung und Antrieb schwerer als vergleichbar dimensionierte handbetätigte Fenster und haben somit ein höheres Gefährdungspotential, u. a. in Bezug auf ein unbeabsichtigtes Verlassen der Führungs- und Befestigungselemente. Aus diesem Grund werden in ASR A1.6 „Fenster, Oberlichter, lichtdurchlässige Wände" Abschn. 4.1.2 Abs. 4 auch konkrete Sicherheitsvorrichtungen aufgeführt, die im Gefährdungsfall anzuwenden sind.

(5) Sind Einrichtungen für die Handbetätigung von Flügeln vorhanden, dürfen sie mit festen oder beweglichen Teilen der Umgebung keine Quetsch- und Scherstellen bilden. Die Handbetätigung muss vom Fußboden oder von einem anderen sicheren Standplatz aus erfolgen können.

(6) Fenster mit elektrischem Antrieb dürfen nur verwendet werden, wenn sie eine Netztrenneinrichtung[633] (z. B. Hauptschalter, geeignete Steckverbindungen) besitzen, mit der die Anlage allpolig vom Stromnetz getrennt werden kann. Die Netztrenneinrichtung muss an geeigneter Stelle angebracht und gegen irrtümliches oder unbefugtes Einschalten sicherbar sein. Dies gilt sinngemäß auch für pneumatische und hydraulische Antriebe; Restenergien müssen ohne Gefährdung von Beschäftigten ableitbar sein.

(7) Bauteile, von denen der sichere Betrieb der kraftbetätigten Fenster abhängt, müssen für Instandhaltung und Prüfung leicht zugänglich sein.

4.2 Dachoberlichter

(1) Gefährdungen durch geöffnete Dachoberlichter müssen vermieden oder minimiert werden. Gefährdungen können z. B. sein:
- Einengung des Verkehrsweges,
- Absturz von Beschäftigten,
- Herabfallen von Gegenständen durch die Öffnung oder
- Zugluft.

(2) Dachoberlichter sind in der Regel nicht durchtrittsicher. Deshalb sind geeignete Maßnahmen gegen Absturz zu treffen (siehe ASR A2.1 „Schutz vor Absturz und herabfallenden Gegenständen, Betreten von Gefahrenbereichen“ [634]).

(3) Für die Auswirkungen der Sonneneinstrahlung auf das Raumklima durch Dachoberlichter sind die Anforderungen der ASR A3.5 „Raumtemperatur“ zu beachten.[635]

(4) Für beleuchtungstechnische Anforderungen an Dachoberlichter sind die Vorgaben der ASR A3.4 „Beleuchtung“ zu beachten.[636]

[633] Die Netztrenneinrichtung soll z. B. bei Wartungsarbeiten am Antrieb oder an der Steuerung eines Fensters ein nicht geplantes Wiedereinschalten verhindern. Geht von pneumatisch oder hydraulisch bewegten Antrieben eine vergleichbare Gefährdung aus, ist sicherzustellen, dass der Antrieb von der Energiezufuhr getrennt werden kann. I.d.R. wird die Netztrenneinrichtung häufig dort anzuordnen sein, wo sich Antrieb und Steuerung befinden.

[634] ASR A2.1 regelt u. a., dass Zugänge zu Dächern mit nicht durchtrittsicheren Bauteilen, wie z. B. Dachoberlichtern, unter Verschluss stehen müssen, der nur von besonders unterwiesenen und beauftragten Personen geöffnet werden kann. Nicht durchtrittsichere Dachoberlichter, wie z. B. Lichtkuppeln und Lichtbänder, müssen mit geeigneten Umwehrungen, Überdeckungen oder Unterspannungen ausgeführt sein, die einen Absturz verhindern. Überdeckungen haben den Vorteil, dass sie leicht nachträglich montiert werden können. Unterspannungen müssen i. d. R. schon bei der Montage von Dachoberlichtern eingebaut werden.

[635] Sind Dachoberlichter so angeordnet, dass die Sonneneinstrahlung zu einer Erhöhung der Raumtemperatur über + 26 °C in der Arbeitsstätte führt, so sind sie mit geeigneten Sonnenschutzsystemen auszurüsten.

[636] Die Forderung in ASR A3.4 „Beleuchtung und Sichtverbindung“ Abschn. 4.1 nach ausreichendem Tageslicht kann z. B. durch Einbau und geeignete Anordnung von Dachoberlichtern umgesetzt werden (Tageslichtquotient größer als 4 %). Mit Dachoberlichtern kann eine gleichmäßige Lichtverteilung in der Arbeitsstätte erreicht werden.

4.3 Lichtdurchlässige Wände

(1) In der Nähe von Arbeitsplätzen und im Bereich von Verkehrswegen ist die Kennzeichnung von durchsichtigen, nicht strukturierten Flächen in Augenhöhe erforderlich. Dies kann z. B. durch ausreichend große Bildzeichen, Symbole, farbige Tönungen oder Klebefolien erfolgen. Diese müssen sich je nach Beleuchtung und Hintergrund gut erkennbar abheben. Die diesbezüglichen Vorgaben der ASR A1.3 „Sicherheits- und Gesundheitsschutzkennzeichnung" sind zu berücksichtigen.[637]

(2) Weiter reichende Schutzmaßnahmen sind dort erforderlich, wo trotz Kenntlichmachung die Gefährdung besteht, dass Beschäftigte in die lichtdurchlässige Wandfläche hineinstürzen oder beim Zersplittern der Wände verletzt werden können. Solche Gefährdungen können z. B. auftreten:
- im Bereich von Absätzen, Treppen oder Stufen,
- bei Menschengedränge oder
- beim Transport von Material.

Geeignete Schutzmaßnahmen sind die Verwendung von bruchsicherem Glas oder einem anderen bruchsicheren Werkstoff.[638] Beim Einsatz von nichtbruchsicherem Werkstoff ist eine feste Abschirmung wie ein Geländer, ein Netz oder ein Gitter erforderlich.

(3) Flächen von lichtdurchlässigen Wänden gelten als bruchsicher, wenn sie die baurechtlichen Bestimmungen für Sicherheitsglas erfüllen (z. B. Einscheiben- und Verbundsicherheitsglas). In der Praxis ist darauf zu achten, dass die verschiedenen Arten von Sicherheitsglas nicht für alle Anwendungen geeignet sind. Die Entscheidung, ob Einscheibensicherheitsglas, Verbundsicherheitsglas oder andere Werkstoffe eingesetzt werden, muss unter Berücksichtigung der unterschiedlichen Brucheigenschaften und der Einbausituation im Rahmen der Gefährdungsbeurteilung gefällt werden. Kunststoffe mit vergleichbarer Bruchsicherheit sind zulässig. Die Bruchsicherheit hängt entscheidend davon ab, dass derartige Flächen keine Beschädigungen aufweisen und keine unzulässigen Spannungen oder Belastungen auf die Flächen einwirken.

(4) Bei bestehenden nicht bruchsicheren Glasflächen, deren Austausch zu einer unverhältnismäßigen Härte führen würde, lässt sich die Schutzwirkung gegen Verletzungsgefahren bei Glasbruch durch fachgerechtes und ganzflächiges Aufkleben von geeigneten Splitter-

[637] Die Forderung nach einer Kennzeichnung lichtdurchlässiger Wände ergibt sich auch aus dem Bauordnungsrecht der Länder. Zu den Kennzeichnungsmöglichkeiten s. Anh. 1.7 Abs. 2 ArbStättV sowie ASR A1.7 „Türen und Tore" Abschn. 5 Abs. 7.

[638] Schließen lichtdurchlässige Wände z. B. mit einem Sockel aus festem Baustoff nach unten ab, wird bei einer ausreichenden Sockelhöhe die Gefährdung durch Hineinstürzen oder Zersplittern der Glasfläche verringert (Sockelhöhe ab 0,50 m gem. Bauordnungsrecht der Länder). Grenzen lichtdurchlässige Wände z. B. an Verkehrswege, auf denen regelmäßig Material mit kraftbetätigten Fahrzeugen transportiert wird, empfiehlt es sich, zusätzlich eine feste Abschirmung einzusetzen, auch wenn die Wände aus bruchsicherem Werkstoff bestehen. Kommt eine feste Abschirmung wie z. B. ein Geländer als Schutzmaßnahme vor einer lichtdurchlässigen Wand zum Einsatz, dann sollte diese entsprechend ASR A2.1 „Schutz vor Absturz und herabfallenden Gegenständen, Betreten von Gefahrenbereichen" mindestens 1,00 m hoch sein. Eine ausreichende Abschirmung kann auch z. B. durch Heizkörper oder Schränke erfolgen, wenn sie aufgrund ihrer Höhe über Fußboden oder dem Abstand zur lichtdurchlässigen Wand das Schutzziel sicherstellen. Feste Stab- oder Drahtgitter im unteren Bereich der Wandfläche sind geeignete Schutzmaßnahmen und sichern gegen Eindrücken dieser Fläche.

schutzfolien verbessern. Dabei ist die zeitlich begrenzte Schutzwirkung (Herstellerangaben) dieser Folien zu beachten.[639)]

(5) Lichtdurchlässige Wände sowie deren Bestandteile, z. B. Rahmen, Befestigungsteile und Glaselemente, müssen so eingebaut oder verankert werden, dass Beschäftigte nicht durch herabfallende Teile (z. B. von versetzbaren Raumteilern zur Abtrennung von Arbeitsplätzen) verletzt werden können.[640)]

(6) Sofern Arbeitsplätze oder Verkehrswege an lichtdurchlässige Wände grenzen und für die Beschäftigten eine Absturzgefährdung besteht, muss eine ständige Sicherung gegen Absturz vorhanden sein. Dies ist z. B. gewährleistet wenn die Wand aus einer absturzsichernden Verglasung besteht oder ein Geländer montiert ist.[641)]

5 Reinigung, Instandhaltung einschließlich Prüfungen

(1) Bereits bei der Planung der Fenster, Dachoberlichter oder lichtdurchlässigen Wände muss der Arbeitgeber darauf achten, dass eine sichere Instandhaltung und Reinigung gewährleistet wird. Dies gilt insbesondere, wenn hierzu bauliche Vorrichtungen zur Durchführung von Instandhaltungs- und Reinigungsarbeiten erforderlich sind.[642)]

(2) Die Reinigung oder Instandhaltung von Fenstern, Dachoberlichtern und lichtdurchlässigen Wänden muss von einer sicheren Standfläche mit ausreichendem Bewegungsfreiraum aus erfolgen können. Diese kann dauerhaft oder zeitweilig eingerichtet sein.[643)]

Sichere Standflächen sind z. B.:
- Reinigungsbalkone,
- Befahranlagen oder
- Standroste mit Anschlageinrichtungen für Persönliche Schutzausrüstung gegen Absturz (PSAgA).

---

639) Bei beidseitiger Zugänglichkeit müssen beide Seiten der Glaswand beklebt werden.

640) Bei Überkopfverglasungen (Neigung > 10°) muss zumindest die dem Benutzer zugewandte Glasscheibe bzw. Verglasung in der Lage sein, bei Glasbruch in ausreichendem Maße Scherben zu binden.

641) Gem. ASR A2.1 „Schutz vor Absturz und herabfallenden Gegenständen, Betreten von Gefahrenbereichen" liegt ab einer Absturzhöhe von mehr als 1,0 m eine Absturzgefährdung vor und geeignete Schutzmaßnahmen sind zu ergreifen. Umwehrungen müssen mindestens 1,00 m hoch sein. Beträgt die Absturzhöhe mehr als 12 m, muss die Höhe der Umwehrung mindestens 1,10 m betragen.

642) Der Baustellenkoordinator hat gem. § 3 Abs. 2 BaustellV eine Unterlage für spätere Arbeiten zu erstellen. Danach hat der Bauherr bereits vor Fertigstellung des Bauwerkes dafür zu sorgen, dass die Voraussetzungen für eine sicherheits- und gesundheitsgerechte Gestaltung der späteren Arbeiten geplant und dokumentiert werden. Die o. g. Unterlage kann z. B. ein Reinigungskonzept für eine Arbeitsstätte beinhalten, die angibt, welche Reinigungs- und Instandhaltungsarbeiten z. B. an der Fensterverglasung oder der Glasfassade später erforderlich sind, welche Gefährdungen mit diesen Arbeiten verbunden sind und welche Sicherheitsvorkehrungen bzw. Schutzmaßnahmen getroffen werden.

643) Beschäftigte, die Fenster, Dachoberlichter oder lichtdurchlässige Wände reinigen oder instandhalten, müssen sich dabei sicher und mit ausreichend Freiraum bewegen können. Dies ist z. B. gewährleistet, wenn sich die Fenster von innen öffnen lassen und ggf. mit Absturzsicherung versehen sind oder die Fassade mit Befahranlagen oder Reinigungsbalkonen ausgestattet ist.

Sind solche sicheren Standflächen nicht vorhanden, können Reinigungs- und Instandhaltungsarbeiten z. B. auch von Hebebühnen und Gerüsten durchgeführt werden, wenn die baulichen Voraussetzungen und geeignete Aufstellflächen gegeben sind.[644)]

Hochziehbare Personenaufnahmemittel (z. B. Arbeitskörbe, Arbeitsbühnen und Arbeitssitze) dürfen nur nachrangig in exponierten Teilbereichen eingesetzt werden, wenn sichere Standplätze nicht einrichtbar sind.[645)]

(3) Bei Reinigungs- und Instandhaltungsarbeiten mit Absturzgefährdung sind geeignete Maßnahmen zum Schutz gegen Absturz (z. B. feste oder mobile Umwehrungen, PSAgA) erforderlich. Dabei ist die Rangfolge der Schutzmaßnahmen nach ASR A2.1 „Schutz vor Absturz und herabfallenden Gegenständen, Betreten von Gefahrenbereichen" einzuhalten.[646)]

(4) Für Reinigungs- und Instandhaltungsarbeiten müssen für den Einsatz von tragbaren Leitern, Vorrichtungen nach Absatz 2 vorhanden sein. Dabei muss für den sicheren Stand der Leiter eine ausreichend breite und tragfähige Fläche gewährleistet sein. Werden bei der Benutzung von Leitern bestehende Sicherungen gegen Absturz unwirksam, ist die Anbringung von Absturzsicherungen vorzunehmen. Die Bereitstellung und Benutzung von Leitern sind in der Betriebssicherheitsverordnung und in der TRBS 2121 Teil 2 „Gefährdungen von Personen durch Absturz – Bereitstellung und Benutzung von Leitern" geregelt.[647)]

(5) Rahmenlose mobile Glaswände sind regelmäßig auf Beschädigungen des Glases, insbesondere auf Kantenverletzungen bei ESG, und auf den festen Sitz der Beschläge hin zu prüfen, um Glasbruch vorzubeugen.[648)]

644) Das Führen von Hubarbeitsbühnen ist z. B. in DGUV Regel 100-500 Betreiben von Arbeitsmitteln, aktualisierte Fassung 2024-11, geregelt. Gem. DGUV Grundsatz 308-008 Ausbildung und Beauftragung der Bediener von Hubarbeitsbühnen, Ausg. 2010-04, dürfen Hubarbeitsbühnen nur von Beschäftigten benutzt werden, die mindestens 18 Jahre alt und in der Bedienung unterwiesen sind.

645) Arbeitskörbe, -bühnen und -sitze werden nur in einem zeitlich begrenzten Umfang eingesetzt. Es gelten die TRBS 2111 Teil 1, DGUV Regel 100-500 und 100-501 (beide in der aktualisierten Fassung 2024-11) sowie 101-605, Ausg. 2020-02, und DGUV Information 208-019, Ausg. 2020-01. Danach dürfen nur Arbeitskörbe und -bühnen verwendet werden, die allseits mit einem mindestens 1,0 m hohen Seitenschutz versehen sind. Weitere Informationen zum Einsatz von Arbeitskörben, -bühnen und -sitzen bietet DGUV Regel 101-005 Hochziehbare Personenaufnahmemittel, Ausg. 2015-01 sowie DGUV Regel 101-38 „Bauarbeiten" Ausg. 2020-10.

646) Bei mobilen Umwehrungen (z. B. ausziehbare Fenster-Sicherungsgeländer) ist eine Gefährdung durch mögliche Fehlbedienung oder fehlerhafte Einschätzung des Aufstellungsortes (z. B. Tragfähigkeit des Fensterrahmens) zu berücksichtigen. PSAgA darf nur an tragfähigen Bauteilen bzw. geeigneten Anschlageinrichtungen befestigt werden. Weitere Informationen zur Nutzung von PSAgA s. DGUV Regel 112-198 Benutzung von persönlichen Schutzausrüstungen gegen Absturz, Ausg. 2019-09 sowie DGUV Regel 112-199 Benutzung von persönlichen Absturzschutzausrüstungen zum Retten, Ausg. 2022-07.

647) Tragbare Leitern (hier insbesondere Anlegeleiter, Glasreinigerleiter) dürfen nur eingesetzt werden, wenn die Forderung nach einer sicheren Standfläche mit ausreichendem Bewegungsfreiraum gem. ASR A1.6 Abschn. 5 Abs. 2 technisch nicht umsetzbar ist oder im Gebäudebestand zu unverhältnismäßig hohen Aufwendungen führt und ein sicheres Arbeiten gewährleistet bleibt. Zusätzliche Hinweise für Einsatz von Leitern bietet die DGUV Information 208-016 Verwendung von Leitern und Tritten, Ausg. 2022-08 .

648) Insbesondere ESG- und ESG-H-Scheiben sind auf Kantenverletzungen zu prüfen. Nach den Technischen Regeln für die Verwendung von linienförmig gelagerten Verglasungen (TRLV Technische Regeln für die Verwendung von linienförmig gelagerten Verglasungen, Abschn. 2 Bauprodukte, Nr. 2.3; Ausg. 2006-08; DIBt. Nr. 3 vom 11.06.2007, S. 110) „dürfen ESG-Scheiben mit Kantenverletzungen, die tiefer als 15 % der Scheibendicke ins Glasvolumen eingreifen, nicht eingebaut werden".

(6) Für die Reinigung von ESG sollen keine scharfen Klingen oder andere Werkzeuge, die die Oberfläche des Glases beschädigen können, verwendet werden, da dies zum Bruch der Scheibe führen kann.

(7) Bei kraftbetätigten Fenstern und Dachoberlichtern ist zusätzlich das Folgende zu beachten:
- Vor Reinigungs- und Instandhaltungsarbeiten muss der Antrieb abgeschaltet und gegen irrtümliches und unbefugtes Einschalten, sowie gegen unbeabsichtigte Bewegung gesichert werden. Hiervon ausgenommen bleibt der Probelauf (Funktionsprüfung).
- Die Instandhaltung darf nur durch vom Arbeitgeber beauftragte Personen durchgeführt werden, die mit den jeweiligen Arbeiten vertraut sind.[649]
- Kraftbetätigte Fenster müssen nach den Vorgaben des Herstellers vor der ersten Inbetriebnahme, nach wesentlichen Änderungen sowie wiederkehrend[650] sachgerecht auf ihren sicheren Zustand geprüft werden. Die wiederkehrende Prüfung sollte mindestens einmal jährlich erfolgen. In die Prüfung sind auch die Fangvorrichtungen einzubeziehen. Die Ergebnisse der sicherheitstechnischen Prüfung sind zu dokumentieren.
- Die sicherheitstechnische Prüfung von kraftbetätigten Fenstern darf nur durch Sachkundige durchgeführt werden, die die Funktionstüchtigkeit der Schutzeinrichtungen beurteilen und überprüfen können.

[649] Beauftragte Personen, die Instandhaltungsarbeiten an kraftbetätigten Fenstern ausführen, sollten für diese Arbeiten z. B. vom Hersteller geschult werden.

[650] Kraftbetätigte Fenster müssen vor der ersten Inbetriebnahme und danach innerhalb der nach § 3 Abs. 3 und Abs. 6 BetrSichV zu ermittelnden Fristen von einer befähigten Person auf ihren sicheren Zustand geprüft werden. Die Durchführung und die Ergebnisse der Prüfung sind z. B. in einem Prüfbuch zu dokumentieren.

Anhang

Einsatz von Sicherheitsglas

Einscheibensicherheitsglas (ESG) und Verbundsicherheitsglas (VSG) haben verschiedene Brucheigenschaften und sind daher für unterschiedliche Anwendungen geeignet.

ESG ist thermisch vorgespanntes Glas, das bei Zerstörung in kleine stumpfkantige Glaskrümel (würfelförmige Fragmente) zerfällt und damit weitgehend vor Verletzungen schützt.

Restrisiken durch das Bruchverhalten beim Zerbersten einer Scheibe aus ESG sind allerdings zum Einen das explosionsartige Zerspringen der Scheibe in Glaskrümel und zum Anderen das Zusammenhalten größerer Schollen aus noch zusammenhängenden Glaskrümeln, die beim Herunterfallen Beschäftigte treffen und Verletzungen verursachen können.

ESG ist gegen stumpfe Schläge auf die Scheibenfläche sehr robust, weil es sich durchbiegen kann. An den Kantenbereichen hingegen ist es sehr empfindlich.

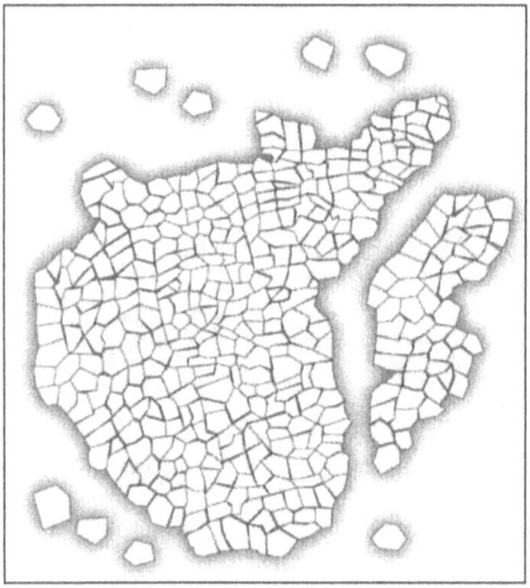

Abb. 3: Bruchbild ESG

VSG besteht aus zwei oder mehreren Glasscheiben, die durch mindestens eine organische Zwischenschicht zu einer Einheit verbunden werden. Bei mechanischer Überlastung (z. B. Stoß, Schlag und Beschuss) bricht VSG zwar an, aber die Bruchstücke haften fest an der Zwischenlage. Es entstehen somit keine losen, scharfkantigen Glasbruchstücke; die Verletzungsgefahr wird weitgehend herabgesetzt.

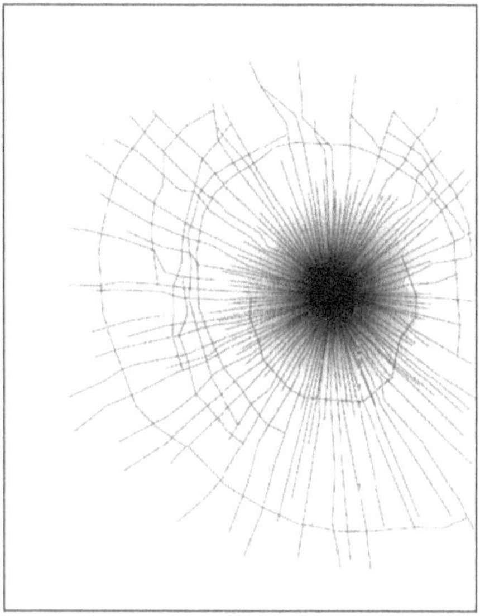

Abb. 4: Bruchbild VSG

Je nach Zusammensetzung und Dicke ist VSG von splitterbindend bis hin zu sprengwirkungshemmend. Es findet daher häufig Verwendung in Fenstern, Türen und Abtrennungen, die Personen und hohe Sachwerte schützen, z. B. an Kassenschaltern oder bei Juwelieren.

Verglichen mit ESG kommt es bei Schlägen frontal gegen die Scheibe aus VSG schneller zum Bruch.

VSG ist nicht für jeden Anwendungsfall der sicherere Werkstoff. Bei rahmenlosen Ganzglastüren beispielsweise wird in der Regel ESG verwendet, da mit VSG die Flügel zu schwer werden. Diese Türen werden in der Regel nur an zwei Bändern (Scharnieren) gehalten. Kommt es zum Bruch eines solchen Flügels aus VSG, besteht die Gefahr, dass die Scheibe ihre Statik verliert und zusammenhängend als Ganzes zusammenbricht. Dabei kann sie eine Person unter sich begraben.

Literaturhinweise[651)]

- Verordnung über Sicherheit und Gesundheitsschutz bei der Verwendung von Arbeitsmitteln (Betriebssicherheitsverordnung – BetrSichV)
- TRBS 2121 Gefährdung von Personen durch Absturz – Allgemeine Anforderungen[652)]

---

651) Diese ausgewählten Literaturhinweise wurden zuletzt in der fünften Änderung der ASR A1.6 im März 2022 aktualisiert.

652) Die korrekte Bezeichnung von TRBS 2121 lautet: Gefährdung von Beschäftigten durch Absturz – Allgemeine Anforderungen, Ausg. Juli 2018, GMBl. 2018 Nr. 39/40, S. 741 (vom 05.10.2018).

- TRBS 2121 Teil 2 Gefährdungen von Personen durch Absturz – Bereitstellung und Benutzung von Leitern[653)]
- TRBS 2121 Teil 3 Gefährdungen von Personen durch Absturz – Bereitstellung und Benutzung von Zugangs- und Positionierungsverfahren unter Zuhilfenahme von Seilen[654)]
- TRAV Technische Regeln für die Verwendung von absturzsichernden Verglasungen (Deutsches Institut für Bautechnik)[655)]
- TRLV Technische Regeln für die Verwendung von linienförmig gelagerten Verglasungen (Deutsches Institut für Bautechnik)
- TRPV Technische Regeln für die Bemessung und Ausführung punktförmig gelagerter Verglasungen (Deutsches Institut für Bautechnik)
- RAB 32 Regeln zum Arbeitsschutz auf Baustellen – Unterlage für spätere Arbeiten[656)]
- DGUV Vorschrift 38 Bauarbeiten 1.4.1977 aktualisiert 01/1997[657)]
- DGUV Information 208-014 Glastüren, Glaswände 10/2010[658)]
- DGUV Information 208-016 Handlungsanleitung für den Umgang mit Leitern und Tritten 11/2007
- VFF Merkblatt KB.01:2017-07 Kraftbetätigte Fenster (Verband Fenster und Fassade [VFF] in Frankfurt) Juli 2017[659)]
- Glas- und Fassadenreinigung – Instandhaltung sicher und wirtschaftlich planen (BG BAU)[660)]

---

653) TRBS Teil 2 Gefährdung von Beschäftigten bei der Verwendung von Leitern, Ausg. Dezember 2018 (GMBl. 2018, Nr. 58/59, S. 1171 (21.12.2018)).

654) TRBS 2121 Teil 3 Gefährdung von Beschäftigten durch Absturz bei der Verwendung von Zugangs- und Positionierungsverfahren unter Zuhilfenahme von Seilen, Ausg. Januar 2019, GMBl. 2019, Nr. 2/3; S. 36 (11.02.2019).

655) TRAV (Technische Regeln für absturzsichernde Verglasungen) wurde inzwischen bauaufsichtlich durch DIN 18008-4, Ausg. 2024-12, abgelöst.

656) Stand 27.03.2003.

657) Neues Ausgabedatum 11/2019.

658) Aktualisierte Fassung 2019-02.

659) Neufassung KB.01: 2020-06 vom 26. Juni 2020.

660) BG Bau „Glas und Fassadenreinigung", Ausg. 2016. Hinweis: Diese Broschüre enthält zum Teil veraltete Inhalte. Einige Vorschriften und Regeln haben sich geändert.

zu § 4 Abs. 3, Anh. Nr. 1.7 und Anh. Nr. 2.3 ArbStättV

Technische Regeln für Arbeitsstätten	Türen und Tore	ASR A1.7

(GMBl. Nr. 78 vom 3.12.2009 S. 1619),
zuletzt geändert durch (GMBl. Nr. 9-11 vom 18.3.2022 S. 244)[661)]

...

Diese ASR A1.7 konkretisiert im Rahmen ihres Anwendungsbereiches Anforderungen der Verordnung über Arbeitsstätten. Bei Einhaltung dieser Technischen Regel kann der Arbeitgeber davon ausgehen, dass die entsprechenden Anforderungen der Verordnung erfüllt sind. Wählt der Arbeitgeber eine andere Lösung, muss er damit mindestens die gleiche Sicherheit und den gleichen Schutz der Gesundheit für die Beschäftigten erreichen.

Die vorliegende Technische Regel beruht auf der BGR 232 „Kraftbetätigte Fenster, Türen und Tore" des Sachbereichs „Bauliche Einrichtungen und Leitern" der Deutschen Gesetzlichen Unfallversicherung (DGUV). Der Ausschuss für Arbeitsstätten hat die Inhalte der BGR 232 in Anwendung des Kooperationsmodells (vgl. Leitlinienpapier[662)] zur Neuordnung des Vorschriften- und Regelwerks im Arbeitsschutz vom 31. August 2011) als ASR in sein Regelwerk übernommen.

Inhaltsverzeichnis

661) Im März 2022 wurden die Anforderungen an Türen im Verlauf von Fluchtwegen aus der ASR A1.7 in die ASR A2.3 überführt. Die vorgenommenen Änderungen sind in der Veröffentlichung des BMAS zur Gemeinsamen Bekanntmachung der Neufassung, Änderung und Aufhebung von ASR zum Themenkomplex der Flucht- und Verkehrswege (GMBl. 2022, S. 213) ausführlich dargestellt und Hintergründe erläutert. Zudem wurden in der ASR formale Änderungen vorgenommen (GMBl. 2022, S. 244).

662) Amtl. FN: http://www.gda-portal.de/de/VorschriftenRegeln/VorschriftenRegeln.html

1 Zielstellung

Diese Arbeitsstättenregel konkretisiert die Anforderungen an das Einrichten und Betreiben von Türen und Toren in § 3 Abs. 1 und § 4 Abs. 3 sowie insbesondere in dem Punkt 1.7 des Anhanges der Arbeitsstättenverordnung.[663) 664) 665)]

2 Anwendungsbereich

(1) Diese Arbeitsstättenregel gilt für das Einrichten und Betreiben von Türen und Toren in Gebäuden und auf dem Betriebsgelände sowie in vergleichbaren betrieblichen Einrichtungen, die sich auf dem Gelände eines Betriebes oder einer Baustelle befinden und zu denen Beschäftigte im Rahmen ihrer Arbeit Zugang haben. Sie gilt nicht für Türen und Tore von maschinellen Anlagen (z. B. Aufzugsanlagen) und nicht für provisorische Türen und Tore auf Baustellen.

(2) (gestrichen)[666)]

Hinweis:

1. *Für die barrierefreie Gestaltung der Türen und Tore gilt die ASR V3a.2 „Barrierefreie Gestaltung von Arbeitsstätten“, Anhang A1.7: Ergänzende Anforderungen zur ASR A1.7 „Türen und Tore“.*
2. *Bestimmungen zu Türen und Toren im Verlauf von Fluchtwegen enthält die ASR A2.3 „Fluchtwege und Notausgänge“.*

3 Begriffsbestimmungen

3.1 Abstürzen ist die unkontrollierte, nicht ausgeglichene Bewegung von vertikal bewegten Flügeln im Fall des Versagens eines einzelnen Tragmittels oder der Gewichtsausgleichssysteme.

3.2 Bewegungsraum ist der Raum, in dem die Flügel Öffnungs- und Schließbewegungen ausführen.

3.3 Der **Fallweg** von Torflügeln ist die senkrechte Strecke, die die Hauptschließkante nach dem Versagen der Tragmittel bis zum erfolgten Fangen durch die Fangvorrichtung zurücklegt.

---

663) ASR A1.7 konkretisiert die Anforderungen der ArbStättV zum Thema Türen und Tore, folgt aber nicht vollständig der Systematik des Anh. Nr. 1.7 ArbStättV. So werden in dieser ASR keine Festlegungen zur Verwendung von Pendeltüren und -toren (Anh. Nr. 1.7 Abs. 3 ArbStättV) sowie zu Maßnahmen, unter welchen Voraussetzungen der Durchgang für Fußgänger durch ein Tor für den Fahrverkehr gefährdungsfrei möglich ist (s. Anh. Nr. 1.7 Abs. 6 ArbStättV), getroffen. Für diesbezügliche Hinweise und Auslegungen siehe Opfermann/Streit: Arbeitsstätten, Loseblattwerk mit Kommentar, 3. Aufl., Landsberg 2025 unter OZ 3100, Erl. zu Anh. Nr. 1.7 Abs. 3 (s. RdNr. 65, 66) sowie zu Abs. 6 (s. RdNr. 75–79).

664) Anforderungen an Türen und Tore im Verlauf von Fluchtwegen enthalten Anh. Nr. 2.3 Nr. 5 Abs. 3, 4 ArbStättV und die hierzu bekannt gemachte ASR A2.3 „Fluchtwege und Notausgänge“ unter Abschn. 7 (s. S. 360 ff.).

665) Praxisgerechte Erläuterungen und Hilfestellungen enthält die DGUV Information 208-022 Türen und Tore Ausg. 2017-09.

666) Die Vorgaben für die barrierefreie Gestaltung von Türen und Toren sind mittlerweile in der ASR V3a.2 „Barrierefreie Gestaltung von Arbeitsstätten“ Anh. A1.7 (s. S. 118 ff.) geregelt.

3.4 Fangvorrichtungen sind Einrichtungen, die im Falle des Flügelabsturzes selbsttätig auf den Flügel oder das Bauteil, das mit ihm fest verbunden ist (z. B. Wickelwelle), wirken und ihn halten. Hierzu zählen auch Getriebe, die imstande sind, den Flügel zu halten, wenn tragende Getriebeteile versagen (Sicherheitsgetriebe).

3.5 Flügel sind diejenigen beweglichen Anlagenteile, die Tür- oder Toröffnungen schließen oder freigeben.[667)]

3.6 Gefährdungen an Türen und Toren ergeben sich besonders durch:
- Quetsch-, Einzugs- oder Scherstellen mit festen oder beweglichen Teilen der Flügel und der Umgebung (z. B. an den Schließkanten),
- Absturzgefährdung an angrenzenden Treppenabgängen oder höher gelegenen Arbeitsplätzen,
- Angestoßen oder Erfasst werden durch den Flügel.

3.7 Herausfallen ist das ungewollte Verlassen des Tor- oder Türflügels aus der Führung.

3.8 Türen und Tore sind **kraftbetätigt**, wenn die für das Öffnen oder Schließen der Flügel erforderliche Energie vollständig oder teilweise von Kraftmaschinen zugeführt wird.

3.9 Nachlaufweg ist der Weg des kraftbetätigten Flügels, von der Einleitung des Stoppvorganges bis zum Stillstand.

3.10 Mit der **NOT-HALT-Einrichtung** kann im Fall einer Gefährdung die Flügelbewegung bewusst zum Stillstand gebracht werden.

3.11 Schließkanten sind (siehe Tabelle):
- Hauptschließkante ist jede Schließkante eines Flügels, deren Abstand von der parallelen Gegenschließkante oder Gegenfläche die Öffnungsweite bestimmt,
- Gegenschließkante ist jede Schließkante, die einer Haupt- oder Nebenschließkante des Flügels gegenüberliegt,
- Nebenschließkante ist jede andere Schließkante des Flügels, die nicht Haupt- oder Gegenschließkante ist.

3.12 Schlupftüren sind Türen, die in Torflügeln eingebaut sind.

3.13 Schutzeinrichtungen sind Einrichtungen zum Schutz vor Gefährdungen, z. B. der Quetschgefährdung an Schließkanten:
- trennende Schutzeinrichtungen, wie Abdeckungen,
- druckempfindliche Schutzeinrichtungen, wie Schaltleisten oder -matten,

---

[667)] Die hier gewählte Definition für Flügel umfasst Begriffe wie z. B. Tür- und Torblatt, Tür- und Torflügel, Tür- und Torgitter, Falttür und -tor, Schiebetür und -tor, Gliedertor, Rollgitter, Rollladen.

- berührungslos wirkende Schutzeinrichtungen, wie Lichtschranken oder Aktiv-Infrarot-Systeme.

3.14 Die **Steuerung** ist der Bestandteil der Antriebseinheit, der von außen kommende Steuerbefehle annimmt, diese verarbeitet und Ausgangssignale zum Betrieb des Antriebes erzeugt:

- Steuerung mit Selbsthaltung (Impulssteuerung) ist eine Steuereinrichtung, die nur eine einmalige Betätigung zum Auslösen der vollständigen Flügelbewegung erfordert. Steuerimpulse werden z. B. durch Drucktaster, Kontaktschwellen, Lichtschranken, Radareinrichtungen, Zugschalter oder durch im Fußboden verlegte Induktionsschleifen ausgelöst oder gehen von einem elektrischen Sender, einer Licht- oder Schallquelle aus.[668]
- Steuerung ohne Selbsthaltung (Totmannsteuerung) ist eine Steuereinrichtung, die eine kontinuierliche Betätigung für die Flügelbewegung erfordert.[669]

3.15 **Tore** sind bewegliche Raumabschlüsse, vorzugsweise für den Verkehr mit Fahrzeugen und für den Transport von Lasten mit oder ohne Personenbegleitung.

3.16 **Türen** sind bewegliche Raumabschlüsse, vorzugsweise für den Fußgängerverkehr.

3.17 **Tragmittel** sind Bauteile oder Einrichtungen zum Tragen des Flügels, z. B. Feder, Stahldrahtseil, Kette, Gurt, Rolle, Trommel, Welle, Hebelarm sowie sonstige Kraftübertragungselemente zwischen Antriebsquelle und Flügel (z. B. Getriebe).

Tabelle: Schließkanten von Türen und Toren

	Tür/Tor	**Schließkante**
a)	**Drehflügeltüren/-tore** sind Türen mit einem oder zwei Flügeln, die sich um die senkrechte Achse an einer Flügelkante drehen.	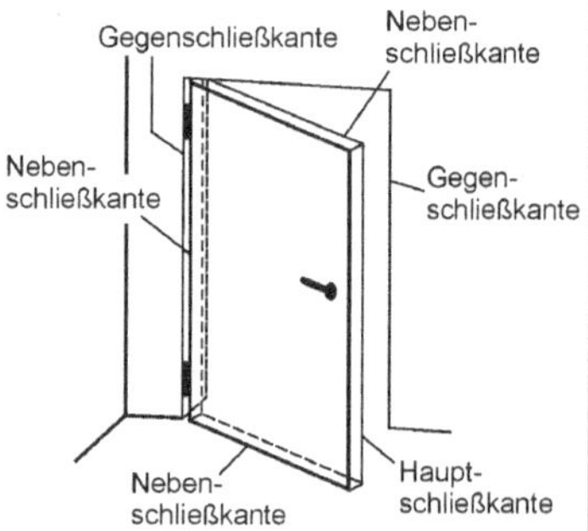

668) Zum Begriff Automatiksteuerung von Toren s. DIN EN 12433-2 Tore – Terminologie – T. 2: Bauteile von Toren, Ausg. 2000-02 (Abs. 4.4).

669) Durch eine Totmannsteuerung wird die Bedienperson während der Flügelbewegung an den Steuerplatz gebunden. Die Bedienperson übernimmt die Aufgabe, die Flügelbewegung zu überwachen und die Bewegung nur auszulösen, wenn sie selbst oder andere Personen nicht gefährdet sind.

	Tür/Tor	Schließkante
b)	**Schiebetüren/-tore** sind Türen mit einem oder mehreren sich horizontal bewegenden Türflügeln, die sich auf ihrer eigenen Ebene über eine Öffnung hinweg bewegen.	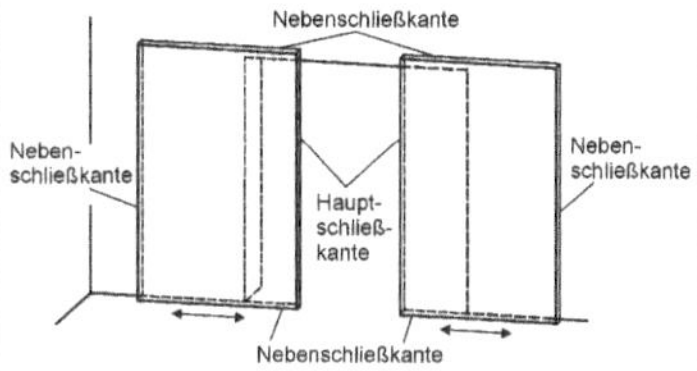
c)	**Faltflügeltüren/-tore** sind Türen mit zwei oder mehreren Flügeln, die miteinander gelenkig verbunden sind und bei denen eine Seite des Türflügels mit der Zarge verbunden ist.	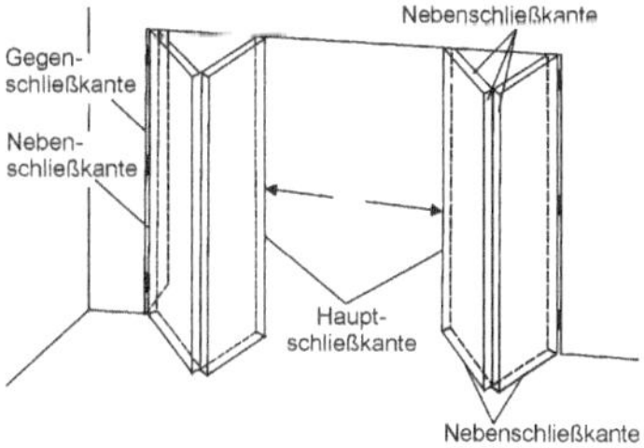
d)	**Karusselltüren** sind Türen mit zwei oder mehreren Türflügeln, die mit einer gemeinsamen vertikalen Drehachse innerhalb einer Einfassung verbunden sind.	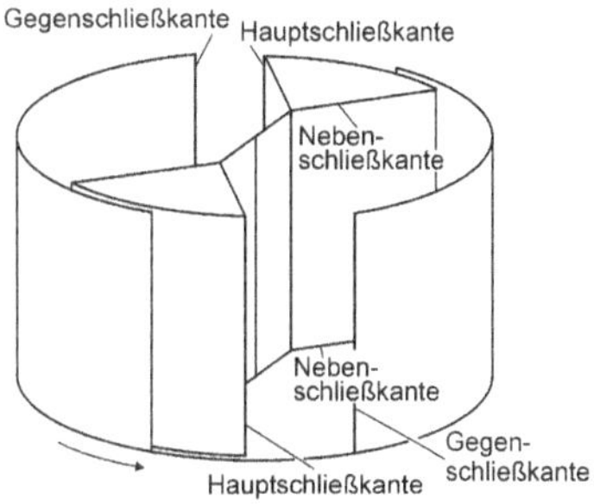
e)	**Rolltore** sind Tore mit einem Flügel, der vertikal bewegt wird und sich beim Öffnen auf eine Wickelwelle aufwickelt.	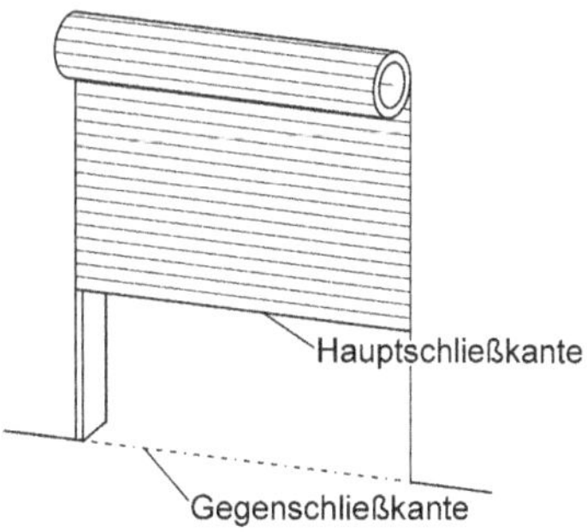

	Tür/Tor	Schließkante
f)	**Sektionaltore** sind Tore mit einem Flügel, der aus einer Anzahl von horizontal miteinander verbundenen Sektionen besteht und in der Regel beim Öffnen vertikal angehoben wird. Die Ablage des Flügels in der oberen Öffnungsposition ist abhängig vom jeweiligen Typ (z. B. waagerecht, senkrecht, gefaltet).	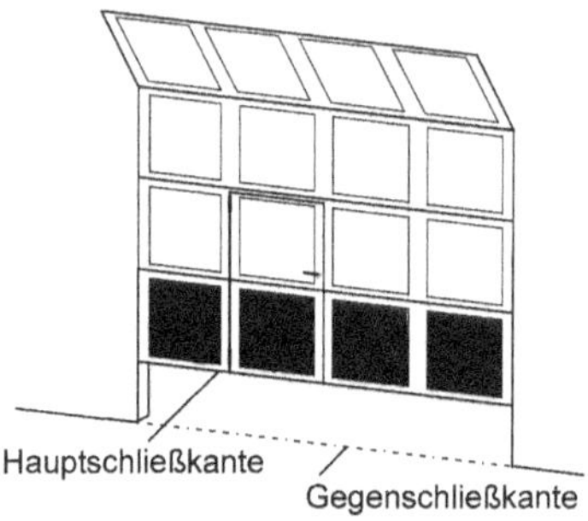
g)	**Kipptore** sind Tore mit einem Flügel, der bei der Betätigung eine Kippbewegung ausführt und vollständig geöffnet in der oberen, waagerechten Endstellung verbleibt.	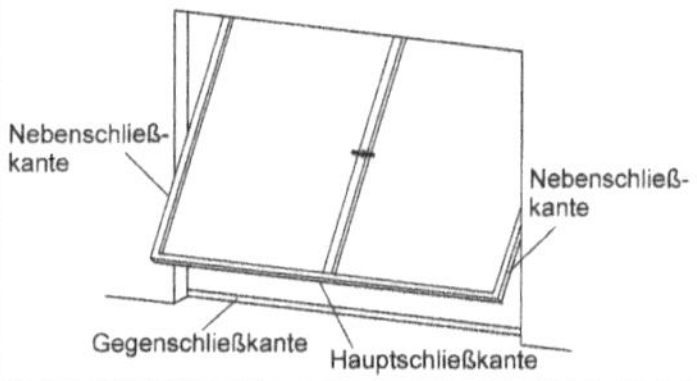
h)	**Schiebetore** sind Tore mit einem oder mehreren Flügeln, die horizontal bewegt werden.	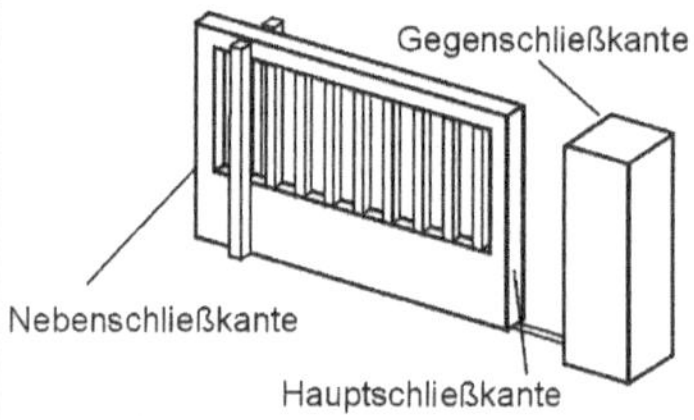

4 Planung von Türen und Toren

(1) Türen und Tore sind so anzuordnen, dass sie sicher bedient werden können. Durch ihre Anordnung dürfen keine zusätzlichen Gefährdungen entstehen, beispielsweise durch Aufschlagen des Flügels in einen Treppenlauf.[670)]

(2) Türen und Tore sollen so angeordnet und gestaltet sein, dass sich möglichst kurze Wege innerhalb der Arbeitsstätte ergeben und keine Gefährdungen durch Windbelastung entstehen. Die Entstehung von störendem Luftzug (Zugluft) sollte vermieden werden (siehe ASR A3.6 „Lüftung").

(3) Türen und Tore müssen so angebracht sein, dass sie in geöffnetem Zustand die erforderliche Mindestbreite vorbeiführender Verkehrswege nicht einengen (siehe ASR A1.8 „Verkehrswege").

---

670) Bei Türen ist ein Abstand zu Absätzen oder Treppen von mindestens 1,0 m, bei aufgeschlagener Tür noch eine Podestbreite von mindestens 0,5 m einzuhalten (s. ASR A1.8 „Verkehrswege" Abschn. 4.2 Abs. 9 auf S. 264 ff.).

(4) Die Betätigung von Türen und Toren muss vom Fußboden aus oder von einem anderen sicheren Bedienort aus möglich sein.

(5) Griffe und andere Einrichtungen für die Betätigung von Türen und Toren dürfen mit festen und beweglichen Teilen der Tür oder des Tores oder deren Umgebung keine Quetsch- oder Scherstellen bilden.

(6) Die Durchgangsbreite und -höhe von Türen und Toren richtet sich nach den Mindestmaßen von Fluchtwegen (siehe ASR A2.3 „Fluchtwege und Notausgänge").[671)]

Türen und Tore in Zugängen, die nur der Bedienung, Überwachung und Instandhaltung dienen, sollen 0,60 m[672)] in der lichten Durchgangsbreite und 1,80 m in der lichten Durchgangshöhe nicht unterschreiten. In Gebäuden, die bis zum 30.9.2022 bereits errichtet waren oder deren Bauantragstellung bis zu diesem Termin erfolgt ist, dürfen Türen und Tore mit einer lichten Mindestbreite von 0,50 m eingerichtet oder solange betrieben werden, bis die jeweiligen Bereiche dieser Arbeitsstätten wesentlich erweitert oder umgebaut werden. Auf die Anstoßgefährdung im Kopfbereich, die aufgrund dieser verringerten Durchgangshöhe besteht, ist mit einer Kennzeichnung nach ASR A1.3 „Sicherheits- und Gesundheitsschutzkennzeichnung" hinzuweisen.

(7) Rahmen von Türen und Toren dürfen keine Stolperstellen bilden (siehe ASR A1.5 „Fußböden"). Höhenunterschiede sollen durch Schrägen angeglichen oder gekennzeichnet (siehe ASR A1.3 „Sicherheits- und Gesundheitsschutzkennzeichnung") werden.

5 Auswahl von Türen und Toren

(1) In Arbeitsstätten dürfen nur Türen und Tore verwendet werden, die hinsichtlich ihrer Beschaffenheitsanforderungen den europäischen und nationalen Vorschriften (z. B. Produktrecht) entsprechen und die für die Verwendung in der Arbeitsstätte geeignet und sicher sind.[673)] Bei der Ausführung der Türen und Tore sind unter anderem das Bio- und Gefahrstoffrecht (z. B. dichtschließend, Sicherheitsschleusen) sowie das Baurecht (z. B. feuerhemmend, feuerbeständig, selbstschließend) zu beachten.

[671)] Die lichte Türbreite von Verkehrswegen für den Personenverkehr, die gleichzeitig Fluchtwege sind, variiert zwischen einer lichten Breite von 0,80 m und 2,25 m je nach Benutzerzahl (s. ASR A2.3 „Fluchtwege und Notausgänge" Abschn. 5 Tab. 1 auf S. 349 ff.). Die lichte Mindesthöhe des Hauptfluchtweges soll mindestens 2,10 m betragen und darf 2,00 m nicht unterschreiten. Die lichte Mindesthöhe von Durchgängen und Türen im Verlauf von Hauptfluchtwegen, z. B. Türen von Notausgängen, soll mindestens 2,10 m betragen und darf 1,95 m nicht unterschreiten.

[672)] Das Maß für die lichte Durchgangsbreite wurde im Zuge der Neufassung der ASR A1.8 Verkehrswege und der ASR A2.3 Fluchtwege und Notausgänge 2022 von 0,50 m auf 0,60 m erhöht. Damit in Verbindung stehend wurde eine Übergangsvorschrift für Bestandstüren und Bestandstore eingeführt, die nur 0,50 m lichte Breite aufweisen.

[673)] Sicherheitstechnische Anforderungen für Bau und Ausrüstung kraftbetätigter Türen enthalten insb. DIN EN 14351-1 Fenster und Türen – Produktnorm, Leistungseigenschaften – T. 1: Fenster und Außentüren, Ausg. 2016-12 und T. 2: Innentüren (ohne Feuerschutz- und Rauchschutzeigenschaften, die für Türen und Fenster durch DIN EN 16034, Ausg. 2014-12 beschrieben werden). Ausg. 2019-01; DIN 18650-1 Automatische Türsysteme – T. 1: Produktanforderungen und Prüfverfahren, Ausg. 2010-06 sowie DIN 18650-2 Automatische Türsysteme – T. 2: Sicherheit an automatischen Türsystemen, Ausg. 2010-06.
Sicherheitstechnische Anforderungen für Bau und Ausrüstung kraftbetätigter Tore enthalten insb. DIN EN 12604 Tore – Mechanische Aspekte – Anforderungen und Prüfverfahren, Ausg. 2021-05, DIN EN 12453 Tore – Nutzungssicherheit kraftbetätigter Tore – Anforderungen, Ausg. 2022-08 sowie DIN EN 13241-1 Tore – Produktnorm, Leistungseigenschaften, Ausg. 2016-12.

Die Einbausituation und das Betreiben von Türen und Toren stellen Anforderungen an die Nutzungssicherheit, die auch die Beschaffenheit von Türen und Toren betreffen kann. Daher sind beim Einrichten und Betreiben der Arbeitsstätte über die EG-Konformitätsbewertung hinaus die Eignung und Verwendbarkeit von Türen und Toren für die vorgesehene Nutzung zu prüfen und ggf. die erforderlichen baulichen Maßnahmen und Veränderungen am Einbauort vorzunehmen (z. B. durch Einrichtungsgegenstände zusätzlich entstandene Quetschstellen, die zu sichern sind).

(2) Damit Beschäftigte bei Ausfall der Antriebsenergie bei kraftbetätigten Türen und Toren nicht eingeschlossenen werden können, müssen sich diese ohne besonderen Kraftaufwand (siehe Punkt 10.1 Abs. 3) auch von Hand öffnen lassen. Abweichend von Satz 1 dürfen schwere, kraftbetätigte Tore anstelle mit Handbetrieb auch unter bestimmungsgemäßer Verwendung von Hilfsmitteln, z. B. bereitgestellte hydraulische/pneumatische Hebezeuge oder Notstromaggregate, verwendet werden, wenn die ursprüngliche Energiezufuhr ausgefallen ist.

(3) In Räumen, in denen z. B. gesundheitsgefährdende Gase, Dämpfe oder Stäube in die Raumluft gelangen können, müssen Türen und Tore deren Eindringen in angrenzende Bereiche der Arbeitsstätte verhindern. Dies kann z. B. durch ein selbstständiges und dichtes Schließen der Türen und Tore erreicht werden.

(4) Türen und Tore, die nur in einer Richtung benutzt werden sollen, sind entsprechend auf beiden Seiten als Einbahnverkehr zu kennzeichnen.

(5) Bei Torflügeln mit eingebauter Schlupftür darf eine kraftbetätigte Flügelbewegung nur bei geschlossener Schlupftür möglich sein. Die Flügelbewegung muss zum Stillstand kommen, wenn die Schlupftür geöffnet wird. Im Fall von mechanisch bewegten Brandschutztoren mit Schlupftüren sind die den baurechtlichen Zulassungen zugrunde liegenden Ausführungen zu beachten.

(6) Damit Beschäftigte nicht durch zersplitternde Flächen von Türen und Toren gefährdet werden, müssen diese Flächen bruchsicher sein oder die Füllungen müssen durch feste Abschirmungen (z. B. Stabgitter) so geschützt sein, dass sie beim Öffnen und Schließen nicht eingedrückt oder Personen nicht durch diese hindurchgedrückt werden können. Werkstoffe für durchsichtige Flächen gelten als bruchsicher, wenn sie die baurechtlichen Bestimmungen für Sicherheitsglas erfüllen (z. B. Einscheiben- und Verbundsicherheitsglas). Die Bruchsicherheit hängt entscheidend davon ab, dass das Glas nicht beschädigt ist und dass keine unzulässigen Spannungen oder Belastungen auf das Glas einwirken (siehe Punkt 10.1 Abs. 4). Kunststoffe mit vergleichbarer Bruchsicherheit sind zulässig. Drahtglas ist kein Sicherheitsglas.

(7) Flügel von Türen und Toren, die zu mehr als drei Vierteln ihrer Fläche aus einem durchsichtigen Werkstoff bestehen, müssen in Augenhöhe so gekennzeichnet sein, dass sie deutlich wahrgenommen werden können. Hierzu können z. B. ausreichend große Bildzeichen, Symbole oder farbige Tönungen verwendet werden. Sie sollen sich je nach Hintergrund und Beleuchtungssituation gut erkennbar abheben. Die Wahrnehmbarkeit der Türen und Tore wird durch die Gestaltung mit auffallenden Griffen oder einer Handleiste verbessert.[674)]

[674)] Die Forderung der abgelösten ASR 10/5 Glastüren, Türen mit Glaseinsatz Nr. 2.3, wonach Türen, deren Flächen zu mehr als der Hälfte aus bruchsicherem, durchsichtigem Werkstoff bestehen, auf beiden Seiten in etwa 1 m Höhe mit einer über die gesamte Türbreite verlaufenden Handleiste versehen sein müssen, wurde nicht mehr in die ASR A1.7 aufgenommen, sollte aber aus Gründen der Unfallverhütung beachtet werden.

6 Sicherung gegen mechanische Gefährdungen[675)]

(1) Bei kraftbetätigten Türen und Toren muss eine wirksame Sicherung vor mechanischen Gefährdungen bis zu einer Höhe von 2,50 m über dem Fußboden oder einer anderen dauerhaften Zugangsebene vorhanden sein. Dies kann durch eine einzelne oder eine Kombination der folgenden Sicherungsmaßnahmen erreicht werden[676)]:
- Einhalten von Sicherheitsabständen (siehe Abs. 5 bis 8),
- Einbauen von trennenden Schutzeinrichtungen an den Schließkanten, wie Gehäuse, Abdeckungen, Verkleidungen, feststehende Schutzflügel,
- Formgebung von Flügeloberflächen und vorstehenden Teilen in geeigneter Weise,
- Torbetätigung mit einer manuellen Steuerung ohne Selbsthaltung (Totmannsteuerung, siehe Punkt 8.1),
- Begrenzung der Kräfte, die durch den Torflügel erzeugt werden, wenn er auf eine Person oder einen Gegenstand auftrifft,
- Einbau von schaltenden Schutzeinrichtungen (druckempfindliche oder berührungslos wirkende Schutzeinrichtungen).

(2) Beim Betrieb von Türen und Toren darf der Nachlaufweg des Flügels nach Auslösen einer druckempfindlichen Schutzeinrichtung nicht größer sein als deren Verformungsweg. Bei Flügeln ohne Sicherheitseinrichtung an den Schließkanten darf der Nachlaufweg nicht größer als 50 mm sein, sofern mit dem Nachlauf eine gefährdende Flügelbewegung verbunden ist.

(3) Die erforderlichen Sicherheitsabstände müssen auch während der betrieblichen Nutzung dauerhaft eingehalten werden.

(4) Die Gefährdung, dass Beschäftigte beim Betrieb von vertikal bewegten Flügeln erfasst oder eingezogen werden, kann z. B. durch die Verwendung glattflächiger Flügel vermieden werden. Andernfalls, wie bei Rollgittern, sind weitere Sicherungsmaßnahmen (siehe Abs. 1) notwendig.

(5) Zusätzliche Sicherungen an Quetsch- und Scherstellen an Nebenschließkanten sind nicht erforderlich:
- bei Nebenschließkanten, deren Gegenschließkanten sich am Sturz der Tür- oder Toröffnung befinden,
- wenn der Spalt zwischen Nebenschließkante und Gegenschließkante maximal 8 mm beträgt,
- wenn die Nebenschließkanten z. B. durch hohlwandige Gummi-, Kunststoffleisten oder Haarbürsten so nachgiebig gestaltet sind, dass sie im zusammengedrückten Zustand einen Sicherheitsabstand für die Finger von mindestens 25 mm ermöglichen.

[675)] Wichtige Hinweise zu Gefährdungsbeurteilung und Absicherung von kraftbetätigten Karusselltüren werden in der DGUV Information 208-026 Sicherheit von kraftbetätigten Karusselltüren, Ausg. 2019-03 gegeben. Die verschiedenen Anforderungen zur Vermeidung der relevanten Gefährdungen können durch ein Bündel von Schutzmaßnahmen (wie z. B. Sicherung der Haupt- und Gegenschließkanten durch Sensoren oder Kontaktschaltleisten, Not-Auf-Schalter) erfüllt werden.

[676)] Zur Sicherheit besonders schutzbedürftiger Personen (z. B. behinderte Beschäftigte) kann es erforderlich sein, eine Berührung mit der bewegten Tür bzw. dem Torflügel ganz auszuschließen, z. B. durch berührungslos wirkende Schutzeinrichtungen wie Lichtgitter oder Anwesenheitssensoren.

(6) Die Gefährdung, dass Finger eingezogen werden, besteht nicht, wenn die Flügel von automatischen Schiebetüren/-toren und festen Teilen ihrer Umgebung in einem Abstand s von 8 mm oder weniger aneinander vorbeilaufen (Abb. 1). Ein Abscheren oder Quetschen von Fingern wird verhindert, wenn der Abstand t zwischen Flügeln und Bauteilen 25 mm oder mehr beträgt (Abb. 1).

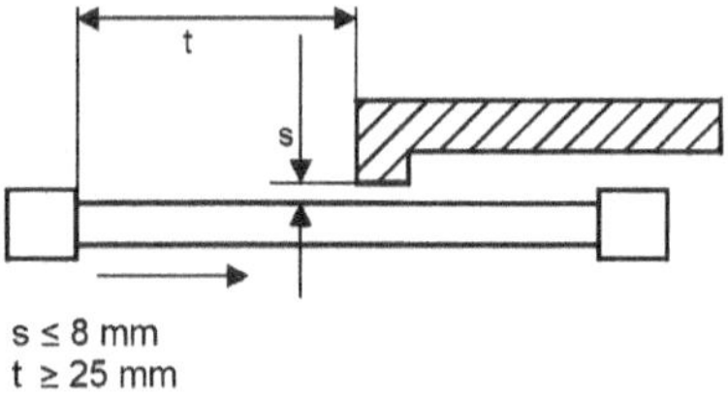

Abb. 1: Vermeiden von Einzugs- und Schergefährdung zum Schutz der Finger

(7) Damit zwischen den hinteren Kanten der Flügel (Nebenschließkanten) von kraftbetätigten Schiebetüren/-toren und festen Teilen der Umgebung beim Betrieb keine Quetschstellen entstehen, müssen genügend große Sicherheitsabstände verbleiben:

- für Flügel, die in einem Abstand von maximal 100 mm an feststehenden, geschlossenen Bauteilen entlang laufen, sind mindestens 200 mm Sicherheitsabstand notwendig (Abb. 2),
- für Flügel, die in einem Abstand von mehr als 100 mm an feststehenden Bauteilen entlang laufen, sind mindestens 500 mm Sicherheitsabstand notwendig (Abb. 3).

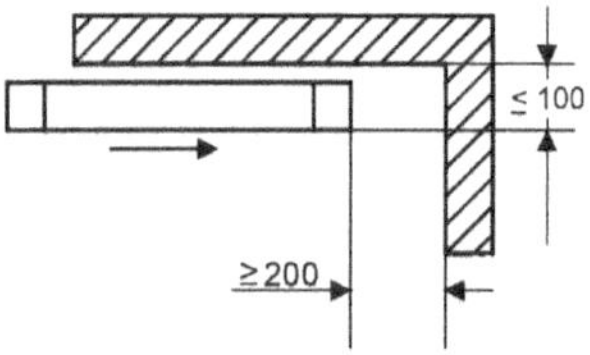

Abb. 2: Vermeiden von Quetschgefährdung zum Schutz des Kopfbereiches

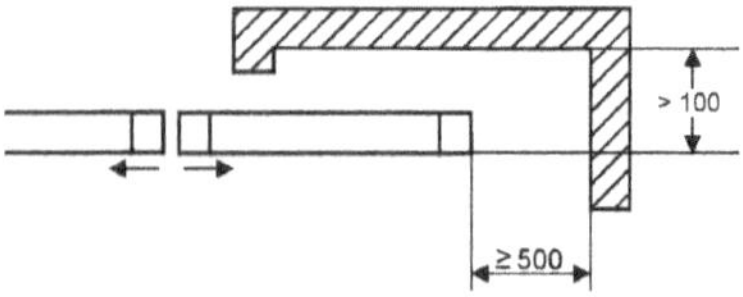

Abb. 3: Vermeiden von Quetschgefährdung zum Schutz des Körpers

(8) Damit kraftbetätigte Dreh- und Faltflügeltüren oder -tore hinsichtlich Quetschstellen (zwischen dem Flügel und festen Teilen der Umgebung) sicher betrieben werden können, muss bei größtmöglicher Flügelöffnung der hinter dem Flügel gelegene Bereich über seine gesamte Tiefe eine lichte Weite von mindestens 500 mm aufweisen (Abb. 4). Abweichend

hiervon genügt eine lichte Weite von mindestens 200 mm, wenn die Tiefe des vom geöffneten Flügel und festen Teilen seiner Umgebung gebildeten Bereichs höchstens 250 mm beträgt (Abb. 5). Können diese Werte nicht eingehalten werden, sind weitere Sicherheitsmaßnahmen (siehe Abs. 1) notwendig.

(9) Damit Flügel, die für die Handbetätigung angefasst werden müssen, weil zusätzliche Einrichtungen (z. B. Kurbeln oder Haspelkettenantriebe) nicht vorhanden sind, sicher verwendet werden können, müssen diese auf der inneren und äußeren Seite über Einrichtungen zur Handbetätigung verfügen, z. B. Klinken, Griffe, Griffmulden, Griffplatten. Wenn Türen und Tore nur von einer Seite betätigt werden sollen, braucht nur diese Seite mit solchen Einrichtungen ausgerüstet sein.

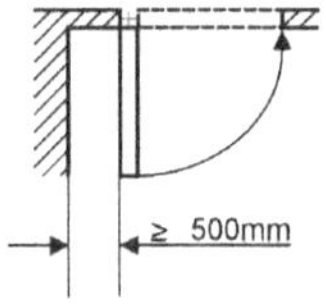

Abb. 4: Vermeiden von Quetschgefährdung zum Schutz des Körpers

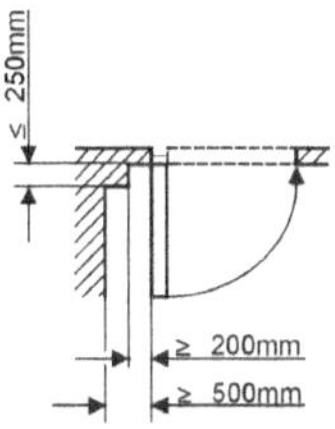

Abb. 5: Vermeiden von Quetschgefährdung zum Schutz des Kopfbereiches

(10) Einrichtungen für die Handbetätigung, z. B. Kurbeln oder Ketten, von Türen und Toren müssen sicher verwendet werden können und müssen gegen Zurückschlagen, Abgleiten und unbeabsichtigtes Abziehen gesichert sein.

(11) Hat der Antrieb von kraftbetätigten Türen und Toren mechanische Rückwirkung auf den Handantrieb, müssen Hand- und Kraftantrieb gegeneinander verriegelt sein.

7 Sicherung der Flügelbewegung

(1) Für den sicheren Betrieb von Toren müssen selbsttätig wirkenden Einrichtungen für die Endstellung vorhanden sein, die Beschäftigte gegen unbeabsichtigtes Schließen der Tore (z. B. Zuschlagen durch Windeinwirkung) schützen.

(2) Schiebetüren und -tore dürfen nur betrieben werden, wenn ein Pendeln der Flügel quer zur Bewegungsrichtung der Türen und Tore ausgeschlossen ist.

(3) Senkrecht bewegte Torflügel sind durch Gegengewichte oder andere technische Einrichtungen (z. B. Antriebe, Federn) so auszugleichen, dass sie sich nicht unbeabsichtigt schlie-

ßen. Bei der Verwendung von Toren darf die Kraft an der Hauptschließkante bei einer Bewegung durch nicht ausgeglichene Gewichte maximal 150 N betragen.

(4) Besteht durch Gegengewichte von Torflügeln eine Quetsch-, Scher- oder Stoßgefährdung oder die Gefährdung des Eingezogenwerdens, darf das Tor nur betrieben werden, wenn die Laufbahn der Gegengewichte bis 2,50 m über der Zugangsebene verdeckt ist.

(5) Bei senkrecht bewegten kraftbetätigten Türen und Toren mit Seil-, Gurt- oder Kettenaufhängung muss das Schlaffwerden des Tragmittels verhindert werden, sofern nicht direkt auf den Flügel wirkende Fangvorrichtungen vorhanden sind.

7.1 Sicherung gegen Abstürzen der Flügel

(1) Beim Betrieb von senkrecht bewegten Flügeln müssen diese mit Fangvorrichtungen gesichert sein, die beim Versagen der Tragmittel ein Abstürzen der Flügel selbsttätig verhindern.[677] [678]

(2) Von Fangvorrichtungen nach Absatz 1 kann abgesehen werden:
- bei Flügeln mit Seil- oder Kettenaufhängung, deren Eigengewicht durch Gegengewicht ausgeglichen ist, wenn zusätzliche Seile oder Ketten vorhanden sind, die allein das Flügelgewicht zu tragen imstande sind,
- bei Flügeln mit Seil- oder Kettenaufhängung, deren Eigengewicht durch Federn ausgeglichen ist, wenn beim Bruch eines Seils oder einer Kette das Flügelgewicht ausgeglichen bleibt und der Antrieb so beschaffen ist, dass er allein das Flügelgewicht zu tragen imstande ist,
- bei Flügeln ohne Seil- oder Kettenaufhängung, deren Eigengewicht durch Federn ausgeglichen ist, wenn der Antrieb so beschaffen ist, dass er allein das Flügelgewicht zu tragen imstande ist,
- bei Flügeln mit zwei Antrieben, wenn jeder Antrieb so ausgelegt ist, dass er das Flügelgewicht allein zu tragen imstande ist und wenn bei Ausfall eines Antriebes eine weitere Bewegung des Flügels selbsttätig verhindert ist, spätestens wenn der Flügel seine untere Endstellung erreicht hat,
- bei Flügeln, die unmittelbar hydraulisch oder pneumatisch angetrieben werden, wenn an den Arbeitszylindern Einrichtungen vorhanden sind, die bei Rohr- oder Leitungsbruch ein Absenken des Flügels verhindern.

7.2 Sicherung gegen Herausfallen der Flügel

(1) Tür- und Torflügel müssen gegen unbeabsichtigtes Verlassen der Führungseinrichtungen gesichert sein.

(2) Beim Öffnen oder Schließen der Flügel von kraftbetätigten Türen und Toren müssen diese in ihren Endstellungen selbsttätig zum Stillstand kommen. Können Flügel beim Versagen

[677] Das Abstürzen von angehobenen hand- oder kraftbetätigten Flügeln beim Versagen eines Tragmittels kann durch Fangvorrichtungen oder andere konstruktive Mittel verhindert werden. Tragmittel sind Seile, Ketten oder Gurte. Aber auch die Gewichtsausgleichsfedern gehören zu den Tragmitteln.

[678] Für Tore, die vertikal bewegt werden (v.a. Rolltore, Sektionaltore, Kipptore), war eine geeignete Fangvorrichtung oder eine vergleichbare technische Lösung bereits vor dem Inkrafttreten der ASR A1.7 z. B. in der zurückgezogenen BGR/GVV-R 232 Kraftbetätigte Fenster, Türen und Tore, Ausg. 2003, Nr. 4.10 vorgesehen.

der Begrenzungseinrichtungen über ihre Endstellungen hinausfahren, müssen Notendschalter oder feste Anschläge in Verbindung mit einer Überlastsicherung vorhanden sein.

(3) Begrenzungseinrichtungen, wie Stopper oder Anschläge, müssen eine ausreichende Festigkeit aufweisen.

8 Sicherheit der Steuerung

8.1 Steuerung ohne Selbsthaltung

An Türen und Toren kann bei Steuerung ohne Selbsthaltung (Totmannsteuerung) auf die Sicherungen nach Punkt 6 verzichtet werden, wenn:
- bei manuell betätigter Steuerung ohne Selbsthaltung die Flügelbewegung durch das Loslassen der Befehlseinrichtung unmittelbar zum Stillstand kommt und
- die Befehlseinrichtung so angeordnet ist, dass der Gefahrenbereich vom Bedienungsstandort aus vollständig eingesehen werden kann und
- die Bedienung der Befehlseinrichtung durch unbefugte Personen durch technische oder organisatorische Maßnahmen ausgeschlossen wird und
- die Schließgeschwindigkeit der Flügel, gemessen an der Hauptschließkante, maximal 0,5 m/s beträgt.

8.2 Steuerung mit Selbsthaltung (Impulssteuerung)

(1) Impulsgesteuerte Flügelbewegungen dürfen nur durch die hierfür vorgesehenen Befehlseinrichtungen ausgelöst werden.

(2) Impulsgesteuerte Türen und Tore sind so zu betreiben, dass Beschäftigte z. B. gegen Quetschgefährdungen geschützt sind. Dazu müssen die entsprechenden Schutzeinrichtungen so beschaffen sein, dass beim Auftreten eines Fehlers in der Einrichtung, der einen Befehl zur Unterbrechung der gefährdenden Flügelbewegung verhindern würde,
- die Schutzwirkung der Einrichtung erhalten bleibt (Einfehlersicherheit)

oder
- der Fehler spätestens in einer der Endlagen des Flügels selbsttätig erkannt wird und ein Befehl zum Verhindern einer weiteren gefährdenden Flügelbewegung erfolgt (Testung).

8.3 Abschalt- und NOT-HALT-Einrichtungen

(1) Damit gefährdende Flügelbewegungen nach Abschalten des Antriebes oder bei Ausfall der Energieversorgung (z B. elektrisch, pneumatisch, hydraulisch) für den Antrieb verhindert werden, muss nach Abschalten des Antriebes oder des Ausfalls der Energieversorgung die Bewegung der Flügel unmittelbar zum Stillstand kommen. Eine unbeabsichtigte erneute Bewegung der Flügel darf nicht möglich sein. Abweichend von Satz 1 dürfen Flügel von kraftbetätigten Türen und Toren, die einen Brandabschluss bilden, nur verwendet werden, wenn sie bei Ausfall der Energieversorgung ohne Gefährdung von Beschäftigten selbsttätig schließen.

(2) Werden zur Sicherung von Quetsch- und Scherstellen an Schließkanten von Brandabschlüssen Einrichtungen verwendet, die bei Berührung oder Unterbrechung durch einen Beschäftigten die Flügelbewegung zum Stillstand bringen, muss sich der im Brandfall eingeleitete Schließvorgang nach Freigabe dieser Sicherheitseinrichtung selbsttätig fortsetzen.

(3) Eine NOT-HALT-Einrichtung ist dann erforderlich, wenn im Ergebnis einer Gefährdungsbeurteilung festgestellt wird, dass durch diese Maßnahme eine zusätzliche Sicherheit erreicht werden kann.[679] Abweichend von Satz 1 sind kraftbetätigte Karusselltüren unmittelbar an den Zugangsstellen mit NOT-HALT-Einrichtungen auszurüsten. NOT-HALT-Einrichtungen sind so anzubringen, dass sie gut sichtbar und schnell erreichbar sind.

(4) Türen und Tore mit elektrischem Antrieb dürfen nur verwendet werden, wenn sie eine Netztrenneinrichtung (z. B. Hauptschalter, geeignete Steckverbindungen) besitzen, mit der die Anlage allpolig vom Stromnetz getrennt werden kann. Die Netztrenneinrichtung muss gegen irrtümliches oder unbefugtes Einschalten gesichert sein. Dies gilt sinngemäß auch für pneumatische und hydraulische Antriebe; Restenergien sind ohne Gefährdung von Beschäftigten abzuleiten.

9 (gestrichen)[680]

10 Instandhaltung einschließlich sicherheitstechnischer Prüfung

(1) Die Betriebs-, Instandhaltungs- und Prüfanleitungen des Herstellers sind zu beachten und müssen in der Arbeitsstätte verfügbar sein. Türen und Tore unterliegen durch betriebliche Veränderungen (insbesondere Nutzungsänderungen, Nachrüstungen und Umbauten) Einflüssen, die im Hinblick auf die Sicherheit neue Voraussetzungen schaffen können. Bei der Beurteilung, ob Türen und Tore unter veränderten Nutzungsbedingungen noch ausreichend sicher sind, ist das Ergebnis der sicherheitstechnischen Prüfung zu berücksichtigen. Der Hersteller sollte mit einbezogen werden.

(2) Bauteile, von denen der sichere Betrieb der Türen und Tore abhängt, müssen für die Instandhaltung und Prüfung leicht zugänglich sein.

10.1 Instandhaltung

(1) Vor Instandhaltungsarbeiten müssen Flügel gegen unbeabsichtigte Bewegung gesichert werden.

(2) Vor Instandhaltungsarbeiten muss der Antrieb der Türen und Tore abgeschaltet und gegen irrtümliches und unbefugtes Einschalten gesichert werden. Hiervon ausgenommen bleibt der Probelauf (Funktionsprüfung).

(3) Der Kraftaufwand für das Öffnen oder Schließen von Hand sollte für Türen 220 N und für Tore 260 N nicht überschreiten. Für kraftbetätigte Tore darf in begründeten Fällen der maximale Kraftaufwand um 50 Prozent überschritten werden.

---

[679] Die Sicherung von kraftbetätigten Türen und Toren durch NOT-HALT-Einrichtungen entspricht nicht mehr dem Stand der Technik. Vielmehr ist die direkte Absicherung an der Gefährdungsstelle mittels einfehlersicherer Schutzeinrichtungen zu gewährleisten. Sind also kraftbetätigte Türen und Tore durch Schutzeinrichtungen so gut abgesichert, dass keine gefahrbringende Bewegung durch einen NOT-HALT gestoppt werden muss, ist keine NOT-HALT-Einrichtung vorgeschrieben. Ein NOT-HALT ist nur erforderlich, wenn damit eine zusätzliche Sicherheit erreicht werden kann.

[680] Die bis zur Neufassung der ASR A2.3 „Fluchtwege und Notausgänge" im Jahr 2022 in Abschn. 9 der ASR A1.7 „Türen und Tore" enthaltenen Anforderungen an Türen und Tore im Verlauf von Fluchtwegen wurden vollständig in Abschn. 7 der ASR A2.3 überführt und sind daher hier gestrichen worden.

(4) Rahmenlose Glastüren und Glasschiebeelemente sind regelmäßig auf Beschädigungen des Glases, insbesondere auf Kantenverletzungen und auf den festen Sitz der Beschläge bzw. Türbänder hin zu prüfen, um Glasbruch vorzubeugen.

(5) Die Instandsetzung von Türen und Toren darf nur durch Personen durchgeführt werden, die mit den jeweiligen Instandsetzungsarbeiten vertraut sind.[681)]

10.2 Sicherheitstechnische Prüfung

(1) Kraftbetätigte Türen und Tore müssen nach den Vorgaben des Herstellers vor der ersten Inbetriebnahme, nach wesentlichen Änderungen[682)] sowie wiederkehrend sachgerecht auf ihren sicheren Zustand geprüft werden. Die wiederkehrende Prüfung sollte mindestens einmal jährlich erfolgen. Die Ergebnisse der sicherheitstechnischen Prüfung sind aufzuzeichnen und in der Arbeitsstätte aufzubewahren.

(2) Die sicherheitstechnische Prüfung von kraftbetätigten Türen und Toren darf nur durch Sachkundige durchgeführt werden, die die Funktionstüchtigkeit der Schutzeinrichtungen beurteilen und mit geeigneter Messtechnik, die z. B. den zeitlichen Kraftverlauf an Schließkanten nachweist[683)], überprüfen können.

Des Weiteren sind die länderspezifischen baurechtlichen Bestimmungen (z. B. Technische Prüfverordnung) zu beachten.

(3) Brandschutztüren und -tore sind nach der allgemeinen bauaufsichtlichen Zulassung bzw. dem Prüfzeugnis regelmäßig zu prüfen, damit sie im Notfall einwandfrei schließen (z. B. Feststellanlagen einmal monatlich durch den Betreiber und einmal jährlich durch den Sachkundigen).

(4) Die sicherheitstechnische Prüfung schließt die Überprüfung des Vorhandenseins einer vollständigen technischen Dokumentation und der Betriebsanleitung ein.

Literaturhinweise[684)]

- DGUV Information 208-022 Türen und Tore 09/2017
- DGUV Information 208-026 Sicherheit von kraftbetätigten Karusselltüren 09/2007

---

681) Für Instandhaltungsarbeiten, zu denen die Instandsetzung gehört, wird es in der Regel ausreichen, unterwiesene Personen (z. B. Beschäftigte oder Personal von Fachfirmen) einzusetzen. Die sicherheitstechnische Prüfung darf dagegen nur durch Sachkundige durchgeführt werden (s. u. Abschn. 10.2 Abs. 2).

682) Anlass für eine sicherheitstechnische Überprüfung aufgrund einer wesentlichen Änderung könnte z. B. die nachträgliche Motorisierung (Nachrüstung) oder der Wechsel der Steuerungsart (Umrüstung) sein.

683) Messung des Kraftverlaufs gem. DIN EN 453:2022-08 Tore – Nutzungssicherheit kraftbetätigter Tore – Anforderungen und Prüfverfahren.

684) Die aufgeführten DGUV Informationen 208-022 Türen und Tore, Ausg. 2017-09 und 208-026 Sicherheit von kraftbetätigten Karusselltüren, Ausg. 2017-09 erläutern praxisbezogen die ASR A1.7 und sind bei Bedarf ergänzend für die Einrichtung und den Betrieb von Türen und Toren in Arbeitsstätten heranzuziehen, wenn es um die Beantwortung branchenspezifischer Fragestellungen (z. B. die bei der Beschaffung von Türen und Toren zu berücksichtigenden harmonisierten Normen) geht. Anzumerken ist, dass die DGUV Information 208-026 inzwischen durch die Ausg. 2019-03 aktualisiert worden ist.

zu § 4 Abs. 4, Anh. Nr. 1.8 ArbStättV

Technische Regeln für Arbeitsstätten	Verkehrswege[685) 686)]	ASR A1.8

(GMBl. Nr. 9-11 vom 18.3.2022 S. 214),
geändert durch GMBl. Nr. 21 vom 17.6.2024 S. 412

...

Diese ASR A1.8 konkretisiert im Rahmen ihres Anwendungsbereichs Anforderungen der Verordnung über Arbeitsstätten. Bei Einhaltung dieser Technischen Regel kann der Arbeitgeber davon ausgehen, dass die entsprechenden Anforderungen der Verordnung erfüllt sind. Wählt der Arbeitgeber eine andere Lösung, muss er damit mindestens die gleiche Sicherheit und den gleichen Schutz der Gesundheit für die Beschäftigten erreichen.

Inhaltsverzeichnis

1 Zielstellung

Diese ASR konkretisiert die Anforderungen an das Einrichten und Betreiben von Verkehrswegen in § 3a Absatz 1 und § 4 Absatz 4 sowie der Nummern 1.8, 1.9, 1.10 und 1.11 des Anhangs der Arbeitsstättenverordnung.[687)]

---

685) Die Neufassung der ASR A1.8 vom März 2022 ersetzt die ASR A1.8 vom November 2012 (GMBl. 2012, S. 1210). Im Wesentlichen wurden die folgenden Anpassungen vorgenommen:
In Abschn. 4.2 wurden die Regelungen für Mindestbreiten der Wege für den Fußgängerverkehr angepasst und alternative Regelungen für Treppenräume ergänzt. In Abschn. 7.1 wurden Regelungen für Teilbereiche einer Baustelle eingefügt, die im Zuge des Baufortschritts wechselnd als Arbeitsplatz oder Verkehrsweg festgelegt werden. Zusätzlich erfolgten im gesamten Text redaktionelle Anpassungen, z. T. mit Klarstellung des Gewollten.
Die vorgenommenen Änderungen sind in der Veröffentlichung des BMAS zur Gemeinsamen Bekanntmachung der Neufassung, Änderung und Aufhebung von ASR zum Themenkomplex der Flucht- und Verkehrswege (GMBl. 2022, S. 213) ausführlich dargestellt und Hintergründe erläutert. Zusätzlich hat die BAuA auf der Internetseite https://www.baua.de/DE/Angebote/Rechtstexte-und-Technische-Regeln/Regelwerk/ASR/ASR-A1-8.html eine tabellarische Gegenüberstellung der neuen zur bisherigen Fassung („Synopse“) bereitgestellt.

686) Im Juni 2024 wurden im Abschn. 4.5 „Treppen“ der ASR A1.8 Änderungen zu den Maßen für den Treppenauftritt in Schulen, Kindertageseinrichtungen u. ä. Gebäuden vorgenommen sowie formale Anpassungen durchgeführt (GMBl 2024, S. 412).

687) Mit der ASR A1.8 werden die Anforderungen gem. Anh. Nr. 1.8 Verkehrswege, Anh. Nr. 1.9 Fahrtreppen, Fahrsteige, Anh. Nr. 1.10 Laderampen und Anh. Nr. 1.11 Steigleitern, Steigeisengänge i. V. m. § 3a Abs. 1 ArbStättV zusammenfassend konkretisiert. Darüber hinaus wird § 4 Abs. 4 ArbStättV untersetzt, wonach Verkehrswege ständig freigehalten werden müssen, damit sie jederzeit benutzt werden können.

2 Anwendungsbereich

Diese ASR gilt für das Einrichten und Betreiben von Verkehrswegen inklusive Treppen, ortsfesten Steigleitern und Steigeisengängen, Laderampen sowie Fahrsteigen und Fahrtreppen. Sie gilt nicht für Zu- und Abgänge in, an und auf Arbeitsmitteln im Sinne von § 2 Absatz 1 der Betriebssicherheitsverordnung [688] [689] und für Fahrzeuge sowie dazugehörige Anhänger, die für die Beförderung von Personen und den Gütertransport bestimmt sind.

Diese ASR findet keine Anwendung auf Steigeisen, Steigeisengängen und Steigleitern an Hausschornsteinen[690], die ausschließlich als Angriffswege für die Feuerwehr dienen.[691]

Hinweis:

1. *Sofern entsprechende Gefährdungen vorliegen, ist diese ASR insbesondere[692] in Verbindung mit folgenden ASR anzuwenden:*
   a) *ASR A1.3 „Sicherheits- und Gesundheitsschutzkennzeichnung“,*
   b) *ASR A1.5 „Fußböden“,*
   c) *ASR A2.1 „Schutz vor Absturz und herabfallenden Gegenständen, Betreten von Gefahrenbereichen“,*
   d) *ASR A2.3 „Fluchtwege und Notausgänge“ und*
   e) *ASR A3.4 „Beleuchtung“.*

---

688) Die konstruktiven Festlegungen für Treppen als ortsfeste Zugänge zu maschinellen Anlagen weichen zum Teil erheblich von den Anforderungen an Gebäudetreppen in Arbeitsstätten ab. Für Treppen, Treppenleitern und Geländer sowie Steigleitern als ortsfeste Zugänge zu Arbeitsbühnen, Zwischenbühnen, Laufstegen und anderen hochgelegenen Einrichtungen von maschinellen Anlagen, wie sie z. B. in Hütten- und Walzwerken, in der chemischen Industrie, dem Bergbau und in Kraftwerken häufig zu finden sind, enthalten die Normen DIN EN ISO 14122:2016-10 Sicherheit von Maschinen – Ortsfeste Zugänge zu maschinellen Anlagen, T. 1: Wahl eines ortsfesten Zugangs und allgemeine Anforderungen; T: 2: Arbeitsbühnen und Laufstege; T. 3: Treppen, Treppenleitern und Geländer; T. 4: Ortsfeste Steigleitern die einzuhaltenden Anforderungen an die Bauart. Sind derartige Treppen mit Trittstufen aus Gitterrost ausgestattet ist zudem DIN 24531 Roste als Stufen T. 1: Gitterroste aus metallischen Werkstoffen, Ausg. 2006-04; T: 2: Blechprofilroste aus metallischen Werkstoffen, Ausg. 2007-08 und T. 3: Kunststoffgitterroste, Ausg. 2007-08 je nach Anwendungsfall zu berücksichtigen.

689) Werden Steigleitern mit Steigschutz in Windenergieanlagen eingesetzt, sind zusätzlich die Festlegungen nach DIN EN 50308:2005-03, Berichtigung 1:2008-11, Windenergieanlagen Schutzmaßnahmen – Anforderungen für Konstruktion, Betrieb und Wartung zu beachten. Für ortsfeste Zugänge zum Einbau in verfahrenstechnischen Anlagen z. B. der chemischen Industrie bestehen spezielle Regelungen nach DIN 28017-3: Ortsfeste Zugänge zu verfahrenstechnischen Apparaten, T. 1: Bühnen, Ausg. 2014-06; T. 2: Geländer für Bühnen, Ausg. 2012-04; T. 3: Steigleitern, Ausg. 2012-04; T. 4: Abstiegsicherungen, Ausg. 2012-04; T. 5: Treppen, Ausg. 2016-04.

690) Die Norm DIN 18160-5:2016-04 Abgasanlagen, T. 5: Einrichtungen für Schornsteinfegerarbeiten – Anforderungen, Planung und Ausführung enthält Anforderungen für die Ausführung von Verkehrswegen und Standflächen, die zur Durchführung von Schornsteinfegerarbeiten an Abgasanlagen von Gebäuden erforderlich sind.

691) Über Notleiteranlagen, die an Gebäuden fest angebracht sind, können Menschen im Gefahrenfall gerettet werden oder sich selbst retten. Sie sind i. d. R. als Seitenholmsteigleitern konzipiert. Bei der Planung von Notleiteranlagen ist die zuständige Brandschutzdienststelle mit einzubeziehen. Anforderungen an die Ausführung von Notleiteranlagen enthält DIN 14094-1:2017-04 Feuerwehrwesen – Notleiteranlagen – T. 1: Ortsfeste Notsteigleitern mit Rückenschutz, Haltevorrichtung, Podeste.

692) Die Verwendung des Begriffes „insbesondere“ im Hinweis macht deutlich, dass mit den hier aufgeführten ASR keine abschließende Auflistung erfolgt. Im Ergebnis der Gefährdungsbeurteilung sind beim Einrichten und Betrieb von betrieblichen Verkehrswegen ggf. weitere ASR wie z. B. ASR A1.2 „Raumabmessungen und Bewegungsflächen“ (s. S. 153 ff.) zu beachten.

2. *Für die barrierefreie Gestaltung der Verkehrswege gilt die ASR V3a.2 „Barrierefreie Gestaltung von Arbeitsstätten", Anhang A1.8: Ergänzende Anforderungen zur ASR A1.8 „Verkehrswege".*
3. *Für spezielle Funktionsgebäude und Personengruppen, z. B. Kindertageseinrichtungen, sind abweichende Anforderungen im Rahmen der Gefährdungsbeurteilung zu ermitteln.*

3 Begriffsbestimmungen

3.1 Verkehrswege sind für den Fußgänger- oder Fahrzeugverkehr (personengesteuert oder automatisiert) oder für die Kombination aus beiden bestimmte Bereiche in Gebäuden oder im Freien auf dem Gelände eines Betriebes oder auf Baustellen. Dazu gehören insbesondere[693)] Flure, Gänge einschließlich Laufstege und Fahrsteige, Bühnen und Galerien, Treppen, ortsfeste Steigleitern, Steigeisengänge und Laderampen.[694)] Verkehrswege sind keine Arbeitsplätze. Auf Verkehrswegen können jedoch temporär Arbeitsplätze eingerichtet werden.[695)]

Hinweis:

Nicht ortsfeste Leitern sind keine Verkehrswege im Sinne der ASR A1.8. Der Einsatz von Leitern als Zugang zu/Abgang von Arbeitsplätzen wird in der TRBS 2121 Teil 2 betrachtet.

3.2 Gänge zu Betriebseinrichtungen ohne Begegnungsverkehr sind Verkehrswege, die dem ungehinderten Zutritt zur Nutzung von Betriebseinrichtungen (z. B. Heizungen, Fenster, Elektroversorgung) dienen.[696)]

3.3 Gänge zur Instandhaltung sind Verkehrswege, die ausschließlich der Wartung, Inspektion, Instandsetzung oder Verbesserung der Arbeitsstätten oder ortsfester Arbeitsmittel zum Erhalt des baulichen und technischen Zustandes dienen.[697)]

---

693) Die Aufzählung der verschiedenen Arten der Verkehrswege in Abschn. 3.1 Satz 2 ist beispielhaft.

694) Die genannten Beispiele für Verkehrswege verdeutlichen, dass Bahnen, Gleise, Führungen und Schienen sowie andere Konstruktionsteile als Bestandteile von Förder- und Transportanlagen (z. B. von Kranen oder Förderbändern) nicht zu den Verkehrswegen i. S. d. ASR A1.8 zu rechnen sind.

695) Mit dieser in der Neufassung 2022 aufgenommenen Ergänzung wird klargestellt, dass Verkehrswege grundsätzlich keine Arbeitsplätze sein können. Lediglich temporär, z. B. zur Verrichtung von Instandhaltungsarbeiten oder dem Austausch von Bauelementen, können Verkehrswege auch als Arbeitsplätze eingerichtet werden. Auch auf Baustellen tritt dieser Fall häufiger auf, z. B. wenn auf einem Gerüst am gleichen Ort ein Arbeitsplatz z. B. für den Maurer, eingerichtet ist und zugleich der Transport von Material für weitere Arbeitsplätze realisiert werden muss.

696) Gänge zu gelegentlich benutzten Betriebseinrichtungen sind z. B. Wege, die nur der Bedienung und Überwachung dienen (z. B. um Fenster und Heizkörper zu betätigen). Diese sollen nach der 2022 neu gefassten ASR A1.8 nunmehr wie die Gänge zu persönlich zugewiesenen Arbeitsplätzen auch mindestens 0,60 m breit sein. Die Gänge zu gelegentlich genutzten Betriebseinrichtungen mussten nach der bis 2022 geltenden ASR A1.8 lediglich mindestens 0,50 m breit sein. So auch noch dargestellt in der DGUV Information 215-410 Bildschirm- und Büroarbeitsplätze – Leitfaden für die Gestaltung, Ausg. 2019-07 zu den in Abschnitt 8.4 aufgeführten Wegen. die nur der Bedienung und Überwachung dienen, um z. B. Fenster und Heizkörper zu betätigen.

697) Der bisherige Begriff der Wartungsgänge wurde mit der Neufassung 2022 durch Gänge zur Instandhaltung ersetzt. Instandhaltung umfasst nach DIN 31051:2019-06 Grundlagen der Instandhaltung die Wartung, Inspektion, Instandsetzung und Verbesserung. Damit wurden insbesondere die in der vorherigen Definition der Wartungsgänge nicht erwähnten Instandsetzungsarbeiten nunmehr aufgenommen. Diese erfordern häufig den zusätzlichen Transport von Werkzeugen oder Ersatzteilen, was bei der Festlegung der lichten Verkehrswegbreiten berücksichtigt werden muss.

Hinweis:

Dieses betrifft Zugänge zu Arbeitsmitteln, aber nicht Gänge auf oder innerhalb des Arbeitsmittels.

3.4 Lagereinrichtungen sind ortsfeste sowie verfahrbare Regale und Schränke.[698)]

3.5 Schmalgänge sind Verkehrswege für kraftbetriebene Flurförderzeuge in Regalanlagen ohne beidseitigen Randzuschlag von jeweils mindestens 0,50 m zwischen den am weitesten ausladenden Teilen der Flurförderzeuge einschließlich ihrer Last und festen Teilen der Umgebung. Ausgenommen sind Gänge von Einfahrregalen. Ein Einfahrregal ist ein Regalsystem, das eine Art Blocklagerung ermöglicht, in dem mehrere Paletten hintereinander und übereinander gelagert werden, wobei diese auf mit den Stützen verbundenen Auflageschienen abgesetzt werden. Die Flurförderzeuge fahren dabei in die Regalgassen ein.

3.6 Fahrzeuge im Sinne dieser Regel sind z. B.:

1. Kraftwagen oder -räder für die Personenbeförderung und den Lastentransport,
2. Flurförderzeuge, ausgenommen manuell zu bewegende Flurförderzeuge (z. B. Handgabelhubwagen, Sackkarre),
3. kraftbetriebene fahrbare Arbeitsmaschinen und Arbeitseinrichtungen und
4. manuell betriebene Fahrzeuge (z. B. Fahrräder).

3.7 Treppe ist ein fest mit dem Bauwerk verbundenes, unbewegbares Bauteil, das mindestens aus einem Treppenlauf besteht.[699)]

3.8 Treppenlauf ist die ununterbrochene Folge von mindestens drei Treppenstufen (drei Steigungen) zwischen zwei Ebenen. Die oberste Stufe ist Teil der Austrittsebene.[700)]

3.9 Hilfstreppen sind Treppen mit einem Steigungswinkel von 36° bis 45°. Sie führen zu gelegentlich genutzten Bereichen, z. B. Laufstegen, Arbeitsbühnen, Arbeitsgruben.[701)]

---

698) Gem. DGUV Regel 108-007 Lagereinrichtungen und -geräte, Ausg. 2006-09 Nr. 2 sind „Regale z. B. Fachbodenregale, Palettenregale, Kragarmregale, Durchlaufregale, Einfahrregale und mehrgeschossige Regaleinrichtungen. Schränke sind z. B. Schränke mit Flügel-, Roll- oder Schiebetüren, Schränke mit Schubladen oder Auszügen, mehrgeschossige Schrankeinrichtungen und Schränke mit kraftbetriebenen Inneneinrichtungen."

699) Eine weiterführende Definition zur Treppe findet sich in DIN 18065:2020-08 Gebäudetreppen – Begriffe, Messregeln, Hauptmaße.

700) Sowohl der Begriff des Treppenlaufs als auch der Treppenstufe werden in DIN 18065:2020-08 Gebäudetreppen genauer definiert.

701) Hilfstreppen sind nun auch nach der Definition in der neugefassten ASR A2.1 Steiltreppen mit Neigungswinkeln zwischen 36° bis 45°. Sie kommen i. d. R. nur bei besonders beengten betrieblichen Verhältnissen zum Einsatz. Beim Begehen besteht eine erhöhte Gefährdung, dass Beschäftigte über die Stufenkanten abrutschen. Hilfstreppen sollten deshalb nur gelegentlich von einem eingeschränkten Kreis in der Nutzung unterwiesener Beschäftigter begangen werden. An Arbeitsgruben und Unterfluranlagen für die Fahrzeug-Instandhaltung kommen Hilfstreppen dagegen regelmäßig zum Einsatz. Nach DGUV Regel 109-009 Fahrzeug-Instandhaltung, Ausg. 2023-03, Nr. 13.5.1 müssen Arbeitsgruben und Unterfluranlagen mit mindestens zwei Treppen ausgestattet sein, deren Neigungswinkel ≤ 45° betragen muss. Abweichend ist nach Nr. 13.5.2 ein Notaufstieg mit einem Neigungswinkel bis 60° anstelle einer zweiten Treppe zulässig. Dabei ist sicherzustellen, dass der Notaufstieg nur als Fluchtweg genutzt wird.

3.10 Temporäre Bautreppen sind ein- oder mehrläufige Treppen, die ausschließlich im Zuge von Bauarbeiten errichtet und benutzt werden.

Hinweis:

Gerüsttreppen und Treppentürme sind Arbeitsmittel im Sinne der Betriebssicherheitsverordnung (TRBS 2121 Teil 1) und werden daher hier nicht erfasst.

3.11 Zwischenpodest (Ruhepodest) ist der Treppenabsatz zwischen zwei Treppenläufen.

3.12 Steigeisen sind einzelne, vorwiegend an senkrechten Bauteilen fest angebrachte Auftritte.

3.13 Steigeisengänge werden durch ein- oder zweiläufig übereinander angeordnete Steigeisen gebildet.

3.14 Steigleitern sind senkrecht oder nahezu senkrecht ortsfest angebrachte Leitern, bestehend aus zwei Seitenholmen mit dazwischen liegenden Sprossen oder einem Mittelholm, an dem beidseitig höhengleich Sprossen angebracht sind.

3.15 Steiggänge sind senkrecht oder nahezu senkrecht angeordnete Aufstiege mit ein- oder zweiläufig übereinander angeordneten, fest angebrachten oder als fester Bestandteil angeordneten Auftritten, z. B. Steigeisen, Steigstufen, Steigkästen sowie Steigleitern. Sie können mit geeigneten Schutzeinrichtungen gegen Absturz ausgerüstet sein.

3.16 Fallhöhe ist die mögliche Absturzhöhe innerhalb eines Steigganges (siehe Abbildung 1). Diese kann von der Gesamthöhe abweichen.

3.17 Steigschutzeinrichtungen sind Auffangsysteme als Teil der Schutzausrüstung gegen den Absturz von Personen von Steiggängen. Sie bestehen aus einer festen Führung und dem dazu gehörigen Auffanggerät. Dieses wird mit dem Auffanggurt verbunden.[702)]

3.18 Rückenschutz ist eine Einrichtung, die die Absturzgefahr an Steigleitern vermindert.

3.19 Haltevorrichtung ist eine Einrichtung, die an den Ein- und Ausstiegsstellen von Steiggängen das Festhalten des Benutzers ermöglicht.

3.20 Ruhebühnen sind ein- oder mehrteilige Plattformen zum Ausruhen von Personen, welche unmittelbar an oder neben Steigleitern oder Steigeisengängen angeordnet sind.

---

702) Steigschutzeinrichtungen bestehen aus einer Führung (meist einer Schiene), einem mitlaufenden Auffanggerät und einem Verbindungselement zum Anschlagen am Auffanggurt des Benutzers. Eine Steigschutzeinrichtung ist nur dann sicher verwendbar, wenn die genannten Systemkomponenten aufeinander abgestimmt sind. Anforderungen an die Ausführung von Steigschutzeinrichtungen sind in DIN EN 353-1:2018-03 Persönliche Schutzausrüstung gegen Absturz – Mitlaufende Auffanggeräte einschließlich einer Führung – T. 1: Mitlaufende Auffanggeräte einschließlich fester Führung festgelegt.

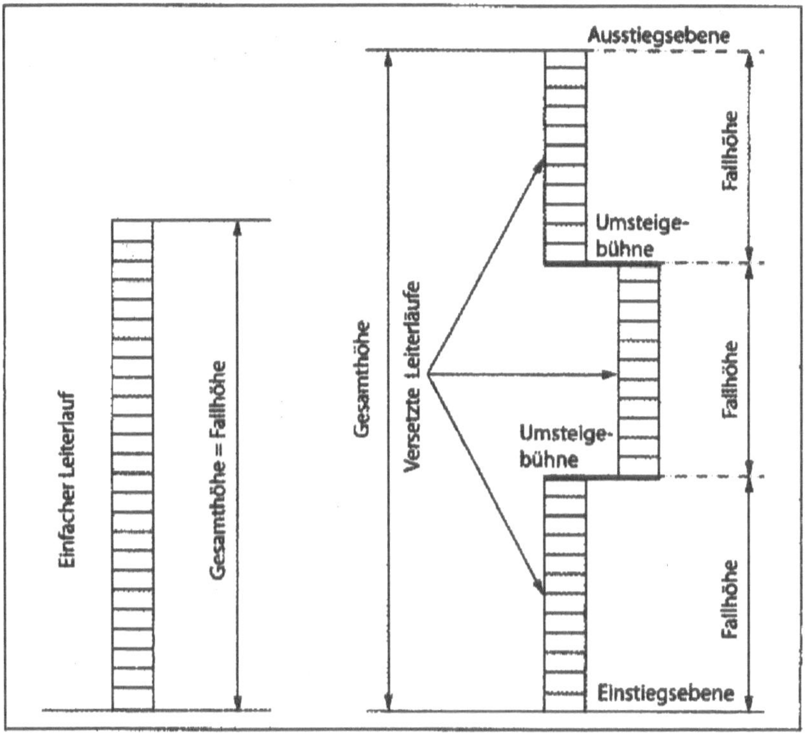

Abb. 1: Beispiel: Fallhöhe, Einstiegsebene bei Steigleitern

3.21 **Einstiegsebene** ist die Ebene der Umgebung oder die Umsteigebühne, von der mit der Besteigung der Steigleiter begonnen wird (siehe Abbildung 1).

3.22 **Laderampen** sind bauliche Einrichtungen für das Be- und Entladen von Fahrzeugen. Laderampen sind erhöhte horizontale Flächen, um das Be- und Entladen ohne große Höhenunterschiede zu ermöglichen. Andockstationen sind keine Laderampen im Sinne dieser Definition.

3.23 **Schrägrampen** sind geneigte Verkehrswege, die unterschiedlich hohe Arbeits- oder Verkehrsflächen verbinden.

3.24 **Fahrsteige** sind kraftbetriebene Anlagen mit umlaufenden stufenlosen Bändern zur Beförderung von Personen zwischen zwei auf gleicher oder unterschiedlicher Höhe liegenden Verkehrsebenen. Es können geeignete Transporteinrichtungen (z. B. Einkaufswagen) mitgeführt werden.

3.25 Fahrtreppen sind kraftbetriebene Anlagen mit umlaufenden Stufenbändern zur Beförderung von Personen zwischen zwei auf unterschiedlicher Höhe liegenden Verkehrsebenen.[703)]

3.26 Balustrade ist der beidseitige Teil der Fahrtreppe oder des Fahrsteigs, der wie ein Geländer aufgrund seiner Festigkeit die Sicherheit des Benutzers gewährleistet sowie den Handlauf aufnimmt.

3.27 Fahrsteigpalette ist das den Benutzer aufnehmende und sich in Fahrtrichtung bewegende Flächensegment.

3.28 Kamm ist ein gezackter Bereich an jedem Zu- oder Abgang, der in die Rillen der den Benutzer aufnehmenden Fläche von Fahrsteigen oder Fahrtreppen eingreift.

3.29 Laufstege bei Bauarbeiten sind waagerechte oder geneigte Verkehrswege, die Arbeits- oder Verkehrsflächen miteinander verbinden.

3.30 Lichte Mindestbreite/-höhe ist die freie, unverstellte, unverbaute und nicht durch Hindernisse eingeschränkte Breite/Höhe, die mindestens zur Verfügung stehen muss.[704)]

4 Einrichten von Verkehrswegen

4.1 Allgemeines

(1) Damit im späteren Betrieb von Verkehrswegen keine Gefährdungen für Sicherheit und Gesundheit der Beschäftigten ausgehen, ist bereits bei der Planung von Verkehrswegen die Art des Betriebes zu berücksichtigen, beispielsweise beim Einsatz von Flurförderzeugen in Schmalgängen (siehe Abschnitt 4.3 Absatz 10) oder bei der Festlegung von Verkehrsrichtungen.[705)]

(2) Verkehrswege sind übersichtlich zu führen und sollen möglichst gradlinig verlaufen.

Die Verkehrswege eines Höhenniveaus (Geschosses) müssen grundsätzlich waagerecht angelegt sein. Nicht vermeidbare Höhenunterschiede (z. B. zwischen benachbarten Gebäudeteilen oder wenn z. B. ein Gefälle zum Ableiten von Flüssigkeiten erforderlich ist)[706)] sind in Abhängigkeit vom Verkehrsaufkommen, der jeweiligen Verkehrsart und den verwendeten

---

703) Fahrtreppen werden umgangssprachlich auch als Rolltreppen bezeichnet.

704) Die Definition der lichten Mindestbreite/-höhe wurde mit der Neufassung der ASR A 2.1 im Jahr 2022 neu eingefügt. Damit wird klargestellt, dass, wenn ein lichtes Mindestmaß gefordert wird, dieses in allen möglichen Situationen zur Verfügung stehen muss. Hierzu gab es in der betrieblichen Praxis zuweilen missverständliche Auslegungen, die letztlich zu einer Gefährdung der Sicherheit und des Gesundheitsschutzes führen konnten, z. B. durch das (zeitweise) Abstellen von Arbeitsmitteln oder Materialien auf den Verkehrswegen.

705) Eine weitere Planungsgröße ist die Auswahl der für die vorgesehenen Betriebsabläufe geeigneten Transportmittel. Kriterien für die geeignete Auswahl von Fahrzeugen sind z. B. Breite und Länge der Verkehrswege sowie Art und Gewicht der Transportgüter. Zu berücksichtigen ist auch, ob Beschäftigte im späteren betrieblichen Ablauf, z. B. mit Handgabelhubwagen, Lasten manuell transportieren sollen.

706) Ein betriebstechnischer Grund für nicht vermeidbare Höhenunterschiede können z. B. funktionelle Neigungen des Fußbodens zum Ableiten von Flüssigkeiten in Küchenbetrieben oder in Fahrzeugwaschanlagen sein.

Transportmitteln vorzugsweise durch Schrägrampen auszugleichen. Dabei müssen Gefährdungen (z. B. durch Kippen, Auslaufen oder Wegrollen) vermieden werden.

(3) Verkehrswege sind so einzurichten, dass die Belastung der Beschäftigten, die Lasten manuell transportieren, möglichst gering gehalten wird. Folgende Einflussfaktoren sind besonders in Betracht zu ziehen:
1. Länge und Neigung des Transportweges[707],
2. Gesamtgewicht des manuell zu bewegenden Flurförderzeuges bzw. des Transportmittels,
3. Häufigkeit der Transporttätigkeit,
4. Beschaffenheit der Rollen und Lenkeinrichtungen und
5. Positioniergenauigkeit.

(4) Schrägrampen für den Fahr- und Fußgängerverkehr dürfen in Abhängigkeit von der Art der Nutzung die in Tabelle 1 aufgeführten Längsneigungen nicht überschreiten.[708]

Tab. 1: Maximale Neigungen für unterschiedliche Nutzungsarten von Schrägrampen[709]

	Art der Rampe	**Maximale Längsneigung**
1	Schrägrampen im Verlauf von Fluchtwegen	3,5° (6 %)
2	Schrägrampen beim Einsatz von Flurförderzeugen ohne Fahrantrieb bzw. manuell zu bewegender Transportmittel (bei der Neuanlage von Arbeitsstätten)	3,5° (6 %)
3	Schrägrampen im Regelfall (sofern nicht Ziffer 1 oder 2 anzuwenden ist)	5° (8 %)
4	Schrägrampen zur Anwendung im Einzelfall entsprechend Gefährdungsbeurteilung	7° (12,5 %)*

* Abweichungen von Nummer 4 sind gemäß Bauordnungsrecht der Länder möglich (z. B. bei Garagen).

[707] Werden manuelle Transportmittel über geneigte Verkehrswege, wie z. B. Schrägrampen, Ladebrücken oder Hubladebühnen bewegt, wird dadurch i. d. R. die physische Belastung vergrößert. Durch eine zusätzliche Neigung der Verkehrswege quer zur Fahrtrichtung des Transportmittels können weitere Belastungen entstehen. Darüber hinaus kann durch Querneigung die Abrutsch- oder Absturzgefahr von Beschäftigten oder Transportmitteln erhöht sein.

[708] Zu unterscheiden ist zwischen Schrägrampen im Verlauf von Fluchtwegen und im Verlauf von sonstigen Verkehrswegen. Gem. ASR A2.3 „Fluchtwege und Notausgänge" Abschn. 4 Abs. 5 (s. S. 346 ff.) sind geringe Höhenunterschiede im Verlauf von Fluchtwegen durch Schrägrampen mit einer maximalen Neigung von 6 % auszugleichen.

[709] Gem. DIN 18040-1:2010-10 Barrierefreies Bauen – Planungsgrundlagen – T. 1: Öffentlich zugängliche Gebäude darf die Längsneigung von Schrägrampen maximal 6 % betragen, wobei eine Querneigung unzulässig ist. Dies entspricht der allgemeinen Anforderung des Bauordnungsrechts an die barrierefreie Gestaltung von Verkehrswegen.

(5) Verkehrswege müssen eine ebene und trittsichere Oberfläche aufweisen, um Gefährdungen durch z.B. Stolpern, Umstürzen oder Wegrutschen zu vermeiden. Einbauten (z. B. Schachtabdeckungen, Roste, Abläufe) sind bündig in die Verkehrswege einzupassen. Der Oberflächenbelag ist den maximalen Beanspruchungen, z. B. durch Schleifen, Rollen, Druck, Stoß und Schlag sowie der Verkehrsbelastung, entsprechend zu wählen.

(6) Beschäftigte müssen auf Verkehrswegen vor Gefährdungen durch Absturz[710] oder durch herabfallende Gegenstände, umstürzende Lasten oder Fahrzeuge und Transportmittel durch geeignete Maßnahmen geschützt sein (siehe ASR A2.1 „Schutz vor Absturz und herabfallenden Gegenständen, Betreten von Gefahrenbereichen").

(7) Verkehrswegkreuzungen und -einmündungen müssen übersichtlich gestaltet und einsehbar sein.[711] Ist dies nicht möglich, sind verkehrssichernde Maßnahmen zu ergreifen, z. B. Drehkreuze, Schranken, Ampeln, Blinkleuchten, Spiegel, Hinweisschilder. Dies gilt auch für Kreuzungen zwischen Verkehrswegen und Gleisen.

(8) Im Freien liegende Verkehrswege, insbesondere Treppen, Laderampen, Fahrsteige, Gebäudeein- und -ausgänge, müssen sicher benutzbar sein. Hierbei sind Witterungseinflüsse zu berücksichtigen. Erforderliche Schutzmaßnahmen können z. B. eine Überdachung, ein Windschutz oder ein Winterdienst sein.

Hinweis:

Ergänzende Anforderungen an Verkehrswege auf nicht durchtrittsicheren Dächern enthält ASR A2.1 „Schutz vor Absturz und herabfallenden Gegenständen, Betreten von Gefahrenbereichen".

4.2 Wege für den Fußgängerverkehr

(1) Die Breite der Wege für den Fußgängerverkehr wird aus der Anzahl der gehenden Personen, die diese nutzen müssen, und aus der Art der Nutzung (z. B. Begegnung des Personenverkehrs, Krankentransport, Tragen von Kindern, Transport von Arbeitsmitteln) ermittelt. Dabei sind die nachfolgenden Mindestbreiten nach Tabelle 2 nicht zu unterschreiten.

---

[710] Eine Absturzgefahr besteht nach Anh. Nr. 2.1 Abs. 1 Satz 3 ArbStättV bei einer Absturzhöhe von mehr als einem Meter.

[711] Verkehrswege, die Gleise kreuzen, sollten rechtwinklig dazu angelegt werden und nicht im Bereich von Weichen verlaufen. Führen Verkehrswege für Beschäftigte in den Gleisbereich, müssen an Stellen, an denen herannahende Schienenfahrzeuge nicht rechtzeitig wahrgenommen werden können, entsprechende Einrichtungen (z. B. selbstzufallende Schranken oder Warneinrichtungen, wie z. B. Signalanlagen) vorhanden sein, durch die eine Gefährdung vermieden wird, s. DGUV Information 214-009 Gestaltung von Sicherheitsräumen, Sicherheitsabständen und Verkehrswegen bei Eisenbahnen, Ausg. 2011-07, Nr. 4.1.

Tab. 2: Lichte Mindestbreiten der Wege für den Fußgängerverkehr[712)]

	A	B	C
Nr.	**Verkehrsweg**	**Lichte Mindestbreiten von Durchgängen und Türen im Verlauf von Verkehrswegen (in m)**	**Lichte Mindestbreiten von Verkehrswegen (in m)**
	Anzahl der Personen		
1	bis 5	0,80*	0,90
2	bis 20	0,90	1,00
3	bis 50	0,90	1,20
4	bis 100	1,00	1,20
5	bis 200	1,05	1,20
6	bis 300	1,65	1,80
7	bis 400	2,25	2,40
	Bei Einzugsgebieten von mehr als 200 Personen sind Zwischenwerte der Mindestbreiten (ermittelt durch lineare Interpolation) zulässig. * ***Hinweis:*** *Bei Neubauten und wesentlichen baulichen Erweiterungen oder Umbauten wird empfohlen, für Einzugsgebiete von bis zu 5 Personen nach Nummer 1 Spalte B eine lichte Mindestbreite von Durchgängen und Türen im Verlauf von Hauptfluchtwegen nach ASR A2.3 „Fluchtwege und Notausgänge" Abschnitt 3.1 von 0,90 m einzuhalten, um auch in diesen Bereichen eine barrierefreie Zugänglichkeit zu ermöglichen. Zudem lassen sich auf diesem Wege bauliche Maßnahmen im Sinne der ASR V3a.2 „Barrierefreie Gestaltung von Arbeitsstätten" und in der Folge Umbaukosten vermeiden.*		
	Die lichten Mindestbreiten von Treppen in Treppenräumen und Außentreppen von mehrgeschossigen Gebäuden können alternativ gemäß ASR A2.3 „Fluchtwege und Notausgänge" Abschnitt 5 Absätze 14, 15 und 16 bemessen werden, sofern nicht die Art der Nutzung (z. B. Begegnungen des Personenverkehrs, manuelle Transporte, Publikumsverkehr) höhere Breiten erfordert.		
	Abweichend für **Verkehrswege zu besonderen Bereichen**		Lichte Mindestbreiten (in m)

[712)] Die Anforderungen an die Breite der Verkehrswege in ASR A1.8 wurden im Zuge der Neufassung 2022 mit den Anforderungen an Fluchtwege der ASR A2.3 „Fluchtwege und Notausgänge" abgeglichen. In den ASR A1.7 „Türen und Tore", ASR A1.8 „Verkehrswege" und ASR A2.3 „Fluchtwege und Notausgänge" werden nun in Abhängigkeit von der Personenzahl und der Nutzung aufeinander abgestimmte Vorgaben für die Bemessung der Breite von Verkehrs- und Fluchtwegen sowie von Türen, Toren und Durchgängen in deren Verlauf getroffen. Die bisherigen Vorgaben wurden im Bereich eines Einzugsgebietes zwischen 20 und 200 Personen durch zusätzliche Werte ergänzt; im Bereich zwischen 200 und 400 Personen können nun Zwischenwerte gebildet werden.

	A	B	C
Nr.	**Verkehrsweg**	**Lichte Mindestbreiten von Durchgängen und Türen im Verlauf von Verkehrswegen (in m)**	**Lichte Mindestbreiten von Verkehrswegen (in m)**
8	Gänge zu persönlich zugewiesenen Arbeitsplätzen, Hilfstreppen		0,60
9	Gänge zur Instandhaltung, Gänge zu Betriebseinrichtungen ohne Begegnungsverkehr		0,60[713)]
	Verkehrswege für Fußgänger		
10	1. in Nebengängen von Lagereinrichtungen für die ausschließliche Be- und Entladung von Hand,		0,75
11	2. zwischen Lagereinrichtungen und -geräten[714)]		1,25
12	Verkehrswege zwischen Schienenfahrzeugen mit Geschwindigkeiten ≤ 30 km/h und ohne feste Einbauten in den Verkehrswegen[715)]		1,00
13	Rangiererwege		1,30
14	Türen von Toilettenzellen und von Toilettenräumen mit nur einer Toilette entsprechend ASR A4.1 „Sanitärräume“ [716)]		0,55

713) Für Wartungsgänge waren nach der bis 2022 geltenden Fassung der ASR A1.8 bisher nur 0,50 m lichte Mindestbreite gefordert. Infolgedessen wurde in Abschn. 4.2 Abs. 5 eine Übergangsregelung für bestehende Verkehrswege so formuliert, dass diese solange betrieben werden können, bis die jeweiligen Bereiche dieser Arbeitsstätten wesentlich erweitert oder umgebaut werden. Auch die entsprechende Anforderung in der ASR A1.7 „Türen und Tore“ Abschn. 4 Abs. 6 (s. S. 246) wurde angepasst und mit einer Übergangsvorschrift versehen.

714) Die DGUV Regel 208-061 Lagereinrichtungen und -geräte, Ausg. 2023-11, akt. Fassung 2024-07 verweist in Nr. 4.1.4 wie folgt auf die ASR: „Lagereinrichtungen und Ladungsträger müssen so errichtet und aufgestellt sein, dass ausreichend bemessene Verkehrswege [Anm. Verf.: nach ASR A1.8] sowie Flucht- und Rettungswege [Anm. Verf.: nach ASR A2.3] vorhanden sind. Bestimmungsgemäß vorgesehene Durchgänge in Regalen gelten ebenfalls als Verkehrswege.“

715) Anforderungen zu Verkehrswegen zwischen Gleisen für Schienenfahrzeuge werden in der DGUV Vorschrift 73 Schienenbahnen, Ausg. 1998-10, der Eisenbahn-Bau-Betriebsordnung (EBO) sowie in der DGUV Information 214-09 Gestaltung von Sicherheitsräumen, Sicherheitsabständen und Verkehrswegen bei Eisenbahnen, Ausg. 2011-07 näher ausgeführt. Bei der Bemessung der notwendigen Gleisabstände müssen neben der Breite der Verkehrswege die zulässigen Fahrgeschwindigkeiten in den Gleisen, das Aufstellen von Einbauten zwischen den Gleisen sowie die beabsichtigten Tätigkeiten berücksichtigt werden.

716) Die lichte Mindestbreite für Türen von Toilettenzellen und von Toilettenräumen mit nur einer Toilette wurde mit der Neufassung der ASR A1.8 im Jahr 2022 neu aufgenommen. Das Maß von 0,55 m entspricht der diesbezüglichen Angabe in der ASR A4.1 „Sanitärräume“.

(2) Die lichte Mindestbreite des Verkehrswegs darf durch kurze Einbauten oder Einrichtungen, z. B. Feuerlöscher, Wandvorsprünge, Türflügel, Türzargen, Türdrücker und Notausgangsbeschläge, die lichten Mindestbreiten der Durchgänge und Türen nach Tabelle 2 Spalte B nicht unterschreiten.

(3) In Gebäuden, die bis zum 30.9.2022 errichtet worden sind oder deren Bauantragstellung bis zu diesem Termin erfolgt ist, dürfen Verkehrswege nach Tabelle 2 Nummer 1 Spalte C für bis 5 Personen mit einer lichten Mindestbreite von 0,875 m eingerichtet oder solange betrieben werden, bis die jeweiligen Bereiche dieser Arbeitsstätten wesentlich erweitert oder umgebaut werden oder nach § 3a Absatz 2 der Arbeitsstättenverordnung eine Vergrößerung erforderlich wird.

(4) In Gebäuden, die bis zum 30.9.2022 errichtet worden sind oder deren Bauantragstellung bis zu diesem Termin erfolgt ist, dürfen Durchgänge und Türen nach Tabelle 2 Nummer 2 Spalte B mit einer lichten Mindestbreite von 0,85 m eingerichtet oder solange betrieben werden, bis die jeweiligen Bereiche dieser Arbeitsstätten wesentlich erweitert oder umgebaut werden oder nach § 3a Absatz 2 der Arbeitsstättenverordnung eine Vergrößerung erforderlich wird.

(5) In Gebäuden, die bis zum 30.9.2022 errichtet worden sind oder deren Bauantragstellung bis zu diesem Termin erfolgt ist, dürfen Gänge zur Instandhaltung oder Gänge zu Betriebseinrichtungen ohne Begegnungsverkehr mit einer Mindestbreite von 0,50 m eingerichtet oder solange betrieben werden, bis die jeweiligen Bereiche dieser Arbeitsstätten wesentlich erweitert oder umgebaut werden.

(6) In Gebäuden, die bis zum 30.9.2022 errichtet worden sind oder deren Bauantragstellung bis zu diesem Termin erfolgt ist, dürfen Türen von Toilettenzellen und Toilettenräumen mit nur einer Toilette mit einer lichten Mindestbreite von 0,50 m eingerichtet oder solange betrieben werden, bis die jeweiligen Bereiche dieser Arbeitsstätten wesentlich erweitert oder umgebaut werden.

(7) Die lichte Höhe über Verkehrswegen soll 2,10 m betragen und darf 2,00 m nicht unterschreiten. Die lichte Höhe von Durchgängen und Türen im Verlauf von Verkehrswegen soll 2,10 m betragen und darf 1,95 m nicht unterschreiten. Dieses gilt auch bei der Verwendung von Funktionselementen, z. B. Obentürschließern.[717) 718)] Bei wesentlichen Erweiterungen oder wesentlichen Umbauten von Bereichen durch die Verkehrswege führen, ist zu prüfen, ob die lichte Mindesthöhe von 2,10 m umgesetzt werden kann. Gänge zur Instandhaltung dürfen eine lichte Mindesthöhe von 1,90 m nicht unterschreiten. Eine weitere Unterschreitung der Mindesthöhe an Türen im Verlauf von Gängen zur Instandhaltung von maximal 0,10 m kann vernachlässigt werden (siehe ASR A1.7 „Türen und Tore“).

---

717) Mit der Neufassung der ASR A1.8 „Verkehrswege“ 2022 wurde die Formulierung der über Verkehrswegen mindestens einzuhaltenden lichten Höhen geändert, ohne die grundsätzlichen Anforderungen zu ändern. Für die Verkehrswege selbst darf die lichte Höhe wie zuvor 2,00 m nicht unterschreiten. An Durchgängen und Türen dürfen wie bisher 1,95 m nicht unterschritten werden. Neu ist, dass eine Sollvorgabe der Mindesthöhe von 2,10 m sowohl für die Verkehrswege wie für die Durchgänge und Türen eingefügt wurde.

718) In bestehenden Arbeitsstätten finden sich häufig Türöffnungen, deren Zargen nach DIN 18111-1:2018-10 Türzargen – Stahlzargen – T. 1: Standardzargen für gefälzte Türen in Mauerwerkswänden und Ständerwerkswänden nur eine lichte Höhe (lichtes Zargen-Durchgangsmaß) von 1968 mm aufweisen. Diesem Umstand wurde mit der Festlegung einer nicht zu unterschreitenden lichten Mindesthöhe von 1,95 m an Türen im Verlauf von Verkehrswegen Rechnung getragen.

(8) Verkehrswege dürfen nicht durch einzelne Stufen unterbrochen werden. Können Höhenunterschiede nicht durch eine Schrägrampe (siehe Abschnitt 4.1 Absatz 2) ausgeglichen werden, ist eine Stufenfolge von mindestens zwei zusammenhängenden Stufen mit parallel verlaufenden Stufenkanten und gleichen Stufenabmessungen zulässig. Die Auftritte und Steigungen der Stufen sollen sich nach dem Abschnitt 4.5 Absatz 4 richten. Die Stufenfolge ist nach ASR A1.3 „Sicherheits- und Gesundheitsschutzkennzeichnung" zu kennzeichnen. Verkehrswege, die gleichzeitig als Hauptfluchtweg dienen, dürfen keine Ausgleichsstufen enthalten (siehe ASR A2.3 „Fluchtwege und Notausgänge").

(9) Unmittelbar vor und hinter Türen müssen Treppen und Stufen einen Abstand von mindestens 1,0 m, bei aufgeschlagener Tür einen Abstand von mindestens 0,5 m einhalten (siehe Abbildung 2).[719)]

4.3 Wege für den Fahrzeugverkehr

(1) Fußgänger- und Fahrzeugverkehr sind so zu führen, dass Beschäftigte nicht gefährdet werden.[720)]

(2) Wege für den Fahrzeugverkehr müssen in einem Mindestabstand von 1,00 m an Türen und Toren, Durchgängen, Durchfahrten und Treppenaustritten vorbeiführen.

Hinweis:

Es hat sich bewährt, den Fußgängerverkehr in diesen Bereichen zusätzlich durch ein Geländer vom Fahrzeugverkehr zu trennen.

(3) Die Mindestbreite der Wege für den Fahrzeugverkehr berechnet sich aus der Summe (siehe Abbildung 3):
1. der größten Breite des Transportmittels oder Ladegutes (a_T),
2. des Randzuschlags (Z_1) und
3. des Begegnungszuschlags (Z_2).

Sicherheitszuschläge (Rand- und Begegnungszuschläge) sind abhängig von der Fahrgeschwindigkeit und der Kombination von Fußgänger- und Fahrzeugverkehr (siehe Tabelle 3)[721)]. Bei Geschwindigkeiten des Fahrzeugverkehrs größer als 20 km/h sind größere Werte für Z_1 und Z_2 erforderlich.

719) Ein Sicherheitsabstand von 1,0 m hat sich bewährt, da bei Treppenstufen, die in kürzerer Entfernung vor bzw. hinter Türen liegen, aufgrund zu später Wahrnehmung oder Inanspruchnahme der Aufmerksamkeit, z. B. durch das Öffnen der Tür, eine erhöhte Stolper- und Absturzgefahr besteht. Bei aufgeschlagener Tür ist noch eine Podesttiefe von 0,5 m einzuhalten, so dass eine ausreichend große Fläche für ggf. notwendige Ausgleichsschritte gewährleistet ist.

720) Verkehrswegkreuzungen sollen übersichtlich gestaltet sein. An Stellen, an denen sich Verkehrswege für Fußgänger und Fahrzeuge kreuzen, sollen Einrichtungen vorhanden sein, die Fußgänger bei herannahenden Fahrzeugen zurückhalten oder warnen, z. B. Schranken, Drehkreuze, Blinkleuchten, Ampeln.

721) Zur Vermeidung einer Quetschgefahr für den Körper ist nach DIN EN ISO 13854:2020-01 Sicherheit von Maschinen – Mindestabstände zur Vermeidung des Quetschens von Körperteilen ein Sicherheitsabstand von mindestens 500 mm zu gewährleisten.

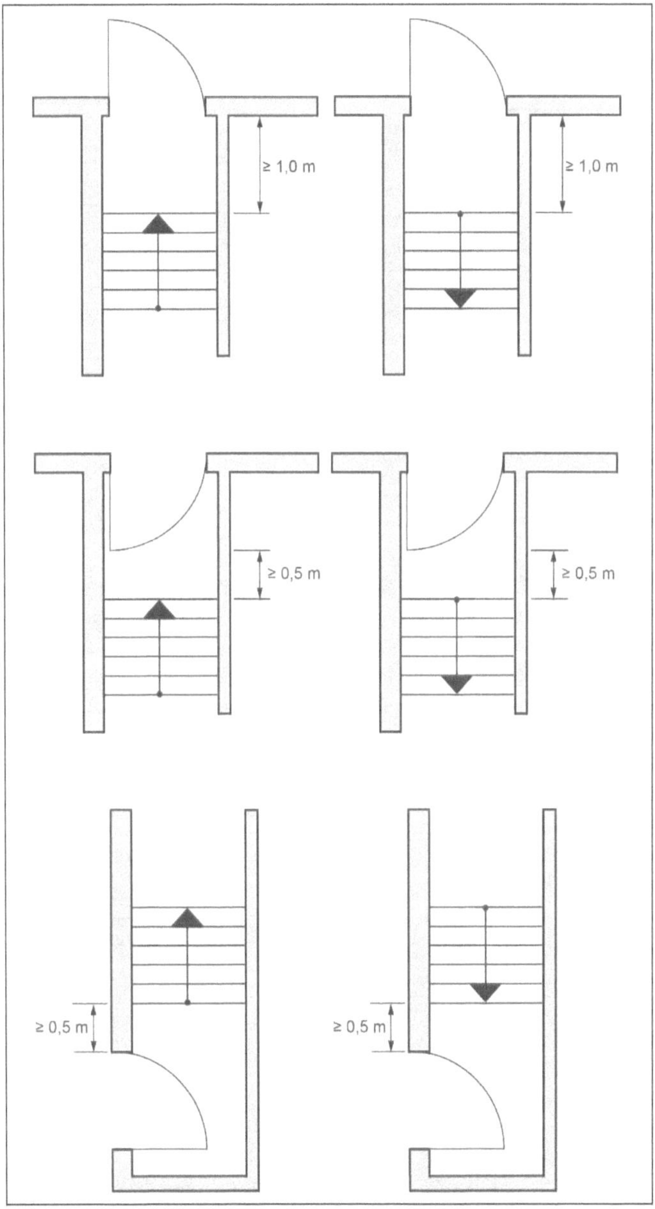

Abb. 2: Abstandsmaße von Treppen zu Türöffnungen

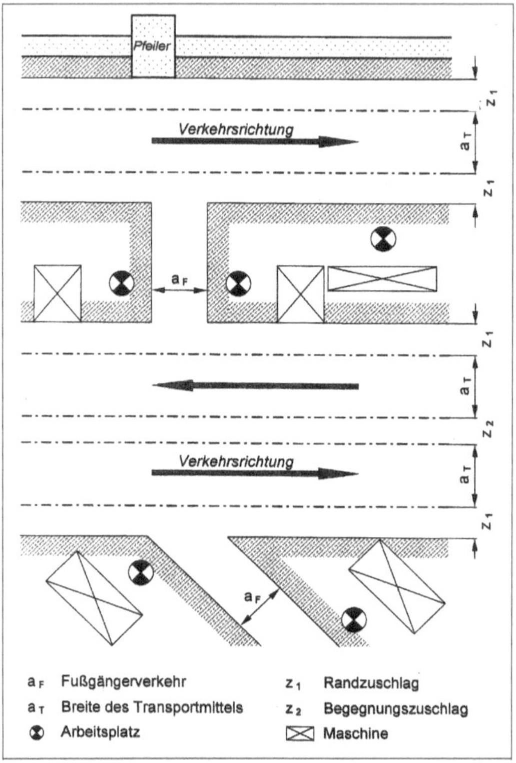

Abb. 3: Verkehrswegbreiten, Sicherheitszuschläge (siehe auch Tabellen 2 und 3)

Tab. 3: Mindestmaße von Sicherheitszuschlägen für die Verkehrswegbreiten bei Geschwindigkeiten < 20 km/h

Betriebsart	Randzuschlag	Begegnungszuschlag
Fahrzeugverkehr	$2 \times Z_1 = 2 \times 0{,}50$ m = 1,00 m	$Z_2 = 0{,}40$ m
Gemeinsamer Fußgänger- und Fahrzeugverkehr	$2 \times Z_1 = 2 \times 0{,}75$ m = 1,50 m	$Z_2 = 0{,}40$ m

(4) Bei einer geringen Anzahl von Verkehrsbegegnungen (ca. 10 pro h) darf die Summe aus doppeltem Rand- und einfachem Begegnungszuschlag bis auf 1,10 m herabgesetzt werden, wenn dadurch keine zusätzliche Gefährdung für die Beschäftigten entsteht. Als Verkehrsbegegnungen zählen sowohl die Begegnungen Fahrzeug-Fahrzeug als auch Fahrzeug-Fußgänger. Bei einspuriger Verkehrsführung darf der doppelte Randzuschlag nicht verringert werden.

(5) Bei manuell zu bewegenden Flurförderzeugen sind die Sicherheitszuschläge entsprechend der Gefährdungsbeurteilung festzulegen.

(6) An Kurven und zweckmäßigerweise auch an Kreuzungen ist die Breite des Verkehrsweges in Abhängigkeit von den Wenderadien der Fahrzeuge einschließlich des Ladegutes zu bemessen. Hierbei sind die entsprechenden Angaben der Hersteller zu berücksichtigen.

(7) Die Mindesthöhe über Verkehrswegen für den Fahrzeugverkehr ergibt sich aus der größten Höhe des Fahrzeugs einschließlich Ladung in Transportstellung sowie dem stehenden oder sitzenden Fahrer. Zu dieser Höhe ist ein Sicherheitszuschlag von mindestens 0,20 m anzusetzen. Die lichte Höhe muss über die gesamte Breite des Verkehrsweges, der von Transportmitteln genutzt werden kann, eingehalten werden.[722)]

(8) Werden Verkehrswege auch als Feuerwehrzufahrten genutzt, so sind diese mindestens mit einem Lichtraumprofil von 3,50 m × 3,50 m einzurichten. Sie sind ständig freizuhalten und dürfen, z. B. durch nachträgliche Einbauten, nicht eingeengt werden.[723)]

(9) Werden geeignete Personenerkennungssysteme beim Einsatz automatisch gesteuerter Transportmittel (fahrerlos betrieben) verwendet, sind Abweichungen aufgrund der Gefährdungsbeurteilung bei der Bemessung der Rand- und Begegnungszuschläge zulässig.

(10) Bei gleichzeitigem Aufenthalt von kraftbetriebenen Flurförderzeugen (z. B. Regal- und Kommissionierstapler) und Fußgängern in Schmalgängen müssen geeignete technische bzw. bauliche Schutzmaßnahmen (z. B. Personenerkennungssystem) installiert werden.[724)] [725)]

4.4 Kennzeichnung und Abgrenzung von Verkehrswegen

(1) Lassen sich Gefährdungen im Verlauf von Verkehrswegen nicht durch technische Maßnahmen verhindern oder beseitigen, oder ergeben sich Gefährdungen durch den Fahrzeugverkehr aufgrund unübersichtlicher Betriebsverhältnisse (z. B. durch Arbeits- und Lagerflächen ohne feste Einbauten), sind die Verkehrswege gemäß ASR A1.3 „Sicherheits- und Gesundheitsschutzkennzeichnung" deutlich erkennbar zu kennzeichnen, z. B. Laderampenkanten an ständigen Be- und Entladestellen durch gelb-schwarze Streifen oder eine zeitlich

722) Das sich aus Wegbreite und -höhe ergebende Wegprofil ist vollständig von Bauteilen und sonstigen Einrichtungen, z. B. Rohren, Leitungen, Leuchten, freizuhalten. Bei Fahrwegen für Eisenbahnen und Straßenbahnen ergibt sich die Mindesthöhe des Verkehrsweges aus dem festgelegten Lichtraumprofil.

723) Die Nutzung von Verkehrswegen als Feuerwehrzufahrt kann aufgrund bauaufsichtlicher Vorgaben notwendig sein. Die Norm DIN 14090:2024-02 Flächen für die Feuerwehr auf Grundstücken legt Maße und Anforderungen für die im Baurecht geforderten Flächen auf dem Betriebsgelände fest, die für Rettungsmaßnahmen und die Durchführung wirksamer Löscharbeiten notwendig sind. Dazu zählen auch Feuerwehrzufahrten.

724) DIN 15185-2:2013-10 Flurförderzeuge – Sicherheitsanforderungen – T. 2: Einsatz in Schmalgängen zeigt auf, durch welche Schutzmaßnahmen ein ausreichender Personenschutz erzielt werden kann. Die in der Norm aufgeführten Personenschutzsysteme umfassen bauliche Maßnahmen, technische Maßnahmen an den Zugängen der Schmalgänge, technische Maßnahmen am Flurförderzeug sowie Geschwindigkeitsbegrenzungen.

725) In Lagern, in denen sich systembedingt Fußgänger und Regalflurförderzeuge gleichzeitig im selben Schmalgang aufhalten dürfen, ist ein ausreichender Personenschutz in der Regel nur mit Sensoren am Flurförderzeug, wie z. B. Laserscanner zum Erkennen von Personen, die den Fahrbereich des Flurförderzeuges innerhalb eines ausreichenden Abstandes überwachen, möglich. Weiterführende Hinweise enthält die DGUV Information 208-030 Personenschutz beim Einsatz von Flurförderzeugen in Schmalgängen, Ausg. 2016-03.

begrenzte Gefahr ausgehend von ausgelaufener Flüssigkeit durch das Warnzeichen W011 „Warnung vor Rutschgefahr". Eine Kennzeichnung kann entfallen, wenn die Verkehrswege durch feststehende Betriebseinrichtungen (z. B. Regale) eindeutig bestimmt sind und sich dadurch keine Gefährdungen ergeben.

(2) Zur Kenntlichmachung der Abgrenzung zwischen niveaugleichen Verkehrswegen und umgebenden Arbeits- und Lagerflächen, sowie zwischen Wegen für den Fußgänger- und Fahrzeugverkehr können verschiedene Markierungsformen (z. B. dauerhafte Farbmarkierung, Markierungsleuchten siehe ASR A1.3 „Sicherheits- und Gesundheitsschutzkennzeichnung" Abschnitt 5.3) eingesetzt werden.[726)]

(3) Wenn es das Ergebnis der Gefährdungsbeurteilung erforderlich macht, sind Geländer oder Leitplanken zur Abgrenzung zwischen niveaugleichen Verkehrswegen und umgebenden Arbeits- und Lagerflächen sowie zwischen Wegen für den Fußgänger- und Fahrzeugverkehr zu setzen.

4.5 Treppen

(1) Treppen sind so zu gestalten, dass diese sicher und leicht begangen werden können. Das wird erreicht durch ausreichend große, ebene, rutschhemmende, erkennbare und tragfähige Auftrittsflächen in gleichmäßigen, mit dem Schrittmaß übereinstimmenden Abständen.[727)] [728)]

(2) Die Steigungen und Auftritte einer Treppe, die zwei Geschosse verbindet, dürfen nicht voneinander abweichen.[729)] Die Treppenstufen sollen kontrastreich und möglichst ohne störende Blendung des Benutzers ausgeleuchtet sein (siehe ASR A3.4 „Beleuchtung").[730)]

(3) Unter Berücksichtigung der Unfallgefahren sind Treppen mit geraden Läufen solchen mit gewendelten Läufen oder gewendelten Laufteilen vorzuziehen. Treppen im Verlauf von Hauptfluchtwegen (nach ASR A2.3 „Fluchtwege und Notausgänge") müssen über gerade

726) In ASR A1.3 „Sicherheits- und Gesundheitsschutzkennzeichnung" Abschn. 5.3 Abs. 1 (s. S. 183 ff.) werden als Möglichkeiten zur Kennzeichnung von Begrenzungen der Fahrwege neben Farbmarkierungen auch Bodennägel aufgeführt. Bei einem möglichen Einsatz von Nagelreihen oder unterschiedlichen Bodenbelägen ist zu berücksichtigen, dass es sich hierbei um potenzielle Stolper- und Rutschstellen (z. B. am Übergang zu einem Bodenbelag mit anderer Rutschhemmung) handeln kann.

727) Das Arbeitsstättenrecht ergänzt bezüglich der Treppen das Bauordnungsrecht durch betriebsbezogene Regelungen (s. Erl. zu Anh. 1.8 Abs. 1 RdNr. 62-70 in Opfermann/Streit: Arbeitsstätten, Loseblattwerk mit Kommentar, 3. Aufl., Landsberg 2025 unter OZ 3100).

728) Anforderungen an die konstruktive Gestaltung von Gebäudetreppen und deren Abmessungen enthält DIN 18065:2020-08 Gebäudetreppen – Begriffe, Messregeln, Hauptmaße. Weiterführende Hinweise für die sicherheitsgerechte Gestaltung, den sicheren Betrieb und die Instandhaltung von Treppen in Arbeitsstätten bietet DGUV Information 208-005 Treppen, Ausg. 2010-07.

729) Das Istmaß von Treppensteigung und Treppenauftritt innerhalb eines Treppenlaufes darf nach DIN 18065:2020-08 Gebäudetreppen – Begriffe, Messregeln, Hauptmaße gegenüber dem Sollmaß um nicht mehr als 5 mm abweichen.

730) Nach ASR A3.4 „Beleuchtung und Sichtverbindung" Anh. 1 Punkt 1.3 (s. S. 405 ff.) muss der Mindestwert der Beleuchtungsstärke für Treppen mindestens 100 Lux betragen.

Läufe verfügen[731]. Davon abweichend sind gebogene Treppenläufe zulässig, wenn sie:

1. eine lichte Breite von maximal 1,40 m,
2. einen Innendurchmesser von mehr als 2,00 m und
3. gleiche Stufenabmessungen

aufweisen.[732]

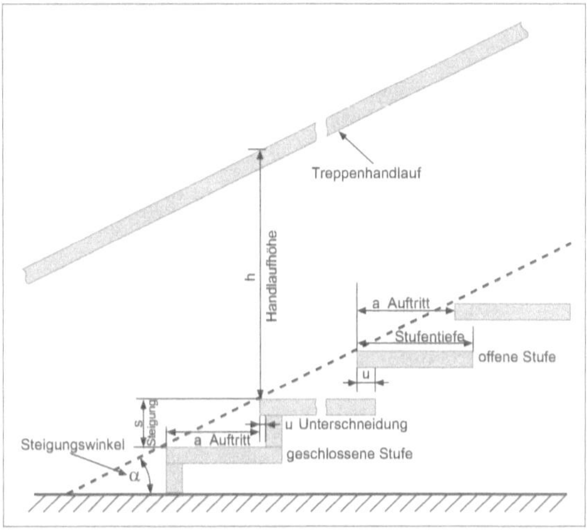

Abb. 4: Benennung einzelner Teile an Treppen

(4) Für Treppen (siehe Abbildung 4) ergibt sich als Beziehung zwischen Schrittlänge (SL), Auftritt (a) und Steigung (s) die Schrittmaßregel SL = 2 × s + a. Für eine gute Begehbarkeit einer Treppe soll die Schrittlänge zwischen 59 cm und 65 cm betragen.

In Arbeitsstätten darf die Steigung (s) zwischen 14 cm und 19 cm, der Auftritt (a) zwischen 26 cm und 32 cm und der Steigungswinkel (α) zwischen 24° und 36° variieren (siehe Tabel-

[731] Auf die an dieser Stelle bisher dargelegte Erklärung der Unzulässigkeit von Wendel- und Spindeltreppen im Verlauf des Hauptfluchtweges wurde mit der Neufassung der ASR A1.8 „Verkehrswege" verzichtet. Diese Forderung ist aber nach wie vor gültig und findet sich in Abschn. 5 Abs. 11 der ASR A2.3 „Fluchtwege und Notausgänge". Auch für andere Verkehrswege sind Treppen mit geraden Läufen solchen mit gewendelten Läufen oder gewendelten Laufteilen vorzuziehen. Letztere sind aber trotz der damit nachweislich verbundenen höheren Unfallgefahren weiterhin zulässig. Dabei sollen Wendeltreppen gegenüber Spindeltreppen bevorzugt werden. Bei den gewendelten oder gewinkelten Treppen sollte sich die Lauflinie nur nach einer Richtung ändern, d. h., die Treppe sollte als Links- oder Rechtstreppe ausgebildet sein (s. hierzu DGUV Information 208-005 Treppen, Ausg. 2010-07, Nr. 3.1.1).

[732] Die Erklärung der Zulässigkeit von gebogenen Treppenläufen, die bestimmte Anforderungen erfüllen müssen, auch für die Verwendung in Hauptfluchtwegen, ist mit der 2022 vorgenommenen Neufassung der ASR A1.8 „Verkehrswege" und der ASR A2.3 „Fluchtwege und Notausgänge" (s. dort in Abschn. 5 Abs. 13) eingefügt worden. Hintergrund ist, dass gebogene Treppen den Platzbedarf verringern und zudem architektonische Blickfänge setzen können. Zur Minimierung der Unfallgefahren beim Begehen sind diese gebogenen Treppen hinreichend breit und mit einem hinreichend großen Radius sowie durchgehend gleichen Stufenabmessungen (was für jede Treppe gilt) auszuführen.

le 4).[733] Die Maße sind Grenzmaße, die auch bei zulässigen Fertigungs- und Einbautoleranzen eingehalten werden müssen.

Als besonders sicher begehbar haben sich Treppen erwiesen, deren Stufen einen Auftritt von 29 cm und eine Steigung von 17 cm aufweisen.

Tab. 4: Auftritte und Steigungen unterschiedlicher Treppen

Anwendungsbereich/Bauten	**Auftritt (a) [cm]**	**Steigung (s) [cm]**
Versammlungsstätten, Verwaltungsgebäude der öffentlichen Verwaltung[734], Schulen, Horte, Kindertageseinrichtungen, Treppen im Freien	28 bis 32[735]	14 bis 17
gewerbliche Bauten, sonstige Gebäude	26 bis 30	16 bis 19
Hilfstreppen	21* bis 30	14 bis 21

* Bei Stufen, deren Auftritt a < 24 cm ist, muss die Unterscheidung (u) mindestens so groß sein, dass insgesamt eine Stufentiefe u + a = 24 cm erreicht wird.

(5) Hilfstreppen dürfen nur verwendet werden, wenn sie nicht arbeitstäglich begangen werden müssen. Die Nutzung von Hilfstreppen darf nur von unterwiesenen Personen erfolgen. Hilfstreppen sollen zur erhöhten Sicherheit mit zwei Handläufen ausgestattet sein.[736] [737]

---

733) Die Grenzwerte der Stufenabmessung von mindestens 26 cm bei der Auftrittsbreite und höchstens 19 cm bei der Steigungshöhe in Tabelle 4 entsprechen den Vorgaben des Bauordnungsrechts gemäß DIN 18065:2020-08 Gebäudetreppen – Begriffe, Messregeln, Hauptmaße. In der Praxis wird es Fälle geben, in denen Treppen mit einem Steigungswinkel größer 36° eingesetzt werden, z. B. wegen Platzmangels oder der konstruktiven Gestaltung einer technischen Anlage. Hilfstreppen (Steiltreppen) dürfen nicht steiler als 45° sein. Ihre Stufenhöhe darf nicht mehr als 21 cm und die Auftrittsbreite der Treppenstufe nicht weniger als 21 cm betragen.

734) Der genannte Anwendungsbereich „Verwaltungsgebäude der öffentlichen Verwaltung" erscheint nicht begründet. Die entsprechenden Anforderungen an Toleranzen für Auftritts- und Steigungsmaße dürften sich auf alle Verwaltungsgebäude beziehen (s. auch DGUV Information 208-005 Treppen, Ausg. 2010-07 Nr. 3.2.4 Tabelle 1).

735) Mit der Änderung der ASR A1.8 2024 wurde das Mindestmaß für den Auftritt von Treppenstufen für den Anwendungsbereich der Versammlungsstätten, Verwaltungsgebäude der öffentlichen Verwaltung, Schulen, Horte, Kindertageseinrichtungen, Treppen im Freien von zuvor 29 cm auf 28 cm verringert. Hintergrund war ein im ASTA vorgetragener Änderungsantrag der DGUV, Fachbereich Bildungseinrichtungen. Darin wurde darauf verwiesen, dass für Schulen in der DGUV Vorschrift 81 „Schulen", Ausg. 200 -05,^im Gegensatz zur ASR A1.8 ein Mindestmaß für den Auftritt von Treppenstufen von 28 cm festgelegt ist. Diese DGUV Vorschrift bzw. die Vorgänger-Richtlinien waren schon seit 1975 zu beachten. Insbesondere bei der Sanierung von bestehenden Schulgebäuden, die nach den Regelungen der DGUV Vorschrift 81 bzw. ihrer Vorgänger-Richtlinien mit einem Treppenauftritt von 28 cm errichtet wurden, war im Rahmen der Gefährdungsbeurteilung zu klären, ob die Treppenmaße an die geltenden Regelungen der ASR anzupassen sind. Eine solche Anpassung ist nur mit einem erheblichen baulichen Aufwand möglich, weil dann auch die Umwehrungen erneuert werden müssen und ggf. weitere Eingriffe in die Bausubstanz erforderlich sind. Zugleich wurde ausgesagt, dass sich kein Unfallgeschehen nachweisen ließ, welches auf dieses Auftrittsmaß zurückzuführen ist. Der ASTA folgte diesem begründeten Antrag und beschloss, die Spannbreite für den Auftritt in den genannten Gebäuden auf nunmehr 28 cm bis 32 cm zu ändern.

736) Hilfstreppen mit einem Neigungswinkel zwischen 36° bis 45° haben relativ kleine Auftritte. Daher besteht insbesondere in Abwärtsrichtung eine erhöhte Gefährdung, dass Beschäftigte über die Stufenkanten abrutschen. Hilfstreppen sollten nur gelegentlich durch besonders unterwiesene Personen benutzt werden. Diese Anforderung wurde mit der Neufassung der ASR A1.8 „Verkehrswege" 2022 in den Text eingefügt. S. auch DGUV Information 208-005 Treppen, Ausg. 2010-07, Nr. 4.3.

737) Bei Treppen in Arbeitsgruben und Unterfluranlagen für die Fahrzeug-Instandhaltung sind Neigungswinkel bis zu 45 ° zulässig. Diese Arbeitsgruben und Unterfluranlagen müssen gem. DGUV Regel 109-009 Fahrzeug-Instandhaltung, Ausg. 2023-03, Nr. 13.5.1 mit mindestens zwei Treppen ausgestattet sein.

(6) Bei Treppenläufen mit einem Steigungswinkel bis 36° muss nach höchstens 18 Trittstufen ein Zwischenpodest vorhanden sein. In begründeten Ausnahmefällen kann in Arbeitsstätten, die bis zum 30.6.2013 errichtet worden sind oder deren Bauantragstellung bis zu diesem Termin erfolgt ist, davon abgewichen werden bis die jeweiligen Bereiche dieser Arbeitsstätten wesentlich erweitert oder umgebaut werden. Bei Hilfstreppen mit einem Steigungswinkel größer als 36° ist nach jedem Treppenlauf mit einem Höhenunterschied von 3 m ein Zwischenpodest erforderlich.

(7) Die freien Seiten der Treppen, Treppenabsätze und Treppenöffnungen müssen durch Geländer gesichert sein. Die Höhe der Geländer muss lotrecht über der Stufenvorderkante mindestens 1,00 m betragen.[738) 739)] Bei Absturzhöhen von mehr als 12 m muss die Geländerhöhe mindestens 1,10 m betragen (siehe ASR A2.1 „Schutz vor Absturz und herabfallenden Gegenständen, Betreten von Gefahrenbereichen").

(8) Die Geländer müssen so ausgeführt sein, dass sie in der angebrachten Mindesthöhe eine Horizontalkraft von mindestens 500 N/m aufnehmen können.

(9) Geländer müssen so ausgeführt sein, dass Personen nicht hindurchstürzen können. Das Füllstabgeländer mit senkrecht angebrachten Stäben ist dem Knieleistengeländer vorzuziehen.[740)] Der lichte Abstand zwischen den Füllstäben darf dabei nicht mehr als 18 cm betragen (siehe ASR A2.1 „Schutz vor Absturz und herabfallenden Gegenständen, Betreten von Gefahrenbereichen").

(10) Treppen müssen:

1. einen Handlauf haben,
2. an beiden Seiten Handläufe haben, wenn die Stufenbreite mehr als 1,5 m beträgt und zusätzlich

---

738) Die Musterbauordnung, Ausg. 2002-11, zuletzt geändert im September 2024, fordert eine Mindesthöhe der Umwehrung von 0,90 m von Flächen mit einer Absturzhöhe von 1 m bis zu 12 m (§ 38 Abs. 4 Nr. 1 MBO). Mit Ausnahme der entsprechenden Vorschrift der Bauordnung Hessen (§ 41 Abs. 4 Nr. 1b BauO HE), die für Arbeitsstätten abweichend von Wohngebäuden eine Höhe der Umwehrung von 1 m vorschreibt, besteht somit bis zu einer Absturzhöhe von 12 m eine Abweichung des Arbeitsstättenrechts zum Bauordnungsrecht der Länder. Hier gilt, dass Anh. Nr. 2.1 Abs. 1 i. V. m. ASR A2.1 „Schutz vor Absturz und herabfallenden Gegenständen, Betreten von Gefahrenbereichen" Nr. 5.1 Abs. 2 (s. S. 297) nach § 3a Abs. 4 in Arbeitsstätten als weitergehende Vorschrift anzuwenden ist. Somit gilt für Arbeitsstätten eine Mindesthöhe von 1,0 m für Umwehrungen zum Schutz gegen Absturz. Zur Erreichung einer höheren Planungs- und Rechtssicherheit für Entwurfsverfasser wäre eine Änderung der Musterbauordnung nach dem Vorbild der Bauordnung Hessen sehr zu begrüßen.

739) Damit würde auch eine Angleichung an die Festlegung der Höhe der Treppengeländer in der bauaufsichtlich eingeführten Norm DIN 18065:2020-08 Gebäudetreppen – Begriffe, Messregeln, Hauptmaße, vorgenommen. Denn in dieser Norm wird in Bezug auf die Geländerhöhe zwischen Treppen in Arbeitsstätten und Treppen in Gebäuden, die nicht der ArbStättV unterliegen, unterschieden. In diesem Zusammenhang wird in der Norm eindeutig auf die Festlegungen der ArbStättV verwiesen.

740) Knieleistengeländer werden häufig an ortsfesten Zugängen zu maschinellen Anlagen eingesetzt. Sie verfügen als Schutz gegen Ab- oder Hindurchstürzen über eine Fußleiste, eine Knieleiste und den Handlauf. Gemäß DIN EN ISO 14122-3:2016-10 Ortsfeste Zugänge zu maschinellen Anlagen, T. 3: Treppen, Treppenleitern und Geländer muss die Fußleiste bei Knieleistengeländern eine Höhe von mindestens 10 cm haben und maximal 1 cm über der Laufebene angebracht sein. Abweichend davon wird in ASR A2.1 „Schutz vor Absturz und herabfallenden Gegenständen, Betreten von Gefahrenbereichen" Nr. 5.1 Abs. 5 (s. S. 297) lediglich eine Mindesthöhe der Fußleisten von 0,05 m und die Anordnung unmittelbar an der Absturzkante gefordert. Zudem darf der Abstand zwischen Fuß- und Knieleiste, zwischen Knieleiste und Handlauf oder zwischen zwei Knieleisten nicht größer als 0,50 m sein.

3. Zwischenhandläufe haben, mit denen die Stufenbreite in zwei gleiche Breitenabschnitte unterteilt wird, wenn der Abstand zwischen den Handläufen mehr als 4,0 m beträgt.

In Arbeitsstätten, die bis zum 30.6.2013 errichtet worden sind oder deren Bauantragstellung bis zu diesem Termin erfolgt ist, müssen Treppen mit mehr als 4 Stufen (Steigungen) mindestens einen Handlauf haben, soweit das Bauordnungsrecht der Länder einen Handlauf nicht schon bei geringerer Stufenzahl fordert oder bis die jeweiligen Bereiche dieser Arbeitsstätten wesentlich erweitert oder umgebaut werden.

(11) Treppenhandläufe müssen dem Benutzer einen sicheren Halt bieten. Hierzu wird eine ergonomische Gestaltung des Handlaufs empfohlen, die ein sicheres Umgreifen ermöglicht. Dies wird dadurch gewährleistet, dass der Durchmesser bzw. die Breite des Handlaufes zwischen 2,5 cm und 6 cm beträgt. Treppenhandläufe sollen durchgehend ausgeführt werden. Sie dürfen an den Übergängen zu Zwischenpodesten und Ebenen unterbrochen werden, wenn eine sichere Nutzung zu erwarten ist und nicht ohnehin auf Grund der Anforderungen aus dem Bauordnungsrecht eine Durchgängigkeit gefordert ist.

Handläufe sind in einer Höhe zwischen 0,80 m und 1,15 m zu führen.[741)] Ein seitlicher Mindestabstand von 5 cm zu benachbarten Bauteilen ist einzuhalten. Halterungen für Handläufe sollen an der Unterseite angeordnet sein. Die Enden der Handläufe müssen so gestaltet sein, dass Beschäftigte daran nicht hängen bleiben oder abgleiten können.

(12) Um dem Abrutschen und Hängenbleiben an den Stufenvorderkanten vorzubeugen, sollen deren Radien zwischen 2 mm und 10 mm liegen.

(13) Die Trittflächen von Treppen müssen rutschhemmend ausgeführt sein.[742)]

(14) Stolperstellen (z. B. hochstehende Kantenprofile) auf Treppen sind nicht zulässig.

4.6 Steigeisengänge und Steigleitern

4.6.1 Allgemeine Anforderungen

(1) Steigeisengänge und Steigleitern sind wegen der höheren Absturzgefahr und der höheren körperlichen Anstrengung beim Benutzen nur zulässig, wenn der Einbau einer Treppe betriebstechnisch nicht möglich ist. Auf Grundlage der Gefährdungsbeurteilung können Steigleitern oder Steigeisengänge gewählt werden, wenn der Zugang nur zu Instandhaltungsarbeiten und von unterwiesenen Beschäftigten genutzt werden muss. Der Transport von Werkzeugen oder anderen Gegenständen durch die Beschäftigten darf die sichere Nut-

---

741) Die Handläufe müssen an den freien Seiten der Treppen ohne Unterbrechung über den gesamten Treppenlauf führen. Dabei sollen die Handläufe 30 cm vor der ersten Stufe beginnen und um 30 cm über die letzte Stufe hinausgeführt werden. Dies entspricht der Forderung aus dem Bauordnungsrecht an die barrierefreie Gestaltung gemäß DIN 18040-1:2010-10 Barrierefreies Bauen – Planungsgrundlagen, T. 1: Öffentlich zugängige Gebäude, Nr. 4.3.6.3. Das Weiterführen der äußeren Handläufe über den Treppenlauf hinaus soll gewährleisten, dass Personen, deren Mobilität eingeschränkt ist, das Zwischenpodest oder das Stockwerk bereits betreten haben, wenn sie den sicheren Halt am Handlauf lösen.

742) Nach ASR A1.5 „Fußböden" Anh. 2 (s. S. 215) muss die Auftrittsfläche von Treppenstufen innerhalb von Gebäuden mindestens eine Rutschhemmung der Bewertungsgruppe R 9 aufweisen, wenn Feuchtigkeit von außen eingetragen werden kann. Für Außentreppen sind höhere Bewertungsgruppen (R 11 oder R 10 V4) erforderlich. Bei außen liegenden Treppen sind zum Schutz vor witterungsbedingter Glätte ggf. zusätzliche Maßnahmen erforderlich wie z. B. eine ausreichend große Überdachung.

zung von Steigeisengängen und Steigleitern nicht wesentlich behindern. Die Möglichkeit der Rettung der Beschäftigten ist dabei jederzeit sicherzustellen.[743) 744) 745)]

Bei Verwendung von Persönlicher Schutzausrüstung gegen Absturz (PSAgA) muss ein Rettungssystem zur Verfügung stehen, das an jeder beliebigen Stelle eine Rettung von Personen aus Notlagen ermöglicht.

(2) In bestimmten Bereichen mit besonderen Gefährdungen ist der Einsatz von Steigeisengängen und Steigleitern unzulässig. Dies gilt z. B. in Bereichen, in denen Erstickungsgefahr droht, wie in Deponien bei Schächten mit einer inneren Bauhöhe von mehr als 5,00 m.

Hinweis:

Werden Steigeisengänge und Steigleitern in explosionsgefährdeten Bereichen eingesetzt, sind besondere Anforderungen zu beachten (siehe TRBS 2152 Teil 1 „Gefährliche explosionsfähige Atmosphäre – Beurteilung der Explosionsgefährdung").

(3) Steigeisengänge und Steigleitern sind aus dauerhaften Werkstoffen herzustellen und gegen Korrosion zu schützen. Dabei sind sie nach den jeweiligen Betriebsverhältnissen auszuwählen.

(4) Die Befestigung der Steigeisen und Steigleitern muss zuverlässig und dauerhaft sein. Zu berücksichtigen sind dabei die zu erwartenden Belastungen und die Tragfähigkeit des Befestigungssystems und des Verankerungsgrundes.

4.6.2 Gestaltung und Einbau

(1) Steigeisen und Steigleitern müssen trittsicher sein.[746)] Hierzu gehört auch die Rutschhemmung, deren Ausführung sich nach den betrieblichen Verhältnissen richtet.

(2) Die Auftrittsbreiten von Steigeisen und Steigleitersprossen sind in der Regel ausreichend dimensioniert, wenn folgende Mindestmaße eingehalten werden:

---

743) Wenn Steigleitern oder Steigeisengänge an baulichen Einrichtungen von Arbeitsstätten benutzt werden, ergänzen Anh. 1.8 und 1.11 ArbStättV das Bauordnungsrecht (s. Opfermann/Streit: Arbeitsstätten, Loseblattwerk mit Kommentar, 3. Aufl., Landsberg 2025, Erl. zu Anh. 1.11 in OZ 3100). Werden Steigleitern oder Steigeisengänge in Arbeitsstätten im Verlauf des Nebenfluchtwegs (bisher zweiter Fluchtweg) eingesetzt, sind die Anforderungen der ASR A2.3 „Fluchtwege und Notausgänge" (s. S. 9 ff.) zu beachten.

744) Die DGUV Information 208-032 Auswahl und Benutzung von Steigleitern, Ausg. 2018-10 enthält weiterführende Hinweise für die sicherheitsgerechte Gestaltung, Instandhaltung und Prüfung von ortsfesten Steigleitern. Diese Information stellt die Anforderungen an Einrichtung und Benutzung von Steigleitern einschließlich der Absturzsicherungen sowie Ruhebühnen an baulichen Anlagen und in Schächten bzw. als Zugang zu maschinellen Anlagen zusammen und bietet weitergehende Hinweise zur Erstellung standortbezogener Rettungskonzepte.

745) Festlegungen zu bauartspezifischen Maßen und sicherheitstechnische Anforderungen für Steigleitern in Arbeitsstätten enthalten die Normen DIN 18799:2019-06 Ortsfeste Steigleitern an baulichen Anlagen T. 1: Steigleitern mit Seitenholm, sicherheitstechnische Anforderungen und Prüfung und T. 2: Steigleitern mit Mittelholm, sicherheitstechnische Anforderungen und Prüfung. Hinweise zur sicheren Nutzung von Steiggängen in Behältern und umschlossenen Räumen, z. B. Schächten oder Kanälen, enthält DGUV Regel 103-007 Steiggänge in Behältern und umschlossenen Räumen, Ausg. 2007-05.

746) Für die trittsichere Ausführung ist es notwendig, dass die Auftrittstiefe der Sprosse mindestens 20 mm beträgt, s. DGUV Information 208-032 Auswahl und Benutzung von Steigleitern, Ausg. 2018-10 Nr. 2.2.

1. bei einläufigen Steigeisengängen mindestens 300 mm,
2. bei zweiläufigen Steigeisengängen mindestens 150 mm,
3. bei Sprossen an Steigleitern mit Seitenholmen mindestens 350 mm,
4. bei Sprossen an Steigleitern mit Seitenholmen mit Steigschutzeinrichtung beidseitig der Führungsschiene mindestens 150 mm und
5. bei Sprossen bei Steigleitern mit Mittelholm beidseitig mindestens 150 mm.

Ausreichende Fußfreiraumtiefen sind in der Regel gegeben, wenn mindestens 150 mm zwischen Wandfläche und Auftrittsachse oder mindestens 160 mm gemessen von Wandfläche und Auftrittsvorderkante eingehalten werden.

(3) Ein- und Ausstiege an Steigeisengängen und Steigleitern müssen sicher begehbar sein. Dazu ist die Haltevorrichtung an der Austrittstelle bei Steigleitern mindestens 1,10 m, bei Steigeisengängen mindestens 1,00 m über die Austrittstelle hinauszuführen (Schnittstelle zum Übergang auf höher gelegene Verkehrswege, z. B. auf Dächern, siehe ASR A2.1 „Schutz vor Absturz und herabfallenden Gegenständen, Betreten von Gefahrenbereichen").

Im Allgemeinen darf der Abstand von der Standfläche bis zum untersten Steigeisen bei Steigeisengängen höchstens einen Steigeisenabstand, abweichend davon in Schächten zwei Steigeisenabstände, betragen. Die Steigeisenabstände dürfen maximal 333 mm betragen. Der lotrechte Abstand zwischen oberstem Steigeisen und Austrittsstelle darf höchstens einen Steigeisenabstand betragen. Bei Schächten im Straßenbau mit Einstiegsöffnungen von nicht mehr als 650 mm Durchmesser kann der Abstand bis auf 500 mm vergrößert werden. Wenn sich durch nachträgliches Aufbringen/Erhöhen der Straßendecke Änderungen ergeben, sind in Ausnahmefällen 650 mm bei bestehenden Anlagen statthaft.

(4) Der Abstand von der Vorderkante des Auftritts bis zu festen Bauteilen oder fest angebrachten Gegenständen muss bei Schächten auf der begehbaren Seite so groß sein, dass die Rettung von Personen jederzeit gewährleistet ist.[747)]

(5) An Steigeisengängen und Steigleitern müssen in Abständen von höchstens 10 m geeignete Ruhebühnen vorhanden sein. Für den Fall der Verwendung von Steigschutzeinrichtungen mit Schiene (z. B. zum Besteigen von Schornsteinen, Antennen) darf der Abstand bis auf maximal 25 m verlängert werden, wenn die Benutzung nur durch körperlich geeignete Beschäftigte erfolgt, die nachweislich im Benutzen des Steigschutzes geübt und regelmäßig unterwiesen sind.

(6) Im Bereich der Ruhebühnen müssen Steigeisengänge und Steigleitern ungehindert begehbar sein.

[747)] Um die Rettung von Personen jederzeit gewährleisten zu können, sind gem. DGUV Regel 103-007 Steiggänge in Behältern und umschlossenen Räumen, Ausg. 2007-05, Nr. 4.4 bevorzugt Schächte mit Einstiegsöffnungen mit einem Durchmesser von mindestens 800 mm zu planen.

4.6.3 Einrichtungen zum Schutz gegen Absturz

(1) Die Sicherungsmaßnahmen gegen Absturz sind unter Berücksichtigung der Fallhöhe (siehe Abschnitt 3.16) und der betriebsspezifischen Gefährdungen festzulegen.[748)]

(2) Einrichtungen zum Schutz gegen Absturz können ortsfest (Steigschutzeinrichtung, Rückenschutz) oder ortsveränderlich (z. B. Dreibein mit Höhensicherungsgerät mit Rettungsfunktion) ausgeführt sein.

(3) Bei Abweichungen des Steigganges von der Senkrechten muss bereits vor der Ausstattung mit Steigschutzeinrichtungen geprüft werden, ob die Funktion der Steigschutzeinrichtung auch unter diesen Umständen gewährleistet ist.[749)]

(4) Steigeisengänge und Steigleitern mit mehr als 5 m Fallhöhe müssen mit Einrichtungen zum Schutz gegen Absturz ausgestattet sein.[750)] Solche Einrichtungen sind z. B.:
1. mitlaufendes Auffanggerät mit fester Führung (Steigschutzeinrichtung),
2. mitlaufendes Auffanggerät an beweglicher Führung,
3. durchgehender Rückenschutz, beginnend zwischen 2,2 m und 3,0 m oberhalb der Standfläche der Person oder
4. Bauteile oder Streben, die aufgrund ihrer Anordnung und Beschaffenheit geeignet sind, den Rückenschutz zu ersetzen.

(5) Bei Fallhöhen von mehr als 10 m dürfen nur PSAgA (z. B. Steigschutzeinrichtungen) vorgesehen werden. Dies gilt, unabhängig von der Fallhöhe, auch für Steigeisengänge und Steigleitern:
1. die bei der Rettung von Personen begangen werden müssen,
2. in umschlossenen und engen Räumen (z. B. Silos, Schächte),
3. an Masten und Gerüsten von elektrischen Freileitungsnetzen und Schaltanlagen und
4. in Anlagen der Siedlungswasserwirtschaft.

(6) Bestehen besondere Gefährdungen beim Einstieg in Schächte (z. B. Abwasserschächte), sind die unter den Absätzen 4 und 5 genannten Schutzmaßnahmen gegen Absturz bereits bei Fallhöhen unter 5 m erforderlich.

(7) Zur Sicherstellung der Rettung von Personen aus oder über Steigeisengängen und Steigleitern mit Steigschutzeinrichtungen darf kein zusätzlicher Rückenschutz angebracht sein, da dieser eine Rettung behindert.

---

748) Steigeisengänge und Steigleitern, die als Einstieg in Schächte genutzt werden, sind entsprechend der Gefährdungsbeurteilung ggf. auch bei weniger als 5 m Fallhöhe mit Sicherungsmaßnahmen gegen Absturz auszustatten.

749) Bei Steigleitern mit Steigschutzeinrichtungen kann der Winkel mehr als 90° betragen, wenn die Funktionsfähigkeit und die Gebrauchstauglichkeit der Steigschutzeinrichtung nachgewiesen werden (s. DGUV Information 208-032 Auswahl und Benutzung von Steigleitern, Ausg. 2018-10 Nr. 3.2).

750) Für ortsfeste Steigleitern als Zugänge zu maschinellen Anlagen fordert DIN EN ISO 14122-4:2016-10 Ortsfeste Zugänge zu maschinellen Anlagen – T. 4: Ortsfeste Steigleitern, bereits ab einer Fallhöhe von mehr als 3 m Einrichtungen zum Schutz gegen Absturz.

(8) Die Nutzung der Steigschutzeinrichtungen muss bereits an der Einstiegsebene möglich sein.[751)]

4.7 Laderampen

(1) Die Breite der Laderampe ist so zu wählen, dass – sofern Längsverkehr mit kraftbetriebenen Transportmitteln vorgesehen ist – der Mindestabstand (Randzuschlag Z1 siehe Tabelle 3) zu festen Bauteilen gewährleistet ist.

(2) Die Breite von Laderampen darf 0,80 m nicht unterschreiten.

(3) Laderampen müssen über geeignete Auf- bzw. Abgänge verfügen. Wenn betriebstechnisch möglich, sind Auf- bzw. Abgänge als Treppen oder als geneigte sicher begeh- oder befahrbare Flächen auszuführen. Die Auf- bzw. Abgänge sollen möglichst nahe an den Be- und Entladestellen angeordnet sein.

(4) Laderampen mit einer Länge von mehr als 20 m müssen, sofern betriebstechnisch möglich, an jedem Endbereich einen Abgang haben.

(5) Besteht die Gefährdung, dass Personen oder Flurförderzeuge abstürzen können (siehe ASR A2.1 „Schutz vor Absturz und herabfallenden Gegenständen, Betreten von Gefahrenbereichen"), müssen folgende Verkehrsbereiche durch Umwehrungen – vorzugsweise durch Geländer – gesichert sein:
1. Laderampenkanten, insbesondere Bereiche, die keine ständigen Be- und Entladestellen sind,
2. Seiten von Schrägrampen,
3. Treppenzugänge und
4. Laderampenkanten bei integrierten Hubtischen.

(6) Bereiche von Laderampen, in denen Absturzgefahr besteht, dürfen nur von Personen betreten werden, die mit Tätigkeiten für die Dauer zum Be- bzw. Entladevorgang beauftragt sind und zuvor über die bestehenden Gefährdungen unterwiesen wurden.

4.8 Fahrtreppen und Fahrsteige

Hinweis:

In Arbeitsstätten müssen Fahrtreppen und Fahrsteige hinsichtlich ihrer Beschaffenheitsanforderungen den europäischen und nationalen Vorschriften, z. B. der Neunten Verordnung zum Produktsicherheitsgesetz, entsprechen. Sie müssen für die Nutzung in Arbeitsstätten geeignet sein und sicher betrieben werden können.

(1) Die Einbausituation und das Betreiben von Fahrtreppen und Fahrsteigen stellen Anforderungen an die Nutzungssicherheit, die auch deren Beschaffenheit betreffen kann. Daher ist beim Einrichten und Betreiben in der Arbeitsstätte im Rahmen der Gefährdungsbeurteilung die Eignung und Verwendbarkeit von Fahrtreppen und Fahrsteigen für die vorgesehe-

---

751) Bei der Verwendung von Steigschutzeinrichtungen muss die Verbindung zwischen dem Auffanggerät und dem Auffanggurt von einem sicheren Standplatz, z. B. vom Erdboden, einer Geschossdecke oder einem ausreichend dimensioniertem Podest aus, herzustellen und zu lösen sein.

ne Nutzung zu prüfen und ggf. die erforderlichen baulichen Sicherungsmaßnahmen und Veränderungen am Einbauort vorzunehmen (z. B. durch Einrichtungsgegenstände zusätzlich entstandene Quetschstellen sind zu sichern). Dabei sind die Herstellerangaben (z. B. Einbau- oder Betriebsanleitung) zu berücksichtigen.[752) 753)]

(2) Fahrtreppen oder Fahrsteige sind immer ein Teil der Verkehrswege. Sie müssen deshalb den zu- und abführenden Verkehrsströmen angepasst sein.

(3) Die Breite des Stauraums muss mindestens der Breite der Fahrtreppe oder des Fahrsteiges entsprechen. Die Breite der Fahrtreppen oder Fahrsteige ergibt sich aus der horizontal gemessenen Breite der Fahrtreppen oder Fahrsteige zwischen den Handlaufaußenseiten und einem beidseitigen Sicherheitsabstand zur Umgebung von jeweils 80 mm (siehe Abbildung 5). Die Tiefe muss mindestens 2,5 m – gemessen vom Ende der Balustrade – betragen. Sie darf auf 2,0 m verringert werden, wenn der Stauraum in der Breite mindestens auf die doppelte Breite der Fahrtreppe oder des Fahrsteiges vergrößert wird.

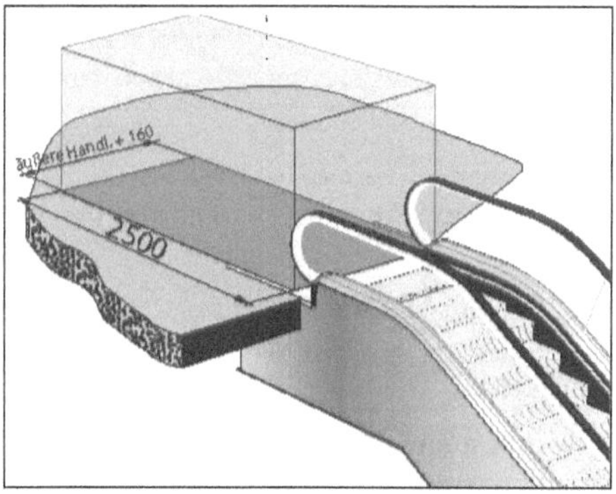

Abb. 5: Stauraum an einer Fahrtreppe (Maße in mm)

(4) Beim Einrichten sind die nachfolgenden Maßnahmen anzuwenden:

1. Der senkrechte Abstand über den Stufen- oder Bandoberflächen zu festen Teilen der Umgebung (Durchgangshöhe) muss mindestens 2,3 m betragen.

---

752) Die Beschaffenheitsanforderungen an Fahrtreppen und Fahrsteige sind in europäischen und nationalen Vorschriften, z. B. der Neunten Verordnung zum Produktsicherheitsgesetz (ProdSG) sowie in einschlägigen Normen (DIN EN 115-1:2018-01 Sicherheit von Fahrtreppen und Fahrsteigen – T. 1: Konstruktion und Einbau und DIN EN 115-2:2021-12 T. 2: Regeln für die Erhöhung der Sicherheit bestehender Fahrtreppen und Fahrsteige) abschließend geregelt. Allerdings hat der Arbeitgeber beim Einrichten und Betreiben einer Arbeitsstätte zu berücksichtigen, dass sich die betrieblichen Verhältnisse z. B. durch Umbaumaßnahmen, Umstellen von Einrichtungsgegenständen verändern können. Dieses führt zu Veränderungen auch hinsichtlich der Gefährdungsmöglichkeiten, z. B. durch neu entstandene Quetsch- und Scherstellen. Insofern müssen grundlegende Beschaffenheitsanforderungen (z. B. Abstandsmaße zu Vermeidung mechanischer Gefährdungen) für den Arbeitgeber verständlich und nachvollziehbar sein, damit er Gefährdungsmöglichkeiten erkennen und bei der Planung und dem Betrieb sowie bei der Instandhaltung (s. ASR A1.8 Abschn. 6) geeignete Schutzmaßnahmen einleiten kann.

753) Weiterführende Angaben zur Einrichtung und zum sicheren Betrieb enthält die DGUV Information 208-028 Fahrtreppen und Fahrsteige – T. 1: Betrieb von Fahrtreppen und Fahrsteigen, Ausg. 2007-12.

2. Beim Umfassen des Handlaufs muss der horizontale Abstand zwischen der Handlaufaußenseite und festen Teilen der Anlage und der Umgebung mindestens 8 cm betragen.
3. Der horizontale Abstand zwischen Handlauf und den Kanten der Deckendurchbrüche oder den Unterkanten der Balustraden bei sich kreuzenden Fahrtreppen oder Fahrsteigen muss mindestens 40 cm betragen, soweit nicht zur Vermeidung von Verletzungen zwischen der Balustrade und den Kanten der Gefahrbereich durch Abweiser gesichert ist, die durch ihre Formgebung und ihre Anordnung den Gefahrbereich verdecken und Personen, die in den Gefahrbereich kommen, abweisen.

(5) Beim Einrichten ist sicherzustellen, dass das Besteigen der Außenseite der Balustrade verhindert wird, z. B. durch Geländer.

(6) Beim Einrichten von Fahrtreppen und Fahrsteigen in Arbeitsstätten ist darauf zu achten, dass das Stillsetzen der Anlage durch NOT-HALT-Einrichtungen an den Zu- und Abgängen zu jeder Zeit gewährleistet ist. NOT-HALT-Einrichtungen sind gut erkennbar und leicht erreichbar anzuordnen. Die Abstände zwischen den NOT-HALT-Einrichtungen dürfen 30 m bei Fahrtreppen sowie 40 m bei Fahrsteigen nicht überschreiten. Falls erforderlich, müssen zusätzliche NOT-HALT-Einrichtungen vorgesehen werden, um diese Abstände einzuhalten.[754)]

(7) Um Stolpern oder Ausrutschen zu vermeiden, müssen die angrenzenden Bodenbeläge an die Rutschhemmung der Zu- und Abgänge der Fahrtreppen und Fahrsteige angepasst sein.[755)]

(8) Fahrtreppen und Fahrsteige dürfen (außer im Notfall) nur ein- oder ausgeschaltet werden, wenn sich auf ihnen keine Personen befinden und sollen deshalb von der Schaltstelle aus gut überblickt werden können.[756)]

(9) Von Hand bewegte Transporteinrichtungen dürfen auf Fahrtreppen und Fahrsteigen nur benutzt werden, wenn im Rahmen der Gefährdungsbeurteilung Maßnahmen festgelegt wurden, die einen sicheren Transport gewährleisten, z. B.:
1. Sollen auf Fahrtreppen und Fahrsteigen Transporteinrichtungen, z. B. Kofferkulis, Einkaufswagen[757)] oder Gepäckwagen befördert werden, hat der Betreiber dafür zu sorgen,

---

754) Für neu zu errichtende Fahrsteige werden in DIN EN 115-1:2018-06 Sicherheit von Fahrtreppen und Fahrsteigen – T. 1: Konstruktion und Einbau, im Bedarfsfall weitere NOT-HALT-Einrichtungen gefordert.

755) Bei der Auswahl von geeigneten Bodenbelägen, die an Zu- und Abgänge von Fahrtreppen und Fahrsteige angrenzen, ist ASR A1.5 „Fußböden" Abschn. 4 Abs. 10 (s. S. 205 ff.) zu berücksichtigen. Danach soll sich die Oberflächenbeschaffenheit von angrenzenden Fußböden hinsichtlich der Rutschhemmung nicht um mehr als eine R-Gruppe unterscheiden.

756) Fahrtreppen und Fahrsteige dürfen nur von Personen ein- oder ausgeschaltet werden, die anhand der Betriebsanweisung unterwiesen sind (vgl. ASR A1.8 Abschn. 5 Abs. 2). Zum Zeitpunkt des Ein- oder Ausschaltens dürfen sich keine Personen auf der Fahrtreppe oder dem Fahrsteig befinden. Während der Betriebszeit der Fahrtreppe oder des Fahrsteigs soll ein in der Nutzung unterwiesener und vom Arbeitgeber benannter Beschäftigter ständig leicht erreichbar sein, s. DGUV Information 208-028 Fahrtreppen und Fahrsteige – T. 1: Betrieb von Fahrtreppen und Fahrsteigen, Ausg. 2007-12, Nr. 5.2.

757) Anforderungen an geeignete Einkaufswagen zur Nutzung auf Fahrsteigen enthalten DIN EN 1929-2:2005-03 Einkaufswagen – T. 2: Anforderungen, Prüfungen und Instandhaltung für Einkaufswagen mit oder ohne Kindersitz, geeignet für den Gebrauch auf Personenfahrsteigen und DIN EN 1929-4:2005-07 Einkaufswagen – T. 4: Anforderungen und Prüfungen für Einkaufswagen mit zusätzlichen Abstelleinrichtungen für Waren, mit oder ohne Kindersitz, geeignet für den Gebrauch auf Fahrsteigen.

dass Fahrsteige und Transporteinrichtungen aufeinander abgestimmt und besondere Maßnahmen für den sicheren Betrieb festgelegt werden, z. B. das selbsttätige Feststellen der Transporteinrichtungen auf den Fahrsteigpaletten und das Maximalgewicht der Ladung.[758)]

2. Damit Fahrsteige im Notfall (z. B. bei Stillstand) gefahrlos verlassen werden können, ist die Breite der Transporteinrichtungen auf die Fahrsteigbreite abzustimmen. Ein gefahrloses Verlassen der Fahrsteige ist in der Regel gegeben, wenn die Fahrsteige 0,40 m breiter als die Transporteinrichtung sind.[759)] [760)]
3. Zur Vermeidung von Gefährdungen, z. B. Quetschung durch nachfolgende Transporteinrichtungen, wenn sich eine vorausfahrende Transporteinrichtung nicht von der Fahrsteigpalette löst, sollen in Abstimmung mit dem Hersteller zusätzliche NOT-HALT-Einrichtungen vorgesehen werden.
4. Beim Mitführen von Transporteinrichtungen soll der Stauraum abweichend von Absatz 3 mindestens 5 m tief sein.

5 Betreiben von Verkehrswegen

(1) Bei der Benutzung von Verkehrswegen können sich Gefährdungen ergeben, insbesondere durch:
1. die Art der Nutzung (z. B. gemeinsamer Fußgänger- und Fahrzeugverkehr),
2. die betrieblichen Verhältnisse (z. B. Schichtbetrieb mit unterschiedlicher Verkehrsdichte oder Besucherdichte),
3. Verschmutzungen (z. B. Verunreinigungen und Ablagerungen),
4. Witterungsverhältnisse (z. B. Glatteis) oder
5. Vegetation.

Für die Sicherheit auf Verkehrswegen sind geeignete Schutzmaßnahmen (z. B. innerbetriebliche Verkehrsregeln, geeignete Warnkleidung, farbliche Markierungen, Reinigungsverfahren, Winterdienst, Überdachung) im Rahmen der Gefährdungsbeurteilung festzulegen und umzusetzen.

(2) Die Beschäftigten müssen gefährdungsbezogen in die Benutzung der Verkehrswege und über die betrieblichen Verkehrsregeln unterwiesen sein. Dies betrifft auch Verkehrsbereiche, in denen sich innerbetriebliche Regelungen mit öffentlichen Anforderungen über-

---

758) Nach den Vorgaben des ProdSG hat der Hersteller in der Bedienanleitung auf sicherheitsrelevante Faktoren wie z. B. das Maximalgewicht der Ladung und die Feststellmöglichkeiten für Transporteinrichtungen hinzuweisen. Der Betreiber hat die Pflicht, nur abgestimmte Transportmittel einzusetzen, die einen sicheren Betrieb gewährleisten.

759) Kann die Forderung, dass die Fahrsteige 0,40 m breiter als die Transporteinrichtung sind, nicht umgesetzt werden, muss der Betreiber dafür sorgen, dass der Fahrsteig auf andere Weise verlassen werden kann. Dies kann z. B. durch die Auswahl schmalerer Transportmittel erreicht werden, s. DGUV Information 208-028 Fahrtreppen und Fahrsteige – T. 1: Betrieb von Fahrtreppen und Fahrsteigen, Ausg. 2007-12, Nr. 4.1.

760) Werden Transporteinrichtungen wie z. B. Einkaufswagen auf Fahrsteigen genutzt, dann sollten diese möglichst ca. 1,5 bis 2 m geradeaus zur Zufahrt des Fahrsteigs geschoben werden, da hierdurch die Rollen der Transporteinrichtung parallel zum Fahrsteig ausgerichtet werden und sich dadurch besser festsetzen.

schneiden (z. B. Straßenverkehrsordnung auf Parkflächen, die zum Betriebsgelände gehören).[761) 762)]

(3) Die erforderliche Mindestbreite der Verkehrswege (siehe Tabellen 2 und 3, Abbildung 3) muss ständig freigehalten werden, damit sie jederzeit benutzt werden können.

(4) Verkehrswege im Freien und in Gebäuden sind für die Dauer der Benutzung so zu beleuchten (siehe ASR A3.4 „Beleuchtung"), dass eine sichere Benutzung gewährleistet wird.[763)]

(5) Transporte dürfen nur dann durchgeführt werden, wenn die für einen sicheren Transport ausreichende Sicht über den Verkehrsweg gegeben ist.

(6) Wenn die Sichtverhältnisse es erfordern, dürfen Fahrzeuge nur eingesetzt werden, wenn sie mit einer ausreichenden Beleuchtungseinrichtung ausgerüstet sind und diese eingeschaltet ist.

(7) Transportvorgänge über Treppen sollen so durchgeführt werden, dass für den Transportierenden eine Hand zum Festhalten am Handlauf frei bleibt und ihm die Sicht auf die Treppe durch das Transportgut nicht verdeckt wird.

(8) Zum Transport von Lasten über Steigleitern und Steigeisengänge sind geeignete Hilfsmittel (z. B. Winden, Lasthaken, Seile) einzusetzen. Beschäftigte dürfen Lasten über Steigleitern und Steigeisengänge nur dann transportieren, wenn sie dabei beide Hände frei haben und die Gefährdung durch herabfallende Gegenstände vermieden wird (z. B. durch Verwendung eines Rucksacks oder einer verschließbaren Werkzeugtasche am Gürtel). Durch die mitgeführte Last darf die Bewegungsfreiheit nicht eingeschränkt werden (z. B. durch Hängenbleiben am Rückenschutz).

(9) Auf die besonderen Gefährdungen bei der Benutzung von Fahrtreppen und Fahrsteigen ist durch geeignete Maßnahmen (z. B. Unterweisung, Sicherheitskennzeichnung und Aufschriften) hinzuweisen.[764)] So birgt z. B. das Gehen auf Fahrtreppen durch unterschiedliche oder zu große Steigung der Stufen Stolper- und Sturzgefahren.

---

761) Gem. DGUV Information 208-030 Personenschutz beim Einsatz von Flurförderzeugen in Schmalgängen, Ausg. 2016-03, Nr. 4.9 ist der ordnungsgemäße Betrieb von Schmalgang-Lagersystemen in einer Betriebsanweisung zu regeln und den Beschäftigten im Rahmen der Unterweisung schon vor Aufnahme der Tätigkeit bekannt zu machen.

762) Andere Verkehrsbereiche, in denen sich innerbetriebliche Regelungen mit öffentlichen Anforderungen überschneiden und die der gefährdungsbezogenen Unterweisung der Beschäftigten in die Benutzung der Verkehrswege bedürfen, sind z. B. Arbeiten im Bereich von Gleisen gem. DGUV Information 214-009 Gestaltung von Sicherheitsräumen, Sicherheitsabständen und Verkehrswegen bei Eisenbahnen, Ausg. 2011-07 oder Baustellen im Grenzbereich zum Straßenverkehr, bei denen durch den fließenden Verkehr Gefährdungen für die Beschäftigten entstehen können (s. ASR A5.2 „Anforderungen an Arbeitsplätze und Verkehrswege auf Baustellen im Grenzbereich zum Straßenverkehr – Straßenbaustellen" auf S. 64 ff.).

763) Nach ASR A3.4 „Beleuchtung und Sichtverbindung" Anh. 1 (s. S. 405) beträgt der Mindestwert der Beleuchtungsstärke z. B. für innerbetriebliche Verkehrsflächen und Flure ohne Fahrzeugverkehr 50 lx, für innerbetriebliche Verkehrsflächen und Flure mit Fahrzeugverkehr 150 lx, für Treppen, Fahrtreppen, Fahrsteige, Aufzüge 100 lx und für Laderampen, Ladebereiche 150 lx. Auch für Verkehrswege im Außenbereich werden in ASR A3.4 Anh. 1 Mindestwerte der Beleuchtungsstärke für verschiedene Verkehrswegtypen festgelegt.

764) Über geeignete Sicherheitszeichen für die Benutzung von Fahrtreppen und Fahrsteigen informiert DGUV Information 208-028 Fahrtreppen und Fahrsteige – T. 1: Betrieb von Fahrtreppen und Fahrsteigen, Ausg. 2007-12 Anh. 2.

(10) Unmittelbar aufeinander folgende Fahrtreppen oder Fahrsteige ohne Zwischenausgänge oder Verteilerebenen müssen mit gleicher Laufgeschwindigkeit betrieben werden.

(11) Bei Mängeln, die sich aus dem Betrieb ergeben und zur Gefährdung von Personen führen können, muss die Fahrtreppe oder der Fahrsteig stillgesetzt werden. Solche Mängel sind z. B.:
1. Fremdkörper, die an den Einlaufstellen (Kamm) der Stufen bzw. Bänder oder an den Einlaufstellen der Handläufe in die Balustrade eingeklemmt sind,
2. Handlaufbeschädigungen,
3. gefahrbringende Vandalismusschäden,
4. unzulässiger Vor- bzw. Nachlauf des Handlaufes,
5. unzulässige Einzugstellen zwischen den Stufen oder dem Band und dem Balustradensockel oder
6. Beschädigungen an Kämmen[765)], Sockelbürsten, Balustradenverkleidung.

6 Instandhaltung und sicherheitstechnische Funktionsprüfung

(1) Verkehrswege und deren Sicherheitseinrichtungen sind je nach Art und Häufigkeit der Benutzung und der vorhandenen Gefahren in regelmäßigen Abständen auf ihre ordnungsgemäße Funktion zu überprüfen und, falls erforderlich, instand zu setzen. Art, Umfang und Fristen der Überprüfung richten sich nach dem Ergebnis der Gefährdungsbeurteilung. Für Fahrtreppen und Fahrsteige sind die Wartungshinweise der Hersteller zu beachten.[766)] [767)] [768)] [769)]

(2) Vor und während der Instandhaltungsarbeiten an Fahrtreppen und Fahrsteigen müssen diese abgesperrt werden.

(3) Der sichere Betrieb von Steigleitern und Steigeisengängen sowie von Fahrtreppen und Fahrsteigen ist zur Verhütung und Beseitigung von Gefahren durch regelmäßige Funktionsprüfun-

765) Zur Vermeidung erhöhter Einzugsgefahr sind Fahrtreppen oder Fahrsteige umgehend stillzusetzen, wenn zwei nebeneinander liegende Zähne eines Kamms abgebrochen sind. Erst nach Austausch des beschädigten Kamms darf die Fahrtreppe oder der Fahrsteig wieder in Betrieb genommen werden, s. a. DGUV Information 208-028 Fahrtreppen und Fahrsteige – T. 1: Betrieb von Fahrtreppen und Fahrsteigen, Ausg. 2007-12 Nr. 6.1.

766) Anforderungen an wiederkehrende sicherheitstechnische Prüfungen von Fahrtreppen und Fahrsteigen, die über eine Funktionsprüfung hinausgehen, sind in der BetrSichV zu regeln. Dies gilt auch für Steigleitern und Steigeisengänge, obwohl diese keine Arbeitsmittel im Sinne der BetrSichV, sondern technische Einrichtungen gem. dem Bauordnungsrecht sind, s. DGUV Information 208-028 Fahrtreppen und Fahrsteige – T. 1: Betrieb von Fahrtreppen und Fahrsteigen, Ausg. 2007-12, Anwendungsbereich.

767) Beschädigte Stufenkanten von Treppen und unebene Auftritte von Stufen sind instandzusetzen. Beschädigte Kantenprofile müssen unverzüglich gegen neue ausgewechselt werden (vgl. ASR A1.8 Abschn. 4.5 Abs. 14).

768) Die zum Betrieb von Flurförderzeugen in Schmalgängen erforderlichen Sicherheitseinrichtungen müssen einer täglichen Funktionsprüfung unterzogen werden, s. DGUV Information 208-030 Personenschutz beim Einsatz von Flurförderzeugen in Schmalgängen, Ausg. 2016-03 Nr. 4.11.

769) Bei Fahrtreppen haben sich Wartungszeiträume entsprechend dem Aufstellungsort, Typ und Laufzeiten von ein bis drei Monaten bewährt. Konkrete Angaben sind der Betriebsanleitung zu entnehmen, s. DGUV Information 208-028 Fahrtreppen und Fahrsteige – T. 1: Betrieb von Fahrtreppen und Fahrsteigen, Ausg. 2007-12 Nr. 6.1.

gen – insbesondere der sicherheitstechnischen Einrichtungen – zu gewährleisten.[770) 771)] Der sichere Zu- und Abgang zu Fahrtreppen und Fahrsteigen ist jederzeit zu gewährleisten (siehe Abschnitt 4.8 Absatz 3).

Hinweis:

Die sicherheitstechnischen Prüfungen für Fahrtreppen und Fahrsteige erfolgen nach den Vorgaben der Betriebssicherheitsverordnung. [772)]

7 Abweichende/ergänzende Anforderungen für Baustellen

7.1 Festlegen und Einrichten von Verkehrswegen[773)]

(1) Verkehrswege auf Baustellen sind z. B. Zugänge zu Arbeitsplätzen, zu Sanitärräumen, zu Unterkünften oder zu Pausen- und Bereitschaftsräumen. Dazu gehören insbesondere Laufstege, Treppen, Flure, Gänge, Laderampen, ortsfeste Steigleitern und Steigeisengänge sowie Fluchtwege.

Hinweis:

Nicht ortsfeste Leitern sind keine Verkehrswege im Sinne der ASR A1.8. Der Einsatz von Leitern als Zugang zu/Abgang von Arbeitsplätzen wird in der TRBS 2121 Teil 2 betrachtet.

(2) Verkehrswege auf Baustellen müssen zeitlich, räumlich und tätigkeitsbezogen festgelegt werden. Im Zuge des Baufortschritts verändern sich häufig die Anordnung sowie die Größe bzw. die Abmessungen von Arbeitsplätzen und Verkehrswegen. Ein Teilbereich einer Baustelle kann im Zuge des Baufortschritts tätigkeitsbezogen wechselnd als Arbeitsplatz oder Verkehrsweg festgelegt werden. Bei der gleichzeitigen Ausführung abgrenzbarer Arbeits-

---

770) Um einen sicheren Betrieb von Fahrtreppen und Fahrsteigen sicherzustellen, sind diese täglich und vor jedem Einschalten auf ihren ordnungsgemäßen Zustand zu prüfen. Dabei sind die Hinweise aus DGUV Information 208-030 Personenschutz beim Einsatz von Flurförderzeugen in Schmalgängen, Ausg. 2016-03 Nr. 4.11 zu beachten.

771) Art, Umfang und Fristen der wiederkehrenden sicherheitstechnischen Prüfungen von Steigleitern richten sich nach dem Ergebnis der Gefährdungsbeurteilung unter Beachtung der Hinweise des Herstellers. I.d.R. empfiehlt sich die jährliche Prüfung durch einen Sachkundigen; je nach Ergebnis der Gefährdungsbeurteilung kann diese Frist verlängert bzw. verkürzt werden, DGUV Information 208-032 Auswahl und Benutzung von Steigleitern, Ausg. 2018-10, Nr. 5.2.

772) Art, Umfang und Fristen erforderlicher sicherheitstechnischer Prüfungen für Fahrtreppen und Fahrsteige sind in einer Gefährdungsbeurteilung zu ermitteln (s. §§ 3, 10, 15 BetrSichV). Darüber hinaus sind Fahrtreppen und Fahrsteige vor der ersten Inbetriebnahme sowie nach wesentlichen Veränderungen einer sicherheitstechnischen Prüfung zu unterziehen. s. auch VdTÜV-Merkblatt 1504 Grundsätze für die Prüfung von Fahrtreppen und Fahrsteigen, Ausg. 2011-08.

773) Der Text für das Festlegen und Einrichten von Verkehrswegen ist in einer Arbeitsgruppe aus Vertretungen des BMAS, der Arbeitsschutzbehörden der Länder und der Berufsgenossenschaft Bau (BGBau) abgestimmt und wird nahezu wortgleich in Abschnitt 2.8 der DGUV-Regel 101-38 Bauarbeiten als Erläuterung zu § 2 Abs. 8 der DGUV Vorschrift 38 Bauarbeiten verwendet. Inhaltlich geht es darum, dem Bauverlauf folgend stets eine klare Festlegung von Verkehrswegen und Arbeitsplätzen vorzunehmen. Hintergrund ist, dass ein Teilbereich einer Baustelle im Zuge des Baufortschritts tätigkeitsbezogen wechselnd als Arbeitsplatz oder Verkehrsweg festgelegt werden muss. Bei der gleichzeitigen Ausführung abgrenzbarer Arbeitsschritte kann ein Teilbereich einer Baustelle für Beschäftigte als Arbeitsplatz und für andere Beschäftigte als Verkehrsweg festgelegt sein. Dabei können auch verschiedene Arbeitgeber für die Sicherheit der Beschäftigten verantwortlich sein. Dies erfordert eine sachgerechte Abstimmung zwischen den Arbeitgebern hinsichtlich der Festlegung und Einrichtung der Verkehrswege, um Gefährdungen zu vermeiden.

schritte kann ein Teilbereich einer Baustelle für Beschäftigte als Arbeitsplatz und für andere Beschäftigte als Verkehrsweg festgelegt sein.

(3) Muss ein Teilbereich eines Arbeitsplatzes zugleich als Verkehrsweg von anderen Beschäftigten desselben Arbeitgebers genutzt werden, so hat dieser Arbeitgeber diesen Verkehrsweg zuvor festzulegen und einzurichten.

(4) Muss ein Teilbereich eines Arbeitsplatzes zugleich Beschäftigten anderer Arbeitgeber als Verkehrsweg dienen, müssen sich die betroffenen Arbeitgeber hinsichtlich der Festlegung und Einrichtung der Verkehrswege abstimmen (§ 8 Arbeitsschutzgesetz (ArbSchG), § 6 DGUV Vorschrift 1).

Hinweis:

Bei der Festlegung und Einrichtung von Verkehrswegen auf Baustellen sind ggf. die Hinweise des Koordinators nach Baustellenverordnung (BaustellV) sowie der Sicherheits- und Gesundheitsschutzplan (SiGePlan) zu berücksichtigen.

(5) Wird ein als Verkehrsweg festgelegter Bereich von anderen Beschäftigten im Rahmen ihres Arbeitsauftrages als Arbeitsplatz genutzt, bleiben die Anforderungen an den Verkehrsweg davon unberührt. Der Arbeitgeber hat dafür zu sorgen, dass sich die Beschäftigten in diesem gemeinsam genutzten Bereich nicht gegenseitig gefährden.

7.2 Abweichende/ergänzende Anforderungen

(1) Zwischen Verkehrswegen auf Baustellen und Böschungskanten bzw. Verbaukanten sind Sicherheitsabstände (gemäß DIN 4124:2012-01 „Baugruben und Gräben") für die Standsicherheit einzuhalten.[774)]

Besteht die Gefahr des Abkommens von Fahrzeugen oder mobilen Arbeitsmitteln in Richtung der Baugrube oder des Grabens, sind gegebenenfalls weitere Maßnahmen erforderlich (z. B. transportable Schutzeinrichtungen wie Anprallschutz, Rammschutz, Leitplanken).

Für Verkehrswege in diesen Bereichen sind gegebenenfalls Maßnahmen gegen Absturz gemäß ASR A2.1 „Schutz vor Absturz und herabfallenden Gegenständen, Betreten von Gefahrenbereichen" vorzusehen.

(2) Laufstege bei Bauarbeiten müssen mindestens 0,5 m breit sein und dürfen nur bis zu einer Neigung von 1:1,75 (etwa 30°) verwendet werden. Sie müssen Trittleisten haben, wenn sie steiler als 1:5 (etwa 11°) sind.[775)]

(3) Abweichend von Abschnitt 4.1 Absatz 5 dürfen Abdeckungen von Öffnungen in Verkehrswegen auf Baustellen höchstens 5 cm über die umgebende Oberfläche hinausragen.

[774)] DIN 4124:2012-01 Baugruben und Gräben – Böschungen, Verbau, Arbeitsraumbreiten enthält Angaben, wie Baugruben und Gräben zu bemessen und auszuführen sind. Danach ist z. B. an den Rändern von Baugruben und Gräben, die betreten werden müssen, ein mindestens 0,60 m breiter, möglichst waagerechter, betretbarer Arbeitsraum freizuhalten.

[775)] Laufstege bei Bauarbeiten sind waagerechte oder geneigte Verkehrswege, die Arbeits- oder Verkehrsflächen miteinander verbinden. Die höchstzulässige Steigung für Laufsteige mit Trittleisten ist eine Neigung von maximal 1:1,75 (etwa 30°). Sie müssen Trittleisten haben, wenn sie steiler als 1 : 5 (etwa 11°) sind. Die Forderungen finden sich wortgleich in der DGUV Vorschrift 38 Bauarbeiten, Ausg. 2019-11, § 8 Abs. 2.

(4) Abweichend von Abschnitt 4.2, Tabelle 2 beträgt die Mindestbreite der Verkehrswege auf Baustellen 0,60 m. In Abhängigkeit der Nutzung (z. B. Anzahl der Personen, Art der Transportvorgänge) sind die Breiten der Verkehrswege anzupassen. Für Verkehrswege zu besonderen Arbeitsplätzen in Tunneln, Stollen und Durchpressungen gelten die Mindestabmessungen aus Tabelle 5 und Abbildung 6. Auf die Regelungen der ASR A2.1 „Schutz vor Absturz und herabfallenden Gegenständen, Betreten von Gefahrenbereichen" wird verwiesen. Auf die Regelungen der ASR A5.2 „Anforderungen an Arbeitsplätze und Verkehrswege auf Baustellen im Grenzbereich zum Straßenverkehr – Straßenbaustellen" wird verwiesen.

Tab. 5: Mindestbreite von Verkehrswegen zu besonderen Arbeitsplätzen in Tunneln, Stollen und Durchpressungen

Länge [m] von Tunneln, Stollen und Durchpressungen	Mindestlichtmaß (MLM) [m]		
	Kreisquerschnitt Durchmesser	Rechteckquerschnitt	
		Höhe	Breite
< 50	0,80	0,80	0,60
50 – < 100	1,00	1,00	0,60
≥ 100	1,20	1,20	0,60
Steigschächte müssen einen freien Querschnitt von mindestens 0,70 m × 0,70 m haben.			

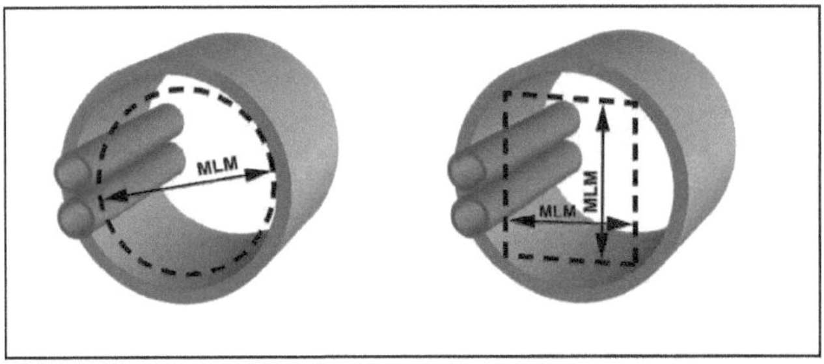

Abb. 6: Mindestlichtmaß (MLM) von Verkehrswegen in Tunneln, Stollen und Durchpressungen

(5) Abweichend von Abschnitt 4.2 Absatz 7 darf auf Baustellen die lichte Mindesthöhe über Verkehrswegen von 2,00 m unterschritten werden, wenn diese aus baulichen Gegebenheiten nicht eingehalten werden kann.

(6) Abweichend von Abschnitt 4.3 Absatz 3 muss bei kombiniertem Fußgänger- und Fahrzeugbetrieb bei Bauarbeiten im Tunnel ein Gehweg mit einem freien Mindestquerschnitt von 1,00 m Breite und 2,00 m Höhe vorhanden sein. Kann dieser Querschnitt aus bautechnischen Gründen nicht eingehalten werden, müssen – ausgenommen bei Förderung mit Ste-

tigförderern – in Abständen von höchstens 50 m auffällig gekennzeichnete und beleuchtete Schutznischen von mindestens 1,00 m Tiefe, 1,00 m Länge und 2,00 m Höhe vorhanden sein und ständig freigehalten werden. Lässt sich bei Gleis- oder Stetigfördererbetrieb der Mindestquerschnitt für den Gehweg aus bautechnischen Gründen nicht einhalten, darf dessen Breite bis auf 0,50 m verringert werden.

(7) Abweichend von Abschnitt 4.5 Absatz 4 kann bei temporären Bautreppen die Steigung (s) zwischen 18 cm und 25 cm betragen. Der Auftritt (a) muss mindestens 18 cm und die Unterschneidung (u) mindestens 3 cm groß sein. Der Steigungswinkel (α) einer temporären Bautreppe kann zwischen 30° und 55° variieren.[776)]

(8) Abweichend von Abschnitt 4.5 Absatz 8 müssen die Geländer- und Zwischenholme an Treppen, die bei Bauarbeiten genutzt werden, so ausgeführt sein, dass sie eine Einzellast in ungünstigster Richtung von 300 N aufnehmen können. Dabei darf die elastische Durchbiegung nicht mehr als 3,5 cm betragen.

(9) Abweichend von Abschnitt 4.5 Absätze 7 und 9 genügt auf Baustellen an freiliegenden Treppenläufen und Podesten mit mehr als 1,00 m Absturzhöhe Seitenschutz, bestehend aus Geländer- und mindestens einem Zwischenholm.[777)]

(10) Für Handläufe bei Treppen auf Baustellen bedarf es keiner ergonomischen Ausgestaltung des Handlaufes im Sinne von Abschnitt 4.5 Absatz 11.

Hinweis:

Für Handläufe aus Holz empfiehlt sich die Verwendung von gehobelten Brettern o. ä.

(11) Abweichend von Abschnitt 4.5 Absatz 12 kann bei Treppen auf Baustellen auf die Abrundung der Stufenvorderkante verzichtet werden.

Literaturhinweise

Informationen der Unfallversicherungsträger

DGUV Regel 101-002 Regeln für die Sicherheit von Treppen bei Bauarbeiten 01/1996

DGUV Regel 103-008 Steiggänge für Behälter und umschlossene Räume 05/2007

DGUV Information 208-001 Ladebrücken, Informationen zum Arbeitsschutz 10/2019

DGUV Information 208-005 Treppen 04/1991, aktualisiert 07/2010

DGUV Information 208-028 Fahrtreppen und Fahrsteige; Teil 1: Sicherer Betrieb 12/2007

DGUV Information 208-029 Fahrtreppen und Fahrsteige; Teil 2: Montage, Demontage und Instandhaltung 12/2007

---

776) Die Festlegungen zu Auftritt, Steigung, Steigungswinkel und Unterschneidung von Bautreppen stimmen weitgehend mit DGUV Regel 101-002 Regeln für die Sicherheit von Treppen bei Bauarbeiten, Ausg. 1996-01 (Fassung 2002), Nr. 6.2 überein.

777) Dies entspricht der Festlegung in DGUV Regel 101-002 Regeln für die Sicherheit von Treppen bei Bauarbeiten, Ausg. 1996-01 (Fassung 2002) Nr. 6.2.6. Geländer- und Zwischenholm sind in Abmessung und Ausführung nach DIN 4420-1:2004-03 Arbeits- und Schutzgerüste – T. 1: Schutzgerüste – Leistungsanforderungen, Entwurf, Konstruktion und Bemessung auszuführen.

DGUV Information 208-030 Personenschutz beim Einsatz von Flurförderzeugen in Schmalgängen 03/2016

DGUV Information 208-032 Auswahl und Benutzung von Steigleitern 10/2018

DGUV Information 240-410 Handlungsanleitung für die arbeitsmedizinische Vorsorge nach dem Berufsgenossenschaftlichen Grundsatz G 41 „Arbeiten mit Absturzgefahr" 01/2010

Normen

DIN EN 13374:2019-06 Temporäre Seitenschutzsysteme – Produktfestlegungen – Prüfverfahren

DIN 4124:2012-01 Baugruben und Gräben – Böschungen, Verbau, Arbeitsraumbreiten

zu Anh. Nr. 2.1 ArbStättV

Technische Regeln für Arbeitsstätten	Schutz vor Absturz und herabfallenden Gegenständen, Betreten von Gefahrenbereichen	ASR A2.1

(GMBl. Nr. 62 vom 3.12.2012 S. 1220)
zuletzt geändert durch (GMBl. Nr. 9-11 vom 18.3.2022 S. 245)[778)]

...

Diese ASR A2.1 konkretisiert im Rahmen ihres Anwendungsbereichs Anforderungen der Verordnung über Arbeitsstätten. Bei Einhaltung dieser Technischen Regel kann der Arbeitgeber davon ausgehen, dass die entsprechenden Anforderungen der Verordnung erfüllt sind. Wählt der Arbeitgeber eine andere Lösung, muss er damit mindestens die gleiche Sicherheit und den gleichen Schutz der Gesundheit für die Beschäftigten erreichen.

Inhaltsverzeichnis

1 Zielstellung

Diese ASR konkretisiert die Anforderungen an das Einrichten und Betreiben von Arbeitsplätzen und Verkehrswegen zum Schutz vor Absturz oder herabfallenden Gegenständen sowie die damit verbundenen Maßnahmen bezüglich des Betretens von Dächern oder anderen Gefahrenbereichen nach § 3a Absatz 1 der Arbeitsstättenverordnung in Verbindung mit Nummer 1.5 Absatz 4 und Nummer 2.1 des Anhangs.

2 Anwendungsbereich

(1) Diese ASR gilt zum Schutz der Beschäftigten vor Absturz und vor herabfallenden Gegenständen sowie für das Betreten von Dächern oder Gefahrenbereichen.[779) 780) 781)]

---

778) Mit der fünften Änderung der ASR A2.1 wurden im März 2022 in Abschnitt 8.2 Regelungen für Teilbereiche einer Baustelle eingefügt, die im Zuge des Baufortschritts wechselnd als Arbeitsplatz oder Verkehrsweg festgelegt werden. Zudem wurden in der ASR formale Änderungen vorgenommen (GMBl. 2022, S. 245).

779) Bei der Reinigung von Fenstern, Dachoberlichtern und lichtdurchlässigen Wänden sind die Anforderungen der ASR A2.1 in Bezug auf den Umgang mit Gefährdungen durch Absturz und herabfallende Gegenstände zu berücksichtigen.

780) Für Treppen, Steigleitern und Steigeisengänge, Laderampen, Fahrtreppen und Fahrsteige ist die ASR A2.1 i. V. m. der ASR A1.8 „Verkehrswege" Abschn. 4.5–4.8 anzuwenden.

781) Bezüglich der Kennzeichnung von Gefahrstellen ist die ASR A2.1 i. V. m. der ASR A1.3 „Sicherheits- und Gesundheitskennzeichnung" anzuwenden.

(2) Diese ASR gilt nicht für das Einrichten und Betreiben von Arbeitsplätzen und Verkehrswegen, die Bestandteil eines Arbeitsmittels sind, das in den Regelungsbereich der Betriebssicherheitsverordnung fällt.[782) 783)]

(3) (gestrichen)

Hinweis:

Beim Reinigen von Fenstern, Oberlichtern und lichtdurchlässigen Wänden ist diese Arbeitsstättenregel in Verbindung mit der ASR A1.6 „Fenster, Oberlichter, lichtdurchlässige Wände" anzuwenden.

3 Begriffsbestimmungen

3.1 Absturz ist das Herabfallen von Personen auf eine tiefer gelegene Fläche oder einen Gegenstand. Als Absturz gilt auch das Durchbrechen durch eine nicht tragfähige Fläche oder das Hineinfallen und das Versinken in flüssigen oder körnigen Stoffen.[784)]

3.2 Absturzkante ist die Kante, über die Beschäftigte abstürzen können (siehe Abb. 1).

Eine Absturzkante ist definiert als:
- Kante zu einer mehr als 60° geneigten Fläche (z. B. einer Dachfläche),
- Übergang einer durchtrittsicheren zu einer nicht durchtrittsicheren Fläche,
- Übergang von Flächen mit unterschiedlichen Neigungswinkeln von einer bis zu 20° geneigten Fläche[785)] zu einer mehr als 60° geneigten Fläche oder
- die gedachte Linie an gewölbten Flächen, ab der der Neigungswinkel einer Tangente größer als 60° ist.[786)]

---

782) Das Thema Absturz wird in der BetrSichV und in deren untergesetzlichen Regelwerk aus der Sicht der Bereitstellung und Benutzung von Arbeitsmitteln angesprochen (TRBS 2121 Gefährdung von Beschäftigten durch Absturz – Allgemeine Anforderungen, Ausg. 2018-07 sowie TRBS 2121 Teil 1 Bereitstellung und Benutzung von Gerüsten, Ausg. 2019-01, Teil 2 Bereitstellung und Benutzung von Leitern, Ausg. 2018-12, Teil 3 Bereitstellung und Benutzung von Zugangs- und Positionierungsverfahren unter Zuhilfenahme von Seilen, Ausg. 2019-01 und Teil 4 Ausnahmsweises Heben von Personen mit hierfür nicht vorgesehenen Arbeitsmitteln, Ausg. 2019-01.

783) Für ortsfeste Zugänge zu maschinellen Anlagen enthält die Normreihe DIN EN ISO 14122 konstruktive Festlegungen u. a. zum Schutz vor Absturz und vor herabfallenden Gegenständen: DIN EN ISO 14122:2016-10 Sicherheit von Maschinen – Ortsfeste Zugänge zu maschinellen Anlagen – T. 1: Wahl eines ortsfesten Zugangs zwischen zwei Ebenen, Ausg. 2016-10, T. 2: Arbeitsbühnen und Laufstege, Ausg. 2016-10, T. 3: Treppen, Treppenleitern und Geländer, Ausg. 2016-06 und T. 4: Ortsfeste Steigleitern, Ausg. 2016-10.

784) Zu den aufgeführten körnigen Stoffen sind auch Pulver und Stäube zu zählen. Diese sind mit dem eingeführten Begriff Schüttgüter gleichzusetzen.

785) Nach ASR A1.5 „Fußböden" Abschn. 3.3 (s. S. 203) liegt ab ca. 20° „eine gefährliche Schräge vor, [ab] der ein Fußboden aufgrund seiner Neigung bzw. Steigung nicht mehr sicher betrieben, also begangen, befahren oder zum Abstellen genutzt werden kann".

786) Nach dieser Begriffsbestimmung wird das Abrutschen auf einer mehr als 60° geneigten Fläche einem Abstürzen gleichgesetzt.

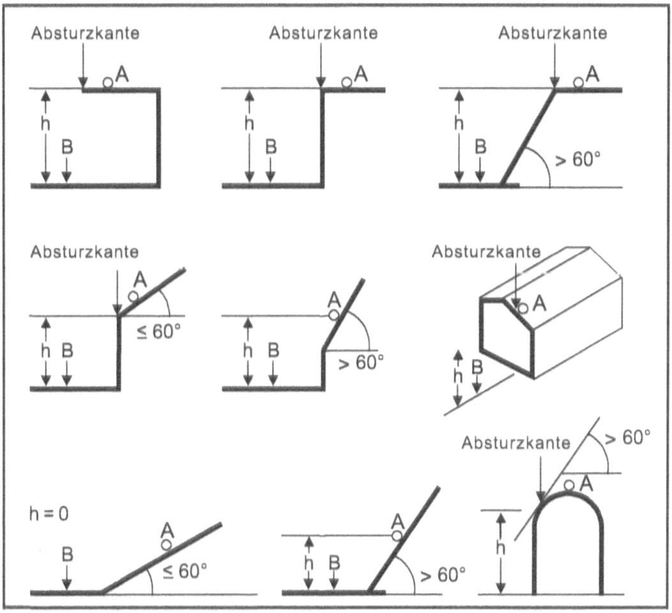

Abb. 1: Absturzkanten und Absturzhöhen (h)

h = senkrechter Höhenunterschied zwischen A = Standfläche bzw. der Absturzkante und B = Auftrefffläche

3.3 Absturzhöhe im Sinne dieser ASR (siehe Abb. 1) ist der senkrechte Höhenunterschied zwischen der Standfläche der Beschäftigten an Arbeitsplätzen und Verkehrswegen bzw. der Absturzkante und der angrenzenden tiefer liegenden ausreichend großen und tragfähigen Fläche (Auftrefffläche).

3.4 Abrutschen im Sinne dieser ASR ist ein unkontrolliertes Abgleiten von Beschäftigten bei Arbeiten auf geneigten Flächen (z. B. aufgrund der Neigung oder der Beschaffenheit der Standfläche) über eine Absturzkante.[787)]

3.5 Absturzsicherung im Sinne dieser ASR ist eine zwangsläufig wirksame Einrichtung, die einen Absturz auch ohne bewusstes Mitwirken der Beschäftigten verhindert, z. B. eine Umwehrung (siehe auch Punkt 3.8) oder Abdeckung.

787) Eine Gefährdung durch Abrutschen von Beschäftigten bei Arbeiten oder bei der Benutzung von Verkehrswegen auf geneigten Flächen von mehr als 20° und weniger als 60° über eine Absturzkante ist gem. Nr. 4.1 Abs. 1 zu beurteilen. Ein Abrutschen auf einer mehr als 60° geneigten Fläche wird dagegen unmittelbar dem Abstürzen gleichgesetzt.

3.6 Auffangeinrichtung im Sinne dieser ASR ist eine zwangsläufig wirksame Einrichtung, die abstürzende Beschäftigte auch ohne deren bewusstes Mitwirken auffängt und vor einem weiteren Absturz schützt, z. B. Schutznetz, Schutzwand oder Schutzgerüst.[788) 789)]

3.7 Individuelle Schutzmaßnahmen dienen dem Schutz vor Absturz einzelner Beschäftigter oder dem Auffangen abstürzender Beschäftigter, z. B. Persönliche Schutzausrüstung gegen Absturz (PSAgA).

3.8 Umwehrung ist eine Einrichtung zum Schutz der Beschäftigten gegen Absturz, z. B. Brüstung, Geländer, Gitter oder Seitenschutz. Im Gegensatz zum meist durchbrochenen Geländer handelt es sich bei einer Brüstung um eine geschlossene, in der Regel massiv ausgeführte Wandscheibe bzw. im Fall der Fensterbrüstung um einen Teil einer Außenwand.

3.9 Gefahrenbereiche im Sinne dieser ASR sind Bereiche, in denen Beschäftigte nicht durch bauliche Maßnahmen vor einer Gefährdung durch Absturz oder herabfallende Gegenstände geschützt sind.

3.10 Herabfallende Gegenstände sind auch solche Materialien, die umstürzen, abgleiten, abrollen oder auslaufen können.

3.11 Durchtrittsicher sind Bauteile, die beim Betreten nicht brechen und durch die Beschäftigte nicht hindurch stürzen können. Nicht durchtrittsichere Bauteile können z. B. sein:

- Faserzement-Wellplatten,
- Asbestzement-Wellplatten,
- Bitumen-Wellplatten,
- Dachoberlichter (z. B. Lichtplatten, Lichtbänder, Lichtkuppeln),
- lichtdurchlässige Dächer (z. B. Glasdächer, Dächer aus Kunststoff),
- Verglasungen (z. B. Shed-Dächer) oder
- Solar-, Photovoltaikelemente.

3.12 Arbeitsplatz auf Baustellen ist der Bereich, in dem Beschäftigte im Rahmen ihrer Arbeit – ggf. auch nur kurzzeitig – tätig sind.

---

788) Einrichtungen zum Auffangen abstürzender Personen sind insbesondere Schutznetze nach DIN EN 1263-1:2015-03 Temporäre Konstruktionen für Bauwerke – Schutznetze (Sicherheitsnetze) – T. 1: Sicherheitstechnische Anforderungen, Prüfverfahren, T. 2: Sicherheitstechnische Anforderungen für die Errichtung von Schutznetzen, Ausg. 2015-03, temporäre Seitenschutzsysteme nach EN 13374:2019-06 Temporäre Seitenschutzsysteme – Produktfestlegungen – Prüfverfahren sowie Fang- und Dachfanggerüste nach DIN 4420:2004-03 Arbeits- und Schutzgerüste – T. 1: Schutzgerüste – Leistungsanforderungen, Entwurf, Konstruktion und Bemessung. Schutznetze und andere temporäre Seitenschutzbauteile werden meist beim Bau oder bei der Instandhaltung von Gebäuden oder sonstigen Baukonstruktionen verwendet.

789) Zum Einsatz von Schutznetzen (Sicherheitsnetzen) enthält die DGUV Regel 101-011 Verwendung von Schutznetzen (Sicherheitsnetzen), Ausg. 2024-01, praktische Hinweise für die Montage und Nutzung als Auffangeinrichtung.

4 Beurteilung der Gefährdungen und Rangfolge der Schutzmaßnahmen

4.1 Gefährdung durch Absturz

(1) Bei der Ermittlung und Beurteilung der für die Beschäftigten mit ihrer Arbeit verbundenen Gefährdungen sind mindestens folgende Kriterien zu berücksichtigen:
- Absturzhöhe,
- Art, Dauer der Tätigkeit, körperliche Belastung,
- Abstand von der Absturzkante,
- Beschaffenheit des Standplatzes (Neigungswinkel), der Standfläche (z. B. Rutschhemmung),
- Beschaffenheit der tiefer gelegenen Fläche, z. B. Schüttgüter (versinken, ersticken), Wasser (versinken, ertrinken), Beton (harter Aufschlag), Bewehrungsanschlüsse (aufspießen), Behälter mit Flüssigkeiten, Gegenstände oder Maschinen einschließlich deren bewegter Teile, die sich auf dieser Fläche befinden und
- Beschaffenheit der Arbeitsumgebung und gefährdende äußere Einflüsse, z. B. Sichtverhältnisse, Erkennbarkeit (z. B. Beleuchtung, Tageszeit, Blendwirkung durch helle Flächen oder Gegenlicht, Markierungen), Vibrationen, gleichgewichtsbeeinflussende Faktoren, Witterungseinflüsse (z. B. Wind, Eis und starker Schneefall).

(2) Im Rahmen der Gefährdungsbeurteilung kann der Arbeitgeber u. a. die Hinweise aus den Planungsunterlagen für bauliche Anlagen heranziehen.[790)]

(3) Befinden sich Arbeitsplätze oder Verkehrswege 0,2 m bis 1,0 m oberhalb einer angrenzenden Fläche oder besteht die Gefährdung des Abrutschens oder unabhängig von der vorgenannten Höhe die Gefährdung des Hineinfallens oder des Versinkens in Stoffen, ist im Rahmen der Gefährdungsbeurteilung zu ermitteln, ob und welche Schutzmaßnahmen nach Punkt 4.2 erforderlich sind.[791)]

(4) Eine Gefährdung durch Absturz liegt bei einer Absturzhöhe von mehr als 1,0 m vor.[792)]

4.2 Rangfolge der Maßnahmen zum Schutz vor Absturz

Bauliche und technische Maßnahmen haben Vorrang vor organisatorischen und individuellen Schutzmaßnahmen. Sie sind entsprechend der nachfolgenden Rangfolge zu treffen.
1. Absturzsicherungen
2. Lassen sich aus betriebstechnischen Gründen (z. B. Arbeitsverfahren, zwingende technische Gründe) Absturzsicherungen nicht verwenden, müssen an deren Stelle Auffangeinrichtungen vorhanden sein.
3. Lassen sich keine Absturzsicherungen oder Auffangeinrichtungen einrichten, sind Persönliche Schutzausrüstungen gegen Absturz (PSAgA) als individuelle Schutzmaßnahme

790) RAB 32 Regel zum Arbeitsschutz auf Baustellen, Unterlage für spätere Arbeiten (Stand: 2003-03).

791) Die Festlegung des unteren Maßes von 0,2 m erfolgte in Übereinstimmung mit der Festlegung in ASR A1.8 „Verkehrswege" Abschn. 4.5 Abs. 4 (s. S. 272), nach der die Steigung von Treppen zwischen 14 cm und 19 cm variieren darf. In der Gefährdungsbeurteilung ist folglich eine Absturzgefährdung durch die Benutzung von Treppen nicht zu betrachten.

792) Auch nach dem Bauordnungsrecht ist beim Angrenzen einer begehbaren Fläche an eine mehr als 1,00 m tiefer liegende Fläche eine Umwehrung vorzusehen (s. z. B. § 38 Abs. 1 BauO NW, § 38 Abs. 1 BauO SN), womit unterstellt wird, dass eine Absturzgefährdung vorliegt.

zu verwenden. Die geeignete PSAgA muss sich aus der Gefährdungsbeurteilung ergeben. Voraussetzung für die Verwendung von PSAgA ist das Vorhandensein geeigneter Anschlageinrichtungen.[793)] Die Beschäftigten müssen in der Benutzung der PSAgA eingewiesen und über die Durchführung der erforderlichen Rettungsmaßnahmen, z. B. über den Auffangvorgang, unterwiesen werden (Erste Hilfe und Rettungsgeräte siehe ASR A4.3 „Erste-Hilfe-Räume, Mittel und Einrichtungen zur Ersten Hilfe").[794)] [795)]

4. Lassen die Eigenart und der Fortgang der Tätigkeit und Besonderheiten des Arbeitsplatzes die vorgenannten Schutzmaßnahmen nicht zu, darf auf die Anwendung von PSAgA im Einzelfall (z. B. Boden- und Wandöffnungen von Szenenflächen bei Bühnen) nur dann verzichtet werden, wenn:
   - die Arbeiten von fachlich qualifizierten und körperlich geeigneten Beschäftigten ausgeführt werden,
   - der Arbeitgeber für den begründeten Ausnahmefall eine besondere Unterweisung durchgeführt hat und
   - die Absturzkante für die Beschäftigten deutlich erkennbar ist.[796)]

4.3 Gefährdung durch herabfallende Gegenstände

Bei der Ermittlung und Beurteilung der für die Beschäftigten mit ihrer Arbeit verbundenen Gefährdungen sind mindestens folgende Kriterien zu berücksichtigen:

- Höhenunterschied zwischen der Fläche, von der aus Gegenstände herabfallen können, und den Bereichen, die von Beschäftigten begangen oder befahren werden können,
- Beschaffenheit des Gegenstandes, z. B. Form, Gewicht, Konsistenz (z. B. Schüttgüter, Flüssigkeiten) und
- äußere Einflüsse, z. B. Witterungseinflüsse wie Wind.

---

793) Nach DIN 4426:2017-01 Einrichtungen zur Instandhaltung baulicher Anlagen – Sicherheitstechnische Anforderungen an Arbeitsplätze und Verkehrswege – Planung und Ausführung sind Anschlagpunkte für die Verwendung von PSAgA so anzuordnen, dass bei der Durchführung von Arbeiten ein Absturz ausgeschlossen ist. Anschlagmöglichkeiten, bei denen ein unbeabsichtigtes Lösen des Auffangsystems möglich ist, z. B. freie Rohr- bzw. Trägerenden, sind ungeeignet. Einzelanschlagpunkte sind nachrangig zu umlaufenden Sicherungssystemen zu nutzen. Anschlageinrichtungen müssen DIN EN 795:2012-10 Persönliche Absturzschutzausrüstung – Anschlageinrichtungen entsprechen. Auf Dächern mit einer Neigung > 20° und < 75° sind gemäß DIN 4426:2017-01 in festgelegten Abständen Sicherheitsdachhaken nach DIN EN 517:2006-05 Vorgefertigte Zubehörteile für Dacheindeckungen – Sicherheitsdachhaken einzubauen.

794) Die Verwendung der Persönlichen Schutzausrüstung gegen Absturz (PSAgA) setzt eine besondere Gefährdungsbeurteilung voraus, die auch die Festlegung der erforderlichen Rettungsmaßnahmen nach einem Auffangvorgang beinhaltet, z. B. Umgang mit Hängetrauma. Die in diesem Fall ebenfalls notwendige besondere Unterweisung der Beschäftigten, die PSAgA nutzen, soll auch Übungen angepasst an die jeweilige Gefährdungssituation beinhalten. Im Rahmen dieser Unterweisung ist sicherzustellen, dass die Beschäftigten Höhenretter verständigen können, soweit ein solcher Einsatz in Betracht kommt.

795) Bei der Auswahl geeigneter Schutzmaßnahmen ist zu berücksichtigen, dass PSAgA bei einer Absturzhöhe von nur 1 m bis 2 m nicht sicher wirken kann. Zum Auffangen eines Sturzes sind größere Mindestfreiräume unterhalb des zu sichernden Beschäftigten erforderlich.

796) Auch nach DGUV Vorschrift 17 Veranstaltungs- und Produktionsstätten für szenische Darstellung, Ausg. 1998-04, § 6 Abs. 2 sind Ausnahmen von der Forderung nach einer Absturzsicherung „aus zwingenden szenischen Gründen" möglich. Die zugehörige Regel 115-002 Veranstaltungs- und Produktionsstätten für szenische Darstellung, Ausg. 2024-05, beschreibt als mögliche Ersatzmaßnahmen Einrichtungen zum Auffangen abstürzender Personen, z. B. Auffangnetze, Anseilsicherungen oder deutlich erkennbare Markierungen an den Absturzkanten, z. B. selbstleuchtende oder stark reflektierende Bänder.

4.4 Rangfolge der Maßnahmen zum Schutz vor herabfallenden Gegenständen

Bauliche und technische Maßnahmen haben Vorrang vor organisatorischen und individuellen Schutzmaßnahmen. Sie sind entsprechend der nachfolgenden Rangfolge zu treffen.

1. Reicht die bauliche Ausführung nicht aus, ein Herabfallen von Gegenständen zu verhindern, sind zum Schutz der Beschäftigten Fußleisten, Schutzwände, Schutzgitter oder vergleichbare Einrichtungen anzubringen.
2. Lassen sich die Maßnahmen nach Nr. 1 aus betriebstechnischen Gründen nicht durchführen, müssen an deren Stelle die tiefer gelegenen Arbeitsplätze und Verkehrswege durch Schutzeinrichtungen, z. B. Schutzdächer oder Fangnetze, gesichert werden.
3. Lassen sich Bereiche aus betriebstechnischen Gründen nicht durch Maßnahmen nach Nr. 1 und 2 sichern, muss eine zeitlich-organisatorische Trennung in Verbindung mit einer Absperrung und Kennzeichnung des Gefahrenbereiches oder einer Überwachung (z. B. Warnposten) des Gefahrenbereiches erfolgen.[797)]
4. Lassen sich Bereiche aus betriebstechnischen Gründen nicht durch Maßnahmen nach Nr. 1, 2 und 3 sichern, ist Persönliche Schutzausrüstung (PSA) zu verwenden, soweit diese als Ergebnis der Gefährdungsbeurteilung geeignet ist. Die Beschäftigten sind in der Benutzung der PSA zu unterweisen.[798)]

5 Maßnahmen zum Schutz vor Absturz

5.1 Sicherung an Absturzkanten

(1) Umwehrungen müssen entsprechend der Nutzung so gestaltet sein, dass sie den zu erwartenden Belastungen standhalten und ein Hinüber- oder Hindurchfallen von Beschäftigten verhindern. Bewegliche Teile der Umwehrungen dürfen nur aus der Schutzstellung gebracht werden, wenn dieses betrieblich erforderlich ist und andere Schutzmaßnahmen getroffen sind. Sie müssen in der Schutzstellung gesichert werden können und dürfen sich nicht in Richtung des Absturzbereiches öffnen lassen.

(2) Die Umwehrungen müssen mindestens 1,00 m hoch sein. Die Höhe der Umwehrungen darf bei Brüstungen bis auf 0,80 m verringert werden, wenn die Tiefe der Umwehrung mindestens 0,20 m beträgt und durch die Tiefe der Brüstung ein gleichwertiger Schutz gegen Absturz gegeben ist.[799)]

797) Ob der Zutritt zum Gefahrenbereich durch Warnposten oder andere Warneinrichtungen gesichert werden muss, ergibt sich aus der Gefährdungsbeurteilung. Wird der Gefahrenbereich z. B. nur selten und kurzzeitig begangen und liegt eine Gefährdung nur durch leichte herabfallende Gegenstände vor, sollte ein Absperren des Gefahrenbereichs ausreichen. In diesem Fall hat der Arbeitgeber eine besondere Unterweisung der betroffenen Beschäftigten durchzuführen.

798) Zum Schutz vor herabfallenden Gegenständen dürfte es kaum eine ausreichend wirksame PSA geben. Ein Schutzhelm schützt z. B. nur die Kopfoberfläche und nicht andere Körperbereiche, wie z. B. Schultern, und auch die Kopfoberfläche nur dann, wenn der herabfallende Gegenstand über eine begrenzte Aufprallenergie verfügt (stumpfe Form, geringe Fallhöhe, geringes Gewicht).

799) Eine entsprechend gestaltete breite Brüstung benötigt nicht die vorgeschriebene Höhe von 1,00 m bzw. 1,10 m. Die zulässige Verminderung der Höhe ist abhängig von der Breite der Brüstung, hat jedoch dort seine Grenze, wo die Brüstung ohne Anstrengung bestiegen werden kann. Die Untergrenze der Brüstungshöhe von 0,80 m bei einer gleichzeitigen Tiefe von mindestens 0,20 m konkretisiert hierzu die Abweichungsmöglichkeit bei ausreichend breiten Umwehrungen.

Beträgt die Absturzhöhe mehr als 12 m, muss die Höhe der Umwehrung mindestens 1,10 m betragen.

Ergibt sich bei der Gefährdungsbeurteilung, dass in bestehenden Arbeitsstätten die Einhaltung der Höhe der Umwehrung mit Aufwendungen verbunden ist, die offensichtlich unverhältnismäßig sind, so hat der Arbeitgeber dies individuell zu beurteilen. Bei der Gefährdungsbeurteilung hat der Arbeitgeber zu prüfen, wie durch andere oder ergänzende Maßnahmen die Sicherheit und der Gesundheitsschutz der Beschäftigten in vergleichbarer Weise gesichert werden kann; die erforderlichen Maßnahmen hat er durchzuführen. Eine solche Maßnahme kann z. B. die Zugangsbeschränkung zur Absturzkante sein. Die ergänzenden Maßnahmen können solange herangezogen werden, bis die bestehenden Arbeitsstätten wesentlich umgebaut werden.[800)]

(3) Wenn für die Umwehrung Geländer verwendet werden, müssen diese:
- eine geschlossene Füllung aufweisen,
- mit senkrechten Stäben versehen sein (Füllstabgeländer) oder
- aus Handlauf, Knieleiste und Fußleiste bestehen (Knieleistengeländer).[801)]

(4) Bei Füllstabgeländern mit senkrechten Zwischenstäben darf deren lichter Abstand nicht mehr als 0,18 m betragen. Der Abstand zwischen der Unterkante der Umwehrung bis zur Fußbodenoberkante darf 0,18 m nicht überschreiten (siehe Abb. 2).

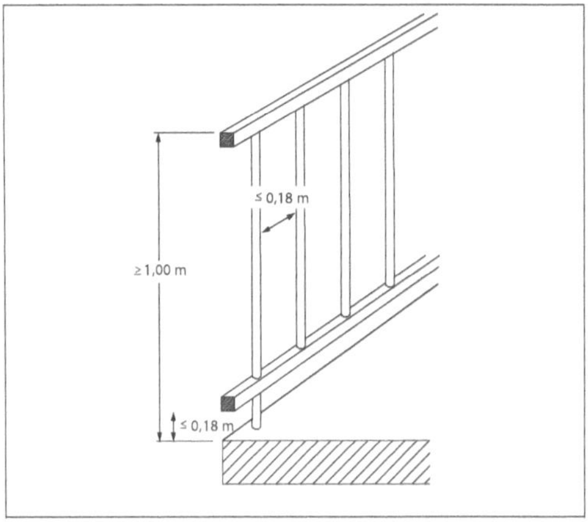

Abb. 2: Füllstabgeländer

[800)] Ein Anlass, die Vorgaben der ASR zur Höhe von Umwehrungen nicht umzusetzen, kann durch die Anforderungen der Denkmalschutzgesetze (DSchG) der Länder gegeben sein. So liegt in Baudenkmälern wie z. B. in Kirchen die Brüstungshöhe von Emporen in der Regel unter 1,00 m. In diesem Fall kann z. B. durch horizontal vorgelagerte, ausreichend dimensionierte Abweiser der Zugang zur Absturzkante in der Regel verlässlich beschränkt werden.

[801)] Insbesondere in Arbeitsstätten, in denen mit dauernder oder häufiger Anwesenheit von Kindern gerechnet werden muss, ist der Einbau von Füllstabgeländern mit senkrechten Stäben zur Vermeidung des Be- oder Übersteigens zu bevorzugen.

Hinweis:

Bei Gebäuden, in denen mit dauernder oder häufiger Anwesenheit von Kindern gerechnet werden muss, können geringere Abstände erforderlich sein.

(5) Bei Knieleistengeländern darf der Abstand zwischen Fuß- und Knieleiste, zwischen Knieleiste und Handlauf oder zwischen zwei Knieleisten nicht größer als 0,50 m sein. Die Fußleisten müssen eine Höhe von mindestens 0,05 m haben und unmittelbar an der Absturzkante angeordnet sein (siehe Abb. 3).[802]

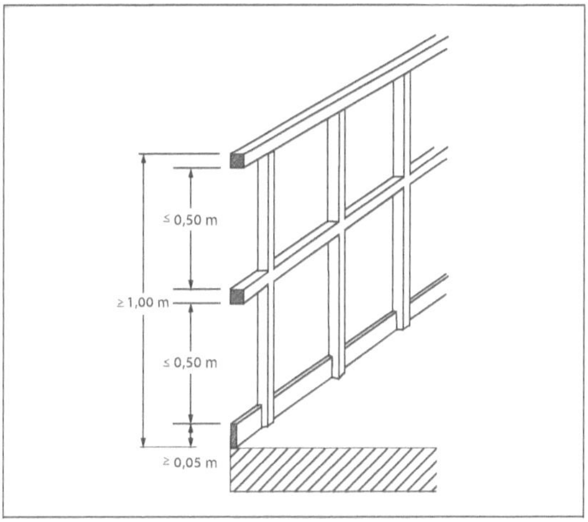

Abb. 3: Knieleistengeländer

(6) Kann die Umwehrung bei vorgesetzten Füllstabgeländern nicht bündig mit der Absturzkante abschließen und entsteht dadurch nach außen hin ein Spalt, darf dessen lichte Breite (Abstand zwischen Absturzkante und Unterkante der Umwehrung) 0,06 m nicht überschreiten (siehe Abb. 4).

(7) Die Umwehrungen müssen so beschaffen und angebracht sein, dass an ihrer Oberkante eine Horizontallast H = 1000 N/m aufgenommen werden kann. Abweichend genügt ein Lastansatz:

- von H = 500 N/m für Umwehrungen an Bühnen und Laufstegen mit lotrechten Verkehrslasten von höchstens 5000 N/m² und

[802] Es kann Sonderfälle geben, in denen die Fußleiste höher sein muss. Nach DIN EN ISO 14122-3:2016-10 Sicherheit von Maschinen – Ortsfeste Zugänge zu maschinellen Anlagen – T. 3: Treppen, Treppenleitern und Geländer müssen waagerechte Geländer eine Fußleiste mit einer Mindesthöhe von 100 mm aufweisen. Für Geländer im Verlauf von Treppen werden keine Fußleisten gefordert.

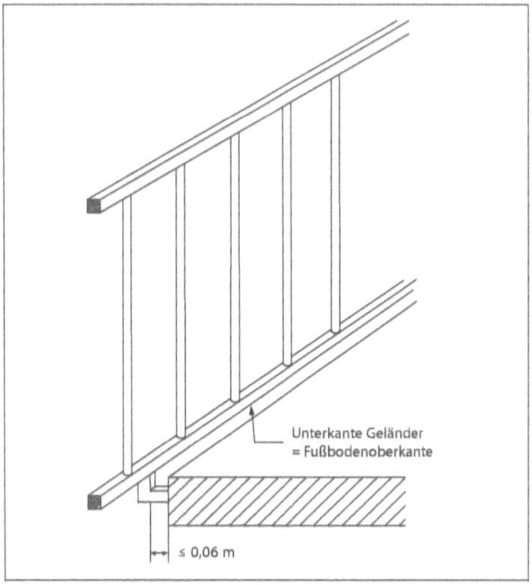

Abb. 4: Vorgesetztes Füllstabgeländer

- von H = 300 N/m für Umwehrungen in Bereichen oder an Verkehrswegen, die nur zu Inspektions- oder Wartungszwecken begangen werden (z. B. Tankdächer, Schauöffnungen an Öfen) sowie an Steckgeländern.[803] [804]

5.2 Sicherung an Bodenöffnungen

(1) Bodenöffnungen müssen gesichert sein:

- durch feste oder abnehmbare, gegen unbeabsichtigtes Ausheben gesicherte Umwehrungen oder
- durch Abdeckungen.[805] [806]

---

[803] Geländer mit einem horizontalen Lastansatz von 500 N/m reichen im Regelfall aus, z. B. in Büro- und Verwaltungsgebäuden, kleinen Einzelhandelsbetrieben, Arztpraxen, Lagerräumen, in denen leichte Lasten zu transportieren sind, an Treppen, Treppenabsätzen, hoch gelegenen Verkehrswegen in Hallen, an Galerien und Podesten.

[804] Erst bei höheren Belastungen – in der ASR werden sie mit einer lotrechten Verkehrslast von mehr als 5000 N/m² angegeben – müssen Umwehrungen vorhanden sein, die einer Horizontalkraft von mindestens 1000 N/m widerstehen. Von lotrechten Verkehrslasten über 5000 N/m² ist auszugehen, wenn schwere Lasten transportiert werden oder kraftbetriebene Flurförderzeuge verkehren, ebenso an Zufahrten und Rampen von Garagen für Pkw, bei Lagerräumen mit schwerem Lagergut und entsprechendem Transportbetrieb. Soll die Umwehrung gleichzeitig noch als Anfahrschutz für Kraftfahrzeuge gelten, müssen höhere Horizontalkräfte in Ansatz gebracht werden. Auch bei Umwehrungen von Flächen, die für größere Menschenansammlungen bestimmt sind, z. B. in Theatern, an Tribünen, in Lichtspielsälen, Kaufhäusern, Schulen, wird von einer Horizontalkraft von 1000 N/m ausgegangen.

[805] Die als Absturzsicherung vorgesehenen Geländer und Abdeckungen sind je nach Art und Funktion der Bodenöffnung zu wählen. Als Einrichtung zur Verhinderung eines Absturzes ist auch eine Absperrung des Zugangs für Unbefugte zu den Bodenöffnungen denkbar (s. Anh. Nr. 2.1 Satz 2 ArbStättV). Diese Möglichkeit ist in der ASR zwar nicht vorgesehen, gilt aber als gleichwertig zur Umwehrung oder Abdeckung.

[806] Bei Treppen-, Schacht- und Abwurföffnungen in Fußböden, die regelmäßig benutzt werden, ist ein Geländer zweckmäßig. In allen übrigen Fällen sollte einer Abdeckung der Vorzug gegeben werden, insbesondere, wenn der Bereich der Bodenöffnung mit in den Verkehrs- oder Arbeitsbereich (z. B. Kellerluken in Einzelhandelsgeschäften und Gaststätten) einbezogen ist.

(2) Abdeckungen, z. B. Luken-, Schacht-, Rutschen-, Gruben-, Falltüren, müssen so gestaltet und installiert sein, dass sich hierdurch keine Stolpergefahren ergeben und sie der Nutzungsart entsprechend tragfähig sein. Sie müssen sicher zu handhaben und gegen unbeabsichtigtes Bewegen (Auf- und Zuklappen, Verschieben) zu sichern sind. Diese Forderung ist z. B. dann erfüllt, wenn:

- Abdeckungen von gesicherten Standplätzen aus geöffnet werden können,
- klappbare Abdeckungen in geöffnetem Zustand festgestellt werden können oder
- Abdeckungen, für deren Betätigung eine Kraft von mehr als 250 N erforderlich ist, mit entsprechenden Hilfseinrichtungen, z. B. zusätzlich mit Gewichtsausgleich, hydraulisch betätigten Hubvorrichtungen oder Gasdruckfedern, ausgestattet sind.[807) 808)]

(3) Bewegliche Abdeckungen und Umwehrungen dürfen nur aus der Schutzstellung gebracht werden, wenn dies betrieblich erforderlich ist und andere Schutzmaßnahmen getroffen sind. Sie müssen in der Schutzstellung gesichert werden können und dürfen sich nicht in Richtung der Absturzkante öffnen lassen.

5.3 Sicherung an Wandöffnungen

(1) Wandöffnungen müssen fest angebrachte oder bewegliche Umwehrungen haben, wenn:

- die Brüstungshöhe geringer ist als in Punkt 5.1 Abs. 2 angegeben,
- die Breite größer als 0,18 m und die Höhe größer als 1,00 m sind und
- bei denen eine Gefährdung durch Absturz nach Punkt 4.1 besteht.

Umwehrungen können z. B. aus verschieb- oder schwenkbaren Schranken, Schleusengeländern oder Halbtüren bestehen. Sie müssen mit einer Sicherung gegen unbeabsichtigtes Öffnen oder Ausheben versehen sein.[809)]

(2) Umwehrungen dürfen sich nicht zur tiefer liegenden Seite hin öffnen lassen.

5.4 Gefahrenbereich Absturz

Arbeitsplätze und Verkehrswege, bei denen der Abstand mehr als 2,0 m zur Absturzkante beträgt, liegen außerhalb des Gefahrenbereichs Absturz. Der Gefahrenbereich ist durch geeignete Maßnahmen, z. B. Ketten oder Seile, und gut sichtbare Kennzeichnung entsprechend ASR A1.3 „Sicherheits- und Gesundheitsschutzkennzeichnung" (Verbotszeichen D-P006 „Zutritt für Unbefugte verboten") gegen unbefugten Zutritt zu sichern. Bei Verkehrs-

---

807) Lukendeckel werden i. d. R. dann verwendet, wenn die Luke wenig benutzt wird oder der Lukenbereich mit in die Verkehrsfläche oder den Arbeitsbereich einbezogen ist. Die Tragfähigkeit des Lukendeckels muss den auftretenden Belastungen entsprechen. Die Forderung nach einem tragfähigen Lukendeckel gilt auch für Dekorationsluken in Schaufenstern; leichte Abdeckungen, z. B. aus Hartfaser- oder Pressspanplatten, sind nicht zulässig.

808) Die Forderung, dass Lukendeckel nicht unbeabsichtigt zufallen dürfen, wird oft bereits dadurch erfüllt, dass der aufgeklappte Lukendeckel mit in die Absturzsicherung einbezogen und damit gegen unbeabsichtigtes Zufallen gesichert ist. Ist dies nicht der Fall, so können Ketten, Stangen, Bügel oder selbsttätige Halteklinken zur Sicherung des aufgeklappten Lukendeckels verwendet werden.

809) Umwehrungen an Wandöffnungen müssen über eine Sicherung gegen unbeabsichtigtes Öffnen oder Ausheben verfügen. Daher erscheint eine einfache Sicherung wie z. B. ein stabiler Querriegel als nicht mehr ausreichend. Da sich Wandöffnungen häufig in Lagerhäusern, in denen Flurförderzeuge verkehren, befinden ist es erforderlich, dass die ggf. notwendige Umwehrung einer horizontalen Belastung von 1000 N standhält.

wegen ist als Schutzmaßnahme auch ausreichend, wenn die Abgrenzung optisch deutlich erkennbar ist.[810) 811)]

6 Maßnahmen zum Schutz vor herabfallenden Gegenständen

(1) Einrichtungen zum Schutz vor herabfallenden Gegenständen (z. B. Schutzdächer, Schutznetze) sind entsprechend der Beschaffenheit und der zu erwartenden kinetischen Energie der herabfallenden Gegenstände auszuwählen und zu dimensionieren.[812)]

(2) Besteht für Beschäftigte in tiefer gelegenen Bereichen der Arbeitsstätte eine Gefährdung durch z. B. auslaufende Flüssigkeiten oder Schüttgüter, sind Schutzmaßnahmen, z. B. Anbringung von Auffangwannen, zu treffen.

(3) Nicht geschlossene Böden (z. B. Gitterroste) sind so auszuführen, dass eine Gefährdung tiefer gelegener Arbeitsplätze und Verkehrswege durch herabfallende Gegenstände verhindert wird. Das entsprechende maximale Öffnungsmaß (z. B. die Maschenweite bei Gitterrosten) ist unter Berücksichtigung der örtlichen Gegebenheiten im Rahmen der Gefährdungsbeurteilung zu ermitteln. Dabei ist z. B. die Einbausituation oder die Personenfrequenz zu berücksichtigen.[813)]

6.1 Gefahrenbereich herabfallende Gegenstände

(1) Werden Gefahrenbereiche durch Absperrung und Kennzeichnung gemäß Punkt 4.4 Nr. 3 gesichert, sind als Absperrungen z. B. Geländer, Ketten oder Seile und als Kennzeichnung nach ASR A1.3 „Sicherheits- und Gesundheitsschutzkennzeichnung" das Verbotszeichen D-P006 „Zutritt für Unbefugte verboten" anzubringen.

(2) Werden Gefahrenbereiche durch Überwachung des Gefahrenbereiches gemäß Punkt 4.4 Nr. 3 gesichert, kann dieses z. B. durch Warnposten oder geeignete Warneinrichtungen (z. B. Schall- oder Leuchtzeichen nach ASR A1.3 „Sicherheits- und Gesundheitsschutzkennzeichnung") erfolgen.

---

810) Grenzen Arbeitsplätze an einen Gefahrenbereich gem. ASR A2.1, dann ist dieser durch eine feste Absperrung, z. B. mit Geländer, Ketten oder Seilen, abzusperren sowie deutlich und dauerhaft erkennbar entsprechend ASR A1.3 „Sicherheits- und Gesundheitsschutzkennzeichnung" (s. S. 172 ff.) zu kennzeichnen. Regelmäßige Wartungs- und Instandsetzungsarbeiten, bei denen auch Werkzeug und Material im Einsatz ist, dürften in diesem Zusammenhang zu den Arbeitsplätzen zu rechnen sein, während der Zugang zu reinen Inspektionstätigkeiten eher einem Verkehrsweg gleichzusetzen ist.

811) Für die Absicherung von Gefahrenbereichen zu Verkehrswegen ist eine Abstufung der erforderlichen Schutzmaßnahmen zulässig, welche im Rahmen der Gefährdungsbeurteilung zu ermitteln ist. So kann für selten begangene Verkehrswege auf Dächern, die im Abstand von mehr als 2,0 m zur Absturzkante verlaufen, auch eine optische Abgrenzung, z. B. ein Verkehrsweg aus Betonplatten auf einer bekiesten Dachfläche, i. V. m. einer wirksamen Einschränkung des Zutritts und einer entsprechenden Unterweisung der Beschäftigten, die den Verkehrsweg nutzen, eine ausreichende Schutzmaßnahme darstellen.

812) Können Gegenstände von Betriebseinrichtungen auf Arbeitsplätze und Verkehrswege herabfallen, z. B. von Hängebahnen, Transportbändern, Kreisförderern, Schaukelförderern und sonstigen Stetigförderern, sind geeignete Schutzeinrichtungen anzubringen.

813) Nach DGUV Information 208-007 Roste – Auswahl und Betrieb, Ausg. 1996-01, akt. Fassung 2013-05, Nr. 2.4.4 sind für Roste auf Arbeitsbühnen und deren Zugängen Maschenteilungen bis 34,3 mm × 50,8 mm nach DIN 24537:2006-04 Roste als Bodenbelag – T. 1: Gitterroste aus metallischen Werkstoffen zulässig. Allerdings dürfen Roste mit darunter liegenden Arbeitsbereichen, die nicht nur gelegentlich genutzt werden, höchstens Öffnungsweiten aufweisen, die verhindern, dass eine Kugel mit einem Durchmesser von 20 mm hindurch fällt, wenn kein gleichwertiger Schutz durch andere Maßnahmen hergestellt wird (DGUV Information 208-007 Nr. 3.3).

7 Arbeitsplätze und Verkehrswege auf Dächern

(1) Wenn auf Dächern Arbeiten durchgeführt werden oder diese als Verkehrswege genutzt werden, hat der Arbeitgeber zu ermitteln, ob eine Gefährdung durch Absturz nach Punkt 4.1 besteht.[814) 815)] Arbeiten auf Dächern können z. B. sein:

- vom Hersteller vorgeschriebene regelmäßige Prüfungen oder Instandhaltungsarbeiten an technischen oder baulichen Einrichtungen,
- das Reinigen oder Wechseln von Filterelementen an lüftungstechnischen Anlagen,
- das Ablesen oder Eichen von Messgeräten,
- das Durchführen von Pflegearbeiten auf begrünten Dachflächen,
- das Reinigen der Abläufe bei Dächern mit Innenentwässerung,
- das Räumen von Schnee,
- die Instandhaltung oder Reinigung von Dachoberlichtern oder Rauch- und Wärmeabzugsanlagen (RWA) oder
- die Instandhaltung oder Reinigung von Photovoltaik- und Solarthermieanlagen.

(2) Besteht bei Arbeiten auf Dächern oder Verkehrswegen eine Gefährdung durch Absturz, sind Maßnahmen zum Schutz vor Absturz entsprechend der Rangfolge nach Punkt 4.2 zu treffen.[816) 817) 818)]

---

814) Anh. Nr. 1.5 Abs. 4 ArbStättV fordert Schutzmaßnahmen gegen Abstürzen bzw. Hindurchstürzen nur, wenn Dächer aus nicht durchtrittsicherem Material begangen werden müssen. Da bei Arbeiten auf Dächern eine Absturzgefährdung (Absturzhöhe größer 1,0 m) immer vorliegen dürfte, muss der Arbeitgeber in jedem Fall geeignete Schutzmaßnahmen nach Nr. 4.2 ermitteln und umsetzen.

815) Arbeitsplätze bzw. Verkehrswege auf Dachflächen sind tragfähig, wenn z.B. der lichte Dachlattenabstand nicht mehr als 0,40 m beträgt und die Dachlatten den Anforderungen nach DIN 4426:2017-01 Einrichtungen zur Instandhaltung baulicher Anlagen – Sicherheitstechnische Anforderungen an Arbeitsplätze und Verkehrswege – Planung und Ausführung entsprechen. Glasflächen dürfen betreten werden, wenn die Betretbarkeit entsprechend den technischen Baubestimmungen nachgewiesen ist.

816) Bei der Planung von dauerhaft installierten Arbeitsplätzen, Verkehrswegen und anderen Einrichtungen auf Dächern und an Fassaden-, Fenster- und Glasflächen baulicher Anlagen, die bei Wartungs- und Inspektionsarbeiten sowie kurzzeitigen Instandsetzungsarbeiten auf Dächern zeitweise genutzt werden, ist DIN 4426:2017-01 Einrichtungen zur Instandhaltung baulicher Anlagen – Sicherheitstechnische Anforderungen an Arbeitsplätze und Verkehrswege – Planung und Ausführung anzuwenden. Die Norm unterscheidet zwischen Schutzmaßnahmen auf Dächern mit einer Neigung bis maximal 20° (u. a. geeignete Umwehrungen oder Anschlageinrichtungen, tragfähige Unterspannung von Lichtkuppeln und Lichtbändern) und Dächern mit einer Neigung größer 20° (Sicherheitsdachhaken als Anschlageinrichtungen).

817) Die DGUV Information 201-054 Dach-, Zimmer- und Holzbauarbeiten, Ausg. 2015-10, enthält praktische Beispiele zur sicheren Ausführung von Dacharbeiten. Zu den Dacharbeiten gehören nach dieser Information auch Tätigkeiten zur kompletten Dachabdichtung und deren Schutz, wie z. B. Begrünung, Bekiesung oder Plattenbeläge. Zu den Dächern gehören auch angrenzende, abgrenzende und durchdringende Bauteile, z. B. Dachrinnen, Regenfallrohre, Attiken, Gauben, Erker, Gesimse, Traufen, Ortgänge, Firste, Blitzableiter, Schornsteine, Lichtkuppeln, Dachfenster und Geländer, Dachterrassen, Sonnendecks an oder auf Dächern.

818) Die Forderung nach Schutzvorrichtungen ist nach Abschnitt 9.2 der DGUV-Regel 101-38 Bauarbeiten, Ausg. 2020-10 z. B. erfüllt, wenn an Treppenabsätzen und Leiterpodesten, die ausschließlich als Verkehrsweg dienen, sowie an Treppenläufen ein Seitenschutz angebracht ist, der aus Geländer und Zwischenholm besteht und in Abmessungen und Ausführung den Anforderungen nach DIN EN 12811-1:2004-03 Temporäre Konstruktionen für Bauwerke – T. 1: Arbeitsgerüste – Leistungsanforderungen, Entwurf, Konstruktion und Bemessung und DGUV Information 201-023 Einsatz von Seitenschutz und Seitenschutzsystemen sowie Randsicherungen als Schutzvorrichtungen bei Bauarbeiten, Ausg. 2018-09 entspricht oder wenn bei Schornsteinfegerarbeiten fest installierte Einrichtungen der baulichen Anlage genutzt werden, die den Anforderungen nach DIN 18160-5:2016-04 Abgasanlagen – T. 5: Einrichtungen für Schornsteinfegerarbeiten Anforderungen, Planung und Ausführung entsprechen.

7.1 Nicht durchtrittsichere Dächer und Bauteile

(1) Zugänge (z. B. Dachausstiege, Luken) zu nicht durchtrittsicheren Dächern (siehe Punkt 3.11) müssen unter Verschluss stehen, der nur von besonders unterwiesenen und beauftragten Personen geöffnet werden kann.[819)] [820)] Diese Unterweisung ist ggf. vor Ort durchzuführen. An den Zugängen muss eine dauerhafte und deutlich sichtbare Kennzeichnung angebracht sein, z. B. „Dach nur auf Laufstegen benutzen".

(2) Müssen nicht durchtrittsichere Dächer begangen werden, z. B. für Instandhaltungsarbeiten an Anlagen oder Einrichtungen, müssen sicher ausgeführte Verkehrswege zum Arbeitsbereich vorhanden sein. Dies kann z. B. durch Laufstege gewährleistet werden, die den zu erwartenden Lasten (Beschäftigte und Arbeitsmittel) sicher standhalten, mindestens 0,50 m breit und
- beidseitig umwehrt sind oder
- einseitig umwehrt sind, wenn eine beidseitige Umwehrung die vorzunehmenden Arbeiten behindern würde und geeignete Anschlageinrichtungen für den Einsatz von PSAgA vorhanden sind.[821)]

(3) Lichtkuppeln und Lichtbänder, die konstruktiv nicht durchtrittsicher sind, müssen mit geeigneten Umwehrungen, Überdeckungen oder Unterspannungen ausgeführt sein, die ein Durchstürzen von Beschäftigten verhindern.[822)] Für Arbeiten und Verkehrswege im Gefahrenbereich (Abstand ≤ 2,0 m) von nicht durchtrittsicheren Lichtkuppeln und Lichtbändern im Bestand ist sicherzustellen, dass durch Absperrungen oder Abdeckungen ein Absturz verhindert wird. Auf Unterspannungen, Überdeckungen oder Absperrungen kann verzich-

---

819) Aus der Bestimmung des Anh. Nr. 1.5 Abs. 4 ArbStättV folgt, dass der Zutritt zu nicht durchtrittsicheren Dächern und nicht durchtrittsicheren Bauteilen, wie z. B. Lichtkuppeln, ausgeschlossen sein muss, wenn keine geeigneten Schutzmaßnahmen getroffen sind. Aber auch nicht durchtrittsichere Dächer mit einem Laufsteg sind in einem gewissen Grad gefährlich, insbesondere für Personen, die normalerweise keine Tätigkeiten auf dem Dach auszuführen haben. Die ASR sieht deshalb vor, dass die Zugänge zu nicht durchtrittsicheren Dächern, unabhängig davon, ob ein Laufsteg vorhanden ist oder nicht, verschlossen sein müssen. Der Zugang zum Dach kann z. B. eine Dachluke, ein von außen an das Gebäude fest angebrachter Aufstieg, eine Tür oder auch das Fenster eines angrenzenden Gebäudes sein.

820) Der Arbeitgeber hat die Beschäftigten zu benennen, die Instandhaltungsarbeiten an Anlagen und Einrichtungen durchführen, die nur über ein nicht begehbares Dach zu erreichen sind. Nur diese Beschäftigten dürfen die Zugänge, von denen aus die Laufstege begangen werden können, öffnen. Insbesondere beim Einsatz von Fremdfirmen für Instandhaltungsarbeiten auf nicht durchtrittsicheren Dächern und Bauteilen ist eine Unterweisung vor Ort für die befugten Beschäftigten unbedingt erforderlich.

821) Wenn vom Laufsteg aus Arbeiten ausgeführt werden, besteht die Gefahr, dass ein Beschäftigter über den Laufsteg hinaus auf die Dachhaut tritt – sei es beim Vorbeugen oder Zurücktreten –, durchbricht und abstürzt. Daher sind besondere Maßnahmen vorgeschrieben. Sie richten sich nach der Art der durchzuführenden Arbeit. Die Verwendung von Sicherheitsgeschirren, die an einem Spannseil angeschlagen sind, wäre eine besondere Maßnahme, um ein Abstürzen bei der Durchführung von Arbeiten zu verhindern.

822) Dies stellt klar, dass auch in bestehenden Arbeitsstätten eine Kennzeichnung von nicht durchtrittsicheren Lichtkuppeln und Lichtbändern als alleinige Schutzmaßnahme nicht ausreichend ist, sondern durch Absperrungen oder Abdeckungen ein wirksamer Schutz gegen Absturz herzustellen ist.

tet werden, wenn der Aufsatzkranz des nicht durchtrittsicheren Bauteils, z. B. der Lichtkuppel, mindestens 0,50 m über die Dachfläche hinausragt.[823) 824)]

(4) Für die Ausführung von Arbeiten und für die Benutzung von Verkehrswegen im Gefahrenbereich (Abstand ≤ 2,0 m) von sonstigen nicht durchtrittsicheren Dach-Oberlichtern (z. B. Lichtplatten aus Kunststoff) ist aufgrund der örtlichen Gegebenheiten im Rahmen der Gefährdungsbeurteilung zu entscheiden, ob und ggf. welche Maßnahmen zu treffen sind, z. B. Geländer, Abdeckung, Arbeiten mit PSAgA.[825)]

8 Abweichende/ergänzende Anforderungen für Baustellen

8.1 Arbeitsplätze und Verkehrswege auf geneigten Flächen

(1) Auf geneigten Flächen, auf denen die Gefahr des Abrutschens von Beschäftigten besteht, darf nur gearbeitet werden, nachdem Maßnahmen gegen das Abrutschen vom Arbeitsplatz getroffen worden sind.[826) 827) 828)]

---

823) Bei der Reinigung oder Instandhaltung von nicht durchtrittsicheren Dachoberlichtern, Lichtkuppeln oder Lichtbändern sind die in der ASR genannten Schutzmaßnahmen gegen Absturz zu treffen. Dabei werden hier Umwehrungen, Überdeckungen oder Unterspannungen als gleichwertige Schutzmaßnahmen angesehen. Im Falle der Unterspannung einer nicht durchtrittsicheren Lichtkuppel oder eines Lichtbandes besteht eine Gefährdung, dass ein Beschäftigter hineinstürzt und sich ggf. verletzt. Inwieweit Unterspannungen verwendet werden, muss sich aus der Gefährdungsbeurteilung ergeben, in der u. a. zu berücksichtigen ist, wie häufig und von welchem Personenkreis die Dachfläche betreten werden muss.

824) Gem. dem Bauordnungsrecht der Länder sind nicht begehbare Oberlichter und Glasabdeckungen in begehbaren Dachflächen zu umwehren, wenn sie weniger als 0,50 m aus diesen Flächen herausragen (s. § 38 Abs. 1 Nr. 2 BauO NW).

825) Auch für sonstige nicht durchtrittsichere Dachoberlichter (z. B. Dachflächenfenster in geneigten Dächern) ist im Rahmen einer Gefährdungsbeurteilung zu ermitteln, ob und welche Schutzmaßnahmen gegen Absturz bzw. Hindurchfallen notwendig sind.

826) Nach der Begriffsbestimmung „Abrutschen" unter Nr. 3.2 ASR A1.8 besteht eine Gefährdung durch Abrutschen von Beschäftigten in der Folge unkontrollierten Abgleitens von Beschäftigten bei Arbeiten auf geneigten Flächen wie Böschungen oder Dächern (z. B. aufgrund der Neigung oder der Beschaffenheit der Standfläche). Ab ca. 20 º liegt nach der ASR A1.5 „Fußböden" „eine gefährliche Schräge vor, [ab] der ein Fußboden aufgrund seiner Neigung bzw. Steigung nicht mehr sicher betrieben, also begangen, befahren oder zum Abstellen genutzt werden kann". Dies gilt so auch für Arbeitsplätze oder Verkehrswege auf Baustellen, d. h. spätestens bei der Benutzung von geneigten Flächen von mehr als 20° sind Maßnahmen gegen das Abrutschen erforderlich. Ist die Trittsicherheit z. B. durch Witterungseinflüsse wie Eis oder Nässe herabgesetzt, können Maßnahmen auch schon bei geringerer Neigung erforderlich sein. Auf glatten Oberflächen von Dächern, z. B. aus Glas, Metall oder Kunststoff, kann bereits bei geringen Neigungen eine erhöhte Rutschgefahr bestehen.

827) Maßnahmen zum Schutz gegen Abrutschen können z. B. sein: Nutzung bauseitig vorhandener Verkehrswege (stationäre Verkehrswege), Personenaufzüge, Treppen oder Steigleitern zum Erreichen z. B. von Arbeitsplätzen auf Dächern, Durchführung von Arbeiten am Dach unter Einsatz von Hubarbeitsbühnen, Einsatz von Bohlen, Dachdecker-Auflegeleitern, der Einsatz von kollektiv wirkenden Schutzeinrichtungen wie z. B. mobile Geländer, Dachfanggerüste und Auffangnetze oder, wenn andere Möglichkeiten nicht bestehen, die ausschließliche Benutzung von persönlicher Schutzausrüstung an geeigneten Anschlagpunkten. Nähere Ausführungen enthält die DGUV Information 201-054 Dach-, Zimmer- und Holzbauarbeiten, Ausg. 2015-10. Konkrete Anforderungen an die Montage von Schutznetzen (Sicherheitsnetzen) können der DGUV Regel 101-11 Verwendung von Schutznetzen (Sicherheitsnetzen), Ausg. 2024-01 entnommen werden.

828) Hierzu können nach DGUV Information 201-054 Dach-, Zimmer- und Holzbauarbeiten, Ausg. 2015-10 Nr. 3.1.9 sowie Anh. 1 Dachdecker-Auflegeleitern nur bei Dachneigungen bis 75° verwendet werden. Dabei sind diese in Sicherheitsdachhaken nach DIN EN 517:2006-05 Vorgefertigte Zubehörteile für Dacheindeckungen – Sicherheitsdachhaken einzuhängen. Sie dürfen nicht in die oberste Sprosse eingehängt werden. Der Standplatz des Beschäftigten auf der Dachdecker-Auflegeleiter muss unterhalb des Aufhängepunktes liegen.

(2) Für Arbeiten auf einer mehr als 45° geneigten Fläche (z. B. auf gelatteten Dachflächen oder Böschungen) sind besondere Arbeitsplätze mit mindestens 0,50 m breiten, waagerechten Standplätzen zu schaffen.[829)]

(3) Bei Arbeiten an und auf Flächen mit Neigungen von mehr als 22,5° bis 60° darf der Höhenunterschied zwischen Arbeitsplätzen oder Verkehrswegen und den Einrichtungen zum Auffangen abrutschender Beschäftigter nicht mehr als 5,00 m betragen.

(4) Für das Errichten, Instandhalten oder Umlegen von Masten für elektrische Betriebsmittel auf Dachflächen mit einer Neigung von mehr als 22,5° bis 60° müssen Einrichtungen zum Auffangen abrutschender Beschäftigter bei mehr als 2,00 m Absturzhöhe vorhanden sein.

8.2 Sicherungen gegen Absturz an Arbeitsplätzen und Verkehrswegen[830)]

(1) Arbeitsplätze und Verkehrswege auf Baustellen müssen zeitlich, räumlich und tätigkeitsbezogen festgelegt werden. Ein Arbeitsplatz auf einer Baustelle ist der zur Durchführung der Arbeiten erforderliche räumlich begrenzte Bereich, der einer bestimmten Anzahl von Beschäftigten von ihrem jeweiligen Arbeitgeber zugewiesen wird, um dort innerhalb eines bestimmten (möglicherweise auch nur kurzen) Zeitraums für einen abgrenzbaren Arbeitsschritt tätig zu werden. Beispiele für abgrenzbare Arbeitsschritte bei der Herstellung einer Geschossdecke sind insbesondere Einschalen, Bewehren, Betonieren oder Ausschalen.[831)]

Hinweis:

Zu Verkehrswegen auf Baustellen siehe ASR A1.8 „Verkehrswege" Punkt 7.1.

(2) Im Zuge des Baufortschritts verändern sich häufig die Anordnung sowie die Größe bzw. die Abmessungen von Arbeitsplätzen und Verkehrswegen. Ein Teilbereich einer Baustelle kann im Zuge des Baufortschritts tätigkeitsbezogen wechselnd als Arbeitsplatz oder Verkehrsweg festgelegt werden. Bei der gleichzeitigen Ausführung abgrenzbarer Arbeitsschritte kann ein Teilbereich einer Baustelle für Beschäftigte als Arbeitsplatz und für andere Beschäftigte als Verkehrsweg festgelegt sein.

---

829) Besondere Arbeitsplätze sind nach Abschn. 8.5 der DGUV-Regel 101-38 Bauarbeiten, Ausg. 2020-10 z. B.
- gelattete Dachflächen nach DIN 4426:2017-01 Einrichtungen zur Instandhaltung baulicher Anlagen – Sicherheitstechnische Anforderungen an Arbeitsplätze und Verkehrswege – Planung und Ausführung,
- Dachdecker-Auflegeleitern (Dachauflegeleitern) oder Dachdeckerstühle, s. auch Anhänge 1 und 2 der DGUV Information 201-054 Dach-, Zimmer- und Holzbauarbeiten,
- fest installierte Einrichtungen der baulichen Anlage, welche bei Schornsteinfegerarbeiten genutzt werden und den Anforderungen nach DIN 18160-5:2016-04 Abgasanlagen – T. 5: Einrichtungen für Schornsteinfegerarbeiten Anforderungen, Planung und Ausführung entsprechen.

Die Forderung zur Schaffung besonderer Arbeitsplätze ab einer mehr als 45° geneigten Fläche ist auch in der DGUV Vorschrift 38 Bauarbeiten, Ausg. 2019-11 in § 8 Abs. 5 enthalten. Besondere Arbeitsplätze sind gelattete Dachflächen, Dachdecker-Auflegeleitern, Dachdeckerstühle oder waagerechte Standplätze von mindestens 0,50 m Breite, wie in Abschn. 8.1 Abs. 2 ASR A2.1 als Maßnahme enthalten.

830) Mit der fünften Änderung der ASR A2.1 wurden im März 2022 in Abschnitt 8.2 Regelungen für Teilbereiche einer Baustelle eingefügt, die im Zuge des Baufortschritts wechselnd als Arbeitsplatz oder Verkehrsweg festgelegt werden.

831) Diese Formulierung wurde in intensiven Gesprächen zwischen Vertretungen des BMAS, der Länder und der Unfallversicherungsträger vor dem Hintergrund der 2016 neu in die ArbStättV eingeführten Arbeitsplatzdefinition abgestimmt. Sie findet sich wortgleich in der Erläuterung zu § 2 Abs. 7 der DGUV Vorschrift Baustellen in der DGUV-Regel 101-38 Baustellen, Ausg. 2020-10.

(3) Muss ein Teilbereich eines Arbeitsplatzes zugleich als Verkehrsweg von anderen Beschäftigten desselben Arbeitgebers genutzt werden, so hat dieser Arbeitgeber diesen Verkehrsweg zuvor festzulegen und einzurichten.

(4) Muss ein Teilbereich eines Arbeitsplatzes zugleich Beschäftigten anderer Arbeitgeber als Verkehrsweg dienen, müssen sich die betroffenen Arbeitgeber hinsichtlich der Festlegung und Einrichtung der Verkehrswege abstimmen (§ 8 Arbeitsschutzgesetz (ArbSchG), § 6 DGUV Vorschrift 1).

Hinweis:

Bei der Festlegung und Einrichtung von Verkehrswegen auf Baustellen sind ggf. die Hinweise des Koordinators nach Baustellenverordnung (BaustellV) sowie der Sicherheits- und Gesundheitsschutzplan (SiGePlan) zu berücksichtigen.

(5) Wird ein als Verkehrsweg festgelegter Bereich von anderen Beschäftigten im Rahmen ihres Arbeitsauftrages als Arbeitsplatz genutzt, bleiben die Anforderungen an den Verkehrsweg davon unberührt. Der Arbeitgeber hat dafür zu sorgen, dass sich die Beschäftigten in diesem gemeinsam genutzten Bereich nicht gegenseitig gefährden.

(6) Eine Absturzgefahr besteht bei einer Absturzhöhe von mehr als 1 Meter.

(7) Schutzvorrichtungen, die ein Abstürzen von Beschäftigten verhindern (Absturzsicherungen), müssen vorhanden sein:

1. unabhängig von der Absturzhöhe an
   a) Arbeitsplätzen auf Baustellen am und über Wasser oder anderen festen oder flüssigen Stoffen, in denen man versinken kann,
   b) Verkehrswegen auf Baustellen über Wasser oder anderen festen oder flüssigen Stoffen, in denen man versinken kann;
2. bei mehr als 1,00 m Absturzhöhe, soweit nicht nach Nummer 1 zu sichern ist, an
   a) freiliegenden Treppenläufen und -absätzen,
   b) Wandöffnungen,
   c) allen übrigen Verkehrswegen auf Baustellen;
3. bei mehr als 2,00 m Absturzhöhe an allen übrigen Arbeitsplätzen.

Bei einer Absturzhöhe bis zu 3,00 m ist eine Schutzvorrichtung entbehrlich an Arbeitsplätzen und Verkehrswegen auf Dächern und Geschossdecken von baulichen Anlagen mit bis zu 22,5 Grad Neigung und nicht mehr als 50,00 m^2 Grundfläche, sofern die Arbeiten von hierfür fachlich qualifizierten und körperlich geeigneten Beschäftigten ausgeführt werden und diese Beschäftigten besonders unterwiesen sind. Die Absturzkante muss für die Beschäftigten deutlich erkennbar sein.[832)]

(8) Sind Schutzvorrichtungen, die ein Abstürzen von Beschäftigten verhindern (Absturzsicherungen) aufgrund der Eigenart des Arbeitsplatzes oder der durchzuführenden Arbeiten

---

[832)] Auch diese Anforderungen zur Notwendigkeit von Schutzvorrichtungen gegen Absturz (Absturzsicherungen) sind zwischen Bund, Ländern und Unfallversicherungsträgern abgestimmt und dann in die ASR A2.1 und wortgleich in das Satzungsrecht der Unfallversicherungsträger in § 9 Abs. 2 der DGUV Vorschrift 38 Bauarbeiten, Ausg. 2019-11 übernommen worden. Sie werden in Abschnitt 9.2 der DGUV Regel Baustellen, Ausg. 2020-10, z. T. branchenspezifisch untersetzt.

nicht geeignet, ist die Rangfolge der Maßnahmen zum Schutz vor Absturz nach Punkt 4.2 anzuwenden.

(9) Beim Einsatz von Fanggerüsten oder Arbeitsplattformnetzen ist an Verkehrswegen und Arbeitsplätzen eine Absturzhöhe in die Auffangeinrichtung bis 2,00 m zulässig. Beim Einsatz von Schutznetzen sind an Verkehrswegen und Arbeitsplätzen Absturzhöhen in die Auffangeinrichtung bis 3,00 m zulässig.

(10) Abweichend von Punkt 5.1 Absatz 2 beträgt die Mindesthöhe der Umwehrung 1,00 m. Bei der Verwendung von Systembauteilen ist eine Mindesthöhe von 950 mm zulässig. Die Höhe der Umwehrung darf entgegen Punkt 5.1 Absatz 2 Satz 2 nicht auf 0,80 m verringert werden.

(11) Umwehrungen sind so dicht wie möglich an der Absturzkante anzubringen. Davon darf unabhängig von der Absturzhöhe abgewichen werden, wenn Arbeitsplätze oder Verkehrswege höchstens 0,30 m von anderen tragfähigen und ausreichend bemessenen Umwehrungen entfernt liegen (siehe Abb. 5).

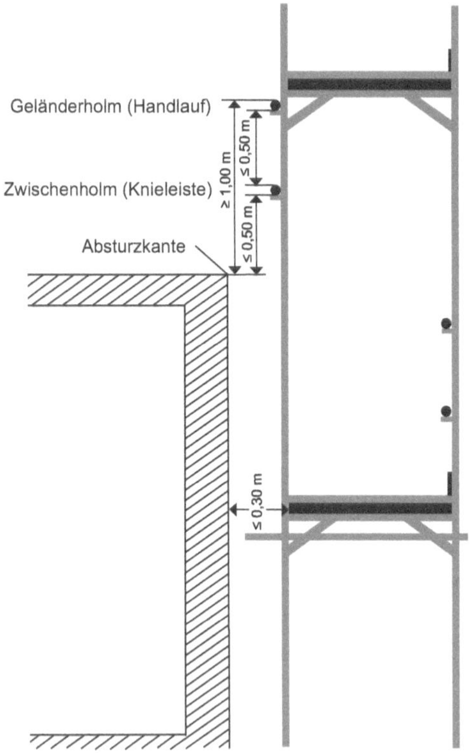

Abb. 5: Beispiel für abweichende Anordnung der Umwehrung

(12) Abweichend von Punkt 5.1 Absatz 5 müssen Umwehrungen Fußleisten von mindestens 0,15 m Höhe haben.

(13) Abweichend von Punkt 5.1 Absatz 7 müssen Umwehrungen so beschaffen und angebracht sein, dass an jeder Stelle normal zur Achse des Pfostens wirkend, eine Einzellast von H_{T1} und V_{T1} = 300 N und parallel zum Geländerholm wirkend von H = 200 N aufgenommen werden kann. Dabei darf die elastische Durchbiegung des Systems nicht größer als 5,5 cm sein. Die Fußleiste/Bordbrett muss abweichend hiervon eine Einzellast H_{T2} und V_{T2} = 200 N aufnehmen. Die Umwehrungen müssen so beschaffen und befestigt sein, dass an allen Seitenschutzbauteilen zusätzlich eine vertikal wirkende Einzellast von V_D = 1250 N aufgenommen werden kann (siehe Abb. 6). Die Umwehrung muss so ausgelegt sein, dass sie einer Person, die sich am Seitenschutz anlehnt oder beim Gehen festhält, standhält. Außerdem muss sie eine Person auffangen, die gegen den Seitenschutz läuft oder fällt. Umwehrungen müssen den Beanspruchungen infolge Windlasten widerstehen.

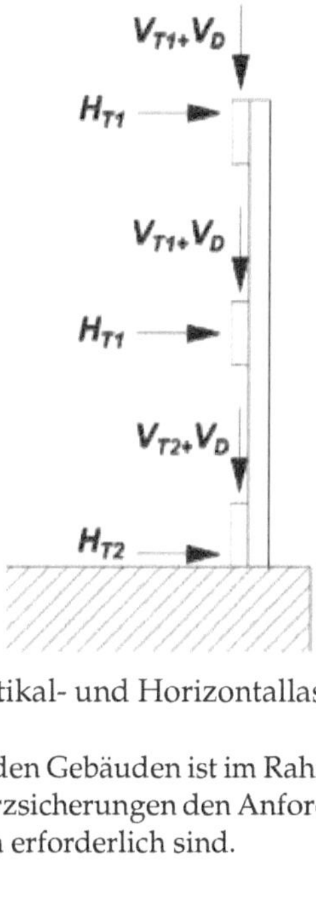

Abb. 6: Ansatzpunkte der Vertikal- und Horizontallasten

(14) Für Bauarbeiten in bestehenden Gebäuden ist im Rahmen der Gefährdungsbeurteilung zu prüfen, ob vorhandene Absturzsicherungen den Anforderungen dieser ASR entsprechen oder ob ergänzende Maßnahmen erforderlich sind.

8.3 Wandöffnungen

Abweichend von Punkt 5.3 Abs. 1 müssen Wandöffnungen, bei denen eine Absturzgefährdung besteht, und die breiter als 0,30 m und höher als 1,00 m sind und die nicht über die nach Punkt 5.1 Abs. 2 und 3 erforderliche Brüstungshöhe verfügen, fest angebrachte oder bewegliche Umwehrungen haben. Sie müssen mit einer Sicherung gegen unbeabsichtigtes Öffnen oder Ausheben versehen sein.

8.4 Schutz gegen herabfallende Gegenstände

(1) Ergänzend zu Punkt 6.1 sind Schütt-Trichter über Arbeitsplätzen und Verkehrswegen so auszubilden, dass Beschäftigte und andere Personen nicht durch überschüttetes Material getroffen werden können.

(2) Ergänzend zu Punkt 6.1 sind Traggerüste sowie Verbau von Gruben, Gräben und Schächten von losen Gegenständen freizuhalten.

Literaturhinweise:

- TRBS 2121 Technische Regel für Betriebssicherheit, Gefährdung von Personen durch Absturz
- RAB 32 Regel zum Arbeitsschutz auf Baustellen, Unterlage für spätere Arbeiten
- DGUV Regel 101-011 Einsatz von Schutznetzen 07/2016
- DGUV Regel 112-198 Benutzung von persönlichen Schutzausrüstungen gegen Absturz 09/2019
- DGUV Regel 112-199 Retten aus Höhen und Tiefen mit persönlichen Absturzschutzausrüstungen 07/2012
- DGUV Information 201-010 Handlungsanleitung für den Umgang mit Arbeitsplattformnetzen 05/2021
- DGUV Information 201-054 Dach-, Zimmer- und Holzbauarbeiten 10/2015
- DGUV Information 212-515 Persönliche Schutzausrüstungen 09/2006
- DGUV Information 208-007 Roste – Auswahl und Betrieb 01/1996 aktualisiert 05/2013
- DGUV Information 201-056 Planungsgrundlagen von Anschlageinrichtungen auf Dächern 08/2012 aktualisiert 08/2015
- ETB-Richtlinie Bauteile, die gegen Absturz sichern
- TRAV Technische Regeln für die Verwendung von absturzsichernden Verglasungen (Deutsches Institut für Bautechnik)
- TRLV Technische Regeln für die Verwendung von linienförmig gelagerten Verglasungen (Deutsches Institut für Bautechnik)
- DIN 4426:2013-12 Einrichtungen zur Instandhaltung baulicher Anlagen – Sicherheitstechnische Anforderungen an Arbeitsplätze und Verkehrswege – Planung und Ausführung
- DIN EN 795:2012-10 Persönliche Absturzschutzausrüstung – Anschlageinrichtungen
- DIN EN 1263-1:2013-01 Schutznetze (Auffangnetze), Teil 1: Sicherheitstechnische Anforderungen, Prüfverfahren
- DIN EN 1263-2:2013-01 Schutznetze (Sicherheitsnetze) Teil 2: Sicherheitstechnische Anforderungen für die Errichtung von Schutznetzen
- DIN EN 12811-1:2004-03 Temporäre Konstruktionen für Bauwerke – Teil 1: Arbeitsgerüste – Leistungsanforderungen, Entwurf, Konstruktion und Bemessung
- DIN EN 13374:2004-08 Temporäre Seitenschutzsysteme – Produktfestlegungen und Prüfverfahren

zu § 4 Abs. 3, Anh. Nr. 1.2 ArbStättV

Technische Regeln für Arbeitsstätten	Maßnahmen gegen Brände	ASR A2.2[833]

GMBl. Nr. 24 vom 18.5.2018 S. 446
zuletzt geändert durch GMBl. Nr. 18 vom 23.5.2025 S. 365[834]

...

Diese ASR A2.2 konkretisiert im Rahmen ihres Anwendungsbereichs Anforderungen der Verordnung über Arbeitsstätten. Bei Einhaltung dieser Technischen Regel kann der Arbeitgeber davon ausgehen, dass die entsprechenden Anforderungen der Verordnung erfüllt sind. Wählt der Arbeitgeber eine andere Lösung, muss er damit mindestens die gleiche Sicherheit und den gleichen Schutz der Gesundheit für die Beschäftigten erreichen.

Inhaltsverzeichnis

1 Zielstellung

Diese ASR konkretisiert die Anforderungen an die Ausstattung von Arbeitsstätten mit Brandmelde- und Feuerlöscheinrichtungen sowie die damit verbundenen organisatorischen Maß-

[833] Mit der 2018 erfolgten Neufassung der ASR A2.2 wurde die Überschrift in „Maßnahmen gegen Brände" geändert. Die bis zur fünften Änderung der ArbStättV im Jahr 2010 (s. FN 32) verwendete Überschrift „Schutz vor Entstehungsbränden" für die in Anh. Nr. 2.2 enthaltenen Forderungen brachte die Zielsetzung eines vorbeugenden Schutzes der Beschäftigten vor Brandgefahren deutlicher zum Ausdruck. Die Forderungen in der ASR A2.2 sind unverändert auf die vorsorglich zu treffenden Maßnahmen zur Bekämpfung eines Brandes möglichst schon in dessen Entstehungsphase ausgerichtet und stellen keineswegs einen umfassenden Brandschutz dar. Weitergehende Regelungen zum Brandschutz sind in anderen Rechtsvorschriften (insbesondere im Bauordnungs- und im Gefahrstoffrecht) und Regelwerken enthalten. Ausführlicher hierzu Opfermann/Streit: Arbeitsstätten, Loseblattwerk mit Kommentar, 3. Aufl., Landsberg 2025 unter OZ 3100 und OZ 4100.

[834] Im Mai 2025 wurden die Begriffsbestimmung 3.10 und der Abschn. 7.4 „Brandschutzbeauftragte" gestrichen und in einem neu eingefügten Hinweis zu Abschn. 7.1 „Organisatorische Brandschutzmaßnahmen" zusammen gefasst.

nahmen für das Betreiben nach § 3a Absatz 1, § 4 Absatz 3 und § 6 Absatz 3 einschließlich der Punkte 2.2 und 5.2 Absatz 1g des Anhangs der Arbeitsstättenverordnung.[835) 836)]

2 Anwendungsbereich

(1) Diese ASR gilt für das Einrichten und Betreiben von Arbeitsstätten mit Feuerlöscheinrichtungen sowie für weitere Maßnahmen zur Erkennung, Alarmierung sowie Bekämpfung von Entstehungsbränden.[837) 838) 839)]

(2) Für alle Arbeitsstätten gemäß § 2 der Arbeitsstättenverordnung gelten die Anforderungen und Gestaltungshinweise nach Punkt 5 dieser Regel (Grundausstattung).

(3) Für Arbeitsstätten mit normaler Brandgefährdung ist die Grundausstattung ausreichend.

(4) Für Arbeitsstätten mit erhöhter Brandgefährdung sind über die Grundausstattung hinaus zusätzlich Maßnahmen nach Punkt 6 dieser Regel erforderlich.

Hinweis:

Für die barrierefreie Gestaltung der Maßnahmen gegen Brände gilt die ASR V3a.2 „Barrierefreie Gestaltung von Arbeitsstätten", Anhang A2.2: Ergänzende Anforderungen zur ASR A2.2 „Maßnahmen gegen Brände".

---

835) Die ArbStättV ist bezüglich der organisatorischen Voraussetzungen für einen vorbeugenden Brandschutz nicht hinreichend konsistent. So beschränkt sich § 4 Abs. 3 auf die Anforderung an den Arbeitgeber, dafür Sorge zu tragen, dass die Sicherheitseinrichtungen regelmäßig und sachkundig gewartet sowie ihre Funktionsfähigkeit geprüft werden. § 6 Abs. 3 enthält die Anforderungen zur Unterweisung der Beschäftigten bezogen auf Maßnahmen der Brandverhütung und Verhaltensmaßnahmen im Brandfall. Beschäftigte mit Brandschutzmaßnahmen sind zudem in der Bedienung von Feuerlöscheinrichtungen zu unterweisen. Anh. Nr. 2.2 ist ausschließlich auf die Ausrüstung der Arbeitsstätten mit geeigneten Feuerlöscheinrichtungen und erforderlichenfalls Brandmeldern und Alarmanlagen ausgerichtet. Anh. Nr. 5.2 ArbStättV mit den zusätzlichen Anforderungen an Baustellen enthält in Abs. 1g auch die Forderung, in regelmäßigen Abständen geeignete Versuche und Übungen an Feuerlöscheinrichtungen und Brand- und Alarmanlagen durchzuführen.

836) Vor diesem Hintergrund sind in Abschn. 7 der ASR A2.2 auch die bisher im staatlichen Recht nicht oder unzureichend geregelten Aspekte der betrieblichen Brandschutzorganisation, wie u. a. die Brandschutzordnung, die spezifische Unterweisung der Beschäftigten, der Einsatz von Brandschutzhelfern und Brandschutzbeauftragten oder die Instandhaltung und Prüfung berücksichtigt worden.

837) Die Verpflichtungen des Arbeitgebers zur Einleitung und Umsetzung geeigneter Maßnahmen zur Vermeidung oder Verminderung von Gefährdungen der Beschäftigten beim Eintreten eines Notfalls ergeben sich aus § 10 ArbSchG. Danach haben der Arbeitgeber und jede andere nach § 13 ArbSchG neben dem Arbeitgeber verantwortliche Person entsprechend der Art der Arbeitsstätte und der Tätigkeiten sowie der Zahl der Beschäftigten die Maßnahmen zu treffen, die zur Ersten Hilfe, Brandbekämpfung und Evakuierung der Beschäftigten notwendig sind.

838) Nach Anh. Nr. 2.2 ArbStättV sind zusätzlich zur Brandgefährdung vorhandener Einrichtungen und Materialien die Abmessungen und die Nutzung der Arbeitsstätte sowie die größtmögliche Anzahl der in der Arbeitsstätte anwesenden Personen bei der Ausstattung mit Feuerlöscheinrichtungen und erforderlichenfalls Brandmeldern und Alarmanlagen zu berücksichtigen. Dabei kann die Anzahl anwesender Personen die Zahl der Beschäftigten um ein Vielfaches überschreiten, wie dies z. B. regelmäßig in einem Supermarkt, einer Schule oder einer Krankenpflegeeinrichtung der Fall ist.

839) Der Anwendungsbereich der ASR A2.2 umfasst über das Einrichten und Betreiben von Arbeitsstätten mit Feuerlöscheinrichtungen hinaus weitere Maßnahmen zur Erkennung von Entstehungsbränden, zur Alarmierung sowie zur wirksamen Vorbeugung. So sind auch Forderungen zur Unterweisung aller Beschäftigten, zum Einsatz einer ausreichenden Anzahl von im Hinblick auf die Bekämpfung von Entstehungsbränden besonders unterwiesenen Beschäftigten (Brandschutzhelfer) und zur sachgerechten Wartung und Prüfung der Brandmelde- und Feuerlöscheinrichtungen enthalten.

3 Begriffsbestimmungen

3.1 Brandgefährdung liegt vor, wenn brennbare Stoffe vorhanden sind und die Möglichkeit für eine Brandentstehung besteht.[840)]

3.2 Normale Brandgefährdung[841)] liegt vor, wenn die Wahrscheinlichkeit einer Brandentstehung, die Geschwindigkeit der Brandausbreitung, die dabei frei werdenden Stoffe und die damit verbundene Gefährdung für Personen, Umwelt und Sachwerte vergleichbar sind mit den Bedingungen bei einer Büronutzung.[842)]

3.3 Erhöhte Brandgefährdung liegt vor, wenn

- entzündbare bzw. oxidierende Stoffe oder Gemische vorhanden sind,
- die örtlichen und betrieblichen Verhältnisse für eine Brandentstehung günstig sind,
- in der Anfangsphase eines Brandes mit einer schnellen Brandausbreitung oder großen Rauchfreisetzung zu rechnen ist,
- Arbeiten mit einer Brandgefährdung durchgeführt werden (z. B. Schweißen, Brennschneiden, Trennschleifen, Löten) oder Verfahren angewendet werden, bei denen eine Brandgefährdung besteht (z. B. Farbspritzen, Flammarbeiten) oder
- erhöhte Gefährdungen vorliegen, z. B. durch selbsterhitzungsfähige Stoffe oder Gemische, Stoffe der Brandklassen D und F, brennbare Stäube, extrem oder leicht entzündbare Flüssigkeiten oder entzündbare Gase.

Hinweis:

Die erhöhte Brandgefährdung im Sinne dieser ASR schließt die erhöhte und hohe Brandgefährdung nach der Technischen Regel für Gefahrstoffe TRGS 800 „Brandschutzmaßnahmen" ein.[843)]

---

840) Entscheidende Kriterien für die Beurteilung der Brandgefährdung sind zum einen die Wahrscheinlichkeit einer Brandentstehung, z. B. durch das Vorhandensein von Stoffen, die leicht entzündbar sind, und zum anderen die örtlichen und betrieblichen Bedingungen, die eine Brandausbreitung begünstigen oder verhindern können. Im Hinblick auf die Bekämpfung von Entstehungsbränden spielt insbesondere eine Rolle, wie schnell sich ein Brand in der Anfangsphase ausbreiten kann.

841) Die Lagerung oder Verwendung von brennbaren Stoffen in nicht nur geringer Menge und/oder von Stoffen mit erhöhter Entzündbarkeit und/oder die Anwendung von Arbeitsverfahren, die z. B. eine offene Flamme verwenden (z. B. Schweißen, Schneidbrennen, Trennschleifen) oder für die größere mechanische oder elektrische Energien erforderlich sind, führen ebenso wie günstige räumliche Bedingungen für eine schnelle Brandausbreitung i. S. d. ASR A2.2 und somit zu einer erhöhten Brandgefährdung. Eine Liste mit Beispielen für Arbeitsbereiche mit hoher Brandgefährdung enthält die TRGS 800 Brandschutzmaßnahmen, Ausg. 2010-12 in Nr. 3.3 Abs. 4. Hierzu zählen z. B. Petrochemische Anlagen, Anlagen zur chemischen Synthese, Prozesse mit und Lagerung von Gefahrstoffen mit erhöhten Gefahren der Selbstentzündung, Galvaniken, Leichtmetallverarbeitung, Druckereien, Reifenherstellung, Gummiverarbeitung, Spanplatten-, Säge- und Furnierwerke, Textilbetriebe, Mühlen, Asphaltherstellung, Lackieranlagen und Lacktrockner, die mit brennbaren Lösemitteln betrieben werden, Reinigungsanlagen, die mit brennbaren Lösemitteln arbeiten, größere Friteusen und Fettbackgeräte zur gewerblichen Verwendung, Wärmeträgerölanlagen, Lager für brennbare oder oxidierende Gefahrstoffe in nicht nur geringer Menge, Tätigkeiten mit brandfördernden, leicht entzündlichen, hochentzündlichen oder selbstentzündliche Gefahrstoffen in nicht nur geringer Menge in geschlossenen Räumen, insbesondere dann, wenn sie sich in unmittelbarer Nähe von Menschen befinden oder Baustellen mit Feuerarbeiten unter besonderen örtlichen und betrieblichen Bedingungen.

842) Die Definition der normalen Brandgefährdung wurde in Anlehnung und weitgehender Übereinstimmung mit Nr. 3.3 Abs. 3 der TRGS 800 Brandschutzmaßnahmen, Ausg. 2010-12, festgelegt. Als Synonym wird auch der Begriff Brandpotenzial verwendet.

843) Auf die gesonderte Definition einer hohen Brandgefährdung (z. B. in Lackieranlagen oder in der Leichtmetallverarbeitung), wie in der TRGS 800, kann verzichtet werden, weil es in diesen Fällen zu einer schnellen und unkontrollierbaren Brandausbreitung kommt oder eine große Rauch- oder Wärmefreisetzung zu erwarten ist, so dass eine Bekämpfung des Entstehungsbrandes nicht ohne erhebliche Gefährdungen der Beschäftigten erfolgen könnte und somit nicht in Frage käme.

3.4 Entstehungsbrände im Sinne dieser Regel sind Brände mit so geringer Rauch- und Wärmeentwicklung, dass noch eine gefahrlose Annäherung von Personen bei freier Sicht auf den Brandherd möglich ist.[844)]

3.5 Brandmelder dienen dem frühzeitigen Erkennen von Bränden und Auslösen eines Alarms. Dabei wird zwischen automatischen[845)] und nichtautomatischen Brandmeldern[846)] (Handfeuermeldern) unterschieden.

3.6 Feuerlöscheinrichtungen im Sinne dieser Regel sind tragbare oder fahrbare Feuerlöscher[847) 848) 849)], Wandhydranten und weitere handbetriebene Geräte zur Bekämpfung von Entstehungsbränden.[850) 851)]

---

844) Voraussetzung für die Bekämpfung eines Entstehungsbrandes ist, dass diese ohne Gefährdungen der damit befassten Beschäftigten vorgenommen werden kann. Hierbei sind insbesondere die durch den Brand hervorgerufene Rauch- und Wärmeentwicklung zu berücksichtigen. Nur wenn diese so gering ist, dass eine gefahrlose Annäherung von Personen bei freier Sicht auf den Brandherd möglich ist, darf die Entscheidung für eine Bekämpfung mit Feuerlöscheinrichtungen getroffen werden. Andernfalls ist zwingend auf eigene Löschversuche zu verzichten, ein Alarm auszulösen, eine schnelle Evakuierung gefährdeter Personen einzuleiten und unverzüglich die Feuerwehr zu rufen.

845) Automatische Brandmelder erkennen einen Brand anhand der physikalischen Eigenschaften und lösen in der Regel nach drei bis vier Minuten einen Alarm aus. Brandmeldeanlagen müssen als Gefahrenmeldeanlagen der Normenreihe DIN VDE 0800 Informationstechnik, den DIN VDE 0833-1:2014-10, Entwurf neu: 2025-02 Gefahrenmeldeanlagen für Brand, Einbruch und Überfall – T. 1: Allgemeine Festlegungen und DIN VDE 0833-2:2022-06 Gefahrenmeldeanlagen für Brand, Einbruch und Überfall – T. 2: Festlegungen für Brandmeldeanlagen, der DIN 14675-1:2020-01 Brandmeldeanlagen, T. 1: Aufbau und Betrieb und der Reihe DIN EN 54 Brandmeldeanlagen, u. a. DIN EN 54-2/A1:2007-01 T. 2: Brandmelderzentralen sowie DIN EN 54-3 T. 3: Feueralarmeinrichtungen – Akustische Signalgeber, Ausg. 2019-11, entsprechen.

846) Nichtautomatische Brandmelder sind nach DIN 14675-1:2020-01 Brandmeldeanlagen – T. 1: Aufbau und Betrieb Handfeuermelder. Diese sind durch eine Glasscheibe geschützt, die bei Gebrauch eingeschlagen werden muss. Durch Drücken des Knopfes wird an der Brandmeldezentrale ein Alarm ausgelöst. Ein betätigter Handfeuermelder kann nur durch einen zugelassenen Techniker oder durch die Feuerwehr zurückgestellt werden. Es soll so auch der Missbrauch verhindert werden, welcher strafbar ist. Brandmelder sind gem. Anh. 1 Nr. 5 der ASR A1.3 „Sicherheits- und Gesundheitsschutzkennzeichnung" (s. S. 187) mit dem Brandschutzzeichen F005 zu kennzeichnen.

847) Feuerlöscher sind tragbare Löschgeräte und ohne eigenen Kraftantrieb fahrbare Löschgeräte zur Bekämpfung von Klein- und Entstehungsbränden. Das Gesamtgewicht für tragbare Löscher darf höchstens 20 kg betragen.

848) Feuerlöscher müssen amtlich geprüft und zugelassen sein sowie das Zulassungszeichen tragen. Die Grundlage hierfür bildet die europäische Norm DIN EN 3-7:2007-10, Entwurf neu 2025-05 Tragbare Feuerlöscher, insbes. T. 7: Eigenschaften, Leistungsanforderungen und Prüfungen. Feuerlöscher, die vor Veröffentlichung der DIN EN 3 in Verkehr gebracht wurden, sind nach DIN 14406 Tragbare Feuerlöscher – Teile 1 und 2 zugelassen worden. Diese bleiben weiterhin in Deutschland zugelassen, obwohl die DIN 14406 Teile 1 und 2 nach dem Erscheinen der DIN EN 3 zurückgezogen wurde.

849) Für die Prüfung und Instandhaltung tragbarer Feuerlöscher ist weiterhin die DIN 14406-4:2009-09 mit dem Beiblatt 1:2021-10 Tragbare Feuerlöscher – T. 4: Instandhaltung, Bleiblatt 1: Informationen zur Anwendung, heranzuziehen.

850) Fest installierte Feuerlöscheinrichtungen müssen nach verschiedenen Vorschriften des Bauordnungsrechts oder auf Verlangen der Sachversicherer vorhanden sein oder ergeben sich aus der besonderen Brandgefährlichkeit des Raumes. Sie ersetzen nicht die Bereitstellung von Feuerlöschern, sondern sind zusätzlich anzubringen. Sie werden also bei der Ermittlung der Zahl der tragbaren Feuerlöscher nicht berücksichtigt.

851) Ortsfeste Feuerlöscheinrichtungen, wie Sprinkleranlagen, Sprühwasserlöschanlagen, Schaumlöschanlagen, Regenvorhänge (hier wird ein schmaler Bereich dicht mit Wasser besprüht, um ein Übergreifen des Brandes auf andere Bereiche zu verhindern), werden von der ASR A2.2 mit Ausnahme der Wandhydranten nicht erfasst. Hierzu gehören auch CO_2-Löschanlagen, die in Räumen installiert werden, in denen mit brennbaren Flüssigkeiten oder Druckgasen umgegangen wird, z. B. in Lagerräumen, Abfüllräumen, Lackierräumen/-anlagen. Ebenso werden Pulverlöschanlagen zum Löschen brennbarer Flüssigkeiten, die aus Rohrleitungen oder Behältern austreten können, verwendet.

3.7 Löschvermögen beschreibt die Leistungsfähigkeit eines Feuerlöschers, ein genormtes Brandobjekt abzulöschen.[852] [853]

3.8 Löschmitteleinheit (LE) ist eine eingeführte Hilfsgröße, die es ermöglicht, die Leistungsfähigkeit unterschiedlicher Feuerlöschertypen zu vergleichen und durch Addition das Gesamtlöschvermögen von mehreren Feuerlöschern zu ermitteln.[854]

3.9 Brandschutzhelfer sind die Beschäftigten, die der Arbeitgeber für Aufgaben der Brandbekämpfung bei Entstehungsbränden benannt hat.[855]

4 Eignung von Feuerlöschern und Löschmitteln

4.1 Brandklassen

Feuerlöscher bzw. Löschmittel werden vom Hersteller entsprechend der Eignung einer oder mehreren Brandklassen zugeordnet. Diese Zuordnung ist auf dem Feuerlöscher mit Piktogrammen angegeben (siehe Tabelle 1).[856] [857]

---

852) Nach DIN EN 3 ist nicht mehr die Löschmittelmenge, sondern das Löschvermögen für die Beschreibung der Leistung eines Feuerlöschers maßgeblich. Zur Ermittlung des Löschvermögens dienen Prüffeuer, die nach DIN EN 3-7:2007-10, Entwurf neu 2025-05 Tragbare Feuerlöscher – T. 7: Eigenschaften, Leistungsanforderungen und Prüfungen und nach DIN EN 2:2005-01 Brandklassen genormt werden.

853) Die Prüfung und Zuordnung des Löschvermögens erfolgt mit verschieden großen Prüfobjekten (Löschobjekte). Das größte Löschobjekt, das mit dem Feuerlöscher noch abgelöscht werden kann, definiert sein maximales Löschvermögen. Da dieses je nach Brandart des Prüfobjektes differieren kann, wird es für jede Brandklasse gesondert ermittelt. Das Löschvermögen wird als Leistungsklasse durch Zahlen-Buchstaben-Kombinationen angegeben, die auf den Feuerlöschern aufgedruckt sind. Die Zahl bezeichnet das Löschobjekt, der Buchstabe die Brandklasse. Je nach Leistung des Gerätes und des Löschmittels kann das gleiche Löschvermögen auch mit einer geringeren Löschmittelmenge erreicht werden als der in DIN EN 3 angegebenen Maximalmenge.

854) Das Löschvermögen nach DIN EN 3 kann nicht addiert werden. Deshalb wird als Hilfsgröße die Löschmitteleinheit (LE) verwendet. Beispielsweise wird für die Zulassung eines ABC-Pulverlöschers mit 6 kg Füllmenge ein Löschvermögen von 21 A 113B gefordert. Dieses Löschvermögen kann ein entsprechend ausgerüsteter 4-kg-Löscher ebenfalls erreichen. Unabhängig von der Füllmenge ist das Löschvermögen beider Geräte gleich.

855) Näheres zur Ausbildung und Befähigung von Brandschutzhelfern enthält die DGUV-Information 205-23 Brandschutzhelfer Ausbildung und Befähigung, Ausg. 2014-02, akt. 2019-11. Enthalten sind Aussagen zu den notwendigen Inhalten der Ausbildung in Theorie und Praxis, zur Dauer der Ausbildung und zur Qualifikation/Fachkunde der verantwortlichen ausbildenden Personen sowie zur notwendigen Wiederholung der Ausbildung in Abständen von drei bis fünf Jahren.

856) In der Tabelle 1 sind die Brandklassen A bis F nach DIN EN 2:2005-01 Brandklassen dargestellt. Die Einteilung in Brandklassen dient der Klassifizierung der Brände nach dem brennenden Stoff. Die Brandklasse F beinhaltet Fettbrände in Frittier- und Fettbackgeräten und anderen Kücheneinrichtungen und -geräten. Prinzipiell gehören Fette zwar der Brandklasse B an, jedoch werden Fettbrände wegen ihrer besonderen Gefahren und Eigenheiten einer eigenen Brandklasse zugeordnet.

857) Auf eine Zuordnung geeigneter Arten von Feuerlöschern nach dem enthaltenen Löschmittel (z. B. Pulverlöscher, Kohlendioxidlöscher, Wasserlöscher mit und ohne Zusätze, Schaumlöscher) zu den einzelnen Brandklassen wird in der ASR A2.2 verzichtet. Begründet wird dies mit dem Hinweis, dass die auf jedem Feuerlöscher angebrachten Piktogramme eindeutig aussagen müssen, für welche Brandklassen die Feuerlöscher geeignet sind.

Tabelle 1: Brandklassen nach DIN EN 2:2005-01 „Brandklassen", Piktogramme nach DIN EN 3-7:2007-10 „Tragbare Feuerlöscher – Teil 7: Eigenschaften, Leistungsanforderungen und Prüfungen"

Piktogramm	Brandklasse
	**Brandklasse A:** Brände fester Stoffe (hauptsächlich organischer Natur), verbrennen normalerweise unter Glutbildung Beispiele: Holz, Papier, Stroh, Textilien, Kohle, Autoreifen
	**Brandklasse B:** Brände von flüssigen oder flüssig werdenden Stoffen Beispiele: Benzin, Öle, Schmierfette, Lacke, Harze, Wachse, Teer *Hinweis: Sicherheitsdatenblatt beachten*
	**Brandklasse C:** Brände von Gasen Beispiele: Methan, Propan, Wasserstoff, Acetylen, Erdgas
	**Brandklasse D:** Brände von Metallen Beispiele: Aluminium, Magnesium, Lithium, Natrium, Kalium und deren Legierungen
	**Brandklasse F:** Brände von Speiseölen und -fetten (pflanzliche oder tierische Öle und Fette) in Frittier- und Fettbackgeräten und anderen Kücheneinrichtungen und -geräten

Für Brände von elektrischen Anlagen und Betriebsmitteln wird in DIN EN 2:2005-01 „Brandklassen" keine eigenständige Brandklasse ausgewiesen.

Feuerlöscher nach DIN EN 3-7:2007-10 „Tragbare Feuerlöscher – Teil 7: Eigenschaften, Leistungsanforderungen und Prüfungen", die für die Brandbekämpfung im Bereich elektrischer Anlagen geeignet sind, werden mit der maximalen Spannung und dem notwendigen Mindestabstand gekennzeichnet, z. B. bis 1000 V, Mindestabstand 1m.

4.2 Löschvermögen, Löschmitteleinheiten[858) 859)]

(1) Das Löschvermögen wird durch eine Zahlen-Buchstabenkombination auf dem Feuerlöscher angegeben. In dieser Zahlen-Buchstabenkombination bezeichnet die Zahl die Größe des erfolgreich abgelöschten Norm-Prüfobjektes und der Buchstabe die Brandklasse (siehe Abbildung 1).

Abb. 1: Beispiel für die Beschriftung eines Feuerlöschers durch den Hersteller, in Anlehnung an DIN EN 3-7:2007-10 „Tragbare Feuerlöscher – Teil 7: Eigenschaften, Leistungsanforderungen und Prüfungen"

858) Die Wahl eines geeigneten Feuerlöschers muss im Ergebnis der Gefährdungsbeurteilung nach der Höhe der Brandgefährdung und der Art der brennbaren Stoffe erfolgen. Die Feuerlöscher unterscheiden sich nach der Art des verwendeten Löschmittels. Jedes Löschmittel weist hier besondere Eigenschaften und Stärken aus. Neben Löschmitteln mit einer größeren Bandbreite für verschiedene Brandklassen gibt es auch spezielle Löscherarten mit besonders guten Eigenschaften für bestimmte Brandklassen.

859) Je nach verwendetem Löschmittel haben Feuerlöscher eine unterschiedliche Löschwirkung in verschiedenen Brandklassen A und B. Als Vergleichsgröße für das Löschvermögen dient dann die Löschmitteleinheit. Ist dem Löschvermögen für die Brandklasse A oder B eine unterschiedliche Anzahl von Löschmitteleinheiten zugeordnet, so ist aus Gründen der Sicherheit der niedrigere Wert für die Bestimmung der Löschmitteleinheiten anzusetzen.

Hinweise:

1. *Die Buchstaben* ***A, B, F*** *bezeichnen die jeweilige Brandklasse, für die der Feuerlöscher geeignet ist. Die davor stehenden Zahlen* ***21*** *A,* ***113*** *B,* ***75*** *F in Abbildung 1 geben das Löschvermögen in der jeweiligen Brandklasse, bestimmt an einem Norm-Prüfobjekt entsprechender Größe, an.*
2. *Es kann für die Brandklassen A und B mit Hilfe der Tabelle 2 in Löschmitteleinheiten (LE) umgerechnet werden.*
3. *Für die Brandklassen C und D wird nur die Eignung des Feuerlöschers ohne Bestimmung des Löschvermögens festgestellt.*
4. *Für die Brandklasse F gibt die Zahl* ***75*** *in Abbildung 1 an, dass unter Prüfbedingungen ein Brand mit einem Volumen von 75 Litern Speisefett/-öl erfolgreich abgelöscht werden kann. Feuerlöscher der Brandklasse F sind mit einem Löschvermögen von* ***5*** *F,* ***25*** *F,* ***40*** *F und* ***75*** *F erhältlich. Eine Umrechnung in Löschmitteleinheiten (LE) erfolgt nicht.*

(2) Da das Löschvermögen nicht addiert werden kann, wird zur Berechnung der Anzahl der erforderlichen Feuerlöscher für die Brandklassen A und B eine Hilfsgröße, die „Löschmitteleinheit (LE)“ verwendet. Dem im Versuch ermittelten Löschvermögen der Feuerlöscher wird dadurch eine bestimmte Anzahl von Löschmitteleinheiten zugeordnet, siehe Tabelle 2. Diese Werte können dann je Brandklasse addiert werden.

Tabelle 2: Zuordnung des Löschvermögens zu Löschmitteleinheiten (Zuordnung von Feuerlöschern der Grundausstattung gemäß Punkt 5.2)

	Löschvermögen (Rating gemäß DIN EN 3-7:2007-10)	
LE	**Brandklasse A**	**Brandklasse B**
1	5A	21B
2	8A	34B
3		55B
4	13A	70B
5		89B
6	21A	113B
9	27A	144B
10	34A	
12	43A	183B
15	55A	233B

(3) Werden Feuerlöscher für verschiedene Brandklassen bereitgestellt, dann muss das Löschvermögen für jede der vorhandenen Brandklassen ausreichend sein.

5 Ausstattung für alle Arbeitsstätten

5.1 Branderkennung und Alarmierung[860)]

(1) Der Arbeitgeber hat durch geeignete Maßnahmen sicherzustellen, dass die Beschäftigten im Brandfall unverzüglich gewarnt und zum Verlassen von Gebäuden oder gefährdeten Bereichen aufgefordert werden können. Die Möglichkeit zur Alarmierung von Hilfs- und Rettungskräften muss gewährleistet sein.

(2) Brände können durch Personen oder Brandmelder erkannt und gemeldet werden.

Brandmelder dienen der frühzeitigen Erkennung von Bränden. Dies trägt maßgeblich zum Löscherfolg und zur rechtzeitigen Einleitung von Evakuierungs- und Rettungsmaßnahmen bei.

Als Brandmelder werden technische Geräte zum Auslösen eines Alarms im Falle eines Brandes bezeichnet. Dabei wird unterschieden zwischen automatischen Brandmeldern, welche einen Brand anhand seiner Eigenschaften (z. B. Rauch, Temperatur, Flamme) erkennen, und nichtautomatischen Brandmeldern, die von Hand betätigt werden (Handfeuermelder). Der Alarm kann dem Warnen der anwesenden Personen oder dem Herbeirufen von Hilfe (z. B. Sicherheitspersonal, Feuerwehr) dienen.

(3) Geeignete Maßnahmen zur Alarmierung von Personen sind z. B.:
- Brandmeldeanlagen mit Sprachalarmanlagen (SAA) oder akustische Signalgeber (z. B. Hupen, Sirenen),
- Hausalarmanlagen,
- Elektroakustische Notfallwarnsysteme (ENS),
- optische Alarmierungsmittel,
- Telefonanlagen,
- Megaphone,
- Handsirenen,
- Zuruf durch Personen oder
- personenbezogene Warneinrichtungen.

(4) Technische Maßnahmen sind vorrangig umzusetzen. Dabei sind automatische Brandmelde- und Alarmierungseinrichtungen zu bevorzugen.

Die Notwendigkeit von technischen Alarmierungsanlagen ergibt sich aus der Gefährdungsbeurteilung, z. B. wenn Ruf- und Sichtverbindungen oder räumliche Gegebenheiten eine Warnung der gefährdeten Personen nicht erlauben bzw. sich Handlungsbedarf aus den Evakuierungsübungen nach ASR A2.3 „Fluchtwege und Notausgänge" oder aus Auflagen von Behörden ergibt.

[860)] Siehe Erläuterungen unter FN 845, 846.

5.2 Grundausstattung mit Feuerlöscheinrichtungen[861] [862]

(1) Der Arbeitgeber hat Feuerlöscheinrichtungen nach Art und Umfang der im Betrieb vorhandenen brennbaren Stoffe, der Brandgefährdung und der Grundfläche der Arbeitsstätte in ausreichender Anzahl bereitzustellen. Für die Ermittlung der Art und Anzahl der erforderlichen Feuerlöscher kann die Arbeitsstätte in Teilbereiche unterteilt werden, sofern dies wegen der baulichen Gegebenheiten oder der Nutzungsbedingungen sinnvoll oder erforderlich ist. Die zu einer Arbeitsstätte gehörenden Teilbereiche können in unterschiedliche Brandgefährdungen eingestuft sein.[863]

Im Regelfall hat der Arbeitgeber bei der Grundausstattung als Feuerlöscheinrichtungen Feuerlöscher nach DIN EN 3-7:2007-10 „Tragbare Feuerlöscher – Teil 7: Eigenschaften, Leistungsanforderungen und Prüfungen" bereitzustellen. Ein allgemeines Lösungsschema zur Festlegung der Ausstattung der Arbeitsstätte enthält Anhang 1; Ausführungsbeispiele für die Grundausstattung sind im Anhang 2 und für die Abweichung von der Grundausstattung im Anhang 3 dargestellt.

(2) In allen Arbeitsstätten ist für die Grundausstattung die für einen Bereich erforderliche Anzahl von Feuerlöschern mit dem entsprechenden Löschvermögen für die Brandklassen A und B nach den Tabellen 2 und 3 zu ermitteln.[864] Ausgehend von der Grundfläche (Summe der Grundflächen aller Ebenen) der Arbeitsstätte gemäß Tabelle 3 sind die erforderlichen Löschmitteleinheiten zu ermitteln. Aus Tabelle 2 ist dann die entsprechende Art, Anzahl und Größe der Feuerlöscher entsprechend ihrem Löschvermögen zu entnehmen, wobei die Summe der Löschmitteleinheiten mindestens der aus der Tabelle 3 entnommenen Zahl je Brandklasse entsprechen muss.

Flächen im Freien (z. B. Grünanlagen, Verkehrswege) können bei der Ermittlung der Grundausstattung unberücksichtigt bleiben.

---

[861] Neben tragbaren und fahrbaren Feuerlöschern sind als Feuerlöscheinrichtungen Wandhydranten und weitere handbetriebene Geräte zur Bekämpfung von Entstehungsbränden zugelassen (s. FN 850 bis 851). Normalerweise reichen zur Bekämpfung eines Brandes in der Entstehungsphase Feuerlöscher aus. Sie sind einfach aufzustellen oder anzubringen und im Brandfall leicht zu handhaben. Daher werden in der ASR vorrangig Feuerlöscher verlangt.

[862] Die Voraussetzungen für die Anrechnung von Wandhydranten waren in der ASR A2.2 Ausg. November 2012 in Abschn. 5.2.2 explizit aufgeführt. Dieser Abschnitt wurde in der Neufassung vom Mai 2018 ersatzlos gestrichen. Zur Begründung wird vom ASTA aufgeführt, dass eine Ausstattung mit Feuerlöschern den Regelfall einer Grundausstattung darstellt. Der Arbeitgeber kann von diesem Regelfall abweichen, wenn er die gleiche Sicherheit mit einer anderen Lösung gewährleistet. Demzufolge sind nach wie vor auch Wandhydranten als „andere Lösung" möglich. Bei deren Einsatz entfällt allerdings die Vermutungswirkung. Insoweit ist die Einhaltung der Voraussetzungen im Rahmen der Gefährdungsbeurteilung zu ermitteln und als erreichte vergleichbare Sicherheit zu dokumentieren.

[863] Die zu einer Arbeitsstätte gehörenden Teilbereiche können in unterschiedliche Brandgefährdungen eingestuft sein. Bei gleicher Brandgefährdung können aber auch die Flächen mehrerer gleichartiger Etagen/Ebenen addiert werden. In mehrgeschossigen Gebäuden sind weiterhin in jedem Geschoss mindestens 6 Löschmitteleinheiten (LE) bereitzustellen.

[864] In Tabelle 3 sind die für die Grundausstattung erforderlichen Löschmitteleinheiten (LE) in Abhängigkeit von der Grundfläche der Arbeitsstätte angegeben. Diese entsprechen den bisherigen Angaben in der Tabelle 3 der ASR A2.2 Ausg. 2014-11. Zu beachten ist, dass im Gegensatz zur ArbStättV 1975 nicht nur die Flächen der Räume zu berücksichtigen sind, sondern die gesamte Grundfläche der Arbeitsstätte.

Tabelle 3: Löschmitteleinheiten in Abhängigkeit von der Grundfläche der Arbeitsstätte

Grundfläche bis ... m^2	Löschmitteleinheiten [LE]
50	6[865]
100	9
200	12
300	15
400	18
500	21
600	24
700	27
800	30
900	33
1000	36
je weitere 250	+ 6

Für die Grundausstattung werden im Regelfall nur Feuerlöscher angerechnet, die jeweils über mindestens 6 Löschmitteleinheiten (LE) verfügen.[866] [867]

[865] Für kleine Arbeitsstätten (bis 50 m^2) ist somit die Vorhaltung eines Feuerlöschers mit 6 LE ausreichend. Dies stellt im Regelfall auch die wirtschaftlichste Lösung dar, da bei nach DIN EN 3 zertifizierten Feuerlöschern die Lebensdauer und die Folgekosten der regelmäßigen Prüfungen genau kalkulierbar sind.

[866] Für die Grundausstattung dürfen nur Feuerlöscher angerechnet werden, die über mindestens 6 Löschmitteleinheiten (LE) verfügen. Diese Forderung soll sicherstellen, dass typische Entstehungsbrände durch Laien sicher zu löschen sind und ausreichende Löschmittelreserven für eventuelle Rückzündungen zur Verfügung stehen. Auch sollen damit evtl. Fehler bei der Brandbekämpfung zu korrigieren sein (z. B. ein zunächst zu großer Abstand zum Brandobjekt, nicht optimales Zielen, aber auch Selbstüberschätzung des Anwenders).

[867] Durch die Einfügung der Worte „im Regelfall" weicht die ASR A2.2 von der vorherigen Fassung ab. Hintergrund ist, dass abweichend vom Regelfall unter definierten Rahmenbedingungen und für normale Brandgefährdung nun auch Feuerlöscher mit jeweils mindestens 2 Löschmitteleinheiten auf die Grundausstattung angerechnet werden können. Näheres hierzu enthält die Empfehlung des ASTA zu den Bedingungen für den Einsatz von Feuerlöschsprays mit mindestens 2 Löschmitteleinheiten (LE) für die Grundausstattung in Arbeitsstätten mit normaler Brandgefährdung, abweichend von der ASR A2.2 „Maßnahmen gegen Brände".

Abweichend davon können für die Grundausstattung bei normaler Brandgefährdung auch Feuerlöscher, die jeweils nur über mindestens 2 Löschmitteleinheiten (LE) verfügen[868)] [869)] [870)] [871)], angerechnet werden, wenn:

- sich hierdurch eine Vereinfachung in der Bedienung ergibt, z. B. durch mindestens 25 % Gewichtsersparnis je Feuerlöscher,
- die Zugriffszeit, z. B. durch Halbierung der maximalen Entfernung zum nächstgelegenen Feuerlöscher nach Punkt 5.3, reduziert wird und
- die Anzahl der Brandschutzhelfer nach Punkt 7.3 verdoppelt wird.

In mehrgeschossigen Gebäuden sind in jedem Geschoss mindestens 6 Löschmitteleinheiten (LE) bereitzustellen.

Um tragbare Feuerlöscher einfach handhaben zu können, soll

- auf ein geringes Gerätegewicht sowie
- innerhalb eines Bereiches auf gleiche Funktionsweise der Geräte bei Auslöse- und Unterbrechungseinrichtungen

geachtet werden.

[868)] Mit dieser Ausnahme für normale Brandgefährdung soll erreicht werden, dass der Arbeitgeber im Rahmen der Gefährdungsbeurteilung prüfen kann, ob die Vorteile kleinerer Feuerlöscher, wie eine Gewichtsersparnis und eine somit leichtere Handhabung in Verbindung mit kürzeren Zugriffszeiten, durch eine mindestens anzusetzende Halbierung der maximalen Entfernung zum nächstgelegenen Feuerlöscher und einer verdoppelten Anzahl von Brandschutzhelfern für die spezifischen Bedingungen in seiner Arbeitsstätte zu einer höheren Wirksamkeit führen. Bei Einhaltung der in der ASR beschriebenen Voraussetzungen erlangt er dann auch mit diesem Ansatz den Vorteil der Vermutungswirkung.

[869)] Mit der Festlegung der Untergrenze von 2 LE für auf die Grundausstattung anzurechnende Feuerlöscher können grundsätzlich auch die in den letzten Jahren auf dem Markt der Feuerlöscheinrichtungen etablierten Feuerlöschsprays für die Grundausstattung angerechnet werden. Die hierfür notwendigen Voraussetzungen hat der ASTA in der Empfehlung zu den Bedingungen für den Einsatz von Feuerlöschsprays mit mindestens 2 Löschmitteleinheiten (LE) für die Grundausstattung in Arbeitsstätten mit normaler Brandgefährdung, abweichend von der ASR A2.2 „Maßnahmen gegen Brände“, zusammengefasst. Und dies, obwohl die einschlägige Norm DIN EN 16856:2020-06 Feuerlöschsprays; Deutsche Fassung EN 16856:2020 im Anwendungsbereich eine Verwendung nur im häuslichen Bereich vorgibt.

[870)] Bei Feuerlöschsprays handelt es sich um mit einem Löschmittel gefüllte Spraydosen. Als Löschmittel kommen Löschschaum oder Löschgel zum Einsatz. Feuerlöschsprays sind mit einem Treibgas versehen oder treibgaslos im Handel als Löschmittel für die Brandklassen A, B und F erhältlich. Die Feuerlöschsprays einzelner Hersteller konnten in „Normbrandversuchen“ ein Löschvermögen von 5A, 21 B bzw. 25F nachweisen. Löschspraydosen sind nicht nachfüllbar und sollten nach Gebrauch bzw. nach Ablauf der Gebrauchsdauer entsorgt werden. Für den Einsatz im gewerblichen Bereich gibt es bisher keine einheitliche europäische Norm, was dazu führt, dass große Qualitätsunterschiede bei den auf dem Markt angebotenen Löschsprays feststellbar sind.

[871)] Die Gefährdungsbeurteilung durch den Arbeitgeber kann ergeben, dass der zusätzliche Einsatz von Löschspraydosen die Brandschutzsituation verbessern kann, da diese aufgrund ihrer geringen Abmessungen fast überall platziert werden können und in Verbindung mit dem im Vergleich zu anderen Feuerlöscheinrichtungen geringeren Gewicht sehr schnell einsetzbar sind. Für diesen Fall enthält die Empfehlung des ASTA zum abweichenden Einsatz von Feuerlöschsprays mit mindestens zwei Löschmitteleinheiten in der Grundausstattung (s. S. 639) wichtige Hinweise für einzuhaltende Rahmenbedingungen. Mögliche Einsatzbereiche für den ergänzenden Einsatz von Löschspraydosen können z. B. Büros in Verwaltungsbereichen, Aufenthaltsräume in Kindertageseinrichtungen, Pflegeeinrichtungen oder Arztpraxen sein. Kritisch zu sehen oder auszuschließen ist hingegen der Einsatz von Feuerlöschsprays in Laboren, Produktionsstätten, Räumen oder Hallen mit großer Ausdehnung und überall dort, wo die begrenzte Löschwirkung der Feuerlöschsprays nachteilig ist.

Hinweise:

1. *Bei der Auswahl der Feuerlöscher sollten auch mögliche Folgeschäden durch die Löschmittel berücksichtigt werden.*
2. *Bei dem Einsatz von Kohlendioxid (CO_2) als Löschmittel sind Gesundheitsgefahren durch zu hohe CO_2-Konzentrationen zu berücksichtigen.*

(3) Sind in einem Gebäude Arbeitsstätten verschiedener Arbeitgeber vorhanden, können vorhandene Feuerlöscher gemeinsam genutzt werden. Dabei hat jeder Arbeitgeber sicherzustellen, dass für seine Beschäftigten der Zugriff zu den erforderlichen Feuerlöschern jederzeit gewährleistet ist.

5.3 Anforderungen an die Bereitstellung von Feuerlöscheinrichtungen

Der Arbeitgeber hat sicherzustellen, dass in Arbeitsstätten:

- Feuerlöscher gut sichtbar und leicht erreichbar angebracht sind[872],
- Feuerlöscher vorzugsweise in Fluchtwegen, im Bereich der Ausgänge ins Freie, an den Zugängen zu Treppenräumen oder an Kreuzungspunkten von Verkehrswegen/Fluren angebracht sind,
- die Entfernung von jeder Stelle zum nächstgelegenen Feuerlöscher nicht mehr als 20 m (tatsächliche Laufweglänge) beträgt, um einen schnellen Zugriff zu gewährleisten[873],
- Feuerlöscher vor Beschädigungen und Witterungseinflüssen geschützt aufgestellt sind, z. B. durch Schutzhauben, Schränke, Anfahrschutz; dies kann z. B. bei Tankstellen, in Tiefgaragen oder nicht allseitig umschlossenen baulichen Anlagen erforderlich sein,
- Feuerlöscher so angebracht sind, dass diese ohne Schwierigkeiten aus der Halterung entnommen werden können; für die Griffhöhe haben sich 0,80 m bis 1,20 m als zweckmäßig erwiesen[874],
- die Standorte von Feuerlöschern durch das Brandschutzzeichen F001 „Feuerlöscher" entsprechend ASR A1.3 „Sicherheits- und Gesundheitsschutzkennzeichnung" gekennzeichnet sind. In unübersichtlichen Arbeitsstätten ist der nächstgelegene Standort eines Feuerlöschers gut sichtbar durch das Brandschutzzeichen F001 „Feuerlöscher" in Verbindung mit einem Zusatzzeichen „Richtungspfeil" anzuzeigen. Besonders in lang gestreckten Räumen oder Fluren sollen Brandschutzzeichen in Laufrichtung jederzeit erkennbar sein, z. B. durch den Einsatz von Fahnen- oder Winkelschildern,

[872] Feuerlöscher müssen an gut sichtbaren und im Brandfall leicht zugänglichen Stellen angebracht sein, an denen sie vor Beschädigungen und Witterungseinflüssen geschützt sind. Die Stellen, an denen sich Feuerlöscher befinden, müssen generell gem. ASR A1.3 durch das Brandschutzzeichen F001 „Feuerlöscher" gekennzeichnet sein. Die bisher in der ASR A2.2, Ausg. 2014-11 enthaltene Abweichung von der Kennzeichnungspflicht „sofern die Feuerlöscher nicht gut sichtbar angebracht oder aufgestellt sind" wurde gestrichen.

[873] Um einen schnellen Zugriff zu gewährleisten, wurde die Forderung, dass die Entfernung von jeder Stelle zum nächstgelegenen Feuerlöscher nicht mehr als 20 m tatsächliche Laufweglänge betragen darf, gegenüber der Ausgabe der ASR 2014-11 verschärft. Zur Begründung wird angeführt, dass die Regeln für Arbeitsstätten eine Vermutungswirkung auslösen und damit konkrete Vorgaben enthalten müssen. Die Streichung des bislang enthaltenen Wortes „möglichst" bringt zum Ausdruck, dass die maximale Entfernung zum nächstgelegenen Feuerlöscher von entscheidender Bedeutung für den schnellen Einsatz des Feuerlöschers zur Bekämpfung von Entstehungsbränden und somit für die Sicherheit der Beschäftigten ist.

[874] Tragbar sind Feuerlöscher bis zu einem Gewicht von 20 kg, die von Hand bedient werden können. Das Gewicht der Feuerlöscher sollte so gering wie möglich sein, um eine ergonomische Handhabung auch für kleinere oder physisch nicht so kräftige Personen zu gewährleisten. Aus dem gleichen Grund ist eine Griffhöhe von 0,80 bis 1,20 m einzuhalten.

- weitere Feuerlöscheinrichtungen ebenfalls entsprechend ASR A1.3 „Sicherheits- und Gesundheitsschutzkennzeichnung" gekennzeichnet sind (z. B. für Wandhydranten: Brandschutzzeichen F002 „Löschschlauch"),
- die Erkennbarkeit der notwendigen Brandschutzzeichen auf Fluchtwegen ohne Sicherheitsbeleuchtung durch Verwendung von langnachleuchtenden Materialien entsprechend ASR A1.3 erhalten bleibt und
- die Standorte der Feuerlöscheinrichtungen in den Flucht- und Rettungsplan entsprechend ASR A2.3 „Fluchtwege und Notausgänge" aufgenommen sind.

6 Ausstattung von Arbeitsstätten mit erhöhter Brandgefährdung

6.1 Feststellung der erhöhten Brandgefährdung

Werden im Rahmen der Gefährdungsbeurteilung Bereiche mit erhöhter Brandgefährdung festgestellt[875], hat der Arbeitgeber neben der Grundausstattung nach Punkt 5.2 und den Grundanforderungen für die Bereitstellung nach Punkt 5.3 zusätzliche betriebs- und tätigkeitsspezifische Maßnahmen zu ergreifen (siehe Punkt 6.2).

Von erhöhter Brandgefährdung kann z. B. in folgenden Arbeitsstätten oder bei folgenden Tätigkeiten ausgegangen werden (siehe Tabelle 4):

[875] Jede über eine normale Brandgefährdung (d. h. Bedingungen wie bei einer Büronutzung) hinausgehende Brandgefährdung bedeutet i. S. d. ASR A2.2 eine erhöhte Brandgefährdung und erfordert vom Arbeitgeber über die Grundausstattung hinaus weitergehende betriebs- und tätigkeitsspezifische Maßnahmen. Als Grundlage für diese Einschätzung dienen dem Arbeitgeber die Ergebnisse einer Gefährdungsbeurteilung. Wichtig ist, dass die Arbeitsstätte dafür in unterschiedliche Bereiche eingeteilt wird. Denn in der Regel ist die Brandgefährdung nicht in allen Teilen einer Arbeitsstätte gleich. So lassen sich Bürobereiche mit normaler Brandgefährdung von Lager- oder Herstellungsbereichen abgrenzen, in denen ggf. eine erhöhte Brandgefährdung vorliegt.

Tabelle 4: Beispielhafte Aufzählung von Bereichen und Tätigkeiten in Arbeitsstätten mit erhöhter Brandgefährdung[876)]

1.	Verkauf, Handel, Lagerung
	– Lager mit extrem oder leicht entzündbaren bzw. leicht entflammbaren Stoffen oder Gemischen – Lager für Recyclingmaterial und Sekundärbrennstoffe – Speditionslager – Lager mit Lacken und Lösungsmitteln – Altpapierlager – Baumwolllager, Holzlager, Schaumstofflager – Lagerbereiche für Verpackungsmaterial – Lager mit sonstigem brennbaren Material – Ausstellungen für Möbel – Verkaufsräume mit erhöhten Brandgefährdungen, z. B. Heimwerkermarkt, Baumarkt
2.	Dienstleistung
	– Kinos, Diskotheken – Abfallsammelräume – Küchen – Beherbergungsbetriebe – Theaterbühnen – technische und naturwissenschaftliche Bereiche in Bildungs- und Forschungseinrichtungen – Tank- und Tankfahrzeugreinigung – chemische Reinigung, Wäschereien – Alten- und Pflegeheime – Werkstätten für Menschen mit Behinderungen – Krankenhäuser

876) Für die Festlegung von Bereichen in einer Arbeitsstätte mit einer erhöhten Brandgefährdung ist die Einordnung von Stoffen anhand ihrer Brennbarkeit von Bedeutung. Eine Einteilung kann in brennbar oder nicht brennbar vorgenommen werden. Als Brennbarkeit bezeichnet man im allgemeinen Sprachgebrauch die chemische Eigenschaft von gasförmigen, flüssigen und festen Stoffen, mit dem Sauerstoff der Luft unter Freisetzung von Strahlungsenergie bzw. Wärme zu reagieren und nach der Entflammung weiter zu brennen, auch wenn die Zündquelle entfernt wird. Die Brennbarkeit eines Stoffes ist eine Voraussetzung für die Verbrennung. Schwer entflammbar ist danach ein Stoff, der nach der Entzündung nicht mehr weiterbrennt, sobald die Wärmezufuhr aufhört. Ein nicht brennbarer Stoff kann weder entzündet werden, noch verascht er.

3.	Industrie
	– Möbelherstellung, Spanplattenherstellung – Webereien, Spinnereien – Herstellung von Papier im Trockenbereich – Verarbeitung von Papier – Getreidemühlen und Futtermittelproduktion – Schaumstoff-, Dachpappenherstellung – Verarbeitung von brennbaren Lacken und Klebern – Lackier- und Pulverbeschichtungsanlagen und -geräte – Öl-Härtereien – Druckereien – petrochemische Anlagen – Verarbeitung von brennbaren Chemikalien – Leder- und Kunststoffverarbeitung – Kunststoff-Spritzgießerei – Kartonagenherstellung – Backwarenfabrik – Herstellung von Maschinen und Geräten
4.	Handwerk
	– Kfz-Werkstatt – Tischlerei/Schreinerei – Polsterei – Metallverarbeitung – Galvanik – Vulkanisierung – Leder-, Kunstleder- und Textilverarbeitung – Backbetrieb – Elektrowerkstatt

6.2 Zusätzliche Maßnahmen bei erhöhter Brandgefährdung

(1) Über die Grundausstattung hinausgehende zusätzliche Maßnahmen in Bereichen mit erhöhter Brandgefährdung sind z. B.:
- die Ausrüstung von Bereichen mit Brandmeldeanlagen zur frühzeitigen Erkennung von Entstehungsbränden,[877)]
- die Erhöhung der Anzahl der Feuerlöscher und deren gleichmäßige Verteilung in Bereichen mit erhöhter Brandgefährdung, um die maximale Entfernung zum nächstgelege-

[877)] Neben einer Erhöhung der Anzahl von Feuerlöschern können auch Maßnahmen zur frühzeitigen Erkennung von Entstehungsbränden z. B. durch automatische Brandmeldeanlagen, getroffen werden. Merkmale für das Erkennen und Beurteilen von Bränden sind Rauch, Flammen und Wärmeentwicklung. Deshalb sind selbsttätig arbeitende Brandmeldeanlagen so gebaut, dass sie auf diese Anzeichen reagieren. Zuverlässiger Alarm im Brandfall wird beispielsweise erreicht durch: richtige Auswahl der Melder, Ausschließen von Fehlalarm und schnellstmögliche Reaktion auf den Alarm.

nen Feuerlöscher und dadurch die Zeit bis zum Beginn der Entstehungsbrandbekämpfung zu verkürzen,[878)]
- die Anbringung mehrerer gleichartiger und baugleicher Feuerlöscher an einem Standort in Bereichen mit erhöhter Brandgefährdung[879)], um bei ausreichend anwesenden Beschäftigten zur Entstehungsbrandbekämpfung durch gleichzeitigen Einsatz mehrerer Feuerlöscher einen größeren Löscheffekt zu erzielen,
- die Bereitstellung von zusätzlichen, für die vor Ort vorhandenen Brandklassen geeigneten Feuerlöscheinrichtungen in Bereichen oder an Arbeitsplätzen mit erhöhter Brandgefährdung, um eine schnelle und wirksame Entstehungsbrandbekämpfung zu ermöglichen, z. B. Kohlendioxidlöscher in Laboren, Fettbrandlöscher an Fritteusen und Fettbackgeräten, fahrbare Feuerlöscher mit einer höheren Wurfweite und Löschleistung an Tanklagern mit brennbaren Flüssigkeiten, Wandhydranten in Gebäuden, bei denen eine hohe Löschleistung für die Entstehungsbrandbekämpfung oder zur Kühlung benötigt wird oder
- Maßnahmen, die nach der Technischen Regel für Gefahrstoffe TRGS 800 „Brandschutzmaßnahmen" für Tätigkeiten mit Gefahrstoffen nötig sind.

(2) Die wegen der erhöhten Brandgefährdung einzusetzenden Löscheinrichtungen sind so anzuordnen, dass sie auch schnell zum Einsatz gebracht werden können. Daher sind insbesondere in der Nähe der folgenden Stellen Feuerlöscheinrichtungen zu positionieren:
- Bearbeitungsmaschinen mit erhöhter Zündgefahr,
- erhöhte Brandlasten oder
- Räume, die wegen der erhöhten Brandgefahr brandschutztechnisch abgetrennt werden.

Dabei ist sicherzustellen, dass:
- das Löschmittel der Brandklasse angepasst ist,
- die Löschmittelmenge ausreichend ist, um einen Entstehungsbrand dieser Gefährdung abzudecken und
- die Feuerlöscheinrichtung so positioniert ist, dass sie im Falle eines Brandausbruchs in Bereichen mit erhöhter Brandgefährdung noch ohne Gefährdung vom Beschäftigten schnell (in der Regel nicht größer als 5 m, maximal 10 m tatsächliche Laufweglänge) erreicht werden kann.

(3) Ortsfeste Brandbekämpfungsanlagen (z. B. Sprinkleranlagen, Sprühwasserlöschanlagen, Feinsprühlöschanlagen, Schaum-, Pulver- oder Gaslöschanlagen) sind zusätzliche, also

---

[878)] Die bisherige pauschale Verdoppelung bzw. Verdreifachung der Anzahl von Feuerlöschern, wie sie in der alten ASR 13/1,2 zur ArbStättV 1974 für Betriebsbereiche mit mittlerer bzw. großer Brandgefährdung gefordert wurde, ist in vielen Fällen nicht sinnvoll und wurde daher durch spezifische zusätzliche Maßnahmen ersetzt. Diese sind vom Arbeitgeber abhängig von den Bedingungen in der Arbeitsstätte zu treffen.

[879)] Eine weitere Maßnahme bei erhöhter Brandgefährdung besteht in der Schaffung von Voraussetzungen für einen gleichzeitigen Einsatz mehrerer Feuerlöscher, die durch mehrere, gesondert eingewiesene Beschäftigte bedient werden.

über die Grundausstattung hinausgehende Maßnahmen des Brandschutzes[880]. Sie sind vorrangig z. B. dann erforderlich, wenn:

- eine Brandbekämpfung mit Feuerlöscheinrichtungen wegen der Eigengefährdung nicht möglich ist oder
- die Bereiche nicht zugänglich sind.

Hinweis:

Für Tätigkeiten mit Gefahrstoffen sind die Maßnahmen des Brandschutzes nach der Technischen Regel für Gefahrstoffe – TRGS 800 „Brandschutzmaßnahmen" und für die Verwendung von Arbeitsmitteln die Maßnahmen zum Brand- und Explosionsschutz nach der Betriebssicherheitsverordnung zu beachten.

7 Organisation des betrieblichen Brandschutzes

7.1 Organisatorische Brandschutzmaßnahmen

(1) Der Arbeitgeber hat die notwendigen Maßnahmen gegen Entstehungsbrände einschließlich der Verhaltensregeln im Brandfall (z. B. Evakuierung von Gebäuden) festzulegen und zu dokumentieren.

Hinweise:

1. *Informationen zur Evakuierung von Gebäuden sind in der ASR A2.3 „Fluchtwege und Notausgänge" enthalten.*
2. *Sofern der Arbeitgeber eine erhöhte Brandgefährdung ermittelt hat, kann die Benennung eines Brandschutzbeauftragten zweckmäßig sein. Dieser berät und unterstützt den Arbeitgeber zu Themen des betrieblichen Brandschutzes. Die Notwendigkeit zur Bestellung eines Brandschutzbeauftragten kann sich auch aus anderen, insbesondere landesrechtlichen Vorschriften, ergeben.*[881] [852] [853]

[880] Stationäre Brandschutzanlagen werden zum Schutz größerer Menschenansammlungen oder wichtiger Anlagen installiert. V. a. findet man sie in Räumen und Bereichen, in denen größere Mengen brennbarer Stoffe oder Flüssigkeiten gelagert oder verarbeitet werden und somit mit einer schnellen Brandausbreitung zu rechnen ist, aber auch zum Schutz elektronischer Datenverarbeitungsanlagen oder in Kabelschächten. Stationäre Brandschutzanlagen müssen einer Abnahmeprüfung und wiederkehrenden Prüfungen unterzogen werden. Schriftliche Nachweise werden gefordert. Als Löschmittel in Brandschutzanlagen werden folgende Stoffe verwendet: Wasser, Sauerstoff verdrängende Inertgase, Löschpulver, Löschschaum. Weiterführende Informationen enthält die DGUV Information 205-001 Betrieblicher Brandschutz in der Praxis, Ausg. 2020-12.

[881] Mit der im Mai 2025 erfolgten dritten Änderung der ASR A2.2 wurde die bisher in Abschn. 7.4 geregelte Aussage zum möglichen Einsatz von Brandschutzbeauftragten bei einer erhöhten Brandgefährdung in einen Hinweis überführt. Hintergrund ist, dass im Arbeitsschutzrecht keine Pflicht zur Bestellung eines Brandschutzbeauftragten besteht. Diese kann sich aber aus baurechtlichen Vorschriften der Länder ableiten. Zudem war aus der Formulierung des 2025 gestrichenen Abschn. 7.4 „Ermittelt der Arbeitgeber eine erhöhte Brandgefährdung, kann die Benennung eines Brandschutzbeauftragten zweckmäßig sein." keine Vermutungswirkung ableitbar. Insoweit ist die Überführung in einen Hinweis folgerichtig.

(2) Die Maßnahmen für alle Personen, die sich in der Arbeitsstätte aufhalten, sind an gut zugänglicher Stelle in geeigneter Form auszuhängen, wenn:
- erhöhte Brandgefährdung vorliegt,
- der Aushang eines Flucht- und Rettungsplanes nach ASR A2.3 „Fluchtwege und Notausgänge" erforderlich ist oder
- sich häufig Besucher oder Fremdfirmen in der Arbeitsstätte aufhalten, insbesondere wenn sie nicht begleitet sind.

Dies kann z. B. als
- Brandschutzordnung Teil A[884] nach DIN 14096:2014-05 „Brandschutzordnung – Regeln für das Erstellen und das Aushängen" oder
- „Regeln für das Verhalten im Brandfall" des Flucht- und Rettungsplans nach ASR A1.3 „Sicherheits- und Gesundheitsschutzkennzeichnung"

erfolgen.

(3) Die Maßnahmen für alle Beschäftigten sind diesen durch Auslegen oder in elektronischer Form zugänglich zu machen. Dies kann z. B. in Form der Brandschutzordnung Teil B nach DIN 14096:2014-05 „Brandschutzordnung – Regeln für das Erstellen und das Aushängen" erfolgen.

---

[882] Brandschutzbeauftragte sind vom Arbeitgeber schriftlich beauftragte und speziell ausgebildete Personen, die Aufgaben des betrieblichen Brandschutzes wahrnehmen. Der Schwerpunkt der Tätigkeit liegt dabei beim vorbeugenden Brandschutz. Brandschutzbeauftragte müssen über brandschutztechnische Fachkunde verfügen. Sie sollen vergleichbar mit der betrieblichen Stellung der Fachkraft für Arbeitssicherheit unmittelbar der Betriebsleitung unterstellt sein und ihre Aufgaben weisungsfrei ausführen können. Näheres siehe DGUV-Information 205-003 Aufgaben, Qualifikation, Ausbildung und Bestellung von Brandschutzbeauftragten, Ausg. 2020-12. Brandschutzbeauftragte können gem. Musterbauordnung für Gebäude besonderer Art oder Nutzung (Sonderbauten) aufgrund eines Brandschutzkonzeptes oder einer Baugenehmigung mit brandschutztechnischen Auflagen gefordert werden. Insbesondere werden Brandschutzbeauftragte z. B. für Industriebauten, Versammlungsstätten, Verkaufsstätten oder Hochhäuser gefordert. Die Bestellung von Brandschutzbeauftragten kann auch aufgrund von vertraglichen Vereinbarungen, z. B. mit Versicherungen, Kunden, Lieferanten erforderlich werden.

[883] Zu Aufgaben, Qualifikation, Aus- und Fortbildung der Brandschutzbeauftragten, deren Benennung bei der Feststellung erhöhter Brandgefährdung zweckmäßig ist, enthält die DGUV Information 205-003 Aufgaben, Qualifikation, Ausbildung und Bestellung von Brandschutzbeauftragten, Ausg. 2020-12, nähere Angaben. Voraussetzung für die Ausbildung ist mindestens eine Berufsausbildung. Als Qualifikation bei erhöhter Brandgefährdung wird eine besondere Qualifikation empfohlen, z. B. Personen mit feuerwehrtechnischer Ausbildung, Absolventinnen oder Absolventen der Ausbildung Werkfeuerwehrmann/-frau, Fachkräfte für Arbeitssicherheit sowie Hochschul-/FH-Absolventen mit Studienschwerpunkt Brandschutz.

[884] Eine Brandschutzordnung gliedert sich nach DIN 14096:2014-05 Brandschutzordnung – Regeln für das Erstellen und das Aushängen in drei Teile:
Teil A (früher DIN 14096-1) richtet sich an alle Menschen, die sich in dem Gebäude des Betriebes aufhalten. Dieser Teil umfasst in der Regel nicht mehr als eine DIN-A4-Seite, ist an mehreren Stellen gut sichtbar ausgehängt und enthält die wichtigsten Verhaltensregeln im Brandfall.
Teil B (früher DIN 14096-2) richtet sich an alle Personen, die sich langfristig und/oder regelmäßig im Gebäude aufhalten. Er enthält wichtige Regeln zur Verhinderung von Brand- und Rauchausbreitung, zur Freihaltung der Flucht- und Rettungswege und weitere Regeln, die das Verhalten im Brandfall betreffen. Teil B wird allen Mitarbeitern in schriftlicher Form ausgehändigt.
Teil C (früher DIN 14096-3) richtet sich an die Mitarbeiter des Betriebes, die mit besonderen Brandschutzaufgaben betraut sind (Brandschutzhelfer, Evakuierungshelfer, Sicherheitsbeauftragter, Brandschutzbeauftragter u. a.). In diesem Teil werden alle vorbeugenden und abwehrenden Maßnahmen für diesen Personenkreis mit besonderen Brandschutzaufgaben beschrieben. Der Ablauf einer Evakuierung (in der Praxis auch Evakuierungskonzept genannt) ist ebenfalls Bestandteil von Teil C.

(4) Die Maßnahmen für Beschäftigte mit besonderen Aufgaben im Brandschutz, soweit diese vorhanden sind (z. B. Brandschutzbeauftragte), sind diesen gegen Nachweis gegebenenfalls auch elektronisch bekannt zu machen. Dies kann z. B. in Form der Brandschutzordnung Teil C nach DIN 14096:2014-05 „Brandschutzordnung – Regeln für das Erstellen und das Aushängen" erfolgen.

7.2 Unterweisung

Der Arbeitgeber hat alle Beschäftigten über die nach Punkt 7.1 festgelegten Maßnahmen
- vor Aufnahme der Beschäftigung,
- bei Veränderung des Tätigkeitsbereiches und
- danach in angemessenen Zeitabständen, mindestens jedoch einmal jährlich,

zu unterweisen.[885] [886]

7.3 Brandschutzhelfer

(1) Der Arbeitgeber hat eine ausreichende Anzahl von Beschäftigten durch Unterweisung und Übung im Umgang mit Feuerlöscheinrichtungen zur Bekämpfung von Entstehungsbränden vertraut zu machen.

(2) Die Anzahl von Brandschutzhelfern ergibt sich aus der Gefährdungsbeurteilung. Ein Anteil von 5 % der Beschäftigten ist in der Regel ausreichend. Eine größere Anzahl von Brandschutzhelfern kann z. B. in Bereichen mit erhöhter Brandgefährdung, bei der Anwesenheit vieler Personen, Personen mit eingeschränkter Mobilität sowie bei großer räumlicher Ausdehnung der Arbeitsstätte erforderlich sein.

(3) Bei der Anzahl der Brandschutzhelfer sind auch Schichtbetrieb und Abwesenheit einzelner Beschäftigter, z. B. Fortbildung, Urlaub und Krankheit, zu berücksichtigen.

(4) Die Brandschutzhelfer sind im Hinblick auf ihre Aufgaben fachkundig zu unterweisen[887]. Zum Unterweisungsinhalt gehören neben den Grundzügen des vorbeugenden Brandschutzes Kenntnisse über die betriebliche Brandschutzorganisation, die Funktions-

---

[885] Spezifische Festlegungen zu den Unterweisungspflichten bezüglich der Maßnahmen zum Brandschutz enthält § 6 Abs. 3 ArbStättV. Danach muss sich die Unterweisung auf Maßnahmen der Brandverhütung und Verhaltensmaßnahmen im Brandfall erstrecken, insbesondere auf die Nutzung der Fluchtwege und Notausgänge. Gefordert wird auch, dass diejenigen Beschäftigten, die Aufgaben der Brandbekämpfung übernehmen, vom Arbeitgeber in der Bedienung der Feuerlöscheinrichtungen zu unterweisen sind.

[886] Ein Brand kann Beschäftigten das Leben kosten oder die Gesundheit der Beschäftigten erheblich gefährden. Von daher ist eine regelmäßige Unterweisung über diese Gefährdungen und die getroffenen Maßnahmen zum Schutz der Beschäftigten sowie über das Verhalten im Gefahrenfall eine zwingend notwendige Forderung. Dafür werden Zeitpunkte und Fristen für die erstmalige und wiederkehrend durchzuführende Unterweisung festgelegt.

[887] Den Brandschutzhelfern sollen im Rahmen ihrer Unterweisung Grundkenntnisse des vorbeugenden Brandschutzes, Kenntnisse über die betriebliche Brandschutz- und Notfallorganisation, das Verhalten im Brandfall, die Funktion und Wirkungsweise von Feuerlöscheinrichtungen sowie die Gefahren durch Brände vermittelt werden. Die fachkundige Unterweisung beinhaltet ebenfalls praktische Löschübungen.

und Wirkungsweise von Feuerlöscheinrichtungen, die Gefahren durch Brände sowie über das Verhalten im Brandfall.[888]

(5) Praktische Übungen (Löschübungen) im Umgang mit Feuerlöscheinrichtungen gehören zur fachkundigen Unterweisung der Brandschutzhelfer.

Hinweis:

In der Praxis hat es sich bei einer normalen Brandgefährdung bewährt, die Unterweisung mit Übung in Abständen von 2 bis 5 Jahren zu wiederholen. Das Zeitintervall für die Wiederholung ist vom Arbeitgeber anhand der Gefährdungsbeurteilung festzulegen.

7.4 Instandhaltung und Prüfung

7.4.1 Brandmelde- und Feuerlöscheinrichtungen

(1) Der Arbeitgeber hat Brandmelde- und Feuerlöscheinrichtungen unter Beachtung der Herstellerangaben in regelmäßigen Abständen sachgerecht instand zu halten und auf ihre Funktionsfähigkeit prüfen zu lassen. Die Ergebnisse sind zu dokumentieren.

(2) Werden keine Mängel festgestellt, ist dies auf der Feuerlöscheinrichtung kenntlich zu machen, z. B. durch Anbringen eines Instandhaltungsnachweises.

(3) Werden Mängel festgestellt, durch welche die Funktionsfähigkeit der Feuerlöscheinrichtung nicht mehr gewährleistet ist, hat der Arbeitgeber unverzüglich zu veranlassen, dass die Feuerlöscheinrichtung instand gesetzt oder ausgetauscht wird.

7.4.2 Besondere Regelungen für Feuerlöscher

(1) Die Bauteile von Feuerlöschern sowie die im Feuerlöscher enthaltenen Löschmittel können im Laufe der Zeit unter den äußeren Einflüssen am Aufstellungsort (wie Temperatur, Luftfeuchtigkeit, Verschmutzung, Erschütterung oder unsachgemäße Behandlung) unbrauchbar werden. Zur Sicherstellung der Funktionsfähigkeit sind Feuerlöscher daher alle zwei Jahre durch einen Fachkundigen zu warten. Lässt der Hersteller von der genannten Frist abweichende längere Fristen für die Instandhaltung zu, können diese vom Arbeitgeber herangezogen werden. Kürzere vom Hersteller genannte Fristen sind zu beachten.

Hinweise:

1. *Fachkundige zur Wartung von Feuerlöschern sind insbesondere Sachkundige gemäß DIN 14406-4:2009-09 „Tragbare Feuerlöscher – Teil 4: Instandhaltung".*
2. *Von der Wartung durch den Fachkundigen bleiben die wiederkehrenden Prüfungen der Feuerlöscher (Druckprüfung) durch eine befähigte Person nach der Betriebssicherheitsverordnung unberührt.*

---

[888] Zu Inhalten und Dauer einer Ausbildung von Brandschutzhelfern gibt die DGUV Information 205-023 Brandschutzhelfer – Ausbildung und Befähigung, Ausg. 2014-02, aktualisierte Fassung 2019-11, Auskunft. Zum Ausbildungsinhalt gehören neben den Grundzügen des vorbeugenden Brandschutzes Kenntnisse über die betriebliche Brandschutzorganisation, die Funktions- und Wirkungsweise von Feuerlöscheinrichtungen, die Gefahren durch Brände sowie über das Verhalten im Brandfall. Zum Ausbildungsinhalt gehören auch praktische Übungen im Umgang mit Feuerlöscheinrichtungen.

(2) Bei starker Beanspruchung, z. B. durch Umwelteinflüsse oder mobilen Einsatz, können kürzere Zeitabstände erforderlich sein.

Hinweis:

Für die erforderlichen Arbeitsschritte wird auf das bvfa- Merkblatt „Arbeitsschritte bei der Instandhaltung von tragbaren Feuerlöschern", Ausgabe 2016-09 (01) verwiesen.

8 Abweichende/ergänzende Anforderungen für Baustellen

(1) Die Anforderungen in den Punkten 5.2 und 7.3 gelten auf Baustellen nur für stationäre Baustelleneinrichtungen, z. B. Baubüros, Unterkünfte oder Werkstätten.

(2) Werden auf Baustellen Tätigkeiten mit einer erhöhten Brandgefährdung nach Punkt 6.1 durchgeführt[889)], ist dort bei Tätigkeiten mit einer Brandgefährdung (z. B. Schweißen, Brennschneiden, Trennschleifen, Löten) oder bei der Anwendung von Verfahren, bei denen eine Brandgefährdung besteht (z. B. Farbspritzen, Flammarbeiten) für jedes der dabei eingesetzten und eine erhöhte Brandgefährdung auslösenden Arbeitsmittel ein Feuerlöscher für die entsprechenden Brandklassen mit mindestens 6 LE in unmittelbarer Nähe bereitzuhalten.

(3) Abweichend von Punkt 7.3 Absätze 1 bis 3 sind sämtliche Personen, die mit den vorgenannten Arbeitsmitteln tätig werden, theoretisch und praktisch im Umgang mit Feuerlöschern nach Punkt 7.3 Absätze 4 und 5 zu unterweisen.

(4) Baustellen mit besonderen Gefährdungen (z. B. Untertagebaustellen, Hochhausbau) erfordern zusätzliche Maßnahmen gegen Brände nach Punkt 6.2.

[889)] Auf Baustellen sind Arbeiten mit einer Brandgefährdung, z. B. Schweißen, Brennschneiden, Trennschleifen und Löten, als häufige Ursache für die Brandentstehung hervorzuheben. Deshalb wird für jedes gleichzeitig eingesetzte Arbeitsmittel, von welchem eine Brandgefahr ausgehen kann, die unmittelbare Bereithaltung eines geeigneten tragbaren Feuerlöschers mit mindestens 6 LE gefordert. Zusätzlich müssen alle Personen, die derartige Arbeitsverfahren anwenden, theoretisch und praktisch im Umgang mit Feuerlöschern unterwiesen werden.

Anhang 1

Standardschema zur Festlegung der notwendigen Feuerlöscheinrichtungen

1. Schritt – Ermittlung der vorhandenen Brandklassen nach Tabelle 1
2. Schritt – Ermittlung der Brandgefährdung (siehe auch Tabelle 4)
3. Schritt – Ermittlung der Löschmitteleinheiten (LE) in Abhängigkeit von der Grundfläche für die in allen Arbeitsstätten notwendige Grundausstattung mit Feuerlöscheinrichtungen nach Tabelle 3
4. Schritt – Festlegung der für die Grundausstattung notwendigen Anzahl der Feuerlöscheinrichtungen entsprechend den Löschmitteleinheiten (LE) nach Tabelle 2
5. Schritt – Gegebenenfalls Festlegung von zusätzlichen Maßnahmen, insbesondere nach Punkt 6.2, bei erhöhter Brandgefährdung

Anhang 2

Beispiele für die Ermittlung der Grundausstattung

Beispiel 2.1:

Bürobetrieb

Brandklassen: A und B

Grundfläche: 500 m^2

Ergebnis der Gefährdungsbeurteilung: normale Brandgefährdung

→ Grundausstattung mit Feuerlöschern gemäß Tabelle 3:

Tabelle 3 ergibt bis 500 m^2 – 21 LE.

Gewählt werden Pulverlöscher mit Löschvermögen 21A 113B, was nach Tabelle 2 für diesen Feuerlöschertyp 6 LE entspricht.

Es sind demnach 21 LE, geteilt durch 6, also 4 Feuerlöscher dieses Typs erforderlich.

Beispiel 2.2:

Kindertagesstätte mit 4 Gruppen

Brandklasse: A

Grundfläche: 538 m^2

Ergebnis der Gefährdungsbeurteilung: normale Brandgefährdung

Brandschutzhelfer: alle Beschäftigten sind ausgebildet

→ Grundausstattung mit Feuerlöschern gemäß Tabelle 3:

Tabelle 3 ergibt bis 600 m^2 – 24 LE.

Als Grundausstattung nach Punkt 5.2 wären hier insgesamt 24 LE erforderlich, sodass bei mindestens 6 LE je Feuerlöscher 4 Feuerlöscher erforderlich wären.

Das Ziel ist, dass in jeder Gruppe, im Büro und in der Aufwärmküche Feuerlöscher mit geringerem Gewicht zur Verfügung stehen.

Für die Kindertagesstätte werden insgesamt 6 Wasserlöscher mit 3 Litern Wasser und einem Löschvermögen von 13A je Gerät, was nach Tabelle 2 für diesen Feuerlöschertyp 4 LE für die Brandklasse A entspricht, vorgesehen und in den 4 Gruppen, im Büro und in der Aufwärmküche positioniert.

Durch die Auswahl und Positionierung der genannten Feuerlöscher sind die Kriterien Gewichtsersparnis und Reduzierung der Entfernung zum nächstgelegenen Feuerlöscher erfüllt.

Beispiel 2.3:

Küche mit 3 Fritteusen von jeweils 25 Liter Inhalt

Brandklassen: A, B und F

Grundfläche: 700 m²

Ergebnis der Gefährdungsbeurteilung: erhöhte Brandgefährdung

→ Grundausstattung mit Feuerlöschern gemäß Tabelle 3:

Tabelle 3 ergibt bis 700 m² – 27 LE.

Gewählt werden Pulverlöscher mit Löschvermögen 43A 233B, was nach Tabelle 2 für diesen Feuerlöschertyp 12 LE entspricht.

Es sind demnach 27 LE, geteilt durch 12, also 3 Feuerlöscher dieses Typs für die Grundausstattung erforderlich.

→ Zusätzliche Maßnahmen:

Zusätzlich werden für die Bereiche mit Brandklasse F Fettbrandlöscher mit Löschvermögen 75F bereitgestellt.

Beispiel 2.4:

Polsterei

Brandklassen: A und B

Grundfläche: 390 m²

Ergebnis der Gefährdungsbeurteilung: erhöhte Brandgefährdung

→ Grundausstattung mit Feuerlöschern gemäß Tabelle 3:

Tabelle 3 ergibt bis 400 m² – 18 LE.

Gewählt werden Schaumlöscher mit Löschvermögen 21A 113B, was nach Tabelle 2 für diesen Feuerlöschertyp 6 LE entspricht.

Es sind demnach 18 LE, geteilt durch 6, also 3 Feuerlöscher dieses Typs für die Grundausstattung erforderlich.

→ Zusätzliche Maßnahmen:

Zusätzlich werden eine automatische Brandmeldeanlage aufgrund des unübersichtlichen Arbeitsbereiches und eine Löschanlage installiert.

Beispiel 2.5:

Speditionslager

Brandklasse: A

Grundfläche: 600 m²

Ergebnis der Gefährdungsbeurteilung: erhöhte Brandgefährdung

→ Grundausstattung mit Feuerlöschern gemäß Tabelle 3:

Tabelle 3 ergibt bis 600 m^2 – 24 LE.

Gewählt werden Wasserlöscher mit Löschvermögen 21A, was nach Tabelle 2 für diesen Feuerlöschertyp 6 LE entspricht.

Es sind demnach 24 LE, geteilt durch 6, also 4 Feuerlöscher dieses Typs für die Grundausstattung erforderlich.

→ Zusätzliche Maßnahmen:

Zusätzlich werden 6 weitere Wasserlöscher mit Löschvermögen 13A bereitgestellt und im Speditionslager verteilt, um die Wege zum nächstgelegenen Feuerlöscher für einen noch schnelleren Zugriff zu verkürzen.

Anhang 3

Beispiele für die Abweichung von der Grundausstattung

Die Anwendung der in der ASR A2.2 angegebenen Maßnahmen zur Ermittlung der Grundausstattung von Arbeitsstätten gemäß Punkt 5.2 stellen die zweckmäßigen Lösungen für die Sicherung des Brandschutzes in einer Arbeitsstätte dar.

Abweichend von dieser Ermittlung der Grundausstattung kann der Arbeitgeber eine andere Lösung wählen, wenn er damit mindestens die gleiche Sicherheit und den gleichen Gesundheitsschutz für die Beschäftigten erreicht. Dieses gilt für die normale wie auch für die erhöhte Brandgefährdung.

Die in diesem Anhang aufgeführten Beispiele für solche Abweichungen zeigen die Vorgehensweise auf, ersetzen jedoch weder die Gefährdungsbeurteilung noch stellen sie eine „Musterlösung" dar, die ohne Prüfung der konkreten Bedingungen übernommen werden kann.

Da Abweichungen unter der Voraussetzung möglich sind, dass die Gleichwertigkeit mit den Lösungen nach ASR A2.2 gewährleistet wird, müssen die Abweichungen von der ASR A2.2 ermittelt und bewertet werden. Den Nachweis über die Gleichwertigkeit hat der Arbeitgeber im Einzelfall auf Basis der Gefährdungsbeurteilung zu erbringen.

Beispiele für normale Brandgefährdung

Beispiel 3.1:

Verwaltung

Brandklasse: A

Grundfläche: 600 m^2, eingeschossig

Ergebnis der Gefährdungsbeurteilung: normale Brandgefährdung

Hinweis: ein Wandhydrant ist vorhanden

Nach Punkt 5.2 wären hier insgesamt 24 LE erforderlich, sodass bei mindestens 6 LE je Feuerlöscher 4 Feuerlöscher als Grundausstattung erforderlich wären.

Das Ziel ist, den vorhandenen Wandhydranten weiter zu betreiben und als Teil der Grundausstattung zu berücksichtigen.

Aus der Gefährdungsbeurteilung ergibt sich auch, dass
- Wasser als Löschmittel geeignet ist,
- das Geschoss ausreichend groß (> 400 m^2 Geschossfläche) ist, sodass der Einsatz eines Wandhydranten sinnvoll ist,
- es sich um einen Wandhydranten mit formbeständigem Schlauch handelt, der auch von einer Person eingesetzt werden kann,
- eine ausreichende Anzahl von Beschäftigten in der Handhabung dieses Wandhydranten unterwiesen ist,

- eine Verrauchung von Fluchtwegen (z. B. Treppenräumen) vermieden wird, weil der Wandhydrant sich auf dem Flur befindet und dessen Schlauch nicht durch Brand- oder Rauchschutztüren zum Brandherd geführt werden muss und
- mindestens zwei Drittel der erforderlichen Löschmitteleinheiten durch Feuerlöscher abgedeckt sind, da Wandhydranten nicht die alleinige Feuerlöscheinrichtung sein sollen.

Einem Wandhydranten könnten aufgrund seines Löschvermögens bis zu 27 LE zugeordnet werden. Auf Basis der Gefährdungsbeurteilung wird der vorhandene Wandhydrant mit 8 LE angerechnet. Die verbleibenden 16 LE werden durch 3 Pulverlöscher mit Löschvermögen 21A 113B, was nach Tabelle 2 für diesen Feuerlöschertyp 6 LE entspricht, abgedeckt.

Beispiel für erhöhte Brandgefährdung

Beispiel 3.2:

Küchenbetrieb mit 3 Kleinfritteusen mit einer Füllmenge von je 10 Litern Speiseöl pro Gerät

Brandklassen: A und F

Grundfläche: 180 m^2

Ergebnis der Gefährdungsbeurteilung: erhöhte Brandgefährdung

Nach Punkt 5.2 wären hier insgesamt 12 LE erforderlich, sodass bei mindestens 6 LE je Feuerlöscher 2 Feuerlöscher als Grundausstattung erforderlich wären. Dazu wären wegen der Brandklasse F zusätzliche Fettbrandlöscher notwendig.

Um Verwechslungen und eine Doppelausstattung zu vermeiden, soll die Ausstattung mit Feuerlöschern erfolgen, die für die Brandklassen A und F geeignet sind. Die verfügbaren Feuerlöscher haben allerdings nur ein Löschvermögen von 13A und 40F je Gerät, was nach Tabelle 2 für diese Bauart 4 LE für die Brandklasse A entspricht.

Die Gefährdungsbeurteilung ergibt, dass
- das gesamte Küchenpersonal zu Brandschutzhelfern ausgebildet ist,
- die Wahrscheinlichkeit, dass 2 Feuerlöscher gleichzeitig zum Einsatz kommen können, sehr hoch ist,
- die vorhandene Anzahl der Feuerlöscher sehr schnell erreichbar ist und
- auch bei einer Rückzündung des Speiseöls in der Fritteuse weitere Feuerlöscher (Löschmittelreserve) schnell zum Einsatz kommen können.

Auf Basis dieser Gefährdungsbeurteilung werden für die Küche insgesamt 3 auch für die Brandklasse A geeignete Fettbrandlöscher mit einem Löschvermögen von 13A und 40F je Gerät, was nach Tabelle 2 für diese Bauart 4 LE für die Brandklasse A entspricht, in der Nähe der Fritteusen positioniert.

Literaturhinweise

- Technische Regeln für Gefahrstoffe (TRGS) 800 „Brandschutzmaßnahmen“
- DGUV Information 205-003 Aufgaben, Qualifikation, Ausbildung und Bestellung von Brandschutzbeauftragten 11/2014
- DGUV Information 205-023 Brandschutzhelfer 02/2014

zu § 4 Abs. 4, Anh. Nr. 2.3 ArbStättV

Technische Regeln für Arbeitsstätten	Fluchtwege und Notausgänge	ASR A2.3[890) 891) 892) 893)]

(GMBl. Nr. 9–11 vom 18.3.2022 S. 227),
zuletzt geändert durch (GMBl. Nr. 41/42 vom 4.11.2024 S. 913)

...

Diese ASR A2.3 konkretisiert im Rahmen ihres Anwendungsbereichs Anforderungen der Verordnung über Arbeitsstätten. Bei Einhaltung dieser Technischen Regel kann der Arbeitgeber davon ausgehen, dass die entsprechenden Anforderungen der Verordnung erfüllt sind. Wählt der Arbeitgeber eine andere Lösung, muss er damit mindestens die gleiche Sicherheit und den gleichen Schutz der Gesundheit für die Beschäftigten erreichen.

Inhaltsverzeichnis

890) Mit der vom ASTA verabschiedeten und vom BMAS durch Veröffentlichung im Gemeinsamen Ministerialblatt (GMBl. 2022, S. 227) bekannt gemachten Arbeitsstättenregel ASR A2.3 liegt für die Regelungsbereiche Fluchtwege und Notausgänge, Sicherheitsbeleuchtung sowie Aufstellung von Flucht- und Rettungsplänen in Arbeitsstätten eine zusammengefasste Konkretisierung der allgemeinen Anforderungen gem. § 4 Abs. 4 sowie Nr. 2.3 Anh. ArbStättV vor.

891) Die Neufassung der ASR A2.3 vom März 2022 ersetzt die Regel für Arbeitsstätten vom August 2007 (GMBl. 2007, S. 902). Die wesentlichen Änderungen sind die Umbenennung der ersten und zweiten Fluchtwege in Haupt- und Nebenfluchtwege mit entsprechenden Regelungen in eigenen Abschnitten, die Überarbeitung der Mindestbreiten der Hauptfluchtwege (Tab. 1), die Nennung einer Alternative zu Mindestbreiten für Treppenräume (Tab. 2), die Darstellung der Kennzeichnungen, insbesondere der Sicherheitsbeleuchtung, sowie die Zusammenfassung der Anforderungen an die Unterweisung und an die Übung zur Evakuierung. In Bezug auf die Fluchtwege wurden die Anforderungen zur Sicherheitsbeleuchtung und zu den optischen Sicherheitsleitsystemen aus der ASR A3.4/7 (GMBl. 2009 S. 684, zul. geänd. GMBl. 2017, S. 400) übernommen. Die ASR A3.4/7 wurde mit Bekanntmachung im Gemeinsamen Ministerialblatt Nr. 9-11 im März 2022 (GMBl. 2022, S. 248) aufgehoben.

892) Die mit der Neufassung 2022 vorgenommenen Änderungen sind in der Veröffentlichung des BMAS zur Gemeinsamen Bekanntmachung der Neufassung, Änderung und Aufhebung von ASR zum Themenkomplex der Flucht- und Verkehrswege (GMBl. 2022, S. 213) ausführlich dargestellt und die Hintergründe erläutert.

893) Mit der ersten Änderung der Neufassung 2022 wurden im November 2024 fachliche und redaktionelle Anpassungen und Ergänzungen vorgenommen. So wurden die Regelungen für dynamische optische Sicherheitsleitsysteme mit Einführung einer Begriffsbestimmung in Abschn. 3.21 konkretisiert. Im Abschn. 9 ist die Gliederung formal angepasst worden und es wurden Ausnahmeregelungen für Sicherheitsbeleuchtungsanlagen aufgenommen, die aus betriebstechnischen Gründen über ausschließlich mit Verbrennungsmotoren betriebene Netzersatzanlagen versorgt werden, z. B. für medizinisch genutzte Bereiche. Zudem wurde die bereits enthaltene Übergangsregelung für bereits vorhandene Sicherheitsbeleuchtungsanlagen beschränkt auf Gebäude, die bis zum 30.4.2025 errichtet worden sind oder deren Bauantragstellung bis zu diesem Termin erfolgt ist. In den Literurhinweisen wurden zu den vorgenommenen fachlichen Anpassungen zwei Normen ergänzt. Zusätzlich sind im gesamten Text redaktionelle Anpassungen, z. T. mit Klarstellung des Gewollten vorgenommen worden.

1 Zielstellung

Diese ASR konkretisiert die Anforderungen der Arbeitsstättenverordnung, damit sich die Beschäftigten im Gefahrenfall unverzüglich in Sicherheit bringen und schnell gerettet werden können.

Konkretisiert werden die Anforderungen an das Einrichten und Betreiben von Fluchtwegen und Notausgängen, von Sicherheitsbeleuchtung und optischen Sicherheitsleitsystemen sowie an den Flucht- und Rettungsplan nach § 3a Absatz 1 und § 4 Absätze 3 und 4 sowie Nummer 2.3 des Anhangs der Arbeitsstättenverordnung.

2 Anwendungsbereich

(1) Diese ASR gilt für das Einrichten und Betreiben von Fluchtwegen sowie Notausgängen in Gebäuden und vergleichbaren Einrichtungen, zu denen Beschäftigte im Rahmen ihrer Arbeit Zugang haben. Sie gilt ebenso für das Erstellen von Flucht- und Rettungsplänen und das Üben entsprechend dieser Pläne sowie für das Einrichten und Betreiben von Sammelstellen[894]. Dabei ist neben den Beschäftigten die Anwesenheit von anderen Personen zu berücksichtigen.

Diese ASR gilt auch für das Einrichten und Betreiben der Sicherheitsbeleuchtung und von optischen Sicherheitsleitsystemen für Fluchtwege und Notausgänge in Arbeitsstätten. Sie nennt Beispiele für Arbeitsstätten, für die eine Sicherheitsbeleuchtung, gegebenenfalls ein optisches Sicherheitsleitsystem für Fluchtwege und Notausgänge erforderlich sein kann. Sie enthält die lichttechnischen Anforderungen an Sicherheitsbeleuchtung und optische Sicherheitsleitsysteme sowie Hinweise zu deren Betrieb, Instandhaltung und Prüfung.[895]

[894] Gegenüber der Ausgabe vom August 2007 wurde die ASR um das Einrichten und Betreiben von Sammelstellen erweitert.

[895] Die ASR A2.3 „Fluchtwege und Notausgänge" enthält jetzt die zusammenfassenden Anforderungen für das Einrichten und Betreiben der Sicherheitsbeleuchtung und von optischen Sicherheitsleitsystemen für Fluchtwege und Notausgänge in Arbeitsstätten. Anforderungen an die Sicherheitsbeleuchtung für Arbeitsstätten, in denen bei Ausfall der Allgemeinbeleuchtung die Sicherheit der Beschäftigten gefährdet werden kann, werden in Abschnitt 3.4 Abs. 7 des Anhangs der ArbStättV geregelt. Anforderungen an die Sicherheitsbeleuchtung für Fluchtwege enthält der Abschnitt 2.3 Abs. 1 des Anhangs der ArbStättV. In der ASR A3.4/7 „Sicherheitsbeleuchtung, optische Sicherheitsleitsysteme" waren diese beiden Fälle – mit z. T. unterschiedlichen Anforderungen – bisher zusammengefasst und nicht klar getrennt. Dies konnte in der Praxis zu Fehlanwendungen führen. Vor diesem Hintergrund wurde die ASR A3.4/7 aufgehoben und die den beiden Sachverhalten jeweils fachlich zugehörigen Inhalte in die ASR A3.4 „Beleuchtung und Sichtverbindung" und ASR A2.3 „Fluchtwege und Notausgänge" überführt. Die ASR A3.4/7 wurde mit Bekanntmachung im Gemeinsamen Ministerialblatt Nr. 9-11 im März 2022 (GMBl. 2022, S. 248) aufgehoben.

(2) Diese ASR gilt nicht:
1. für das Einrichten und Betreiben von Bereichen in Gebäuden und vergleichbaren Einrichtungen, in denen sich Beschäftigte nur im Falle der Instandhaltung aufhalten müssen[896] und
2. für das Verlassen von Arbeitsmitteln im Sinne des § 2 Absatz 1 Betriebssicherheitsverordnung im Gefahrenfall.[897]

Für alle nicht vom Anwendungsbereich dieser ASR erfassten Bereiche sind besondere Maßnahmen auf Grundlage der Gefährdungsbeurteilung notwendig, um die erforderliche Sicherheit für die Beschäftigten im Gefahrenfall zu gewährleisten. Sofern vergleichbare Verhältnisse vorliegen, wird empfohlen, die Inhalte dieser ASR zu berücksichtigen.

Hinweis:

1. *Für die barrierefreie Gestaltung der Fluchtwege und Notausgänge, der Flucht- und Rettungspläne sowie der Sicherheitsbeleuchtung und optischen Sicherheitsleitsysteme gilt die ASR V3a.2 „Barrierefreie Gestaltung von Arbeitsstätten", Anhang A2.3: Ergänzende Anforderungen zur ASR A2.3 „Fluchtwege und Notausgänge".*
2. *Zu Anforderungen an die Sicherheitsbeleuchtung für Tätigkeiten, Arbeitsplätze, Arbeitsräume und Bereiche in Arbeitsstätten, in denen bei Ausfall der Allgemeinbeleuchtung die Sicherheit der Beschäftigten gefährdet werden kann, siehe ASR A3.4 „Beleuchtung und Sichtverbindung", Abschnitte 8, 9.4 und 10.*[898]

3 Begriffsbestimmungen

3.1 Fluchtwege sind Verkehrswege, an die besondere Anforderungen zu stellen sind und die der selbstständigen Flucht aus einem möglichen Gefahrenbereich und in der Regel zugleich der Rettung von Personen dienen.[899]

---

896) Wegen der spezifischen Bedingungen sind nicht allseits umschlossene und im Freien liegende Arbeitsstätten und solche Bereiche in Gebäuden und vergleichbaren Einrichtungen, in denen sich Beschäftigte nur zur Durchführung von Instandsetzungs- und Wartungsarbeiten aufhalten, vom Anwendungsbereich der ASR ausgenommen. Weil auch diese Arbeitsstätten vom Geltungsbereich der ArbStättV erfasst sind, muss der Arbeitgeber dennoch Vorkehrungen treffen, damit sich die Beschäftigten im Falle einer Gefährdung unverzüglich in Sicherheit bringen und schnell gerettet werden können.

897) Für das Verlassen von Arbeitsmitteln (z. B. Krananlagen, Hochregallager mit automatischer Regalbedienung) gilt aufgrund der dort in § 2 Abs. 1 festgelegten Begriffsdefinition die BetrSichV. Für die Flucht aus oder von Arbeitsmitteln sind vom Arbeitgeber angemessene Maßnahmen auf der Grundlage einer Gefährdungsbeurteilung nach § 3 BetrSichV unter Berücksichtigung der Mindestanforderungen in den Anhängen der BetrSichV zu treffen.

898) Die ASR A3.4 „Beleuchtung und Sichtverbindung" (s. S. 382 ff) wurde im Mai 2023 in einer Neufassung bekannt gemacht. Die um die Sichtverbindung erweiterte Bezeichnung sowie die Bezüge zu einzelnen Abschnitten dieser ASR wurden in der Änderung der ASR A2.3 Ausg. März 2022 an mehreren Stellen berücksichtigt.

899) Beim Errichten, Einrichten und Betreiben einer Arbeitsstätte sind sowohl die Anforderungen des Bauordnungsrechts der Länder an Rettungswege sowie die des Arbeitsstättenrechts an Fluchtwege zu berücksichtigen. Mit der Definition des Fluchtweges wird klargestellt, dass die Anforderungen – sofern möglich und sinnvoll – den bauordnungsrechtlichen Vorschriften anzugleichen sind, um in der Praxis widerspruchsfreie Lösungen zu erreichen (s. FN 915). Die ASR weist zudem darauf hin, dass Rettungswege nach dem Bauordnungsrecht nur dann auch Fluchtwege sind, wenn diese selbstständig begangen werden können.

Der Fluchtweg beginnt an allen Orten in der Arbeitsstätte, zu denen Beschäftigte im Rahmen ihrer Arbeit Zugang haben oder sich bei der Nutzung von Neben-, Sanitär-, Kantinen-, Pausen- und Bereitschaftsräumen, Erste-Hilfe-Räumen und Unterkünften aufhalten.[900)]

Außentreppen, begehbare Dachflächen oder offene Gänge können Teil eines Fluchtweges sein.[901)]

Hinweis:

Fluchtwege im Sinne dieser Regel sind auch die im Bauordnungsrecht definierten Rettungswege, sofern sie selbstständig begangen werden können.

Fluchtwege werden unterschieden in Haupt- und Nebenfluchtwege:

1. **Hauptfluchtwege** (bisher erste Fluchtwege) sind insbesondere die zur Flucht erforderlichen Verkehrswege, die nach dem Bauordnungsrecht notwendigen Flure und Treppenräume für notwendige Treppen sowie die Notausgänge.
2. **Nebenfluchtwege** (bisher zweite Fluchtwege) sind zusätzliche Fluchtwege, die ebenfalls ins Freie oder in einen gesicherten Bereich führen.[902)]

3.2 Lichte Mindestbreite/-höhe ist die freie, unverstellte, unverbaute und nicht durch Hindernisse eingeschränkte Breite/Höhe, die mindestens zur Verfügung stehen muss.[903)]

3.3 Der **Flucht- und Rettungsplan** ist ein Plan, in dem die erforderlichen Informationen über die Fluchtwege sowie die Standorte von Erste-Hilfe-Einrichtungen und von zur Selbsthilfe vorgesehenen Brandschutzeinrichtungen dargestellt sind.[904)]

---

900) Für die Festlegung des Anfangspunktes eines Fluchtweges sind die Vorgaben der ArbStättV zu beachten, wonach aufgrund des § 2 Abs. 2 Nr. 2 Fluchtwege ebenso zur Arbeitsstätte gehören wie die in § 2 Abs. 2 Nr. 1 benannten Orte auf dem Gelände eines Betriebes, zu denen Beschäftigte im Rahmen ihrer Arbeit Zugang haben. Aus diesem Grund kann der Beginn eines Fluchtwegs nicht auf Arbeitsplätze eingegrenzt werden, sondern muss stets vom am weitesten entfernten Aufenthaltsort ausgehen, an dem sich Beschäftigte aufhalten können.

901) Teile eines Fluchtwegs können, unter bestimmten Voraussetzungen, auch Außentreppen, begehbare Dachflächen oder offene Gänge sein. Diese müssen so errichtet und betrieben werden, dass sich von diesen keine Gefährdung der Flüchtenden ergibt. Eine solche Gefährdung kann sich z. B. durch Hitzestrahlung, mangelnde Statik im Brandfall, Absturz von ungesicherten Dachflächen oder Vereisung des Weges ergeben.

902) Der wesentliche Unterschied zwischen den Rettungswegen nach dem Bauordnungsrecht der Länder und den Fluchtwegen nach dem Arbeitsstättenrecht zeigt sich beim Einrichten und Betreiben von Nebenfluchtwegen (bisher zweiten Fluchtwegen). Im Gegensatz zum Bauordnungsrecht müssen Nebenfluchtwege (bisher zweite Fluchtwege) in Arbeitsstätten immer selbstständig benutzbar sein und direkt bis ins Freie oder in einen gesicherten Bereich führen. Eine nach Bauordnungsrecht mögliche Führung des Rettungswegs zu einer anleiterbaren Stelle zur Rettung durch die Feuerwehr entspricht nicht dieser Forderung. Somit sind Rettungswege nach dem Bauordnungsrecht immer dann auch Fluchtwege, wenn sie selbstständig begangen werden können. Nach dem Arbeitsstättenrecht steht die Selbstrettung der Beschäftigten und sonstiger Personen, die sich in der Arbeitsstätte befinden, durchgängig im Vordergrund.

903) Die lichten Maße sind die Maße, wo Licht ungehindert durchscheint, also der freie Querschnitt, der im Gefahrenfall zur Flucht zur Verfügung steht. Es handelt sich dabei nicht um normierte Baumaße wie z. B. Rohbauöffnungen.

904) Der Flucht- und Rettungsplan enthält Informationen insbesondere über Hauptfluchtwege. Nebenfluchtwege gehören auch auf den Plan, wenn diese im Betrieb vorkommen. Des Weiteren enthalten die Flucht- und Rettungspläne Standorte der Ersten Hilfe und von Brandschutzeinrichtungen (z. B. Feuerlöscher, Wandhydranten, Handfeuermelder). Die Pläne können auch Anweisungen zum Verhalten im Brandfall oder bei anderen Notfällen enthalten.

Hinweis:

Anweisungen zum Verhalten im Brandfall (Brandschutzordnung Teil A) oder bei anderen Notfällen können im Flucht- und Rettungsplan dargestellt oder separat in der Nähe des Flucht- und Rettungsplans angebracht werden.

3.4 Evakuierung ist eine organisierte Maßnahme, die je nach Gefahrenfall mit akutem Handlungsbedarf zu einem unverzüglichen Verlassen von Gebäuden und vergleichbaren Einrichtungen ins Freie oder innerhalb von Gebäuden in einen gesicherten Bereich führt.

3.5 Das **Freie** im Sinne dieser ASR ist ein sicherer Bereich außerhalb des Gebäudes, in dem Personen durch den Gefahrenfall nicht beeinträchtigt werden. Dies ist gegeben, wenn auf dem Betriebsgelände oder auf öffentlichen Verkehrsflächen ein sicherer Abstand erreicht werden kann.

Als das Freie gelten z. B. nicht:

1. Innenhöfe, die keinen ausreichenden Schutz im Gefahrenfall bieten,
2. Dachflächen oder
3. Balkone.[905)]

3.6 Gefangener Raum ist ein Raum, der keinen direkten Zugang zu einem Flur hat und ausschließlich durch einen anderen Raum zugänglich ist.[906)]

3.7 Gesicherter Bereich ist ein Bereich, in dem Personen vorübergehend vor einer unmittelbaren Gefahr für Leben und Gesundheit geschützt sind. Als gesicherte Bereiche innerhalb von Gebäuden gelten insbesondere benachbarte Brandabschnitte und notwendige Treppenräume nach dem Bauordnungsrecht. Als gesicherter Bereich außerhalb von Gebäuden können z. B. Außentreppen, begehbare Dachflächen oder offene Gänge gelten, wenn diese im Gefahrenfall ausreichend lang sicher benutzbar sind und ins Freie führen.[907)] [908)]

---

905) Innenhöfe gelten mit Einschränkungen, Dachflächen und Balkone hingegen nicht als das Freie i. S. d. ASR. Hintergrund ist auch hier, dass im Arbeitsschutzrecht die Selbstrettung Vorrang hat und ein Warten auf die Feuerwehr auf einem Dach oder einem Balkon diesem Ansatz nicht entspricht. Anders ist dies für Innenhöfe zu bewerten. Hier ist darauf zu achten, dass diese Innenhöfe einen gesicherten Bereich darstellen, indem sie einen ausreichenden Schutz bieten müssen und nicht z. B. durch den Abbruch oder Einsturz von Gebäudeteilen weitere Gefahren für die Flüchtenden resultieren.

906) In bauordnungsrechtlichen Vorschriften wird eine Nutzung von „gefangenen Räumen" bis 400 m² für Büro- und Verwaltungszwecke zugelassen, § 36 Abs. 1 S. 2 Nr. 4 Musterbauordnung, Fassung 2002-11, zuletzt geändert 2024-09. Die Regelungen der ASR für gefangene Räume in Arbeitsstätten gelten hingegen unabhängig von der Größe der in Landesbauordnungen genannten „Nutzungseinheiten".

907) Aus dem gesicherten Bereich muss eine leichte Rettung durch Rettungs- oder Hilfskräfte von außen gewährleistet sein. Als Mindestdauer, innerhalb der Beschäftigte und andere Personen in einem gesicherten Bereich zuverlässig geschützt sind, sollten 90 Minuten nicht unterschritten werden. Diese Zeitvorgabe ergibt sich aufgrund der Festlegungen zur Feuerwiderstandsklasse F 90 bzw. F 90-AB für feuerbeständige Bauteile (s. DIN 4102-2 Nr. 3 Brandverhalten von Baustoffen und Bauteilen; Bauteile, Begriffe, Anforderungen und Prüfungen, Ausg. 1977-09).

908) Gesicherte Bereiche außerhalb von Gebäuden können genutzt werden, solange diese im Gefahrenfall ein sicheres Benutzen ermöglichen und ins Freie nach Abschn. 3.5 Nr. 3 führen. Als ins Freie gilt nicht der Aufenthalt oder das Warten auf Rettung auf Dachflächen, Balkone oder in Innenhöfen; d. h., die Flucht ist an diesen Orten nicht zu Ende, sondern muss als Selbstrettung über diese Bereiche hinausführen.

3.8 Türen im Verlauf von Fluchtwegen sind alle Türen, die vom Beginn des Fluchtweges bis ins Freie oder in einen gesicherten Bereich zu benutzen sind. Dazu gehören auch Türen von Notausgängen.

3.9 Ein **Notausgang** ist ein Ausgang im Verlauf eines Hauptfluchtweges, der direkt ins Freie oder in einen gesicherten Bereich führt.

3.10 Ein **Notausstieg** ist ein geeigneter Ausstieg im Verlauf eines Nebenfluchtweges zur selbstständigen Flucht aus einem Raum oder einem Gebäude.

3.11 Türen und Tore sind **kraftbetätigt**, wenn die für das Öffnen oder Schließen der Flügel erforderliche Energie vollständig oder teilweise von Kraftmaschinen zugeführt wird (ASR A1.7 „Türen und Tore“ Abschnitt 3.8).

3.12 Automatische Türen und Tore im Sinne dieser Regel sind kraftbetätigt und öffnen bei Annäherung von Personen selbsttätig.

3.13 Eine **Sammelstelle** ist ein sicherer Bereich, an dem sich die im Fall einer Evakuierung flüchtenden Personen einfinden müssen.

3.14 Ein **außenbeleuchtetes Sicherheitszeichen** ist ein Zeichen, das durch Tageslicht oder durch eine künstliche Lichtquelle von außen beleuchtet wird.

Hinweis:

Ein außenbeleuchtetes Sicherheitszeichen wird auch als beleuchtetes Sicherheitszeichen bezeichnet.

3.15 Ein **langnachleuchtendes Sicherheitszeichen** ist ein durch Licht angeregtes Sicherheitszeichen, das nach Ausfall der Allgemeinbeleuchtung ohne weitere Energiezufuhr nachleuchtet (ASR A1.3 „Sicherheits- und Gesundheitsschutzkennzeichnung“, Abschnitt 3.17).

Hinweis:

Obwohl die Sicherheitsfarben Rot und Grün im nachleuchtenden Zustand nicht dargestellt werden können, bleiben graphisches Symbol und geometrische Form erhalten und es besteht ein Sicherheitsgewinn gegenüber den nicht langnachleuchtenden Sicherheitszeichen.

3.16 Ein **innenbeleuchtetes Sicherheitszeichen** ist ein Zeichen, das von einer Lichtquelle von innen beleuchtet wird.

Hinweis:

Ein innenbeleuchtetes Sicherheitszeichen wird auch als hinterleuchtetes Sicherheitszeichen bezeichnet.

3.17 Die **Sicherheitsbeleuchtung** ist eine Beleuchtung, die dem gefahrlosen Verlassen der Arbeitsstätte und der Vermeidung von Gefährdungen dient, die durch Ausfall der Allgemeinbeleuchtung entstehen können (ASR A3.4 „Beleuchtung und Sichtverbindung“, Abschnitt 3.17).

Hinweis:

In dieser ASR werden die Anforderungen an die Sicherheitsbeleuchtung für das gefahrlose Verlassen der Arbeitsstätte beschrieben.

3.18 **Optische Sicherheitsleitsysteme** sind auf den Boden aufgebrachte, in den Boden eingelassene oder bodennahe, durchgehende Leitsysteme (z. B. an Wänden), die mit Hilfe optischer Kennzeichnungen und Richtungsangaben einen sicheren Fluchtweg vorgeben. Sie dienen ebenfalls dem gefahrlosen Verlassen der Arbeitsstätte, auch bei Ausfall der Allgemeinbeleuchtung.

3.19 Ein **langnachleuchtendes optisches Sicherheitsleitsystem** besteht aus langnachleuchtenden durch Licht angeregten Komponenten, die nach Ausfall der Allgemeinbeleuchtung ohne weitere Energiezufuhr nachleuchten.

3.20 Ein **elektrisch betriebenes optisches Sicherheitsleitsystem** wird durch eine Stromquelle für Sicherheitszwecke gespeist.

3.21 Ein **dynamisches optisches Sicherheitsleitsystem** ist ein elektrisch betriebenes optisches Sicherheitsleitsystem zur Unterstützung der Selbstrettung, das bei Eintritt einer vordefinierten Gefährdungssituation (z. B. Brand oder Rauch) einmalig mit Änderung der Fluchtrichtungsanzeige reagieren kann und diese Änderung bis zur Rückstellung dauerhaft anzeigt.[909)]

3.22 Die **Beleuchtungsstärke** E ist ein Maß für das auf eine Fläche auftreffende Licht. Die Beleuchtungsstärke wird in Lux [lx] gemessen (ASR A3.4 „Beleuchtung und Sichtverbindung“, Abschnitt 3.9).

3.23 Die **Leuchtdichte** L wird in Candela pro Quadratmeter [cd/m^2] gemessen und beschreibt den Helligkeitseindruck einer beleuchteten oder leuchtenden Fläche (ASR A3.4 „Beleuchtung und Sichtverbindung“, Abschnitt 3.18).

3.24 Unter **Blendung** versteht man Störungen durch zu hohe Leuchtdichten oder zu große Leuchtdichteunterschiede im Gesichtsfeld (in Anlehnung an ASR A3.4 „Beleuchtung und Sichtverbindung“, Abschnitt 3.15).

3.25 Die **Farbwiedergabe** ist die Wirkung einer Lichtquelle auf den Farbeindruck, den ein Mensch von einem Objekt hat, das mit dieser Lichtquelle beleuchtet wird. Der Farbwieder-

---

909) Die in Abschn. 8 Abs. 7 und 8 der ASR A2.3 im Jahr 2022 benannten dynamischen optischen Sicherheitsleitsysteme zur gefahrenabhängigen Lenkung des Fluchtwegs wurden mit der Änderung der ASR A2.3 im Jahr 2024 durch die Aufnahme einer diesbezüglichen Begriffsbestimmung in Abschn. 3.21 konkretisiert. Zugleich wurde die DIN 14036:2023-12 Dynamische und Adaptive Fluchtweglenkung – Planung und Umsetzung von richtungsvariablen Konzepten zur näheren Beschreibung dieser Systeme in den Literaturhinweisen ergänzt.

gabeindex R_a ist eine dimensionslose Kennzahl von 0 bis 100, mit der die Farbwiedergabeeigenschaften der Lampen klassifiziert werden. Je höher der Wert, umso besser ist die Farbwiedergabe (ASR A3.4 „Beleuchtung und Sichtverbindung", Abschnitt 3.16).

3.26 Normale Brandgefährdung liegt vor, wenn die Wahrscheinlichkeit einer Brandentstehung, die Geschwindigkeit der Brandausbreitung, die dabei frei werdenden Stoffe und die damit verbundene Gefährdung für Personen, Umwelt und Sachwerte vergleichbar sind mit den Bedingungen bei einer Büronutzung (ASR A2.2 „Maßnahmen gegen Brände", Abschnitt 3.2).

3.27 Erhöhte Brandgefährdung liegt vor, wenn:

1. entzündbare bzw. oxidierende Stoffe oder Gemische vorhanden sind,
2. die örtlichen und betrieblichen Verhältnisse für eine Brandentstehung günstig sind,
3. in der Anfangsphase eines Brandes mit einer schnellen Brandausbreitung oder großen Rauchfreisetzung zu rechnen ist,
4. Arbeiten mit einer Brandgefährdung durchgeführt werden (z. B. Schweißen, Brennschneiden, Trennschleifen, Löten) oder Verfahren angewendet werden, bei denen eine Brandgefährdung besteht (z. B. Farbspritzen, Flammarbeiten) oder
5. erhöhte Gefährdungen vorliegen, z. B. durch selbsterhitzungsfähige Stoffe oder Gemische, Stoffe der Brandklassen D und F, brennbare Stäube, extrem oder leicht entzündbare Flüssigkeiten oder entzündbare Gase (ASR A2.2 „Maßnahmen gegen Brände", Abschnitt 3.3).

Hinweis:

Die erhöhte Brandgefährdung im Sinne dieser ASR schließt die erhöhte und hohe Brandgefährdung nach der Technischen Regel für Gefahrstoffe TRGS 800 „Brandschutzmaßnahmen" ein.

4 Allgemeine Anforderungen

(1) Fluchtwege führen auf möglichst kurzem Weg ins Freie oder, falls dies nicht möglich ist, in einen gesicherten Bereich.[910] [911]

(2) Beim Einrichten und Betreiben von Fluchtwegen und Notausgängen sowie Sammelstellen sind die beim Errichten von Rettungswegen zu beachtenden Anforderungen des Bauordnungsrechts der Länder zu berücksichtigen.[912] Über das Bauordnungsrecht hinaus können sich weitergehende Anforderungen an Fluchtwege und Notausgänge aus dieser ASR er-

[910] Die Forderung ist wortgleich mit Nr. 2.3 Anh. Abs. 1 Buchst. c ArbStättV und wurde aus Gründen der Anwenderfreundlichkeit in der ASR wiederholt, aber auch um die Bedeutung des kurzen Weges und der Flucht ins Freie hervorzuheben. Fluchtwege müssen auf kurzem Weg, d. h. auf direktem Weg ins Freie oder in einen gesicherten Bereich führen. Die kürzeste Wegstrecke wird ohne Berücksichtigung der Raumausstattung, jedoch nicht durch Wände gemessen.

[911] Nur wenn eine Flucht ins Freie ausgeschlossen ist, darf diese in einem gesicherten Bereich z. B. in einem anderen Brandabschnitt oder ein Sicherheitstreppenraum enden. Damit wird deutlich, welchen hohen Stellenwert das Verlassen des Gebäudes im Gefahrenfall ins Freie einnimmt.

[912] Mit dem Querverweis auf das Bauordnungsrecht der Länder wird klargestellt, dass es sich bei einem Fluchtweg i. d. R. auch um einen Rettungsweg handelt.

geben; dies gilt z. B. für das Erfordernis zur Einrichtung eines Nebenfluchtweges oder von Sammelstellen.[913)]

(3) Fluchtwege, Notausgänge und Notausstiege müssen ständig in den erforderlichen Abmessungen freigehalten werden. Können Notausgänge und Notausstiege von außen verstellt werden, müssen sie durch weitere Maßnahmen zur dauerhaften ständigen Freihaltung gesichert werden, z. B. durch Anbringung von Abstandsbügeln für Fahrzeuge oder mittels dauerhafter Markierung der freizuhaltenden Bodenflächen.[914)]

(4) Haupt- und Nebenfluchtwege dürfen über denselben Flur zu verschiedenen Ausgängen führen, sofern der Flur die Anforderungen an einen Hauptfluchtweg erfüllt.

(5) Sofern sich Höhenunterschiede im Verlauf des Fluchtweges nicht vermeiden lassen, dürfen diese nur gering sein. Sie sind dann durch Schrägrampen mit einer maximalen Neigung von 6 % auszugleichen. Beginn und Ende von Schrägrampen sind deutlich erkennbar zu gestalten oder gemäß ASR A1.3 „Sicherheits- und Gesundheitsschutzkennzeichnung" mit schwarz-gelben Streifen (Sicherheitsmarkierungen) oder dem Warnzeichen W007 „Warnung vor Hindernissen am Boden" zu kennzeichnen.

(6) Aufzüge sind als Teil des Fluchtweges unzulässig[915)], es sei denn, der Aufzug ist zum Zweck der Flucht und Rettung insbesondere für Menschen mit Behinderungen im Gefahrenfall zulässig und geeignet. Dieser Nachweis ist z. B. im Rahmen eines bauordnungsrechtlichen Verfahrens zu erbringen und zu dokumentieren.

---

913) Über das Bauordnungsrecht hinausgehende Anforderungen an Arbeitsstätten ergeben sich u. a. bezüglich des Verbots von Ausgleichstufen im Verlauf von Hauptfluchtwegen (Abschn. 5 Abs. 17), des Verbots von Wendel- und Spindeltreppen als Hauptfluchtweg (Abschn. 5 Abs. 13) oder der Forderung nach Einrichtung und selbstständiger Benutzbarkeit von Nebenfluchtwegen (bisher zweite Fluchtwege) sowie von Sammelplätzen. Dabei muss gewährleistet werden, dass flüchtende Personen in Selbsthilfe auch über Nebenfluchtwege bis ins Freie oder in einen gesicherten Bereich oder auf einen sicheren Sammelplatz gelangen.

914) Es muss sichergestellt werden, dass der Ausgang nicht durch Fahrzeuge, Materialien usw. verstellt werden kann. Hierauf muss erforderlichenfalls durch die Anbringung eines Verbotszeichens P023 „Abstellen oder Lagern verboten" (s. ASR A1.3 „Sicherheits- und Gesundheitsschutzkennzeichnung" Anl. 1, s. S. 187) oder einer gelb-schwarzen Gefahrenkennzeichnung (a.a.O. Nr. 5.2) vor dem Ausgang hingewiesen werden. I. Ü. muss auch von außen an den entsprechenden Türen und Toren ersichtlich sein, dass es sich um Notausgänge handelt (Hinweisschild!). Der Bereich im Freien vor dem Ausgang muss so groß sein, dass es bei einer Fluchtbewegung aus dem Gebäude zu keinem Rückstau kommen kann. Ob die örtlichen Verhältnisse dieser Anforderung genügen, kann z. B. bei einer Evakuierungsübung nach ASR A2.3 Abschn. 11 Abs. 2 überprüft werden.

915) Das Verbot, Aufzüge als Teil des Fluchtweges einzurichten oder zu betreiben, ergibt sich daraus, dass die Beschaffenheit der Aufzüge deren sichere Benutzung, z. B. im Brandfall, nicht sicherstellt. Dies gilt auch für sog. Feuerwehraufzüge, deren Funktion im Gefahrenfall zwar noch gewährleistet ist, die aber nicht für die Selbstrettung, z. B. durch Personen bis zum Eintreffen der Feuerwehr, vorgesehen und ausgelegt sind. Eine Selbstrettung insbesondere für Menschen mit körperlicher Beeinträchtigung ist über geeignete und zugelassene Aufzüge, Evakuierungsaufzüge, möglich. Anforderungen an Evakuierungsaufzüge sind in der Norm DIN CEN/TS 81-76:2011-10 Sicherheitsregeln für die Konstruktion und den Einbau von Aufzügen – Besondere Anwendungen für Personen- und Lastenaufzüge – Teil 76: Personenaufzüge für die Evakuierung von Personen mit Behinderungen enthalten. Evakuierungsaufzüge müssen im Brandschutzkonzept als Teil eines bauordnungsrechtlichen Verfahrens und in der Gefährdungsbeurteilung berücksichtigt werden. § 3a Abs. 2 ArbStättV fordert vom Arbeitgeber, dass die besonderen Belange der Menschen mit Behinderung insbesondere für die barrierefreie Gestaltung von Fluchtwegen und Notausgängen Berücksichtigung finden müssen, wenn der Arbeitgeber Menschen mit Behinderungen beschäftigt. Eine barrierefreie Gestaltung des vertikalen Fluchtwegs kann über Evakuierungsaufzüge führen.

(7) Durchgangssperren im Verlauf von Fluchtwegen sind zu vermeiden. Sofern Durchgangssperren betrieblich erforderlich sind, z. B. in Kassenzonen oder Vereinzelungsanlagen, müssen sich diese schnell und gefahrlos sowie ohne Hilfsmittel mit einem Kraftaufwand von maximal 150 N in Fluchtrichtung öffnen lassen.

(8) Am Ende eines Fluchtweges muss der Bereich im Freien bzw. der gesicherte Bereich so gestaltet und bemessen sein, dass sich kein Rückstau bilden kann und alle über den Fluchtweg flüchtenden Personen ohne Gefahren, z. B. durch Verkehrswege oder öffentliche Straßen, aufgenommen werden können. Die Beleuchtungsstärke in diesen Bereichen einschließlich der außen angebrachten Treppen und der Sammelstellen muss mindestens 1 lx betragen. Auf die Begrenzung der Blendung ist zu achten. Dabei sind auch die Beleuchtungsanlagen in der Umgebung zu berücksichtigen.

Hinweis:

Die Beleuchtungsstärke ist in einer Höhe von maximal 20 cm über dem Boden oder den Treppenstufen zu messen.

(9) Anzahl, Größe und Lage von Sammelstellen sind in Abhängigkeit von der Anzahl der Beschäftigten sowie der sonstigen anwesenden Personen festzulegen. Eine Sammelstelle ist nicht erforderlich, wenn aufgrund der geringen Anzahl der Beschäftigten und übersichtlicher örtlicher Gegebenheiten ein Überblick über die vollständige Evakuierung möglich ist.

Hinweis:

Für die Bemessung der erforderlichen Größe der Sammelstelle kann eine Belegung von 2 Personen pro m^2 angenommen werden.

(10) Sammelstellen müssen:
1. über eine sicher begehbare Bodenoberfläche verfügen,
2. außerhalb des Wirkbereichs der fluchtauslösenden Gefahr, z. B. aufgrund von Verrauchung oder aufgrund umherfliegender oder herabfallender Gebäudeteile, liegen,
3. verfügbar sein, solange Personen im Gefahrenfall auf die Nutzung der entsprechenden Sammelstelle angewiesen sind und
4. dürfen die Wege von Feuerwehr und Rettungsdiensten nicht einschränken.

Sofern der Weg zu den Sammelstellen mit anderen Gefährdungen verbunden ist, z. B. aufgrund von öffentlichem Straßenverkehr, sind im Rahmen der Gefährdungsbeurteilung die erforderlichen Maßnahmen festzulegen. Bei der Auswahl der Lage der Sammelstelle ist zu berücksichtigen, ob die betroffenen Personen den kompletten Fluchtweg bis zur Sammelstelle kennen oder ganz oder teilweise ortsunkundig sind.

(11) Dachflächen, über die Fluchtwege führen, müssen ausreichend tragfähig, trittsicher und feuerwiderstandsfähig sein. Bei Absturzgefahren sind die Anforderungen der ASR A2.1 „Schutz vor Absturz und herabfallenden Gegenständen, Betreten von Gefahrenbereichen" zu erfüllen.

(12) Gefangene Räume dürfen als Arbeits-, Bereitschafts-, Liege-, Erste-Hilfe-, Pausenräume und Kantinen nur genutzt werden, wenn folgende Maßgaben beachtet wurden:

1. Sicherstellung der Alarmierung im Gefahrenfall. Beispiele hierzu finden sich in der ASR A2.2 „Maßnahmen gegen Brände“ oder
2. Gewährleistung einer Sichtverbindung zum vorgelagerten Raum, sofern der gefangene Raum nicht zum Schlafen genutzt wird und im vorgelagerten Raum nicht mehr als eine normale Brandgefährdung vorhanden ist.

Hinweis:

Diese Regelungen für gefangene Räume in Arbeitsstätten gelten unabhängig von der Größe der in Landesbauordnungen genannten „Nutzungseinheiten“.

5 Hauptfluchtwege

(1) Hauptfluchtwege müssen in Anzahl, Anordnung und Abmessung nach der Nutzung, der Einrichtung und den Abmessungen der Arbeitsstätte sowie nach der höchstmöglichen Anzahl der anwesenden Personen eingerichtet werden. Hauptfluchtwege sollen übersichtlich verlaufen.[916)] [917)]

(2) Die Länge des Hauptfluchtweges ist die kürzeste Wegstrecke (ohne Berücksichtigung der Raumausstattung, jedoch nicht durch Wände gemessen) vom Beginn des Fluchtweges bis zu einem Notausgang. Die Hauptfluchtweglänge muss möglichst kurz sein und darf:

1.	für Räume ohne oder mit normaler Brandgefährdung ausgenommen Räume nach Nummern 2 bis 4	bis zu 35 m
2.	für Räume mit erhöhter Brandgefährdung mit selbsttätigen Feuerlöscheinrichtungen	bis zu 35 m
3.	für Räume mit erhöhter Brandgefährdung ohne selbsttätige Feuerlöscheinrichtungen	bis zu 25 m
4.	für Räume, in denen eine Gefährdung durch explosionsgefährliche Stoffe besteht	bis zu 10 m

betragen.[918)]

Hinweis:

Bezüglich der Begriffsbestimmung explosionsgefährlicher Stoffe siehe Gesetz über explosionsgefährliche Stoffe (Sprengstoffgesetz – SprengG).

---

916) Anzahl, Anordnung, Abmessung und Ausführung der Hauptfluchtwege und Notausgänge sind von der Nutzung der Räume, insbesondere dem dort vorhandenen Gefährdungspotenzial abhängig. Es ist zu unterscheiden, ob es sich bei den Räumen z. B. um eine Werkstatt, einen Raum mit erhöhter Brand- oder Explosionsgefahr oder um einen normalen Lagerraum handelt. Die Einrichtung des jeweiligen Raumes beeinflusst die Lage, den Verlauf und die Ausführung der Hauptfluchtwege.

917) Die Hauptfluchtwege müssen so angeordnet werden, dass bei deren Benutzung flüchtende Personen nicht weiteren Gefährdungen ausgesetzt sein können. Dies setzt z. B. einen ausreichenden Abstand von möglichen Absturzkanten oder von Arbeitsbereichen voraus, in denen z. B. eine Gefährdung durch heiße oder kalte Medien, umstürzende oder herabfallende Lagermaterialien auftreten kann. Gleiches gilt für die Rettung von außen.

918) Die Festlegungen zur maximal zulässigen Fluchtweglänge entsprechen weitgehend denen des bisherigen Arbeitsstättenrechts. Durch die Wortfolgen „möglichst kurz“ und „bis zu“ wird klargestellt, dass der sich aus der Begriffsbestimmung zur Fluchtweglänge ergebende Spielraum nicht in jedem Fall in Anspruch genommen werden kann, sondern nur unter Berücksichtigung der Ergebnisse der Gefährdungsbeurteilung.

(3) Für Räume, in denen eine andere Gefährdung als nach Absatz 2 Nummer 1 bis Nummer 4 besteht, muss im Rahmen der Gefährdungsbeurteilung unter Beachtung der geltenden Technischen Regeln ermittelt werden, ob gegebenenfalls eine geringere Länge des Fluchtweges erforderlich ist, z. B. bei Lagerung und Verwendung von Gefahrstoffen in ortsbeweglichen Behältern gemäß TRGS 510 „Lagerung von Gefahrstoffen in ortsbeweglichen Behältern“.

Hinweis:

Bezüglich der Begriffsbestimmung Gefahrstoffe siehe Verordnung zum Schutz vor Gefahrstoffen (Gefahrstoffverordnung – GefStoffV).

(4) Die tatsächliche Laufweglänge darf nicht mehr als das 1,5-fache der maximal zulässigen Hauptfluchtweglänge betragen.[919)]

Hinweis:

Aufgrund der Begrenzung der zulässigen Hauptfluchtweglängen kann für größere Bereiche von Arbeitsstätten mehr als ein Hauptfluchtweg erforderlich sein.

(5) Sofern es sich bei einem Hauptfluchtweg nach Absatz 2 Nummer 1 bis Nummer 3 auch um einen Rettungsweg handelt und das Bauordnungsrecht der Länder, z. B. die Industriebaurichtlinie, für diesen Weg eine von Absatz 2 Satz 2 abweichende längere Weglänge zulässt, können dafür die Maßgaben des Bauordnungsrechts angewandt werden.[920)] [921)]

(6) Die lichte Mindestbreite der Hauptfluchtwege bemisst sich nach der höchstmöglichen Anzahl der Personen, die im Gefahrenfall den Hauptfluchtweg benutzen müssen und ergibt sich aus Tabelle 1:

---

919) Die tatsächliche Laufweglänge bis zu einem Notausgang ist in der Folge der in Abschn. 5 Abs. 2 erfolgten Definition der kürzesten Wegstrecke (ohne Berücksichtigung der Raumausstattung, jedoch nicht durch Wände gemessen) i. d. R. größer als die in Abschn. 5 Abs. 2 in Abhängigkeit von der Gefährdungssituation angegebene zulässige Hauptfluchtweglänge. Anders als in der bisher geltenden ASR 10/1 zur ArbStättV 1975 wird aber in der ASR A2.3 die tatsächliche Laufweglänge auf maximal das 1,5fache der Hauptfluchtweglänge begrenzt. Die tatsächliche Laufweglänge berücksichtigt die Raumausstattung wie z. B. Möbel, technische Anlagen.

920) Für Hauptfluchtwege, die zugleich Rettungswege nach dem Bauordnungsrecht sind, wird ausdrücklich zugelassen, dass in den Fällen, in denen nach Bauordnungsrecht für den Fluchtweg eine abweichende längere Fluchtweglänge zulässig ist (dies trifft z. B. für die unter Nr. 5.6 der Muster-Industriebaurichtlinie [MIndBauRL], Stand 2019-05, geregelten besonderen Verhältnisse zu), diese nach den Maßgaben des Bauordnungsrechts angewandt werden kann. Die darin enthaltenen längeren Wegstrecken zu einem Ausgang ins Freie oder einen gesicherten Bereich (z. B. notwendiger Treppenraum, ein anderer Brandabschnitt) sind in der Industriebaurichtlinie u.a. an eine bestimmte mittlere lichte Höhe oder an das Vorhandensein einer Alarmierungseinrichtung geknüpft. Demzufolge handelt es sich nicht um ein geringeres Sicherheitsniveau gegenüber der ArbStättV. Mit der Inbezugnahme dürften die bisher bei der Bemessung der Flucht- bzw. Rettungsweglänge im Einzelfall aufgetretenen Widersprüche zwischen den Regelungen im Bauordnungsrecht und im Arbeitsstättenrecht weitgehend beseitigt sein. Dies kann aber nur gelten, wenn dafür im Rahmen der Gefährdungsbeurteilung nach § 3 ArbStättV der Nachweis erbracht wird.

921) Für Produktions- und Lagerräume sind entsprechende Festlegungen zu den in Luftlinie gemessenen Entfernungen für den Rettungsweg in Abhängigkeit von der lichten Raumhöhe in Nr. 5.6 MIndBauRL, Stand 2019-05, enthalten.

Tab. 1: Lichte Mindestbreiten von Hauptfluchtwegen in Abhängigkeit von der Gesamtzahl der Personen im Einzugsgebiet[922) 923) 924) 925) 926) 927) 928)]

	A	B	C
Nr.	**Anzahl der Personen (Einzugsgebiet)**	**Lichte Mindestbreiten von Durchgängen und Türen im Verlauf von Hauptfluchtwegen, z. B. Türen von Notausgängen (in m)**	**Lichte Mindestbreiten von Hauptfluchtwegen (in m)**
1	bis 5	0,80[*)]	0,90
2	bis 20	0,90	1,00
3	bis 50	0,90	1,20
4	bis 100	1,00	1,20
5	bis 200	1,05	1,20
6	bis 300	1,65	1,80

922) Die Auslegung der Hauptfluchtwege richtet sich u. a. nach der höchstmöglichen Anzahl der anwesenden Personen. Damit sind alle Personen einzubeziehen, welche sich im ungünstigsten Fall zugleich im Einzugsgebiet oder in der Geschossebene aufhalten können. Hierzu zählen nicht nur Beschäftigte, sondern auch Kunden, Besucher und andere Personen. Damit ist nicht die Anzahl der regelmäßig anwesenden Personen gemeint, sondern die Höchstzahl. Beim Einrichten des Hauptfluchtwegs sind somit die theoretischen Planungsangaben (z. B. Anzahl der Sitzplätze) zu verwenden. Arbeitet z. B. ein Beschäftigter alternierend, d. h. in seinem Büro oder z. B. am Telearbeitsplatz, wird er bei der Auslegung des Hauptfluchtweges berücksichtigt; solange er sich nicht den Büroarbeitsplatz (Stuhl, Tisch, Computer usw.) mit einem anderen Beschäftigten teilt. Die Höchstzahl der in der Arbeitsstätte unter bestimmten, auch außergewöhnlichen Bedingungen (z. B. bei Betriebsstörungen, Unglücksfällen oder Instandhaltungsarbeiten) anwesenden Personen ist ebenso zu berücksichtigen.

923) Die Tabelle 1 gibt in den Spalten B und C und in den Nr. 1 bis 7 die erforderlichen lichten Mindestbreiten der Hauptfluchtwege in Abhängigkeit der höchstmöglichen Personenanzahl, welche den Hauptfluchtweg im Gefahrenfall nutzen muss (Einzugsgebiet) wieder. Das Einzugsgebiet umfasst alle Personen, die den Hauptfluchtweg nutzen, unabhängig davon, ob sie zeitgleich oder aufeinander folgend (sequenziell) den Weg nutzen. Die Tabelle 1 gilt für horizontale und vertikale Hauptfluchtwege.

924) Die lichte Mindestbreite von Durchgängen und Türen im Verlauf von Hauptfluchtwegen von 0,80 m (Nr. 1, Spalte B, Tab. 1) basiert auf dem bisherigen Wert (ASR A2.3, Ausgabe: 2007). Damals durfte die Mindestbreite des Fluchtweges durch Einbauten, Einrichtungen und Türen nicht eingeengt werden. Eine Einschränkung der Mindestbreite der Flure von maximal 0,15 m an Türen wurde vernachlässigt, jedoch durfte für das Einzugsgebiet von bis zu 5 Personen die lichte Breite nicht weniger als 0,80 m betragen. Türen mit einer lichten Breite von 0,80 m sind normalerweise mit Rohbauöffnungen mit dem Baurichtmaß 0,875 m Breite realisierbar. Diese lichte Breite wie auch die Anforderungen haben sich in der Praxis bewährt und wurden durch das von der BAuA in Auftrag gegebene Fachgutachten zu Fluchtwegen in Arbeitsstätten – Einfluss von Wegbreite, Treppen, Türen und Einengungen auf die Entfluchtung, 2. Aufl. 2020 bestätigt. Das Fachgutachten ist einsehbar unter: https://www.baua.de/DE/Angebote/Publikationen/Berichte/Gd99.html

925) Für Neubauten und wesentliche bauliche Änderungen wird für ein Einzugsgebiet von bis zu einschließlich 5 Personen (Nr. 1, Tab. 1) derzeit eine lichte Mindestbreite von Durchgängen und Türen im Verlauf von Hauptfluchtwegen von 0,9 m empfohlen, um auch in diesen Bereichen eine barrierefreie Zugänglichkeit zu ermöglichen.

	A	B	C
Nr.	**Anzahl der Personen (Einzugsgebiet)**	**Lichte Mindestbreiten von Durchgängen und Türen im Verlauf von Hauptfluchtwegen, z. B. Türen von Notausgängen (in m)**	**Lichte Mindestbreiten von Hauptfluchtwegen (in m)**
7	bis 400	2,25	2,40
	Bei Einzugsgebieten von mehr als 200 Personen sind Zwischenwerte der Mindestbreiten (ermittelt durch lineare Interpolation) zulässig. Der Begriff Einzugsgebiet beschreibt einen Bereich, aus dem alle dort anwesenden Personen denselben Hauptfluchtweg nutzen müssen. Dies entspricht z. B. bei mehrgeschossigen Gebäuden der Gesamtanzahl der Personen, die über alle Ebenen (auch als Etagen, Geschosse, Stockwerke bezeichnet) demselben Hauptfluchtweg zugeordnet sind, unabhängig davon, ob diese Personen Abschnitte des Hauptfluchtweges im Fluchtfall zeitgleich oder zeitlich versetzt nutzen.		

926) Die lichte Mindestbreite des Hauptfluchtweges stammt in Bereichen, in denen mehr als 200 Personen auf die Nutzung der Fluchtwege angewiesen sind, noch aus der bisherigen ASR A2.3 (Ausgabe: 2007). Damals wurde die Mindestbreite analog den Anforderungen des Versammlungsstättenrechts gewählt. So gibt § 7 Abs. 4 S. 2 Nr. 2 der Muster-Versammlungsstättenverordnung (Fassung Juni 2005) vor, dass die lichte Breite eines jeden Teiles von Rettungswegen mindestens 1,20 m je 200 Personen, mindestens jedoch 1,20 m betragen muss (s. § 7 Abs. 2 Vers-StättV SN). 1,20 m wurden gewählt, damit zwei Personen nebeneinander ungehindert den Fluchtweg benutzen können.

927) In den Bereichen ab 201 Personen im Einzugsgebiet bis 300 (Tab. 1, Nr. 6, Sp. A) und von 301 bis 400 Personen im Einzugsgebiet (Tab. 1, Nr. 7, Sp. A) können Zwischenwerte für die Mindestbreiten durch lineare Interpolation errechnet werden. Eine lineare Interpolation ist möglich, weil mit dem BAuA-Fachgutachten zu Fluchtwegen in Arbeitsstätten – der Einfluss von Wegbreite, Treppen, Türen und Einengungen auf die Entfluchtung untersucht und ein linearer Zusammenhang zwischen der Fluchtwegbreite und der Gesamtentfluchtungszeit nachgewiesen wurde. Die bisherige stufenweise Zuordnung der Mindestbreiten wurde daher durch eine lineare abgelöst. Für eine größere Personenanzahl im Einzugsgebiet von mehr als 400 kann nicht extrapoliert werden. Eine Ausweitung der lichten Mindestbreiten ist nicht zweckmäßig. Dagegen empfiehlt sich dann, das Einzugsgebiet baulich bzw. technisch einzugrenzen und mehrere Hauptfluchtwege einzurichten. Mit baulichen oder technischen Maßnahmen wird eine feste immobile Teilung der Anzahl der Personen im Einzugsgebiet ermöglicht. Organisatorische Maßnahmen sind eher ungeeignet, auch wenn die Beschäftigten auf die Nutzung „ihres Hauptfluchtweges" unterwiesen wurden. Diese organisatorischen Maßnahmen würden auch keine Kunden, Gäste usw. erreichen.

928) Für die Auslegung der Flurbreiten ist die lichte Mindestbreite z. B. von Türen im Verlauf des Hauptfluchtweges (Tab. 1, Sp. B) maßgebend, d. h., der Flur muss durch den Einbau einer Tür aufgrund des Türrahmens ggf. breiter sein als die lichte Mindestbreite des Hauptfluchtweges (Tab. 1, Sp. C). Die in Tab. 1 angegebenen lichten Mindestbreiten geben nur die notwendigen Anforderungen für die Flucht an.

	A	B	C
Nr.	**Anzahl der Personen (Einzugsgebiet)**	**Lichte Mindestbreiten von Durchgängen und Türen im Verlauf von Hauptfluchtwegen, z. B. Türen von Notausgängen (in m)**	**Lichte Mindestbreiten von Hauptfluchtwegen (in m)**
	**) Hinweis: Bei Neubauten und wesentlichen baulichen Erweiterungen oder Umbauten wird empfohlen, für Einzugsgebiete von bis zu 5 Personen nach Nummer 1 Spalte B eine lichte Mindestbreite von Durchgängen und Türen im Verlauf von Hauptfluchtwegen von 0,90 m einzuhalten, um auch in diesen Bereichen eine barrierefreie Zugänglichkeit zu ermöglichen. Zudem lassen sich auf diesem Wege bauliche Maßnahmen im Sinne der ASR V3a.2 „Barrierefreie Gestaltung von Arbeitsstätten" und in der Folge Umbaukosten vermeiden.*		
	Abweichend für **Fluchtwege aus besonderen Bereichen**		Lichte Mindestbreiten (in m)
8	Gänge zu persönlich zugewiesenen Arbeitsplätzen		0,60
9	Nebengänge von Lagereinrichtungen für die ausschließliche Be- und Entladung von Hand		0,75
10	Türen von Toilettenzellen und von Toilettenräumen mit nur einer Toilette entsprechend ASR A4.1 „Sanitärräume"		0,55

Hinweis:

Die Werte der Spalten B und C entsprechen den Anforderungen für die Flucht und berücksichtigen nicht mögliche Auswirkungen durch den Einbau von Türen, z. B. können für Flure durch den Einbau von Türen gegenbenenfalls entsprechend größere Breiten erforderlich werden.

(7) In Gebäuden, die bis zum 30.9.2022 errichtet worden sind oder deren Bauantragstellung bis zu diesem Termin erfolgt ist, dürfen Hauptfluchtwege nach Tabelle 1 Nummer 1 Spalte C für bis 5 Personen mit einer lichten Mindestbreite von 0,875 m eingerichtet oder solange betrieben werden, bis die jeweiligen Bereiche dieser Arbeitsstätten wesentlich erweitert oder umgebaut werden oder nach § 3a Absatz 2 der Arbeitsstättenverordnung eine Vergrößerung erforderlich wird.

(8) In Gebäuden, die bis zum 30.9.2022 errichtet worden sind oder deren Bauantragstellung bis zu diesem Termin erfolgt ist, dürfen Durchgänge und Türen von Hauptfluchtwegen nach Tabelle 1 Nummer 2 Spalte B mit einer lichten Mindestbreite von 0,85 m eingerichtet oder solange betrieben werden, bis die jeweiligen Bereiche dieser Arbeitsstätten wesentlich erweitert oder umgebaut werden oder nach § 3a Absatz 2 der Arbeitsstättenverordnung eine Vergrößerung erforderlich wird.

(9) In Gebäuden, die bis zum 30.9.2022 errichtet worden sind oder deren Bauantragstellung bis zu diesem Termin erfolgt ist, dürfen Türen von Toilettenzellen und Toilettenräumen mit nur einer Toilette mit einer lichten Mindestbreite von 0,50 m eingerichtet oder solange betrieben werden, bis die jeweiligen Bereiche dieser Arbeitsstätten wesentlich erweitert oder umgebaut werden.[929)]

(10) Die lichte Mindestbreite des Hauptfluchtweges nach Tabelle 1, Spalte C, Nummern 1 bis 7 darf durch kurze Einbauten oder Einrichtungen, z. B. Feuerlöscher, Wandvorsprünge, Türflügel, Türzargen, Türdrücker und Notausgangsbeschläge, die Maße nach Spalte B nicht unterschreiten.[930)]

(11) Für Hauptfluchtwege, die ausschließlich zur Flucht bestimmt sind, dürfen die lichten Mindestbreiten nach Tabelle 1, Spalte C, Nummern 1 bis 7 auf die Werte der lichten Mindestbreiten für Durchgänge nach Spalte B der Tabelle 1 reduziert werden. Solche Hauptfluchtwege können z. B. Fluchttunnel, Gänge und Außentreppen sein, die nur zur Evakuierung vorgesehen sind. Eine weitere Einengung durch kurze Einbauten oder Einrichtungen im Sinne von Absatz 10 ist dabei nicht zulässig.

(12) Die lichte Mindesthöhe des Hauptfluchtweges soll mindestens 2,10 m betragen und darf 2,00 m nicht unterschreiten.[931)] Die lichte Mindesthöhe von Durchgängen und Türen im Verlauf von Hauptfluchtwegen, z.B. Türen von Notausgängen, soll mindestens 2,10 m betragen und darf 1,95 m nicht unterschreiten. Dieses gilt auch bei der Verwendung von Funktionselementen z. B. Obentürschließern. Bei wesentlichen Erweiterungen oder wesentlichen Umbauten von Bereichen, durch die Hauptfluchtwege führen, ist zu prüfen, ob die lichte Mindesthöhe von 2,10 m umgesetzt werden kann.

---

929) Mit den Übergangs- bzw. Bestandsschutzvorschriften in Abschn. 5 Abs. 7 bis 9 und mit dem Stichtag 30.9.2022 für die Bauantragstellung werden die bisherigen Vorgaben der ASR A2.3 Ausg. August 2007 bezüglich der lichten Mindestbreiten bis zu einer wesentlichen Erweiterung oder einem Umbau der Arbeitsstätte als weiterhin gültig festgelegt. So wird vermieden, dass in bestehenden Arbeitsstätten eine unmittelbare Anpassung an die in der Neufassung der ASR A2.3 enthaltenen Maße erfolgen muss. Damit sollen monetäre Härten für den Arbeitgeber ausgeschlossen und für Rechtssicherheit gesorgt werden. Für die Einrichtung neuer Arbeitsstätten nach dem Stichtag oder bei wesentlichen Erweiterungen oder Umbau sind unabhängig vom Stichtag die jeweiligen lichten Mindestmaße der Tab. 1 umzusetzen.

930) Von den lichten Mindestmaßen der Tab. 1, Sp. C, Nr. 1–7 darf durch kurze Einbauten oder Einrichtungen abgewichen werden, allerdings dürfen die lichten Mindestmaße der Tab. 1, Sp. B, Nr. 1–7 nicht unterschritten werden. Bei der Einengung des Fluchtweges sind kurze, quer zur Fluchtrichtung hineinragende Hindernisse (z. B. Feuerlöscher, Türdrücker) gemeint. Die Einengung kann ein- oder beidseitig sein, jedoch dürfen in der Gesamtheit die Werte der Spalte B nicht unterschritten werden. Handläufe sind durchgehende längs zur Fluchtrichtung befestigte Einbauten. Durch die permanente Einengung über die Länge des Hauptfluchtweges z. B. im Treppenraum oder in Fluren führt das zur Reduzierung der lichten Mindestbreite und ist im Abschn. 5 Abs. 10 nicht erfasst und somit nicht zulässig.

931) Wo möglich, sollte die lichte Höhe über Fluchtwegen in Arbeitsstätten 2,10 m betragen. Im Rahmen der durchzuführenden Gefährdungsbeurteilung ist insbesondere zu berücksichtigen, ob z. B. die auf den Fluchtweg angewiesenen Personen mit persönlichen Schutzausrüstungen ausgestattet sind. Müssen bei der Arbeitsverrichtung z. B. Schutzhelme getragen werden, können bereits für Personen mit einer Körpergröße ab 1,90 m Probleme bei der Benutzung des Fluchtwegs im Gefahrfall auftreten. Gleiches gilt für die Rettungskräfte, wenn diese z. B. mit Helm und Atemschutz ausgerüstet sind. Niedriger als 2,00 m darf der Hauptfluchtweg nicht sein. Damit besteht Bestandsschutz gegenüber dem Abschn. 5 Abs. 4 der aufgehobenen ASR A2.3 (Ausgabe: 2007), welche mindestens 2,00 m lichte Höhe über Fluchtwege forderte. Ergibt das Ergebnis der Gefährdungsbeurteilung die Notwendigkeit einer höheren lichten Höhe vor, ist jedoch zu handeln.

(13) Fahrsteige, Fahrtreppen, Wendel- und Spindeltreppen sowie Steigleitern und Steigeisengänge sind im Verlauf eines Hauptfluchtweges nicht zulässig.[932)] Treppen im Verlauf von Hauptfluchtwegen[933)] müssen über gerade Läufe verfügen. Davon abweichend sind gebogene Treppenläufe zulässig, wenn sie:

1. eine lichte Breite von maximal 1,40 m,
2. einen Innendurchmesser von mehr als 2,00 m und
3. gleiche Stufenabmessungen

aufweisen.[934)]

(14) Von den lichten Mindestbreiten nach Tabelle 1 Spalte C kann bei Treppen in Treppenräumen und Außentreppen von mehrgeschossigen Gebäuden abgewichen werden, wenn mit anderen Maßnahmen die gleiche Sicherheit erreicht wird:

1. durch einen ungehinderten Zugang für alle Personen in einen Treppenraum oder zu einer Außentreppe in allen Ebenen unabhängig von der Zahl der Ebenen (sogenannter „freier Fluss") nach Absatz 15 (siehe auch den Hinweis unter Tabelle 2) oder
2. durch eine vorrangige Evakuierung der von einem Gefahrenfall betroffenen Ebene einschließlich der direkt angrenzenden Ebenen (sogenannte „Sequentielle Entfluchtung" von maximal 3 Ebenen) nach Absatz 16.

(15) Für Treppen in Treppenräumen und Außentreppen kann abweichend von den lichten Mindestbreiten nach Tabelle 1 Spalte C die gleiche Sicherheit erreicht werden, wenn für alle Personen in allen Ebenen unabhängig von der Zahl der Ebenen ein ungehinderter Zugang zum Treppenraum oder zur Außentreppe ermöglicht wird (sogenannter „freier Fluss"). Dies ist bei Personenbelegungen und lichten Mindestbreiten für die Fluchtwege auf der jeweiligen Ebene nach Tabelle 1 Spalte C und bei Einhaltung der Mindestbreiten von Treppen in Treppenräumen und Außentreppen nach Tabelle 2 Spalte C gegeben. Eine Einschrän-

---

932) Die ASR enthält ein Verbot, den Hauptfluchtweg (bisher erster Fluchtweg) ganz oder teilweise über Fahrsteige, Fahrtreppen, Wendel- und Spindeltreppen sowie über Steigleitern und Steigeisengängen zu führen. Hiermit wird den Gefährdungen Rechnung getragen, die sich aus der Nutzung derartiger Einrichtungen im Gefahrfall ergeben können. Im Verlauf eines Nebenfluchtweges (bisher zweiter Fluchtweg) dürfen sich derartige Einrichtungen befinden, sofern auch im Gefahrfall deren sichere Benutzung zu erwarten ist (s. FN 949). Dies muss der Arbeitgeber im Rahmen einer Gefährdungsbeurteilung für den jeweiligen Einzelfall ermitteln.

933) Treppen im Verlauf von Fluchtwegen (vertikaler Fluchtweg) führen immer zu einer Verzögerung des Personenstroms. Entspricht die Stufengeometrie, insbesondere die Treppensteigung und der Treppenauftritt, der ASR A1.8 (s. S. 256), sind keine signifikanten Einflüsse auf die Entfluchtung zu befürchten. S. a. BAuA: Fokus, „Fluchtwegbreiten in Treppenräumen von mehrgeschossigen Arbeitsstätten", 2020-09.

934) Treppen in Arbeitsstätten müssen im Verlauf des Hauptfluchtweges grundsätzlich über gerade Läufe verfügen. Jedoch sind gebogene Treppenläufe (z. B. in Schlössern, Theatern) unter bestimmten Voraussetzungen zulässig. Diese müssen dann eine maximale lichte Breite von 1,40 m, einen großen Innendurchmesser von mehr als 2,00 m sowie gleiche Stufenabmessungen, z. B. Auftritt und Steigung nach ASR A1.8, aufweisen. Trotz des großen Radius sollten gebogene Treppenläufe eine Ausnahme darstellen.

kung der lichten Mindestbreite der Treppe im Sinne der Absätze 10 und 11 ist hierbei nicht zulässig.[935)]

Die lichte Mindestbreite der nach der Treppe anschließenden Hauptfluchtwege muss Tabelle 2 Spalte C entsprechen. Diese darf durch kurze Einbauten oder Einrichtungen, z. B. Feuerlöscher, Wandvorsprünge, Türflügel, Türzargen, Türdrücker und Notausgangsbeschläge, die Maße nach Tabelle 2 Spalte B nicht unterschreiten.[936)]

Tab. 2: Lichte Mindestbreiten von Treppen in Treppenräumen und Außentreppen als Hauptfluchtwege von mehrgeschossigen Gebäuden in Abhängigkeit von der Personenbelegung pro Ebene[937)]

Lichte Mindestbreiten von Treppen in Treppenräumen und Außentreppen als Hauptfluchtwege von mehrgeschossigen Gebäuden für eine von der Tabelle 1 abweichende Bemessung von Treppen:			
	A	B	C
Nr.	Personenbelegung (Personen pro Ebene)	Lichte Mindestbreiten von Durchgängen und Türen im Verlauf von nach der Treppe anschließenden Hauptfluchtwegen, z. B. Türen von Notausgängen (in m)	Lichte Mindestbreiten von Treppen und danach anschließender Hauptfluchtwege (in m)
1	bis 30	0,90	1,00
2	bis 40	1,05	1,20
3	bis 50	1,25	1,40

935) Hier wird eine Alternative zu den Anforderungen an Mindestbreiten nach Tab. 1 und Spalte C (Hauptfluchtwege) dargestellt. Für Treppen in Treppenräumen und Außentreppen in mehrgeschossigen Gebäuden (vertikaler Fluchtweg) kann von den Anforderungen an die lichte Mindestbreite von Hauptfluchtwegen (Tab: 1 Spalte C) abgewichen werden, wenn der Arbeitgeber mit anderen Maßnahmen die gleiche Sicherheit erreicht. Hierfür ist eine der beiden Maßnahmen in Abs. 14 geeignet, der „freie Fluss" (Abs. 15) oder die „sequenzielle Entfluchtung von maximal 3 Ebenen" (Abs. 16). Der Arbeitgeber hat somit drei Möglichkeiten bei den vertikalen Hauptfluchtwegen, um den Anforderungen der ArbStättV gerecht zu werden. Die Auswahl einer der beiden Alternativen (freier Fluss, sequenzielle Entfluchtung) ist mit Bedingungen verknüpft, so sind keine Einengungen durch kurze Einbauten und Einrichtungen zulässig. Der „freie Fluss" und die „sequenzielle Entfluchtung" sind zwei Ansätze mit unterschiedlichen Voraussetzungen.

936) Die lichten Mindestbreiten von Durchgängen und Türen nach der Treppe im Verlauf des Hauptfluchtweges (Tab. 2, Sp. B) sind gegenüber den vergleichbaren Werten (Tab.1, Sp. B) breiter. Dies ist erforderlich, um den „freien Fluss" und somit ein staufreies Flüchten von Treppen zum Notausgang zu ermöglichen. Schließlich endet der Hauptfluchtweg in Fluchtrichtung hinter der Notausgangstür im Freien oder im gesicherten Bereich.

937) Die Angaben zu den Mindestbreiten in Tab. 1 (Bemessung Personenbelegung im Einzugsgebiet) und in Tab. 2 (Bemessung nach Personenbelegung je Ebene in mehrgeschossigen Gebäuden) stellen Alternativen dar und können somit nicht miteinander verbunden werden. Die Voraussetzungen für die Anwendbarkeit der Tab. 2 sind in den Absätzen 14 bis 16 eindeutig beschrieben.

Lichte Mindestbreiten von Treppen in Treppenräumen und Außentreppen als Hauptfluchtwege von mehrgeschossigen Gebäuden für eine von der Tabelle 1 abweichende Bemessung von Treppen:			
	A	B	C
Nr.	Personenbelegung (Personen pro Ebene)	Lichte Mindestbreiten von Durchgängen und Türen im Verlauf von nach der Treppe anschließenden Hauptfluchtwegen, z. B. Türen von Notausgängen (in m)	Lichte Mindestbreiten von Treppen und danach anschließender Hauptfluchtwege (in m)
4	bis 60	1,65	1,80
5	bis 70	2,25	2,40
Zwischenwerte der Mindestbreiten (ermittelt durch lineare Interpolation) sind zulässig.			

Hinweis:

Den Werten nach Tabelle 1 und Tabelle 2 liegen unterschiedliche Betrachtungsweisen zugrunde. Bei Anwendung der Tabelle 1 ist die Summe aller Personen maßgeblich, die über den jeweiligen Hauptfluchtweg flüchten müssen. Diese ergibt sich bei Treppenräumen oder Außentreppen aus der Summe aller Personen aus allen Ebenen im Einzugsgebiet (Gesamtanzahl der Personen, die über alle Ebenen demselben Hauptfluchtweg zugeordnet sind, unabhängig davon, ob die Personen Abschnitte des Hauptfluchtweges im Fluchtfall zeitgleich oder zeitlich versetzt nutzen). Die Tabelle 2 ist unabhängig von der Zahl der Ebenen anwendbar. Eine Anwendung von Tabelle 2 kann insbesondere bei einer überwiegend gleichmäßigen Personenverteilung über alle Ebenen und einer größeren Anzahl von Ebenen sinnvoll sein. Bei einem direkten Vergleich von Werten nach Tabelle 1 und Tabelle 2 können sich unterschiedliche Werte für lichte Mindestbreiten für Treppen ergeben, die beide angewendet werden dürfen.

(16) Für Treppen in Treppenräumen und Außentreppen kann abweichend von den lichten Mindestbreiten nach Tabelle 1 Spalte C die gleiche Sicherheit auch durch folgende Maßnahmen erreicht werden:
1. Einhaltung einer lichten Mindestbreite der Treppen von 1,20 m
2. bei einer maximalen Belegung bis 65 Personen pro Ebene und
3. vorrangiger Evakuierung der von einem Gefahrenfall betroffenen Ebene einschließlich der direkt angrenzenden Ebenen (sogenannte „Sequentielle Entfluchtung" von maximal 3 Ebenen).

Eine Einschränkung der lichten Mindestbreite der Treppe im Sinne der Absätze 10 und 11 ist hierbei nicht zulässig.

Nach der Treppe anschließende horizontale Hauptfluchtwege müssen die gleiche Mindestbreite haben. Diese darf durch kurze Einbauten oder Einrichtungen, z. B. Feuerlöscher,

Wandvorsprünge, Türflügel, Türzargen, Türdrücker und Notausgangsbeschläge, das Maß 1,05 m[938] nicht unterschreiten.

(17) Hauptfluchtwege dürfen keine Ausgleichsstufen enthalten.[939]

6 Nebenfluchtwege

(1) Ein Nebenfluchtweg[940] ist erforderlich zur Flucht aus Bereichen, in denen die Gefahr besteht, dass der Hauptfluchtweg nicht mehr sicher begehbar ist, wenn z. B.:

1. der Hauptfluchtweg durch Bereiche mit erhöhter Brandgefährdung führt,
2. Gefährdungen durch Lagerung oder Verwendung von Gefahrstoffen in der Nähe der Hauptfluchtwege vorhanden sind,
3. Einwirkungen durch gefährliche Arbeiten vorhanden sind, z. B. in Aufstellräumen für Dampfkesselanlagen,
4. bei einer hohen Anzahl von Personen im Hauptfluchtweg eine geordnete Flucht nicht mehr möglich ist,
5. bei Produktions-, Lagerräumen oder Werkstätten, deren Grundfläche mehr als 200 m^2 beträgt,
6. bei sonstigen Arbeitsräumen, deren Grundflächen mehr als 400 m^2 beträgt, z. B. Großraumbüros bzw. Kombibüros (z. B. Open-Space-Büros, Coworking Spaces),
7. andere Rechtsvorschriften entsprechende Anforderungen stellen, z. B. in Versammlungsstätten, Schulen, Kindertageseinrichtungen oder
8. andere betriebsspezifische Bedingungen vorliegen.

(2) Auf den Nebenfluchtweg kann verzichtet werden, wenn durch zusätzliche Maßnahmen eine sichere Begehbarkeit des Hauptfluchtweges gewährleistet ist. Dieses können z. B. in Bereichen mit erhöhter Brandgefährdung Maßnahmen sein, die eine schnelle Brandausbreitung und Verrauchung vermindern.[941]

---

938) Hier erfolgte mit der Änderung 2024 der ASR A2.3 eine redaktionelle Anpassung/Klarstellung zur Mindestbreite des Hauptfluchtweges im Anschluss an Treppen in Treppenräumen mit sequentieller Entfluchtung. Anstelle des zuvor verwendeten Verweises auf Tab. 2 wurde vom ASTA ein nicht zu unterschreitendes Mindestmaß von 1,05 m für die Breite des horizontalen Hauptfluchtweges nach der Treppe im Falle einer Verschmalerung durch kurze Einbauten bestimmt.

939) Hauptfluchtwege dürfen im Gegensatz zum Bauordnungsrecht (nach den Landesbauordnungen ist innerhalb notwendiger Flure nur eine Folge von weniger als drei Stufen – sogen. Ausgleichstufen – nicht zulässig) keine Ausgleichsstufen enthalten, da dies bei einer Benutzung des Hauptfluchtwegs zu zusätzlichen Gefährdungen führen kann.

940) Der wesentliche Unterschied zwischen den Rettungswegen nach dem Bauordnungsrecht der Länder und den Fluchtwegen nach dem Arbeitsstättenrecht zeigt sich beim Einrichten und Betreiben von Nebenfluchtwegen (bisher zweiten Fluchtwegen). Im Gegensatz zum Bauordnungsrecht müssen auch Nebenfluchtwege in Arbeitsstätten immer selbstständig benutzbar sein und direkt bis ins Freie oder in einen gesicherten Bereich führen. Eine nach Bauordnungsrecht mögliche Führung des Rettungswegs zu einer anleiterbaren Stelle zur Rettung durch die Feuerwehr entspricht nicht dieser Forderung. Somit sind Rettungswege nach dem Bauordnungsrecht immer dann auch Fluchtwege, wenn sie selbstständig begangen werden können. Nach dem Arbeitsstättenrecht steht die Selbstrettung der Beschäftigten und sonstiger Personen, die sich in der Arbeitsstätte befinden, durchgängig im Vordergrund.

941) Besitzt der Hauptfluchtweg z. B. Brandbekämpfungsanlagen, wie beispielweise Sprinkleranlagen, Sprühwasserlöschanlagen, die ein sicheres Begehen des Hauptfluchtweges ermöglichen, kann auf einen Nebenfluchtweg verzichtet werden. Die zu treffenden Maßnahmen für den Hauptfluchtweg müssen sicherstellen, dass der Weg feuer- und rauchfrei (max. raucharm) bleibt.

(3) Nebenfluchtwege sind so einzurichten, dass deren sichere Benutzung für die darauf angewiesenen Personen gewährleistet ist.[942)]

6.1 Nebenfluchtwege, die über Hauptfluchtwege führen

Sind in Bereichen einer Arbeitsstätte mehrere Hauptfluchtwege vorhanden, können diese auch als Nebenfluchtwege genutzt werden.

6.2 Abweichende Anforderungen an Nebenfluchtwege, die nicht über Hauptfluchtwege führen

(1) Die lichten Mindestbreiten von Nebenfluchtwegen sollen sich nach Abschnitt 5 Absätze 6 bis 11 richten. Für Treppen in Treppenräumen und für Außentreppen von mehrgeschossigen Gebäuden kann die lichte Mindestbreite auch nach Abschnitt 5 Absatz 14 bemessen werden.[943)]

(2) Fahrsteige und Fahrtreppen, Wendel- und Spindeltreppen sowie Steiggänge (z. B. Steigleitern und Steigeisengänge) sind im Verlauf von Nebenfluchtwegen zulässig. Treppen im Verlauf von Nebenfluchtwegen sollen über gerade Läufe verfügen[944)]. Können im Verlauf von Nebenfluchtwegen keine Treppen mit geraden Läufen eingerichtet werden, dann sind Wendeltreppen gegenüber Spindeltreppen, Spindeltreppen gegenüber Steigleitern und Steigleitern gegenüber Steigeisengängen zu bevorzugen.[945)]

(3) Nebenfluchtwege sollen keine Ausgleichsstufen enthalten.[946)]

(4) Nebenfluchtwege führen durch einen Ausgang, der als Tür, Fenstertür (z. B. Terrassentür) oder als Schlupftür in Toren ausgebildet ist, oder durch einen Notausstieg.[947)]

---

942) Die Nebenfluchtwege müssen so eingerichtet und betrieben werden, dass auf diesen eine sichere Flucht möglich ist, d. h. z. B., dass Menschen mit Behinderung, wenn sie auf den Nebenfluchtweg im Gefahrenfall angewiesen sind, diesen gefahrenfrei nutzen können müssen. Bereits mit der Gefährdungsbeurteilung ist die Eignung als Nebenfluchtweg nachzuweisen. Während der Evakuierungsübung sind solche Situationen durchzuspielen und zu prüfen. Es darf nicht passieren, dass z. B. der Flüchtende mit körperlichen Einschränkungen vor dem Notausstieg steht, diesen aber aufgrund der Einschränkungen nicht passieren kann und somit nicht ins Freie oder in einen gesicherten Bereich gelangt.

943) Nebenfluchtwege besitzen keine maximale Längenbegrenzung wie die Hauptfluchtwege in Abschn. 5 Abs. 2, jedoch müssen auch diese auf kurzem Weg ins Freie führen. Nur, wenn eine Flucht ins Freie nicht möglich ist, muss der Weg in einen gesicherten Bereich führen.

944) Treppen in Arbeitsstätten sollen auch im Verlauf des Nebenfluchtweges über gerade Läufe verfügen. Damit wird berücksichtigt, dass für Treppen im Verlauf von Fluchtwegen aus der Sicht der Gefahrenverhütung besondere Anforderungen zu stellen sind. Die Nutzung von gewinkelten oder gewendelten Treppen ist nicht so leicht, schnell und gefahrlos möglich wie die von geradläufigen Treppen.

945) Die geringeren Anforderungen an Nebenfluchtwege zeigen sich u.a. darin, dass im Gegensatz zu Hauptfluchtwegen (s. FN 936) Fahrsteige und Fahrtreppen, Wendel- und Spindeltreppen sowie Steiggänge in deren Verlauf zulässig sind. In der Reihenfolge der sicheren Begehbarkeit haben Wendeltreppen Vorrang gegenüber Spindeltreppen, diese wiederum Vorrang gegenüber Steigleitern und letztere Vorrang gegenüber Steigeisengängen.

946) Hauptfluchtwege dürfen keine und Nebenfluchtwege sollen keine Ausgleichstufen enthalten.

947) Nebenfluchtwege müssen nicht zwingend durch eine Notausgangstür führen, sondern möglich sind auch z. B. Notausstiege, Terrassentüren, oder Schlupftüren ins Freie oder in einen gesicherten Bereich. Türen als Ausgang ins Freie oder in einen gesicherten Bereich sollen gegenüber einem Notausstieg im Verlauf des Nebenfluchtwegs bevorzugt werden. Die darauf angewiesenen Personen, insbesondere Menschen mit körperlichen Einschränkungen, müssen im Gefahrenfall diese nutzen können. Auch hier müssen die Personen eigenständig flüchten können, d. h., dass z. B. die Nutzung eines Dachausstiegsfensters als Notausgang und das anschließende Warten auf die Rettungsgeräte der Feuerwehr aus Sicht des Arbeitsschutzes nicht zulässig ist.

(5) Ein Notausstieg kann z. B. ausgebildet sein als Fenster in Wandöffnungen oder Luke oder Klappe in Boden- oder Deckenöffnungen.

(6) Notausstiege sind so einzurichten, dass diese für die darauf angewiesenen Personen möglichst schnell und ungehindert nutzbar sind. Türen und Notausstiege in Wandöffnungen sollen in Fluchtrichtung aufschlagen. Schiebevarianten (z. B. Schiebetüren oder Schiebeluken) sind zulässig.[948)]

(7) Für Notausstiege sind erforderlichenfalls im und außerhalb des Gebäudes fest angebrachte Aufstiegshilfen zur leichten und zügigen Benutzung vorzusehen (z. B. Podest, Treppe oder Haltestangen zum Überwinden von Brüstungen).

(8) Notausstiege in Wandöffnungen sollen im Lichten mindestens 0,90 m in der Breite und mindestens 1,20 m in der Höhe aufweisen. Notausstiege in Boden- oder Deckenöffnungen sollen im Lichten mindestens 0,70 m × 0,70 m oder einen lichten Durchmesser von 0,70 m aufweisen.[949)]

7 Anforderungen an Türen und Tore im Verlauf von Fluchtwegen

(1) Türen und Tore im Verlauf von Fluchtwegen sowie Notausstiege müssen sich leicht und ohne besondere Hilfsmittel öffnen lassen, solange Personen auf die Nutzung der Fluchtwege angewiesen sind.

Leicht zu öffnen bedeutet, dass die Öffnungselemente ergonomisch gestaltet, gut erkennbar und an zugänglicher Stelle angebracht (insbesondere Entriegelungshebel bzw. -knöpfe zur Handbetätigung von automatischen Türen und Toren) sind sowie dass die Betätigungsart leicht verständlich ist und das Öffnen ohne größeren Kraftaufwand möglich ist.

Ohne besondere Hilfsmittel bedeutet, dass die Tür oder das Tor im Gefahrenfall unmittelbar von jeder Person und ohne z. B. Schlüssel, Transponderkarte oder Codeeingabe geöffnet werden kann.

Hinweis:

Regelungen zu Öffnungskräften enthält Abschnitt 10.1 Absatz 3 der ASR A1.7 „Türen und Tore".

---

948) Türen und Notausstiege sollen auch im Verlauf von Nebenfluchtwegen möglichst in Fluchtrichtung aufschlagen. Auch müssen sich diese leicht und ohne besondere Hilfsmittel öffnen lassen. Schiebevarianten (z. B. Schiebetüren) können eingesetzt werden, jedoch ist die Öffnungsrichtung mit den entsprechenden Rettungszeichen nach ASR A1.3 E033 oder E034 (s. S. 187) zu kennzeichnen. Öffnungselemente sollen nach den Grundsätzen der Ergonomie gefertigt sein, um eine leichte Öffnung zu erreichen, z. B. durch Anbringung einer vertikalen Griffstange.

949) Gegenüber der aufgehobenen ASR A2.3, Ausg. 2007, wurden in der Änderungsfassung 2022 die lichten Abmessungen für Boden- oder Deckenöffnungen vergrößert. Demnach sollen die quadratischen Öffnungen mindestens 0,70 × 0,70 m oder die runden mindestens 0,70 m im Durchmesser betragen. Hierbei handelt es sich um Mindestabmessungen. Mit Blick auf die Größe der Notausstiege in Wandöffnungen (0,90 × 1,20 m) scheint das Maß 0,70 m für Boden- oder Deckenöffnungen zu klein. Hier sollten im Lichten mindestens 0,90 m für eine quadratische oder runde Öffnung gewählt werden. Insbesondere wenn man berücksichtigt, dass ggf. über diese Öffnung die Feuerwehr retten muss. Das heißt, die Feuerwehrleute müssen unter Vollschutz mit von der Umgebungsatmosphäre unabhängigen Atemschutzgerät dort durchsteigen, um zu löschen oder zu retten.

(2) Manuelle Türen und Tore, die aus betrieblichen Gründen mechanisch verschlossen werden, müssen mit einer Einrichtung versehen sein, die gewährleistet, dass die Tür oder das Tor bei Betätigen des Türdrückers entriegelt wird, z. B. mit einem Panikschloss.[950)]

(3) Bei elektrischen Verriegelungseinrichtungen von Türen und Toren muss die Verriegelung mit einem Notöffnungstaster sicher freigegeben werden können. Bei Stromausfall müssen diese Verriegelungseinrichtungen selbsttätig freigegeben werden. Die Verriegelungseinrichtungen müssen den „Technischen Baubestimmungen für Elektrische Verriegelungssysteme für Türen in Rettungswegen" entsprechen.

(4) Für bestimmte Bereiche in besonderen Arbeitsstätten, z. B. in Justizvollzugsanstalten, Gerichtsgebäuden, Forensischen Kliniken, Psychiatrischen Kliniken, Kindertagesstätten und ähnlichen Einrichtungen, können auf Grund der besonderen betrieblichen Anforderungen von dieser ASR abweichende Maßnahmen und Gestaltungen verschließbarer Türen im Verlauf von Fluchtwegen bzw. verschließbare Notausstiege erforderlich sein. Diese abweichenden Maßnahmen und Gestaltungen sind im Rahmen einer Gefährdungsbeurteilung zu ermitteln und festzulegen.

Hinweis:

Hierfür können branchen- und themenspezifische Hilfen herangezogen werden (siehe Abschnitt Literaturhinweise).

(5) Manuell betätigte Türen von Notausgängen müssen in Fluchtrichtung aufschlagen.[951)] [952)]

---

950) Beim Betätigen des Türdrückers müssen sich manuelle Türen und Tore entriegeln lassen, wenn diese mechanisch verschlossen worden sind. Beispielsweise erfüllt ein Panikschloss auf der Türinnenseite diese Anforderungen, indem durch Betätigen des Türdrückers zeitgleich die Falle und der Riegel des Zylinderschlosses zurückgezogen werden. Wichtig ist, dass mit dem nach unten gedrückten Türöffner die Tür entriegelt ist und sich ohne weitere Öffnungsmechanismen, z. B. am Türschloss, nach außen öffnen lässt.

951) Nach der Vorgabe in Anh. Nr. 2.3 Abs. 2 Satz 2 müssen sich Türen von Notausgängen nach außen öffnen lassen, d. h., sie müssen in Fluchtrichtung aufschlagen. Ein eigenständiges Abweichen von dieser Forderung in der Verordnung ist dem Arbeitgeber, anders als bei den in Regeln für Arbeitsstätten definierten Forderungen, nicht möglich. Mit der siebten Änderung der ArbStättV 2016 (s. FN 32) ist auch die Präambel zum Anhang der ArbStättV entfallen, die ein Abweichen im Einzelfall dann ermöglichte, wenn die Eigenschaften der Arbeitsstätte oder der Tätigkeit, die Umstände oder eine Gefahr die Umsetzung einer Vorgabe begründet nicht erforderlich machten. In zahlreichen Einzelfällen dürfte die Umsetzung der Forderung zu Problemen führen, wie z. B. bei sehr kleinen Ladengeschäften mit einem nur geringen Personendurchsatz, deren einziger Ein- und Ausgang nicht nach außen geöffnet werden kann, z. B. aufgrund eines dieser Tür vorgelagerten öffentlichen Verkehrsweges. Eine der Verordnung entsprechende Lösung für diese Einzelfälle besteht lediglich nach § 3a Abs. 3 durch Zulassung einer Ausnahme durch die zuständige Behörde. Da es sich hier aber keineswegs um Einzelfälle handelt, ist der Verordnungsgeber gefordert, eine generelle Lösung durch eine Änderung der Bestimmung im Sinne eines an tatsächliche Gefährdungen angepassten Ansatzes zu suchen. So wird z. B. in Österreich erst ab 15 den Notausgang nutzenden Personen eine Öffnung nach außen gefordert.

952) Die Vorgabe der Aufschlagrichtung der Türen in Notausgängen bezieht sich nur auf manuell betätigte Türen. Automatisch betätigte Türen in Notausgängen, die gleichzeitig als Ein- und Ausgang dienen, müssen nicht zwingend in Fluchtrichtung öffnen. Automatische Schiebetüren, die im Gefährdungsfall bei Einhaltung der entsprechenden Anforderungen des Bauordnungsrechts sicher und zuverlässig öffnen, sind zulässig.

(6) Sonstige manuell betätigte Türen und Tore müssen in Fluchtrichtung aufschlagen, wenn eine erhöhte Gefährdung vorliegt.[953)] Eine erhöhte Gefährdung kann sich ergeben aus dem Arbeitsverfahren, der Art der Tätigkeit, den verwendeten Stoffen oder aus der Arbeitsumgebung z. B.:

1. Arbeiten in gasgefährdeten Bereichen,
2. Umgang mit besonders gefährlichen Stoffen, z. B. in chemischen, physikalischen oder medizinischen Laboratorien,
3. Bereiche von Einrichtungen, in denen gewalttätige Übergriffe nicht auszuschließen sind,
4. Arbeiten in beengten Räumen oder
5. bei Anwesenheit einer hohen Anzahl von Personen.

(7) Schiebetüren im Verlauf von Hauptfluchtwegen, die ausschließlich manuell betätigt werden, sind nicht zulässig.[954)] Ausgenommen davon sind Schiebetüren, wenn aus betriebstechnischen Gründen keine Drehflügeltüren verwendet werden können, z. B. in Ausgängen von OP-Räumen, Kühlräumen, sofern sich in diesen Räumen nur unterwiesene Personen und nur in geringer Anzahl aufhalten.[955)] Bei diesen Türen ist die Öffnungsrichtung mit den Sicherheitszeichen E033 „Schiebetür öffnet nach rechts" oder E034 „Schiebetür öffnet nach links" nach ASR A1.3 „Sicherheits- und Gesundheitsschutzkennzeichnung" zu kennzeichnen.

(8) Karusselltüren, die ausschließlich manuell betätigt werden, sind nicht zulässig.[956)]

---

953) Neben Türen und Toren von Notausgängen (Abs. 5) müssen jetzt auch andere manuell betätigte Türen und Tore in Fluchtrichtung aufschlagen, wenn eine erhöhte Gefährdung der Beschäftigten vorliegt. Während der Planung der Arbeitsstätte, spätestens aber vor der Tätigkeitsaufnahme, muss der Arbeitgeber ermitteln, ob eine erhöhte Gefährdung aus dem Arbeitsverfahren (z. B. Gebrauch explosiver Stoffe), der Art der Tätigkeit (z. B. Arbeiten in engen Räumen), den verwendeten Stoffen oder der Arbeitsumgebung (z. B. Arbeiten in sauerstoffreduzierter Atmosphäre, erhöhte Personenanzahl) vorliegt. Eine konkrete Angabe zur erhöhten Personenanzahl wird nicht genannt. Hier muss der Arbeitgeber für seine Arbeitsstätte ermitteln, ob durch eine Menschenansammlung eine erhöhte Gefährdung vorliegen kann.

954) Mit der Festlegung wird das in Anh. Nr. 2.3 Abs. 2 Satz 3 ArbStättV enthaltene Verbot von Karussell- und Schiebetüren in Notausgängen dahingehend konkretisiert, dass es auf ausschließlich manuell betätigte Karussell- und Schiebetüren beschränkt wird. Unter Berücksichtigung der von diesen Türen im Fluchtfall ausgehenden Gefährdungen sind derartige Türen nicht nur in Notausgängen, sondern auch im Verlauf von Fluchtwegen unzulässig.

955) Diese Ergänzung wurde mit der Neufassung der ASR A2.3 im Jahr 2022 neu eingefügt. Danach können manuell betriebene Schiebetüren im Ausnahmefall verwendet werden, wenn aus betriebstechnischen Gründen Drehflügeltüren ungeeignet sind und bestimmte Voraussetzungen gegeben sind. Die Anzahl der Personen in diesen Räumen muss gering sein und diese Personen müssen bezüglich der spezifischen Fluchtsituation unterwiesen sein. Bei dieser speziellen Verwendung manuell zu betätigender Schiebetüren ist zur Erhöhung der Sicherheit die Öffnungsrichtung der Schiebetüren mit den Sicherheitszeichen E033 oder E034 gem. ASR A1.3 (s. S. 187) darzustellen.

956) Siehe FN 957.

(9) Automatische Türen und Tore sind nur in Fluren und für Räume nach Abschnitt 5 Absatz 2 Nummern 1 und 2 zulässig.[957] Sie dürfen nicht in Notausgängen oder in Ausgängen von Nebenfluchtwegen eingerichtet und betrieben werden, die ausschließlich für den Notfall konzipiert und ausschließlich im Notfall benutzt werden.[958] Ausgenommen davon sind automatische Drehflügeltüren zulässig, wenn sie auch im Fehlerfall (z. B. Ausfall der Energiezufuhr, Ausfall der Steuerung) sicher öffnen oder sie einfach manuell in Fluchtrichtung geöffnet werden können.

(10) Automatische Drehflügeltüren von Notausgängen sollen in Fluchtrichtung aufschlagen. Ist dies nicht möglich, z. B. aufgrund des Denkmalschutzes, dürfen automatische Drehflügeltüren von Notausgängen entgegen der Fluchtrichtung aufschlagen, wenn sie bei Annäherung so frühzeitig sicher öffnen, dass der öffnende Flügel keine Gefahr darstellt. Bei Ausfall der Energiezufuhr müssen sich diese Türen automatisch öffnen und offenbleiben.

(11) Automatische Schiebetüren dürfen nur verwendet werden, wenn sie bei Ausfall der Energiezufuhr selbsttätig öffnen oder über eine manuelle Öffnungsmöglichkeit (Break-Out) verfügen und sie den „Technischen Baubestimmungen an Automatische Schiebetüren in Rettungswegen" entsprechen.

(12) Automatische Karusselltüren sollen im Verlauf von Fluchtwegen vermieden werden. Sie dürfen nur verwendet werden, wenn der Einbau einer manuell betätigten Drehflügeltür in unmittelbarer Nähe nicht möglich ist.[959] Werden automatische Karusselltüren verwendet, müssen sich Teile der Innenflügel ohne größeren Kraftaufwand (siehe ASR A1.7 „Türen und Tore" Abschnitt 10.1 Absatz 3) von Hand und ohne Hilfsmittel sowie in jeder Stellung der Tür auf die erforderliche Fluchtwegbreite öffnen lassen (Break-Out). Dazu müssen Aus-

[957] Gegen eine Verwendung automatischer Türen und Tore im Verlauf von Fluren, die als Fluchtweg dienen, sowie in Räumen ohne Gefährdung und in brandgefährdeten Räumen mit dort installierten selbsttätigen Feuerlöscheinrichtungen bestehen keine Bedenken, sofern diese Türen und Tore den bauordnungsrechtlichen Anforderungen entsprechen. Da es sich bei derartigen Türen und Toren um Bauprodukte handelt, ist die Einhaltung der Richtlinie für elektrische Verriegelungssysteme von Türen in Rettungswegen (EltVTR) sowie der Richtlinie für automatische Schiebetüren in Rettungswegen (AutSchR), beide in der Fassung der Fachkommission Bauaufsicht der ARGE Bau Ausg. 1997-12, erforderlich. Beide sind als Technische Baubestimmungen veröffentlicht und stellen Konkretisierungen der Anforderungen in den 16 Landesbauverordnungen dar. Im Zuge der Novellierung von 2016 wurden die technischen Regeln für die Planung, Bemessung und Ausführung von Bauwerken, für Bauarten und für Bauprodukte in einer Regelung zusammengeführt, der Muster-Verwaltungsvorschrift Technische Baubestimmungen (MVV TB). In der aktuellen Fassung 2025/1 auf der Website des Deutschen Instituts für Bautechnik (DIBt) sind die beiden Richtlinien dort unter Nr. C 2.6.11 und C 2.6.10 zu finden. Diese VwV wird regelmäßig aktualisiert.

[958] Das Verbot der Einrichtung und des Betriebs automatischer Türen und Tore in Notausgängen, die ausschließlich für die Benutzung im Notfall vorgesehen sind, bedeutet, dass sowohl manuell zu betätigende als auch automatisch betriebene Karussell- und Schiebetüren (und Tore) in derartigen besonderen Notausgängen unzulässig sind. Eine Ausnahme besteht jedoch: Öffnen in einem Fehlerfall (z. B. einem Stromausfall) die automatischen Drehflügeltüren oder lassen diese sich manuell in Fluchtrichtung leicht öffnen, können diese in Notausgängen und in Ausgängen von Nebenfluchtwegen montiert und betrieben werden, unabhängig davon ob diese Türen nur für den Gefahrenfall geplant und dann genutzt werden sollen.

[959] Automatische Karusselltüren sind grundsätzlich im Verlauf von Fluchtwegen zu vermeiden. Da diese jedoch z. B. als Ein- und Ausgang insbesondere in Gebäuden mit größeren Personenzahlen (z. B. Warenhaus, Flughafen) wegen damit verbundener Vorteile häufig eingesetzt werden, werden in der Regel unmittelbar neben diesen automatischen Karusselltüren spezielle Fluchttüren eingesetzt, die ausschließlich im Gefahrenfall genutzt werden dürfen. Nur wenn es aus z. B. bautechnischen Gründen nicht möglich ist, diese speziellen Fluchttüren einzusetzen, können ersatzweise automatische Karusselltüren mit den beschriebenen Eigenschaften zum Einsatz kommen.

lösestelle und die erforderliche Betätigungsweise eindeutig erkennbar sein. Sofern eine elektrische Verriegelung der Break-Out-Funktion zum Schutz vor ungewolltem Aufklappen erforderlich ist, z. B. durch Windstöße oder Luftdruckunterschiede, ist im Rahmen der Gefährdungsbeurteilung festzulegen, welche Maßnahmen erforderlich sind, um die Innenflügel leicht zu öffnen.

Hinweis:

Hierfür können branchen- und themenspezifische Hilfen herangezogen werden (siehe Abschnitt Literaturhinweise).

(13) Kraftbetätigte Tore sind für den Einsatz im Verlauf von Fluchtwegen geeignet, wenn sie die technischen Anforderungen an das schnelle und sichere Öffnen im Notfall erfüllen.

Das schnelle Öffnen im Notfall ist z. B. gewährleistet, wenn bei horizontal bewegten Toren die erforderliche Fluchtwegbreite innerhalb von 3 s oder bei vertikal bewegten Toren eine lichte Durchgangshöhe von 2 m innerhalb von 3 s freigegeben wird.

Das sichere Öffnen im Notfall ist z. B. gewährleistet, wenn Tore sich bei Annäherung automatisch öffnen oder manuell aufgedrückt werden können (Break-Out-Funktion).

Das schnelle und sichere Öffnen muss jederzeit gewährleistet sein und erhalten bleiben (Einfehlersicherheit).

Kann die Öffnung des Tores im Fluchtfall nicht automatisch erfolgen, darf sie in begründeten Einzelfällen durch Drücken einer Öffnungstaste, die als Nottaste ausgeführt ist, ausgelöst werden.

Bei Ausfall der Energiezufuhr müssen sich kraftbetätigte Tore automatisch öffnen und offenbleiben.[960)]

Hinweis:

Diese Anforderungen sind ausführlich in der DGUV Information 208-044 „Automatische Tore im Fluchtweg“ 12/2014 zusammengestellt.

8 Kennzeichnung von Fluchtwegen und Notausgängen

Fluchtwege und Notausgänge müssen mit hochmontierten Sicherheitszeichen nach Abschnitt 8.2 Absatz 3 Nummer 2 gekennzeichnet sein. Für Hauptfluchtwege gelten die Anforderungen nach Abschnitt 8.2. Diese gelten auch für Hauptfluchtwege, die als Nebenfluchtwege genutzt werden können. Für Nebenfluchtwege, die nicht über Hauptfluchtwege führen, gelten abweichende Anforderungen entsprechend Abschnitt 8.3. Wenn das gefahrlose

960) Kraftbetätigte Tore wie auch Türen (auch wenn nicht explizit genannt) können im Verlauf von Fluchtwegen eingebaut werden, wenn diese sich schnell öffnen lassen, d. h., in 3 Sekunden auf die lichte Mindestbreite und lichte Mindesthöhe des Durchgangs öffnen. Neben dem schnellen muss auch das sichere Öffnen im Gefahrenfall (z. B. durch Break-Out-Funktion) gewährleistet werden. Das schnelle und sichere Öffnen muss jederzeit garantiert sein. Weiterhin muss eine Einfehlersicherheit gegeben sein. D. h., die entsprechenden Einrichtungen müssen so beschaffen sein, dass beim Auftreten eines Fehlers, der einen Befehl zum Öffnen des Flügels verhindern würde, es trotzdem zu einem sicheren und leichten Öffnen kommt. Ein einzelner Fehler in der Steuerung darf nicht zum Verlust der Öffnungsfunktion im Gefahrenfall führen.

Verlassen der Arbeitsstätte durch diese Art der Kennzeichnung nicht gewährleistet ist, sind zusätzliche Maßnahmen nach Abschnitt 8.4 oder 9 zu ergreifen.

8.1 Allgemeine Anforderungen an die Kennzeichnung und Erkennbarkeit

(1) Fluchtwege, Notausgänge, Notausstiege und Türen im Verlauf von Fluchtwegen müssen, Sammelstellen sollen deutlich erkennbar und dauerhaft gekennzeichnet werden.[961)]

(2) Die Kennzeichnung der Fluchtwege, Notausgänge, Notausstiege und Türen im Verlauf von Fluchtwegen sowie der Sammelstelle muss entsprechend der ASR A1.3 „Sicherheits- und Gesundheitsschutzkennzeichnung" erfolgen. Für Sammelstellen ist dies das Sicherheitszeichen E007 „Sammelstelle".[962)] Die Kennzeichnung kann in langnachleuchtender, innenbeleuchteter oder außenbeleuchteter Ausführung erfolgen. Die Dauer der Erkennbarkeit der Sicherheitszeichen aller Varianten muss bei Ausfall der Allgemeinbeleuchtung auf Grundlage einer Gefährdungsbeurteilung festgelegt werden, sie muss mindestens 30 min betragen. Sofern das Bauordnungsrecht der Länder höhere Anforderungen stellt, sind diese anzuwenden.

(3) Rettungszeichen zur Kennzeichnung der Fluchtwege, Notausgänge, Notausstiege und Türen im Verlauf von Fluchtwegen nach Absatz 2 dürfen nicht auf Türflügeln angebracht werden, weil bei geöffneten Türflügeln Richtungsangaben nicht mehr erkennbar sein können bzw. in die falsche Richtung weisen.

(4) Langnachleuchtende Sicherheitszeichen müssen mindestens die Anforderungen der DIN 67510-1:2020-05, Klasse C, erfüllen.[963)] Die ausreichende Anregung der langnachleuchtenden Materialien ist sicherzustellen, z. B. hinsichtlich Dauer, Art und Intensität der Beleuchtung.

Hinweis:

Bei Verwendung von Einrichtungen, welche die Dauer der Anregung begrenzen, z. B. Ansteuerung der Beleuchtung durch Präsenzmelder, sind entsprechende Kompensationsmaßnahmen anzuwenden.

---

961) Fluchtwege, Notausgänge, Notausstiege und Türen im Verlauf von Fluchtwegen müssen, Sammelstellen sollen deutlich erkennbar und dauerhaft gekennzeichnet werden. Sammelstellen sind somit grundsätzlich zu kennzeichnen. Soweit diese aber als solche eindeutig erkennbar oder aber die Sammelstelle außerhalb des Betriebsgeländes, z. B. im öffentlichen Raum, eingerichtet ist, kann auf Deutlichmachung mit dem Sicherheitszeichen E007 „Sammelstelle" in der ASR A1.3 ggf. verzichtet werden.

962) Für die geforderte Kennzeichnung dürfen nur Rettungszeichen nach Abschn. 4 Anh. 1 ASR A1.3 (s. S. 187 ff.) verwendet werden. Rettungszeichen sind Sicherheitszeichen, die den Fluchtweg, den Notausgang, den Weg zu einer Erste-Hilfe-Einrichtung oder diese Einrichtung selbst kennzeichnen. Zusatzzeichen, die zusammen mit dem Rettungszeichen verwendet werden und zusätzliche Informationen liefern (s. die Texte unter den Zeichen in Nr. 4 Anl. 1 ASR A1.3), sind zulässig. Der einfache Richtungspfeil (Zusatzzeichen) darf nur in Verbindung mit weiteren Rettungszeichen (z. B. Notausgang (E001), nicht aber allein als Richtungsweiser in Fluchtwegen von Arbeitsstätten verwendet werden (Abschn. 4 Anl. 1 ASR A1.3). Neu sind in der ASR A1.3 die Rettungszeichnen zum Kennzeichnen der Öffnungsrichtung für Schiebetüren insbesondere für manuell zu betätigende (E033 „Schiebetür öffnet nach rechts"; E034 „Schiebetür öffnet nach links").

963) DIN 67510-1:2020-05 Langnachleuchtende Pigmente und Produkte – T. 1: Messung und Kennzeichnung beim Hersteller.

(5) Innen- und außenbeleuchtete Sicherheitszeichen müssen mindestens den Anforderungen der DIN 4844-1:2012-06[964] entsprechen, sofern sie im Rahmen der Sicherheitsbeleuchtung betrieben werden, gelten mindestens die Anforderungen der DIN EN 1838:2019-11.[965]

(6) Notausgänge und Notausstiege sind, sofern diese von der Außenseite zugänglich sind, auf der Außenseite mit dem Verbotszeichen „P023 Abstellen oder Lagern verboten" zu kennzeichnen.[966]

(7) Die Beleuchtung (natürlich oder künstlich) am Anbringungsort muss die Erkennbarkeit der Sicherheitszeichen sicherstellen. Sicherheitszeichen müssen sich vom Hintergrund deutlich abheben und dürfen von der Umgebungsbeleuchtung nicht überstrahlt werden.

8.2 Anforderungen an die Kennzeichnung von Hauptfluchtwegen

(1) In Räumen, in denen der Fluchtweg eindeutig und jederzeit erkennbar ist, ist keine Sicherheitskennzeichnung erforderlich, z. B. in Einzelbüros mit nur einer Tür.

(2) Die Kennzeichnung für Fluchtwege muss mit den Sicherheitszeichen E001 „Notausgang (links)" oder E002 „Notausgang (rechts)" in Verbindung mit dem Zusatzzeichen „Richtungspfeil" entsprechend ASR A1.3 „Sicherheits- und Gesundheitsschutzkennzeichnung" erfolgen. Auf weitere Zusatzzeichen soll verzichtet werden.[967]

(3) Die Kennzeichnung ist im Verlauf des Hauptfluchtweges an gut sichtbaren Stellen, eindeutig und innerhalb der Erkennungsweite anzubringen.[968] Die Kennzeichnung muss die Richtung des Fluchtweges anzeigen. Dabei sind folgende Randbedingungen zu beachten:
1. Besonders in langgestreckten Räumen (z. B. Fluren) sollen Sicherheitszeichen in Laufrichtung jederzeit erkennbar sein (z. B. Fahnen- oder Winkelschilder quer zur Laufrichtung).
2. Die hochmontierten Sicherheitszeichen sollen über den Türen im Verlauf des Fluchtweges und über Notausgängen angebracht werden. Die Unterkante des Zeichens soll mindestens 2,0 m über Fußbodenoberkante angebracht sein, jedoch nicht höher als 2,5 m. Die Sicherheitszeichen an Wänden parallel zur Fluchtwegrichtung sollen gemessen vom Bo-

[964] DIN 4844-1:2012-06 Graphische Symbole – Sicherheitsfarben und Sicherheitszeichen – T. 1: Erkennungsweiten und farb- und photometrische Anforderungen.

[965] DIN EN 1838:2025-03 Angewandte Lichttechnik – Notbeleuchtung; Deutsche Fassung EN 1838:2024.

[966] Das Verbotszeichen mit der Kennung P023 „Abstellen oder Lagern verboten" ist in der ASR A1.3 Anh. 1 Nr. 1 (s. S. 187 ff.) dargestellt.

[967] Als Kennzeichnung der Fluchtwege, Notausgänge, Notausstiege und Türen im Verlauf von Fluchtwegen in Arbeitsstätten dürfen nur die Rettungszeichen nach ASR A1.3 Anh. 1 Nr. 4 (s. S. 187 ff.) verwendet werden.

[968] Die Erkennungsweite ist der Abstand, bei dem eine Person ein Zeichen noch gut erkennt. Tab. 3 der ASR A1.3 enthält Vorzugsgrößen von Sicherheits-, Zusatz- und Schriftzeichen für beleuchtete Zeichen. Sie wird bei den unterschiedlichen Arten von Rettungszeichen auf unterschiedliche Art und Weise berechnet. Die Erkennungsweite lässt sich durch eine einfache Rechnung ermitteln. Es genügt, die Höhe h eines Rettungszeichens (kürzere Seite) mit dem Distanzfaktor zu multiplizieren. Dieser beträgt für beleuchtete Zeichen 100 und für innenbeleuchtete Zeichen 200, wie in der Norm DIN EN 1838:2025-03 Angewandte Lichttechnik – Notbeleuchtung; Deutsche Fassung EN 1838:2024, festgelegt. Bei einem 10 cm hohen Zeichen ergibt das konkret 10 m bzw. 20 m maximale Erkennungsweite. Für langnachleuchtende Rettungszeichenleuchten oder angestrahlte Piktogrammschilder wird die kürzeste Seite der Leuchte × 100 genommen, um die Erkennungsweite zu erhalten.

den bis zur Unterkante des Zeichens in einer Höhe von 1,7 m bis 2,0 m angebracht werden. Bei Räumen mit einer lichten Höhe von mehr als 5 m können davon abweichend Sicherheitszeichen höher platziert werden. Die Platzierung muss das Blickfeld des Menschen berücksichtigen.[969)]

3. Die Erkennungsweite ergibt sich aus ASR A1.3 „Sicherheits- und Gesundheitsschutzkennzeichnung“, Tabelle 3, für beleuchtete und langnachleuchtende Sicherheitszeichen. Für innenbeleuchtete Sicherheitszeichen in Dauerlichtschaltung verdoppelt sich die Erkennungsweite bei gleichbleibender Zeichengröße.

Hinweis:

Außenbeleuchtete oder langnachleuchtende Sicherheitszeichen haben üblicherweise eine Abmessung von 30 cm × 15 cm (B × H) und somit eine Erkennungsweite von 15 m. Bei innenbeleuchteten Zeichen gleicher Größe beträgt die Erkennungsweite 30 m.

8.3 Abweichende Anforderungen an die Kennzeichnung von Nebenfluchtwegen, welche nicht über Hauptfluchtwege führen

(1) Auf Nebenfluchtwegen ist der Ausgang oder Notausstieg, zu kennzeichnen. Falls erforderlich, ist auch der Weg zu diesem Ausgang oder Notausstieg zu kennzeichnen, z. B. der Zugang zu dem Raum, in dem sich der Ausgang befindet.

(2) Die Kennzeichnung erfolgt entsprechend der Ausgestaltung des Ausgangs, z. B. über die Sicherheitszeichen D-E019 „Notausstieg“ oder E016 „Notausstieg mit Fluchtleiter“, gegebenenfalls mit Richtungspfeil entsprechend ASR A1.3 „Sicherheits- und Gesundheitsschutzkennzeichnung“.

8.4 Optische Sicherheitsleitsysteme

Um die Sicherheit beim Verlassen der Arbeitsstätte auch nach Ausfall der Allgemeinbeleuchtung zu erhöhen, können optische Sicherheitsleitsysteme zusätzlich zur Kennzeichnung mit hochmontierten Sicherheitszeichen oder zusätzlich zur Sicherheitsbeleuchtung als Orientierungshilfe eingesetzt werden.[970)]

Optische Sicherheitsleitsysteme führen insbesondere zu einer Verbesserung:
1. der Wahrnehmung des Verlaufes und Begrenzung des Fluchtweges,
2. der Wahrnehmung baulicher Einrichtungen z. B. Türrahmen, Treppenstufen, Bedienelemente und
3. der Orientierung bei Verrauchung.

---

969) Blickfeld oder Fixierfeld ist der Oberbegriff derjenigen Bereiche, die alle mit den Augen fixierbaren Sehobjekte im Außenraum enthalten. Das Blickfeld wird klassifiziert nach der Richtung (horizontal, vertikal), der Augenanzahl (monokular, binokular und multiokular bei einigen Tieren und Maschinen) sowie nach der ergonomischen Qualität (optimal, maximal). Die ergonomische Qualität wird u. a. beeinflusst von der Größe, der geometrischen Form, den Hintergrundfarben und den Kontrastfarben für Zusatzzeichen.

970) Sicherheitsleitsysteme sind nur zusätzlich einsetzbar, sie ersetzen keineswegs eine Kennzeichnung mit hochmontierten Sicherheitszeichen oder eine notwendige Sicherheitsbeleuchtung.

Dabei kann ein Sicherheitsleitsystem notwendig sein, das auf eine Gefährdung reagiert und die günstigste Fluchtrichtung anzeigt.[971)]

8.4.1 Allgemeine Anforderungen

(1) Optische Sicherheitsleitsysteme können aus Rettungszeichen, Zusatzzeichen, Leitmarkierungen sowie Sicherheitsleuchten (gemäß DIN EN 60598-2-22[972)] und DIN EN 50172[973)]) bestehen. Die Systeme können langnachleuchtend, elektrisch betrieben oder als Kombination beider Systeme ausgeführt werden.

(2) Ein optisches Sicherheitsleitsystem im Zusammenwirken mit der Sicherheitskennzeichnung nach Abschnitt 8 kann gegebenenfalls das schnelle und gefahrlose Verlassen der Arbeitsstätte ermöglichen. Vorab ist die Notwendigkeit einer Sicherheitsbeleuchtung nach Abschnitt 9 zu prüfen. Optische Sicherheitsleitsysteme sind weder ein Ersatz für hochmontierte Sicherheitskennzeichnung nach Abschnitt 8, noch ein Ersatz für eine erforderliche Sicherheitsbeleuchtung nach Abschnitt 9.

(3) Die Erkennbarkeit des optischen Sicherheitsleitsystems darf durch eine eventuell vorhandene Sicherheitsbeleuchtung nicht beeinträchtigt werden.

(4) Optische Sicherheitsleitsysteme sind so einzurichten und zu betreiben, dass der Verlauf von Fluchtwegen, die Notausgänge sowie mögliche Gefahrstellen und Hindernisse erkannt werden können.

(5) Eine beidseitige Kennzeichnung der Hauptfluchtwege ist immer dann erforderlich, wenn die Fluchtwegbreite mehr als 2,00 m beträgt. Vorzugsweise ist auch bei geringerer Breite der Hauptfluchtwege die Kennzeichnung beidseitig auszuführen.[974)]

(6) Innerhalb optischer Sicherheitsleitsysteme muss die Fluchtrichtung mit Hilfe der Sicherheitszeichen E001 „Notausgang (links)“ oder E002 „Notausgang (rechts)“ in Verbindung mit einem Zusatzzeichen (Richtungspfeil) gemäß ASR A1.3 „Sicherheits- und Gesundheitsschutzkennzeichnung“ angegeben werden.[975)] Die Kennzeichnung der Fluchtrichtung ist im Verlauf des Hauptfluchtweges und bei Richtungsänderungen anzubringen.

---

971) Sicherheitsleitsysteme können so eingerichtet und betrieben werden, dass diese auf eine Gefährdungslage reagieren und den Flüchtenden die jeweils für sie günstigste Richtung zur Flucht anzeigen. Für die Leitsysteme werden Rettungszeichen, Zusatzzeichen, Leitmarkierungen und Sicherheitsleuchten eingesetzt. Bevor ein Sicherheitsleitsystem eingerichtet wird, ist zu prüfen, ob vorab eine Sicherheitsbeleuchtung zu installieren ist.

972) DIN EN 60598-2-22:2020-12 VDE 0711-2-22:2020-12 Leuchten – T. 2-22: Besondere Anforderungen – Leuchten für Notbeleuchtung.

973) DIN EN 50172:2024-10/VDE 0108-100:2024-10 Sicherheitsbeleuchtungsanlagen; Deutsche Fassung EN 50172:2024.

974) Die Anforderung wurde in der Neufassung der ASR A2.3 gegenüber der in der gleichzeitig außer Kraft getretenen ASR A3.4/7 „Sicherheitsbeleuchtung, optische Sicherheitsleitsysteme“ verschärft. Danach ist nunmehr eine beidseitige Kennzeichnung der Hauptfluchtwege schon bei einer Fluchtwegbreite von 2,00 m notwendig gegenüber bisher mehr als 3,60 m. Auch besteht die Anforderung generell und es wird nicht mehr auf das Kriterium der besonderen Gefährdung infolge von Verrauchung abgestellt.

975) ASR A1.3 „Sicherheits- und Gesundheitsschutzkennzeichnung“ (Tab. 2) (s. S. 180) enthält die Vorzugsgrößen für Sicherheits-, Zusatz- und Schriftzeichen für die beleuchteten Zeichen, in Abhängigkeit von der Erkennungsweite.

(7) Leitmarkierungen sind durchgehend und gut sichtbar im Verlauf des Hauptfluchtweges auf dem Fußboden oder an Wänden anzubringen. Die Oberkante der Markierung darf nicht höher als 40 cm über dem Fußboden liegen.[976)]

Hinweis:

Beim Einrichten von neuen Arbeitsstätten oder bei wesentlichen Änderungen ist es empfehlenswert, die Oberkante der Markierung nicht höher als 30 cm über dem Fußboden anzubringen.

(8) Das optische Sicherheitsleitsystem ist instand zu halten und in regelmäßigen Abständen auf seine Funktionsfähigkeit zu prüfen. Die Abstände und der Umfang für die Prüfung sowie die Dokumentationspflicht ergeben sich aus den Herstellerangaben und den anerkannten Regeln der Technik. Festgestellte Mängel sowie Schäden, die die Funktionsfähigkeit beeinträchtigen können, sind unverzüglich sachgerecht zu beseitigen.

8.4.2 Langnachleuchtende optische Sicherheitsleitsysteme

(1) Langnachleuchtende Sicherheitsleitsysteme müssen mindestens die Anforderungen der DIN 67510-1:2020-05[977)], Klasse C erfüllen. Die ausreichende Anregung der langnachleuchtenden Materialien ist sicherzustellen, z. B. hinsichtlich Dauer, Art und Intensität der Beleuchtung. Die Funktionsweise des langnachleuchtenden Sicherheitsleitsystems ist durch Dokumentation des Herstellers oder eine Messung am Ort der Anwendung nach DIN ISO 16069:2019-04[978)] Anhang B nachzuweisen.

Hinweis:

Bei Verwendung von Einrichtungen, welche die Dauer der Anregung begrenzen, z. B. Ansteuerung der Beleuchtung durch Präsenzmelder, sind entsprechende Kompensationsmaßnahmen anzuwenden.

(2) Leitmarkierungen müssen mindestens einen Durchmesser oder eine Breite und Höhe von 50 mm haben. Sie werden als durchgehend angesehen, wenn mindestens drei Markierungen pro Meter in regelmäßigen Abständen angebracht sind.

(3) Rampen und Handläufe im Verlauf von Fluchtwegen sind in ihrer gesamten Länge eindeutig zu kennzeichnen. Alle Vorderkanten der Trittstufen von Treppen müssen über die gesamte Treppenbreite mit langnachleuchtenden Materialien mit einer Breite von 20 mm – 50 mm markiert werden. Die Markierungen sind möglichst nah an der Vorderkante anzubringen, der Abstand soll nicht mehr als 10 mm betragen. Die Erkennbarkeit der Vorderkanten der Trittstufen muss auch bei Allgemeinbeleuchtung gewährleistet sein. Die Markierung

---

[976)] Rauchgase steigen nach oben. Im Brandfall sind die Sicherheitsbeleuchtung und die Sicherheitskennzeichnungen ab einer Höhe von 40 cm nicht mehr deutlich erkennbar. Aus diesem Grund müssen bodennahe Leitsysteme installiert werden, um flüchtenden Menschen bei starker Rauchentwicklung ausreichend Orientierung für ihren Fluchtweg zu geben. Bei neuen Arbeitsstätten oder wesentlichen Änderungen soll die Markierung nicht höher als 0,30 m sein. Durch das tiefe Anbringen können sich z. B. kriechende Personen orientieren. Grundsätzlich soll der Fluchtweg bei einem Brand rauchfrei bis maximal raucharm sein. Sollte aber dennoch Rauch eindringen, erfordert dies eine gebückte oder sogar eine kriechende Fortbewegung.

[977)] DIN 67510-1:2020-05 Langnachleuchtende Pigmente und Produkte – T. 1: Messung und Kennzeichnung beim Hersteller.

[978)] DIN ISO 16069:2019-04 Graphische Symbole – Sicherheitszeichen – Sicherheitsleitsysteme (ISO 16069:2017).

der Trittstufen darf zu keinen Stolper- und Rutschgefahren führen z. B. durch hochstehende Kanten oder große Abweichung von der Bewertungsgruppe der Rutschhemmung der Trittfläche.

Hinweis:

Zusätzliche Markierungen an den Seiten der Tritt- und Setzstufen erhöhen die räumliche Erkennbarkeit des Treppenlaufes.

(4) Türen im Verlauf von Fluchtwegen und Notausstiege sind mit langnachleuchtenden Materialien zu umranden. Die Umrandung muss mindestens eine Breite von 20 mm haben. Türgriffe und Notbetätigungseinrichtungen (z. B. Panikstangen) sind langnachleuchtend zu gestalten oder mit langnachleuchtendem Material hervorzuheben. Falls erforderlich ist dabei die Richtung, in der die Türgriffe und Notbetätigungseinrichtungen zu betätigen sind, anzugeben (siehe Abbildung 1).[979]

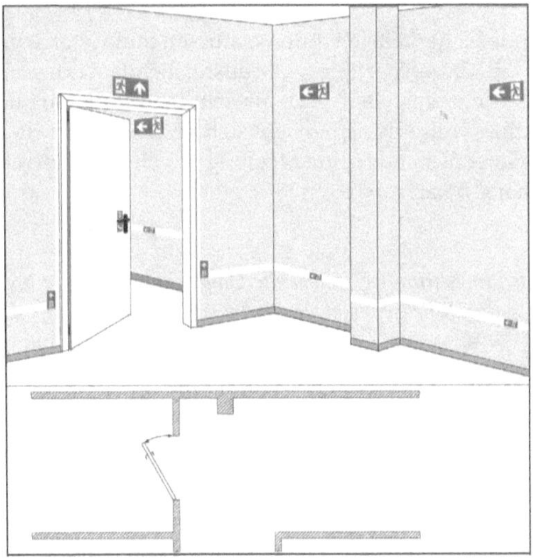

Abb. 1: Beispiel für Anordnung von Komponenten eines langnachleuchtenden optischen Sicherheitsleitsystems und hochmontierter langnachleuchtender Sicherheitszeichen (räumliche Darstellung und Grundriss)

[979] Türen im Verlauf von Fluchtwegen müssen mit langnachleuchtenden Materialien umrandet werden. Selbst Türgriffe und Notbetätigungseinrichtungen sind langnachleuchtend zu gestalten oder hervorzuheben, wobei zu prüfen ist, ob auch die Betätigungsrichtung mit anzugeben ist. Sollte dies der Fall sein, kann die DIN EN ISO 7010:2020-07 Graphische Symbole – Sicherheitsfarben und Sicherheitszeichen – Registrierte Sicherheitszeichen (ISO 7010:2019); Deutsche Fassung EN ISO 7010:2020 für eine genormte Kennzeichnung herangezogen werden. Die Sicherheitszeichen der Norm bilden den weltweiten Standard der Kennzeichnungen ab. Auch die ASR A1.3 bedient sich der Norm, jedoch enthält diese derzeit noch keine Rettungszeichen in Bezug auf die Öffnung von Türen, alleinige Ausnahme ist die neu aufgenommene Öffnungsrichtung von Schiebetüren (E033, E034). Gegenüber der Norm bilden die Sicherheitszeichen in der ASR A1.3 (s. S. 172) den Stand der Technik ab.

Hinweis:

Abbildung 1 ist eine schematische und nicht maßstäbliche Darstellung zur Veranschaulichung der verschiedenen Komponenten: drei hochmontierte Sicherheitszeichen E001 mit Richtungspfeil an der rechten Wand und E002 mit Richtungspfeil über der Tür, Umrandung der Tür und Kennzeichnung des Türgriffs, Leitmarkierungen in 40 cm Höhe an den Seitenwänden mit Markierungen in regelmäßigen Abständen.

(5) Gefahrenstellen und Hindernisse im Verlauf von Fluchtwegen, z. B. Vorsprünge, Stützen und Anstoßkanten, müssen deutlich und dauerhaft erkennbar sein. Dazu können Sicherheitsmarkierungen nach ASR A1.3 „Sicherheits- und Gesundheitsschutzkennzeichnung" verwendet werden.

(6) Langnachleuchtende Rettungszeichen, die Teil eines optischen Sicherheitsleitsystems sind, sind im Abstand von maximal 5 m im Verlauf des Fluchtweges anzubringen. Bei jeder Richtungsänderung des Fluchtweges ist ein langnachleuchtendes Rettungszeichen vorzusehen.[980)]

8.4.3 Elektrisch betriebene Sicherheitsleitsysteme

(1) Innenbeleuchtete Rettungszeichen, die Teil eines optischen Sicherheitsleitsystems sind, sind im Abstand von maximal 10 m im Verlauf des Fluchtweges anzubringen. Bei jeder Richtungsänderung des Fluchtweges ist ein innenbeleuchtetes Rettungszeichen vorzusehen.[981)]

(2) Um die Leitfunktion von innenbeleuchteten Rettungszeichen sicherzustellen, sind zusätzlich elektrisch betriebene Leitmarkierungen oder niedrig montierte Sicherheitsleuchten[982)] einzusetzen. Dabei darf der Abstand zwischen den Leitmarkierungen nicht mehr als 2,50 m betragen.

(3) Niedrig montierte Sicherheitsleuchten ermöglichen zusätzlich die Wahrnehmung von Hindernissen im Fluchtweg. Diese ist gegeben, wenn an jeder Stelle auf der Mitte des Fluchtweges eine Beleuchtungsstärke von mindestens 1 lx erreicht wird. Die Beleuchtungsstärke wird dabei auf einer vertikalen Fläche quer zur Fluchtrichtung in einer Höhe von maximal 20 cm über dem Fußboden und auf der Mitte des Fluchtweges gemessen. Die Beleuchtungsstärke darf dabei bis zum Rand des Fluchtweges auf 0,5 lx abfallen. Der Abstand zwischen den Sicherheitsleuchten darf nicht mehr als 10 m betragen, dabei ist Blendung zu vermeiden.

(4) Bei in den Fußboden eingelassenen elektrisch betriebenen Leitmarkierungen muss sich die Leuchtdichte der abstrahlenden Fläche von der Leuchtdichte der umgebenden Flächen deutlich unterscheiden, ohne zu blenden.

---

980) Langnachleuchtende Rettungszeichen, die mit zum optischen Sicherheitsleitsystem gehören, sind in maximal 5,00 m Abstand und bei jeder Richtungsänderung im Verlauf des Fluchtweges anzubringen. Dagegen kann bei innenbeleuchteten Rettungszeichen der Abstand auf maximal 10,00 m verlängert werden.

981) Siehe FN 972.

982) Sicherheitsleuchten sind Leuchten mit eigener oder ohne eigene Energiequellen, die für die Sicherheitsbeleuchtung verwendet werden.

(5) Die elektrisch betriebenen Sicherheitsleitsysteme müssen mindestens für die Dauer, die für das gefahrlose Verlassen der Arbeitsstätte ins Freie oder in einen gesicherten Bereich erforderlich ist, funktionsfähig sein. In der Regel ist ein Zeitraum von 30 min nach Ausfall der Allgemeinbeleuchtung ausreichend.[983)]

(6) Die Funktion des Sicherheitsleitsystems darf durch den Ausfall der allgemeinen Stromversorgung nicht beeinträchtigt werden. Die Stromversorgung für das Sicherheitsleitsystem darf nur dann zusätzlich für andere Zwecke verwendet werden, wenn die Stromversorgung für das Sicherheitsleitsystem dadurch nicht beeinträchtigt wird.

Hinweis:

Ein elektrisch betriebenes Sicherheitsleitsystem und eine Sicherheitsbeleuchtung können die gleiche Stromversorgung haben.

(7) Werden dynamische optische Sicherheitsleitsysteme eingesetzt, müssen alle damit verbundenen sicherheitsrelevanten Komponenten so gestaltet sein, dass auch bei Ausfall einzelner Komponenten die Funktionsfähigkeit des Gesamtsystems erhalten bleibt.

(8) In einem dynamischen optischen Sicherheitsleitsystem kann die Richtungsangabe je nach Gefahrenlage einmalig[984)] geändert werden. Dieses kann sowohl automatisch als auch durch manuelle Eingabe erfolgen. Es ist sicherzustellen, dass hochmontierte Richtungsangaben dazu nicht im Widerspruch stehen.

9 Sicherheitsbeleuchtung

(1) Die Ausstattung von Fluchtwegen mit einer Sicherheitsbeleuchtung[985)] [986)] kann aus anderen Rechtsvorschriften, insbesondere dem Bauordnungsrecht, gefordert sein. Ist das nicht der Fall, muss geprüft werden, ob das gefahrlose Verlassen der Arbeitsstätte, insbesondere

---

983) Die bisherige ASR A2.3 aus 2007 enthielt die Anforderung, dass elektrisch betriebene Sicherheitsleitsysteme die erforderliche Beleuchtungsstärke nach Abs. 2 mindestens für einen Zeitraum von 60 min nach Ausfall der Allgemeinbeleuchtung erbringen müssen. Sind längere Zeiten erforderlich, sind diese durch den Arbeitgeber mit der Gefährdungsbeurteilung zu ermitteln. Dies könnte der Fall sein, wenn aus Gründen des Brandschutzes die umfassenden Elemente des Fluchtwegs eine Feuerwiderstandsdauer von 90 min erreichen müssen. Die Gründe können sich aus der Art des Betriebes oder aus dem Bauordnungsrecht ergeben. Diese können dann eine längere Dauer der elektrisch betriebenen Sicherheitsleitsysteme erfordern, um eine sichere Flucht ins Freie oder in einen gesicherten Bereich zu garantieren.

984) Das Wort „einmalig" wurde mit der Änderung 2024 eingefügt. Dies soll klarstellen, dass die Änderung der Fluchtrichtung grundsätzlich nur einmalig erfolgt und nicht beliebig oft.

985) Die Sicherheitsbeleuchtung ist Teil der Notbeleuchtung, zu der auch noch die Antipanikbeleuchtung und die Ersatzbeleuchtung gehören, die in der ArbStättV nicht geregelt werden.

986) Die ASR A2.3 fordert für Arbeitsstätten keine Antipanikbeleuchtung, die nach DIN EN 1838:2025-03 Angewandte Lichttechnik – Notbeleuchtung ebenfalls zur Sicherheitsbeleuchtung zählt. Antipanikbeleuchtung ist eine Sicherheitsbeleuchtung, die in Räumen mit großen Menschenansammlungen der Panikvermeidung dient und Personen erlauben soll, eine Stelle zu erreichen, von der aus ein Fluchtweg eindeutig als solcher erkannt werden kann. Sie wird überwiegend für öffentliche Bauten benötigt, aber auch für Versammlungsstätten, in denen sich Beschäftigte arbeitsbedingt aufhalten.

bei Ausfall der Allgemeinbeleuchtung, gewährleistet ist.[987] Bei dieser Prüfung sind für Räume und Bereiche insbesondere folgende Kriterien zu beachten[988]:

1. hohe Personenbelegung,
2. Flächenausdehnung (z. B. Hallen, Großraumbüros, Verkaufsstätten),
3. fehlendes Tageslicht (z. B. Räume unter Erdgleiche, innenliegende Treppenräume und Flure, Schichtbetrieb, wenn nicht während der gesamten Arbeitszeit durch das einfallende Tageslicht ein Mindestwert der Beleuchtungsstärke von 1 lx für die Fluchtwege gegeben ist),
4. betriebliche Gründe für Dunkelheit (z. B. Fotolabor),
5. Anwesenheit ortsunkundiger Personen, (z. B. Kunden, Besucher),
6. erhöhte Gefährdung (z. B. durch Stolpern und Stürzen, auf Treppen),
7. unübersichtliche Fluchtwegführung (z. B. bei Fluchtwegen mit häufigen Richtungsänderungen) oder
8. eingeschränkte Erkennbarkeit des Fluchtweges und seiner Begrenzung (z. B. durch neben dem Fluchtweg abgestelltes Lagergut oder im Zuge der Evakuierung spontan abgestellter Arbeitsmittel).

Aus dem Ergebnis dieser Prüfung kann sich die Notwendigkeit einer Sicherheitsbeleuchtung ergeben.

(2) Die Beleuchtungsstärke der Sicherheitsbeleuchtung für Fluchtwege muss mindestens 1 lx mit einer Gleichmäßigkeit (Verhältnis der maximalen zur minimalen Beleuchtungsstärke) weniger als 40:1 betragen. Die Beleuchtungsstärke ist auf der Mittellinie des Fluchtweges in maximal 20 cm Höhe über dem Fußboden oder den Treppenstufen zu messen.

---

[987] Die bisher in der ASR A3.4/7 „Sicherheitsbeleuchtung, optische Sicherheitsleitsysteme" geregelten Anforderungen wurden im Zuge der Erarbeitung der neugefassten ASR A2.3 im Jahr 2022 aufgeteilt. Der Abschn. 9 der ASR A2.3 behandelt ausschließlich die Sicherheitsbeleuchtung, die im Gefahrenfall z. B. auch bei Ausfall der Allgemeinbeleuchtung ein gefahrloses Verlassen über die Fluchtwege ermöglichen soll. Dagegen enthält der Abschn. 7 der ASR A3.4 „Beleuchtung und Sichtverbindung" (s. S. 398) die notwendigen Anforderungen an die Sicherheitsbeleuchtung für Tätigkeiten, Arbeitsplätze, Arbeitsräume und Bereiche, bei denen die Beschäftigten bei einem Ausfall der Allgemeinbeleuchtung Gefährdungen ausgesetzt sein können.

[988] Vielfach wird auch eine Sicherheitsbeleuchtung in Toiletten-, Sanitär-, Pausen-, Wasch- und Bereitschaftsräumen ohne Tageslichteinfall zu fordern sein, obwohl diese Räume in der ASR wie auch in der ArbStättV nicht aufgeführt sind, da sie zunächst keine Arbeitsplätze mit besonderen Gefährdungen sind. Der Arbeitgeber muss im Rahmen der Gefährdungsbeurteilung Räume und Bereiche beachten und entsprechend ermitteln, wo eine Sicherheitsbeleuchtung notwendig ist. Hierzu zählen auch Räume und Bereiche, die nicht beispielhaft und somit nicht abschließend im Abschn. 9 aufgeführt sind. Herauszuheben sind dabei Räume, welche aufgrund der Nutzung auf eine alleinige Allgemeinbeleuchtung, ohne eine Sichtverbindung nach außen, angewiesen sind, z. B. Räume unter Erdgleiche, innenliegenden Treppenräume usw.

(3) Nach Ausfall der Allgemeinbeleuchtung muss die Sicherheitsbeleuchtung für Fluchtwege 50 % der erforderlichen Beleuchtungsstärke nach Absatz 2 innerhalb von 5 s erreichen; 100 % der erforderlichen Beleuchtungsstärke müssen nach 60 s erreicht werden.[989)]

(4) Die Anforderungen nach Absatz 3 entfallen für:

1. bereits vorhandene Sicherheitsbeleuchtungsanlagen in Gebäuden, die bis zum 30.4.2025 errichtet worden sind oder deren Bauantragstellung bis zu diesem Termin erfolgt ist, bis die jeweiligen Bereiche dieser Arbeitsstätten wesentlich erweitert oder umgebaut werden, und
2. Sicherheitsbeleuchtungsanlagen, die aus betriebstechnischen Gründen über ausschließlich mit Verbrennungsmotoren betriebene Netzersatzanlagen versorgt werden, z. B. für medizinisch genutzte Bereiche mit notwendiger Betriebsdauer der Sicherheitsbeleuchtung von bis zu 24 Stunden gemäß DIN VDE 0100-710:2012-10.[990)]

In beiden Fällen müssen 100 % der erforderlichen Beleuchtungsstärke innerhalb von 15 s erreicht werden.

(5) Die Sicherheitsbeleuchtung für Fluchtwege muss für die Dauer, die für das gefahrlose Verlassen der Arbeitsstätte ins Freie erforderlich ist, jedoch mindestens für einen Zeitraum von 30 min nach Ausfall der Allgemeinbeleuchtung, die erforderliche Beleuchtungsstärke erbringen.[991)]

(6) In Arbeitsstätten, in denen regelmäßig eine größere Anzahl ortsunkundiger Personen auf einen Fluchtweg angewiesen sein kann, ist mit einem erhöhten Unfallrisiko aufgrund des Ausfalls der Allgemeinbeleuchtung zu rechnen. Im Rahmen der Gefährdungsbeurteilung sind solche Fluchtwege zu ermitteln. Auf diesen Fluchtwegen muss die erforderliche Beleuchtungsstärke der Sicherheitsbeleuchtung innerhalb von 1 s erreicht werden.

---

989) Diese Anforderung wurde im Zuge der Neufassung der ASR A2.3 im Jahr 2022 dahingehend verändert, dass die Sicherheitsbeleuchtung für Fluchtwege innerhalb von 5 s 50 % der erforderlichen Beleuchtungsstärke nach Abs. 1 erreichen muss. Erst nach 60 s ist diese vollständig zu gewährleisten. In der bisherigen Fassung der ASR A2.3 aus 2007 musste die volle Beleuchtungsstärke bereits nach 15 s erreicht sein. Mit dieser Änderung wurden die technischen Umsetzungsmöglichkeiten auf batteriegestützte Systeme eingeschränkt, denn die bisher häufig eingesetzten Dieselaggregate weisen eine höhere Einschaltzeit von bis zu 15 s auf, können dann aber 100 % der erforderlichen Beleuchtungsstärke erbringen. Für bestehende Sicherheitsbeleuchtungsanlagen sollte diese Anforderung so lange gültig bleiben, bis die Arbeitsstätte wesentlich erweitert oder umgebaut wird. Die Regelung führte jedoch zu Beschwerden, insbesondere aus dem Bereich der medizinischen Einrichtungen, z. B. Krankenhäuser. In diesen wird die Sicherheitsbeleuchtungsanlage in der Regel über den Notstromerzeuger versorgt. Dieser übernimmt nach spätestens 15 s, typischerweise nach 7 s die Versorgung. Dies würde den anerkannten Regeln der Technik nach VDE 0100-710:2012-10, Errichten von Niederspannungsanlagen – Teil 7-710: Anforderungen für Betriebsstätten, Räume und Anlagen besonderer Art – Medizinisch genutzte Bereiche, entsprechen. Beklagt wurde, dass die Forderung nach einer maximalen Einschaltzeit von 5 s in diesen Einrichtungen zu einem großen zusätzlichen Aufwand ohne erkennbaren Nutzen führen würde. Mit der Änderung 2024 hat der ASTA das Problem durch die Einfügung eines neuen Abs. 3 in Abschn. 9 beseitigt. Danach sind neben bestehenden Sicherheitsbeleuchtungen bis zu einer wesentlichen Änderung nun auch medizinisch genutzte Bereiche, die den Anforderungen der entsprechenden Norm genügen, von der Forderung einer Erreichung von 50 % nach 5 s ausgenommen. Bedingung ist aber eine Erreichung von 100 % nach 15 s.

990) S. FN 989.

991) Die für eine sichere Flucht notwendigen Zeiten sind im Rahmen einer Gefährdungsbeurteilung festzulegen und können in Abhängigkeit von den räumlichen Gegebenheiten und der Gefährdung durchaus länger als die als Mindestzeit aufgeführten 30 min sein. S. a. FN 983.

(7) Die Farbwiedergabe der Sicherheitsbeleuchtung ist so zu wählen, dass die Sicherheitsfarben erkennbar bleiben. Der Farbwiedergabeindex R_a darf nicht unter 40 liegen.

(8) Eine störende Blendung der Beschäftigten ist zu vermeiden oder – wenn dies nicht möglich ist – zu minimieren.[992)]

(9) Die Funktion der Sicherheitsbeleuchtung darf durch den Ausfall der allgemeinen Stromversorgung nicht beeinträchtigt werden. Die Stromversorgung für die Sicherheitsbeleuchtung darf nur dann zusätzlich für andere Zwecke verwendet werden, wenn die Stromversorgung der Sicherheitsbeleuchtung dadurch nicht beeinträchtigt wird.

Hinweis:

Ein elektrisch betriebenes Sicherheitsleitsystem und eine Sicherheitsbeleuchtung können die gleiche Stromversorgung haben.

(10) Die Sicherheitsbeleuchtung ist instand zu halten und in regelmäßigen Abständen auf ihre Funktionsfähigkeit zu prüfen. Die Abstände und der Umfang für die Prüfung sowie die Dokumentationspflicht ergeben sich aus den Herstellerangaben und den anerkannten Regeln der Technik. Festgestellte Mängel sowie Schäden, die die Funktionsfähigkeit beeinträchtigen können, sind unverzüglich sachgerecht zu beseitigen.

Hinweis:

1. *Eine Sicherheitsbeleuchtung sollte bis zur Sammelstelle geführt werden.*
2. *Beim Einrichten von Fluchtwegen mit einer Sicherheitsbeleuchtung sollen die hochmontierten Sicherheitszeichen bevorzugt in innenbeleuchteter Ausführung verwendet werden (bessere Erkennbarkeit).*

10 Flucht- und Rettungsplan

(1) Der Arbeitgeber hat Flucht- und Rettungspläne für die Bereiche von Arbeitsstätten zu erstellen, in denen die Lage[993)], die Ausdehnung[994)] oder die Art der Benutzung der Arbeitsstätte[995)] dies erfordern.

---

992) Es ist vorrangig physiologische Blendung zu erwarten. Die Leuchten dürfen nicht zu hell sein und blenden und dadurch die Lesbarkeit und das Erkennen von Hindernissen erschweren. Wegen der unterschiedlichen Leuchtdichten einer Sicherheitsbeleuchtung und langnachleuchtender Leitmarkierungen kann es zur Blendung mit der Folge kommen, dass die nachleuchtenden Markierungen nicht mehr erkannt werden.

993) Die Lage der Arbeitsstätte bedingt die Aufstellung eines Flucht- und Rettungsplanes, wenn sich der Betrieb z. B. in beengten Verhältnissen im Kerngebiet einer Ortschaft, in einem Hochhaus, in einem unübersichtlichen Gebäudekomplex (z. B. Vorhandensein von Hinterhöfen) oder in unmittelbarer Nähe von Anlagen oder Behältern (auch auf benachbartem Gelände) befindet, in denen feuer- oder explosionsgefährliche Stoffe oder Giftgase verarbeitet oder gelagert werden (z. B. Lack- oder Chlorfabrik, Flüssiggaslager).

994) Wenn in großflächigen Arbeitsstätten eine größere Zahl von Beschäftigten tätig ist oder in Arbeitsstätten mit Publikumsverkehr zusätzlich ein hoher Anteil ortsunkundiger Personen den Fluchtweg benutzen muss, ist es notwendig, die Art und Weise der schnellen Räumung der Arbeitsstätte festzulegen, damit im Ernstfall das Verlassen ohne zusätzliche Gefährdung der Beschäftigten und ohne Panik erfolgen kann.

995) Die Art der Nutzung erfordert einen Flucht- und Rettungsplan, wenn in der Arbeitsstätte explosionsgefährliche, brandfördernde, giftige oder entzündliche Stoffe verwendet, hergestellt oder gelagert werden oder mit sonstigen Gefährdungen gerechnet werden muss (z. B. starke Rauchentwicklung oder Austritt von Heißdampf beim Versagen einer Betriebsanlage). Brand- und Explosionsgefahren bestehen z. B. bei der Herstellung von Schuhcreme, Wachs, pyrotechnischen Artikeln, Lacken und Farben, aber auch beim Anfall großer Mengen brennbarer Verpackungsmaterialien oder bei der Lagerung von Stoffen, die zur Selbstentzündung neigen.

Flucht- und Rettungspläne können z. B. erforderlich sein in Bereichen:
1. mit unübersichtlicher Fluchtwegführung (z. B. über Zwischengeschosse, durch größere Räume, bei einer gewinkelten oder von den üblicherweise betrieblich genutzten Verkehrswegen abweichenden Wegführung),
2. mit einem hohen Anteil an ortsunkundigen Personen (z. B. Arbeitsstätten mit Publikumsverkehr),
3. mit einer erhöhten Gefährdung (z. B. Räume nach Abschnitt 5 Absatz 2 Nummer 3 und 4 oder Absatz 3) oder
4. wenn sich aus benachbarten Arbeitsstätten Gefährdungsmöglichkeiten ergeben (z. B. durch explosions- bzw. brandgefährdete Anlagen oder Stofffreisetzung).

(2) Flucht- und Rettungspläne müssen aktuell, übersichtlich, gut lesbar und farblich unter Verwendung von Sicherheitsfarben sowie von Rettungs- und Brandschutzzeichen gestaltet sein, Angaben zur Gestaltung von Flucht- und Rettungsplänen siehe ASR A1.3 „Sicherheits- und Gesundheitsschutzkennzeichnung".[996]

Hinweis:

Sofern in der Arbeitsstätte noch Vorgängerversionen der Rettungs- und Brandschutzzeichen verwendet werden, sollen diese auch im Flucht- und Rettungsplan verwendet werden. Wenn in der Arbeitsstätte die nach ASR A1.3 „Sicherheits- und Gesundheitsschutzkennzeichnung" gültigen Sicherheitszeichen zur Anwendung kommen, ist auch der Flucht- und Rettungsplan entsprechend anzupassen.

(3) Flucht- und Rettungspläne sind in den Bereichen der Arbeitsstätte, für die sie nach Abschnitt 10 Absatz 1 zu erstellen sind, an geeigneten Stellen auszuhängen. Geeignete Stellen sind beispielsweise Bereiche in Fluchtwegen, an denen sich häufiger Personen aufhalten z. B. vor Aufzugsanlagen, in Eingangsbereichen, vor Zugängen zu Treppen, an Kreuzungspunkten von Verkehrswegen.[997] Flucht- und Rettungspläne müssen – bezogen auf den Standort des Betrachters – lagerichtig angebracht werden.

(4) Flucht- und Rettungspläne sind mit entsprechenden Plänen nach anderen Rechtsvorschriften, z. B. den Alarm- und Gefahrenabwehrplänen nach § 10 der 12. Verordnung zur

---

[996] Regelungen zur konkreten Ausführung des Flucht- und Rettungsplans trifft die ASR A1.3 „Sicherheits- und Gesundheitsschutzkennzeichnung" in Abschn. 6 (s. S. 185 ff.). Anh. 3 der ASR A1.3 enthält eine Musterdarstellung eines Flucht- und Rettungsplans nach DIN ISO 23601:2021-11 Sicherheitskennzeichnung – Flucht- und Rettungspläne (ISO 23601:2020).

[997] Ein Flucht- und Rettungsplan muss den Beschäftigten in unmissverständlicher Form, erforderlichenfalls auch mehrsprachig, bekannt gemacht werden. Er muss für die Beschäftigten jederzeit einzusehen sein. Der Flucht- und Rettungsplan ist grundsätzlich auszuhängen, um die Beschäftigten und andere anwesende Personen über die Flucht- und Rettungswegsituation zu informieren und somit ein sicheres Verlassen im Falle einer Gefährdung zu ermöglichen. Dies wird mit anderen Formen der Bekanntmachung, z. B. einem Auslegen des Flucht- und Rettungsplans oder einem Abspeichern im betrieblichen Intranet, nicht sichergestellt. Es ist dem Arbeitgeber aber zu empfehlen, zusätzlich zum Aushang auch andere Formen der Bekanntmachung zu nutzen. Im Einzelfall empfiehlt es sich, den Plan jedem einzelnen Beschäftigten auszuhändigen und bei Bedarf zu erläutern.

Durchführung des Bundes-Immissionsschutzgesetzes (Störfall-Verordnung – 12. BImSchV), abzustimmen oder mit diesen zu verbinden.[998)]

Hinweis:

Für Arbeitsstätten, in denen gemäß der Gefährdungsbeurteilung besondere Gefährdungen auftreten können oder aufgrund der örtlichen Gegebenheiten sowie der Nutzungsart mit komplizierten Bedingungen im Gefahrenfall zu rechnen ist, ist unter Berücksichtigung der Anforderungen aus anderen Rechtsgebieten zu prüfen, ob zusätzliche Anforderungen nach § 10 Arbeitsschutzgesetz (ArbSchG) erforderlich sind[999)], z. B. die Aufstellung betrieblicher Alarm- und Gefahrenabwehrpläne oder die Erstellung von Brandschutzordnungen oder Evakuierungsplänen.[1000)]

11 Unterweisung und Übung zur Evakuierung

(1) Der Arbeitgeber hat die Beschäftigten über den Verlauf der Fluchtwege, über die bei Nutzung der Fluchtwege und Notausgänge erforderlichen Maßnahmen und die Kennzeichnung sowie über das Verhalten im Gefahrenfall regelmäßig zu unterweisen. Die Unterweisung muss mindestens jährlich erfolgen. Ein nach Abschnitt 10 Absatz 1 notwendiger Flucht- und Rettungsplan ist in die Unterweisung einzubeziehen. Die Unterweisung soll durch eine Begehung der Fluchtwege unterstützt werden.[1001)]

(2) Ist für eine Arbeitsstätte die Erstellung eines Flucht- und Rettungsplanes erforderlich, sind in regelmäßigen Abständen Evakuierungsübungen durchzuführen.

---

998) Für Arbeitsstätten, in denen bestimmte störfallrelevante Anlagen betrieben werden, sieht § 10 i. V. m. § 1 Abs. 1 und Anh. I (Stoffliste) StörfallV die Aufstellung betrieblicher Alarm- und Gefahrenabwehrpläne vor, die mit den für Katastrophenschutz und allgemeine Gefahrenabwehr zuständigen Behörden abzustimmen sind. § 4 Abs. 4 Satz 3–5 ArbStättV trifft Regelungen für alle übrigen Arbeitsstätten bzw. ergänzt in anderen Rechtsvorschriften enthaltene Regelungen. Umgekehrt sind Flucht- und Rettungspläne nach § 4 Abs. 4 Satz 2 ArbStättV mit den entsprechenden Plänen nach anderen Rechtsvorschriften abzustimmen.

999) Der Hinweis verweist auf die Pflichten des Arbeitgebers nach § 10 ArbSchG. Danach hat er dafür zu sorgen, dass im Notfall die erforderlichen Verbindungen zu außerbetrieblichen Stellen, insbesondere in den Bereichen der Ersten Hilfe, der medizinischen Notversorgung, der Bergung und der Brandbekämpfung eingerichtet sind. Innerbetrieblich sind diejenigen Beschäftigten zu benennen, die Aufgaben der Ersten Hilfe, Brandbekämpfung und Evakuierung der Beschäftigten übernehmen. Das sind dann meist Ersthelfer, Brandschutzhelfer und Evakuierungshelfer. Deren Zahl richtet sich nach der Gesamtzahl der in der Arbeitsstätte tätigen oder regelmäßig anwesenden Personen, aber es sind auch Schichtbetrieb und Abwesenheiten z. B. durch Urlaub, Krankheit, Fortbildung zu berücksichtigen. Die benannten Beschäftigten müssen über eine angemessene Ausbildung verfügen und mit entsprechender Ausrüstung versehen werden.

1000) In einer Reihe von Betrieben sind aufgrund von Vorschriften der Länder (z. B. § 27 VerkStättV BY; § 42 VersStättV BB) oder Einzelanordnungen der Behörden Brandschutzordnungen und Brandschutzpläne aufzustellen. Teilweise werden darin auch Löschübungen der betriebseigenen Kräfte oder gemeinsame Übungen mit Feuerwehren verlangt. Insoweit sind der vorbeugende Brandschutz und die Bekämpfung von Entstehungsbränden geregelt. Unabhängig von den vorbeugenden Vorkehrungen ist es notwendig, dass die Beschäftigten im Gefahr- oder Katastrophenfall wissen, wie sie sich schnell aus der Gefahrzone in Sicherheit bringen bzw. von außen gerettet werden können.

1001) Die örtlichen Gegebenheiten in einem Betrieb ändern sich meist regelmäßig. Die veränderten Verhältnisse sind in den aufgrund der Vorgaben des ArbSchG wie auch der ArbStättV erforderlichen regelmäßigen Unterweisungen der Beschäftigten über Sicherheit und Gesundheitsschutz bei der Arbeit und damit auch über die Fluchtwegsituation zu berücksichtigen. Der Arbeitgeber muss die Unterweisung mindestens einmal jährlich und soll dann diese im Rahmen der Begehung der Fluchtwege durchführen.

Anhand der Übungen soll mindestens überprüft werden, ob:
1. die Alarmierung zu jeder Zeit unverzüglich ausgelöst werden kann,
2. die Alarmierung die anwesenden Personen erreicht,
3. sich die anwesenden Personen über die Bedeutung der jeweiligen Alarmierung im Klaren sind und danach handeln,
4. die Fluchtwege schnell und sicher benutzt werden können und
5. die zu evakuierenden Bereiche frei von Personen sind.

Hinweis:

1. *In der Praxis hat sich bewährt, die Evakuierungsübungen in Abständen von 2 bis 5 Jahren zu wiederholen. Zur Festlegung der Häufigkeit und des Umfangs der Evakuierungsübungen sowie zu deren Durchführung sind auch Anforderungen anderer Rechtsvorschriften (z. B. Bauordnungsrecht, Gefahrstoffrecht, Immissionsschutzrecht) zu berücksichtigen.*[1002]
2. *Auch in Arbeitsstätten, in denen die Erstellung eines Flucht- und Rettungsplanes nicht erforderlich ist, kann eine Evakuierungsübung sinnvoll sein, um zu überprüfen, ob die unter den Nummern 1 bis 5 genannten Kriterien erfüllt werden können.*

(3) Diejenigen Beschäftigten, die Aufgaben im Zusammenhang mit der Evakuierung übernehmen, hat der Arbeitgeber betriebsspezifisch zu unterweisen. Die Unterweisung muss mindestens jährlich erfolgen.

12 Abweichende/ergänzende Anforderungen für Baustellen

(1) Auf Baustellen, auf denen Beschäftigte mehrerer Arbeitgeber tätig werden, haben sich diese Arbeitgeber bei der Festlegung von Maßnahmen zur Gestaltung von Fluchtwegen abzustimmen. Die Hinweise des nach Baustellenverordnung bestellten Koordinators sind dabei zu berücksichtigen.

(2) Die Anforderungen in den Abschnitten 5, 6 und 7 dieser ASR sind aufgrund der örtlichen und betrieblichen Gegebenheiten auf Baustellen nicht durchgehend anwendbar. In diesen Fällen sind in Abhängigkeit von der höchstmöglichen Anzahl der anwesenden Personen, die im Gefahrenfall den Fluchtweg benutzen, die Anordnung, die Abmessungen und die Ausführung der Fluchtwege im Ergebnis der Gefährdungsbeurteilung festzulegen und an

[1002] Die Zeitabstände, in denen die Übungen vorzunehmen sind, richten sich nach den betrieblichen und örtlichen Gegebenheiten und Erfordernissen, auch nach der Fluktuation innerhalb der Belegschaft. Größere und umfangreiche Übungen sollten mit Feuerwehr, Polizei und den angrenzenden Betrieben abgesprochen werden. In Betrieben mit erhöhter Feuer- und Explosionsgefahr sollte die Übung möglichst einmal jährlich durchgeführt werden; in weniger stark gefährdeten Betrieben erscheint ein größerer Zeitraum (etwa alle zwei bis fünf Jahre) zulässig.

den Baufortschritt anzupassen. Fluchtwege können auch über temporäre Verkehrswege führen, z. B. Treppentürme, Gerüste oder Anlegeleitern.[1003] [1004]

(3) Fluchtwege, die nicht erkennbar ins Freie oder in einen gesicherten Bereich führen oder deren Verlauf sich während der Baumaßnahme wesentlich ändert oder unübersichtlich ist, müssen zum frühestmöglichen Zeitpunkt nach Abschnitt 8 gekennzeichnet werden. In diesen Fällen ist auch ein Flucht- und Rettungsplan nach Abschnitt 10 erforderlich.

(4) Der Flucht- und Rettungsplan kann mit Baustelleneinrichtungsplänen oder Baustellenordnungen verbunden und abweichend von Abschnitt 10 Absatz 3 an einer zentralen Stelle, z. B. dem sogenannten „Schwarzen Brett", witterungsgeschützt ausgehängt sein. Insbesondere bei großen und komplexen bzw. unübersichtlichen Baustellen kann es erforderlich werden, orts-, geschoss- oder abschnittsbezogene Flucht- und Rettungspläne an anderen geeigneten Stellen auszuhängen.

(5) Abweichend von Abschnitt 11 Absatz 1 hat der Arbeitgeber in Abhängigkeit der Baustellensituation über Veränderungen der Fluchtwege unverzüglich zu informieren.

(6) Beispiele für Baustellen mit besonderen Gefährdungen gemäß Hinweis in Abschnitt 10 nach Absatz 4 sind:
1. Tunnelbau,
2. Arbeiten in Druckluft und Caissonbau und
3. Turm- und Schornsteinbau.[1005]

(7) Auf Baustellen ist eine Sicherheitsbeleuchtung für Fluchtwege erforderlich, wenn während der Arbeitszeit durch das einfallende Tageslicht ein Mindestwert der Beleuchtungsstärke von 1 lx für die Fluchtwege nicht gegeben ist, z. B.:
1. in Bereichen ohne Tageslicht, z. B. in innenliegenden Räumen und Gebäudeabschnitten ohne Lichtschächte und Maueröffnungen, in Räumen unter Geländeoberfläche, in Tunneln und Schächten, oder
2. jahreszeitlich bedingt.

[1003] Die für dauerhaft eingerichtete Arbeitsplätze in Gebäuden geltenden Anforderungen zur Anordnung und zu den Abmessungen der Hauptfluchtwege (früher ersten Fluchtwege) in Abschn. 5, zur Anordnung der Nebenfluchtwege in Abschn. 6 und zu Türen und Tore im Verlauf von Fluchtwegen in Abschn. 7 der ASR A2.3 können für Baustellen in Räumen oder Gebäuden nicht immer in vollem Umfang eingehalten werden. Hintergrund ist, dass abhängig von den zu verrichtenden Bauarbeiten in Gebäuden, wie z. B. Ausbau, Umbau, Sanierung oder Instandhaltung, in unterschiedlichem Maße in die Bausubstanz des Gebäudes eingegriffen werden muss. Dabei kann es je nach Baufortschritt auch erforderlich sein, dass Verkehrswege nur für eine zeitweise Nutzung angelegt werden müssen. Anstelle fester Treppen werden zur Überwindung der Höhendifferenz zwischen den Geschossen dann zeitweise Treppentürme, Gerüste oder möglichst im Ausnahmefall auch Anlegeleitern benutzt.

[1004] Die Forderung, dass Beschäftigte im Gefahrenfall sicher und schnell den Arbeitsplatz verlassen und in einen sicheren Bereich gelangen können, besteht jedoch in gleicher Weise für dauerhaft eingerichtete wie für temporäre Verkehrs- und Fluchtwege. Wenn für die temporären Verkehrs- und Fluchtwege wegen der örtlichen und betrieblichen Gegebenheiten des Betriebs einer Baustelle die Anforderungen der Abschn. 5 bis 7 der ASR A2.3 nicht vollständig eingehalten werden können, muss der verantwortliche Arbeitgeber im Rahmen einer Gefährdungsbeurteilung andere, aber ebenso sichere Gestaltungsformen für den Fluchtweg festlegen.

[1005] Für Baustellen mit besonderen Gefährdungen, wie z. B. im Tunnel-, Turm- und Schornsteinbau oder bei Arbeiten in Druckluft, sind ggf. zusätzliche Anforderungen nach § 10 ArbSchG erforderlich. Hierzu gehören z. B. die Erstellung betrieblicher Alarm- und Gefahrenabwehrpläne oder von Brandschutzordnungen oder Evakuierungsplänen.

Ergibt die Überprüfung der Gefährdungsbeurteilung, dass die Beleuchtungsstärke von 1 lx für die Nutzung des Fluchtweges nicht ausreichend ist, damit die Beschäftigten einen Gefahrenbereich sicher verlassen können, muss die Beleuchtungsstärke entsprechend erhöht werden.[1006)]

Hinweis:

Zu Anforderungen an die Sicherheitsbeleuchtung für Tätigkeiten, Arbeitsplätze, Arbeitsräume und Bereiche in Arbeitsstätten, in denen bei Ausfall der Allgemeinbeleuchtung die Sicherheit der Beschäftigten gefährdet werden kann, siehe ASR A3.4 „Beleuchtung und Sichtverbindung", Abschnitte 8, 9.4 und 10.

(8) Abweichend von Abschnitt 9 Absatz 2 kann bei Arbeiten auf Baustellen auf den Nachweis der Gleichmäßigkeit verzichtet werden.[1007)]

(9) Auf die Begrenzung der Blendung ist zu achten.

Literaturhinweise

Technische Regeln für Gefahrstoffe

TRGS 510 Lagerung von Gefahrstoffen in ortsbeweglichen Behältern

TRGS 800 Brandschutzmaßnahmen

Informationen der Unfallversicherungsträger

DGUV Information 205-033 Alarmierung und Evakuierung 10/2019

DGUV Information 208-010 Verschlüsse für Türen von Notausgängen 09/2011

DGUV Information 208-026 Sicherheit von kraftbetätigten Karusselltüren 03/2019

DGUV Information 208-044 Automatische Tore im Fluchtweg 12/2014

Normen

DIN EN 1838:2019-11 Angewandte Lichttechnik – Notbeleuchtung; Deutsche Fassung EN 1838:2013

DIN EN 1838 Beiblatt 1:2018-11 Angewandte Lichttechnik – Notbeleuchtung; Beiblatt 1: Erläuterungen und Anwendungshinweise

DIN ISO 16069:2019-04 Graphische Symbole – Sicherheitszeichen – Sicherheitsleitsysteme (ISO 16069:2017)

DIN ISO 23601:2021-11 Sicherheitskennzeichnung – Flucht- und Rettungspläne (ISO 23601:2020)

[1006)] Es kann also durchaus mind. eine Beleuchtungsstärke von 1 lx für eine Sicherheitsbeleuchtung erforderlich werden, wenn durch das einfallende Tageslicht der Mindestwert für die Fluchtwege nicht erfüllt wird.

[1007)] Dagegen wird auf den Nachweis der Gleichmäßigkeit (Verhältnis von max. zur min. Beleuchtungsstärke weniger als 40:1) auf Baustellen verzichtet.

DIN 4844-1:2012-06 Graphische Symbole – Sicherheitsfarben und Sicherheitszeichen – Teil 1: Erkennungsweiten und farb- und photometrische Anforderungen

DIN/TR 4844-4:2020-07 Graphische Symbole – Sicherheitsfarben und Sicherheitszeichen – Teil 4: Leitfaden zur Anwendung von Sicherheitskennzeichnung

DIN 14036:2023-12 Dynamische und Adaptive Fluchtweglenkung – Planung und Umsetzung von richtungsvariablen Konzepten

DIN 67510-1:2020-05 Langnachleuchtende Pigmente und Produkte – Teil 1: Messung und Kennzeichnung beim Hersteller

DIN VDE 0100-710:2012-10 Errichten von Niederspannungsanlagen – Teil 7-710: Anforderungen für Betriebsstätten, Räume und Anlagen besonderer Art – Medizinisch genutzte Bereiche

DIN EN 50172, VDE 0108-100 (2005-01-00) Sicherheitsbeleuchtungsanlagen, Deutsche Fassung EN 50172:2004

DIN EN 60598-2-22, VDE 0711-2-22 (2020-12-00) Leuchten – Teil 2-22: Besondere Anforderungen – Leuchten für Notbeleuchtung

zu Anh. Nr. 3.4 ArbStättV

Technische Regeln für Arbeitsstätten	Beleuchtung und Sichtverbindung[1008) 1009)]	ASR A3.4

(GMBl. Nr. 32 vom 2.5.2023 S. 679)

...

Diese ASR A3.4 konkretisiert im Rahmen ihres Anwendungsbereichs Anforderungen der Verordnung über Arbeitsstätten. Bei Einhaltung dieser Technischen Regel kann der Arbeitgeber davon ausgehen, dass die entsprechenden Anforderungen der Verordnung erfüllt sind. Wählt der Arbeitgeber eine andere Lösung, muss er damit mindestens die gleiche Sicherheit und den gleichen Schutz der Gesundheit für die Beschäftigten erreichen.

Die vorliegende Technische Regel beruht auf der BGR 131, Teil 2 „Leitfaden zur Planung und zum Betrieb der Beleuchtung" des ehemaligen Fachausschusses „Einwirkungen und arbeitsbedingte Gesundheitsgefahren" der Deutschen Gesetzlichen Unfallversicherung (DGUV). Der Ausschuss für Arbeitsstätten hat die grundlegenden Inhalte der BGR 131, Teil 2 in Anwendung des Kooperationsmodells (BArbBl. 6/2003 S. 48) als ASR in sein Regelwerk übernommen.

Inhaltsverzeichnis

1008) Mit der Neufassung der ASR A3.4 vom Mai 2023 wurden neu im Titel die Worte „und Sichtverbindung" ergänzt und ein Abschnitt „4. Sichtverbindung nach außen" sowie die zugehörigen Anhänge 1 und 2 eingefügt.

1009) Zuvor wurde die ASR A3.4 im März 2022 an den Stand der Technik angepasst (GMBl. 2022, S. 248) und gleichzeitig die ASR A3.4/7 „Sicherheitsbeleuchtung, optische Sicherheitsleitsysteme" aufgehoben. Die Inhalte der aufgehobenen ASR A3.4/7 zur Sicherheitsbeleuchtung für Tätigkeiten, Arbeitsplätze, Arbeitsräume und Bereiche wurden in die ASR A3.4 Abschn. 8 überführt.

1 Zielstellung

(1) Diese Arbeitsstättenregel konkretisiert die Anforderungen an das Einrichten und Betreiben der Beleuchtung von Arbeitsstätten in § 3a Absatz 1 sowie insbesondere in Nummer 3.4 Absätze 1 und 2 des Anhanges der Arbeitsstättenverordnung (ArbStättV). Weiterhin konkretisiert diese Arbeitsstättenregel die Anforderungen in Nummer 3.4 Absatz 7 des Anhanges der ArbStättV an das Einrichten und Betreiben der Sicherheitsbeleuchtung bei Ausfall der Allgemeinbeleuchtung und in Nummer 3.5 Absatz 3 bezüglich des Blendschutzes bei Sonneneinstrahlung.

(2) Die Festlegungen dieser ASR zur Beleuchtung sowie zur Sichtverbindung nach außen dienen der Sicherheit und dem Gesundheitsschutz der Beschäftigten am Arbeitsplatz und beschreiben für ausgewählte Tätigkeiten die erforderliche Beleuchtung zur gesundheitsgerechten Erledigung der Sehaufgaben. Der Einfluss des Tageslichts am Arbeitsplatz und der Sichtverbindung nach außen wird soweit berücksichtigt, wie dies für die Gesundheit und Sicherheit der Beschäftigten erforderlich ist.[1010) 1011) 1012) 1013) 1014) 1015)]

1010) Vgl. auch DGUV Information 215-210 Natürliche und künstliche Beleuchtung von Arbeitsstätten, Ausg. 2016-09 und DGUV Information 215-211 Tageslicht am Arbeitsplatz und Sichtverbindung nach außen, Ausg. 2022-07.

1011) Die Festlegungen der ASR A3.4 dienen der Sicherheit und dem Gesundheitsschutz der Beschäftigten am Arbeitsplatz. Für ausgewählte Tätigkeiten wird die erforderliche Beleuchtung zur gesundheitsgerechten Erledigung der Sehaufgaben beschrieben.

1012) Der Begriff Licht umfasst in der Lichttechnik nur den sichtbaren Teil der Strahlung (380 bis 780 nm). Die Sonnenstrahlung umfasst einen wesentlich größeren Wellenlängenbereich. Der Bereich der Strahlung, der das Sehen bewirkt, zusammen mit den benachbarten Bereichen, die einerseits an die „Röntgenstrahlung" und andererseits an die „Radiowellen" grenzen, wird „optische Strahlung" genannt. Für viele lebenswichtige Einflüsse, die dem Tageslicht zugeordnet werden, sind auch die nicht sichtbaren Strahlungsanteile wichtig bzw. ausschlaggebend. Aus diesem Grunde ist es sinnvoll, das „Tageslicht" sowohl in seiner Gesamtheit als auch in den nur für das Sehen wichtigen Eigenschaften zu betrachten. Ohne Licht können Menschen nicht sehen, d. h. keine Farben unterscheiden, keine Kontraste erkennen oder die Bewegungen von Objekten oder anderen Lebewesen nicht wahrnehmen. Damit wird die visuelle Wirkung des Lichts beschrieben. Darüber hinaus bestehen für die Gesundheit von Menschen wichtige nichtvisuelle Wirkungen: Licht beeinflusst den biologischen Rhythmus, den Schlaf, wichtige Körperfunktionen und das Wohlbefinden. Daher ist ausreichendes Licht eine wesentliche Voraussetzung dafür, dass Beschäftigte im Arbeitsprozess ihre Aufgaben mit hoher Qualität und Quantität sowie sicher und gesund erfüllen können. Die ausführlichen Zusammenhänge der nichtvisuellen Wirkungen von Licht auf den Menschen sowie die Auswirkungen auf die Gesundheit und Leistungsfähigkeit sind in der DGUV Information 215-220 „Nichtvisuelle Wirkungen von Licht auf den Menschen", Ausg. 2018-09 beschrieben.

1013) Der Mensch ist entwicklungsgeschichtlich an das Tageslicht angepasst. Tageslicht wirkt auf den Menschen über das Auge und über die Haut. Mit Tageslicht wird die innere Uhr des Menschen synchronisiert und es beeinflusst die physische und psychische Verfassung des Menschen und seine Leistungsfähigkeit positiv. Die besonderen Merkmale des Tageslichtes, u. a. Dynamik, Informationsgehalt, unverfälschte spektrale Zusammensetzung, gute Körperwiedergabe und Schattigkeit und hohe Intensität bei geringer Blendwirkung, sind nicht nur für die Sehaufgabe wichtig, sondern wirken auch psychologisch und physiologisch positiv auf den Menschen. Daher ist die Umsetzung der Forderung nach möglichst ausreichendem Tageslicht in Arbeitsräumen eine wichtige Anforderung, die der Sicherheit und Gesundheit der Beschäftigten dient.

1014) Eine Sichtverbindung nach außen ermöglicht den visuellen Kontakt zur Umwelt. Hierdurch können Beschäftigte den natürlichen Tagesablauf in Verbindung mit der jeweils aktuellen Wetterlage wahrnehmen. Die Sichtverbindung unterstützt die positiven Wirkungen des Tageslichts am Arbeitsplatz und vermindert das Gefühl, im Raum eingeschlossen zu sein. Somit dient sie der Erhaltung der Gesundheit und des psychischen Wohlbefindens.

1015) Der Nutzen von Tageslicht und einer Sichtverbindung nach außen zur Erhaltung der Gesundheit bei der Arbeit ist arbeitswissenschaftlich erwiesen. Insoweit wird in Anh. Nr. 3.4 ArbStättV zu Recht gefordert, dass Arbeitgeber als Arbeitsräume nur solche Räume betreiben dürfen, die möglichst ausreichend Tageslicht erhalten und die eine Sichtverbindung nach außen haben. Tageslicht und Sichtverbindung nach außen sind neben der künstlichen Beleuchtung von Arbeitsplätzen zu Recht in der ArbStättV verankert.

Hinweis:

Normen als Planungsgrundlagen für Beleuchtungsanlagen können von den Anforderungen dieser ASR abweichen und berücksichtigen gegebenenfalls nicht die Anforderungen, die an Sicherheit und Gesundheitsschutz der Beschäftigten bei der Arbeit zu stellen sind. Es gelten die Anforderungen dieser ASR.

2 Anwendungsbereich

(1) Diese ASR findet Anwendung auf die natürliche und künstliche Beleuchtung von Arbeitsstätten in Gebäuden oder im Freien sowie auf die Sichtverbindung nach außen.[1016) 1017)]

(2) Räume ohne Sichtverbindung, die bis zum 3. Dezember 2016 eingerichtet worden waren oder mit deren Einrichtung bis zu diesem Termin begonnen worden war, dürfen weiter betrieben werden, solange bis sie wesentlich erweitert oder umgebaut werden. Ein Umbau oder eine Erweiterung gelten als wesentlich, wenn sie von ihrer Art oder ihrem Umfang her geeignet sind, gleichzeitig auch eine Sichtverbindung nach außen baulich herzustellen (z. B. Arbeiten an Außenwänden). Der finanzielle Aufwand der Erweiterungs- oder Umbauarbeiten allein ist kein entscheidendes Kriterium für die Bestimmung der „Wesentlichkeit".[1018)]

Hinweise:

Der Anwendungsbereich bezüglich Tageslicht und Sichtverbindung nach außen wird in Nummer 3.4 Absatz 1 des Anhangs der ArbStättV untersetzt. Erläuterungen dazu enthält Anhang 1 dieser ASR.

1016) Der Anwendungsbereich der ASR umfasst die natürliche und künstliche Beleuchtung sowie die Sichtverbindung nach außen. Eindeutig wird, wie in Anh. Nr. 3.4 ArbStättV gefordert, der Beleuchtung mit Tageslicht der Vorrang eingeräumt. Bei der Beleuchtung mit Tageslicht in Gebäuden müssen die großen tages- und jahreszeitlichen Schwankungen des Tageslichtes im Freien berücksichtigt werden. Da Tageslicht also örtlich und zeitlich nicht immer im ausreichenden Maße zur Verfügung steht oder die Arbeiten zu Zeiten ausgeführt werden müssen, zu denen kein Tageslicht vorhanden ist (z. B. Nachtarbeit), hat eine qualitativ gute künstliche Beleuchtung ebenso große Bedeutung sowohl für die Qualität der Erfüllung der Arbeitsaufgabe als auch für die Sicherheit und Gesundheit der Beschäftigten. Die Umsetzung von Anforderungen an die natürliche und künstliche Beleuchtung und an die Sichtverbindung nach außen dienen dazu, die Ausführung der Sehaufgaben zu ermöglichen, Unfall- und Gesundheitsgefahren zu vermeiden, die Leistungsfähigkeit zu steigern, einer Ermüdung vorzubeugen und psychische Belastung zu reduzieren.

1017) Betriebstechnische Gründe können die Nichtanwendung bestimmter Anforderungen dieser ASR begründen; betriebswirtschaftliche Erwägungen sind nicht als Begründung von Abweichungen von den Bestimmungen der ASR A3.4 zugelassen.

1018) Die Übergangsregel in Abs. 2 stellt eine Wiederholung der in Anh. Nr. 3.4 Abs. 3 ArbStättV verankerten Übergangsvorschrift dar. Diese war erforderlich, da die Forderung einer Sichtverbindung nach außen im Zuge seinerzeitiger Deregulierungsforderungen in der Neufassung der ArbStättV 2004 nicht übernommen wurde. Erst mit der grundlegenden Überarbeitung im Rahmen der siebten Änderung der ArbStättV 2016 wurde die Anforderung wieder aufgenommen. Die in dieser Zeitspanne eingerichteten Räume ohne Sichtverbindung dürfen gemäß der Übergangsregel so lange weiter betrieben werden, bis diese wesentlich erweitert oder umgebaut werden. Der Regeltext konkretisiert die Bestimmung, indem darauf verwiesen wird, dass zum einen der Umbau oder die Erweiterung von ihrer Art und Umfang her geeignet sein müssen, um eine Sichtverbindung herzustellen, und zum anderen der finanzielle Aufwand nicht das entscheidende Kriterium für die „Wesentlichkeit" sein darf. Wenn z. B. Arbeiten an den Außenwänden durchgeführt werden müssen, ist die Verwirklichung einer Sichtverbindung nicht davon abhängig zu machen, dass dadurch höhere Kosten entstehen.

3 Begriffsbestimmungen[1019)]

3.1 Die **Fensterbreite** ist die Breite des Fensters einschließlich Rahmen (Abbildung 1).

Hinweis:

Diese Fensterbreite wird auch als Rohbaumaß bezeichnet.

3.2 Die **Fläche der Sichtverbindung** ist die durchsichtige Fläche der Öffnungen. Bei Sichtverbindungen mit Stegen oder mehrteiligen Sichtverbindungen bildet die Summe der einzelnen durchsichtigen Flächen die Gesamtfläche der Sichtverbindung.

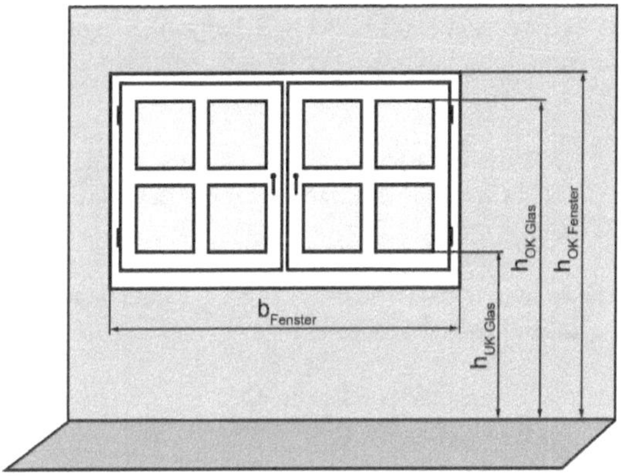

Abb. 1: Erläuterung von Fensterbreite ($b_{Fenster}$) sowie der Höhe der Unterkante der Fläche der Sichtverbindung ($h_{UK\ Glas}$), der Höhe der Oberkante der Fläche der Sichtverbindung ($h_{OK\ Glas}$) und der Höhe der Oberkante des Fensters ($h_{OK\ Fenster}$) über dem Fußboden

3.3 Der **Bereich des Arbeitsplatzes** setzt sich zusammen aus:

1. den Arbeitsflächen,
2. den Bewegungsflächen und
3. allen dem unmittelbaren Fortgang der Arbeit dienenden Stellflächen.

1019) Die Begriffsbestimmungen in den Abschnitten 3.1, 3.2 und 3.8 wurden mit der Fassung der ASR A3.4 vom Mai 2023 neu aufgenommen. Während die Abschn. 3.1 und 3.2 Definitionen für die Fensterbreite und die Fläche der Sichtverbindung als notwendige Grundlagen für die Anforderungen im Abschn. 4 enthalten, war eine Begriffsbestimmung für die Kantinen notwendig, da diese nach Anh. Nr. 3.4 Abs. 2 Satz 2 ArbStättV ebenso Sichtverbindungen nach außen haben sollen. Für die Bestimmung der Fensterbreite ist demnach das so genannte Rohbaumaß anzusetzen, d. h., die Fensterbreite bestimmt sich unter Einschluss des Rahmens. Dies erleichtert die Planungsprozesse für Architekten. Für die Bestimmung der Fläche der Sichtverbindung sind hingegen nur die durchsichtigen Flächen heranzuziehen, wobei mehrteilige Öffnungen, die z. B. durch Sprossen oder Stegen als Rahmenelemente unterteilt sind, zur Gesamtfläche der Sichtverbindung zusammengerechnet werden können.

3.4 **Umgebungsbereich** ist ein räumlicher Bereich, der sich direkt an einen Bereich oder mehrere Bereiche von Arbeitsplätzen anschließt oder durch die Raumwände oder Verkehrswege begrenzt wird.

3.5 **Arbeitsfläche** ist eine Fläche in Arbeitshöhe, auf der die eigentliche Arbeitsaufgabe verrichtet wird.

3.6 **Bewegungsflächen** sind zusammenhängende unverstellte Bodenflächen am Arbeitsplatz, die mindestens erforderlich sind, um den Beschäftigten bei ihrer Tätigkeit wechselnde Arbeitshaltungen sowie Ausgleichsbewegungen zu ermöglichen.

3.7 Eine **Teilfläche** ist eine Fläche mit höheren Sehanforderungen, z. B. Lesen, Schreiben, Messen, Kontrollieren und Betrachten von Fertigungsprozessen, innerhalb einer Arbeitsfläche.

3.8 Eine **Kantine** ist ein Raum innerhalb der Arbeitsstätte, der zur Bereitstellung und Aufnahme von Speisen und Getränken insbesondere für die Beschäftigten vorgesehen ist, z. B. Betriebsrestaurant, Cafeteria, Bistro.

3.9 Die **Beleuchtungsstärke** E ist ein Maß für das auf eine Fläche auftreffende Licht. Die Beleuchtungsstärke wird in Lux (lx) gemessen.

3.10 Die mittlere **Beleuchtungsstärke** $\bar{E}$ ist die über eine Fläche gemittelte Beleuchtungsstärke in Lux (lx).

3.11 Der **Mindestwert der Beleuchtungsstärke** (siehe Anhänge 1 und 2) $\bar{E}_m$ ist der Wert, unter den die mittlere Beleuchtungsstärke auf einer bestimmten Fläche nicht sinken darf.[1020)]

3.12 Die **horizontale Beleuchtungsstärke** E_h ist die Beleuchtungsstärke auf einer horizontalen Fläche, z. B. auf einer Arbeitsfläche.

3.13 Die **vertikale Beleuchtungsstärke** E_v ist die Beleuchtungsstärke auf einer vertikalen Fläche.

3.14 Der **Tageslichtquotient** D ist das Verhältnis der Beleuchtungsstärke an einem Punkt im Innenraum E_p zur Beleuchtungsstärke im Freien ohne Verbauung E_a bei bedecktem Himmel.

$$D = E_p/E_a \cdot 100\ \%$$

1020) ASR A3.4 enthält in Anh. 1 Mindestwerte der Beleuchtungsstärke nach Abschn. 3.8. Der Mindestwert der Beleuchtungsstärke stimmt mit dem Wartungswert nach DIN EN 12464-1: 2021-11 Licht und Beleuchtung – Beleuchtung von Arbeitsstätten – T. 1: Arbeitsstätten in Innenräumen überein. Der Mindestwert der Beleuchtungsstärke $\bar{E}_m$ bzw. der Wartungswert haben den Vorzug, dass sie jederzeit gemessen werden können.

3.15 Unter **Blendung** versteht man Störungen durch zu hohe Leuchtdichten oder zu große Leuchtdichteunterschiede im Gesichtsfeld. Sie entsteht z. B. durch:

1. schlecht abgeschirmte und zu helle Lichtquellen (Direktblendung) oder
2. störende Spiegelungen von hellen Lichtquellen auf Arbeitsmitteln, auf glänzenden Oberflächen, z. B. auf Bildschirmen, blanken Werkstücken oder glänzenden Maschinenteilen (Reflexblendung).

3.16 Die **Farbwiedergabe** ist die Wirkung einer Lichtquelle auf den Farbeindruck, den ein Mensch von einem Objekt hat, das mit dieser Lichtquelle beleuchtet wird. Der **Farbwiedergabeindex** R_a ist eine dimensionslose Kennzahl von 0 bis 100, mit der die Farbwiedergabeeigenschaften der Lampen klassifiziert werden. Der Farbwiedergabeindex dient auch der Bewertung von Verglasungen. Je höher der Wert ist, desto besser ist die Farbwiedergabe.[1021]

3.17 Die **Sicherheitsbeleuchtung** ist eine Beleuchtung, die dem gefahrlosen Verlassen der Arbeitsstätte und der Vermeidung von Gefährdungen dient, welche durch Ausfall der Allgemeinbeleuchtung entstehen können.[1022]

Hinweis:

In dieser ASR werden die Anforderungen der Sicherheitsbeleuchtung für Tätigkeiten, Arbeitsplätze, Arbeitsräume und Bereiche beschrieben.

3.18 Die **Leuchtdichte** L wird in Candela pro Quadratmeter [cd/m²] gemessen und beschreibt den Helligkeitseindruck einer beleuchteten oder leuchtenden Fläche.

4 Sichtverbindung nach außen

4.1 Grundsatz

(1) Die Sichtverbindung nach außen ermöglicht den visuellen Kontakt zur Umwelt. Sie unterstützt die positiven Wirkungen des Tageslichts am Arbeitsplatz und dient der Erhaltung der physischen und psychischen Gesundheit. Die Verbindung zur Außenwelt durch eine Sicht in die Umgebung ermöglicht das Erleben des Tagesablaufs und der Witterung und vermindert das Gefühl, im Raum eingeschlossen zu sein.[1023]

(2) Die Anforderung einer Sichtverbindung nach außen wird durch eine Sichtverbindung unmittelbar ins Freie erfüllt. Sie kann auch durch eine Sichtverbindung in einen großräumi-

---

[1021] In Abschn. 3.16 wurde mit der Fassung der ASR A3.4 vom Mai 2023 ergänzt, dass der Farbwiedergabeindex auch der Bewertung von Verglasungen dient. Dieser Punkt ist für die Sichtverbindung nach außen insoweit von Bedeutung, als die Flächen der Sichtverbindung eine verzerrungsfreie und farbneutrale Durchsicht ermöglichen müssen. Als farbneutral gelten dabei Materialien mit einer Qualität der Farbwiedergabe $R_a \geq 90$.

[1022] Eingefügt durch Änderung vom 18. März 2022; vorher enthalten in der aufgehobenen ASR A3.4/7.

[1023] Die grundsätzlichen Forderungen nach ausreichendem Tageslichteinfall und einer Sichtverbindung nach außen entsprechen dem Stand der Arbeitswissenschaft. Sie sind seit vielen Jahren durch einschlägige Gerichtsurteile bestätigt. Die Sichtverbindung nach außen ermöglicht den die Augen entlastenden Blick in die Ferne. Die Sichtverbindung unterstützt die positiven Wirkungen des Tageslichts am Arbeitsplatz und vermindert das Gefühl, im Raum eingeschlossen zu sein. Somit dient sie der Erhaltung der Gesundheit und des psychischen Wohlbefindens.

gen Innenbereich, der durch Tageslicht beleuchtet wird, oder mit einer Sichtverbindung mittelbar ins Freie durch einen anderen Raum hindurch, erfüllt werden.[1024) 1025)]

Hinweis:

Anhang 1 enthält Entscheidungshilfen, ob die Anforderung an eine Sichtverbindung nach Nummer 3.4 Absatz 1 des Anhangs der ArbStättV für einen konkreten Raum gilt. Anhang 2 enthält Hinweise zu möglichen Ausgleichsmaßnahmen bei unzureichender Sichtverbindung.[1026)]

4.2 Als Sichtverbindung dienende Fenster, Türen oder Wandflächen

4.2.1 Beschaffenheit[1027)]

(1) Die Flächen der Sichtverbindung müssen eine verzerrungsfreie und farbneutrale Durchsicht ermöglichen. Als farbneutral gelten Materialien mit einer Qualität der Farbwiedergabe $R_a \geq 90$. Als verzerrungsfrei gelten Materialien, durch die hindurch in 10 m Entfernung das Gesicht einer Person zugeordnet werden kann.[1028) 1029) 1030)]

1024) Zahlreiche Studien belegen die hohe psychologische Bedeutung einer Sichtverbindung nach außen. Auch hier lassen sich qualitative Unterschiede darstellen. Grundsätzlich ist ein Ausblick besser als kein Ausblick. Weiter differenziert wird ein Ausblick in die Natur als erholsamer und kreativitätsfördernder eingestuft als ein Ausblick auf bebautes Umland. Fenster führen dazu, dass Räume als weitläufiger wahrgenommen werden. Speziell beeinflusst ein weiter, unverbauter Ausblick die Wahrnehmung von Raumgröße und -helligkeit positiv. Generell werden fensternahe Arbeitsplätze präferiert.

1025) Die Mindestabmessungen der Abstandsflächen zu anderen Gebäuden im Freien vor den als Sichtverbindung vorgesehenen Fenstern oder Wandflächen richten sich nach den Bestimmungen des Bauordnungsrechts der Länder.

1026) Im Hinweis wird auf die in der Ausgabe Mai 2023 neu eingefügten Anhänge 1 und 2 verwiesen. Anh. 1 enthält wichtige Hilfen für die Entscheidung, ob ein Arbeitsraum die Anforderung einer Sichtverbindung nach außen erfüllen muss oder ob eine der Ausnahmekriterien in Anh. Nr. 3.4 Abs. 1 ArbStättV herangezogen werden kann. Falls die Prüfung dazu führt, dass eine Sichtverbindung nicht realisiert werden kann, enthält Anh. 2 Hinweise zu den möglichen Ausgleichsmaßnahmen für Beschäftigte, die in solchen Räumen tätig sein müssen, um mögliche Gefährdungen der Gesundheit zu minimieren.

1027) Als Sichtverbindung dienende Fenster, Türen oder Wandflächen erzeugen eine Verbundenheit zur Außenwelt, geben Informationen über Tageszeit, Wetter, saisonale Veränderungen und reduzieren Gefühle von Enge und Klaustrophobie. Fenster können die Augengesundheit unterstützen, indem die Möglichkeit zur Weitfokussierung gegeben ist.

1028) Nicht jede Fläche, durch die Tageslicht in den Raum gelangt, eignet sich für eine Sichtverbindung nach außen. Solche Flächen müssen aus Materialien gefertigt sein, die eine entsprechende verzerrungsfreie und farbneutrale Durchsicht ermöglichen. Für beide Kriterien werden in Abschn. 4.1 Abs. 1 der ASR A3.4 Kriterien angegeben. Für die als Sichtverbindung genutzten Flächen müssen Materialien verwendet werden, die eine Qualität der Farbwiedergabe $R_a \geq 90$ aufweisen. Da ein erheblicher Teil der Information aus der Umwelt im Raum durch Tageslichtöffnungen sichtbar wird, sollte die spektrale Zusammensetzung des einfallenden Tageslichtes durch permanente Einrichtungen (z. B. gefärbte Gläser in Fenstern) möglichst wenig verändert werden. Denn die unverfälschte Wiedergabe der Außenwelt stellt ein Gütemerkmal dar.

1029) Für Fenster kommen auch Verglasungen zum Einsatz, bei denen ein Teil des Spektrums herausgefiltert wird, um z. B. möglichst viel Tageslicht ins Gebäude holen zu können, aber gleichzeitig möglichst wenig Wärmestrahlung einzulassen (Sonnenschutzgläser). Die hierzu verwendeten Gläser schneiden einen Teil des Lichts im blauen Bereich ab. Dieser Teil scheint gering, weil das Auge in diesem Bereich recht unempfindlich ist. Für die Empfänger im Auge, die für die circadiane Rhythmik verantwortlich sind, ist dieser Bereich aber bedeutsam. Andere Verglasungen filtern Teile der sichtbaren Strahlung aus, um Blendung zu reduzieren. Solche Gläser verfälschen aber sowohl das Erscheinungsbild der Gegenstände im Innenraum als auch das Erscheinungsbild der Außenwelt. Um alle Vorteile des Tageslichts nutzen zu können, sind farbneutrale Verglasungsmaterialien mit hohen Transmissionsgraden einzusetzen.

(2) Sonnen-, Blend- und Sichtschutzsysteme gelten dann nicht als Einschränkung der Sichtverbindung, wenn diese rückziehbar sind. Sie sollen von den Beschäftigten beeinflussbar sein.[1031)]

(3) Flächenanteile, die mit nicht rückziehbaren, sichtbehindernden Fassadenelementen (z. B. Lochbleche, Bedruckungen, feststehenden Sonnen- und Blendschutzsysteme) ausgestattet sind, gelten nicht als Sichtverbindung. Dunkle Insektenschutzgitter gelten nicht als sichtbehindernd.[1032)]

Hinweis:

1. *Fassadenelemente mit kleinteiligen Strukturen im Bereich der Sichtöffnung können als durchsichtig angenommen werden, wenn sichtbehindernde Strukturelemente nicht größer als 0,5 mm sind. Der Grund hierfür ist, dass das Auge bei einem üblichen Abstand des Arbeitsplatzes vom Fenster auf Strukturelemente ≤ 0,5 mm nicht mehr akkommodieren kann.*
2. *Sonnenschutzsysteme, die auch in geschlossenem Zustand eine Teildurchsicht ermöglichen (z. B. stellbare Lamellen), sind zu bevorzugen.*
3. *Für Gebäude, die sich innerhalb von Grünbereichen befinden, kann der Vogelschutz eine Bedeutung haben. Zwischen den Anforderungen an eine Sichtverbindung nach außen und Vogelschutzbedruckungen kann ein Zielkonflikt bestehen. Eine Gefährdungsbeurteilung muss in diesem Fall auch den Aspekt des Vogelschutzes beachten. Kriterien für beiden Aspekten genügende Bedruckungen können z. B. die Grobheit des Bedruckungsmusters und der Reflexionsgrad der Bedruckungen nach innen (möglichst dunkel) und nach außen sein.*

4.2.2 Lage und Fläche

(1) Die Sichtverbindung nach außen muss den Ausblick aus dem jeweiligen Raum ermöglichen und kann z. B. durch Fenster, durchsichtige Türen oder durchsichtige Wandflächen bereitgestellt werden.[1033)]

1030) Ursache für Verzerrungen können herstellungs- oder verschleißbedingte Ungleichheiten im Material sein. So sind Glasoberflächen empfindlich gegenüber Verkratzungen. Sind diese ausreichend tief, kommt es zu sogenannten Linseneffekten, die optisch störende Verzerrungen durch die nicht mehr planparallelen Oberflächen der Glasscheiben mit sich bringen. Diese werden insbesondere bei schräger Betrachtung der betroffenen Stellen auffällig und wahrnehmbar.

1031) Ein erforderlicher Sonnen-, Blend- oder Sichtschutz stellt dann keine Einschränkung der Sichtverbindung dar, wenn diese bei Bedarf rückziehbar und von den Beschäftigten selbständig beeinflussbar sind. Letzteres ist gerade bei modernen Bürogebäuden als Folge eines ganzheitlichen Energiemanagements häufig nicht mehr der Fall. Überwiegend kommen Lamellensysteme in starrer und beweglicher Ausführung als Sonnen- und Blendschutz zum Einsatz. Der Anteil der Jalousie am Gesamtaufkommen an Sonnen- und Blendschutz liegt bei etwa 40 %.

1032) Die Qualität einer Sichtverbindung zeigt sich in der Erkennbarkeit von Gegenständen bzw. Personen in der äußeren Umgebung und wird beeinflusst durch die Geometrie des Musters, den Kontrast zwischen Elementen des Musters und der restlichen Fläche sowie dem Abstand des Standortes des Betrachters von der Fläche der Sichtverbindung. Weiterführende Informationen s. Erl. zur ASR A3.4 in Opfermann/Streit: Arbeitsstätten, Loseblattwerk mit Kommentar, 3. Aufl., Landsberg 2025 unter OZ 4100, RdNr. 21.

1033) Aus der Erwähnung der durchsichtigen Türen und Wandflächen in Abschn. 4.2.2 ist zu folgern, dass bei engen Ladengeschäften die Ladeneingänge und Schaufenster als Sichtverbindung anerkannt werden. Voraussetzung ist allerdings, dass die Türen und Schaufenster den Ausblick aus dem Laden ins Freie zulassen. Für Ganzglaswände oder -türen sowie Schaufenster von Verkaufs- oder Ausstellungsräumen, die als Sichtverbindung Verwendung finden, besteht hinsichtlich der Höhe der Unterkante der Glasfläche keine Beschränkung.

(2) Bis zu einer Raumgrundfläche von 600 m^2 muss die Größe der als Sichtverbindung vorgesehenen Flächen mindestens 1/10 der Raumgrundfläche betragen. Bei größeren Räumen muss die Größe der Sichtverbindung wenigstens 60 m^2 betragen.[1034)]

Hinweis:

Abhängig von der Grundrissgestaltung und der Nutzung kann es möglich sein, die Anforderung nur auf Teile des Gesamtraumes zu beziehen; Beispiel: Nutzung des fensterfernen Bereichs als Lager.

(3) Die Gesamtfläche der Sichtverbindung soll mindestens:
1. 1,25 m^2 bei einer Raumtiefe bis einschließlich 5,0 m und
2. 1,50 m^2 bei einer Raumtiefe von mehr als 5,0 m

betragen.[1035)]

(4) Die Unterkante der als Sichtverbindung vorgesehenen Flächen (Abbildung 1, $h_{UK\ Glas}$) soll höchstens 0,95 m bei vorwiegend sitzender Tätigkeit und höchstens 1,25 m bei vorwiegend stehender Tätigkeit über dem Raumfußboden liegen. Die Oberkante $h_{OK\ Glas}$ soll mindestens 2,20 m über dem Fußboden liegen.

Hinweis:

Bei ausschließlich fensternahen Arbeitsplätzen kann die Höhe der Sichtverbindung für den Fall der Verwendung von Fensterbändern (horizontal durchlaufende Fassadenöffnungen) auf 0,75 m reduziert werden. Die Oberkante des Glases $h_{OK\ Glas}$ liegt dann entsprechend unterhalb von 2,2 m. Fensternah ist ein Arbeitsplatz, wenn seine Entfernung vom Fenster im Wesentlichen in dem nach der Gleichung

$$(h_{OK\ Fenster} - 0{,}8\ m) \cdot 2{,}5$$

bestimmten Bereich liegt (siehe Abbildung 1 ($h_{OK\ Fenster}$), Abbildung 2 und den Hinweis in Abschnitt 4.2.2 Absatz 2).

(5) Als Sichtverbindung vorgesehene Fenster sollen mindestens eine Fensterbreite (Abbildung 1, $b_{Fenster}$) von 1,00 m haben.

1034) Abs. 2 des Abschn. 4.2.2 berücksichtigt, dass bei großflächigen Räumen in den Wänden nicht genügend Platz für die Sichtverbindung zur Verfügung stehen kann. Es ist auch daran gedacht, dass bei größerer Raumtiefe für fensterferne Bereiche eine Sichtverbindung nach außen nicht möglich ist. Demzufolge sollen in diesen Bereichen des Raumes möglichst keine ständigen Arbeitsplätze eingerichtet werden.

1035) In die Gesamtfläche der Sichtverbindungen gehen alle durchsichtigen Flächen – unabhängig von ihrer Lage – ein, bei denen die Möglichkeit besteht, zwischen einer Höhe von höchstens 0,95 m und etwa 2,20 m ins Freie zu blicken. Eine Ganzglaswand oder -tür kann demnach von ihrer Fläche her als mindestens erforderliche Sichtverbindung bei kleineren Räumen (Sichtverbindung: 1/10 der Raumgrundfläche) u. U. schon ausreichen, denn sie erfüllt diese Forderung. Im Gegensatz zum Bauordnungsrecht, das zur Ermittlung der Fensterfläche das Rohbaumaß zugrunde legt (1/8 der Raumgrundfläche), bezieht sich Abschn. 4.2.2 der ASR auf die tatsächliche, als Sichtverbindung nutzbare Fensterfläche.

4.2.3 Sichtverbindung in offene Innenhöfe und überglaste Atrien[1036]

Eine Sichtverbindung in Innenhöfe und Atrien kann die Anforderung einer Sichtverbindung nach außen erfüllen, wenn zusätzlich zu den oben genannten Anforderungen folgende Voraussetzungen eingehalten werden:

1. Die Tiefe des Innenhofes oder Atriums orthogonal zur Fassade muss im Bereich der jeweiligen Sichtverbindung mindestens 6 m betragen.
2. Der Innenhof bzw. das Atrium muss durch Tageslicht beleuchtet werden.
3. Der Innenhof bzw. das Atrium ist begrünt oder Personen können sich gelegentlich darin aufhalten.

Hinweis:

Ein Innenhof ist allseitig baulich umschlossen und nach oben offen. Ein Atrium ist zusätzlich transparent überdacht.

4.2.4 Sichtverbindung durch einen anderen Raum hindurch

Eine Sichtverbindung ins Freie durch einen anderen Raum hindurch erfüllt die Anforderung an die Sichtverbindung nach außen, wenn gleichzeitig die Anforderung an ausreichendes Tageslicht erfüllt wird und ein Sichtkontakt ins Freie tatsächlich gegeben ist.[1037] Die Anforderungen an die Lage und Fläche der Sichtverbindung müssen in jedem der Räume erfüllt werden, dabei muss die Fläche der Sichtverbindung aus der gesamten Grundfläche aller Räume, denen die Sichtverbindung dient, ermittelt werden.[1038]

1036) Optimal für eine Sichtverbindung ist es, wenn der Blick direkt ins Freie möglich ist und ohne störende Verbauung und übermäßigen Bewuchs durch hohe Sträucher oder Bäume eingeschränkt wird. Sichtverbindungen in offene Innenhöfe und überglaste Atrien und ebenso Sichtverbindungen, die durch einen anderen Raum hindurch nach außen gehen, lassen sich insbesondere in eng bebauten Innenstadtbereichen nicht vermeiden und sind besser als keine Sichtverbindung, aber keineswegs optimal. Die in Abschn. 4.2.3 aufgeführten Mindestanforderungen sollen dennoch dem Effekt des Eingeschlossenseins durch Verbindung zur Umwelt entgegenwirken.

1037) Eine Sichtverbindung ins Freie durch einen anderen Raum hindurch, die alle Anforderungen erfüllt, ist sicher in vielen Fällen gegeben. Die Bedingung, dass gleichzeitig die Anforderung an ausreichendes Tageslicht erfüllt sein muss, schränkt die Realisierbarkeit einer solchen Lösung jedoch ein. Ausreichend Tageslicht steht nur in Fensternähe in einem Bereich von wenigen Metern zur Verfügung. Denkbar wäre der Blick durch einen schmalen Gang mit hinreichend großen Fenstern ins Freie, sodass der Abstand des Arbeitsplatzes zum ins Freie führende Fenster nicht zu groß wird und das einfallende Tageslicht noch ausreicht.
Die Beleuchtung im Arbeitsraum könnte auch durch Dachoberlichter gewährleistet werden, wenn die Sichtverbindung ins Freie nur durch einen anderen Raum gewährleistet ist.

1038) Soll eine Sichtverbindung durch einen oder mehrere andere Räume hindurch erfüllt werden, so ist bei der Berechnung der notwendigen Größe die gesamte Grundfläche aller Räume, für die die Sichtverbindung zu gewährleisten ist, heranzuziehen. Grenzen z. B. ein 16 m^2 großer quadratischer Raum mit Breite gleich Tiefe 4 m und ein 8 m^2 großer rechteckiger Raum mit Breite 4 m und Tiefe 2 m aneinander, und ist der 8 m^2 große Raum ohne Fenster ausgestattet, so wären 24 m^2 für die Berechnung der Fläche für die Sichtverbindung nach außen zu Grunde zu legen. Ein Zehntel davon wären somit 2,4 m^2, die im quadratischen Raum als Gesamtfläche für die Sichtverbindung notwendig wären.

5 Beleuchtung mit Tageslicht

5.1 Ausreichendes Tageslicht

(1) Die Arbeitsstätten müssen möglichst ausreichend Tageslicht[1039] erhalten. Eine Beleuchtung mit Tageslicht ist der Beleuchtung mit ausschließlich künstlichem Licht vorzuziehen[1040]. Helle Wände und Decken unterstützen die Nutzung des Tageslichts. Tageslicht weist Gütemerkmale auf (z. B. die Dynamik, die Farbe, die Richtung, die Menge des Lichts), die in ihrer Gesamtheit von künstlicher Beleuchtung nicht zu erreichen sind. Tageslicht hat im Allgemeinen eine positive Wirkung auf die Gesundheit und das Wohlempfinden des Menschen.

(2) Tageslicht kann durch Fenster, Dachoberlichter und lichtdurchlässige Bauteile in Gebäude gelangen.[1041] Eine gleichmäßige Lichtverteilung kann mit Dachoberlichtern erreicht werden, wenn der Abstand der Dachoberlichter voneinander nicht größer als die lichte Raumhöhe ist.[1042]

(3) Die Anforderung nach ausreichendem Tageslicht[1043] wird erfüllt, wenn in Arbeitsräumen:

1. am Arbeitsplatz ein Tageslichtquotient größer als 2 %, bei Dachoberlichtern größer als 4 % erreicht wird[1044] [1045] oder

---

1039) Tageslicht ist Stand der Technik für Neuanlagen. Die Formulierung „möglichst ausreichend Tageslicht" ist ein akzeptabler Kompromiss für den Altbestand. Sie lässt zu, dass dort nicht allein Tageslicht verwendet wird und auch, dass nicht zu viel Tageslicht mit allen Nebenwirkungen (Wärme) in den Raum eingelassen werden muss.

1040) Eine Beleuchtung mit ausschließlich künstlichem Licht sollte vermieden werden. Eine zusätzliche künstliche Beleuchtung ist jedoch insbesondere für Arbeitsplätze, die nicht in unmittelbarer Fensternähe eingerichtet werden, in Abhängigkeit von der Tageszeit erforderlich. Diese künstliche Zusatzbeleuchtung muss getrennt schaltbar sein.

1041) Durch Fenster in den Seitenwänden fällt das Licht flach ein und beleuchtet auch die Wände, was zu einer angenehmen Verteilung des Lichts im Raum und zu einem günstigen Verhältnis der horizontalen zur vertikalen Beleuchtungsstärke führt. Fenster haben den Vorteil, dass sie eine Sichtmöglichkeit nach außen ermöglichen. Eine gleichmäßige Lichtverteilung kann mit Dachoberlichtern besser erreicht werden. Nähere Ausführungen hierzu in Opfermann/Streit: Arbeitsstätten, Loseblattwerk mit Kommentar, 3. Aufl., Landsberg 2025 unter OZ 3100 RdNr. 165 und OZ 4100 RdNr. 59 ff.

1042) Wände werden bei Dachoberlichtern nicht so stark beleuchtet, was aber für das Wohlbefinden wichtig ist. Deshalb ist in diesem Fall ein hoher Reflexionsgrad der Wände besonders wichtig.
Als lichtdurchlässige Bauteile zählen auch Festverglasungen.

1043) Vgl. auch DGUV Information 215-211 Tageslicht am Arbeitsplatz und Sichtverbindung nach außen, Ausg. 2022-07.

1044) Ein Tageslichtquotient größer als 2 % bei Fenstern und größer als 4 % bei Dachoberlichtern wird am Arbeitsplatz gefordert. Das ist kein Mittelwert über den ganzen Raum. Für höhere Sehanforderungen sind Tageslichtquotienten von 10 % bis 20 % zu empfehlen, wobei allerdings die in den Raum gelangende Wärme zu beachten ist. Für einen Wintertag mit einer Außenbeleuchtungsstärke von 5 000 lx ergibt sich an einem Arbeitsplatz im Raum z. B. für eine Beleuchtungsstärke von 500 lx D = 500/5.000 = 10 %. Das ist Stand der Technik und sollte bei der Einrichtung von Arbeitsplätzen berücksichtigt werden. Ein derartiger Wert fehlt hier jedoch, da diese ASR der Sicherheit und dem Gesundheitsschutz der Beschäftigten am Arbeitsplatz dient und keine Aussagen zu höheren Sehanforderungen macht.

1045) Der Tageslichtquotient ist abhängig von der Größe und der Anordnung der Fenster. In „typischen" Räumen (Abb. 1) ist mit einem Tageslichtquotienten von 2 % in 2 m Abstand vom Fenster, 1 % in 4,5 m Abstand vom Fenster und 0,5 % in 6 m Abstand vom Fenster zu rechnen.
Deshalb sind fensternahe Arbeitsplätze zu bevorzugen. Räume mit Tageslichtquotienten ≤ 2 % erfüllen die Anforderungen nach ausreichendem Tageslicht nicht, Räume mit Tageslichtquotienten ≤ 1 % sind als quasi tageslichtfrei anzusehen.

2. ein Verhältnis von lichtdurchlässiger Fenster-, Tür- oder Wandfläche bzw. Oberlichtfläche zur Raumgrundfläche von mindestens 1:10 (entspricht ca. 1:8 Rohbaumaße), eingehalten ist. Die Einrichtung fensternaher Arbeitsplätze ist zu bevorzugen (siehe Abbildung 2).[1046]

Die Anforderungen gelten auch für Aufenthaltsbereiche in Pausenräumen.

Wenn die Forderung nach ausreichendem Tageslicht in bestehenden Arbeitsstätten oder auf Grund spezifischer betriebstechnischer Anforderungen nicht einzuhalten ist, sind im Rahmen der Gefährdungsbeurteilung andere Maßnahmen zur Gewährleistung der Sicherheit und des Gesundheitsschutzes erforderlich. Eine andere Maßnahme besteht in der Einrichtung und Nutzung von Pausenräumen mit hohem Tageslichteinfall in Verbindung mit einer geeigneten Pausengestaltung.

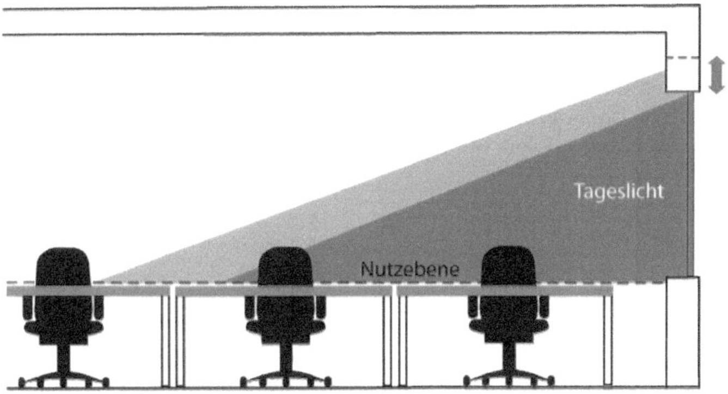

Abb. 2: Beispiel für die Tageslichtversorgung in Abhängigkeit von der Raumhöhe sowie der Größe und Anordnung des Fensters

(4) Für die Beleuchtung von Arbeitsplätzen mit Tageslicht sind in Fenstern und Dachoberlichtern Verglasungsmaterialien zu verwenden, die zu einer möglichst geringen Veränderung des Farbeindrucks führen.[1047]

[1046] Für die Planung wird die erst am fertigen Bau messbare Größe des Tageslichtkoeffizienten durch ein Verhältnis von lichtdurchlässiger Fenster-, Tür- oder Wandfläche bzw. Oberlichtfläche zur Raumgrundfläche von mindestens 1:10 (entspricht ca. 1:8 Rohbaumaße) ergänzt.

[1047] Die Forderung nach Verglasungsmaterialien, die zu einer möglichst geringen Veränderung des Farbeindrucks führen, war in der bisherigen ASR 7/1 nicht enthalten. Dort wurde nur durchsichtiges Glas gefordert.
Der Aufwand beim Auswechseln von farbverändernden Verglasungen (z. B. Sonnenschutzverglasungen) in bestehenden Gebäuden ist groß. Die Verhältnismäßigkeit einer solchen Maßnahme muss im Einzelfall vom Arbeitgeber geprüft werden. Ggf. ist ein schriftlicher Antrag bei der zuständigen Behörde auf Ausnahme von der ArbStättV zu stellen (s. § 3a Abs. 3 ArbStättV).

5.2 Maßnahmen zur Begrenzung der Blendung[1048)]

(1) Störende Blendung durch Sonneneinstrahlung ist zu vermeiden oder – wenn dies nicht möglich ist – zu minimieren. Zur Begrenzung störender Blendungen oder Reflexionen können z. B. Jalousien, Rollos und Lamellenstores dienen. Bei Dachoberlichtern können dies z. B. lichtstreuende Materialien oder Verglasungen mit integrierten Lamellenrastern sein.

(2) Die Anforderungen aus der ASR A3.5 „Raumtemperatur" bezüglich übermäßiger Sonneneinstrahlung (siehe Abschnitt 4.3 sowie Tabelle 3 der ASR A3.5) sind zu beachten.

6 Künstliche Beleuchtung in Gebäuden

6.1 Allgemeine Anforderungen

Da Tageslicht örtlich und zeitlich nicht immer in ausreichendem Maße vorhanden ist, ist zusätzlich eine künstliche Beleuchtung erforderlich. Die Arbeitsstätten müssen mit Einrichtungen für eine der Sicherheit und dem Gesundheitsschutz der Beschäftigten angemessenen künstlichen Beleuchtung ausgestattet sein. Eine Verringerung des individuellen Sehvermögens, z. B. mit zunehmendem Alter, kann eine höhere Anforderung an die Beleuchtungsqualität (z. B. eine höhere Beleuchtungsstärke und höhere Anforderungen an die Begrenzung der Blendung) erfordern.[1049)]

6.2 Beleuchtungsstärken

(1) Beim Einrichten und Betreiben von Arbeitsstätten müssen die Mindestwerte der Beleuchtungsstärken des Anhanges 3 eingehalten werden.[1050)] [1051)]

Ergibt sich bei der Gefährdungsbeurteilung, dass in bestehenden Arbeitsstätten die Einhaltung der Mindestwerte der Beleuchtungsstärken nach Anhang 3 mit Aufwendungen verbunden ist, die offensichtlich unverhältnismäßig sind, so hat der Arbeitgeber die betroffenen Tätigkeiten, Arbeitsplätze, Arbeitsräume und Bereiche individuell zu beurteilen.[1052)] Bei der Gefährdungsbeurteilung hat der Arbeitgeber zu prüfen, wie durch andere oder ergän-

1048) Die Forderung, blendungsbegrenzende Maßnahmen zu ergreifen, ist neu und war in der bisherigen ASR 7/1 Sichtverbindung nach außen nicht enthalten. Blendung kann zu Unfällen führen (Abschn. 7.2 Abs. 1) und hat nicht nur etwas mit der Ausführbarkeit der Arbeitsaufgabe zu tun. Die Nachrüstung bestehender Arbeitsstätten mit Blendschutz ist sicherheitsrelevant und verhältnismäßig.

1049) Der Arbeitgeber hat für eine sachkundige Planung und Einrichtung der Arbeitsstätte zu sorgen. Ratsam ist, bereits bei der Planung die Expertise der Fachkraft für Arbeitssicherheit einzuholen.

1050) Die Tabelle in Anh. 3 enthält Mindestwerte der Beleuchtungsstärke. Der Mindestwert der Beleuchtungsstärke wird in Abschn. 3.11 definiert als der Wert, unter den die mittlere Beleuchtungsstärke auf einer bestimmten Fläche nicht sinken darf. Der Mindestwert der Beleuchtungsstärke stimmt mit dem Wartungswert nach DIN EN 12464-1:2021-11 überein. Der Mindestwert der Beleuchtungsstärke ist nicht identisch mit der Nennbeleuchtungsstärke, die in der zurückgezogenen Arbeitsstätten-Richtlinie ASR 7/3 verwendet wurde.

1051) ASR A3.4 weicht in einigen Fällen von DIN EN 12464-1:2021-11 ab. Die Werte aus Anh. 3 der ASR A3.4 entfalten bei ihrer Anwendung die Vermutungswirkung, dass die Forderungen des Anh. Nr. 3.4 ArbStättV eingehalten werden und sind damit insoweit rechtshierarchisch höherwertig.

1052) Es gilt wie bisher, dass der Arbeitgeber eine individuelle Gefährdungsbeurteilung anfertigen muss, wenn die allgemeine Gefährdungsbeurteilung Mindestbeleuchtungsstärken ergibt, die unverhältnismäßige Aufwendungen erfordern. Gegenüber der bisherigen Fassung wird die Forderung zur individuellen Gefährdungsbeurteilung nicht mehr allein auf die betroffenen Arbeitsplätze bezogen. Auch die betroffenen Tätigkeiten, Arbeitsräume und Bereiche sind individuell zu beurteilen.

zende Maßnahmen die Sicherheit und der Gesundheitsschutz der Beschäftigten in vergleichbarer Weise gesichert werden kann; die erforderlichen Maßnahmen hat er durchzuführen. Solche Maßnahmen sind z. B. der Einsatz von effizienteren Leuchtmitteln oder die Verkürzung von Wartungsintervallen der Beleuchtungseinrichtungen.

(2) Für Tätigkeiten, Arbeitsplätze, Arbeitsräume und Bereiche[1053], die im Anhang 3 nicht aufgelistet sind, sind die erforderlichen Werte im Rahmen der Gefährdungsbeurteilung zu ermitteln.

(3) An keiner Stelle im Bereich des Arbeitsplatzes darf das 0,6-Fache der mittleren Beleuchtungsstärke unterschritten werden. Der niedrigste Wert darf nicht im Bereich der Hauptsehaufgabe liegen.

(4) Die Beleuchtung kann als raumbezogene Beleuchtung oder auf den Bereich des Arbeitsplatzes bezogene Beleuchtung ausgeführt werden.[1054] Die im Anhang 3 angegebenen Mindestwerte der Beleuchtungsstärke müssen erreicht werden.

Die Anwendung einer raumbezogenen Beleuchtung kann gegeben sein, wenn:
1. Arbeitsplätze in der Planungsphase örtlich nicht zugeordnet werden können,
2. eine flexible Anordnung der Arbeitsplätze vorgesehen ist.

Bei den genannten Anwendungsfällen für die raumbezogene Beleuchtung ist es möglich in der Grundausstattung den gesamten Raum mit dem Mindestwert der Beleuchtungsstärke für den Umgebungsbereich entsprechend der späteren Nutzung zu beleuchten. In diesen Fällen ist durch zusätzliche Beleuchtung, z. B. mobile Beleuchtungssysteme, die Mindestbeleuchtungsstärke für den Bereich des Arbeitsplatzes sicherzustellen.

Die Anwendung einer auf den Bereich des Arbeitsplatzes bezogenen Beleuchtung kann gegeben sein, wenn:
1. die Anordnung der Arbeitsplätze und deren Umgebungsbereiche bekannt sind,
2. verschiedene Arbeitsplätze – auch innerhalb eines Raumes – unterschiedliche Beleuchtungsbedingungen erfordern.

(5) Im Umgebungsbereich eines Arbeitsplatzes mit einer Beleuchtungsstärke von 300 lx muss die mittlere Beleuchtungsstärke mindestens 200 lx betragen. Bei Arbeitsplätzen, die mit 500 lx oder mehr zu beleuchten sind, muss die mittlere Beleuchtungsstärke im Umgebungsbereich mindestens 300 lx betragen. Beleuchtungsstärken über 500 lx im Bereich des Arbeitsplatzes können eine höhere mittlere Beleuchtungsstärke im Umgebungsbereich erfordern. Die minimale Beleuchtungsstärke im Umgebungsbereich darf das 0,5-Fache der mittleren Beleuchtungsstärke des Umgebungsbereichs nicht unterschreiten.

(6) Bei Mindestwerten der Beleuchtungsstärke über 500 lx nach Anhang 3 ist es zulässig, diese nicht am gesamten Arbeitsplatz, sondern nur auf den für die Sehaufgabe relevanten Teil-

[1053] Die Ermittlungspflicht der erforderlichen Werte wird mit der Änderung 2022 auch auf Bereiche ausgeweitet.

[1054] Die Anwendung einer auf den Bereich des Arbeitsplatzes bezogenen Beleuchtung sollte bevorzugt werden. Abs. 4 lässt eine raumbezogene Beleuchtung zu, um Planungssicherheit zu gewährleisten und Haftungsansprüche auszuschließen.

flächen zu erreichen (siehe Abbildung 3)[1055] Dies kann zum Beispiel durch zusätzliche Arbeitsplatzleuchten geschehen. Die mittlere Beleuchtungsstärke im Bereich des Arbeitsplatzes darf bei teilflächenbezogener Beleuchtung 500 lx nicht unterschreiten. An keiner Stelle im Bereich des Arbeitsplatzes darf ein Einzelwert der Beleuchtungsstärke 300 lx unterschreiten.[1056]

Die Anwendung einer teilflächenbezogenen Beleuchtung kann gegeben sein, wenn:
1. besondere Sehaufgaben (wenig Kontraste, Notwendigkeit zur Erkennung von Oberflächenstrukturen, Arbeiten mit kleinen Teilen, kurze Betrachtungszeiträume) vorliegen,
2. eine Anpassung an das individuelle Sehvermögen der Beschäftigten erfolgt.

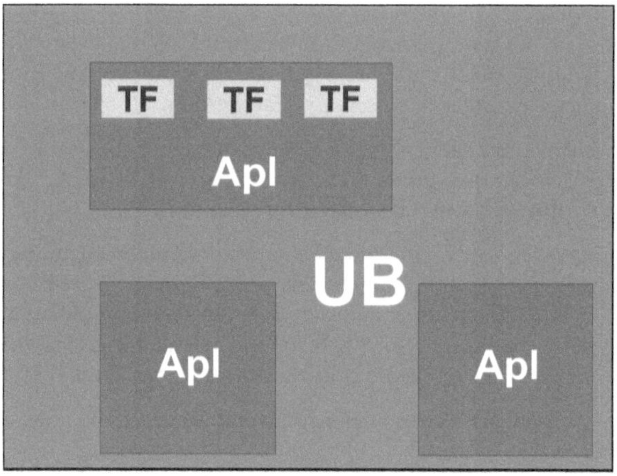

Abb. 3: Prinzipskizze zur Aufteilung einer Arbeitsstätte in zu beleuchtende Bereiche (Apl = Bereich des Arbeitsplatzes, TF = Teilfläche, UB = Umgebungsbereich)

(7) Die mittlere vertikale Beleuchtungsstärke muss der Seh- und Arbeitsaufgabe angemessen sein. Sie muss den im Anhang 3 angegebenen Werten entsprechen, soweit hierauf in der Spalte „Bemerkungen" verwiesen wird. Bei hellen Raumflächen und breit strahlenden Leuchten ist bei Einhalten der horizontalen Beleuchtungsstärken nach Anhang 3 in der Regel eine ausreichende vertikale Beleuchtungsstärke gegeben. Bewährt hat sich für Büroarbeitsplätze, Arbeitsplätze im Gesundheitsdienst und vergleichbare Arbeitsplätze (siehe An-

---

[1055] Abs. 6 lässt zu, dass für die Sehaufgabe erforderliche hohe Beleuchtungsstärken nur auf relativ kleinen relevanten Teilflächen erreicht werden müssen und nicht im gesamten Bereich des Arbeitsplatzes. Die Beleuchtungsstärke der Teilfläche liegt im Allgemeinen über dem Wert in der Tabelle.

[1056] Die geforderte örtliche Gleichmäßigkeit innerhalb des Bereiches des Arbeitsplatzes liegt wieder bei 0,6. Für die mittlere Beleuchtungsstärke im Bereich des Arbeitsplatzes werden bei teilflächenbezogener Beleuchtung mindestens 500 lx gefordert. Eine Gleichmäßigkeit zwischen dem Bereich des Arbeitsplatzes und den höher beleuchteten Teilflächen wird nicht vorgegeben, da derartige Vorgaben in speziellen Fällen nur mit unvertretbar hohem Aufwand erreicht werden können. Als Richtwerte können Verhältnisse von 0,33 (bis 0,1) angewendet werden.

hang 3, Spalte „Bemerkungen") ein Verhältnis von vertikaler Beleuchtungsstärke zu horizontaler Beleuchtungsstärke von ≥ 1:3.[1057] [1058]

6.3 Begrenzung von Blendung

(1) Störende Blendung oder Reflexionen sind zu minimieren. Blendung, die zu Unfällen führen kann, muss vermieden werden.[1059] [1060]

(2) Geeignete Maßnahmen zur Vermeidung und Begrenzung der Blendung sind z. B.:
1. Auswahl geeigneter Leuchtmittel,
2. richtige Auswahl und Anordnung der Leuchten,
3. Verringerung der Helligkeitsunterschiede zwischen Blendquelle und Umfeld, z. B. durch helle Decken und Wände,
4. Vermeidung von Reflexionen, z. B. durch entsprechende Oberflächengestaltung (matte Oberflächen).

6.4 Farbwiedergabe

(1) Es müssen Lampen mit mindestens einem Farbwiedergabeindex nach Anhang 3 verwendet werden. Durch die Leuchte darf dieser Farbwiedergabeindex nicht unterschritten werden. Für Tätigkeiten, Arbeitsplätze, Arbeitsräume und Bereiche, die im Anhang 3 nicht aufgelistet sind, sind die erforderlichen Werte im Rahmen der Gefährdungsbeurteilung zu ermitteln.[1061]

[1057] Die hier erhobene verbindliche Forderung („die … vertikale Beleuchtungsstärke muss … angemessen sein") kann Nachrüstungsbedarf für bestehende Arbeitsstätten bedeuten, der nicht in allen Fällen realisierbar und angemessen sein kann (Ausnahmeregelung erforderlich). Ein Verhältnis von vertikaler Beleuchtungsstärke zu horizontaler Beleuchtungsstärke von 1:3 wird für mit Büroarbeitsplätzen vergleichbare Arbeitsplätze empfohlen; d. h. nicht in Lagerhallen, nicht im Freien. Bei Arbeitsplätzen mit ständiger Arbeit an vertikalen Flächen wie Schultafeln, Hochregalen oder Bibliotheken ist als vertikale Beleuchtungsstärke die volle Beleuchtungsstärke nach der Tabelle in Anh. 3 erforderlich, nicht nur 33 % der horizontalen Beleuchtungsstärke.

[1058] Die Beispielsammlung der DGUV Information 215-442 „Beleuchtung im Büro, Teil 2 Planungsbeispiele" Ausg. 2020-07 zeigt, dass es sehr unterschiedliche Beleuchtungslösungen gibt, mit denen die mittleren vertikalen Beleuchtungsstärken eingehalten werden können.

[1059] Eine einfache Möglichkeit, Blendungen festzustellen, bietet das folgende Verfahren: Das Auge wird mit der Hand gegen die Richtung abgeschirmt, aus der Blendung vermutet wird; sofern das Störempfinden beim Sehen verschwindet oder der beobachtete Gegenstand deutlicher hervortritt, liegt Blendung vor (Indianertest).

[1060] Das relativ komplizierte UGR-Verfahren nach DIN 12454-1:2021-11, Licht und Beleuchtung – Beleuchtung von Arbeitsstätten – Teil 1: Arbeitsstätten in Innenräumen. ist Stand der Technik zur Bestimmung von Grenzwerten für die Blendung, aber zur einfachen Abschätzung ungeeignet. Erläuterungen zum UGR-Verfahren enthält Anhang B der DGUV Information 215-210 „Natürliche und künstliche Beleuchtung von Arbeitsstätten", Ausg. 2016-09. Je kleiner der ermittelte UGR-Wert (Unified Glare Rating) ist, desto geringer ist die psychologische Blendung. Nach DGUV Information 215-442, Ausg. 2020-07 Pkt. 4.2.1 (S. 15), können zur Überprüfung von Beleuchtungsanlagen die UGR-Tabellen der Dokumentationsunterlagen der Leuchtenhersteller verwendet werden. In Räumen mit Bildschirm- und Büroarbeitsplätzen darf der UGR-Wert nicht größer als 19 sein.

[1061] Die Farbwiedergabe muss mindestens so gut sein, dass Sicherheitsfarben als solche erkennbar sind und die Sicherheit der Beschäftigten gewährleistet ist. Gute Farbwiedergabe beeinflusst zusätzlich die Sehleistung, die Behaglichkeit und das Wohlbefinden der Beschäftigten.

(2) Durch Auswahl der Lampen und Leuchten ist sicherzustellen, dass Sicherheitszeichen und Sicherheitsfarben als solche erkennbar sind sowie die Signalwirkung von selbstleuchtenden Sicherheitszeichen nicht beeinträchtigt wird. Werden Lampen mit einem Farbwiedergabeindex $R_a < 40$ verwendet, muss durch geeignete Maßnahmen sichergestellt werden, dass Sicherheitsfarben erkennbar bleiben (z. B. durch Hinterleuchtung oder Anstrahlung).

6.5 Flimmern oder Pulsation

Flimmern oder Pulsation dürfen nicht zu Unfallgefahren (z. B. durch stroboskopischen Effekt) oder Ermüdung führen. Dies kann z. B. durch den Einsatz von elektronischen Vorschaltgeräten oder durch Drei-Phasen-Schaltung verhindert werden.[1062)]

6.6 Schatten

Schatten ermöglicht die räumliche Wahrnehmung. Durch angemessene Schattigkeit können Gegenstände in ihrer Form und Oberflächenstruktur leichter erkannt werden. Schatten, die Gefahrenquellen überdecken, dürfen nicht zu Unfallgefahren führen. Sie können z. B. durch Anordnung mehrerer Leuchten, die aus verschiedenen Richtungen Licht abgeben, minimiert werden.

7 Künstliche Beleuchtung im Freien

7.1 Beleuchtungsstärken

(1) Beim Einrichten und Betreiben von Arbeitsstätten im Freien müssen die Mindestwerte der Beleuchtungsstärken im Anhang 4 eingehalten werden.[1063)]

Ergibt sich bei der Gefährdungsbeurteilung, dass in bestehenden Arbeitsstätten die Einhaltung der Mindestwerte der Beleuchtungsstärken nach Anhang 4 mit Aufwendungen verbunden ist, die offensichtlich unverhältnismäßig sind, so hat der Arbeitgeber die betroffenen Arbeitsplätze individuell zu beurteilen. Bei der Gefährdungsbeurteilung hat der Arbeitgeber zu prüfen, wie durch andere oder ergänzende Maßnahmen die Sicherheit und der Gesundheitsschutz der Beschäftigten in vergleichbarer Weise gesichert werden kann; die erforderlichen Maßnahmen hat er durchzuführen. Solche Maßnahmen sind z. B. der Einsatz von effizienteren Leuchtmitteln oder die Verkürzung von Wartungsintervallen der Beleuchtungseinrichtungen.

(2) Werden an ortsfesten Arbeitsplätzen Tätigkeiten verrichtet, die den Tätigkeiten in Räumen entsprechen, so sind diese mit den in Innenräumen geforderten Beleuchtungsstärken, entsprechend Anhang 3 zu beleuchten.

1062) Der Einsatz von elektronischen Vorschaltgeräten wird nicht als zwingend betrachtet. Hier ergäbe sich ein hoher Nachrüstbedarf bei konventionellen Vorschaltgeräten. Eine solche Nachrüstung wäre nicht angemessen. Die Drei-Phasen-Schaltung wird für Altgeräte zugelassen.

1063) Im Freien lässt sich nicht die gleiche Beleuchtungsgüte erreichen wie in geschlossenen Räumen, da die das Licht reflektierenden Raumbegrenzungsflächen fehlen. Deshalb werden technisch bedingt teilweise geringere Anforderungen an die künstliche Beleuchtung im Freien gestellt als das in Räumen der Fall ist.

7.2 Begrenzung von Blendung

(1) Störende Blendung oder Reflexionen sind zu minimieren. Blendung, die zu Unfällen führen kann, muss vermieden werden.[1064)]

(2) Geeignete Maßnahmen zur Vermeidung und Begrenzung der Blendung sind z. B.:
1. Auswahl geeigneter Leuchtmittel,
2. richtige Auswahl und Anordnung der Leuchten,
3. Vermeidung von Reflexionen, z. B. durch entsprechende Oberflächengestaltung (matte Oberflächen).

(3) Beleuchtungsanlagen im Bereich von Verkehrsanlagen, z. B. für Gleisanlagen oder im Bereich von Schifffahrt, müssen so angebracht sein, dass eine Blendung vermieden wird und so betrieben werden, dass sie nicht mit Signalen verwechselt werden können.

7.3 Farbwiedergabe

(1) Es müssen Lampen mit mindestens einem Farbwiedergabeindex nach Anhängen 3 und 4 verwendet werden. Durch die Leuchte darf dieser Farbwiedergabeindex nicht unterschritten werden. Für Tätigkeiten, Arbeitsplätze, Arbeitsräume und Bereiche, die in den Anhängen 3 und 4 nicht aufgelistet sind, sind die erforderlichen Werte im Rahmen der Gefährdungsbeurteilung zu ermitteln.

(2) Durch Auswahl der Lampen und Leuchten ist sicherzustellen, dass Sicherheitszeichen und Sicherheitsfarben als solche erkennbar sind sowie die Signalwirkung von selbstleuchtenden Sicherheitszeichen nicht beeinträchtigt wird. Werden Lampen mit einem Farbwiedergabeindex $R_a < 40$ verwendet, muss durch geeignete Maßnahmen sichergestellt werden, dass Sicherheitsfarben erkennbar bleiben (z. B. durch Hinterleuchtung oder Anstrahlung).[1065)]

7.4 Flimmern oder Pulsation

Die Anforderungen des Abschnitts 6.5 sind analog anzuwenden.

7.5 Schatten

Die Anforderungen des Abschnitts 6.6 sind analog anzuwenden.[1066)]

8 Sicherheitsbeleuchtung für Tätigkeiten, Arbeitsplätze, Arbeitsräume und Bereiche

(1) Bereiche von Arbeitsstätten, in denen die Beschäftigten bei Ausfall der Allgemeinbeleuchtung Gefährdungen für Sicherheit und Gesundheit ausgesetzt sind, müssen eine ausreichende Sicherheitsbeleuchtung haben. Solche Bereiche sind im Rahmen einer Gefährdungsbeurteilung zu ermitteln. Das können z. B. sein:

1064) S. Erl. in FN 1059 und 1060.
1065) S. Erl. in FN 1061.
1066) S. Erl. in FN 1063.

1. Laboratorien, in denen es notwendig ist, dass Beschäftigte einen laufenden Versuch beenden oder unterbrechen müssen, um eine akute Gefährdung von Beschäftigten und Dritten zu verhindern. Solche akuten Gefährdungen können z. B. Explosionen oder Brände sowie das Freisetzen von Krankheitserregern oder giftigen, sehr giftigen oder radioaktiven Stoffen in Gefahr bringender Menge sein,
2. Arbeitsplätze, die aus technischen Gründen dunkel gehalten werden müssen,
3. elektrische Betriebsräume und Räume für haustechnische Anlagen,
4. der unmittelbare Bereich langnachlaufender Arbeitsmittel mit nicht zu schützenden bewegten Teilen, die Gefährdungen für Sicherheit und Gesundheit der Beschäftigten verursachen können, z. B. Plandrehmaschinen,
5. Steuereinrichtungen für ständig zu überwachende Anlagen, z. B. Schaltwarten und Leitstände für Kraftwerke, chemische und metallurgische Betriebe sowie Arbeitsplätze an Absperr- und Regeleinrichtungen, die betriebsmäßig oder bei Betriebsstörungen zur Vermeidung von Gefährdungen für Sicherheit und Gesundheit der Beschäftigten betätigt werden müssen, um Produktionsprozesse gefahrlos zu unterbrechen bzw. zu beenden,
6. Bereiche in der Nähe heißer Bäder oder Gießgruben, die aus produktionstechnischen Gründen nicht durch Geländer oder Absperrungen gesichert werden können,
7. Bereiche um Arbeitsgruben, die aus arbeitsablaufbedingten Gründen nicht abgedeckt sein können oder
8. Arbeitsplätze auf Baustellen (siehe hierzu Abschnitt 10).

(2) Die Beleuchtungsstärke der Sicherheitsbeleuchtung ist auf der Grundlage der Gefährdungsbeurteilung festzulegen. Die Beleuchtungsstärke muss mindestens 15 lx[1067)] mit einer Gleichmäßigkeit (Verhältnis der maximalen zur minimalen Beleuchtungsstärke) von < 10:1 betragen. Allgemein bewährt hat sich ein Wert von 10 % der mittleren Beleuchtungsstärke der Allgemeinbeleuchtung. Im Einzelfall können höhere Beleuchtungsstärken erforderlich sein. Die Beleuchtungsstärke und die Gleichmäßigkeit sind am Ort der Sehaufgabe zu messen.[1068)]

(3) Die erforderliche Beleuchtungsstärke der Sicherheitsbeleuchtung ist innerhalb von 0,5 s nach Ausfall der Allgemeinbeleuchtung zu erreichen.[1069)] Diese Beleuchtungsstärke muss mindestens für die Dauer der besonderen Gefährdung zur Verfügung stehen.

1067) Abschn. 8 Abs. 2 weist darauf hin, dass die Beleuchtungsstärke der Sicherheitsbeleuchtung 15 lx nicht unterschreiten darf und die Gleichmäßigkeit < 10:1 bleiben muss. In der Praxis ist es sicherer, zuerst zu prüfen, wie groß der bewährte Wert von 10 % der Beleuchtungsstärke der Allgemeinbeleuchtung ist. Er ist im Allgemeinen größer als 15 lx.

1068) Mit dem Verweis auf das Einhalten einer örtlichen Gleichmäßigkeit zwischen maximaler und minimaler Beleuchtungsstärke sollen plötzlich eintretende Beeinträchtigungen des Sehvermögens verhindert werden. Dies ist nicht nur beim plötzlichen Wechsel von allgemeiner Beleuchtung zu Sicherheitsbeleuchtung zu beachten, sondern grundsätzlich bei der Beleuchtungsgestaltung. DIN EN 12464:2021-11 Licht und Beleuchtung, T.1: Beleuchtung von Arbeitsstätten in Innenräumen, fordert deshalb für jede Sehaufgabe eine gewisse Gleichmäßigkeit der Beleuchtung.

1069) Empfehlung: Die Zeit zwischen dem Ausfall der Allgemeinbeleuchtung und dem Einschalten der Notbeleuchtung (Einschalt- bzw. Umschaltzeit) darf maximal 0,5 Sekunden betragen. Entsprechende Umschalt- und Überwachungsmodule gemäß DIN VDE 0100-710:2012-10 entsprechen dem Stand der Technik und ermöglichen auch eine Umschaltzeit kleiner 0,5 s.

(4) Die Lichtfarbe der Sicherheitsbeleuchtung ist so zu wählen, dass die Sicherheitsfarben erkennbar bleiben. Der allgemeine Farbwiedergabeindex R_a darf nicht unter 40 liegen.

(5) Eine störende Blendung der Beschäftigten ist zu vermeiden oder – wenn dies nicht möglich ist – zu minimieren.[1070)]

(6) Eine Stromquelle für Sicherheitsbeleuchtung darf durch den Ausfall der allgemeinen Stromversorgung nicht beeinträchtigt werden. Diese Stromquelle darf nur dann zusätzlich für andere Zwecke verwendet werden, wenn die Verfügbarkeit für die Versorgung der Einrichtung für Sicherheitszwecke dadurch nicht beeinträchtigt wird.[1071)]

9 Betrieb, Instandhaltung und orientierende Messung

9.1 Betrieb

(1) Beleuchtungsanlagen sind so einzurichten und zu betreiben, dass sie die Sicherheit und die Gesundheit der Beschäftigten nicht gefährden. Diesbezüglich auftretende Mängel sind unverzüglich zu beseitigen.

Mängel können z. B. sein:
1. Ausfall von Leuchtmitteln,
2. Lösen von Leuchtenteilen,
3. Platzen des Schutzkolbens bei Hochdrucklampen,
4. Beschädigung von Leuchtenabdeckungen, die die Schutzart beeinträchtigen,
5. Verringerung der Beleuchtungsstärke, z. B. aufgrund einer Verschmutzung oder der Alterung von Leuchten oder
6. Kontakt mit heißen Oberflächen.[1072)]

(2) Bei Veränderungen von Arbeitsplätzen (z. B. geänderte Aufstellung von Schreibtischen, Veränderung von Farben und Oberflächen) oder Änderungen der Sehaufgabe (z. B. Umstellung der Produktion oder der Tätigkeit) ist im Rahmen der Gefährdungsbeurteilung zu prüfen, ob die Beleuchtungsanlage den geänderten Bedingungen entspricht oder angepasst werden muss.

9.2 Instandhaltung

(1) Beleuchtungsanlagen sind regelmäßig dahingehend zu überprüfen, ob sie noch den Anforderungen dieser Arbeitsstättenregel entsprechen. Im Laufe der Zeit unterliegen Beleuchtungsanlagen einer Veränderung der lichttechnischen Parameter (z. B. Verringerung der Beleuchtungsstärke) oder sie können beschädigt werden. Instandhaltungsmaßnahmen sind spätestens dann erforderlich, wenn die Beleuchtungsanlage durch Verschmutzung, Alterung oder Beschädigung die Anforderungen dieser ASR nicht mehr erfüllt oder auf andere Weise zu einer Gefährdung wird. Es ist dafür zu sorgen, dass sichere Instandhaltung möglich ist, insbesondere ist für einen sicheren Zugang zu sorgen.

1070) Es ist vorrangig physiologische Blendung zu erwarten. Die Leuchten dürfen nicht zu hell sein und blenden und dadurch die Lesbarkeit und das Erkennen von Hindernissen erschweren. Wegen der unterschiedlichen Leuchtdichten einer Sicherheitsbeleuchtung und langnachleuchtender Leitmarkierungen kann es zur Blendung mit der Folge kommen, dass die nachleuchtenden Markierungen nicht mehr erkannt werden.

1071) Wegen der kürzeren Einschaltverzögerung für Fluchtwege muss geprüft werden, ob zusätzlich zu einem ggf. vorhandenen Notstromaggregat eine Batterieanlage installiert werden muss.

1072) Zu den zu beseitigenden Mängeln sind bei Tageslicht auch verschmutzte Fenster zu rechnen.

(2) Um die Versorgung mit Tageslicht nicht zu beeinträchtigen, sind Fenster und Dachoberlichter regelmäßig zu reinigen. Anforderungen an den Arbeitsschutz bei der Reinigung von Fensterflächen siehe ASR A1.6 „Fenster, Oberlichter, lichtdurchlässige Wände".

9.3 Orientierende Messung

(1) Sofern zur Auswahl oder zur Prüfung von Beleuchtungseinrichtungen orientierende Messungen im Betrieb durchgeführt werden[1073], sind Beleuchtungsstärkemessgeräte zu verwenden, die mindestens der Klasse C gemäß DIN 5035 Teil 6, Ausgabe 2006-11 entsprechen.[1074]

(2) Die Messungen der künstlichen Beleuchtung in Räumen, die auch durch Tageslicht beleuchtet werden, sollen bei natürlicher Dunkelheit durchgeführt werden. Kann Tageslicht bei der Messung nicht ausgeschlossen werden, ist zunächst bei eingeschalteter und danach bei ausgeschalteter künstlicher Beleuchtung zu messen. Aus der Differenz der beiden Messungen werden die Werte der künstlichen Beleuchtung ermittelt. Da das Tageslicht stark schwanken kann, sollten die beiden Messungen bei bedecktem Himmel und unmittelbar nacheinander durchgeführt werden. Die Differenzmessung ist bei tageslichtabhängig geregelten Beleuchtungsanlagen nicht anwendbar.

(3) Zur Bewertung des Ist-Zustandes sind die Beleuchtungsanlagen im jeweiligen Betriebszustand zu messen. Leuchtstofflampen und andere Entladungslampen müssen bei der Messung mindestens 100 Betriebsstunden aufweisen.

(4) Die Messpunkte sind auf der Bezugsebene möglichst gleichmäßig zu verteilen (siehe Abbildung 4).

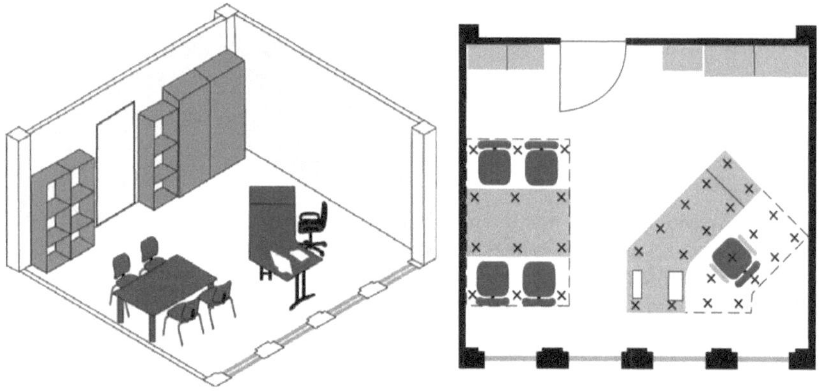

Abb. 4: Beispiel für die Verteilung der Messpunkte (x) für einen Bereich des Arbeitsplatzes

[1073] Orientierende Messungen erfordern Sachkenntnis. Ihre Durchführung ist jedoch nicht an anerkannte Fachbetriebe gebunden. Der Gegensatz zur orientierenden Messung ist eine gerichtsfeste Messung nach Norm.

[1074] Die Durchführung einer Messung der Beleuchtungsstärke ist nicht in jedem Fall erforderlich. Es gibt bewährte Beleuchtungssysteme für Büros, bei deren Realisierung davon ausgegangen werden kann, dass eine ausreichend helle Beleuchtung vorhanden ist.

(5) Der Mindestwert der Beleuchtungsstärke muss in der Bezugsebene (siehe Tabelle 1) erreicht werden und wird auch dort gemessen. Ist die Höhe oder Ebene bekannt, in der die Sehaufgabe ausgeführt wird, kann die Messung auch dort durchgeführt werden.

Tab. 1: Höhe der Bezugsebenen für horizontale Beleuchtungsstärken E_h und vertikale Beleuchtungsstärken E_v

	Bezugshöhe für E_h [m über dem Boden]	**Bezugshöhe für E_v [m über dem Boden]**
überwiegend stehende Tätigkeiten	0,85	1,60
überwiegend sitzende Tätigkeiten	0,75	1,20
Verkehrswege (z. B. Flure und Treppen)	bis 0,20	

9.4 Betrieb, Instandhaltung und Prüfung von Sicherheitsbeleuchtung

(1) Sicherheitsbeleuchtung ist an die aktuelle Gefährdungssituation anzupassen. Schäden, die die Funktionsfähigkeit beeinträchtigen können, sind unverzüglich zu beseitigen.

(2) Der Arbeitgeber hat die Sicherheitsbeleuchtung bei Bedarf auf seine Funktionsfähigkeit prüfen zu lassen. Die Wartungs-, Prüf- und Dokumentationspflichten ergeben sich aus der Gefährdungsbeurteilung unter Berücksichtigung der Herstellerangaben. Festgestellte Mängel sind unverzüglich sachgerecht zu beseitigen.

10 Abweichende/ergänzende Anforderungen für Baustellen

(1) Arbeitsplätze und Verkehrswege auf Baustellen sind mindestens mit den Beleuchtungsstärken nach Tabelle 2 zu beleuchten.[1075)]

Tab. 2: Mindestwerte der Beleuchtungsstärken auf Baustellen

Tätigkeiten, Arbeitsplätze und Bereiche auf Baustellen	**E (in lx)**
Allgemeine Beleuchtung, Verkehrswege	20
Grobe Tätigkeiten, z. B.: Erdarbeiten, Hilfs- und Lagerarbeiten, Transport, Verlegen von Entwässerungsrohren	50
Normale Tätigkeiten, z. B.: Montage von Fertigteilen, einfache Bewehrungsarbeiten, Schalungsarbeiten, Stahlbeton- und Maurerarbeiten, Installationsarbeiten, Arbeiten im Tunnel	100

1075) Die Tabelle 2 in Abschn. 10 enthält auf Baustellen mit verhältnismäßigem Aufwand erreichbare Beleuchtungsstärken. Das sind absolute Mindestwerte. Wünschenswert wären auch auf Baustellen die Beleuchtungsstärken, die in der Tabelle im Anh. 3 für die Gewährleistung von Sicherheit und Gesundheit vorgegeben werden.

Tätigkeiten, Arbeitsplätze und Bereiche auf Baustellen	E (in lx)
Feine Tätigkeiten, z. B.: Anspruchsvolle Montagen, Oberflächenbearbeitung, Verbindung von Tragwerkselementen	200

(2) Werden an ortsfesten Arbeitsplätzen Tätigkeiten verrichtet, die den Tätigkeiten in der Tabelle des Anhanges 3 entsprechen, sind die dort angegebenen Werte anzuwenden.

(3) Ist die Anpassung der Beleuchtung nach den Abschnitten 3.2 und 3.4 der Tabelle des Anhanges 3 in bestehenden mobilen Sanitär-, Pausen- und Bereitschaftsräumen mit einem unverhältnismäßigen Aufwand verbunden, ist diese spätestens dann vorzunehmen, wenn ein wesentlicher Umbau durchgeführt wird.

(4) Auf Baustellen ist eine Sicherheitsbeleuchtung erforderlich, wenn während der Arbeitszeit durch das einfallende Tageslicht ein Mindestwert der Beleuchtungsstärke von 1 lx nicht gegeben ist, z. B.:

1. in Bereichen ohne Tageslicht, z. B. in innenliegenden Räumen und Gebäudeabschnitten ohne Lichtschächte und Maueröffnungen, in Räumen unter Geländeoberfläche, in Tunneln und Schächten,

oder

2. jahreszeitlich bedingt.

(5) Abweichend von Abschnitt 8 Absatz 2 darf die Beleuchtungsstärke in Bereichen, in denen nach Absatz 3 eine Sicherheitsbeleuchtung auf Baustellen erforderlich ist, mindestens 1 lx betragen. Ergibt die Überprüfung der Gefährdungsbeurteilung, dass die Beleuchtungsstärke von 1 lx nicht ausreichend ist, muss die Beleuchtungsstärke entsprechend erhöht werden.

(6) Bei Bauarbeiten unter Tage (z. B. Tunnelbauarbeiten) ist für die Sicherheitsbeleuchtung am Arbeitsplatz eine Beleuchtungsstärke von mindestens 15 lx erforderlich.

(7) Abweichend von Abschnitt 8 Absatz 2 kann bei Arbeiten auf Baustellen auf den Nachweis der Gleichmäßigkeit verzichtet werden.

Anhang 1

Entscheidungshilfe, ob die Anforderung an eine Sichtverbindung nach Nummer 3.4 Absatz 1 des Anhangs der ArbStättV für einen konkreten Raum gilt

Gemäß § 3a Absatz 1 ArbStättV in Verbindung mit Nummer 3.4 Absatz 1 des Anhangs der ArbStättV darf der Arbeitgeber nur solche Räume als Arbeitsräume betreiben, die eine Sichtverbindung nach außen haben. Im Rahmen der Gefährdungsbeurteilung nach § 3 ArbStättV sind deshalb alle Möglichkeiten zu prüfen, diese Anforderung umzusetzen, das Ergebnis ist in der Dokumentation der Gefährdungsbeurteilung festzuhalten.

a) **zu Nummer 3.4 Absatz 1 des Anhangs der ArbStättV**

Betriebs- und produktionstechnische Gründe: Es gilt der Grundsatz, dass zuerst die Option einer temporären Unterbrechung der Sichtverbindung (z. B. durch Abdunkelung des Raumes) zu prüfen ist. Stellt diese keine sinnvolle Option dar, so besteht keine Anforderung. Beispiele sind:

1. Erste-Hilfe-Räume,
2. Verarbeitung fotoempfindlicher Materialien (z. B. Halbleiterindustrie),
3. Sehaufgaben, die mit dem Tageslicht nicht vereinbar sind (z. B. bestimmte Befundungsräume),
4. Labore, bei denen die Beschaffenheit des Fensters Messergebnisse verfälscht (z. B. akustische Messlabore),
5. Räume, deren lichttechnische Anforderungen mit Fenstern nicht vereinbar sind (z. B. Studio- und Produktionsräume bei Film und Fernsehen),
6. Vorführräume in Theatern und Kinos oder
7. Schutz von Personen vor gewalttätigen Übergriffen (z. B. Räume, in denen der Anreiz zu Überfällen besteht).

Bautechnische Gründe: Es gilt der Grundsatz, dass diese Gründe nur greifen, wenn Alternativen nicht möglich sind. Beispiele sind:

1. Räume, deren funktionale Verknüpfung mit anderen Räumen eine Außenfassade nicht zulässt (z. B. Operationsbereiche mit besonders komplexen Anforderungen),
2. denkmalgeschützte Gebäude, bei denen die vorhandenen Fenster nicht ausreichend sind, oder
3. zwingende statische Gründe bei Änderungen an Bestandsbauten.

b) **zu Nummer 3.4 Absatz 1 Nummer 2 des Anhangs der ArbStättV**

Nicht über einen längeren Zeitraum: An weniger als 30 Arbeitstagen im Jahr.

Nur kurzzeitig: Wenn sich Beschäftigte zur Verrichtung ihrer Tätigkeit in Räumen ohne Sichtverbindung in der Regel nicht mehr als zwei Stunden an einem Arbeitstag aufhalten. Beispiele sind insbesondere Archive, Lager-, Maschinen- und Nebenräume, Teeküchen.

c) **zu Nummer 3.4 Absatz 1 Nummer 3 des Anhangs der ArbStättV**

Vollständig unter der Erdgleiche liegen Räume, deren Außenwände sich unterhalb des Geländeniveaus befinden.

Beispiele sind insbesondere Tiefgaragen oder ähnliche Einrichtungen, kulturelle Einrichtungen (z. B. Jugendclub, Kegelbahn), Verkaufsräume oder Schank- und Speiseräume.

Die genannten Ausnahmen, z. B. Schank- und Speiseräume umfassen auch die zugehörigen Produktions- und Wirtschaftsräume.

Anhang 2

Mögliche Ausgleichsmaßnahmen bei unzureichender Sichtverbindung

Ausgleichsmaßnahmen können eine unzureichende Sichtverbindung nicht vollständig kompensieren. Auch dort, wo Anforderungen nach Nummer 3.4 Absatz 1 Satz 2 des Anhangs der Arbeitsstättenverordnung (ArbStättV) nicht bestehen, gilt das Minimierungsgebot. Zur Minderung der negativen Folgen des Fehlens der Sichtverbindung können folgende Maßnahmen dienen. Beispielhafte Aufzählung in Abhängigkeit der Tätigkeit:

1. Begrenzung des Aufenthalts in dem betroffenen Raum,
2. Aufgabenwechsel mit Aufgaben in Arbeitsräumen mit Sichtverbindung nach außen oder im Freien,
3. Tageslicht (z. B. durch Oberlichter, wenn Fenster nicht möglich sind),
4. regelmäßige Erholungszeiten in Räumen mit Sichtverbindung nach außen oder im Freien,
5. Kantinen mit Sichtverbindung nach außen, oder
6. Pausengestaltung in Räumen mit Sichtverbindung ins Freie oder im Freien.

Hinweis:

Bei fehlender Sichtverbindung sind weitere ungünstige Raumgestaltungen bei der Gefährdungsbeurteilung gesondert zu berücksichtigen, z. B. bezüglich der Raumhöhe oder der Raumgröße hinsichtlich der Wechselwirkungen (ASR V3 „Gefährdungsbeurteilung").

Anhang 3

Beleuchtungsanforderungen für Tätigkeiten, Arbeitsplätze, Arbeitsräume und Bereichen in Gebäuden[1076)]

(Die im Anhang angegebenen Werte sind Beleuchtungsstärken auf der Bezugsfläche der Sehaufgabe, die horizontal, vertikal oder geneigt sein kann. Auf die Regelungen des Abschnitts 6.2. Absatz 1 für bestehende Beleuchtungseinrichtungen wird verwiesen.)

	Tätigkeiten, Arbeitsplätze, Arbeitsräume und Bereiche	Mindestwert Beleuchtungsstärke E (in lx)	Mindestwert Farbwiedergabeindex R_a	Bemerkungen
1 Verkehrswege				
1.1	Verkehrsflächen und Flure ohne Fahrzeugverkehr	50	40	In Hotels ist während der Nacht ein geringeres Niveau nach einer Gefährdungsbeurteilung zulässig.
1.1a	Verkehrsflächen und Flure ohne Fahrzeugverkehr im Bereich von Absätzen und Stufen	100	40	
1.2	Verkehrsflächen und Flure mit Fahrzeugverkehr	150	40	
1.3	Treppen, Fahrtreppen, Fahrsteige, Aufzüge	100	40	
1.4	Laderampen, Ladebereiche	150	40	
1.5	Begehbare Unterflurtunnel, Zwischenböden und für Wartungszwecke, z. B. Stetigförderer, Wartungsgänge	50	40	
1.6	Halleneinfahrten Tagesbetrieb (Übergangsbereich im Gebäude)	400	40	

1076) Die Werte aus Anh. 3 der ASR A3.4 entfalten bei ihrer Anwendung die Vermutungswirkung, dass die Forderungen des Anh. Nr. 3.4 ArbStättV eingehalten werden. Sie sind damit insoweit rechtshierarchisch höherwertig (z. B. als Normen). Die Mindestwerte der Beleuchtungsstärke in ASR A3.4 sind sorgfältig vom ASTA ermittelt und mit den Vertretungen der Arbeitgeber, Arbeitnehmer, der Arbeitsschutzbehörden der Länder, der Unfallversicherungsträger und der Wissenschaft geprüft und abgestimmt.

	Tätigkeiten, Arbeitsplätze, Arbeitsräume und Bereiche	Mindestwert Beleuchtungsstärke E (in lx)	Mindestwert Farbwiedergabeindex R_a	Bemerkungen
	Nachtbetrieb (Übergangsbereich vor dem Gebäude)	50	40	
2 Lager				
2.1	Versand- und Verpackungsbereiche	300	60	
2.2	Lagerräume für gleichartiges oder großteiliges Lagergut	50	60	
2.3	Lagerräume mit Suchaufgabe bei nicht gleichartigem Lagergut	100	60	
2.4	Lagerräume mit Leseaufgaben	200	60	
3 Allgemeine Bereiche, Tätigkeiten und Aufgaben				
3.1	Kantinen, Teeküchen, SB-Restaurants	200	80	
3.2	Pausenräume, Warteräume, Aufenthaltsräume	200	80	
3.3	Räume für körperliche Ausgleichsübungen (Sport-, Fitnessräume, Sporthallen)	300	80	
3.4	Waschräume, Bäder, Toiletten, Umkleideräume	200	80	
3.5	Erste Hilfe Räume	500	90	$\bar{E}_v \geq 175$ lx
3.6	Haustechnische Anlagen, Schaltgeräteräume	200	60	
3.7	Steuerwarten, Kontrollräume, Schaltwarten	500	80	Bei Sehaufgaben außerhalb der Warte muss die Beleuchtungsstärke in der Warte ggf. anpassbar sein $\bar{E}_v \geq 175$ lx
3.8	Farbprüfung, Kontrolle	1 000	90	

	Tätigkeiten, Arbeitsplätze, Arbeitsräume und Bereiche	Mindestwert Beleuchtungsstärke E (in lx)	Mindestwert Farbwiedergabeindex R_a	Bemerkungen
3.9	Laboratorien, Messplätze	500	80	$\bar{E}_v \geq 175$ lx
3.10	Küchen	500	80	
3.11	Eingangshallen	200	80	
3.12	Empfangstheke, Schalter, Portiertheke	300	80	
4 Büros und büroähnliche Arbeitsbereiche				
4.1	Ablegen, Kopieren	300	80	
4.2	Schreiben, Lesen, Datenverarbeitung	500	80	$\bar{E}_v \geq 175$ lx
4.3	Technisches Zeichnen (Handzeichnen)	750	80	
4.4	Archive	200	80	
5 Landwirtschaft				
5.1	Beschicken und Bedienen von Fördereinrichtungen und Maschinen	200	80	
5.2	Behandlungsstände für Tiere	200	80	
5.3	Melkstände	200	80	
6 Bäckereien				
6.1	Vorbereitungs- und Backräume	300	80	
6.2	Endbearbeitung, Glasieren, Dekorieren	500	80	
7 Zement-, Beton- und Ziegelindustrie				
7.1	Trocknen	50	40	
7.2	Materialaufbereitung, Arbeiten an Öfen und Mischern	200	40	
7.3	Allgemeine Maschinenarbeiten, Grobformen	300	80	
8 Keramik, Fliesen, Glas, Glaswaren, Augenoptiker				
8.1	Trocknen	50	40	

	Tätigkeiten, Arbeitsplätze, Arbeitsräume und Bereiche	Mindestwert Beleuchtungsstärke E (in lx)	Mindestwert Farbwiedergabeindex R_a	Bemerkungen
8.2	Materialaufbereitung, allgemeine Maschinenarbeiten	300	80	
8.3	Emaillieren, Walzen, Pressen, Formen einfacher Teile, Glasieren, Glasblasen	300	80	
8.4	Schleifen, Gravieren, Polieren von Glas, Formen kleiner Teile, Herstellung von Glasinstrumenten	750	80	
8.5	Feine Arbeiten, z. B. Schleifen von Verzierungen (Dekorationsschleifen), Handmalerei	1 000	90	
8.6	Augenoptikerwerkstattplatz	1 500	90	
9 Chemische Industrie, Kunststoff- und Gummiindustrie				
9.1	Verfahrenstechnische Anlagen mit Fernbedienung	50	40	
9.2	Verfahrenstechnische Anlagen mit gelegentlichen manuellen Eingriffen	150	40	
9.3	in verfahrenstechnischen Anlagen bei erhöhten Schutzanforderungen	300	80	
9.4	Arzneimittelherstellung	500	80	
9.5	Reifenproduktion	500	80	
9.6	Zuschneiden, Nachbearbeiten, Kontrollarbeiten	750	80	
10 Elektro-Industrie				
10.1	Kabel- und Drahtherstellung	300	80	
10.2	Imprägnieren von Spulen, Galvanisieren	300	80	
10.3	Montagearbeiten, Wickeln – grobe, z. B. große Transformatoren	 300	 80	

	Tätigkeiten, Arbeitsplätze, Arbeitsräume und Bereiche	Mindestwert Beleuchtungsstärke E (in lx)	Mindestwert Farbwiedergabeindex R_a	Bemerkungen
	– mittelfeine, z. B. Schalttafeln	500	80	
	– feine, z. B. Telefone	750	80	
	– sehr feine, z. B. Messinstrumente	1 000	80	
10.4	Elektronikwerkstätten, Prüfen, Justieren	1 500	80	
11 Nahrungs- und Genussmittelindustrie				
11.1	– Brauereien, auf Malzböden, – zum Waschen, zum Abfüllen in Fässern, zur Reinigung, zum Sieben, zum Schälen, – zum Kochen in Konserven- und Schokoladenfabriken, – Zuckerfabriken, – zum Trocknen und Fermentieren von Rohtabak, Gärkeller	200	80	
11.2	Schneiden, Sortieren, Waschen, Mahlen, Mischen und Abpacken von Produkten	300	80	
11.3	Bei erhöhten Sehanforderungen in Schlachthöfen, Metzgereien, Molkereien, Mühlen,	500	80	
11.4	Herstellung von Feinkost-Nahrungsmitteln, Herstellung von Zigarren und Zigaretten	500	80	
11.5	Kontrolle von Gläsern und Flaschen, Produktkontrolle, Garnieren, Sortieren, Dekorieren	500	80	
12 Friseure/Coiffeure				
12.1	Haarpflege	500	90	$\bar{E}_v \geq 175$ lx

	Tätigkeiten, Arbeitsplätze, Arbeitsräume und Bereiche	Mindestwert Beleuchtungsstärke E (in lx)	Mindestwert Farbwiedergabeindex R_a	Bemerkungen
13 Schmuck- und Uhrenherstellung				
13.1	Bearbeitung von Edelsteinen	1 500	90	
13.2	Herstellung von Schmuckwaren	1 000	90	
13.3	Uhrenmacherei (Handarbeit)	1 500	80	
13.4	Uhrenherstellung (automatisch)	500	80	
14 Wäschereien und chemische Reinigung				
14.1	Wareneingang, Auszeichnen und Sortieren, Waschen und chemische Reinigung, Bügeln und Pressen	300	80	
14.2	Kontrolle und Ausbessern	750	80	
15 Leder und Lederwaren				
15.1	Arbeiten an Bottichen, Fässern, Gruben	200	40	
15.2	Schaben, Spalten, Schleifen, Walken der Häute	300	80	
15.3	Sattlerarbeiten, Schuhherstellung: Steppen, Nähen, Polieren, Pressen, Zuschneiden, Stanzen, Lederfärben (maschinell)	500	80	
15.4	Sortieren	500	90	
15.5	Qualitätskontrolle	1 000	80	
15.6	Schuhmacherei (Handarbeit), Handschuhherstellung	500	80	
16 Metallbe- und -verarbeitung, Gießereien und Metallguss				
16.1	Sandaufbereitung, Gussputzerei, Gieß- und Schmelzhallen, Ausleerstellen, Maschinenformerei	200	60	300 lx beim Gussputzen kleiner oder filigraner Teile

	Tätigkeiten, Arbeitsplätze, Arbeitsräume und Bereiche	Mindestwert Beleuchtungsstärke E (in lx)	Mindestwert Farbwiedergabeindex R_a	Bemerkungen
16.2	Hand- und Kernformerei, Druckgießerei	300	60	
16.3	Modellbau	500	80	
16.4	Freiformschmieden	200	60	
16.5	Gesenkschmieden	200	60	
16.6	Schweißen	300	60	
16.7	Grobe und mittlere Maschinenarbeiten: Toleranzen ≥ 0,1 mm	300	60	
16.8	Feine Maschinenarbeiten, Schleifen: Toleranzen < 0,1 mm	500	60	
16.9	Anreißen, Kontrolle	750	60	
16.10	Draht- und Rohrzieherei, Kaltverformung	300	60	
16.11	Verarbeitung von schweren Blechen: Dicke ≥ 5 mm	200	60	
16.12	Verarbeitung von leichten Blechen: Dicke < 5 mm	300	60	
16.13	Herstellung von Werkzeugen und Schneidwaren	750	60	
16.14	Montagearbeiten:			
	– grobe	200	80	
	– mittelfeine	300	80	
	– feine	500	80	
	– sehr feine	750	80	
16.15	Galvanisieren	300	80	
16.16	Oberflächenbearbeitung und Lackierung	750	80	
16.17	Werkzeug-, Lehren- und Vorrichtungsbau, Präzisions- und Mikromechanik	1 000	80	

	Tätigkeiten, Arbeitsplätze, Arbeitsräume und Bereiche	Mindestwert Beleuchtungsstärke E (in lx)	Mindestwert Farbwiedergabeindex R_a	Bemerkungen
16.18	Kfz-Werkstätten und Kfz-Prüfstellen	300	80	
17 Papier und Papierwaren				
17.1	Arbeiten an Holländern, Kollergängen, Holzschleiferei	200	80	
17.2	Papierherstellung und -verarbeitung, Papier- und Wellpappemaschinen, Kartonagenfabrikation	300	80	
17.3	Allgemeine Buchbinderarbeiten, z. B. Falten, Sortieren, Leimen, Schneiden, Prägen, Nähen	500	80	
18 Kraftwerke				
18.1	Kraftstoff-Versorgungsanlagen	50	40	
18.2	Kesselhäuser	100	40	
18.3	Maschinenhallen	200	80	
18.4	Nebenräume, z. B. Pumpenräume, Kondensatorräume usw.; Schaltanlagen (in Gebäuden)	200	60	
18.5	Außen-Schaltanlagen	20	40	
19 Druckereien				
19.1	Zuschneiden, Vergolden, Prägen, Ätzen von Klischees, Arbeiten an Steinen und Platten, Druckmaschinen, Matrizenherstellung	500	80	
19.2	Papiersortierung und Handdruck	500	80	
19.3	Typensatz, Retusche, Lithographie	1 000	80	

	Tätigkeiten, Arbeitsplätze, Arbeitsräume und Bereiche	Mindestwert Beleuchtungsstärke E (in lx)	Mindestwert Farbwiedergabeindex R_a	Bemerkungen
19.4	Farbkontrolle bei Mehrfarbendruck	1 500	90	
19.5	Stahl- und Kupferstich	2 000	80	
20 Walz-, Hütten- und Stahlwerke				
20.1	Produktionsanlagen ohne manuelle Eingriffe	50	40	
20.2	Produktionsanlagen mit manuellen Eingriffen	200	40	
20.3	Haspel, Scheren-/Trennstrecken der Walzstraße	300	40	
21 Textilherstellung und -verarbeitung				
21.1	an Bädern, Ballen aufbrechen	200	60	
21.2	Krempeln, Waschen, Bügeln, Arbeiten am Reißwolf, Strecken, Kämmen, Schlichten, Kartenschlagen, Vorspinnen, Jute- und Hanfspinnen	300	80	
21.3	Nähen, Feinstricken, Maschenaufnehmen	750	80	
21.4	Entwerfen, Musterzeichnen	750	90	
21.5	Trocknungsraum	100	60	
21.6	Automatisches Stoffdrucken, Hutherstellung, Zurichten, Färben Spinnen, Zwirnen, Spulen, Winden Zetteln, Weben, Flechten, Stricken	500	80	
21.7	Noppen, Ketteln, Putzen	1 000	80	
21.8	Kunststopfen	1 500	90	
22 Automobilbau				
22.1	Karosseriebau und Montage	500	80	
22.2	Lackieren, Spritzkabinen, Schleifkabinen	750	80	

	Tätigkeiten, Arbeitsplätze, Arbeitsräume und Bereiche	Mindestwert Beleuchtungsstärke E (in lx)	Mindestwert Farbwiedergabeindex R_a	Bemerkungen
22.3	Lackieren: Ausbessern, Inspektion	1 000	90	
22.4	Polsterei	1 000	80	
22.5	Endkontrolle, Oberflächenkontrolle	1 000	80	
23 Holzbe- und -verarbeitung				
23.1	Automatische Bearbeitung, z. B. Trocknung, Schichtholzherstellung	50	40	
23.2	Dämpfgruben	100	40	
23.3	Sägegatter	200	60	
23.4	Arbeiten an der Hobelbank, Leimen, Zusammenbau	300	80	
23.5	Schleifen, Lackieren, Tischlerei	750	80	
23.6	Arbeiten an Holzbearbeitungsmaschinen, z. B. Drechseln, Kehlen, Abrichten, Fugen, Schneiden, Sägen, Fräsen, Hobeln	500	80	
23.7	Auswahl von Furnierhölzern, Holzeinlegearbeiten	750	90	
23.8	Qualitätskontrolle	1 000	90	
24 Verkaufsräume				
24.1	Verkaufsbereich	300	80	
24.2	Kassenbereich, Packtisch	500	80	
25 Messen und Ausstellungshallen				
25.1	Allgemeinbeleuchtung	300	80	
26 Büchereien, Bibliotheken				
26.1	Bücherregale	200*	80	*vertikale Beleuchtungsstärke
26.2	Lesebereiche	500	80	

	Tätigkeiten, Arbeitsplätze, Arbeitsräume und Bereiche	Mindestwert Beleuchtungsstärke E (in lx)	Mindestwert Farbwiedergabeindex R_a	Bemerkungen
27 Ausbildungsstätten, Kindergärten, Vorschulen				
27.1	Spielzimmer, Krippenräume, Bastelräume (Handarbeitsräume)	300	80	Eine steuerbare Beleuchtung wird empfohlen (z. B. dimmbar). $\bar{E}_v \geq 100$ lx
27.2	Unterrichtsräume – in Grund- und weiterführenden Schulen	300	80	$\bar{E}_v \geq 100$ lx
27.3	Hörsäle	500	80	
27.4	Wandtafel, Demonstrationstisch	500*	80	*vertikale Beleuchtungsstärke
27.5	Computerübungsräume, Sprachlabore, Musikübungsräume	300	80	
27.6	Fachunterrichtsräume: naturwissenschaftlicher und technischer Unterricht, Werken und textiles Gestalten, Lehrwerkstätten, Handarbeitsräume, Zeichensäle	500	80	$\bar{E}_v \geq 175$ lx
28 Gesundheitseinrichtungen				
28.1	Flure: während des Tages	200	80	Zur Durchführung der medizinischen Behandlung können höhere Werte erforderlich sein.
28.2	Flure: während der Nacht	50	80	
28.3	Allgemeinbeleuchtung ohne regelmäßigen Aufenthalt von Beschäftigten	200	80	
28.4	Nachtbeleuchtung, Übersichtsbeleuchtung in nicht regelmäßig begangenen Bereichen	5	80	

	Tätigkeiten, Arbeitsplätze, Arbeitsräume und Bereiche	Mindestwert Beleuchtungsstärke E (in lx)	Mindestwert Farbwiedergabeindex R_a	Bemerkungen
28.5	risikoarme medizinische oder pflegerische Tätigkeiten ohne Kontakt zu Körperflüssigkeiten, Körperausscheidungen oder kontaminierten Gegenständen	300	90	
28.6	bei medizinischen oder pflegerischen Tätigkeiten mit erhöhtem Gefährdungspotential durch Umgang mit – Körperflüssigkeiten, Körperausscheidungen oder kontaminierten Gegenständen oder – mit spitzen, scharfen, sich bewegenden oder heißen Instrumenten	500	90	
28.7	Teilfläche für medizinische oder pflegerische Tätigkeiten mit erhöhtem Gefährdungspotential durch Umgang – mit Körperflüssigkeiten, Körperausscheidungen oder kontaminierten Gegenständen oder – mit spitzen, scharfen, sich bewegenden oder heißen Instrumenten	1 000	90	
28.8	Überwachung von Patienten in der Nacht	50	90	
28.9	Bildgebende Diagnostik mit Bildverstärkern und Fernsehsystemen	50	80	
28.10	Medizinische Bäder	300	80	
28.11	Massage und Strahlentherapie	300	80	
28.12	Instrumentenaufbereitung	500	80	

	Tätigkeiten, Arbeitsplätze, Arbeitsräume und Bereiche	Mindestwert Beleuchtungsstärke E (in lx)	Mindestwert Farbwiedergabeindex R_a	Bemerkungen
28.13	Laboratorien für den Gesundheitsdienst	500	90	
28.14	Dienstzimmer	500	80	

Anhang 4

Beleuchtungsanforderungen für Tätigkeiten, Arbeitsplätze und Bereiche im Freien[1077)]

(Die im Anhang angegebenen Werte sind Beleuchtungsstärken auf der Bezugsfläche der Sehaufgabe, die horizontal, vertikal oder geneigt sein kann. Auf die Regelungen des Abschnitts 7.1 Absatz 1 für bestehende Beleuchtungseinrichtungen wird verwiesen.)

	Tätigkeiten, Arbeitsplätze und Bereiche	**Mindestwert Beleuchtungsstärke E (in lx)**	**Mindestwert Farbwiedergabeindex R_a**	**Bemerkungen**
1 Verkehrswege				
1.1	Toranlagen	50	25	
1.2	Fußwege	5	25	
1.3	Werkstraßen mit Be- und Entladezone oder mit starkem Querverkehr und mit Geschwindigkeitsbegrenzung max. 30 km/h	10	25	
1.4	Werkstraßen mit Be- und Entladezone oder mit starkem Querverkehr und mit Geschwindigkeitsbegrenzung max. 50 km/h	20	25	
2 Parkplätze				
2.1	Betriebliche Parkplätze	10	25	
3 Häfen				
3.1	Kaianlagen, Kaikante	5	25	
3.2	Verladen von Massengut (Schüttgut, Flüssigkeit)	10	25	
3.3	Lager für Massengut	10	25	
3.4	Verladen von Stückgut	20	25	
3.5	Lager für Stückgut	20	25	
3.6	Container-Umschlagflächen, Stellflächen und Verkehrszonen	20	25	

1077) S. Anm. FN 1065.

	Tätigkeiten, Arbeitsplätze und Bereiche	Mindestwert Beleuchtungsstärke E (in lx)	Mindestwert Farbwiedergabeindex R_a	Bemerkungen
3.7	Be- und Entladen von Containern	100	25	
3.8	Anlegestellen für Personenverkehr	30	25	
3.9	Anlegestellen für gemischten Verkehr	50	25	
3.10	Docks	50	60	
4 Umschlagflächen, Verladestellen, Lagerflächen				
4.1	Lagerflächen Massengut	10	25	
4.2	Umschlagflächen, Verladestellen	30	25	
4.3	Lagerflächen Stückgut	30	25	
5 Gleisanlagen, Bahnbereiche				
5.1	Tätigkeiten im Gleisbereich, Rangieren, Verkehrswege in Bahnanlagen bei Eisenbahnen	10	25	
5.2	Gleisbauarbeiten	50	25	
5.3	Bahnüberwege	20	25	
5.4	Laderampen	150	40	
5.5	Umschlagbereiche	30	25	
6 Chemische Großanlagen				
6.1	Einfache Arbeiten, Betätigung von Ventilen, Motoren, Brennern	20	25	
6.2	Be- und Entladebereiche	50	60	
7 Kraftwerke				
7.1	Verkehrszone Herkömmliche Kraftwerke	10	60	
7.2	Verkehrszone Kernkraftwerke	20	60	
7.3	Schaltanlagen	20	25	

	Tätigkeiten, Arbeitsplätze und Bereiche	Mindestwert Beleuchtungsstärke E (in lx)	Mindestwert Farbwiedergabeindex R_a	Bemerkungen
8 Tagebau				
8.1	Orientierungsbeleuchtung	3	60	
8.2	Zusatzbeleuchtung im Arbeitsbereich	20	60	
9 Kläranlagen				
9.1	Wege	5	25	
9.2	Gebrauch von Werkzeugen, Bedienung handgesteuerter Ventile, In- und Außerbetriebsetzen von Motoren, mechanische Wasseraufbereitungsanlagen, z. B. Rechen	50	20	
9.3	Chemische Wasseraufbereitungsanlagen, Undichtigkeitsprüfungen, allgemeine Wartungsarbeiten, Instrumentenablesung	100	40	
9.4	Reparaturarbeiten an Motoren und elektrischen Einrichtungen	200	60	
10 Tankstellen				
10.1	Tankstellen	100	60	
11 Flughäfen				
11.1	Vorfeld allgemein	20	25	
11.2	Umschlagsbereiche im Vorfeld	30	25	

Literaturhinweise

DGUV Information 215-211 — Tageslicht am Arbeitsplatz und Sichtverbindung nach außen 07/2022

DGUV Information 215-442 — Beleuchtung im Büro; Teil 1: Hilfen für die Planung der künstlichen Beleuchtung in Büroräumen und Teil 2: Planungsbeispiele 07/2020

zu Anh. Nr. 3.5 ArbStättV

Technische Regeln für Arbeitsstätten	Raumtemperatur	ASR A3.5

GMBl. Nr. 35 vom 23.6.2010 S. 751
zuletzt geändert durch GMBl. Nr. 9-11 vom 18.3.2022 S. 198[1078) 1079)]

...

Diese ASR A3.5 konkretisiert im Rahmen ihres Anwendungsbereichs Anforderungen der Verordnung über Arbeitsstätten. Bei Einhaltung dieser Technischen Regel kann der Arbeitgeber davon ausgehen, dass die entsprechenden Anforderungen der Verordnung erfüllt sind. Wählt der Arbeitgeber eine andere Lösung, muss er damit mindestens die gleiche Sicherheit und den gleichen Schutz der Gesundheit für die Beschäftigten erreichen.

Inhaltsverzeichnis

1 Zielstellung

Diese Arbeitsstättenregel konkretisiert die Anforderungen an Raumtemperaturen in § 3 Abs. 1 sowie insbesondere im Punkt 3.5 des Anhanges der Arbeitsstättenverordnung.[1080)]

2 Anwendungsbereich

(1) Diese Arbeitsstättenregel gilt für Arbeits-, Pausen-, Bereitschafts-, Sanitär-, Kantinen- und Erste-Hilfe-Räume, an die betriebstechnisch keine spezifischen raumklimatischen An-

1078) Seit ihrer Erstausgabe im Juni 2010 wurde ASR A3.5 sechs Änderungen unterzogen. Bis zur vierten Änderung im Mai 2018 wurden formale Änderungen vorgenommen. Mit der fünften und sechsten Änderung wurden dagegen fachliche Ergänzungen eingefügt, z. B. Maßnahmen bei Sommerhitze mit Außentemperaturen über +26 °C in die ASR aufgenommen bzw. präzisiert.

1079) Die Verordnung zur Sicherung der Energieversorgung über kurzfristig wirksame Maßnahmen (EnSikuMaV), gültig vom 1.9.2022 bis zum 28.2.2023, war seinerzeit zusätzlich zu beachten. Sie ließ für öffentliche Gebäude für einen begrenzten Zeitraum von sechs Monaten beginnend am 1.9.2022 auch niedrigere Höchstwerte der Lufttemperatur in Arbeitsräumen zu. Die EnSikuMaV ist nicht mehr gültig.

1080) ASR A3.5 greift vielfach auf die bewährten Erfahrungswerte für die Lufttemperatur zurück. Sie bestimmt näher, was unter der nach Anh. Nr. 3.5 Abs. 1 ArbStättV einzuhaltenden gesundheitlich zuträglichen Raumtemperatur in Abhängigkeit von der Arbeitsschwere und Körperhaltung sowie vom spezifischen Nutzungszweck des Raumes (z. B. Pausenraum) zu verstehen ist. Überarbeitet wurden Nr. 4.3 „Übermäßige Sonneneinstrahlung“ und grundlegend ergänzt Nr. 4.4 „Arbeitsräume bei einer Außenlufttemperatur über +26 °C“ durch die Einführung von Tabelle 5 mit Wertepaaren zur Kennzeichnung der „Schwülegrenze“, s. „Hinweis“ zu Tab. 5.
Die Festlegungen der ASR zur Raumtemperatur wirken sich auch auf die in Anh. Nr. 3.6 Abs. 1 ArbStättV (Lüftung) geforderte gesundheitlich zuträgliche Atemluft aus.

forderungen gestellt werden. Insbesondere gibt diese ASR eine Erläuterung zum Begriff „gesundheitlich zuträgliche Raumtemperatur". Zum Unterschied zwischen Raumtemperatur und Lufttemperatur vgl. Punkt 3.1 und 3.2.

(2) Diese ASR enthält weiterhin Hinweise für Arbeitsräume, bei denen das Raumklima durch die Betriebstechnik bzw. Technologie unvermeidbar beeinflusst wird.

(3) Diese ASR enthält keine Regelungen für Arbeitsräume, an die aus betriebstechnischen Gründen besondere Anforderungen an das Raumklima gestellt werden (z. B. Kühlräume, medizinische Bäder).

(4) Anforderungen an Raumtemperaturen in Unterkünften sind in dieser ASR nicht enthalten. Hinweise enthalten die ASR A4.4 „Unterkünfte" bzw. ASR A4.1 „Sanitärräume".

3 Begriffsbestimmungen

3.1 Die **Raumtemperatur** ist die vom Menschen empfundene Temperatur. Sie wird u. a. durch die Lufttemperatur und die Temperatur der umgebenden Flächen (insbesondere Fenster, Wände, Decke, Fußboden) bestimmt.[1081)]

3.2 Die **Lufttemperatur** ist die Temperatur der den Menschen umgebenden Luft ohne Einwirkung von Wärmestrahlung.

3.3 Ein **Klimasummenmaß** ist eine Zusammenfassung von mehreren Klimagrößen (Lufttemperatur, Luftfeuchtigkeit (kurz Luftfeuchte), Luftgeschwindigkeit, Wärmestrahlung).

4 Raumtemperaturen

4.1 Allgemeines

(1) Der Arbeitgeber hat bereits beim Einrichten der Arbeitsstätte darauf zu achten, dass die baulichen Voraussetzungen an den sommerlichen Wärmeschutz nach den anerkannten Regeln der Technik (nach geltendem Baurecht) gegeben sind.[1082)]

(2) Eine gesundheitlich zuträgliche Raumtemperatur liegt vor, wenn die Wärmebilanz (Wärmezufuhr, Wärmeerzeugung und Wärmeabgabe) des menschlichen Körpers ausgeglichen ist.[1083)]

(3) Die Wärmeerzeugung des Menschen ist abhängig von der Arbeitsschwere. Die Wärmeabgabe ist abhängig von der Lufttemperatur, der Luftfeuchte, der Luftgeschwindigkeit und der Wärmestrahlung. Sie wird durch die Bekleidung beeinflusst.[1084)]

1081) Von den umgebenden Flächen geht in Abhängigkeit von deren Temperatur Wärmestrahlung aus. Die vom Menschen empfundene Raumtemperatur wird auch als „operative Raumtemperatur" bezeichnet. Die „operative Raumtemperatur" wird als thermische Kombinationsgröße aus Lufttemperatur und Strahlungstemperatur mit einem Globethermometer ermittelt (s. hierzu LV 16 „Kenngrößen zur Beurteilung raumklimatischer Grundparameter" Ausg. 2011/09).

1082) Eine Änderung der Bausubstanz nach Inbetriebnahme der Arbeitsstätte kann erhebliche Kosten erfordern. Wenn eine derartige Änderung dann nicht möglich ist, muss eine Klimaanlage eingesetzt werden, die Kosten verursacht.

1083) Die Wärmebilanz (Verhältnis von Wärmeerzeugung zu Wärmeabgabe) des menschlichen Körpers soll ohne erheblichen thermoregulatorischen Aufwand (Kältezittern, übermäßiges Schwitzen) ausgeglichen sein. Die Wärmebilanz des Menschen ist im Komfortbereich und auch noch im Erträglichkeitsbereich ausgeglichen.

1084) Die angegebenen Temperaturen gelten für normale Arbeitskleidung.

(4) Für die meisten Arbeitsplätze reicht die Lufttemperatur zur Beurteilung, ob eine gesundheitlich zuträgliche Raumtemperatur vorhanden ist, aus. Arbeitsplätze mit hoher Luftfeuchte, Wärmestrahlung oder Luftgeschwindigkeit[1085] müssen gesondert betrachtet werden. Dann sind diese Klimagrößen zusätzlich einzeln oder gegebenenfalls nach einem Klimasummenmaß[1086] zu bewerten.

(5) An Arbeitsplätzen mit erheblichem betriebstechnisch bedingten Wärmeeinfluss mit Belastungen durch Lufttemperatur, Luftfeuchte, Luftgeschwindigkeit, Wärmestrahlung, Arbeitsschwere oder Bekleidung ist im Rahmen der Gefährdungsbeurteilung zu prüfen, ob und welche technischen, organisatorischen oder personenbezogenen Maßnahmen erforderlich sind und ob Hitzearbeit vorliegt.

(6) Die Lufttemperatur wird mit einem strahlungsgeschützten Thermometer in Grad Celsius [°C] gemessen, dessen Messgenauigkeit +/-0,5 °C betragen soll. Die Messung erfolgt nach Erfordernis stündlich an Arbeitsplätzen für sitzende Tätigkeit in einer Höhe von 0,6 m und bei stehender Tätigkeit in einer Höhe von 1,1 m über dem Fußboden.[1087] Die Außenlufttemperatur wird stündlich[1088] während der Arbeitszeit ohne Einwirkung von direkter Sonneneinstrahlung gemessen. Die Außenlufttemperatur sollte etwa 4 m von der Gebäudeaußenwand entfernt und in einer Höhe von 2 m gemessen werden.

(7) Luftgeschwindigkeiten (Zugluft) und Luftfeuchten werden in dieser ASR nicht betrachtet. Diese Parameter werden in der ASR A3.6 „Lüftung" behandelt.

(8) Zu den Fußbodentemperaturen siehe ASR A1.5 „Fußböden".

4.2 Lufttemperaturen in Räumen

(1) In Arbeitsräumen muss die Lufttemperatur[1089] in Abhängigkeit von der Arbeitsschwere und Körperhaltung mindestens den Werten in Tabelle 1 entsprechen, wobei diese Lufttemperatur während der gesamten Nutzungsdauer zu gewährleisten ist.[1090]

1085) Hohe Luftfeuchte (s. ASR A3.5 „Raumtemperatur" Abschn. 4.1 Abs. 7 und ASR A3.6 Abschn. 4.3 Feuchtelast), Wärmestrahlung oder Luftgeschwindigkeit (ASR A3.5 Abschn. 4.1 Abschn. 4.7 und ASR A3.6 „Lüftung" Abschn. 6.5 Raumluftgeschwindigkeit) können das Klima einzeln wesentlich beeinflussen und werden dann einzeln bewertet.

1086) Klimasummenmaße werden insbesondere im Mollier-Diagramm, als Effektivtemperatur nach Yaglou und als WBGT-Index angegeben (s. DGUV Information 213-002 Hitzearbeit; Erkennen – beurteilen – schützen, Ausg. 2013-08).

1087) Aus pragmatischen Gründen wird nur je eine Messhöhe für sitzende und stehende Arbeitshaltung angegeben und das im Regelfall unerhebliche vertikale Temperaturgefälle nicht erfasst.

1088) Wünschenswert wäre die Bestimmung eines Mittelwertes der Temperatur über eine Stunde, um eine kurzzeitige Überschreitung der Grenzwerte dieser ASR nicht überzubewerten. Um den Messaufwand gering zu halten, wird eine stündliche Messung empfohlen. Eine Mittelung über 8 Stunden würde der kurzzeitig wirkenden Belastung nicht gerecht werden.

1089) Abschn. 4.2 Abs. 1 und 2 wechseln von der Raumtemperatur, die in der Überschrift Abschn. 4 genannt wird, zum Begriff Lufttemperatur, der im Folgenden ausschließlich verwendet wird.

1090) Die Mindesttemperatur muss also bereits zu Beginn der Arbeitszeit im Raum vorhanden sein und darüber hinaus auch bei bestimmungsgemäßer Nutzung außerhalb der gewöhnlichen Arbeitszeit; dazu gehören z. B. Reparaturen außerhalb der für einen speziellen Arbeitsraum üblichen Arbeitszeiten sowie Schulungen und Versammlungen außerhalb der Arbeitszeit.

(2) Werden die Mindestwerte nach Tabelle 1 in Arbeitsräumen auch bei Ausschöpfung der technischen Möglichkeiten nicht erreicht, ist der Schutz gegen zu niedrige Temperaturen in folgender Rangfolge durch zusätzliche

- arbeitsplatzbezogene technische Maßnahmen (z. B. Wärmestrahlungsheizung, Heizmatten),
- organisatorische Maßnahmen (z. B. Aufwärmzeiten) oder
- personenbezogene Maßnahmen (z. B. geeignete Kleidung)

sicher zu stellen.

Tabelle 1: Mindestwerte der Lufttemperatur in Arbeitsräumen[1091) 1092)]

Überwiegende Körperhaltung	Arbeitsschwere		
	leicht	mittel	schwer
Sitzen	+20 °C	+19 °C	–
Stehen, Gehen	+19 °C	+17 °C	+12 °C

Üblicherweise reichen für die Klassifizierung der Arbeitsschwere die Angaben aus Tabelle 2 aus.

Tabelle 2: Arbeitsschwere

Arbeitsschwere	Beispiele
leicht	leichte Hand-/Armarbeit bei ruhigem Sitzen bzw. Stehen verbunden mit gelegentlichem Gehen
mittel	mittelschwere Hand-/Arm- oder Beinarbeit im Sitzen, Gehen oder Stehen
schwer	schwere Hand-/Arm-, Bein- und Rumpfarbeit im Gehen oder Stehen

1091) Die Mindestwerte der Tab. 1 wurden durch die Verordnung zur Sicherung der Energieversorgung über kurzfristig wirksame Maßnahmen (EnSikuMaV), gültig nur bis 28.2.2023, für öffentliche Gebäude vorübergehend durch niedrigere Höchstwerte ersetzt, z.B. 19 °C bei leichten Tätigkeiten im Sitzen.

1092) Nach der Verordnung zur Sicherung der Energieversorgung über kurzfristig wirksame Maßnahmen (EnSikuMaV) galt vom 1.9.2022 bis zum 28.2.2023: Öffentliche Gebäude werden nur noch bis höchstens 19 Grad geheizt – bei körperlich leichter und überwiegend sitzender Tätigkeit. Für Arbeitsräume, in denen Menschen leichte Tätigkeiten „überwiegend im Stehen oder Gehen" verrichten oder mittelschwere und überwiegend sitzende Tätigkeit gilt eine Obergrenze von 18 Grad, für mittelschwere Tätigkeiten überwiegend im Stehen oder Gehen sind es 16 Grad und für körperlich schwere Tätigkeiten 12 Grad. Für Kliniken, Pflegeeinrichtungen oder andere soziale Einrichtungen gilt die neue Regelung nicht. Diese Verordnung (EnSikuMaV) ist mit Ablauf des 28. Februar 2023 außer Kraft. Maßgaben der EnSimiMaV galten vom 1. Oktober 2002 an und sind mit Ablauf des 30. September 2024 außer Kraft getreten. Für Arbeitsstätten gelten die Maßgaben der ArbStättV und deren Regeln, hier also ASR A3.5.

(3) Die Lufttemperatur in Arbeitsräumen und den in Absatz 4 genannten Räumen soll +26 °C nicht überschreiten. Bei Außenlufttemperaturen über +26 °C gilt Punkt 4.4.[1093)]

(4) In Pausen-, Bereitschafts-, Sanitär-, Kantinen- und Erste-Hilfe-Räumen muss während der Nutzungsdauer eine Lufttemperatur von mindestens +21 °C herrschen; in Toilettenräumen darf die Lufttemperatur durch Lüftungsvorgänge, die durch die Benutzer ausgelöst werden, kurzzeitig unterschritten werden.

(5) In stationären Toilettenanlagen, die für Beschäftigte bei Arbeiten im Freien oder für gelegentlich genutzte Arbeitsstätten eingerichtet werden, muss während der Nutzungsdauer eine Lufttemperatur +21 °C erreicht werden können.[1094)]

(6) In Waschräumen, in denen Duschen installiert sind, soll die Lufttemperatur während der Nutzungsdauer mindestens +24 °C betragen.

4.3 Übermäßige Sonneneinstrahlung

(1) Fenster, Oberlichter und Glaswände, die der Tageslichtversorgung nach ASR A3.4 „Beleuchtung" dienen, sind so zu gestalten, dass eine ausreichende Tageslichtversorgung gewährleistet ist und gleichzeitig störende Blendung und übermäßige Erwärmung vermieden werden.

(2) Führt die Sonneneinstrahlung durch Fenster, Oberlichter und Glaswände zu einer Erhöhung der Raumtemperatur über +26 °C, so sind diese Bauteile mit geeigneten Sonnenschutzsystemen auszurüsten. Störende direkte Sonneneinstrahlung auf den Arbeitsplatz ist zu vermeiden. Anforderungen an einen wirksamen Blendschutz an Fenstern, Oberlichtern und Glaswänden enthält die ASR A3.4 „Beleuchtung".

(3) Beispiele für gestalterische Maßnahmen für Sonnenschutzsysteme enthält Tabelle 3. Dabei sind die Ausrichtung der Arbeitsräume und die jeweiligen Fensterflächenanteile zu beachten. Außerdem können z. B. Vordächer, Balkone, feststehende Lamellen oder Bepflanzungen einen wirkungsvollen Sonnenschutz bieten.

Tabelle 3: Gestaltungsbeispiele für Sonnenschutzsysteme

	Gestaltungsbeispiele für Sonnenschutzsysteme
a)	Sonnenschutzvorrichtungen, die das Fenster von außen beschatten (z. B. Jalousien oder hinterlüftete Markisen)
b)	im Zwischenraum der Verglasung angeordnete reflektierende Vorrichtungen

1093) Abschn. 4.2 Abs. 3 enthält in Ergänzung zu Tabelle 1 als Maximalwert der Lufttemperatur +26 °C. Diese Aussage gilt für das ganze Jahr, in der kalten und der warmen Jahreszeit. Wenn auch außerhalb der Zeiten sommerlicher Hitze im Arbeitsraum – bedingt z. B. durch starke Sonneneinstrahlung durch Glasfassaden – Temperaturen über 26 °C auftreten, so sind bauliche Maßnahmen zu ergreifen oder die Arbeitsräume zu klimatisieren.

1094) Da es sich bei Toilettenräumen um i.d.R. recht kleine Räume innerhalb der Arbeitsstätte handelt, sind keine hohen Heizkosten für diese (nicht ständig genutzten, aber ständig nutzbaren) Räume gegeben; ein besonderer „Streitwert" über Raumtemperaturen in Toilettenanlagen ist deshalb nicht zu erwarten.

	Gestaltungsbeispiele für Sonnenschutzsysteme
c)	innenliegende hochreflektierende oder helle Sonnenschutzvorrichtungen
d)	Sonnenschutzverglasungen (innerhalb eines Sonnenschutzsystems, Blendschutz und Lichtfarbe sind zu beachten)

4.4 Arbeitsräume bei einer Außenlufttemperatur über +26 °C[1095)]

(1) Wenn die Außenlufttemperatur über +26 °C beträgt und unter der Voraussetzung, dass geeignete Sonnenschutzmaßnahmen nach Punkt 4.3 verwendet werden, sollen beim Überschreiten einer Lufttemperatur im Raum von +26 °C zusätzliche Maßnahmen, z. B. nach Tabelle 4, ergriffen werden. In Einzelfällen kann das Arbeiten bei über +26 °C zu einer Gesundheitsgefährdung führen, wenn z. B.:
- schwere körperliche Arbeit zu verrichten ist,
- besondere Arbeits- oder Schutzbekleidung getragen werden muss, die die Wärmeabgabe stark behindert oder
- hinsichtlich erhöhter Lufttemperatur gesundheitlich Vorbelastete und besonders schutzbedürftige Beschäftigte (z. B. Jugendliche, Ältere, Schwangere, stillende Mütter) im Raum tätig sind.

In solchen Fällen ist über weitere Maßnahmen anhand einer angepassten Gefährdungsbeurteilung zu entscheiden.

(2) Bei Überschreitung der Lufttemperatur im Raum von +30 °C müssen wirksame Maßnahmen gemäß Gefährdungsbeurteilung (siehe Tabelle 4) ergriffen werden, welche die Beanspruchung der Beschäftigten reduzieren. Dabei gehen technische und organisatorische gegenüber personenbezogenen Maßnahmen vor.

1095) Die frühere, durch ASR A3.5 abgelöste, Arbeitsstätten-Richtlinie ASR 6 Raumtemperaturen gestattete, dass die Lufttemperatur in Arbeitsräumen „in Ausnahmefällen" höher sein darf als 26 °C, wenn die Außentemperatur über 26 °C liegt. Der in dieser Formulierung enthaltene Ermessensspielraum hatte zu Unsicherheiten bei der praktischen Festlegung der Raumtemperatur geführt.
Deshalb fordert Abschn. 4.4 der ASR A3.5 zusätzliche Maßnahmen beim Überschreiten einer Lufttemperatur im Raum von + 26 °C und gibt mit Tabelle 4 beispielhafte Maßnahmen an. Ziel dieser Regelung ist eine passive Klimatisierung der Arbeitsräume mit geringem betriebstechnisch bedingtem Wärmeeinfluss, z. B. durch Sonnenschutz und Lüftung. Eine Kühlung mithilfe von Klimaanlagen sollte die Ausnahme bleiben, sofern die erhöhten Temperaturen im Arbeitsraum nur in den sommerlichen Hitzephasen auftreten.
Abschn. 4.4 unterscheidet oberhalb des Behaglichkeitsbereiches (< 26 °C) drei Temperaturbereiche: Bereich der Erträglichkeit (> 26 °C – 30 °C), Bereich der Unerträglichkeit (> 30 °C – 35 °C) und Beginn des Hitzebereiches (> 35 °C). Die beiden unteren Bereiche zwischen > 26 °C und 35 °C werden von einem zunehmenden Anteil der Beschäftigten als unangenehm empfunden; gesundheitliche Beeinträchtigungen sind jedoch im Regelfall noch nicht zu erwarten. Bei mehr als 35 °C können dagegen gesundheitliche Beeinträchtigungen nicht ausgeschlossen werden, weshalb ein solcher Arbeitsraum während der Zeit der Überschreitung von + 35 °C als Arbeitsraum nicht mehr geeignet ist.

Tabelle 4: Beispielhafte Maßnahmen[1096)]

	Beispielhafte Maßnahmen
a)	effektive Steuerung des Sonnenschutzes (z. B. Jalousien auch nach der Arbeitszeit geschlossen halten)
b)	effektive Steuerung der Lüftungseinrichtungen (z. B. Nachtauskühlung)
c)	Reduzierung der inneren thermischen Lasten (z. B. elektrische Geräte nur bei Bedarf betreiben)
d)	Lüftung in den frühen Morgenstunden
e)	Nutzung von Gleitzeitregelungen zur Arbeitszeitverlagerung
f)	Lockerung der Bekleidungsregelungen
g)	Festlegung zusätzlicher Entwärmungsphasen
h)	Nutzung von Ventilatoren (z. B. Tisch-, Stand-, Turm- oder Deckenventilatoren)

(3) Wird die Lufttemperatur im Raum von +35 °C überschritten, so ist der Raum für die Zeit der Überschreitung ohne
- technische Maßnahmen (z. B. Luftduschen, Wasserschleier),
- organisatorische Maßnahmen (z. B. Entwärmungsphasen) oder
- persönliche Schutzausrüstungen (z. B. Hitzeschutzkleidung)

wie bei Hitzearbeit nicht als Arbeitsraum geeignet.[1097)]

(4) Technische Maßnahmen, die die Lufttemperatur reduzieren und dabei die absolute Luftfeuchte erhöhen, dürfen zu keiner Erhöhung der physischen Belastung der Beschäftigten

1096) Für die Maßnahmen ist keine Rangfolge angebbar. Technische, organisatorische und persönliche Maßnahmen sind gleichgestellt. Für wenige Tage sind technische Maßnahmen nicht generell vertretbar. Wenn die Maßnahmen im Raum nicht den gewünschten Erfolg gebracht haben und weitere nicht möglich sind, ist zu prüfen, ob sich am Arbeitsplatz zusätzliche Möglichkeiten ergeben.
Die Schweizerische Unfallversicherung empfiehlt als weitere Maßnahmen (SUVA-Informationen für Arbeitgeber und Arbeitnehmer „Arbeit bei Hitze in Gebäuden", Ausg. Mai 2007: gegenseitige Beachtung des Gesundheitszustandes, wärmere Arbeitsräume möglichst meiden, kühlere Bereiche definieren, Arbeitszeiten anpassen, Arbeitsrhythmus verlangsamen, Pausen anpassen, körperliche Belastung reduzieren, Tragen von Lasten vermeiden, persönliches Verhalten (Kleidung anpassen, kalte Fußbäder), Flüssigkeitsaufnahme steigern, Mahlzeiten anpassen.

1097) Übersteigen die Innentemperaturen 35 °C, so ist der Raum ohne wirksame Maßnahmen nicht mehr als Arbeitsraum geeignet. Es sind Maßnahmen wie bei Hitzearbeit einzuleiten (z. B. Luftduschen, Wasserschleier, Pausen). Arbeitsmedizinische Untersuchungen bei Hitze werden für die Phasen sommerlicher Hitze nicht gefordert. Es sind dann alle klimawirksamen Parameter zu berücksichtigen. Die Lufttemperatur allein reicht nicht mehr zur Beschreibung der Belastung des Menschen durch das Klima.

führen.[1098] Dies ist gegeben, wenn die Wertepaare nach Tabelle 5 nicht überschritten werden. Zudem sind gemäß Punkt 6.6 der ASR A3.6 „Lüftung" die Prüf- und Wartungsintervalle sachgerecht festzulegen, um die hygienischen Eigenschaften entsprechender Anlagen und der Raumluft zu gewährleisten.

Tabelle 5: Maximale relative Luftfeuchte entsprechend einer absoluten Luftfeuchte von ca. 11,5 gW/$kg_{tr.L}$ (g Wasser pro kg trockener Luft)

Lufttemperatur	relative Luftfeuchte
+26 °C	55 %
+28 °C	50 %
+30 °C	44 %
+32 °C	39 %
+35 °C	33 %

Hinweis:

Die Wertepaare der Tabelle 5 werden auch als „Schwülegrenze" bezeichnet. Für den Bereich der Lufttemperatur von +20 °C bis +26 °C sind die Wertepaare der Schwülegrenze in Tabelle 2 der ASR A3.6 „Lüftung" angegeben.

(5) Bei Lufttemperaturen von mehr als +26 °C sollen, bei mehr als +30 °C müssen geeignete Getränke (z.B. Trinkwasser im Sinne der Trinkwasserverordnung) bereitgestellt werden.[1099]

5 Abweichende/ergänzende Anforderungen für Baustellen

(1) Abweichend von Punkt 4.2 Abs. 4, 5 und 6 ist es in Pausen-, Bereitschafts-, Sanitär- und Kantinenräumen, sofern sie nicht gleichzeitig als Sanitärräume für Unterkünfte genutzt werden, ausreichend, wenn eine Lufttemperatur von +18 °C vorhanden ist und sicherge-

[1098] Bei der sog. adiabatischen Kühlung wird eine gewisse Senkung der Lufttemperatur durch Verdunsten von Wasser erreicht. Luft wird über kaltes Wasser geleitet, wodurch sie ein paar Grad abkühlt. Die abgekühlte Luft ist dann etwas feuchter als die angesaugte Luft.
Die Reduktion der Lufttemperatur durch Erhöhung der absoluten Luftfeuchte (adiabatische Kühlung) ist jetzt gestattet, solange es zu keiner Erhöhung der physischen Belastung der Beschäftigten kommt; d. h. solange die Schwülegrenze durch die Kühlung nicht überschritten wird.
Bei größeren adiabatischen Kühlgeräten wird der Arbeitsraum über Wärmetauscher gekühlt. Die feuchte Abluft gelangt nicht zurück in den Raum. Diese Art der adiabatischen Kühlung ist immer zulässig.
Kleine adiabatische Kühlgeräte werden als „Mini-Kühlgeräte" angeboten. Sie bestehen aus einem Tischventilator und einem kleinen Wassertank. Sie sind mit der etwas kühleren abgeblasenen Luft wirkungsvoller als ein Tischventilator. Dabei verbrauchen sie wesentlich weniger Energie als Kompressorkühlgeräte. In ungünstigen Fällen kann bei Verwendung von diesen adiabatische Kühlgeräten die Raumluft so feucht werden, dass die Thermoregulation des menschlichen Körpers durch Schwitzen behindert wird. Die Schwülegrenze wird überschritten. Dann ist der weitere Betrieb nicht sinnvoll.

[1099] Die Bedeutung der Bereitstellung geeigneter Getränke wurde in der fünften Änderung der ASR A3.5 vom März 2021 deutlich aufgewertet. Abschn. 4.4 Abs. 5 fordert, dass bei Lufttemperaturen von mehr als +30 °C Getränke bereitgestellt werden müssen, bei Lufttemperaturen von +26 °C bis +30°C wird das empfohlen.

stellt ist, dass eine Lufttemperatur von +21 °C während der Nutzungsdauer erreicht werden kann.

(2) In Pausen-, Bereitschafts-, Sanitär- und Kantinenräumen darf von den in dieser ASR genannten Lufttemperaturen durch Lüftungsvorgänge, die durch die Benutzer ausgelöst werden, kurzzeitig abgewichen werden.

Literaturhinweise

- DGUV Information 213-002 Hitzearbeit erkennen – beurteilen – schützen 08/2013
- DGUV Information 215-444 Sonnenschutz im Büro 12/2016[1100)]
- DGUV Information 213-022 Beurteilung von Hitzearbeit – Tipps für Wirtschaft, Verwaltung, Dienstleistung 06/2011
- DGUV Information 215-510 Beurteilung des Raumklimas 12/2016
- LV 16 Kenngrößen zur Beurteilung raumklimatischer Grundparameter, September 2011
- DIN EN 16798-12021-04: Energetische Bewertung von Gebäuden – Lüftung von Gebäuden – Teil 1: Eingangsparameter für das Innenraumklima zur Auslegung und Bewertung der Energieeffizienz von Gebäuden bezüglich Raumluftqualität, Temperatur, Licht und Akustik – Modul M1-6[1101)]

1100) Aktualisierte Fassung 03-2022.
1101) DIN EN 16789-1: aktualisiert Ausgabedatum 03-2022.

zu Anh. Nr. 3.6 ArbStättV

Technische Regeln für Arbeitsstätten	Lüftung	ASR A3.6[1102]

(GMBl. Nr. 6 vom 27.2.2012 S. 92),
zuletzt geändert durch (GMBl. Nr. 24 vom 18.5.2018 S. 474)

...

Diese ASR A3.6 konkretisiert im Rahmen des Anwendungsbereichs die Anforderungen der Verordnung über Arbeitsstätten. Bei Anwendung der Technischen Regeln kann der Arbeitgeber insoweit davon ausgehen, dass die entsprechenden Anforderungen der Verordnung erfüllt sind. Wählt der Arbeitgeber eine andere Lösung, muss er damit mindestens die gleiche Sicherheit und den gleichen Gesundheitsschutz für die Beschäftigten erreichen.

Inhaltsverzeichnis

1 Zielstellung

Diese ASR konkretisiert die Anforderungen an die Lüftung in § 3a Abs. 1 und § 4 Abs. 3 sowie in Punkt 3.6 des Anhanges der Arbeitsstättenverordnung (ArbStättV).

2 Anwendungsbereich

(1) Diese ASR gilt für Arbeitsplätze in umschlossenen Arbeitsräumen[1103] und berücksichtigt die Arbeitsverfahren, die körperliche Belastung und die Anzahl der Beschäftigten sowie der sonstigen anwesenden Personen. Es wird empfohlen, diese ASR auch für Pausen-, Bereitschafts-, Erste-Hilfe-, Sanitärräume und Unterkünfte anzuwenden.[1104]

1102) ASR A3.6 enthält Richtwerte für die CO_2-Konzentration in der Raumluft zur Beurteilung der Raumluftqualität (Pkt. 4.2, Abs. 2, Tabelle 1) und führt die Stoßlüftung ein (Pkt. 5.1 Abs. 2).

1103) Die ursprünglich nur auf umschlossene Arbeitsräume beschränkte Vorschrift zum Vorhandensein einer gesundheitlich zuträglichen Atemluft wurde mit der Novellierung der ArbStättV 2016 auf Sanitär-, Pausen- und Bereitschaftsräume, Kantinen, Erste-Hilfe-Räume und Unterkünfte erweitert. Gesundheitlich zuträgliche Atemluft soll während der Nutzungsdauer gerade auch in den oben genannten Sozialräumen der Arbeitsstätte vorhanden sein. Diese Forderung der übergeordneten ArbStättV Anh. Nr. 3.6 ist auch bei der ASR A3.6 zu berücksichtigen.

1104) ASR A3.6 gilt nicht für Arbeitsplätze im Freien sowie für Transportmittel bzw. Fahrzeuge.

(2) (gestrichen)

(3) Werden am Arbeitsplatz Tätigkeiten mit Gefahrstoffen oder biologischen Arbeitsstoffen durchgeführt und können dabei Beschäftigte gefährdet[1105] werden, gelten hinsichtlich der stofflichen Gefährdungen an diesen Arbeitsplätzen die Vorschriften nach der Gefahrstoffverordnung oder der Biostoffverordnung einschließlich der entsprechenden Technischen Regeln.[1106] [1107]

3 Begriffsbestimmungen

3.1 Lüftung ist die Erneuerung der Raumluft durch direkte oder indirekte Zuführung von Außenluft. Die Lüftung erfolgt durch freie Lüftung oder Raumlufttechnische Anlagen.[1108]

3.2 Freie Lüftung ist Lüftung mit Förderung der Luft durch Druckunterschiede infolge Wind oder Temperaturdifferenzen zwischen außen und innen, z. B. Fensterlüftung, Schachtlüftung, Dachaufsatzlüftung und Lüftung durch sonstige Lüftungsöffnungen, ggf. unterstützt durch Ventilatoren.

3.3 Raumlufttechnische Anlagen (RLT-Anlagen) sind Anlagen mit maschineller Förderung der Luft, Luftreinigung (Filtern) und mindestens einer thermodynamischen Luftbehandlungsfunktion (Heizen, Kühlen, Befeuchten, Entfeuchten).

3.4 Zugluft ist ein störender Luftzug, der zu einer lokalen Abkühlung, insbesondere an unbekleideten Körperflächen führt. Zugluft kann sowohl durch freie Lüftung als auch durch RLT-Anlagen hervorgerufen werden.

3.5 Turbulenzgrad ist ein Maß für die Schwankung der Luftgeschwindigkeit. Er ist das Verhältnis der Standardabweichung der Luftgeschwindigkeit zur mittleren Luftgeschwindigkeit.

1105) Schadstoffe können auch ohne gezielten Umgang, z. B. aus dem Bau oder aus Einrichtungsgegenständen, in die Raumluft gelangen.

1106) Die Innenraumluftqualität in Arbeitsräumen kann durch Stofflasten, Feuchtelasten oder Wärmelasten beeinträchtigt werden. In Räume, in denen kein Umgang mit Gefahrstoffen stattfindet, können Stofflasten von Nebenräumen oder von außen gelangen. Es muss im Einzelfall festgestellt werden, um welche Stoffe es sich handelt. Für diese Räume können Richtwerte für die Innenraumluft zur Bewertung und zur Steuerung von RLT-Anlagen herangezogen werden.
Die Atemluft kann durch Schadstoffe belastet sein, für die weder Richtwerte noch Leitwerte für die Innenraumluft festgelegt sind (z. B. Mikroorganismen, Schimmelpilze, Bakterien, Radon (zu Radon s. auch FN 1111)). Zur Orientierung müssen dann die in den Technischen Regeln für Gefahrstoffe (TRGS) angegebenen Grenzwerte (z. B. TRGS 900, zuletzt geändert, ergänzt und berichtigt: GMBl. 2025, S. 234 vom 06.05.2025) herangezogen werden. Zur Messung von Innenraumluftverunreinigungen s. VDI-Richtlinie 4300 Blatt 1 „Messen von Innenraumluftverunreinigungen – Allgemeine Aspekte der Messstrategie" Ausg. 2024-02. Die Vorschrift der Nr. 3.6 Abs. 1 erfasst auch das sog. Sick Building Syndrom.

1107) Beim Umweltbundesamt ist ein „Ausschuss für Innenraumrichtwerte AIR" tätig. Er setzt gesundheitsbezogene Richtwerte und hygienische Leitwerte fest und leitet risikobezogene Leitwerte ab (siehe https://www.umweltbundesamt.de/themen/gesundheit/kommissionen-arbeitsgruppen/ausschuss-fuer-innenraumrichtwerte).

1108) S. DIN EN 12599 Prüf- und Messverfahren für die Übergabe raumlufttechnischer Anlagen, Ausg. 2013-01. Für RLT-Anlagen ist ein Zahlenwert für die Konzentrationen erforderlich, bei denen die Lüftung eingeschaltet werden muss (Handlungswert) bzw. wieder ausgeschaltet werden kann (Vorsorgerichtwert, Zielwert).

4 Luftqualität

4.1 Grundsätze[1109)]

(1) In umschlossenen Arbeitsräumen muss gesundheitlich zuträgliche Atemluft in ausreichender Menge vorhanden sein. In der Regel entspricht dies der Außenluftqualität. Sollte die Außenluft im Sinne des Immissionsschutzrechts unzulässig belastet oder erkennbar beeinträchtigt sein, z. B. durch Fortluft aus Absaug- oder RLT-Anlagen, starken Verkehr, schlecht durchlüftete Lagen, sind im Rahmen der Gefährdungsbeurteilung gesonderte Maßnahmen (z. B. Beseitigung der Quellen, Verlegen der Ansaugöffnung bei RLT-Anlagen) zu ergreifen.

(2) Die Innenraumluftqualität in Arbeitsräumen kann durch folgende Lasten beeinträchtigt werden:
- Stofflasten,
- Feuchtelasten oder
- Wärmelasten.

(3) Für Maßnahmen zur Beseitigung von Lasten gilt folgende Rangfolge:
1. Last vermeiden
2. Last minimieren
3. Quelle kapseln
4. Last quellennah abführen

(4) Das Eindringen von Lasten in unbelastete Arbeitsräume ist zu vermeiden (z. B. durch Luftführung, Schleusen oder Abtrennungen).

(5) Treten trotz bestimmungsgemäßer Nutzung des Arbeitsraumes und der Lüftung gemäß den Vorgaben dieser ASR Beschwerden[1110)] bei Beschäftigten über die Luftqualität auf, ist zu prüfen, ob und ggf. welche weiteren Maßnahmen durchzuführen sind. Geeignete Maßnahmen sind z. B. zeitweise verstärkte Lüftung, Änderung der Raumnutzung, Umsetzen der Beschäftigten in andere Räume, Einbau oder Anpassung einer RLT-Anlage.

4.2 Stofflasten

(1) Ursachen für Stofflasten können beispielsweise sein:
- die Anwesenheit von Beschäftigten und sonstigen Personen (Emission von CO_2 und Geruchsstoffen),
- die Emissionen aus Bauprodukten oder Einrichtungsgegenständen (z. B. flüchtige organische Stoffe (VOC), Formaldehyd, Fasern),
- das Eindringen von belasteter Luft aus anderen Räumen oder Bereichen (z. B. aus Tätigkeiten mit Gefahrstoffen oder biologischen Arbeitsstoffen) oder von außen,
- eine schlecht gewartete RLT-Anlage,

1109) S. auch DGUV Regel 109-002 Arbeitsplatzlüftung – Lufttechnische Maßnahmen, Ausg. 2020-04 und Technische Regeln für Gefahrstoffe TRGS 560 Ausg. 2012-01 Luftrückführung bei Tätigkeiten mit krebserzeugenden, erbgutverändernden und fruchtbarkeitsgefährdenden Stäuben.

1110) Beschwerden der Beschäftigten in büroartigen Räumen, die unter dem Sammelbegriff „Sick-Building-Syndrom" zusammengefasst werden, hängen nicht allein von der Qualität der Atemluft ab. Das Sick-Building-Syndrom kann mit den Vorgaben der ASR A3.6 allein nicht in allen Fällen gelöst werden.

- das Auftreten von Schimmel oder
- Radon, das in einigen Gebieten Deutschlands (siehe Radonkartierung der Länder) aus dem Untergrund in Gebäude eindringen kann.[1111)]

(2) Sind die Beschäftigten und sonstigen anwesenden Personen die bestimmende Ursache für Stofflasten im Raum, ist die CO_2-Konzentration ein anerkanntes Maß für die Bewertung der Luftqualität. Erfahrungsgemäß hat eine erhöhte CO_2-Konzentration einen negativen Einfluss auf die Aufmerksamkeitsleistung. Die in der Tabelle 1 aufgeführten Werte dienen der Beurteilung der CO_2-Konzentration in der Raumluft und der Ableitung geeigneter, beispielhaft genannter Maßnahmen. Die Maßnahmen, die zur Verbesserung der Luftqualität innerhalb des Luftgütebereiches zwischen 1 000 und 2 000 ppm gemäß Tabelle 1 durchgeführt wurden, sind in der Gefährdungsbeurteilung zu dokumentieren. Dies gilt auch, wenn mit den Maßnahmen 1 000 ppm CO_2 in der Raumluft unterschritten werden.

Tabelle 1: CO_2-Konzentration in der Raumluft

CO_2-Konzentration [ml/m³] bzw. [ppm]	**Maßnahmen**
<1 000	– Keine weiteren Maßnahmen (sofern durch die Raumnutzung kein Konzentrationsanstieg über 1 000 ppm zu erwarten ist)
1 000–2 000	– Lüftungsverhalten überprüfen und verbessern – Lüftungsplan aufstellen (z. B. Verantwortlichkeiten festlegen) – Lüftungsmaßnahme (z. B. Außenluftvolumenstrom oder Luftwechsel erhöhen)
>2 000	– weitergehende Maßnahmen erforderlich (z. B. verstärkte Lüftung, Reduzierung der Personenzahl im Raum)

1111) Radon ist ein natürlich vorkommendes radioaktives Edelgas, das aus dem Baugrund in Gebäude aufsteigen und sich dort anreichern kann. Es ist nicht zu sehen, nicht zu riechen und nicht zu schmecken. Beim Einatmen von Radon besteht ein höheres Risiko für eine Erkrankung an Lungenkrebs. Regelmäßiges Lüften trägt dazu bei, die Radon-Konzentration in Innenräumen zu senken.
Gebiete mit einer hohen Radon-Konzentration mussten nach dem Strahlenschutzgesetz bis Ende 2020 von den Ländern ermittelt und als Radon-Schutzgebiete ausgewiesen werden. Das Strahlenschutzgesetz verpflichtet Arbeitgeber, die Radon-Konzentrationen an bestimmten Arbeitsplätzen, z.B. im Keller oder Erdgeschoss, zu messen, wenn die Gebäude in einem Radon-Vorsorgegebiet liegen. Liegt die Radon-Konzentration am Arbeitsplatz im Jahresmittel oberhalb des Referenzwertes von 300 Becquerel pro Kubikmeter, sind Maßnahmen zum Schutz der Beschäftigten vor Radon an diesen Arbeitsplätzen zu ergreifen. Mit freiwilligen Messungen können Arbeitgeber auch außerhalb ausgewiesener Radon-Vorsorgegebiete mögliche erhöhte Radon-Konzentrationen ausschließen.
Das Bundesamt für Strahlenschutz empfiehlt zu prüfen, ob die Radon-Konzentration am Arbeitsplatz auf freiwilliger Basis gesenkt werden kann, auch wenn sie im Jahresmittel unterhalb des Referenzwertes liegt.

(3) Im Regelfall sind keine Messungen erforderlich. Nur wenn ein begründeter Verdacht auf zu hohe CO_2-Konzentrationen vorliegt, sind Messungen unter üblichen Nutzungsbedingungen und mit der üblichen Personenbelegung durchzuführen, z. B. über den Zeitraum der arbeitstäglichen Nutzung. Bewertet wird der Momentanwert. Vor der Messung muss der Raum arbeitsüblich gelüftet werden. Bei Räumen bis zu 50 m^2 Grundfläche ist in der Regel eine Messstelle in ca. 1,50 m Höhe und in einem Abstand von 1 bis 2 m von den Wänden ausreichend. In größeren Räumen sind ggf. mehrere Messstellen einzurichten. Die Messstelle soll sich in der Aufenthaltszone der Personen – dabei aber in ausreichendem Abstand zu Personen – befinden, um eine direkte Beeinflussung des Messergebnisses durch die Atemluft von Personen zu vermeiden.

(4) Wird in einem Raum nach Absatz 2 entsprechend Tabelle 1 verfahren, ist erfahrungsgemäß der Luftwechsel auch für die Abführung von Stofflasten nach Absatz 1 Anstriche 1 und 2 ausreichend, wenn das Bauwerk und die Einrichtungsgegenstände hinsichtlich der Schadstoffemission dem Stand der Technik entsprechen und nicht geraucht wird.

(5) Stofflasten aus Bauprodukten und Einrichtungsgegenständen können vermieden oder minimiert werden, wenn z. B.:
- emissionsfreie oder emissionsarme,
- überprüfte,
- aufeinander abgestimmte und
- richtig verarbeitete

Produkte eingesetzt werden.

(6) Der Nichtraucherschutz nach § 5 Abs. 1 ArbStättV kann u. a. durch ein Rauchverbot in Gebäuden oder durch baulich abgetrennte Raucherräume oder -bereiche oder Rauchen im Freien umgesetzt werden. Von diesen Bereichen dürfen keine Gesundheitsgefahren durch Tabakrauch für die nicht rauchenden Beschäftigten ausgehen.

(7) In Räumen, in denen nach § 5 Abs. 2 ArbStättV Rauchen unter bestimmten Voraussetzungen zulässig sein kann (z. B. Gaststätten, Spielcasinos), muss der Arbeitgeber Schutzmaßnahmen treffen, um Gefährdungen für Beschäftigte zu minimieren, dies können insbesondere Lüftungsmaßnahmen sein.

4.3 Feuchtelast

(1) Feuchtelasten können beispielsweise durch die Wasserdampfabgabe aus Prozessen oder der anwesenden Personen entstehen.

(2) Üblicherweise braucht die Raumluft nicht befeuchtet zu werden. Für den Fall, dass Beschwerden auftreten, ist im Rahmen der Gefährdungsbeurteilung zu prüfen, ob und ggf. welche Maßnahmen zu ergreifen sind.

(3) Fallen betriebstechnisch oder arbeitsbedingt Feuchtelasten im Arbeitsraum an, dürfen aus physiologischen Gründen die Werte nach Tabelle 2 nicht überschritten werden. Dies gilt nicht, soweit die Natur des Betriebes höhere Luftfeuchten erfordert (z. B. Lebensmittelherstellung, Gewächshaus oder Schwimmbad).

Tabelle 2: Maximale relative Luftfeuchtigkeit

Lufttemperatur	relative Luftfeuchtigkeit
+20 °C	80 %
+22 °C	70 %
+24 °C	62 %
+26 °C	55 %

(4) Witterungsbedingte Feuchteschwankungen bleiben unberücksichtigt.

(5) Hohe Luftfeuchten an Raumbegrenzungsflächen[1112] können zur Befeuchtung von Bauteilen und zur Schimmelbildung führen. Sie sind zu vermeiden. Die Raumbegrenzungsflächen sind so auszuführen, dass Schimmelbildung vermieden wird.

4.4 Wärmelast

(1) Ursachen für Wärmelasten können beispielsweise sein:
- Geräte und Maschinen,
- Sonneneinstrahlung,
- Künstliche Beleuchtung oder
- Personen.

(2) Die Wärmelasten sind zu minimieren. Die Raumtemperatur muss den Anforderungen der ASR A3.5 „Raumtemperatur" entsprechen.

5 Freie Lüftung

5.1 Allgemeines

(1) Die einfachste Form der freien Lüftung ist die Fensterlüftung. Sie hat eine hohe Akzeptanz, falls die Öffnung der Fenster von den Beschäftigten selbst bestimmt werden kann. Andere Formen der freien Lüftung sind z. B. Schacht-, Dachaufsatz- oder Kaminlüftung.

(2) Die freie Lüftung von Räumen kann als Stoßlüftung[1113] oder kontinuierliche Lüftung erfolgen.[1114]

(3) In Arbeitsräumen ist eine ausreichende freie Lüftung nur dann gewährleistet, wenn die erforderlichen Lüftungsquerschnitte und die maximal zulässigen Raumtiefen eingehalten werden (Tabelle 3). Von den in Tabelle 3 genannten erforderlichen Lüftungsquerschnitten kann abgewichen werden, wenn die Anforderungen aus Tabelle 1 auch bei geringeren Lüftungsquerschnitten erfüllt werden und dies in der Gefährdungsbeurteilung dokumentiert wird.

[1112] Abs. 5 geht auf baukonstruktive Mängel am Gebäude ein. Hier sind insbesondere die Energieeinsparverordnung EnEV und der Mindestwärmeschutz von Bauteilen maßgeblich.

[1113] Zur Stoßlüftung werden die Fenster in bestimmten Zeitabschnitten kurzzeitig weit geöffnet und danach wieder geschlossen.

[1114] Bei kontinuierlicher Lüftung, auch als Spaltlüftung oder Dauerlüftung bezeichnet, werden die Fenster ständig einen Spalt geöffnet.

5.2 Anforderungen an die freie Lüftung

(1) Für die Fensterlüftung sind mindestens Lüftungsquerschnitte nach Tabelle 3 [1115] erforderlich, um die Anforderungen nach Tabelle 1, Zeile 1 zu erreichen (Berechnungsbeispiel siehe Anhang). Tür- und Torflächen bleiben unberücksichtigt.

(2) Die Fensteröffnungen sind so anzuordnen, dass eine ausreichend gleichmäßige Durchlüftung der Arbeitsräume gewährleistet ist.

(3) Andere Formen der freien Lüftung sind so auszulegen, dass die Anforderungen nach Punkt 4 erfüllt werden (zeitliche/jahreszeitliche Einschränkungen in der Funktion sind zu beachten).

(4) Dauer und Intensität des Luftaustausches bei freier Lüftung sind so zu gestalten, dass Zugluft möglichst vermieden wird.[1116]

5.3 Systeme der freien Lüftung

(1) Es werden folgende Systeme der freien Lüftung unterschieden:

System I

einseitige Lüftung mit Zu- und Abluftöffnungen in einer Außenwand; gemeinsame Öffnungen sind zulässig[1117]

System II

Querlüftung mit Öffnungen in gegenüberliegenden Außenwänden oder in einer Außenwand und der Dachfläche

Ein Beispiel für die Berechnung der erforderlichen Lüftungsquerschnitte befindet sich im Anhang.

1115) Die Lüftungsquerschnitte werden
- für kontinuierliche Lüftung in m^2 /anwesende Person angegeben, da ständig die von der Anzahl der Personen abhängige Stofflast abgeführt werden soll,
- für Stoßlüftung in m^2 / 10 m^2 Grundfläche angegeben, da in diesem Fall die Raumluft gegen Außenluft ausgetauscht werden soll. Die Menge der auszutauschenden Luft hängt von der Raumgröße ab. Die Anzahl der Personen im Raum wird durch die Häufigkeit der Stoßlüftungen berücksichtigt.

1116) Zugluft ist eine subjektiv empfundene Belästigung durch zu hohe Luftgeschwindigkeiten. Bei freier Lüftung ist es nicht möglich, die Luftgeschwindigkeit im Raum wegen der stark veränderlichen Witterungsbedingungen (Verhältnis Außentemperatur zu Innentemperatur, Wind) konstant zu halten. Deshalb fordert Abs. 4, dass Zugluft möglichst vermieden wird. Zu beachten ist auch Abschn. 6.5 Abs. 1, wonach bei der Anwendung Raumlufttechnischer Anlagen in Aufenthaltsbereichen keine unzumutbare Zugluft auftreten darf.

1117) Die Fenster dürfen gleichzeitig als Zu- und Abluftflächen angesehen werden. Die kühlere (schwerere) Außenluft wird im unteren Fensterbereich in den Raum eintreten und zum Boden hin strömen während die warme Innenluft im oberen Teil des Fensters nach außen entweicht.

Tabelle 3: **Mindestöffnungsfläche für kontinuierliche Lüftung und für Stoßlüftung**

System	Maximal zulässige Raumtiefe bezogen auf die lichte Raumhöhe (h) [m]	Öffnungsfläche zur Sicherung des Mindestluftwechsels	
		für kontinuierliche Lüftung [m²/anwesende Person]	für Stoßlüftung [m²/10 m² Grundfläche]
I einseitige Lüftung	Raumtiefe = 2,5 × h (bei h > 4 m: max. Raumtiefe = 10 m) (angenommene Luftgeschwindigkeit im Querschnitt = 0,08 m/s)	0,35	1,05
II Querlüftung	Raumtiefe = 5,0 × h (bei h > 4 m: max. Raumtiefe = 20 m) (angenommene Luftgeschwindigkeit im Querschnitt = 0,14 m/s)	0,20	0,60

Die angegebenen Öffnungsflächen sind die Summe aus Zuluft- und Abluftflächen.

(2) Eine Verringerung der Lüftungsquerschnitte bei kontinuierlicher Lüftung zur Anpassung an Witterungsbedingungen (z. B. niedrige Außenlufttemperaturen, starker Wind) muss durch Verstellbarkeit möglich sein (z. B. Kippstellung der Fenster). Ist die Verstellbarkeit der Öffnungsfläche fein justierbar, ist auch bei Außenlufttemperaturen unter +5 °C eine kontinuierliche Lüftung erreichbar.[1118)]

(3) Sofern die Personenbelegung oder Nutzung des Bereiches nicht bekannt sind, ist für die Berechnung der Mindestöffnungsfläche von einer Grundfläche von 10 m² pro Person auszugehen.

(4) Bei sehr geringer Personenbelegung ist für die Berechnung der Mindestöffnungsfläche von 1 Person je 100 m² auszugehen (z. B. Lagerhalle).

5.4 Stoßlüftung

(1) Unter Stoßlüftung wird der kurzzeitige (ca. 3 bis 10 Minuten), intensive Luftaustausch zur Beseitigung von Lasten aus Arbeitsräumen verstanden.

(2) Eine Stoßlüftung ist in regelmäßigen Abständen nach Bedarf durchzuführen. Als Anhaltswerte werden empfohlen:

1118) Zur Regelung der Luftgeschwindigkeit und um eine zu starke Auskühlung des Raumes zu verhindern, sind Kippweiten zwischen 0,5 cm und 20 cm erforderlich, die in der gewählten Stellung festgestellt werden können.

- Büroraum nach 60 min
- Besprechungsraum nach 20 min[1119)]

(3) Die Mindestdauer der Stoßlüftung ist von der Temperaturdifferenz zwischen innen und außen und dem Wind abhängig. Es kann von folgenden Orientierungswerten ausgegangen werden:

– Sommer:	bis zu 10 min (unter Berücksichtigung der Außenlufttemperatur)
– Frühling/ Herbst:	5 min
– Winter:	3 min

6 Raumlufttechnische Anlagen

6.1 Erfordernis

Raumlufttechnische Anlagen (RLT-Anlagen) zur Lüftung sind erforderlich, wenn eine freie Lüftung entsprechend Punkt 5 nicht ausreicht. Gründe dafür können sein:
- die Abmessungen der Räume (Punkt 5.3),
- die Lage der Räume, z. B. Tieflage (Fußboden tiefer als 1 m unter der umgebenden Geländeoberfläche),
- die umliegende Bebauung,
- eine besondere Nutzung (z. B. Arbeitsräume ohne öffenbare Fenster oder Oberlichter),
- innere oder äußere Lasten, die mit der freien Lüftung nicht beherrscht werden können oder
- Fenster dürfen nicht ausreichend lange geöffnet werden (z. B. Lärm von außen, Sicherheit).[1120)]

6.2 Anforderungen

(1) RLT-Anlagen müssen dem Stand der Technik entsprechen und sind bestimmungsgemäß zu betreiben.

(2) Bei RLT-Anlagen ist die Zuluft (Außenluft/Umluft) vor der Zuführung in die zu lüftenden Räume entsprechend den Anforderungen hinsichtlich der Nutzung der Arbeitsstätte durch Luftfilter nach dem Stand der Technik zu reinigen.

(3) Die RLT-Anlage darf nicht selbst zur Gefahrenquelle (z. B. durch Gefahrstoffe, Bakterien, Schimmelpilze oder Lärm) werden.

1119) Stoßlüftung im Abstand von 60 Minuten ist für die Mehrzahl der büroartigen Räume ein guter Richtwert. 20 Minuten Abstand zwischen zwei Stoßlüftungen würden zwar in eng belegten Besprechungsräumen zu akzeptablen CO_2-Konzentrationen führen, jedoch die Durchführung einer Besprechung praktisch unmöglich machen. Wenn sich so kurze Abstände zwischen zwei Lüftungen ergeben, sollte auf Lüftung mit RLT-Anlagen umgestellt werden.

1120) Für RLT-Anlagen spricht auch, dass sich mit RLT-Anlagen in einigen Fällen bei konsequenter Wärmerückgewinnung auch Energie einsparen lässt, da bei freier Lüftung auf Heizung nicht verzichtet werden kann und um behagliche Temperaturen auch in der kalten Jahreszeit zu gewährleisten, die Raumtemperatur sogar angehoben werden muss.

6.3 Außenluftvolumenstrom

Der Außenluftvolumenstrom ist nach dem Stand der Technik so auszulegen, dass Lasten (Stoff-, Feuchte-, Wärmelasten) zuverlässig abgeführt werden und die CO_2-Konzentration von 1 000 ppm (siehe Tabelle 1) eingehalten wird.

6.4 Luftführung

(1) Die Zuluft muss so verteilt werden, dass sie frei von unzumutbarer Zugluft und in ausreichendem Maße in den Aufenthaltsbereich gelangt.[1121)]

(2) Lasten (Stoff-, Feuchte-, Wärmelasten) sind möglichst quellennah zu erfassen. Natürliche Luftbewegungen (z. B. Thermik an warmen/heißen Oberflächen) sind zu ermöglichen und sinnvoll auszunutzen.

(3) Abluft aus Räumen mit Lasten (Stoff-, Feuchte-, Wärmelasten) darf als Umluft nur dann genutzt werden, wenn Gesundheitsgefahren und Belästigungen ausgeschlossen werden können.

(4) Abluft aus Sanitärräumen, Raucherräumen und Küchen darf nicht als Zuluft genutzt werden.

6.5 Raumluftgeschwindigkeit

(1) In den Aufenthaltsbereichen darf keine unzumutbare Zugluft auftreten.

(2) Zugluft ist vorwiegend von der Lufttemperatur, der Luftgeschwindigkeit, dem Turbulenzgrad und der Art der Tätigkeit (d. h. Wärmeerzeugung durch körperliche Arbeit) abhängig. Bei einer Lufttemperatur von +20 °C, einem Turbulenzgrad von 40 % und einer mittleren Luftgeschwindigkeit unter 0,15 m/s tritt bei leichter Arbeitsschwere üblicherweise keine unzumutbare Zugluft auf. Bei größerer körperlicher Aktivität, anderen Lufttemperaturen oder anderen Turbulenzgraden kann der Wert für die mittlere Luftgeschwindigkeit abweichen und ist im Rahmen der Gefährdungsbeurteilung zu bewerten.

6.6 Inbetriebnahme, Wartung und Prüfung

(1) Der Arbeitgeber hat bereits vor dem Errichten oder Anmieten der Arbeitsstätte zu überprüfen, ob die Forderungen nach Punkt 4 sowie den Punkten 6.3 bis 6.5 eingehalten werden können. Im Rahmen der Gefährdungsbeurteilung nach § 3 ArbStättV ist zu überprüfen, ob die RLT-Anlage wirksam ist und die obigen Anforderungen erfüllt sind. Dabei sind Prüf- und Wartungsintervalle festzulegen, die Herstellerangaben sind zu berücksichtigen.

(2) Entsprechend § 4 Abs. 3 ArbStättV sind RLT-Anlagen nach den in Absatz 1 festgelegten Intervallen sachgerecht zu warten. Die Wartungsintervalle sind so festzulegen, dass die
- technischen,
- hygienischen und
- raumlufttechnischen (z. B. Einstellung und Zustand der Luftdurchlässe)

[1121)] Die Berechnung und der Bau von RLT-Anlagen sind ingenieurtechnische Routine. Die richtige Anpassung an einen eingerichteten Arbeitsraum ist jedoch in jedem Einzelfall erforderlich. Die Luftverteilung und die dadurch erreichte CO_2-Konzentration sollten bei laufendem Betrieb kontrolliert werden.

Eigenschaften und der sichere Betrieb der Anlage während der gesamten Betriebszeit gewährleistet werden.

(3) Die Funktionsfähigkeit der RLT-Anlage kann durch Messung, z. B. folgender Größen, überprüft werden:
- Kohlendioxidgehalt unter Nutzungsbedingungen,
- Außenluftvolumenstrom,
- zulässiger Differenzdruck an Filtern,
- Luftgeschwindigkeit im Aufenthaltsbereich,
- Schalldruckpegel oder
- Temperatur der Zuluft.

In speziellen Fällen können:
- Druckgefälle zu benachbarten Räumen oder
- Keimzahl der Zuluft

gemessen werden.

(4) Der Arbeitgeber muss über die aktuellen Unterlagen der RLT-Anlagen verfügen oder dazu Zugang haben, aus denen die Ergebnisse der Prüfung bei Inbetriebnahme und insbesondere von Wartung und regelmäßigen Prüfungen hervorgehen.[1122)]

6.7 Maßnahmen bei Störungen von Raumlufttechnischen Anlagen

Wenn Gesundheitsgefahren bei Ausfall oder Störung der RLT-Anlage auftreten können, sind die sich aus der Gefährdungsbeurteilung ergebenden nötigen Maßnahmen festzulegen. Der Ausfall oder die Störung müssen durch eine selbsttätige Warneinrichtung angezeigt werden. Maßnahmen, die die Beschäftigten und sonstigen anwesenden Personen betreffen, sind diesen in geeigneter Weise zur Kenntnis zu geben.

7 Abweichende/ergänzende Anforderungen für Baustellen

(1) Alle im Folgenden angeführten Abweichungen oder Ergänzungen sind im Rahmen einer Gefährdungsbeurteilung daraufhin zu beurteilen, ob und gegebenenfalls welche technischen, organisatorischen oder personenbezogenen Maßnahmen zum Schutz der Gesundheit der Beschäftigten zu ergreifen sind.

(2) Bei Bauarbeiten
- in abwassertechnischen Anlagen,
- unter Tage oder
- in engen Räumen, z. B. Silos oder Behältern,

die nicht durch Punkt 2 Abs. 3 erfasst sind, ist messtechnisch zu prüfen, ob ausreichend gesundheitlich zuträgliche Atemluft vorhanden ist und keine Stoffe in der Atemluft in gesundheitsschädlicher Konzentration vorhanden sind (z. B. CO_2, Radon). Ist eine Sauerstoffver-

1122) Die Prüf- und Wartungsintervalle sollen die Herstellerangaben berücksichtigen, jedoch zwei Jahre nicht überschreiten. Der Betreiber selbst sollte stichprobenartige Hygienekontrollen und regelmäßige Sichtkontrollen durchführen, vgl. VDI 6022; s. auch KomNet Dialog 43359, Stand 10.12.2020: https://www.komnet.nrw.de/_sitetools/dialog/43359).

sorgung von mindestens 19 Vol% mit natürlicher Belüftung nicht zu erreichen, muss maschinell belüftet werden. Punkt 4.2 Abs. 3 Satz 1 ist für die genannten Bauarbeiten aufgehoben.

(3) Abweichend von Punkt 4.3 Abs. 3 Tabelle 2 können in umschlossenen Arbeitsräumen auf Baustellen durch Bauprozesse (z. B. Verarbeiten von Spritzbeton) höhere relative Luftfeuchten entstehen.

(4) Ergänzend zu Punkt 4.4 Abs. 1 können Wärmelasten sowohl durch Bauprozesse (z. B. Aushärten von Beton) als auch bei Bauarbeiten unter Tage geogen aus dem Baugrund auftreten.

(5) Ergänzend zu Punkt 6.5 Abs. 2 können in umschlossenen Arbeitsräumen auf Baustellen (z. B. in Tunneln, Kanälen) prozessbedingt hohe Luftgeschwindigkeiten auftreten.

Ausgewählte Literaturhinweise:

- LV 16 Kenngrößen zur Beurteilung raumklimatischer Grundparameter, September 2011
- DGUV Vorschrift 38 Bauarbeiten 01/1997[1123)]
- DGUV Regel 101-007 Sicherheitsregeln für Bauarbeiten unter Tage 10/1994[1124)]
- DGUV Regel 103-003 Arbeiten in umschlossenen Räumen von abwassertechnischen Anlagen 09/2008
- DGUV Regel 113-004 Behälter, Silos und enge Räume Teil 1: Arbeiten in Behältern, Silos und engen Räumen 09/2008 aktualisiert 07/2013[1125)]

1123) Aktualisiert durch Ausg. 2019-11.
1124) Zurückgezogen 04/2021.
1125) Aktualisiert durch Ausg. 2019-02.

Anhang

Beispiel zur Berechnung der Öffnungsfläche für Dreh-Kipp-Fenster (2-Personen-Büro)

- Raumabmessungen:
- Raumtiefe (t) = 5 m
- Raumbreite (b) = 4 m
- Raumhöhe (h) = 2,50 m
- Grundfläche (t × b) = 20 m^2
- Raumvolumen (t × b × h) = 50 m^3

Der Nachweis der Einhaltung der maximal zulässigen Raumtiefe erfolgt nach Tabelle 3. Bei der Raumhöhe von 2,50 m wird die maximal zulässige Raumtiefe von 6,25 m (2,5 × h = 6,25 m) für System I und 12,50 m (5 × h = 12,50 m) für System II unterschritten. System I und II sind geeignet, den Raum zu belüften.

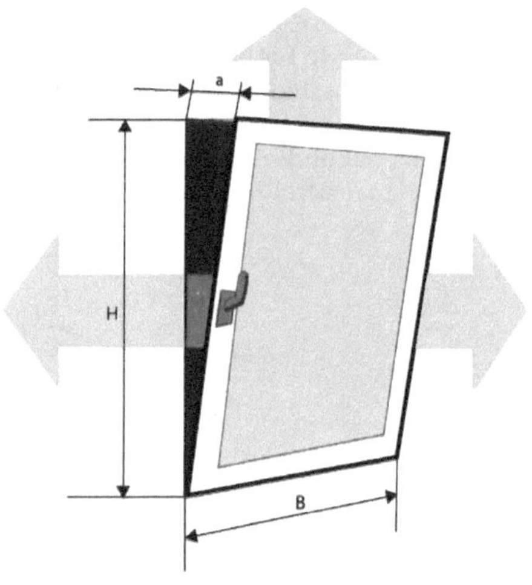

B … Breite des Fensters
H … Höhe des Fensters
a … Spaltbreite (typischerweise ≤ 0,2 m)

Abb. 1: Gekipptes Fenster

Kontinuierliche Lüftung

Die Berechnung der Öffnungsflächen bei kontinuierlicher Lüftung bezieht sich auf die Personenbelegung des Raumes.

Die Öffnungsfläche für ein gekipptes Fenster ergibt sich aus:

$A_{Kipp} = B \times a + 2 \times (H \times a)/2 = a \times (B + H)$

Für ein Kippfenster mit den Maßen B = 1,00 m, H = 1,20 m und a = 0,11 m ergibt sich:

$A_{Kipp} = 0{,}242\ m^2$

Nach Tabelle 3 sind für die kontinuierliche Lüftung folgende Flächen erforderlich. Sie sind die Summe aus Zuluft- und Abluftflächen (Türen und Tore bleiben unberücksichtigt).

Tabelle 4: Zuluft- und Abluftflächen für Fenster bei kontinuierlicher Lüftung

System	erforderliche Fensterfläche [m^2/anwesende Person]	erforderliche Fensterfläche bei 2 Personen [m^2]	erforderliche Anzahl Fenster
I Einseitige Lüftung	0,35	0,70	3
II Querlüftung	0,20	0,40	2

Stoßlüftung

Die Berechnung der Öffnungsflächen bei Stoßlüftung bezieht sich auf die Grundfläche des Raumes.

Die Öffnungsfläche für ein gedreht geöffnetes Fenster ergibt sich aus:

$A_{Dreh} = B \times H = 1{,}20\ m^2$

Bei einseitiger Lüftung (System I) ergibt sich nach Tabelle 3 für die Stoßlüftung eines 20 m^2-Raumes eine erforderliche Öffnungsfläche von $A_{Dreh} = 2{,}1\ m^2$, d. h., 2 Fenster (2,40 m^2) reichen für die Stoßlüftung aus.

Bei Querlüftung (System II) ist eine Öffnungsfläche von insgesamt (Summe aus Zuluft- und Abluftflächen) $A_{Dreh} = 1{,}2\ m^2$ nötig, d. h., es sind je $A_{Dreh} = 0{,}6\ m^2$ in gegenüberliegenden Wänden erforderlich. Die zur Verfügung stehende Fläche von 1,2 m^2 je Fenster reicht demnach für die Stoßlüftung aus.

zu Anh. Nr. 3.7 ArbStättV

Technische Regeln für Arbeitsstätten	Lärm	ASR A3.7[1126)] [1127)]

GMBl. Nr. 24 vom 20.4.2021 S. 543

...

Diese ASR A3.7 konkretisiert im Rahmen des Anwendungsbereiches die Anforderungen der Verordnung über Arbeitsstätten. Bei Einhaltung der Technischen Regeln kann der Arbeitgeber insoweit davon ausgehen, dass die entsprechenden Anforderungen der Verordnung erfüllt sind. Wählt der Arbeitgeber eine andere Lösung, muss er damit mindestens die gleiche Sicherheit und den gleichen Gesundheitsschutz für die Beschäftigten erreichen.

Inhaltsverzeichnis

1126) Im Bereich des staatlichen Arbeitsschutzrechts wurden erstmals mit der ASR A3.7 konkrete Vorgaben zur Beurteilung der Gefährdung durch Lärm im extra-auralen, also nicht das Hörorgan betreffenden Bereich unterhalb eines A-bewerteten äquivalenten Dauerschallpegels von 80 dB(A) festgelegt. Damit ist eine lange bestehende Lücke im Regelwerk geschlossen worden. Die Inhalte der ASR A3.7 sind insbesondere für die Bewertung der Gefährdung durch psychische Belastung von hoher Bedeutung.

1127) Diese Neufassung der ASR A3.7 vom 24.3.2021 ersetzt die Fassung von Mai 2018. Im Wesentlichen wurden mit der aktuellen Neufassung folgende Anpassungen vorgenommen:
In Abschnitt 7.5 erfolgte eine Klarstellung zur Ermittlung von Beurteilungspegeln für Tätigkeiten an Arbeitsplätzen in Arbeitsräumen; der Abschn. 9 wurde ergänzt und umfasst weitere ergänzende bzw. abweichende Anforderungen für Lärm auf Baustellen; die ASR A3.7 wurde grundlegend redaktionell angepasst.

1 Zielstellung

Diese ASR konkretisiert die in § 3a Absatz 1 und Anhang Nummer 3.7 der Arbeitsstättenverordnung genannten Anforderungen an die Reduzierung der Schalldruckpegel[1128] in Arbeitsstätten und an Arbeitsplätzen in Arbeitsräumen.[1129]

2 Anwendungsbereich

(1) Diese ASR gilt[1130] für das Einrichten und Betreiben von Arbeitsstätten und Arbeitsplätzen in Arbeitsräumen[1131], um Gefährdungen und Beeinträchtigungen für Sicherheit und Gesundheit von Beschäftigten durch Lärmeinwirkungen zu vermeiden.[1132]

(2) Nicht Gegenstand dieser ASR sind Gefährdungen von Gesundheit und Sicherheit der Beschäftigten durch Lärmeinwirkungen einschließlich extra-auraler Wirkungen im Hörschallbereich mit Frequenzen zwischen 16 Hz und 16 kHz ab einem A-bewerteten äquivalenten Dauerschallpegel von 80 dB(A). Hierfür ist die Verordnung zum Schutz der Beschäftigten vor Gefährdungen durch Lärm und Vibrationen (Lärm- und Vibrations-Arbeitsschutzverordnung – LärmVibrationsArbSchV) einschließlich der sie konkretisierenden Technischen Regel (TRLV Lärm) anzuwenden.

[1128] Lärm wirkt auf sehr unterschiedliche Weise auf die Gesundheit des Menschen. Zu unterscheiden sind die auralen, auf das Gehör schädigend einwirkenden, und die extra-auralen Lärmwirkungen. Diese zeigen sich u. a. in verschiedenen physiologischen und psychischen Reaktionen, die über das zentrale und das vegetative Nervensystem des Menschen vermittelt werden. Diese Wirkungen entsprechen einer Stressreaktion. Stresseffekte haben sowohl psychische (Belästigung, Ärger, Anspannung) als auch physiologische (endokrinologische, vegetative) Komponenten, die Einfluss auf bestimmte Funktionssysteme, wie das Herz-Kreislauf-System oder den Stoffwechsel nehmen. Die psychischen und physiologischen Aspekte der Stressreaktion bilden eine Einheit, bedingen sich gegenseitig und können sich in ihrer Wirkung verstärken (psycho-physiologische Reaktionen).

- Die auralen Wirkungen behandelt die Lärm- und Vibrations-Arbeitsschutzverordnung.
- Der verpflichtende Schutz vor möglichen Beeinträchtigungen der Sicherheit und Gesundheit der Beschäftigten durch extra-auralen Lärm wird durch das allgemeine Minimierungsgebot für Lärm in Anh. Nr. 3.7 ArbStättV zwingend festgeschrieben.

[1129] Mit den Regelungen in der ASR A3.7 wird die Forderung im Anh. Nr. 3.7 konkretisiert, wonach der Schalldruckpegel am Arbeitsplatz in Arbeitsräumen so weit zu reduzieren ist, dass keine Beeinträchtigungen der Sicherheit und Gesundheit der Beschäftigten entstehen können. Hierzu werden maximale Beurteilungspegel eingeführt und raumakustische Anforderungen (Nachhallzeiten, Schallabsorptionsgrade) so gestellt, dass Tätigkeiten, die eine hohe Konzentration und/oder hohe Sprachverständlichkeit erfordern, ohne diese Beeinträchtigungen ausgeführt werden können.

[1130] Die ASR A3.7 gilt für geplante sowie für existierende Arbeitsplätze in Arbeitsräumen. Anforderungen zur Barrierefreiheit im Betrieb bzgl. des Lärmschutzes sind zu einem späteren Zeitpunkt als Anhang in der ASR V3a.2 „Barrierefreie Gestaltung von Arbeitsstätten" geplant (Stand 7.5.2025). Auch zusätzliche Regelungen zum Ultraschall werden erst später in die ASR A3.7 integriert.

[1131] ASR A3.7 Nr. 8 Abs. 7 gestattet als Übergangsregelung für den Fall, dass in bestehenden Arbeitsstätten die Verbesserung des Schallschutzes mit offensichtlich unverhältnismäßigen Aufwendungen verbunden ist, die Sicherung der Gesundheit der Beschäftigten durch andere Maßnahmen in vergleichbarer Weise vorübergehend, bis die bestehenden Arbeitsstätten wesentlich umgebaut werden. Allerdings kann der Arbeitgeber weiterhin in begründeten Einzelfällen eine Ausnahmegenehmigung nach § 3a Abs. 3 ArbStättV bei der zuständigen Behörde beantragen.

[1132] Gefordert wird in ArbStättV Anh. Nr. 3.7 Satz 1, dass der Schalldruckpegel so niedrig zu halten ist, wie es nach der Art des Betriebes möglich ist. Dies erfordert das Einrichten und Betreiben der Arbeitsstätten nach dem Stand der Technik, Arbeitsmedizin und Hygiene, den ergonomischen Anforderungen und gesicherten wissenschaftlichen Erkenntnissen, wie es § 3a Abs. 1 ArbStättV und § 4 Nr. 3 ArbSchG vorschreiben. Bei der Auswahl von Maschinen und Einrichtungen muss der Betreiber die Maßgaben der 9. ProdSV beachten und die vom Hersteller in der Betriebsanleitung anzugebenden Geräuschemissionswerte berücksichtigen.

Erforderliche Schallereignisse, die der gezielten akustischen Information der Beschäftigten dienen, werden von dieser ASR nicht erfasst.

Hinweis:

Schall dient der gezielten akustischen Information, wenn über das Gehör der Beschäftigten Schallereignisse erkannt oder überprüft werden müssen (z. B. Feueralarm, Statusmeldungen von Produktionsanlagen, Strömungsgeräusche an Ventilen, musikalische Übungen).

(3) Regelungen zu Ultraschall werden zu einem späteren Zeitpunkt eingefügt.

(4) Für Schalldruckpegel in Pausenräumen und Bereitschaftsräumen gilt die ASR A4.2 „Pausen- und Bereitschaftsräume".

Für Lärm in Erste-Hilfe-Räumen gelten die baulichen Anforderungen gemäß ASR A4.3 „Erste-Hilfe-Räume, Mittel und Einrichtungen zur Ersten Hilfe".

Für Unterkünfte gilt die ASR A4.4 „Unterkünfte".

Hinweise:

Zusätzliche Anforderungen an die barrierefreie Gestaltung werden zu einem späteren Zeitpunkt als Anhang in die ASR V3a.2 „Barrierefreie Gestaltung von Arbeitsstätten" eingefügt.

3 Begriffsbestimmungen[1133)]

3.1 Der **A-bewertete äquivalente Dauerschallpegel L_{pAeq}** ist der zeitlich energetisch gemittelte, mit der Frequenzbewertung A aufgenommene Schalldruckpegel L_{pA}.

3.2 Ein **akustisches Gefahrensignal** signalisiert eine Gefahrensituation. Man unterscheidet entsprechend dem Dringlichkeitsgrad und den möglichen Auswirkungen der Gefahr auf Personen zwischen 3 Arten von Gefahrensignalen: dringliche Rettungs- und Schutzmaßnahmen (Notsignal), sofortiges Verlassen des Gefahrbereiches (Evakuierungssignal) und vorbeugende Handlungen (Warnsignal).

3.3 Der **Beurteilungspegel L_r** im Sinne dieser ASR ist eine Größe zur Kennzeichnung der typischen Schallimmission für eine Tätigkeit, bestimmt aus dem A-bewerteten äquivalenten

1133) Lautstärke wird auf einer logarithmischen Skala in Dezibel (dB) gemessen, von der in der Praxis der Bereich von 0 dB bis 120 dB genutzt wird.
Der äquivalente Dauerschallpegel ist ein Maß für die durchschnittliche Schallbelastung, bei der Dauer, Häufigkeit und Intensität der einzelnen Schallereignisse berücksichtigt werden. Beim äquivalenten Dauerschallpegel wird der über bestimmte Zeit an einem bestimmten Ort gemessene Schalldruckpegel auf ein vergleichbares Dauergeräusch umgerechnet. Verdoppelt sich beispielsweise die Dauer eines Geräusches mit gegebenem Pegel, kommt es zu einer Zunahme des gemittelten Pegels um 3 dB. Ist ein Geräusch im Vergleich zu einem anderen um 3 dB leiser, muss es umgekehrt doppelt so lange wirken, um denselben Wert für den Dauerschallpegel zu erreichen.
Durch Anlegen eines A-Filters, der die Frequenz berücksichtigt, kann die Lautstärke auch in dB(A) angegeben werden, die besser ausdrückt, wie das menschliche Ohr den Schall wahrnimmt.
Die Durchführung der Schallpegelmessungen erfolgt nach DIN 45645-2:2012-09 „Ermittlung von Beurteilungspegeln aus Messungen – T. 2: Ermittlung des Beurteilungspegels am Arbeitsplatz bei Tätigkeiten unterhalb des Pegelbereiches der Gehörgefährdung".

Dauerschallpegel L_{pAeq} während der Tätigkeit unter Berücksichtigung von Zuschlägen für die Impulshaltigkeit (K_I = Impulszuschlag) sowie Ton- und Informationshaltigkeit (K_T = Zuschlag für Ton- und Informationshaltigkeit):

$L_r = L_{pAeq} + K_I + K_T$

Durch den **Impulszuschlag K_I** [1134] wird der erhöhten Störwirkung impulshaltiger Geräusche Rechnung getragen.

Der **Zuschlag für Ton- und Informationshaltigkeit K_T** [1135] berücksichtigt, dass Geräusche eine erhöhte Störwirkung haben, wenn sie einen Ton oder mehrere Töne enthalten oder informationshaltig sind und dadurch eine Person zum von ihr nicht gewünschten Mithören (z. B. von Gesprächen) anregen.

3.4 Extra-aurale Lärmwirkungen [1136] im Sinne dieser ASR sind physiologische, psychische und soziale Wirkungen von Schall auf den Menschen, mit Ausnahme der Wirkungen, die das Hörorgan betreffen.

3.5 Eigengeräusche sind Geräusche, die an dem betreffenden Arbeitsplatz durch eigene Gespräche mit anderen Personen sowie dem Arbeitsplatz zugeordnete Kommunikationssignale (z. B. Telefon, Rufanlage, Rückmeldung von Rechnertastatur oder Computer) entstehen.

3.6 Ein **Geräusch** charakterisiert ein Schallereignis, das nicht ausschließlich als Ton oder Klang bezeichnet werden kann (aperiodisches Schallereignis). Meistens sind Geräusche nicht zweckgebunden (z. B. Straßenverkehrslärm).

3.7 Hintergrundgeräusche sind von außen einwirkende Geräusche (z. B. durch Verkehr oder Produktion) und Geräusche, die durch fest eingebaute technische Anlagen verursacht werden (z. B. Lüftungstechnik).

[1134] Durch den Impulszuschlag wird die erfahrungsgemäß größere Beeinträchtigung durch impulshaltige Geräusche berücksichtigt. Ein Impulszuschlag sollte vergeben werden, wenn das Geräusch als impulshaltig empfunden wird. Wenn die Differenz ($L_{pAIeq} - L_{pAeq}$) zwischen dem impulsbewerteten Dauerschallpegel und dem nicht impulsbewerteten Dauerschallpegel nicht gemessen werden kann, ist eine subjektive Abschätzung zulässig. Bei der subjektiven Abschätzung werden zum Dauerschallpegel +3 dB bei geringfügiger und +6 dB bei stärkerer Impulshaltigkeit hinzugefügt. Die Abschätzung ist als solche im Messprotokoll zu vermerken.

[1135] Durch den Tonzuschlag wird die erfahrungsgemäß größere Beeinträchtigung durch tonale oder informationshaltige Geräusche berücksichtigt. Ein Tonzuschlag sollte vergeben werden, wenn sich aus dem Geräusch mindestens ein Einzelton deutlich hörbar heraushebt. Je nach Auffälligkeit des Tones ist ein Tonzuschlag KT von 3 dB oder 6 dB anzuwenden.

[1136] Extra-aurale Lärmwirkungen zeigen sich in verschiedenen physischen und psychischen Reaktionen, die über das zentrale und das vegetative Nervensystem des Menschen vermittelt werden. Diese Wirkungen entsprechen einer Stressreaktion. Sie haben keinen strengen Pegelbezug, entstehen in unmittelbarem zeitlichem Zusammenhang zur Schallexposition und klingen nach der Einwirkung schnell wieder ab (akute Wirkung). Andauernde Stressreaktionen können negative gesundheitliche Auswirkungen haben (chronische Wirkung). Zu extra-auralen Lärmwirkungen siehe Nr. 4 Extra-aurale und reversible aurale Lärmwirkungen und Anhang 1 „Erläuterungen zu Punkt 4 – Extra-aurale und reversible aurale Lärmwirkungen".

3.8 **Lärm** im Sinne dieser ASR ist jeder Schall, der zu einer Beeinträchtigung des Hörvermögens oder zu einer sonstigen mittelbaren oder unmittelbaren Gefährdung von Sicherheit und Gesundheit der Beschäftigten führen kann.[1137)]

3.9 Der **mittlere Schallabsorptionsgrad $\bar{\alpha}$** ist ein Maß für das durchschnittliche Schallabsorptionsvermögen aller Oberflächen in einem Raum. Mit seiner Hilfe kann die Schallabsorption eines Raumes beschrieben werden.

3.10 Die **Nachhallzeit T** ist die Zeitspanne, während der der Schalldruckpegel in einem Raum nach Beenden der Schallfeldanregung um 60 dB abfällt.

3.11 **Reversible aurale Lärmwirkungen** sind Wirkungen von Schall auf das Hörorgan, die zu zeitlich begrenzten Beeinträchtigungen des Hörvermögens führen.

3.12 Der **Schallabsorptionsgrad α** ist ein Maß für die absorbierende Wirkung einer Fläche α entspricht dem nicht reflektierten Anteil der auf die Fläche einfallenden Schallenergie. Der Wert von α liegt zwischen 0 (vollständige Reflexion) und 1 (vollständige Absorption).

3.13 Die **Sprachverständlichkeit** drückt aus, wie gut Sprache verstanden werden kann. Die Sprachverständlichkeit ist physikalisch unter anderem abhängig vom Schalldruckpegel der Sprache und der Hintergrundgeräusche, von der Nachhallzeit, der Raumform, den reflektierenden Flächen im Raum und der Raumgröße.[1138)]

3.14 Ein **Störgeräusch** ist ein Geräusch, das die Wahrnehmbarkeit eines Nutzsignals beeinträchtigt.

3.15 **Tätigkeit** im Sinne dieser ASR ist eine zielgerichtet mit einer Aufgabenerfüllung verbundene Arbeit, die ein bestimmtes Maß an Konzentration oder eine bestimmte Qualität der Sprachverständlichkeit erfordert. An einem Arbeitsplatz können eine oder mehrere Tätigkeiten zu betrachten sein. Die Notwendigkeit für eine Differenzierung ergibt sich, wenn an dem Arbeitsplatz verschiedene Tätigkeiten ausgeübt werden, die unterschiedlich hohe Anforderungen an die Konzentration oder Sprachverständlichkeit stellen (unterschiedliche Tätigkeitskategorien nach Abschnitt 3.16). Für eine Einbeziehung in die Bewertung muss die

---

1137) Lärm im Sinne dieser ASR sind auch Pegel unterhalb der Auslösewerte (80 dB(A) als unterer und 85 dB(A) als oberer Auslösewert) nach LärmVibrationsArbSchV und auch Pegel außerhalb des durch die A-Frequenzbewertung eingeengten Bereiches, insbesondere Ultraschall und tieffrequenter Schall (Infraschall).

1138) Die Sprachverständlichkeit ist abhängig von der Nachhallzeit T. Die Nachhallzeit ist abhängig vom Schallabsorptionsgrad der Raumbegrenzungsflächen. Deshalb werden in Anh. 2 erforderliche mittlere Schallabsorptionsgrade angegeben, um Nachhallzeiten für verschiedene Büroraumtypen und Raumgrößen zu erfüllen. Zur Beeinträchtigung der Sprachverständlichkeit s. in dieser ASR A3.7 Anh. 1 Nr. 2.

Tätigkeit in einer Tätigkeitskategorie arbeitstäglich zusammenhängend oder summiert aus Teilabschnitten eine Zeitdauer von mindestens einer Stunde umfassen.[1139)]

3.16 Tätigkeitskategorie ist die Einteilung der Tätigkeiten nach dem Maß der für die Erfüllung der Arbeitsaufgabe erforderlichen Konzentration oder Sprachverständlichkeit:[1140)]

Tätigkeitskategorie I – hohe Konzentration oder hohe Sprachverständlichkeit:

Tätigkeiten, die eine andauernd hohe Konzentration erfordern, weil für die Erbringung der Arbeitsleistung z. B. schöpferisches Denken, eine kreative Entfaltung von Gedankenabläufen, exaktes sprachliches Formulieren, das Verstehen von komplexen Texten mit komplizierten Satzkonstruktionen, eine starke Zuwendung zu einem Arbeitsgegenstand oder -ablauf verbunden mit hohem Entscheidungsdruck, das Treffen von Entscheidungen mit großer Tragweite oder eine hohe Sprachverständlichkeit kennzeichnend sind.

(Beispiele für Tätigkeiten und Handlungen – allgemein überwiegend geistige Tätigkeiten, die eine hohe Konzentration verlangen: Besprechungen und Verhandlungen in Konferenzräumen; Arbeiten in Bibliothekslesesälen; Wissensvermittlung durch Vorlesung oder Seminare sowie Prüfungen im akademischen oder schulischen Bereich; wissenschaftliches und kreatives Arbeiten; Entwickeln von Software; Treffen von Entscheidungen mit hoher Tragweite gegebenenfalls unter Zeitdruck; ärztliche Untersuchungen, Behandlungen und Operationen; Entwerfen, Übersetzen, Diktieren, Aufnehmen und Korrigieren von schwierigen Texten, Optimieren von Software und Prozessschritten komplexer Transferstraßen, Teachen von Robotern in verketteten Roboter-Linien)

Tätigkeitskategorie II – mittlere Konzentration oder mittlere Sprachverständlichkeit:

Tätigkeiten, die eine mittlere bzw. nicht andauernd hohe Konzentration oder gutes Verstehen gesprochener Sprache bedingen, weil für die Erbringung der Arbeitsleistung z. B. üblicherweise Routineanteile, das heißt wiederkehrende ähnliche und leicht zu bearbeitende Aufgaben, das Treffen von Entscheidungen geringerer Tragweite (in der Regel ohne Zeitdruck) oder eine für Kommunikationszwecke erforderliche Sprachverständlichkeit kennzeichnend sind.

1139) Für die Festlegung von nach Art der Nutzung und der verrichteten Tätigkeit zulässigen Beurteilungspegeln ist eine Definition der von der ASR umfassten Tätigkeiten zwingend erforderlich. Die ASR gilt danach für Tätigkeiten, die zielgerichtet mit einer Aufgabenerfüllung verbunden sind und die ein bestimmtes Maß an Konzentration und/oder eine bestimmte Qualität der Sprachverständlichkeit erfordern. Entsprechend der Art der Tätigkeit ergeben sich bestimmte Anforderungen z. B. an die Wahrnehmungsfähigkeit, an das Gedächtnis, die Lernfähigkeit, die Ausdauer, die Kreativität oder die Sprachkommunikation.
Umfasst eine Arbeit Tätigkeiten, die sich in den Anforderungen an die Konzentration und/oder Sprachverständlichkeit unterscheiden, sind zur Bewertung der extra-auralen Lärmbelastung Teiltätigkeiten zu bilden und diese zu bewerten. Aus Gründen der Praktikabilität können die im Verlauf eines Arbeitstages nur kurzzeitig, also einzeln oder in Summe weniger als eine Stunde umfassenden Teiltätigkeiten vernachlässigt werden.

1140) ASR A3.7 gilt für alle Arbeitsplätze. Für die Ausübung verschiedener Tätigkeiten sind jedoch unterschiedliche Anforderungen an die Konzentration und die Sprachverständlichkeit erforderlich. Die Tätigkeitskategorien teilen die Tätigkeiten nach der erforderlichen Konzentration und Sprachverständlichkeit in Gruppen, für die in Nr. 5 dieser ASR A3.7 spezielle Anforderungen für maximal zulässige Beurteilungspegel und für die raumakustische Gestaltung vorgegeben werden.
Die Einteilung der Tätigkeiten in drei Kategorien ist unter Berücksichtigung der diesbezüglichen VDI-Richtlinie 2058 Blatt 3 Beurteilung von Lärm am Arbeitsplatz unter Berücksichtigung unterschiedlicher Tätigkeiten, August 2014, vorgenommen worden.

(Beispiele für Tätigkeiten und Handlungen – allgemeine Bürotätigkeiten und vergleichbare Tätigkeiten in der Produktion und Überwachung: informations- und kommunikationsgeprägte Tätigkeiten, wie Disponieren; Daten erfassen; Texte verarbeiten; Sachbearbeitung im Büro; psychomotorisch geprägte (feinmotorische) Tätigkeiten (Auge-Hand-Koordination); Arbeiten in Betriebsbüros und Laboratorien; Bedienen von Beobachtungs-, Steuerungs- und Überwachungsanlagen in geschlossenen Messwarten und Prozessleitwarten; Verkaufen, Bedienen von Kunden; Tätigkeiten mit Publikumsverkehr.)

Tätigkeitskategorie III – geringere Konzentration oder geringere Sprachverständlichkeit:

Tätigkeiten, die eine geringere Konzentration infolge überwiegend vorgegebener Arbeitsabläufe mit hohen Routineanteilen erfordern sowie geringere Anforderungen an die Sprachverständlichkeit stellen.

(Beispiele für Tätigkeiten und Handlungen – allgemein industrielle und gewerbliche Tätigkeiten: einfache Montagearbeiten; handwerkliche Tätigkeiten (Fertigung, Installation); Tätigkeiten an Fertigungsmaschinen, Vorrichtungen, Geräten; Warten, Instandsetzen und Reinigen technischer Einrichtungen und deren unmittelbare Beaufsichtigung; Bedienen von Bearbeitungsmaschinen für Metall, Holz und dergleichen; Reinigungsarbeiten; Lagerarbeiten; Einräumen von Ware.)

3.17 Tieffrequenter Schall ist Schall mit dominierenden Energieanteilen im Frequenzbereich unter 100 Hz.[1141)]

4 Extra-aurale und reversible aurale Lärmwirkungen

(1) Hinsichtlich der Gesundheitsgefährdung durch Lärm wird zwischen auralen (auf das Gehör bezogenen) und extra-auralen Lärmwirkungen unterschieden.

(2) Ab einem A-bewerteten äquivalenten Dauerschallpegel von 70 dB(A) kann als aurale Lärmwirkung eine reversible Hörminderung (Vertäubung) auftreten.

(3) Extra-aurale Lärmwirkungen zeigen sich unter anderem in verschiedenen physiologischen und psychischen Reaktionen, die über das zentrale und das vegetative Nervensystem des Menschen vermittelt werden. Diese Wirkungen entsprechen einer Stressreaktion. Sie haben keinen strengen Pegelbezug, entstehen in unmittelbarem zeitlichem Zusammenhang zur Schallexposition und klingen nach der Exposition schnell wieder ab (akute Wirkung). Andauernde Stressreaktionen können negative gesundheitliche Auswirkungen haben (chronische Wirkung).

(4) Extra-aurale Lärmwirkungen können je nach betrieblicher Situation und Arbeitsaufgabe folgende Bereiche betreffen (siehe Abbildung 1):

1141) Tieffrequenter Schall wird auch Infraschall genannt. Zu tieffrequentem Schall s. Nr. 7.6 Bewertung von tieffrequentem Lärm, Anh. 1 Nr. 3 Störung der Arbeitsleistung (kognitive Leistung) und Anh. 1 Nr. 4 Psychische Wirkung, Abs. 4 Tieffrequenter Lärm. In der Technischen Regel zur Lärm- und Vibrations-Arbeitsschutzverordnung TRLV Lärm sind der Lärm sowie die Anwendungsbereiche der jeweiligen Vorschriften definiert für den Hörschallbereich und damit für Frequenzen über 16 Hz, also unter Ausschluss des tieffrequenten Bereiches.

1. Beeinträchtigung der Sprachverständlichkeit und der akustischen Orientierung,[1142)]
2. Störung der Arbeitsleistung (kognitive Leistung),[1143)]
3. psychische Wirkung oder
4. physiologische Wirkung (Aktivierung des zentralen und vegetativen Nervensystems).

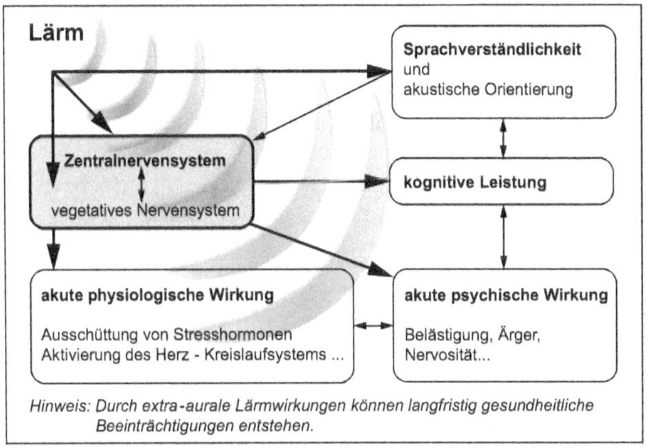

Abb. 1: Vereinfachte Darstellung akuter extra-auraler Lärmwirkungen

(5) Unfälle und arbeitsbedingte Gesundheitsgefährdungen können entstehen, wenn Fehlentscheidungen oder -leistungen zu einer Gefährdung des Beschäftigten oder anderer Personen führen. Lärm kann z. B.:

1. die Wahrnehmung von akustischen Gefahrensignalen beeinträchtigen,
2. die Aufmerksamkeit und Konzentration herabsetzen,
3. die Sprachkommunikation beeinträchtigen,
4. die Fehlerquote erhöhen,
5. die Reaktionsfähigkeit verringern,
6. die Risikobereitschaft erhöhen oder
7. die Sicherheit bei manuellen Tätigkeiten vermindern.

Weitere Erläuterungen enthält der Anhang 1.

1142) Das Ausmaß der Beeinträchtigung der Sprachverständlichkeit (s. ASR A3.7 Anh. 1 Nr. 2) hängt vor allem ab von
- der Pegeldifferenz zwischen Nutzsignal und Störgeräusch,
- den raumakustischen Parametern, an die diese ASR Anforderungen stellt, also der Nachhallzeit (Nr. 5.2.1 und 5.2.2) und dem mittleren Schallabsorptionsgrad, (Nr. 5.2.3) aber auch von
- der Frequenzzusammensetzung des Störgeräusches und
- der Verteilung reflektierender Flächen im Raum.

Hierbei sind sowohl betriebliche als auch bauliche Aspekte sowie deren Zusammenwirken zu beachten. Es gibt Bereiche, die nur von einem Fachmann angemessen beurteilt werden können.

1143) Kognitive Leistungen erfordern die Wahrnehmung und Verarbeitung von Informationen, wobei Neues gelernt und Wissen verarbeitet wird. Zu kognitiven Fähigkeiten gehören z. B. Konzentrations-, Lern- und Schlussfolgerungsfähigkeiten sowie Erinnerungsvermögen.

5 Pegelwerte für Tätigkeiten an Arbeitsplätzen in Arbeitsräumen sowie raumakustische Anforderungen an Arbeitsräume

In Arbeitsstätten ist der Schalldruckpegel so niedrig zu halten, wie es nach der Art des Betriebes möglich ist.

5.1 Maximal zulässige Beurteilungspegel[1144) 1145)]

(1) Während der Ausübung von Tätigkeiten der Tätigkeitskategorie I darf ein Beurteilungspegel von 55 dB(A) nicht überschritten werden.

(2) Während der Ausübung von Tätigkeiten der Tätigkeitskategorie II darf ein Beurteilungspegel von 70 dB(A) nicht überschritten werden.

(3) Während der Ausübung von Tätigkeiten der Tätigkeitskategorie III ist der Beurteilungspegel unter Berücksichtigung betrieblicher Lärmminderungsmaßnahmen soweit wie möglich zu reduzieren.[1146)]

(4) Für Tätigkeiten, bei denen überwiegend sprachabhängige kognitive Aufgabenstellungen zu lösen sind (z. B. Korrektur und Bewertung von Prüfungsergebnissen, Übersetzungen, Verfassen und Redigieren von Texten und Dokumenten, Beratung zu komplexen Produkten und Dienstleistungen im Callcenter oder Beratungsbüro), sollen Arbeitsplätze ohne Belastung durch Hintergrundsprache zur Verfügung gestellt werden. Das Einspielen von Hintergrundrauschen als Maskierer für die Hintergrundsprache soll vermieden werden.[1147) 1148) 1149)]

1144) Die allgemeine Anforderung, wonach in Arbeitsstätten der Schalldruckpegel so niedrig zu halten ist, wie es nach der Art des Betriebes möglich ist, wird in Abschn. 5.1 der ASR A 3.7 durch die Angabe von maximal zulässigen Beurteilungspegeln für unterschiedliche, sich aus der auszuübenden Tätigkeit ergebenden Anforderungen an die Konzentration und Sprachverständlichkeit konkretisiert. Hält der Arbeitgeber die maximal zulässigen Beurteilungspegel ein, ist davon auszugehen, dass die verbindlichen Forderungen der ArbStättV eingehalten sind (Vermutungswirkung).

1145) Die Bezeichnung „maximal zulässig" für den Beurteilungspegel bringt zum Ausdruck, dass das Minimierungsgebot auch hier gilt. Wo immer möglich sollten die maximal zulässigen Beurteilungspegel daher unterschritten werden. So wird z. B. in den arbeitswissenschaftlichen Erkenntnissen Nr. 124: Bildschirmarbeit – Lärmminderung in Mehrpersonenbüros, 2003 (herausgegeben von der BAuA) eine schalltechnische Qualifizierung von Bildschirmarbeitsplätzen wie folgt vorgenommen: Beurteilungspegel am Arbeitsplatz bis 30 dB(A) – optimal, über 30 dB(A) bis 40 dB(A) – sehr gut, über 40 dB(A) bis 45 dB(A) – gut, über 45 dB(A) bis 50 dB(A) – im gewerblichen Umfeld akzeptabel, über 50 dB(A) bis 55 dB(A) – ungünstig, aber noch zulässig und über 55 db(A) – Geräuschbelastung zu hoch.

1146) Bei der Beurteilung von Arbeitsplätzen mit ausgeübten Tätigkeiten in der Tätigkeitskategorie I sollten neben der Messung auch die Einschätzungen der Beschäftigten berücksichtigt werden. Denn auch Werte unterhalb der genannten Beurteilungspegel können bei Beschäftigten bereits als störend/belästigend empfunden werden. Auch wenn für Tätigkeitskategorie III keine Pegel genannt werden, gelten die Auslösewerte für Lärm gem. § 6 LärmVibrationsArbSchV.

1147) Bei gegebenem Schallpegel ist ein gleichförmiges, keiner identifizierbaren Quelle zuordenbares Geräusch weniger störend als ein aufgrund der zeitlichen Struktur, des Frequenzspektrums oder des Signalabstandes zum Hintergrundgeräusch einer Quelle zuordenbares Geräusch. Die Identifizierbarkeit und damit der Störgrad ist besonders groß, wenn es sich um Sprachgeräusche handelt und diese – auch nur teilweise – verstanden werden können.

1148) Aus der Auswertung von Beschwerden sind von der BAuA in den arbeitswissenschaftlichen Erkenntnissen 2003 pragmatisch folgende Kriterien für die Gestaltung von Bildschirmarbeitsplätzen im Bürobereich abgeleitet worden: Kriterium 1: Eine einzelne Schallquelle soll den von allen übrigen Schallquellen verursachten Schallpegel um nicht mehr als 4 dB(A) übersteigen. Kriterium 2: Die Sprache anderer Personen, die nicht zur Arbeitsaufgabe gehört und nicht stören soll, sollte mindestens 3 dB(A) unter dem von allen übrigen Schallquellen verursachten Schallpegel liegen. Kriterium 3: Der von allen Quellen verursachte Schallpegel soll ohne die eigenen Geräusche so niedrig wie möglich sein.

(5) Müssen zeitweilig Tätigkeiten der Tätigkeitskategorien I oder II (z. B. Arbeiten an einem Prüfstand in der Produktionshalle, Vor-Ort-Roboterprogrammierung, Optimieren von Software und Prozessschritten komplexer Transferstraßen, Teachen von Robotern in komplexen Roboterlinien) in einer Arbeitsumgebung verrichtet werden, in der die zulässigen Beurteilungspegel gemäß Abschnitt 5.1 Absätze 1 und 2 aus betriebstechnischen Gründen (z. B. keine Möglichkeit der Abschaltung von Maschinen oder der Nutzung von Produktionspausen) nicht eingehalten werden, sind die entsprechenden Arbeitsplätze – soweit möglich – durch Kapselung (Schallschutzkabinen) oder veränderte Arbeitsverfahren oder Arbeitsabläufe (z. B. Fernwartung und -programmierung, Einsatz mobiler Schallschutzkabinen) so zu gestalten, dass die Anforderungen eingehalten werden. Im Ausnahmefall ist das Tragen persönlicher Schutzausrüstung gegen Lärm eine ergänzende Maßnahme. Die Anwendung von persönlicher Schutzausrüstung darf keine dauerhafte Maßnahme sein.

(6) Ist in bestehenden Arbeitsstätten die Einhaltung der maximal zulässigen Beurteilungspegel für Tätigkeiten nach Abschnitt 5.1 Absätze 1 bis 4 mit Aufwendungen verbunden, die offensichtlich unverhältnismäßig sind, so hat der Arbeitgeber zu prüfen, wie durch andere oder ergänzende Maßnahmen die Sicherheit und der Gesundheitsschutz der Beschäftigten in vergleichbarer Weise gesichert werden kann; die erforderlichen Maßnahmen hat er durchzuführen. Eine mögliche Maßnahme kann z. B. die Gestaltung der Arbeitsorganisation sein. Diese Maßnahmen können solange herangezogen werden, bis die bestehenden Arbeitsstätten wesentlich umgebaut oder die Arbeitsverfahren oder Arbeitsabläufe wesentlich umgestaltet werden. Wird persönliche Schutzausrüstung gegen Lärm zur Verfügung gestellt, darf dies keine dauerhafte Maßnahme sein.

5.2 Raumakustische Anforderungen[1150)]

5.2.1 Raumakustische Anforderungen an Büroräume[1151)]

In Büroräumen sollen in Abhängigkeit der Nutzungsart im unbesetzten Raum folgende Nachhallzeiten T in den Oktavbändern von 250 Hz bis 2000 Hz nicht überschritten werden:

Callcenter (Büro für kommunikationsbasierte Dienstleistungen): T = 0,5 s,

Mehrpersonen- und Großraumbüro: T = 0,6 s,

Ein- und Zweipersonenbüro: T = 0,8 s.

1149) Die Norm DIN EN ISO 9241-6:2001-03 Ergonomische Anforderungen für Bürotätigkeiten mit Bildschirmgeräten, T. 6: Leitsätze für die Arbeitsumgebung, enthält Empfehlungen für die Schalldämmung von Bauteilen für verschiedene Bürotätigkeiten und für Hintergrundgeräuschpegel (ohne Aktivitäten und Geräte), die nicht überschritten werden sollten. Der Hintergrundgeräuschpegel im Raum sollte danach für Mehrpersonenbüros mit üblichen Benutzeranforderungen (Tätigkeiten mit zeitweiliger Konzentration, gelegentlich mechanisiert) 35 bis 45 dB(A) betragen. Dieser Höchstwert wurde auch in der Tabelle unter Abschn. 6 der ASR A3.7 zu den Hintergrundgeräuschen berücksichtigt.

1150) Die raumakustischen Anforderungen sollen im Wesentlichen eine gute Sprachverständlichkeit gewährleisten.

1151) Geringe Nachhallzeiten verbessern die Sprachverständlichkeit. Ziel der raumakustischen Gestaltung der Räume ist, möglichst viel Direktschall zum Zuhörer zu bringen und durch ausreichende Schallabsorptionsgrade an den Oberflächen im Raum möglichst wenig Nachhall zu erzeugen.

Hinweis:

In der Regel besteht in Büroräumen der Bedarf einer guten Sprachverständlichkeit über geringe Entfernungen, bei der andere, nicht beteiligte Personen nicht gestört werden.[1152)]

5.2.2 Akustische Anforderungen an Räume in Bildungsstätten

In Bildungsstätten, z. B. Kindertageseinrichtungen, Schulen, Hochschulen, darf in besetztem Zustand des Raumes für die Anforderung „Unterricht mit Personen ohne Bedürfnis nach erhöhter Sprachverständlichkeit" die Nachhallzeit T_{soll} die mit nachfolgender Formel errechneten Werte in den Oktavbändern von 250 Hz bis 2000 Hz nicht überschreiten. Dabei ist in den Oktavbändern von 250 Hz bis 2000 Hz jeweils eine Toleranz von +/-20 % zulässig.

$T_{soll} = (0{,}32 \cdot \lg V/m^3 - 0{,}17)\ s$

mit V = Raumvolumen in m^3

Beispiel: Für einen Unterrichtsraum mit einem Raumvolumen von 210 m^3 errechnet sich demnach für den besetzten Zustand ein Sollwert für die Nachhallzeit von etwa 0,6 s.

Hinweis:

Gemäß Bundesgleichstellungsgesetz und vergleichbarer Landesregelungen sind öffentlich zugängliche Neubauten inklusiv zu errichten. Bei erhöhten Anforderungen an die Sprachverständlichkeit, z. B. bei Personen mit Hörminderung oder Fremdsprachenunterricht, kann es erforderlich sein, die Nachhallzeit weiter zu verringern.

5.2.3 Akustische Anforderungen an sonstige Räume mit Sprachkommunikation

(1) Alle sonstigen Arbeitsräume, in denen Sprachkommunikation erforderlich ist und die nicht in den Abschnitten 5.2.1 und 5.2.2 geregelt sind, sollen durch raumakustische Maßnahmen so gestaltet werden, dass ein mittlerer Schallabsorptionsgrad von mindestens $\bar{\alpha} = 0{,}3$ beim eingerichteten Raum erreicht wird.

(2) Als anzusetzender Schallabsorptionsgrad α des jeweiligen Oberflächenmaterials ist der arithmetische Mittelwert der Absorptionsgrade in den Oktavbändern mit den Mittenfrequenzen von 250 Hz, 500 Hz, 1000 Hz und 2000 Hz zu nehmen.

Alternativ ist in größeren Räumen (>1000 m^3) im Abstandsbereich von 0,75 m bis 6 m eine mittlere Schalldruckpegelabnahme in den Oktavbändern mit den Mittenfrequenzen von 500 Hz bis 4000 Hz je Abstandsverdopplung von mindestens 4 dB ausreichend.

6 Beurteilung von Gefährdungen durch Lärm beim Einrichten von Arbeitsstätten

Wenn Arbeitsstätten eingerichtet oder wesentlich erweitert oder umgebaut oder die Arbeitsverfahren oder Arbeitsabläufe wesentlich umgestaltet werden, ist bereits bei der Pla-

[1152)] In Teambüros, bei teamorientiertem Arbeiten in verschiedenen Raumzonen („acitivity based design"), ist die gute Sprachverständlichkeit zur Erleichterung der Kommunikation dagegen auch über größere Distanzen notwendig. Eine notwendige Abweichung von der Regel sollte in einer Gefährdungsbeurteilung begründet werden.

nung zu berücksichtigen, dass die Beurteilungspegel für Tätigkeiten an Arbeitsplätzen in Arbeitsräumen sowie die raumakustischen Anforderungen an Arbeitsräume gemäß Abschnitt 5 eingehalten werden.

Hierbei sind insbesondere zu beachten:

1. die Bauakustik, Raumakustik sowie Maßnahmen zum Lärmschutz,
2. die Grundflächen für Arbeitsplätze und Arbeitsräume gemäß ASR A1.2 „Raumabmessungen und Bewegungsflächen",
3. die Arbeitsaufgaben/Tätigkeit der Beschäftigten für die zu planenden Arbeitsräume,
4. die Arbeitsorganisation,
5. die Anforderungen an Arbeitsmittel gemäß BetrSichV,
6. die Belüftung der Arbeitsräume.

Hinweis:

Niedrige Schalldruckpegel der Hintergrundgeräusche in Arbeitsräumen erleichtern in der Regel das Einhalten von Beurteilungspegeln und ermöglichen in Räumen in Bildungsstätten in der Regel eine gute Kommunikation zwischen Sprecher und Hörer.[1153)]
Die nachfolgende tabellarische Aufstellung enthält für verschiedene Raumarten die empfohlenen Höchstwerte für Hintergrundgeräusche, beschrieben durch den A-bewerteten äquivalenten Dauerschallpegel L_{pAeq}.

Raumart	*empfohlene Höchstwerte für A-bewertete äquivalente Dauerschallpegel L_{pAeq} durch Hintergrundgeräusche L_{pAeq} in dB(A)*
Konferenzraum, Klassenraum[1154)]*, Schulungsraum, Gruppenraum, Kindertagesstätte, Hörsaal, Seminarraum*	*35*[*)]
Zweipersonenbüros	*40*[*)]
Großraumbüros	*45*[*)]
industrielle Laboratorien	*35*[*)]*/52*[**)]
Kontroll-/Steuerräume in der Industrie	*35*[*)]*/55*[**)]
industrielle Arbeitsstätten	*65*[**)]*/70*[***)]

*) *für maximalen Beurteilungspegel von 55 dB(A) nach Abschnitt 5.1*
**) *für maximalen Beurteilungspegel von 70 dB(A) nach Abschnitt 5.1*
***) *kein Beurteilungspegel*

1153) Obwohl die Innenraumpegel bei geschlossenem Fenster gelten, sind nach der ASR A3.6 „Lüftung" erforderliche (regelmäßige) Lüftungszeiten beim Messen und Beurteilen zu berücksichtigen (s. Anh. zu ASR A3.6). Bei zeitweiligen, vorübergehenden Schalleinwirkungen bei geöffnetem Fenster (z. B. für eine gelegentliche nicht nach ASR A3.6 geforderte freie Lüftung) kann es zu Überschreitungen kommen, die nicht bemängelt werden können (s. Abschn. 7 Abs. 2).

1154) Die empfohlenen Höchstwerte für A-bewertete äquivalente Dauerschallpegel L_{pAeq} durch Hintergrundgeräusche in der Tabelle gelten für Klassenräume, aber nicht für Turnhallen und Musikräume.

7 Beurteilung von Gefährdungen durch Lärm beim Betreiben von Arbeitsstätten

(1) Beim Betreiben einer Arbeitsstätte können Halligkeit[1155], schlechte Sprachverständlichkeit, störende Sprachgeräusche, tonhaltige Geräusche, deutlich wahrnehmbare Hintergrundgeräusche sowie Beschwerden von Beschäftigten über Lärm am Arbeitsplatz Hinweise auf unzureichende raumakustische Bedingungen, zu hohe Beurteilungspegel für Tätigkeiten an Arbeitsplätzen in Arbeitsräumen oder tieffrequente Schallbelastungen sein, die zu einer Gefährdung der Gesundheit der Beschäftigten führen können und im Rahmen der Gefährdungsbeurteilung weitere Ermittlungen und eine Beurteilung der akustischen Situation erfordern.[1156]

(2) Für die Beurteilung der Gefährdung durch Lärm sind typische und längerfristig stabile Betriebsabläufe in einer Arbeitsstätte oder an einem Arbeitsplatz zu betrachten. Einzelne, zufällige oder zeitweilige, vorübergehende Schalleinwirkungen durch Dritte, z. B. Lärm durch Einsatz- oder Abfallsammelfahrzeuge, Gartengeräte oder benachbarte Baustellen, sind nicht zu berücksichtigen.

(3) Die Beurteilung der akustischen Situation während des Betreibens der Arbeitsstätte kann mit einem vereinfachten Verfahren durch lärmbezogene Arbeitsplatzbegehung erfolgen (Abschnitt 7.1).

(4) Alternativ können auch weitergehende Ermittlungsverfahren zur differenzierten Beurteilung von Raumakustik, Lärmpegeln und tieffrequentem Schall angewendet werden (Abschnitte 7.2 bis 7.6):

1. Ermittlung der raumakustischen Kennwerte durch Abschätzung (Abschnitt 7.2),
2. Ermittlung der raumakustischen Kennwerte durch Messung (Abschnitt 7.3),
3. Ermittlung von Lärmpegeln für Tätigkeiten durch orientierende Messung (Abschnitt 7.4),
4. Ermittlung von Beurteilungspegeln für Tätigkeiten an Arbeitsplätzen in Arbeitsräumen (Abschnitt 7.5),
5. Bewertung von tieffrequentem Lärm (Abschnitt 7.6).

Hinweis zu Absatz 2

Um die Belastung der Beschäftigten in Arbeitsstätten bei von Dritten verursachtem Baulärm zu reduzieren, ist mittels lärmbezogener Arbeitsplatzbegehung nach Absatz 3 oder orientierender Messung nach Abschnitt 7.4 Absatz 4 zu prüfen, ob organisatorische Regelungen (z. B. zeitweilige Verlagerung von Arbeitsplätzen in lärmärmere Bereiche, Anpassung der Arbeitsabläufe, der Pausen- oder Arbeitszeiten) oder im Ausnahmefall das Bereitstellen von persönlicher Schutzausrüstung (Gehörschutz) je nach Baufortschritt der Baustelle möglich und sinnvoll sind. Der Arbeitgeber kann außerdem bei der dafür zuständigen Stelle gegebenenfalls darauf hinwirken, dass Baustellen nach dem Stand der Lärmminderungstechnik betrieben werden.

[1155] Halligkeit wird in (meistens relativ großen) Räumen durch reflektierten Schall hervorgerufen, der etwas später am Ohr eintrifft als der direkte Schall von der Quelle. Halligkeit verringert die Sprachverständlichkeit.

[1156] Abs. 1 nennt die Faktoren, die bei einer Gefährdungsbeurteilung zu berücksichtigen sind und empfiehlt weiterreichende Ermittlungen erst, wenn störende Einflüsse wie Halligkeit, schlechte Sprachverständlichkeit usw. deutlich wahrnehmbar sind.

Hinweis zu Absätzen 3 und 4:

Sind nach der ASR A3.6 „Lüftung" Lüftungszeiten erforderlich, sind diese beim Messen und Beurteilen zu berücksichtigen.

7.1 Vereinfachtes Verfahren durch lärmbezogene Arbeitsplatzbegehung

(1) Die lärmbezogene Arbeitsplatzbegehung dient zur Feststellung, ob am Arbeitsplatz unter Betriebsbedingungen störender oder belästigender Schall (Lärm) auftritt. Sie ist von mindestens 2 Personen unabhängig voneinander zu Zeiten des längerfristig typischen Betriebsablaufs am zu beurteilenden Arbeitsplatz vorzunehmen.[1157]

(2) Bei der lärmbezogenen Arbeitsplatzbegehung ist insbesondere auf Folgendes zu achten:[1158]

1. Arbeitsplatz-/Raumgestaltung/Arbeitsorganisation:
   a) Wirkt der Raum hallig? Gibt es schallharte und glatte Materialien an Wänden, Decken, Fußböden sowie bei Einrichtungen, Einbauten usw. oder große Fensterflächen?
   b) Wie wird der Raum genutzt? Welche akustischen Anforderungen bestehen? Treten informationshaltige Geräusche, Sprachgeräusche oder andere störende Geräusche auf?
   c) Gibt es Besonderheiten in der Raumnutzung? Werden Tätigkeiten mit unterschiedlichen akustischen Anforderungen an Arbeitsplätze zur gleichen Zeit im gleichen Raum durchgeführt? Gibt es akustisch dominante Schallquellen am oder in der Nähe des Arbeitsplatzes?
2. Entsteht Lärm im Raum? Sind schallemittierende Geräte/Arbeitsmittel am Arbeitsplatz oder im Umfeld des Arbeitsplatzes angeordnet (Büro: z. B. Drucker; Produktion: z. B. Fördertechnik)?
3. Wird Lärm von außen eingetragen? Wirken Schallquellen außerhalb des Raumes (z. B. Maschinen, Verkehrslärm, Aufzugsanlagen) auf den Arbeitsplatz ein?

(3) Nur wenn sich durch die lärmbezogene Arbeitsplatzbegehung störender oder belästigender Schall (Lärm) eindeutig ausschließen lässt, sind keine weiteren Ermittlungen oder Maßnahmen erforderlich.

(4) Wird bei der lärmbezogenen Arbeitsplatzbegehung störender oder belästigender Schall (Lärm) festgestellt, hat der Arbeitgeber entweder Maßnahmen festzulegen, umzusetzen und eine Wirksamkeitskontrolle durchzuführen oder er hat geeignete weitergehende Ermittlungsverfahren gemäß Abschnitt 7 Absatz 4 auszuwählen und anzuwenden. Liegt nach einer Wirksamkeitskontrolle kein störender oder belästigender Schall (Lärm) mehr vor, sind keine weiteren Ermittlungen oder Maßnahmen erforderlich.

[1157] Die lärmbezogene Arbeitsplatzbegehung ist eine subjektive Einschätzung, ob weitere Untersuchungen erforderlich sind. Die Zuständigkeit hierfür ist im ASiG dem Betriebsarzt (§ 3 Abs. 1) und der Fachkraft für Arbeitssicherheit (§ 6) zugewiesen. Dabei werden sowohl die Beurteilungspegel (Lautstärke im Raum) als auch die raumakustischen Bedingungen (Sprachverständlichkeit) erfasst. Die Beschäftigten sollten einbezogen werden.

[1158] Dieser Absatz kann als Checkliste angewendet werden.

Den Ablauf des vereinfachten Verfahrens durch lärmbezogene Arbeitsplatzbegehung stellt Abbildung 2 dar.

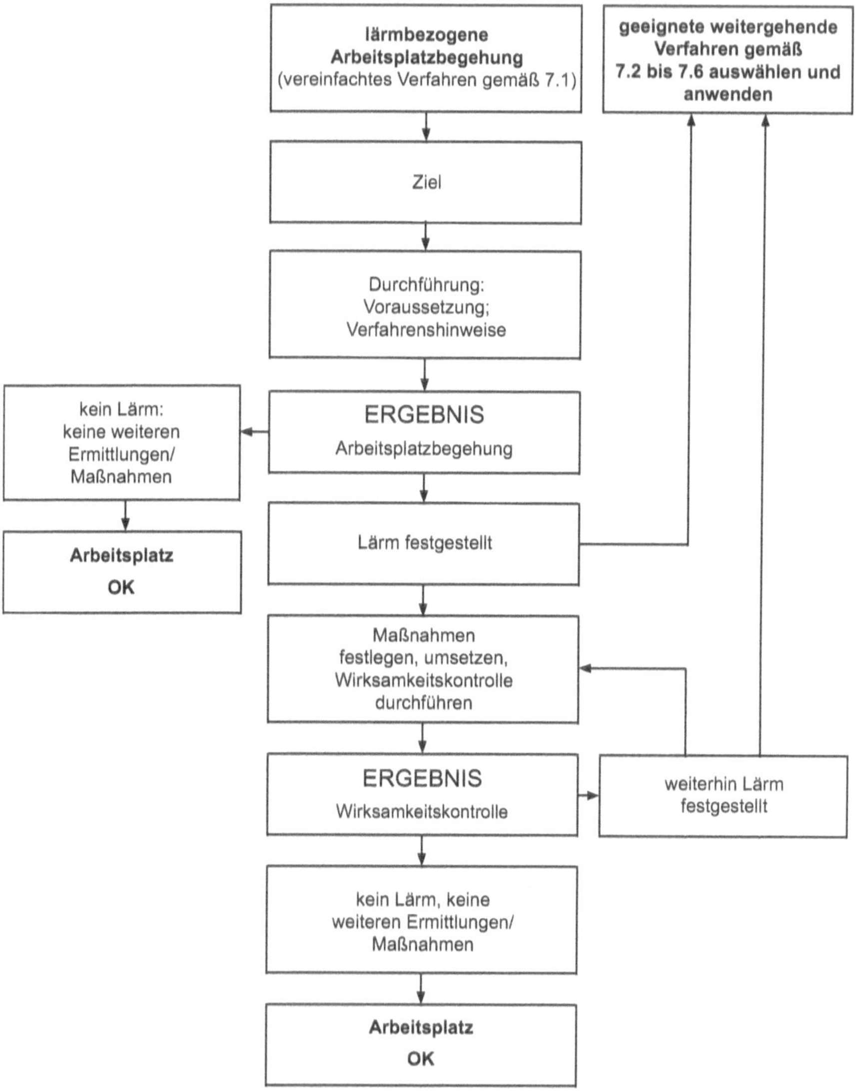

Abb. 2: Ablauf des vereinfachten Verfahrens durch lärmbezogene Arbeitsplatzbegehung

7.2 Ermittlung der raumakustischen Kennwerte durch Abschätzung

(1) Die Abschätzung der raumakustischen Kennwerte (Nachhallzeit, mittlerer Schallabsorptionsgrad) von Räumen in bestehenden Arbeitsstätten kann mit Kenntnis der Raumabmessungen und der Schallabsorptionsgrade der raumbegrenzenden Oberflächen und der weiteren Oberflächen (z. B. Einrichtung, Trennwände) entsprechend dem Anhang 2 erfolgen.

(2) Lässt sich durch die Abschätzung der raumakustischen Kennwerte feststellen, dass die Anforderungen entsprechend Abschnitt 5.2 eingehalten werden, sind keine weiteren Ermittlungen oder raumakustische Maßnahmen erforderlich.

(3) Wird durch die Abschätzung der raumakustischen Kennwerte festgestellt, dass diese nicht eingehalten werden, hat der Arbeitgeber Maßnahmen festzulegen, umzusetzen und eine Wirksamkeitskontrolle durchzuführen. Werden danach die Anforderungen entsprechend Abschnitt 5.2 eingehalten, sind keine weiteren Ermittlungen oder raumakustische Maßnahmen erforderlich.

7.3 Ermittlung der raumakustischen Kennwerte durch Messung

(1) Alternativ zu Abschnitt 7.2 lassen sich die raumakustischen Kennwerte unter bestimmten Bedingungen (Raumdimensionen, Diffusität[1159]) usw.) durch Messung der Nachhallzeit oder der mittleren Schalldruckpegelabnahme je Abstandsverdopplung ermitteln.

(2) Personen, die raumakustische Kennwerte ermitteln, müssen aufgrund ihrer fachlichen Ausbildung oder ihrer Erfahrungen entsprechende Kenntnisse über die Beurteilung der Raumakustik haben, z. B. unter der Anwendung der DIN EN ISO 3382-2:2008-09[1160]) oder der Anwendung des Verfahrens zur Ermittlung der mittleren Schalldruckpegelabnahme je Abstandsverdopplung gemäß TRLV Lärm Teil 3, Ausgabe Januar 2010, Punkt 4.3.2.[1161])

Hinweis:

Eine frequenzabhängige Ermittlung der Nachhallzeit ist notwendig für die Planung geeigneter Maßnahmen, z. B. den gezielten Einsatz frequenzadaptierter Absorber.

(3) Wenn für Räume entsprechend Abschnitt 5.2.1 und Abschnitt 5.2.2 die vorgegebenen Nachhallzeiten eingehalten werden, sind keine weiteren Ermittlungen oder raumakustische Maßnahmen erforderlich. Gleiches gilt für einen sonstigen Arbeitsraum mit Sprachkommunikation, wenn der aus der Nachhallzeit ermittelte mittlere Schallabsorptionsgrad oder die gemessene Schalldruckpegelabnahme je Abstandsverdopplung entsprechend Abschnitt 5.2.3 eingehalten wird.

(4) Wird durch die messtechnische Ermittlung der raumakustischen Kennwerte festgestellt, dass die Anforderungen entsprechend Abschnitt 5.2 nicht eingehalten werden, hat der Arbeitgeber Maßnahmen festzulegen, umzusetzen und eine Wirksamkeitskontrolle durchzuführen. Werden die Anforderungen danach eingehalten, sind keine weiteren Ermittlungen oder raumakustische Maßnahmen erforderlich.

1159) Diffusität ist ein Maß dafür, wie gleichmäßig (homogen) Schall im Raum verteilt ist. Diffuse Schallfelder entstehen in Räumen, in denen der Schall wiederholt reflektiert wird.

1160) Aktualisiert durch Ausgabe Oktober 2009.

1161) Aktualisiert durch Ausgabe August 2017.

7.4 Ermittlung von Lärmpegeln für Tätigkeiten durch orientierende Messung[1162]

(1) Bei der orientierenden Messung ist der A-bewertete äquivalente Dauerschallpegel während der Tätigkeit zu ermitteln. Die Messung hat die während der Tätigkeit längerfristig typisch auftretenden Geräusche zu erfassen. Eigengeräusche sind bei der Messung nicht mit zu erfassen.

Hinweis:

Die orientierende Messung ist ein verkürztes und vereinfachtes Verfahren, das auf den Grundzügen des in der DIN 45645-2:2012-09 genormten Mess- und Beurteilungsverfahrens zur Ermittlung des Beurteilungspegels am Arbeitsplatz basiert.

(2) Für orientierende Messungen zur Ermittlung des Lärmpegels bei Tätigkeiten am Arbeitsplatz sind integrierende Schallpegelmesser der Klasse 1 oder 2 (Genauigkeit des Messgerätes) einzusetzen.

Hinweis:

Die Anforderungen an die Schallpegelmesser sind in DIN EN 61672-1:2014-07 genormt.

(3) Die Schallimmission wird mit dem Schallpegelmesser an dem Ort erfasst, an dem die Tätigkeit ausgeübt wird. Grundsätzlich wird diese Messung aus technischen Gründen so durchgeführt, dass die beschäftigte Person ihren Arbeitsplatz nicht einnimmt (Schallreflexionen, Abschattungseffekte). Das Mikrofon wird dabei an der üblichen Position des Kopfes in Höhe der Augen gehalten. Sollte die Anwesenheit der beschäftigten Person am Arbeitsplatz während der Messung erforderlich sein, ist das Mikrofon in Ohrnähe der beschäftigten Person so zu positionieren, dass die Geräuscheinwirkung auf das Mikrofon nicht durch den Körper der beschäftigten Person behindert wird.

(4) Die Messzeit muss nach Art, Ausmaß und Dauer (Abbildung 3) jeweils lang genug sein, um den mittleren Schalldruckpegel der betrachteten Schalleinwirkung zu erfassen, das heißt die Messung muss sich nicht über die gesamte Zeitdauer der betrachteten Schalleinwirkung erstrecken:

1. Bei konstanter Schalleinwirkung ist erfahrungsgemäß eine Messzeit von circa 20 s je Messung ausreichend.
2. Bei periodisch schwankenden Schalleinwirkungen ist mindestens ein vollständiger Zyklus je Messung zu erfassen.
3. Bei zeitlich zufällig schwankenden Schalleinwirkungen ist je Messung eine längere Messzeit erforderlich, die sich gegebenenfalls über den gesamten Geräuschabschnitt erstrecken muss.

1162) Kann durch die Arbeitsplatzbegehung störender oder belästigender Schall (Lärm) nicht ausgeschlossen werden und gelingt eine ausreichende Besserung der Situation durch Maßnahmen nicht, ist eine orientierende Messung der mittleren Schallpegel zwingend erforderlich.

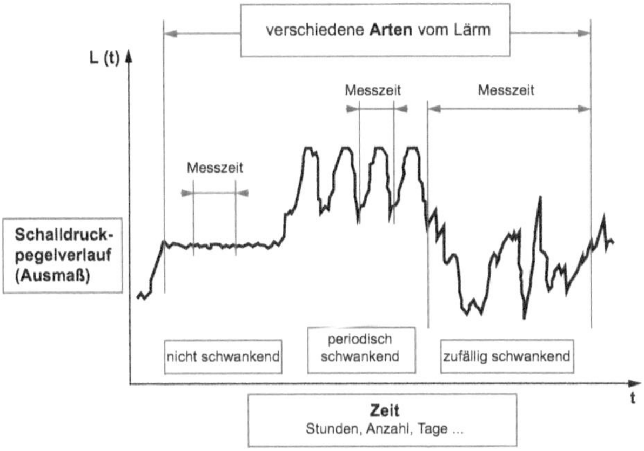

Abb. 3: Art, Ausmaß und Dauer der Lärmeinwirkung, nach TRLV Lärm Teil 2 „Messung von Lärm". Technische Regel zur Lärm- und Vibrations-Arbeitsschutzverordnung, August 2017

(5) Die Messung kann jeweils beendet werden, wenn erkennbar ist, dass sich der angezeigte A-bewertete äquivalente Dauerschallpegel L_{pAeq} durch alle zu erwartenden weiteren Geräuschbeiträge nicht mehr nennenswert ändert.

(6) Weitere Ermittlungen oder Maßnahmen sind nicht erforderlich, wenn

1. bei Tätigkeiten der Tätigkeitskategorie I durch orientierende Messung festgestellt wird, dass der A-bewertete äquivalente Dauerschallpegel während der Tätigkeit weniger als 46 dB(A) beträgt,
2. bei Tätigkeiten der Tätigkeitskategorie II durch orientierende Messung festgestellt wird, dass der A-bewertete äquivalente Dauerschallpegel während der Tätigkeit weniger als 61 dB(A) beträgt.

(7) Wird durch die orientierende Messung festgestellt, dass die Werte nach Absatz 6 Nummer 1 oder 2 überschritten werden, kann der Arbeitgeber Maßnahmen festlegen, umsetzen und eine Wirksamkeitskontrolle durchführen. Werden danach die Werte nach Absatz 6 Nummer 1 oder 2 eingehalten, sind keine weiteren Ermittlungen zu Pegelwerten bei Tätigkeiten in Arbeitsräumen erforderlich.

Alternativ kann er auch durch das Verfahren zur Ermittlung von Beurteilungspegeln für Tätigkeiten an Arbeitsplätzen in Arbeitsräumen überprüfen, ob die Anforderungen nach Abschnitt 5.1 eingehalten werden.

7.5 Ermittlung von Beurteilungspegeln für Tätigkeiten an Arbeitsplätzen in Arbeitsräumen[1163) 1164)]

(1) Die Ermittlung des Beurteilungspegels am Arbeitsplatz umfasst mindestens folgende Arbeitsschritte:
1. Arbeitsplatzanalyse,
2. Durchführung der Messung,
3. Bestimmung der Zuschläge,
4. Umgang mit Messunsicherheiten.

Hinweis:

Ein geeignetes Verfahren ist das in DIN 45645-2:2012-09 dargestellte Mess- und Beurteilungsverfahren.

(2) Die Ermittlung des Beurteilungspegels verlangt von der durchführenden Person mindestens Kenntnisse:
1. über die Inhalte der ASR A3.7 „Lärm“,
2. über das Beurteilungsverfahren z. B. nach DIN 45645-2:2012-09,
3. über die zu bestimmenden Messgrößen, Zuschläge und Messunsicherheiten.

(3) Zur Ermittlung des Beurteilungspegels ist es gegebenenfalls erforderlich, dass die für den Arbeitgeber tätig werdenden Personen Einsicht in alle für die Ermittlung erforderlichen Unterlagen nehmen können und alle notwendigen Informationen über Arbeitsprozesse und Organisation der Arbeiten erhalten, z. B. die Art der Tätigkeit der Beschäftigten, die Dauer der Lärmeinwirkung.

(4) Am zu beurteilenden Arbeitsplatz ist durch eine Arbeitsplatzanalyse zu ermitteln, welche Schallimmissionen auf die beschäftigte Person über welche Zeiträume einwirken, ob impuls- oder ton- und informationshaltige Geräusche vorliegen und ob die angetroffenen Schallsituationen für eine festzulegende Nutzungsphase repräsentativ sind. Jede charakteristische Schallsituation ist eigenständig zu betrachten, wenn sie eine Stunde oder länger anhält. Für diese Zeiträume sind die Beurteilungspegel jeweils separat zu ermitteln.

(5) Für die Messung gelten die Ausführungen unter Abschnitt 7.4 Absätze 2 bis 5. Es sind jedoch geprüfte Messgeräte zu verwenden. Zusätzlich wird die Impulshaltigkeit der Schallimmission ermittelt. Eigengeräusche sind wie bei der Messung nach Abschnitt 7.4 Absatz 1 nicht mit zu erfassen.

(6) Zur Bestimmung der Zuschläge K_I und K_T gelten folgende Regeln:
1. Kein Zuschlag K_I für impulshaltigen Schall, wenn die Differenz aus L_{pAIeq} und L_{pAeq} kleiner als 3 dB(A) ist. Bei einer Differenz von mindestens 3 dB entspricht der Impulszuschlag K_I der gemessenen Differenz, jedoch maximal einem Wert von 6 dB(A).

1163) Mit der Neufassung von ASR A3.7 im März 2021 wurde in Abschn. 7.5 eine Klarstellung zur Ermittlung von Beurteilungspegeln für Tätigkeiten an Arbeitsplätzen in Arbeitsräumen vorgenommen.

1164) Wenn weder in einer Arbeitsplatzbegehung noch mithilfe einer orientierenden Messung entschieden werden konnte, ob die Anforderungen nach Abschn. 5.1 eingehalten werden, ist der Beurteilungspegel zu ermitteln.

2. Der Zuschlag K_T für ton- und informationshaltigen Schall ist je nach Auffälligkeit und Störwirkung mit 0 dB(A), 3 dB(A) oder 6 dB(A) anzusetzen.
3. Die Summe beider Zuschläge ist auf 6 dB(A) begrenzt.

(7) Der Beurteilungspegel L_r für die zu beurteilende Tätigkeit ergibt sich als Summe aus dem A-bewerteten äquivalenten Dauerschallpegel L_{pAeq} während der Tätigkeit und den bestimmten Zuschlägen für Impulshaltigkeit (K_I) sowie Ton- und Informationshaltigkeit (K_T):[1165)]

$$L_r = L_{pAeq} + K_I + K_T$$

(8) Liegen die ermittelten Beurteilungspegel für die Tätigkeit am zu beurteilenden Arbeitsplatz oberhalb der in Abschnitt 5.1 vorgegebenen Werte, hat der Arbeitgeber Maßnahmen festzulegen, umzusetzen und eine Wirksamkeitskontrolle durchzuführen.

(9) Liegen die ermittelten Beurteilungspegel für die Tätigkeit am zu beurteilenden Arbeitsplatz unterhalb der in Abschnitt 5.1 vorgegebenen Werte, sind keine weiteren Maßnahmen zur Pegelminderung erforderlich.

7.6 Bewertung von tieffrequentem Lärm

(1) Zur Bewertung tieffrequenter Geräusche können ergänzende Messungen erforderlich sein. Besteht eine begründete Möglichkeit der Einwirkung tieffrequenter Lärmanteile, sind gesonderte messtechnische Überprüfungen erforderlich.[1166)] Weitere Erkenntnisse kann dazu eine Terzanalyse z. B. entsprechend DIN 45680:1997-03 ergeben.

(2) Eine begründete Möglichkeit ergibt sich z. B. daraus, dass die Wahrnehmungsschwelle für tieffrequenten Schall überschritten wird und sich Symptome der Beschäftigten (siehe Anhang 1) beim Verlassen des Arbeitsplatzes verringern.

(3) Wird die Einwirkung tieffrequenter Lärmanteile festgestellt, die die Sicherheit und Gesundheit der Beschäftigten beeinträchtigen, hat der Arbeitgeber Maßnahmen festzulegen, umzusetzen und eine Wirksamkeitskontrolle durchzuführen.

8 Maßnahmen zum Lärmschutz

(1) Bei Maßnahmen zum Lärmschutz ist folgende Rangfolge zu beachten: technische Maßnahmen stehen vor organisatorischen und persönlichen.

(2) Die Gestaltung lärmarmer Arbeitsstätten ist schon bei der Planung zu berücksichtigen.

(3) Beim Einrichten und Betreiben der Arbeitsstätte ist auf die Auswahl lärmarmer Arbeitsmittel zu achten. Dabei sind bei Maschinen die vom Hersteller nach der Neunten Verord-

---

1165) Beispiel: Zuschlag für Impulshaltigkeit und Zuschlag für Ton- und Informationshaltigkeit: max. 6 dB(A), Zuschlag für Messunsicherheit Klasse 2 Gerät: 3 dB(A); Gesamtzuschlag: 9 dB(A). Bei Messung unter 46 dB(A) ist die Einhaltung des Wertes von 55 dB(A) aus Abschn. 5.1 gewährleistet.

1166) Als erstes Kriterium dafür, ob eine tieffrequente Schallsituation bestehen könnte, kann geprüft werden, ob die Differenz zwischen dem C-bewerteten Pegel und dem A-bewerteten Pegel über 20 dB liegt.

nung zum Produktsicherheitsgesetz (9. ProdSV) in der Betriebsanleitung anzugebenden Geräuschemissionswerte zu berücksichtigen.[1167)]

(4) Die raumakustischen Maßnahmen sind auf den Arbeitsplatz und die jeweilige Tätigkeit abzustimmen.

(5) Maßnahmen zum Lärmschutz sind erforderlich, wenn dies als Ergebnis von Abschnitt 6 oder Abschnitt 7 festgestellt wurde.

(6) Zusätzlich können im Rahmen der Gefährdungsbeurteilung weitere Maßnahmen zum Lärmschutz erforderlich werden, die sich aufgrund identifizierbarer und vermeidbarer akustischer Störquellen ergeben (z. B. pfeifende oder schleifende Lüfter, akustische Rückkopplungen in Telefonanlagen, tieffrequente Geräusche).

(7) Ist in bestehenden Arbeitsstätten die Verbesserung des Schallschutzes baulicher Anlagen, die zum Zeitpunkt ihrer Errichtung oder der Änderung oder des Austausches wesentlicher Bauteile den gültigen bauordnungsrechtlichen Vorgaben zum Schallschutz entsprachen, mit Aufwendungen verbunden, die offensichtlich unverhältnismäßig sind, hat der Arbeitgeber zu prüfen, wie durch andere oder ergänzende Maßnahmen die Sicherheit und der Gesundheitsschutz der Beschäftigten in vergleichbarer Weise gesichert werden kann. Die erforderlichen Maßnahmen hat er durchzuführen. Eine solche Maßnahme kann z. B. das Einbringen weiterer raumakustisch wirksamer Elemente in Arbeitsräumen sein. Die ergänzenden Maßnahmen können solange herangezogen werden, bis die bestehenden Arbeitsstätten wesentlich umgebaut oder die baulichen Anlagen erheblich umgestaltet werden.

8.1 Technische Schutzmaßnahmen

Bei den technischen Maßnahmen hat die Lärmminderung an der Quelle (primäre Schutzmaßnahme) Vorrang vor der Lärmminderung auf dem Ausbreitungsweg und raumakustischen Maßnahmen (sekundäre Schutzmaßnahme).

8.1.1 Lärmminderung an der Quelle (primäre Schutzmaßnahme)

(1) Quellen für Lärm können sich sowohl in der Arbeitsstätte befinden als auch außerhalb liegen.

(2) Möglichkeiten zur Lärmminderung an der Quelle innerhalb der Arbeitsstätte bestehen z. B. an folgenden Schallquellen:

1. Gebäudeeinrichtungen und -ausstattungen
   a) Lüftungs-/Klimaanlagen
   b) Transformatoren
   c) Heizungs- und Sanitäranlagen
   d) schallharte Fußböden (Trittschall)
   e) Türen
   f) Motoren

[1167)] Die Geräuschemissionswerte sind zum Vergleich der Maschinen untereinander geeignet. Sie dürfen nicht mit den Beurteilungspegeln im Raum verwechselt werden. Auf der Basis der Geräuschemissionswerte müssen die Pegel an den Arbeitsplätzen erst abgeschätzt werden.

   g) Kompressoren
   h) Druckluftentnahmestellen
2. Arbeitsmittel und Einrichtungen
   a) Werkzeuge
   b) Fertigungsmaschinen
   c) Bürogeräte
   d) Küchengeräte
   e) Medizingeräte
   f) Kommunikationsgeräte
   g) Transportwagen
   h) Tische und Stühle.

   Hinweis:

   Lärmarme Arbeitsmittel sind nach Beschaffung durch Instandhaltung möglichst im ursprünglichen Emissionszustand zu erhalten, z. B. ausgeschlagene Rechnerlüfter austauschen. In Kindertagesstätten z. B. Geschirrwagen und Spielzeuge mit Gummibereifung ausstatten, häufig bewegte Tische und Stühle mit Gleitern versehen und lärmarmes Geschirr sowie schalldämpfende Geschirrunterlagen verwenden.

8.1.2 Lärmminderung auf dem Übertragungsweg und raumakustische Maßnahmen (sekundäre Schutzmaßnahme)

(1) Von außerhalb des Raumes kommende Geräusche, z. B. Schallübertragungen von Raum zu Raum und lärmerzeugende Vibrationen in Arbeitsstätten können durch Dämpfung, Entkopplung oder Dämmung verringert werden. Zur Minderung von Lärm, der außerhalb der Arbeitsstätte entsteht (z. B. Verkehrslärm, Nachbarschaftslärm) können Wände, Fenster, Türen und Dächer akustisch wirksam gestaltet werden.

(2) Innerhalb des Raumes entstehende Geräusche können durch raumakustische Maßnahmen z. B. mit Stellwänden, Abschirmungen und Möbeln bereichsweise abgeschirmt werden.[1168)] Zur Verringerung der Schallreflexionen können raumakustisch wirksame Absorptionsflächen vorgesehen werden. Auch Möbel, Dekorationen, Warenregale auf Verkaufsflächen des Einzelhandels, Raumtextilien und Bodenbeläge können raumakustisch wirksam sein.

8.1.3 Lärmminderung durch Raum-in-Raum-Lösungen

Lärm, der in einem Arbeitsraum entsteht und der nicht in einen weiteren Arbeitsbereich in diesem Arbeitsraum übertragen werden soll, kann wirksam durch eine Raum-in-Raum-Lösung (z. B. stationäre oder mobile Schallschutzkabinen, Meisterräume, Wartungs- und Steuerungsräume) verringert werden.

1168) Auch durch Raumgeometrie und geeignete Grundrisskonzeption kann Einfluss auf die akustischen Rahmenbedingungen genommen werden.

8.1.4 Schutzmaßnahmen gegen tieffrequenten Lärm

(1) Die Entkopplung tieffrequenter Schallquellen (z. B. haustechnische Anlagen und Geräte) vom Gebäude kann die Weiterleitung tieffrequenten Schalls vermindern.

(2) Zur Schalldämmung von tieffrequentem Lärm sind in der Regel massive Wände und spezielle Schallschutzfenster erforderlich. Freistehende Mauern oder Wände zur Raumteilung sind zur Schalldämmung gegen tieffrequenten Lärm in der Regel nicht wirksam. Besser ist die Einbindung in weitere Bauelemente (Decke, Boden, Seitenwände).

(3) Liegt der tieffrequente Lärm nur mit einer bestimmten Frequenz vor, sind Resonanzabsorber geeignet.

(4) In Einzelfällen kann durch die Technik der aktiven Lärmunterdrückung (Gegenschall oder Active Noise Control = ANC) eine Verbesserung der Lärmsituation herbeigeführt werden.

Hinweis:

Persönlicher Gehörschutz ist bei tieffrequentem Schall geringer wirksam als im Hörfrequenzbereich und als Maßnahme zum Schutz gegen tieffrequenten Lärm nur beschränkt geeignet.

8.2 Organisatorische Maßnahmen

(1) Unter organisatorischen Lärmminderungsmaßnahmen sind Änderungen zu verstehen, die zu einer räumlichen oder zeitlichen Trennung von der Lärmquelle und damit geringeren Lärmexposition der Beschäftigten führen.

(2) Sprache oder andere Arbeitsgeräusche können eine Lärmquelle darstellen, wenn sie mit der eigenen Tätigkeit nicht im Zusammenhang stehen. Zur Lärmminderung kann eine räumliche oder zeitliche Trennung von Beschäftigten mit unterschiedlichen Tätigkeiten oder wenig Interaktionsbedarf untereinander beitragen.

(3) Beispiele für mögliche organisatorische Maßnahmen sind:

1. generell:
   a) Kommunikationsregeln erstellen und beachten
2. Büro:
   a) Ausweichräume für konzentriertes Arbeiten oder Besprechungen/Telefonate vorsehen
   b) Festlegen von Zeitfenstern oder Räumlichkeiten
   c) Server, Drucker und Kopierer in separaten Räumen unterbringen
   d) größere Druckaufträge in Zeiten mit Personalabwesenheit verlagern
3. Bildungsbereich:
   a) Bewegungs- und Ruheräume räumlich voneinander trennen
   b) laute Spielphasen in separate Räume oder in den Außenbereich verlagern
   c) Bewegungs- und Ruhephasen zeitlich voneinander trennen
   d) Ruhezeichen einführen, z. B. Handzeichen, Lärmampeln oder andere Hilfsmittel
   e) Mehrzweck- oder Werkräume nicht in unmittelbarer Nähe von Klassen- oder Gruppenräumen anordnen

4. Produktionsbereich:
   a) Räume für Tätigkeiten der Tätigkeitskategorine I oder II nicht in unmittelbarer Nähe zu lauten Räumen, z. B. Produktionsstätten, anordnen
   b) Durchführung von Bildschirmarbeiten, Steuerungseinstellungen für Maschinen und Anlagen in lärmarmen Bereichen.

8.3 Verhaltenspräventive und persönliche Maßnahmen

(1) Verhaltenspräventive Maßnahmen können durch Unterweisung oder Information z. B. zu lärmarmen Arbeiten, Vermeiden unnötiger Lärmerzeugung und tätigkeitsfremder Geräuschquellen (Radio usw.) vermittelt werden.

Hinweis:

Die Beschäftigten haben entsprechend § 15 ArbSchG die Verpflichtung, durch eigenes Handeln zur Lärmminderung beizutragen.

(2) Zum persönlichen Lärmschutz kann der Arbeitgeber Hilfsmittel, z. B. Gehörschutz, zur Verfügung stellen, die die Beschäftigten anwenden können. Dabei ist zu beachten, dass Sprachverständlichkeit und akustische Orientierung beeinträchtigt werden können.

9 Abweichende/ergänzende Anforderungen für Baustellen[1169)]

(1) Die Anforderungen des Abschnitts 5 gelten nicht für Arbeitsräume auf Baustellen, die für die Dauer der Bauarbeiten eingerichtet sind, wie
1. Fertigungsstätten (z. B. Schalungsbauwerkstätten, Rohrmontagehallen, Lüftungsbauhallen) oder
2. Reparatur- und Wartungsstätten (z. B. für Baumaschinen und Geräte, elektrische Betriebsmittel sowie Fahrzeuge).

Während der Ausübung von Tätigkeiten in diesen Arbeitsräumen ist der Beurteilungspegel unter der Berücksichtigung betrieblicher Lärmminderungsmaßnahmen soweit wie möglich zu reduzieren.

Hinweis:

Anforderungen an Sicherheit und Gesundheitsschutz für diese Tätigkeiten in diesen Arbeitsräumen auf Baustellen ergeben sich insbesondere aus der Lärm- und Vibrations-Arbeitsschutzverordnung.[1170)]

(2) Abweichend von Abschnitt 5.1 Absatz 1 soll für die Dauer der Bauarbeiten an eingerichteten Büroarbeitsplätzen auf Baustellen ein äquivalenter Dauerschallpegel L_{pAeq} von 70 dB(A) nicht überschritten werden.

1169) Abschn. 9 wurde mit der Neufassung der ASR A 3.7 vom März 2021 eingefügt.

1170) Hierdurch wird klargestellt, dass auf Baustellen gleichermaßen Maßnahmen gegen gesundheitsgefährdenden Lärm entsprechend der Lärm- und Vibrations-Arbeitsschutzverordnung zu treffen sind. Beschäftigte auf Baustellen sind vor tatsächlichen oder möglichen Gefährdungen ihrer Gesundheit zu schützen. Insbesondere sind die Auslösewerte gem. Abschn. 3, § 6 zu beachten und die Schutzmaßnahmen bei Lärm nach § 7 LärmVibrationsArbSchV zu ergreifen.

(3) Abweichend von Abschnitt 6 und Abschnitt 8 Absatz 2 sollen für die Dauer der Bauarbeiten für Arbeitsräume auf Baustellen, in denen Büroarbeitsplätze vorgesehen sind, Maßnahmen zum Lärmschutz eingeplant werden, um den äquivalenten Dauerschallpegel L_{pAeq} gemäß Abschnitt 9 Absatz 2 einhalten zu können.

Hinweis:

Hinweise aus dem SiGePlan nach BaustellV sind zu berücksichtigen.

(4) Keine Anwendung auf Baustellen finden die Abschnitte 7.2 und 7.3.[1171]

[1171] Abschn. 7.2 „Ermittlung der raumakustischen Kennwerte durch Abschätzung" und Abschn. 7.3 „Ermittlung der raumakustischen Kennwerte durch Messung" sind für Baustellen nicht relevant. Vielmehr sind die Anforderungen aus Abschn. 2 „Ermittlung und Bewertung der Gefährdungen; Messungen" der LärmVibrationsArbSchV anzuwenden.

Anhang 1

Erläuterungen zu Abschnitt 4 – Extra-aurale und reversible aurale Lärmwirkungen

1 Vertäubung

Länger anhaltende höhere Schalldruckpegel können bereits zu einer leichten, reversiblen Hörminderung (Vertäubung) führen, die auch nach der akustischen Belastung die Sprachverständlichkeit und die akustische Signalerkennung beeinträchtigt.

Höhere Expositionen im Minutenbereich führen weniger zur Vertäubung als energieäquivalente niedrigere, aber längerdauernde Expositionen.

2 Beeinträchtigung der Sprachverständlichkeit und der akustischen Orientierung

(1) Das Verstehen von Sprache oder das Wahrnehmen akustischer Informationen kann durch Lärm erschwert oder gänzlich verhindert werden.

(2) Bei einer Pegeldifferenz des Schalldruckpegels der Sprache von weniger als 10 dB(A) über dem des Störgeräusches ist sprachliche Kommunikation nur eingeschränkt möglich.

Hinweis:

In 1 m Abstand vom Sprecher erzeugt Umgangssprache einen Schalldruckpegel von 55 dB(A) bis 65 dB(A), Vortragssprache von etwa 70 dB(A).

(3) Akustische Nutzsignale sollen nicht, akustische Gefahrensignale dürfen nicht durch Störgeräusche verdeckt werden.

Hinweis:

Die Pegeldifferenz zwischen Gefahrensignal und Störgeräusch sollte A-bewertet mindestens 15 dB(A) betragen, um die Hörbarkeit zu gewährleisten.

3 Störung der Arbeitsleistung (kognitive Leistung)

(1) Geistige Leistungen, die eine hohe Konzentration oder Aufmerksamkeit erfordern, können durch Lärm gestört werden, insbesondere durch sprach- und informationshaltigen Lärm oder hohe Schalldruckpegel. Gleiches gilt auch für tieffrequenten Lärm schon bei Schalldruckpegeln ab 20 dB(A).

(2) Die Störung der Arbeitsleistung durch Lärm kann dadurch verursacht sein, dass betriebliche Rahmenbedingungen für ein konzentriertes, fehlerfreies und zügiges Arbeiten nicht im für die jeweilige Tätigkeit erforderlichen Maß gegeben sind.

4 Psychische Wirkung

(1) Lärm kann psychische Reaktionen auslösen, z. B.:
1. Verärgerung,
2. Anspannung,
3. Resignation,

4. Angst oder
5. Nervosität.

(2) Die psychische Wirkung, die ein Geräusch verursacht, ist nicht direkt aus der physikalischen Beschaffenheit, dem Schalldruckpegel, dem zeitlichen Verlauf oder der Dauer des Geräusches ableitbar. Impulshaltige, tonhaltige oder informationshaltige Geräuschanteile erhöhen das Belästigungspotential.

(3) Das Ausmaß der Belästigung durch Schallereignisse ist von individuellen Faktoren abhängig. Wenn fremdverursachte Geräusche aus der Sicht der Beschäftigten als vermeidbar und für eigene Zwecke nicht erforderlich angesehen werden, werden diese in der Regel als belästigend empfunden.

(4) Tieffrequenter Lärm kann bei Beschäftigten z. B. zu Gefühlen der Angst und Niedergeschlagenheit oder zu Kopfschmerzen führen. Auch das Erinnerungsvermögen und die Konzentrationsfähigkeit können gemindert werden. Beschwerden, die auf eine mögliche Belastung durch tieffrequenten Schall hinweisen, sind durch Dröhngeräusche oder Schwingungen verursachter Ohrendruck oder Druckgefühle im Kopf, die auf Dauer unerträglich werden können.

5 Physiologische Wirkung (Aktivierung des zentralen und vegetativen Nervensystems)

(1) Schall führt, ob bewusst wahrgenommen oder unbewusst, zu einer Aktivierung des zentralen und vegetativen Nervensystems.

(2) Die mit der Aktivierung des zentralen und vegetativen Nervensystems verbundenen physiologischen Reaktionen können, je nach Intensität, zeitlichem Verlauf und Frequenzzusammensetzung der Lärmexposition sowie individueller Disposition, zu Lärm-Stress-Reaktionen führen, z. B. zur:
1. Verengung von Blutgefäßen,
2. Erhöhung des Blutdrucks,
3. Erhöhung der Herzfrequenz,
4. Verringerung des elektrischen Hautwiderstandes,
5. Erhöhung des Muskeltonus,
6. vermehrten Ausschüttung von Stresshormonen oder
7. Verringerung der Magen- und Darmaktivität.

(3) Eine dauerhafte Aktivierung des Nervensystems durch Lärm kann langfristig negative Auswirkungen auf die Gesundheit und die Erholungsfähigkeit haben, in deren Folge insbesondere Herz-Kreislauf- und Blutgefäßerkrankungen häufiger in Erscheinung treten können (chronische Wirkung).

Anhang 2

Abschätzung der raumakustischen Kennwerte in Ergänzung zu Abschnitt 7.2

1 Ermittlung des mittleren Schallabsorptionsgrades

(1) Der mittlere Schallabsorptionsgrad $\bar{\alpha}$ eines Raumes kann bei Kenntnis der Schallabsorptionsgrade α aller Raumbegrenzungsflächen (Wände, Decke, Boden) und weiterer Oberflächen (Einrichtungen, Trennwände, ...) abgeschätzt werden. Dazu müssen die Schallabsorptionsgrade der vorhandenen Einzelflächen bekannt sein bzw. vorgegeben werden. Schallabsorptionsgrade α typischer Baustoffe und raumakustisch wirksamer Einbauten sind in der Tabelle 1 aufgeführt. Die Schallabsorptionsgrade α sind hier für die Oktavbänder von 250 Hz bis 2000 Hz als arithmetischer Mittelwert angegeben.

Tab. 1: Schallabsorptionsgrade α von Baumaterialien und raumakustisch wirksamen Einbauten für die Oktavbänder von 250 Hz bis 2000 Hz als arithmetischer Mittelwert (basierend auf Informationen des Industrieverbandes Büro und Arbeitswelt e. V. (IBA)/Akustikbüro Oldenburg)

Lfd. Nr.	Absorbertyp	Schallabsorptionsgrade für Mittelwert 250 – 2000 Hz
1	Mauerziegelwand, unverputzt, Fugen ausgestrichen	0,04
2	Mauerwerk, Hohllochziegel, Löcher sichtbar, 6 cm vor Massivwand	0,36
3	Glattputz	0,03
4	Tapete auf Kalkzementputz	0,05
5	Spiegel, vor der Wand	0,05
6	Tür, Holz, lackiert	0,06
7	Stuckgips, unverputzter Beton	0,04
8	Marmor, Fliesen, Klinker	0,02
9	Fenster (Isolierverglasung)	0,10
10	Glastrennwand, 10 mm dick, 2-Scheiben-Verbundglas	Hersteller anfragen
11	Parkettfußboden, aufgeklebt	0,05
12	Parkettfußboden, auf Blindboden	0,10
13	Parkettfußboden, hohlliegend	0,07
14	Teppichboden, bis 6 mm Florhöhe	0,15
15	Teppichboden, 7 mm bis 10 mm Florhöhe	0,26

Lfd. Nr.	Absorbertyp	Schallabsorptionsgrade für Mittelwert 250 – 2000 Hz
16	PVC-Fußbodenbelag (2,5 mm) auf Betonboden	0,03
17	Linoleum auf Beton	0,03
18	Kork	0,03
19	Gipskartonplatten 9,5 mm, 60 mm Wandabstand, Hohlraum kassettiert	0,08
20	Furnierte Holz- oder Spanplatte dicht vor festem Untergrund	0,05
21	4 mm Hartfaserplatte, kassettiert ohne Dämmstoff, Wandabstand 60 mm	0,11
22	4 mm Hartfaserplatte, kassettiert mit 40 mm Mineralwollplatte, Wandabstand 60 mm	0,13
23	4 mm Hartfaserplatte, kassettiert ohne Dämmstoff, Wandabstand 120 mm	0,08
24	Gipskartonplatte, 9,5 mm, 25 mm Wandabstand	0,12
25	Bücherregal in Bibliotheken	0,35
26	Vollziegel Mauerwerk	0,12
27	Lochsteine – vorsichtige Annahme	0,41
28	3,5 mm Hartfaserplatte, 40 mm Mineralwolle, 30 mm Holzleisten 750 mm x 500 mm	0,15
29	4 mm Sperrholzplatte, 40 mm Mineralwolle, 120 mm Wandabstand	0,16
30	Nadelfilz 7 mm	0,18
31	5 mm Teppich mit 5 mm Filzunterlage	0,57
32	PVC-Belag, Linoleum	0,04
33	Holzfußboden auf Leisten	0,09
34	Spanndecke mikroperforiert, 100 mm, kein Vlies	0,58
35	Spanndecke mikroperforiert, 100 mm, 40 mm Akustikvlies	0,84
36	Rasterdecke 8/18 Rundloch 15,5 %, 200 mm, Akustikvlies, ohne Mineralwolle	0,61
37	Rasterdecke 8/18 Rundloch 15,5 %, 200 mm, Akustikvlies, 20 mm Mineralwolle	0,65

Lfd. Nr.	Absorbertyp	Schallabsorptionsgrade für Mittelwert 250 – 2000 Hz
38	Rasterdecke 12/25 Quadratloch 7,8 %, 200 mm, Akustikvlies, 20 mm Mineralwolle	0,44
39	Rasterdecke 12/25 Quadratloch 7,8 %, 65 mm, Akustikvlies, 20 mm Mineralwolle	0,45
40	Holzwolle-Leichtbauplatten 35 mm, direkt auf Wand	0,56
41	Holzwolle-Leichtbauplatten 25 mm, Hohlraum leer, Wandabstand 50 mm	0,53
42	Melaminharz-Schaumstoff, Rohdichte 8 kg/m^3 bis 10 kg/m^3, 30 mm	0,68
43	Melaminharz-Schaumstoff, Rohdichte 8 kg/m^3 bis 10 kg/m^3, 50 mm	0,84
44	40 mm Mineralwollmatte (20 kg/m^3), ohne Lochblechabdeckung	0,70
45	40 mm Mineralwollmatte (20 kg/m^3), mit Lochblechabdeckung (18 %)	0,70
46	gelochter Gipskarton 9,5 mm, 8/18, 15 %, mit Faservlies hinterlegt, Wandabstand 100 mm	0,48
47	Gipskarton-Schlitzplatte, 8,8 % mit Faservlies, Wandabstand 100 mm	0,40
48	gelochte Langfeld-Metallkassette, 20 %, 3 mm Loch, Akustikfilz, 300 mm	0,69
49	senkrecht stehende Lamellen, gelochtes Stahlblech, Mineralfaserplatte, Glasfaservlies	0,62
50	20 mm grobkörniger Spritzputz auf Stegzementdiele	0,53
51	Spritzputz auf 12,5 mm Gipskartonplatte, Spritzstruktur	0,41
52	20 mm Mineralwollplatte mit 200 mm Deckenhohlraum, Schallabsorberklasse A	0,90 – 1,0
53	20 mm Mineralwollplatte mit 200 mm Deckenhohlraum, Schallabsorberklasse C	0,60 – 0,75
54	15 mm Mineralwollplatte mit 200 mm Deckenhohlraum, Schallabsorberklasse A	0,90 – 1,0

(2) Der mittlere Schallabsorptionsgrad $\bar{\alpha}$ eines Raumes lässt sich nach der Formel

$$\bar{a} = \frac{1}{S} \sum_i a_i \cdot S_i$$

berechnen mit

S = Summe aller Raumbegrenzungsflächen in m^2

α_i = Schallabsorptionsgrade der Einzelflächen

S_i = Einzelflächen in m^2

(3) Näherungsweise kann für bestehende Räume der mittlere Schallabsorptionsgrad $\bar{\alpha}$ nach der Tabelle 2 abgeschätzt werden.

Tab. 2: Beispiele des mittleren Schallabsorptionsgrades $\bar{\alpha}$ verschiedener Räume*)

$\bar{\alpha}$	**Beschreibung des Raums**
0,1	Raum ohne schallschluckende Einbauten mit wenigen Einrichtungen (Maschinen, Möbel, Regale, …)
0,15	Raum ohne schallschluckende Einbauten mit vielen Einrichtungen
0,2	Raum ohne schallschluckende Einbauten mit vielen Einrichtungen und besonders leichten Begrenzungsflächen oder zahlreichen Öffnungen oder hoher Raum (h ≥ 10 m) mit mäßiger Akustikdecke (α ≥ 0,5)
0,25	Raum (h = 3 m bis 5 m) mit mäßiger Akustikdecke (α ≥ 0,5) oder hoher Raum (h ≥ 10 m) mit guter Akustikdecke (α ≥ 0,9)
0,3	Raum wie für $\bar{\alpha}$ = 0,25 beschrieben, jedoch mit zusätzlicher absorbierender Wand- oder Stellwandfläche ≥ ½ Deckenfläche
0,4	Niedriger Raum (h = 3 m bis 5 m) mit guter Akustikdecke (α ≥ 0,9)

*) *Quelle: TRLV Lärm, Teil 3: Lärmschutzmaßnahmen, Anhang 5: Nachhallzeit und mittlerer Schallabsorptionsgrad. Der mittlere Schallabsorptionsgrad $\bar{\alpha}$ gilt hier in den Oktavbändern mit den Mittenfrequenzen von 500 Hz bis 4000 Hz. Er ist somit leicht erhöht gegenüber den mit Tabelle 1 ermittelten Werten.*

2 Ermittlung der Nachhallzeit für den unbesetzten Raum mit Hilfe des mittleren Schallabsorptionsgrades

(1) Die Nachhallzeit T ist abhängig vom Raumvolumen und vom Schallabsorptionsvermögen des Raumes. So ergibt sich die Nachhallzeit T zu

$T \approx 0{,}163 \cdot V/(\bar{\alpha} \cdot S)$ in s

mit

T = Nachhallzeit in s

V = Raumvolumen in m^3

S = Summe aller Raumbegrenzungsflächen in m^2

$\bar{\alpha}$ = mittlerer Schallabsorptionsgrad

Hinweis:

Die Anwendung der Formel ist beschränkt auf Räume, deren längste Seite maximal das Fünffache der kürzesten Seite beträgt. Bei anderen Räumen können die Nachhallzeiten länger als rechnerisch ermittelt sein.

(2) Die in Abschnitt 5.2.1 Absatz 2 geforderten Nachhallzeiten T für Büroräume und Callcenter werden in Abhängigkeit von den Raumgrundflächen und zugehörigen Mindestraumhöhen gemäß ASR A1.2 „Raumabmessungen und Bewegungsflächen" eingehalten, wenn die in Tabelle 3 aufgeführten mittleren Schallabsorptionsgrade $\bar{\alpha}$ ermittelt wurden.

Tab. 3: Erforderliche mittlere Schallabsorptionsgrade $\bar{\alpha}$, um Nachhallzeiten T für verschiedene Büroraumtypen und Raumgrößen zu erfüllen

Grundfläche	1-2 Personenbüro	Mehrpersonen-/Großraumbüro	Callcenter
bis 20 m^2	$\bar{\alpha}$ = 0,15	–	$\bar{\alpha}$ = 0,2
20 m^2 bis 50 m^2	–	$\bar{\alpha}$ = 0,2	$\bar{\alpha}$ = 0,25
50 m^2 bis 200 m^2	–	$\bar{\alpha}$ = 0,3	$\bar{\alpha}$ = 0,35
200 m^2 bis 1000 m^2	–	$\bar{\alpha}$ = 0,35	$\bar{\alpha}$ = 0,4

(3) Die in Abschnitt 5.2.2 geforderte Nachhallzeit T für einen besetzten Klassenraum von 210 m^3 wird eingehalten, wenn für den unbesetzten Raum ein mittlerer Schallabsorptionsgrad $\bar{\alpha}$ von 0,25 ermittelt wurde.

Literaturhinweise

- Verordnung zum Schutz der Beschäftigten vor Gefährdungen durch Lärm und Vibrationen – LärmVibrationsArbSchV
- Technische Regel zur Lärm- und Vibrations-Arbeitsschutzverordnung, Teil Allgemeines (TRLV Lärm Teil Allgemeines)
- Technische Regel zur Lärm- und Vibrations-Arbeitsschutzverordnung, Teil 1 (TRLV Lärm Teil 1): Beurteilung der Gefährdung durch Lärm. Anhang 2: Hinweise zu tatsächlichen oder möglichen Gefährdungen von Gesundheit und Sicherheit der Beschäftigten durch Lärmeinwirkungen
- Technische Regel zur Lärm- und Vibrations-Arbeitsschutzverordnung, Teil 2 (TRLV Lärm Teil 2): Messung von Lärm
- Technische Regel zur Lärm- und Vibrations-Arbeitsschutzverordnung, Teil 3 (TRLV Lärm Teil 3): Lärmschutzmaßnahmen
- DGUV Regel 102-002 Kindertageseinrichtungen 04/2009[1172)]
- DGUV Regel 115-402 Branche Call Center 01/2017

[1172)] Ersetzt durch DGUV 102-602, Ausg. 2019-07.

- DGUV Information 215-443 Akustik im Büro, Version 1.0 06/2011, Version 1.1 aktualisiert 09/2012[1173)]
- DGUV-Information FB HM-018 Lärmstress am Arbeitsplatz 10/2013[1174)]
- DIN 4109-1:2016-07 Schallschutz im Hochbau, Teil 1: Mindestanforderungen[1175)]
- DIN 45645-2:2012-09 Ermittlung von Beurteilungspegeln aus Messungen, Teil 2: Ermittlung des Beurteilungspegels am Arbeitsplatz bei Tätigkeiten unterhalb des Pegelbereiches der Gehörgefährdung
- DIN 45641:1990-06 Mittelung von Schallpegeln
- DIN 18041:2016-03 Hörsamkeit in Räumen – Anforderungen, Empfehlungen und Hinweise für die Planung
- DIN EN ISO 3382-2:2008-09 Akustik – Messung von Parametern der Raumakustik, Teil 2: Nachhallzeit in gewöhnlichen Räumen
- DIN 33404-3:2016-04 Gefahrensignale – Akustische Gefahrensignale, Teil 3: Einheitliches Notfallsignal
- DIN EN ISO 7731:2008-12 Ergonomie – Gefahrensignale für öffentliche Bereiche und Arbeitsstätten – Akustische Gefahrensignale
- DIN 45680:1997-03 Messung und Bewertung tieffrequenter Geräusche in der Nachbarschaft[1176)]
- DIN EN ISO 11690-1:1997-02 Akustik – Richtlinien für die Gestaltung lärmarmer maschinenbestückter Arbeitsstätten, Teil 1: Allgemeine Grundlagen[1177)]
- DIN EN ISO 9612:2009-09 Akustik – Bestimmung der Lärmexposition am Arbeitsplatz – Verfahren der Genauigkeitsklasse 2 (Ingenieurverfahren)
- DIN EN 61672-1:2014-07 Elektroakustik – Schallpegelmesser, Teil 1: Anforderungen
- Akustische Gestaltung von Bildschirmarbeitsplätzen in Büros (Probst, W.). Quartbroschüre: Technik, T26. 4. Auflage, BAuA, Dortmund: 2006
- Lärm in Bildungsstätten (INQA, BAuA), Quartbroschüre, 2. Auflage, Dortmund: 2010
- Lärmprävention in Kindertageseinrichtungen (Unfallkasse NRW, Berufsgenossenschaft für Gesundheitsdienst und Wohlfahrtspflege – BGW), 6. aktualisierte Auflage 06/2017[1178)]

1173) Aktualisiert durch Ausg. 2021-03.
1174) Aktualisiert durch Ausg. 2022-02.
1175) Aktualisiert durch Ausg. 2018-01.
1176) Aktualisiert durch Ausg. 2020-06.
1177) Aktualisiert durch Ausg. 2021-04.
1178) 7. aktualisierte Auflage 04/2019.

zu Anh. Nr. 4.1 ArbStättV

Technische Regeln für Arbeitsstätten	Sanitärräume	ASR A4.1

GMBl. Nr. 46 vom 5.9.2013 S. 919,
zuletzt geändert durch GMBl. Nr. 9-11 vom 18.3.2022 S. 212[1179)]

...

Diese ASR A4.1 konkretisiert im Rahmen ihres Anwendungsbereichs Anforderungen der Verordnung über Arbeitsstätten. Bei Einhaltung dieser Technischen Regel kann der Arbeitgeber davon ausgehen, dass die entsprechenden Anforderungen der Verordnung erfüllt sind. Wählt der Arbeitgeber eine andere Lösung, muss er damit mindestens die gleiche Sicherheit und den gleichen Schutz der Gesundheit für die Beschäftigten erreichen.

Inhaltsverzeichnis

1 Zielstellung

Diese ASR konkretisiert die in § 3a Absatz 1 und § 4 Absatz 2 der Arbeitsstättenverordnung sowie die insbesondere in den Punkten 4.1 und 5.2 Absatz 1 a), d) und f) des Anhanges genannten Anforderungen für das Einrichten und Betreiben von Sanitärräumen und Waschgelegenheiten für Arbeitsstätten.

2 Anwendungsbereich

Diese ASR gilt für das Einrichten und Betreiben von Sanitärräumen sowie von Waschgelegenheiten[1180)] in Arbeitsstätten, die den Beschäftigten zur Verfügung stehen.

Hinweis:

Zusätzliche Anforderungen an die barrierefreie Gestaltung werden zu einem späteren Zeitpunkt als Anhang in die ASR V3a.2 „Barrierefreie Gestaltung von Arbeitsstätten" eingefügt.

1179) Diese ASR wurde seit ihrer Erstausgabe im September 2013 zwei Änderungen unterzogen, im Juli 2017 und im März 2022. Vorgenommen wurden formale Änderungen und Rechtsbezüge angepasst. Der substantielle Fachinhalt blieb von den Änderungen unberührt.

1180) Zur Bestimmung der Anzahl der erforderlichen Sanitärobjekte ist neben der Anzahl der Beschäftigten auch die Gleichzeitigkeit der Nutzung als Einflussgröße maßgeblich. Darüber hinaus werden die Rahmenbedingungen für das Betreiben (Reinigung, ggf. Desinfektion) deutlich bestimmt.

3 Begriffsbestimmungen

3.1 **Sanitärräume** sind Umkleide-, Wasch- und Toilettenräume.

3.2 **Sanitäreinrichtungen** sind Einrichtungen, die es den Beschäftigten ermöglichen, sich zu waschen, sich umzukleiden oder die Toilette bzw. das Urinal zu benutzen.[1181)]

3.3 **Toilettenräume** beinhalten mindestens eine Toilette und eine Handwaschgelegenheit sowie gegebenenfalls Urinal und Toilettenzelle.[1182)]

3.4 **Toilettenzellen** sind von innen absperrbare, durch Trennwände vom Toilettenraum getrennte Bereiche mit einer Toilette.

3.5 Ein **Vorraum** ist ein vollständig abgetrennter Bereich in einem Toilettenraum, um z. B. das Überströmen von geruchsbelasteter Luft zu vermeiden und ggf. die Handwaschgelegenheiten aufzunehmen.

3.6 Eine **mobile, anschlussfreie Toilettenkabine** ist eine transportable, geschlossene, absperrbare Einheit mit einer Toilette und einem Fäkalientank für den anschlussfreien Einsatz zur Einpersonennutzung, vorzugsweise ausgestattet mit einer integrierten Handwaschgelegenheit.

3.7 **Toiletten** sind Toilettenbecken oder Hocktoiletten. Hinweis: Dies entspricht den Begriffen Klosettbecken bzw. Hockklosetts.

3.8 **Urinale** sind Bedürfnisstände ausgeführt als Becken oder Rinnen.

3.9 **Waschräume** sind Räume mit Einrichtungen (z. B. Waschplätze, Duschen), die es den Beschäftigten ermöglichen, sich den hygienischen Erfordernissen entsprechend zu reinigen.

3.10 **Waschplätze in Waschräumen** sind Zapfstellen an Einzelwaschtischen, Reihenwaschanlagen, Rundwaschanlagen oder gleichwertigen Anlagen.

3.11 **Waschgelegenheiten** sind Einrichtungen mit fließendem Wasser und einem geschlossenen Wasserabflusssystem, die es den Beschäftigten ermöglichen, sich den hygienischen Erfordernissen entsprechend zu reinigen.

1181) Zu den Sanitäreinrichtungen auf Baustellen zählen auch mobile, anschlussfreie Toilettenkabinen (s. in dieser ASR Abschn. 8.2: Toilettenräume und mobile, anschlussfreie Toilettenkabinen und Definition Abschn. 3.6).

1182) Toilettenräume bestehen aus einem Raum mit mindestens einer vollständig abgetrennten Toilettenzelle und einer Waschgelegenheit oder aus einem Raum mit mindestens einer nicht vollständig abgetrennten Toilettenzelle und einem von diesem Raum vollständig abgetrennten Vorraum mit Waschgelegenheit. Bei Toilettenzellen ist ein Abstand von 10 bis 15 cm zwischen Fußboden und Unterkante der Zellwände bzw. Zelltüren zulässig. Das erleichtert die Reinigung. Die Trennwand- und Türhöhe von Toilettenzellen sollte mehr als 1,90 m betragen (s. Abschn. 5.3 Abs. 2). Toiletten für Männer enthalten in der Regel zusätzlich Bedürfnisstände/Urinale.

3.12 Art der Tätigkeit im Sinne des Anhangs 4.1 Absatz 2 Satz 1 ArbStättV bezieht sich z. B. auf schmutzende Arbeit, Hitze- oder Kältearbeit oder Arbeit in Nässe.

3.13 Gesundheitliche Gründe im Sinne des Anhangs 4.1 Absatz 2 Satz 1 ArbStättV liegen vor, wenn Beschäftigte insbesondere infektiösen, sensibilisierenden oder gefährlichen Stoffen bzw. Gemischen ausgesetzt sind.

3.14 Bewegungsfläche im Sinne dieser ASR ist die zusammenhängende unverstellte Bodenfläche in Sanitärräumen, die zur uneingeschränkten Nutzung durch den Beschäftigten zur Verfügung steht.

4 Allgemeines

(1) In Sanitärräumen dürfen keine Gegenstände oder Arbeitsstoffe (insbesondere keine Gefahrstoffe) aufbewahrt werden, die nicht zur zweckentsprechenden Einrichtung dieser Räume gehören.[1183)]

(2) In Sanitärräumen darf eine lichte Höhe von 2,50 m nicht unterschritten werden. In bestehenden Arbeitsstätten ist bis zu einem wesentlichen Umbau eine geringere lichte Höhe zulässig, soweit sie dem Bauordnungsrecht der Länder entspricht. Anforderungen zur Bewegungsfläche in Sanitärräumen sind den Punkten 5.3, 6.3 und 7.3 zu entnehmen.

(3) Trennwände, Türen und Fenster von Sanitärräumen müssen so angeordnet oder beschaffen sein, dass eine Einsicht von außen nicht möglich ist.[1184)]

(4) Die Beleuchtung in Sanitärräumen richtet sich nach den Anforderungen der ASR A3.4 „Beleuchtung". Wird eine Spiegelbeleuchtung eingesetzt, soll die vertikale Mindestbeleuchtungsstärke 500 lx betragen.

(5) Die Lufttemperatur in Sanitärräumen ist in der ASR A3.5 „Raumtemperatur" geregelt.

(6) Für weibliche und männliche Beschäftigte sind getrennte Sanitärräume einzurichten. In Betrieben mit bis zu neun Beschäftigten kann auf getrennt eingerichtete Toiletten-, Wasch- und Umkleideräume für weibliche und männliche Beschäftigte verzichtet werden, wenn eine zeitlich getrennte Nutzung sichergestellt ist. Dabei ist ein unmittelbarer Zugang zwischen Wasch- und Umkleideräumen erforderlich.

(7) In Betrieben mit bis zu fünf Beschäftigten ist eine Kombination von Toiletten-, Wasch- und Umkleideräumen bei einer zeitlich nach Geschlecht getrennten Nutzung durch weibliche und männliche Beschäftigte möglich, sofern eine wirksame Lüftung gewährleistet ist. Hierfür ist eine Lüftung nach Punkt 6.1 Absatz 3 ausreichend. Falls ein Waschraum nach Kategorie B oder C (siehe Punkt 6.1 Absatz 1 Anstrich 2 oder 3) erforderlich ist, muss über die räumliche Kombination anhand der Gefährdungsbeurteilung entschieden werden.

(8) Auf Sanitärräume ist deutlich erkennbar hinzuweisen.

1183) Die Lagerung der zur Benutzung notwendigen Utensilien (z. B. Toilettenpapier) und der erforderlichen Reinigungsmittel an geeigneter Stelle im Sanitärraum ist erlaubt.

1184) Diese Forderung kann durch Hochlage der Fenster oder durch Verwendung von Milch-, Riffelglas oder anderem undurchsichtigen Glas erfüllt werden.

(9) Vorhandene Bodeneinläufe müssen mit einem Geruchsverschluss ausgestattet sein. Die Erneuerung des Sperrwassers ist sicherzustellen. Falls dies nicht gegeben ist, muss zusätzlich in der Nähe ein Auslaufventil (Wasserzapfstelle) vorhanden sein.

(10) Durch Einrichtungsgegenstände oder bauliche Einrichtungen in Sanitärräumen dürfen Sicherheit und Gesundheit der Beschäftigten (z. B. durch Schnitt- oder Stoßkanten oder durch die Möglichkeit zur Ansammlung von Krankheitserregern) nicht gefährdet werden.

(11) Die Heizeinrichtungen müssen so angeordnet, beschaffen oder abgeschirmt sein, dass die Beschäftigten vor der Berührung von zu heißen Oberflächen geschützt sind.

(12) Vor den Sanitärräumen – insbesondere vor den Umkleideräumen – muss erforderlichenfalls (z. B. bei stark schmutzender Tätigkeit) eine geeignete Einrichtung zur Reinigung des Schuhwerkes (z. B. Gitterroste, Fußmatten, Schuhreinigungsanlagen) vorhanden sein.

(13) Die Be- und Entlüftung der Sanitärräume ist so einzurichten, dass während ihrer Nutzung keine Zugluft auftritt (siehe Punkt 6.5 der ASR A3.6 „Lüftung").[1185]

5 Toilettenräume

5.1 Allgemeines

(1) In Toilettenräumen ist eine wirksame Lüftung zu gewährleisten. Bei freier Lüftung (Fensterlüftung) sind die Mindestquerschnitte für Lüftungsöffnungen nach Tabelle 1 einzuhalten (weitere Informationen siehe ASR A3.6 „Lüftung").[1186] Lüftungstechnische Anlagen sind so auszulegen, dass ein Abluftvolumenstrom von 11 $m^3/(h\ m^2)$ erreicht wird. Die Abluft aus Toilettenräumen darf nicht in andere Räume gelangen.

Tabelle 1: Mindestquerschnitte für freie Lüftung von Toilettenräumen

System	Freier Querschnitt der Lüftungsöffnung/en je Sanitäreinrichtung*)	
	[m^2/Toilette]	[m^2/Urinal]
einseitige Lüftung	0,17	0,10
Querlüftung**)	0,10	0,06

*) Die angegebenen Flächen sind die Summe aus Zuluft- und Abluftfläche.
**) Lüftungsöffnungen in gegenüberliegenden Außenwänden oder in einer Außenwand und der Deckenfläche

(2) Fußböden und Wände müssen leicht zu reinigen sein (weitere Informationen siehe ASR A1.5 „Fußböden").

(3) Toilettenräume und ihre Einrichtungen sind in Abhängigkeit von der Häufigkeit der Nutzung zu reinigen und bei Bedarf zu desinfizieren. Bei täglicher Nutzung müssen sie mindestens täglich gereinigt werden.

1185) Siehe ASR A3.6 Lüftung unter Abschn. 6.5.

1186) Bei getrennten Räumen mit Toilettenzellen und Vorraum gelten die erforderlichen Lüftungsquerschnitte nur für den Raum mit den Toilettenzellen.

Hinweise:

1. *Zur Einhaltung und Kontrolle der regelmäßigen und gründlichen Reinigung empfiehlt sich das Anbringen eines Reinigungsplanes im Toilettenraum mit kontinuierlicher Abzeichnungspflicht durch das verantwortliche Reinigungspersonal.*
2. *Bei der Verwendung von Reinigungs- und Desinfektionsmitteln sind die hierfür bekannt gegebenen TRGS bzw. TRBA zu berücksichtigen.*

5.2 Bereitstellung

(1) Die Toilettenräume müssen sich in der Nähe der Arbeitsplätze, der Pausen-, Bereitschafts-, Wasch- oder Umkleideräume befinden. Die Weglänge zu Toilettenräumen sollte nicht länger als 50 m sein und darf 100 m nicht überschreiten. Die Toilettenräume müssen sich im gleichen Gebäude befinden und dürfen nicht weiter als eine Etage von ständigen Arbeitsplätzen entfernt sein. Der Weg von ständigen Arbeitsplätzen in Gebäuden zu Toiletten soll nicht durchs Freie führen.

(2) Hat der Toilettenraum mehr als eine Toilettenzelle oder ist ein unmittelbarer Zugang zum Toilettenraum aus einem Arbeits-, Pausen-, Bereitschafts-, Wasch-, Umkleide- oder Erste-Hilfe-Raum möglich, so ist ein Vorraum erforderlich. Im Vorraum darf sich kein Urinal befinden.

(3) Arbeitsstätten sind mit Toiletten für die Beschäftigten auszustatten. Dazu ist die in Tabelle 2 für niedrige Gleichzeitigkeit aufgeführte Mindestanzahl an Toiletten bereitzustellen. In Abhängigkeit von der Gleichzeitigkeit der Nutzung kann eine höhere Anzahl von Toiletten erforderlich sein (vgl. Abb. 1 mit Ablesebeispiel).

Bei mehr als 50 Beschäftigten kann die Mindestanzahl der Toiletten und Urinale in bestehenden Arbeitsstätten gegenüber den Angaben in Tabelle 2 um eins verringert werden, wenn ein Ausgleich geschaffen wird, z. B. durch organisatorische Maßnahmen. Diese Maßnahmen können so lange herangezogen werden, bis bestehende Arbeitsstätten wesentlich umgebaut werden.

Hinweis:

Es wird in zwei Kategorien der Gleichzeitigkeit der Nutzung unterschieden. Dabei bedeutet niedrige Gleichzeitigkeit, dass die Beschäftigten zu jeder Zeit die Toilettenräume aufsuchen können (z. B. Büro). Hohe Gleichzeitigkeit bedeutet, dass die Beschäftigten in der Regel die Toilettenräume nur in den Pausen aufsuchen können (z. B. Bandarbeit, Lehrer im Unterrichtsdienst). Für Mischformen zwischen den Kategorien niedrige und hohe Gleichzeitigkeit besteht ein Handlungsspielraum (siehe Abb. 1).

(4) Für männliche Beschäftigte ist bei der Bereitstellung von Toiletten und Urinalen mindestens ein Drittel als Toiletten, der Rest als Urinale auszuführen. Die Urinale müssen so angeordnet oder gestaltet sein, dass eine Einsicht von außen nicht möglich ist. Es wird empfohlen, zwischen Urinalen eine Schamwand anzubringen. Aus hygienischen Gründen wird bei der Beschäftigung von männlichen Beschäftigten und der Notwendigkeit von nur einer Toilette empfohlen, trotzdem ein Urinal bereitzustellen.

(5) Ein Toilettenraum soll nicht mit mehr als zehn Toilettenzellen und zehn Urinalen ausgestattet sein.

Tabelle 2: Mindestanzahl von Toiletten einschließlich Urinale, Handwaschgelegenheiten

weibliche oder männliche Beschäftigte	Mindestanzahl bei niedriger Gleichzeitigkeit der Nutzung		Mindestanzahl bei hoher Gleichzeitigkeit der Nutzung	
	Toiletten/Urinale	Handwaschgelegenheiten	Toiletten/Urinale	Handwaschgelegenheiten
bis 5	1*)	1	2	1
6 bis 10	1*)	1	3	1
11 bis 25	2	1	4	2
26 bis 50	3	1	6	2
51 bis 75	5	2	7	3
76 bis 100	6	2	9	3
101 bis 130	7	3	11	4
131 bis 160	8	3	13	4
161 bis 190	9	3	15	5
191 bis 220	10	4	17	6
221 bis 250	11	4	19	7
	je weitere 30 Beschäftigte + 1	je weitere 90 Beschäftigte + 1	je weitere 30 Beschäftigte + 2	je weitere 90 Beschäftigte + 2

*) für männliche Beschäftigte wird zuzüglich 1 Urinal empfohlen

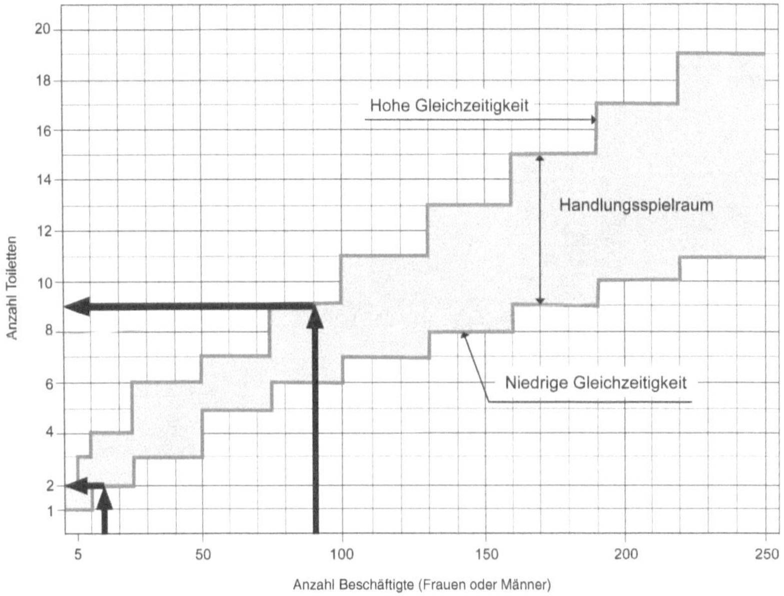

Abb. 1: Grafische Darstellung der Tabelle 2

Ablesebeispiel: Werden 90 männliche Beschäftigte an einem Montageband (hohe Gleichzeitigkeit) beschäftigt, sollen neun Toiletten (drei Toiletten und sechs Urinale) eingerichtet werden. Für ein dazugehöriges Büro (niedrige Gleichzeitigkeit) mit 15 weiblichen Beschäftigten sind zusätzlich zwei Toiletten vorzusehen.

5.3 Abmessung

(1) Bei Toilettenräumen oder Toilettenzellen ist eine Bewegungsfläche vor den Toiletten oder Urinalen erforderlich. Die Bewegungsfläche soll symmetrisch vor den Toiletten und Urinalen angeordnet sein. Für Toilettenräume sind die Mindestmaße nach Abb. 2.1, 2.2, 3.1, 3.2, 4.1 und 4.2 einzuhalten. Die Öffnungsrichtung der Tür (Türanschlag nach innen oder nach außen) ist zu berücksichtigen.

In bestehenden Toilettenzellen mit Türanschlag nach außen ist bis zu einem wesentlichen Umbau eine Reduzierung der Tiefe der Bewegungsfläche (600 mm) um 50 mm zulässig. In bestehenden Toilettenzellen mit Türanschlag nach innen ist bis zu einem wesentlichen Umbau eine Reduzierung des Abstandes Vorderkante Toilette bis Schwenkradius der Toilettentür um 100 mm zulässig.

Hinweis:

Der Türanschlag sollte möglichst nach außen erfolgen, um z. B. Personen im Notfall leichter bergen zu können.

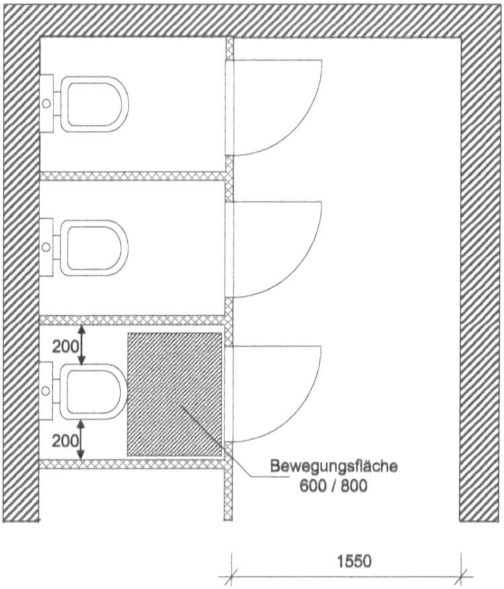

Abb. 2.1: Einbündige Toilettenanlage, Türanschlag nach außen (Maße in mm)

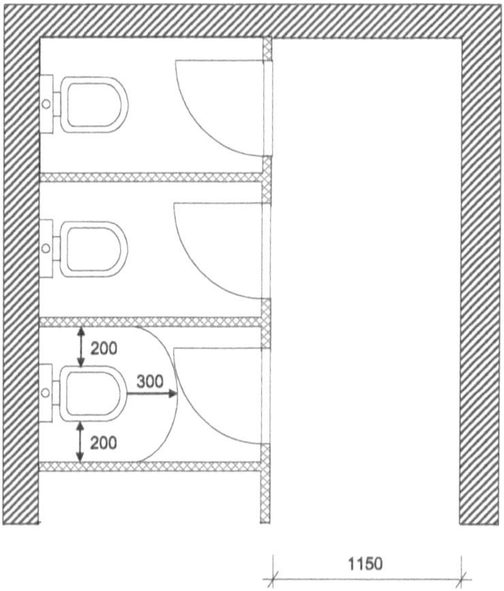

Abb. 2.2: Einbündige Toilettenanlage, Türanschlag nach innen (Maße in mm)

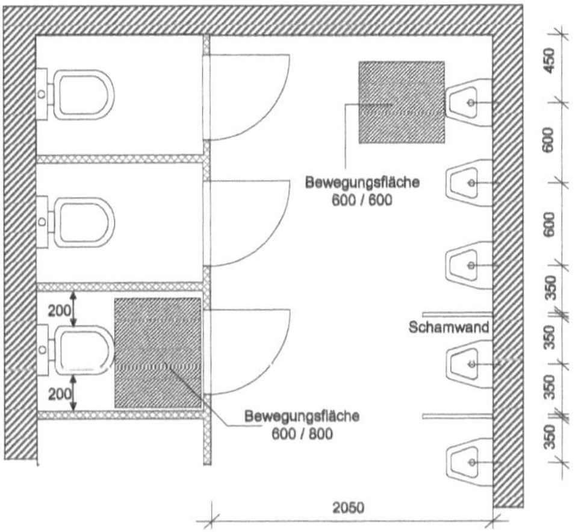

Abb. 3.1: Einbündige Toilettenanlage mit Urinalen, Türanschlag nach außen (Maße in mm)

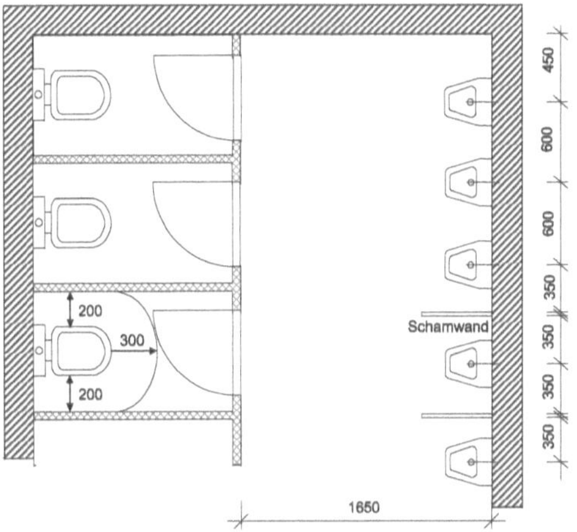

Abb. 3.2: Einbündige Toilettenanlage mit Urinalen, Türanschlag nach innen (Maße in mm)

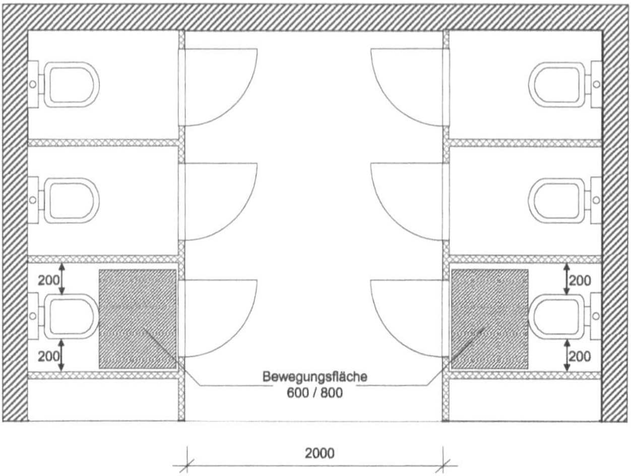

Abb. 4.1: Zweibündige Toilettenanlage, Türanschlag nach außen (Maße in mm)

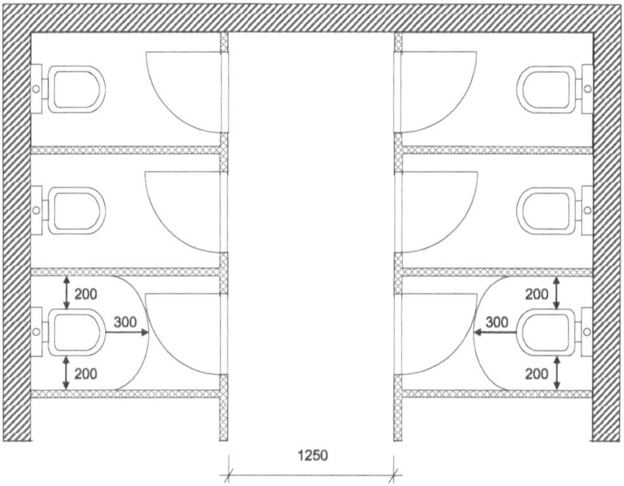

Abb. 4.2: Zweibündige Toilettenanlage, Türanschlag nach innen (Maße in mm)

(2) Trennwände und Türen von Toilettenzellen, die nicht raumhoch ausgeführt sind, müssen mindestens 1,90 m hoch sein. Sofern die Trennwand oder die Zellentür nicht mit dem Fußboden abschließt, muss der Abstand zwischen Fußboden und Unterkante zwischen 0,10 bis 0,15 m betragen.

5.4 Ausstattung

(1) Jede Toilettenzelle und jeder Toilettenraum mit nur einer Toilette muss von innen abschließbar sein. Zusätzlich müssen sich darin Kleiderhaken, Papierhalter und Toilettenbürste befinden. An jeder von Frauen genutzten Toilette ist ein Hygienebehälter mit Deckel zur Verfügung zu stellen. In von Männern genutzten Toilettenräumen ist mindestens ein Hygienebehälter mit Deckel in einer gekennzeichneten Toilettenzelle bereitzustellen. Toilettenpapier muss stets bereitgehalten werden.

(2) Toilettenräume müssen mit Handwaschgelegenheiten (Handwaschbecken mit fließendem Wasser und geschlossenem Wasserabflusssystem) gemäß Tabelle 2 und Abfallbehältern ausgestattet sein. In Toilettenräumen müssen Mittel zum Reinigen (z. B. Seife in Seifenspendern)[1187)] und Trocknen der Hände (z. B. Einmalhandtücher, Textilhandtuchautomaten oder Warmlufttrockner)[1188)] bereitgestellt werden. Darüber hinaus sind bei Bedarf Warmwasser und Kleiderhaken bereitzustellen.

Ist in bestehenden Arbeitsstätten die Bereitstellung der geforderten Anzahl von Handwaschgelegenheiten mit Aufwendungen verbunden, die offensichtlich unverhältnismäßig sind, so hat der Arbeitgeber zu prüfen, wie durch andere oder ergänzende Maßnahmen die Sicherheit und der Gesundheitsschutz der Beschäftigten in vergleichbarer Weise gesichert werden kann; die erforderlichen Maßnahmen hat er durchzuführen. Eine solche Maßnahme kann z. B. die Verkürzung der Reinigungsintervalle sein. Diese ergänzenden Maßnahmen können so lange herangezogen werden, bis die bestehenden Toilettenanlagen wesentlich umgebaut werden.

Hinweis:

Bei Bedarf (z. B. bei Tätigkeiten mit Einsatz von Desinfektionsmitteln) sind Hautpflege- und Hautschutzmittel bereitzustellen (Hautschutzplan).

6 Waschräume

6.1 Allgemeines

(1) Waschräume sind nach Art der Tätigkeit oder gesundheitlichen Gründen gemäß Kategorie A, B oder C vorzusehen:
- **Kategorie A** bei mäßig schmutzenden Tätigkeiten
- **Kategorie B** bei stark schmutzenden Tätigkeiten[1189)]
- **Kategorie C** bei sehr stark schmutzenden Tätigkeiten, bei Vorliegen gesundheitlicher Gründe[1190)], bei Tätigkeiten mit stark geruchsbelästigenden Stoffen, beim Tragen von

---

1187) Die Reinigungsmittel müssen vom Arbeitgeber zur Verfügung gestellt werden und hautverträglich sein. Handwaschpaste muss vom Arbeitgeber bereitgestellt werden, wenn Seife zur Reinigung der Hände nicht ausreicht.

1188) Handtücher, die von mehreren Personen gemeinsam benutzt werden, sind nicht zulässig (s. dazu auch Abschn. 6.4 Abs. 3 und Abs. 4).

1189) Stark schmutzende Tätigkeiten sind z. B. die Arbeit in Schlachthöfen, Maler- und Lackierarbeiten, Arbeiten in Kfz-Werkstätten u.a.

1190) Gesundheitliche Gründe sind beim Umgang mit Gefahrstoffen, infektiösen, giftigen, gesundheitsschädlichen, ätzenden, reizenden Stoffen gegeben.

körpergroßflächiger persönlicher Schutzausrüstung, bei Tätigkeiten unter besonderen klimatischen Bedingungen (Hitze, Kälte) oder bei Nässe sowie bei schwerer körperlicher Arbeit.

(2) Werden keine Waschräume nach Absatz 1 benötigt[1191], müssen in der Nähe der Arbeitsplätze und der Umkleideräume Waschgelegenheiten mit fließendem Wasser und geschlossenem Wasserabflusssystem zur Verfügung gestellt werden (Weglängen gemäß Punkt 5.2 Absatz 1). Sie müssen mit Mitteln zum Reinigen (z. B. Seife in Seifenspendern) und Trocknen der Hände (z. B. Einmalhandtücher, Textilhandtuchautomaten[1192] oder Warmlufttrockner) ausgestattet sein.

(3) In Waschräumen ist in Abhängigkeit der Nutzung eine wirksame Lüftung zu gewährleisten. Bei freier Lüftung (Fensterlüftung) sind die Mindestquerschnitte nach Tabelle 3 einzuhalten (weitere Informationen siehe ASR A3.6 „Lüftung"). Lüftungstechnische Anlagen sind so auszulegen, dass ein Abluftvolumenstrom von 11 $m^3/(h\ m^2)$ erreicht wird.

Tabelle 3: Mindestquerschnitte für freie Lüftung von Waschräumen

System	Freier Querschnitt der Lüftungsöffnung/en [m^2/m^2 Grundfläche]*)
einseitige Lüftung	0,04
Querlüftung**)	0,024

*) Die angegebenen Flächen sind die Summe aus Zuluft- und Abluftfläche.
**) Lüftungsöffnungen in gegenüberliegenden Außenwänden oder in einer Außenwand und der Deckenfläche

(4) Um Feuchtigkeit wirksam abführen zu können, wird eine mechanische Entlüftung empfohlen, insbesondere bei Waschräumen mit Duschen. Dabei ist eine darauf abgestimmte Zuluftmenge zu gewährleisten.

(5) Wasch- und Umkleideräume sollen einen unmittelbaren Zugang zueinander haben. Sind Wasch- und Umkleideräume räumlich voneinander getrennt, darf der Weg zwischen diesen Sanitärräumen nicht durchs Freie oder durch Arbeitsräume führen. Eine leichte Erreichbarkeit zwischen Wasch- und Umkleideraum ist bei einer Entfernung von maximal 10 m auf gleicher Etage gegeben. Die Lufttemperatur dieses Weges muss mindestens der des Umkleideraumes entsprechen (weitere Informationen siehe ASR A3.5 „Raumtemperatur").

(6) In Waschräumen mit mehreren Duschen sollen Duschen mit Sichtschutz solchen einer halboffenen bzw. offenen Ausführung des Duschbereiches vorgezogen werden.

(7) Fußböden und Wände müssen leicht zu reinigen und zu desinfizieren sein. Fußböden müssen auch im feuchten Zustand rutschhemmend sein (weitere Informationen siehe ASR A1.5 „Fußböden").

[1191] Üblicherweise muss ein Waschraum vorhanden sein, wenn auch ein Umkleideraum erforderlich ist. Eine Ausnahme liegt nur dann vor, d. h., ein Waschraum muss nicht zur Verfügung stehen, wenn die Beschäftigten zwar besondere Arbeitskleidung bei ihrer Tätigkeit tragen (z. B. Arbeitskittel oder Firmenuniformen), sich dabei aber nicht so verschmutzen, dass ein abgetrennter Waschraum vorhanden sein muss.

[1192] Die Handtuchlänge von 20 cm bei Automaten ist ein Mindestwert. Die Einstellung der Dosiereinrichtung der Automaten auf eine größere Handtuchlänge ist aus hygienischen Gründen angebracht.

(8) Waschräume und ihre Einrichtungen sind in Abhängigkeit von der Häufigkeit der Nutzung zu reinigen und bei Bedarf zu desinfizieren. Werden diese täglich genutzt, sollen sie täglich gereinigt werden.

Hinweise:

1. *Fußböden im Nass- und Barfußbereich von Waschräumen sollen zur Fußpilz- und Warzenprophylaxe desinfizierend gereinigt werden. Es dürfen nur zugelassene und geprüfte Desinfektionsmittel bzw. desinfizierende Reinigungsmittel eingesetzt werden (z. B. Desinfektionsmittel-Liste des Verbundes für Angewandte Hygiene (VAH), Präparate mit Wirksamkeit gegen Papovaviren laut Herstellerangaben). Dabei sind die Herstellerangaben bzw. die Vorschriften aus dem Gefahrstoffrecht zu berücksichtigen. Insbesondere ist bei der Verwendung von Konzentraten die korrekte Anwendungskonzentration und Einwirkzeit des Desinfektionsmittels zu beachten.*
2. *Zur Einhaltung und Kontrolle der regelmäßigen und gründlichen Reinigung empfiehlt sich das Anbringen eines Reinigungsplanes im Waschraum mit kontinuierlicher Abzeichnungspflicht durch das verantwortliche Reinigungspersonal.*
3. *Nach dem Ergebnis der Gefährdungsbeurteilung können in Verbindung mit anderen öffentlich-rechtlichen Vorschriften (z. B. Gefahrstoff-, Biostoff-, Infektionsschutz- oder Lebensmittelrecht) zusätzliche Anforderungen notwendig werden.*
4. *Bei der Verwendung von Reinigungs- und Desinfektionsmitteln sind die hierfür bekannt gegebenen TRGS bzw. TRBA zu berücksichtigen.*

6.2 Bereitstellung

(1) Waschräume müssen sich in der Nähe der Arbeitsplätze befinden. Der Weg von den Arbeitsplätzen in Gebäuden zu den Waschräumen darf 300 m nicht überschreiten und soll nicht durchs Freie führen. Waschräume dürfen auch in einer anderen Etage eingerichtet sein.[1193)]

(2) Waschräume sind mit einer ausreichenden Anzahl von Wasch- und Duschplätzen gemäß Tabellen 4, 5.1 und 5.2 zur Verfügung zu stellen. Die in den Tabellen 4, 5.1 und 5.2 jeweils angegebene Mindestanzahl darf nicht unterschritten werden.

Ist in bestehenden Arbeitsstätten die Bereitstellung der geforderten Anzahl von Wasch- und Duschplätzen mit Aufwendungen verbunden, die offensichtlich unverhältnismäßig sind, so hat der Arbeitgeber zu prüfen, wie durch andere oder ergänzende Maßnahmen die Sicherheit und der Gesundheitsschutz der Beschäftigten in vergleichbarer Weise gesichert werden kann; die erforderlichen Maßnahmen hat er durchzuführen. Eine solche Maßnahme kann z. B. die Verminderung der Gleichzeitigkeit der Nutzung sein. Diese ergänzenden Maßnahmen können so lange herangezogen werden, bis die bestehenden Waschräume wesentlich umgebaut werden. Dabei darf die geforderte Mindestanzahl bei niedriger Gleichzeitigkeit der Nutzung nicht unterschritten werden.

1193) Wasch- und Umkleideräume sollen einen unmittelbaren Zugang zueinander haben, aber räumlich voneinander getrennt sein (s. auch Abschn. 4 Abs. 6 und Abschn. 6.1 Abs. 5). Waschräume sollten sich auch in der Nähe von Toiletten befinden.

Hinweis:

Es wird in zwei Gruppen der Gleichzeitigkeit der Nutzung unterschieden. Bei niedriger Gleichzeitigkeit nutzen die Beschäftigten die Waschräume zu unterschiedlichen Zeiten. Bei hoher Gleichzeitigkeit suchen die Beschäftigten prinzipiell Waschräume gemeinsam auf, z. B. an den Schichtenden.

Tabelle 4: Mindestanzahl von Waschplätzen bei Kategorie A

Höchste Anzahl Beschäftigter, die in der Regel den Waschraum nutzen	Mindestanzahl Waschplätze bei Gleichzeitigkeit der Nutzung	
	niedrig	hoch
bis 5	1	2
6 bis 10	2	3
11 bis 15	3	4
16 bis 20	3	5
21 bis 25	4	6
26 bis 30	4	6
31 bis 35	5	7
36 bis 40	5	8
41 bis 45	6	9
46 bis 50	6	10
51 bis 55	7	11
56 bis 60	8	12
61 bis 65	8	12
66 bis 70	8	12
71 bis 75	9	13
76 bis 80	10	14
81 bis 85	10	14
86 bis 90	10	14
91 bis 95	10	14
96 bis 100	11	15
je weitere 30	+ 2	+ 3

Tabelle 5.1: Mindestanzahl von Wasch- und Duschplätzen bei Kategorie B

Höchste Anzahl Beschäftigter, die in der Regel den Waschraum nutzen	Mindestanzahl der Waschplätze bei Gleichzeitigkeit der Nutzung		Mindestanzahl der Duschplätze bei Gleichzeitigkeit der Nutzung	
	niedrig	hoch	niedrig	hoch
bis 5	1	2	1	1
6 bis 10	1	2	1	2
11 bis 15	2	3	1	2
16 bis 20	2	4	2	3
21 bis 25	3	5	2	3
26 bis 30	3	5	2	3
31 bis 35	3	6	2	3
36 bis 40	4	7	2	4
41 bis 45	4	8	2	4
46 bis 50	4	9	2	4
51 bis 55	4	9	3	5
56 bis 60	5	11	3	5
61 bis 65	5	11	3	5
66 bis 70	5	11	3	5
71 bis 75	5	12	3	5
76 bis 80	6	12	4	6
81 bis 85	6	12	4	6
86 bis 90	6	13	4	6
91 bis 95	6	13	4	7
96 bis 100	6	14	4	7
je weitere 30	+ 1	+ 3	+ 1	+ 2

Tabelle 5.2: Mindestanzahl von Wasch- und Duschplätzen bei Kategorie C

Höchste Anzahl Beschäftigter, die in der Regel den Waschraum nutzen	Mindestanzahl der Waschplätze bei Gleichzeitigkeit der Nutzung		Mindestanzahl der Duschplätze bei Gleichzeitigkeit der Nutzung	
	niedrig	hoch	niedrig	hoch
bis 5	1	2	1	2
6 bis 10	2	3	1	3
11 bis 15	3	4	2	4
16 bis 20	3	5	2	5
21 bis 25	4	6	3	6
26 bis 30	4	7	3	7
31 bis 35	5	9	4	9
36 bis 40	5	10	4	10
41 bis 45	5	12	4	12
46 bis 50	6	13	5	13
51 bis 55	6	14	5	14
56 bis 60	6	15	5	15
61 bis 65	7	16	6	16
66 bis 70	7	16	6	16
71 bis 75	8	17	7	17
76 bis 80	8	18	7	18
81 bis 85	9	18	8	18
86 bis 90	10	19	9	19
91 bis 95	11	20	10	20
96 bis 100	11	20	10	20
je weitere 30	+ 2	+ 3	+ 2	+ 3

6.3 Abmessung

(1) In Waschräumen müssen die Mindestmaße nach Abb. 5 eingehalten werden. Dabei sind Bewegungsflächen und Verkehrswege zu berücksichtigen. Bewegungsflächen müssen vor Wasch- und Duschplätzen zur Verfügung stehen. Bewegungsflächen dürfen sich bei gleichzeitiger Nutzung des Waschraumes durch mehrere Beschäftigte nicht überschneiden. In Waschräumen mit mehreren Wasch- und Duschplätzen, die gleichzeitig genutzt werden

können, sind Verkehrswege vorzusehen. Verkehrswege und Bewegungsflächen dürfen sich nicht überschneiden.

Ist in bestehenden Arbeitsstätten die Bereitstellung der geforderten Bewegungsfläche mit Aufwendungen verbunden, die offensichtlich unverhältnismäßig sind, so hat der Arbeitgeber zu prüfen, wie durch andere oder ergänzende Maßnahmen die Sicherheit und der Gesundheitsschutz der Beschäftigten in vergleichbarer Weise gesichert werden kann; die erforderlichen Maßnahmen hat er durchzuführen. Eine solche Maßnahme kann z. B. die Verringerung der Gleichzeitigkeit der Nutzung sein. Diese ergänzenden Maßnahmen können so lange herangezogen werden, bis die bestehenden Waschräume wesentlich umgebaut werden. Dabei darf eine Bewegungsfläche von 350 x 600 mm pro Waschplatz nicht unterschritten werden.

(2) Die in Abb. 5 angegebenen Maße für Einzelwaschtische gelten analog für Reihenwasch-, Rundwaschanlagen oder gleichwertige Anlagen.

(3) Duschplätze müssen eine Mindestgrundfläche von 1 m^2 haben, wobei das Mindestmaß einer Seite 900 mm nicht unterschreiten darf.

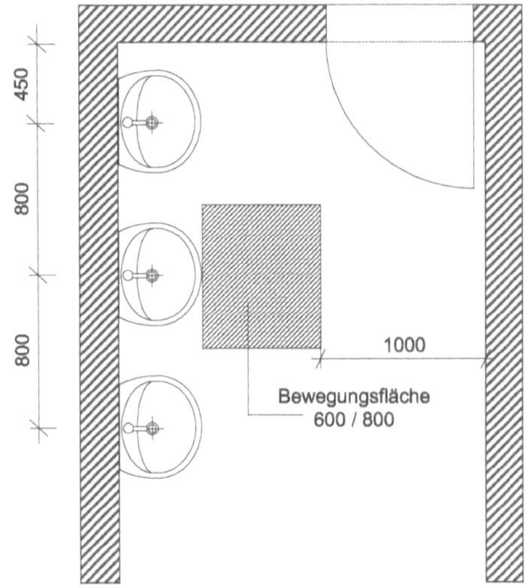

Abb. 5: Waschraum (Maße in mm)

6.4 Ausstattung

(1) An Wasch- und Duschplätzen müssen fließendes warmes und kaltes Wasser in Trinkwasserqualität im Sinne der Trinkwasserverordnung, Seifenablage und Handtuchhalter zur Verfügung stehen. Zusätzlich soll an Duschplätzen ein Haltegriff angebracht sein. Die Temperatur von vorgemischtem Wasser soll während der Nutzungszeit +43 °C nicht überschreiten.

(2) Das Schmutzwasser muss schnell und auf dem kürzesten Weg abfließen können, ohne dabei über einen weiteren Wasch- oder Duschplatz zu laufen.

(3) Wenn notwendig sind Einrichtungen zum Trocknen der Handtücher sowie Vorrichtungen zur Haartrocknung vorzusehen.

(4) In der Nähe der Waschplätze sind zum Trocknen der Hände z. B. Einmalhandtücher, Textilhandtuchautomaten oder Warmlufttrockner zur Verfügung zu stellen.

(5) Zusätzlich sollen sich in Waschräumen Abfallbehälter und Kleiderhaken befinden. In Duschanlagen ohne direkten Zugang zum Umkleideraum sind Kleiderablagen im Trockenbereich vorzusehen.

Hinweis:

Bei Bedarf sind die hygienisch erforderlichen Mittel zum Reinigen und wenn notwendig zum Desinfizieren der Hände sowie zur Hautpflege und zum Hautschutz zur Verfügung zu stellen (Hautschutzplan).

7 Umkleideräume

7.1 Allgemeines

(1) In Umkleideräumen ist in Abhängigkeit der Nutzung eine wirksame Lüftung zu gewährleisten. Bei freier Lüftung (Fensterlüftung) sind die Mindestquerschnitte nach Tabelle 6 einzuhalten (weitere Informationen siehe ASR A3.6 „Lüftung"). Lüftungstechnische Anlagen sind so auszulegen, dass ein Abluftvolumenstrom von 11 $m^3/(h\ m^2)$ erreicht wird.

Tabelle 6: Mindestquerschnitte für freie Lüftung von Umkleideräumen

System	Freier Querschnitt der Lüftungsöffnung/en [m^2/m^2 Grundfläche]*)
einseitige Lüftung	0,02
Querlüftung**)	0,012

*) Die angegebenen Flächen sind die Summe aus Zuluft- und Abluftfläche.
**) Lüftungsöffnungen in gegenüberliegenden Außenwänden oder in einer Außenwand und der Deckenfläche

(2) Umkleideräume sind in Abhängigkeit von der Häufigkeit der Nutzung zu reinigen und bei Bedarf zu desinfizieren.

Hinweise:

1. *Zur Einhaltung und Kontrolle der regelmäßigen und gründlichen Reinigung empfiehlt sich das Anbringen eines Reinigungsplanes im Umkleideraum mit kontinuierlicher Abzeichnungspflicht durch das verantwortliche Reinigungspersonal.*
2. *Bei der Verwendung von Reinigungs- und Desinfektionsmitteln sind die hierfür bekannt gegebenen TRGS bzw. TRBA zu berücksichtigen.*

7.2 Bereitstellung

(1) Umkleideräume sind zur Verfügung zu stellen, wenn das Tragen besonderer Arbeitskleidung erforderlich ist und es den Beschäftigten nicht zuzumuten ist, sich in einem anderen Raum umzukleiden.

(2) Das Erfordernis besonderer Arbeitskleidung im Sinne des Anhangs 4.1 Absatz 3 Satz 1 ArbStättV ist dann anzunehmen, wenn die Arbeitskleidung betriebsbedingt getragen werden muss. Dies kann z. B. aus gesundheitlichen Gründen oder aufgrund der Art der Tätigkeit (siehe Punkt 6.1 Absatz 1) erforderlich sein oder auch auf Weisung des Arbeitgebers, z. B. zur einheitlichen Darstellung des Betriebes, notwendig sein.[1194]

(3) Eine Unzumutbarkeit im Sinne des Anhangs 4.1 Absatz 3 Satz 1 ArbStättV ist u. a. gegeben, wenn z. B. der Raum nicht gegen Einsichtnahme von außen geschützt, gleichzeitig von weiteren Personen anderweitig genutzt oder nicht abgeschlossen werden kann.[1195]

(4) Bei der räumlichen Anordnung von Umkleide- und Waschräumen ist Punkt 6.1 Absatz 5 zu beachten.

(5) Umkleideräume für Beschäftigte, die an Hitzearbeitsplätzen beschäftigt sind, müssen an die Arbeitsräume angrenzen, soweit nicht auf andere Weise (z. B. beheizte Verkehrswege) sichergestellt ist, dass die Beschäftigten keiner Erkältungsgefahr ausgesetzt sind. Die Entfernung zwischen einem Umkleideraum und den Hitzearbeitsplätzen soll nach Möglichkeit 100 m nicht überschreiten. Der Umkleideraum darf dabei nicht weiter als eine Etage entfernt sein.

7.3 Abmessung

Nutzen mehrere Beschäftigte die Umkleideräume gleichzeitig, muss für jeden Beschäftigten eine Bewegungsfläche von 0,5 m^2 im Raum vorhanden sein. Zusätzlich sind Verkehrswege zu berücksichtigen (weitere Informationen siehe ASR A1.8 „Verkehrswege").

7.4 Ausstattung

(1) Für je vier Beschäftigte, die den Umkleideraum gleichzeitig nutzen, muss mindestens eine Sitzgelegenheit zur Verfügung stehen.

(2) Zur Aufbewahrung der Kleidung muss für jeden Beschäftigten eine ausreichend große, belüftete und abschließbare Einrichtung mit Ablagefach vorhanden sein. Werden Schränke bereitgestellt, ist ein Mindestmaß von 0,30 m x 0,50 m x 1,80 m (B x T x H) einzuhalten. Ist für persönliche Kleidung sowie für Arbeits- und Schutzkleidung eine getrennte Aufbewahrung erforderlich, sind zwei derartige Schrankteile oder ein geteilter Schrank in doppelter Breite notwendig.

[1194] Auf Umkleideräume kann auch dann nicht verzichtet werden, wenn die Bekleidung zur einheitlichen Darstellung des Betriebes aus frei verkäuflichen Bekleidungsteilen besteht und daher auch privat getragen werden kann. Zu berücksichtigen ist, dass viele Beschäftigte mit spezieller Kleidung in der Öffentlichkeit als Mitarbeiter einer spezifischen Firma nicht erkannt werden möchten und sich deshalb in einem firmeneigenen Umkleideraum umziehen möchten. Für dessen Bereitstellung ist zu sorgen.

[1195] Die Nutzung des eigenen Arbeitsplatzes zum Umkleiden ist zumutbar, wenn dieser gegen Einsichtnahme geschützt und während des Umkleidens für andere nicht zugänglich ist.

(3) Sind die Beschäftigten bei ihrer Tätigkeit stark geruchsbelästigenden Stoffen oder einer sehr starken Verschmutzung ausgesetzt, muss eine räumliche Trennung der Arbeits-, Schutzkleidung und persönlichen Kleidung vorhanden sein (Schwarz-Weiß-Trennung). Eine räumliche Schwarz-Weiß-Trennung kann in Abhängigkeit der Gefährdung durch zwei mit einem Waschraum verbundene Umkleideräume oder durch ein mit dem Arbeitsbereich verbundenen Schleusensystem zum An- und Ablegen der Arbeits- und Schutzkleidung erfolgen. Auf die Sonderregelungen in der GefStoffV und der BioStoffV wird hingewiesen.[1196)]

(4) Bei Umkleideräumen mit mehreren Zugängen sollen Ein- und Ausgänge getrennt sein. Wenn die Umkleideräume für eine gleichzeitige Benutzung durch mehr als 100 Beschäftigte bestimmt sind, müssen die Ein- und Ausgänge getrennt sein.

(5) Für Arbeits- und Schutzkleidung, die bei der Tätigkeit feucht geworden ist, muss eine Trocknung bis zur nächsten Verwendung möglich sein, gegebenenfalls auch außerhalb des Umkleideraumes, z. B. in einem ausreichend belüfteten Trockenraum oder mit elektrisch betriebenen Trockenschränken.

(6) In Umkleideräumen sind Abfallbehälter, Spiegel und Kleiderablagen bereitzustellen.

8 Abweichende/ergänzende Anforderungen für Baustellen

8.1 Allgemeines

(1) Auf Baustellen können Baustellenwagen, absetzbare Baustellenwagen, Container oder andere Raumzellen für Sanitäreinrichtungen genutzt werden. Bei vorhandenen Sanitäreinrichtungen ist eine geringere lichte Höhe von 2,30 m bis zu einem wesentlichen Umbau zulässig. Der Arbeitgeber kann die Sanitäreinrichtungen von Dritten nutzen, wenn diese die Sanitäreinrichtungen in ausreichender Anzahl bereitstellen und instand halten.[1197)]

Hinweis:

Die Koordinierung gemeinsam genutzter Sanitäreinrichtungen kann in den Aufgabenbereich des Bauherren bzw. Koordinators nach Baustellenverordnung (BaustellV) fallen.

(2) Abweichend von Punkt 5.1 Absatz 3 Satz 2 müssen bei täglicher Nutzung Toilettenräume mindestens zweimal wöchentlich gereinigt werden. Die Toiletten in den Toilettenräu-

---

1196) Falls die Beschäftigten bei ihrer Arbeit mit infektiösen oder in sonstiger Weise gesundheitsgefährdenden Stoffen in Berührung kommen, sind Schwarz-Weiß-Umkleideräume mit zwischengeschaltetem Waschraum zwingend erforderlich. Dies gilt insbesondere im Hinblick auf den Umgang mit krebserzeugenden, erbgutverändernden und fruchtschädigenden Stoffen. Eine getrennte Aufbewahrung der Arbeits- und Straßenkleidung wird für die Fälle verlangt, in denen angenommen werden muss, dass Gefahrstoffe oder durch andere Arbeitsstoffe hervorgerufene unangenehme Gerüche von der Arbeitskleidung bei Aufbewahrung am selben Ort auf die Straßenkleidung übertragen werden können. Eine getrennte Aufbewahrung ist zwingend beim Umgang mit infektiösen giftigen, gesundheitsschädlichen, ätzenden, reizenden Stoffen gefordert.

1197) Grundsätzlich ist der Arbeitgeber zur Bereitstellung der Sanitäreinrichtungen verpflichtet. Bei Baustellen mit mehreren Arbeitgebern ist durch den Bauherrn bzw. den verantwortlichen Dritten (z. B. Koordinator, Bauträger, Architekt) die Bereitstellung einer ausreichenden Anzahl von Sanitäreinrichtungen und die gemeinsame Nutzung zu koordinieren.

men wie auch mobile, anschlussfreie Toilettenkabinen sollen bei täglicher Nutzung täglich gereinigt werden.[1198)]

(3) Abweichend von Punkt 4 Absatz 6 kann auf Baustellen bis 21 Beschäftigte auf getrennt eingerichtete Toiletten-, Wasch- und Umkleideräume für weibliche und männliche Beschäftigte verzichtet werden, wenn eine zeitlich getrennte Nutzung sichergestellt ist. Bei mehr als sechs Beschäftigten je Beschäftigtengruppe (männlich und weiblich) sind getrennte Sanitärräume erforderlich.

8.2 Toilettenräume und mobile, anschlussfreie Toilettenkabinen

(1) Werden von einem Arbeitgeber auf einer Baustelle mehr als zehn Beschäftigte länger als zwei zusammenhängende Wochen gleichzeitig beschäftigt, sind Toilettenräume bereitzustellen. Abweichend von Punkt 5 können auf Baustellen mit bis zu zehn Beschäftigten mobile anschlussfreie Toilettenkabinen, vorzugsweise mit integrierter Handwaschgelegenheit, bereitgestellt werden. Hat die mobile, anschlussfreie Toilettenkabine keine Handwaschgelegenheit, ist sicherzustellen, dass sich diese in unmittelbarer Nähe des Aufstellortes der Toilettenkabine befindet.

(2) Mobile anschlussfreie Toilettenkabinen sollen in der Zeit vom 15.10. bis 30.4. beheizbar sein.

(3) Abweichend von Punkt 5.2 Absatz 1 sollen Toilettenräume und mobile, anschlussfreie Toilettenkabinen nicht mehr als 100 m Wegstrecke vom Arbeitsort entfernt eingerichtet sein. Ist dies aufgrund der Gegebenheiten auf der Baustelle nicht möglich (z. B. Fassadenarbeiten an Hochhäusern, Bauarbeiten im Tunnel, Kanalbauarbeiten, Streckenbaustellen), darf die Wegstrecke fünf Minuten nicht überschreiten (zu Fuß oder mit betrieblich zur Verfügung gestellten Verkehrsmitteln).

(4) Zusätzliche mobile, anschlussfreie Toilettenkabinen können erforderlich werden, sofern es sich um ständig wechselnde Arbeitsplätze handelt oder die Arbeitsplätze sich in Ebenen/Geschossen ober- oder unterhalb der Aufstellebene der Toilettenräume oder -kabinen befinden.

(5) Toilettenräume oder mobile, anschlussfreie Toilettenkabinen auf Baustellen sind nicht erforderlich, wenn außerhalb der Baustelle gleichwertige Einrichtungen zur Verfügung stehen und nutzbar sind sowie Absatz 3 eingehalten wird.

(6) Abweichend von Punkt 5.2 Absatz 2 kann auf Baustellen der abgeschlossene Vorraum durch einen Sichtschutz ersetzt werden.

(7) Außerhalb der Toilettenzelle sind an geeigneter Stelle Möglichkeiten zur Ablage von persönlicher Schutzausrüstung (z. B. Wetterschutzkleidung oder Auffanggurt) vorzusehen.

1198) Die Möglichkeit, eine Grobreinigung des Schuhwerks vorzunehmen, sollte vor sämtlichen Sanitäreinrichtungen eingerichtet sein. Selbstverständlich müssen nicht nur Toiletten in den Toilettenräumen sowie auch mobile, anschlussfreie Toilettenkabinen, sondern sämtliche Sanitäreinrichtungen auf Baustellen regelmäßig gereinigt werden.

8.3 Waschräume

(1) Werden von einem Arbeitgeber auf einer Baustelle mehr als zehn Beschäftigte länger als zwei zusammenhängende Wochen gleichzeitig beschäftigt, sind Waschräume bereitzustellen. Dies ist nicht erforderlich, wenn die Beschäftigten von der Baustelle täglich in Betriebsgebäude mit Sanitärräumen oder in Verbindung mit der Baustelle stehende Unterkünfte zurückkehren.

(2) Waschräume auf Baustellen sollen sich in unmittelbarer Nähe der Pausen- und Bereitschaftsräume befinden.

(3) Abweichend von Punkt 6.1 Absatz 5 kann der Weg vom Waschraum zum Umkleide- und Pausenraum durch das Freie führen, sofern er gegen Sicht und Witterungseinflüsse geschützt ausgebildet wird.

(4) Abweichend von Punkt 6.3 Absätze 1 und 2 ist in Waschräumen auf Baustellen eine Bewegungsfläche von 0,50 m^2 vor der Dusche oder dem Waschplatz ausreichend.

(5) Abweichend von Punkt 6.3 Absatz 3 ist für Duschplätze eine Mindestgrundfläche von 800 x 800 mm ausreichend.

(6) Außerhalb der Waschräume sind an geeigneter Stelle Möglichkeiten zur Ablage von persönlicher Schutzausrüstung (z. B. Wetterschutzkleidung oder Auffanggurt) vorzusehen.

8.4 Anzahl von Toiletten, Urinalen, Wasch- und Duschplätzen

Abweichend von den Tabellen 2, 4, 5.1 und 5.2 gilt auf Baustellen Tabelle 7.[1199]

Tabelle 7: Mindestanzahl von Toiletten, Urinalen, Wasch- und Duschplätzen

Höchste Anzahl Beschäftigter, die in der Regel die Sanitäreinrichtungen nutzen	Mindestanzahl		
	Waschplätze	Duschplätze	Toiletten/Urinale
bis 5	1	0	1*)
6 bis 10	2	0	1*)
11 bis 20	3	1	2
21 bis 30	5	1	3
31 bis 40	7	2	4
41 bis 50	9	2	5

1199) Die Anzahl der Beschäftigten, ab der Waschräume zur Verfügung zu stellen sind, ergibt sich aus der in zwei zusammenhängenden Wochen durchschnittlich auf der Baustelle anwesenden Beschäftigten. Bei Mehrschichtbetrieb bezieht sich die Zahl auf den Durchschnitt der stärksten Schicht. Im Falle einer Baustelle mit mehreren Firmen, von denen zwar keine mehr als 10 Beschäftigte dort arbeiten lässt, die Gesamtzahl aller Beschäftigter auf der Baustelle aber die Zahl 10 überschreitet, haben sich die Arbeitgeber miteinander über die Bereitstellung von Waschräumen ins Benehmen zu setzen.

Höchste Anzahl Beschäftigter, die in der Regel die Sanitäreinrichtungen nutzen	**Mindestanzahl**		
	Waschplätze	**Duschplätze**	**Toiletten/Urinale**
51 bis 75	12	3	6
76 bis 100	14	4	7
je weitere 30	+ 3	+ 1	+ 1

*) für männliche Beschäftigte wird zuzüglich 1 Urinal empfohlen

Bei der Bereitstellung von Toiletten und Urinalen ist Punkt 5.2 Absatz 4 zu berücksichtigen.

8.5 Umkleideräume

Gesonderte Umkleideräume sind auf Baustellen nicht erforderlich, sofern in den Pausenräumen Möglichkeiten zum Wechseln der Kleidung und der getrennten Aufbewahrung von Arbeitskleidung und persönlicher Kleidung in geeigneten Schränken bestehen.[1200)]

Literaturhinweise

TRBA 500 Grundlegende Maßnahmen bei Tätigkeiten mit biologischen Arbeitsstoffen[1201)]

1200) Grundsätzlich gelten auch auf Baustellen die Maßgaben für Umkleideräume entsprechend Abschn. 7 dieser ASR. Sollen Pausenräume als Umkleideräume genutzt werden, muss neben der Möglichkeit zur sicheren und getrennten Aufbewahrung von Arbeits- und Schutzkleidung sowie Straßenkleidung auch gewährleistet sein, dass Arbeits- und Schutzkleidung von baustellentypischen Verunreinigungen grob gesäubert und, soweit erforderlich, natürlich getrocknet werden kann.

1201) TRBA 500 Grundlegende Maßnahmen bei Tätigkeiten mit biologischen Arbeitsstoffen, Ausg. April 2012, GMBl. Nr. 15-20 vom 25. April 2012, S. 373–379.

zu Anh. Nr. 4.2 ArbStättV

Technische Regeln für Arbeitsstätten	Pausen- und Bereitschaftsräume	ASR A4.2

GMBl. Nr. 37 vom 31.8.2012 S. 660
zuletzt geändert durch GMBl. Nr. 9-11 vom 18.3.2022 S. 251

...

Diese ASR A4.2 konkretisiert im Rahmen ihres Anwendungsbereichs Anforderungen der Verordnung über Arbeitsstätten. Bei Einhaltung dieser Technischen Regel kann der Arbeitgeber davon ausgehen, dass die entsprechenden Anforderungen der Verordnung erfüllt sind. Wählt der Arbeitgeber eine andere Lösung, muss er damit mindestens die gleiche Sicherheit und den gleichen Schutz der Gesundheit für die Beschäftigten erreichen.

Inhaltsverzeichnis

1 Zielstellung

Diese ASR konkretisiert die Anforderungen an Pausenräume und Pausenbereiche, Bereitschaftsräume sowie an Einrichtungen zum Hinlegen und Ausruhen für schwangere Frauen und stillende Mütter nach Anhang 4.2 und 5.2 Abs. 1 b) und c) der Arbeitsstättenverordnung.[1202) 1203) 1204) 1205)]

1202) Spezielle Anforderungen an Pausenräume und -bereiche für Beschäftigte auf Baustellen sind in Anh. Nr. 5.2 Abs. 1 b) ArbStättV sowie in ASR A4.2 Pkt. 7 enthalten.
In der bis zum 3.12.2016 gültigen Fassung der ArbStättV waren Anforderungen zu Arbeits-, Sanitär- und Sozialräumen sowohl in § 6 als auch im Anhang geregelt. Mit der Novellierung der ArbStättV wurden die Vorschriften im bisherigen § 6 mit den entsprechenden Anforderungen im Anhang vereinigt und aus § 6 gestrichen. Mit dieser Zusammenführung von Regelungsinhalten zum gleichen Sachverhalt nunmehr in Anhang 4.2 wurde die Anwendbarkeit der ArbStättV erleichtert.

1203) ASR A4.2 wurde als Erstausgabe im August 2012 vom BMAS bekannt gemacht (GMBl 2012, S. 660). Seitdem erfolgten fünf Änderungen, zuletzt im März 2022. Diese waren nötig, um Aktualisierungen durch andere ASR aufzunehmen, so im April 2014 mit Maßgaben aus ASR A1.2 „Raumabmessungen und Bewegungsflächen", aus ASR A2.2 „Maßnahmen gegen Brände" und ASR A4.1 „Sanitärräume", im Juli 2017 mit einer rechtsformalen Korrektur des Abschn. 1 „Zielstellung" sowie einem zusätzlichen Hinweis auf die ASR V3a.2 „Barrierefreie Gestaltung von Arbeitsstätten", im Mai 2018 mit einer Aktualisierung des Literaturhinweises auf die LASI-Veröffentlichung LV 50 „Bewegungsergonomische Gestaltung von andauernder Steharbeit", im März 2021 mit einer Präzisierung des Hinweises zu Abschn. 2 „Anwendungsbereich" und zuletzt im März 2022 mit lediglich formalen Änderungen.

2 Anwendungsbereich

Diese ASR gilt für das Einrichten und Betreiben von Pausenräumen und Pausenbereichen sowie von Bereitschaftsräumen für Beschäftigte in Arbeitsstätten, in Gebäuden oder im Freien. Sie gilt auch für Einrichtungen zum Hinlegen und Ausruhen für schwangere Frauen und stillende Mütter.[1206) 1207) 1208) 1209) 1210)]

1204) Eine Besonderheit der ArbStättV 1975 stellte § 33 mit der darin enthaltenen Forderung zur Einrichtung von Räumen für körperliche Ausgleichsübungen für Beschäftigte, die aufgrund ihrer Tätigkeit bei der Arbeit einseitig belastet werden, dar. Diese Anforderung wurde in die Neufassung der ArbStättV nicht übernommen. Verschiedentlich wird argumentiert, dass dies im Hinblick auf die Begriffsbestimmung in § 2 ArbSchG, wonach die Maßnahmen des Arbeitsschutzes auch Maßnahmen für eine menschengerechte und somit ergonomischen Grundprinzipien folgende Gestaltung der Arbeit umfassen, einen Rückschritt darstellt. Zu beachten ist aber, dass die seinerzeitigen Forderungen nach gesonderten Räumen für körperliche Ausgleichsübungen Maßnahmen der Sekundärprävention beinhalten, währenddessen die Forderung von § 2 ArbSchG zur menschengerechten Gestaltung der Arbeit eine Maßgabe zur Primärprävention ist. Diese Primärforderung zur menschengerechten Gestaltung der Arbeit war damals als gesetzlich vorgeschriebene Maßgabe weder in der ArbStättV 1975 noch in anderen Arbeitsschutz-Rechtsquellen enthalten. Insoweit stellt der Wechsel von einer Sekundärmaßnahme, die der frühere § 33 fordert, in eine Maßgabe zur Primärprävention bei gleichzeitiger Anhebung in der Rechtshierarchie von der Arbeitsstättenverordnung zum Arbeitsschutzgesetz nicht nur keinen Rückschritt dar, sondern ist arbeitsschutzfachlich und -rechtlich ein großer Fortschritt.

1205) Soweit keine gesonderten Pausenräume oder Pausenbereiche erforderlich sind, weil bereits die Gestaltung des Arbeitsraumes selbst eine hinreichende Erholung in der Pausenzeit, z. B. in einem Büroraum, gewährleistet, muss der Arbeitgeber nach der ArbStättV keine weiteren Maßnahmen treffen. Gleiches gilt für die Einrichtung von Bereitschaftsräumen, die nur dann notwendig sind, wenn in die Arbeitszeit regelmäßig und häufig Arbeitsbereitschaftszeiten oder Arbeitsunterbrechungen fallen und kein gesonderter Pausenraum vorhanden ist.

1206) Einrichtungen zum Hinlegen und Ausruhen für schwangere Frauen oder stillende Mütter sind vom Arbeitgeber für den Bedarfsfall zur Verfügung zu stellen. Schwangeren Beschäftigten oder beschäftigten stillenden Müttern gebührt eine besondere Achtsamkeit und betriebliche Unterstützung. Ihnen ist diese jederzeit am nächstgelegenen dafür geeigneten Ort vorsorglich anzubieten bzw. spätestens auf deren Verlangen unverzüglich zur Verfügung zu stellen. Derartige Orte und Einrichtungen müssen vom sonstigen Betriebsgeschehen und Personenumgang abgeschirmt sein und ein ungestörtes Ausruhen und Erholen gewährleisten (s. dazu Abschn. 6 „Einrichtungen für schwangere Frauen und stillende Mütter").

1207) Der Anwendungsbereich der ASR erstreckt sich auf die Einrichtung und den Betrieb von Pausenräumen und Pausenbereichen unabhängig davon, ob diese in Gebäuden oder im Freien, auf dem Betriebsgelände oder auf Baustellen eingerichtet und betrieben werden. Damit sind alle in der ASR enthaltenen Anforderungen zur Erlangung der Vermutungswirkung umzusetzen. Abweichende/ergänzende Bestimmungen für Baustellen sind in Abschn. 7 dieser ASR festgelegt.

1208) Wesentlich geändert und ausgeweitet wurden die Anforderungen an die Gestaltung von Pausen- und Bereitschaftsräumen, wenn in der Arbeitsstätte Menschen mit Behinderungen beschäftigt sind. Im März 2021 wurde durch die vierte Änderung dieser ASR in Abschn. 2 Anwendungsbereich der Hinweis zur barrierefreien Gestaltung der Pausen- und Bereitschaftsräume konkretisiert. Verwiesen wird auf ASR V3a.2 „Barrierefreie Gestaltung von Arbeitsstätten", hierin speziell auf deren Anhang A4.2 Ergänzende Anforderungen zur ASR A4.2 „Pausen- und Bereitschaftsräume".

1209) Zu beachten ist die achte Änderung der ASR V3a.2 im August und Dezember 2021 (GMBl 2021, S. 1036 und 1364). Darin sind Änderungen zur Anpassung an das 2020 geänderte Sozialgesetzbuch SGB IX vorgenommen worden. Unter Abschn. 2 Anwendungsbereich wurde dort nach Abs. 3 der Pkt. 1 der Hinweise hinsichtlich der Rechtsbezüge aktualisiert.Hinweispunkt 2 in Anhang 4 der ASR V3a.2, wonach das Erfordernis nach einer barrierefreien Gestaltung der Arbeitsstätte sich dann nicht ergibt, wenn Beschäftigte mit einer Behinderung trotz einer barrierefreien Gestaltung nicht zur Ausführung der erforderlichen Tätigkeit fähig sind und diese Fähigkeit auch nicht erwerben können, blieb unverändert und ist damit weiterhin gültig.
Die neunte Änderung im März 2022 überführte Inhalte aus dem gestrichenen Anhang A3.4/7 in den Anhang A2.3. Ausführlich s. GMBl. 2022, S. 213 und S. 240.
Die letzte, zehnte Änderung erfolgte im April 2023. Eingefügt wurde der Anhang A4 „Ergänzende Anforderungen zu Nr. 4 des Anhangs der Arbeitsstättenverordnung bezüglich „Kantinen", GMBl. 2023, S. 652.

Hinweis:

Für die barrierefreie Gestaltung der Pausen- und Bereitschaftsräume gilt die ASR V3a.2 „Barrierefreie Gestaltung von Arbeitsstätten", Anhang A4.2: Ergänzende Anforderungen zur ASR A4.2 „Pausen- und Bereitschaftsräume".

3 Begriffsbestimmungen[1211) 1212) 1213) 1214)]

3.1 Pausenräume sind allseits umschlossene Räume, die der Erholung oder dem Aufenthalt der Beschäftigten während der Pause oder bei Arbeitsunterbrechung dienen. Insbesondere für Arbeitsstätten im Freien oder auf Baustellen können dies z. B. auch Räume in vorhandenen Gebäuden sowie in Baustellenwagen, absetzbaren Baustellenwagen oder in Containern sein.

1210) In der achten Änderung wurde auch Abschn. 3.2 ergänzt. Neu eingefügt ist seitdem, dass bei der barrierefreien Gestaltung auch die Nutzung behinderungsbedingt notwendiger Hilfsmittel zulässig ist (in Anlehnung an § 4 des Gesetzes zur Gleichstellung von Menschen mit Behinderungen – Behindertengleichstellungsgesetz (BGG)).

1211) Mit den Begriffsbestimmungen wird der Bestimmungszweck des Pausenraumes bzw. unter 3.2 des Pausenbereiches festgelegt. Eindeutig bestimmt wird, dass Beschäftigte die Pausenräume bzw. Pausenbereiche nicht nur während der gesetzlich vorgeschriebenen oder tariflich vereinbarten Pausen zur Erholung, sondern auch bei betriebsbedingten Arbeitsunterbrechungen (z. B. bei Ausfall einer Anlage, witterungsbedingter Einstellung der Arbeiten im Freien oder auf einer Baustelle) zum geschützten Aufenthalt nutzen können und sollen. Nach § 4 Arbeitszeitgesetz ist die Arbeit durch im Voraus feststehende Ruhepausen von mindestens 30 Minuten bei einer Arbeitszeit von mehr als sechs bis zu neun Stunden und 45 Minuten bei einer Arbeitszeit von mehr als neun Stunden insgesamt zu unterbrechen. Die Ruhepausen können in Zeitabschnitte von jeweils mindestens 15 Minuten aufgeteilt werden. Länger als sechs Stunden hintereinander dürfen Arbeitnehmer nicht ohne Ruhepause beschäftigt werden. Nach § 7 ArbZG können abweichende Regelungen in einem Tarifvertrag oder aufgrund eines Tarifvertrages in einer Betriebs- oder Dienstvereinbarung für bestimmte Arbeitsformen (z.B. Schichtarbeit) oder Tätigkeiten (z. B. Verkehrsbetriebe, Behandlung, Pflege und Betreuung von Personen) die Lage und Dauer der Pausen an die Eigenarten dieser Arbeitsformen bzw. Tätigkeiten angepasst werden. So kann z. B. bei Schichtarbeit die vorgeschriebene Gesamtzeit für Pausen auf mehrere Kurzpausen von angemessener Dauer aufgeteilt werden.

1212) Anstrengende und leichte Tätigkeiten sollten sich während des Arbeitstages sinnvoll abwechseln. Sind Beschäftigte einseitigen Belastungen ausgesetzt, können zusätzlich zu den regulären Pausen arbeitswissenschaftlich begründete Erholungszeiten erforderlich und betrieblich vereinbart werden.

1213) Erholungszeiten sind keine Pausenzeiten i. S. d. Arbeitszeitgesetzes. Häufig werden für diese Zeiten auch Begriffe wie Expositions-, Tragezeitbegrenzung oder Wartezeit genannt. Erholungszeiten sollen die Folgen der Belastung – z. B. Ermüdung, nachlassende Konzentration – auf ein zumutbares Maß beschränken. In den Erholungszeiten steht die Unterbrechung der einseitigen Belastung im Vordergrund, oftmals ist die Durchführung anderer, leichter Arbeiten zulässig. So dürfen z. B. in den Entwärmungspausen von Hitzearbeitsplätzen oder den sogenannten „Maskenpausen" beim Tragen von Atemschutz andere, leichte Tätigkeiten ausgeführt werden.

1214) Pausenräume müssen nach der Begriffsbestimmung eigenständige und allseits umschlossene Räume sein, während als Pausenbereiche innerhalb der Räume einer Arbeitsstätte abgetrennte Bereiche zur Erholung in den Pausen und zum Aufenthalt bei Arbeitsunterbrechungen definiert werden. Auch wenn hiermit dem Arbeitgeber eine grundsätzliche Wahlfreiheit gegeben ist, sind Pausenräume aufgrund des höheren Erholungswertes vorzuziehen. Bei der Entscheidung ist auch abzuwägen, inwieweit die bei Pausenbereichen zur Erreichung einer gleichwertigen Erholung notwendigen Maßnahmen im restlichen Arbeitsraum (z.B. vollständiges Ruhen der Arbeiten, Ausschaltung der Maschinen und Anlagen) letztlich einen höheren Aufwand mit sich bringen als die Einrichtung eines eigenständigen Pausenraumes.

3.2 Pausenbereiche sind abgetrennte Bereiche innerhalb von Räumen der Arbeitsstätte, die der Erholung oder dem Aufenthalt der Beschäftigten während der Pause oder bei Arbeitsunterbrechung dienen.

3.3 Bereitschaftsräume sind allseits umschlossene Räume, die dem Aufenthalt der Beschäftigten während der Arbeitsbereitschaft oder bei Arbeitsunterbrechungen dienen. Insbesondere für Arbeitsstätten im Freien oder auf Baustellen können dies z. B. auch Räume in vorhandenen Gebäuden sowie in Baustellenwagen, absetzbaren Baustellenwagen oder in Containern sein.[1215)] [1216)]

3.4 Einrichtungen für schwangere Frauen und stillende Mütter bieten schwangeren Frauen und stillenden Müttern die Gelegenheit, sich während der Pausen oder der Arbeitszeit zu setzen, hinzulegen und auszuruhen.[1217)]

1215) Die Voraussetzungen, wann für Beschäftigte Räume für Bereitschaftszeiten eingerichtet werden müssen, definiert Anh. Nr. 4.2 der ArbStättV. Danach ist das dann erforderlich, wenn in die Arbeitszeit regelmäßig und häufig Arbeitsbereitschaftszeiten oder Arbeitsunterbrechungen fallen und keine Pausenräume vorhanden sind. Als Bereitschaftszeit gilt die Zeitspanne, während derer ein Beschäftigter, ohne dass er unmittelbar am Arbeitsplatz anwesend sein muss, sich für Zwecke des Betriebes oder der Dienststelle an einer vom Arbeitgeber bestimmten Stelle des Betriebes aufzuhalten hat, damit er erforderlichenfalls seine volle Arbeitstätigkeit sofort oder alsbald aufnehmen kann. Arbeitsbereitschaft bzw. Bereitschaftszeit sind Begriffe des Arbeitszeitrechts. Man versteht darunter die Zeit „wacher Aufmerksamkeit im Zustand der Entspannung", in welcher der Beschäftigte am Arbeitsplatz oder an einer vom Arbeitgeber dafür bestimmten Stelle außerhalb seines Arbeitsplatzes anwesend sein und sich bereithalten muss, um die Arbeit sofort und ohne Fremdaufforderung aufzunehmen. Diese Zeit zählt vollständig als Arbeitszeit.

1216) Charakteristisch für die Arbeitsbereitschaft ist die Pflicht zur Anwesenheit und zur Beobachtung der Situation bei in der Regel geringer Beanspruchung. Arbeitsbereitschaft ist z. B. die Wartezeit des Rettungsdienstpersonals oder der Feuerwehrleute der Werksfeuerwehr zwischen zwei Einsätzen, die eines Verkäufers in der Zeit, in der sich keine Kunden im Verkaufsraum aufhalten oder die „Leerzeit" des Kraftfahrers beim Be- oder Entladen des LKW durch Dritte. Die geforderte Regelmäßigkeit muss sich aus den Arbeitsabläufen ergeben. Eine Bereitschaftszeit in Form von Rufbereitschaft stellt in vollem Umfang Arbeitszeit dar, wenn die dadurch dem Beschäftigten auferlegten Einschränkungen seine Möglichkeiten zur selbstbestimmten Freizeitgestaltung ganz erheblich beeinträchtigen. Wenn dies der Fall ist und dadurch Bereitschaftszeit als Arbeitszeit zu bewerten (und zu bezahlen) ist, kann naheliegend geschlussfolgert werden, dass der Arbeitgeber wie für die Ausführung der Arbeit Arbeitsräume dann auch für die Ausführung der Bereitschaft Bereitschaftsräume zur Verfügung zu stellen hat. Die konkreten Anforderungen an die Bereitstellung und Ausstattung enthält ASR A4.2 in Abschn. 3.3 (s. auch Abschn. 5 dieser ASR).

1217) Die in § 31 ArbStättV 1975 enthaltene Vorgabe zur Bereitstellung geeigneter Räume mit Liegen, auf denen sich werdende oder stillende Mütter während der Pausen und, wenn aus gesundheitlichen Gründen erforderlich, auch während der Arbeitszeit ausruhen können, ist in der heute gültigen Fassung der ArbStättV durch den Begriff der Einrichtungen für Schwangere und stillende Mütter gleichwertig ersetzt worden. Derartige Einrichtungen zum Hinlegen und Ausruhen sind vom Arbeitgeber für den Bedarfsfall zur Verfügung zu stellen. Bereits mit der entsprechenden Anzeige der Schwangerschaft gebührt der oder den Beschäftigten eine besondere Achtsamkeit, Fürsorge und betriebliche Unterstützung. Ihnen ist diese jederzeit am nächstgelegenen dafür geeigneten Ort vorsorglich anzubieten bzw. spätestens auf deren Verlangen unverzüglich zur Verfügung zu stellen.

4 Pausenräume und Pausenbereiche

4.1 Allgemeine Anforderungen

(1) Pausenräume und Pausenbereiche müssen in einer der Sicherheit und der Gesundheit zuträglichen Umgebung eingerichtet und betrieben werden.[1218)]

Pausenbereiche sind Pausenräumen gleichgestellt, wenn sie gleichwertige Bedingungen für die Pause gewährleisten.

(2) Ein Pausenraum oder Pausenbereich ist zur Verfügung zu stellen, wenn mehr als zehn Beschäftigte einschließlich Zeitarbeitnehmern gleichzeitig in der Arbeitsstätte tätig sind.

Nicht zu berücksichtigen sind Beschäftigte, die
- aufgrund des Arbeitszeitgesetzes keinen Anspruch auf Ruhepausen haben (z. B. Teilzeitkräfte mit bis zu sechs Stunden täglicher Arbeitszeit) oder
- überwiegend außerhalb der Arbeitsstätte tätig sind (z. B. Außendienstmitarbeiter, Kundendienstmonteure).[1219)]

(3) Unabhängig von der Anzahl der Beschäftigten ist ein Pausenraum oder Pausenbereich zur Verfügung zu stellen, wenn Sicherheits- oder Gesundheitsgründe dies erfordern. Das können z. B. sein:
- Arbeiten mit erhöhter Gesundheitsgefährdung in Hitze, Kälte, Nässe oder Staub,
- Überschreitung der Auslösewerte für Lärm oder Vibrationen (siehe LärmVibrationsArbSchV),
- Gefährdungen beim Umgang mit biologischen Arbeitsstoffen oder Gefahrstoffen,
- unzuträgliche Gerüche,
- überwiegende Arbeiten im Freien,
- andauernde, einseitig belastende Körperhaltung mit eingeschränktem Bewegungsraum, z. B. Steharbeit,
- schwere körperliche Arbeit,
- stark schmutzende Tätigkeit,
- Arbeitsräume/Bereiche ohne Tageslicht oder

1218) Diese Forderung beinhaltet insbesondere, dass mögliche Belastungen aus der Arbeitsumgebung, denen Beschäftigte während der Arbeitszeit ausgesetzt sind, in den Pausenräumen und -bereichen nicht auftreten dürfen. Sie müssen von den Arbeitsplätzen getrennt sein und äußerlich erkennbare Zonen der Erholung darstellen. D. h., dass in diesen Räumen oder Bereichen kein Lärm, kein Staub und Schmutz, keine beeinträchtigenden Gerüche und keine sonstigen belästigenden oder gar gesundheitsbeeinträchtigenden Einflüsse vorhanden sein dürfen. Sie müssen zudem frei von Publikumsverkehr sein. Pausen sind im Voraus feststehende Unterbrechungen der Arbeitszeit, in denen die Arbeitstätigkeit ruht. Pausen dienen zum einen der Erholung und der Nahrungsaufnahme und zum anderen der Vorbeugung frühzeitiger Ermüdung und Leistungsminderung während der Arbeit. Regelmäßige Pausen sind notwendig, um arbeitsbedingte Belastungen zu vermeiden oder zumindest soweit wie möglich zu reduzieren und zu kompensieren. Neben der Häufigkeit und Länge der Pausen haben die Rahmenbedingungen für deren Gestaltung wesentlichen Einfluss auf den erreichbaren Erholungswert.

1219) Unberücksichtigt bleiben demnach Beschäftigte, die überwiegend außerhalb der Arbeitsstätte ihrer Tätigkeit nachgehen, wie z. B. Außendienstler, Kraftfahrer einer Spedition, Beschäftigte eines Baubetriebes oder eines ambulanten Pflegedienstes, soweit diese ihre gesetzlichen Pausen in der Pflegedienstzentrale verbringen. In ambulant betreuten Wohnbereichen, in denen Pflegedienstmitarbeiter länger als 6 Stunden tätig sind, ist ein gesonderter Pausenraum zur Verfügung zu stellen.

- Arbeitsräume/Bereiche, zu denen üblicherweise Dritte (z. B. Kunden, Publikum, Mitarbeiter von Fremdfirmen) Zutritt haben.[1220)]

(4) Auf einen Pausenraum oder Pausenbereich kann bei Tätigkeiten in Büroräumen oder in vergleichbaren Arbeitsräumen verzichtet werden, sofern diese während der Pause frei von arbeitsbedingten Störungen (z. B. durch Publikumsverkehr, Telefonate) sind. Damit wird eine gleichwertige Erholung im Arbeitsraum gewährleistet. Vergleichbare Arbeitsräume können z. B. Registraturen oder Bibliotheken sein.[1221)]

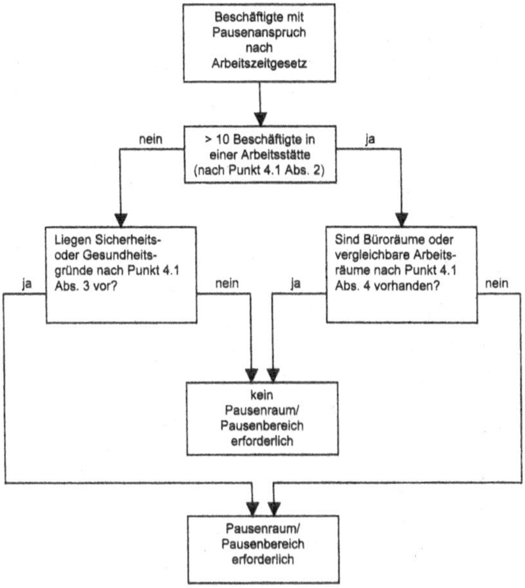

Abb. 1: Ermittlung der Notwendigkeit von Pausenräumen oder Pausenbereichen

1220) Arbeitsräume mit Kundenbetrieb (z. B. Verkaufsräume, Banken, Büro- und Kassenräume, Behörden, Krankenhäuser, Arztpraxen, Ausstellungsräume von Möbel- oder Textilbetrieben, öffentlich zugängliche Bibliotheken) bieten den dort Beschäftigten während der Pausen keine ausreichende Erholung, da die Kunden auch während der Pausenzeit Bedienung oder Auskünfte erwarten. Aus diesem Grund müssen Pausenräume bzw. abgetrennte Pausenbereiche vorhanden sein, wenn mit Kunden regelmäßig zu rechnen ist.

1221) In Büroräumen oder vergleichbaren Arbeitsräumen ist ein besonderer Pausenraum dann nicht erforderlich, wenn in diesen Räumen gleichwertige Voraussetzungen zur Erholung während der Pausen gegeben sind. Dies ist der Fall, wenn sichergestellt werden kann, dass während der Pausen die Arbeit tatsächlich ruht und ein möglicher Kundenverkehr z. B. so gesteuert werden kann, dass die Kunden während der Pausen keinen Zutritt zu den Arbeitsräumen haben. Dann ist es den Beschäftigten zuzumuten, ihre Pause im jeweiligen Arbeitsraum zu verbringen.
Inwieweit in den Büroräumen oder vergleichbaren Räumen eine gleichwertige Erholung wie in einem Pausenraum oder Pausenbereich möglich ist, hängt weiterhin von den in einer Arbeitsstätte gegebenen spezifischen Bedingungen ab. So muss vom Arbeitgeber stets individuell festgestellt werden, ob die Art der Einrichtung der Räume oder die Luft-, Klima-, Licht- und Lärmverhältnisse, die hygienischen Bedingungen und das Mobiliar tatsächlich eine gleichwertige Erholung wie in einem Pausenraum oder einem Pausenbereich gewährleisten.

(5) Pausenräume und Pausenbereiche müssen leicht und sicher über Verkehrswege erreichbar sein. Der Zeitbedarf zum Erreichen der Pausenräume soll fünf Minuten je Wegstrecke (zu Fuß oder mit betrieblich zur Verfügung gestellten Verkehrsmitteln) nicht überschreiten. Die Wegstrecke zu Pausenbereichen darf 100 m in nicht überschreiten.

(6) Pausenräume und Pausenbereiche dürfen nicht unterhalb schwebender Lasten oder in Bereichen mit Gefährdung durch herabfallende Gegenstände eingerichtet werden.

(7) Im Pausenraum und Pausenbereich sind Beeinträchtigungen, z. B. durch Vibrationen, Stäube, Dämpfe oder Gerüche, soweit wie möglich auszuschließen. Während der Pause darf der durchschnittliche Schalldruckpegel in Pausenräumen aus den Betriebseinrichtungen und dem von außen einwirkenden Umgebungslärm höchstens 55 dB(A) betragen. In Pausenbereichen soll dieser Wert nicht überschritten werden.

(8) Pausenräume und Pausenbereiche müssen frei von arbeitsbedingten Störungen (z. B. durch Produktionsabläufe, Publikumsverkehr, Telefonate) sein.

(9) In Pausenräumen und Pausenbereichen muss für Beschäftigte, die den Raum oder Bereich gleichzeitig benutzen sollen, eine Grundfläche von jeweils mindestens 1,00 m^2 einschließlich Sitzgelegenheit und Tisch vorhanden sein. Flächen für weitere Einrichtungsgegenstände, Zugänge und Verkehrswege sind hinzuzurechnen (siehe ASR A1.2 „Raumabmessungen und Bewegungsflächen“).

Die Grundfläche eines Pausenraumes muss mindestens 6,00 m^2 betragen.

Die lichte Höhe von Pausenräumen muss den Anforderungen der ASR A1.2 „Raumabmessungen und Bewegungsflächen“ entsprechen.[1222)]

(10) Pausenräume sollen eine Sichtverbindung nach außen aufweisen. Für Pausenbereiche wird eine solche empfohlen.

(11) Pausenräume und Pausenbereiche müssen
- über möglichst ausreichend Tageslicht verfügen und ausreichend beleuchtet sein (siehe ASR A3.4 „Beleuchtung“),
- ausreichend temperiert sein (siehe ASR A3.5 „Raumtemperatur“) und
- gesundheitlich zuträgliche Atemluft in ausreichender Menge aufweisen (siehe ASR A3.6 „Lüftung“).

(12) Der Umfang der Ausstattung von Pausenräumen und Pausenbereichen richtet sich nach der Anzahl der gleichzeitig anwesenden Benutzer. Für diese sind Sitzgelegenheiten

1222) In größeren Räumen sollte die für Pausenbereiche geplante Raumfläche mit den Pauseneinrichtungen von dem übrigen Raum optisch und akustisch abgetrennt sein. Eine optische Abtrennung kann durch Pflanzenkästen, Mobiliar (z. B. Regale), bewegliche Wände usw. erfolgen. So sollen z. B. in Großraumbüros abgetrennte Bereiche vorhanden sein, die den Beschäftigten eine Rückzugsmöglichkeit in den Pausen gestatten. Solche Bereiche sind insbesondere auch akustisch von den Arbeitsbereichen abzutrennen (Schalldruckpegel soll in Pausenbereichen den Wert von 55 dB(A) nicht überschreiten, um die gewünschte Erholungswirkung in den Pausen zu erzielen). Auch in flexiblen Bürokonzepten, wie z. B. open space oder business club, sollen durch die Einrichtung gesonderter Ruhe- oder Entspannungsräume, mindestens aber entsprechend abgeschirmte Erholungszonen i. S. von Pausenbereichen, Möglichkeiten zum Ausruhen in den gesetzlich geforderten Pausen vorhanden sein.

mit Rückenlehne und Tische vorzusehen.[1223] Das Inventar muss leicht zu reinigen sein. Ein Abfallbehälter mit Deckel ist bereitzustellen.

Ein Bedarf für Einrichtungen für das Wärmen und Kühlen von Lebensmitteln liegt vor, wenn keine Kantine zur Verfügung steht oder bei Beschäftigten, die durch ärztliches Attest nachweisen, dass sie eine bestimmte Diät einhalten müssen. Bei Bedarf sind Kleiderablagen[1224] und der Zugang zu Trinkwasser zur Verfügung zu stellen. Eine Waschgelegenheit im Pausenraum kann zweckmäßig sein (siehe ASR A4.1 „Sanitärräume").

(13) Eine Kantine oder ein Restaurant kann als Pausenraum genutzt werden, wenn sich die Beschäftigten ohne Verzehrzwang aufhalten dürfen und die Anforderungen von Punkt 4.1 Abs. 5, 7 und 9 bis 12 erfüllt werden.

4.2 Zusätzliche Anforderungen an Pausenräume

(1) Pausenräume können außerhalb der festgelegten Pausenzeiten für andere Zwecke, z. B. Besprechungen, Schulungen, genutzt werden. Die Räume müssen vor der Nutzung als Pausenraum gelüftet und gereinigt sein, wenn diese die in der ASR A1.2 „Raumabmessungen und Bewegungsflächen" enthaltenen Raumabmessungen erfüllen.

(2) Führt die Tür eines Pausenraumes unmittelbar ins Freie, so sind die Beschäftigten vor Zugluft zu schützen. Dies kann durch einen Windfang oder Windfangraum mit Vorhang aus einem schwer entflammbaren Material erreicht werden.

4.3 Zusätzliche Anforderungen an Pausenbereiche

(1) Pausenbereiche sind an ungefährdeter Stelle anzuordnen. Sie dürfen z. B. nicht in der Nähe heißer Oberflächen eingerichtet werden.

(2) Pausenbereiche müssen optisch abgetrennt sein, z. B. durch mobile Trennwände, Möbel oder geeignete Pflanzen.

5 Bereitschaftsräume

(1) Ein Bereitschaftsraum muss immer dann zur Verfügung. stehen, wenn während der Arbeitszeit regelmäßig und in erheblichem Umfang (in der Regel mehr als 25 Prozent der Arbeitszeit) Arbeitsbereitschaft oder Arbeitsunterbrechungen auftreten. Das ist u. a. der Fall, wenn nicht vorhergesehen werden kann, wann eine Arbeitsaufnahme erfolgt, z. B. in Krankenhäusern, bei Berufsfeuerwehren, Rettungsdiensten oder Fahrbereitschaften.

(2) Als Bereitschaftsraum kann unter Berücksichtigung von Absatz 4 auch ein Pausenraum genutzt werden.

[1223] Geeignete Sitzgelegenheiten sind Stühle oder Bänke. Die Rückenlehnen dieser Sitzgelegenheiten müssen dem Rücken einen festen Halt geben.

[1224] Ein Bedarf für eine Kleiderablage ist gegeben, wenn es in der Arbeitsstätte keine Umkleideräume gibt und auch eine Aufbewahrung der Kleidungsstücke am Arbeitsplatz nicht zumutbar ist. Die Kleiderablage sollte ein abschließbares Wertfach enthalten. Trinkwasser ist in den Pausenräumen zur Verfügung zu stellen, wenn besondere Arbeitsbedingungen, z. B. das Arbeiten in technologisch wärmebelasteten oder staubigen Arbeitsräumen, dies erfordern.

(3) Der Bereitschaftsraum muss mindestens den Anforderungen an einen Pausenraum entsprechen.[1225)]

(4) Liegt die Arbeitsbereitschaft oder die Arbeitsunterbrechung in den Nachtstunden oder ist die Arbeitszeit einschließlich der Bereitschaftszeit größer als zwölf Stunden, muss der als Bereitschaftsraum genutzte Raum zusätzlich mit Liegen ausgestattet sein. Zusätzliche Anforderungen an die zweckentsprechende Ausstattung von Bereitschaftsräumen sind im Rahmen der vorgesehenen Nutzung zu ermitteln.

(5) Müssen Liegen zur Verfügung gestellt werden, ergeben sich folgende Anforderungen:
- Die Mindestgrundfläche des Bereitschaftsraumes ergibt sich aus den Stellflächen der Ausstattung, Bewegungsflächen und den Verkehrsflächen.
- Die Nutzung der Bereitschaftsräume getrennt nach Frauen und Männern ist räumlich oder organisatorisch sicherzustellen.
- Für die Zeit der Nutzung der Liegen ist eine anderweitige Nutzung des Raumes durch andere Personen (z. B. als Pausenraum, Büro, Arztzimmer) nicht zulässig.
- Der Raum muss verschließbar, nicht einsehbar und verdunkelbar sein.
- Es soll eine Waschgelegenheit zur Verfügung stehen.
- Liegen müssen gepolstert und mit einem wasch- oder wegwerfbaren Belag ausgestattet sein.
- Die Erreichbarkeit der Beschäftigten ist unter Wahrung ihrer Privatsphäre zu gewährleisten (z. B. durch Rufeinrichtung).
- Zur Sicherstellung der Alarmierung im Brandfall und zum sicheren Verlassen des Bereitschaftsraumes siehe ASR A2.2 „Maßnahmen gegen Brände“ und ASR A2.3 „Fluchtwege und Notausgänge“.

6 Einrichtungen für schwangere Frauen und stillende Mütter

(1) Werden schwangere Frauen oder stillende Mütter beschäftigt, müssen Einrichtungen zum Hinlegen, Ausruhen und Stillen am Arbeitsplatz oder in unmittelbarer Nähe in einer Anzahl vorhanden sein, die eine jederzeitige Nutzbarkeit sicherstellen. Die Privatsphäre ist bei der Nutzung zu gewährleisten.[1226)]

1225) Gesonderte Räume für Zeiten der Arbeitsbereitschaft sind zwingend erforderlich, wenn in der Arbeitsstätte keine Pausenräume vorhanden sind. Gibt es aber Pausenräume, so können diese auch für die Bereitschaftszeit genutzt werden – allerdings ist in dieser Zeit eine andere Nutzung (auch die als Pausenraum) auszuschließen. Sofern ein Erfordernis für die Bereitstellung von Liegen für die Zeit der Arbeitsbereitschaft besteht, ist deren Platzbedarf bei der Berechnung der erforderlichen Raumgröße zu berücksichtigen.

1226) ASR A4.2 fordert, die Bereitstellung von Einrichtungen zum Hinlegen, Ausruhen und Stillen am Arbeitsplatz oder in unmittelbarer Nähe. Einrichtungen zum Hinlegen und Ausruhen für schwangere Frauen oder stillende Mütter sind vom Arbeitgeber für den Bedarfsfall zur Verfügung zu stellen. Schwangeren Beschäftigten oder beschäftigten stillenden Müttern gebührt eine besondere Achtsamkeit und betriebliche Unterstützung. Ihnen ist diese jederzeit am nächstgelegenen dafür geeigneten Ort vorsorglich anzubieten bzw. spätestens auf deren Verlangen unverzüglich zur Verfügung zu stellen. Derartige Orte und Einrichtungen müssen vom sonstigen Betriebsgeschehen und Personenumgang abgeschirmt ein ungestörtes Ausruhen und Erholen gewährleisten. Bei den Einrichtungen ist insbesondere die Bereitstellung von Liegen zu realisieren. Geeignet können ggf. auch entsprechende bequeme und komfortable Sitzmöbel sein, die sich leicht verstellen lassen, dass sie auch als Liege genutzt werden können.

(2) Die Einrichtungen zum Hinlegen, Ausruhen und Stillen müssen gepolstert und mit einem wasch- oder wegwerfbaren Belag ausgestattet sein.

(3) Für die Räume, in denen die Einrichtungen genutzt werden, gelten die Anforderungen aus Punkt 4.1 Abs. 5 bis 11.

7 Abweichende/ergänzende Anforderungen für Baustellen

(1) Für Beschäftigte auf Baustellen ist ein Pausenraum oder ein Pausenbereich vorzusehen, da die Voraussetzungen nach Punkt 4.1 Abs. 3 in der Regel gegeben sind.

(2) Abweichend von Punkt 7 Abs. 1 ist auf Baustellen ein Pausenraum oder Pausenbereich nicht erforderlich, wenn bis zu vier Beschäftigte eines Arbeitgebers gleichzeitig längstens eine Woche oder höchstens 20 Personentage tätig sind. Voraussetzung ist, dass die Möglichkeit besteht, sich an einer gleichwertigen Stelle gegen Witterungseinflüsse geschützt zu waschen (siehe ASR A4.1 „Sanitärräume“, Punkt 6.1 Abs. 2), zu wärmen, umzukleiden und eine Mahlzeit einzunehmen und ggf. zuzubereiten.

(3) Abweichend von den Anforderungen des Punktes 4.1 Abs. 7 Satz 2 ist für die Pausenzeit ein durchschnittlicher Schalldruckpegel von 55 dB(A) anzustreben.

(4) Die lichte Höhe von Pausenräumen oder Pausenbereichen muss mindestens 2,30 m betragen.

(5) Werden auf Baustellen Unterkünfte zur Verfügung gestellt, kann auf Pausenräume verzichtet werden, sofern die Unterkünfte geeignet sind, von den jeweiligen Bewohnern auch zum Aufenthalt bei Pausen genutzt werden zu können und die Anforderungen nach Punkt 4.1 Abs. 12 und die entsprechenden Anforderungen der ASR A4.1 „Sanitärräume“ erfüllt sind.

(6) Ergänzend zu Punkt 4.1 Abs. 12 und die entsprechenden Anforderungen der ASR A4.1 „Sanitärräume“ muss für Pausenräume oder Pausenbereiche, in denen Beschäftigte sich umziehen, eine Möglichkeit zur getrennten Aufbewahrung für Arbeits- und Schutzkleidung sowie Straßenkleidung vorhanden sein (siehe entsprechende Anforderung der ASR A4.1 „Sanitärräume“ Punkt 8.5).

Literaturhinweise

LASI LV 50 „Bewegungsergonomische Gestaltung von andauernder Steharbeit“, März 2009[1227].

[1227] Diese Veröffentlichung wurde zurückgezogen.

zu § 4 Abs. 5, Anh. Nr. 4.3 ArbStättV

Technische Regeln für Arbeitsstätten	Erste-Hilfe-Räume, Mittel und Einrichtungen zur Ersten Hilfe	ASR A4.3

(GMBl. Nr. 85-86 vom 27.12.2010 S. 1764),
zuletzt geändert durch (GMBl. Nr. 41-42 vom 4.11.2024 S. 914)[1228)]

...

Diese ASR A4.3 konkretisiert im Rahmen ihres Anwendungsbereichs Anforderungen der Verordnung über Arbeitsstätten. Bei Einhaltung dieser Technischen Regel kann der Arbeitgeber davon ausgehen, dass die entsprechenden Anforderungen der Verordnung erfüllt sind. Wählt der Arbeitgeber eine andere Lösung, muss er damit mindestens die gleiche Sicherheit und den gleichen Schutz der Gesundheit für die Beschäftigten erreichen.

Inhaltsverzeichnis

1 Zielstellung

Diese Arbeitsstättenregel konkretisiert die Anforderungen an Mittel und Einrichtungen zur Ersten Hilfe sowie an Erste-Hilfe-Räume beim Einrichten und Betreiben von Arbeitsstätten in § 3a Abs. 1 und § 4 Abs. 5 sowie Punkt 4.3 des Anhanges der Arbeitsstättenverordnung.

1228) Mit sieben Änderungen seit ihrer Erstausgabe im Dezember 2010 wurde die ASR aktualisiert: Im Dezember 2011 wurden „Ergänzende Anforderungen für Baustellen" eingefügt, im April 2014 bei den baulichen Anforderungen Rechtsbezüge zu den ASR A1.2 „Raumabmessungen und Bewegungsflächen", ASR A1.5/1.2 „Fußböden" sowie zu ASR A3.4 „Beleuchtung" und ASR A3.6 „Lüftung" vorgenommen. Die weiteren Änderungen betrafen Aktualisierungen von Rechtsbezügen, z. B. auf ASR V3a.2 „Barrierefreie Gestaltung von Arbeitsstätten", redaktionelle Korrekturen und Aktualisierungen ausgewählter, weiterführender Literaturhinweise. Mit der 6. Änderung im März 2022 wurden die Zielsetzung der ASR und deren fachlicher Grundanspruch erweitert. Nicht mehr „nur" den Stand gesicherter **arbeits**wissenschaftlicher Erkenntnisse, sondern grundsätzlich **gesicherte wissenschaftliche Erkenntnisse für die Sicherheit und Gesundheit der Beschäftigten geben die** Technischen Regeln für Arbeitsstätten wieder. Damit wurde die Weite des wissenschaftlichen Fundaments einer ASR vergrößert.
Mit der 7. Änderung wurde die Bezeichnung der ASR A3.4 „Beleuchtung und Sichtverbindung" angepasst sowie der Verweis auf ASR A2.3 „Fluchtwege und Notausgänge" aktualisiert.
Inhaltliche Änderungen waren damit nicht verbunden.

2 Anwendungsbereich

(1) Diese ASR gilt für Anforderungen an Mittel und Einrichtungen zur Ersten Hilfe sowie Erste-Hilfe-Räume oder vergleichbare Einrichtungen und deren Bereitstellung.

(2) (entfallen)

Hinweis:[1229]

Für die barrierefreie Gestaltung der Erste-Hilfe-Räume sowie Mittel und Einrichtungen zur Ersten Hilfe gilt die ASR V3a.2 „Barrierefreie Gestaltung von Arbeitsstätten", Anhang A4.3: Ergänzende Anforderungen zur ASR A4.3 „Erste-Hilfe-Räume, Mittel und Einrichtungen zur Ersten Hilfe".

3 Begriffsbestimmungen

3.1 Erste Hilfe umfasst medizinische, organisatorische und betreuende Maßnahmen an Verletzten oder Erkrankten.[1230]

3.2 Notfall ist ein Ereignis, das unverzüglich Rettungsmaßnahmen erfordert und Maßnahmen der Ersten-Hilfe, des Rettungsdienstes und der ärztlichen Behandlung umfasst.

3.3 Notruf ist die Meldung eines Notfalls über Meldeeinrichtungen zur Alarmierung des Rettungsdienstes, der Feuerwehr oder der Polizei.

3.4 Mittel zur Ersten Hilfe sind Erste-Hilfe-Material (z. B. Verbandmaterial, Hilfsmittel, Rettungsdecke) sowie gemäß Gefährdungsbeurteilung erforderliche medizinische Geräte (z. B. Automatisierter Externer Defibrillator, Beatmungsgerät) und Arzneimittel (z. B. Antidot[1231]), die zur Ersten Hilfe benötigt werden.

3.5 Einrichtungen zur Ersten Hilfe sind technische Hilfsmittel zur Rettung aus Gefahr für Leben und Gesundheit, z. B. Meldeeinrichtungen, Rettungstransportmittel und Rettungsgeräte.

3.6 Meldeeinrichtungen sind Kommunikationsmittel, um im Notfall unverzüglich einen Notruf absetzen zu können.

1229) Dieser Hinweis wurde mit der Änderung vom Mai 2018 aufgenommen.

1230) Erste Hilfe hat einen zeitlich befristeten Charakter und dauert so lange an, bis eine ärztliche Weiterbehandlung einsetzen kann. Erste Hilfe sind medizinische, organisatorische und betreuende Maßnahmen an Erkrankten oder Verletzten mit einfachen Mitteln unter Einbeziehung des Notrufs. Unter der Ersten Hilfe sind dementsprechend Leistungen zu verstehen, durch die Verletzte, Vergiftete und Erkrankte zur Abwendung akuter Gesundheitsgefahren durch dazu ausgebildete Ersthelfer vorläufig medizinisch versorgt und einer Heilbehandlung zugeleitet werden.

1231) Antidote sind Gegengifte bzw. Mittel, die einer gesundheitsgefährdenden Aufnahme eines chemischen Stoffes, z. B. einer Vergiftung, entgegenwirken. So können z. B. Flusssäureverätzungen oder Cyanwasserstoffvergiftungen nur erfolgreich behandelt werden, wenn ein entsprechendes Antidot sofort angewendet wird.

3.7 Rettungstransportmittel dienen dem fachgerechten, schonenden Transport Verletzter oder Erkrankter zur weiteren Versorgung im Erste-Hilfe-Raum, zum Arzt oder ins Krankenhaus.

3.8 Rettungsgeräte sind technische Hilfsmittel zur Personenrettung aus Gefahrensituationen.[1232]

3.9 Erste-Hilfe-Räume und vergleichbare Einrichtungen sind speziell vorgesehene Räume, in denen bei einem Unfall oder bei einer Erkrankung im Betrieb Erste Hilfe geleistet oder die ärztliche Erstversorgung durchgeführt werden kann.[1233]

Den Erste-Hilfe-Räumen vergleichbare Einrichtungen sind z. B. Rettungsfahrzeuge, transportable Raumzellen (Erste-Hilfe-Container)[1234] oder Arztpraxisräume. Als vergleichbare Einrichtungen gelten auch besonders eingerichtete, vom übrigen Raum abgetrennte Erste-Hilfe-Bereiche[1235].

4 Mittel zur Ersten Hilfe

(1) Erste-Hilfe-Material ist in Verbandkästen oder anderen geeigneten Behältnissen (z. B. Rucksäcke, Taschen, Schränke), im Folgenden Verbandkasten genannt, vorzuhalten. Die Mindestanzahl der bereitzuhaltenden Verbandkästen ergibt sich aus Tabelle 1.

Tabelle 1: Mindestanzahl der bereitzuhaltenden Verbandkästen

Betriebsart	Zahl der Beschäftigten	Kleiner Verbandkasten	Großer Verbandkasten
Verwaltungs- und Handelsbetriebe	1–50	1	–
	51–300	–	1

[1232] Rettungsgeräte kommen zum Einsatz, wenn bei besonderen Unfallgefahren technische Hilfsmittel benötigt werden, z. B. bei Gefahrstoffunfällen, der Höhenrettung oder der Rettung aus tiefen Schächten. Dazu gehören z. B. Notduschen, Löschdecken, Rettungsgurte, Sprungtücher oder Atemschutzgeräte.

[1233] Erste-Hilfe-Räume und vergleichbare Einrichtungen sollen Verletzte, Helfer und Helferinnen, Erste-Hilfe-Material oder dergleichen vor schädigenden und störenden Einflüssen abschirmen und die Wirksamkeit der Ersten Hilfe fördern. Eine zusätzliche Nutzung im Bedarfsfall als Liegeraum für werdende oder stillende Mütter oder als Untersuchungszimmer für den Betriebsarzt, das der Arbeitgeber nach § 2 Abs. 2 ASiG zur Verfügung zu stellen hat, ist sachgerecht und dürfte in der Praxis verbreitet sein. Erste-Hilfe-Räume dürfen nicht als Abstell- oder Lagerräume verwendet werden. Erste-Hilfe-Räume als feste Einrichtung sind für ortsansässige Betriebe gedacht. Für temporär eingerichtete Betriebe, z. B. Baustellen, kommen bzgl. räumlicher Gestaltung und Ausstattung vergleichbare Einrichtungen in Betracht. Das können z. B. Erste-Hilfe-Container oder ähnliche Einrichtungen, auch separate Bereiche oder recht ortsnahe Arztpraxisräume, sein.

[1234] Der Erste-Hilfe-Container – eine transportable Raumzelle – hat sich insbesondere auf Baustellen bewährt und durchgesetzt. Die Abmessungen entsprechen üblicherweise den internationalen Normen für Transport-Container. Dies ist von Bedeutung für den Transport mit den entsprechenden Anschlagmitteln und Geräten und für die Aufstellung zusammen mit anderen Containern, z. B. für Wohn- und Sanitärzwecke.

[1235] Erste-Hilfe-Bereiche sind Zonen in einem größeren Raum, die so ausgestattet und bemessen sind, dass dort Erste-Hilfe-Maßnahmen oder die ärztliche Erstversorgung vorgenommen werden können. Diese Zonen sind räumlich abzutrennen, ggf. durch Stellwände o.Ä. und so weit wie möglich gegen schädliche Außeneinflüsse zu schützen.

Betriebsart	Zahl der Beschäftigten	Kleiner Verband-kasten	Großer Verband-kasten
	301–600	–	2
	für je 300 weitere Beschäftigte	–	+1
Herstellungs-, Verarbeitungsbetriebe und vergleichbare Betriebe	1–20	1	–
	21–100	–	1
	101–200	–	2
	für je 100 weitere Beschäftigte	–	+1

(2) Statt eines großen Verbandkastens können zwei kleine Verbandkästen verwendet werden. Für Tätigkeiten im Außendienst, insbesondere für die Mitführung von Erste-Hilfe-Material in Werkstattwagen und Einsatzfahrzeugen, kann auch der Kraftwagen-Verbandkasten als kleiner Verbandkasten verwendet werden.

(3) Verbandkästen sind überall dort bereitzuhalten, wo die Arbeitsbedingungen dies erforderlich machen. Sie sind so zu verteilen, dass sie höchstens in 100 m Wegstrecke oder einer Geschosshöhe erreichbar sind.[1236)]

(4) Erste-Hilfe-Material ist so aufzubewahren, dass es vor schädigenden Einflüssen (z. B. Verunreinigungen, Nässe, hohe Temperaturen) geschützt, aber jederzeit leicht zugänglich ist. Das Erste-Hilfe-Material ist nach Verbrauch, bei Unbrauchbarkeit oder nach Ablauf des Verfallsdatums zu ergänzen bzw. zu ersetzen.[1237)]

(5) In Arbeitsstätten ist mindestens das Erste-Hilfe-Material entsprechend Tabelle 2 bereitzuhalten.

1236) Die vorgeschriebene maximale Entfernung von einem ständigen Arbeitsplatz bis zur Aufbewahrungsstelle eines Verbandkastens beträgt 100 m oder maximal eine Geschosshöhe. Verbandkästen sind überall dort aufzustellen, wo dies nach den Ergebnissen der Gefährdungsbeurteilung der Arbeitsbedingungen erforderlich ist. Abweichungen von den Maximalentfernungen sollten vermieden werden, stellen aber stets eine Ausnahme i. S. v. § 3a Abs. 3 ArbStättV dar. In diesem Fall muss der Arbeitgeber auf eine andere Weise sicherstellen, dass bei einem Unfall oder einer akuten Erkrankung erforderlichenfalls schnell Erste-Hilfe-Material am Unfallort verfügbar ist.
In Betrieben oder einzelnen Arbeitsstätten mit erhöhter Unfall- und Gesundheitsgefährdung oder auf Baustellen sind die Mittel zur Ersten Hilfe in unmittelbarer Nähe der entsprechend gefährdeten Arbeitsplätze, also in kürzeren Entfernungen, aufzubewahren.

1237) Eine regelmäßige Überprüfung der Verbandkästen sollte durch Ersthelfer oder Sicherheitsbeauftragte ggf. unter Einbeziehung des Betriebsarztes erfolgen. Wird Verbandmaterial oder vergleichbares Erste-Hilfe-Material entnommen, ist dies dem Verantwortlichen mitzuteilen, damit die verbrauchten Materialien unverzüglich ersetzt werden können.

Tabelle 2: Inhalt der Verbandkästen

Nr.	Stückzahl		Benennung oder Bezeichnung	Ausführung und Bemerkung
	Kleiner Verbandkasten	Großer Verbandkasten		
1	1	2	Heftpflaster	500 cm × 2,5 cm, Spule mit Außenschutz, thermoresistenter Kleber
2	8	16	Wundschnellverband	10 cm × 6 cm, staubgeschützt verpackt
3	4	8	Fingerkuppenverband	staubgeschützt verpackt
4	4	8	Fingerverband	12 cm × 2 cm, staubgeschützt verpackt
5	4	8	Pflasterstrips	1,9 cm × 7,2 cm, staubgeschützt verpackt
6	8	16	Pflasterstrips	2,5 cm × 7,2 cm, staubgeschützt verpackt
7	1	2	Verbandpäckchen	starre oder elastische Fixierbinde mit festen Kanten; 300 cm × 6 cm mit Kompresse 6 cm × 8 cm; Saugkapazität: mind. 800 g/m², steril verpackt
8	3	6	Verbandpäckchen	starre oder elastische Fixierbinde mit festen Kanten; 400 cm × 8 cm mit Kompresse 12 cm × 8 cm; Saugkapazität: mind. 800 g/m², steril verpackt
9	1	2	Verbandpäckchen	starre oder elastische Fixierbinde mit festen Kanten, 400 cm × 10 cm mit Kompresse 12 cm × 10 cm; Saugkapazität: mind. 800 g/m², steril verpackt
10	1	2	Verbandtuch	80 cm × 60 cm, Saugkapazität mind. 125 g/m² Flächengewicht: mind. 90 g/m²
11	6	12	Kompresse	10 cm × 10 cm, Saugkapazität mind. 800 g/m², maximal paarweise steril verpackt

Nr.	Stückzahl		Benennung oder Bezeichnung	Ausführung und Bemerkung
	Kleiner Verband-kasten	Großer Verband-kasten		
12	2	4	Augenkompresse	5 cm × 7 cm, Gewicht: mind. 1,5 g/Stück, einzeln steril verpackt
13	1	2	Kälte-Sofortkompresse	mindestens 200 cm^2, ohne Vorkühlung, vorgegebene Lagerbedingungen beachten
14	1	2	Rettungsdecke	mindestens 210 cm × 160 cm, Mindestfoliendicke 12 µm, dauerhaft metallisierte Polyesterfolie oder Material mit mindestens gleichwertigen Eigenschaften in Bezug auf Reflexionsvermögen, Temperaturbeständigkeit, nahtlos, mit Aluminium bedampft, Rückseite farbig, staubgeschützt verpackt
15	2	4	Fixierbinde	400 cm × 6 cm, einzeln staubgeschützt verpackt
16	2	4	Fixierbinde	400 cm × 8 cm, einzeln staubgeschützt verpackt
17	2	4	Dreiecktuch	96 cm × 96 cm × 136 cm, staubgeschützt verpackt
18	1	1	Schere	mindestens 18 cm lang, kniegebogen, nicht rostend
19	2	4	Folienbeutel	Mindestgröße 30 cm × 40 cm, Mindestfoliendicke 45 µm, verschließbar, aus Polyethylen
20	5	10	Vliesstoff-Tuch	mindestens 20 cm × 30 cm, flächenbezogene Masse mind. 15 g/m^2
21	4	8	Medizinische Einmalhandschuhe	nahtlos, groß, staubgeschützt verpackt
22	1	1	Erste-Hilfe-Broschüre	Der Informationsgehalt der Broschüre muss mindestens eine „Anleitung zu Ersten Hilfe“ beinhalten.
23	1	1	Inhaltsverzeichnis	–

(6) Ausgehend von der Gefährdungsbeurteilung können neben der Grundausstattung mit Erste-Hilfe-Material nach Abs. 5 auch ergänzende Mittel zur Ersten Hilfe (siehe Punkt 3.4) notwendig werden.[1238)]

5 Einrichtungen zur Ersten Hilfe

5.1 Meldeeinrichtungen

(1) Der Arbeitgeber hat in Arbeitsstätten ständig zugängliche Meldeeinrichtungen (z. B. Telefon mit Angabe der Notrufnummern) zum unverzüglichen Absetzen eines Notrufes vorzuhalten.

(2) In Abhängigkeit von der Gefährdungsbeurteilung können besondere Meldeeinrichtungen (z. B. Notrufmelder) erforderlich sein. Sofern es nicht möglich ist, stationäre Meldeeinrichtungen vorzusehen, können auch funktechnische Einrichtungen, z. B. Betriebsfunkanlagen, als Meldeeinrichtung eingesetzt werden. Bei Alleinarbeit können – ggf. auch willensunabhängig wirkende – Personen-Notsignal-Anlagen verwendet werden.

5.2 Rettungstransportmittel

(1) Der Arbeitgeber hat zu prüfen, ob er den Rettungstransport auf Grund der innerbetrieblichen Entfernungen und Verhältnisse und der damit verbundenen Eintreffzeiten dem öffentlichen Rettungsdienst überlässt oder ob eigene Rettungstransportkapazitäten erforderlich sind.

(2) In Betrieben, in denen der öffentliche Rettungsdienst seine Aufgabe am Ort des Geschehens durchführen kann, sind keine weiteren Transportmittel bereit zu stellen. Sofern dieser Ort mit Krankentragen nicht zugänglich ist, müssen entsprechend der Gefährdungsbeurteilung geeignete Transportmittel, z. B. Rettungstücher, Krankentransport-Hängematten oder Schleifkörbe, vorgehalten werden.[1239)]

5.3 Rettungsgeräte

Rettungsgeräte sind gemäß der Gefährdungsbeurteilung vorzuhalten, wenn in Arbeitsstätten im Falle von Rettungsmaßnahmen besondere Anforderungen bestehen, z. B. bei der Rettung von hochgelegenen Arbeitsplätzen, aus tiefen Schächten oder bei sonstigen schwer zugänglichen Arbeitsplätzen. Geeignete Rettungsgeräte sind z. B. Rettungshubgeräte, Spreizer, Schneidgeräte, Abseilgeräte.[1240)]

1238) Bei der Auswahl des geeigneten Erste-Hilfe-Materials ist der Betriebsarzt einzubeziehen (s. § 3 Abs. 1 Nr. 1e ASiG).

1239) Das könnte z. B. in begehbaren Kanälen, an langen hochgelegenen Bandstraßen oder auf einem Kesselgerüst der Fall nötig sein. Es muss im Einzelfall geprüft werden, welches andere Transportmittel gewählt wird. In einer Krankentransport-Hängematte kann z. B. ein Verletzter auch abgeseilt werden. Der im Bergbau verwendete Schleifkorb besteht i. A. aus einer Leichtmetall-Wanne zur Aufnahme der verletzten Person, die mit Gurten angeschnallt werden kann. Daraus abgeleitet wurde die Schleifkorbtrage entwickelt, die im Rahmen der Personenrettung z. B. in unwegsamem Gelände oder aus unzugänglichen Gebäuden zum Einsatz gelangt.

1240) Auch Körperduschen, Augenduschen, Sprungtücher, Löschdecken, Schneidgeräte, Brechwerkzeuge, Rettungsgurte, Auffanggurte oder Atemschutzgeräte u. a. zählen als Rettungsgeräte. Über deren Auswahl und vorsorgliche Bereitstellung ist im Rahmen der Gefährdungsbeurteilung zu entscheiden.

6 Erste-Hilfe-Räume und vergleichbare Einrichtungen

(1) Ein Erste-Hilfe-Raum oder eine vergleichbare Einrichtung ist erforderlich
- in Betrieben mit mehr als 1 000 Beschäftigten und
- in Betrieben mit mehr als 100 Beschäftigten, wenn besondere Unfall- oder Gesundheitsgefahren bestehen.

(2) Bei besonderen Unfall- oder Gesundheitsgefahren können zusätzliche Maßnahmen erforderlich sein (z. B. weitere Räumlichkeiten, ergänzende Ausstattungen).

(3) Für vorübergehend eingerichtete Arbeitsstätten können vergleichbare Einrichtungen (z. B. Erste-Hilfe-Container) genutzt werden.

6.1 Bauliche Anforderungen

(1) Erste-Hilfe-Räume und vergleichbare Einrichtungen sollen im Erdgeschoss liegen und müssen mit einer Krankentrage leicht zu erreichen sein. Erste-Hilfe-Container sind ebenerdig aufzustellen.

(2) Die Lage von Erste-Hilfe-Räumen bzw. des Aufstellungsortes vergleichbarer Einrichtungen sind so zu wählen, dass Gefährdungen oder Beeinträchtigungen, z. B. durch Lärm, Vibrationen, Stäube, Gase, Dämpfe, soweit wie möglich ausgeschlossen sind.

(3) In unmittelbarer Nähe von Erste-Hilfe-Räumen bzw. vergleichbaren Einrichtungen muss sich eine Toilette befinden.

(4) Erste-Hilfe-Räume und vergleichbare Einrichtungen müssen zur Aufnahme der erforderlichen Einrichtungen und Ausstattungen eine ausreichende Größe aufweisen:
- Erste-Hilfe-Räume mit mindestens 20 m^2 Grundfläche[1241)]
- Erste-Hilfe-Container mit mindestens 12,5 m^2 Grundfläche[1242)]

Zur Raumhöhe siehe ASR A1.2 „Raumabmessungen und Bewegungsflächen".

(5) Im Zugangsbereich von Erste-Hilfe-Räumen und vergleichbaren Einrichtungen sind Stufen zu vermeiden. Höhenunterschiede sollen durch eine Rampe ausgeglichen werden. Der Zugang zu Erste-Hilfe-Räumen muss eine lichte Breite gemäß Punkt 5 der ASR A2.3 „Fluchtwege und Notausgänge" aufweisen. Es muss sichergestellt sein, dass ein Zugang mit Krankentragen ungehindert möglich ist.

(6) Fußböden und Wände müssen leicht zu reinigen und erforderlichenfalls zu desinfizieren sein (hinsichtlich Fußböden siehe ASR A1.5 „Fußböden").

1241) Eine Raumbreite von 2,50 m sollte nicht unterschritten werden, damit die geforderte Untersuchungsliege möglichst von allen Seiten zugänglich ist.

1242) Werden Erste-Hilfe-Räume und -Container verschlossen, um z. B. eine zweckfremde Nutzung sicher auszuschließen, muss im Bedarfsfall unverzüglich die Benutzung ermöglicht werden können. Dies muss durch organisatorische Maßnahmen sichergestellt sein. So können z. B. Ersthelfer oder Betriebsarzt ständig einen Schlüssel mit sich führen, oder ein Schlüssel befindet sich an einem ortsnah zentral gelegenen, bewachten Ort, wie Pförtnerhaus oder Betriebswache, und ist dort jederzeit zugänglich.

(7) Erste-Hilfe-Räume und vergleichbare Einrichtungen müssen ausreichend beleuchtet (siehe ASR A3.4 „Beleuchtung und Sichtverbindung") und ausreichend belüftet sein (siehe ASR A3.6 „Lüftung").[1243]

(8) Die Raumtemperatur muss den Anforderungen der ASR A3.5 „Raumtemperatur" entsprechen. Erste-Hilfe-Container müssen ausreichend isoliert sein und über einen Vorraum – mindestens aber über einen Windfang – verfügen.

(9) Erste-Hilfe-Räume und vergleichbare Einrichtungen sind mindestens mit einem Waschbecken mit fließend Kalt- und Warmwasser sowie mit Telefon oder einem vergleichbaren Kommunikationsmittel fest auszustatten.

(10) Der Sichtschutz gegen Einblick von außen ist zu gewährleisten.

6.2 Ausstattung von Erste-Hilfe-Räumen und vergleichbaren Einrichtungen[1244]

Für Erste-Hilfe-Räume und vergleichbare Einrichtungen sind in Abhängigkeit von der Gefährdungsbeurteilung geeignetes Inventar und Mittel zur Ersten Hilfe und Pflegematerial sowie geeignete Rettungsgeräte und Rettungstransportmittel bereitzuhalten.

Geeignetes Inventar ist z. B.:
- Behältnisse (z. B. Schränke, Koffer) zur getrennten, übersichtlichen und hygienischen Aufbewahrung von Mitteln zur Ersten Hilfe und Pflegematerial,
- Spender für Seife, Desinfektionsmittel, Hautschutzmittel und Einmalhandtücher,
- Untersuchungsliege mit verstellbarem Kopf- und Fußteil,
- Instrumententisch mit Schublade,
- Infusionsständer (höhenverstellbar),
- Schreibtisch oder vergleichbare Schreibgelegenheit,
- Sitzgelegenheit,
- Sicherheitsbehälter für spitze und scharfe Gegenstände (z. B. Kanülen) oder
- geeignete, getrennte Behältnisse für infektiösen und nichtinfektiösen Abfall.

Geeignete Mittel zur Ersten Hilfe sind z. B.:
- Inhalt des großen Verbandkastens (siehe Tabelle 2),
- Mittel für Absaugung und Beatmung (z. B. Absauggerät, Absaugkatheter, Beatmungsbeutel und -maske, Guedeltubus, Sauerstoffgerät, Sauerstoffreservoirbeutel),
- Mittel für Diagnostik (z. B. Blutdruckmessgerät, Bügelstethoskop, Diagnostikleuchte),
- Automatisierter Externer Defibrillator (AED),
- Schienen zum Ruhigstellen von Extremitäten,
- HWS-Immobilisationskragen,
- nach betriebsärztlicher Festlegung: Medikamente, Infusionslösungen, Infusionsbestecke, Venenverweilkanülen,
- Desinfektionsmaterial oder
- Augenspülflasche.

[1243] Für Erste-Hilfe-Räume werden Sichtverbindung und 500 lx (Mindestwert der Beleuchtungsstärke) gefordert, um eine ausreichende Beleuchtungsstärke sicherzustellen (s. ASR A3.4 „Beleuchtung und Sichtverbindung", Anh. 1 Tabelle Nr. 3.5). Um eine ausreichende Belüftung sicherzustellen, sind die Anforderungen der ASR A3.6 „Lüftung" zu verwenden.

[1244] Bei der Entscheidung über die Ausstattung ist der Betriebsarzt hinzuzuziehen.

Geeignetes Pflegematerial und sonstige Hilfsmittel sind z. B.:
- Decken,
- Einmalauflagen für Liegen,
- Einweg-Nierenschale und Vliesstoff-Tuch oder
- Einweg-Schutzkleidung.

7 Kennzeichnung

(1) Die Kennzeichnung der Erste-Hilfe-Räume und vergleichbaren Einrichtungen sowie der Aufbewahrungsorte der Mittel zur Ersten Hilfe erfolgt nach Anlage 1 Punkt 4 der ASR A1.3 „Sicherheits- und Gesundheitsschutzkennzeichnung". Erste-Hilfe-Räume sind mit dem Rettungszeichen E003 „Erste Hilfe" zu kennzeichnen.[1245)]

(2) Die Lage der Erste-Hilfe-Räume und vergleichbaren Einrichtungen können dem Flucht- und Rettungsplan gemäß Punkt 10 Abs. 3 der ASR A2.3 „Fluchtwege und Notausgänge" entnommen werden.

8 Abweichende/ergänzende Anforderungen für Baustellen

(1) Die Mindestanzahl der für Baustellen bereitzuhaltenden Verbandkästen[1246)] ergibt sich abweichend von Tabelle 1 aus Tabelle 3.

Tabelle 3: Mindestanzahl der auf Baustellen bereitzuhaltenden Verbandkästen

Betriebsart	Zahl der Beschäftigten	Kleiner Verbandkasten	Großer Verbandkasten
Baustellen	1–10	1	–
	11–50	–	1
	51–100	–	2
	für je weitere 50 Beschäftigte	–	+1

(2) Abweichend von Punkt 4 Abs. 3 hat der Arbeitgeber im Rahmen der Gefährdungsbeurteilung zu ermitteln, ob einzelne Arbeitsplätze, z. B. auf Linienbaustellen, mit zusätzlichen Verbandkästen zu Tabelle 3 auszustatten und wie diese zu verteilen sind.

(3) Abweichend von Punkt 6 Abs. 1 ist auf Baustellen mit mehr als 50 Beschäftigten ein Erste-Hilfe-Raum oder eine vergleichbare Einrichtung erforderlich.

1245) Für jeden Beschäftigten muss klar ersichtlich sein, wo sich der Verbandkasten oder ggf. die Krankentrage im Betrieb befinden. Wenn sie, wie es oft der Fall ist, in einem besonderen Raum aufbewahrt werden, z. B. im Meisterbüro oder Pförtnerraum, muss außen durch eine entsprechende Kennzeichnung darauf hingewiesen werden. Erste-Hilfe-Einrichtungen sind im Flucht- und Rettungsplan gemäß Punkt 10 Abs. 3 der ASR A2.3 „Fluchtwege und Notausgänge" deutlich erkennbar zu kennzeichnen.

1246) Einzusetzen sind Verbandkästen nach DIN 1357 (klein) und DIN 13169 (groß). Wird für Tätigkeiten auf Baustellen auf Kraftwagen-Verbandkästen zurückgegriffen, dann ist im Rahmen der Gefährdungsbeurteilung zu prüfen, ob ein zusätzlicher Verbandkasten erforderlich ist, wenn sich das Fahrzeug (z. B. Werkstattwagen oder Einsatzfahrzeug) entfernt, während Beschäftigte an der Arbeitsstelle noch weiter tätig sind.

(4) Abweichend von Punkt 6.1 Abs. 1 Satz 2 sind Erste-Hilfe-Container so aufzustellen, dass die Erreichbarkeit für die Erstversorgung von verletzten oder erkrankten Beschäftigten durch geeignete Rettungstransportmittel jederzeit sichergestellt und der Weitertransport gewährleistet ist.

Literaturhinweise:

DGUV Information 204-006 Anleitung zur Ersten Hilfe 05/2011[1247)]

DGUV Information 204-001 Erste Hilfe Plakat 08/2017 (engl. 204-005 Ausgabe 08/2017)

DGUV Information 204-007 Handbuch zur Ersten Hilfe 01/2017[1248)]

DGUV Information 204-010 Automatisierte Defibrillation im Rahmen der betrieblichen Ersten Hilfe 11/2014[1249)]

1247) Aktuelles Ausgabedatum Januar 2023.
1248) Aktuelles Ausgabedatum März 2023.
1249) Aktuelles Ausgabedatum Januar 2018.

zu Anh. Nr. 4.4 ArbStättV

Technische Regeln für Arbeitsstätten	Unterkünfte	ASR A4.4

(GMBl. Nr. 35 vom 23.6.2010 S. 753),
zuletzt geändert durch (GMBl. Nr. 41-42 vom 4.11.2024 S. 914)[1250)]

...

Diese ASR A4.4 konkretisiert im Rahmen ihres Anwendungsbereichs Anforderungen der Verordnung über Arbeitsstätten. Bei Einhaltung dieser Technischen Regel kann der Arbeitgeber davon ausgehen, dass die entsprechenden Anforderungen der Verordnung erfüllt sind. Wählt der Arbeitgeber eine andere Lösung, muss er damit mindestens die gleiche Sicherheit und den gleichen Schutz der Gesundheit für die Beschäftigten erreichen.

Inhaltsverzeichnis

1 Zielstellung

Diese Arbeitsstättenregel konkretisiert die Anforderungen an das Einrichten und Betreiben von Unterkünften für Arbeitsstätten nach § 3 Abs. 1 und Punkt 4.4 des Anhanges der Arbeitsstättenverordnung.[1251)]

2 Anwendungsbereich

Diese Arbeitsstättenregel gilt für das Einrichten und Betreiben von Unterkünften im Bereich von Arbeitsstätten. Sie gilt nicht für Pausen- und Bereitschaftsräume, die in ASR A4.2 „Pausen- und Bereitschaftsräume" geregelt sind.

1250) Die ASR A4.4 wurde seit ihrer Erstausgabe im Juni 2010 vier Änderungen unterzogen. Rechtsbezüge wurden aktualisiert und Präzisierungen der Anwendungsbereiche vorgenommen. Inhaltliche Korrekturen der Regelungsinhalte erfolgten nicht. Zudem wurde, wie bei den anderen ASR auch, die Präambel hinsichtlich wissenschaftlicher Grundlage und Regelziel einheitlich formuliert. Inhaltliche Korrekturen der Regelungsinhalte erfolgten nicht. Im Dezember 2021 wurde der Anhang zur ASR A4.4 „Muster zur Dokumentation einer Unterbringung von Beschäftigten in Gemeinschaftsunterkünften" veröffentlicht (https://www.baua.de/DE/Angebote/Rechtstexte-und-Technische-Regeln/Regelwerk/ASR/doc/ASR-A4-4-Anhang-Muster.html) und zuletzt im November 2024 die Rechtsbezüge, wonach Unterkünfte ausreichend Tageslicht erhalten und mit einer künstlichen Beleuchtung ausgestattet sein müssen (ASR A3.4 und ASR A2.3), aktualisiert sowie auf die Anwendung der Regelungen aus ASR A3.4 „Beleuchtung und Sichtverbindung" und ASR A2.3 „Fluchtwege und Notausgänge" verwiesen.

1251) Mit ASR A4.4 werden im Arbeitsstättenrecht konkretisierende Regelungen zur Ausführung und Ausstattung der vom Arbeitgeber unter bestimmten Voraussetzungen für die Beschäftigten bereit zu stellenden Wohnunterkünfte festgelegt.

Hinweis:

Für die barrierefreie Gestaltung der Unterkünfte gilt die ASR V3a.2 „Barrierefreie Gestaltung von Arbeitsstätten", Anhang A4.4: Ergänzende Anforderungen zur ASR A4.4 „Unterkünfte".

3 Begriffsbestimmungen[1252)]

3.1 Unterkünfte sind Räume, die den Beschäftigten zu Wohnzwecken in der Freizeit dienen. Hierzu zählen auch Baracken, Wohncontainer, Wohnwagen und andere Raumzellen.

3.2 Schlafbereich ist eine Ruhezone, die zur körperlichen und geistigen Erholung zur Verfügung gestellt wird.[1253)]

3.3 Wohnbereich ist ein Aufenthaltsraum bzw. Aufenthaltsbereich, der zum nicht nur vorübergehenden Aufenthalt von Menschen bestimmt und geeignet ist und zur Freizeitgestaltung zur Verfügung gestellt wird.

4 Allgemeines

(1) Landesrechtliche Vorschriften, insbesondere die bauordnungsrechtlichen Vorschriften der Länder zur Abwehr von Gefahren für die öffentliche Sicherheit und Ordnung sowie zur Vermeidung von Missständen bleiben unberührt.

(2) Unterkünfte sind an ungefährdeter Stelle bereitzustellen. Sie dürfen sich somit nicht z. B. im Gefahrenbereich von Baukranen, Aufzügen, Gerüsten, im Bereich von Hochspannungsleitungen, von Lagerstätten für Gefahrstoffe oder Gase oder von kontaminierten Böden befinden.[1254)]

(3) Bestehende Einrichtungen, wie Küchen, Vorratsräume, sanitäre Einrichtungen und Mittel zur Ersten Hilfe, können je nach örtlicher Lage und zumutbarer Erreichbarkeit auch für die Unterkünfte genutzt werden.[1255)]

1252) In den Begriffsbestimmungen wird zwischen Räumen und Bereichen unterschieden. Dies ergibt sich aus Anh. Nr. 4.4 Abs. 1 ArbStättV, wonach Unterkünfte mindestens mit einem Wohn- und Schlafbereich, einem Essbereich und Sanitäreinrichtungen auszustatten sind.

1253) Abschn. 3.2 dieser ASR definiert den Schlafbereich als Ruhezone. Deshalb sollte der Schlafbereich nur zum Schlafen genutzt werden, also nicht in einem Raum eingerichtet sein, der gleichzeitig auch einen Wohnbereich enthält. Da die Begriffsbestimmung des Schlafbereichs in V. 3.2 aber bewusst auf den Raumbezug verzichtet, ist ein gemeinsamer Wohn- und Schlafbereich in einem Raum im begründbaren Einzelfall nicht von vornherein ausgeschlossen, sollte aber unbedingt optisch und weitestgehend auch akustisch (z. B. durch geeignete Raumteiler) voneinander getrennt sein. Bei einer größeren Zahl von Beschäftigten (mehr als vier) und bei einem längeren Aufenthalt (mehr als eine Woche) ist ein gemeinsamer Schlaf- und Wohnbereich nicht zumutbar (s. ASR A4.4. Abschn. 5.2 Abs. 6).

1254) Die Unterkunft darf sich nicht an solchen Stellen befinden, auf die Gegenstände herabstürzen oder in unmittelbarer Nähe betriebene Arbeitsmittel, z. B. Krananlagen, oder dort errichtete Gerüste umstürzen können. Auch unter Hochspannungsleitungen, in der Nähe eines Gefahrstoff- oder Gaslagers oder auf Bodenflächen, die durch Altlasten kontaminiert sind, ist die Errichtung oder Aufstellung einer Unterkunft unzulässig.

1255) Die hier beispielhaft genannten, auf einem Betriebsgelände befindlichen Einrichtungen sollten nicht mehr als 100 m von den Unterkünften entfernt und auf gut begehbaren, in der Dunkelheit beleuchteten Wegen erreichbar sein.

(4) Bei Anwesenheit von männlichen und weiblichen Bewohnern ist dies bei der Zuteilung der Räume zu berücksichtigen. In Unterkünften müssen die Voraussetzungen für deren getrennte Unterbringung gegeben sein.[1256)]

(5) Bei Schichtbetrieb müssen für die Unterbringung der Beschäftigten verschiedener Schichten getrennte Schlafbereiche zur Verfügung stehen.

(6) Der Arbeitgeber hat

- Bestimmungen für die Benutzung von Unterkünften, z. B. für die Reinigung, das Verhalten im Brandfall oder bei Alarm aufzustellen,
- eine Brandschutzordnung sowie einen Alarmplan an gut sichtbarer Stelle in der Unterkunft auszuhängen,
- Informationen zum Aufbewahrungsort von Mitteln und zu Einrichtungen zur Ersten Hilfe zu geben,
- dafür zu sorgen, dass die Bewohner diese Bestimmungen und Informationen verstehen können sowie
- eine Unterweisung der Bewohner vorzunehmen und zu dokumentieren.[1257)] [1258)]

(7) Der Arbeitgeber kann auch örtliche Unterbringungsmöglichkeiten (z. B. Hotels, Pensionen) nutzen oder andere geeignete Räume in vorhandenen Gebäuden für die Unterbringung den Beschäftigten zur Verfügung stellen.

5 Unterkünfte

5.1 Anforderungen

(1) Von den Unterkünften soll ein direkter Zugang zum öffentlichen Verkehrsraum vorhanden sein.[1259)]

1256) Dies betrifft ebenso die Einrichtung getrennter Wasch- und Toilettenräume.

1257) Die Pflichten des Arbeitgebers betreffen auch das sichere und hygienische Betreiben der Unterkünfte. Da die Unterkünfte gem. § 2 Abs. 4 Nr. 6 ArbStättV zur Arbeitsstätte gehören, müssen auch die in § 4 ArbStättV benannten „Besonderen Anforderungen an das Betreiben von Arbeitsstätten" für die Unterkünfte eingehalten werden. Dies betrifft die Instandhaltung (Wartung, Inspektion und Instandsetzung) aller technischen Anlagen und Geräte, insbesondere der Sicherheitseinrichtungen in der Unterkunft ebenso wie die regelmäßige, den hygienischen Erfordernissen entsprechende gründliche Reinigung und erforderlichenfalls auch Desinfektion.

1258) Zur Bereitstellung der hierfür erforderlichen Mittel (z. B. Staubsauger, Putzmittel und Zubehör) und Einrichtungen ist der Arbeitgeber verpflichtet. Für jede Unterkunft sind jederzeit einsehbar ein Reinigungsplan, eine Brandschutzordnung und ein Alarmplan aufzustellen. Insbesondere bei der Unterbringung ausländischer Beschäftigter muss sich der Arbeitgeber in regelmäßigen Abständen davon überzeugen, dass die von ihm aufgestellten Pläne von den Bewohnern auch verstanden werden. Zu diesem Zweck müssen die Bewohner der Unterkunft von ihm oder einer damit von ihm betrauten Person regelmäßig und umfassend unterwiesen werden. Hierzu muss ggf. auf Dolmetscher zurückgegriffen werden. Die Unterweisungen sind vom Arbeitgeber zu dokumentieren.

1259) Diese Forderung ergibt sich grundsätzlich bereits aus dem Bauordnungsrecht der Länder. Die Sicherung der verkehrsmäßigen Erschließung eines Grundstücks in der Form, dass dieses in angemessener Breite an einer befahrbaren öffentlichen Verkehrsfläche liegt oder das Grundstück eine befahrbare, öffentlich-rechtlich gesicherte Zufahrt zu einer befahrbaren öffentlichen Verkehrsfläche hat, ist Voraussetzung dafür, dass dieses Grundstück mit einem Gebäude oder einem Behelfsbau bebaut werden kann. Besondere Bedingungen erfordern ein Abweichen von dieser grundsätzlichen Forderung, wenn z. B. Unterkünfte fernab von öffentlichen Verkehrsräumen entlang der Trassenführungen für Erdölpipelines oder Erdgasleitungen, für die Errichtung von Offshore-Windkraftanlagen oder auf Bohrinseln eingerichtet werden.

(2) Unterkünfte müssen für Fahrzeuge der Feuerwehr und des Rettungsdienstes leicht erreichbar sein.[1260)]

(3) Unterkünfte müssen während der Nutzungsdauer auf mindestens +21 °C geheizt werden können.

(4) Unterkünfte müssen ausreichend Tageslicht erhalten[1261)] und mit einer angemessenen künstlichen Beleuchtung ausgestattet sein. Für die Beleuchtung sowie die Sicherheitsbeleuchtung in Unterkünften sind die Regelungen der ASR A3.4 „Beleuchtung und Sichtverbindung" sowie ASR A2.3 „Fluchtwege und Notausgänge" anzuwenden.[1262)]

(5) In Unterkünften dürfen keine Gegenstände und Arbeitsstoffe, insbesondere keine Gefahrstoffe, aufbewahrt werden, die nicht zur zweckentsprechenden Einrichtung dieser Räume gehören.[1263)]

5.2 Bereitstellung

(1) Unterkünfte sind so zu bemessen, dass für jeden Bewohner mindestens 8 m² Nutzfläche vorhanden sind.[1264)] Darin enthalten sind anteilig die Nutzflächen aller den Bewohnern zur Verfügung stehenden Bereiche und Räume der Unterkunft, z. B. Wohnbereich, Sanitäreinrichtungen. Je nach Ausstattungsvariante müssen auf den Schlafbereich bzw. den Schlafbereich und Vorflur bei Unterbringung bis sechs Bewohnern mindestens 6 m² pro Bewohner entfallen. Bei Unterbringung von mehr als sechs bis maximal acht Bewohner müssen auf den Schlafbereich mindestens 6,75 m² pro Bewohner bei einer anteiligen Nutzfläche von 8,75 m² pro Bewohner entfallen (siehe Tabelle).

1260) Die mit einer Unterkunft bebauten Grundstücke müssen über eine mindestens 3 m breite Zufahrt für die Feuerwehrfahrzeuge bzw. Rettungswagen verfügen und ausreichend befestigt und tragfähig sein. Ist dies wegen besonderer Umstände, z. B. bei Bohrinseln oder Offshore-Windparks, nicht realisierbar, müssen auf diesen Plattformen anderweitig Bedingungen für eine Rettung und schnelle Hilfe, z. B. durch Wasserfahrzeuge oder Hubschrauber, geschaffen werden.

1261) Nach Nr. 3.4 Abs. 2 müssen Unterkünfte eine Sichtverbindung nach außen haben. Dies ist durch unmittelbar ins Freie führende Fenster zu realisieren. Auch hierzu gibt ASR A3.4 entsprechende Maßgaben.

1262) Unterkünfte müssen nach ArbStättV Anh. Nr. 3.4 Abs. 2 eine Sichtverbindung nach außen haben. Die Unterkünfte müssen zudem strikt gem. ASR A2.3 „Fluchtwege und Notausgänge" gestaltet sein. Als Sichtverbindung nach außen gelten unmittelbar ins Freie führende Fenster. Die Maßgaben von ASR A3.4 sind anzuwenden. Türen und Fenster der Unterkünfte müssen gegen Einsichtnahme mit ausreichendem Sichtschutz, z. B. durch Vorhänge oder Jalousien, versehen sein.

1263) Damit wird auch klargestellt, dass in Unterkünften zum Wohnen und für die Freizeit kein Arbeitsgerät, keine sonstigen für die Arbeit benötigten Gegenstände oder Arbeitsstoffe abgestellt oder aufbewahrt werden dürfen. Ist dies dennoch aus betrieblichen Gründen erforderlich, muss eine klare bauliche und, soweit notwendig, brandschutztechnische Abtrennung von den Wohn-, Schlaf- und Sanitärbereichen der Unterkunft sichergestellt werden.

1264) Die Nutzfläche ergibt sich als Summe der für einen Bewohner in der Unterkunft zur Verfügung stehenden Flächenanteile. Die Nutzfläche umfasst sowohl individuell zugeordnete Flächen, wie den Schlafbereich, als auch anteilig die von allen Bewohnern gemeinsam genutzten Flächen in Aufenthalts- und Sanitärräumen. Abschn. 5.2 Abs. 1 gibt detaillierte Vorgaben für die individuell für den Schlafbereich zugeordnete Fläche pro Bewohner in Abhängigkeit der Anzahl der Bewohner je Unterkunft.

Tabelle: Mindestnutzflächen pro Bewohner

Anzahl der Bewohner pro Schlafbereich	Nutzfläche der Unterkunft pro Bewohner	Davon für den Schlafbereich bzw. Schlafbereich mit Vorflur zur Verfügung stehende Fläche pro Bewohner
bis 6	mindestens 8 m^2	mindestens 6 m^2
mehr als 6 bis maximal 8	mindestens 8,75 m^2	mindestens 6,75 m^2

(2) Unterkünfte für mehr als 50 Beschäftigte müssen über einen separaten Raum für erkrankte Beschäftigte mit mindestens zwei Betten verfügen. Der Zugang muss gekennzeichnet sein. Dieser Raum muss mit einer Krankentrage leicht erreicht werden können. In diesem Raum ist Trinkwasser oder ein alkoholfreies Getränk zur Verfügung zu stellen.[1265)]

(3) Unterkünfte müssen entsprechend der Belegungszahl mit Sanitäreinrichtungen ausgestattet sein. Dafür sind die Regelungen der ASR A4.1 „Sanitärräume" anzuwenden.[1266)]

(4) Für das Einrichten und Betreiben der Verkehrswege sind die Regelungen der ASR A1.8 „Verkehrswege" anzuwenden. Verkehrswege zwischen den Schlafbereichen und Sanitäreinrichtungen müssen, sofern sie nicht innen liegend ausgeführt sind, vor Witterungseinflüssen geschützt begangen werden können. Dies kann in Abhängigkeit von jahreszeitlichen Einflüssen, z. B. durch Einhausung oder Überdachung der Verkehrswege, erreicht werden.

5.3 Ausführung

(1) Fußböden, Wände und Decken müssen gegen Feuchtigkeit geschützt und gegen Wärme und Kälte gedämmt ausgeführt werden.

(2) Die lichte Raumhöhe muss mindestens 2,50 m betragen, soweit nicht nach dem Bauordnungsrecht der Länder eine andere lichte Raumhöhe zulässig ist. Unterkünfte müssen frei belüftet werden können (z. B. Fenster, Oberlichter).

(3) Außentüren von Unterkünften müssen dicht und verschließbar sein. Der Eingangsbereich soll mit einem Windfang ausgerüstet sein.[1267)]

(4) Durchsichtige Trennwände, Türen und Fenster in Unterkünften müssen gegen Einsichtnahme mit ausreichendem Sichtschutz, z. B. Vorhängen oder Jalousien, geschützt sein.

1265) Die für erkrankte Beschäftigte in Unterkünften mit mehr als 50 Beschäftigten vorzuhaltenden gesonderten Räume sollten ihrem Zweck entsprechend auch mit einer Waschgelegenheit mit fließendem warmem und kaltem Wasser ausgestattet sein.

1266) ASR A4.1 „Sanitärräume" gilt uneingeschränkt auch für Unterkünfte. Wasch- und Toilettenräume, ggf. auch Umkleideräume, sind entsprechend dieser ASR einzurichten.

1267) Der Windfang muss zum Inneren der Unterkunft vollständig abgetrennt sein. Befindet sich die Unterkunft in einem vorhandenen Gebäude, ist ein Windfang dann erforderlich, wenn der Ausgang unmittelbar aus der Unterkunft ins Freie führt. Ein Windfang ist nicht erforderlich, wenn die Unterkunft nur durch einen anderen Raum – z. B. Trockenraum – betretbar ist, der vollständig von der Unterkunft abgetrennt ist.

5.4 Ausstattung

(1) Unterkünfte müssen über technische Einrichtungen, z. B. ein Telefon, verfügen, die eine schnellstmögliche Alarmierung der zuständigen Polizeidienststelle, der Feuerwehr oder des Notarztes ermöglichen.

(2) Die Anzahl der Steckdosen in den Wohn- und Schlafbereichen muss an die Ausstattung und Belegung angepasst sein.

(3) Unterkünfte sind mit den erforderlichen Feuerlöscheinrichtungen und, soweit notwendig, Brandmeldern auszustatten; dafür ist die ASR A2.2 „Maßnahmen gegen Brände" anzuwenden. Die Feuerlöscher sind an gut sichtbaren und leicht zugänglichen Stellen anzubringen.

(4) Unterkünfte sind mit den erforderlichen Mitteln für die Erste Hilfe auszustatten, dafür ist die ASR A4.3 „Erste-Hilfe-Räume, Mittel und Einrichtungen zur Ersten Hilfe" anzuwenden. Die Mittel für die Erste Hilfe sind an geeigneter Stelle der Unterkünfte gut sichtbar und gekennzeichnet vorzuhalten.

(5) Es dürfen nicht mehr als vier Betten in einem Schlafbereich aus Raumzellen aufgestellt werden. In Gebäuden dürfen maximal acht Betten in einem Raum aufgestellt werden. Bei Etagenbetten dürfen nicht mehr als zwei Betten übereinander stehen. In den Schlafbereichen müssen für jeden Bewohner ein eigenes Bett mit Matratze und Kopfkissen, mindestens eine Sitzgelegenheit und in angemessener Größe eine Tischfläche[1268)] sowie ein verschließbarer Schrank für Wäsche, Bekleidung oder persönliche Gegenstände vorhanden sein. Die elektrische Beleuchtung ist zweckmäßig zu installieren (z. B. Orientierungshilfen, Nachtleuchten, Leselampen). Türen zu Schlafbereichen müssen von innen verschließbar sein.

(6) Sofern mehr als vier Bewohner länger als eine Woche gemeinsam untergebracht werden, soll mindestens ein Aufenthaltsraum oder entsprechender Aufenthaltsbereich zur Verfügung stehen (Wohnbereich). Hier muss mindestens ein angemessen großer Tisch und je Bewohner eine Sitzgelegenheit vorhanden sein. Dabei ist für jeden Beschäftigten eine freie Bewegungsfläche von mindestens 1 m^2 vorzusehen.

(7) Sofern Beschäftigte länger als eine Woche untergebracht werden und keine alternativen Möglichkeiten vorhanden sind oder geschaffen werden, z. B. das Anbieten einer Waschdienstleistung[1269)], ist eine Möglichkeit zum Waschen, Trocknen und Bügeln von Kleidung außerhalb der Schlaf- und Wohnbereiche vorzusehen. Hierfür sind Waschmaschinen und Trockengeräte zur gemeinschaftlichen Nutzung geeignet.[1270)]

(8) Wenn keine anderweitige Verpflegungsmöglichkeit vorhanden ist, z. B. Kantine oder Lieferung von Fertigessen, sind in einem besonderen Raum mit Trinkwasserzapfstelle aus-

1268) Eine Tischfläche von 0,4 m^2 sowie ein Stuhl mit Rückenlehne (keineswegs nur ein Hocker) für jeden Benutzer dürften als Minimalanforderung gelten.

1269) Dies ist als Hinweis an den Arbeitgeber zu verstehen, nach Möglichkeit das Waschen und Trocknen der Arbeitskleidung als Dienstleistung auf Kosten des Arbeitgebers zu vergeben.

1270) Bietet der Arbeitgeber keine Waschdienstleistungen an, hat er entsprechende Geräte, wie Waschmaschinen und, falls keine andere Möglichkeit zum Trocknen der Wäsche gegeben ist, Trockengeräte, für eine gemeinschaftliche Nutzung durch die Bewohner der Unterkunft zur Verfügung zu stellen.

reichend Zubereitungs-, Aufbewahrungs-, Kühl- und Spülgelegenheiten zu schaffen. Die Wände müssen bis zur Höhe von 2 m einen glatten, waschfesten und hellen Belag oder einen entsprechenden Anstrich haben. Für Fußböden ist die ASR A1.5 „Fußböden" anzuwenden. Für jeden Beschäftigten sind hygienisch einwandfreie und verschließbare Fächer vorzuhalten.[1271)]

(9) In jedem Raum, ausgenommen Windfang und Vorratsraum, sind Abfallbehälter mit Deckel bereitzustellen. Diese müssen aus schwer entflammbarem Material bestehen.

6 Abweichende/ergänzende Anforderungen für Baustellen

(1) Die Bereitstellung von Unterkünften auf Baustellen ist nach Anhang 4.4 Abs. 1 Arbeitsstättenverordnung z. B. erforderlich wenn:

- Arbeiten unter erschwerten Bedingungen wie Druckluft- und Taucherarbeiten ausgeführt werden, um beim Auftreten von Drucklufterkrankungen nach der Dekompressionsphase und auch nach Schichtende technische und medizinische Hilfsmaßnahmen unverzüglich einleiten zu können,
- eine Sicherstellung des Betriebes von Versorgungseinrichtungen für z. B. Druckluftbaustellen durch Möglichkeiten der Unterbringung für Bereitschaftsdienste nötig ist,
- technologisch bedingte verkürzte oder lange Arbeitszeiten oder kurze Schichtwechsel nötig sind, z. B. Arbeiten abhängig von Ebbe und Flut oder Zwangspausen infolge von Arbeitszeitbegrenzungen,
- Kontroll- und Notdienste ausgeführt werden, die nicht vorhersehbaren Einflüssen unterliegen, z. B. Betreiben von Spülfeldern oder Grundwasserabsenkungsanlagen,
- ein unzumutbarer Zeitbedarf für eine tägliche Heimfahrt oder nicht mehr ausreichende Ruhezeit erforderlich ist, z. B. häufig wechselnde Arbeitsstätten infolge kurzer Bauzeiten, z. B. für Spezialisten des Spezialtiefbaus, Zwei- oder Dreischichtbetrieb bei Gleitschalungsarbeiten oder Schubbrückenbau,
- die Baustelle nicht mit gewöhnlichen öffentlichen Verkehrsmitteln erreichbar bzw. keine Anfahrmöglichkeit mit persönlicher Fahrgelegenheit vorhanden ist, z. B. Arbeiten auf Hubinseln oder Schwimmenden Geräten (z. B. Schwimmrammen) oder
- sie mit Pkw über das öffentliche Straßennetz nicht erreichbar ist (z. B. Geländewagen für die Anfahrt erforderlich).

(2) Sofern den Beschäftigten seitens des Arbeitgebers der mit der Beschaffung der Unterkunft verbundene Mehraufwand ausgeglichen wird und die Beschäftigten ihre Unterkunft selbst beschaffen, besteht kein Erfordernis zur Bereitstellung von Unterkünften.[1272)]

1271) I. d. R. nehmen Beschäftigte drei Mahlzeiten am Tag ein. Das Vorhandensein einer Kantine oder die Lieferung von Fertigessen tagsüber sind nicht hinreichend, um die Morgen- und Abendversorgung der Beschäftigten zu gewährleisten. Insoweit sind die Ausstattungsanforderungen von Abschn. 5.4 Abs. 8 dieser ASR, auch die nach hygienisch einwandfreien und verschließbaren Fächern, dennoch zu realisieren. Für eine hygienisch einwandfreie Aufbewahrung sollte i. d. R. ein Kühlschrank zur Verfügung stehen. Für je zwei Bewohner sollte eine Kochstelle vorhanden sein.

1272) Diese Maßgabe bezieht sich auf Anh. Nr. 4.4 Abs. 1 Satz 3 ArbStättV, wonach der Arbeitgeber für eine andere angemessene Unterbringung der Beschäftigten zu sorgen hat, wenn erforderliche Unterkünfte vom Arbeitgeber nicht zur Verfügung gestellt werden können. Diese andere angemessene Unterbringung kann dann auf Kosten des Arbeitgebers in Hotels, Gasthöfen, Pensionen oder bei Privatvermietern erfolgen.

zu Anh. Nr. 5.1 ArbStättV

Technische Regeln für Arbeitsstätten	Arbeitsplätze in nicht allseits umschlossenen Arbeitsstätten und Arbeitsplätze im Freien	ASR A5.1

(GMBl. Nr. 25 vom 28.8.2025 S. 498)

...

Diese ASR A5.1 konkretisiert im Rahmen ihres Anwendungsbereichs Anforderungen der Verordnung über Arbeitsstätten. Bei Einhaltung dieser Technischen Regel kann der Arbeitgeber davon ausgehen, dass die entsprechenden Anforderungen der Verordnung erfüllt sind. Wählt der Arbeitgeber eine andere Lösung, muss er damit mindestens die gleiche Sicherheit und den gleichen Schutz der Gesundheit für die Beschäftigten erreichen.

Inhaltsverzeichnis

1 Zielstellung

Diese ASR konkretisiert die in § 3a Absatz 1 und Nummer 5.1 des Anhangs der Arbeitsstättenverordnung (ArbStättV) genannten Anforderungen an Arbeitsplätze in nicht allseits umschlossenen Arbeitsstätten und Arbeitsplätze im Freien.[1273][1274]

[1273] Mit der Veröffentlichung der ASR A5.1 wird eine bestehende Lücke im bisherigen Regelwerk zur ArbStättV geschlossen. Mit dieser ASR werden die in Anh. Nr. 5.1 enthaltenen Regelungen zur Gewährleistung von Sicherheit und Gesundheitsschutz der Beschäftigten an Arbeitsplätzen in nicht allseits umschlossenen Arbeitsstätten und im Freien für alle Wirtschaftszweige hinsichtlich der damit verbundenen besonderen Gefährdungen konkretisiert.

[1274] Anforderungen an Arbeitsplätze auf dem Betriebsgelände im Freien enthielt die ArbStättV 1975 im Dritten Kapitel in den §§ 41 und 42. In § 42 Abs. 1 war die Aussage enthalten, dass die Einrichtung von ortsgebundenen Arbeitsplätzen im Freien, auf denen nicht nur vorübergehend Arbeitnehmer beschäftigt werden, nur zulässig ist, wenn es betriebstechnisch erforderlich ist. Zudem wurde für solche Arbeitsplätze neben dem Schutz gegen Witterungseinflüsse sowie unzuträglichen äußeren Einwirkungen auch das Vorhandensein von Sitzmöglichkeiten für den Fall gefordert, dass der Arbeitsablauf ein zwischenzeitliches Hinsetzen zulässt. Während die Einrichtung von Sitzgelegenheiten in Anh. Nr. 3.3 ArbStättV geregelt ist, fehlt in der ArbStättV 2004 eine Forderung, wonach ortsgebundene Arbeitsplätze im Freien nur dann zulässig sind, wenn dies betriebstechnisch erforderlich ist. Der Grundsatz, wonach ortsgebundene Arbeitsplätze regelmäßig in geschlossenen Arbeitsräumen und nur im begründeten Ausnahmefall im Freien eingerichtet werden müssen, ergibt sich jedoch weiterhin aus den Grundsätzen der Vermeidung von Gefährdungen in § 4 Nr. 1 ArbSchG.

2 Anwendungsbereich

(1) Diese ASR gilt für das Einrichten und Betreiben von Arbeitsplätzen in nicht allseits umschlossenen Arbeitsstätten und von Arbeitsplätzen im Freien. Sie behandelt Gefährdungen und Beeinträchtigungen für Sicherheit und Gesundheit von Beschäftigten durch Witterungseinflüsse und daraus resultierende äußere Einwirkungen. Dabei werden im Rahmen dieser ASR folgende Gefährdungsfaktoren behandelt:
1. natürliche UV-Strahlung (Abschnitt 5),
2. Niederschlag (Abschnitt 6),
3. Windkräfte (Abschnitt 7) sowie
4. Gewitter und Blitzschlag (Abschnitt 8).[1275)][1276)][1277)]

Hinweise:

1. *Informationen zur Beurteilung der Gefährdungen durch Hitze und Ableitung von Maßnahmen enthält die „Empfehlung des Ausschusses für Arbeitsstätten (ASTA) – Beurteilung der Gefährdungen durch Hitze und Maßnahmen an Arbeitsplätzen in nicht allseits umschlossenen Arbeitsstätten und an Arbeitsplätzen im Freien".*[1278)]
2. *Informationen zur Beurteilung der Gefährdungen durch Kälte und Ableitung von Maßnahmen enthält die „Empfehlung des Ausschusses für Arbeitsstätten (ASTA) – Beurteilung der Gefährdungen durch Kälte und Maßnahmen an Arbeitsplätzen in nicht allseits umschlossenen Arbeitsstätten und an Arbeitsplätzen im Freien".*[1278)] [1279)]

1275) Anh. Nr. 5 ArbStättV enthält gemäß der Überschrift „Ergänzende Anforderungen und Maßnahmen für besondere Arbeitsstätten und Arbeitsplätze". Damit ist klargestellt, dass die grundlegenden Anforderungen aus anderen ASR, z.B. hinsichtlich der Bereitstellung und Ausrüstung von Sanitärräumen oder Unterkünften, zunächst einmal erfüllt werden müssen. Ergänzend dazu enthält die ASR A5.1 nun Maßnahmen zum Schutz der Beschäftigten vor Witterungseinflüssen und daraus resultierenden Einflüssen.

1276) Nach Anh. Nr. 5.1 Satz 3 ArbStättV sind Arbeitsplätze im Freien „nach Möglichkeit" so einzurichten, dass die Beschäftigten nicht gesundheitsgefährdenden äußeren Einwirkungen ausgesetzt werden. Diese Forderung wird vom Anwendungsbereich der ASR A5.1 nicht umfassend erfasst. Mit der Einschränkung „nach Möglichkeit" wird zwar berücksichtigt, dass derartige Arbeitsplätze nicht in gleicher Weise geschützt werden können wie solche in allseits geschlossenen Räumen und Gebäuden. Das gilt allerdings nicht für die Einhaltung von Grenzwerten in anderen Rechtsvorschriften (z.B. in der GefStoffV oder der LärmVibrationsArbSchV), die unter den jeweils dort genannten Voraussetzungen in jedem Falle und keineswegs nur „nach Möglichkeit" einzuhalten sind.

1277) Als äußere Einwirkungen kommen Gase, Dämpfe und Staub, unzuträglicher Lärm, unzuträgliche mechanische Schwingungen oder Strahlung in Betracht, wenn deren Einwirkungen auf die Beschäftigten an den Arbeitsplätzen im Freien gesundheitlich stark belastend sind. Diese Einwirkungen wurden in § 42 Abs. 2 Nr. 2 ArbStättV 1975 für ortsgebundene Arbeitsplätze im Freien explizit als zu vermeidende Faktoren aufgeführt Zu diesen äußeren Einwirkungen werden in der vorgelegten Fassung der ASR A5.1 jedoch keine Konkretisierungen vorgenommen, obwohl Anh. Nr. 5.1 ArbStättV dies fordert. Wegen des noch gesundheitlich zulässigen Lärmpegels und der zulässigen mechanischen Schwingungen wird von den Herausgebern auf die Lärm- und Vibrations-Arbeitsschutzverordnung verwiesen.

1278) Die Empfehlung enthält ein vereinfachtes Verfahren zur Beurteilung von Gefährdungen durch Hitze. Leitgröße zur Beurteilung von Gefährdungen durch Hitze ist die Lufttemperatur am Arbeitsplatz. Zusätzlich werden die Faktoren Arbeitsschwere, Wärmeisolation durch Bekleidung und Ausrüstung (z.B. Schutzausrüstung), Sonneneinstrahlung, Luftfeuchte sowie Windeinwirkung zur Ableitung einer korrigierten Lufttemperatur, der Beurteilungstemperatur, einbezogen. Entsprechend dieser Beurteilungstemperatur erfolgt eine Einteilung in vier Hitzestufen (bis 26° C, über 26° C bis 30° C, über 30° C bis 35° C, über 35° C) und sich daraus ergebenden Handlungsanweisungen bzw. möglichen Maßnahmen. Dieses vereinfachte Verfahren bedarf noch einer Evaluierung durch entsprechende Studien und eines Nachweises der Wirksamkeit. Der für die Auslösung der Vermutungswirkung erforderliche Stand der Technik ist somit noch nicht festgestellt. Aus diesem Grund wurde das vereinfachte Verfahren vom ASTA zunächst als Empfehlung erarbeitet und soll später in die ASR A5.1 überführt werden.

(2) Diese ASR gilt nicht:

1. für Felder, Wälder und sonstige Flächen, die zu einem land- oder forstwirtschaftlichen Betrieb gehören, aber außerhalb der von ihm bebauten Fläche liegen,[1280][1281]
2. für Gefährdungen von Sicherheit und Gesundheit der Beschäftigten durch Luftschadstoffe (z.B. Ozon) bei Tätigkeiten im Freien[1282] sowie
3. für Gefährdungen durch die Übertragung von Infektionskrankheiten durch heimische und nicht-heimische Insekten sowie pflanzliche oder tierische Allergene bei Tätigkeiten im Freien.[1283]

1279) Die Empfehlung enthält ein vereinfachtes Verfahren zur Beurteilung von Gefährdungen durch Kälte. Leitgröße zur Beurteilung von Gefährdungen durch Kälte ist die Lufttemperatur am Arbeitsplatz. Anhand dieser erfolgt eine Kategorisierung von Kältebelastungen in drei Kältestufen (+5° C bis -5° C, –5° C bis –20° C, –20° C und weniger) und sich daraus ergebenden Handlungsanweisungen bzw. möglichen Maßnahmen. Dieses vereinfachte Verfahren bedarf noch einer Evaluierung durch entsprechende Studien und eines Nachweises der Wirksamkeit. Der für die Auslösung der Vermutungswirkung erforderliche Stand der Technik ist somit noch nicht festgestellt. Aus diesem Grund wurde das vereinfachte Verfahren vom ASTA zunächst als Empfehlung erarbeitet und soll später in die ASR A5.1 überführt werden.

1280) Der Anwendungsbereich der ASR ist durch den Geltungsbereich in § 1 Abs. 3 Nr. 3 ArbStättV eingeschränkt. Die Einschränkung hat zur Folge, dass vorrangig nur solche Arbeitsplätze vom Geltungsbereich der Verordnung erfasst werden, die sich unmittelbar auf einem (bebauten) Betriebsgelände eines land- oder forstwirtschaftlichen Betriebs in nicht allseits umschlossenen Gebäuden oder im Freien befinden. Bei landwirtschaftlichen Betrieben handelt es sich im Wesentlichen um das Hofgelände, bei forstwirtschaftlichen Betrieben üblicherweise um abgegrenzte Flächen mit ortsfesten, dauerhaft errichteten baulichen Anlagen und Betriebseinrichtungen (Hallen für den Fuhr- und Maschinenpark, Lagerschuppen, Sägewerke, Silos usw.), also einem Bauhof vergleichbare Flächen. Solches landwirtschaftliches bzw. forstwirtschaftliches Betriebsgelände mit seinen baulichen Anlagen und Betriebseinrichtungen, den eingerichteten ortsfesten oder ortsveränderlichen Arbeitsplätzen sowie den Verkehrswegen und Verkehrsflächen erfüllt die Voraussetzungen des § 2 Abs. 1 Nr. 2 ArbStättV.

1281) Der Geltungsbereich der ArbStättV erstreckt sich indessen auch auf über einen bestimmten Zeitraum in der land- oder forstwirtschaftlichen Bearbeitung befindliche Flächen und die hierfür für die entsprechende Zeit überwiegend ortsfest aufgestellten und genutzten baulichen Anlagen, z.B. zum Abstellen von Maschinen und Geräten, zum Aufenthalt der Beschäftigten während der Arbeitspausen und bei Schlechtwetter, zur Nutzung als Sanitär- oder Erste-Hilfe-Einrichtung. Für die Anwendung des Bauordnungsrechts ist bei derartigen baulichen Anlagen, die jederzeit wieder abgebaut oder versetzt werden können, entscheidend, dass sie fest mit dem Erdboden verbunden sind. Dazu gehört auch das Ruhen auf dem Untergrund durch die eigene Schwere. Die Dauer der Verbindung mit dem Erdboden spielt hierbei keine entscheidende Rolle. I. d. R. handelt es sich bei derartigen baulichen Anlagen um Behelfsbauten i. S. d. Bauordnungsrechts, die üblicherweise nur zeitlich begrenzt aufgestellt werden. Dazu gehören z.B. Baracken, aber auch fest abgestellte Wohnwagen und Baustellenwagen. Mit derartigen baulichen Anlagen ausgestattete Wald- oder Feldflächen sind den bebauten Flächen eines land- oder forstwirtschaftlichen Betriebes i. S. d. § 1 Abs. 2 Nr. 3 ArbStättV gleichzusetzen und unterliegen mithin dem Geltungsbereich der Verordnung.

1282) Ohne Zweifel können erhöhte Luftschadstoffe insbesondere bei Beschäftigten, die diesen gegenüber empfindlich reagieren, zu Gefährdungen führen. So reagieren etwa 10 % der Bevölkerung besonders empfindlich auf Ozon. Ozon wird zu den sogenannten Photo-Oxidantien gezählt. Aus dieser Kategorie bilden sich bei sonnigem Wetter in der bodennahen Luft noch weitere Stoffe – man spricht dann vom Sommersmog. Dieser übt eine starke Reizwirkung auf die Augen und Schleimhäute der oberen Atemwege (Nasen-Rachen-Raum) aus. Der Schwellenwert für die Unterrichtung der Bevölkerung über die Ozonwerte liegt bei 180 µg/m^3 (Mikrogramm pro Kubikmeter Luft, gemessen im Ein-Stunden-Mittel). Ab dieser Konzentration sollten Personen, die gegenüber Luftschadstoffen empfindlich reagieren, insbesondere ungewohnte und starke Anstrengungen im Freien am Nachmittag vermeiden.

1283) Die mögliche Übertragung von Infektionskrankheiten durch Insekten oder pflanzliche oder tierische Allergene stellt zweifelsohne ebenso eine äußere Gefährdung für Beschäftigte, die im Freien arbeiten, dar. Hierfür werden jedoch in dieser ASR keine Konkretisierungen bzw. Maßnahmenvorschläge zur Ableitung einer Vermutungswirkung unterbreitet. Insoweit ist insbesondere Anh. Nr. 5.1 Satz 3 von der ASR A5.1 nur unvollständig untersetzt.

Hinweise:

1. *Im Geltungsbereich der Baustellenverordnung (BaustellV) wird empfohlen, die Anforderungen dieser ASR in der Planungsphase zu berücksichtigen.*
2. *Anforderungen an die Beschaffenheit von Fußböden in nicht allseits umschlossenen Arbeitsstätten und im Freien ergeben sich aus der ASR A1.5 „Fußböden".*
3. *Anforderungen an die in nicht allseits umschlossenen Arbeitsstätten und im Freien liegenden Verkehrswege ergeben sich aus der ASR A1.8 „Verkehrswege".*
4. *Anforderungen an Arbeitsplätze und Verkehrswege auf Baustellen im Grenzbereich zum Straßenverkehr ergeben sich aus der ASR A5.2 „Anforderungen an Arbeitsplätze und Verkehrswege auf Baustellen im Grenzbereich zum Straßenverkehr – Straßenbaustellen".*
5. *Anforderungen an die Beleuchtung von Arbeitsplätzen in nicht allseits umschlossenen Arbeitsstätten und an Arbeitsplätzen im Freien ergeben sich aus der ASR A3.4 „Beleuchtung und Sichtverbindung".*

3 Begriffsbestimmungen

3.1 Arbeitsplätze im Freien sind Arbeitsplätze innerhalb von Arbeitsstätten, die sich außerhalb von Gebäuden befinden.[1284)]

3.2 Arbeitsplätze in nicht allseits umschlossenen Arbeitsstätten sind Arbeitsplätze in Arbeitsstätten, bei denen durch nicht verschließbare Öffnungen in Gebäudeumhüllungen oder durch nicht vorhandene Wände Witterungseinflüsse auf die Arbeitsplätze einwirken. Bereiche von Arbeitsstätten, bei denen während der Zeiten des Betreibens vorhandene Tore und Türen aus Gründen des Arbeitsablaufs ständig geöffnet sind (z.B. Abhollager für Baustoffe mit Durchfahrtmöglichkeit für die Kunden) zählen auch zu Arbeitsplätzen in nicht allseits umschlossenen Arbeitsstätten.[1285)]

3.3 Die **Beaufort-Skala** verknüpft beobachtbare (phänomenologische) Auswirkungen des Windes mit der Windstärke, ausgedrückt in **Beaufort-Grad** (Bft.-Grad). Die BeaufortSkala reicht von Beaufort-Grad 0 (Windstille) bis BeaufortGrad 12 (Orkan). Den Beaufort-Graden sind Windgeschwindigkeitsspannen in Meter pro Sekunde (m/s) zugeordnet.

Die Auswirkungen von Wind im Binnenland werden auf der Beaufort-Skala dargestellt. Windinduzierte Auswirkungen auf See sind der Beaufort-Skala See zu entnehmen (siehe die Tabellen 5 und 6 im Anhang 1).

3.4 Mobile Arbeitsmittel im Sinne dieser ASR sind mobile Arbeitsmittel entsprechend Abschnitt 1 Absatz 1 der TRBS 2111 Teil 1 „Mechanische Gefährdungen – Maßnahmen zum

1284) Die Einrichtung ortsfester Arbeitsplätze im Freien auf dem Betriebsgelände kann nicht im Belieben erfolgen, um ggf. Kosten zu sparen, sondern bedarf eines betriebstechnischen Grundes. Dies war in § 42 Abs. 1 ArbStättV 1975 explizit ausgeführt und kann nunmehr aus den Allgemeinen Grundsätzen zur Vermeidung oder Minimierung von Gefährdungen in § 4 Nr. 1 ArbSchG abgeleitet werden.

1285) Die Ausführungen in FN 1284 verbunden mit einem Vorrang der Einrichtung von Arbeitsplätzen in geschlossenen Räumen gelten analog.

Schutz vor Gefährdungen beim Verwenden von mobilen Arbeitsmitteln", z.B. mobile Baumaschinen oder Luftfahrtbodengeräte.[1286)]

3.5 **Natürliche UV-Strahlung** ist die ultraviolette Strahlung der Sonne.

3.6 **Personenbezogene Maßnahmen** im Sinne dieser ASR sind Maßnahmen, die individuell wirken z.B. durch Anpassung von Verhalten (z.B. ausreichende Flüssigkeitsaufnahme bei Hitze), Nutzung geeigneter Kleidung oder das Tragen persönlicher Schutzausrüstungen (PSA).

3.7 Ein **sicherer Ort bei Blitzschlaggefahr** erfüllt die Anforderung, dass die beim Blitzeinschlag auftretenden Ströme um ihn herumgeleitet und in ihm befindliche Beschäftigte nicht gefährdet werden.

Gebäude stellen einen sicheren Ort dar, wenn sie mit einem Blitzschutzsystem bestehend aus mindestens einem äußeren und einem inneren Blitzschutz ausgerüstet sind. Der äußere Blitzschutz besteht aus Fangeinrichtungen, die den Blitz außerhalb des Gebäudes in die Erde ableiten. Der innere Blitzschutz verbindet und erdet alle inneren metallischen Bestandteile des Gebäudes.

Einen sicheren Ort stellen alle metallisch ummantelten Orte dar, die die Kriterien eines „Faradayschen Käfigs" erfüllen, z.B. mobile Arbeitsmittel mit allseits umschlossener Kabine als Ganzmetallkarosserie oder geschlossene Kraftfahrzeuge.

Hinweis:

Offene Unterstände erfüllen, auch wenn sie metallisch und mit ausreichenden metallischen Ableitungen für Blitzströme versehen sind, in der Regel nicht die Kriterien eines „Faradayschen Käfigs".

3.8 Als **Sonnenstrahlung** wird in dieser ASR die natürliche, auf der Erdoberfläche ankommende ultraviolette, sichtbare und infrarote Strahlung bezeichnet.[1287)]

1286) Zu mobilen Arbeitsmitteln zählen nach TRBS 2111 Teil 1 Abschn. 1 Abs. 1 „selbstfahrende (d.h. mit eigenem Antrieb) und nicht selbstfahrende Arbeitsmittel wie z.B. Straßen- und Schienenfahrzeuge, land- und forstwirtschaftliche Zug- und Arbeitsmaschinen, Anhängefahrzeuge, mobile Baumaschinen, Luftfahrzeuge, Luftfahrtbodengeräte, Wasserfahrzeuge, mobile Krane, Flurförderzeuge, fahrbare Hubarbeitsbühnen, Regalbediengeräte, Fahrerlose Transportsysteme (FTS), gezogene oder geschobene Transportmittel."

1287) Die Sonne erzeugt drei verschiedene Arten von Strahlen: wärmende Infrarotstrahlen, sichtbares Licht und UV-Strahlen. Das Spektrum der elektromagnetischen Strahlung der Sonne hat sein Maximum bei etwa 500 nm Wellenlänge (blau-grünes Licht), reicht aber von harter Röntgenstrahlung mit weniger als 0,1 nm bis zu langen Radiowellen. Dieses Lichtspektrum unterteilt sich mit den Grenzen unserer Augenwahrnehmung in Ultraviolettes Licht (UV: 100–380 nm), sichtbares Licht (VIS (engl.: visible): 380–780 nm) und Infrarotes Licht (IR: 780 nm – 1 mm). 4 % der Sonnenstrahlung sind UV-Strahlen. Ihre Wellenlänge beträgt zwischen 100 und 400 nm, weshalb man sie nicht sehen oder fühlen kann. Je nach Wellenlänge unterscheidet man drei Arten von UV-Strahlung: 95 % der UV-Strahlen, die auf die Erdoberfläche gelangen, sind UVA-Strahlen (320–400 nm). Die restlichen 5 % sind UVB-Strahlen (280–320 nm). Die UVC-Strahlung (100–280 nm) wird von der Atmosphäre absorbiert und gelangt nicht auf die Erdoberfläche. Die UVA- und die UVB-Strahlung kann in Augen- und Hautzellen eindringen und das Erbgut schädigen.

3.9 Der **UV-Index (UVI)** ist ein Orientierungswert für die schädigende Wirkung natürlicher UV-Strahlung (Hautrötung, Sonnenbrand). Der UV-Index ist ganzzahlig mit Werten zwischen 0 und 11+, wobei 11+ auch höhere Werte einschließt.[1288)]

3.10 **Wetter** ist der zeitlich und räumlich eng begrenzte Zustand der Atmosphäre mit kurzfristigen meteorologischen Ereignissen (z.B. Hoch-, Tiefdruckgebiet, Gewitter, Sturm).[1289)]

3.11 **Wind** ist die durch natürliche Druckunterschiede ausgelöste Bewegung der Luft. Der auf die Beschäftigten einwirkende Wind kann durch bauliche Gegebenheiten verstärkt oder gemindert sein (z.B. Düseneffekte, Böigkeit).

3.12 **Witterung** ist die Gesamtheit aller natürlichen meteorologischen Ereignisse, die im Laufe eines bestimmten Zeitraums (z.B. Sommer, Winter) auf einen Arbeitsplatz im Freien oder auf einen Arbeitsplatz in einer nicht allseits umschlossenen Arbeitsstätte einwirken. Gleichbedeutend ist der Begriff **Witterungsverhältnisse**.[1290)]

3.13 **Witterungseinflüsse** sind im Sinne dieser ASR die äußeren Einwirkungen der Witterung und des Wetters, die aufgrund der eingerichteten Arbeitsstätte die Sicherheit und Gesundheit von Beschäftigten beeinflussen können (z.B. Niederschläge, natürliche UV-Strahlung).

4 Allgemeines zur Beurteilung von Gefährdungen durch witterungs- und wetterbedingte äußere Einwirkungen sowie zu Maßnahmen

(1) Bei der Beurteilung der Gefährdungen durch witte- rungs- und wetterbedingte äußere Einwirkungen im Freien sind für die Gefährdungsfaktoren

1. natürliche UV-Strahlung (Abschnitt 5),
2. Niederschlag (Abschnitt 6),
3. Windkräfte (Abschnitt 7) sowie
4. Gewitter und Blitzschlag (Abschnitt 8)

an die jeweilig vorliegende Gefährdung Beurteilungsmaßstäbe anzulegen. Ein mögliches Zusammenwirken mehrerer Gefährdungsfaktoren ist zu beachten.

(2) Arbeitsplätze in nicht allseits umschlossenen Arbeitsstätten sind für diejenigen Gefährdungsfaktoren wie Arbeitsplätze im Freien zu betrachten, durch die die Beschäftigten vergleichbaren gesundheitsgefährdenden äußeren Einwirkungen ausgesetzt sind.

1288) Der UV-Index wurde von der Weltgesundheitsorganisation WHO definiert und ist weltweit einheitlich. Der UV-Index beschreibt den am Boden erwarteten Tagesspitzenwert der sonnenbrandwirksamen UV-Bestrahlungsstärke. Je höher der UV-Index ist, desto schneller kann bei ungeschützter Haut ein Sonnenbrand auftreten. Der UV-Index hängt v.a. vom Sonnenstand ab; er ändert sich daher am stärksten mit der Jahreszeit, der Tageszeit und der geografischen Breite. Die Gesamtozonkonzentration in der Atmosphäre, die Bewölkung und die Höhenlage eines Ortes spielen ebenfalls eine Rolle.

1289) Das Wetter charakterisiert den Zustand der Atmosphäre an einem bestimmten Ort und zu einem bestimmten Zeitpunkt. Kennzeichnend sind die meteorologischen Elemente Strahlung, Luftdruck, Lufttemperatur, Luftfeuchtigkeit und Wind, sowie die daraus ableitbaren Elemente Bewölkung, Niederschlag, Sichtweite etc. Das Wetter ist das augenblickliche Bild eines Vorganges (Wettergeschehen), das sich hauptsächlich in der Troposphäre abspielt. Es kann sich – im Gegensatz zur Wetterlage und Witterung – mehrmals täglich ändern.

1290) Witterung: Der allgemeine, durchschnittliche oder auch vorherrschende Charakter des Wetters an einem Ort über einen Zeitraum mehrerer Tage oder Wochen betrachtet. Besonders in Betracht gezogen werden dabei die fühlbaren Wetterelemente wie Niederschlag, Temperatur, Wind und Luftfeuchtigkeit.

(3) Zur Anwendung der Beurteilungsmaßstäbe enthalten die Abschnitte 5 bis 8 Ermittlungsverfahren, mit deren Hilfe die Notwendigkeit von Maßnahmen für die speziellen Gefährdungen zur Erfüllung der Schutzziele nach Nummer 5.1 Satz 1 des Anhangs der ArbStättV ermittelt werden kann. Gefährdungen sind bezogen auf die Bedingungen der äußeren Einwirkungen für die Tätigkeiten am jeweiligen Arbeitsplatz zu ermitteln.

(4) Bei gesundheitlich vorbelasteten oder besonders schutzbedürftigen Beschäftigten (z.B. Jugendliche, Schwangere, stillende Mütter, Menschen mit Behinderungen) ist zu prüfen, ob weitergehende Maßnahmen erforderlich sind.[1291)]

Hinweis:

Im Rahmen dieser Prüfung wird eine arbeitsmedizinische Beratung empfohlen.

(5) Maßnahmen zum Schutz der Beschäftigten vor gesundheitsgefährdenden äußeren Einwirkungen sind schon beim Einrichten der Arbeitsstätte zu berücksichtigen.

(6) Sofern sich Gefährdungen von Sicherheit und Gesundheit der Beschäftigten durch äußere Einwirkungen nicht vermeiden lassen, sind technische, organisatorische und personenbezogene Maßnahmen zu berücksichtigen (Rangfolge nach dem TOP-Prinzip).

(7) Die Maßnahmen sind auf die Nutzung der Arbeitsstätte, die dort geplanten bzw. vorgesehenen Tätigkeiten sowie deren Ortsgebundenheit oder Ortsveränderlichkeit abzustimmen. Sie sind den Beschäftigten durch Unterweisung bekannt zu machen. Beschäftigte haben ihrer Mitwirkungspflicht nach § 15 ArbSchG nachzukommen.

5 Gefährdungen durch natürliche UV-Strahlung – Beurteilung und Maßnahmen

Akute und chronische Gesundheitsschäden als Folge der Einwirkung von natürlicher UV-Strahlung, insbesondere Schäden an Haut und Augen, sind durch Minimierung der beruflichen UV-Gesamtdosis mit Hilfe entsprechender Maßnahmen zu vermeiden.[1292)]

1291) Die Wirkungen der UV-Strahlung sind u.a. von der Empfindlichkeit der Haut gegenüber UV-Strahlung abhängig. Je nach UV-Empfindlichkeit werden 6 Hauttypen unterschieden. Die Hauttypen I bis IV nennt man die europäischen Hauttypen, da sie typisch für die europäische Bevölkerung sind. Hauttyp I ist besonders empfindlich. Er zeichnet sich durch eine sehr helle, extrem empfindliche Haut, helle Augen, rotblondes Haar und sehr häufig durch Sommersprossen aus. Hauttyp I bräunt nie und bekommt sehr schnell einen Sonnenbrand. Hauttyp IV hat hellbraune, olivfarbene Haut, braune bis dunkelbraune Augen und dunkelbraunes Haar. Hauttyp IV bräunt schnell. Die Kenntnis des Hauttyps ist für richtigen Schutzmaßnahmen von hoher Bedeutung. Quelle: Bundesamt für Strahlenschutz https://www.bfs.de/DE/themen/opt/uv/wirkung/hauttypen/hauttypen.html

1292) Die UV-Strahlung ist nach IARC (International Agency for Research on Cancer) als krebserzeugend eingestuft. Wie viel UV-Strahlung die Haut verträgt, ist sehr individuell und von der Wellenlänge abhängig. Die Haut addiert jede Einwirkung von natürlichen und künstlichen UV-Strahlungsquellen, sowohl aus dem beruflichen Bereich als auch jedes Sonnenbad in der Freizeit und jeden Besuch im Solarium. Quelle: Messverfahren zur Bewertung inkohärenter optischer Strahlung, BAuA-Forschungsprojekt 2254, 2016. Wissenschaftlich nachweisbar ist, dass bestimmte Hautkrebserkrankungen durch langjährige UV-Strahlung der Sonne auch „arbeitsbedingt" verursacht werden können. Vor diesem Hintergrund wurde vom Bundesministerium für Arbeit und Soziales (BMAS) mit Wirkung vom 01.01.2015 eine neue Berufskrankheit in die sog. Berufskrankheitenliste aufgenommen. Gegenstand der wissenschaftlichen Begründung ist ausschließlich die natürliche UV-Strahlung der Sonne, nicht dagegen UV-Strahlung aus künstlichen Quellen (z.B. Schweißen, UV-Härtung usw.).

Hinweise:

1. *Akute Folgen einer übermäßigen UV-Exposition der Haut können z.B. Sonnenbrand, beginnend mit Hautrötungen (Erythem), und photosensitive Hauterkrankungen (Photodermatosen) sein. Akute Schädigungen des Auges können Horn- und Bindehautentzündung sein. Chronische Folgen einer langzeitigen UV-Exposition der Haut, auch ohne Auftreten eines Sonnenbrandes, können Hautkrebs und Vorstufen (z.B. aktinische Keratosen) sein. Bei den Augen ist u.a. eine Linsentrübung (grauer Star) möglich.*
2. *Die Einnahme bestimmter Medikamente, Tätigkeiten mit bestimmten Arbeitsstoffen und der Kontakt mit speziellen Pflanzen können die Empfindlichkeit gegenüber natürlicher UV-Strahlung erhöhen (siehe auch TRGS 401 „Gefährdung durch Hautkontakt" Anhang 7).*

5.1 Beurteilungsmaßstäbe für Gefährdungen durch natürliche UV-Strahlung

(1) Zur Beurteilung von Gefährdungen durch natürliche UV-Strahlung ist der zu erwartende lokale Höchstwert des UV-Index während der Tätigkeit maßgeblich, wobei der Tagesverlauf des UV-Index zu berücksichtigen ist.

Hinweise:

1. *Auch im Schatten oder bei bewölktem Himmel kann eine Gefährdung durch natürliche UV-Strahlung vorhanden sein.*
2. *Glänzende Oberflächen, wie etwa bei Metallen oder Glasfassaden, können hohe Anteile natürlicher UV-Strahlung reflektieren und damit die Gefährdung durch natürliche UV-Strahlung erhöhen. Matt erscheinende Materialen, z.B. Holzwerkstoffe, sind hingegen häufig reflexionsarm.*

(2) Aufgrund der einfachen Handhabbarkeit ist der UV-Index als etablierter Bewertungsmaßstab zur Ermittlung der Gefährdungen durch natürliche UV-Strahlung anzuwenden. UV-Index-Werte bis 2 sind mit einer geringen, bis 5 mit einer mittleren, bis 7 mit einer hohen, bis 10 mit einer sehr hohen und ab 11 mit einer extremen Gefährdung durch natürliche UV-Strahlung verbunden.

Hinweise:

1. *Als orientierende Planungshilfe ist eine Übersicht der im langjährigen Durchschnitt ermittelten Tageshöchstwerte für Deutschland im UV-Index Jahreskalender in Abbildung 1 dargestellt. Je nach Bewölkungssituation und geografischer Lage kann ein abweichender lokaler UV-Index vorliegen (siehe Abschnitt 5.2), der bei der Umsetzung der Maßnahmen zu beachten ist (siehe Abschnitt 5.3).*
2. *In den Mittagsstunden tritt für gewöhnlich der UV-Index-Tageshöchstwert auf.*
3. *Insbesondere im Frühjahr kann sich durch bestimmte atmosphärische Bedingungen ein über dem langjährigen Durchschnitt liegender UV-Index einstellen, der in Kombination mit milden Temperaturen, leichter Bekleidung und nach dem Winter wenig an Sonnenstrahlung gewöhnte Haut eine erhöhte Gefährdung durch natürliche UV-Strahlung bewirkt.*
4. *Der UV-Index berücksichtigt nicht individuelle und situative Empfindlichkeiten wie Hauttyp, Ausrichtung der Haut gegenüber der Sonne, Tätigkeiten mit photosensitiven Stoffen oder Reflexionen vor Ort.*

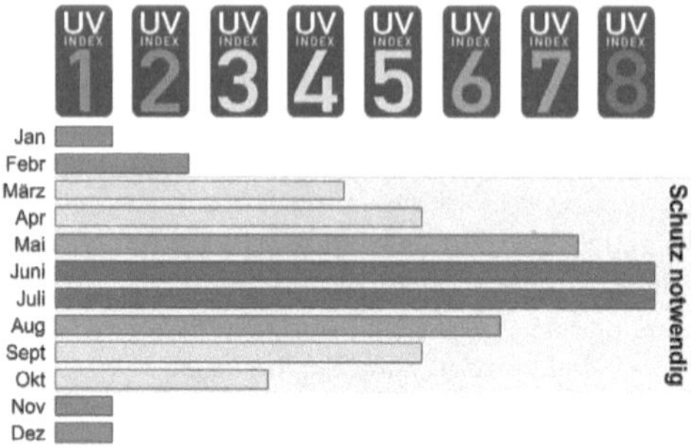

Abb. 1: UV-Index Jahreskalender für Deutschland (im langjährigen Durchschnitt ermittelte UV-Index-Tageshöchstwerte, geordnet nach Monaten; Quelle: www.baua.de/solarUV, © BAuA)

5.2 Verfahren zur Beurteilung von Gefährdungen durch natürliche UV-Strahlung

(1) Der UV-Index kann öffentlich zugänglich, aktuell und als Prognose, z.B. auf der Internetseite des Bundesamtes für Strahlenschutz *(www.bfs.de/DE/themen/opt/uv/uv-index/ uv-index_node.html)* und beim Deutschen Wetterdienst (DWD) für viele Orte in Deutschland abgerufen werden *(https://kunden.dwd.de/uvi_de).*

(2) In unklaren Expositionssituationen, z.B. bei erhöhter UV-Reflexion von spiegelnden Oberflächen oder in großen Höhen über dem Meeresspiegel, können ergänzende Messungen vor Ort zur Berechnung des lokalen UV-Index zweckmäßig sein; darüber ist im Einzelfall zu entscheiden. Im Wesentlichen stehen 3 grundlegende Verfahren zur Verfügung:
1. unterschiedlichste tragbare oder auf die Haut aufbringbare UV-Sensoren, z.B. UV-Datenlogger oder UV-Check-Karten.[1293)]
2. Integralradiometer sind handlich, einfach in der Anwendung und liefern sofort ein ablesbares Ergebnis.[1294)]
3. Spektralradiometer messen wellenlängenabhängig mit hoher Präzision Sonnenstrahlung. Eine computergestützte Auswertung ist erforderlich; ein Ergebnis liegt also nicht sofort vor.[1295)]

1293) Prinzipiell sind die genannten UV-Messgeräte zur individuellen Dosismessung ein geeignetes Tool zur Awareness-Steigerung bzw. zu Präventionszwecken. Unsicher ist hier jedoch die Genauigkeit der von den Geräten getroffenen Aussagen. Das Institut für Arbeitsschutz der Deutschen Gesetzlichen Unfallversicherung (IFA) hat 2023 hierzu entsprechende Vergleichsmessungen durchgeführt (Projekt-Nr. IFA 4248). Im Ergebnis wurde auf Grund der hohen Fehlerrate von einer Nutzung im beruflichen Setting abgeraten. Diese Einschätzung kann sich aber durch Verbesserungen an der Softwarestabilität durch den Hersteller in Zukunft ändern.

1294) Im Gegensatz zum Spektralverfahren wird beim Integralverfahren ein Messergebnis für einen Spektralbereich ermittelt und direkt angezeigt. Die Anpassung an einen definierten Spektralbereich oder an eine Bewertungsfunktion wird durch die Auswahl von geeigneten Filtern und einen Detektor mit selektiver spektraler Empfindlichkeit erreicht. Die Messgeräte können als stationäre Messgeräte ausgeführt oder aufgrund der möglichen kompakten Ausführung als Personendosimeter am Körper getragen werden. Quelle: Messverfahren zur Bewertung inkohärenter optischer Strahlung, BAuA-Forschungsprojekt 2254, 2016.

1295) Das Spektralverfahren ist ein grundlegendes Verfahren, bei dem mit Hilfe eines Spektralradiometers die spektrale Bestrahlungsstärke bzw. die spektrale Strahldichte in Abhängigkeit von der Wellenlänge gemessen wird. Für einen Vergleich mit Grenzwerten sind die Rohdaten mit den Wirkungsspektren zu bewerten.

5.3 Maßnahmen gegen Gefährdungen durch natürliche UV-Strahlung

(1) Ab einem UV-Index von 3 sind Maßnahmen gemäß dem TOP-Prinzip zu ergreifen. In der Regel ist eine sachgerechte Verknüpfung von technischen, organisatorischen und personenbezogenen Maßnahmen für einen wirkungsvollen Schutz vor natürlicher UV-Strahlung erforderlich. Abbildung 2 ordnet den Werten des UV-Index eine niedrige bis extreme Gefährdung durch natürliche UV-Strahlung zu und verknüpft diese beispielhaft mit technischen, organisatorischen und personenbezogenen Maßnahmen. Ab UV-Index 8 sind personenbezogene Maßnahmen zwingend erforderlich.

Abb. 2: Beurteilung der Gefährdung durch natürliche UV-Strahlung anhand des UV-Index mit beispielhaften Maßnahmen

(2) Die Beschäftigten sind bei der Unterweisung über die Gefährdungen durch natürliche UV-Strahlung zu informieren, entsprechende Maßnahmen sind anzuweisen und zu erläutern.

Hinweise:

1. *Es wird empfohlen zu prüfen, ob eine arbeitsmedizinische Vorsorge gemäß AMR 13.3 „Tätigkeiten im Freien mit intensiver Belastung durch natürliche UV-Strahlung von regelmäßig einer Stunde oder mehr je Tag" erforderlich ist.*[1296)]
2. *Im Rahmen einer Unterweisung bietet sich eine Kombination mit den Themen Hitze, Gewitter, Blitzschlag und Niederschlag an.*

1296) AMR 13.3 „Tätigkeiten im Freien mit intensiver Belastung durch natürliche UV-Strahlung von regelmäßig einer Stunde oder mehr je Tag", GMBl. Nr. 36, 24.9.2019, S. 697, Abschn. 4.2, Abs. 1: „Arbeitgeber haben Beschäftigten eine Angebotsvorsorge unter folgenden Voraussetzungen, die alle erfüllt sein müssen, anzubieten: Bei Tätigkeiten im Freien
– im Zeitraum April bis September
– zwischen 10 Uhr und 15 Uhr MEZ (entspricht 11 Uhr bis 16 Uhr MESZ)
– ab einer Dauer von insgesamt mindestens einer Stunde pro Arbeitstag
– an mindestens 50 Arbeitstagen."

5.3.1 Technische Maßnahmen

(1) Zu den technischen Maßnahmen gehören alle Formen der Verschattung von Arbeitsplätzen. Nachfolgend werden Beispiele genannt.

1. Bei stationären Arbeitsplätzen im Freien sind z.B. Einhausungen, Überdachungen, Vordächer oder Sonnensegel (mit ausreichender Größe und hohem UV-Schutz) zur gezielten Verschattung geeignet. Bestehende Verschattungen, z.B. durch Gebäude oder Bepflanzungen, bieten oft nur einen geringen UV-Schutz.
2. Bei ortsveränderlichen Arbeitsplätzen im Freien sind z.B. Sonnenschirme oder Sonnensegel (mit ausreichender Größe und hohem UV-Schutz) zur Verschattung geeignet. Dabei ist die optimale Ausrichtung (Neigung) in Anpassung an den Sonnenstand zu berücksichtigen.
3. Bei reflektierenden Oberflächen in der Arbeitsplatzumgebung, wie geschlossenen Schneedecken, hellen Gebäudewänden, Metall- oder Glasfassaden, reduzieren seitliche, reflexionsarme Abschirmungen, z.B. aus geeigneten Textil- oder Holzwerkstoffen, die UV-Exposition.
4. Bei mobilen Arbeitsmitteln bieten allseits umschlossene Kabinen mit Scheiben, die einen geringen UV-Transmissionsgrad haben, einen hohen UV-Schutz, wenn die Fenster geschlossen sind. Ein geringes Restrisiko für die Augen kann durch Tragen einer geeigneten Sonnenbrille vermieden werden.

(2) Bei allen technischen Maßnahmen ist darauf zu achten, dass im Arbeitsbereich der Beschäftigten kein Hitzestau entsteht; bei Bedarf sind Kompensationsmaßnahmen zu ergreifen, z.B. durch Belüftung oder Klimatisierung.

Hinweis:

Informationen zu Arbeit in Hitze und Maßnahmen enthält die „Empfehlung des Ausschusses für Arbeitsstätten (ASTA) zur Beurteilung der Gefährdungen durch Hitze und Maßnahmen an Arbeitsplätzen in nicht allseits umschlossenen Arbeitsstätten und an Arbeitsplätzen im Freien".

5.3.2 Organisatorische Maßnahmen

Organisatorische Maßnahmen dienen der Verringerung der Aufenthaltszeit in der Sonne, insbesondere zu Tageszeiten mit hohem UV-Index, z.B. durch:

1. Verlagerung von Tätigkeiten in einen schattigen Bereich oder in den Innenbereich von Gebäuden,
2. Verteilung der Tätigkeiten auf mehrere Beschäftigte,
3. Verlegung der Tätigkeiten in die Morgen- oder Abendstunden und
4. Anpassung von Zeitpunkten und Dauer der Ruhepausen an die Tageszeit sowie Durchführung im Innenbereich von Gebäuden oder in einem verschatteten Bereich.

5.3.3 Personenbezogene Maßnahmen

(1) Personenbezogene Maßnahmen sind z.B.:

1. körperbedeckende Kleidung, wie langärmlige, luftdurchlässige Oberteile aus dicht gewebten Stoffen und Hosen mit langen Beinen,

2. Schutz des Kopfes, z.B. in Form eines Industrieschutzhelms, eines breitkrempigen Hutes oder Basecaps, jeweils mit Nacken- und Ohrenschutz,
3. Sonnenschutzbrillen mit getönten Gläsern[1297], die für die jeweilige berufliche Tätigkeit geeignet sind, insbesondere wenn die Gefahr der Blendung besteht, und

   Hinweise:

   1. *Zu stark getönte Gläser sind für bestimmte Arbeitsbereiche und Tätigkeiten nicht geeignet.*
   2. *Bei der Wahl der Gläser muss die notwendige Farberkennung am Arbeitsplatz sichergestellt sein.*
   3. *In Abhängigkeit von der Arbeitsumgebung können Gläser mit Polarisierung Blendung verringern und die Kontrastwahrnehmung erhöhen.*
4. Sonnenschutzmittel für Körperstellen, die nicht durch Kleidung oder Kopfbedeckung geschützt werden können (z.B. Gesicht, Nacken, Ohren, Hals, Hände). Geeignet sind wasserfeste Produkte mit einem hohen bis sehr hohen Lichtschutzfaktor (mindestens 30, besser 50+), einschließlich ausreichendem UV-A-Filter, erkennbar an dem Piktogramm in Abbildung 3.

Abb. 3: UV-A-Schutz Kennsiegel auf Sonnenschutzmitteln (Quelle: European Cosmetics, Toiletry and Perfumery Association – COLIPA)

(2) Der Arbeitgeber hat in ausreichendem Umfang geeignete persönliche Schutzausrüstungen, z.B. UV-Schutzbrillen[1298], sowie Sonnenschutzmittel kostenfrei zur Verfügung zu stellen.

6 Gefährdungen durch Niederschlag – Beurteilung und Maßnahmen

(1) Gefährdungen, welche von Niederschlag in den verschiedenen Formen (z.B. als Regen, Schnee, Graupel oder Glatteis) hinsichtlich erhöhter Unfallrisiken durch eingeschränkte

[1297] Es ist darauf zu achten, dass die Sonnenbrillen nicht nur getönte Gläser ausweisen, sondern auch mit einem UV-Filter versehen sind. Gewerblich genutzte Sonnenbrillen müssen den Normen DIN EN 166:2002-04 „Persönlicher Augenschutz – Anforderungen" und DIN EN 172: 2002-02 „Persönlicher Augenschutz – Sonnenschutzfilter für den betrieblichen Gebrauch" genügen und entsprechend gekennzeichnet sein.

[1298] Es handelt sich bei Sonnenbrillen zum Schutz der Augen vor UV-Strahlung um persönliche Schutzausrüstung (PSA), die vom Arbeitgeber bei einer entsprechenden Gefährdung kostenlos zur Verfügung zu stellen ist. Ebenso verhält es sich mit Sonnenschutzmitteln. Der Hinweis auf einen ausreichenden Umfang sagt aus, dass der Arbeitgeber geeignete UV-Schutzbrillen und Sonnenschutzmittel in ausreichender Menge für jeden seiner Beschäftigten, der Tätigkeiten im Freien oder in nicht allseits umschlossenen Räumen verrichtet, bereit stellen muss. Bei der Bereitstellung nach § 2 der PSA-Benutzungsverordnung ist auf die individuellen Bedürfnisse der Benutzer zu achten. Sie sind grundsätzlich für den Gebrauch durch eine Person bestimmt. Erfordern die Umstände eine Benutzung durch verschiedene Beschäftigte, hat der Arbeitgeber dafür zu sorgen, dass Gesundheitsgefahren oder hygienische Probleme nicht auftreten. Durch Wartungs-, Reparatur- und Ersatzmaßnahmen sowie durch ordnungsgemäße Lagerung trägt der Arbeitgeber dafür Sorge, dass die persönlichen Schutzausrüstungen während der gesamten Benutzungsdauer gut funktionieren und sich in einem hygienisch einwandfreien Zustand befinden.

Sicht, Glätte und Rutschgefahr ausgehen, sind zu vermeiden. Darüber hinaus sind Gefährdungen mit Verletzungsfolgen aufgrund von mechanischen Einwirkungen von Niederschlag auf den menschlichen Körper, Arbeitsmittel, Gebäude und Umgebung zu vermeiden. Die Gefährdungen hängen von der Form, Intensität und der Dauer des Niederschlags ab.

Hinweis:

Die Niederschlagsform Hagel wird im Abschnitt 8 „Gefährdungen durch Gewitter und Blitzschlag" mit behandelt.

(2) Bei Gefährdungen durch Niederschlag ist zu beachten, dass diese teilweise durch gleichzeitige Einwirkung anderer Witterungseinflüsse entstehen, wie Rutschgefahr durch gefrierenden Regen bei Kälte oder im Zusammenhang mit natürlicher UV-Strahlung durch erhöhte Reflexion bei einer geschlossenen Schneedecke. Die Auswirkungen reduzierter Wärmeisolation der Bekleidung durch Durchfeuchtung bei Arbeit in Kälte sind zu berücksichtigen.[1299)][1300)]

Hinweis:

Informationen zu Arbeit in Kälte und Maßnahmen enthält die „Empfehlung des Ausschusses für Arbeitsstätten (ASTA) zur Beurteilung der Gefährdungen durch Kälte und Maßnahmen an Arbeitsplätzen in nicht allseits umschlossenen Arbeitsstätten und an Arbeitsplätzen im Freien".

(3) Außergewöhnliche sekundäre Gefährdungen, die von Niederschlag ausgehen, wie Unterspülung, Hochwasser und Lawinen, sind nicht Gegenstand dieser ASR.

(4) Nach dem Auftreten von starkem Schneefall ist mit Folgegefährdungen zu rechnen, z.B. durch umsturzgefährdete oder abgebrochene Bäume oder Äste.

Hinweis:

Anforderungen an die Freihaltung von Verkehrswegen nach Niederschlagsereignissen, z.B. Schneefall, sind in der ASR A1.8 „Verkehrswege" enthalten.

6.1 Beurteilungsmaßstäbe für Gefährdungen durch Niederschlag

(1) Die Beurteilung der Gefährdungen durch Niederschlag sind bezogen auf die Tätigkeit und den jeweiligen Arbeitsplatz durchzuführen.

(2) Niederschlag ist in der Regel sichtbar und spürbar, weshalb Gefährdungen durch Niederschlag nach dieser ASR auf der Grundlage von qualitativen Kriterien zu beurteilen sind. Dabei ist das im Abschnitt 6.2 beschriebene Verfahren der Kategorisierung von Regen, Schnee und Glätte/Glatteis in 3 Intensitätsstufen (A, B und C) gemäß Tabelle 1 anzuwenden.

1299) Die Norm DIN EN 343:2019-06 „Schutzkleidung – Schutz gegen Regen" legt Anforderungen und Prüfverfahren für Schutzkleidung fest, um sicherzustellen, dass sie Beschäftigte vor den Einflüssen von Regen, Schnee, Nebel und Feuchtigkeit schützt. Die Norm definiert verschiedene Leistungsstufen, die den Wasserdurchgangswiderstand bzw. die Wasserdichtigkeit und den Wasserdampfdurchgangswiderstand bzw. die Atmungsaktivität von Schutzkleidung bewerten.

1300) Wetterschutzkleidung ist regendichte Kleidung, die eine möglichst hohe Wasserdampfdurchlässigkeit aufweist und gleichzeitig winddicht ist. Sie ist bei Lufttemperaturen oberhalb –5 °C einsetzbar. Kälteschutzkleidung ist Kleidung, die vor Lufttemperaturen unterhalb –5 °C schützt.

(3) Zur Information, für die Arbeitsorganisation und für die Einsatzplanung darf auch auf das Warnstufensystem des Deutschen Wetterdienstes (DWD) zur orientierenden Ermittlung der zu erwartenden Intensitätsstufen zurückgegriffen werden.

Hinweise:

1. *Die Angaben zu den DWD-Warnstufen basieren in einer Region auf der nächstgelegenen lokalen Wetterstation des DWD. Daher kann es zu Abweichungen zwischen den Vorhersagen des DWD und den tatsächlichen örtlichen Gegebenheiten kommen.*
2. *Diese Warnstufen des DWD werden in den Tabellen 1 und 2 den hier verwendeten Intensitätsstufen zum Vergleich gegenübergestellt und Anhaltspunkte zur Beurteilung gegeben.*

Tab. 1: Intensitätsstufen für Niederschlag mit Beschreibung und Handlungsanweisungen

Intensitätsstufe	Beschreibung	Handlungsanweisungen
A keine amtliche Warnung	Die Witterungsbedingungen sind nicht ungewöhnlich. Gefährdungen sind nicht zu erwarten, sofern Bekleidung, Ausrüstung und Verhalten den zu erwartenden Bedingungen am jeweiligen Arbeitsplatz entsprechen.	Ungeachtet einer geringen Gefährdung durch Niederschlagsereignisse ist witterungsangepasste Kleidung zu verwenden. Die Wetterentwicklung ist zu verfolgen und bei der Arbeitsplanung nach Möglichkeit zu berücksichtigen.
B DWD-Warnstufe 1 bis 2	Die erwartete Witterungsbedingung ist nicht ungewöhnlich, aber potenziell gefährdend. Es können vereinzelt oder örtlich Schäden auftreten.	Die Wetterentwicklung ist regelmäßig zu verfolgen und die Beschäftigten sind über zu erwartende Verschlechterungen der Lage zu informieren. Durchnässte Kleidung soll gewechselt und in Ruhepausen oder bei Tätigkeitsunterbrechungen getrocknet werden können.
C DWD-Warnstufe 3 bis 4	Die erwartete Wetterentwicklung ist sehr bis extrem gefährlich und in der Regel mit einer amtlichen Unwetterwarnung verbunden. Es können Lebensgefahr, verbreitet Schäden und Zerstörung auftreten.	Sofern die Auswirkungen der bei dieser Intensitätsstufe vorliegenden Gefährdungen nicht durch technische oder organisatorische Maßnahmen reduziert werden können, sind Aufenthalte und Tätigkeiten im Freien einzustellen. Sofern möglich sind für den Zeitraum der Einwirkung der Niederschläge Tätigkeiten durchzuführen, bei denen die Beschäftigten dem Wetter nicht direkt ausgesetzt sind.

6.2 Verfahren zur Beurteilung von Gefährdungen durch Niederschlag

(1) Zur Beurteilung der Gefährdungen durch Niederschlag ist zunächst auf die in Tabelle 1 genannten Intensitätsstufen zurückzugreifen. Die örtlichen Gegebenheiten sind zur Festlegung der Intensitätsstufen entscheidend. Zur weitergehenden Ermittlung der Gefährdungen und zur besseren lokalen Auflösung sind Beobachtungen der Beschäftigten vor Ort heranzuziehen und mit den Beurteilungsmaßstäben für Regen und Schnee sowie für Glätte und Glatteis nach Tabelle 2 zu bewerten.

(2) Bei Sichtbeeinträchtigungen ist abzuschätzen, ob die notwendige Sichtweite im Rahmen der Arbeitssituation zum jeweiligen Zeitpunkt noch gegeben ist.

(3) Genauere Verfahren zur Abschätzung der Gefährdungen durch Niederschläge, basierend z.B. auf den Daten einer vor Ort betriebenen Wetterstation, dürfen zur Beurteilung ebenfalls herangezogen werden.

(4) Die Intensitätsstufen zur Beurteilung der Gefährdung durch Regen, Schnee, Glätte und Glatteis sind der Tabelle 2 zu entnehmen.

Tab. 2: Kategorisierung der Intensität von Regen, Schnee, Glätte und Glatteis

Intensitätsstufe	Regen	Schnee	Glätte und Glatteis
A keine amtliche Warnung	Niesel- oder Landregen, Pfützenbildung in Senken	wenige Flocken, kaum Sichteinschränkungen	trockene Oberflächen bzw. keine überfrierende Nässe oder Reifablagerung
B DWD-Warnstufe 1 bis 2	Wasserschicht auf Straßen	Sicht durch Schneefall oder Schneetreiben eingeschränkt	überfrierende Nässe, Reifablagerung oder kurzzeitige kleinräumige Glatteisbildung
C DWD-Warnstufe 3 bis 4	Überschwemmungen, Sturzbäche	keine Sicht mehr durch Schneefall oder Schneetreiben	verbreitet Glatteisbildung am Boden oder an Gegenständen

(5) Handlungsanweisungen zu technischen, organisatorischen und personenbezogenen Maßnahmen bei Niederschlag sind in Abhängigkeit der 3 Intensitätsstufen in Tabelle 1 Spalte 3 festgelegt.

6.3 Maßnahmen gegen Gefährdungen durch Niederschlag

(1) Maßnahmen gegen Gefährdungen, die von Niederschlägen ausgehen, sind als sachgerechte Verknüpfung der in den Abschnitten 6.3.1 bis 6.3.3 für Rutschgefahr, Sichteinschränkungen und mechanische Einwirkungen beispielhaft benannten technischen, organisatorischen und personenbezogenen Maßnahmen festzulegen und umzusetzen.

(2) Bei der Festlegung der Maßnahmen ist die Dauer der Tätigkeit sowie die Ortsgebundenheit oder Ortsveränderlichkeit der Tätigkeit zu berücksichtigen.

6.3.1 Maßnahmen gegen Rutschgefahr

(1) Bei der Auswahl der Maßnahmen sind die Einflussmöglichkeiten des Arbeitgebers auf die dauerhafte Gestaltung der Arbeitsplatzumgebung (technisch oder organisatorisch) zu berücksichtigen. Insbesondere auf dem eigenen Betriebsgelände sind gemäß Maßnahmenhierarchie (TOP-Prinzip) technische Maßnahmen bevorzugt umzusetzen, um eine dauerhafte Reduzierung gefährdender Einflüsse zu erreichen.

(2) Technische Maßnahmen gegen Rutschgefahr sind z.B.:
1. das Anbringen ausreichend großer Überdachungen vor Gebäudeeingängen,
2. das Einrichten der Gebäudeeingänge derart, dass der Eintrag von Schmutz und Nässe nicht zu Rutschgefahren führt,
3. die Nutzung einer Taumittelsprühanlage gegen Glatteisbildung,
4. die Bereitstellung und Nutzung von Materialen für abstumpfende oder aufrauende Behandlung der Oberflächen (Wege), z.B. Sand, Rollsplit, Sägespäne, und
5. das zusätzliche Kennzeichnen von Gefahrenstellen.

(3) Organisatorische Maßnahmen gegen Rutschgefahr sind z.B.:
1. die Verlagerung des Ortes der Tätigkeit,
2. die zeitliche Verschiebung der Tätigkeit,
3. die Unterbrechung der Tätigkeit und
4. das Betreiben eines wirksamen Reinigungs- und Winterdienstes; Fußböden in Außenbereichen, zu denen Beschäftigte im Rahmen ihrer Arbeit Zugang haben, müssen so gereinigt, geräumt oder gestreut werden, dass sich keine zusätzlichen Stolper- oder Rutschgefahren ergeben.

(4) Personenbezogene Maßnahmen gegen Rutschgefahr sind z.B.:
1. die Nutzung von an die Witterung angepasster (Arbeits-) Kleidung und persönlichen Schutzausrüstungen, insbesondere von geeignetem Schuhwerk (z.B. mit stark profilierter und rutschhemmender Sohle, ggf. Schuhspikes und Überzieher), und
2. bei kurzzeitiger oder kleinräumiger Glätte sowie bei unvermeidbaren Tätigkeiten bei Glätte die Nutzung von Spikes oder Schuhketten, ggf. zusätzliches Tragen eines geeigneten Kopfschutzes.

6.3.2 Maßnahmen bei Sichteinschränkungen

(1) Sichteinschränkungen ergeben sich sowohl durch die direkte Einwirkung des Wetters, wie durch Regen, Schneefall oder Nebel, als auch durch Blendungen (geschlossene Schneedecke), Spiegelungen (Reflektionen in Wasserflächen) oder Flimmern (Eisnadeln, Diamantstaub, Polarschnee).[1301] Bei gemeinsamem Auftreten von Regen oder Schneefall mit Wind können sich die Sichteinschränkungen zusätzlich verstärken.

[1301] Sichteinschränkungen sind auch ausschließlich durch Windeinwirkungen möglich, z.B. durch die Aufwirbelung von Bodenbestandteilen bei ausgetrockneten Böden. S. Abschn. 7 Abs. 3 Nr. 3.

(2) Technische und organisatorische Maßnahmen bei Sichteinschränkungen dienen der Vermeidung von Unfällen und gefährlicher Alleinarbeit und sind in Abhängigkeit von der Arbeitssituation und dem Wetter z.B.:
1. bei zu erwartenden Sichteinschränkungen Alleinarbeit vermeiden, z.B. mittels gegenseitiger Absicherung durch eine direkte Begleitperson,
2. bei erforderlicher Alleinarbeit unter Sichteinschränkungen die Sicherheit erhöhen, z.B. durch
   a) die Durchführung von Kontrollgängen in kürzeren Abständen,
   b) die Einrichtung eines zeitlich abgestimmten Meldesystems (z.B. in zeitlichen Abständen zu wiederholender Anruf, Kenntnis des Vorgesetzten über Aufenthaltsorte der Beschäftigten) oder
   c) die Verwendung zusätzlicher akustischer[1302)1303)] oder LichtSignalgeber, und
3. gefährliche Alleinarbeit über den Zeitraum der vorliegenden Sichteinschränkungen einstellen, wenn eine Sichtverbindung zu anderen Personen nicht mehr gegeben ist und Maßnahmen nach Nummer 2 nicht umsetzbar sind.

(3) Personenbezogene Maßnahmen bei Sichteinschränkungen sind in Abhängigkeit von der Arbeitssituation und dem Wetter z.B.:
1. das Tragen von Reflektoren, Leuchtbändern und
2. das Tragen geeigneter Warnkleidung.

6.3.3 Maßnahmen gegen mechanische Einwirkungen

(1) Mechanische Einwirkungen ergeben sich z.B. durch von Gebäuden oder Bäumen herabfallende Eiszapfen, Eiskörner und Dachlawinen. Auch verdeckte Gefahren können auftreten, z.B. bei Schneedecke über nicht betretbaren Dachteilen (nicht durchtrittssichere Lichtkuppeln oder Lichtbänder). Durch die Wechselwirkung von Feuchte mit Temperaturen unter dem Gefrierpunkt ist ein Festfrieren von unbedeckten Körperpartien, z.B. Händen, beim Berühren metallischer Gegenstände, z.B. Aluminiumschneeschaufel oder Außentürklinke, möglich.

(2) Technische Maßnahmen gegen mechanische Einwirkungen sind z.B. das Entfernen von Eiszapfen und Dachlawinen über Verkehrswegen und allen Bereichen, in denen sich Beschäftigte im Rahmen ihrer Arbeit aufhalten. Ist dies nicht ohne Eigengefährdung möglich, sind betreffende Bereiche weiträumig abzusperren und zusätzlich auf die Gefahren hinzuweisen. Zur Durchführung technischer Maßnahmen ist ausreichend Zeit zur Verfügung zu stellen.

1302) ASR A3.7 „Lärm“, Nr. 3.2: Ein akustisches Gefahrensignal signalisiert eine Gefahrensituation. Man unterscheidet entsprechend dem Dringlichkeitsgrad und den möglichen Auswirkungen der Gefahr auf Personen zwischen drei Arten von Gefahrensignalen: dringliche Rettungs- und Schutzmaßnahmen (Notsignal), sofortiges Verlassen des Gefahrenbereiches (Evakuierungssignal) und vorbeugende Handlungen (Warnsignal).

1303) DIN EN ISO 7731:2008-12 „Ergonomie – Gefahrensignale für öffentliche Bereiche und Arbeitsstätten – Akustische Gefahrensignale“ gibt Hinweise zur Gestaltung von akustischen Signalen. S. a. S. Deutscher: „Erfahrungen und Richtwerte für Warnsignale am Arbeitsplatz“ in Lärmbekämpfung Bd. 7 (2012) Nr. 2.

(3) Organisatorische Maßnahmen gegen mechanische Einwirkungen sind z.B.:
1. das Unterbrechen der Tätigkeiten oder
2. nach Möglichkeit die zeitliche oder räumliche Verlagerung der Tätigkeiten.

(4) Personenbezogene Maßnahmen gegen mechanische Einwirkungen sind z.B.:
1. beim Auftreten von Eiskörnern/Graupel das Tragen von Schutzbrillen oder Kopfbedeckungen mit Schild oder einem Helmschild und

   Hinweis:

   Eiskörner und Graupel können Einschränkungen der Wahrnehmungsfähigkeit durch den unbeabsichtigten Lidschluss des Auges bedingen. Durch einen entsprechenden Schutz der Augen lässt sich die Sicherheit erhöhen.
2. das Tragen persönlicher Schutzausrüstungen, insbesondere Schutzhelm sowie Schutzhandschuhe, gegebenenfalls einschließlich Kälteschutz.

7 Gefährdungen durch Windkräfte – Beurteilung und Maßnahmen

(1) In dieser ASR schließen die Gefährdungen durch Windkräfte die direkten Auswirkungen bewegter Luftmassen, die Einwirkungen kleiner Teile oder Teilchen, die durch Wind aufgewirbelt oder weitergetragen werden, störende Windgeräusche und Folgegefährdungen von Wind mit Sturmstärke mit ein. Diese, in den Absätzen 2 bis 5 anhand von Beispielen konkretisierten Wirkungen, sind bei der Gefährdungsbeurteilung zu berücksichtigen.

Hinweise:

1. *Auch für Auswirkungen von Luftbewegungen, die durch Arbeitsmittel oder Arbeitsgegenstände im direkten Zusammenhang mit der Tätigkeit verursacht werden, z.B. die Abwärtsströmung unterhalb eines Arbeitshelikopters, können auf Basis dieser ASR Beurteilungen durchgeführt und Maßnahmen abgeleitet werden.*
2. *Die Wechselwirkungen von Wind mit anderen Witterungseinflüssen, z.B. Wind und Regen, Wind und Hitze/Kälte, werden bei den anderen Gefährdungen mit betrachtet.*

(2) Gefährdungen durch Kräfte bewegter Luftmassen treten z.B. auf:
1. als direkte Auswirkung auf Beschäftigte, z.B. durch Stürzen oder Absturz,
2. als indirekte Auswirkung durch Zusammenstoß mit oder Quetschung durch unkontrolliert bewegte Teile, z.B. umstürzende Bäume, herabfallende Äste, herumfliegende Bauteile, schlagende Planen, kippende Schaltafeln, und
3. als indirekte Auswirkungen von Wellengang und Gischt, z.B. auf Kaianlagen, Offshore-Anlagen.

(3) Gefährdungen durch kleine Teile oder Teilchen, die durch Wind aufgewirbelt oder weitergetragen werden, sind z.B.:
1. direkte Einwirkungen auf Haut und Augen der Beschäftigten,
2. die vermehrte Aufnahme von feinen Teilchen in Mund und Lunge und
3. Sichteinschränkungen durch starkes Staub- oder Sandtreiben sowie Staub- oder Sandsturm.

Hinweis:

Sofern die durch Wind aufgewirbelten und im Wind schwebenden festen Teilchen (z.B. Staub, Dunst, Rauch, Sand) zusätzlich als Luftschadstoffe auf die Beschäftigten einwirken, ist dies nicht Bestandteil dieser ASR.

(4) Zu Gefährdungen, die durch Windgeräusche verursacht werden, zählt z.B. die Beeinträchtigung der Wahrnehmung von akustischen Signalen.

(5) Nach dem Auftreten von Wind mit Sturmstärke ist mit Folgegefährdungen zu rechnen, z.B. durch umsturzgefährdete Bäume, verringerte Standsicherheit aufragender Arbeitsmittel (Gerüste, Krane), abgerissene Stromleitungen oder beschädigte Sicherheitseinrichtungen.

7.1 Beurteilungsmaßstäbe für Gefährdungen durch Windkräfte

(1) Die Beurteilung der Gefährdungen durch Windkräfte sind bezogen auf die Tätigkeit und den jeweiligen Arbeitsplatz durchzuführen. Die örtlichen Gegebenheiten sind für die Ermittlung der Windstärke oder Windgeschwindigkeit entscheidend.

(2) Wind ist in der Regel spürbar und ab einer gewissen Stärke an Umgebungsveränderungen erkennbar, weshalb Gefährdungen durch Windkräfte nach dieser ASR auf der Grundlage von beobachtbaren Auswirkungen mit Hilfe der Beaufort-Skala (siehe Anhang 1) zu beurteilen sind. Dabei ist das im Abschnitt 7.2 beschriebene Verfahren der Kategorisierung von Wind in 3 Intensitätsstufen (I, II und III) gemäß Tabelle 3 anzuwenden.

(3) Zur Information, für die Arbeitsorganisation und für die Einsatzplanung darf auch auf das Warnstufensystem des Deutschen Wetterdienstes (DWD) zur orientierenden Ermittlung der zu erwartenden Intensitätsstufen zurückgegriffen werden.

Hinweise:

1. *Die Angaben des DWD basieren in einer Region auf der nächstgelegenen lokalen Wetterstation des DWD. Daher kann es zu Abweichungen zwischen den Vorhersagen des DWD und den tatsächlichen örtlichen Gegebenheiten kommen.*
2. *Für die Intensitätsstufe I nach Tabelle 3 liegt nur ab Windstärke Beaufort-Grad 7 eine amtliche Warnung des DWD entsprechend Warnstufe 1 vor. Die Intensitätsstufe II umfasst die DWD-Warnstufe 2. Die Intensitätsstufe III umfasst die DWD-Warnstufen 3 und 4. Bei Arbeiten im Freien wird jedoch die DWD-Warnstufe 2 ab einer Windstärke von Beaufort-Grad 10 der Intensitätsstufe III zugeordnet. Arbeiten in nicht allseits umschlossenen Räumen verbleiben bei einer Windstärke von Beaufort-Grad 10 noch in der Intensitätsstufe II.*

Tab. 3: Intensitätsstufen für Windkräfte mit deren Beschreibung

Intensitätsstufe	Beschreibung	Windstärke, Windgeschwindigkeit (gemessen in 10 m Höhe)
I starker bis steifer Wind	Tätigkeiten sind behindert. Die Windstärke/Windgeschwindigkeit führt zu ersten Einschränkungen beim Gehen und Stehen. Das Halten von Gegenständen ist deutlich erschwert. Arbeitsmittel können z. T. schwingen und nicht mehr betreibbar sein (z.B. Leitern, Krane, Hubarbeitsbühnen). Bäume bewegen sich sichtbar. Sofern Totholz vorhanden ist, gilt Intensitätsstufe II.	6 bis 7 Bft.-Grad, 11 bis 17 m/s
II stürmischer Wind bis schwerer Sturm	Die Windstärke/Windgeschwindigkeit schränkt Gehen und Stehen fast vollständig ein. Schwerere Gegenstände und Arbeitsmittel können sich unkontrolliert bewegen. Herabfallende und unkontrolliert bewegte Teile (z.B. von Bäumen oder Gebäuden) können Personen treffen und in ungeschützten Bereichen auch verletzen. Bei Bäumen brechen Zweige und Äste. Schutz vor Verletzungsgefahr ist z.B. in Fahrzeugen möglich.	8 bis 10 Bft.-Grad, 17 bis 28 m/s
III orkanartiger Sturm bis Orkan	Durch die Windstärke/Windgeschwindigkeit haben Personen keinen kontrollierten Einfluss mehr auf Gehen oder Stehen. Massive und große herabfallende und unkontrolliert bewegte Teile können Personen tödlich verletzen. Bäume knicken ab oder werden entwurzelt. Teile von Dächern und Fassaden können wegfliegen. Schutz ist nur in massiven Gebäuden möglich. Tornados[1304] sind immer der Intensitätsstufe III zuzuordnen.	ab 11 Bft.-Grad, > 28 m/s

[1304] Ein Tornado ist eine Luftsäule mit Bodenkontakt, die um eine mehr oder weniger senkrecht orientierte Achse rotiert und sich unter einer cumuliformen Wolke befindet. Ein Tornado kann entstehen, wenn starke Temperaturgegensätze herrschen und Luft aufsteigt bzw. gehoben wird. Durch frei werdende Kondensationswärme und starke vertikale Windscherung (Zunahme der Windgeschwindigkeit und ggf. zusätzlich Änderung der Windrichtung mit der Höhe) wird dabei ein rotierender Aufwindschlauch erzeugt. Dieser kann einen Durchmesser bis über einen Kilometer erreichen, wobei Windgeschwindigkeiten von mehreren hundert Kilometern pro Stunde auftreten können. Quelle: Deutscher Wetterdienst DWD https://www.dwd.de/DE/service/lexikon/begriffe/T/Tornado.html

7.2 Verfahren zur Beurteilung von Gefährdungen durch Windkräfte

(1) Zur Beurteilung der Gefährdungen durch Windkräfte ist anhand der Windstärke die Intensitätsstufe nach Tabelle 3 festzulegen. Zur besseren lokalen Auflösung sind zusätzlich Beobachtungen durch die Beschäftigten vor Ort heranzuziehen.

(2) Die Windstärke kann phänomenologisch mit Hilfe der Beaufort-Skala anhand der Auswirkungen des Windes abgeschätzt werden. Im Binnenland ist die Beaufort-Skala, auf See die Beaufort-Skala See anzuwenden (siehe Anhang 1, Tabellen 5 und 6).

(3) Genauere Verfahren zur Abschätzung der Gefährdungen durch Windkräfte, basierend z.B. auf den Daten einer vor Ort betriebenen Wetterstation, dürfen zur Beurteilung ebenfalls herangezogen werden.

7.3 Maßnahmen gegen Gefährdungen durch Windkräfte

(1) Maßnahmen gegen Gefährdungen, die von Windkräften ausgehen, sind entsprechend den Intensitätsstufen der Tabelle 3 zu priorisieren und umzusetzen.

(2) Bei den Intensitätsstufen II (stürmischer Wind bis schwerer Sturm) und III (orkanartiger Sturm bis Orkan) sind technische und organisatorische Maßnahmen anzuwenden, um einen ausreichenden Schutz der Beschäftigten vor Verletzungsgefahren zu erreichen.

7.3.1 Technische Maßnahmen

Technische Maßnahmen gegen Windkräfte sind z.B.:

1. die Pflasterung, die Befestigung oder das Befeuchten der Arbeitsplatzumgebung (unter Beachtung der Rutschgefahr) zur Vermeidung der Aufwirbelung von Staub oder Teilchen,
2. die Abweisung des Windes durch Windschutzwände o.ä.,
3. die Ausstattung exponierter Stellen mit z.B. Halteeinrichtungen (Geländer, Umwehrungen) und Bodenbelägen mit erhöhter Rutschfestigkeit zum Schutz vor Sturz/ Absturz,
4. Arbeitsmittel, die den Beschäftigten das Halten von Gegenständen und das Führen auch bei schwingenden Lasten ermöglichen (z.B. sogenannte Führungsleinen),
5. das Anbringen von Sturmsicherungen, z.B. für Netze, um das Wegfliegen von Gegenständen zu verhindern,[1305][1306]
6. die Ausstattung ortsgebundener Arbeitsplätze im Freien mit Sicherheitseinrichtungen wie Funk, Mobiltelefon, Signalanzeigen oder akustischen Signalen, die unabhängig vom Wind wirken,

[1305] Für Ziegeldächer ermöglichen z.B. Sturmklammern eine gute Dachbefestigung. Sie verhindern das Abrutschen der Dachziegel bei hohen Windlasten. Die Sturmklammern sind speziell auf die Dachziegel abgestimmt. Sie werden in der Regel ohne zusätzliches Werkzeug einfach in die Dachlattung eingehängt und garantieren eine optimale Windsogsicherung.

[1306] Fassadensicherungen sind unverzichtbar, um Personen, Gebäude und Umgebung vor herabfallendem Material, Schmutz und Staub zu schützen. Hierfür werden Schutznetze oder Schutzplanen eingesetzt. Diese Schutzmaßnahmen sind besonders bei maroden Fassaden und in Sanierungsprojekten angezeigt.

7. die Sicherstellung der Stabilität baulicher Einrichtungen, um windbedingtes Umkippen oder Wegfliegen von Bauteilen zu verhindern,[1307]
8. das Vorhalten von Arbeitsmitteln, um den Arbeitsplatz bzw. den Arbeitsbereich von Totholz[1308], losen Ästen, umsturzgefährdeten Bäumen u.ä. befreien zu können[1309] und
9. das Vorhalten geschützter Bereiche/Einrichtungen (z.B. „Schutz-Gebäude", Fahrzeuge) zum Schutz vor unkontrolliert bewegten Arbeitsmitteln und Gegenständen; solche Einrichtungen müssen der maximal zu erwartenden mechanischen Beanspruchung durch den Winddruck oder durch Gegenstände, die auf sie fallen oder gegen sie prallen, standhalten können.

7.3.2 Organisatorische Maßnahmen

Organisatorische Maßnahmen gegen Windkräfte sind z.B.:

1. das Anpassen der Tätigkeit an die Gegebenheiten,
2. bei gefährlichen Windstärken/Windgeschwindigkeiten (auch in Böen) das Einstellen der Tätigkeiten und Aufsuchen geschützter Bereiche; hierfür ist ausreichend Zeit zur Verfügung zu stellen,
3. das Sichern von Teilen, Arbeitsmitteln und Elementen zur Verhinderung des Umkippens und Wegwehens,
4. das Lagern von Gegenständen in möglichst geringen Höhen und wenig windexponierten Bereichen,
5. die regelmäßige Beseitigung verwehbarer Ablagerungen,
6. festlegen von Gefahrenbereichen, die z.B. durch Umkippen von Bauteilen, Arbeitsmitteln oder Bäumen entstehen können,
7. Einsatz der Arbeitsmittel, z.B. Kran oder Hubarbeitsbühne, nur bis zur zulässigen Windstärke/Windgeschwindigkeit gemäß Herstellerangabe,
8. vor Arbeitsbeginn Sichtkontrolle auf Totholz, lose Äste, umsturzgefährdete Bäume, gegebenenfalls Beseitigung vornehmen oder Einstellung der Tätigkeiten und
9. gegebenenfalls Maßnahmen wie bei Alleinarbeit anwenden.

[1307] Die Windlast beschreibt die Kräfte, die durch den Wind auf ein Gebäude wirken. Diese üben eine starke Belastung auf dessen Struktur aus. Windlast bezeichnet den Druck, den der Wind auf eine Struktur ausübt. Sie wird in Pfund pro Quadratfuß (psf) gemessen und stellt die Kraft dar, die der Wind auf Gebäudeoberflächen wie Dächer, Wände und Fundamente ausübt. Die Windlast kann je nach Standort, Gebäudehöhe und umgebendem Gelände erheblich variieren. Diese Kräfte sind besonders wichtig in Regionen mit starkem Wind, wie Küstennähe oder Gebirgslagen. Um sicherzustellen, dass ein Gebäude windbeständig ist, müssen Architekten und Ingenieure die Windlast bei der Planung berücksichtigen. Der Einfluss des Windes variiert je nach Gebäudehöhe, Standort und Bauweise.

[1308] Totholz wird in der Ökologie und insbesondere im Biotop- und Artenschutz als Sammelbegriff für abgestorbene Bäume oder deren Teile verwendet. Grob unterteilt wird dabei zwischen stehendem Totholz, also noch nicht umgefallenen abgestorbenen Bäumen oder deren Teilen, und liegendem Totholz, das bereits auf dem Erdboden liegt.

[1309] Zur Vermeidung besonderer Gefährdungen beim Fällen von Totholz sollen möglichst erschütterungsarme Arbeitsverfahren, die örtlichen und zeitlichen Abstand zum fallenden Baum ermöglichen, angewendet werden. Hierzu kann eine seilwindenunterstützte Baumfällung eingesetzt werden. Zu den weiteren Arbeitsmitteln können Motorsäge, Axt, Beil, Handsäge und Entastungsgeräte gehören.

7.3.3 Personenbezogene Maßnahmen

Personenbezogene Maßnahmen gegen Windkräfte sind z.B.:

1. das Tragen einer Schutzbrille zur Vermeidung von Augenverletzungen,
2. das Tragen einer Staubschutzmaske,
3. bei Arbeiten am Wasser die Benutzung von an Wind und Wellengang angepasster PSA,
4. die Beachtung der Eigensicherung (z.B. festhalten, anschlagen, von schwingenden Teilen fernhalten, nur mit Führungsleinen arbeiten),
5. die Kontrolle der Arbeitskleidung auf peitschende Kordeln, Schnüre oder Verschlüsse und gegebenenfalls Sicherung; Zusammenbinden der Haare,
6. das Vermeiden von Tätigkeiten auf höhergelegen Bereichen des Arbeitsplatzes und
7. rechtzeitiges Verlassen des Gefahrenbereichs und Aufsuchen geschützter Bereiche/Einrichtungen.

8 Gefährdungen durch Gewitter und Blitzschlag – Beurteilung und Maßnahmen

Gefährdungen durch Gewitter und Blitzschlag können sich vorwiegend in den Monaten Mai bis August ergeben, sind bei bestimmten Wetterlagen aber zu jeder Jahreszeit möglich. Beschäftigte mit Arbeitsplätzen im Freien sind stark gefährdet und durch entsprechende Maßnahmen zur Minimierung der Gefährdungen zu schützen. Bei Gewittern kann als weitere Gefährdung Hagelschlag auftreten.

8.1 Beurteilungsmaßstäbe für Gefährdungen durch Gewitter und Blitzschlag

(1) Mit Gewittern muss immer gerechnet werden, wenn diese in Wettervorhersagen angekündigt sind oder persönliche Erfahrungen dies erwarten lassen. Bei entsprechender Wetterlage ist auch mit der spontanen Entstehung örtlich begrenzter Gewitter zu rechnen.

(2) Bei einer Wetterlage, in der Gewitter entstehen können, steigen auch die Gefährdungen durch einen Blitzschlag. Der ungeschützte Aufenthalt an Arbeitsplätzen im Freien, an denen die Beschäftigten den höchsten Punkt darstellen, erhöht die Gefährdung des direkten Blitzschlages in die Person. Hohe Objekte mit Kanten und Spitzen begünstigen einen Blitzschlag mit gegebenenfalls indirekten Gefährdungen, wie Lärm, Blendung, Ausfall von Arbeitsmitteln, Auftreten von Schrittspannung.[1310)]

(3) Bei der Beurteilung von Gefährdungen durch Blitzschlag sind die nachfolgend benannten Aspekte zu beachten mit dem Ziel, eine rechtzeitige Warnung zu veranlassen, damit die Beschäftigten einen sicheren Ort bei Blitzschlaggefahr aufsuchen können:

1310) Eine Gefährdung tritt auch durch die indirekte Wirkung eines nahen Blitzschlages auf. Der Blitzstrom breitet sich an der Einschlagstelle nach allen Richtungen im Boden aus. Mit zunehmender Entfernung radial vom Einschlagpunkt wird damit die auftretende Spannung zwischen zwei Punkten mit gleichem Abstand immer geringer. An der Erdoberfläche kann zwischen den Füßen eine „Schrittspannung" auftreten, die einen Strom durch den Körper hervorruft und zu gefährlichen Folgeerscheinungen (z.B. Muskelkontraktionen, Herzstillstand) führen kann. Dadurch ist ein Mensch auch noch in größerem Abstand vom Einschlagort durch die Wirkung der Blitzströme gefährdet. Diese Gefahrenzone beträgt bis etwa 30 m rund um den Einschlagspunkt, kann aber in felsigen Gebieten auch noch beträchtlich weiter reichen. Deshalb sollte man bei Gewittern im Freien unbedingt die Füße eng einander nebeneinanderstellen – möglichst in der Hocke, um die Schrittspannung so klein wie möglich halten. Quelle: VDE-Broschüre Blitze: So können Sie sich schützen – VDEOVEElectrosuisse.

1. wie weit darf sich das Gewitter dem Arbeitsplatz im Freien nähern,
2. welche Zeit benötigen die Beschäftigten, einen sicheren Ort bei Blitzschlaggefahr aufzusuchen, unter Berücksichtigung von Zugbahn und Zuggeschwindigkeit des Gewitters und
3. wie weit muss ein vorbeigezogenes Gewitter vom Arbeitsplatz im Freien entfernt sein, um ihn wieder sicher einnehmen zu können?

(4) Bei Annährung oder Abzug eines Gewitters sind im Rahmen der Gefährdungsbeurteilung in Abhängigkeit des gewählten Verfahrens (optisch-akustische Bewertung oder Feldstärke-Messung) als Beurteilungsmaßstäbe die Werte der Tabelle 4 heranzuziehen.[1311] Bei Konstellationen der sicheren Blitzableitung aufgrund der Umgebungsbedingungen, z.B. im innerstädtischen Kontext oder bei ähnlichen Gegebenheiten, z.B. im Schutzbereich von Fangeinrichtungen[1312][1313][1314] (siehe Anhang 2), darf die Gefährdung durch Blitzschlag eine Stufe niedriger angesetzt werden.

1311) Nähere Angaben enthält die Veröffentlichung der BG BAU „Gefährdungsbeurteilung Hochbau – 8 Gefährdungen durch Gewitter und Blitzschlag – Beurteilung und Maßnahmen" sowie Aussagen in Abschn. 8.2.2.

1312) Ein äußeres Blitzschutzsystem besteht aus den Fangeinrichtungen, den Ableitungen und dem Erdungssystem. Ziel ist es, Blitze einzufangen, den Blitzstrom gegen Erde abzuleiten und im Erdreich großflächig zu verteilen. Die Fangeinrichtungen eines Blitzschutzsystems haben die Aufgabe, die möglichen Einschlagstellen festzulegen und unkontrollierte Einschläge an anderen Stellen zu vermeiden. Fangeinrichtungen bestehen im Allgemeinen aus massiven Rundleitern, massiven Flachleitern oder Seilen aus leitfähigem Material. Diese befinden sich auf, oberhalb oder seitlich an einer baulichen Anlage. Als Fangeinrichtung kommt meist eine Kombination aus waagerecht verlegten Fangleitungen, senkrechten Fangstangen und Fangnetzen zur Anwendung. Auf Gebäuden mit Flachdächern werden die Fangleitungen in der Regel in Maschenform angelegt. Hierbei darf kein Punkt des Daches mehr als 5 m von einer Fangeinrichtung entfernt sein. Daraus ergibt sich eine Maschenbreite von maximal 10 m, die maximale Maschenlänge darf laut Bestimmungen 20 m nicht überschreiten. Die genauen Abstände sind in Schutzklassen von I bis IV eingeteilt. Fangeinrichtungen für Gebäude mit Steil- oder Zeltdächern können auch aus einer Fangleitung oder einer Fangstange bestehen, solange die Gesamthöhe von 20 m nicht überschritten wird. Jedoch muss das Gebäude mit allen Teilen im Schutzbereich liegen. Der Schutzbereich befindet sich in einem 45°-Winkel unter der Fangeinrichtung.

1313) Zur optimalen Lage und Anordnung der Fangeinrichtungen werden verschiedene Verfahren genutzt: Blitzkugelverfahren, Maschenverfahren, Schutzwinkelverfahren. Diese Verfahren sind kombinierbar und können nach baulichen Gegebenheiten einzeln oder als Gesamtheit angewandt werden.

1314) DIN EN IEC 62305-3:2025-10 VDE 0185-305-3:2025-10 „Blitzschutz – Teil 3: Schutz von baulichen Anlagen und Personen" gilt für Planung, Errichtung, Prüfung und Wartung von Blitzschutzsystemen für bauliche Anlagen ohne Einschränkung bezüglich ihrer Höhe und das Ergreifen von Schutzmaßnahmen gegen Verletzungen von Lebewesen durch Berührungs- und Schrittspannungen. Dieses Dokument enthält Anforderungen für den Schutz einer baulichen Anlage gegen physikalische Schäden mit Hilfe eines Blitzschutzsystems (LPS) und für den Schutz gegen Verletzungen von Lebewesen durch Berührungs- und Schrittspannungen in der Nähe eines Blitzschutzsystems.

Tab. 4: Beurteilungsmaßstäbe für Gefährdungen durch Blitzschlag

Verfahren	Blitzschlaggefahr		
	gering	hoch	sehr hoch
optisch-akustisch	Donner nicht wahrnehmbar, d.h. mehr als 10 km Abstand; 30 Minuten nach letztem Donner	Donner ohne oder mit Zuordnung zum Blitzereignis wahrnehmbar	Zeit zwischen Blitzereignis und Donner weniger als 10 s, d.h. weniger als 3,4 km Abstand[1315)]
Feldstärke-Messung	weniger als 3000 V/m	3000 V/m bis 5000 V/m	über 5000 V/m

8.2 Verfahren zur Beurteilung von Gefährdungen durch Gewitter und Blitzschlag

(1) Im Rahmen dieser ASR dürfen zur Beurteilung von Gefährdungen durch Gewitter und Blitzschlag verschiedene Verfahren mit unterschiedlichem Ermittlungsaufwand angewendet werden.

(2) Bei allen Verfahren ist zu beachten, dass eine langfristige Vorhersage von Gewitter und Blitzschlag nicht möglich ist. Erkenntnisse über konkrete Gewitter- und Blitzschlaggefahren sind den Beschäftigten an Arbeitsplätzen im Freien daher stets unverzüglich mit geeigneten Mitteln in Form einer rechtzeitigen Warnung bekanntzugeben.

8.2.1 Verfahrensweise zur Beobachtung der Wetterentwicklung in der Umgebung

(1) Beobachtungen zur Wetterentwicklung in der Umgebung durch die Beschäftigten liefern eine Grundlage zur Beurteilung der vor Ort bestehenden Gefährdungen durch Blitzschlag nach Tabelle 4.

(2) Gewitter lassen sich durch Donnergeräusche wahrnehmen. Abhängig von Randbedingungen, wie Windrichtung, Hintergrundgeräuschen, Temperatur, Luftfeuchte und Gelände, ist dies bei einem Abstand zum Gewitter kleiner 20 km wahrnehmbar. Zunächst nur als andauerndes Raunen oder Rollen wahrnehmbar, wird der Donner bei einem Abstand zum Gewitter kleiner 5 km zum Knallgeräusch.

Hinweise:

1. *Bei einer Zeitdifferenz von 1 Sekunde zwischen Licht- und Geräuschereignis entspricht dies einer Entfernung von ca. 340 m. Zur Abstandsermittlung muss der Donner als Knallgeräusch dabei eindeutig einem Blitz zugeordnet werden können.*
2. *Verwendung von Gewitter-Warnungen/Warn-Apps: Beim Durchzug von Frontgewittern können sie Informationen zum wahrscheinlichen Zeitpunkt des Eintreffens geben. Durch Beob-*

[1315)] Die Zeitangabe ergibt sich aus der Differenz von Licht- und Schallgeschwindigkeit. Während sich Licht mit etwas weniger als 300.000 m/s ausbreitet, sind es beim Schall abhängig vom Medium lediglich etwa 343,2 m/s. Die Schallgeschwindigkeit ist die Geschwindigkeit, mit der sich Schallwellen in einem Medium ausbreiten. So beträgt sie bei 20 °C in gänzlich trockener Luft 343,46 m/s.

achtung des zeitlichen Verlaufs in Warn-Apps, auch unter Nutzung von Prognose-Funktionen, lassen sich Abstand, Zugbahn und Zuggeschwindigkeit eines Gewitters und die voraussichtliche Ankunftszeit abschätzen. Bei Entstehung von regionalen Wärmegewittern können Gewitter-Warnungen/Warn-Apps nicht als Verfahren zur Beurteilung der Gewitter- und Blitzschlaggefahren vor Ort/am Arbeitsplatz eingesetzt werden.

8.2.2 Verfahren zur Detektion von Gewitter und Blitzschlag durch Feldstärkemessung am Boden

(1) Bei der Feldstärkemessung am Boden werden mit stationärer Messtechnik fortlaufend die Feldstärken ermittelt und beim Überschreiten örtlich festgelegter Werte Blitzschlaggefahren festgestellt.

(2) Mit diesem Verfahren lassen sich auch atmosphärische Zustände erkennen, die schon weit im Vorfeld von Gewittern auf Blitzschlaggefahren hindeuten.

8.3 Maßnahmen gegen Gefährdungen durch Gewitter und Blitzschlag

Maßnahmen gegen Gefährdungen durch Gewitter und Blitzschlag sind im Vorfeld zu planen und den Beschäftigten durch Unterweisung bekanntzumachen.

8.3.1 Technische Maßnahmen

(1) Nicht allseits umschlossene Arbeitsstätten sind als sicherer Ort bei Blitzschlaggefahr einzurichten, wenn an den in ihnen befindlichen Arbeitsplätzen bei Blitzschlaggefahr weitergearbeitet werden soll.

(2) Kabinen mobiler Arbeitsmittel sind als sicherer Ort bei Blitzschlaggefahr auszulegen, wenn die Beschäftigten sich bei Blitzschlaggefahr darin aufhalten sollen.

(3) In exponierten Arbeitsstätten (z.B. bei Offshore-Windenergieanlagen) ist ein sicherer Ort bei Blitzschlaggefahr einzurichten.

(4) Sichere Orte bei Blitzschlaggefahr schützen in der Regel auch gegen Hagelschlag.

8.3.2 Organisatorische Maßnahmen

Als organisatorische Maßnahmen soll unter Berücksichtigung der Aspekte in Abschnitt 8.1 Absatz 3 vorgesehen werden, dass

1. die Warnung vor Blitzschlaggefahr alle betroffenen Beschäftigten unverzögert erreicht,
2. die Tätigkeiten im gefährdeten Bereich sofort eingestellt werden oder bei Tätigkeiten, die nicht unmittelbar eingestellt werden können, die Warnung mit ausreichender Vorlaufzeit übermittelt wird,
3. die Beschäftigten die vorgesehenen sicheren Orte bei Blitzschlaggefahr (z.B. Gebäude, geeignete Fahrzeuge) rechtzeitig erreichen können und
4. die Tätigkeiten erst nach Ende der Blitzschlaggefahr und nicht unmittelbar (z.B. nach Ende des Niederschlags) wieder aufgenommen werden.

8.3.3 Personenbezogene Maßnahmen

(1) Beschäftigte haben vorgegebene organisatorische Maßnahmen bei Blitzschlaggefahr unverzüglich zu befolgen, da eine Reaktion im Moment des Blitzschlages nicht mehr möglich ist.

(2) Nach dem Aufsuchen sicherer Orte bei Blitzschlaggefahr ist der Kontakt zu metallischen Außenflächen, z.B. von Fahrzeugen oder Containern, und zu Kabeldurchführungen zu vermeiden. Der sichere Ort darf erst nach Wegfall der Blitzschlaggefahr verlassen werden.

(3) Wenn sichere Orte bei Blitzschlaggefahr nicht aufgesucht werden können, haben Beschäftigte

1. sich im Freien nicht auf Erhebungen oder im Wasser aufzuhalten,
2. Abstand von größeren Objekten (Masten, Bäumen, nicht blitzschlagsicheren Gebäuden) zu halten sowie Arbeitsmittel und Gegenstände aus Metall mit Abstand zu sich abzulegen,
3. sich mit Abstand zu anderen Personen und nicht in Gruppen aufzuhalten sowie
4. die Gefahr der Körperdurchströmung zu vermeiden, d.h. sich engbeinig hinzuhocken, beide Knie mit beiden Armen zu umfassen und sich nicht an z.B. Wände oder Zäune anzulehnen.

Anhang 1

Beaufort-Skala und Beaufort-Skala See

Die Beaufort-Skala ist ein Hilfsmittel, mit deren Hilfe die Windstärke anhand der Auswirkungen des Windes geschätzt werden kann. Sie reicht von Stärke 0 (Windstille) bis Stärke 12 (Orkan).

Tabelle 5 enthält die Beaufort-Skala zu den Auswirkungen von Wind im Binnenland, Tabelle 6 die Beaufort-Skala See zu den windinduzierten Auswirkungen auf See.

Hinweis:

Die angegebenen signifikanten Wellenhöhen sind ungefähre Richtwerte der sogenannten „ausgereiften Windsee". Die Überlagerung der Windsee durch Dünung ist dabei nicht berücksichtigt. $H_{1/3}$ *bezeichnet die durchschnittliche Wellenhöhe im höchsten Drittel aller Wellen im Seegang.*

Tab. 5: Beaufort-Skala

Beaufort Grad (Bft.-Grad)	Bezeichnung	Mittlere Windgeschwindigkeit in 10 m Höhe über freiem Gelände (m/s)	(km/h)	Beispiele für die Auswirkungen des Windes im Binnenland
0	Windstille	0 – 0,2	< 1	Rauch steigt senkrecht auf
1	leiser Zug	0,3 – 1,5	1 – 5	Windrichtung angezeigt durch den Zug des Rauches
2	leichte Brise	1,6 – 3,3	6 – 11	Wind im Gesicht spürbar, Blätter und Windfahnen bewegen sich
3	schwache Brise, schwacher Wind	3,4 – 5,4	12 – 19	Wind bewegt dünne Zweige und streckt Wimpel
4	mäßige Brise, mäßiger Wind	5,5 – 7,9	20 – 28	Wind bewegt Zweige und dünnere Äste, hebt Staub und loses Papier
5	frische Brise, frischer Wind	8,0 – 10,7	29 – 38	kleine Laubbäume beginnen zu schwanken, Schaumkronen bilden sich auf Seen
6	starker Wind	10,8 – 13,8	39 – 49	starke Äste schwanken, Regenschirme sind nur schwer zu halten, Stromleitungen pfeifen im Wind

Beaufort Grad (Bft.-Grad)	Bezeichnung	Mittlere Windgeschwindigkeit in 10 m Höhe über freiem Gelände		Beispiele für die Auswirkungen des Windes im Binnenland
		(m/s)	(km/h)	
7	steifer Wind	13,9 – 17,1	50 – 61	fühlbare Hemmungen beim Gehen gegen den Wind, ganze Bäume bewegen sich
8	stürmischer Wind	17,2 – 20,7	62 – 74	Zweige brechen von Bäumen, erschwert erheblich das Gehen im Freien
9	Sturm	20,8 – 24,4	75 – 88	Äste brechen von Bäumen, kleinere Schäden an Häusern (Dachziegel oder Rauchhauben abgehoben)
10	schwerer Sturm	24,5 – 28,4	89 – 102	Wind bricht Bäume, größere Schäden an Häusern
11	orkanartiger Sturm	28,5 – 32,6	103 – 117	Wind entwurzelt Bäume, verbreitet Sturmschäden
12	Orkan	ab 32,7	ab 118	schwere Verwüstungen

Tab. 6: Beaufort-Skala See

Beaufort-Grad (Bft.-Grad)	Bezeichnung	Windgeschwindigkeit (gerundete Werte)			Signifikante Wellenhöhe $H_{1/3}$	Auswirkungen des Windes auf See
		(m/s)	(km/h)	(Knoten)	(m)	
0	Stille	- 0	< 1	< 1	0	spiegelglatte See
1	leiser Zug	- 1	1 – 5	1 – 3	0,1	kleine schuppenförmig aussehende Kräuselwellen ohne Schaumkämme
2	leichte Brise	2 – 3	6 – 11	4 – 6	0,2	kleine Wellen, noch kurz, aber ausgeprägter; die Kämme sehen glasig aus und brechen nicht

Beaufort-Grad (Bft.-Grad)	Bezeichnung	Windgeschwindigkeit (gerundete Werte)			Signifikante Wellenhöhe $H_{1/3}$	Auswirkungen des Windes auf See
		(m/s)	(km/h)	(Knoten)	(m)	
3	schwacher Wind	3 – 5	12 – 19	7 – 10	0,6	die Kämme beginnen zu brechen, der Schaum ist glasig, vereinzelt können kleine weiße Schaumköpfe auftreten
4	mäßiger Wind	5 – 8	20 – 28	11 – 16	1	die Wellen sind zwar noch klein, werden aber länger; weiße Schaumköpfe treten schon ziemlich verbreitet aui
5	frischer Wind	8 – 11	29 – 38	17 – 21	2	mäßige Wellen, die eine ausgeprägte lange Form annehmen; weiße Schaumkämme bilden sich in großer Zahl, vereinzelt kann schon etwas Gischt vorkommen
6	starker Wind	11 – 14	39 – 49	22 – 27	3	Bildung großer Wellen beginnt; überall treten ausgedehnte weiße Schaumkämme auf, häufig mit Gischt
7	steifer Wind	14 – 17	50 – 61	28 – 33	4	die See türmt sich auf; der beim Brechen der Wellen entstehende weiße Schaum beginnt sich in Streifen in Windrichtung zu legen
8	stürmischer Wind	17 – 21	62 – 74	34 – 40	5,5	mäßig hohe Wellenberge von beträchtlicher Länge; die Kanten der Kämme beginnen zu Gischt zu verwehen; gut ausgeprägte Schaumstreifen

Beaufort-Grad (Bft.-Grad)	Bezeichnung	Windgeschwindigkeit (gerundete Werte)			Signifikante Wellenhöhe $H_{1/3}$	Auswirkungen des Windes auf See
		(m/s)	(km/h)	(Knoten)	(m)	
9	Sturm	21 – 24	75 – 88	41 – 47	7	hohe Wellenberge, dichte Schaumstreifen; das bekannte „Rollen" der See beginnt; die Gischt kann die Sicht beeinträchtigen
10	schwerer Sturm	24 – 28	89 – 102	48 – 55	9	sehr hohe Wellenberge mit langen überbrechenden Kämmen; die entstehenden Schaumflächen werden in so dichten weißen Streifen in Richtung des Windes geweht, dass die Meeresoberfläche im Ganzen weiß aussieht; das Rollen der See wird schwer und stoßartig; die Sicht ist beeinträchtigt
11	orkanartiger Sturm	28 – 33	103 – 117	56 – 63	11,5	außergewöhnlich hohe Wellenberge; kleine und mittelgroße Schiffe zeitweise hinter Wellenbergen verdeckt; die See ist völlig von langen weißen Schaumflächen bedeckt. Überall werden die Kanten der Wellenkämme zu Gischt verweht; die Sicht ist stark herabgesetzt
12	Orkan	> 33	> 118	> 64	> 14	die Luft ist mit Schaum und Gischt angefüllt; die See ist vollständig weiß von treibender Gischt; die Sicht ist sehr stark herabgesetzt

Anhang 2

Schutzbereich eines Gebäudes mit Blitzschutzsystem für den Personenschutz

Tabelle 7 gibt an, wie weit Personen von einem Gebäude mit Blitzschutzsystem oder einem anderen geerdeten Objekt (Fangstange) entfernt sein dürfen, ohne direkt vom Blitz getroffen zu werden.

Hinweis:

Bei Blitzschutzklasse II ist der Schutz gegen Blitzschlag in 95 % der Fälle wirksam, bei Blitzschutzklasse III in 88 % der Fälle.[1316)]

Tab. 7: Schutzbereich eines Gebäudes mit Blitzschutzsystem für den Personenschutz

Höhe des Gebäudes (m)	maximaler Abstand zum Gebäude für Schutz vor Direktschlag (m)	
	Blitzschutzklasse II	Blitzschutzklasse III
2,5	0	0
3	1	1
3,5	2	3
4	3	4
4,5	4	5
5	5	6
5,5	5	7
6	6	8
6,5	7	9
7	7	9
7,5	8	10
8	8	11
8,5	9	12
9	9	12
10	10	13

1316) Blitzschutzklassen (LPS = Lightning Protection System Classes) definieren den Schutzzielgrad einer Blitzschutzanlage. Sie werden gem. DIN EN 62305-1*VDE 0185-305-1 Blitzschutz – Teil 1: Allgemeine Grundsätze in vier Klassen unterteilt:
Blitzschutzklasse I – höchster Schutzbedarf
Blitzschutzklasse II – hoher Schutzbedarf
Blitzschutzklasse III – mittlerer Schutzbedarf (Standard für Wohnhäuser)
Blitzschutzklasse IV – geringster Schutzbedarf (nur noch minimales Risiko).
Die Wahl der Klasse hängt vom Risiko, der Gebäudenutzung und der Blitzhäufigkeit der Region ab.

Höhe des Gebäudes (m)	maximaler Abstand zum Gebäude für Schutz vor Direktschlag (m)	
	Blitzschutzklasse II	Blitzschutzklasse III
11	11	15
12	12	16
13	13	17
14	13	18
15	14	19
16	15	20
17	15	20
18	16	21
19	16	22
20	16	23
21	17	23
22	17	24
23	17	24
24	17	25
25	18, maximaler Abstand	26
26		26
27		26
28		27
29		27
30		28
31		28
32		28
33		29
34		29
35		29
36		29
37		29
38		30, maximaler Abstand

Literaturhinweise

Technische Regeln

AMR 13. Arbeitsmedizinische Regel „Tätigkeiten im Freien mit intensiver Belastung durch natürliche UV- Strahlung von regelmäßig einer Stunde oder mehr je Tag"

Informationen der Unfallversicherungsträger

DGUV-Information 112–192 Benutzung von Augen- und Gesichtsschutz

Normen und weitere Quellen

Bundesamt für Strahlenschutz (BfS): Aktuelle UV-IndexTagesverläufe, *https://www.bfs.de/DE/themen/opt/uv/uv-index/aktuelle-tagesverlaeufe/aktueUe-tagesverlaeufe. html*

Deutscher Wetterdienst (DWD): UV-Gefahrenindex, *https://kunden.dwd.de/uvi_de*

DIN EN 172:2002-02 Persönlicher Augenschutz – Sonnenschutzfilter für den betrieblichen Gebrauch

DIN EN 166:2002-04 Persönlicher Augenschutz – Anforderungen

Empfehlung des Ausschusses für Arbeitsstätten (ASTA): Beurteilung der Gefährdungen durch Hitze und Maßnahmen an Arbeitsplätzen in nicht allseits umschlossenen Arbeitsstätten und an Arbeitsplätzen im Freien, *https://www.baua.de/DE/Die-BAuA/Aufgaben/Geschaefts-fuehrung-von- Ausschuessen/ASTA/pdf/Hitze.pdf?blob=publicationFile*

Empfehlung des Ausschusses für Arbeitsstätten (ASTA): Beurteilung der Gefährdungen durch Kälte und Maßnahmen an Arbeitsplätzen in nicht allseits umschlossenen Arbeitsstätten und an Arbeitsplätzen im Freien, *https://www.baua.de/DE/Die-BAuA/Aufgaben/Geschaefts-fuehrung-von- Ausschuessen/ASTA/pdf/Kaelte.pdf?blob=publicationFile*

M. Kittelmann, L. Adolph, A.Michel, R. Packroff, M. Schütte, S. Sommer (Hrsg.): Handbuch Gefährdungsbeurteilung. 1. Auflage. Dortmund: Bundesanstalt für Arbeitsschutz und Arbeitsmedizin, 2021, Seiten: 611, PDF-Datei, DOI: 10.21934/baua:fachbuch20210127; aktualisierte Ausgabe 2023, PDF-on-Demand-Dokument (DOI: 10.21934/ baua:fachbuch20230531),*https://www.baua.de/DE/Themen/Arbeitsgestaltung/Gefaehrdungsbeurteilung/Handbuch-Gefaehrdungsbeurteilung/Gefaehrdungsbeurteilung_node*

P. Knuschke, G. Ott, A. Bauer, M. Janßen, K. Mersiowsky, A. Püschel, H. Rönsch: Schutzkomponenten bei solarer UV-Exposition. 1. Auflage. Dortmund: Bundesanstalt für Arbeitsschutz und Arbeitsmedizin 2015. ISBN: 978-3-88261154-0, *https://www.baua.de/DE/Angebote/Publikationen/Berichte/F2036.html*

VDE Verband der Elektrotechnik Elektronik Informationstechnik e.V.: Hilfreiche Tabellen für die Blitzschutz-Planung, *https://www.vde.com/de/blitzschutz/infos/tabellen*

zu Anh. Nr. 5.2 ArbStättV

Technische Regeln für Arbeitsstätten	Anforderungen an Arbeitsplätze und Verkehrswege auf Baustellen im Grenzbereich zum Straßenverkehr – Straßenbaustellen	ASR A5.2

(GMBl. Nr. 58-59 vom 21.12.2018 S. 1160)
geändert durch GMBl. Nr. 9-11 vom 18.3.2022 S. 252

...

Diese ASR A5.2 konkretisiert im Rahmen ihres Anwendungsbereichs Anforderungen der Verordnung über Arbeitsstätten. Bei Einhaltung dieser Technischen Regel kann der Arbeitgeber davon ausgehen, dass die entsprechenden Anforderungen der Verordnung erfüllt sind. Wählt der Arbeitgeber eine andere Lösung, muss er damit mindestens die gleiche Sicherheit und den gleichen Schutz der Gesundheit für die Beschäftigten erreichen.

Inhaltsverzeichnis

1 Zielstellung

Diese ASR dient dem Schutz von Beschäftigten auf Baustellen vor Gefährdungen durch den fließenden Verkehr im Grenzbereich zum Straßenverkehr. Sie konkretisiert die Anforderungen an das Einrichten und Betreiben von Arbeitsplätzen und Verkehrswegen auf diesen Baustellen in § 3a Absatz 1 Arbeitsstättenverordnung sowie insbesondere in Punkt 5.2 Absätze 2, 3 und 4 des Anhangs der Arbeitsstättenverordnung.[1317) 1318) 1319) 1320) 1321)]

2 Anwendungsbereich

(1) Diese ASR gilt für das Einrichten, Betreiben und den Abbau von Arbeitsplätzen und Verkehrswegen auf Baustellen im Grenzbereich zum Straßenverkehr, bei denen durch den flie-

1317) Das Anliegen zur Erstellung der ASR A5.2 wurde bereits 2011 an den ASTA gerichtet. Hintergrund waren zahlreiche Arbeitsunfälle von Beschäftigten bei der Arbeit, die ursächlich auf zu geringe Sicherheitsabstände zwischen dem fließenden Verkehr und den daneben durchgeführten Bau- oder Instandhaltungsarbeiten zurückzuführen waren. Während die verkehrsrechtlichen Aspekte des Grenzbereichs in den Richtlinien zur Sicherung von Arbeitsstellen an Straßen (RSA), Ausg. 1995-02, ersetzt durch Ausg. 2021, als gültiges technisches Regelwerk verankert sind, fehlte hinsichtlich der arbeitsschutzrechtlichen Aspekte eine zusammenfassende Darstellung der sich insbesondere aus dem ArbSchG, der BaustellV und der ArbStättV ergebenden Anforderungen und Pflichten als Hilfestellung für Planungs-, Ausschreibungs-, Umsetzungs- und Überwachungsprozesse.

ßenden Verkehr Gefährdungen für die Beschäftigten entstehen können. Sie findet auch An wendung für die dazugehörenden Verkehrssicherungsarbeiten[1322]. Sie unterstützt bei der Ermittlung und Beurteilung dieser Gefährdungen sowie bei der Planung und Umsetzung

---

1318) Das Vorhaben, die Belange des Arbeitsschutzes durch eine Überarbeitung der Richtlinien zur Sicherung von Arbeitsstellen an Straßen (RSA) in diesen stärker zu berücksichtigen, wurde von der Verkehrsseite nicht befürwortet, da die RSA primär die Sicherheit der Verkehrsteilnehmer und die darauf ausgerichtete Lenkung des Straßenverkehrs in den Baustellenbereichen als Regelungsgegenstand umfasst. Vor diesem Hintergrund wurde 2011 im ASTA eine Arbeitsgruppe mit der Erarbeitung einer ASR A5.2 beauftragt. In dieser sollten die Anforderungen an Arbeitsplätze und Verkehrswege im Grenzbereich von Straßenverkehr und Baustelle nach Anh. 5.2 konkretisiert und beispielhafte Lösungen zu deren Umsetzung beschrieben werden. Hierfür wurde eine Abstimmung mit den für Verkehr und Arbeit zuständigen Bundesministerien, mit der Bundesanstalt für Arbeitsschutz und Arbeitsmedizin (BAuA), mit der Bundesanstalt für Straßenwesen (BASt) und der Forschungsgesellschaft für Straßen- und Verkehrswesen (FGSV e. V.), Arbeitskreis RSA vorgesehen.

1319) Ein Entwurf der ASR A5.2 Straßenbaustellen wurde im Dezember 2013 vom ASTA beschlossen. Dieser sollte als neue ASR im April 2014 vom BMAS bekannt gemacht werden und in Kraft treten. Dem Anliegen wurde durch eine Intervention des Bundesverkehrsministeriums – auch vor dem Hintergrund einer ablehnenden Haltung der Konferenz der Verkehrsminister der Länder (VMK) – nicht zugestimmt. Daraufhin entschied sich der ASTA dafür, den Entwurf der ASR A5.2 der Fachöffentlichkeit vorab auf den Internetseiten der BAuA als Information zur Verfügung zu stellen.

1320) Nach einer Abstimmung zwischen den für Arbeit (ASMK) und Verkehr (VMK) zuständigen Konferenzen der jeweiligen Ministerinnen und Minister der Länder sind als weitere Voraussetzung für das Inkrafttreten der ASR A5.2 die Erstellung einer Handlungshilfe und aus Sicht der Verkehrsseite erforderliche Anpassungen – insbesondere zu den in der ASR A5.2 verankerten Sicherheitsabständen in Quer- und Längsrichtung sowie zu den Anwendungskriterien zu transportablen Schutzeinrichtungen – durch eine aus Vertretungen der Arbeitsschutz- und der Verkehrsseite bestehende Arbeitsgruppe erfolgt. Den im Ergebnis der Beratungen vorgelegten teilweisen Neufassungen der Nr. 4.2.1 und der Tabelle 3 der ASR A5.2 stimmte der ASTA im Jahr 2017 zu. Unter Berücksichtigung einer auf Wunsch der Verkehrsseite zusätzlich eingebrachten Klausel in Nr. 4.3 Abs. 4, der der ASTA 2018 zustimmte, ist die ASR A5.2 schließlich im Dezember 2018 veröffentlicht worden. Sie entfaltet bei Berücksichtigung der darin enthaltenden Maßgaben die Vermutungswirkung.

1321) Weiterhin sollten für verschiedene Anwendungsfälle Praxisbeispiele zur Ergänzung der im Jahr 2017 erstellten Handlungshilfe zur ASR A5.2 erarbeitet werden. Diese wurden im Rahmen eines Forschungsvorhabens im Auftrag des Bundesverkehrsministerums vom Institut für Straßen- und Eisenbahnwesen, Abteilung Straßenentwurf und -betrieb unter Beteiligung des Expertenkreises durchgeführt. Nach zweijähriger Arbeit wurden die inhaltlichen Arbeiten an der „Handlungshilfe für das Zusammenwirken von ASR A5.2 und RSA bei der Planung von Straßenbaustellen im Grenzbereich zum Straßenverkehr – Ausgabe 2020" (kurz: Handlungshilfe) vom Betreuerkreis, bestehend aus Vertretern von Straßenbau- und Verkehrsverwaltungen sowie des Arbeitsschutzes und der Bauwirtschaft, abgeschlossen. Die „Handlungshilfe für das Zusammenwirken von ASR A5.2 und RSA bei der Planung von Straßenbaustellen im Grenzbereich zum Straßenverkehr" Teil A: Grundlagen und Vorbemerkungen", Teil B „Maßnahmen und Beispiele", Ausgabe 2020 ist u. a. veröffentlicht auf der Internetseite https://www.bast.de/DE/Publikationen/Fachveroeffentlichungen/Verkehrstechnik/Downloads/V-Handlungshilfe-ASR-RSA.html. Ziel der Handlungshilfe ist es, die Regelungen der ASR A5.2 im Zusammenwirken mit den „Richtlinien für die Sicherung von Arbeitsstellen an Straßen" (RSA) in der Neufassung als RSA 2021 zu erläutern und für kritische Grenzfälle Lösungsvorschläge unter Anwendung der ASR A5.2 Abschn. 4.3 Abs. 3 und 4 aufzuzeigen, mit denen die größtmögliche Sicherheit für die Beschäftigten auf Straßenbaustellen und für die Verkehrsteilnehmer gleichermaßen gewährleistet werden kann.

1322) Die für die Vorbereitung und Umsetzung der Straßenbauarbeiten erforderlichen Verkehrssicherungsarbeiten, wie z. B. Arbeiten zum Auf-, Um- und Abbau sowie zur Unterhaltung der Verkehrssicherung, das Aufstellen und Abräumen von Leitkegeln, Leitbaken oder Leitwänden, sind vollumfänglich vom Anwendungsbereich der ASR erfasst. Gleiches gilt für Straßenbaustellen kürzerer Dauer z. B. für die Markierung von Leitlinien, Schlaglochausbesserungen, Arbeiten zur Grünpflege am Straßenrand oder Arbeiten mit einem Hubsteiger (z. B. zum Ausästen von Bäumen).

von Schutzmaßnahmen zur Gestaltung sicherer Arbeitsplätze und Verkehrswege auf Baustellen im Grenzbereich zum Straßenverkehr.[1323] [1324]

(2) Diese ASR soll in allen Planungsphasen berücksichtigt werden.[1325]

(3) Diese ASR regelt nicht die verkehrsrechtlichen Anforderungen im Geltungsbereich der Straßenverkehrs-Ordnung (StVO).[1326]

(4) Diese ASR gilt nicht für die Pannen- und Unfallhilfe sowie für Bergungs- und Abschlepparbeiten.

Hinweis:

Sofern entsprechende Gefährdungen vorliegen, ist diese Arbeitsstättenregel insbesondere in Verbindung mit folgenden ASR anzuwenden:
- *Sicherheitszeichen: ASR A1.3 „Sicherheits- und Gesundheitsschutzkennzeichnung",*
- *Verkehrswege auf Straßenbaustellen: ASR A1.8 „Verkehrswege",*
- *Schutz vor Absturz und herabfallenden Gegenständen: ASR A2.1 „Schutz vor Absturz und herabfallenden Gegenständen, Betreten von Gefahrenbereichen",*
- *Maßnahmen gegen Brände: ASR A2.2 „Maßnahmen gegen Brände",*
- *Fluchtwege: ASR A2.3 „Fluchtwege und Notausgänge",*
- *Beleuchtung: ASR A3.4 „Beleuchtung" oder*
- *Sicherheitsbeleuchtung: ASR A2.3 „Fluchtwege und Notausgänge" oder ASR A3.4 „Beleuchtung"*

[1323] Mit der ASR A5.2 werden ausschließlich die Anforderungen an das Einrichten und Betreiben von Arbeitsplätzen und Verkehrswegen für Baustellen konkretisiert, bei denen sich bei der Durchführung von Instandsetzungs- oder Sanierungsarbeiten im Grenzbereich zum Straßenverkehr Gefährdungen für Beschäftigte ergeben. Dieser Umstand ist gegeben, wenn Straßen für diese Arbeiten aus verkehrstechnischen Gründen nicht vollständig gesperrt werden können. In der Folge dieser Eingrenzung werden in der ASR A5.2 ausschließlich Maßnahmen zur sicheren Gestaltung der Arbeit im Grenzbereich zum Straßenverkehr benannt. Andere für Baustellen relevante Maßnahmen, wie z. B. die Bereitstellung von Sanitäreinrichtungen, die Ausstattung von Pausenräumen oder die ggf. erforderliche Unterbringung von Beschäftigten in Unterkünften, sind weiterhin den diesbezüglich spezifischen ASR, z. B. der ASR A4.1 „Sanitärräume" (s. S. 479), der ASR A4.2 „Pausen- und Bereitschaftsräume" (s. S. 502) oder ASR A4.4 „Unterkünfte" (s. S. 523) zu entnehmen.

[1324] Die in der ASR A5.2 enthaltenen Anforderungen sind nicht neu. Sie stellen lediglich eine Zusammenfassung der sich im ArbSchG, in der BaustellV und in der ArbStättV bereits enthaltenen Maßgaben dar. Im Besonderen sind dies die Verpflichtungen des Bauherrn bzw. Auftraggebers zur Berücksichtigung des Arbeitsschutzes bereits in der Planungs- und Ausschreibungsphase nach der BaustellV sowie des ausführenden Betriebs bzw. Auftragnehmers zur Durchführung einer Gefährdungsbeurteilung nach § 5 ArbSchG bzw. § 3 ArbStättV und zur Berücksichtigung der BaustellV bei der Umsetzung des Bauvorhabens.

[1325] Mit dem Hinweis im Anwendungsbereich wird klargestellt, dass die in der ASR A5.2 gestellten Anforderungen in allen Phasen der Umsetzung eines Straßenbauvorhabens berücksichtigt werden müssen. Dies betrifft die Planung, die Ausschreibung, die Ausführungsplanung, die Ausführung und Überwachung.

[1326] Die verkehrliche Sicherung der Arbeitsstellen und entsprechende verkehrsrechtliche Maßnahmen auf der Grundlage der Straßenverkehrsordnung (StVO) bleiben von der ASR A5.2 unberührt. Hierfür gelten vielmehr die „Richtlinien für die Sicherung von Arbeitsstellen an Straßen" (RSA), Ausg. 2021-02, die mit dem Allgemeinen Rundschreiben Straßenbau (ARS Nr. 24/2021) im Verkehrsblatt (Heft 03/2022) am 15. Februar 2022 veröffentlicht wurden. Die überarbeiteten RSA 21 ersetzen damit die RSA 95. Diese bestehen aus einem Teil A – Allgemeines, einem Teil B – Innerörtliche Straßen, einem Teil C – Landstraßen und einem Teil D – Autobahnen. Der in der ASR A5.2 durchgängig verwendete Begriff der „Straßenbaustelle" ist dabei nach der Begriffsbestimmung unter Abschnitt 3.10 begriffsgleich zum in den RSA verwendeten Begriff „Arbeitsstelle" benannt.

3 Begriffsbestimmungen

3.1 Ankommender Verkehr ist der Straßenverkehr, der sich aus der vorgegebenen Fahrtrichtung einer Straßenbaustelle nähert.

3.2 Fahrbahn ist der aus Fahrstreifen für alle Arten von Fahrzeugen sowie eventuell vorhandenen Randstreifen bestehende zusammenhängende befestigte Teil einer Straße.[1327)]

3.3 Fahrstreifen ist der Teil einer Fahrbahn, den ein Fahrzeug zum ungehinderten Fahren im Verlauf der Fahrbahn, einschließlich anzurechnender Markierungen oder baulicher Leitelemente, benötigt.[1328)]

3.4 Fahrzeug-Rückhaltesysteme sind Schutzeinrichtungen, die von der Fahrbahn abkommende Fahrzeuge aufhalten oder umlenken sollen. Sie können als dauerhafte oder transportable Schutzeinrichtungen ausgeführt sein.[1329)]

3.5 Fließender Verkehr ist der an der Straßenbaustelle ankommende oder vorbeifahrende Straßenverkehr.

1327) Für die Anlage von Straßen bestehen technische Regelwerke. Die Richtlinien für die Anlage von Stadtstraßen (kurz RASt 06) sind ein gültiges technisches Regelwerk. Sie wurden 2007 von der Forschungsgesellschaft für Straßen- und Verkehrswesen herausgegeben. Für alle Arten von Außerortsstraßen kommen die Richtlinien für die Anlage von Landstraßen (kurz RAL) zur Anwendung. Speziell für Autobahnen wurden die Richtlinien für die Anlage von Autobahnen (kurz RAA) eingeführt. In den Richtlinien wurden Breitenabmessungen unterschiedlicher Straßen oder deren Bestandteile genormt, wie etwa die der Fahrbahn sowie der Mittel- und Randstreifen und der Bankette. Dazu wurden feste Regelquerschnitte definiert. Die Regelquerschnitte gliedern sich in einbahnige und zweibahnige. Beispiele für einbahnige Regelquerschnitte sind z. B. RQ 7,5 mit einer Breite der befestigten Fläche von 5,5 m. Dies ist ein häufiger Querschnitt bei Ortsverbindungsstraßen. RQ 9,5 (Breite der befestigten Fläche beträgt 6,5 Meter) ist ein Standardquerschnitt für Landesstraßen mit einer Leistungsfähigkeit von bis zu 15.000 Fahrzeugen, davon 300 Lkw pro Tag. Ein zweibahniger Standardquerschnitt ist RQ 29,5 (Breite der befestigten Fläche beträgt 2 × 11,5 Meter) für Autobahnen mit vier Fahrstreifen. Eine zweibahnige, sechsstreifige Autobahn für höchstbelastete Autobahnstrecken verwendet den RQ 35,5 mit einer Breite der befestigten Fläche von 2 × 14,5 Meter.

1328) Der Fahrstreifen (auch Fahrspur genannt) kennzeichnet die Fläche, die einem Fahrzeug für die Fahrt in eine Richtung zur Verfügung steht. Die Breite ermittelt sich aus der Fahrstreifengrundbreite und einem eventuell anzusetzenden Gegenverkehrszuschlag. Er stellt die Fläche zur Verfügung, die ein ein- oder mehrspuriges Fahrzeug zum ungehinderten Befahren benötigt. Die Breite der Fahrstreifen variiert in den Regelquerschnitten zwischen 2,75 m und 3,75 m. In Bereichen von Baustellen oder in verkehrsberuhigten Bereichen sind geringere Breiten möglich.

1329) Die Anforderungen an Fahrzeugrückhaltesysteme sind in der DIN EN 1317:2011-01 Straßenrückhaltesysteme festgelegt und beschrieben. DIN EN 1317 T. 1: Terminologie und allgemeine Kriterien für Prüfverfahren, T. 2: Leistungsklassen, Abnahmekriterien für Anprallprüfungen und Prüfverfahren für Schutzeinrichtungen und Fahrzeugbrüstungen, T. 3: Leistungsklassen, Abnahmekriterien für Anprallprüfungen und Prüfverfahren für Anpralldämpfer sowie T. 4: Leistungsklassen, Abnahmekriterien für Anprallprüfungen und Prüfverfahren für Anfangs-, End- und Übergangskonstruktionen von Schutzeinrichtungen bilden die Grundlage für Prüfungen von Rückhaltesystemen, die an Straßen eingesetzt werden können. In diesem Prüfverfahren werden nicht nur die Durchbruchsicherheit der in der Regel aus Beton oder Stahl gefertigten Systeme in verschiedenen Stufen nachgewiesen, sondern auch die Sicherheit der Insassen überprüft.

3.6 **Grenzbereich zum Straßenverkehr** ist der Teil der Straßenbaustelle, in dem durch den fließenden Straßenverkehr Gefährdungen für die Beschäftigten entstehen können.[1330)]

3.7 **Öffentlicher Straßenverkehr** kennzeichnet jenen Teil des Straßenverkehrs, der auf den der Allgemeinheit zur Verfügung gestellten Verkehrsflächen erfolgt.

3.8 **Sicherheitsabstand** im Sinne dieser ASR ist der Abstand zwischen Verkehrseinrichtungen und den dem fließenden Verkehr zugewandten Außenbegrenzungen von Arbeitsplätzen oder Verkehrswegen auf Straßenbaustellen (siehe Abbildung 1).[1331)]

3.9 **Sicherungsfahrzeuge** im Sinne dieser ASR sind Fahrzeuge, die zur Sicherung von Straßenbaustellen eingesetzt werden. Sie sind besonders gekennzeichnet und mit Sonderrechten ausgestattet (siehe § 35 Absatz 6 StVO und Richtlinien zur Sicherung von Straßenbaustellen (RSA)).

3.10 **Straßenbaustellen** im Sinne dieser ASR sind Baustellen, auf denen im Grenzbereich zum Straßenverkehr Arbeiten auf, neben, unter, über oder im Straßenkörper[1332)] sowie an baulichen Anlagen im Zuge von Straßen[1333)] durchgeführt und dazu öffentliche oder nicht öffentliche Verkehrsflächen vorübergehend ganz oder teilweise abgesperrt werden. Zu die-

---

1330) Die Definition des Grenzbereichs zum Straßenverkehr ist nicht eindeutig. Im Sinne des Gewollten ist der Grenzbereich zum Straßenverkehr die Summe des unter Abschn. 4.3 der ASR A5.2 beschriebenen seitlichen Sicherheitsabstands S_Q und der unter Abschn. 4.4 beschriebenen Mindestbreite für Arbeitsplätze und Verkehrswege auf Straßenbaustellen B_m. Die Anforderungen der ASR A5.2 gelten somit nur dann, wenn Beschäftigte in diesem definierten Bereich Arbeiten ausführen müssen.

1331) Gem. Abschn. 4.3 ist zwischen dem seitlichen Sicherheitsabstand S_Q zum vorbeikommenden Verkehr und dem Sicherheitsabstand in Längsrichtung S_L für den ankommenden Verkehr zu unterscheiden. Zudem bestehen in Abhängigkeit von den zur Trennung von Verkehrs- und Baustellenseite eingesetzten Elementen unterschiedliche Bezugslinien (s. Abschn. 4.3 Abb. 1). Bei Fahrzeug-Rückhaltesystemen ist die dem Verkehr zugewandte äußere Begrenzung als Bezugslinie anzusetzen, bei der Verwendung von Leitbaken, Leitkegeln, Leitwänden, Leitschwellen oder Leitborden hingegen die Mittelachse.

1332) Der Begriff der öffentlichen Straße wird in den Straßengesetzen der Länder definiert. Öffentliche Straßen sind danach diejenigen Straßen, Wege und Plätze, die dem öffentlichen Verkehr gewidmet sind. Zur öffentlichen Straße gehören:

1. der Straßenkörper; das sind insbesondere
   - der Straßenuntergrund, die Erdbauwerke einschließlich der Böschungen, der Straßenunterbau, der Straßenoberbau, die Brücken, Tunnel, Dämme, Durchlässe, Gräben, Entwässerungsanlagen, Stützwände und Lärmschutzanlagen;
   - die Fahrbahn, die Trennstreifen, die befestigten Seitenstreifen (Stand-, Park- und Mehrzweckstreifen), die Bankette und die Bushaltestellenbuchten sowie die Rad- und Gehwege, auch wenn sie ohne unmittelbaren räumlichen Zusammenhang im Wesentlichen mit der für den Kraftfahrzeugverkehr bestimmten Fahrbahn gleichlaufen (unselbstständige Rad- und Gehwege), sowie Parkplätze, Parkbuchten und Rastplätze, soweit sie mit einer Fahrbahn in Zusammenhang stehen (unselbstständige Parkflächen, unselbstständige Rastplätze) und die Flächen verkehrsberuhigter Bereiche;
2. der Luftraum über dem Straßenkörper;
3. das Zubehör: das sind insbesondere die amtlichen Verkehrszeichen, die Verkehrseinrichtungen und sonstigen Anlagen aller Art, die der Sicherheit, Ordnung oder Leichtigkeit des Verkehrs oder dem Schutz der Anlieger dienen, und die Bepflanzung;
4. die Nebenanlagen: das sind Anlagen, die überwiegend den Aufgaben der Straßenbauverwaltung dienen, insbesondere Straßenmeistereien, Gerätehöfe, Lager, Lagerplätze, Ablagerungs- und Entnahmestellen, Hilfsbetriebe und -einrichtungen.

1333) Hierbei handelt es sich um Brücken, Tunnel, Unterführungen etc.

sen Arbeiten zählen z. B. auch Reinigen von Verkehrseinrichtungen, Grünpflege, Arbeiten an Versorgungsleitungen, Vermessungsarbeiten, Bauwerksprüfungen, Sanierungsarbeiten.

Hinweis:

Der in dieser ASR verwendete Begriff „Straßenbaustelle" entspricht dem in den RSA verwendeten Begriff „Arbeitsstelle".

3.11 Straßenbaustellen längerer Dauer sind Straßenbaustellen, die mindestens einen Kalendertag durchgehend und ortsfest aufrechterhalten werden.

3.12 Straßenbaustellen kürzerer Dauer sind Straßenbaustellen, die nur über eine begrenzte Stundenzahl bei Tageshelligkeit (Tagesbaustellen) oder während der Dunkelheit (Nachtbaustellen) betrieben werden, auch wenn die Arbeiten an den folgenden Tagen fortgesetzt werden.

3.13 Verkehrseinrichtungen sind z. B. Schranken, Sperrpfosten, Absperrgeräte sowie Leiteinrichtungen gemäß StVO. Zu den Verkehrseinrichtungen gehören auch Blinklicht- und Lichtzeichenanlagen.[1334)]

3.14 Verkehrssicherungsarbeiten sind Arbeiten zum Auf-, Um- und Abbau sowie zur Unterhaltung der Verkehrssicherung.

3.15 Verkehrssicherungsmaßnahmen sind die von der zuständigen Behörde in einer verkehrsrechtlichen Anordnung[1335)] vorgeschriebenen Maßnahmen zur Lenkung und Leitung des öffentlichen Straßenverkehrs.

3.16 Verkehrswege auf Straßenbaustellen sind Verkehrswege entsprechend der ASR A1.8 „Verkehrswege", die dem öffentlichen Straßenverkehr nicht zur Verfügung stehen.

3.17 Verschwenkungsbereich ist der Streckenabschnitt, in dem ein oder mehrere Fahrstreifen quer zur Fahrbahnachse versetzt oder eingeengt werden.

1334) Verkehrseinrichtungen sind nach § 43 StVO Schranken, Sperrpfosten, Absperrgeräte sowie Leiteinrichtungen, die bis auf Leitpfosten, Leitschwellen und Leitborde rot-weiß gestreift sind. Leitschwellen und Leitborde haben die Funktion einer vorübergehend gültigen Markierung und sind gelb. Verkehrseinrichtungen sind außerdem Absperrgeländer, Parkuhren, Parkscheinautomaten, Blinklicht- und Lichtzeichenanlagen sowie Verkehrsbeeinflussungsanlagen. Eine Übersicht der „Einrichtungen zur Kennzeichnung von Arbeits- und Unfallstellen oder sonstigen vorübergehenden Hindernissen" einschließlich der vorgeschriebenen Farbkennzeichnung (rot-weiß oder gelb) ist in Abschn. 1 der Anlage 4 der StVO enthalten.

1335) Eine verkehrsrechtliche Anordnung wird von der zuständigen Straßenverkehrsbehörde erteilt und beinhaltet Anweisungen und Auflagen zur Verkehrssicherung für Arbeiten an oder neben einer Straße. Sie muss in jedem Fall beantragt werden, wenn sich die Arbeiten auf den öffentlichen Straßenverkehr auswirken (§ 45 Abs. 6 StVO). Die verkehrsrechtliche Anordnung beinhaltet neben der Beschreibung der Arbeitsstelle und der geplanten Arbeiten auch Angaben zur Dauer, der erforderlichen Beschilderung und Markierung sowie die Benennung einer verantwortlichen Person. Näheres ist in den Richtlinien für die Sicherung von Arbeitsstellen an Straßen (RSA) geregelt.

4 Einrichten von Arbeitsplätzen und Verkehrswegen auf Straßenbaustellen

4.1 Allgemeines

(1) Straßenbaustellen sind so zu planen und einzurichten[1336], dass Gefährdungen durch den fließenden Verkehr für Beschäftigte möglichst vermieden und verbleibende Gefährdungen möglichst gering gehalten werden.

Gefährdungen durch den fließenden Verkehr können z. B. durch eine vollständige Umleitung des Verkehrs bei einbahnigen Straßen oder eine Überleitung des Verkehrs auf die Gegenfahrbahn bei zweibahnigen Straßen vermieden werden.[1337]

(2) Sofern Gefährdungen für Beschäftigte durch den fließenden Verkehr nicht vermieden werden können, sind diese so weit wie möglich zu minimieren. Zur Minimierung dieser Gefährdungen sind für Arbeitsplätze und Verkehrswege auf Straßenbaustellen bereits in der Planung der Ausführung der Arbeiten unter Berücksichtigung der zum Einsatz kommenden Arbeitsverfahren und Arbeitsmittel geeignete Schutzmaßnahmen (siehe Punkte 4.2 bis 4.6) vorzusehen.

Hinweis:

Bei der Auswahl der Schutzmaßnahmen sind auch die Hinweise des Koordinators sowie des Sicherheits- und Gesundheitsschutzplans (SiGePlan) nach Baustellenverordnung (BaustellV) zu berücksichtigen.

(3) Bei Straßenbaustellen sind die erforderlichen Platzbedarfe für Arbeitsplätze, Verkehrswege, Sicherheitsabstände und technische Schutzmaßnahmen zu ermitteln und bereitzustellen. Diese Platzbedarfe sind abhängig von den auszuführenden Tätigkeiten und von den eingesetzten Arbeitsmitteln.

[1336] Nach § 2 Abs. 1 BaustellV sind bei der Planung der Ausführung eines Bauvorhabens, insbesondere bei der Einteilung der Arbeiten, die gleichzeitig oder nacheinander durchgeführt werden, und bei der Bemessung der Ausführungszeiten für diese Arbeiten, die allgemeinen Grundsätze nach § 4 ArbSchG zu berücksichtigen. Nach § 3 Abs. 1 Satz 1 BaustellV sind für Baustellen, auf denen Beschäftigte mehrerer Arbeitgeber tätig werden, ein oder mehrere geeignete Koordinatoren zu bestellen. Während der Planung der Ausführung der Bauarbeiten hat der Koordinator insbesondere den Sicherheits- und Gesundheitsschutzplan auszuarbeiten oder ausarbeiten zu lassen und eine Unterlage mit den erforderlichen, bei möglichen späteren Arbeiten an der baulichen Anlage zu berücksichtigenden Angaben zur Sicherheit und Gesundheitsschutz zusammenzustellen. Der Bauherr oder der von ihm beauftragte Dritte kann die Aufgaben des Koordinators selbst wahrnehmen. Diese Maßnahmen nach § 2 und § 3 Abs. 1 Satz 1 BaustellV hat der Bauherr zu treffen, es sei denn, er beauftragt einen Dritten, diese Maßnahmen in eigener Verantwortung zu treffen.

[1337] Die Maßnahmen gemäß SiGe-Plan und die verkehrsrechtliche Anordnung beeinflussen sich gegenseitig und können Auswirkungen auf die Art der Durchführung der Baumaßnahme haben (z. B. in zeitlicher Hinsicht oder in Bezug auf die eingesetzte Technologie). Maßgebliche Festlegungen dieses iterativen Prozesses müssen demzufolge Bestandteil der Ausschreibung sein. Zum Zeitpunkt der Ausschreibung sollten daher der SiGE-Plan nach BaustellV und der Verkehrszeichenplan für die konkrete Baumaßnahme ausgearbeitet sein. Siehe Seite A – 16 in der Handlungshilfe für das Zusammenwirken von ASR A5.2 und RSA bei der Planung von Straßenbaustellen im Grenzbereich zum Straßenverkehr" Teil A: Grundlagen und Vorbemerkungen", Teil B „Maßnahmen und Beispiele", Ausgabe 2020, Internetseite der BASt: https://www.bast.de/DE/Publikationen/Fachveroeffentlichungen/Verkehrstechnik/Downloads/V-Handlungshilfe-ASR-RSA.pdf;jsessionid=B663A17AE4ACB9A36616081812E1CBDD.live11294?__blob=publicationFile&=13

Dabei sind Platzbedarfe z. B. für
- freie Bewegungsflächen für Beschäftigte unter Berücksichtigung der Körpermaße und der auszuführenden Bewegungsabläufe,
- ein durch Arbeitsverfahren bedingtes Hinauslehnen aus Führer- und Bedienständen von Fahrzeugen und Maschinen zur Einsichtnahme in den Fahr- und Arbeitsbereich,
- das Steuern oder Bedienen von Maschinen im Mitgängerbetrieb,
- Arbeits- und Schwenkbereiche von Arbeitsmitteln,
- Aufstell- und Lagerflächen für die eingesetzten Arbeitsmittel und Materialien,
- Baustellenein- und -ausfahrten,
- Zufahrten für Rettungsdienste,
- Fahrzeug-Rückhaltesysteme oder
- Sicherheitsabstände für die Standsicherheit von Baugruben und Gräben

zu berücksichtigen.[1338)]

(4) Für Verkehrssicherungsarbeiten, z. B. das Aufstellen und Abbauen von Verkehrseinrichtungen, das Aufstellen und Abbauen von Fahrzeug-Rückhaltesystemen oder die Durchführung von Markierungsarbeiten, sind die Absätze 1 bis 3 anzuwenden.

(5) Arbeitsplätze und Verkehrswege auf Straßenbaustellen dürfen nur eingerichtet und betrieben werden, wenn eine sichere Führung des fließenden Verkehrs gewährleistet ist.

Hinweis:

Vor dem Beginn von Arbeiten, die sich auf den öffentlichen Straßenverkehr auswirken, ist eine verkehrsrechtliche Anordnung gemäß StVO einzuholen.

4.2 Technische Schutzmaßnahmen

4.2.1 Straßenbaustellen längerer Dauer

(1) Sind Arbeitsplätze einschließlich Verkehrswege nicht bereits durch baulich vorhandene Fahrzeug-Rückhaltesysteme (z. B. im Mittelstreifen)[1339)] vom fließenden Verkehr getrennt, sind zur Minimierung der Gefährdungen durch ein Abkommen von Fahrzeugen bei einer zulässigen Höchstgeschwindigkeit größer 50 km/h zur räumlichen Trennung von Arbeits-

---

1338) Abhängig von der Art der umzusetzenden Straßenbaumaßnahme, den dabei eingesetzten Arbeitsmitteln und Arbeitsverfahren sowie den Materialien sind unterschiedliche Platzbedarfe für Arbeitsplätze, Verkehrswege, Sicherheitsabstände und technische Schutzmaßnahmen zu ermitteln und bereitzustellen. Konkrete Hilfestellungen und Anwendungsbeispiele für Planer, Ausschreiber und Ausführer sind in Teil B „Maßnahmen und Beispiele" der „Handlungshilfe für das Zusammenwirken von ASR A5.2 und RSA bei der Planung von Straßenbaustellen im Grenzbereich zum Straßenverkehr" enthalten.

1339) Fahrzeug-Rückhaltesysteme dienen dazu, von der Fahrbahn abkommende Fahrzeuge aufzuhalten und sicher umzulenken. Hierzu gehören Schutzeinrichtungen, Anpralldämpfer, Anfangs- und Endkonstruktionen und Übergangskonstruktionen. Fahrzeug-Rückhaltesysteme sind Bauprodukte und unterliegen damit auf europäischer Ebene der Bauproduktenverordnung. Die europäische Norm DIN EN 1317:2011-01 „Rückhaltesysteme an Straßen" beschreibt die Prüfungen und Anforderungen an die Fahrzeug-Rückhaltesysteme, ordnet den Systemen anhand der Prüfergebnisse verschiedene Leistungsklassen zu und regelt das Zertifizierungsverfahren. Die Konformität wird durch den Hersteller nach Durchlaufen eines Zertifizierungsverfahrens durch die Anbringung der CE-Kennzeichnung dokumentiert.

plätzen und Verkehrswegen auf Straßenbaustellen vom vorbeifließenden Verkehr grundsätzlich transportable Schutzeinrichtungen[1340] einzusetzen.

Bei zulässigen Höchstgeschwindigkeiten von 50 km/h und weniger sollen transportable Schutzeinrichtungen eingesetzt werden:
- entlang von Baugruben oder Gräben, wenn eine Absturz- bzw. Einsturzgefahr besteht (z. B. bei dicht an Aufgrabungskanten vorbeigeführten Fahrstreifen) oder
- wenn aufgrund der Verkehrsführung (z. B. starke Verschwenkungen, enge Fahrstreifen) eine erhöhte Abkommenswahrscheinlichkeit für den fließenden Verkehr besteht, hierdurch Beschäftigte gefährdet werden können und die erhöhte Abkommenswahrscheinlichkeit nicht durch eine Geschwindigkeitsreduzierung minimiert werden kann.

Andere Maßnahmen, z. B. ein Baugrubenverbau, können angewendet werden, wenn sie für das beabsichtigte Aufhalten oder Umlenken von Fahrzeugen dimensioniert und ausgebildet sind.

(2) Bei der Auswahl der transportablen Schutzeinrichtungen nach Absatz 1 sind Geschwindigkeit, Gewicht sowie Anfahrwinkel der Fahrzeuge zu berücksichtigen (siehe dazu: Aufhaltestufen entsprechend Liste nach TL-Transportable Schutzeinrichtungen (TSE) der Bundesanstalt für Straßenwesen (BASt))[1341] und die in den Tabellen 1 und 3 genannten Sicherheitsabstände anzuwenden.

(3) Können transportable Schutzeinrichtungen nicht eingesetzt werden, z. B.
- aufgrund fehlender Aufstellflächen oder Unterschreitung der Mindestaufbaulänge,
- wegen Behinderung des Baustellenverkehrs (z. B. Anlieferung von Material, Baumaschinen),

oder ist der Einsatz transportabler Schutzeinrichtungen nicht verhältnismäßig, z. B.
- wenn die Gefährdung der Beschäftigten beim Auf- und Abbau der Schutzeinrichtung größer ist als ihre Gefährdung bei der eigentlichen Arbeit im Grenzbereich zum Straßenverkehr,
- weil einzelne zeitlich begrenzte Bauphasen größere Arbeitsbreiten erfordern,

sind Verkehrseinrichtungen (z. B. Leitbaken, Leitkegel), Leitschwellen, Leitborde oder Leitwände zur Führung des Straßenverkehrs zu verwenden[1342]. Dabei sind die in den Tabellen 1 und 3 genannten Sicherheitsabstände anzuwenden.

1340) Auch die für die sichere Vorbeiführung des fließenden Verkehrs an einer Straßenbaustelle eingesetzten Fahrzeug-Rückhaltesysteme für den temporären Einsatz in Arbeitsstellen als transportable Schutzeinrichtungen (TSE) müssen die Anforderungen der DIN EN 1317:2011-01 „Rückhaltesysteme an Straßen" erfüllen. Die Bundesanstalt für Straßenwesen (BASt) führt eine regelmäßig aktualisierte Liste, die alle transportablen Schutzeinrichtungen enthält, die den Anforderungen der TL-Transportable Schutzeinrichtungen 97 und dem Allgemeinen Rundschreiben Straßenbau Nr. 5/1999 (ARS 5/99) genügen und für die es zulässige Einsatzbereiche nach den „Zusätzlichen technischen Vertragsbedingungen" ZTV-SA 97 in Verbindung mit dem ARS 18/99 gibt. Wesentliches Kriterium ist dabei, ob der fließende Verkehr ausschließlich aus PKW oder auch aus LKW besteht. TSE zur Baustellensicherung sind in der Regel aus Beton oder aus Beton und Stahl.

1341) Die BAST gibt Listen mit transportablen Schutzeinrichtungen, getrennt nach Aufhaltestufen, heraus, die geprüft den Anforderungen der TL-Transportabler Schutzeinrichtungen genügen.

1342) Sind aus den in Abs. 3 beispielhaft aufgeführten Gründen transportable Schutzeinrichtungen zum Schutz der Beschäftigten im Baustellenbereich nicht einsetzbar, sind stattdessen Verkehrseinrichtungen (z. B. Leitbaken, Leitkegel), Leitschwellen, Leitborde oder Leitwände zur Führung des Straßenverkehrs zu verwenden. Dabei ist zu berücksichtigen, dass diese Systeme nicht einen gleich hohen Schutz wie TSE bieten und somit weitere Maßnahmen, wie z. B. eine Steuerung mit einer Lichtsignalanlage oder eine erheblich geringere Höchstgeschwindigkeit für den fließenden Verkehr, erforderlich werden.

4.2.2 Straßenbaustellen kürzerer Dauer

(1) Bei Straßenbaustellen kürzerer Dauer müssen zur Abgrenzung von Arbeitsplätzen und Verkehrswegen zum fließenden Verkehr geeignete Verkehrseinrichtungen eingesetzt werden. Dies können z. B. Leitbaken, Leitkegel, fahrbare Absperrtafeln, Warneinrichtungen und Lichtzeichenanlagen sein. Dabei sind die in den Tabellen 2 und 3 genannten Sicherheitsabstände anzuwenden.

(2) Werden Fahrzeuge und Maschinen als Sicherungsfahrzeuge eingesetzt, müssen diese die verkehrsrechtlichen Anforderungen erfüllen (siehe § 35 Absatz 6 StVO und Richtlinien für die Sicherung von Arbeitsstellen an Straßen (RSA)).

4.3 Seitlicher Sicherheitsabstand (S_Q) von Arbeitsplätzen und Verkehrswegen auf Straßenbaustellen zum fließenden Verkehr

(1) Zum Schutz der Beschäftigten ist für Arbeitsplätze und Verkehrswege auf Straßenbaustellen ein seitlicher Sicherheitsabstand (S_Q)[1343] zum fließenden Verkehr vorzusehen. Damit werden z. B. unbeabsichtigte Bewegungen von Beschäftigten aus dem Bereich von diesen Arbeitsplätzen und Verkehrswegen heraus oder unbeabsichtigte Fahrbewegungen des fließenden Verkehrs berücksichtigt. Im seitlichen Sicherheitsabstand (S_Q) dürfen sich außer zum Auf- und Abbau der Verkehrseinrichtungen keine Arbeitsplätze oder Verkehrswege befinden.

(2) Seitliche Sicherheitsabstände (S_Q) werden bei Fahrzeug-Rückhaltesystemen auf die dem Verkehr zugewandte äußere Begrenzung des Fahrzeug-Rückhaltesystems bezogen (siehe Abbildung 1a)). Seitliche Sicherheitsabstände (S_Q) werden bei Leitbaken[1344], Leitkegeln[1345], Leitwänden, Leitschwellen[1346] und Leitborden[1347] jeweils auf deren Mittelachse bezogen

---

1343) Der seitliche Sicherheitsabstand S_Q dient ausschließlich dem Schutz der Beschäftigten vor Gefährdungen durch den fließenden Verkehr im Grenzbereich zum Straßenverkehr. Damit wird ein räumlicher Puffer zwischen dem Verkehrs- und dem Baustellenbereich festgelegt. Das Schutzziel besteht darin, Gefährdungen, die sich insbesondere aus unbeabsichtigten Bewegungen von Beschäftigten oder unbeabsichtigten Fahrbewegungen des fließenden Verkehrs ergeben können, zu minimieren. Ein solcher Abstand dient zugleich der Minimierung psychischer Belastung.

1344) Die Leitbake (auch Warnbake oder Absperrbake genannt) ist ein Verkehrszeichen und Absperrgerät, das dazu dient, den Verkehrsteilnehmer auf ein Hindernis in der Fahrbahn oder am Fahrbahnrand hinzuweisen und entsprechend daran vorbeizuleiten. Leitbaken werden sowohl zur Arbeitsstellensicherung an Straßen als auch zur Kennzeichnung von dauerhaften Hindernissen oder sonstigen Gefahrstellen eingesetzt. Die Leitbake gehört als Zeichen 605 gem. Anl. 4 zu § 43 Abs. 3 StVO zu den Verkehrseinrichtungen. Ein technischer Standard ist durch die Technischen Lieferbedingungen für Leit- und Warnbaken (TL-Leitbaken 97) gegeben. Die BASt stellt eine Liste der danach positiv geprüften Leit- und Warnbaken zur Verfügung.

1345) Leitkegel sind vornehmlich für den vorübergehenden Einsatz vorgesehen, daher z. B. für die Absicherung von Einsatz- und Unfallstellen durch Polizei und Feuerwehr, der professionellen Pannenhilfe, sowie im Rahmen von Schwertransporten. Im Anwendungsbereich der RSA ist der Einsatz auf Arbeitsstellen von kürzerer Dauer beschränkt. Leitkegel sind demzufolge nicht als dauerhafte Verkehrseinrichtung vorgesehen. Der durchgehende Einsatz über mehrere Tage bzw. Wochen ist unzulässig. Leitkegel zählen zu den Verkehrseinrichtungen nach Anl. 4 zu § 43 Abs. 3 StVO, Zeichen 610.

1346) Leitschwellen führen Fahrzeuge in bestimmte Spurbereiche und lassen sich somit als Sichtzeichen für die Sicherung von Arbeitsstellen an und auf Straßen als Straßenführung nutzen. Leitschwellen zählen in Verbindung mit Leitbaken zu den Verkehrseinrichtungen nach Anl. 4 zu § 43 Abs. 3 StVO, Zeichen 628. Leitschwellen haben die Funktion einer vorübergehend gültigen Markierung und sind gelb.

1347) Leitborde sind auf der Fahrbahn eingerichtete durchgehende bauliche Leiteinrichtungen. Leitborde zählen in Verbindung mit Leitbaken zu den Verkehrseinrichtungen nach Anl. 4 zu § 43 Abs. 3 StVO, Zeichen 629. Leitborde haben die Funktion einer vorübergehend gültigen Markierung und sind gelb.

(siehe Abbildung 1b)). Aufgrund ihrer unterschiedlichen Abmessungen werden diesen Elementen spezifische Sicherheitsabstände zugeordnet.

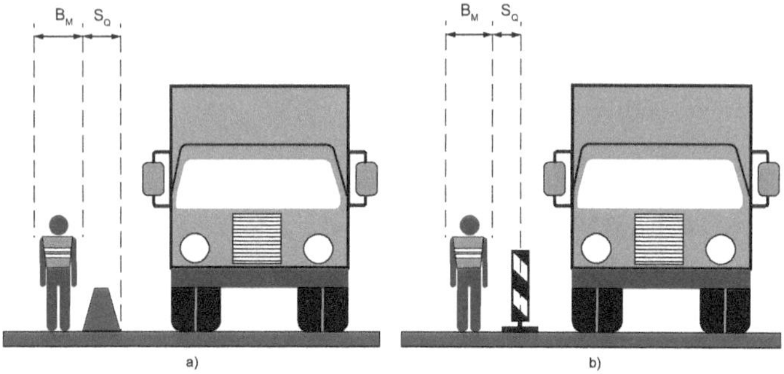

Abb. 1: Bezugslinie für seitliche Sicherheitsabstände (S_Q) zum fließenden Verkehr: a) dem Verkehr zugewandte äußere Begrenzung bei Fahrzeug-Rückhaltesystemen b) Mittelachse bei Leitbaken, Leitkegeln, Leitwänden, Leitschwellen, Leitborden

Tabelle 1: Mindestmaße für seitliche Sicherheitsabstände (S_Q) zum fließenden Verkehr bei Straßenbaustellen längerer Dauer

Element	Zulässige Höchstgeschwindigkeit					
	30 km/h	40 km/h	50 km/h	60 km/h	80 km/h	100 km/h
Fahrzeug-Rückhaltesysteme	30 cm	40 cm	50 cm	60 cm	80 cm	100 cm
Leitbake (1000 mm x 250 mm, 750 mm x 187,5 mm), Leitkegel, Leitwand	30 cm	40 cm	50 cm	70 cm	90 cm	*
Leitbake (500 mm x 125 mm), Leitschwelle, Leitbord	50 cm	60 cm	70 cm	90 cm	110 cm	*

**Hinweise zu Tabelle 1:*

1. *Bei zulässigen Höchstgeschwindigkeiten ab 100 km/h müssen Fahrzeug-Rückhaltesysteme eingesetzt werden.*
2. *Die Sicherheitsabstände für Fahrzeug-Rückhaltesysteme berücksichtigen ausschließlich die verkehrsleitende Funktion dieser Systeme.*

Tabelle 2: Mindestmaße für seitliche Sicherheitsabstände (S_Q) zum fließenden Verkehr bei Straßenbaustellen kürzerer Dauer

Element	Zulässige Höchstgeschwindigkeit						
	30 km/h	40 km/h	50 km/h	60 km/h	80 km/h	100 km/h	120 km/h
Leitbake (1000 mm x 250 mm, 750 mm x 187,5 mm), Leitkegel, Leitwand	30 cm	40 cm	50 cm	70 cm	90 cm	110 cm	130 cm
Leitbake (500 mm x 125 mm), Leitschwelle, Leitbord	50 cm	60 cm	70 cm	90 cm	110 cm	130 cm	150 cm

(3) Können die Mindestmaße aus den Tabellen 1 und 2 nicht eingehalten werden, sind als Ergebnis einer Gefährdungsbeurteilung Schutzmaßnahmen festzulegen, die mindestens die gleiche Sicherheit und den gleichen Gesundheitsschutz für die Beschäftigten erreichen[1348) 1349)]. Dabei sind z. B. folgende Kriterien zu berücksichtigen:
- zulässige Höchstgeschwindigkeit des fließenden Verkehrs,
- Kurvigkeit der Straßenführung,
- fehlende Ausweichmöglichkeiten, z. B. durch Bordsteine, seitlichen Bewuchs oder Gegenverkehr,
- Fahrstreifenbreiten,
- Fahrzeugarten und
- Verkehrsdichte, Sichtverhältnisse.

Geeignete Schutzmaßnahmen sind z. B.
- temporäre Fahrbahnverbreiterung für den vorbeifließenden Straßenverkehr,
- Überwachung der tatsächlich gefahrenen Geschwindigkeit, z. B. durch polizeiliche Maßnahmen,
- Anzeige der tatsächlich gefahrenen Geschwindigkeit durch elektronische Messverfahren,
- in lokal begrenzten Abschnitten weitere Reduzierung der zulässigen Höchstgeschwindigkeit,
- Herausfiltern und Umleiten des Lkw-Verkehrs,
- Durchführung der Arbeiten in verkehrsarmen Zeiten oder
- temporäre Lichtzeichenanlage zur zeitweiligen Sperrung des fließenden Verkehrs (Nutzen von Zeitfenstern).

1348) Abschn. 4.3 Abs. 3 enthält eine Aufzählung der zu berücksichtigenden Kriterien für den Fall, dass die sich aus den Tabellen 1 (seitlicher Sicherheitsabstand S_Q bei Straßenbaustellen längerer Dauer) und 2 (seitlicher Sicherheitsabstand S_Q bei Straßenbaustellen kürzerer Dauer) ergebenden seitlichen Sicherheitsabstände aus objektiven Gründen nicht eingehalten werden können. In diesen Fällen sind im Ergebnis der Gefährdungsbeurteilung Schutzmaßnahmen festzulegen, die die gleiche Sicherheit und den gleichen Gesundheitsschutz für die Beschäftigten erreichen lassen. Auch die hierfür geeigneten Schutzmaßnahmen werden in Abschn. 4.3 Abs. 3 aufgeführt. Soweit im Ergebnis der Abstimmung zur Festlegung dieser Schutzmaßnahmen erhebliche Behinderungen bzw. erhebliche Verkehrsbelastungen erwartet werden und keine Einigung möglich ist, sind in Abstimmungen mit den für den Arbeitsschutz und den für den Straßenverkehr zuständigen Behörden ersatzweise Schutzmaßnahmen einvernehmlich festzulegen und umzusetzen.

1349) Vorrangig ist vor einer Reduzierung der Mindestmaße stets zu prüfen, ob folgende Maßnahmen umgesetzt werden können:
- Vollsperrung und Umleitung,
- temporäre Fahrbahnverbreiterung,
- Vollsperrung und Umleitung in verkehrsarmen Zeiten – Durchführung der kritischen Arbeiten während dieser Zeiten,
- Herausfiltern und Umleiten des gesamten LKW-Verkehrs zur Minderung der erforderlichen Fahrbahnbreiten.

Kommen diese Maßnahmen nicht in Betracht, ist es möglich, den S_Q zu vermindern. Notwendig ist, dass die Umstände/Besonderheiten des fließenden Verkehrs und die Umsetzung ergänzender Schutzmaßnahmen das Schutzziel erreichen lassen. Voraussetzung dafür ist stets, dass ein ausreichender Abstand zwischen der freien Bewegungsfläche des Beschäftigten und den äußeren Begrenzungen der vorbeifahrenden Fahrzeuge (insbesondere Spiegel, Ladung etc. bei LKW) gewahrt bleibt. Die in Abs. 3 für derartige Ausnahmefälle beispielsweise aufgeführten Schutzmaßnahmen werden in der Handlungshilfe zur ASR A5.2/RSA weiter konkretisiert.

(4) Wären bei Festlegung von Schutzmaßnahmen nach Absatz 3 besondere Gefährdungen für die Verkehrsteilnehmer infolge erheblicher Behinderungen bzw. erheblicher Verkehrsbelastungen zu erwarten, sind in Abstimmung mit den für den Arbeitsschutz und den für den Straßenverkehr zuständigen Behörden stattdessen die Schutzmaßnahmen festzulegen, die für Beschäftigte auf Straßenbaustellen und für Verkehrsteilnehmer gleichermaßen die größtmögliche Sicherheit gewährleisten.[1350)]

Hinweis:

Vor dem Beginn von Arbeiten, die sich auf den öffentlichen Straßenverkehr auswirken, ist eine verkehrsrechtliche Anordnung gemäß StVO einzuholen.

4.4 Mindestbreiten (B_M) für Arbeitsplätze und Verkehrswege auf Straßenbaustellen

Als Mindestbreiten (B_M) für Arbeitsplätze und Verkehrswege auf Straßenbaustellen sind erforderlich:

- abweichend von Punkt 7 Absatz 4 der ASR A1.8 für Verkehrswege: B_M 80 cm[1351)],
- abweichend von Punkt 7 Absatz 2 der ASR A1.8 für „Verkehrswege" für Laufstege: B_M 80 cm,
- für reine Kontroll-, Steuer- und Bedientätigkeiten, z. B. im Mitgängerbetrieb: B_M 80 cm und
- für ein durch Arbeitsverfahren bedingtes Hinauslehnen aus Führer- und Bedienständen von Fahrzeugen und Maschinen zur Einsichtnahme in den Fahr- und Arbeitsbereich: B_M 40 cm.

Für manuelle Tätigkeiten sind die erforderlichen Mindestbreiten (B_M) zu ermitteln. Dabei darf die Mindestbreite B_M 80 cm nicht unterschritten werden.[1352)]

1350) Die Aufnahme dieser Klausel ist auf Intervention der Verkehrsseite erfolgt. Damit sollen im besonderen Einzelfall in Abstimmung zwischen den für den Arbeitsschutz und für den Straßenverkehr zuständigen Behörden auf der Landesebene Lösungen in den Fällen abgestimmt werden, in denen z. B. Umleitungsstrecken zu zusätzlichen und erhöhten Gefährdungen der Verkehrsteilnehmer führen würden. Dann sollen sich die genannten Behörden gemeinsam über die Festlegung spezifischer Schutzmaßnahmen beraten und Lösungen entwickeln, die den Schutzinteressen der Beschäftigten und der Verkehrsteilnehmer gleichermaßen gerecht werden.

1351) Die Festlegung einer Mindestbreite von 0,8 m ergibt sich aus den in der DIN 33402-2:2020-12 Ergonomie – Körpermaße des Menschen – T. 2: Werte enthaltenden anthropometrischen Daten und den Bewegungsabläufen eines mit Arbeitsmitteln arbeitenden Menschen.

1352) Für manuelle Tätigkeiten sind die erforderlichen Mindestbreiten B_M zu ermitteln. Dabei muss die freie unverstellte Fläche am Arbeitsplatz so bemessen sein, dass sich die Beschäftigten bei ihrer Tätigkeit ungehindert bewegen können. Dabei sind die Körpermaße der Beschäftigten sowie die auszuführenden Bewegungsabläufe zu berücksichtigen. Zur Ermittlung der Körpermaße kann man sich anthropometrischer Normen bedienen oder aber einfach die Tätigkeit vorab simulieren und z. B. mit einem Gliedermaßstab nachmessen, wie viel Platz für die freie Bewegungsfläche benötigt wird.

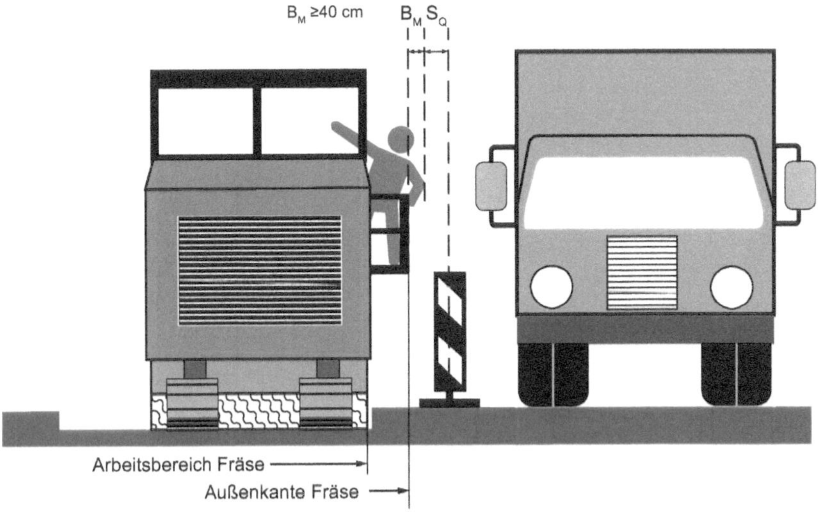

Abb. 2a: Seitlicher Sicherheitsabstand (S_Q) und Mindestbreite (B_M) für Arbeitsplätze und Verkehrswege auf Straßenbaustellen, Beispiel Fräse mit herauslehnendem Fahrer

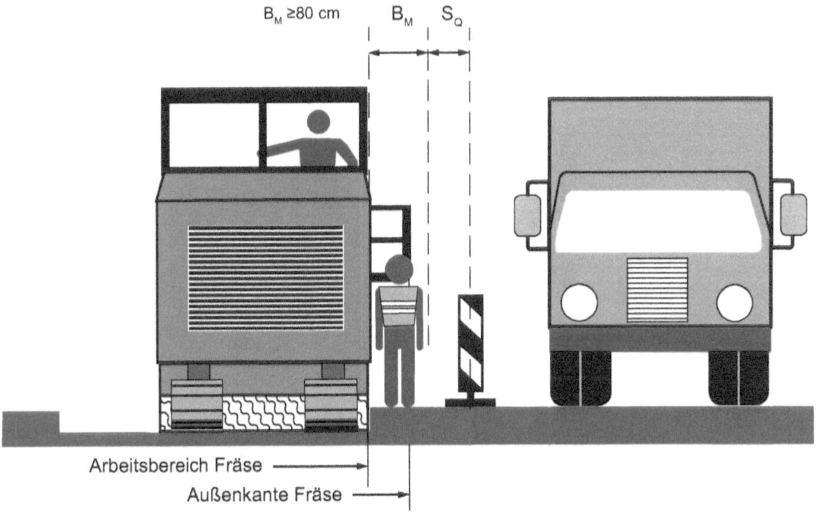

Abb. 2b: Seitlicher Sicherheitsabstand (S_Q) und Mindestbreite (B_M) für Arbeitsplätze und Verkehrswege auf Straßenbaustellen, Beispiel Fräse mit Mitgängerbetrieb

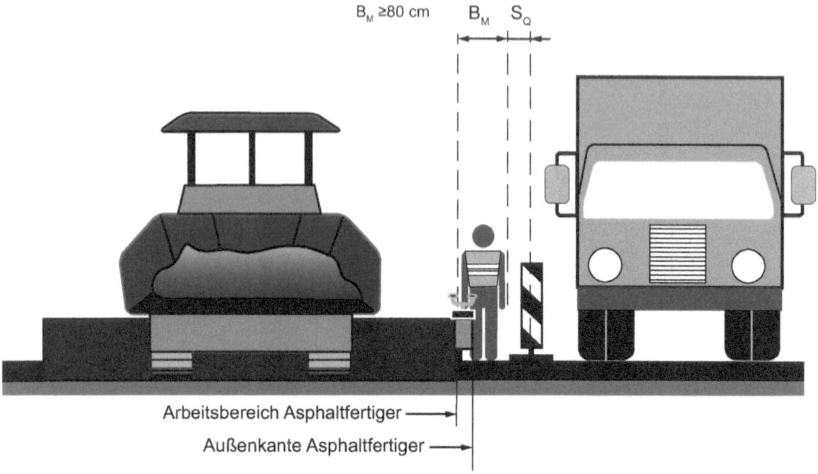

Abb. 3: Seitlicher Sicherheitsabstand (S_Q) und Mindestbreite (B_M) für Arbeitsplätze und Verkehrswege auf Straßenbaustellen, Beispiel Asphaltfertiger

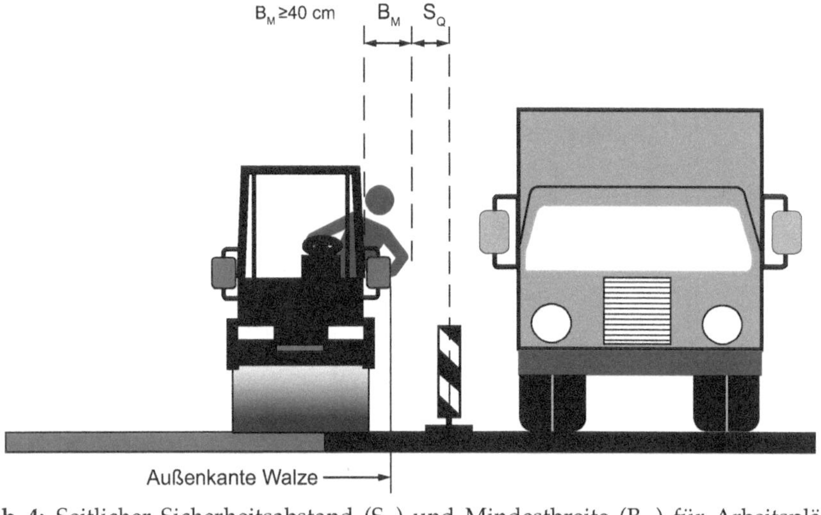

Abb. 4: Seitlicher Sicherheitsabstand (S_Q) und Mindestbreite (B_M) für Arbeitsplätze und Verkehrswege auf Straßenbaustellen, Beispiel Walze mit Überlappung im Bereich der Naht

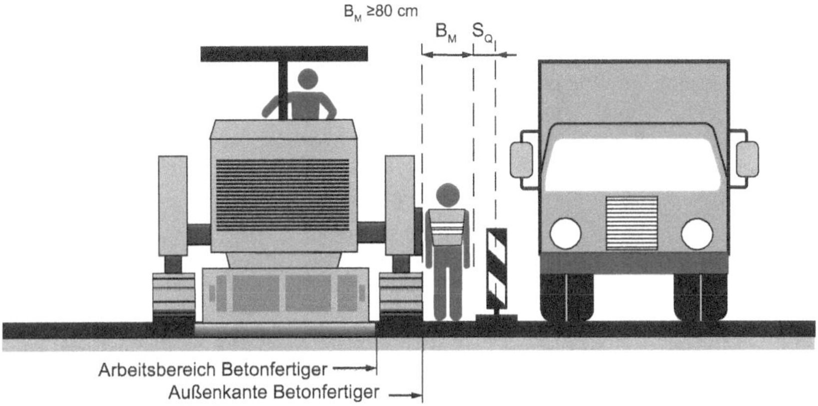

Abb. 5: Seitlicher Sicherheitsabstand (S_Q) und Mindestbreite (B_M) für Arbeitsplätze und Verkehrswege auf Straßenbaustellen, Beispiel Beton-/Gussasphaltfertiger mit überkragendem Kettenlaufwerk

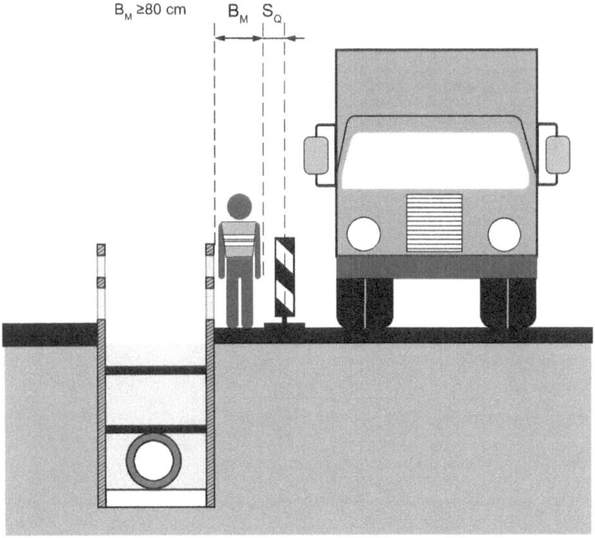

Abb. 6: Seitlicher Sicherheitsabstand (S_Q) und Mindestbreite (B_M) für Arbeitsplätze und Verkehrswege auf Straßenbaustellen, Beispiel Kanalgrabenherstellung

4.5 Sicherheitsabstand in Längsrichtung (S_L) von Arbeitsplätzen und Verkehrswegen auf Straßenbaustellen zum ankommenden Verkehr

(1) Für Arbeitsplätze und Verkehrswege auf Straßenbaustellen ist ein Sicherheitsabstand in Längsrichtung (S_L) zum ankommenden Verkehr vorzusehen. Damit wird z. B. die Gefährdung durch unbeabsichtigtes Hineinfahren in den abgesperrten Bereich der Baustelle berücksichtigt. In diesem Sicherheitsabstand (S_L) dürfen sich außer zum Auf- und Abbau der Verkehrseinrichtungen keine Arbeitsplätze oder Verkehrswege befinden.

(2) Beim Einsatz von Verkehrseinrichtungen, fahrbaren Absperrtafeln mit und ohne Zugfahrzeug, Leitschwellen, -borden oder -wänden sind Sicherheitsabstände (S_L) nach Tabelle 3 anzuwenden.

Tabelle 3: Mindestmaße für Sicherheitsabstände in Längsrichtung (S_L)[1353] zum ankommenden Verkehr

Lage der Straßenbaustelle (Arbeitsstelle) bzw. zulässige Höchstgeschwindigkeit außerhalb des Straßenbaustellenbereichs (Arbeitsstellenbereichs)			
Element	innerörtliche Straßen	Einbahnige Landstraßen und innerörtliche Straßen mit V_{zul} > 50 km/h	Autobahnen, autobahnähnliche Straßen und zweibahnige Landstraßen[1354]
Fahrbare Absperrtafel mit Zugfahrzeug oder Sicherungsfahrzeug ≥ 10 t zulässige Gesamtmasse	3 m	10 m	75 m[1355]
Fahrbare Absperrtafel mit Zugfahrzeug oder Sicherungsfahrzeug < 10 t bis ≥ 7,49 t zulässige Gesamtmasse	5 m	15 m	100 m[1355]
Fahrbare Absperrtafel mit Zugfahrzeug oder Sicherungsfahrzeug < 7,49 t zulässige Gesamtmasse	7,5 m	20 m	nicht zulässig
Fahrbare Absperrtafel ohne Zugfahrzeug	15 m	40 m	

1353) Amtl. FN: Die genannten Sicherheitsabstände (S_L) sind im Sinne eines durch einen Anprall aufzehrbaren Bereiches als lichtes Maß zwischen Vorderkante der Absperrung (Sicherungs- bzw. Zugfahrzeug) und Arbeitsbereich zu verstehen, d. h. als Nettomaß, siehe Abbildung 7a.

1354) Amtl. FN: Auf Rampen (Verbindungsfahrbahnen in Knotenpunkten) können in Abhängigkeit von der Lage der Baustelle in der Rampe, der Rampenlänge und den tatsächlich gefahrenen Geschwindigkeiten kleinere Abstände in Betracht kommen, jedoch nicht unter 20 m.

1355) Amtl. FN: Bei beweglichen Straßenbaustellen (Arbeitsstellen) kann der Abstand auf 50 m reduziert werden.

Hinweis:

Werden auf innerörtlichen Straßen bzw. auf Landstraßen andere Verkehrseinrichtungen (§ 43 StVO) oder bauliche Leitelemente zur Querabsperrung von Teilen der Fahrbahn eingesetzt, so beträgt S_L gegenüber dem ankommenden Verkehr innerorts 10 m, außerorts entspricht S_L der Länge des Verschwenkungsbereichs gemäß RSA, siehe Abbildung 7b.

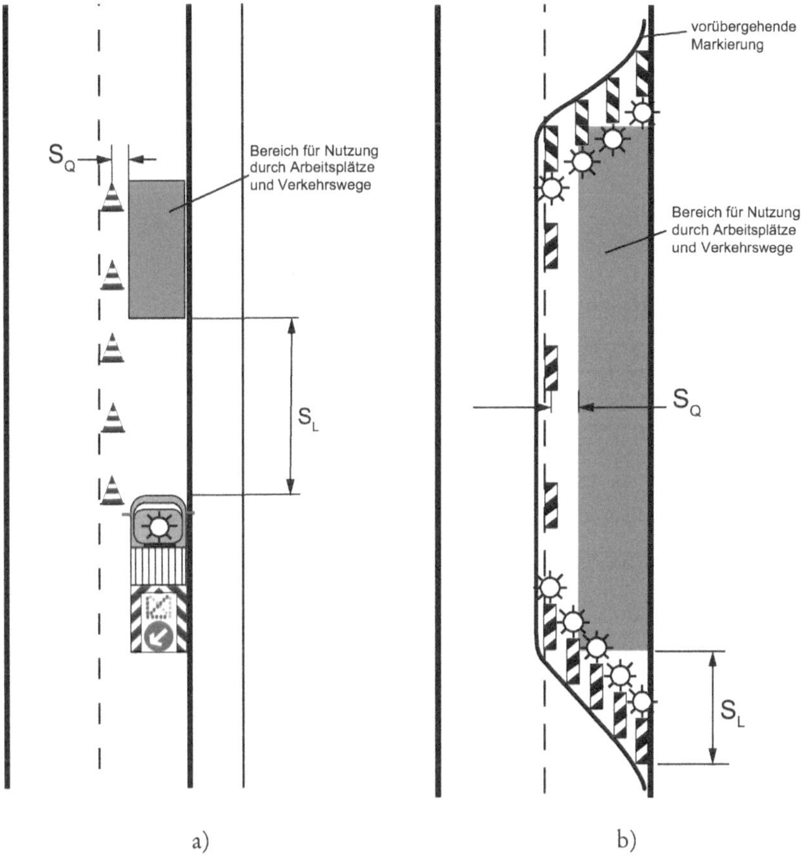

Abb. 7: Sicherheitsabstand (S_L) zum ankommenden Verkehr am Beispiel a) fahrbare Absperrtafel mit Zugfahrzeug b) mit Verschwenkungsbereich

(3) Bei Fahrzeug-Rückhaltesystemen entspricht das Maß des Sicherheitsabstandes (S_L) zum ankommenden Verkehr der Länge des Verschwenkungsbereiches (Verschwenkungsbereich entsprechend Verkehrszeichenplan der verkehrsrechtlichen Anordnung).

(4) Können die Mindestmaße aus Tabelle 3 nicht eingehalten werden, sind als Ergebnis einer Gefährdungsbeurteilung Maßnahmen festzulegen, die mindestens die gleiche Sicherheit und den gleichen Gesundheitsschutz für die Beschäftigten erreichen. Dabei sind die Kriterien aus Punkt 4.3 Absatz 3 zu berücksichtigen.

Geeignete Maßnahmen sind z. B.:
- Überwachung der tatsächlich gefahrenen Geschwindigkeit, z. B. durch polizeiliche Maßnahmen,
- Anzeige der tatsächlich gefahrenen Geschwindigkeit durch elektronische Messverfahren oder
- zusätzliche Warneinrichtungen als Ankündigung (visuell wirkende Vorwarneinrichtungen, mechanisch wirkende Warnschwellen).

Hinweis:

Vor dem Beginn von Arbeiten, die sich auf den öffentlichen Straßenverkehr auswirken, ist eine verkehrsrechtliche Anordnung gemäß StVO einzuholen.

4.6 Ergänzende Maßnahmen

An Stellen, an denen Beschäftigte nicht ausreichend nach den Punkten 4.2 bis 4.5 vor den Gefährdungen des fließenden Verkehrs geschützt werden, z. B. im Bereich von Straßenkreuzungen oder für einzelne Tätigkeiten mit besonderem Platzbedarf, sind ergänzende Maßnahmen zur Minimierung der Gefährdung erforderlich, z. B. eine kurzzeitige Sperrung, Verkehrsbeschränkungen für Lkw. Auch der Einsatz von Polizei an diesen Stellen zur Lenkung und Leitung des öffentlichen Straßenverkehrs kann eine geeignete Maßnahme sein.[1356)]

5 Betreiben von Arbeitsplätzen und Verkehrswegen auf Straßenbaustellen

5.1 Allgemeines

(1) Beim Betreiben von Arbeitsplätzen und Verkehrswegen auf Straßenbaustellen können sich im Grenzbereich zum Straßenverkehr Gefährdungen insbesondere durch:
- den vorbeifahrenden Straßenverkehr (z. B. Anprall, Sogwirkung),
- Ein- und Ausfahren des Baustellenverkehrs,
- Verkehrsdichte/-aufkommen (z. B. Lärm, Motoremissionen),
- Witterungseinflüsse (z. B. Glatteis, Sturm),
- Sichtverhältnisse (z. B. Nebel, Dunkelheit) oder
- unkontrolliert bewegte Teile (z. B. Splitt, Schotter) ergeben.

1356) Für bestimmte Straßenbereiche, wie z. B. Straßenkreuzungen, Tunnel oder Brücken, können besondere Gefährdungen für die Sicherheit und den Gesundheitsschutz der Beschäftigten durch den fließenden Verkehr entstehen. In diesen Bereichen sind die Mindestmaße für die in den Abschnitten 4.2 bis 4.5 beschriebenen Schutzmaßnahmen zuweilen nicht einhaltbar. Hieraus ergibt sich die Notwendigkeit, im Rahmen einer Gefährdungsbeurteilung andere oder zusätzliche Schutzmaßnahmen in gemeinsamer Verantwortung von bauausführenden Betrieben und der Straßenverkehrsbehörde festzulegen und umzusetzen. Diese können z. B. in der Umleitung des LKW-Verkehrs oder in kurzzeitigen Sperrungen der Bereiche für den fließenden Verkehr oder auch in der Übernahme der Verkehrsregelung durch die Polizei bestehen. Eine Vermutungswirkung dieser Maßnahmen lässt sich aus der ASR A5.2 jedoch nicht ableiten.

Geeignete Schutzmaßnahmen, z. B. eine Ausgestaltung der Arbeitsplätze und Verkehrswege im Grenzbereich zum Straßenverkehr unter Berücksichtigung der in Punkt 4 beschriebenen Schutzmaßnahmen sowie geeignete Warnkleidung (siehe z. B. DGUV Information 212-016), sind als Ergebnis der Gefährdungsbeurteilung festzulegen und umzusetzen.

Hinweis:

Bei Arbeiten im öffentlichen Straßenverkehr sind bei der Auswahl von Warnkleidung die Anforderungen der StVO, der Allgemeinen Verwaltungsvorschrift zur Straßenverkehrs-Ordnung (VwV-StVO) und der RSA zu berücksichtigen.

(2) Die Beschäftigten müssen unter Berücksichtigung von Punkt 5.1 Absatz 1 gefährdungsbezogen unterwiesen sein, insbesondere:
- hinsichtlich des Verhaltens auf Arbeitsplätzen auf Straßenbaustellen, z. B. beim Auf- und Abbau von Verkehrseinrichtungen,
- in die Benutzung der Verkehrswege auf Straßenbaustellen und der Zuwegungen zu den Arbeitsplätzen,
- zum Verhalten beim Einsatz von Arbeitsmitteln, z. B. Straßenfertiger, Kaltfräsen, Straßenwalzen, Trennschneidgeräte, Reinigungs- und Mähgeräte, Hubarbeitsbühnen,
- zum Verhalten im Bereich von Baustellenein- und -ausfahrten,
- zu Abmessungen und zum Einhalten von Sicherheitsabständen (S_L, S_Q) zum fließenden Verkehr,
- zu Abmessungen und zum Einhalten von Mindestbreiten (B_M) von Arbeitsplätzen und Verkehrswegen auf Straßenbaustellen sowie
- zur Benutzung von geeigneter Persönlicher Schutzausrüstung, z. B. Warnkleidung (siehe z. B. DGUV Information 212-016).[1357] [1358] [1359]

(3) Arbeitsplätze und Verkehrswege auf Straßenbaustellen sind für die Dauer der Benutzung ausreichend zu beleuchten (siehe ASR A3.4 „Beleuchtung").

1357) Als eine neben der Einhaltung der Mindestmaße für die Sicherheitsabstände und des ausreichend großen Bewegungsraums wichtige Schutzmaßnahme wird ausdrücklich auf das Tragen geeigneter Warnkleidung verwiesen. Informationen zu den Anforderungen und Ausführungen sowie zur Auswahl von Warnkleidung können der DGUV-Information 212-016 Ausg. 2021-07 Warnkleidung entnommen werden.

1358) Warnkleidung wird je nach Mindestfläche an fluoreszierendem sowie retroreflektierendem Material in drei Klassen eingeteilt, wobei Klasse 3 die beste Sichtbarkeit bietet. Die fluoreszierenden Materialien werden für die Tagesauffälligkeit eingesetzt, die retroreflektierenden Materialien dienen der Nachtauffälligkeit.

1359) Bei erhöhter Gefährdung ist Warnkleidung der Klasse 3 einzusetzen. Erhöhte Gefährdung liegt z. B. vor, wenn mindestens eine der folgenden Situationen zutrifft:
- schlechte Sichtverhältnisse,
- Straßenverkehr mit einer durchschnittlichen Verkehrsgeschwindigkeit von mehr als 60 km/h,
- große Verkehrsbelastung mit mehr als 600 Fahrzeugen pro Stunde,
- beim Überqueren mehrspuriger Fahrbahnen,
- Arbeiten in der Dunkelheit,
- wenn Teile der Warnkleidung häufig tätigkeitsbedingt verdeckt werden,
- wenn häufig zwischen abgesperrten und ungesicherten Arbeitsbereichen gewechselt wird,
- bei Arbeitsstellen kürzerer Dauer, bei denen i.d.R. auf besondere Absicherungen verzichtet wird,
- wenn Arbeiten ohne Schutz einer Baustellensicherung oder zum Aufbau derselben durchgeführt werden.

Hinweis:

Vor dem Beginn von Arbeiten, die sich auf den öffentlichen Straßenverkehr auswirken, ist eine verkehrsrechtliche Anordnung gemäß StVO einzuholen. Dabei sind die Anforderungen der RSA zu berücksichtigen, z. B. durch Auswahl und Positionierung der Beleuchtung zur Vermeidung einer Blendung des fließenden Verkehrs.

5.2 Wirksamkeit getroffener Schutzmaßnahmen

(1) Die Schutzmaßnahmen sind je nach Dauer der Arbeiten sowie der betriebsbedingten und äußeren Einflüsse auf ihre ordnungsgemäße Umsetzung und Wirksamkeit zu überprüfen. Betriebsbedingte Einflüsse sind z. B. das Verlegen der Baustellenein- und -ausfahrten. Zu äußeren Einflüssen zählen z. B. Verschmutzung, Witterung und Vandalismus.

(2) Art, Umfang und Häufigkeit der Prüfung der ordnungsgemäßen Umsetzung und Wirksamkeit getroffener Schutzmaßnahmen (Erkennbarkeit, Standsicherheit und Positionierung der Verkehrseinrichtungen) sind im Rahmen der Gefährdungsbeurteilung festzulegen.[1360)]

Hinweis:

Vor dem Beginn von Arbeiten, die sich auf den öffentlichen Straßenverkehr auswirken, ist bei der Prüfung der Wirksamkeit der getroffenen Schutzmaßnahmen die verkehrsrechtliche Anordnung gemäß StVO zu berücksichtigen.

5.3 Änderungen bei Abweichungen von der Planung

Ergibt sich eine von der Planung nach Punkt 4.1 Absatz 1 abweichende Situation für das Einrichten und Betreiben der Straßenbaustelle, sind die Schutzmaßnahmen nach Punkt 4 zu prüfen und gegebenenfalls anzupassen.

Hinweise:

1. *Vor dem Beginn von Arbeiten, die sich auf den öffentlichen Straßenverkehr auswirken, sind die aus den anzupassenden Schutzmaßnahmen resultierenden Verkehrssicherungsmaßnahmen mit der zuständigen Behörde abzustimmen. Für erforderliche Änderungen von Verkehrssicherungsmaßnahmen muss eine verkehrsrechtliche Anordnung gemäß StVO vorliegen.*
2. *Zur Aufrechterhaltung der Sicherheit und Ordnung des öffentlichen Straßenverkehrs kann gemäß StVO die Polizei bei Gefahr im Verzug vorläufige Maßnahmen treffen.*

Literaturhinweise

- Straßenverkehrs-Ordnung (StVO) einschließlich der Allgemeinen Verwaltungsvorschrift zur Straßenverkehrs-Ordnung (VwV-StVO)

1360) Gemäß den Anforderungen an eine angemessene Gefährdungsbeurteilung hat der Arbeitgeber die Wirksamkeit der getroffenen Schutzmaßnahmen regelmäßig zu überprüfen. Dies ist insbesondere bei schnell wechselnden Ausführungsbedingungen, wie sie bei Straßenbauarbeiten bedingt durch die besonderen Bedingungen der Arbeit im Freien, schnell wechselnder Arbeitssituationen durch das Versetzen von Arbeitsmitteln oder die Verlegung in einen neuen Abschnitt, immer wieder auftreten, zwingend erforderlich. Auch sind Straßenbaustellen in verstärktem Maße äußeren Einflüssen ausgesetzt, die eine Wirksamkeitsprüfung in kürzeren Zeitabständen als in stationären Arbeitsstätten erfordern.

- Richtlinien für die Sicherung von Arbeitsstellen an Straßen (RSA)
- Handlungshilfe für das Zusammenwirken von ASR A5.2 und RSA bei der Planung von Straßenbaustellen im Grenzbereich zum Straßenverkehr (BASt, Ausgabe 2020). Die Handlungshilfe sowie Informationen zur Erarbeitung und Einordnung sind auf der Homepage der Bundesanstalt für Straßenwesen verfügbar: h*ttps://www.bast.de/BASt_2017/DE/Publikationen/Fachveroeffentlichungen/Verkehrstechnik/Downloads/V-Handlungshilfe-ASR-RSA.html*
- Zusätzliche Technische Vertragsbedingungen und Richtlinien für Sicherungsarbeiten an Arbeitsstellen an Straßen (ZTV-SA 97), bekannt gemacht als Allgemeines Rundschreiben Straßenbau des BMVBS, 12. August 1997
- Zusätzliche Technische Vertragsbedingungen und Richtlinien für passive Schutzeinrichtungen (ZTV-PS 98), bekannt gemacht als Allgemeines Rundschreiben Straßenbau des BMVBS, Ausgabe 1998
- Richtlinien für passiven Schutz an Straßen durch Fahrzeug-Rückhaltesysteme (RPS 2009)
- Einsatzfreigabeverfahren für Fahrzeug-Rückhaltesysteme, Stand 1. Oktober 2009
- Verordnung über Sicherheit und Gesundheitsschutz auf Baustellen (Baustellenverordnung – BaustellV)
- RAB 30 Regel zum Arbeitsschutz auf Baustellen – Geeigneter Koordinator
- RAB 31 Regel zum Arbeitsschutz auf Baustellen – Sicherheits- und Gesundheitsschutzplan – SiGePlan
- RAB 33 Regel zum Arbeitsschutz auf Baustellen – Allgemeine Grundsätze nach § 4 des Arbeitsschutzgesetzes bei Anwendung der Baustellenverordnung
- DGUV Vorschrift 38 Unfallverhütungsvorschrift Bauarbeiten, 1. Januar 1993 mit Durchführungsanweisungen vom Dezember 2010
- DGUV Regel 114-016 Straßenbetrieb, Straßenunterhalt 10/2011
- DGUV Regel 101-003 Umgang mit beweglichen Straßenbaumaschinen 09/2013
- DGUV Information 212-016 Warnkleidung 12/2010
- Normenreihe DIN EN 1317 Rückhaltesysteme an Straßen, Stand 11/2018
- Liste nach TL-Transportable Schutzeinrichtungen (TSE) der Bundesanstalt für Straßenwesen (BASt), 7. Februar 2017

zu Anh. Nr. 6 ArbStättV

Technische Regeln für Arbeitsstätten	Bildschirmarbeit[1361) 1362) 1363) 1364)]	ASR A6

GMBl. Nr. 24 vom 1.7.2024 S. 470

...

Diese ASR A6 konkretisiert im Rahmen ihres Anwendungsbereichs Anforderungen der Verordnung über Arbeitsstätten. Bei Einhaltung dieser Technischen Regel kann der Arbeitgeber davon ausgehen, dass die entsprechenden Anforderungen der Verordnung erfüllt sind. Wählt der Arbeitgeber eine andere Lösung, muss er damit mindestens die gleiche Sicherheit und den gleichen Schutz der Gesundheit für die Beschäftigten erreichen.

Inhaltsverzeichnis

1361) Mit der in der siebten Änderung der ArbStättV 2016 (s. FN 32) erfolgten Übernahme der Anforderungen zur Gestaltung der Arbeitsbedingungen aus der BildSchArbV in die ArbStättV war das in der ArbStättV etablierte System einer Konkretisierung durch die Erstellung von dem Stand der Technik, Arbeitsmedizin und Hygiene sowie sonstigen wissenschaftlichen Erkenntnissen für die Sicherheit und Gesundheit der Beschäftigten entsprechenden Regeln, die vom BMAS bekannt gemacht werden und dann für den Normadressaten Arbeitgeber die Vermutungswirkung auslösen, nun auch für die Maßnahmen zur Gestaltung von Bildschirmarbeit anwendbar. In der Begründung zum Beschluss der Änderung der ArbStättV (BR-Drucksache 506/16 (Beschluss), B. Besonderer Teil zu Nummer 12 Buchstabe x) wird klargestellt, dass die Anforderungen an Bildschirmarbeitsplätze, die in der ArbStättV geregelt werden, vom ASTA in einem untergesetzlichen Regelwerk – das den Stand der Technik repräsentiert – konkretisiert werden sollen.

1362) Der ASTA hatte im Oktober 2017 eine Projektbeschreibung zur Erarbeitung einer ASR A6 „Bildschirmarbeitsplätze" beschlossen. Die Projektgruppe nahm im Februar 2018 ihre Arbeit auf. Die langjährige und teilweise kontroverse Suche nach akzeptierten Lösungen, insbesondere zur Klärung von Begriffen und Grenzen des Anwendungsbereiches sowie zu den Anforderungen und zur Verwendung von tragbaren Bildschirmgeräten, führte letztlich erst 2024 zu einem einvernehmlich von allen Bänken im ASTA getragenen Ergebnis.

1363) Im Zuge der Erarbeitung wurde der ursprüngliche Titel der ASR A6 von „Bildschirmarbeitsplätze" in „Bildschirmarbeit" geändert. Hintergrund ist zum einen, dass die ortsungebundene Arbeit mit tragbaren Bildschirmgeräten unter im Anwendungsbereich definierten Bedingungen vom Regelungsbereich des Anhangs Nr. 6 umfasst wird. Bei solchen Tätigkeiten werden zwar Bildschirmgeräte verwendet und Bildschirmarbeit verrichtet. Allerdings müssen für deren Verrichtung keine Bildschirmarbeitsplätze im engeren Sinn eingerichtet werden. Mit der engen Auslegung des Begriffs „Bildschirmarbeitsplatz" wären diese Tätigkeiten daher nicht zu fassen. Daher fiel im ASTA die Entscheidung, den Titel in „Bildschirmarbeit" umzubenennen.

1364) Zum anderen unterliegt auch nicht jede Nutzung eines Bildschirmgerätes innerhalb einer Arbeitsstätte dem Regelungsbereich der ASR A6. Vielmehr muss „Bildschirmarbeit i. S. d. ASR A6" gem. der in Abschn. 3.5 enthaltenen Definition durch eine Interaktion des Menschen mit dem Arbeitsmittel Bildschirmgerät gekennzeichnet sein. So gilt die Nutzung von handgehaltenen Geräten, z. B. Smartphones zum Telefonieren, nicht als Bildschirmarbeit i. S. d. ASR A6. Auch das reine Lesen von Texten auf einem Bildschirmgerät ist nach dieser Definition keine Bildschirmarbeit, da es sich hierbei lediglich um die Aufnahme von Informationen ohne Informationseingabe handelt (s. a. Schmauder M.: Die neue ASR A6 Bildschirmarbeit, Sicher ist sicher, 10-2024, S. 434.).

1 Zielstellung

(1) Diese ASR konkretisiert § 3a Absatz 1 und die in Nummer 6 des Anhangs der Arbeitsstättenverordnung (ArbStättV) genannten Anforderungen und Maßnahmen zur Gestaltung von Bildschirmarbeitsplätzen und Bildschirmgeräten sowie § 6 Absatz 1 ArbStättV zur Unterweisung der Beschäftigten. Sie konkretisiert darüber hinaus Nummer 3.3 Absatz 2 des Anhangs der ArbStättV, soweit es Sitzgelegenheiten an Bildschirmarbeitsplätzen betrifft.[1365)] [1366)]

(2) Diese ASR konkretisiert weiterhin § 1 Absatz 4 und § 2 Absatz 7 ArbStättV, soweit es Telearbeitsplätze betrifft.[1367)]

(3) Mit dieser ASR wird das Ziel verfolgt, Gefährdungen bei der Bildschirmarbeit durch physische und psychische Belastung sowie insbesondere durch Belastung der Augen mit präventiven Maßnahmen zu verringern oder zu vermeiden.[1368)] [1369)]

[1365)] In Abs. 1 werden alle mit der ASR A6 konkretisierten materiellen Inhalte der ArbStättV zum Einrichten und Betreiben von Arbeitsplätzen, an denen Bildschirmarbeit i. S. d. ASR A6 verrichtet wird (s. FN 1364), im Einzelnen benannt. In erster Linie geht es um die Konkretisierung der in Nr. 6 des Anhangs ArbStättV enthaltenen Maßnahmen und Anforderungen zur Gestaltung von Bildschirmarbeitsplätzen und Bildschirmgeräten. Hierbei ist darauf hinzuweisen, dass die in Nr. 6.2 und 6.3 des Anhangs der ArbStättV enthaltene Unterscheidung in Bildschirme, Bildschirmgeräte und sonstige Arbeitsmittel durch die in Abschn. 3.4 der ASR A6 vorgenommene Definition der Bildschirmgeräte „als Funktionseinheiten, zu denen insbesondere Bildschirme zur Darstellung von visuellen Informationen, Einrichtungen zur Datenein- und -ausgabe, sonstige Steuerungs- und Kommunikationseinheiten (Rechner) sowie eine Software zur Steuerung und Umsetzung der Arbeitsaufgabe gehören", aufgelöst wurde.

[1366)] Weiterhin werden Konkretisierungen im Hinblick auf die vom Arbeitgeber nach § 6 Abs. 1 ArbStättV vorzunehmende Unterweisung, insbesondere zu den in § 6 Abs. 1 Nr. 4 aufgeführten arbeitsplatzspezifischen Maßnahmen bei der Verrichtung von Tätigkeiten an Bildschirmgeräten, vorgenommen. Schließlich wird darauf verwiesen, dass die bisher noch unzureichend im Regelwerk für Arbeitsstätten enthaltene Konkretisierung der Anforderung in Nr. 3.3 Abs. 2 Anh. ArbStättV zur Bereitstellung von Sitzgelegenheiten, wenn die Arbeit ganz oder teilweise im Sitzen erledigt werden kann, durch die Inhalte der ASR A6 zumindest für Sitzgelegenheiten an Bildschirmarbeitsplätzen nunmehr vorliegt.

[1367)] Die Inhalte der ASR A6 gelten auch für die mit der siebten Änderung 2016 (s. FN 32) in § 2 Abs. 7 ArbStättV definierten Telearbeitsplätze. Dies ist folgerichtig, da nach § 1 Abs. 4 Nr. 2 ArbStättV für die unter Beachtung der Bedingungen in § 2 Abs. 7 vom Arbeitgeber eingerichteten Telearbeitsplätze die Maßnahmen und Anforderungen der Nr. 6 des Anhangs gelten.

[1368)] Präventive Maßnahmen mit dem Ziel der Vermeidung oder Verringerung von Gefährdungen durch die Bildschirmarbeit werden insbesondere durch die ergonomische Gestaltung des Arbeitsplatzes und des Bildschirmgerätes, angemessene Arbeitsumgebungsbedingungen, eine geeignete Arbeitsorganisation mit der Ermöglichung von Belastungswechseln durch Pausen oder andere Tätigkeiten und nicht zuletzt durch eine hohe Benutzerfreundlichkeit der Bildschirmarbeitsplätze erreicht. Alle diese Aspekte werden in der ASR A6 betrachtet und mit Anforderungen untersetzt.

[1369)] Ein weiteres Element der Prävention stellt die arbeitsmedizinische Vorsorge dar. Ziel ist es, durch Maßnahmen der arbeitsmedizinischen Vorsorge arbeitsbedingte Erkrankungen einschließlich Berufskrankheiten frühzeitig zu erkennen und zu verhüten. Diese Elemente sind nicht in der ASR A6, sondern in der arbeitsmedizinischen Regel AMR 14.3 „Tätigkeiten an Bildschirmgeräten" sowie AMR 14.1 „Angemessene Untersuchung der Augen und des Sehvermögens" enthalten.

2 Anwendungsbereich

(1) Diese ASR gilt für:

1. die ortsgebundene Verwendung von Bildschirmgeräten, einschließlich tragbarer Bildschirmgeräte, an Arbeitsplätzen in Arbeitsstätten (Bildschirmarbeitsplätze) sowie an Telearbeitsplätzen und
2. die regelmäßige ortsveränderliche Verwendung tragbarer Bildschirmgeräte innerhalb von Arbeitsstätten.[1370)] [1371)] [1372)] [1373)] [1374)] [1375)] [1376)]

1370) In Abs. 1 wird der Anwendungsbereich der ASR A6 klargestellt. Dazu werden zunächst die unbestimmten Begriffe aus Nr. 6 des Anhangs ArbStättV übernommen. Eine Konkretisierung erfolgt dann unter den Begriffsbestimmungen in Abschn. 3 der ASR A6. Die ASR A6 gilt unter Berücksichtigung dieser Begriffsbestimmungen uneingeschränkt für die ortsgebundene Verwendung von Bildschirmgeräten, einschließlich tragbarer Bildschirmgeräte, an Arbeitsplätzen in Arbeitsstätten (Bildschirmarbeitsplätze) sowie an Telearbeitsplätzen und für die regelmäßige ortsveränderliche Verwendung tragbarer Bildschirmgeräte innerhalb von Arbeitsstätten.

1371) Die ASR A6 gilt somit nicht für die mobile Bildschirmarbeit außerhalb des Geltungsbereiches der Arbeitsstättenverordnung. Dazu zählen z. B. die häufig als „Homeoffice" bezeichneten Tätigkeiten, die dauerhaft oder zeitweise mit einem Bildschirmgerät im Privatbereich des Beschäftigten verrichtet werden und für die vom Arbeitgeber kein Telearbeitsplatz im Sinne von § 2 Abs. 7 ArbStättV eingerichtet wurde. Gleichwohl sollten auch für derartige „Homeoffice-Arbeitsplätze" die konkretisierenden Inhalte der ASR A6 gestaltungsleitend sein. Keine Anwendung findet die ASR A6 auf die Verrichtung von Tätigkeiten mit einem mobilen Bildschirmgerät an anderer Stelle außerhalb einer Arbeitsstätte, also z. B. während der Reise, in einem Hotel, einem Restaurant, beim Kunden oder z. B. der Paketzustellung.

1372) Die Nichtanwendbarkeit der ASR A6 auf alle Arten von beruflich bedingter Bildschirmarbeit außerhalb von Arbeitsstätten und außerhalb von Telearbeitsplätzen lässt sich mit der Definition der Arbeitsstätte in § 2 Abs. 1 in Verbindung mit § 1 ArbStättV begründen. Gem. dieser Definition ist der Anwendungsbereich der ArbStättV grundsätzlich auf die auf einem Betriebsgelände befindlichen Arbeitsräume sowie auf Orte auf dem Gelände eines Betriebes oder einer Baustelle beschränkt. Allerdings bestehen schon jetzt Ausnahmen mit einer teilweisen Anwendbarkeit von ausgewählten Anforderungen der ArbStättV z. B. für Arbeitsstätten im Reisegewerbe, Transportmittel im öffentlichen Verkehr, Gemeinschaftsunterkünfte oder Telearbeitsplätze. Diese enthalten die Absätze 2 bis 4 von § 1 ArbStättV. Damit werden die Anforderungen bestimmter Paragrafen (z. B. § 5 Nichtraucherschutz) oder bestimmter Nummern des Anhangs (z. B. 1.3, 4.4 oder 6) auch auf Orte außerhalb der engen Definition einer Arbeitsstätte in § 2 Abs. 1 für anwendbar erklärt.

1373) Eine solche Regelung in der ArbStättV wäre grundsätzlich auch für ausgewählte Tätigkeiten, wie z. B. die Arbeit mit Bildschirmgeräten außerhalb des Geländes eines Betriebes oder einer Baustelle, denkbar und würde entscheidend zur Rechtssicherheit bei mobiler Bildschirmarbeit beitragen. Dies umso mehr, als begründete Zweifel bestehen, ob die 2016 mit der Überführung der BildSchArbV in die ArbStättV vorgenommene Beschränkung der Anforderungen für Bildschirmarbeit auf deren Verrichtung in eng definierten Arbeitsstätten oder bei der Einrichtung von Telearbeitsplätzen in Einklang mit der grundsätzlich generell für alle Tätigkeiten mit Bildschirmgeräten geltenden europäischen Bildschirmrichtlinie steht. Denn diese Richtlinie sieht anders als die europäische Arbeitsstättenrichtlinie keine Einschränkung auf die Räumlichkeiten des Arbeitgebers vor. Hieraus folgt, dass die Bildschirmrichtlinie auch für das so genannte „Homeoffice" umzusetzen wäre. Damit ergibt sich in der Bundesrepublik Deutschland derzeitig eine Regelungslücke für „Homeoffice"-Arbeitsplätze, an denen Bildschirmarbeit geleistet wird (s. a. Aligbe P.: Regelungslücken bei der Arbeitsform „Homeoffice"?, sicher ist sicher, 11–24, S. 501 ff.).

1374) Der Bundes-Verordnungsgeber hat sich gegen eine solche Möglichkeit der einheitlichen Regelung für Sicherheit und Gesundheit bei der Ausübung beruflicher Bildschirmarbeit in einer Verordnung entschieden. Vielmehr ist der Auftrag zur Erstellung einer untergesetzlichen Regel zur mobilen Bildschirmarbeit außerhalb von Arbeitsstätten und Telearbeitsplätzen seitens des BMAS zwischenzeitlich an den auf der Grundlage von § 24a ArbSchG berufenen Ausschuss für Sicherheit und Gesundheit bei der Arbeit (ASGA) erteilt worden. Von diesem soll eine Regel „Ortsflexible Bildschirmarbeit außerhalb von Arbeitsstätten" mit Anforderungen erstellt werden, die bei Umsetzung ebenso eine Vermutungswirkung für den Arbeitgeber auslöst. Die Erarbeitung einer solchen Regel ist Bestandteil des Arbeitsprogramms des ASGA. Mit der Umsetzung wurde aufgrund diesbezüglich nicht einheitlicher Auffassungen seitens der Sozialpartner jedoch noch nicht begonnen.

(2) Diese ASR gilt nicht für:
1. die nicht regelmäßige ortsveränderliche Verwendung tragbarer Bildschirmgeräte,
2. die Verwendung von Bildschirmgeräten außerhalb von Arbeitsstätten (z. B. beim Kunden, in Verkehrsmitteln, im Privatbereich) oder außerhalb von Telearbeitsplätzen,
3. Bedienerplätze von Maschinen oder Fahrerplätze von Fahrzeugen mit Bildschirmgeräten,
4. Rechenmaschinen, Registrierkassen oder andere Arbeitsmittel mit einer kleinen Daten- oder Messwertanzeigevorrichtung, die zur unmittelbaren Benutzung des Arbeitsmittels erforderlich ist und
5. Schreibmaschinen klassischer Bauart mit einem Display.[1377)]

Hinweise:

1. *Bildschirmgeräte sind Arbeitsmittel nach der Betriebssicherheitsverordnung (BetrSichV) und müssen die Anforderungen der BetrSichV erfüllen.*
2. *Beim Einrichten und Betreiben von Bildschirmarbeitsplätzen und Telearbeitsplätzen sind neben den Anforderungen aus dieser ASR weitere Technische Regeln und Empfehlungen zu beachten, insbesondere:*

1375) Das gilt selbstredend auch für die ASR A6, deren fachkundig und auf wissenschaftlicher Grundlage ermittelten Inhalte im Rahmen einer Gefährdungsbeurteilung für ortsflexible Bildschirmarbeit außerhalb von Arbeitsstätten und Telearbeitsplätzen durch den Arbeitgeber berücksichtigt werden können und sollten. Der hier formulierte Stand der Technik für die Bildschirmarbeit in Arbeitsstätten und an Telearbeitsplätzen, insbesondere zur maximalen Nutzungsdauer von tragbaren Bildschirmgeräten, kann dementsprechend als Beurteilungsmaßstab für andere Anwendungsbereiche, z. B. das „Homeoffice", herangezogen werden (s. a. Schmauder M.: Die neue ASR A6 Bildschirmarbeit, Sicher ist sicher, 10-2024, S. 434 ff.). Konkret ist damit die Aussage verbunden, dass die Bildschirmarbeit mit einem tragbaren Bildschirmgerät (z. B. Laptop, Notebook), welches abgelegt z. B. auf einem Schreibtisch genutzt wird, bei einer arbeitstäglichen Nutzungsdauer von mehr als zwei Stunden ohne Unterbrechung oder mehr als drei Stunden mit Unterbrechung den Anforderungen der ASR A6 unterliegt. Nach Abschn. 6.3.4 ASR A6 sind dann bei einer ortsgebundenen Verwendung tragbarer Bildschirmgeräte (wie üblicherweise im „Homeoffice" der Fall) für eine neutrale Körperhaltung und angemessene Sehbedingungen auf die Bildschirmoberfläche mindestens eine separate Tastatur sowie in der Regel ein separater Bildschirm und in Abhängigkeit von der Tätigkeit eine separate Maus notwendig. Weiterhin gelten die Anforderungen an dauerhaft eingerichtete Bildschirmarbeitsplätze, die in der ASR A6 formuliert sind.

1376) Für Tätigkeiten mit Bildschirmgeräten außerhalb des Anwendungsbereiches der ArbStättV ist somit die ASR A6 nicht anwendbar. Diese Tätigkeiten unterliegen aber anderen Arbeitsschutzvorschriften. So sind die Anforderungen u. a. aus dem ArbSchG, dem ArbZG und der BetrSichV verbindlich einzuhalten. Insbesondere besteht die Verpflichtung für den Arbeitgeber, eine Beurteilung der Arbeitsbedingungen und eine übergreifende Gefährdungsbeurteilung nach § 5 ArbSchG sowie eine spezielle Gefährdungsbeurteilung nach § 3 BetrSichV durchzuführen und entsprechende Maßnahmen zum Schutz der Beschäftigten bei der Verrichtung von Tätigkeiten mit Bildschirmgeräten außerhalb des Anwendungsbereichs der ArbStättV abzuleiten. Hierfür können die Inhalte der von den Ausschüssen beim BMAS erarbeiteten Regeln als fachkundig ermittelter Stand der Technik auch unabhängig von ihrem jeweiligen Anwendungsbereich herangezogen werden, allerdings ohne Auslösung der Vermutungswirkung.

1377) Der in der EG-Bildschirmrichtlinie in Art. 1 Abs. 3d verwendete Wortfolge der „so genannten ‚tragbaren' Datenverarbeitungsanlage" ist im Zeitalter der Smartphones, Notebooks und Tablets nicht mehr zeitgemäß und wurde in Anh. 6 und ASR A6 durch tragbare Bildschirmgeräte ersetzt. Dies macht deutlich, dass die EG-Richtlinie aus dem Jahr 1990 zwingend an die rasant voranschreitende Technologieentwicklung angepasst werden muss. Seitens der EU-Kommission wurden hierzu entsprechende vorbereitende Aktivitäten u. a. im Hinblick auf eine mögliche Überarbeitung der EG-Arbeitsstättenrichtlinie mit einer Integration der Bildschirmarbeit ausgelöst. Eine Einigung zwischen den Sozialpartnern sowie den Regierungen, insbesondere zur Frage einer Einbeziehung der mobilen Bildschirmarbeit in die Regelungen, ist bisher noch nicht erreicht worden.

a) Empfehlungen zur Betriebssicherheit EmpfBS 1113 „Beschaffung von Arbeitsmitteln",
b) TRBS 1151 „Gefährdungen an der Schnittstelle Mensch – Arbeitsmittel – Ergonomische und menschliche Faktoren, Arbeitssystem –",
c) ASR V3 „Gefährdungsbeurteilung",
d) ASR A1.2 „Raumabmessungen und Bewegungsflächen",
e) ASR A3.4 „Beleuchtung und Sichtverbindung",
f) ASR A3.5 „Raumtemperatur",
g) ASR A3.6 „Lüftung" und
h) ASR A3.7 „Lärm".

3. *Anforderungen für das barrierefreie Einrichten und Betreiben von Arbeitsstätten enthält die ASR V3a.2 „Barrierefreie Gestaltung von Arbeitsstätten". Sofern erforderlich werden zusätzliche Anforderungen an die barrierefreie Gestaltung von Bildschirmarbeit zu einem späteren Zeitpunkt als Anhang in die ASR V3a.2 eingefügt.*
4. *Bei Tätigkeiten an Bildschirmgeräten sind die Verordnung zur arbeitsmedizinischen Vorsorge (ArbMedVV) und die für die Bildschirmarbeit einschlägigen Arbeitsmedizinischen Regeln (insbesondere AMR 13.4 „Tätigkeiten an Bildschirmgeräten") zu beachten.*

3 Begriffsbestimmungen

3.1 Arbeitsräume sind nach § 2 Absatz 3 ArbStättV Räume, in denen Arbeitsplätze innerhalb von Gebäuden dauerhaft eingerichtet sind. Dies sind alle vom Arbeitgeber zur Verfügung gestellten Räume, z. B. auch angemietete Büroflächen, Verkaufsräume, Produktions- oder Lagerräume.

3.2 Arbeitsplätze sind nach § 2 Absatz 4 ArbStättV Bereiche, in denen Beschäftigte im Rahmen ihrer Arbeit tätig sind.[1378)]

3.3 Bildschirmarbeitsplätze sind nach § 2 Absatz 5 ArbStättV Arbeitsplätze, die sich in Arbeitsräumen befinden und die mit mindestens einem Bildschirmgerät, einer Arbeitsfläche

---

1378) Mit der mit der 7. Änderung 2016 (s. FN 32) erfolgten Änderung des Arbeitsplatzbegriffs gelten die Anforderungen der ArbStättV grundsätzlich für alle Bereiche, in denen Beschäftigte im Rahmen ihrer Arbeit tätig sind. Die bis 2016 geltende zeitliche Begrenzung, wonach es sich erst um einen Arbeitsplatz i. S. d. ArbStättV handelte, wenn an diesem mehr als zwei Stunden täglich oder mehr als 30 Tage im Jahr gearbeitet wird, ist entfallen. Dies hat zwar keine unmittelbaren Auswirkungen auf die Gestaltung von Bildschirmarbeitsplätzen, denn diese mussten auch schon vor 2016 unabhängig von der jeweiligen Nutzungszeit durch einen oder mehrere Beschäftigte ergonomisch eingerichtet sein. Zu beachten ist aber, dass mit der Neufassung auch Bereiche außerhalb von Bildschirmarbeitsplätzen anders als bisher als Arbeitsplätze gelten, wenn die Beschäftigten für die Verrichtung der Tätigkeit ein Bildschirmgerät verwenden. Diese Bereiche können somit räumlich die gesamte Arbeitsstätte umfassen. In diesen müssen die für Arbeitsplätze ausgewiesenen spezifischen Anforderungen des Anhangs der ArbStättV erfüllt sein. So z. B. die Anforderungen zu den Arbeitsbedingungen an Arbeitsplätzen in Nr. 3.1 (u. a. Bewegungsfläche – ausreichend freie unverstellte Fläche) und 3.2 (u. a. Anordnung der Arbeitsplätze, sicheres Erreichen und Verlassen, keine Gefahr durch benachbarte Arbeitsplätze).

sowie ggf. einem Arbeitsstuhl (Mobiliar) und sonstigen Arbeitsmitteln (z. B. Telefon) ausgestattet sind.[1379]

3.4 Bildschirmgeräte sind Funktionseinheiten, zu denen insbesondere Bildschirme zur Darstellung von visuellen Informationen, Einrichtungen zur Datenein- und -ausgabe, sonstige Steuerungs- und Kommunikationseinheiten (Rechner) sowie eine Software zur Steuerung und Umsetzung der Arbeitsaufgabe gehören.

3.5 Bildschirmarbeit im Sinne dieser Regel umfasst Tätigkeiten an Bildschirmgeräten, die durch die Mensch-Arbeitsmittel-Interaktion gekennzeichnet sind. Die Mensch-Arbeitsmittel-Interaktion umfasst die Aufnahme und Eingabe von Informationen (siehe die Abschnitte 3.14 und 3.15) mit Hilfe eines Bildschirmgerätes.[1380] [1381] [1382] Die Nutzung von handgehaltenen Geräten, z. B. Smartphones, zum Telefonieren gilt nicht als Bildschirmarbeit.

1379) Zur zwingend notwendigen Ausstattung eines Bildschirmarbeitsplatzes gehört das Vorhandensein einer Arbeitsfläche, auf der Bildschirmgeräte zur Bedienung und weitere Arbeitsmaterialien abgelegt werden können. Hingegen hängt die Ausstattung mit Mobiliar, z. B. auch mit einem Arbeitsstuhl, sowie sonstigen Arbeitsmitteln von den jeweiligen Bedingungen ab und ist nicht zwingend. Dies wird durch die Einfügung des „ggf." in der Definition zum Ausdruck gebracht. Damit wird der Tatsache entsprochen, dass Bildschirmarbeitsplätze heute bei weitem nicht nur für klassische Bürotätigkeiten eingerichtet werden, sondern mit zunehmender Tendenz an vielen anderen Arbeitsplätzen, etwa im Labor, in der Werkstatt, für die Lehre, an Empfangstheken oder im Logistikbereich. Hier werden jedoch häufig nur gelegentlich Arbeiten auf einer Arbeitsfläche mit dem Bildschirmgerät ausgeführt, sodass die Ausstattung mit einem Arbeitsstuhl nicht immer zweckmäßig ist. Das gilt z. B. für Bildschirmarbeitsplätze, die nur für kürzere Zeiträume, z. B. zum Einrichten von Produktionsprozessen in einer Halle im Stehen, genutzt werden. In allen aufgeführten Fällen handelt es sich aber um Bildschirmarbeitsplätze, da für deren Definition die dauerhafte Einrichtung und die Mindestausrüstung mit Bildschirmgerät und Arbeitsfläche gelten, nicht aber eine dauerhafte oder nur gelegentliche zeitliche Nutzung.

1380) Nach der Definition in Abschn. 3.5 umfasst Bildschirmarbeit i. S. d. ASR A6 nur solche Tätigkeiten an Bildschirmgeräten, die durch eine Interaktion des Menschen mit dem Arbeitsmittel Bildschirmgerät gekennzeichnet sind. Diese Mensch-Maschine-Interaktion muss durch die wechselseitige Eingabe und Ausgabe von Informationen mithilfe eines Bildschirmgerätes geprägt sein. Fehlt entweder die Eingabe (z. B. beim reinen Lesen von Texten, wie etwa einer Bedienungsanleitung, mit einem Bildschirmgerät inklusive des Umblätterns, beim Abspielen eines Videos mit einer Montageanleitung, beim Überwachen der Ein- und Ausfahrt aus einem Parkhaus) oder die Ausgabe (z. B. bloßes Schreiben einer Antwortmail während einer Sitzung mit einem Notebook), handelt es sich demnach nicht um Bildschirmarbeit i. S. d. ASR A6 (s. a. FN 1364).

1381) Das zwingende Vorliegen einer Mensch-Maschine-Interaktion als Voraussetzung für die Verrichtung von Bildschirmarbeit i. S. d. ASR A6 ist nicht unumstritten. Sie führt dazu, dass bestimmte Tätigkeiten aus dem Anwendungsbereich herausgenommen werden. So muss dem berechtigten Einwand gefolgt werden, dass auch beim reinen Lesen von Texten auf einem Bildschirm eine Belastung insbesondere der Augen nicht auszuschließen ist. Diese Tatsache war der die ASR A6 erarbeitenden Projektgruppe bewusst und Gegenstand langwieriger Erörterungen. Ein Gegenargument war u. a., dass es auch beim herkömmlichen Lesen von Texten auf Papier zu einer gewissen Belastung der Augen durch die Sehaufgabe kommt, die sich nicht wesentlich von der einer Textdarstellung auf einem Bildschirm unterscheidet.

1382) Als Lösung der Problematik wurde ein Hinweis in Abschn. 3.5 formuliert. In diesem wird hervorgehoben, dass besondere Belastungen insbesondere durch die Körperhaltung bei Tastatureingaben in Verbindung mit der Erfüllung der Sehaufgabe entstehen würden. Diese Belastungen würden ggf. Schutzmaßnahmen erforderlich machen. Weiter wird im Hinweis ausgeführt, dass auch eine reine Sehaufgabe eine Belastung darstellt, für diese jedoch bei bestimmungsgemäßer Nutzung von geeigneten Bildschirmgeräten (und unter Beachtung der geltenden Anforderungen der BetrSichV und bei Einhaltung der Anforderungen der jeweiligen einschlägigen ASR bezüglich der Arbeitsumgebungsbedingungen, Anm. Autor) nicht von einer Gefährdung auszugehen wäre.

Hinweis:

Insbesondere durch die Körperhaltung bei Tastatureingaben entstehen, anders als bei der bloßen Aufnahme von Informationen am Bildschirm, zusätzlich zu Aspekten der Sehaufgabe besondere Belastungen, die gegebenenfalls Schutzmaßnahmen erforderlich machen. Die Sehaufgabe kann ebenfalls eine Belastung darstellen. Bei bestimmungsgemäßer Nutzung von geeigneten Bildschirmgeräten ist nicht von einer Gefährdung auszugehen. Beim ausschließlichen Lesen von Texten auf einem z. B. tragbaren Bildschirmgerät einschließlich des Umblätterns ist nicht von Bildschirmarbeit im Sinne dieser Regel auszugehen (reine Aufnahme von Informationen, keine Eingabe).

3.6 Arbeitsfläche im Sinne dieser Regel ist die Fläche auf dem Arbeitstisch zur Anordnung des Bildschirms, der Eingabemittel, des Schriftguts, sonstiger Arbeitsmittel und zum Auflegen der Handballen.[1383)]

3.7 Kleine Daten- und Messwertanzeigevorrichtungen im Sinne dieser Regel sind Arbeitsmittel, welche eine nur wenige Zeilen umfassende Anzeige besitzen, auf der z. B. ein Betriebszustand, ein Messwert, ein Kommissionierauftrag oder ein Preis angezeigt wird. Diese Arbeitsmittel ermöglichen nur eine wenige Zeilen umfassende Datenerfassung und verwenden keine über die unmittelbare Funktion des Arbeitsmittels hinausgehende Software.

3.8 Ortsgebundene Verwendung von Bildschirmgeräten im Sinne dieser Regel ist das Betreiben von Geräten an dauerhaft eingerichteten Bildschirmarbeitsplätzen in Arbeitsräumen einer Arbeitsstätte oder im Privatbereich der Beschäftigten an Telearbeitsplätzen gemäß Abschnitt 3.12 dieser Regel bzw. § 2 Absatz 7 ArbStättV.

3.9 Tragbare Bildschirmgeräte (z. B. Tablets, Smartphones, Notebooks, mobile Kassensysteme, Logistikscanner und Datenbrillen) im Sinne dieser Regel sind Geräte zur Elektronischen Datenverarbeitung (EDV), die für eine ortsveränderliche Verwendung vorgesehen sind (z. B. Dokumentation, Durchführung von Analysen, Messungen, Bestell- oder Kassiervorgänge) oder bei Tätigkeiten im Bewegungsablauf genutzt werden (z. B. Tablets, Datenbrillen).

3.10 Regelmäßige ortsveränderliche Verwendung von tragbaren Bildschirmgeräten an Arbeitsplätzen liegt vor, wenn die Geräte für die am jeweiligen Arbeitsplatz üblicherweise

---

1383) Nach der DGUV-Information „Bildschirm- und Büroarbeitsplätze", Ausg. 2019-07 sind der Arbeitstisch bzw. die Arbeitsfläche wesentliche Elemente der sicheren und ergonomischen Arbeitsplatzgestaltung. Wichtige Kriterien für die Auswahl sind: individuelle Anpassbarkeit – z. B. der Arbeitsflächenhöhe, Wechsel zwischen Sitz- und Stehhaltung, bewegungsgerechter Beinraum, aufgabenorientierte Arbeitsfläche.

vorgesehenen Tätigkeiten benötigt werden und folgende Nutzungsdauern überschritten werden:[1384) 1385) 1386) 1387)]

1. bei abgelegter Verwendung (z. B. von Notebook) mehr als 2 Stunden ohne Unterbrechungen oder mehr als 3 Stunden am jeweiligen Tag mit Unterbrechungen,
2. bei handgehaltener Verwendung (z. B. von Smartphone) mehr als 1 Stunde am jeweiligen Tag; bei der Ermittlung der Nutzungsdauer der handgehaltenen Verwendung können Nutzungen von bis zu 5 Minuten Dauer unberücksichtigt bleiben, sofern anschließend eine Tätigkeit mit einer anderen Belastung folgt, deren Dauer die der vorausgegangenen handgehaltenen Nutzung des Bildschirmgerätes übersteigt,
3. bei kopfgetragener Verwendung (z. B. von Datenbrillen) oder anderer körpergetragener Verwendung (z. B. speziell geeigneter Geräte für den Einsatz unter ungünstigen Arbeitsumgebungsbedingungen) bei jeglicher Verwendung.

Hinweise:

1. *Die Vorgaben der BetrSichV gelten auch, wenn die Bildschirmgeräte nicht regelmäßig verwendet werden und somit nicht in den Anwendungsbereich der ArbStättV fallen.*

1384) Nach § 1 Abs. 5 Nr. 2 ArbStättV gilt Anh. Nr. 6 nicht für tragbare Bildschirmgeräte für die ortsveränderliche Verwendung, die nicht regelmäßig an einem Arbeitsplatz verwendet werden. Über die Bedeutung des darin verwendeten unbestimmten Rechtsbegriffs „nicht regelmäßig" bestanden bei der Erarbeitung der ASR A6 in der Projektgruppe unterschiedliche Auffassungen. Das Problem wurde dadurch gelöst, dass auf der Grundlage wissenschaftlicher Erkenntnisse die „regelmäßige ortsveränderliche Verwendung von tragbaren Bildschirmgeräten an Arbeitsplätzen" definiert wurde. Ausgangspunkt für den Lösungsansatz waren Veröffentlichungen aus dem Bereich Arbeitswissenschaft der Technischen Universität Dresden, in denen die Anwendbarkeit verschiedener Verfahren zur zumindest teilweisen Beurteilung der Arbeit mit tragbaren Bildschirmgeräten und zur Ableitung geeigneter Maßnahmen zur Verbesserung von Sicherheit und Gesundheitsschutz ermittelt wurden (s. Miesner J., Schmauder M.: Beurteilung der Arbeit mit tragbaren Bildschirmgeräten, Zeitschrift ASU – Arbeitsmedizin, Sozialmedizin, Umweltmedizin, 55, 08-2000, S. 466–469 und Schmauder M., Miesner J.: „Home" ohne „Office" – Anmerkungen zur Beurteilung der Arbeitsbedingungen „am Küchentisch", Sicher ist sicher, sis 01-2021). Dabei wurde festgestellt, dass es kein einzelnes ausgewiesenes Beurteilungsverfahren gibt, sondern vielmehr der Ansatz eines Screening-Mix verfolgt werden muss. Näheres s. Erl. zur ASR A6 in Opfermann/Streit: Arbeitsstätten, Loseblattwerk mit Kommentar, 3. Aufl., Landsberg 2025 unter OZ 4100, RdNr. 37–46)

1385) Im Ergebnis der Untersuchungen wurde in den diesbezüglichen Veröffentlichungen eine Faustregel für die betriebliche Praxis in Kaffeeküchen und sog. „Kreativlandschaften" wie auch für das Arbeiten im „Homeoffice" abgeleitet. Diese besagt, dass man selbst mit Sehabstand und Zeichengrößen im günstigen Bereich ab einer Stunde Arbeit mit dem handgehaltenen Gerät und ab zwei Stunden Arbeit mit einem auf dem Tisch abgestellten Gerät aus dem „grünen Bereich" in den Bereich eines höheren Gesundheitsrisikos gelangt.

1386) Daraus abgeleitet basiert die in Abschn. 3.10 enthaltene Definition der regelmäßigen ortsveränderlichen Verwendung tragbarer Bildschirmgeräte (also z. B. Notebooks, Tablets oder Smartphones) wesentlich auf der Nutzungsart und der Nutzungsdauer als Kriterien. So wurde festgelegt, dass es sich bei der regelmäßigen ortsveränderlichen Verwendung tragbarer Bildschirmgeräte an Arbeitsplätzen um eine Tätigkeit handelt, bei der für die Ausführung der Arbeiten ein tragbares Bildschirmgerät benötigt wird und dessen Nutzungsdauer am jeweiligen Arbeitsplatz ein festgelegtes Maß überschreitet. Dieses Maß beträgt bei handgehaltener Nutzung mehr als eine Stunde je Arbeitstag, bei abgelegter Verwendung auf einer Arbeitsfläche mehr als zwei Stunden ohne Unterbrechung bzw. mehr als drei Stunden mit Unterbrechungen je Arbeitstag. Das gilt unabhängig davon, an wie vielen Wochentagen die Nutzung erfolgt.

1387) Die aufgezeigten arbeitswissenschaftlichen Grundlagen und Zusammenhänge sind unabhängig von einer expliziten rechtlichen Regelung selbstredend für die Gefährdungsbeurteilung des quasistationären Arbeitens mit tragbaren Bildschirmgeräten im „Homeoffice" und für die Ableitung von Maßnahmen des Arbeitsschutzes anwendbar. Als Mindestanforderung ergibt sich hieraus, dass ab einer täglichen Nutzungszeit von zwei Stunden ohne Unterbrechung und drei Stunden mit Unterbrechung mindestens eine Trennung von Bildschirm und Tastatur erforderlich ist.

2. *Die Schwellenwerte beruhen auf Ergebnissen wissenschaftlicher Untersuchungen zur Vermeidung von Muskel-Skelett-Erkrankungen.*

3.11 Dauerhaft eingerichtet im Sinne dieser Regel bedeutet, dass eine unmittelbare Nutzung als Bildschirmarbeitsplatz möglich ist.[1388)]

Hinweis:

In der Regel sind Bildschirmarbeitsplätze, die für die dauerhafte Nutzung vorgesehen sind, mit Geräten ausgestattet, die eine Trennung von Bildschirm und Eingabemittel (Tastatur) ermöglichen. Bei einem dauerhaft eingerichteten Bildschirmarbeitsplatz ist in der Regel eine Steuerungseinheit (Rechner) am Arbeitsplatz vorhanden. Diese kann durch ein tragbares Bildschirmgerät ergänzt werden.

3.12 Telearbeitsplätze sind vom Arbeitgeber fest eingerichtete Bildschirmarbeitsplätze im Privatbereich der Beschäftigten, für die der Arbeitgeber eine mit den Beschäftigten vereinbarte wöchentliche Arbeitszeit und die Dauer der Einrichtung festgelegt hat (siehe § 2 Absatz 7 ArbStättV).

3.13 Software im Sinne dieser Regel ist ein Oberbegriff für ausführbare EDV-Programme und die zu diesen gehörenden Daten.[1389)]

3.14 Eingabemittel sind Geräte zur Erfassung und Weitergabe von Informationen des Beschäftigten an eine Steuerungseinheit (Rechner). Die Benutzung kann haptisch, visuell und auditiv erfolgen. Eingabemittel können z. B. Tastatur, Maus, Finger-, Hand- und Fußschaltflächen, Touchscreen, Mikrofon, Aufnahmegeräte zur Gestensteuerung, Aufnahmegeräte zur Bewegungssteuerung, Zeigegeräte und Scanner sein.

3.15 Ausgabemittel sind Geräte zur Weitergabe von Informationen an den Benutzer einschließlich der Rückmeldungen zur Eingabe und zum Betriebszustand. Dies können z. B. Bildschirme, Datenprojektoren, Drucker, Lautsprecher, Headsets, Vibratoren und Braillezeilen sein.

3.16 Der **Reflexionsgrad** beschreibt, welcher Anteil des einfallenden Lichts von einer Fläche reflektiert wird. Er kann entweder gemessen oder mithilfe einer Reflexionsgradtafel ermittelt werden.

1388) Wie bisher bezieht sich die dauerhafte Einrichtung auf eine solche Gestaltung des Bildschirmarbeitsplatzes, dass dieser unmittelbar für eine Nutzung in der Form von Bildschirmarbeit geeignet sein muss. In den Hinweisen wird darauf eingegangen, dass hierzu in der Regel das Vorhandensein einer Steuerungseinheit (Rechner als Desktop oder Dockingstation für den Anschluss eines tragbaren Bildschirmgerätes) und eines separaten Bildschirmes sowie einer separaten Eingabemöglichkeit (Tastatur) vorauszusetzen ist.

1389) Software i. S. d. ASR A6 wird als Oberbegriff für ausführbare EDV-Programme und die zu diesen gehörenden Daten definiert. In anderen Definitionen werden als Software alle nicht-physischen Komponenten eines computergestützten Systems beschrieben. So ist bei einem Notebook oder PC das verwendete Betriebssystem genauso eine Software wie die installierten und genutzten Anwendungsprogramme und jegliche Daten, die damit erzeugt werden.

3.17 Die **Leuchtdichte** wird in Candela pro Quadratmeter (cd/m^2) gemessen und beschreibt den Helligkeitseindruck einer beleuchteten oder leuchtenden Fläche.

3.18 Die **Beleuchtungsstärke** ist ein Maß für das auf eine Fläche auftreffende Licht. Die Beleuchtungsstärke wird in Lux (lx) gemessen.

3.19 Der **UGR-Wert** (Unified Glare Rating) beschreibt das Ausmaß der psychologischen Blendung, welche ein unbehagliches Gefühl hervorruft. Sie wird hervorgerufen durch eine Beleuchtungsanlage an einem Beobachtungsort, z. B. am Arbeitsplatz. UGR-Werte hängen von den Eigenschaften der Leuchten (z. B. Leuchtdichte, Größe, Position im Gesichtsfeld) sowie von der Umgebungsleuchtdichte ab, auf die das Auge im Mittel adaptiert ist.[1390)]

3.20 **Vorlagenhalter** im Sinne dieser Regel umfassen auch Manuskripthalter im Sinne der ArbStättV.

3.21 **Tastaturen** gibt es in unterschiedlichen Ausführungsformen. Volltastaturen setzen sich aus alphanumerischem Bereich, numerischem Bereich, Editierbereich und Funktionsbereich zusammen. Kompakttastaturen sind Tastaturen ohne numerischen Bereich (Ziffernblock rechte Seite Tastatur).

3.22 **Neutrale Haltung** im Sinne dieser Regel bezeichnet eine Körper- und Gelenkstellung, die ohne oder mit nur geringer Muskelanspannung ausführbar ist.[1391)] [1392)]

4 Belastung und Gefährdungen bei Tätigkeiten an Bildschirmgeräten

(1) Tätigkeit an Bildschirmgeräten kann die Augen durch andauernde Scharfstellung der Augen auf einen konstanten Sehabstand belasten und erfordert als Sehaufgabe im Nahbereich ein gutes Zusammenspiel beider Augen. Zeichenhöhe, Konturenschärfe und Kontrast

---

1390) Das relativ komplizierte UGR-Verfahren nach DIN 12454-1:2021-11, Licht und Beleuchtung – Beleuchtung von Arbeitsstätten – Teil 1: Arbeitsstätten in Innenräumen, ist Stand der Technik zur Bestimmung von Grenzwerten für die Blendung, aber zur einfachen Abschätzung ungeeignet. Erläuterungen zum UGR-Verfahren enthält Anhang B der DGUV Information 215-210 „Natürliche und künstliche Beleuchtung von Arbeitsstätten", Ausg. 2016-09. Je kleiner der ermittelte UGR-Wert (Unified Glare Rating) ist, desto geringer ist die psychologische Blendung. Nach DGUV Information 215-442, Ausg. 2020-07 Pkt. 4.2.1 (S. 15), können zur Überprüfung von Beleuchtungsanlagen die UGR-Tabellen der Dokumentationsunterlagen der Leuchtenhersteller verwendet werden. In Räumen mit Bildschirm- und Büroarbeitsplätzen darf der UGR-Wert nicht größer als 19 sein.

1391) Das Einnehmen einer neutralen Körperhaltung gehört zu den Grundprinzipien der Ergonomie. Neutrale Körperhaltungen sind Körperhaltungen, bei denen der Körper während des Sitzens oder Stehens ausgerichtet und ausbalanciert wird, sodass der Körper nur minimal beansprucht wird und die Gelenke zueinander ausgerichtet bleiben. Neutrale Körperhaltungen minimieren somit die Belastung von Muskeln, Sehnen, Nerven und Knochen und ermöglichen maximale Kontrolle und Kraftproduktion.

1392) Ergonomische Aspekte bei der Arbeit im Stehen und Sitzen sind für das Einrichten und Betreiben der Arbeitsplätze von enormer Bedeutung. Durch eine ergonomische Gestaltung können zahlreiche Muskel-Skelett-Erkrankungen und damit auch krankheitsbedingte betriebliche Ausfallzeiten vermieden werden. Praxisnahe Erläuterungen zur optimalen Gestaltung von Sitz- und Steharbeitsplätzen sind in der einschlägigen Fachliteratur gut dokumentiert (z. B. Pangert, R.; Tannenhauer, J.: Ergonomie bei der Arbeit Stehen – Sitzen – Heben, ecomed, ISBN 978-3-609-68647-9). Zudem sei verwiesen auf ASR A1.2 Raumabmessungen und Bewegungsflächen und dort auf die Gestaltungsbeispiele in Anh. 1 und 2 (s. S. 165).

sowie Blendung und Reflexion sind weitere Faktoren, welche für die Augenbelastung eine Rolle spielen.[1393) 1394)]

(2) Physische Belastung kann als Haltungsarbeit, welche notwendig ist, um den Körper sowohl im Sitzen als auch im Stehen im Gleichgewicht zu halten, auftreten. Statische Haltungsarbeit wirkt sich z. B. als Bewegungsmangel negativ aus.[1395)] Bei der ortsveränderlichen Verwendung von tragbaren Bildschirmgeräten müssen diese ggf. gehalten werden. Auch diese sogenannte Haltearbeit ist statische Arbeit, welche den Stütz- und Bewegungsapparat belastet. Bei der Mensch-Arbeitsmittel-Interaktion kann eine Belastung des Hand-Arm-Systems, einzelner Finger bzw. des Daumens durch sich gleichartig wiederholende Bewegungsabläufe entstehen.[1396)]

1393) Das oberste Ziel der Regelungen zur ergonomischen Gestaltung von Bildschirmarbeit ist es, die durch deren Verrichtung entstehende Belastung der Augen so weit wie möglich zu minimieren und so eine Gefährdung des Sehvermögens nicht zuzulassen. Dabei ist zu berücksichtigen, dass die Tätigkeit an Bildschirmgeräten besondere Anforderungen an die Sehschärfe, die Ausrichtung und Koordination der Sehachsen und damit an das beidäugige Sehen stellt. So erfordert bereits einfache Textverarbeitung mit einem Bildschirm eine präzise Abbildung der Zeichen durch das optische System des Auges (Hornhaut, Linse, Glaskörper) und eine regelrechte Weiterverarbeitung der optischen Informationen in der Sehbahn des zentralen Nervensystems (Netzhaut, Sehnerv, Sehhirn). Eine ungünstige Arbeitsplatzgestaltung (z. B. durch unzureichende Einstellbarkeit des Bildschirms auf der Arbeitsfläche) sowie ungünstige Lichtverhältnisse am Arbeitsort, wodurch störende Reflexionen und Spiegelungen auftreten, führen ebenso wie unzureichende Maßnahmen gegen Blendung oder eine mangelhafte, weil unscharfe Zeichendarstellung zu einer erhöhten Augenbelastung und Augenbeschwerden.

1394) Beschwerden aus der Verrichtung von Bildschirmarbeit äußern sich bei Beschäftigten meist unspezifisch – z. B. durch Kopfschmerzen, brennende und tränende Augen sowie Flimmern vor den Augen. Diese werden durch Abweichungen von Normalbefunden bei Augen und Sehvermögen noch begünstigt. Deshalb sind dem individuellen Sehvermögen und der Arbeitsaufgabe angepasste Sehhilfen für die ausreichende Korrektur von Sehfehlern am Bildschirmarbeitsplatz von entscheidender Bedeutung. Begünstigt wird das Auftreten von Beschwerden auch durch das Vorliegen von Augenerkrankungen. Hierzu zählen unter anderem die Eintrübung der Augenlinse (Katarakt), deutliche Fehlstellungen der Augenachsen (Schielfehler) und Veränderungen oder Erkrankungen der Netzhaut – z. B. bei Zuckerkrankheit oder Bluthochdruck.

1395) Die körperliche Belastung am Bildschirmarbeitsplatz betrifft insbesondere den Bewegungsapparat. Sie wird in erster Linie durch eine ungünstige statische Körperhaltung, einseitige motorische Belastung, repetitive Bewegungsabläufe, eingeengten Bewegungsraum, eingeschränktes Sehvermögen sowie unzureichende Arbeitsmittel und unzureichende Arbeitsorganisation begünstigt. Folge dieser körperlichen Belastung ist eine besondere Beanspruchung des Muskel-Skelett-Systems, die sich z. B. in schmerzhaften Muskelverspannungen oder Bewegungseinschränkungen im Bereich des Rückens, Nackens oder des Hand-Arm-Systems sowie in Kopfschmerzen ausdrücken kann. Betroffen sind besonders der Schulter-Arm-Bereich, die Halswirbelsäule und die Lendenwirbelsäule. Da der Bewegungsapparat eine lokale Belastung durch eine Reihe von Ausgleichsmaßnahmen kompensiert, können Beschwerden auch in anderen Körperregionen auftreten als dort, wo die Belastung einwirkt. Deshalb ist bei der Beurteilung der Beanspruchung eines Beschäftigten durch körperliche Belastung grundsätzlich der ganze Bewegungsapparat zu betrachten.

1396) Zur Prävention von Beschwerden und Erkrankungen des Bewegungsapparates durch einseitige körperliche Arbeitsbelastungen soll versucht werden, die Arbeitsabläufe abwechslungsreich im Sinne einer Mischarbeit zu gestalten, um auch einer zunehmenden Bewegungsarmut am Arbeitsplatz entgegenzuwirken.

(3) Eine psychische Belastung kann sich z. B. aus der Art der Tätigkeit, der Arbeitsorganisation, den Arbeitsmitteln sowie durch die Gestaltung der Informationsein- und -ausgabe, insbesondere auch der Software, ergeben.[1397)]

(4) Eine Belastung aus der Arbeitsumgebung kann sich z. B. aus Beleuchtung, Lärm, räumlichen Bedingungen, Raumklima und Luftqualität ergeben. Diese Arbeitsumgebungsbedingungen können sich physisch und psychisch auswirken, die Gesundheit beeinträchtigen und die Aufgabenerledigung behindern.

(5) Aus der Belastung entsteht je nach Art, Dauer und Intensität eine Beanspruchung des Beschäftigten. Eine Beanspruchung kann zu förderlichen oder beeinträchtigenden Folgen führen, wobei letztgenannte sich negativ auf die Gesundheit auswirken können und als Gesundheitsgefährdung bezeichnet werden.[1398)]

5 Allgemeine Pflichten des Arbeitgebers

5.1 Gefährdungsbeurteilung

(1) Nach § 3 ArbStättV hat der Arbeitgeber beim Einrichten und Betreiben der Arbeitsstätte die möglichen Gefährdungen der Beschäftigten an Bildschirmarbeitsplätzen und an Arbeitsplätzen mit ortsveränderlicher Verwendung von Bildschirmgeräten festzustellen und zu beurteilen, um die erforderlichen Maßnahmen für die Sicherheit und den Gesundheitsschutz abzuleiten und durchzuführen.[1399)] Darüber hinaus ist auch zu ermitteln, ob Maßnahmen zur arbeitsmedizinischen Vorsorge anzubieten sind (z. B. Angebotsvorsorge gemäß Teil 4 Absatz 2 Nummer 1 des Anhangs der Verordnung zur arbeitsmedizinischen Vorsorge – ArbMedVV).

(2) Bei der Beurteilung der Auswirkungen auf den Beschäftigten und deren Zusammenwirken sind die nachfolgenden Bedingungen, unter Beachtung der Belastungsfaktoren (Abschnitt 4) und der Grundpflichten (Abschnitt 5), zu berücksichtigen:

1397) Eine Begriffsklärung der psychischen Belastung wurde in der DIN EN ISO 10075-1:2018-01 vorgenommen. Hiernach wird psychische Belastung definiert als „die Gesamtheit aller erfassbaren Einflüsse, die von außen auf den Menschen zukommen und psychisch auf ihn einwirken". Auf Bildschirmarbeit verrichtende Beschäftigte wirken Einflüsse ein, die dem Arbeitsinhalt/der Arbeitsaufgabe, der Arbeitsumgebung, der Arbeitsorganisation, den Arbeitsmitteln oder den sozialen Faktoren entspringen können. Zu beachten ist, dass zwischen diesen fünf Faktoren Abhängigkeiten untereinander bestehen. So können Einwirkungen, wie Lärm oder Klima, nicht nur als physische, sondern auch als psychische Belastung wirken.

1398) Den Menschen beeinträchtigende Beanspruchungsfolgen (Fehlbeanspruchungen) können sich negativ auf die Gesundheit auswirken und stellen so eine mögliche Gesundheitsgefährdung dar. Das Erkennen und Bewerten derartiger Gefährdungen ist wesentlicher Bestandteil der vom Arbeitgeber nach § 5 ArbSchG bzw. § 3 ArbStättV durchzuführenden Gefährdungsbeurteilung. Im Ergebnis hat der Arbeitgeber mit Maßnahmen des Arbeitsschutzes eine Gefährdung zu vermeiden oder diese zumindest so weit wie möglich zu minimieren.

1399) Eine Konkretisierung der allgemeinen Anforderungen zur Durchführung der Gefährdungsbeurteilung nach § 3 ArbStättV enthält die ASR V3 (s. S. 76). Diese gilt generell für das Einrichten und Betreiben von Arbeitsstätten und gibt wertvolle Hinweise für die Anwendung auf die Bewertung von Bildschirmarbeit im Allgemeinen wie von Bildschirmarbeitsplätzen im Besonderen. Insbesondere wird hier auf die Prozessschritte einer Gefährdungsbeurteilung in Abschn. 5 der ASR V3 (näheres in Erl. zur ASR V3 in Opfermann/Streit: Arbeitsstätten, Loseblattwerk mit Kommentar, 3. Aufl., Landsberg 2025 unter OZ 4100 ASR V3, RdNr. 28 ff.) verwiesen.

1. Aufgabengestaltung (z. B. Sehaufgabe, Belastungswechsel (physisch, psychisch), Erholungszeit),
2. Arbeitsraum (z. B. Grundfläche, Bewegungsfläche),
3. Arbeitsplatz (z. B. Arbeitsfläche, Fuß- und Beinfreiraum, Sehabstände),
4. Arbeitsmittel (z. B. Bildschirmgeräte) sowie erforderliches Mobiliar (z. B. Sitzgelegenheit, Arbeitstisch),
5. Mensch-Arbeitsmittel-Interaktion (z. B. Benutzerfreundlichkeit/Softwareergonomie, Ein- und Ausgabemittel, Umgang mit Daten),
6. Arbeitsumgebung (z. B. Beleuchtung, Lärm, Klima),
7. Arbeitsorganisation (z. B. Arbeitszeitgestaltung, Nutzung von Arbeitsplätzen durch mehrere Beschäftigte, soziale Beziehungen, Nutzung unterschiedlicher Arbeitsplätze durch einen Beschäftigten) und
8. hygienische Aspekte bei der Nutzung von Bildschirmarbeitsplätzen und Bildschirmgeräten durch mehrere Beschäftigte (z. B. Desk Sharing).[1400)]

(3) Vom Arbeitgeber ist zu prüfen, ob Bildschirmarbeitsplätze aufgabenangemessen gestaltet sowie auf die Fähigkeiten (z. B. Sehvermögen) und Körpermerkmale (z. B. Körpermaße und -kräfte) der Beschäftigten abgestimmt sind.

(4) Der Arbeitgeber hat zu prüfen, ob die Bildschirmgeräte für die ortsgebundene bzw. die Bildschirmgeräte für die ortsveränderliche Verwendung gemäß der zu verrichtenden Arbeitsaufgabe und den Arbeitsumgebungsbedingungen angemessen ausgewählt sind und ob sie unter der Berücksichtigung der Tätigkeiten sowie der Fähigkeiten und Körpermerkmale der Beschäftigten ergonomisch gestaltet sind.[1401)]

[1400)] Es werden alle Faktoren für die Gestaltung von Bildschirmarbeit (Ausführungsbedingungen) aufgeführt, die im Rahmen der Gefährdungsbeurteilung nach § 3 ArbStättV vom Arbeitgeber explizit zu berücksichtigen sind. Gefordert wird, dass die Auswirkungen dieser Bedingungen auf die Beschäftigten nicht nur faktorspezifisch, sondern unter Beachtung möglicher Wechselwirkungen komplex beurteilt werden. So können eine anforderungsgerechte Gestaltung des Arbeitsplatzes und der Arbeitsumgebung nicht verhindern, dass durch Defizite z. B. in der Softwareergonomie (u. a. Abstürze, undurchsichtige Datenverluste) oder z. B. eine schlechte Arbeitsorganisation (u. a. zeitweise Anwesenheit von mehr Beschäftigten als vorhandenen Bildschirmarbeitsplätzen bei Desk Sharing-Modellen) dennoch Belastungen für die Beschäftigten auftreten. Diese können die Gesundheit und Leistungsfähigkeit beeinträchtigende Beanspruchungsfolgen haben.

[1401)] Der Arbeitgeber ist bei der Umsetzung der Gefährdungsbeurteilung insbesondere gefordert, die Angemessenheit des verwendeten Bildschirmgerätes im Hinblick auf die zu verrichtende Arbeitsaufgabe und die Arbeitsumgebungsbedingungen zu prüfen. Dabei sind neben den Tätigkeiten auch die Fähigkeiten und Körpermerkmale des Beschäftigten bezüglich einer ergonomischen Gestaltung der Bildschirmarbeit zu berücksichtigen. Die Diversität der Beschäftigten hinsichtlich Körpermaße und Körpergewicht sowie möglicher körperlicher Einschränkungen ist somit in die Bewertung ebenso einzubeziehen wie die für die Tätigkeitsausübung erforderlichen individuellen Fähigkeiten. Fähigkeit bedeutet in diesem Kontext, dass ein Beschäftigter körperlich oder geistig dazu in der Lage sein muss, die geforderte Bildschirmarbeit zu erfüllen. Auf den Unterschied zu den Fertigkeiten ist hinzuweisen. Während es sich bei Fähigkeiten um persönliche Eigenschaften, wie z. B. Ausdauer und Flexibilität, handelt, die angeboren oder antrainiert vorliegen, werden Fertigkeiten im Laufe des Lebens bewusst erlernt, wie z. B. Schreiben oder Lesen. Die Fertigkeiten sind bei der Prüfung des geeigneten Bildschirmgerätes zur Vermeidung von vermeidbaren Belastungen ebenso zu berücksichtigen.

(5) Die Anforderungen dieser ASR müssen beim Einrichten und bei jeder wesentlichen Änderung berücksichtigt werden.[1402)]

Hinweis:

Zum Einrichten gehört in der Planungsphase die Auswahl von geeigneten Bildschirmgeräten und Mobiliar.

(6) In der Gefährdungsbeurteilung müssen alle vorhersehbaren Aufgaben und Arbeitsabläufe beim Betreiben von Bildschirmarbeitsplätzen und Bildschirmgeräten berücksichtigt werden. Dazu gehören z. B. Instandhaltung, erforderliche Prüfungen der Arbeitsmittel sowie Reinigung.

(7) Für besonders schutzbedürftige Beschäftigte mit aktiven oder passiven Körperhilfsmitteln (z. B. mit Herzschrittmacher) müssen die bei der Arbeitsaufgabe und durch die Arbeitsumgebungsbedingungen auftretenden elektromagnetischen Felder bewertet werden.

Hinweis:

Die Technischen Regeln zur Arbeitsschutzverordnung zu statischen und zeitveränderlichen elektrischen und magnetischen Feldern im Frequenzbereich bis 10 MHz (TREMFNF) und die Technischen Regeln zur Arbeitsschutzverordnung zu elektromagnetischen Feldern im Frequenzbereich von 100 kHz bis 300 GHz (TREMFHF) beschreiben dazu jeweils in Teil 1 Abschnitt 6.4 ein vereinfachtes Verfahren.

5.2 Unterweisung

(1) Die Beschäftigten sind vor Aufnahme der Tätigkeit mit Bildschirmgeräten und danach mindestens jährlich angemessen und ausreichend zu unterweisen. Die Unterweisungsinhalte umfassen entsprechend der Gefährdungsbeurteilung die physischen und psychischen Gefährdungs- und Belastungsfaktoren. Die Gefährdung hängt auch vom gesundheits- und sicherheitsgerechten Verhalten der Beschäftigten bei der Verwendung der Bildschirmgeräte ab. Dementsprechend hat der Arbeitgeber die Unterweisungen so zu gestalten (u. a. in verständlicher Form und Sprache), dass die Beschäftigten die durch die Gefährdungsbeurtei-

[1402)] Die Durchführung einer Gefährdungsbeurteilung ist für den Arbeitgeber nach dem ArbSchG auch für die Verrichtung von Bildschirmarbeit außerhalb des Anwendungsbereiches der ArbStättV eine gesetzliche Verpflichtung. Dazu gehört ebenso die Prüfung der Angemessenheit des bereitgestellten Bildschirmgerätes nach der BetrSichV. Insoweit können die für die betriebliche Bildschirmarbeit in Anh. Nr. 6 ArbStättV sowie in der ASR A6 enthaltenen Anforderungen auch auf die so genannte „mobile Bildschirmarbeit" übertragen werden. Wie wissenschaftlich nachgewiesen wurde, stellt die Verrichtung von Bildschirmarbeit ausschließlich mit einem mobilen Bildschirmgerät (Laptop, Tablet) ab einem Zeitanteil von durchgehend ca. 2 Stunden eine Belastung für das Muskel-Skelett-System dar, die Gestaltungslösungen erfordert (s. FN 1384 ff.). Die Mindestanforderung an die Gestaltung sind dann kurz und knapp: Tastatur und Bildschirm getrennt, Sehachse senkrecht auf der Mitte der Bildschirmoberfläche. Dies gilt insbesondere auch für die „quasistationäre Bildschirmarbeit" an einem festen Ort, z. B. in der Wohnung des Beschäftigten, wo die Arbeitsbedingungen besser beeinflussbar sind als unterwegs oder an anderen Orten.

lung ermittelten Gefährdungen und die Gründe für die getroffenen Maßnahmen des Arbeitsschutzes verstehen und verhaltensbezogene Anweisungen umsetzen können.[1403)]

(2) Die Unterweisung beinhaltet mindestens:
1. die Einstellung der Arbeitsmittel und des Mobiliars auf die Körpermerkmale und Fähigkeiten der Beschäftigten (z. B. Tisch-, Stuhl-, Bildschirmanpassung und Software), insbesondere bei nicht persönlich zugeordneten Arbeitsplätzen,
2. bei Bedarf die Bereitstellung und Nutzung von Fußstützen und Vorlagehaltern,
3. die Anordnung der Arbeitsmittel,
4. die wechselnde Körperhaltung und
5. ggf. betriebliche Regelungen zu Tätigkeitsunterbrechungen.

(3) Die Unterweisung zur ortsveränderlichen Verwendung von tragbaren Bildschirmgeräten beinhaltet mindestens:
1. die Einnahme einer neutralen Körperhaltung,[1404)]
2. die belastungsoptimierte Verwendung durch Begrenzung der Anwendungszeiten und Belastungswechsel,
3. Maßnahmen zur Vermeidung von Reflexionen und Blendungen,
4. die Einstellung der Arbeitsmittel einschließlich Software und des Mobiliars sowie
5. die sicherheitsgerechte Verwendung, insbesondere die zu vermeidende Verwendung während der Fortbewegung und in Gefahrenzonen.[1405)]

(4) Soweit ein Telearbeitsplatz von den Arbeitsplätzen im Betrieb abweicht, hat der Arbeitgeber die Beschäftigten anhand der Gefährdungsbeurteilung über die bestimmungsgemäße Nutzung des Telearbeitsplatzes zu unterweisen. Dies umfasst sicherheits- und gesundheitsrelevante Aspekte, insbesondere:

1403) Mit dem Abschn. 5.2 wird § 6 ArbStättV konkretisiert. Hierbei geht es um die in § 6 Abs. 1 Nr. 4 geforderten ausreichenden und angemessenen Informationen über arbeitsplatzspezifische Maßnahmen bei Tätigkeiten an Bildschirmgeräten. Klargestellt wird, dass der Arbeitgeber die Unterweisungen in verständlicher Form und Sprache so zu gestalten hat, dass die Beschäftigten sowohl die im Rahmen der Gefährdungsbeurteilung ermittelten Belastungen und Gefährdungen als auch die Gründe für die getroffenen Maßnahmen des Arbeitsschutzes verstehen können. Neben Maßnahmen der Verhältnisprävention, wie z. B. der Auswahl eines angemessenen Bildschirmgerätes, des Arbeitsstuhls oder der zusätzlichen Ausrüstung mit einer Fußstütze, sind in der Unterweisung explizit auch organisatorische und verhaltensbezogene Anweisungen, wie z. B. das regelmäßige Unterbrechen der Bildschirmarbeit durch Erholungszeiten oder der Wechsel der Körperhaltung, so eindeutig zu erteilen, dass die Beschäftigten diese auch verstehen und umsetzen können.

1404) Speziell für die ortsveränderliche Verwendung von tragbaren Bildschirmgeräten werden andere Mindestanforderungen an die Unterweisung für diese spezifische Form der Bildschirmarbeit aufgestellt. Ein Schwerpunkt liegt hier in der ergonomischen Gestaltung unter wechselnden äußeren Bedingungen. Diese wird durch die Einnahme einer neutralen Körperhaltung befördert. Kennzeichen einer neutralen Körperhaltung ist, dass sich die Gelenkwinkel in einer physiologisch günstigen Mittelstellung befinden. (s. a. Schmauder M.: Die neue ASR A6 Bildschirmarbeit, sicher ist sicher, 10-24, S. 434 ff.) Die Einnahme einer neutralen Haltung bedeutet, dass der Körper im Sitzen oder im Stehen ausgerichtet und im Gleichgewicht ist, so dass der Körper nur minimal belastet wird und die Gelenke ausgerichtet bleiben.

1405) In der Regel sind die Arbeitsbedingungen bei der ortsveränderlichen Verwendung von tragbaren Bildschirmgeräten nicht so optimal gestaltbar wie an einem fest eingerichteten Bildschirmarbeitsplatz. Insoweit kommt den Themen der belastungsoptimierten Anwendung durch die Festlegung von begrenzten Anwendungszeiten und häufigen Belastungswechseln ebenso eine hohe Bedeutung zu wie der Maßnahmen zur Vermeidung von Reflexionen und Blendung, z. B. bei Arbeiten im Freien. Aber auch Aspekte der Sicherheit spielen hier eine wichtige Rolle. So ist die Verwendung von tragbaren Bildschirmgeräten während der Fortbewegung und in Gefahrenzonen möglichst zu vermeiden, um nicht durch die hiermit verbundene Ablenkung das Eintreten von Unfällen oder Gefahrenfällen zu begünstigen.

1. die bestimmungsgemäße Verwendung der Arbeitsmittel,
2. die Ergonomie am Bildschirmarbeitsplatz und
3. Belastungswechsel (regelmäßige Unterbrechung der Bildschirmarbeit durch andere Tätigkeiten oder Erholungszeiten, siehe Abschnitt 5.3).

(5) Besonders schutzbedürftige Beschäftigte mit aktiven oder passiven Körperhilfsmitteln müssen über elektromagnetische Felder, die bei der Arbeitsaufgabe und durch die Arbeitsumgebungsbedingungen auftreten können, unterrichtet werden.

Hinweis:

Es hat sich bewährt, die Unterweisung nach den vorgenannten Absätzen dialog- und beteiligungsorientiert durchzuführen.

5.3 Unterbrechung der Tätigkeit am Bildschirmgerät

(1) Die Tätigkeit an Bildschirmgeräten soll regelmäßig durch andere, nicht bildschirmbezogene Tätigkeiten unterbrochen werden, um eine einseitige physische und psychische Belastung und einseitige Belastung bei der Seharbeit zu vermeiden.

(2) Ist dieser Tätigkeitswechsel nicht möglich, hat der Arbeitgeber eine Unterbrechung der täglichen Arbeit am Bildschirmgerät durch regelmäßige kurze Erholungszeiten zu ermöglichen. Erholungszeiten sind von der Art der vorausgegangenen Belastung der Beschäftigten abhängig und im Rahmen der Gefährdungsbeurteilung festzulegen. Mehrere kürzere Erholungszeiten sind wenigen längeren Erholungszeiten gleicher Gesamtdauer vorzuziehen. Erholungszeiten dürfen nicht zusammengelegt und zur Verkürzung der Gesamtarbeitszeit genutzt werden.[1406)]

Hinweis:

Günstig ist, wenn in den Erholungszeiten Bewegungsübungen durchgeführt werden können. In der Praxis haben sich Erholungszeiten von ca. 5 Minuten pro Stunde ununterbrochener Bildschirmarbeit bewährt.

1406) Mit der Forderung nach regelmäßiger Unterbrechung der Bildschirmarbeit durch Tätigkeitsanteile, die vom Bildschirm unabhängig sind, soll das Konzept der „Mischarbeit" verwirklicht werden. Dazu werden Tätigkeitsanteile mit unterschiedlichen Anforderungen an die Beschäftigten so kombiniert, dass eine einseitige Belastung vermieden und die Leistungsfähigkeit besser erhalten werden kann. Sind unterschiedliche Tätigkeitsanteile mit wechselnden Belastungen nicht möglich, kann eine Unterbrechung der täglichen Arbeit am Bildschirmgerät auch durch regelmäßige kurzzeitige Erholungszeiten erreicht werden. Die optimale Lage und Dauer dieser Erholungszeiten sind von der jeweiligen Tätigkeit am Bildschirmgerät abhängig.

6 Gestaltungsanforderungen

Bildschirmarbeit umfasst Tätigkeiten an Bildschirmgeräten, die durch die Mensch-Arbeitsmittel-Interaktion gekennzeichnet sind.[1407] Bezogen auf die jeweiligen Arbeitsaufgaben und Arbeitsumgebungsbedingungen ergeben sich daraus Anforderungen an die Ein- und Ausgabe von Informationen. Bei der Gestaltung von Bildschirm- und Telearbeitsplätzen bestehen jeweils Anforderungen an die Arbeitsmittel (Hard- und Software) selbst, an die maßliche Arbeitsplatzgestaltung und an die Arbeitsumgebung. Werden tragbare Bildschirmgeräte für die ortsveränderliche Verwendung genutzt, müssen diese für die jeweiligen Arbeitsaufgaben und Arbeitsumgebungsbedingungen geeignet sein.

6.1 Allgemeine Anforderungen an Bildschirme und Bildschirmgeräte

6.1.1 Anforderungen an die Zeichendarstellung auf Bildschirmen und Bildschirmgeräten

(1) Bildschirme stellen die wesentliche Schnittstelle der Informationsweitergabe vom Bildschirmgerät an den Menschen dar. Für eine ergonomisch günstig gestaltete Belastungssituation bei der Tätigkeit mit Bildschirmen und Bildschirmgeräten, insbesondere für die Augen, müssen Text- und Grafikdarstellungen auf dem Bildschirm entsprechend der Arbeitsaufgabe und dem Sehabstand scharf und deutlich sowie ausreichend groß sein. Der Zeichen- und der Zeilenabstand müssen der Schriftart angemessen sein. Die Zeichenhöhe und der Zeilenabstand müssen auf dem Bildschirm ergonomisch in diesem Rahmen individuell eingestellt werden können.[1408]

[1407] Klargestellt wird, dass Bildschirmarbeit i. S. d. ASR A6 durch die Interaktion des Menschen mit dem Arbeitsmittel Bildschirmgerät gekennzeichnet ist (s. a. FN 1380 ff.). Wechselseitig mit der Informationsausgabe über den Bildschirm ist zur Erfüllung dieser Bedingung stets eine Informationseingabe über unterschiedliche Eingabemittel, z. B. Tastatur, Maus, Stift, Touchpad usw. erforderlich. Hieraus folgt, dass es sich bei bestimmten Arbeitsverrichtungen, die zwar mit einem Bildschirm erledigt werden, die sich aber nicht durch eine ausgeprägte Interaktivität zwischen Informationsausgabe und Informationseingabe auszeichnen, nicht um eine so definierte Bildschirmarbeit handelt. Hierauf wird im Hinweis zu Abschn. 3.5 wie folgt verwiesen: „Beim ausschließlichen Lesen von Texten auf einem z. B. tragbaren Bildschirmgerät einschließlich des Umblätterns ist nicht von Bildschirmarbeit im Sinne dieser Regel auszugehen (reine Aufnahme von Informationen, keine Eingabe)."

[1408] Im Bürobereich finden zwei Bildschirmanzeigetechniken Verwendung, nämlich Kathodenstrahlröhrenanzeigen (CRT) und Flüssigkristallanzeigen (LCD). Dabei spielen CRT-Bildschirme in der Praxis eine immer geringere Rolle, bei Neuanschaffungen werden fast ausschließlich LCD-Bildschirme gewählt. CRT-Monitore haben in der Regel eine geringere Auflösung als LCD- und LED-Monitore, während OLED-Monitore die beste Bildqualität und Auflösung bieten. Für Anwender von Multimedia-Anwendungen sind CRT-Monitore jedoch oft die beste Wahl aufgrund ihrer guten Bildwiederholrate und Reaktionszeiten. Für Anwender von Grafikdesign- und Bildbearbeitungsprogrammen ist eine hohe Farbwiedergabe und ein hohes Kontrastverhältnis wichtig, um die bestmögliche Farbdarstellung zu ermöglichen. OLED-Monitore sind hier die beste Wahl aufgrund der hervorragenden Farbwiedergabe und des hohen Kontrastverhältnisses.

(2) Eine gute Zeichenschärfe ist dann gegeben, wenn sie auf dem gesamten Bildschirm der Zeichenschärfe von gedruckten Zeichen möglichst nahekommt. Hierfür soll ein Bildschirm in der höchsten darstellbaren Auflösung (physikalischen Auflösung) betrieben werden.[1409)] [1410)]

Hinweise:

1. *Günstig ist es, wenn die Software die Informationsdarstellung automatisch an den jeweiligen Bildschirm mit seiner Größe und Auflösung anpasst (sogenanntes „Responsive Design", dt. „Reagierendes Design").*
2. *Auf einem LCD-Bildschirm ist die Darstellung technologisch bedingt nur dann optimal, wenn dieser in seiner physikalischen Auflösung betrieben wird.*
3. *Zeichen und Flächen, für die die gleiche Leuchtdichte vorgesehen ist, sollten keine störenden Leuchtdichteunterschiede aufweisen. Dies gilt auch innerhalb von Zeichen.*

6.1.2 Anforderungen an die Darstellungsqualität auf Bildschirmen und Bildschirmgeräten

Helligkeitsschwankungen der Text- oder Grafikdarstellung sowie Veränderungen von Zeichengestalt oder Zeichenort werden als sehr störend empfunden. Die Darstellung auf dem Bildschirm oder Bildschirmgerät muss daher verzerrungs- und flimmerfrei sein.[1411)] [1412)]

Hinweise:

1. *Flimmerfreiheit ist gegeben, wenn bei Betrachtung des Bildschirms aus den Augenwinkeln optisch kein Flimmern wahrnehmbar ist.*

1409) Für normale Büroanwendungen (z. B. Textverarbeitung) wird mindestens ein 19"-CRT-Bildschirm oder ein 17"-LCD-Bildschirm empfohlen. Hintergrund ist die Notwendigkeit, die auf dem Bildschirm dargestellten Informationen in einer Größe und Qualität anzubieten, die ein leichtes, beschwerdefreies Erkennen ermöglichen. Dies ist für Zeichen, die unter einem Sehwinkel zwischen 22 Bogenminuten und 31 Bogenminuten erscheinen, erfüllt.

1410) Ein ergonomischer Bildschirm muss eine gute Zeichenschärfe besitzen, die der von gedruckten Zeichen möglichst nahekommt. Dies kann erreicht werden, wenn der Bildschirm in der höchsten darstellbaren Auflösung (physikalischen Auflösung bzw. native Auflösung) eingestellt und betrieben wird. Die Auflösung wird in Pixel angegeben. Ein Pixel ist ein ansteuerbarer Rasterpunkt auf dem Bildschirm, welcher noch einmal in drei Subpixel für jeder der drei Grundfarben (Rot, Grün, Blau) aufgeteilt ist. Die Pixeldichte wird in ppi (pixel per inch) oder dpi (dots per inch) angegeben. Je mehr Pixel sich auf einer Fläche von 1 × 1 Inch befinden, desto feiner ist die Auflösung. LCDs (sogenannte Flüssigkristallbildschirme, die auch bei LED-Bildschirmen eingesetzt werden) besitzen üblicherweise 100 dpi. Wird die Auflösung kleiner gewählt oder muss sie kleiner gewählt werden, weil ein Programm so ausgelegt wurde, dann kann es zu Unschärfen oder einer verzerrten Darstellung der Zeichen kommen.

1411) Störende Veränderungen von Zeichengestalt oder Zeichenort durch Bildgeometrie- oder Bildstabilitätsfehler dürfen nicht auftreten. Bildstabilitätsfehler äußern sich meist durch zitternde Buchstaben oder Grafiken und werden durch örtliche Leuchtdichteschwankungen erzeugt. Sie sind bei CRT-Bildschirmen entweder gerätebedingt oder werden durch äußere elektrische oder magnetische Felder hervorgerufen. Bei LCD-Bildschirmen mit analoger Ansteuerung beruhen diese Fehler meist auf einer schlechten Synchronisation zwischen Grafikkarte und Bildschirm.

1412) Flimmern ist die Wahrnehmung von raschen, periodischen Leuchtdichteschwankungen auf dem Bildschirm, die in einem Frequenzbereich von einigen Hertz (Hz) bis zur Verschmelzungsfrequenz liegen. Die Verschmelzungsfrequenz ist die Grenzfrequenz des Auges, oberhalb der ein Flimmern nicht mehr wahrgenommen wird. Sie ist individuell verschieden und nimmt mit zunehmendem Alter ab. Flimmern wird im seitlichen Gesichtsfeld eher wahrgenommen als im zentralen Gesichtsfeld (s. DIN EN ISO 9241-110:2020-10 Ergonomie der Mensch-System-Interaktion – Teil 110: Interaktionsprinzipien; Deutsche Fassung EN ISO 9241-110:2020).

2. *Störende Veränderungen von Zeichengestalt oder Zeichenort durch Bildgeometrie- oder Bildstabilitätsfehler sind bei Kathodenstrahlröhrenbildschirmen entweder gerätebedingt oder werden durch äußere elektrische oder magnetische Felder hervorgerufen. Bei LCD-Bildschirmen mit analoger Ansteuerung (VGA-Anschluss) beruhen diese Fehler meist auf einer schlechten Synchronisation zwischen Grafikkarte und Bildschirm sowie der Kabelausführung. Digitale Anschlussmöglichkeiten sind zu bevorzugen.*
3. *Bei einem Bildschirm mit Kathodenstrahlröhre ist in Positivdarstellung eine Bildwiederholfrequenz von mindestens 100 Hz zu empfehlen, 85 Hz sollten nicht unterschritten werden. Technologiebedingt bietet ein LCD-Bildschirm bei einer Bildwiederholfrequenz von 60 Hz in der Regel ein flimmerfreies Bild. Insbesondere im gedimmten Betrieb können jedoch durch die Art der Ansteuerung, z. B. mit Pulsweitenmodulation, auch bauartbedingt Flimmereffekte hervorgerufen werden.*

6.1.3 Zeichenhöhen

(1) Für die ortsgebundene Verwendung von Bildschirmgeräten sollen die Zeichenhöhen zur Darstellung des Arbeitsinhaltes in Abhängigkeit vom Sehabstand nach Tabelle 1 bzw. Abbildung 1 verwendet werden. Funktions- und Schaltflächen zur Programmsteuerung dürfen abweichend gestaltet werden, insbesondere, wenn grafische Elemente die Erkennbarkeit der Funktionalität unterstützen.

Tab. 1: Empfohlene Zeichenhöhe in Abhängigkeit vom Sehabstand (Quellen: DGUV Information 215-410, DIN EN ISO 9241-303:2012-03)

Sehabstand (in mm)	Empfohlene Zeichenhöhe (in mm)
500	3,2 bis 4,5
600	3,9 bis 5,5
700	4,5 bis 6,4
800	5,2 bis 7,3

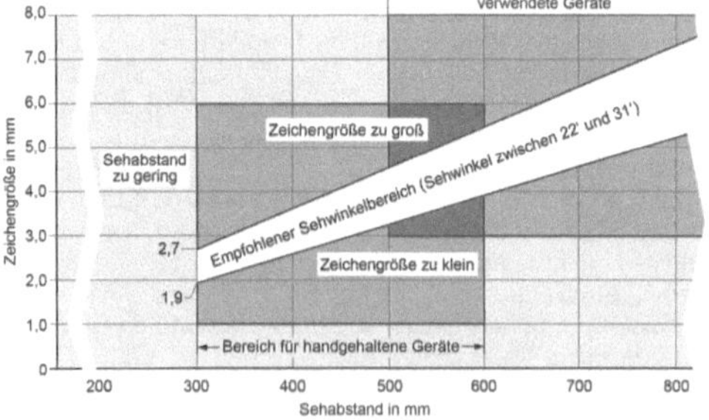

Abb. 1: Empfohlene Zeichenhöhe in Abhängigkeit vom Sehabstand, entsprechend einem Sehwinkel von 22 bis 31 Bogenminuten (in Anlehnung an: DIN EN ISO 9241303:2012-03)

(2) Für größere Sehabstände an Bildschirmgeräten (z. B. in Leitwarten) gilt:

Mindestzeichenhöhe [mm] = Sehabstand [mm]/155.

(3) Zu große Zeichen verhindern den Lesefluss, deshalb soll eingehalten werden:

Maximale Zeichenhöhe [mm] ≤ Sehabstand [mm]/110.

(4) Besteht die Sehaufgabe überwiegend darin, den gesamten Bildschirminhalt auf einen Blick zu erfassen, z. B. in einer Leitwarte, können die in Tabelle 2 angegebenen Sehabstände zur Bewertung herangezogen werden. Ausschlaggebend ist die jeweilige Arbeitsaufgabe.

Hinweis:

Zur groben Abschätzung des Sehabstandes dient die Formel: Bildschirmdiagonale [mm] · 1,6.

Tab. 2: Empfohlener Sehabstand in Abhängigkeit der Bildschirmdiagonale, wenn der gesamte Bildschirminhalt ohne Kopfbewegung erfasst werden soll (Quelle: DGUV Information 215-410)

LCD-Bildschirmdiagonale (in Zoll bzw. mm)	Sehabstand (in mm)
13/330	500
15/381	600
17/432	700
19/483	800
22/559	900
24/610	1000

(5) Die verwendete Software muss so eingestellt werden können, dass sie die vorhandene Hardware unterstützt und so die Zeichenschärfe gewahrt bleibt. Die Zeichenhöhen müssen im Nutzungskontext anpassbar sein.[1413] Des Weiteren soll im Rahmen der barrierefreien Gestaltung von Arbeitsstätten (siehe ASR V3a.2 „Barrierefreie Gestaltung von Arbeitsstätten") eine Sehbehinderung ausgeglichen werden können (z. B. durch Vergrößerung von Zeichen). Durch eine solche Zeichenhöhenveränderung soll weder die Lesbarkeit von Zeichen durch An- oder Abschneiden der Ober- oder Unterlängen noch die Funktionalität der Anwendung durch Ausblenden wichtiger Bildschirminhalte eingeschränkt werden.

(6) Für tragbare Bildschirmgeräte, die handgehalten genutzt werden (z. B. Scanner im Logistikbereich oder Handterminals in der Gastronomie), sind unter Beachtung des Sehabstands

[1413] Auch die Auswahl der Schriftart mithilfe der verwendeten Software beeinflusst die Lesbarkeit. Zum Lesen auf dem Bildschirm eignen sich besonders serifenlose Schriften. Serifen-Schriften wie Times New Roman sind am Bildschirm nicht gut zu lesen. Sie wurden für den hochauflösenden Buchdruck (Print) entwickelt. Serifen-Schriften werden auf dem Bildschirm eher schlecht aufgelöst. Speziell für das Lesen am Bildschirm entwickelt wurde der Zeichensatz Verdana. Ebenfalls gut lesbar sind Zeichensätze wie Arial, Tahoma, Sans Serif und Calibri (s. a. VBG-Praxis-kompakt: „Software nutzerfreundlich einstellen und gestalten", Ausg. 09/22).

Zeichenhöhen entsprechend Abbildung 1 erforderlich. Für solche handgehaltenen Geräte können Sehabstände zwischen 300 mm und 600 mm zur Bewertung herangezogen werden. Es handelt sich um den Bereich zwischen dem Nahpunkt für normalsichtige oder sehfehlerkorrigierte Augen von Erwachsenen und der maximalen Armlänge.

6.1.4 Helligkeit und Kontrast

(1) Helligkeit und Kontrast müssen eingestellt werden können.[1414) 1415)]

Hinweis:

Eine einfache Einsteilbarkeit und Anpassbarkeit der Helligkeit und des Kontrasts ist gegeben, wenn die Bedienelemente im Blickfeld des Beschäftigten liegen und leicht betätigt werden können.

(2) Je nach Tätigkeit sind unterschiedliche Betrachtungswinkel auf den Bildschirm bzw. mehrere Bildschirme notwendig (z. B. müssen mehrere Bildschirminhalte aus unterschiedlichen Positionen betrachtet werden können). Gegebenenfalls muss auch berücksichtigt werden, dass es unerwünscht ist, wenn andere Personen den Bildschirminhalt einsehen können. Bildschirm und Bildschirmgeräte sind geeignet, wenn die Darstellungen mit dem für die Tätigkeit vorgesehenen Betrachtungswinkel (z. B. schräg nach unten) gut erkennbar sind.

Hinweise:

1. *Wenn der Bildschirm so aufgestellt und beschaffen ist, dass sich Reflexionen und Spiegelungen auf der Bildschirmoberfläche nicht störend bemerkbar machen, sollte ein weiß dargestellter Hintergrund etwas heller sein als die Umgebung in Blickrichtung. Die Helligkeit eines Bildschirms ist gut eingestellt, wenn sie der Helligkeit eines weißen Blattes Papier entspricht, das auf dem beleuchteten Tisch liegt. Die Bildschirmhelligkeit sollte jedoch nicht so hoch sein, dass sich eine schwarz dargestellte Fläche aufhellt. Zur Beleuchtung und für Maßnahmen zur Vermeidung störender Reflexionen und Spiegelung siehe Abschnitt 6.3.14.*
2. *Es hat sich z. B. eine Leuchtdichte von 100 cd/m² bis 150 cd/m² bei einer Beleuchtungsstärke am Büroarbeitsplatz von ca. 500 lx bewährt, sofern keine zusätzlichen Filter (z. B. aufgrund von Anforderungen des Datenschutzes) angebracht werden.*
3. *Zur Vermeidung unerwünschter Einsichtnahme werden in der Praxis oft Sichtschutzfolien (Bildschirmfilter) verwendet. Hierdurch kann sich die Bildschirmhelligkeit reduzieren.*

1414) Eine einfache Einstellbarkeit von Helligkeit und Kontrast ist gegeben, wenn die Stellteile im Blickfeld des Benutzers liegen und leicht betätigt werden können oder eine softwaremäßige Einstellung über ein sogenanntes OSD-(On Screen Display)-Menü erfolgt, welches intuitiv bedienbar ist. Visuelle Belastungen durch Blendungen und ständige Wechsel von Hell- und Dunkel-Adaptationen können verringert werden, wenn in einer ausreichend hellen Arbeitsumgebung der Bildschirmuntergrund entsprechend hell ist (s. a. DGUV-Information 215-410 „Bildschirm- und Büroarbeitsplätze"; Ausg. 07/19).

1415) In vielen Anwendungen werden Informationen mithilfe von Farben vermittelt: So werden beispielsweise in einem E-Mail-Programm ungelesene E-Mails rot, gelesene E-Mails grün und unwichtige E-Mails gelb unterlegt. Durch farbliche Hinterlegung kann sich die Leserlichkeit verschlechtern. Für Menschen mit einer Farbsehschwäche können farblich kodierte Informationen ganz verloren gehen. Einige Farbkombinationen sind aus physiologischer Sicht nicht ergonomisch. Beispielsweise ist die Farbkombination Blau/Rot nur sehr schwer lesbar und wird als unangenehm empfunden. Nur bei ausreichend großen Kontrasten und sinnvoller Farbgebung ist es möglich, Informationen auf dem Bildschirm richtig zu erkennen und zu lesen.

(3) Kontraste auf dem Bildschirm sollen denjenigen von gedruckten Vorlagen möglichst nahekommen. Der Kontrast, z. B. als das Leuchtdichteverhältnis zwischen Zeichenuntergrund und Zeichen, soll mindestens 4:1 betragen.

6.2 Softwareergonomie

(1) Software muss ergonomisch gestaltet und gebrauchstauglich sein, damit Beschäftigte ihre Arbeitsaufgaben effektiv, effizient und zufriedenstellend erledigen können.[1416)]

(2) Aufgaben, die mithilfe von Software bearbeitet werden, müssen für die Beschäftigten ausführbar sein. Deshalb muss sichergestellt werden, dass die zur Aufgabenerfüllung erforderlichen Werkzeuge und Informationen durch die Software bereitgestellt werden. Auf unnötige Funktionen und Angaben soll dabei verzichtet werden.

(3) Software soll Informationen in einer zugänglichen, verständlichen und leserlichen Form bereitstellen.[1417)]

(4) Software muss individualisierbar sein, damit deren Nutzung und die Darstellung von Informationen an die Bedarfe, Bedürfnisse und Fähigkeiten der Beschäftigten angepasst werden können.

(5) Die Anpassbarkeit von Software an Hardware (z. B. Bildschirme, Tastatur und Maus) und Arbeitsumgebungsbedingungen (z. B. Beleuchtung) muss gewährleistet sein.

(6) Software muss selbstbeschreibungsfähige Dialoge verwenden, d. h., Softwaredialoge müssen verständlich gestaltet sein und durch Rückmeldung unmittelbar oder auf Verlangen angemessene Erklärungen liefern. Software muss den Erwartungen der Beschäftigten entsprechen (Erwartungskonformität) und zum Nutzungskontext sowie zur Arbeitsaufgabe passen.

(7) Eine Übersicht relevanter Gestaltungskriterien ist in Abbildung 2 dargestellt. Diese sind bei der Auswahl von Software zu berücksichtigen.

1416) Die für die Erfüllung der Arbeitsaufgabe bereitgestellte Software muss gebrauchstauglich sein, damit die Arbeitsaufgabe effektiv, effizient und zufriedenstellend umgesetzt werden kann. Dies setzt voraus, dass die Grundsätze der Dialoggestaltung nach DIN EN ISO 9241-110:2020-10 Ergonomie der Mensch-System-Interaktion – Teil 110: Interaktionsprinzipien, wie Aufgabenangemessenheit, Selbstbeschreibungsfähigkeit, Steuerbarkeit, Fehlertoleranz, Erwartungskonformität, Individualisierbarkeit, Lernförderlichkeit beachtet und realisiert werden.

1417) Bei der Darstellung von Informationen sind die Erkenntnisse nach DIN EN ISO 9241-112:2017-08 Ergonomie der Mensch-System-Interaktion – Teil 112: Grundsätze der Informationsdarstellung bezüglich Organisation von Informationen, Verwendung grafischer Objekte, Gebrauch von Kodierverfahren möglichst zu berücksichtigen. Nur so wird der Nutzer dabei unterstützt, seine Aufmerksamkeit auf die Bearbeitung der jeweiligen Arbeitsaufgabe zu lenken und das Risiko einer Fehlinterpretation von Information wird reduziert.

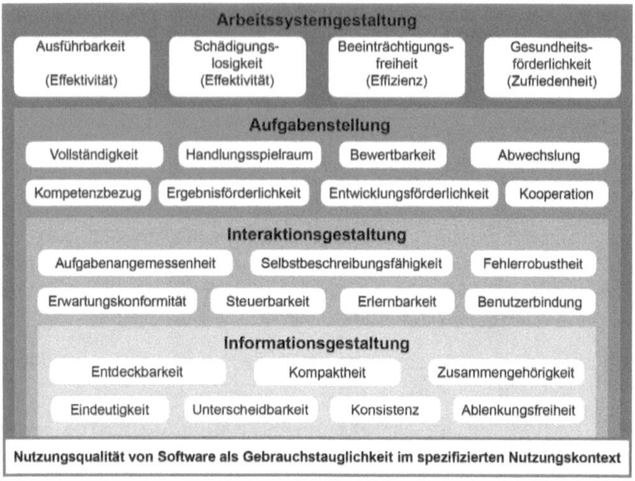

Abb. 2: Hierarchie von Gestaltungskriterien in der Softwareergonomie (in Anlehnung an DGUV Information 215-450)

6.3 Ortsgebundene Verwendung von Bildschirmgeräten an Bildschirmarbeitsplätzen einschließlich Telearbeitsplätzen

6.3.1 Allgemeines

(1) Beim Einrichten und Betreiben von Bildschirmarbeitsplätzen kommt der Anpassung des Arbeitsplatzes mit seinen Arbeitsmitteln und Mobiliar an die jeweiligen Beschäftigten eine hohe Bedeutung zu. Angepasst werden müssen insbesondere:

1. die Arbeits- und Sitzhöhe an die jeweiligen Körpermaße, d. h., je nach Ausstattung müssen Stuhl, Tisch und eine gegebenenfalls erforderliche Fußstütze an die Körpermaße des jeweiligen Beschäftigten angepasst werden,[1418]
2. die Aufstellung des Bildschirms, so dass ein Sehabstand von mindestens 500 mm gegeben ist und die Sehachse näherungsweise senkrecht auf der Mitte der Bildschirmoberfläche steht,
3. die Zeichendarstellung auf dem Bildschirm in Abhängigkeit vom Sehabstand (siehe Abschnitt 6.1.3, Tabelle 1) und

[1418] Die Arbeitshöhe soll sowohl an Sitz- als auch an Steharbeitsplätzen bei locker herabhängenden Oberarmen etwa in Ellenbogenhöhe liegen. Eine ergonomisch günstige Arbeitshaltung wird erreicht, wenn am Steharbeitsplatz die Arbeitshöhe und am Sitzarbeitsplatz zusätzlich die Sitzhöhe den Körpermaßen des Benutzers angepasst sind.

4. die Anordnung der Eingabemittel (z. B. Maus, Tastatur), so dass der Unterarm waagerecht ausgerichtet ist und die Eingabemittel ohne Bewegungen des Oberarms betätigt werden können.[1419) 1420)]

(2) Oberflächen, Kanten und Ecken an Arbeitsmitteln und Mobiliar (z. B. Tischplatten, Tastaturen) müssen durch Formgebung oder Bearbeitung so gestaltet sein, dass Verletzungen vermieden werden. Dies wird durch Entgraten, Umbördeln sowie Gestalten von Kanten und Ecken mit ausreichenden Radien erreicht. Sofern die Materialdicke es zulässt, ist für Kanten und Ecken, mit denen Beschäftigte bei ihrer Tätigkeit in Berührung kommen, mindestens ein Radius von 2 mm erforderlich.

Hinweis:

Zu empfehlen sind Radien von 3 mm oder mehr.

(3) Die Flächen von Arbeitsmitteln, mit denen Beschäftigte im Rahmen ihrer Tätigkeit in Berührung kommen, dürfen keine unzuträgliche Wärmeableitung zulassen. Sicherheitsrelevante Teile müssen aus Werkstoffen bestehen, die hinreichend alterungsbeständig sowie ausreichend gegen Korrosion geschützt sind.

Hinweis:

In den meisten Fällen sind Oberflächen von Arbeitsplatten, Sitzflächen, Armauflagen, Tastaturen und sonstigen Eingabemitteln aus Glas oder Metall ungeeignet.

6.3.2 Anforderungen an Bildschirme

(1) Bildschirme müssen ohne erhöhten Kraftaufwand höhenverstellbar sowie dreh- und neigbar sein, damit Beschäftigte eine neutrale Kopfhaltung einnehmen können (siehe Abbildung 3).

Hinweis:

An Arbeitsplätzen mit büroähnlichen Tätigkeiten soll auf eine Absenkbarkeit der Unterkante der Bildschirme möglichst bis auf die Tischoberfläche geachtet werden.

1419) Die Arbeitsmittel müssen so gestaltet sein, dass einem möglichst großen Kreis von Benutzern mit unterschiedlichen Körpermaßen die Erledigung verschiedener Arbeitsaufgaben in ergonomischen Körperhaltungen ermöglicht wird. Bei der Gestaltung von Arbeitsmitteln werden die statistisch abgeleiteten Perzentile der Maße erwachsener Menschen (Altersgruppen 18. bis 65. Lebensjahr) zugrunde gelegt. Dabei gibt ein Perzentilwert an, wie viele Menschen unter oder über dem betreffenden Wert mit ihren Körpermaßen liegen. In der Praxis haben sich als zu berücksichtigende Grenzwerte das 5. und das 95. Perzentil bewährt. Das bedeutet, dass in dem jeweiligen Maß die 5 Prozent kleinsten und die 5 Prozent größten Erwachsenen nicht berücksichtigt werden (s. DIN 33402-1:2008-03 „Ergonomie – Körpermaße des Menschen – Teil 1: Begriffe, Messverfahren" und DIN 33402-2:2020-12 „Ergonomie – Körpermaße des Menschen – Teil 2: Werte).

1420) Unter der Zugrundelegung des Unisex Modells, also einer geschlechtsunabhängigen Zusammenfassung aller Probanden einer Stichprobe, repräsentieren die angegebenen Perzentilwerte für die Körperhöhe sowohl Frauen als auch Männer. Arbeitsplätze sollen daher so eingerichtet werden, dass sie für 90 % der Beschäftigten eine ergonomische Gestaltung ermöglichen. Nach den für Deutschland vorliegenden Daten muss die Arbeitsplatzgestaltung der „kleinen Frau" mit der Körperhöhe 1535 mm ebenso gerecht werden wie dem „großen Mann" mit der Körperhöhe von 1855 mm. Für noch kleinere oder noch größere Benutzer ist dann ggf. eine gesonderte Arbeitsplatzgestaltung notwendig.

(2) Bildschirme und Bildschirmgeräte sollen im Blickfeld angeordnet sein (siehe Abbildung 3). Bildschirme sollen so aufgestellt werden, dass die Blicklinie ca. 30° bis 35° aus der Horizontalen nach unten geneigt ist. Die Blicklinie soll im Bereich der Bildschirmmitte in einem Winkel von ca. 90° auf die Bildschirmoberfläche auftreffen.[1421]

Hinweis:

Dies dient der Optimierung der Informationswahrnehmung sowie der Vermeidung erhöhter Augenbelastung durch Blicksprünge und Einstellung der Augenlinse (Akkommodation).

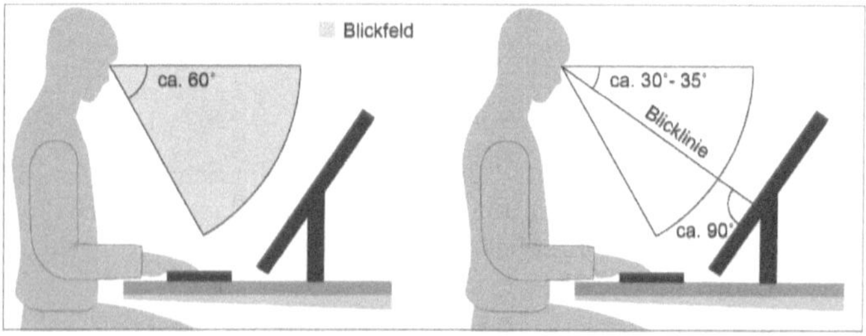

Abb. 3: Blickfeld und Blicklinie in einer neutralen Kopfhaltung (ohne Kopfbewegung, aber mit Augenbewegung)

(3) Bildschirmgröße und -form sind entsprechend der Arbeitsaufgabe und den damit erforderlichen Softwareanwendungen auszuwählen und bei Änderungen anzupassen. Für die Textverarbeitung, die Kalkulation kleiner Tabellen oder den E-Mail-Verkehr sind Bildschirme im Normalformat (z. B. Seitenverhältnis 4:3) mit einer Bildschirmdiagonale von mindestens 17 Zoll bzw. 432 mm (empfohlen mindestens 19 Zoll bzw. 483 mm) geeignet.

(4) Für die Arbeit mit mehreren geöffneten Softwareanwendungen bzw. sogenannten „Fenstern“, z. B. bei Bildbearbeitungen, umfangreichen Tabellenkalkulationen etc., sind zwei Bildschirme bzw. Bildschirme im Breitbildformat (z. B. Seitenverhältnis 16:9) zu bevorzugen, damit die Zeichenerkennung erhalten bleibt.[1422]

[1421] Für eine physiologisch günstige Körperhaltung muss der Bildschirm so zu positionieren sein, dass die Blicklinie (oder Sehlinie) möglichst im rechten Winkel auf der Bildschirmmitte steht. Die bisherige Empfehlung, wonach sich die Bildschirmoberkante maximal auf Augenhöhe befinden soll, wurde in der ASR A6 nicht übernommen (s. a. Schmauder M.: Die neue ASR A6 Bildschirmarbeit, sicher ist sicher, 10-24, S. 434 ff.).

[1422] Die bisher üblichen LCD-Bildschirme im Normalformat (Seitenverhältnis 4:3 bzw. 5:4) werden in der Praxis zunehmend durch Bildschirme im Breitbildformat (Widescreen, Seitenverhältnis 16:9 bzw. 16:10) ersetzt, obwohl sich Bildschirme im Normalformat grundsätzlich besser für Standardbüroanwendungen wie Textverarbeitung, Tabellenkalkulation mit kleinen Tabellen oder E-Mail-Verkehr eignen. Bildschirme im Breitbildformat sind hingegen für die Bildbearbeitung, Tabellenkalkulation mit großen Tabellen und das Arbeiten mit mehreren Fenstern besser geeignet.

(5) Grundsätzlich sind an Bildschirmarbeitsplätzen Bildschirme mit entspiegelten (matten) Displays und matten Gehäuseoberflächen zu verwenden (für abweichende Fälle siehe Abschnitt 6.3.14, Absatz 12).[1423) 1424)]

(6) Die Gehäusefarbe soll der wesentlich genutzten Hintergrundfarbe der Softwareanwendung und der Arbeitsumgebung angepasst sein.

Hinweis:

Das bedeutet bei Office-Software-Anwendungen mit schwarzen Zeichen auf hellem Grund demnach eine helle Gehäusefarbe im Sehbereich der Beschäftigten, ggf. auch eine helle Rückseite von Geräten z. B. bei gegenüberliegenden Arbeitsplätzen.

6.3.3 Mehrere Bildschirme oder Bildschirmgeräte am Arbeitsplatz

(1) Wenn die Arbeitsaufgabe es erfordert, dass mehrere Softwareanwendungen gleichzeitig geöffnet sein müssen, z. B. bei Bildbearbeitungen, umfangreichen Textanwendungen oder Tabellenkalkulationen, ist im Rahmen der Gefährdungsbeurteilung zu prüfen, ob ein großer Bildschirm oder mehrere Bildschirme nebeneinander notwendig sind. Bei der Verwendung von mehreren Bildschirmen oder Bildschirmgeräten nebeneinander sollen Darstellungsart (positiv/negativ), Auflösung und Helligkeit der Anzeige sowie Farbgebung der Bildschirmgehäuse aufeinander abgestimmt sein. Je nach Aufstellung der Bildschirme müssen diese für einen großen Betrachtungswinkel geeignet sein, damit Bildschirminhalte aus verschiedenen Betrachtungswinkeln gut erfasst werden können.

(2) Die Anordnung der Bildschirme im Blickfeld richtet sich nach der Häufigkeit ihrer Nutzung (siehe Abbildung 4). Erfordert die Aufgabe die wechselseitige Verwendung mehrerer Bildschirme (gleichberechtigte Nutzung, Abbildung 4 links), sind die Bildschirme im Blickfeld des Beschäftigten möglichst nahe nebeneinander aufzustellen, um übermäßige Kopf- und Augenbewegungen zu vermeiden. Zu allen Bildschirmen müssen annähernd gleiche Sehabstände eingehalten werden. Wird dagegen ein Bildschirm vorrangig genutzt, ist er zentral anzuordnen (Abbildung 4 rechts).

1423) Die Arbeit an Bildschirmgeräten wird durch störende Reflexionen und Spiegelungen erschwert, weil der Zeichenkontrast verringert und damit die Erkennbarkeit der Zeichen verschlechtert wird. Außerdem muss der Benutzer eine erhöhte Aufmerksamkeit darauf verwenden, die Bildschirminformation trotz störender Reflexionen und Spiegelungen eindeutig aufzunehmen. Je deutlicher solche Spiegelbilder sind, umso störender können sie empfunden werden. Bereits bei der Gerätebeschaffung sollte berücksichtigt werden, dass Reflexionsminderungen am besten mit herstellerseitig getroffenen Antireflexionsmaßnahmen (Entspiegelungen) erzielt werden können.

1424) Bildschirme werden nach DIN EN ISO 9241-307:2009-06 Ergonomie der Mensch-System-Interaktion – Teil 307: Analyse- und Konformitätsverfahren für elektronische optische Anzeigen bezüglich ihrer Reflexionseigenschaften, für Positiv- und Negativdarstellung getrennt, in drei Reflexionsklassen eingeteilt. Die aktuelle Norm sieht die in bisherigen Normen enthaltenen Reflexionsklassen nicht mehr vor. Vielmehr werden nur die Prüfbedingungen angegeben, unter denen man die Reflexionen des Bildschirms messtechnisch ermittelt. Hierzu wird die Leuchtdichte von gerichtet reflektierten Lichtquellen mit unterschiedlich großen Ausdehnungen in Candela pro Quadratmeter (cd/m^2) bestimmt. Beträgt diese bei einer Lichtquelle mit großflächiger Öffnung = 200 cd/m^2 und zugleich bei einer Lichtquelle mit kleinflächiger Öffnung = 2000 cd/m^2, so entspricht ein solcher Bildschirm der bisherigen Reflexionsklasse 1. Ein diese Bedingungen erfüllender Bildschirm wird empfohlen, weil er in allen Büroumgebungen einsetzbar ist. Gleichzeitig soll der Bildschirm für eine vorgesehene Bildschirmbeleuchtungsstärke von 1500 lux bis 2000 lux ausgewiesen sein.

Hinweis:

Für die seitliche Sichtbarkeit von Inhalten auf LCD-Bildschirmen sind Displays mit TN-Anzeige ungeeignet; geeignet sind Bildschirme mit VA-, PVA- oder IPS-Anzeige (TN = Twisted Nematic, VA = Vertical Alignment Panel, PVA = Pattern Vertical Alignment, IPS = In-Plane-Switching).

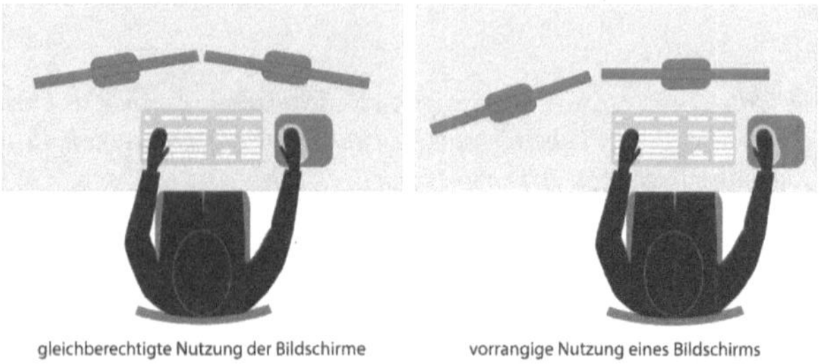

Abb. 4: Anordnung mehrerer Bildschirme

(3) Werden unterschiedliche Eingabemittel zur Nutzung der Bildschirme und Bildschirmgeräte benötigt, so müssen diese eindeutig zum entsprechenden Bildschirm zugeordnet werden können, z. B. durch Beschriftung, Gruppierung, farbliche Kennzeichnung.

6.3.4 Tragbare Bildschirmgeräte beim ortsgebundenen Einsatz

Werden tragbare Bildschirmgeräte ortsgebunden verwendet, sind für eine neutrale Körperhaltung und angemessene Sehbedingungen auf die Bildschirmoberfläche eine separate Tastatur und in Abhängigkeit von der zu verrichtenden Tätigkeit eine separate Maus notwendig. Durch den dadurch vergrößerten Sehabstand (siehe Abschnitt 6.1.3) ist in der Regel ein größerer, ggf. separater Bildschirm notwendig. Die Kopplung der Geräte kann z. B. mithilfe einer Dockingstation oder kabellos erfolgen. Weiterhin gelten die Anforderungen an dauerhaft eingerichtete Bildschirmarbeitsplätze, die in dieser ASR bzw. in Nummer 6.1 des Anhangs der ArbStättV formuliert sind.[1425] [1426]

[1425] Zur Erhöhung der Flexibilität werden in der Praxis zunehmend Desktop-Rechner durch tragbare Bildschirmgeräte, wie z. B. Laptop, ersetzt. Diese erfüllen von sich aus keineswegs die ergonomischen Anforderungen, sodass bei der ortsgebundenen Anwendung für eine neutrale Körper- und Kopfhaltung zumindest eine separate Eingabe mittels Tastatur und/oder separater Maus erforderlich ist. Da die Bildschirmgröße derartiger tragbarer Bildschirmgeräte in der Regel unter 17" liegt, ist zudem für die erforderliche Beziehung von Zeichengröße und Sehabstand ein separater größerer Bildschirm erforderlich. Im Übrigen gelten alle Anforderungen an dauerhaft eingerichtete Arbeitsplätze, soweit die Arbeit im Geltungsbereich der ArbStättV ausgeführt wird.

[1426] Es ist bekannt, dass für die Ausführung von Bürotätigkeiten im sogenannten „Homeoffice" oft lediglich ein tragbares Bildschirmgerät verwendet wird. Bei einer üblichen Nutzung dieses Gerätes von mehr als zwei Stunden handelt es sich dann keineswegs um „mobile Bildschirmarbeit", sondern vielmehr um „quasistationäre", ortsgebundene Arbeit mit einem Bildschirmgerät. Hieraus ergibt sich, dass die Gefährdungsbeurteilung für derartige, nicht der ArbStättV unterliegende Arbeitsplätze kein anderes Ergebnis haben kann. Insoweit ist neben dem Mobiliar eine adäquate Geräteausstattung mit Dockingstation, einem separaten Bildschirm sowie separater Tastatur und Maus eine Grundvoraussetzung für ergonomisches Arbeiten im „Homeoffice" (s. FN 1371 ff.).

6.3.5 Eingabemittel Tastatur

(1) Tastaturen müssen in neutraler Körperhaltung bedienbar sein, d. h. die Tastatur muss getrennt vom Bildschirm mittig vor dem Benutzer angeordnet werden können, wobei sich Tastatur, Handgelenk und Ellenbogen etwa auf einer Höhe befinden sollen. Dazu sind verschiebbare, möglichst flache Tastaturen erforderlich (Höhe der mittleren Tastenreihe < 20 mm), die beim Bedienen der Tasten nicht wegrutschen.

Hinweis:

Für Beschäftigte, die beim Schreiben das Zehnfingersystem anwenden, können zur Minderung akuter oder chronischer Beschwerden alternative Eingabemittel, z. B. geteilte oder dachförmig geneigte Tastaturen, sinnvoll sein.

(2) Die Tasten müssen eine hinreichende Kantenlänge von 12 mm bis 15 mm aufweisen und – bis auf die Leertaste – konkave oder ebene Tastenköpfe haben. Grundsätzlich sind im alphanumerischen Bereich der Tastatur Tastenmittenabstände von 19 mm ± 1 mm, in den anderen Bereichen mindestens 16 mm erforderlich. Wird die Tastatur mit Handschuhen oder unter Vibrationsbelastung bedient, sind Tastenmittenabstände von mehr als 19 mm notwendig. Bei Tastenmittenabständen ≤ 10 mm ist die Bedienung der Tastatur nur mit zusätzlichen Hilfsmitteln, z. B. Griffel oder Stift, möglich.[1427)]

(3) Die Tastatur darf beim Auflegen der Hände nicht versehentlich aktiviert werden (hinreichender Anfangswiderstand). Die Tastatur soll die Tastenaktivierung auch bei hohen Eingabegeschwindigkeiten in der richtigen Reihenfolge erkennen und über einen angemessenen Prellschutz gegen unbeabsichtigte Mehrfachsignale verfügen. Bei Tastenbetätigung soll eine deutlich fühlbare Rückmeldung durch hinreichenden Tastenhub und Druckpunkt vorhanden sein.

Hinweise:

1. *Akustische Rückmeldungen sind nicht zu empfehlen.*
2. *Müssen aufgrund höherer Anforderungen an die Hygiene, die Staubdichtheit etc. Folientastaturen verwendet werden, ist die fühlbare Rückmeldung eingeschränkt. Das kann die Geschwindigkeit und Genauigkeit der Dateneingabe beeinflussen.*

(4) Die Beschriftung der Tastatur muss gut lesbar sein. Um Adaptationswechsel für das Auge zu minimieren, sollen Tastaturen mit matten Oberflächen und dunkle Schriftzeichen auf hellem Grund bevorzugt werden. Die Schriftzeichen müssen eine Mindestschrifthöhe von 2,9 mm aufweisen und über den gesamten Nutzungszeitraum der Tastatur lesbar sein.

1427) Die beschriebenen Anforderungen an Tastaturen sind international genormt (DIN EN ISO 9241-410:2012-12 Ergonomie der Mensch-System-Interaktion – Teil 410: Gestaltungskriterien für physikalische Eingabegeräte"). Die Benutzung von Eingabemitteln führt zu einer geringen Abweichung von der sogenannten Neutralhaltung (Körper- und Gelenkstellung in entspannter Haltung), die normalerweise problemlos toleriert wird. In Einzelfällen, bei Beschäftigten mit akuten oder chronischen Erkrankungen, können Beschwerden und Beeinträchtigungen bei der Benutzung von herkömmlichen Eingabemitteln auftreten. Dabei können sich insbesondere langanhaltende muskuläre Anspannungen oder repetitive Bewegungen in ungünstigen Haltungen negativ auswirken. In diesen Fällen kann der Einsatz alternativer Eingabemittel sinnvoll sein (s. a. VBG-Fachwissen „Alternative Eingabemittel an Bildschirmarbeitsplätzen; Informationen für Arbeitsmediziner und Betriebsärzte", Ausg. 07/22). Weitere Möglichkeiten der Eingabe sind z. B. durch Gesten-, Blick- und Sprachsteuerung gegeben.

(5) Wenn an Geschwindigkeit und Genauigkeit der Eingabe geringe Anforderungen gestellt werden, kann ein Tastenblock mit Griffel verwendet werden.

6.3.6 Eingabemittel Maus

Eine Maus ist ein Eingabemittel mit einer oder mehreren Tasten.[1428] [1429] Die Maus wird gleitend bewegt. Mit der Maus werden Positionsmarken auf der Anzeige bewegt und eine Reihe von Auswahlaktionen und Kommandos verrichtet. Mindestanforderungen an eine Maus sind in Anlehnung an die DIN EN ISO 9241-410:2012-12 nachfolgend aufgeführt:

1. die Benutzung einer Maus soll in neutraler Haltung von Unterarm, Handgelenk und Fingern erfolgen,
2. über die Form der Maus muss ihre Ausrichtung zum Bildschirm erkennbar sein,
3. die Form der Maus muss eine Bedienung in neutraler Haltung ermöglichen,
4. die Maus soll unabhängig von den Eigenschaften der Auflagefläche zuverlässig funktionieren und
5. bei Betätigung eines Schaltelements darf sich der Zeiger der Maus nicht bewegen.

6.3.7 Anordnung von Tastatur und Maus

Die Tastatur ist so im Greifraum anzuordnen, dass ohne Körperdrehung mit locker herabhängenden Oberarmen und waagerechten Unterarmen gearbeitet werden kann (siehe Abbildung 5). Die Flächen für die Maus befinden sich je nach Händigkeit der Benutzer unmittelbar rechts oder links neben der Tastatur.[1430]

Hinweis:

Ist tätigkeitsbedingt die Eingabe von Zahlen nur im geringen Umfang notwendig, wird die Verwendung einer Kompakttastatur empfohlen.

[1428] Lange Zeit war ein Maustyp mit einer integrierten Kugel, welche auf der Oberfläche abrollt, vorherrschend. Da viele Oberflächen aber keine optimale Haftung für die Kugeln bieten, sind spezielle Unterlagen (Mauspads) entwickelt worden, die dem Mausgehäuse zwar erlauben, problemlos darüber zu gleiten, aber verhindern, dass die Kugel rutscht, anstatt zu rollen. Letzteres ist notwendig, damit die Signalwalzen der Maus bewegt werden können. Mit dem Aufkommen optischer Mäuse sind Mauspads (Mousepads) aus unterschiedlichen Materialien, wie Kunststoff, Stoff, Glas oder Metall, gefertigt worden. Diese Pads haben meist abgerundete Kanten, sind ergonomisch und möglichst flach. Einige Mauspads haben eine flexible erhöhte Handauflage. Diese Auflage soll ein unnatürliches Abknicken der Hand bei Benutzung der Maus verhindern und dadurch Beschwerden wie beispielsweise das Repetitive-Strain-Injury-Syndrom vermeiden. Die Gelkissen können sich in ihrer Stärke unterscheiden.

[1429] Eine Maus mit optischem Sensor nimmt den Untergrund auf, indem eine LED die Oberfläche anstrahlt und eine Kamera das zurückgeworfene Licht einfängt und an einen Mikroprozessor weiterleitet, der die Bewegungsgeschwindigkeit und -richtung verarbeitet. Eine Laser-Maus nutzt statt einer Leuchtdiode einen Laserstrahl, der aufgrund des stärker gebündelten Lichts Oberflächen grundsätzlich feiner abtasten kann. Eine Laser-Maus funktioniert auch auf sehr glatten Oberflächen.

[1430] Wichtig für die Bereitstellung geeigneter Arbeitsmittel ist die Berücksichtigung der Händigkeit des jeweiligen Nutzers. So soll z. B. eine Maus entweder mit jeder Hand bedienbar sein oder andernfalls sollen Mäuse für Rechts- und Linkshänder zur Verfügung gestellt werden. Für Linkshänder würde sich die Anordnung im Greifraum in der Abbildung dann entsprechend umdrehen.

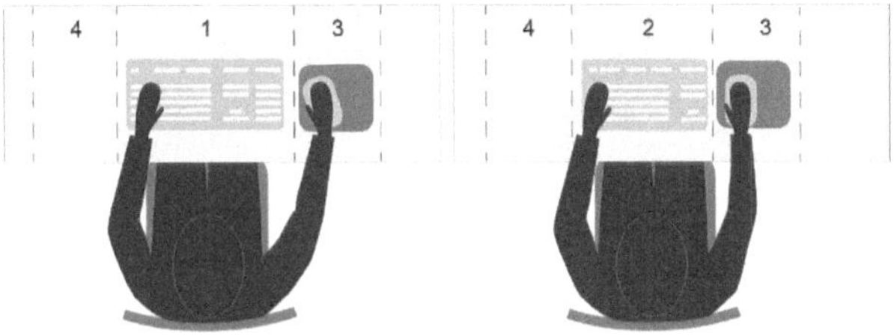

1 Volltastatur
2 Kompakttastatur
3 Bereich für die Mausnutzung mit der rechten Hand
4 Bereich für die Mausnutzung mit der linken Hand

Abb. 5: Anordnung von Maus und Tastatur im Greifraum (links mit Volltastatur, rechts mit Kompakttastatur, in Anlehnung an DGUV Information 215-410)

6.3.8 Alternative Eingabemittel

(1) Bei spezifischen Arbeitsaufgaben dürfen alternative Eingabemittel (z. B. Spracheingabe, Stift, Gestensteuerung, Vertikalmaus) eingesetzt werden, wenn dadurch die Arbeitsaufgaben leichter ausgeführt werden können und keine zusätzliche Belastung für die Beschäftigten entsteht.[1431)]

Hinweise:

1. *Auch bei Beschwerden und Beeinträchtigungen bei der Benutzung herkömmlicher Eingabemittel können alternative Eingabemittel sinnvoll sein.*
2. *Weitere Informationen zu alternativen Eingabemitteln enthält die Broschüre VBG-Fachwissen „Alternative Eingabemittel an Bildschirmarbeitsplätzen".*

(2) Alternative Eingabemittel müssen:
1. erwartungskonform, zuverlässig und störungsfrei funktionieren,
2. effektiv und effizient funktionieren,
3. gegen unbeabsichtigte Eingaben geschützt sein,
4. ohne übermäßige Abweichung von der neutralen Haltung und
5. konsistent funktionieren, d. h. sichere Rückmeldungen über erfolgreiche Eingaben abgeben (unmittelbar wahrnehmbar, leicht verständlich).

6.3.9 Raum für wechselnde Arbeitshaltungen und Bewegung

(1) Die Gestaltung eines Bildschirmarbeitsplatzes soll Bewegung ermöglichen. Ununterbrochene statische Belastung ist auf ein Minimum zu reduzieren. Dies kann z. B. durch mehrfachen Wechsel zwischen Sitzen und Stehen im arbeitstäglichen Verlauf erreicht werden.

(2) Ein Bildschirmarbeitsplatz ist vorzugsweise als Sitzarbeitsplatz oder Steh-/Sitzarbeitsplatz einzurichten. Beim Sitzen muss dynamisches Sitzen möglich sein, d. h. ein Arbeiten in

1431) S. Erl. in FN 1427.

vorderer, mittlerer und hinterer Sitzhaltung. Die mittlere Sitzhaltung entspricht dabei der sogenannten Referenzsitzhaltung (siehe Abschnitt 6.3.11).[1432) 1433)]

Hinweise:

1. *Um einen dynamischen Wechsel zwischen sitzenden und stehenden Tätigkeiten zu erleichtern, werden höhenverstellbare Arbeitsflächen empfohlen.*
2. *Stufenlos höhenverstellbare Arbeitsflächen von 650 mm bis 1250 mm sind gegenüber den einstellbaren oder festen Arbeitsflächenhöhen vorzuziehen.*

(3) Für wechselnde Arbeitshaltungen und Ausgleichsbewegungen muss unmittelbar vor der Arbeitsfläche eine freie Bewegungsfläche von mindestens 1,50 m^2 zur Verfügung stehen, wobei Breite und Tiefe mindestens 1000 mm betragen müssen. Nebeneinander angeordnete Arbeitsplätze erfordern eine Breite der freien Bewegungsfläche von mindestens 1200 mm (siehe auch ASR A1.2 „Raumabmessungen und Bewegungsflächen").

(4) Unter der an Sitzarbeitsplätzen und Steh-/Sitzarbeitsplätzen genutzten Arbeitsfläche muss ein bewegungsgerechter Beinraum zur Verfügung stehen. Der Beinraum in sitzender Position muss die Anforderungen nach Abbildung 6 über eine Breite von mindestens 850 mm erfüllen.

Hinweis:

Empfehlenswert ist ein freier Beinraum (Beinraumhöhe, -tiefe und -breite), der unter der gesamten genutzten Arbeitsfläche zur Verfügung steht.

1432) Bildschirmarbeit ist vorzugsweise an einem Sitz- oder an einem Steh-/Sitzarbeitsplatz zu verrichten, wobei der Steh-/Sitzarbeitsplatz wegen des damit möglichen ständigen Wechsels der Körperhaltung zwischen Sitzen und Stehen die ergonomisch bessere Wahl ist. An vielen Arbeitsplätzen wird dies durch die Bereitstellung von höhenverstellbaren Schreibtischen bereits ermöglicht. Eine diesbezügliche Anforderung ist jedoch weder aus Anh. Nr. 6 ArbStättV noch aus der ASR A6 abzuleiten. Die ASR A6 enthält aber zumindest als Hinweis eine entsprechende Empfehlung.

1433) Sitzarbeitsplätze sind mit entsprechenden Arbeitsstühlen so auszurüsten, dass diese ein dynamisches Sitzen ermöglichen und fördern. Dynamisches Sitzen bezieht sich auf eine aktive und bewegte Sitzhaltung, bei der regelmäßige Bewegung, Positionswechsel und Anpassungen der Körperhaltung während des Sitzens stattfinden oder auch zeitweise im Stehen gearbeitet wird. Beim statischen Sitzen wird hingegen über einen längeren Zeitraum ein und dieselbe Position eingenommen. Beim dynamischen Sitzen wechselt der Nutzer ständig zwischen vorderer, mittlerer und hinterer Sitzhaltung. Mit der Synchron- oder Wippmechanik – die bei den meisten Bürostühlen zur Grundausstattung gehört – stärkt und entlastet der Nutzer mit jeder Bewegung der Rückenlehne seine Rückenmuskulatur und die Bandscheiben. Gemeint sind hier das aktive Vorbeugen und Zurücklehnen während der Büroarbeit. Wichtig ist, dass der Benutzer den Widerstand der Rückenlehne auf sein Körpergewicht einstellt. Sonst ist das Wippen entweder zu leicht oder zu schwer. Das dynamische Sitzen erfordert auch bewusste Änderungen der Körperhaltung durch den Nutzer.

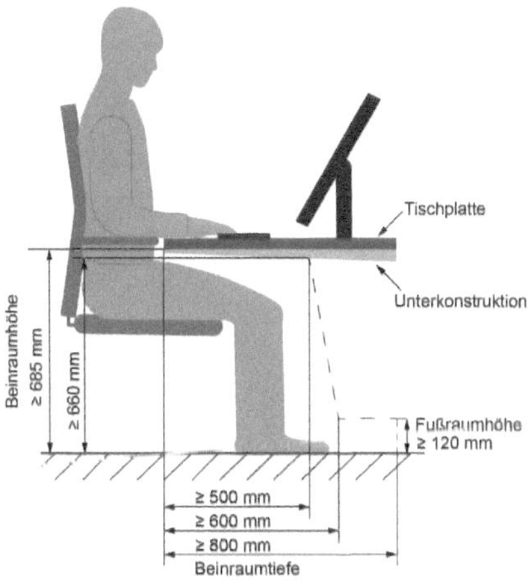

Abb. 6: Mindestanforderungen an den Beinraum am Sitzarbeitsplatz (beispielhaft abgebildet für Tischhöhe 740 mm ± 20 mm)

(5) Ist tätigkeitsbedingt die Arbeit im Stehen zu verrichten, müssen die Beschäftigten im Arbeitsbereich zwischen unterschiedlichen Arbeitshaltungen wechseln können. Für diesen Fall sollen unterhalb der Arbeitsfläche ausreichend große Knie- und Fußräume vorhanden sein (siehe Abbildung 7).

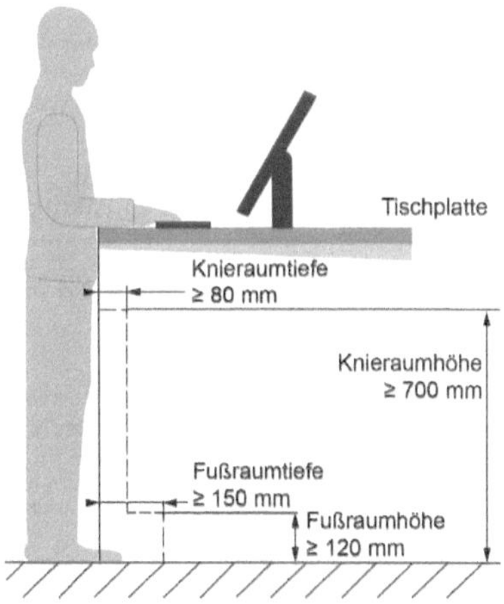

Abb. 7: Mindestmaße für den Fuß- und Knieraum am Steharbeitsplatz (beispielhaft abgebildet für Tischhöhe stehend 1050 mm ± 20 mm; Maße aus der DIN EN 527-1:2011-08)

6.3.10 Arbeitsflächen

(1) Die Arbeitsflächen sind je nach Arbeitsaufgabe und den erforderlichen Arbeitsmitteln zu bemessen. Eine flexible Anordnung der Arbeitsmittel muss möglich sowie ausreichend Raum für deren Verwendung vorhanden sein. Unterschiedliche Körperhaltungen müssen ermöglicht werden.[1434)]

(2) Für Büroarbeit und vergleichbare Tätigkeiten müssen neben den Flächen für Bildschirme, Bildschirmgeräte und Eingabemittel zusätzliche Flächen für Schriftgut und weitere Arbeitsmittel zur Verfügung stehen. Um eine flexible Anordnung aller Arbeitsmittel zu ermöglichen, muss die Arbeitsfläche mindestens 1600 mm breit und mindestens 800 mm tief sein. Bei Verwendung von nur einem Bildschirm, geringem Arbeitsmittelbedarf und wenig Schriftgut darf die Arbeitsflächenbreite auf 1200 mm verringert werden.

(3) Für sonstige Tätigkeiten, die nicht von Absatz 2 erfasst sind, müssen die Arbeitsflächen von Bildschirmarbeitsplätzen entsprechend den erforderlichen Arbeitsmitteln bemessen werden. Für eine flexible Anordnung der Arbeitsmittel sind sie mindestens 1200 mm breit und 800 mm tief zu gestalten. Bei geringem Arbeitsmittelbedarf (z. B. nur Bildschirmgerät und Tastatur) dürfen Arbeitsflächen, auf ein Mindestmaß von 800 mm × 800 mm reduziert werden. Die Anforderungen der ASR A1.2 „Raumabmessungen und Bewegungsflächen" bzgl. der Abstände und Bewegungsflächen sind einzuhalten.

Hinweis:

An Beratertresen, Bedientheken, Infoständen, Werkzeugausgabestellen u. ä., an denen im Stehen gearbeitet wird und neben der Bildschirmarbeit die Übergabe an Dritte (z. B. an Kunden) eine Rolle spielt, wird die Reichweite nach vorn zum begrenzenden Faktor. Eine reduzierte Arbeitsflächentiefe des Bildschirmarbeitsplatzes im Bereich der Übergabestelle von 800 mm auf 600 mm ist hier ausreichend.

6.3.11 Referenzsitzhaltung

Die Referenzsitzhaltung (Abbildung 8) muss für die Einstellung von Stuhl und Arbeitsfläche sowie die Anordnung der für die Bildschirmarbeit benötigten Arbeitsmittel auf der Arbeitsfläche (z. B. Bildschirm und Tastatur) eingenommen werden, um ergonomisch günstiges Arbeiten zu ermöglichen.[1435)]

1434) Unter Beachtung der Mindestabmessungen sowie der erforderlichen Bein- und Fußräume sind Arbeitsflächenkombinationen und vom Rechteck abweichende Flächen (Freiformflächen) möglich. Bei Arbeitsflächenkombinationen darf die Gesamtarbeitsfläche nicht kleiner als 1,28 m^2 sein und an keiner Stelle eine geringere Tiefe als 800 mm aufweisen (s. a. DGUV-Information 215-410 „Bildschirm- und Büroarbeitsplätze"; Ausg. 07/19).

1435) In der ASR A6 wird – wie auch in der DGUV-Information 215-410 – der Begriff der Referenzsitzhaltung verwendet. Diese wird in Abschn. 6.3.11 textlich und grafisch beschrieben. Diese muss für die Einstellung von Stuhl und Arbeitsfläche sowie für die Anordnung der für die Bildschirmarbeit benötigten Arbeitsmittel auf der Arbeitsfläche (z. B. Bildschirm und Tastatur) eingenommen werden, um ergonomisch günstiges Arbeiten zu ermöglichen. Sie dient somit der Einstellung bzw. Positionierung der Arbeitsmittel (z. B. Monitor) und des Mobiliars (z. B. Arbeitsstuhl, Arbeitstisch) und basiert auf physiologisch günstigen Gelenkwinkeln (neutrale Haltung). Der Begriff „Referenzhaltung" bedeutet jedoch nicht, dass dies eine Vorzugshaltung ist, die während der Tätigkeit durchgehend einzunehmen ist bzw. nicht verändert werden soll.

Hinweise:

1. *In der Referenzsitzhaltung sitzen Beschäftigte aufrecht auf dem Arbeitsstuhl und nutzen die gesamte Sitzfläche so, dass Kontakt zur Rückenlehne besteht. Die Füße stehen vollflächig auf dem Boden. Der Winkel zwischen Ober- und Unterschenkel sowie zwischen Oberschenkel und Becken beträgt etwa 90° oder etwas mehr. Der Winkel zwischen Unterarm und Oberarm beträgt etwa 90° oder mehr. Die Hände befinden sich in Ellenbogenhöhe und liegen in Verlängerung des Unterarms auf der flachen Tastatur, die Handballen auf der Arbeitsfläche. Die Unterarme liegen locker auf Arbeitsfläche oder Armlehne. Die Schultern sind weder hochgezogen noch nach vorne hängend. In natürlicher Kopfhaltung befindet sich der Bildschirm im Blickfeld. Die Blicklinie ist um ca. 30° bis 35° aus der Horizontalen nach unten geneigt und trifft im rechten Winkel auf die Mitte der Bildschirmoberfläche. Außer dem Winkel zwischen Ober- und Unterschenkel sowie zwischen Oberschenkel und Becken gelten diese Maße auch für eine Arbeitshaltung im Stehen.*
2. *Bei Bildschirmarbeit ist ein häufiger Haltungswechsel und Wechsel der Sitzposition anzustreben. Unter einem Wechsel der Sitzposition ist das Sitzen in vorderer, mittlerer und hinterer Sitzhaltung zu verstehen (dynamisches Sitzen).*
3. *Um unterschiedliche Körpermaße bei wechselnden Benutzern zu berücksichtigen (z. B. Desk Sharing) bieten sich mit geringem Kraftaufwand höhenverstellbare Arbeitstische und Arbeitsstühle zur Erreichung des Schutzziels an.*

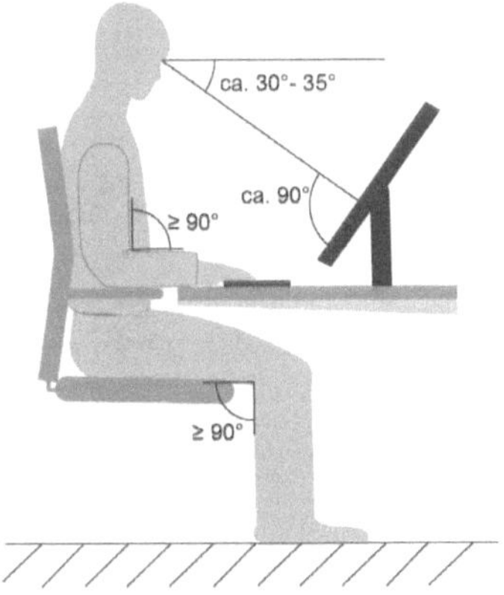

Abb. 8: Referenzsitzhaltung (Winkel zwischen Ober- und Unterschenkel sowie zwischen Ober- und Unterarm ≥ 90°)

6.3.12 Arbeitsstuhl

(1) Tätigkeiten am Bildschirmarbeitsplatz werden überwiegend im Sitzen ausgeführt (siehe Abschnitt 6.3.9). Für ein sicheres und ergonomisches Arbeiten ist ein geeigneter Arbeitsstuhl zur Verfügung zu stellen.

(2) Für Büroarbeit und vergleichbare Tätigkeiten am Bildschirmarbeitsplatz muss ein Büro-Arbeitsstuhl mit mindestens folgenden Eigenschaften zur Verfügung stehen:

1. das Oberteil des Stuhls besteht aus einer gepolsterten, atmungsaktiven Sitzfläche und Rückenlehne; die Rückenlehne kann auch aus netzähnlichem Material bestehen,
2. das Oberteil ist drehbar und so stufenlos höhenverstellbar, dass die Referenzsitzhaltung eingenommen werden kann (siehe Abbildung 8),
3. die Rückenlehne ist neigbar und unterstützt die natürliche Form der Wirbelsäule beim Wechsel zwischen vorderer, mittlerer und hinterer Sitzhaltung (dynamisches Sitzen) und ist auf das Benutzergewicht anpassbar,
4. der Stuhl verfügt über eine Sitzfläche, die gewährleistet, dass die Rückenlehne in ihrer Funktion genutzt werden kann, die Oberschenkel möglichst vollständig aufliegen und die Kniekehlen frei bleiben,
5. das Untergestell ist stabil und standsicher,
6. die Stuhlkonstruktion fängt das Körpergewicht beim Hinsetzen auch in der untersten Sitzposition federnd ab,
7. sofern Rollen vorhanden sind, müssen diese beim unbelasteten Stuhl ein unbeabsichtigtes Wegrollen verhindern und
8. verfügt ein Stuhl über Armauflagen, müssen diese auf Arbeitsflächenhöhe einstellbar sein.[1436)]

(3) Für Tätigkeiten am Bildschirmarbeitsplatz in anderen Arbeitsumgebungen muss ein Arbeitsstuhl zur Verfügung stehen, der die Anforderungen an Büro-Arbeitsstühle nach den Nummern 2 bis 8 des Absatzes 2 erfüllt. Die Oberflächen von Sitzfläche und Rückenlehne müssen für die jeweiligen Arbeitsumgebungsbedingungen geeignet sein.

Hinweise zu den Absätzen 2 und 3 dieses Abschnitts:

1. *Fünfarmige Untergestelle gelten als standsicher. Die Beschaffenheit der 5 (baugleichen) Rollen richtet sich nach der Härte des Fußbodens, harte Rollen eignen sich für weiche Böden, weiche Rollen für harte Böden.*
2. *Armstützen an Arbeitsstühlen entlasten die Schulter- und Nackenmuskulatur.*
3. *Die Funktion der Einstellelemente soll eindeutig erkennbar sein. Die Einstellung soll ohne Hilfsmittel möglich sein.*
4. *Alternative Sitzmöbel (z. B. Sitzbälle, Pendelhocker) sind nur als temporäres Trainings- und Übungsgerät zu nutzen. Aufgrund erhöhter Unfallgefahr, rasch eintretender Ermüdung der Muskulatur und fehlender Einstellmöglichkeiten sind diese nicht als Arbeitsstuhl am Bildschirmarbeitsplatz geeignet.*
5. *Im Anhang (Tabelle 3) sind Maßempfehlungen für Arbeitsstühle aufgeführt.*

6.3.13 Vorlagenhalter und Fußstütze

(1) Wird ein Vorlagenhalter verwendet, ist sicherzustellen, dass dieser für die jeweiligen Vorlagen geeignet ist (Standsicherheit bzw. ausreichende Befestigung) und alle notwendi-

---

[1436)] Die individuelle Anpassbarkeit des Büroarbeitsstuhles erfordert verschiedene Verstelleinrichtungen. Die einstellbaren und beweglichen Teile müssen so ausgelegt sein, dass Verletzungen und unbeabsichtigtes Bedienen vermieden werden. Die sicherheitstechnische und ergonomische Gestaltung und Anordnung der Stellteile bedingt, dass sie leicht zugänglich sind, ihre Betätigung in Sitzhaltung möglich ist und ihre Bewegungsrichtung der Stuhlfunktion entspricht (s. a. VBG-Praxis-Kompakt „Die Qual der Wahl – wie beschaffe ich den passenden Stuhl?“, Ausg. 09/2023).

gen Handhabungen ermöglicht. Eine Neigungseinstellung entsprechend derjenigen des Bildschirms muss möglich sein. Der Vorlagenhalter ist unmittelbar neben dem Bildschirm mit gleichem Sehabstand, gleicher Höhe und Neigung zu positionieren.

(2) Für die Arbeit an nicht höhenverstellbaren Tischen oder an Tischen mit nicht ausreichendem Verstellbereich ist die Sitzflächenhöhe des Arbeitsstuhles nach der vorgegebenen Armhaltung einzustellen. Ergibt sich nach der Einstellung der Sitzflächenhöhe am Arbeitsplatz, dass die Füße des Beschäftigten nicht ganzflächig auf dem Fußboden aufstehen, ist der notwendige Ausgleich mit einer Fußstütze herzustellen.

(3) Die Fußstütze muss hinsichtlich Ausführung und Festigkeit so beschaffen sein, dass die Verstelleinrichtungen leicht zu betätigen sind und sich nicht unbeabsichtigt verändern. Die Aufstellfläche für die Füße muss rutschhemmend ausgeführt sein.

(4) Die Aufstellfläche für die Füße muss mindestens 450 mm breit und 350 mm tief sein.

(5) Fußstützen müssen in Höhe und Neigung verstellbar sein. Die Neigung muss mindestens zwischen 5° und 15° stufenlos oder mindestens in 3 Stufen verstellbar sein. Die Höhe der Fußstütze bei Aufstellung auf dem Fußboden darf in der untersten Position an der Vorderkante höchstens 50 mm betragen und muss bis mindestens 110 mm verstellbar sein. Ein größerer Verstellbereich bis zu einer oberen Höhe von mindestens 150 mm ist zu bevorzugen. Die Verstellbarkeit der Höhe muss stufenlos oder in Schritten von maximal 15 mm möglich sein.

Hinweis:

Fußstützen nach den Absätzen 3 bis 5 sind nicht auf Dauer zur Erreichung einer ergonomischen Sitzhaltung zu empfehlen, da sie die freien Bewegungsmöglichkeiten im Beinraum einschränken können.

6.3.14 Beleuchtung

(1) Neben den Anforderungen an die Beleuchtung gemäß ASR A3.4 „Beleuchtung und Sichtverbindung“ sind für Bildschirmarbeitsplätze zusätzlich die nachfolgenden Anforderungen zu berücksichtigen.

(2) Die Beleuchtung muss der Art der Arbeitsaufgabe entsprechen und an das Sehvermögen der Beschäftigten anpassbar sein. Das kann durch arbeitsplatzbezogene oder individuelle Beleuchtungslösungen erfolgen.[1437] [1438]

[1437] Die Qualität der Beleuchtung wirkt sich auf das visuelle Leistungsvermögen des Menschen aus. Sie ist entscheidend dafür, wie genau und wie schnell Details, Farben und Formen erkannt werden. Außerdem beeinflusst die Beleuchtung Aktivitätsniveau und Wohlbefinden der Beschäftigten. Durch schlechte Beleuchtung kann es zu negativen visuellen Beanspruchungen kommen, die sich durch Kopfschmerzen, tränende und brennende Augen sowie Flimmern vor den Augen bemerkbar machen können. Bildschirm- und Büroarbeitsplätze müssen möglichst ausreichend Tageslicht erhalten. Büroräume sollen daher über genügend große, möglichst unverbaute (keine Objekte wie Gebäude oder Bäume unmittelbar vor dem Fenster, die den Lichteinfall verhindern) Fensterflächen verfügen. Die Fenster sollten so beschaffen und Arbeitsplätze so angeordnet sein, dass die Anforderungen der ASR A3.4 (s. S. 382 ff.) hinsichtlich der ungehinderten und unverfälschten Sichtverbindung nach außen erfüllt werden.

Hinweis:

Insbesondere ältere Beschäftigte benötigen in der Regel eine höhere Beleuchtungsstärke am Bildschirmarbeitsplatz. Es wird empfohlen, dies im Beleuchtungskonzept zu berücksichtigten, z. B. durch eine arbeitsflächenbezogene Beleuchtung mit einer zusätzlichen Arbeitsplatzleuchte oder durch die Bereitstellung von Leuchten mit individueller Anpassungsmöglichkeit.

(3) Bei Arbeiten an Bildschirmgeräten ist für eine geeignete Aufhellung der Raumbegrenzungsflächen zu sorgen. Dies wird durch eine entsprechende Farbgestaltung erreicht.

Hinweis:

An Bildschirmarbeitsplätzen sind Reflexionsgrade ausreichend, wenn sie in den folgenden Bereichen liegen:
1. *Decken: 0,7 bis 0,9,*
2. *Wände: 0,5 bis 0,8,*
3. *Böden: 0,2 bis 0,4.*

(4) Blendung an Bildschirmarbeitsplätzen ist zu vermeiden. Sie kann direkt durch Lichtquellen im Gesichtsfeld oder indirekt durch Spiegelung und Reflexion ausgelöst werden.

(5) Direktblendung durch künstliche Beleuchtung ist zu vermeiden. Dazu müssen Leuchten über eine für den Raum und die Bildschirmarbeit geeignete Blendungsbegrenzung verfügen (siehe Abbildung 9).

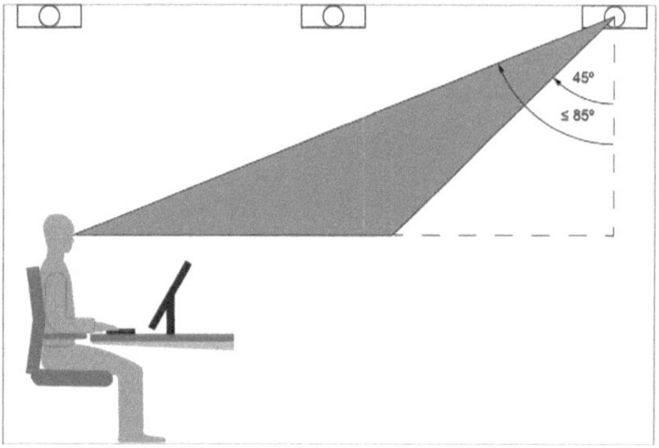

Abb. 9: Kritischer Bereich des Ausstrahlungswinkels einer Leuchte für psychologische Blendung

[1438] Gute Beleuchtung bewirkt, dass Aufgaben leichter, sicherer und effektiver durchgeführt werden können. Gutes Sehen wird durch schnelles Erkennen von Unterschieden in Helligkeit, Farbe und Größe ermöglicht. Arbeitsaufgaben, wie Schreiben und Lesen, werden bei höheren Beleuchtungsstärken meist leichter und schneller gelöst. Die richtige Richtung des Lichtes und die Mischung aus diffusem und gerichtetem Licht unterstützen räumliches Sehen und verhindern Fehleinschätzungen von Entfernungen (s. a. DGUV Information 215-442 „Beleuchtung im Büro" Teil 1: Hilfen für die Planung der künstlichen Beleuchtung in Büroräumen", Teil 2 „Planungsbeispiele", Ausg. 07/2020).

(6) Innerhalb des in der Abbildung 9 grau hinterlegten Ausstrahlungsbereichs ist bei zu hoher Leuchtdichte psychologische Blendung möglich. Dies soll durch Berücksichtigung der oberen UGR-Grenzwerte begrenzt werden. In der Praxis werden zur Planung und Überprüfung die UGR-Tabellen aus den Dokumentationsunterlagen der Leuchtenhersteller verwendet. Für den jeweiligen Leuchtentyp enthalten sie die UGR-Werte einer standardisierten Leuchtenanordnung für unterschiedliche Raumabmessungen, Reflexionsgrade der Raumbegrenzungsflächen und Ausrichtungen der Leuchtenlängsachsen. Beim Einrichten von z. B. Büroarbeitsplätzen eignen sich Leuchten mit einem UGR Wert ≤ 19.

(7) Direktblendung durch Tageslicht kann durch Fensterflächen entstehen, die viel heller als der Bildschirm sind. Ein angemessener Helligkeitsunterschied zwischen Bildschirm und Fensterfläche wird in der Regel erreicht:
1. wenn hinter dem Bildschirm in Blickrichtung keine Fensterfläche sichtbar ist,
2. wenn die Blickrichtung zum Bildschirm parallel zur Fensterfront verläuft,
3. wenn bei Fensteranordnung über Eck die in Blickrichtung hinter dem Bildschirm sichtbaren Fensterflächen über einen blickdicht einstellbaren Blendschutz verfügen.

(8) Indirektblendung an Bildschirmarbeitsplätzen entsteht als Reflexion von Lichtquellen auf dem Bildschirm. Diese kann auch durch hell beleuchtete Flächen bzw. Oberflächen der Arbeitsumgebung entstehen. Zur Vermeidung von Indirektblendung sind:
1. entspiegelte Bildschirme zu verwenden (siehe Abschnitt 6.3.2, Absatz 5),
2. bei künstlicher Beleuchtung Leuchten bzw. Arbeitsplätze möglichst so anzuordnen, dass das Licht von oben schräg seitlich auf den Arbeitsplatz einfällt (siehe Abbildung 10).

Abb. 10: Beispielhafte Anordnung von Leuchten bzw. Arbeitsplätzen für einen geeigneten Lichteinfall am Bildschirmarbeitsplatz

(9) Um störenden Einfall von Tageslicht zu vermeiden, der zu Direkt- oder Indirektblendung am Bildschirmarbeitsplatz führt, sind die betreffenden Fenster und Dachoberlichter mit verstellbaren Blendschutzvorrichtungen auszustatten. Die Blendschutzvorrichtungen müssen so eingestellt werden können, dass die Sichtverbindung nach außen nicht dauerhaft und möglichst nur teilweise unterbrochen wird.

Hinweis:

Eine teilweise Unterbrechung der Sichtverbindung kann z. B. durch Blendschutzvorrichtungen mit verstellbaren Lamellen in Cut-off-Stellung erreicht werden. Hierdurch wird erreicht, dass eine Blendung durch die Sonne vermieden, jedoch eine Sicht nach außen und der Einfall von Tageslicht weiterhin möglich sind. Teildurchsichtige Vorrichtungen, durch welche die Sonne zu erkennen ist, sind allein als Blendschutz ungeeignet. Die Steuerung der Blendschutzvorrichtung sollte arbeitsplatz- oder arbeitsbereichsbezogen vorgenommen werden können.

(10) Flächen, z. B. Wände oder Decken, sowie Oberflächen von Arbeitsmitteln und Mobiliar, z. B. Schränke oder Gehäuse, müssen so beschaffen sein, dass keine störenden Reflexionen auftreten.

(11) Um Spiegelungen zu vermeiden, sollen Flächen im Gesichtsfeld der Beschäftigten, insbesondere Oberflächen von Arbeitsflächen, Schränken oder Unterlagen, matt sein.

(12) In speziellen Anwendungsfällen, z. B. bei Bildschirmarbeit mit hohen Anforderungen an die Farbwiedergabe oder an feine Farb- und Kontrastunterscheidungen, können trotz der Verwendung entspiegelter Displays weitere Maßnahmen zur Vermeidung von Reflexionen auf dem Display notwendig sein. Wenn in Ausnahmefällen nicht entspiegelte Displays erforderlich sind, z. B. bei Tätigkeiten, die eine Beurteilung dunkler Farben erfordern, können ebenfalls weitere Maßnahmen zur Vermeidung von Reflexionen auf dem Display notwendig sein. Maßnahmen zur Vermeidung von Reflexionen auf dem Bildschirm für spezielle Anwendungsund Ausnahmefälle sind z. B.:

1. der Einsatz einer Indirektbeleuchtung,
2. eine Begrenzung des Ausstrahlwinkels der Leuchten, so dass die leuchtende Fläche der Leuchte nicht mehr als Spiegelbild auf der Bildschirmoberfläche zu sehen ist,
3. eine Abschirmung einzelner Bildschirmarbeitsplätze,
4. blickdichte Blendschutzvorrichtungen mit einer geringen Lichtdurchlässigkeit,
5. die Anpassung der Beleuchtungsstärke,
6. die Verwendung von Bildschirmen, die eine hohe Leuchtdichte erzeugen und
7. geringe Reflexionsgrade von Flächen, welche sich im Bildschirm spiegeln.

Hinweis:

Dies kann z. B. Arbeitsplätze in der Film- und Fernsehproduktion, spezielle Bildbearbeitung oder die Softproof-Farbabmusterung in der Druckindustrie betreffen.

6.3.15 Wärmebelastung

Die im Raum eingesetzten Arbeitsmittel dürfen nicht zu einer erhöhten, gesundheitlich unzuträglichen Wärmebelastung führen. Zur Beurteilung der Wärmebelastung siehe ASR A3.5 „Raumtemperatur“, Abschnitt 4.2 Absatz 3.

6.4 Ergänzende Anforderungen an die Gestaltung von Telearbeitsplätzen

Für Telearbeit gelten nach § 1 Absatz 4 ArbStättV folgende Teile der Arbeitsstättenverordnung:

1. Gefährdungsbeurteilung nach § 3 ArbStättV bei der erstmaligen Beurteilung der Arbeitsbedingungen und des Arbeitsplatzes,
2. Unterweisung der Beschäftigten nach § 6 ArbStättV und
3. Anforderungen an Bildschirmarbeitsplätze, Bildschirme und Bildschirmgeräte nach Nummer 6 des Anhangs ArbStättV.[1439]

6.4.1 Ausstattung des Telearbeitsplatzes

(1) Die Ausstattung des Telearbeitsplatzes beinhaltet:
1. Arbeitsmittel (z. B. Bildschirmgeräte) einschließlich Kommunikationseinrichtungen (z. B. Telefon, Internetverbindung),
2. Mobiliar (z. B. Arbeitsstuhl, Arbeitstisch) und
3. geeignete künstliche Beleuchtung.

(2) Die benötigte Ausstattung ist durch den Arbeitgeber oder eine von ihm beauftragte Person bereitzustellen und zu installieren. Wird vom Beschäftigten geeignete Ausstattung freiwillig selbst zur Verfügung gestellt, kann diese für die Einrichtung eines Telearbeitsplatzes genutzt werden. In Bezug auf Arbeitsmittel ist dies nur zulässig, soweit der Arbeitgeber deren Verwendung ausdrücklich gestattet hat (siehe § 5 Absatz 4 BetrSichV).

6.4.2 Vereinbarung zwischen Arbeitgeber und Beschäftigten nach § 2 Absatz 7 ArbStättV

(1) Die Bedingungen der Telearbeit sind arbeitsvertraglich oder im Rahmen einer Vereinbarung festzulegen. Die Vereinbarung kann im Rahmen eines Arbeitsvertrages, einer Betriebs-, Dienst- oder sonstigen Vereinbarung getroffen werden und soll in schriftlicher Form erfolgen.

(2) Inhalte der Vereinbarung müssen mindestens sein:
1. die wöchentliche Arbeitszeit der Telearbeit,
2. der Zeitraum der Telearbeit (mögliche Befristung) und
3. die Bereitstellung von Mobiliar, Arbeitsmitteln und Kommunikationseinrichtungen.

Hinweise:

1. *Darüber hinaus kann die Vereinbarung weitere Regelungen enthalten, z. B. zu Zutrittsrechten, Aufwandsentschädigungen, Haftungsfragen und zum Datenschutz.*
2. *Für Beschäftigte in Telearbeit gelten grundsätzlich alle gesetzlichen, betrieblichen bzw. dienstlichen und individualrechtlichen Regelungen unverändert fort. Bestehende arbeitsrechtliche Vereinbarungen müssen konform zu den Besonderheiten der Telearbeit sein.*

[1439] In Abschn. 6.4 werden erstmals nach der Aufnahme der Telearbeitsplätze in die ArbStättV im Rahmen der 7. Änderung 2016 (s. FN 32) die damit verbundenen Anforderungen in einem Regeltext konkretisiert. Setzt der Arbeitgeber die in Abschn. 6.4 beschriebenen Maßnahmen zur Gestaltung von Telearbeitsplätzen um, so wird davon ausgegangen, dass alle diesbezüglichen Anforderungen der Verordnung erfüllt werden (Vermutungswirkung).

6.4.3 Gefährdungsbeurteilung

(1) Bei der erstmaligen Einrichtung eines Telearbeitsplatzes ist eine Gefährdungsbeurteilung nach § 3 ArbStättV durchzuführen, soweit der Telearbeitsplatz von dem im Betrieb abweicht.

(2) Der Arbeitgeber hat bei der Beurteilung der Gefährdungen an einem Telearbeitsplatz die Eigenart von Telearbeitsplätzen in den Privaträumen der Beschäftigten zu berücksichtigen. Dabei sind auch Arbeitszeit und Arbeitsorganisation der Telearbeit und die damit verbundene psychische Belastung, die z. B. durch soziale Isolation, Lage und Dauer der Arbeits- und Pausenzeiten bzw. Erreichbarkeit entstehen kann, zu berücksichtigen.[1440)]

(3) Der Arbeitgeber hat im Rahmen der Gefährdungsbeurteilung gemäß § 3 ArbStättV sicherzustellen, dass von den Beschäftigten ggf. freiwillig bereitgestellte Arbeitsmittel einschließlich Kommunikationseinrichtungen und des für die Telearbeit genutzten Mobiliar den sicherheitstechnischen und ergonomischen Anforderungen entsprechen.

(4) Die für die Gefährdungsbeurteilung erforderlichen Informationen kann der Arbeitgeber entweder über eine Besichtigung, wenn der Beschäftigte zustimmt, oder über konkrete Erfragung (z. B. mit Fotodokumentation, Skizzen, Checklisten) des Telearbeitsplatzes erhalten. Zutrittsrechte können z. B. im Rahmen der Vereinbarung nach Abschnitt 6.4.2 gestaltet werden.

6.5 Regelmäßige ortsveränderliche Verwendung von tragbaren Bildschirmgeräten[1441)] [1442)]

Hinweis:

Tragbare Bildschirmgeräte sind Arbeitsmittel nach der BetrSichV und müssen die Anforderungen der BetrSichV erfüllen. Diese Vorgaben gelten auch, wenn die Geräte nicht regelmäßig verwendet werden und somit nicht in den Anwendungsbereich der ArbStättV fallen. Die BetrSichV beinhaltet ebenfalls Anforderungen an Softwareergonomie.

1440) Zur Durchführung einer sachgerechten Gefährdungsbeurteilung für den Telearbeitsplatz ist der Arbeitgeber auf Informationen über den Ort der Einrichtung im Privatbereich des Beschäftigten angewiesen. Wegen des in Art. 13 GG formulierten weitreichenden Rechts der Unverletzlichkeit der Wohnung bedarf es einer ausdrücklichen Zustimmung des Beschäftigten, wenn der Arbeitgeber oder eine von ihm damit beauftragte Person die örtlichen Bedingungen durch direkte Inaugenscheinnahme im Rahmen einer Besichtigung erlangen möchte. Eine solche Zustimmung für den Zutritt in definierten Fällen (nach Abstimmung mit dem Beschäftigten) könnte Bestandteil der Vereinbarung zwischen Arbeitgeber und Beschäftigten sein. Hierin könnten auch Zutritte für Wartungs- oder Instandsetzungsarbeiten festgelegt werden. Stimmt der Beschäftigte einem Zutrittsrecht für den Arbeitgeber oder eine von diesem beauftragte Person nicht zu, so muss er die für die Gefährdungsbeurteilung erforderlichen Informationen auf andere Weise zur Verfügung stellen. In Abschn. 6.4 wird hier auf z. B. Fotodokumentationen, die Anfertigung von Skizzen oder das Ausfüllen von Checklisten als Grundlage für eine Befragung verwiesen.

1441) In dem mit der 7. Änderung 2016 (s. FN 32) aufgenommenen Anh. Nr. 6 „Maßnahmen zur Gestaltung von Bildschirmarbeitsplätzen" wurden in Abs. 6.4 erstmals auch Anforderungen an tragbare Bildschirmgeräte für die ortsveränderliche Verwendung an Arbeitsplätzen im Arbeitsstättenrecht formuliert. Diese sind mit der Veröffentlichung der ASR A6 so konkretisiert worden, dass von ihnen die Vermutungswirkung ausgeht.

6.5.1 Allgemeine Anforderungen

(1) Größe, Form und Gewicht tragbarer Bildschirmgeräte müssen der Arbeitsaufgabe und den Arbeitsumgebungsbedingungen entsprechend angemessen gestaltet sein.[1443] Tragbare Bildschirmgeräte können bei der Nutzung abgelegt oder getragen werden. Im Ergebnis einer Gefährdungsbeurteilung sind erforderlichenfalls Halte- und Tragevorrichtungen vom Arbeitgeber zur Verfügung zu stellen.[1444]

(2) Um negative Beanspruchungsfolgen zu vermeiden, dürfen tragbare Bildschirmgeräte ohne Trennung zwischen Bildschirm und externem Eingabemittel (wie separater Tastatur oder Maus) oder mit Eingabe direkt auf dem Bildschirm (mit Bildschirmtastatur, z. B. bei Tablets, Convertibles) nur an Arbeitsplätzen betrieben werden, an denen die Geräte nur kurzzeitig verwendet werden (z. B. Notebook in einer Besprechung) oder an denen die Ar-

---

[1442] Nach § 1 Abs. 5 Nr. 2 gilt die ArbStättV nicht für tragbare Bildschirmgeräte für die ortsveränderliche Verwendung, die nicht regelmäßig an einem Arbeitsplatz verwendet werden. Als Kriterium hierfür wird in der ASR A6 die Nutzungsdauer herangezogen (s. a. Schmauder M.: Die neue ASR A6 Bildschirmarbeit, sicher ist sicher, 10–24, S. 434 ff.). Bei der regelmäßigen ortsveränderlichen Verwendung von Bildschirmgeräten handelt es sich um eine Tätigkeit in einer Arbeitsstätte, bei der für die Arbeiten ein tragbares Bildschirmgerät benötigt wird und dessen Nutzungsdauer am jeweiligen Arbeitsplatz ein festgelegtes Maß überschreitet. Diese Nutzungsdauer beträgt bei handgehaltener Verwendung mehr als eine Stunde pro Tag, bei z. B. auf einer Arbeitsfläche abgelegter Verwendung mehr als zwei Stunden ohne Unterbrechungen oder mehr als drei Stunden mit Unterbrechungen am jeweiligen Arbeitstag. Dies gilt unabhängig davon, an wie vielen Tagen in der Woche eine solche Nutzung erfolgt. Bei der Ermittlung der Nutzungsdauer der handgehaltenen Verwendung tragbarer Geräte können Nutzungen von bis zu 5 Minuten Dauer vernachlässigt werden, sofern anschließend eine Tätigkeit mit einer anderen Belastung folgt, deren Dauer die der vorangegangenen handgehaltenen Nutzung übersteigt. Bei kopf- bzw. körpergetragener Verwendung (z. B. von Datenbrillen) gilt die ASR A6 hingegen immer (s. a. Abschn. 3.10 und Erläuterungen in FN 1384 ff.).

[1443] Das Angebot an tragbaren Bildschirmgeräten ist groß. Es reicht von Notebooks, Netbooks, Tablets, Smartphones, Handhelds (etwa mobile Datenerfassungsgeräte, z. B. in der Logistik), mobile Messgeräte, Virtual Reality (VR, bezeichnet eine durch einen Computer erzeugte Umgebung, in der sich der Nutzer mithilfe von technischen Hilfsmitteln aufhalten und bewegen kann), Augmented Reality (AR, Integration digitaler Informationen in Echtzeit in die Umgebung des Nutzers. Die Auswahl der Art und Ausstattung von tragbaren Bildschirmgeräten für den Einsatz am Arbeitsplatz muss sich hinsichtlich der Prozessorgeschwindigkeit, der Bildschirmgröße, der Bildschirmauflösung, der Festplattenkapazität, der Art und der Anzahl der Schnittstellen an den zu bearbeitenden Aufgaben orientieren. Dies gilt für die Größe des Bildschirms ebenso wie für das Gewicht des Notebooks. Displaygrößen von 10 Zoll sollen für Arbeitsaufgaben nicht unterschritten werden. Wo immer möglich, sind Bildschirme von 12 Zoll und größer zu nutzen. Insbesondere für längere Tätigkeiten mit Lesen am Bildschirm und Tastatureingaben sind Bildschirmgrößen ab 15 Zoll erforderlich.

[1444] Kleine Geräte wie Tablett-PCs, Convertibles oder Subnotebooks sind wegen der kleinen, oft nicht entspiegelten Bildschirmanzeige und der kleinen bzw. virtuellen Tastatur für Bürotätigkeiten nur sehr eingeschränkt und nicht für einen ganzen Arbeitstag geeignet. Für alle gängigen Büroanwendungen (z. B. Textverarbeitung) soll die Bildschirmdiagonale im Seitenverhältnis von 4:3 optimal 17 Zoll betragen, 19 Zoll bei einem Seitenverhältnis von 16:9. Mit Blick auf den Transport sollen ortsveränderlich eingesetzte Bildschirmgeräte ein Gesamtgewicht von 2 kg nicht überschreiten. Ein statisches Halten über längere Zeit von tragbaren Bildschirmgeräten mit einem Gesamtgewicht über 1 kg ist zu vermeiden. Tragevorrichtungen müssen für Geräte vorhanden sein, wenn sie mehr als 1 kg wiegen und tatsächlich auch körpergetragen, also ohne Ablegen auf Oberflächen, genutzt werden müssen. Sie sollen für eine ergonomische Nutzung eine gleichmäßige Gewichtsverteilung am Körper ermöglichen und stufenlos einstellbar sein. Bügelsysteme gelten als günstiger als Gurtsysteme.

beitsaufgaben mit keinen anderen Bildschirmgeräten ausgeführt werden können (z. B. Handscanner in der Logistik).[1445)]

(3) Die kurzzeitige Verwendung darf grundsätzlich nur wenige Zeilen umfassende alphanumerische Eingaben oder einzelne Steuerbefehle beinhalten.

(4) Bei umfangreicheren alphanumerischen Eingaben sind tragbare Bildschirmgeräte mit integrierter Tastatur (z. B. Notebook) abgelegt zu nutzen (siehe Abschnitt 6.5.2).

Hinweise:

1. *Unter integrierter Tastatur ist eine hardwareseitige Integration in das Gerät zu verstehen. Die Eingabe direkt auf dem Bildschirm (Bildschirmtastatur) zählt nicht dazu.*
2. *Durch die Verwendung einer separaten Tastatur kann eine räumliche Trennung von Tastatur und Bildschirm und dadurch eine neutrale Körperhaltung bei angemessenem Sehabstand erreicht werden.*

(5) Die Bildschirmgröße von tragbaren Bildschirmgeräten mit integrierter Tastatur ist entsprechend der Arbeitsaufgabe auszuwählen.

Hinweise:

1. *Für einen Sehabstand von z. B. 500 mm ist eine Zeichenhöhe von mindestens 3,2 mm zu empfehlen (siehe Abschnitt 6.1.3).*
2. *Bei umfangreicheren Texteingaben oder Tabellenkalkulationen werden Geräte mit einer Bildschirmdiagonale von mindestens 15 Zoll (381 mm) empfohlen.*

(6) Bildschirmgeräte mit Eingabe direkt auf dem Bildschirm, Bildschirmtastatur (z. B. bei Tablets, Convertibles) dürfen grundsätzlich nicht für umfangreiche alphanumerische Eingaben verwendet werden. Hierfür ist eine separate Tastatur gemäß Abschnitt 6.3.5 oder ein externes Eingabemittel (z. B. Griffel oder Stift für handschriftliche Eingaben) einzusetzen. Ausnahmen bestehen lediglich für Arbeitsplätze, an denen die Arbeitsaufgaben mit keinen anderen Bildschirmgeräten ausgeführt werden können.

Hinweis:

Durch die Verwendung einer separaten Tastatur kann eine räumliche Trennung von Tastatur und Bildschirm und dadurch eine neutrale Körperhaltung bei angemessenem Sehabstand erreicht werden.

[1445)] Ein ergonomisches Arbeiten ist wegen des ungünstigen Verhältnisses von Sehabstand und Zeichengröße mit tragbaren Bildschirmgeräten ohne Trennung zwischen Bildschirm und externem Eingabemittel nachweisbar nicht möglich (s. a. Miesner J., Schmauder M.: Beurteilung der Arbeit mit tragbaren Bildschirmgeräten, Zeitschrift ASU – Arbeitsmedizin, Sozialmedizin, Umweltmedizin, 55, 08-2000, S. 466–469). Gleiches gilt für Geräte, bei denen die Eingabe direkt auf dem Bildschirm (mit Bildschirmtastatur, z. B. bei Tablets, Convertibles) erfolgt. Folgerichtig muss deren Einsatz im beruflichen Kontext auf kurzzeitige Anwendungen beschränkt werden. Eine kurzzeitige Verwendung darf grundsätzlich nur wenige Zeilen umfassende alphanumerische Eingaben oder einzelne Steuerbefehle beinhalten. Dies kann z. B. eine kurze Reaktion auf eine E-Mail in einer Sitzung sein. Nicht zulässig ist die Eingabe längerer Texte mittels integrierter Tastatur. Eine Ausnahme von dieser Beschränkung besteht nur für Arbeitsaufgaben, die nachweislich mit keinen anderen Bildschirmgeräten ausgeführt werden können (z. B. Handscanner in der Logistik).

(7) Die Leuchtdichte des Bildschirms tragbarer Bildschirmgeräte muss ausreichend bemessen und über die Helligkeitseinstellung an die Arbeitsumgebungsbedingungen anpassbar sein. Der Kontrast der Text- und Grafikdarstellungen auf dem Bildschirm muss von den Beschäftigten einfach eingestellt werden können.

(8) Soweit die tragbaren Bildschirmgeräte bei Tätigkeiten im Freien verwendet werden, muss die Leuchtdichte des Bildschirms mindestens 400 cd/m^2 betragen.

Hinweis:

Beim Einsatz unter ungünstigen Umgebungsbedingungen, z. B. starken Vibrationen, extremen Temperaturen und Nässe, sollten entsprechend robuste Bildschirmgeräte verwendet werden, die z. B. explosionsgeschützt, wasserdicht, staubgeschützt, hitze- bzw. kältebeständig und gut zu reinigen sind.

(9) Bedingt die Tätigkeit der Beschäftigten das Tragen von Schutzkleidung (z. B. Handschuhe, Kopfbedeckung), ist dies bei der Auswahl und Verwendung von Bildschirmgeräten zu berücksichtigen.

(10) Alternative Eingabemittel sind unter Berücksichtigung der Arbeitsaufgabe, Software und Arbeitsumgebungsbedingungen auszuwählen. Alternative Eingabemittel dürfen zu keiner erhöhten Belastung der Beschäftigten führen.

Hinweise:

1. *Für Freihandeingaben sowie zum schnellen Zeigen, Ziehen und Auswählen kann der Einsatz von Touchscreens ggf. mit Stift günstig sein.*
2. *Spracheingabe oder Gestensteuerung können beim Einsatz tragbarer Bildschirmgeräte zum Einsatz kommen, sofern die Arbeitsaufgabe eine freihändige bzw. berührungslose Benutzung des Gerätes ermöglicht.*

(11) Alternative Eingabemittel für tragbare Bildschirmgeräte müssen:
1. erwartungskonform, zuverlässig und störungsfrei funktionieren,
2. effektiv und effizient funktionieren,
3. gegen unbeabsichtigte Eingaben geschützt sein,
4. ohne übermäßige Abweichung von der neutralen Körperhaltung benutzbar sein und
5. konsistent funktionieren, d. h. sichere Rückmeldungen über erfolgreiche Eingaben abgeben (unmittelbar wahrnehmbar, leicht verständlich).

(12) Das Gewicht tragbarer Bildschirmgeräte mit Tastatur ist möglichst gering zu halten, es soll 2,0 kg nicht überschreiten.

Hinweis:

Für besondere Anwendungsfälle können tragbare Bildschirmgeräte mit höherem Gewicht notwendig sein.

6.5.2 Anforderungen an tragbare Bildschirmgeräte, die abgelegt genutzt werden

(1) Bei umfangreichen alphanumerischen Eingaben sind die tragbaren Bildschirmgeräte mit einer Trennung zwischen Bildschirm und externen Eingabemitteln (z. B. separater Tastatur

und Maus) zu betreiben. Im Rahmen der Gefährdungsbeurteilung ist zu prüfen, ob der entsprechende Arbeitsplatz so eingerichtet werden kann, dass eine unmittelbare Nutzung als Bildschirmarbeitsplatz möglich ist und die Anforderungen des Abschnittes 6.3 für ortsgebundene Verwendung eingehalten werden können.

(2) Auch bei ortsgebundener Verwendung tragbarer Bildschirmgeräte an Arbeitsplätzen gelten die Anforderungen der Abschnitte 6.1 und 6.2.

(3) Ausnahmen von Absatz 1 bestehen lediglich für Arbeitsplätze, an denen die Arbeitsaufgaben mit keinen anderen Bildschirmgeräten ausgeführt werden können.

(4) Tragbare Bildschirmgeräte, die abgelegt auf einer Arbeitsfläche verwendet werden, müssen so betrieben werden, dass der Beschäftigte nicht geblendet wird und der Bildschirm frei von störenden Reflexionen ist. Geräte mit entspiegeltem Bildschirm sind gegenüber dem Einsatz von Entspiegelungsfolien vorzuziehen.[1446)]

6.5.3 Anforderungen an tragbare Bildschirmgeräte, die handgehalten genutzt werden

(1) Handgehaltene Bildschirmgeräte müssen so gestaltet sein, dass sie körpernah gehalten und getragen werden können.

(2) Das Gewicht tragbarer Bildschirmgeräte (z. B. Tablets und Handscanner), die mitgeführt und handgehalten genutzt werden, soll möglichst gering sein und 0,5 kg nicht überschreiten.

Hinweis:

Für besondere Anwendungsfälle können tragbare Bildschirmgeräte mit höherem Gewicht notwendig sein.

(3) Für tragbare Bildschirmgeräte, die handgehalten genutzt werden (z. B. Scanner im Logistikbereich oder Handterminals in der Gastronomie), sind unter Beachtung des Sehabstands Zeichenhöhen entsprechend Abbildung 1 erforderlich. Für solche handgehaltenen Geräte können Sehabstände zwischen 300 mm und 600 mm zur Bewertung herangezogen werden (siehe Abschnitt 6.1.3).

(4) Die Bildschirmgeräte müssen mit Eingabemitteln ausgestattet sein, die zuverlässig Eingaben ermöglichen. Dies kann durch Eingabehilfsmittel (z. B. Eingabestift) unterstützt werden. Die Eingaben sollen fehlertolerant erfolgen können.

1446) Bei der abgelegten Nutzung tragbarer Bildschirmgeräte auf einer Arbeitsfläche ist es von hoher Bedeutung, störende Reflexionen auf dem Bildschirm soweit möglich auszuschließen. Hierzu ist darauf zu achten, dass vorzugsweise Geräte mit entspiegeltem Bildschirm zum Einsatz kommen. Bei einer Entspiegelungsfolie handelt es sich um eine extrem dünne Kunststofffolie, die matt ist und in einem speziellen Verfahren hergestellt wird. Die Folie wird mittels elektrostatischer Anziehung auf dem Display befestigt und macht die ursprünglich glatte und spiegelnde Oberfläche des Displays matt und entspiegelt sie. Nachteil solcher Entspiegelungsfolien ist, dass sie die Leuchtdichte und den Kontrast mindern. Sie sind deshalb nicht vorrangig zu verwenden.

Hinweis:

Bei der Bedienung der Bildschirmtastatur mit dem Daumen arbeitet das Daumengrundgelenk mit hoher Frequenz in Gelenkendstellungen. Die Nutzung von Bildschirmgeräten mittlerer Größe ermöglicht die Eingabe mit beiden Daumen, wodurch diese Belastung deutlich reduziert werden kann.

(5) Bei umfangreichen alphanumerischen Eingaben sind handgehaltene Bildschirmgeräte – soweit technisch möglich – mit einer Trennung zwischen Bildschirm und externem Eingabemittel (z. B. Stift) auszurüsten.[1447)] Im Rahmen der Gefährdungsbeurteilung ist zu prüfen, ob der entsprechende Arbeitsplatz so eingerichtet werden kann, dass eine unmittelbare Nutzung als Bildschirmarbeitsplatz möglich ist und die Anforderungen des Abschnitts 6.3 für ortsgebundene Verwendung eingehalten werden können.

(6) Auch bei ortsgebundener Verwendung tragbarer Bildschirmgeräte an Arbeitsplätzen gelten die Anforderungen der Abschnitte 6.1 und 6.2.

(7) Die handgehalten verwendeten Bildschirmgeräte müssen so betrieben werden, dass der Beschäftigte nicht geblendet wird und der Bildschirm frei von störenden Reflexionen ist. Geräte mit entspiegeltem Bildschirm sind gegenüber dem Einsatz von Entspiegelungsfolien vorzuziehen.

6.5.4 Anforderungen an tragbare Bildschirmgeräte, die körpergetragen genutzt werden

(1) Tragbare Bildschirmgeräte, die mehr als 1 kg wiegen und körpergetragen genutzt werden müssen, dürfen nicht ohne Tragevorrichtung verwendet werden (z. B. Notebooks). Tragevorrichtungen sollen folgende Eigenschaften aufweisen:

1. gleichmäßige Gewichtsverteilung, z. B. durch Abstützung auf Schultern, Bauch und Hüfte und
2. stufenlose Einstellbarkeit der Tragevorrichtung, um eine Anpassung an die individuellen Körpermaße und ergonomisches Tragen zu gewährleisten.

Hinweise:

1. *Handgehaltene Geräte gelten nicht als körpergetragen.*
2. *Bügelsysteme besitzen im Vergleich zu Gurthalterungen zumeist einen größeren Tragekomfort. Beide Systeme ermöglichen das Variieren des Sehabstandes und der Kopfneigung sowie eine gute Bedienbarkeit.*

(2) Körpergetragene Bildschirmgeräte in Tragevorrichtungen dürfen nicht für Büroarbeiten und vergleichbare Tätigkeiten eingesetzt werden.

(3) Die Arbeit mit körpergetragenen Bildschirmgeräten in Tragevorrichtungen ist so zu organisieren, dass sie für umfangreiche alphanumerische Eingaben abgelegt genutzt werden.

1447) Für die Eingabe von längeren Texten soll bei handgehaltener Nutzung nach Möglichkeit ein externes Eingabemittel wie z. B. ein Stift eingesetzt werden. Damit kann einer Überlastung der Finger- und Daumengelenke vorgebeugt werden. Bezüglich der eingesetzten Software ist insbesondere auf die Fehlertoleranz der Eingabe zu achten.

(4) Die Bildschirmgröße von körpergetragenen Bildschirmgeräten mit Tastatur in Tragevorrichtungen ist auf die Arbeitsaufgabe abzustimmen. Die erforderliche Mindestzeichenhöhe der Anzeige dieser Bildschirmgeräte richtet sich nach dem Sehabstand und beträgt z. B. 3,2 mm bei einem Sehabstand von 500 mm (siehe Tabelle 1 in Abschnitt 6.1.3).

Hinweis:

Es wird empfohlen, eine Bildschirmdiagonale von 10 Zoll (254 mm) nicht zu unterschreiten.

(5) Ein körpergetragenes Bildschirmgerät darf die Sicht auf den nahen Bewegungsbereich nicht verdecken. Zum Fortbewegen muss es vorübergehend aus dem Blickfeld herausgenommen werden können (z. B. durch Wegklappen).

6.5.5 Anforderungen an tragbare Bildschirmgeräte, die kopfgetragen genutzt werden

(1) Die Passform kopfgetragener Bildschirmgeräte ist auf die Benutzer abzustimmen und soll individualisiert werden können (z. B. für Augmented Reality (AR)-Brillen: Nasenbeinauflage, Bügelknick, einstellbare Platzierung der Anzeige zum Auge; für Virtual Reality (VR)-Brillen: Passung der Auflagefläche für Gesichtsform, Einstellung für den Augenabstand). Die tägliche Tragedauer ist mittels Gefährdungsbeurteilung zu ermitteln und entsprechend den Herstellerangaben zu begrenzen.

(2) Kopfgetragene Bildschirmgeräte müssen über folgende Eigenschaften verfügen:

1. das Gesamtgewicht muss möglichst gering und auf dem Kopf ausgeglichen verteilt sein,
2. eine natürliche Kopfhaltung und Kopfbewegung dürfen nicht beeinträchtigt werden und
3. das kopfgetragene Bildschirmgerät (z. B. AR- oder VR-Brille) muss beim Tragen während der Aufgabenbearbeitung gegen Herabfallen gesichert sein.

(3) Bei AR-Brillen sind Reflexionen und Blendung durch geeignete Maßnahmen zu vermeiden (z. B. Abschattung). Informationen müssen auf dem Bildschirm so dargestellt werden, dass sie sich an die wechselnden Arbeitsumgebungsbedingungen (z. B. variierende Hintergründe) anpassen oder daran ausrichten lassen. Hierzu muss an AR-Brillen ein ausreichend hoher Kontrast einstellbar sein.

(4) Eine Wärmeableitung weg vom Kopf nach außen muss gewährleistet werden, um einen Wärmestau zu vermeiden. Es darf keine unangenehme Kontakttemperatur vorhanden sein.

(5) Wesentliche Basisfunktionen für die Steuerung von kopfgetragenen Bildschirmgeräten (z. B. „an“, „aus“, „bestätigen“) sollen auch über Tasteneingaben möglich sein. Texteingaben sind zu vermeiden.

Hinweis:

Da an kopfgetragenen Bildschirmgeräten eine externe Tastatur fehlt, ist die Eingabe von Texten nur durch alternative Eingabeformen (z. B. Spracheingabe, Gestensteuerung) möglich.

(6) Das Erkennen von Gefahrensituationen und Gefahrenbereichen muss beim Benutzen kopfgetragener Bildschirmgeräte stets gewährleistet sein. Durch die Benutzung von kopfgetragenen Bildschirmgeräten dürfen keine Unfallgefahren, z. B. durch ein eingeschränktes Sichtfeld, entstehen.

(7) Ein kopfgetragenes Bildschirmgerät darf die Sicht auf den nahen Bewegungsbereich nicht verdecken, dazu muss es erforderlichenfalls aus dem Sichtfeld herausgenommen werden können (z. B. durch Wegklappen).

(8) Die Benutzung eines kopfgetragenen Bildschirmgeräts muss auch in Kombination mit Sehhilfen (z. B. Kontaktlinsen, Brillen) möglich sein.

Anhang Empfehlungen für Arbeitsstühle

Bildschirmarbeit kann ganz oder teilweise im Sitzen verrichtet werden. Für die Ausstattung der Arbeitsplätze werden Arbeitsstühle empfohlen, welche sich auf die Körpermaße der Beschäftigten einstellen lassen und somit ergonomisch günstige Arbeitshaltungen ermöglichen. Folgende in Tabelle 3 aufgeführte Maße werden empfohlen.

Tab. 3: Maßempfehlungen für Arbeitsstühle (Quelle: DGUV Regel 115-401)

Anforderung	Ausprägung
Sitzhöhe	< 400 mm bis 530 mm
Verstellbereich Sitzhöhe	> 120 mm
Sitztiefe	370 mm bis 470 mm
Sitzbreite	> 450 mm
Lordosenstütze	Abstützpunkt verstellbar im Bereich 170 mm bis 230 mm über Sitzfläche
Oberkante der Rückenlehne über der Sitzfläche	> 450 mm
Rückenlehnenbreite	> 400 mm
Rückenlehnenneigung	verstellbar, mehr als 15°

Hinweis:

Die Veränderungen der Körpermaße und -proportionen durch den demografischen Wandel sind bei den empfohlenen Maßen berücksichtigt und gehen über die Anforderungen in der DIN EN 1335-1:2020-07 hinaus.

Literaturhinweise

Technische Regeln und Empfehlungen

ASR V3	Gefährdungsbeurteilung
ASR V3a.2	Barrierefreie Gestaltung von Arbeitsstätten
ASR A1.2	Raumabmessungen und Bewegungsflächen
ASR A3.4	Beleuchtung und Sichtverbindung
ASR A3.5	Raumtemperatur
ASR A3.6	Lüftung
ASR A3.7	Lärm
TRBS 1151	Gefährdungen an der Schnittstelle Mensch – Arbeitsmittel – Ergonomische und menschliche Faktoren, Arbeitssystem –
EmpfBS 1113	Beschaffung von Arbeitsmitteln

Regeln und Informationen der Unfallversicherungsträger

DGUV Regel 115-401	Branche Bürobetriebe (Stand Mai 2018)
DGUV Information 215-410	Bildschirm- und Büroarbeitsplätze – Leitfaden für die Gestaltung (Stand Juli 2019)
DGUV Information 215-450	Softwareergonomie (Stand April 2021)
VBG-Fachwissen	Alternative Eingabemittel an Bildschirmarbeitsplätzen (Stand: Juli 2022)

Im Text aufgeführte Normen

DIN EN 527-1:2011-08	Büromöbel – Büro-Arbeitstische – Teil 1: Maße
DIN EN 1335-1:2020-07	Büromöbel – Büro-Arbeitsstuhl – Teil 1: Maße – Bestimmung der Maße
DIN EN ISO 9241-303:2012-03	Ergonomie der Mensch-System-Interaktion – Teil 303: Anforderungen an elektronische optische Anzeigen
DIN EN ISO 9241-410:2012-12	Ergonomie der Mensch-System-Interaktion – Teil 410: Gestaltungskriterien für physikalische Eingabegeräte

Empfehlungen des Ausschusses für Arbeitsstätten (ASTA) zur Abgrenzung von mobiler Arbeit und Telearbeitsplätzen gemäß Definition in § 2 Absatz 7 ArbStättV vom 30. November 2016, BGBl. I S. 2681[1448) 1449) 1450)]

Beschluss des ASTA vom 7.11.2017

Bekannt gemacht im Auftrag des Bundesministeriums für Arbeit und Soziales (BMAS)

Nach § 2 Absatz 7 ArbStättV sind Telearbeitsplätze vom Arbeitgeber fest eingerichtete Bildschirmarbeitsplätze im Privatbereich der Beschäftigten, für die der Arbeitgeber eine mit den Beschäftigten vereinbarte wöchentliche Arbeitszeit und die Dauer der Einrichtung festgelegt hat. Zudem müssen die Bedingungen der Telearbeit arbeitsvertraglich oder im Rahmen einer Vereinbarung festgelegt werden und die benötigte Ausstattung des Telearbeitsplatzes mit Mobiliar, Arbeitsmitteln einschließlich der Kommunikationseinrichtungen muss durch den Arbeitgeber oder eine von ihm beauftragte Person im Privatbereich des Beschäftigten bereitgestellt und installiert sein.

Andere flexible Arbeitsformen der beruflich bedingten „mobilen Arbeit", wie z. B. eine sporadische, nicht einen ganzen Arbeitstag umfassende Arbeit mit einem PC oder einem tragbaren Bildschirmgerät (z. B. Laptop, Tablet) im Wohnbereich des Beschäftigten oder das Arbeiten mit Laptop im Zug oder an einem auswärtigem Ort im Rahmen einer Dienstreise fallen nicht unter den Anwendungsbereich der ArbStättV für Telearbeitsplätze.

Frage:

- Welche arbeitsschutzrechtlichen Regelungen gelten für beruflich bedingte „mobile Arbeit unter Nutzung von Bildschirmgeräten", die wie ausgesagt nicht der Definition des Telearbeitsplatzes gemäß § 2 Absatz 7 Arbeitsstättenverordnung unterliegt?

1448) In § 2 Abs. 5 u. 6 sind mit der siebten Änderung der ArbStättV (s. FN 32) die Begriffsbestimmungen für Bildschirmarbeitsplätze und Bildschirmgeräte eingeführt worden. Danach umfasst der Begriff Bildschirmarbeitsplätze i. S. d. ArbStättV ausschließlich in Arbeitsräumen dauerhaft mit nach § 2 Abs. 6 definierten Bildschirmgeräten ausgerüstete Arbeitsplätze. Konkrete Anforderungen an Bildschirmarbeitsplätze und Bildschirmgeräte sind in Anh. Nr. 6 der Verordnung beschrieben. In § 2 Abs. 7 wird mit der Definition des Telearbeitsplatzes klargestellt, dass beruflich bedingte Formen mobiler Arbeit vom Anwendungsbereich der ArbStättV ausgenommen sind. Sie gilt somit nicht für Arbeiten mit dem Laptop oder Smartphone an anderen Orten, etwa bei Dienstreisen oder unterwegs in Transportmitteln. Auch für zeitweiliges Arbeiten im Wohnbereich (oft so genanntes Homeoffice) ohne Erfüllung der Voraussetzungen für einen Telearbeitsplatz sind die Bestimmungen der ArbStättV nicht anwendbar.

1449) Mit diesem Beschluss des Ausschusses für Arbeitsstätten vom 7.11.2017 und dessen Bekanntmachung durch das BMAS im Gemeinsamen Ministerialblatt wird eine nach mehrheitlich-fachmännischer Richtigkeitsüberzeugung erarbeitete allgemein anerkannte, handhabbare Praxisempfehlung geliefert. Die Empfehlungen benennen die für den Anwendungsfall geltenden arbeitsschutzrechtlichen Regelungen.

1450) Zwar entfalten diese Empfehlungen keine Vermutungswirkung wie die Technischen Regeln für Arbeitsstätten. Die Anwendung bzw. Inbezugnahme dieser Empfehlungen gewährleistet jedoch ein hohes Maß des Vertrauens auf fachliche Richtigkeit. Dies ist allein dadurch gegeben, dass dieser Beschluss durch den ASTA erarbeitet wurde. In ihm sind führende Fachleute der für das Fachgebiet maßgeblichen Institutionen Deutschlands, auch die Arbeitgeber- und Arbeitnehmerseite, mit paritätischem Stimmrecht vertreten. Es darf deshalb darauf vertraut werden, dass diese Empfehlungen hinsichtlich ihrer wissenschaftlichen Begründung, der behördlichen und unfallversicherungsrechtlichen Bewertung sowie der mit diesem Beschluss in sich harmonisierten Bewertung der Sozialpartner einen breiten, allgemein anerkannten Konsens liefern. Insoweit bergen diese Empfehlungen auch einen besonderen arbeitsschutzrechtlichen Wirkungsmechanismus in sich.

Antwort:

- Für die „mobile Arbeit unter Nutzung von Bildschirmgeräten" gelten unverändert das Arbeitsschutzgesetz und das Arbeitszeitgesetz.[1451) 1452) 1453)]
- Vereinbart der Arbeitgeber mit seinen Beschäftigten diese Arbeitsform, muss er nach dem Arbeitsschutzgesetz ebenso wie für feste Arbeitsplätze in einem Betrieb eine Gefährdungsbeurteilung durchführen, hieraus abgeleitet Arbeitsschutzmaßnahmen festlegen und die Wirksamkeit der festgelegten Maßnahmen überprüfen sowie ggf. die Maßnahmen anpassen.
- Gefährdungen für die Sicherheit und Gesundheit der Beschäftigten können sich bei der Umsetzung von Formen „mobiler Arbeit unter Nutzung von Bildschirmgeräten" insbesondere ergeben aus der Gestaltung, der Auswahl und dem Einsatz von Arbeitsmitteln – wozu das Bildschirmgerät im Sinne der Definition in § 2 Absatz 6 ArbStättV zählt –, aus der Gestaltung von Arbeitsabläufen und der Arbeitszeit und deren Zusammenwirken, aus einer unzureichenden Qualifikation und Unterweisung der Beschäftigten und aus möglichen psychischen Belastungen bei der Arbeit.
- Anforderungen in Bezug auf Bildschirmarbeit und Bildschirmgeräte gemäß Anhang 6 der ArbStättV sowie dem für Bildschirmarbeit zu berücksichtigenden Stand der Technik können Arbeitgeber soweit anwendbar bei der Gefährdungsbeurteilung auf die „mobile Arbeit unter Nutzung von Bildschirmgeräten" übertragen. Der Ausschuss für Arbeitsstätten wird in absehbarer Zeit Regeln in Bezug auf Bildschirmarbeit und Bildschirmgeräte gemäß Anhang 6 der ArbStättV erarbeiten.[1454)]
- Die Vorschriften des Arbeitszeitgesetzes zur Gewährung von Pausen sowie zur Einhaltung von Höchstarbeitszeiten und Mindestruhezeiten sowie zum Sonn- und Feiertagsschutz sind einzuhalten. Die Arbeitgeber sind angehalten, für ihre Betriebe spezifische Regelungen zur Nutzung mobiler Kommunikationsendgeräte sowie zur Vermeidung von Stressoren wie ständige Erreichbarkeit der Beschäftigten zu treffen.

1451) ArbSchG und ArbZG gelten für alle Beschäftigten, lediglich für leitende Angestellte liefert das ArbZG Einschränkungen. Insbesondere die Maßgaben zu Höchstarbeitsgrenzen, Mindestruhezeit und zum Sonn- und Feiertagsschutz sind einzuhalten.

1452) Das ArbSchG gilt ohne Einschränkungen. Die grundlegenden Maßgaben des Arbeitsschutzrechts gelten demnach für alle Beschäftigten, unabhängig vom Arbeitsort, also auch bei mobiler Tätigkeit unter Nutzung von Bildschirmgeräten, die nicht der Definition des Telearbeitsplatzes gem. § 2 Abs. 7 ArbStättV unterliegen.

1453) Ebenso gilt die BetrSichV als einschlägige Vorschrift für die Verwendung des Arbeitsmittels Bildschirm unabhängig vom Ort der Verrichtung einer Arbeitsaufgabe und ist somit auch für mobile Bildschirmarbeit außerhalb von Arbeitsstätten zu berücksichtigen.

1454) Zwischenzeitlich wurde die ASR A6 „Bildschirmarbeit" (s. S. 586 ff.) im Jahr 2024 veröffentlicht. Sie konkretisiert die Anforderungen in Anh. Nr. 6 ArbStättV und gilt uneingeschränkt für die ortsgebundene Verwendung von Bildschirmgeräten, einschließlich tragbarer Bildschirmgeräte, an Arbeitsplätzen in Arbeitsstätten (Bildschirmarbeitsplätze) sowie an Telearbeitsplätzen und für die regelmäßige ortsveränderliche Verwendung tragbarer Bildschirmgeräte innerhalb von Arbeitsstätten. Die ASR A6 gilt somit nicht für die mobile Bildschirmarbeit außerhalb des Geltungsbereiches der Arbeitsstättenverordnung. Dazu zählen z. B. die häufig als „Homeoffice" bezeichneten Tätigkeiten, die dauerhaft oder zeitweise mit einem Bildschirmgerät im Privatbereich des Beschäftigten verrichtet werden und für die vom Arbeitgeber kein Telearbeitsplatz im Sinne von § 2 Abs. 7 ArbStättV eingerichtet wurde. Gleichwohl sollten auch für derartige „Homeoffice-Arbeitsplätze" die konkretisierenden Inhalte der ASR A6 gestaltungsleitend sein. Keine Anwendung findet die ASR A6 auf die Verrichtung von Tätigkeiten mit einem mobilen Bildschirmgerät an anderer Stelle außerhalb einer Arbeitsstätte, also z. B. während der Reise, in einem Hotel, einem Restaurant, beim Kunden oder z. B. der Paketzustellung.

Frage:

- Lässt die Definition in § 2 Absatz 7 für den Telearbeitsplatz weiterhin eine Nutzung der vom Beschäftigten zur Verfügung gestellten Arbeitsmittel zu, wenn eine solche Nutzung für dienstliche Zwecke im gegenseitigen Einvernehmen zwischen Beschäftigten und Arbeitgeber vereinbart ist?

Antwort:

- Ja. In der Begriffsbestimmung – § 2 Absatz 7 der ArbStättV – ist zur Einrichtung des Telearbeitsplatzes festgelegt, dass „benötigte" Ausstattung durch den Arbeitgeber oder eine von ihm beauftragte Person bereitgestellt und installiert ist. Freiwillig vom Beschäftigten bereits zur Verfügung gestellte bzw. bereits vorhandene Ausstattungen – häufig sind dies z. B. ein Arbeitsstuhl oder ein Schreibtisch – können für die Einrichtung eines Telearbeitsplatzes genutzt werden. Die Einrichtung von Telearbeitsplätzen im Privatbereich der Beschäftigten durch den Arbeitgeber mit dem erforderlichen Mobiliar, Arbeitsmitteln einschließlich der Kommunikationseinrichtungen ist einvernehmlich mit dem Beschäftigten zu klären und festzuhalten. Hierzu zählen insbesondere Fragen zur Instandhaltung und Ersatzbeschaffung für privat zur Verfügung gestellte Arbeitsmittel. Voraussetzung dafür ist, dass diese Arbeitsmittel den sicherheitstechnischen und ergonomischen Anforderungen entsprechen und somit sicher und geeignet sind. Dies muss im Rahmen der vom Arbeitgeber oder einer von ihm beauftragten Person durchzuführenden erstmaligen Beurteilung der Arbeitsbedingungen und des Arbeitsplatzes gemäß § 3 ArbStättV (Gefährdungsbeurteilung) bei Neueinrichtung eines Telearbeitsplatzes bewertet und beschieden werden.[1455)] [1456)]

  Hinweis:

  Der Arbeitgeber muss bedenken, dass er nach der Gefährdungsbeurteilung und der Zustimmung für das Betreiben des Telearbeitsplatzes die Verantwortung trägt. Bei einem Arbeitsunfall am Telearbeitsplatz mit z. B. privatem Mobiliar (etwa Bürostuhl) trägt der Arbeitgeber die Verantwortung und seine Unfallversicherung (z. B. Berufsgenossenschaft) muss mögliche Folgekosten tragen. Der Arbeitgeber kann sich später nicht davon distanzieren und auf das private Arbeitsmittel am Arbeitsplatz verweisen.

1455) Mit diesen Maßgaben werden Grundsätze der Beschaffung, Installation, Wartung und ggf. Ersatzbeschaffung benötigter Arbeitsmittel und deren arbeitsschutzgemäße Bewertung im Rahmen der Gefährdungsbeurteilung festgelegt. Neben § 3 ArbStättV (Gefährdungsbeurteilung) gilt auch § 5 ArbSchG, wonach nicht lediglich eine Erstbeurteilung durchzuführen ist, sondern bei sich ändernden Arbeitsbedingungen auch eine Neubewertung dieser Arbeitsbedingungen zu erfolgen hat.

1456) Eine Klarstellung der Frage mit Auslösung der Vermutungswirkung ist in Abschn. 6.4.1 Abs. 2 der 2024 veröffentlichten ASR A6 „Bildschirmarbeit" (s. S. 586 ff.) wie folgt vorgenommen worden: „Wird vom Beschäftigten geeignete Ausstattung freiwillig selbst zur Verfügung gestellt, kann diese für die Einrichtung eines Telearbeitsplatzes genutzt werden. In Bezug auf Arbeitsmittel ist dies nur zulässig, soweit der Arbeitgeber deren Verwendung ausdrücklich gestattet hat (siehe § 5 Absatz 4 BetrSichV)."

Empfehlung zu den Bedingungen für den Einsatz von Feuerlöschsprays mit mindestens 2 Löschmitteleinheiten (LE) für die Grundausstattung in Arbeitsstätten mit normaler Brandgefährdung, abweichend von der ASR A2.2 „Maßnahmen gegen Brände"

Bekanntgemacht im Auftrag des Bundesministeriums für Arbeit und Soziales (BMAS)

Schriftlicher Beschluss des ASTA vom 12.09.2022

Einleitung

In den letzten Jahren hat sich der Markt für Feuerlöscheinrichtungen unter anderem um Feuerlöschsprays erweitert. Im Folgenden wird vom Ausschuss für Arbeitsstätten (ASTA) gemäß § 7 Absatz 3 Nummer 2 ArbStättV eine Empfehlung bekanntgegeben, ob und unter welchen Bedingungen Feuerlöschsprays als Ergebnis einer Gefährdungsbeurteilung, abweichend von der in der einschlägigen Norm DIN EN 16856:2020-061[1457] im Anwendungsbereich vorgesehenen Verwendung nur im häuslichen Bereich, für die Grundausstattung in Arbeitsstätten berücksichtigt werden können. Diese Empfehlung entfaltet keine Vermutungswirkung.[1458] [1459] [1460] [1461] [1462] [1463] [1464] [1465]

1457) Amtl. FN: DIN EN 16856:2020-06 Feuerlöschsprays; Deutsche Fassung EN 16856:2020.

1458) Hintergrund für die Erarbeitung der ersten „Empfehlung zur ASR A2.2 „Maßnahmen gegen Brände" zur Gefährdungsbeurteilung bei der Verwendung von Löschspraydosen", die am 03.07.2018 vom ASTA beschlossen und anschließend von der BAuA im Auftrag des BMAS bekannt gemacht worden ist, waren Irritationen in der Folge der 2018 erfolgten Neufassung der ASR A2.2. Diese bezogen sich insbesondere auf die teilweise Neufassung der Anforderungen zur Grundausstattung von Arbeitsstätten mit Feuerlöscheinrichtungen in Abschn. 5.2. Denn in Abschn. 5.2 Absatz 2 Satz 6 wurde neu die Möglichkeit eröffnet, bei normaler Brandgefährdung unter bestimmten Voraussetzungen für die Grundausstattung auch Feuerlöscher anzurechnen, die jeweils nur über mindestens 2 Löschmitteleinheiten (LE) verfügen. Dies wurde von interessierten Kreisen als Möglichkeit interpretiert, Löschspraydosen, die diese Anforderung hinsichtlich der mindestens 2 LE erfüllen, anstelle von Feuerlöschern für die Grundausstattung einzusetzen.

1459) Mit der Veröffentlichung der Empfehlungen 2018 stellten das BMAS und der fachlich zuständige ASTA klar, dass eine Anrechnung von Löschspraydosen zum seinerzeitigen Zeitpunkt nicht zulässig war. Damit erfolgt die eindeutige Klarstellung, dass Löschsprays keine Feuerlöscher im Sinne der DIN EN 3-7:2007-10 Tragbare Feuerlöscher – T. 7: Eigenschaften, Leistungsanforderungen und Prüfungen sind und somit nach dem Wortlaut von Abschn. 5.2. Abs. 2 Satz 6 auch dann nicht auf die Grundausstattung angerechnet werden können, wenn sie über mindestens zwei LE verfügen.

1460) Wesentlicher Hinderungsgrund war, dass keine europäische Normung für Feuerlöschsprays vorlag, in der technische Anforderungen, Gebrauchsdauer und Anwendungsbereiche einheitlich vorgeschrieben werden. Damit war der Stand der Technik für den ASTA zum damaligen Zeitpunkt nicht ermittelbar.

1461) Mit dem europäischen Normentwurf DIN EN 16856:2018-01 Löschspraydosen wurde dann begonnen, einheitliche „Anforderungen an nicht nachfüllbare tragbare Druckgaspackungen für Feuerlöschzwecke (Löschspraydosen)" festzulegen. Ziel dieses Normungsvorhabens war es, eine Norm für Einmal-Löschspraydosen mit einem annehmbaren Mindest-Feuerlöschvermögen zu erstellen. Dieser Produkttyp ist nur für die Verwendung in Situationen vorgesehen, bei denen durch die Art bestimmter Prozesse oder Tätigkeiten Brände mit begrenztem Ausmaß vorherzusehen sind, bei denen eine geringe Möglichkeit der Brandausbreitung auf andere Materialien besteht. Zudem muss davon ausgegangen werden können, dass zum wahrscheinlichen Gefahrenzeitpunkt Personen anwesend sind. Der ASTA hatte erklärt, sich bei Vorliegen einer einschlägigen Norm mit der dann geänderten Lage bezüglich einheitlicher Produktanforderungen und Gebrauchsdauern auseinandersetzen zu wollen.

Allgemeine Grundlagen

Die Anwendung der in der Technischen Regel für Arbeitsstätten ASR A2.2 „Maßnahmen gegen Brände" beschriebenen Maßnahmen (Grundausstattung mit Feuerlöscheinrichtungen für alle Arbeitsstätten gemäß Abschnitt 5 ASR A2.2 und zusätzliche Maßnahmen bei erhöhter Brandgefährdung gemäß Abschnitt 6 ASR A2.2) führt zu zweckmäßigen Lösungen für die Umsetzung der Anforderungen von Nummer 2.2 Absatz 1 des Anhangs der Arbeitsstättenverordnung (ArbStättV) in einer Arbeitsstätte.

Der Arbeitgeber kann von den Maßnahmen nach ASR A2.2 abweichen, wenn er bei der Festlegung von Maßnahmen den Stand der Technik, Arbeitsmedizin und Hygiene sowie sonstige gesicherte arbeitswissenschaftliche Erkenntnisse berücksichtigt und mit seinen Maßnahmen mindestens die gleiche Sicherheit und den gleichen Gesundheitsschutz für die Beschäftigten erreicht.

Aspekte, die beim Einsatz von Feuerlöschsprays im Rahmen einer Gefährdungsbeurteilung berücksichtigt werden müssen[1466)]

Feuerlöschsprays sind „handbetriebene Geräte zur Bekämpfung von Entstehungsbränden" im Sinne von Abschnitt 3.6 der ASR A2.2 mit weniger als 1 kg oder 1 l Löschmittel. Sie sind keine Feuerlöscher nach DIN EN 3-7:2007-10. Technische Anforderungen und das Ablaufdatum (Gebrauchsdauer) sind in der DIN EN 16856: 2020-06 „Feuerlöschsprays" festgelegt.

1462) Eingaben der sachverständigen Fachöffentlichkeit im Brandschutz (Feuerwehrverbände, Universitäten) und Herstellern von Feuerlöscheinrichtungen beim BMAS zielten unter Verweis auf das Normungsvorhaben in der Folge auf eine Anrechenbarkeit von Löschspraydosen bei normaler Brandgefährdung auf die Grundausstattung ab. Der ASTA hat im Juli 2020 der Projektgruppe „Maßnahmen gegen Brände" den Auftrag erteilt, sich erneut mit einem möglichen Einsatz von Feuerlöschsprays in der betrieblichen Praxis zu befassen und dabei die bekannt gegebene Norm DIN EN 16856:2020-06 Feuerlöschsprays zu berücksichtigen. Geprüft werden sollte, ob eine von der ASR A2.2 abweichende Ausstattung von Arbeitsstätten im Rahmen der Grundausstattung mit Feuerlöschsprays mit mindestens 2 LE, möglich wäre.

1463) Aufgrund der restriktiven Einschränkung des Verwendungsbereiches der DIN EN 16856:2020-06 auf den häuslichen Bereich hat der ASTA einer Übernahme der Feuerlöschsprays in den Text der ASR A2.2 für die Grundausstattung nicht zugestimmt. Eine Ausstattung mit Feuerlöschsprays zusätzlich zur Grundausstattung mit Feuerlöschern entspricht der derzeitig geltenden ASR A2.2. Somit besteht hierfür kein Handlungsbedarf. Der Arbeitgeber kann eine andere Maßnahme als die in der ASR A2.2 beschriebene und die Vermutungswirkung auslösende wählen, jedoch muss er mit seiner Maßnahme mindestens die gleiche Sicherheit und den gleichen Schutz der Gesundheit für die Beschäftigten erreichen und dies im Rahmen der Gefährdungsbeurteilung dokumentieren.

1464) Um dem Arbeitgeber eine Hilfe für Überlegungen hinsichtlich eines Einsatzes von Feuerlöschsprays zu geben, wurde die „Empfehlung zur ASR A2.2 Maßnahmen gegen Brände zur Gefährdungsbeurteilung bei der Verwendung von Löschspraydosen" aus dem Jahre 2018 dahingehend überarbeitet. Die neue „Empfehlung zu den Bedingungen für den Einsatz von Feuerlöschsprays mit mindestens 2 Löschmitteleinheiten (LE) für die Grundausstattung in Arbeitsstätten mit normaler Brandgefährdung, abweichend von der ASR A2.2 „Maßnahmen gegen Brände" wurde vom ASTA am 12.09.2022 beschlossen und nach rechtlicher Prüfung durch die BAuA im Auftrag des BMAS bekannt gemacht.

1465) Entscheidend ist die Aussage, dass die Empfehlung keine Vermutungswirkung auslöst. Der Arbeitgeber entscheidet ausschließlich im Rahmen der Gefährdungsbeurteilung über die Verwendung von Feuerlöschsprays im betrieblichen Bereich.

1466) Die Empfehlung enthält grundlegende Aussagen und wesentliche Kriterien in Bezug auf geeignete Einsatzbereiche, Anwendung, Auswahl und Prüfung von Feuerlöschsprays, sowie weitere Aspekte zur Sicherstellung von Sicherheit und Gesundheit bei der Arbeit beim Einsatz von Feuerlöschsprays, die für die erforderliche Gefährdungsbeurteilung herangezogen werden können.

Unter Beachtung der ASR A2.2 hat der Arbeitgeber im Rahmen einer Gefährdungsbeurteilung zu entscheiden, ob Feuerlöschsprays bei normaler Brandgefährdung für die Arbeitsstätte oder einzelne Teilbereiche der Arbeitsstätte anteilig für die Grundausstattung geeignet sind. Bei erhöhter Brandgefährdung gehören Feuerlöschsprays nicht zur Grundausstattung.[1467)]

Anwendung

Die Anwendung von Feuerlöschsprays nach DIN EN 16856 unterscheidet sich von Feuerlöschern nach DIN EN 3 – 7 aufgrund der Bauart, der technischen Anforderungen und Kennwerte sowie der Handhabung. Dies sind unter anderem folgende Unterschiede (nicht abschließend)[1468)]:

Feuerlöschspray nach DIN EN 16856	Feuerlöscher nach DIN EN 3 – 7
mindestens 75 % des Löschmittels müssen eine Wurfweite von mindestens 2 m erreichen	keine normative Mindestwurfweite gefordert (für wässrige Löschmittel ist eine Wurfweite von ca. 3 bis 4 m üblich)
maximale Betriebstemperatur 50 °C	maximale Betriebstemperatur 60 °C
in Abhängigkeit von der Düse im Sprühkopf entsteht ein schmalerer Löschmittelstrahl	aufgrund der Düsengestaltung und des Drucks entsteht ein breiterer Löschmittelstrahl
geringes Gewicht durch weniger als 1 kg oder 1 l Löschmittel	Gewicht in Abhängigkeit von der Löschmittelmenge (2, 3, 6 oder 9 l bei flüssigen Löschmitteln)
Handhabung vergleichbar mit einer Spraydose	Handhabung entsprechend der Bauform (Auslöseeinrichtung, Schlauchleitung, Unterbrechungseinrichtung)

Im Rahmen der Gefährdungsbeurteilung hat der Arbeitgeber insbesondere folgende Aspekte bei der anteiligen Verwendung von Feuerlöschsprays für die Grundausstattung zu berücksichtigen:

- Die Feuerlöschsprays müssen der DIN EN 16856 entsprechen und über mindestens 2 LE für die Brandklasse A verfügen.

1467) Die Empfehlung stellt eine Hilfe für den Arbeitgeber für den Fall dar, dass er auf Grund der Beurteilung der konkreten betrieblichen Verhältnisse zu der Entscheidung kommt, für die gesamte Arbeitsstätte oder für Teilbereiche dieser Arbeitsstätte an Stelle von Feuerlöschern anteilig Feuerlöschsprays einzusetzen. Klargestellt wird, dass dies ausschließlich beim Vorliegen normaler Brandgefährdung möglich ist.

1468) Als Hilfe für die Entscheidung zum anteiligen Einsatz werden in der Tabelle die wesentlichen Unterschiede zu Feuerlöschern aufgezeigt. Ein nicht aufgeführter Unterschied besteht im Aufbewahrungsort. Während Feuerlöscher im Allgemeinen an einem festen und gekennzeichneten Ort mit einer Wandhalterung für jedermann zugänglich angebracht werden, können Feuerlöschsprays auf Grund ihrer geringeren Größe und Gewichts auch z. B. in einer Schublade eines Schreibtisches gelagert werden. Genau dieses sollte aber zugunsten einer jederzeitigen Zugänglichkeit auch für andere Beschäftigte vermieden werden. Die gut sichtbare Bereithaltung der Feuerlöschsprays und damit allgemeine Zugänglichkeit in Halterungen an der Wand ist daher eine wesentliche Einsatzbedingung im betrieblichen Kontext.

- Feuerlöschsprays dürfen nicht in Räumen verwendet werden, in denen besondere Gefährdungen durch elektrische Anlagen vorliegen (z. B. Räume mit Schaltanlagen oder Energieverteilungsanlagen).
- Die Beschäftigten werden in der Handhabung der Feuerlöschsprays sowie in der Vorgehensweise zur Bekämpfung von Entstehungsbränden ohne Eigengefährdung unterwiesen.
- Die Feuerlöschsprays sind für Beschäftigte zu jeder Zeit zugänglich und einsetzbar in Halterungen an der Wand gut sichtbar bereitzuhalten (z. B. in der Nähe der Ausgänge, im Verlauf der Fluchtwege). Die vorhersehbare missbräuchliche Nutzung oder auch mögliche Entwendung (z. B. durch Kinder) ist durch geeignete Standortauswahl oder andere wirksame Maßnahmen zu vermeiden.
- Die Feuerlöschsprays werden regelmäßig auf Vorhandensein, Unversehrtheit und Einhaltung des maximalen Ablaufdatums (Gebrauchsdauer) überprüft. Nach DIN EN 16856 haben Feuerlöschsprays ein maximales Ablaufdatum von 39 Monaten ab dem Herstelldatum.
- Je angefangene 400 m^2 Grundfläche wird mindestens ein Feuerlöscher mit 6 LE gut und auf kurzem Wege (maximal 20 m tatsächliche Laufweglänge) erreichbar bereitgestellt.[1469)]
- Die übrigen Löschmitteleinheiten nach Tabelle 3 ASR A2.2 werden durch Feuerlöschsprays mit mindestens 2 LE[1470)], gleichmäßig verteilt im Anwendungsbereich, gewährleistet.
- Der Arbeitgeber stellt sicher, dass keine Verwechslungsgefahr mit anderen Spraydosen besteht, die in der Arbeitsstätte verwendet werden.

Beispiel[1471)]:

Ausstattung einer Büroebene/-geschoss mit einer Grundfläche von 560 m^2:

- Nach Tabelle 3 ASR A2.2 sind 24 LE erforderlich.
- Die Grundfläche zwischen 400 m^2 und 800 m^2 erfordert weiterhin den Einsatz von 2 Feuerlöschern mit je 6 LE.
- Zum Erreichen der 24 LE wären ergänzend 6 Feuerlöschsprays mit je 2 LE ausreichend, im dargestellten Beispiel werden 9 Feuerlöschsprays mit je 2 LE gleichmäßig im Anwendungsbereich verteilt angebracht.

1469) Mit dieser Forderung wird nochmals klargestellt, dass Feuerlöschsprays die für die Grundausstattung geforderten Feuerlöscher nur anteilig ersetzen dürfen. Je angefangene 400 m^2 Grundfläche muss mindestens ein Feuerlöscher mit einem Löschvermögen von 6 LE bereitgestellt werden.

1470) Die zwingende Forderung eines Löschvermögens von mindestens 2 LE ergibt sich aus Abschn. 5.2 Abs. 2 Satz 6 der ASR A2.2. Die Anforderung wird von den meisten am Markt befindlichen Feuerlöschsprays derzeitig nicht erfüllt.

1471) Das Beispiel beschreibt den vonseiten des ASTA präferierten anteiligen Einsatz von Feuerlöschsprays im Rahmen der Grundausstattung bei normaler Brandgefährdung in einer Büroebene als einem geeigneten Einsatzbereich.

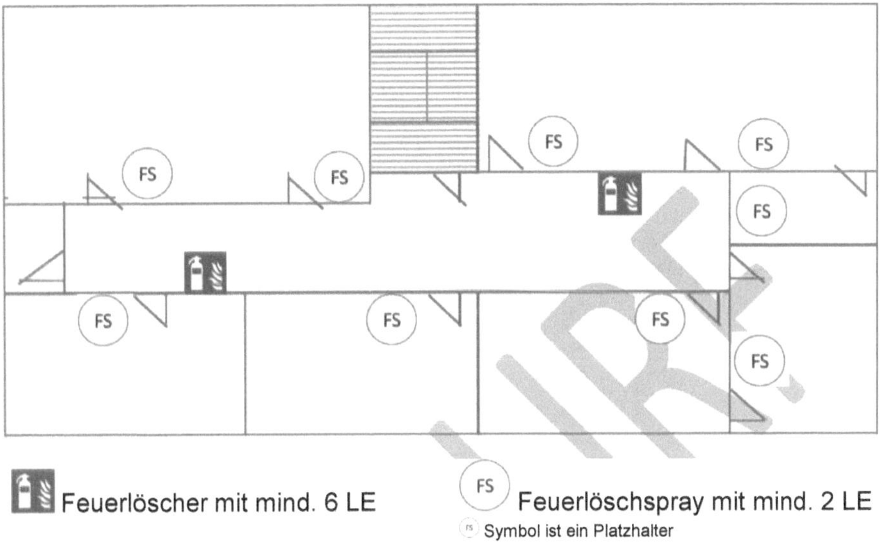

Einsatzbereiche

Mögliche Einsatzbereiche für Feuerlöschsprays sind Arbeitsstätten oder einzelne Teilbereiche mit normaler Brandgefährdung, z. B. Büros in Verwaltungsbereichen, Aufenthaltsräume in Kindertageseinrichtungen, Pflegeeinrichtungen oder Arztpraxen.[1472]

Auswahl und Prüfung

Für die Auswahl von Feuerlöschsprays zur Anwendung sind in Arbeitsstätten im Rahmen der Grundausstattung nur Feuerlöschsprays mit mindestens 2 LE zulässig.

Feuerlöschsprays sind Druckgasbehälter und müssen der 13. Verordnung zum Produktsicherheitsgesetz (Aerosolpackungsverordnung) entsprechen. Sie müssen mit dem Zeichen „3" (umgekehrtes Epsilon) für die Erklärung der Übereinstimmung mit der Aerosolpackungsverordnung gekennzeichnet sein.

Ein hilfreiches Kriterium für den Arbeitgeber bei der Auswahl von geeigneten Feuerlöschsprays ist ein durch eine Zertifizierungsstelle gemäß Produktsicherheitsgesetz (ProdSG) vergebenes GS-Zeichen.

[1472] Bei den aufgezählten Einsatzbereichen liegen die Anforderungen für einen sachgerechten Einsatz von Löschspraydosen, wie die Vorhersehbarkeit von Bränden mit begrenztem Ausmaß, geringe Möglichkeit der Brandausbreitung auf andere Materialien sowie wahrscheinliche Anwesenheit von Personen zum wahrscheinlichen Gefahrenzeitpunkt vor. Dies führt zu der Aussage, dass hier ein ergänzender Einsatz von Löschsprays möglich und sinnvoll sein kann.

Basierend auf dem Arbeitsschutzgesetz (ArbSchG) legt die Arbeitsstättenverordnung (ArbStättV) fest, dass der Arbeitgeber die Funktionsfähigkeit der Einrichtungen, die der Sicherheit der Beschäftigten dienen, regelmäßig zu prüfen hat. Der unbestimmte Begriff „regelmäßig" muss durch den Arbeitgeber mittels einer Beurteilung der Betriebsbedingungen, der Produkteigenschaften und der zu erwartenden Gefährdung bei Ausfall der Feuerlöscheinrichtung durch eine konkrete Frist ersetzt werden.

Feuerlöschsprays können bauartbedingt nicht auf Funktionsfähigkeit (z. B. Feststellung von Druckverlust beim Treibmittel und Löschmitteleigenschaften) überprüft und nach Gebrauch wieder befüllt werden und sind daher spätestens nach dem vom Hersteller angegebenen maximalen Ablaufdatum (Gebrauchsdauer) auszutauschen und sachgemäß zu entsorgen[1473)].

[1473)] Die Forderungen zum Austausch und zur sachgemäßen Entsorgung sind durch innerbetriebliche arbeitsschutzorganisatorische Maßnahmen umzusetzen.

Empfehlung des Ausschusses für Arbeitsstätten (ASTA) – Künstliche biologisch wirksame Beleuchtung in Arbeitsstätten[1474) 1475)]

Beschluss 9 / 7. ASTA-Sitzung vom 28.11.2018
Bekannt gemacht im Auftrag des Bundesministerium für Arbeit und Soziales (BMAS)

Als biologisch wirksame Beleuchtung werden die über das Auge vermittelten nicht visuellen Wirkungen des Lichtes bezeichnet. Jede Beleuchtung ist biologisch wirksam.

Beleuchtung beeinflusst die innere Uhr, insbesondere den Schlaf-Wach-Zyklus des Menschen. Sie wirkt ein auf die Aktiviertheit sowie auf die geistige und körperliche Leistungsbereitschaft. Mit ihren Einwirkungen auf Müdigkeit, Aufmerksamkeit, kognitive Leistung und Schlaf steht die Beleuchtung in Zusammenhang mit der Sicherheit bei der Arbeit, z. B. dem Unfallgeschehen. Durch die Beeinflussung der inneren Uhr – mit Folgen für die Schlafqualität – wirkt Licht indirekt auf die Gesundheit der Beschäftigten und ihr Immunsystem.

1474) Künstliche, biologisch wirksame Beleuchtung ist eine Art der Beleuchtung, die versucht, das natürliche Tageslicht nachzubilden. In der Wirtschaft gibt es Bestrebungen, sie am Arbeitsplatz einzusetzen, um zum Beispiel eine angenehme und produktive Arbeitsumgebung zu schaffen. Dementsprechend ist die Nachfrage nach Planungsempfehlungen hoch. Zwischenzeitlich wurde das Thema in der Normung aufgegriffen und im August 2022 als Vornorm die DIN/TS 67600:2022-08 „Ergänzende Kriterien für die Lichtplanung und Lichtanwendung im Hinblick auf nichtvisuelle Wirkungen von Licht" veröffentlicht.
Nach dem Einführungsbeitrag beschreibt die Norm die nichtvisuellen Wirkungen des Lichts auf den Menschen (Ursache-Wirkungs-Beziehungen) übergreifend für viele Lebensbereiche. Überall, wo sich Menschen über längere Zeiträume aufhalten, können die nichtvisuellen Wirkungen des Lichts bei der Beleuchtung eine Rolle spielen. Daher beschreibt dieses Dokument den Einsatz von Beleuchtung zur Förderung von nichtvisuellen Wirkungen für alle Lebensbereiche, sowohl private als auch berufliche. Es ergänzt bestehende Normen zur Beleuchtung und erläutert allgemein den Ansatz einer integrierenden Planung ohne Vorgabe konkreter Planungsempfehlungen. Für Arbeitsstätten gelten in Deutschland die Anforderungen der ArbStättV und der ASR. Diese werden durch die Empfehlung des ASTA – Künstliche biologisch wirksame Beleuchtung in Arbeitsstätten ergänzt. Empfehlungen hinsichtlich der Anwendung in Arbeitsstätten und in der Freizeit gibt die DGUV-Information 215-220 Nichtvisuelle Wirkungen von Licht auf den Menschen, Ausg. 2018-09.

1475) Aus Sicht des Arbeitsschutzes fehlen bisher wissenschaftlich ausreichend fundierte Erkenntnisse über die Wirkung der künstlichen, biologisch wirksamen Beleuchtung. Vor diesem Hintergrund hat der ASTA eine Empfehlung zu dem Thema erarbeitet.
Die Arbeitsschutzexperten kommen darin zu dem Schluss, dass nach den bisher vorliegenden Forschungsergebnissen zu biologischen Lichtwirkungen noch kein ausreichender Hintergrund besteht, um quantitative oder qualitative Festlegungen für Arbeitsschutzregeln abzuleiten, verschließen sich darin keineswegs dem Nutzen, den dieses Licht mit sich bringen kann. Getreu dem Grundsatz „keine Wirkung ohne Nebenwirkungen" müssen jedoch auch mögliche negative Effekte betrachtet werden. Falsches Licht zur falschen Zeit kann den Tagesrhythmus des Menschen durcheinander bringen. Das gilt allerdings auch für die übliche Beleuchtung am Arbeitsplatz, die nicht optimal an den Menschen angepasst und in ihren Wirkungen und Nebenwirkungen nicht abschließend untersucht ist. Es ist zu erwarten, dass mit den neueren Erkenntnissen eine verbesserte ergonomische Gestaltung der Beleuchtung erreicht wird, die zu mehr Wohlbefinden und ggf. auch zu Leistungssteigerungen führen kann. Ein möglicher Missbrauch biologisch wirksamen Lichtes als „Doping" der Beschäftigten muss aus Arbeitsschutzsicht jedoch ausgeschlossen werden.
Beim 8. DIN-Expertenforum „Wirkung des Lichts auf den Menschen" im Juni 2015 berichteten Wissenschaftler über die neuesten Erkenntnisse auf diesem Gebiet. Die vorgestellten Studien zeigten viele mögliche positive, aber auch mögliche negative Effekte auf. Außerdem wurde erneut deutlich, wie viele Faktoren die Wirkung von Licht beeinflussen. Auch aus diesem Grund sind weitere breiter angelegte Untersuchungen nötig, bevor konkrete Anwendungsempfehlungen abgeleitet werden können.

Biologische Lichtwirkungen hängen von der räumlichen Verteilung der Leuchtdichten im Gesichtsfeld, vom Lichtspektrum, von der Beleuchtungsstärke am Auge, von der Dauer und dem Zeitpunkt der Lichtexposition im Tages- und Jahresverlauf, von dem in der Vergangenheit aufgenommenen Licht und weiteren Einflussgrößen ab. Biologische Lichtwirkungen lassen sich damit nicht auf die Beleuchtung am Arbeitsplatz eingrenzen.

Aus den heute vorliegenden Forschungsergebnissen zu biologischen Lichtwirkungen können noch keine konkreten quantitativen Festlegungen für Arbeitsschutzregeln abgeleitet werden. Gleichwohl sind einige Zusammenhänge hinreichend belegt, um qualitative Empfehlungen für Arbeitsstätten geben zu können.[1476)]

Bei ausreichender Tageslichtversorgung lassen sich für die tagsüber Arbeitenden aus dem aktuellen Wissensstand keine zusätzlichen Vorgaben hinsichtlich des Einrichtens und Betreibens von Arbeitsstätten ableiten.

Bei nicht ausreichendem Tageslicht sollen ergänzende Maßnahmen auch im Hinblick auf biologische Lichtwirkungen berücksichtigt werden, z. B. die Möglichkeit der Pausengestaltung im Freien.

Tagsüber erscheint eine dynamische künstliche Beleuchtung, bei der Lichtfarbe, Beleuchtungsniveau oder Lichtverteilung verändert werden, unbedenklich, wenn sie sich am gleichzeitig unter freiem Himmel vorhandenen natürlichen Licht orientiert und sich dabei im Rahmen der für die Innenraumbeleuchtung mit künstlichem Licht empfohlenen Verhältnisse bewegt.[1477)]

Hingegen besteht bei Nachtarbeit nach gegenwärtigem Wissensstand bereits im Rahmen bestehender Beleuchtungskonzepte die Möglichkeit des Eintretens unerwünschter biologischer Wirkungen, wobei langfristige negative Folgen für die Gesundheit nicht ausgeschlossen werden können. Kritisch sind hohe Beleuchtungsstärken am Auge insbesondere, wenn diese mit kalten Lichtfarben verbunden sind. Diese führen zu einer Aktivierung, die am späten Abend oder in der Nacht mit einer Störung der inneren Uhr mit möglichen negativen Folgen für die Gesundheit verbunden sein kann. Für

[1476)] Zu ähnlichen Aussagen kommt die Kommission für Arbeitsschutz und Normung (KAN) in einem Positionspapier zum Thema künstliche, biologisch wirksame Beleuchtung in der Normung, siehe KAN-Position Berücksichtigung nichtvisueller Wirkungen künstlicher Beleuchtung in der Normung, 2022. Als Fazit müssen Störungen des circadianen Rhythmus des Menschen durch künstliche, biologisch wirksame Beleuchtung vermieden werden, bestehen derzeitig keine ausreichend gesicherten Erkenntnisse im Bereich künstlicher, biologisch wirksamer Beleuchtung, um Anforderungen an die Planung festlegen zu können. Zudem sind im Bereich künstlicher, biologisch wirksamer Beleuchtung im Wesentlichen Belange des betrieblichen Arbeitsschutzes betroffen, die nach dem Grundsatzpapier über die Rolle der Normung im betrieblichen Arbeitsschutz, Fassung 2021-02 eine Normung ausschließen. Allerdings können in Normen Produktanforderungen an Komponenten für die Beleuchtungsanlage (z.B. Lampen, Leuchten und Steuerungseinheiten) für den gezielten Einsatz nichtvisueller Wirkungen beschrieben werden. Hersteller müssen dann in der Benutzerinformation über mögliche Gefährdungen informieren, die bei Nutzung dieser Produkte ausgelöst werden können.

[1477)] Beleuchtungslösungen, die die visuellen, emotionalen und insbesondere die nichtvisuellen Wirkungen von künstlicher Beleuchtung gezielt berücksichtigen, werden von der Beleuchtungsindustrie als Human Centric Lighting (HCL) bezeichnet (s. Positionspapier ZVEI „Der Einsatz von Human Centric Lighting (HCL) ermöglicht das richtige Licht für jede Tageszeit", 2016-09).

das Sehen erforderliche Beleuchtungsstärken sollten in der Nacht eher mit warmen bis neutralweißen Lichtfarben gegeben werden. Daher wird empfohlen, in der Nacht Licht mit einer Farbtemperatur von weniger als 4.100 K zu verwenden. Von einer dauernden Beleuchtung durch kalte Lichtfarben hoher Beleuchtungsstärke sollte abgesehen werden.

Empfehlung des Ausschusses für Arbeitsstätten (ASTA) – Beurteilung der Gefährdungen durch Kälte und Maßnahmen an Arbeitsplätzen in nicht allseits umschlossenen Arbeitsstätten und an Arbeitsplätzen im Freien[1478)]

Beschluss des ASTA vom 21.8.2025

Einleitung

Beim Betreiben von Arbeitsplätzen in nicht allseits umschlossenen Arbeitsstätten und Arbeitsplätzen im Freien sind Beschäftigte witterungsbedingt durch Kälte gefährdet und ihre Sicherheit und Gesundheit kann beeinträchtigt sein.[1479)] Diese Empfehlung gibt Hinweise für Beurteilungsmaßstäbe zur Beurteilung der Gefährdungen und zu Maßnahmen einschließlich beispielhafter Lösungen zu deren Umsetzung für die Sicherheit und den Schutz der Gesundheit der Beschäftigten.[1480)] Dabei wurden gesicherte arbeitswissenschaftliche Erkenntnisse berücksichtigt. Diese Empfehlung entfaltet keine Vermutungswirkung im Sinne von § 3a Absatz 1 Satz 3 Arbeitsstättenverordnung (ArbStättV).[1481)]

1 Begriffsbestimmungen

1.1 Arbeitsplätze im Freien sind Arbeitsplätze innerhalb von Arbeitsstätten, die sich außerhalb von Gebäuden befinden.

1478) Eine Zusammenfassung des Expertenwissens zu Gefährdungen und Wirkungen, zu den Arbeitsschutzmaßnahmen und zur Kontrolle der Wirksamkeit enthält das von der BAuA veröffentlichte Handbuch Gefährdungsbeurteilung unter: https://www.baua.de/DE/Themen/Arbeitsgestaltung/Gefaehrdungsbeurteilung/Handbuch-Gefaehrdungsbeurteilung/Expertenwissen/Arbeitsumgebungsbedingungen/Klima/Klima_dossier?pos=1

1479) Nach DIN 33403-5:1997-01 „Klima am Arbeitsplatz und in der Arbeitsumgebung – T. 5: Ergonomische Gestaltung von Kältearbeitsplätzen" unterscheidet man fünf Kältebereiche nach der Lufttemperatur in Grad Celsius:
I kühler Bereich (von +15 bis +10)
II leicht kalter Bereich (unter +10 bis –5)
III kalter Bereich (unter –5 bis –18)
IV sehr kalter Bereich (unter –18 bis –30)
V tiefkalter Bereich (unter –30)
Beachte: Die DIN 33403-5 gilt nur für Arbeiten in Räumen (z.B. Kühlhaus). Für Arbeiten im Freien ist die DIN EN ISO 15743:2008-11 „Ergonomie der thermischen Umgebung – Arbeitsplätze in der Kälte – Risikobewertung und Management" heranzuziehen.

1480) Die Minderdurchblutung von Haut und Extremitäten kann bei starker Abkühlung örtliche Schäden des Körpergewebes (Erfrierungen 1. bis 4. Grades) verursachen. Anhaltender starker Wärmeentzug kann zu einer Abkühlung des Gesamtorganismus führen (Bux K., Kampmann B.: Raumklima. In: Handbuch der Arbeitsmedizin · Arbeitsphysiologie · Arbeitspsychologie · Klinische Arbeitsmedizin · Gesundheitsförderung und Prävention, 2014). Die Abkühlung kann im extremen Fall eine lebensbedrohliche Absenkung der Körperkerntemperatur zur Folge haben. Liegt diese unter –35 °C, können z.B. Kältezittern, vertiefte Atmung, erhöhte Herzschlagfrequenz, blasse Hautfarbe und eine Beeinträchtigung der geistigen Funktionen auftreten.

1481) Die Empfehlung enthält ein vereinfachtes Verfahren zur Beurteilung von Gefährdungen durch Kälte. Leitgröße zur Beurteilung von Gefährdungen durch Kälte ist die Lufttemperatur am Arbeitsplatz. Anhand dieser erfolgt eine Kategorisierung von Kältebelastungen in drei Kältestufen (+5 °C bis –5 °C, –5 °C bis –20 °C, –20 °C und weniger) und sich daraus ergebenden Handlungsanweisungen bzw. möglichen Maßnahmen. Dieses vereinfachte Verfahren bedarf noch einer Evaluierung durch entsprechende Studien und eines Nachweises der Wirksamkeit. Der für die Auslösung der Vermutungswirkung erforderliche Stand der Technik ist somit noch nicht festgestellt. Aus diesem Grund wurde das vereinfachte Verfahren vom ASTA zunächst als Empfehlung erarbeitet und soll später in die ASR A5.1 überführt werden.

1.2 Arbeitsplätze in nicht allseits umschlossenen Arbeitsstätten sind Arbeitsplätze in Arbeitsstätten, bei denen durch nicht verschließbare Öffnungen in Gebäudeumhüllungen oder durch nicht vorhandene Wände Witterungseinflüsse auf die Arbeitsplätze einwirken. Bereiche von Arbeitsstätten, bei denen während der Zeiten des Betreibens vorhandene Tore und Türen aus Gründen des Arbeitsablaufs ständig geöffnet sind (z.B. Abhollager für Baustoffe mit Durchfahrtmöglichkeit für die Kunden) zählen auch zu Arbeitsplätzen in nicht allseits umschlossenen Arbeitsstätten.

1.3 Die **Arbeitsschwere** bestimmt wesentlich die Wärmeerzeugung des Menschen. Die Angabe der Arbeitsschwere erfolgt in Bezug auf den bei der Arbeit im Körper stattfindenden Gesamtenergieumsatz üblicherweise in Watt.

1.4 Die **Beaufort-Skala** verknüpft beobachtbare (phänomenologische) Auswirkungen des Windes mit der Windstärke, ausgedrückt in **Beaufort-Grad** (Bft.-Grad). Die Beaufort-Skala reicht von Beaufort-Grad 0 (Windstille) bis Beaufort-Grad 12 (Orkan). Den Beaufort-Graden sind Windgeschwindigkeitsspannen in Meter pro Sekunde (m/s) zugeordnet. Die Auswirkungen von Wind im Binnenland werden auf der Beaufort-Skala dargestellt. Windinduzierte Auswirkungen auf See sind der Beaufort-Skala See zu entnehmen (siehe Tabellen 2 und 3 im Anhang).

1.5 Kälteschutzkleidung ist Kleidung, die vor Lufttemperaturen unterhalb –5 °C schützt.[1482)]

1.6 Klimasummenmaß ist eine Zusammenfassung von mehreren Klimagrößen (Lufttemperatur, Luftfeuchte, Luftgeschwindigkeit, Wärmestrahlung) und gegebenenfalls weiteren Faktoren wie Arbeitsschwere und Wärmeisolation der Bekleidung oder auch des individuellen Akklimatisationsgrades in einem Wert zur Bewertung der thermischen Beanspruchung von Beschäftigten.[1483)]

1482) EN 342:2017:2018-01 „Schutzkleidung – Kleidungssysteme und Kleidungsstücke zum Schutz gegen Kälte" legt die Anforderungen an und die Prüfverfahren für die Gebrauchseigenschaften von Kleidungssystemen (das heißt zweiteilige Anzüge oder einteilige Anzüge) zum Schutz gegen die Auswirkungen von kalten Umgebungen mit Temperaturen von weniger oder gleich –5 °C fest. Diese Effekte umfassen nicht nur niedrige Lufttemperaturen, sondern auch Feuchte und Windgeschwindigkeit.

1483) Für die thermische Beanspruchung von Beschäftigten bei der Arbeit in kalten Umgebungen sind die Lufttemperatur und die Windgeschwindigkeit von hervorgehobener Bedeutung. Weiterhin spielen die Arbeitsschwere und die Wärmeisolation der Bekleidung eine wichtige Rolle. Zu verweisen ist auf DIN EN ISO 11079:2008-04 „Ergonomie der thermischen Umgebung – Bestimmung und Interpretation der Kältebelastung bei Verwendung der erforderlichen Isolation der Bekleidung (IREQ) und lokalen Kühlwirkungen". Mit der in dieser Norm vorgestellten Methode lässt sich die erforderliche Wärmeisolation der Bekleidung (IREQ) bestimmen, die notwendig ist, um den Menschen in kalten Umgebungsbedingungen vor einem Absinken der Körperkerntemperatur zu bewahren. Dabei wird die Wärmebilanz v. a. unter Berücksichtigung der Wärmeübertragung zwischen Haut und Kleidung analysiert. Die Abkühlung wird dabei unterteilt in einen globalen, den gesamten Körper betreffenden und lokale, einzelne Körperteile betreffende Vorgänge. Ist die tatsächliche Wärmeisolation der Bekleidung geringer als die berechnete notwendige IREQ, so kann eine maximale Expositionsdauer bestimmt werden. Zur Abbildung der Effekte durch lokale Abkühlung werden verschiedene Berechnungsansätze genannt, jedoch wird darauf hingewiesen, dass in diesem Bereich noch ein gewisser Forschungsbedarf besteht.

1.7 Die **Lufttemperatur** ist die Temperatur der den Menschen umgebenden Luft ohne Einwirkung von Wärmestrahlung.

1.8 Personenbezogene Maßnahmen im Sinne dieser Empfehlung sind Maßnahmen, die individuell wirken z.B. durch Anpassung von Verhalten, Nutzung geeigneter Kleidung oder das Tragen persönlicher Schutzausrüstungen (PSA).

1.9 Als **Sonnenstrahlung** wird in dieser Empfehlung die natürliche, auf der Erdoberfläche ankommende ultraviolette, sichtbare und infrarote Strahlung bezeichnet.

1.10 **Wetter** ist der zeitlich und räumlich eng begrenzte Zustand der Atmosphäre mit kurzfristigen meteorologischen Ereignissen (z.B. Hoch-, Tiefdruckgebiet, Gewitter, Sturm).

1.11 **Wetterschutzkleidung** ist regendichte Kleidung, die eine möglichst hohe Wasserdampfdurchlässigkeit aufweist und gleichzeitig winddicht ist. Sie ist bei Lufttemperaturen oberhalb –5 °C einsetzbar.[1484)]

1.12 **Wind** ist die durch natürliche Druckunterschiede ausgelöste Bewegung der Luft. Der auf die Beschäftigten einwirkende Wind kann durch bauliche Gegebenheiten verstärkt oder gemindert sein (z.B. Düseneffekte, Böigkeit).

1.13 **Witterung** ist die Gesamtheit aller natürlichen meteorologischen Ereignisse, die im Laufe eines bestimmten Zeitraums (z.B. Sommer, Winter) auf einen Arbeitsplatz im Freien oder auf einen Arbeitsplatz in einem nicht allseits umschlossenen Gebäude einwirken. Gleichbedeutend ist der Begriff **Witterungsverhältnisse**.

1.14 **Witterungseinflüsse** sind im Sinne dieser Empfehlung die äußeren Einwirkungen der Witterung und des Wetters, die aufgrund der eingerichteten Arbeitsstätte die Sicherheit und Gesundheit von Beschäftigten beeinflussen können.

2 Gefährdungen durch Kälte – Beurteilung und Maßnahmen

(1) Gefährdungen durch Kälte, die zu einer Abkühlung des menschlichen Körpers und in der Folge zu Auswirkungen auf die Gesundheit führen, aber auch durch Verminderung der körperlichen und geistigen Leistungsfähigkeit die Sicherheit der arbeitenden Person gefährden können, sind zu vermeiden. Die gesundheitlichen Auswirkungen beziehen sich zum einen auf die fortschreitende Abkühlung des Körpers (Hypothermie), die unterschiedliche Reaktionen von einsetzender willkürlicher Muskelkontraktion (Kältezittern) bis zu Bewusstlosigkeit und Kältetod hervorruft. Zum anderen führt eine übermäßige Abkühlung an der Hautoberfläche zu Taubheitsgefühl, Schmerzempfinden oder Erfrierungen, wobei insbesondere Finger, Zehen, Nase, Kinn, Ohren, aber auch außenliegende Geschlechtsorgane,

1484) DIN EN 343:2019-06 „Schutzkleidung – Schutz gegen Regen" legt Anforderungen und Prüfverfahren für die Gebrauchseigenschaften von Materialien und fertigen Kleidungsstücken zum Schutz gegen den Einfluss von Niederschlag (z. B. Regen, Schneeflocken), Nebel und Bodenfeuchtigkeit fest (s.a. DGUV Regel 112-989).

gefährdet sind. Übermäßige lokale Abkühlung an der Haut kann auch durch direkten Kontakt mit Arbeitsmitteln oder Arbeitsgegenständen mit sehr niedrigen Oberflächentemperaturen hervorgerufen werden (z.B. bei Kontakt mit sehr kalten metallischen Oberflächen).

(2) Als wesentlicher Einflussfaktor für Gefährdungen durch Kälte ist die Lufttemperatur im Zusammenwirken mit der Windgeschwindigkeit zu berücksichtigen. Zusätzlich sind die Arbeitsschwere und die Bekleidung zu beachten. Luftfeuchte und Wärme- oder Sonnenstrahlung haben einen geringeren Einfluss.

Hinweis:

Die körperliche Konstitution kann bei bestimmten Beschäftigtengruppen die Auswirkung der Gefährdungen durch Kälte erhöhen (siehe auch Abschnitt 4 Absatz 4 in der ASR A5.1 „Arbeitsplätze in nicht allseits umschlossenen Arbeitsstätten und Arbeitsplätze im Freien").

(3) Im Gegensatz zu Innenräumen ist bei Arbeitsplätzen in nicht allseits umschlossenen Arbeitsstätten und bei Arbeitsplätzen im Freien mit hohen Windgeschwindigkeiten und Nässe zu rechnen, die die Wärmeisolation der Bekleidung verringern und so den Verlust an Körperwärme und die Kälteempfindung zusätzlich verstärken können, was eine erhöhte Gefährdung durch Kälte mit sich bringt.

Hinweis:

Gefährdungen, die von einem Zusammenwirken von Kälte mit Niederschlag ausgehen (z.B. Rutschgefahr), sind in Abschnitt 6 der ASR A5.1 „Arbeitsplätze in nicht allseits umschlossenen Arbeitsstätten und Arbeitsplätze im Freien" aufgeführt.

2.1 Beurteilungsmaßstäbe für Gefährdungen durch Kälte

(1) Die Beurteilung der Gefährdungen durch Kälte ist bezogen auf die Tätigkeit, den Tätigkeitszeitraum und den jeweiligen Arbeitsplatz durchzuführen.

(2) Zur Beurteilung von Gefährdungen durch Kälte kann das im Abschnitt 2.2 beschriebene vereinfachte Verfahren angewendet werden, das lediglich Informationen zu Lufttemperatur und Windstärke erfordert. Dabei wird davon ausgegangen, dass die Kleidung (siehe Abschnitt 2.3.2) und die Arbeitsschwere den Witterungsbedingungen angepasst sind, sodass insbesondere eine Durchfeuchtung der Kleidung durch Niederschlag oder Schweißansammlung vermieden wird. Aufgrund der nach Abschnitt 2.2 ermittelten Lufttemperatur und Windstärke kann die Kältebelastung nach Tabelle 1 bewertet werden.

Hinweis:

1. *Das vereinfachte Verfahren wurde unter Berücksichtigung der Schutzziele und Rahmenbedingungen des Arbeitsschutzes aus detaillierten Ansätzen (basierend auf Klimasummenmaßen) abgleitet.*
2. *Die Beurteilung von Gefährdungen durch Kälte kann auch durch Ermittlungsverfahren zur differenzierten Beurteilung von Gefährdungen durch Kälte mit Klimasummenmaßen auf Basis von Messungen der physikalischen Einflussgrößen erfolgen. Erläuterungen zu physikalischen Messverfahren und Klimasummenmaßen sowie den damit abgeleiteten Beurteilungen und Maßnahmen finden sich z.B. in der AWMF-S2k-Leitlinie „Arbeiten unter klimatischen Belastungen" (https://www.awmf.org/leitlinien/detail/ll/002-045.html).*

2.2 Verfahren zur Beurteilung von Gefährdungen durch Kälte

(1) Leitgröße zur Beurteilung von Gefährdungen durch Kälte ist die Lufttemperatur am Arbeitsplatz. Für Arbeitsplätze im Freien kann zur Ermittlung der Lufttemperatur und des zu erwartenden Tagesverlauf auf die für die Arbeitsstätte repräsentativen Angaben eines Wetterdienstes zurückgegriffen werden.

(2) Die Lufttemperatur kann auch mit einem Thermometer, dessen Messgenauigkeit +/- 0,5 °C betragen soll, und das nicht direkt der Sonnenstrahlung ausgesetzt ist, in Grad Celsius [°C] gemessen werden. Die Messung erfolgt an repräsentativer Stelle am Arbeitsplatz. Für Arbeitsplätze im Freien soll die Messung mindestens 4 m von Gebäudeaußenwänden entfernt und in einer Höhe von 2 m über dem Erdboden erfolgen. Für sitzende Tätigkeit soll die Messung in einer Höhe von 0,6 m und bei stehender Tätigkeit in einer Höhe von 1,1 m über dem Boden erfolgen.

(3) Die Belastung durch Kälte nimmt unter Windeinwirkung zu. Die Windstärke/Windgeschwindigkeit kann entsprechend des Anhangs, Tabelle 2 (Binnenland) oder Tabelle 3 (See), ermittelt werden.

Hinweis:

Die Kältebeanspruchung nimmt bei erhöhter Arbeitsschwere wegen der damit einhergehenden Zunahme der körpereigenen Wärmeproduktion und ebenso mit steigender Wärmeisolation der getragenen Bekleidung ab.

(4) Abhängig von der Lufttemperatur und der Windstärke können entsprechende Handlungsanweisungen der Tabelle 1 angewendet werden.

Tab. 1: Kategorisierung von Kältebelastungen mit Handlungsanweisungen

Kälte Stufe	Lufttemperatur	Handlungsanweisungen
1	+5 °C bis -5 °C	Normale Tätigkeiten möglich, Wetter beobachten, insbesondere auf Wind achten und Maßnahmen nach Abschnitt 2.3 erwägen, insbesondere Einsatz von Wetterschutzkleidung. Ab Windstärke Beaufort-Grad 3 sollen die Handlungsanweisungen der Kälte Stufe 2 beachtet werden; ab Windstärke Beaufort-Grad 6 sollen die Handlungsanweisungen der Kälte Stufe 3 beachtet werden.
2	-5 °C bis -20 °C	Normale Tätigkeiten möglich für begrenzte Zeit, Aufwärmzeiten einrichten, Wetter beobachten, insbesondere v.a. auf Wind achten und Maßnahmen nach Abschnitt 2.3 sollen ergriffen werden, insbesondere Einsatz von Kälteschutzkleidung. Ab Windstärke Beaufort-Grad 3 sollen die Handlungsanweisungen der Kälte Stufe 3 beachtet werden.

Kälte Stufe	Lufttemperatur	Handlungsanweisungen
3	-20 °C und niedriger	Tätigkeiten nur unter sehr spezifischen Bedingungen möglich (Notfallarbeiten), Aufenthaltsdauer begrenzen, Aufwärmzeiten einrichten und Maßnahmen mit Kälteschutzkleidung einschließlich Kälteschutz für Gesicht, Hände und Füße nach Abschnitt 2.3.3 Absatz 4 sollen ergriffen werden.

(5) Bei Kälte Stufe 2 soll die ununterbrochene Kälteexpositionszeit bei trockener, den Witterungsbedingungen angepasster Kleidung, auf 2 Stunden begrenzt werden, danach sind mindestens 25 Minuten Aufwärmzeit einzurichten.

(6) Bei Kälte Stufe 3 soll die ununterbrochene Kälteexpositionszeit bei trockener, den Witterungsbedingungen angepasster Kleidung, auf 1 Stunde begrenzt werden, danach sind mindestens 60 Minuten Aufwärmzeit einzurichten. Ab Windstärke Beaufort-Grad 6 ist die Kälteexpositionszeit weiter zu verkürzen (auf maximal 30 Minuten).

Hinweis:

Bei durchfeuchteter Kleidung oder Tätigkeiten, die einen lokalen Kälteschutz z.B. durch Handschuhe ausschließen, kann eine Verkürzung der in den Absätzen 5 und 6 dieses Abschnitts angegebenen ununterbrochenen Expositionszeiten erforderlich werden.

(7) Tätigkeiten ohne Kältebelastung sind während der Aufwärmzeit möglich.

2.3 Maßnahmen gegen Gefährdungen durch Kälte

(1) Maßnahmen gegen Gefährdungen, die von Kälte ausgehen, sind als sinnvolle Kombination der im Folgenden beispielhaft benannten technischen, organisatorischen und personenbezogenen Maßnahmen festzulegen und umzusetzen.

(2) Bei der Festlegung der Maßnahmen sind die Arbeitsschwere und die Dauer der Tätigkeit zu berücksichtigen.

(3) Bei der Festlegung der Maßnahmen ist die Ortsgebundenheit oder Ortsveränderlichkeit der Tätigkeit zu berücksichtigen, z.B. hinsichtlich der Durchführbarkeit technischer Maßnahmen.

2.3.1 Technische Maßnahmen

(1) Technische Maßnahmen gegen Gefährdungen durch Kälte am Arbeitsplatz sind z.B.:

1. Einrichtung von Überdachungen oder Einhausungen (Schutz vor Regen, mit seitlichen Abschirmungen auch vor Wind und Zugluft), z.B. Wagen, Container oder überbaute Rampen bei Verladetätigkeiten,
2. Einrichtung von trockenen, zugluftfreien, ausreichend temperierten Bereichen, in denen die Möglichkeit zum Aufwärmen und zum Trocknen von Kleidung besteht; dies dürfen auch Pausen- oder Bereitschaftsräume sein, sofern keine Gefahr einer Kontamination durch die Kleidung besteht,

3. Einsatz von Einrichtungen zum Aufwärmen der Hände und Füße (Wärmeplatten, Heizmatten, Warmluftgeräte) und
4. Einsatz von Wärmestrahlern zur gezielten Erwärmung am Arbeitsplatz.

(2) Maßnahmen gegen lokale Abkühlung an Arbeitsmitteln sind z.B.:
1. Einsatz von Arbeitsmitteln mit griffigen, wärmeisolierenden Bedienelementen (z.B. Holz- oder Kunststoffummantelung für Arbeitsmittel mit metallischen Oberflächen) oder mit beheizbaren Bedienelementen,
2. Abdecken von kalten, wärmeleitenden Metalloberflächen,
3. Vermeiden von Nässe auf Arbeitsmitteln oder Arbeitsgegenständen,
4. Einsatz von mobilen Arbeitsmitteln mit beheizbaren Kabinen, möglichst mit Standheizung, und/oder beheiztem Fahrersitz und

   Hinweis:

   Dieser Schutz wirkt auch bei Fahrerkabinen in Transportmitteln, die im öffentlichen Verkehr eingesetzt werden.
5. Einsatz von wärmedämmenden Fußmatten und Sitzauflagen.

2.3.2 Organisatorische Maßnahmen

(1) Organisatorische Maßnahmen gegen Gefährdungen durch Kälte sind z.B.:
1. Bereitstellen von angepasster Bekleidung, ggf. auch Unterkleidung, mit ausreichendem Kälte-, Wind- und Nässeschutz; besondere Beachtung erfordert hier der Schutz von Kopf, Händen und Füßen; nasse oder von innen durchfeuchtete Bekleidung verliert ihren Kälteschutz; ist dies im Verlauf der täglichen Arbeitszeit der Fall, ist mindestens ein weiterer Satz angepasster Bekleidung, ggf. auch Unterkleidung, bereitzustellen; vorzugsweise sind drei Sätze Kälte- oder Wetterschutzkleidung zum Tragen, Trocknen und Reinigen bereitzustellen,

   Hinweis:

   Es wird der Einsatz eines 3-Schichten-Bekleidungssystems empfohlen. Die innere Bekleidungsschicht (Unterbekleidung) sollte so gestaltet sein, dass die Haut möglichst trocken bleibt (z.B. Baumwollunterwäsche vermeiden, geeignete Funktionsunterwäsche bevorzugen). Die mittleren Bekleidungsschichten sollen dem Kälteschutz dienen, darüber soll ein äußerer Wind- und Nässeschutzes angeordnet sein. Die Anordnung von Wind- und Nässeschutz als äußere Schicht ermöglicht ein Ablegen oder Öffnen dieser Schichten bei größerer Arbeitsschwere, wodurch ein Durchfeuchten der inneren Bekleidungsschichten durch Schweißansammlung vermieden werden kann.
2. Vermeiden von langandauernden Tätigkeiten unter Kälteeinwirkung mit geringer Arbeitsschwere, Arbeiten in Zwangshaltungen oder in statischen Körperhaltungen,
3. Organisieren von wechselnden Tätigkeiten zeitweise in wärmeren Bereichen, z.B. Tätigkeiten in Gebäuden oder Containern abwechseln (Arbeitsteilung),
4. Berücksichtigung von ausreichenden Aufwärmzeiten mit Unterbrechung der Kälteexposition und Verlegung des Aufenthaltsortes in geeignete Räume z.B. gemäß ASR A4.2 „Pausen- und Bereitschaftsräume"; dabei sind notwendige, ggf. für Beschäftigte individuell wählbare Zeiten der Ruhepausen zu berücksichtigen, wobei die beabsichtigte Wir-

kung der Aufwärmzeit nicht durch Ansammlung der Aufwärmzeiten, z.B. am Schichtende, reduziert werden darf und
5. Bereitstellen von geeigneten heißen Getränken.

(2) Bei Kälte Stufe 3 soll Alleinarbeit vermieden werden. Bei erforderlicher Alleinarbeit ist, damit nicht Unfälle oder gesundheitliche Probleme zur Lebensgefahr durch Unterkühlung führen, die Sicherheit zu erhöhen, z.B. durch:
1. die Durchführung von Kontrollgängen in kürzeren Abständen,
2. die Einrichtung eines zeitlich abgestimmten Meldesystems (z.B. in zeitlichen Abständen zu wiederholender Anruf, Kenntnis des Vorgesetzten über Aufenthaltsorte der Beschäftigten) oder
3. die Verwendung zusätzlicher akustischer oder Licht-Signalgeber.

2.3.3 Personenbezogene Maßnahmen

(1) Angepasste Kleidung, ggf. auch Unterkleidung, mit ausreichendem Kälte-, Wind- und Nässeschutz, ist zu benutzen.

(2) Nasse oder durchfeuchtete Bekleidung soll gewechselt werden.

(3) Bei Lufttemperaturen oberhalb -5 °C ist grundsätzlich normale Arbeitskleidung mit warmer Unterwäsche, je nach Wetter in Kombination mit Wetterschutzkleidung, ausreichend.

(4) Bei Lufttemperaturen unterhalb von -5 °C sollen getragen werden:
1. Kälteschutzkleidung und Unterkleidung mit hochschließendem Kragen sowie
2. Kälteschutz für Gesicht, Hände und Füße, z.B. Winterschutzhandschuhe (Kälteschutzhandschuhe), Fußschutz in Winterausführung, der auch mit dicken Socken einen sicheren Stand gewährleistet und
3. bei Helmpflicht Helme mit speziellen zugelassenen Styroporschalen oder zusätzlich geeignete Mützen oder Hauben.

(5) Beschäftigte haben ihrer Mitwirkungspflicht nach § 15 ArbSchG nachzukommen.

Anhang

Beaufort-Skala und Beaufort-Skala See

Die Beaufort-Skala ist ein Hilfsmittel, mit deren Hilfe die Windstärke anhand der Auswirkungen des Windes geschätzt werden kann. Sie reicht von Stärke 0 (Windstille) bis Stärke 12 (Orkan).

Tabelle 2 enthält einen Auszug der Beaufort-Skala zu den Auswirkungen von Wind im Binnenland, Tabelle 3 einen Auszug der Beaufort-Skala See zu den windinduzierten Auswirkungen auf See.

Hinweis:

Die angegebenen signifikanten Wellenhöhen sind ungefähre Richtwerte der sogenannten „ausgereiften Windsee". Die Überlagerung der Windsee durch Dünung ist dabei nicht berücksichtigt. $H_{1/3}$ *bezeichnet die durchschnittliche Wellenhöhe im höchsten Drittel aller Wellen im Seegang.*

Tab. 2: Beaufort-Skala (Auszug)

Beaufort Grad (Bft.-Grad)	**Bezeichnung**	**Mittlere Windgeschwindigkeit in 10 m Höhe über freiem Gelände**		**Beispiele für die Auswirkungen des Windes im Binnenland**
		(m/s)	**(km/h)**	
0	Windstille	0 – 0,2	< 1	Rauch steigt senkrecht auf
1	leiser Zug	0,3 – 1,5	1 – 5	Windrichtung angezeigt durch den Zug des Rauches
2	leichte Brise	1,6 – 3,3	6 – 11	Wind im Gesicht spürbar, Blätter und Windfahnen bewegen sich
3	schwache Brise, schwacher Wind	3,4 – 5,4	12 – 19	Wind bewegt dünne Zweige und streckt Wimpel
4	mäßige Brise, mäßiger Wind	5,5 – 7,9	20 – 28	Wind bewegt Zweige und dünnere Äste, hebt Staub und loses Papier
5	frische Brise, frischer Wind	8,0 – 10,7	29 – 38	kleine Laubbäume beginnen zu schwanken, Schaumkronen bilden sich auf Seen
6	starker Wind	10,8 – 13,8	39 – 49	starke Äste schwanken, Regenschirme sind nur schwer zu halten, Stromleitungen pfeifen im Wind

Tab. 3: Beaufort-Skala See (Auszug)

Beaufort Grad (Bft.-Grad)	Bezeichnung	Windgeschwindigkeit (gerundete Werte)			Signifikante Wellenhöhe $H_{1/3}$ (m)	Auswirkungen des Windes auf See
		(m/s)	(km/h)	(Knoten)		
0	Stille	~ 0	< 1	< 1	0	spiegelglatte See
1	leiser Zug	~ 1	1 – 5	1 – 3	0,1	kleine schuppenförmig aussehende Kräuselwellen ohne Schaumkämme
2	leichte Brise	2 – 3	6 – 11	4 – 6	0,2	kleine Wellen, noch kurz, aber ausgeprägter; die Kämme sehen glasig aus und brechen nicht
3	schwacher Wind	3 – 5	12 – 19	7 – 10	0,6	die Kämme beginnen zu brechen, der Schaum ist glasig, vereinzelt können kleine weiße Schaumköpfe auftreten
4	mäßiger Wind	5 – 8	20 – 28	11 – 16	1	die Wellen sind zwar noch klein, werden aber länger; weiße Schaumköpfe treten schon ziemlich verbreitet auf
5	frischer Wind	8 – 11	29 – 38	17 – 21	2	mäßige Wellen, die eine ausgeprägte lange Form annehmen; weiße Schaumkämme bilden sich in großer Zahl, vereinzelt kann schon etwas Gischt vorkommen
6	starker Wind	11 – 14	39 – 49	22 – 27	3	Bildung großer Wellen beginnt; überall treten ausgedehnte weiße Schaumkämme auf, häufig mit Gischt

Literaturhinweise

Technische Regeln

ASR A5.1 Arbeitsplätze in nicht allseits umschlossenen Arbeitsstätten und Arbeitsplätze im Freien

Weitere Quellen

Glitz et al. 2022: AWMF-S2k-Leitlinie „Arbeiten unter klimatischen Belastungen". Deutsche Gesellschaft für Arbeitsmedizin und Umweltmedizin e. V. (DGAUM). 1. Auflage, Version 1 vom 10.06.2022, *https://www.awmf.org/leitlinien/detail/ll/002-045.html*

Kittelmann et al. 2021 (Hrsg.): Handbuch Gefährdungsbeurteilung. 1. Auflage. Dortmund: Bundesanstalt für Arbeitsschutz und Arbeitsmedizin, Seiten: 611, PDF-Datei, DOI:

10.21934/baua:fachbuch20210127; aktualisierte Ausgabe 2023, PDF-on-Demand-Dokument (DOI: 10.21934/baua:fachbuch20230531), *https://www.baua.de/DE/Themen/Arbeitsgestaltung/Gefaehrdungsbeurteilung/Handbuch-Gefaehrdungsbeurteilung/Gefaehrdungsbeurteilung_node*

Empfehlung zur Beurteilung der Gefährdung durch Hitze und Maßnahmen an Arbeitsplätzen in nicht allseits umschlossenen Arbeitsstätten und an Arbeitsplätzen im Freien[1485)]

Beschluss des ASTA vom 21.8.2025

Beim Betreiben von Arbeitsplätzen in nicht allseits umschlossenen Arbeitsstätten und Arbeitsplätzen im Freien sind Beschäftigte witterungsbedingt durch Hitze gefährdet und ihre Sicherheit und Gesundheit kann beeinträchtigt sein.[1486)] Diese Empfehlung gibt Hinweise für Beurteilungsmaßstäbe zur Beurteilung der Gefährdungen und zu Maßnahmen einschließlich beispielhafter Lösungen zu deren Umsetzung für die Sicherheit und den Schutz der Gesundheit der Beschäftigten. Dabei wurden gesicherte arbeitswissenschaftliche Erkenntnisse berücksichtigt. Diese Empfehlung entfaltet keine Vermutungswirkung im Sinne von § 3a Absatz 1 Satz 3 Arbeitsstättenverordnung (ArbStättV).[1487)]

1 Begriffsbestimmungen

1.1 Arbeitsplätze im Freien sind Arbeitsplätze innerhalb von Arbeitsstätten, die sich außerhalb von Gebäuden befinden.

1.2 Arbeitsplätze in nicht allseits umschlossenen Arbeitsstätten sind Arbeitsplätze in Arbeitsstätten, bei denen durch nicht verschließbare Öffnungen in Gebäudeumhüllungen oder durch nicht vorhandene Wände Witterungseinflüsse auf die Arbeitsplätze einwirken. Bereiche von Arbeitsstätten, bei denen während der Zeiten des Betreibens vorhandene Tore und Türen aus Gründen des Arbeitsablaufs ständig geöffnet sind (z.B. Abhollager für Baustoffe mit Durchfahrtmöglichkeit für die Kunden) zählen auch zu Arbeitsplätzen in nicht allseits umschlossenen Arbeitsstätten.

1485) Eine Zusammenfassung des Expertenwissens zu Gefährdungen und Wirkungen, zu den Arbeitsschutzmaßnahmen und zur Kontrolle der Wirksamkeit enthält das von der BAuA veröffentlichte Handbuch Gefährdungsbeurteilung unter:
https://www.baua.de/DE/Themen/Arbeitsgestaltung/Gefaehrdungsbeurteilung/Handbuch-Gefaehrdungsbeurteilung/Expertenwissen/Arbeitsumgebungsbedingungen/Klima/Klima_dossier?pos=2.

1486) Steigen die Umgebungstemperaturen über den Behaglichkeitsbereich an, ist mit Konzentrationsmängeln, Leistungsabfall, Zunahme von Arbeitsfehlern, Erschöpfung, Ermüdung und Zunahme von Unfällen zu rechnen. Hochgradige Wärmeeinwirkung kann auch zur Belastung des Herz-Kreislauf-Systems, der Atemwege und des Wasser- und Elektrolythaushalts führen. Im extremen Fall können Hitzekrankheiten wie Hitzekrämpfe, Hitzekollaps und Hitzschlag ausgelöst werden. Siehe Bux K., Kampmann B.: Raumklima. In: Handbuch der Arbeitsmedizin – Arbeitsphysiologie – Arbeitspsychologie – Klinische Arbeitsmedizin – Gesundheitsförderung und Prävention, 2014.

1487) Die Empfehlung enthält ein vereinfachtes Verfahren zur Beurteilung von Gefährdungen durch Hitze. Leitgröße zur Beurteilung von Gefährdungen durch Hitze ist die Lufttemperatur am Arbeitsplatz. Zusätzlich werden die Faktoren Arbeitsschwere, Wärmeisolation durch Bekleidung und Ausrüstung (z.B. Schutzausrüstung), Sonneneinstrahlung, Luftfeuchte sowie Windeinwirkung zur Ableitung einer korrigierten Lufttemperatur, der Beurteilungstemperatur, einbezogen. Entsprechend dieser Beurteilungstemperatur erfolgt eine Einteilung in vier Hitzestufen (bis 26° C, über 26° C bis 30° C, über 30° C bis 35° C, über 35° C) und sich daraus ergebenden Handlungsanweisungen bzw. möglichen Maßnahmen. Dieses vereinfachte Verfahren bedarf noch einer Evaluierung durch entsprechende Studien und eines Nachweises der Wirksamkeit. Der für die Auslösung der Vermutungswirkung erforderliche Stand der Technik ist somit noch nicht festgestellt. Aus diesem Grund wurde das vereinfachte Verfahren vom ASTA zunächst als Empfehlung erarbeitet und soll später in die ASR A5.1 überführt werden.

1.3 Die **Arbeitsschwere** bestimmt wesentlich die Wärmeerzeugung des Menschen. Die Angabe der Arbeitsschwere erfolgt in Bezug auf den bei der Arbeit im Körper stattfindenden Gesamtenergieumsatz üblicherweise in Watt.

1.4 Die **Beaufort-Skala** verknüpft beobachtbare (phänomenologische) Auswirkungen des Windes mit der Windstärke, ausgedrückt in **Beaufort-Grad** (Bft.-Grad). Die Beaufort-Skala reicht von Beaufort-Grad 0 (Windstille) bis Beaufort-Grad 12 (Orkan). Den Beaufort-Graden sind Windgeschwindigkeitsspannen in Meter pro Sekunde (m/s) zugeordnet. Die Auswirkungen von Wind im Binnenland werden auf der Beaufort-Skala dargestellt. Windinduzierte Auswirkungen auf See sind der Beaufort-Skala See zu entnehmen (siehe Tabellen 7 und 8 im Anhang 2).

1.5 Der **betriebliche Hitzeschutzplan** zielt auf die Vermeidung hitzebedingter Erkrankungen, Unfälle und Todesfälle durch Prävention ab und bezeichnet dazu die Gefährdungen, geeignete (technische, organisatorische und personenbezogene) Maßnahmen sowie Notfallmaßnahmen bei Eintritt einer akuten Gesundheitsstörung.

1.6 Die **Beurteilungstemperatur** im Sinne dieser Empfehlung ist ein vereinfachtes Klimasummenmaß. Sie wird ermittelt aus Werten der Lufttemperatur und Luftfeuchte und berücksichtigt die Auswirkung von Arbeitsschwere, Bekleidung, Sonnenstrahlung und Wind.

1.7 **Klimasummenmaß** ist eine Zusammenfassung von mehreren Klimagrößen (Lufttemperatur, Luftfeuchte, Luftgeschwindigkeit, Wärmestrahlung) und gegebenenfalls weiteren Faktoren wie Arbeitsschwere und Wärmeisolation der Bekleidung oder auch des individuellen Akklimatisationsgrades in einem Wert zur Bewertung der thermischen Beanspruchung von Beschäftigten.[1488)]

1.8 Die **Lufttemperatur** ist die Temperatur der den Menschen umgebenden Luft ohne Einwirkung von Wärmestrahlung.

1.9 **Personenbezogene Maßnahmen** im Sinne dieser Empfehlung sind Maßnahmen, die individuell wirken z.B. durch Anpassung von Verhalten (z.B. ausreichende Flüssigkeitsauf-

---

1488) Klimasummenmaße sollen die durch verschiedene Einflussgrößen bedingte komplexe thermische Beanspruchung des Menschen in einem Zahlenwert zusammenfassen. Als Beurteilungsmaßstab im Hitzeklima können die Klimasummenmaße nach DIN 33403-3:2011-07 „Klima am Arbeitsplatz und in der Arbeitsumgebung – T. 3: Beurteilung des Klimas im Warm- und Hitzebereich auf der Grundlage ausgewählter Klimasummenmaße" dienen:
- Normal-Effektivtemperatur NET (ohne Wärmestrahlung, normale Kleidung)
- Basis-Effektivtemperatur BET (ohne Wärmestrahlung, Arbeit mit unbekleidetem Oberkörper)
- WBGT-Index (Wet Bulb Globe Temperature, mit Wärmestrahlung,
- vorhergesagte Wärmebeanspruchung PHS (DIN EN ISO 7933:2024-03 „Ergonomie der thermischen Umgebung – Analytische Bestimmung und Interpretation der Wärmebelastung durch Berechnung der vorhergesagten Wärmebeanspruchung".

Die zur Ermittlung der Klimasummenmaße erforderlichen Klimagrößen werden in DIN SPEC 33428:2019-06 „Klima am Arbeitsplatz und in der Arbeitsumgebung – Grundlagen zur Klimaermittlung" sowie DIN EN ISO 7726:2021-03 „Umgebungsklima – Instrumente zur Messung physikalischer Größen" beschrieben.

nahme bei Hitze), Nutzung geeigneter Kleidung oder das Tragen persönlicher Schutzausrüstungen (PSA).

1.10 Als **Sonnenstrahlung** wird in dieser Empfehlung die natürliche, auf der Erdoberfläche ankommende ultraviolette, sichtbare und infrarote Strahlung bezeichnet.

1.11 **Wetter** ist der zeitlich und räumlich eng begrenzte Zustand der Atmosphäre mit kurzfristigen meteorologischen Ereignissen (z.B. Hoch-, Tiefdruckgebiet, Gewitter, Sturm).

1.12 **Wind** ist die durch natürliche Druckunterschiede ausgelöste Bewegung der Luft. Der auf die Beschäftigten einwirkende Wind kann durch bauliche Gegebenheiten verstärkt oder gemindert sein (z.B. Düseneffekte, Böigkeit).

1.13 **Witterung** ist die Gesamtheit aller natürlichen meteorologischen Ereignisse, die im Laufe eines bestimmten Zeitraums (z.B. Sommer, Winter) auf einen Arbeitsplatz im Freien oder auf einen Arbeitsplatz in einem nicht allseits umschlossenen Gebäude einwirken. Gleichbedeutend ist der Begriff **Witterungsverhältnisse**.

1.14 **Witterungseinflüsse** sind im Sinne dieser Empfehlung die äußeren Einwirkungen der Witterung und des Wetters, die aufgrund der eingerichteten Arbeitsstätte die Sicherheit und Gesundheit von Beschäftigten beeinflussen können.

2 Gefährdungen durch Hitze – Beurteilung und Maßnahmen

(1) Gefährdungen durch Hitze, die zu einer Überwärmung des Körpers und in der Folge zu Auswirkungen auf die Gesundheit führen, aber auch durch Veränderung der geistigen und körperlichen Leistungsfähigkeit die Sicherheit der arbeitenden Person beeinträchtigen können, sind zu vermeiden. Die gesundheitlichen Auswirkungen reichen von Flüssigkeitsmangel (auch ohne Durstgefühl) über Unwohlsein, Hitzeerschöpfung, Sonnenstich, Hitzekollaps bis zum lebensbedrohlichen Hitzschlag.

(2) Als Einflussfaktoren für Gefährdungen durch Hitze sind die Lufttemperatur im Zusammenwirken mit der Luftfeuchte, der Windgeschwindigkeit und der Wärme- bzw. Sonnenstrahlung zu berücksichtigen. Zusätzlich sind auch die Wärmeerzeugung des Menschen und die Wärmeisolation der Bekleidung zu beachten, wobei die Wärmeerzeugung von der Arbeitsschwere abhängt.

Hinweis:

Die körperliche Konstitution kann bei bestimmten Beschäftigtengruppen die Auswirkung der Gefährdungen durch Hitze erhöhen (siehe auch Abschnitt 4 Absatz 4 in der ASR A5.1 „Arbeitsplätze in nicht allseits umschlossenen Arbeitsstätten und Arbeitsplätze im Freien").

(3) Zusätzliche thermische Lasten in der Arbeitsplatzumgebung, z.B. durch Arbeitsstoffe, Maschinen, elektrische Geräte oder bauliche Gegebenheiten sowie beim Tragen von okklusiver (wasserdampfundurchlässiger, flüssigkeitsdichter) Schutzkleidung, z.B. Chemikalienschutzanzug, oder von Atemschutzgeräten der Gruppen 2 und 3 gemäß der Arbeitsmedizi-

nischen Regel AMR 14.2 „Einteilung von Atemschutzgeräten in Gruppen", werden in dieser Empfehlung nicht betrachtet. Diese können die Hitzebelastung erhöhen und sind im Rahmen der Gefährdungsbeurteilung zu beachten. Die Beurteilung der Gefährdung sollte durch eine fachkundige Person erfolgen.

(4) Gefährdungen durch Hitze erfordern eine vorausschauende Planung im Rahmen der Gefährdungsbeurteilung, um übermäßige Belastungen für die Beschäftigten zu vermeiden. Die Ergebnisse der Planung sind den Beschäftigten rechtzeitig bekanntzumachen, z.B. als betrieblicher Hitzeschutzplan konkretisiert, damit diese auf akute gesundheitliche Auswirkungen (z.B. Hitzekollaps, Hitzschlag) mit gezielten Sofort- und Rettungsmaßnahmen reagieren können.

Hinweis:

Beispiele für betriebliche Hitzeschutzpläne finden sich in der Muster-Betriebsanweisung „Arbeiten im Freien bei Hitze" der BG BAU (https://www.bgbau.de/service/angebote/medien-center-suche/medium/betriebsanweisung-arbeiten-im-freien-bei-hitze) oder im „Hitzeaktionsplan: Outdoor-Baustellen" der BG BAU (https://www.bgbau.de/service/angebote/medien-center-suche/medium/hitzeaktionsplan-outdoor-baustellen).

(5) Eine selbstständige und verantwortungsbewusste Anpassung von Arbeitsschwere und Arbeitstempo kann einer gesundheitlichen Gefährdung durch Hitze vorbeugen. Dieses Verhalten sollte daher bei der Planung von Tätigkeiten bei Hitze ermöglicht werden.

2.1 Beurteilungsmaßstäbe für Gefährdungen durch Hitze

(1) Die Beurteilung der Gefährdungen durch Hitze ist bezogen auf die Tätigkeit, den Tätigkeitszeitraum und den jeweiligen Arbeitsplatz durchzuführen.

(2) Die Beurteilung von Gefährdungen durch Hitze kann mit dem im Abschnitt 2.2 beschriebenen vereinfachten Verfahren zur Ermittlung und Kategorisierung der Beurteilungstemperatur erfolgen.

Hinweise:

1. *Das vereinfachte Verfahren wurde unter Berücksichtigung der Schutzziele und Rahmenbedingungen des Arbeitsschutzes aus detaillierten Ansätzen (basierend auf Klimasummenmaßen) abgleitet.*
2. *Die Beurteilung von Gefährdungen durch Hitze kann auch durch Ermittlungsverfahren zur differenzierten Beurteilung von Gefährdungen durch Hitze mit Klimasummenmaßen auf Basis von Messungen der physikalischen Einflussgrößen erfolgen. Erläuterungen zu physikalischen Messverfahren und Klimasummenmaßen, wie z.B. die Wet Bulb Globe Temperature (WBGT), sowie den damit abgeleiteten Beurteilungen und Maßnahmen finden sich z.B. in der AWMF-S2k-Leitlinie „Arbeiten unter klimatischen Belastungen" (https://www.awmf.org/leitlinien/detail/ll/002-045.html).*

(3) Tritt bei einem Beschäftigten eine akute Hitzeerkrankung auf (z.B. Hitzeerschöpfung, Sonnenstich, Hitzekollaps, Hitzschlag), ist unabhängig von der Luft- und Beurteilungstemperatur von einer unmittelbaren erheblichen Gefahr durch Hitze auszugehen. Die Tätigkei-

ten im betroffenen Bereich sind zu unterbrechen. Die Anwendbarkeit des gewählten Beurteilungsmaßstabs und die Wirksamkeit der getroffenen Maßnahmen sind zu überprüfen.

Hinweis:

Symptome und Erste-Hilfe-Maßnahmen für Hitzeerkrankungen können der DGUV Information 204-037 „Erste Hilfe Karte: Akute Hitzeerkrankungen" entnommen werden.

2.2 Vereinfachtes Verfahren zur Beurteilung von Gefährdungen durch Hitze

(1) Für Arbeitsplätze im Freien kann zur Ermittlung der Lufttemperatur und des zu erwartenden Tagesverlaufs auf die für die Arbeitsstätte repräsentativen Angaben eines Wetterdienstes zurückgegriffen werden.

(2) Die Lufttemperatur am Arbeitsplatz kann auch mit einem Thermometer, dessen Messgenauigkeit +/-0,5 °C betragen soll, und das nicht direkt der Sonnenstrahlung ausgesetzt ist, in Grad Celsius [°C] gemessen. Für Arbeitsplätze im Freien soll die Messung mindestens 4 m von Gebäudeaußenwänden entfernt und in einer Höhe von 2 m über dem Erdboden erfolgen. Für sitzende Tätigkeiten soll die Messung in einer Höhe von 0,6 m und bei stehender Tätigkeit in einer Höhe von 1,1 m über dem Boden erfolgen.

(3) Bei einer Lufttemperatur am Arbeitsplatz bis einschließlich 26 °C ist die Gefährdung durch Hitze gering. In diesem Fall entspricht die Lufttemperatur der Beurteilungstemperatur und die in den Absätzen 4, 5 und 6 sowie in Anhang 1 aufgeführten Schritte zur Ermittlung einer Beurteilungstemperatur entfallen.

(4) Bei Lufttemperaturen am Arbeitsplatz oberhalb von 26 °C sind für Arbeitsschwere, Bekleidung, Sonnenstrahlung, Luftfeuchte und Wind die Lufttemperatur-Korrekturwerten in den nachfolgenden Schritten 1 bis 5 zu ermitteln. Die Beurteilungstemperatur wird berechnet, indem zum Wert der Lufttemperatur alle zutreffenden Lufttemperatur-Korrekturwerte addiert werden. Ein Berechnungsschema für die Beurteilungstemperatur zur Beurteilung der Gefährdung durch Hitze enthält Anhang 1 dieser Empfehlung.

1. Gefährdungen durch Hitze nehmen bei erhöhter Arbeitsschwere zu. Zur Berücksichtigung der Arbeitsschwere können die Lufttemperatur-Korrekturwerte der Tabelle 1 angewendet werden.

Tab. 1: Stufen der Arbeitsschwere mit Korrekturwerten zur Lufttemperatur

Stufen der Arbeitsschwere	Beispiele	Lufttemperatur-Korrekturwert
leicht	leichte Hand-/Armarbeit bei ruhigem Sitzen oder Stehen verbunden mit gelegentlichem Gehen	±0 °C
mittel	mittelschwere Hand-/Arm- oder Beinarbeit im Sitzen, Gehen oder Stehen	+2 °C

Stufen der Arbeits-schwere	Beispiele	Lufttemperatur-Korrekturwert
schwer	schwere Hand-/Arm-, Bein- und Rumpfarbeit im Gehen oder Stehen	+4 °C

Hinweis:

Die Stufen der Arbeitsschwere verstehen sich als zeitlich gewichteter Durchschnitt bezogen auf die Arbeitsschicht.

2. Gefährdungen durch Hitze nehmen bei erhöhter Wärmeisolation der Bekleidung und Ausrüstung (z.B. Schutzausrüstung) sowie deren Kombination zu. Zur Berücksichtigung des Einflusses der Bekleidung im Rahmen dieser Empfehlung können die Lufttemperatur-Korrekturwerte der Tabelle 2 angesetzt werden.

Tab. 2: Stufen der Bekleidung mit Korrekturwerten zur Lufttemperatur

Stufen der Bekleidung	Beispiele	Lufttemperatur-Korrekturwert
saisonal angepasste Kleidung und Arbeitskleidung	körperbedeckende, atmungsaktive Textilien (z.B. langärmeliges Baumwoll-T-Shirt und lange Baumwollhose) und Kopfbedeckung, entsprechend den personenbezogenen Maßnahmen zum Schutz vor Sonnenstrahlung aus Abschnitt 5.3.3 der ASR A5.1 „Arbeitsplätze in nicht allseits umschlossenen Arbeitsstätten und Arbeitsplätze im Freien“	±0 °C
wasserdampfdurchlässige Schutzkleidung	Schutzkleidung (z.B. Warnkleidung, Schnittschutzhose)	+2 °C bis +3 °C (je nach Luft- und Wasserdampfdurchlässigkeit)
wasserdampfdurchlässige Schutzkleidung zuzüglich PSA	Schutzkleidung zuzüglich PSA (z.B. Arbeitshandschuhe, Helm, Atemschutzgeräte der Gruppe 1 gemäß AMR 14.2)	+3 °C bis +4 °C

3. Gefährdungen durch Hitze nehmen bei Sonnenstrahlung zu, wobei die Zunahme vom Bewölkungsgrad und der Verschattung abhängt. Zur Berücksichtigung der Wirkung von Sonnenstrahlung können die Lufttemperatur-Korrekturwerte der Tabelle 3 angesetzt werden.

Tab. 3: Berücksichtigung der Sonnenstrahlung mit Korrekturwerten zur Lufttemperatur in Abhängigkeit von Stufen des Bewölkungsgrads

Stufen des Bewölkungsgrads	Lufttemperatur-Korrekturwert
vollständig bedeckt/im Schatten	±0 °C
teil- oder zeitweise bedeckt/im Schatten	+2 °C
wolkenlos und in praller Sonne	+5 °C

4. Gefährdungen durch Hitze nehmen mit steigender Luftfeuchte zu, bei Luftfeuchten oberhalb der sogenannten Schwülegrenze ist die Abkühlung des Körpers durch Schweißverdunstung erheblich eingeschränkt. Die Schwülegrenze entspricht Wertepaaren von Lufttemperatur und relativer Luftfeuchte, deren Überschreitung Tabelle 4 entnommen werden kann. Alternativ zur Ermittlung der Schwülegrenze nach Tabelle 4 kann die Taupunkt-Temperatur (über 17 °C) oder der Wasserdampfdruck (größer 18,8 hPa) herangezogen werden. Bei Überschreiten der Schwülegrenze kann ein Lufttemperatur-Korrekturwert von +3 °C berücksichtigt werden.

Hinweis:

Die relative Luftfeuchte kann z.B. mit einem digitalen Hygrometer bestimmt werden. Für Arbeitsplätze im Freien kann zur Ermittlung der relativen Luftfeuchte, der Taupunkt-Temperatur oder des Wasserdampfdrucks alternativ auf die für die Arbeitsstätte repräsentativen Angaben eines Wetterdienstes zurückgegriffen werden.

Tab. 4: Schwülegrenze, ab der ein Lufttemperatur-Korrekturwert von +3 °C berücksichtigt werden kann

Schwülegrenze überschritten?	
Lufttemperatur	**relative Luftfeuchte**
+26 °C	≥ 55 %
+27 °C	≥ 52 %
+28 °C	≥ 50 %
+29 °C	≥ 46 %
+30 °C	≥ 44 %
+31 °C	≥ 41 %
+32 °C	≥ 39 %
+33 °C	≥ 37 %
+34 °C	≥ 35 %
+35 °C	≥ 33 %

5. Gefährdungen durch Hitze werden durch Windeinwirkung verringert. Zur Berücksichtigung der Wirkung von Wind können die Lufttemperatur-Korrekturwerte der Tabelle 5 angesetzt werden.

Tab. 5: Stufen der Windstärke mit Korrekturwerten zur Lufttemperatur

Stufen der Windstärke (Bft.-Grad)	Lufttemperatur-Korrekturwert
Windstille, leichte Luftbewegung (0 bis1)	±0 °C
leichte Brise (2 bis 3)	-2 °C
deutlich spürbarer Wind (ab 4)	-3 °C

Hinweis:

Stufen der Windstärke (Bft.-Grad) bestimmen sich vereinfacht nach den Tabellen 7 und 8 im Anhang 2.

(5) Abhängig von der Beurteilungstemperatur können entsprechende Handlungsanweisungen der Tabelle 6 angewendet werden.

Tab. 6: Kategorisierung der Beurteilungstemperatur für Hitze und Handlungsanweisungen

Hitze Stufe	Beurteilungstemperatur	Handlungsanweisungen
1	bis 26 °C	Wenn voraussichtlich die Lufttemperatur über 26 °C steigen wird: Situation beobachten, Ergebnisse der Planung zum Umgang mit Hitze (z.B. betrieblichen Hitzeschutzplan) bereithalten
2	über 26 °C bis 30 °C	Wie Hitze Stufe 1, zusätzlich sollen Maßnahmen nach Punkt 2.3 ergriffen werden, insbesondere Bereitstellung geeigneter Getränke und technische Maßnahmen zur Verringerung der Gefährdung durch Sonnenstrahlung (siehe Abschnitt 5.3 der ASR A5.1 „Arbeitsplätze in nicht allseits umschlossenen Arbeitsstätten und Arbeitsplätze im Freien“). Eine selbständige Anpassung von Arbeitsschwere und Arbeitstempo sowie regelmäßige Flüssigkeitsaufnahme ist zu ermöglichen.

Hitze Stufe	Beurteilungstemperatur	Handlungsanweisungen
3	über 30 °C bis 35 °C	Wie Hitze Stufe 2, zusätzlich müssen Maßnahmen nach Punkt 2.3 ergriffen werden, insbesondere sind geeignete Getränke bereitzustellen und Maßnahmen zur Entwärmung, ggf. durch Unterbrechung der Tätigkeit, umzusetzen.
4	über 35 °C	Wie Hitze Stufe 3, zusätzlich ist die Arbeit wie Hitzearbeit zu betrachten.

Hinweis:

Hitzearbeit ist Arbeit, bei der es infolge des Zusammenwirkens von Hitze, körperlicher Arbeit und Bekleidung zu einer Erwärmung des Körpers und damit zu einer erhöhten Körpertemperatur kommt, die bei andauerndem Anstieg Gesundheitsschäden zur Folge haben kann, sodass die Exposition u. U. zeitlich begrenzt werden muss. Weitere Informationen bezüglich Beurteilung und Maßnahmen können der DGUV Information 213-002 „Hitzearbeit" entnommen werden.

(6) Beim Überschreiten einer Beurteilungstemperatur von +26 °C sollen Maßnahmen nach Abschnitt 2.3 ergriffen werden.

(7) Beim Überschreiten einer Beurteilungstemperatur von +30 °C müssen Maßnahmen nach Abschnitt 2.3 ergriffen werden.

(8) Beim Überschreiten einer Beurteilungstemperatur von +35 °C ist der betroffene Bereich des Arbeitsplatzes für die Zeit der Überschreitung ohne technische Maßnahmen (z.B. Verschattung, Wasservernebelung), organisatorische Maßnahmen (z.B. Entwärmungsphasen, reduzierte Arbeitsschwere) oder personenbezogene Maßnahmen (z.B. persönliche Schutzausrüstungen, Kühlwesten) nach Abschnitt 2.3, wie bei Hitzearbeit, zur Ausübung der Tätigkeit nicht geeignet.

2.3 Maßnahmen gegen Gefährdungen durch Hitze

(1) Maßnahmen gegen Gefährdungen, die von Hitze ausgehen, sind als sinnvolle Kombination der im Folgenden beispielhaft benannten technischen, organisatorischen und personenbezogenen Maßnahmen festzulegen und umzusetzen. Ausgenommen von der Umsetzung entsprechender Maßnahmen sind Arbeitsplätze, an denen für die Beschäftigten die Gefährdung durch Hitze in jeder Arbeitsstunde weniger als 15 Minuten andauert und gleichzeitig die Beurteilungstemperatur +30 °C nicht übersteigt.

(2) Bei der Festlegung der Maßnahmen sind die Arbeitsschwere und die Dauer der Tätigkeit zu berücksichtigen und dabei solche Maßnahmen zu bevorzugen, die für die Beschäftigten eine an die Belastung angepasste Einteilung der Arbeit vorsehen oder eigenständig ermöglichen (siehe Abschnitt 2 Absatz 5) und einen regelmäßigen Ausgleich des Flüssigkeitshaushalts durch Trinken gewährleisten.

(3) Sofern kein Trinkwasser im Sinne der Trinkwasserverordnung zur Verfügung steht, sollen oberhalb einer Beurteilungstemperatur von 26 °C und müssen oberhalb einer Beurtei-

lungstemperatur von 30 °C andere geeignete Getränke bereitgestellt werden, z.B. Tee oder Mineralwasser. Unabhängig davon müssen die Beschäftigten auf Baustellen in der Nähe der Arbeitsplätze über Trinkwasser oder ein anderes alkoholfreies Getränk verfügen können (siehe Nummer 5.2 Absatz 1 Buchstabe c des Anhangs der ArbStättV).

(4) Bei der Festlegung der Maßnahmen ist die Ortsgebundenheit oder Ortsveränderlichkeit der Tätigkeit zu berücksichtigen, z.B. hinsichtlich der Durchführbarkeit technischer Maßnahmen.

(5) Zur Verringerung der Gefährdung durch Sonnenstrahlung sind die technischen Maßnahmen des Abschnitts 5.3 der ASR A5.1 „Arbeitsplätze in nicht allseits umschlossenen Arbeitsstätten und Arbeitsplätze im Freien" zu beachten.

2.3.1 Technische Maßnahmen

Technische Maßnahmen gegen Gefährdungen durch Hitze sind z.B.:
1. Verschattung der Arbeitsplätze, z.B. durch Überdachungen, Sonnensegel oder aufgestellte Abschirmwände,
2. Durchlüftung und Kühlung der Arbeitsbereiche, z.B. durch Einsatz von Ventilatoren,
3. Einsatz von z.B. Luftduschen, Wasserverneblern,
4. Verringerung von Wärmeeinstrahlung, z.B. durch Einsatz von Steuerständen, Krankabinen, mobilen Arbeitsmitteln mit klimatisierter Kabine,
5. Vermeidung zusätzlicher (technischer) Wärmelasten (z.B. Wärmeabgabe von Maschinen) durch Kühlung heißer Oberflächen und Anlagenteile oder Ableitung von produktionstechnisch entstandenem Wasserdampf und heißer Luft und
6. Begrünung des Betriebsgeländes.

2.3.2 Organisatorische Maßnahmen

Organisatorischen Maßnahmen gegen Gefährdungen durch Hitze sind z.B.:
1. die Verlagerung von Tätigkeiten in einen schattigen Bereich,
2. die Anpassung von Arbeitszeiten, z.B. durch Verlegung schwerer körperlicher Tätigkeiten in die kühleren Tageszeiten oder Nutzung von Gleitzeitregelungen zur Arbeitszeitverlagerung,
3. die Anpassung von Arbeitsschwere und Arbeitstempo, z.B. in Zeiten mit Hitzebelastung keine körperlich schweren Tätigkeiten verrichten lassen, körperlich schwere Tätigkeiten durch Bereitstellung von Hilfsmitteln erleichtern oder auf mehrere Beschäftigte verteilen,
4. Beschäftigte über die Anpassung von Arbeitsschwere und Arbeitstempo, sofern betrieblich möglich, nach Unterweisung auch selbstständig entscheiden zu lassen,
5. das Prüfen einer Anpassung oder Aussetzung von Leistungslohnsystemen,
6. die Organisation aktiver Entwärmungsphasen, z.B. durch Arbeitsplatzrotation, mit Aufenthalt der Beschäftigten in weniger hitzebelasteten Bereichen des Arbeitsplatzes, wobei leichte körperliche Tätigkeiten durchgeführt werden dürfen,
7. das Ermöglichen von regelmäßigen Tätigkeitsunterbrechungen zur Flüssigkeitsaufnahme,

8. das Einplanen zusätzlicher Tätigkeitsunterbrechungen und notwendiger passiver Entwärmungsphasen (ab Hitze Stufe 3 der Beurteilungstemperatur) zu ggf. angepassten Ruhepausen und

   Hinweis:

   Viele kurze Tätigkeitsunterbrechungen sind effektiver als wenige längere.
9. die Durchführung von Ruhepausen und Tätigkeitsunterbrechungen in einer Umgebung, die schattig und kühler als der Arbeitsplatz ist.

   Hinweis:

   Es wird empfohlen, den Pausen- oder Bereitschaftsraum, bzw. Pausenbereich mit Kühlvorrichtungen wie Ventilatoren oder Eintauchbecken zum Kühlen der Unterarme auszustatten.

2.3.3 Personenbezogene Maßnahmen

(1) Personenbezogene Maßnahmen gegen Gefährdungen durch Hitze sind z.B.:
1. regelmäßiges Trinken ausreichender Mengen (Orientierungswert: 100 ml bis 150 ml alle 15 bis 30 Minuten),
2. Reduzieren von Arbeitsschwere und Arbeitstempo; bei körperlich schweren Tätigkeiten Einsetzen von Hilfsmitteln, Reduzieren des Gewichts mitgeführter Ausrüstung,
3. Tragen geeigneter Kleidung, dabei luft- und wasserdampfdurchlässige Kleidung zur guten Schweißverdunstung bevorzugen; sofern gemäß Gefährdungsbeurteilung Schutzkleidung erforderlich ist, muss diese unabhängig von der Luft- oder Beurteilungstemperatur getragen werden, wobei die Wärmeisolation der inneren Bekleidungsschichten reduziert werden soll,
4. Tragen von Kopfbedeckung, gegebenenfalls mit angefeuchtetem Nackenschutz und
5. bei geschlossenen Schutzanzügen: Einsetzen von Belüftungssystemen mit Umgebungs- oder gekühlter Luft.

(2) Die gegenseitige Rücksichtnahme und die Beobachtung der Beschäftigten untereinander auf Anzeichen von Gesundheitsstörungen tragen zur Vorbeugung gesundheitlicher Auswirkungen durch Hitze bei. Hierfür sind entsprechende Unterweisungen durchzuführen. Beschäftigte haben ihrer Mitwirkungspflicht nach § 15 ArbSchG nachzukommen.

(3) Bei einer akuten Hitzeerkrankung, z.B. Sonnenstich, Hitzeerschöpfung, Hitzekollaps oder Hitzschlag, sind die Rettungskräfte zu alarmieren und bis zu deren Eintreffen Erste-Hilfe-Maßnahmen durchzuführen, z.B. die betroffene Person in kühler und schattiger Umgebung bequem oder bei anhaltender Bewusstlosigkeit in stabiler Seitenlage zu lagern, zu kühlen, z.B. mit feuchten Tüchern, und bei vorhandenem Bewusstsein für ausreichendes Trinken sorgen. Dabei ist auf Puls und Atmung zu achten. Den Beschäftigten sind geeignete Informationen zum Umgang mit akuten Hitzeerkrankungen zur Verfügung zu stellen.

Hinweis:

Weitere Informationen bezüglich Erster-Hilfe-Maßnahmen bei Hitzeerkrankungen können der DGUV Information 204-037 „Erste Hilfe Karte: Akute Hitzeerkrankungen" entnommen werden.

Anhang 1

Berechnungsschema für die Beurteilungstemperatur zur Gefährdung durch Hitze

A1.1 Bestimmung der Lufttemperatur am Arbeitsplatz

Wert

überwiegende Arbeitsverrichtung				**alternativ nur für Arbeitsplätze im Freien**	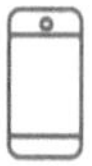	
Ort der Messung	2 m über Boden	1,1 m über Boden	0,6 m über Boden		Wert aus App	

Bei Lufttemperaturen bis einschließlich 26 °C entspricht die Beurteilungstemperatur der Lufttemperatur. Bei Lufttemperaturen oberhalb von 26 °C ist das nachfolgende Verfahren anzuwenden.

A1.2 Bestimmung der Korrekturwerte zur Ermittlung der Beurteilungstemperatur

1. Bestimmung des Korrekturwerts für die Arbeitsschwere — Wert

leicht	leichte Hand-/Armarbeit bei ruhigem Sitzen oder Stehen verbunden mit gelegentlichem Gehen	±0 °C	
mittel	mittelschwere Hand-/Arm- oder Beinarbeit im Sitzen, Gehen oder Stehen	+2 °C	
schwer	schwere Hand-/Arm-, Bein- und Rumpfarbeit im Gehen oder Stehen	+4 °C	

2. Bestimmung des Korrekturwerts für die Bekleidung — Wert

	saisonal angepasste Kleidung und Arbeitskleidung körperbedeckende, atmungsaktive Textilien (z. B. langärmeliges Baumwoll-T-Shirt und lange Baumwollhose) und Kopfbedeckung, entsprechend Maßnahmen zum Schutz vor Sonnenstrahlung nach ASR A5.1 Abschnitt 5.3.3	±0 °C	
	Schutzkleidung (z. B. Warnkleidung, Schnittschutzhose)	+2 °C bis +3 °C (je nach Luft- und Wasserdampf-durchlässigkeit)	
	Schutzkleidung zuzüglich PSA (z. B. Arbeitshandschuhe, Helm, Atemschutzgeräte der Gruppe 1 gemäß AMR 14.2)	+3 °C bis +4 °C	

3. Bestimmung des Korrekturwerts für die Sonnenstrahlung — Wert

	vollständig bedeckt/im Schatten	±0 °C
	teil- oder zeitweise bedeckt/im Schatten	+2 °C
	wolkenlos und in praller Sonne	+5 °C

4. Bestimmung des Korrekturwerts für die Luftfeuchte — Wert
alternativ: Prüfung der Schwülegrenze

	Schwülegrenze überschritten?
Lufttemperatur	**relative Luftfeuchte**
+26 °C	≥ 55 %
+27 °C	≥ 52 %
+28 °C	≥ 50 %
+29 °C	≥ 46 %
+30 °C	≥ 44 %
+31 °C	≥ 41 %
+32 °C	≥ 39 %
+33 °C	≥ 37 %
+34 °C	≥ 35 %
+35 °C	≥ 33 %

alternativ: Taupunkttemperatur ≥ 17 °C
alternativ: Wasserdampfdruck ≥ 18,8 hPa

JA	**+ 3°C**
NEIN	**+ 0°C**

5. Bestimmung des Korrekturwerts für die Windstärke — Wert

	Windstille, leichte Luftbewegung *Beaufort-Grad 0-1 (nach Anhang 2)*	±0 °C
	leichte Brise *Beaufort-Grad 2-3 (nach Anhang 2)*	-2 °C
	deutlich spürbarer Wind *ab Beaufort-Grad 4 (nach Anhang 2)*	-3 °C

A1.3 Ermittlung der Beurteilungstemperatur aus Lufttemperatur oberhalb von 26 °C und Korrekturwerten

Lufttemperatur am Arbeitsplatz	**°C**
+ Korrekturwert Arbeitsschwere	°C
+ Korrekturwert Bekleidung	°C
+ Korrekturwert Sonnenstrahlung	°C
+ Korrekturwert Luftfeuchte	°C
+ Korrekturwert Wind	°C
= Beurteilungstemperatur	**°C**

Anhang 2

Beaufort-Skala und Beaufort-Skala See

Die Beaufort-Skala ist ein Hilfsmittel, mit deren Hilfe die Windstärke anhand der Auswirkungen des Windes geschätzt werden kann. Sie reicht von Stärke 0 (Windstille) bis Stärke 12 (Orkan).

Tabelle 7 enthält einen Auszug der Beaufort-Skala zu den Auswirkungen von Wind im Binnenland, Tabelle 8 einen Auszug der Beaufort-Skala See zu den windinduzierten Auswirkungen auf See.

Hinweis:

Die angegebenen signifikanten Wellenhöhen sind ungefähre Richtwerte der sogenannten „ausgereiften Windsee". Die Überlagerung der Windsee durch Dünung ist dabei nicht berücksichtigt. $H_{1/3}$ *bezeichnet die durchschnittliche Wellenhöhe im höchsten Drittel aller Wellen im Seegang.*

Tab. 7: Beaufort-Skala (Auszug)

Beaufort-Grad (Bft.-Grad)	Bezeichnung	Mittlere Windgeschwindigkeit in 10 m Höhe über freiem Gelände		Beispiele für die Auswirkungen des Windes im Binnenland
		(m/s)	(km/h)	
0	Windstille	0–0,2	< 1	Rauch steigt senkrecht auf
1	leiser Zug	0,3–1,5	1–5	Windrichtung angezeigt durch den Zug des Rauches
2	leichte Brise	1,6–3,3	6–11	Wind im Gesicht spürbar, Blätter und Windfahnen bewegen sich
3	schwache Brise, schwacher Wind	3,4–5,4	12–19	Wind bewegt dünne Zweige und streckt Wimpel
4	mäßige Brise, mäßiger Wind	5,5–7,9	20–28	Wind bewegt Zweige und dünnere Äste, hebt Staub und loses Papier

Tab. 8: **Beaufort-Skala See (Auszug)**

Beaufort-Grad (Bft.-Grad)	Bezeichnung	Windgeschwindigkeit (gerundete Werte)			Signifikante Wellenhöhe $H_{1/3}$ (m)	Auswirkungen des Windes auf See
		(m/s)	(km/h)	(Knoten)		
0	Stille	~0	< 1	< 1	0	spiegelglatte See
1	leiser Zug	~1	1–5	1–3	0,1	kleine schuppenförmig aussehende Kräuselwellen ohne Schaumkämme
2	leichte Brise	2 – 3	6–11	4–6	0,2	kleine Wellen, noch kurz, aber ausgeprägter; die Kämme sehen glasig aus und brechen nicht
3	schwacher Wind	3 – 5	12–19	7–10	0,6	die Kämme beginnen zu brechen, der Schaum ist glasig, vereinzelt können kleine weiße Schaumköpfe auftreten
4	mäßiger Wind	5 – 8	20–28	11–16	1	die Wellen sind zwar noch klein, werden aber länger; weiße Schaumköpfe treten schon ziemlich verbreitet auf

Literaturhinweise

Technische Regeln

ASR A5.1 Arbeitsplätze in nicht allseits umschlossenen Arbeitsstätten und Arbeitsplätze im Freien

AMR 14.2 Einteilung von Atemschutzgeräten in Gruppen

Informationen der Unfallversicherungsträger

DGUV Information 204-037 Erste Hilfe Karte: Akute Hitzeerkrankungen (Stand April 2016), *https://publikationen.dguv.de/regelwerk/dguv-informationen/3108/erste-hilfe-karte-akute-hitzeerkrankungen*

DGUV Information 213-002	Hitzearbeit; erkennen – beurteilen – schützen (Stand August 2013), *https://publikationen.dguv.de/regelwerk/dguv-informationen/340/hitzearbeit-erkennen-beurteilen-schuetzen*

Weitere Quellen

BG BAU: Muster-Betriebsanweisung „Arbeiten im Freien bei Hitze": *https://www.bgbau.de/service/angebote/medien-center-suche/medium/betriebsanweisung-arbeiten-im-freien-bei-hitze*

BG BAU: Hitzeaktionsplan: Outdoor-Baustellen: *https://www.bgbau.de/service/angebote/medien-center-suche/medium/hitzeaktionsplan-outdoor-baustellen*

Bund/Länder Ad-hoc Arbeitsgruppe Gesundheitliche Anpassung an die Folgen des Klimawandels (GAK): Handlungsempfehlungen für die Erstellung von Hitzeaktionsplänen zum Schutz der menschlichen Gesundheit. Bundesgesundheitsbl. 60, 662-672 (2017). https://doi.org/10.1007/s00103-017-2554-5

Glitz et al. 2022: AWMF-S2k-Leitlinie „Arbeiten unter klimatischen Belastungen". Deutsche Gesellschaft für Arbeitsmedizin und Umweltmedizin e. V. (DGAUM). 1. Auflage, Version 1 vom 10.06.2022, *https://www.awmf.org/leitlinien/detail/ll/002-045.html*

Kittelmann et al. (Hrsg.) 2021: Handbuch Gefährdungsbeurteilung. 1. Auflage. Dortmund: Bundesanstalt für Arbeitsschutz und Arbeitsmedizin, Seiten: 611, PDF-Datei, DOI: 10.21934/baua:fachbuch20210127; aktualisierte Ausgabe 2023, PDF-on-Demand-Dokument (DOI: 10.21934/baua:fachbuch20230531), *https://www.baua.de/DE/Themen/Arbeitsgestaltung/Gefaehrdungsbeurteilung/Handbuch-Gefaehrdungsbeurteilung/Gefaehrdungsbeurteilung_node*

Abkürzungsverzeichnis

a.a.O.	am angegebenen Ort
abgedr.	abgedruckt
Abk.	Abkürzung
ABl.	Amtsblatt
Abs.	Absatz
Abschn.	Abschnitt
amtl.	amtlich
Anh.	Anhang
Anl.	Anlage
Anm.	Anmerkung
ArbSch	Fachteil Arbeitsschutz des fr. BArbBl.
ArbSchG	Arbeitsschutzgesetz
ArbStättV	Arbeitsstättenverordnung
Art.	Artikel
ASR	Arbeitsstättenregel; (Technische) Regel für Arbeitsstätten; Arbeitsstätten-Richtlinie
ASTA	Ausschuss für Arbeitsstätten
Ausg.	Ausgabe
auszugsw.	Auszugsweise
b.a.w.	bis auf Weiteres
BArbBl.	fr. Bundesarbeitsblatt
BAuA	Bundesanstalt für Arbeitsschutz und Arbeitsmedizin
BauO, BO	Bauordnung
BaustellV	Baustellenverordnung
Begr.	Begründung
Bek.	Bekanntmachung
ber.	berichtigt
BetrVG	Betriebsverfassungsgesetz
BG	Berufsgenossenschaft
BGBl.	Bundesgesetzblatt
BildscharbV	Bildschirmarbeitsverordnung
BImSchG	Bundes-Immissionsschutzgesetz
BImSchV	Verordnung zum BImSchG
Bl.	Blatt
BMAS	Bundesministerium für Arbeit und Soziales
BO	Bauordnung
BR	Bundesrat
BVerwG	Bundesverwaltungsgericht
ChemG	Chemikaliengesetz
d. h.	das heißt
dB	Dezibel
dgl.	dergleichen

DGUV	Deutsche Gesetzliche Unfallversicherung (fr. HVBG)
DIBt	Deutsches Institut für Bautechnik
DIN	Deutsches Institut für Normung
Drucks.	Drucksache
E	Entwurf
EG	Europäische Gemeinschaft
Einf.	Einführung
Empf.	Empfehlung
EN	Europäische Norm
Erl.	Erläuterung(en)
EU	Europäische Union
ff.	und folgende (z. B. Seiten)
FFP	filtering face piece (partikelfiltrierende Halbmasken)
FN	Fußnote
G	Gesetz
GDA	Gemeinsame Deutsche Arbeitsschutzstrategie
geänd.	geändert
GefStoffV	Gefahrstoffverordnung
gem.	gemäß
ggf.	gegebenenfalls
GMBl.	Gemeinsames Ministerialblatt
Hrsg.	Herausgeber
HVBG	Hauptverband der gewerblichen Berufsgenossenschaften (jetzt DGUV)
IAA	Internationales Arbeitsamt
i. d. F	in der Fassung
i. d. R.	in der Regel
IFA	Institut für Arbeitsschutz (fr. BGIA)
i. S. d.	im Sinne des/der
i. Ü.	im Übrigen
i. V. m.	in Verbindung mit
Kap.	Kapitel
LASI	Länderausschuss für Arbeitsschutz und Sicherheitstechnik
LV	LASI-Veröffentlichung
mind.	mindestens
NI	Niedersachsen
Nr.	Nummer
NW, NRW	Nordrhein-Westfalen
OLG	Oberlandesgericht
OVG	Oberverwaltungsgericht
OZ	Ordnungsziffer
PSA	Persönliche Schutzausrüstung
PSAgA	Persönliche Schutzausrüstung gegen Absturz
RAB	Regeln zum Arbeitsschutz auf Baustellen

RdErl.	Runderlass
RdNr.	Randnummer
RL	Richtlinie
S.	Seite
s.	siehe
SächsBO	Sächsische Bauordnung
SARS	Severe Acute Respiratory Syndrome
SGB	Sozialgesetzbuch
SN	Sachsen
s. o.	siehe oben
sog.	sogenannt
staatl.	staatlich
s. u.	siehe unten
T.	Teil
Tab.	Tabelle
TRGS	Technische Regel für Gefahrstoffe
u. a.	und andere; unter anderem
V, VO	Verordnung
VDI	Verein Deutscher Ingenieure
Verf.	Verfasser
Z.	Ziffer
z. B.	zum Beispiel
z. T.	zum Teil
zul.	zuletzt

Stichwortverzeichnis